2024

社会发展年鉴

FUJIAN SOCIAL DEVELOPMENT YEARBOOK

《福建社会发展年鉴》编委会 编

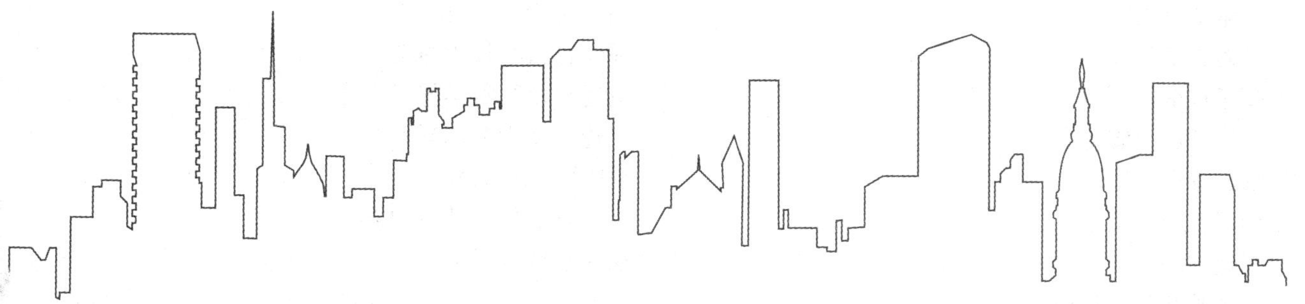

海峡出版发行集团 THE STRAITS PUBLISHING & DISTRIBUTING GROUP | 福建科学技术出版社 FUJIAN SCIENCE & TECHNOLOGY PUBLISHING HOUSE

特别致谢

下列单位为本书编撰提供了翔实的资料和数据、大量的信息和稿件，海峡出版发行集团福建科学技术出版社为本书出版进行了精心的审读与编校，在此一并致以诚谢！

福建省人民政府、各设区市、县（市、区）人民政府

平潭综合实验区管委会

福建省发展和改革委员会

福建省卫生健康委员会

福建省国有资产管理委员会

福建省教育厅

福建省科学技术厅

福建省文化和旅游厅

福建省人力资源和社会保障厅

福建省工业和信息化厅

福建省住房和城乡建设厅

福建省财政厅

福建省公安厅

福建省民政厅

福建省退役军人事务厅

福建省应急管理厅

福建省生态环境厅

福建省司法厅

福建省民族与宗教事务厅

福建省自然资源厅

福建省水利厅

福建省审计厅

福建省农业农村厅

福建省商务厅

福建省交通运输厅

福建省统计局

福建省新闻出版局

福建省广播电视局

福建省体育局

福建省医疗保障局

福建省市场监督管理局

福建省药品监督管理局

福建省地方金融监督管理局

国家税务总局福建省税务局

福建省林业局

福建省海洋与渔业局

福建省粮食和物资储备局

福建省机关事务管理局

福建省精神文明建设指导委员会办公室

福建省人民政府外事办公室

福建省人民防空办公室

中共福建省委老干部局

中国人民银行福建省分行

中国人民银行厦门市分行

中华人民共和国福州、厦门海关

国家金融监督管理总局福建监管局

国家金融监督管理总局厦门监管局

中国证券监督管理委员会福建监管局

中国证券监督管理委员会厦门监管局

福建社会科学院

福建省总工会

中国共产主义青年团福建省委员会

福建省妇女联合会

福建省科学技术协会

福建省社会科学界联合会

福建省文学艺术界联合会

福建省残疾人联合会

福建省老年人体育协会

福建省统计学会

（以上单位排名不分先后）

《2024福建社会发展年鉴》
编　委　会

《2024福建社会发展年鉴》
编　辑　部

编 辑 说 明

一、编辑出版《2024福建社会发展年鉴》以习近平新时代中国特色社会主义思想为指导，旨在宣传福建社会发展的目标任务，反映福建社会事业的新进展、新成就和新情况、新问题，总结经验，提供信息，承载历史，服务当今。

二、《2024福建社会发展年鉴》是系统汇集福建社会发展基本情况和重要文献的地方性、综合性和资料性年刊。正式出版，国内外公开发行。

三、《2024福建社会发展年鉴》所录资料的时限为2023年1月1日至12月31日，部分收录资料上溯至上年度，内容分为：文献特载、大事纪要、发展探索、热点透视、生态文明、区域概览、统计数据、政策选编、荣誉成果和年度人才，共十篇，比较客观、详实地记载2023年福建社会事业发展的实际情况。

四、《2024福建社会发展年鉴》中的一些论述仅代表作者观点，所引用的数据和资料均采用政府各部门正式发布的数据和资料。由相关单位提供的稿件，因统计口径不尽相同，个别数据可能有差异；1亩等于0.067公顷，本书不作换算。读者如需引用数据和资料，请向相关单位查证，以相关单位提供的数据和资料为准。

五、《2024福建社会发展年鉴》编辑出版工作，得到了福建省委、省政府，各设区市和县（市、区）政府，平潭综合实验区管委会，省直各有关单位，各有关社会组织和社会各界人士的关心指导和大力支持，在此一并致以衷心的感谢。在本书编撰过程中，参考、引用了一些专著或资料，因沟通渠道的制约，无法一一与原作者取得联络，请有关作者看到本书后与编委会联系，我们将支付稿酬并致以谢忱。限于经验和水平，工作难免存在疏漏和欠妥之处，谨请广大读者指正，以期进一步改进和完善。

目　录

第一篇　文献特载

第二篇　大事纪要

第三篇　发展探索

第四篇　热点透视

第五篇　生态文明

第六篇　区域概览

第七篇　统计数据

第九篇　荣誉成果

第十篇　年度人才

第一篇

文献特载

中共福建省委 福建省人民政府关于贯彻落实《中共中央、国务院关于支持福建探索海峡两岸融合发展新路建设两岸融合发展示范区的意见》的实施意见

（2023 年 12 月 24 日中国共产党福建省第十一届委员会第五次全体会议通过）

为深入贯彻党的二十大精神和习近平总书记关于对台工作的重要论述，贯彻落实《中共中央、国务院关于支持福建探索海峡两岸融合发展新路建设两岸融合发展示范区的意见》，加快建设两岸融合发展示范区，结合我省实际，现提出如下实施意见。

一、明确总体要求，充分认识建设两岸融合发展示范区的重大意义

（一）**重大意义**。中共中央、国务院出台支持福建探索海峡两岸融合发展新路建设两岸融合发展示范区的意见，赋予福建重大政治责任、重大历史使命和重大发展机遇。建设两岸融合发展示范区，有利于发挥福建独特优势，服务对台工作全局；有利于回应台胞诉求，增进台胞福祉；有利于鼓励更多台胞来闽发展，融入新发展格局。各级各部门要提高站位、主动作为，推动两岸融合发展示范区建设向更广领域、更高程度、更深层次迈进。

（二）**指导思想**。以习近平新时代中国特色社会主义思想为指导，全面贯彻党的二十大精神，坚持贯彻新时代党解决台湾问题的总体方略，贯彻落实习近平总书记对福建工作的重要讲话重要指示批示精神，秉持“两岸一家亲”理念，突出以通促融、以惠促融、以情促融，聚焦融合发展所需、台胞台企所盼，坚持先易后难、循序渐进、持续推进、久久为功，为台胞办好事、谋实惠、增福祉，为深化两岸融合发展提供示范。

（三）**工作目标**。闽台各领域融合发展进程加速推进，台胞台企登陆第一家园的效应充分显现；融合发展政策制度体系更加完善，示范样板功能更加凸显；全域融合发展格局扎实推进，与全方位推进高质量发展协同增效作用更加突出。到 2025 年，两岸融合发展示范区建设取得实质性进展，形成一批阶段性标志性成果；在未来更长一段时期内，福建全域基本建成两岸融合发展示范区，在推进祖国和平统一进程中发挥更大作用。

二、共建共享第一家园，打造两岸社会融合示范样板

（四）**健全台胞社会参与体系**。在台胞聚集社区开展闽台共建共治共享试点，推出更多便于台胞参与的社会融合项目、基层治理岗位。按照国家有关规定，拓宽台胞参评各级荣誉和奖项范围，激励表彰一批参与生态环保、乡村振兴、社会公益、司法服务等事业发展的优秀台胞典型。台胞可加入相关行业性、学术性、专业性社会团体，担任台资企业协会等非宗教社会组织负责人、法定代表人。扩大省社科基金台胞专项扶持项目规模，建立健全闽台学术交流合作机制。扩大台胞担任仲裁员、调解员、人民陪审员、人民监督员、检察联络员及司法辅助人员等的规模，拓展台胞参与福建法治建设领域。

（五）**完善台胞在闽求学研习制度安排**。优化

在闽台胞子女申请就读中小学和公立幼儿园流程，落实“欢迎就读、一视同仁、就近入学”政策。符合条件的省内高校通过直接采认台湾“统测”“分科测验”成绩等多种形式招收台湾学生，提升高校台生的奖学金覆盖面、入学助学金额度，扩大对台招生规模。推动优势特色台企与闽台高校深度合作，组建海峡两岸职业技能教育联盟，合作兴办职业学校。设立一批两岸青少年研学基地。

（六）建设台胞宜居宜业首选地。落实取消台胞在闽暂住登记，调整相应行政事项，制定台胞定居落户工作规范，实现“愿落尽落”。为首次来大陆的台湾同胞提供更多便利化服务措施。优化台胞出入境证件办理服务，拓展台湾居民居住证在全省政务服务、公共服务和互联网领域应用场景。推出更加便利台胞使用移动支付的举措。全省各设区市、平潭综合实验区要为就业创业台青提供过渡期免费住房和公共租赁住房。建立全省台胞医保健保线上服务平台。落实台胞在闽购房、普惠养老、临时遇困救助、参保“五险一金”等享受当地居民待遇。建设全省直接采认台湾地区职业资格证书统一平台，颁发采信证书全省通用。扩大台湾地区职业技能资格直接采认范围。大力推进学校、医院、科研机构聘用台胞工作。在闽台湾教师可参与职业教育“双师型”教师认定。推动扩大符合条件的台湾居民在闽从事律师职业的执业范围。

（七）提供更有温度更高效率的涉台司法服务。提升海丝中央法务区、海峡两岸仲裁中心等的涉台服务功能。设立涉台公共法律服务中心，建设涉台法律研究咨询、台湾地区法律查明中心和共享平台，制定台湾民商事仲裁机构在厦门设立业务机构登记管理规定。实施“一室多员”涉台检察工作机制，提供精细化涉台诉讼服务，优化涉台执法信息公开平台，推进提升台胞权益保障法官工作室、检察联络室、台胞台商服务中心（专窗）等运行质效，打造大陆涉台司法服务优选地。

三、深化闽台经贸合作，打造两岸经济融合示范样板

（八）推动闽台基础设施应通尽通。构建陆海空立体式综合性对台通道枢纽。完善海运通道，推动加密“小三通”航线，推动福建沿海对台客货运枢纽设施提级扩能，推进两岸客货运输便利化。拓展对台空中通道，以福厦枢纽机场为节点，推动加密闽台空中直航连接。推动畅通闽台与大陆其他地区连接通道，加快推进与长三角、粤港澳大湾区和中西部运输通道建设。加强物流枢纽等重大物流基础设施布局建设，强化“丝路海运”、“福建中欧班列”服务闽台物流运输能力，做强做优海运快件、冷链物流等对台特色业务，构建国际贸易物流新通道。

（九）实施优化涉台营商环境行动。打造市场化、法治化、便利化的一流营商环境，依法依规放宽台资台企市场准入限制。扩大福建自由贸易试验区对台先行先试，推动实施对台小额贸易备案管理等创新发展措施。制定《福建省促进两岸行业标准共通条例》，建设两岸标准共通服务平台。加强金融对台服务，创新两岸社会资本合作方式，设立运作闽台产业融合基金等，支持海峡股权交易中心深化“台资板”建设。完善台胞台企权益保障协调联动机制，建立健全政企沟通渠道，各级党政领导要常态化听取台胞台商意见建议。

（十）打造闽台产业合作升级版。建立闽台融合发展重大项目清单，实行审批、要素、资金优先保障。深化闽台电子信息、机械装备、石油化工等优势产业合作。高质量建设海峡两岸集成电路产业合作试验区、生技和医疗健康产业合作区等涉台产业园区。加强要素保障，加快布局建设古雷石化基地重大石化项目、宁德锂电新能源产业链项目，拓展延伸上下游产业链。加快闽台科技合作基地建设，实施关键共性技术联合攻关项目。推动中国东南（福建）科学城建设。构建闽台人才聚集平台，推动海峡生态环境科技成果转化。

（十一）拓宽台湾农渔业和中小企业在闽发展路径。加快建设两岸农渔业交流合作平台，提档升级台湾农民创业园、闽台农业融合发展产业园。深入推进闽台乡建乡创合作项目，创建一批合作样板县（镇、村），吸引更多台胞领办创办农民合作社、家庭农场、贸易合作社。创建海峡两岸中小企业合作区。依托高速公路服务区等平台拓展台湾康养、文化创意等业者来闽发展空间。支持符合条件的在闽台企和金门、马祖企业参评“福建老字号”、“中华老字号”。

四、密切闽台人文交流，打造两岸同胞情感融合示范样板

（十二）**推进闽台民间基层交流**。办好海峡论坛等两岸重大交流活动。发挥民间信仰精神纽带作用，培优做强对台交流基地，打造祖地文化品牌体系。加强闽台法学法律界交流交往。支持开展闽台佛教界联合传戒和福建道教对台科仪培训，省内宗教院校团体可招收台湾学生和会员。制定台湾民间组织在闽设立办事机构实施细则。实施闽台历史展示溯源工程，开展“迁台记忆”档案文献征集、保护、开发利用和数字化工作，巩固拓展闽台同名同宗村交流，推动闽台共修共建同名同宗村村志、馆、网，完善中国闽台缘博物馆等涉台场馆设施，深化寻根谒祖和宗亲乡亲姻亲交流。

（十三）**加深闽台青少年交流交往**。办好海峡青年节、海峡青年论坛、海峡青年社团圆桌会等品牌活动，促进闽台青年社团结对交流。开展闽台中小学校校际结对交流。设立闽台棒垒球区域发展中心，推动闽台青少年以“闽台联合组队”等方式参加大陆棒垒球比赛。建好用活台湾青年创业就业基地、体验式交流中心，让更多台湾青年来闽追梦、筑梦、圆梦。

（十四）**共同弘扬中华优秀文化**。发挥闽南文化、妈祖文化、客家文化、朱子文化等特色文化优势，促进中华优秀传统文化保护传承和创新发展。深入实施涉台文物保护工程，开展涉台文物和文化遗产司法保护行动，让更多符合条件的台胞参与涉台文物保护及考古项目。实施“南岛语族起源与扩散研究”项目，扩大南岛语族文化起源地影响。试点允许台湾业者在闽投资设立广播电视节目制作经营公司，制定促进两岸优秀网络文化融合发展若干措施，推进两岸影视文化创作基地建设。支持闽台妈祖宫庙联合开展非遗项目“妈祖信俗”保护行动，推进两岸闽南红砖建筑、妈祖文化史迹、关圣文化史迹、开漳圣王信俗申报世界文化遗产工作。

五、以点带面整体推进，构建福建全域融合发展新格局

（十五）**持续提升厦门与金门融合质效**。在建设高标准市场体系、科技创新、产业转型、对外开放、公共服务、城市治理等重点领域和关键环节纵深推进综合改革试点。制定金门居民享受厦门同城待遇的政策举措，打造厦金“同城生活圈”。加快推进与金门通电、通气、通桥大陆侧项目建设。做好厦金通桥、海运互联、共用机场相关规划衔接，适时推动厦门与金门共建共享基础设施。推进厦门大学深化与金门大学校际交流合作。

（十六）**推进福州与马祖创新融合**。制定马祖居民享受福州同城待遇的政策举措，打造福马“同城生活圈”，便利更多马祖居民到福州发展。推动共建两岸物流集散中心，建设福州马祖产业合作园区，促进文化旅游、海洋渔业等领域创新融合，吸引台胞台企参与福州数字经济发展。加快推进福马通水、通电、通气、通桥等工程大陆侧项目，做大做强福州到马祖的客货运航线。建立福州新区与平潭综合实验区对台融合协同机制，实现一体化、高质量发展。

（十七）**加快平潭综合实验区开放发展**。打造两岸共同市场先行区域，优化海关监管模式，推动两岸贸易结算便利化，进一步扩大对台小额贸易，打造两岸农渔产品贸易重要通道和中药材交易平台，推动服务贸易创新发展。推出简化台商台企在平潭综合实验区投资审批程序的相关措施，推动放开台湾信息服务行业准入，扩大对台教育合作。构建更加便捷的两岸往来通道，培育对台直航通道，推动优化平潭综合实验区至台湾本岛客货运航线，适时开通平潭综合实验区至台湾邮轮航线，推进游艇旅游合作，扎实推进一批对台基础设施联通项目建设。

（十八）**拓展其他地区对台融合实践**。泉州、漳州加快建设世界闽南文化交流中心，办好世界闽南文化节，开展与澎湖融合发展实践。推进三明海峡两岸乡村融合发展试验区建设，发展龙岩、三明客家文化对台交流项目，成立闽台客家文化研究与交流联盟。办好莆田世界妈祖文化论坛，建设妈祖文化中心。打造南平生态、文化、旅游产业对台合作品牌，加强两岸碳计量技术交流。拓展延伸宁德电动汽车和新能源新材料产业链，打造闽台新能源汽车智造基地。

六、强化组织领导，落实保障措施

（十九）**坚持和加强党的全面领导**。坚持党中央对福建探索海峡两岸融合发展新路、建设两岸融合发展示范区的集中统一领导，把党的领导落实到两岸融合发展示范区建设的各方面全过程。

（二十）**建立和完善工作推进机制**。建立健全部省联动、通报督导、新闻发布等机制，加强沟通协调，全链条全方位推动工作落实。各地各部门要强化责任意识，配强专门工作力量，抓好落地执行。财政部门要统筹落实好各项经费保障。

（二十一）**构建考核评估体系**。加强跟踪分析、评估督导、考核管理，将工作落实情况作为各级领导班子和领导干部政绩考核内容，作为党政机关绩效考评参考依据，纳入巡视巡察监督范围，提升工作质效。

（二十二）**广泛动员各方力量**。加强政策宣传解读，畅通台胞意见反馈渠道，凝聚各方共识。充分发挥人大、政协、民主党派、工商联和人民团体、海外侨团、涉台研究智库的积极作用，营造全社会共同推进两岸融合发展示范区建设的良好氛围。

福建省高级人民法院工作报告

——2024 年 1 月 25 日在福建省第十四届人民代表大会第二次会议上

福建省高级人民法院院长　金银墙

各位代表：

现在，我代表福建省高级人民法院向大会报告工作，请予审议，并请省政协各位委员和其他列席人员提出意见。

2023 年主要工作

2023 年，在省委领导、省人大及其常委会监督和最高人民法院指导下，省法院坚持以习近平新时代中国特色社会主义思想为指导，深入贯彻习近平法治思想，全面贯彻党的二十大和二十届二中全会精神，认真落实省委十一届三次、四次、五次全会精神和省十四届人大一次会议决议，坚定拥护“两个确立”、坚决做到“两个维护”，扎实开展主题教育，深学争优、敢为争先、实干争效，围绕“公正与效率”工作主题，忠实履行为大局服务、为人民司法的职责使命，努力以审判工作现代化支撑和服务中国式现代化福建实践。全省法院受理各类案件 104 万件、办结 95.36 万件，其中省法院受理 2.15 万件、办结 1.7 万件。

一、坚持能动司法，积极服务保障新福建建设

完整、准确、全面贯彻新发展理念，紧扣“四个更大”重要要求，出台全省司法指导性意见 15 份，充分发挥司法职能，有力保障高质量发展和高水平安全。

全力维护国家安全和社会稳定。贯彻总体国家安全观，依法惩治各类犯罪，一审审结刑事案件 4.64 万件，判处罪犯 6.4 万人。常态化开展扫黑除恶斗争，审结涉黑恶案件 246 件 1446 人。依法审理吴谢宇弑母案，对严重挑战法律、践踏人类正常情感的罪犯判处死刑，入选 2023 年度全国法院十大案件。重拳惩治毒品犯罪，发布首份禁毒工作白皮书，龙岩法院审理吴纪剡等非法生产制毒物品案，加强对毒品犯罪的源头打击。依法惩治腐败犯罪，一审审结贪污、贿赂等职务犯罪案件 261 件 326 人，其中原中管干部 3 人、原省管干部 7 人，审结徐鸣案、龚建华案等一批重大职务犯罪案件。落实受贿行贿一起查，依法对 28 人以行贿罪判处刑罚。织密追逃追赃“法网”，审结外逃人员回国受审案件 11 件。严惩涉众型经济犯罪 383 件，助力防范经济金融风险，坚决保障受损群体的合法权益。加强人权司法保障，贯彻罪刑法定、疑罪从无、证据裁判原则，让有罪的人受到公正审判，无罪的人不受刑事追究。落实宽严相济，依法规范办理减刑、假释、暂予监外执行案件 1.56 万件。

服务新时代民营经济强省战略实施。平等保护各类市场主体合法权益，一审审结商事案件 19.18 万件，维护市场秩序，促进三年新冠疫情防控转段后经济恢复发展。传承弘扬“晋江经验”，推出服务民营经济高质量发展 34 条措施，营造惠企安商“暖环境”。积极稳妥推进刑事、民商事、行政改革，开展普法宣传等方式，引导民营企业守法合规经营。厦门中院创新建立账户置换盘活资产的保全机制，避免企业因财产冻结陷入经营困境，入选全国法院能动司法十大典型案例。持续开展“千名执行干警进千企”，帮助企业“法治体检”，走访企业1593家，为3425家企业修复信用。南平法院升级“法特派”制度，为企业提供线上直通服务。擦亮金融司法协同“金招牌”，加强纠纷共治、风险联防，泉州设立金融纠纷一体化调处中心集中办理、高效解纷。妥善审理房企融资等纠纷，促进项目复工建设，努力保交楼、保民生、保稳定。牵头成立省破产管理人协会，推进省级层面企业破产处置协调联动，审结强制清算与破产案件3764件，有效盘活资产113亿余元，帮助182家企业摆脱困境、重回“赛道”。莆田中院通过“破审联动、分批调解”，一揽子实质化解某鞋业公司327名职工债权纠纷。连江“冠海系”公司历时4年顺利重整，从负债20亿元到脱困重生，大型海运和造船民企扬帆再起航。

助推两岸融合发展示范区建设。把“两岸一家亲”理念融入涉台司法，办结涉台案件922件，司法互助案件3906件。与省台联共同推出17条保护台胞合法权益举措，厦门法院编制“跨海峡”立案诉讼流程图，为台胞在闽诉讼提供便利。选聘400余名台胞担任调解员、人民陪审员等，架起纠纷化解“连心桥”。平潭法院设立“融合法庭”，跨省共享台胞调解资源，化解44起涉台纠纷。开展涉台文物和文化遗产司法保护行动，设立保护基地和志愿服务队，妥善办理涉台文物“简大狮避难处”租赁合同纠纷等案件，助力两岸历史文脉赓续。泉州中院建立向金门供水“清源法屏”机制，努力化解涉供水纠纷。接收台湾法学青年来闽实习实训，增进对大陆司法认同。举办2023年海峡两岸司法实务研讨会，两岸司法交流研讨15年未间断。

助力打造美丽中国先行示范省。坚持用最严格制度最严密法治保护生态环境，一审审结各类环境资源案件3885件，追究刑事责任1195人，补种复绿8735.62亩，判令缴纳生态环境损害赔偿金4616.36万元。推广漳州中院全国首创的生态环境审判技术调查官制度，聘请104名技术调查官，借力“外脑”助审。完善“绿碳+蓝碳”生态修复机制，建立“法复青绿”司法实践基地，以司法“含绿量”提高发展“含金量”。云霄法院审结袁某、晋某非法采矿刑事附带民事公益诉讼案，创新运用“造林增汇”蓝碳修复模式补植红树林，提名“新时代推动法治进程2023年度十大案件”。莆田法院实施“法沁木兰”行动，加强对木兰溪全流域司法保护。省法院、南平中院发起成立国家公园司法保护协作联盟，首批10家高院及相关单位共同守护自然瑰宝，入选2023年度福建省“十大法治事件”。

促进创新型省份建设。强化知识产权全链条司法保护，一审审结专利、商标、著作权等权利保护以及不正当竞争、反垄断等案件1.95万件，对恶意侵权等行为依法适用惩罚性赔偿。加大对数字经济、生物医药、新能源等领域科技成果保护力度，一审审结技术类案件2687件，助力“专精特新”企业攻坚“卡脖子”难题。加强驰名商标、老字号、地理标志的司法保护，妥善审理沙县小吃、泉港“福粿”等商标侵权纠纷案。建立闽赣两省“3地+11县”法院跨省协作机制，服务水稻种业振兴发展。健全与世界知识产权组织仲裁与调解中心合作机制，成功调解一批涉外知识产权纠纷，打造知识产权司法保护高地。

保障高水平对外开放。积极融入海丝中央法务区建设，与国际商事争端预防与解决组织开展合作，“三庭一点”等一批优质司法资源进驻并发挥优势，持续打造国际商事海事争端解决优选地。深入实施涉外审判精品战略，一审审结涉外、涉港澳侨案件3094件。省法院成功化解一起历时8年的涉“一带一路”沿线国家基础设施项目建设纠纷，促成双方达成调解协议，护航企业跨境投资。福州中院稳妥化解涉中印尼“两国双园”供热纠纷，有效解决园区企业“能源之忧”。厦门海事法院妥善化解548件诉国际知名航企的海上货物运输合同纠纷系列案，着力提升东南国际航运中心法治软实力。秉持“丝路精神”，承办海上丝绸之路（泉州）司法合作国际论坛，7国首席大法官和11国的百余名代表线下参会，共话“一带一路”司法交流合作，最高人民法院张军院长和中外有关方面予以充分肯定。

二、坚持和发展新时代“枫桥经验”，提升矛盾纠纷预防化解法治化水平

法院办案既要抓末端、治已病，更要抓前端、治未病，推动矛盾纠纷源头、多元、实质化解，促进诉源治理从“化讼止争”向“少讼无讼”转变。

积极融入社会治理格局。注重把诉调对接的“调”往前延伸，努力把矛盾纠纷化解在乡镇、社区、企业等纠纷发生的最前端。主动融入党委领导下的社会治理体系和诉源治理大格局，出台深度参与基层社会治理实施意见，万人起诉率、诉前调解成功分流率纳入平安建设考评。深化省法院与31家部门、行业的诉调对接机制，激活“总对总”在线诉调对接资源，汇聚7954个调解组织、基层治理单位，全省法院诉前调解成功25.76万件。龙岩中院“五联四化”解纷机制，聚合各界解纷力量，一审收案数、万人起诉率实现双下降。优化全省208个人民法庭功能，评选首批10家全省“最美法庭”，创建“枫桥式人民法庭”，展示基层亮丽“枫景”。推广“一村居一法官”挂钩联系机制，1762个巡回审判点“进乡村、进社区、进网格”，“近邻法官”释法说理、指导调解，在群众家门口化解矛盾纠纷15.03万件。讲好法治故事，运用微电影、微视频等方式创新普法宣传、以案释法，让案件审判成为全民共享的法治公开课。《烟火人间》等9部作品荣获第十届“金法槌奖”。

充分发挥调解优势和作用。把调解贯穿执法办案始终，诉讼调解结案9.91万件，同比增加9.48%，更多当事人握手言和。福州法院化解逾亿元的汽车龙头企业系列纠纷，有效预防后续诉讼批量产生，让企业发展有更多“宁静时间”。福州铁路运输法院加强调解化解、审执联动，保障福厦高铁顺利开通运营。厦门共建商调中心、商协会和法院前端调解协同机制，各地法院探索形成“擂茶调解”“司法夜调”等调解模式，为群众解开法结、心结。明溪法院、霞浦法院积极参与的“侨乡枫桥”“海上枫桥”解纷法入选104个全国新时代“枫桥式工作法”。

促进行政争议实质化解。一审审结行政诉讼案件7499件，办结行政非诉执行案件5414件，促进依法行政，保护行政相对人合法权益。深化府院联动，支持行政复议更好发挥化解行政争议的主渠道作用，“行政争议调解中心”实现全省县（市、区）覆盖，促进行政争议不发生、少发生、发生后就地解决。完善败诉预警、裁判履行通报等机制，连续13年发布行政审判白皮书，针对市场监管、治安管理等案例开展以庭代训，行政机关负责人出庭应诉率98%，促进行政争议化解。省法院会同市场监管等部门在全国率先规范“三小”食品安全违法行为行政处罚裁量问题，避免“小过重罚”，以善意文明司法维护群众“舌尖安全”。

以司法建议实现办理一案、治理一片。司法建议是更高层次的审判。从个案办理、类案分析中“溯源”提出对策，以司法建议“小切口”参与社会治理“大文章”。落实最高人民法院一号、二号司法建议，省法院与金融、住建等行业主管部门协同联动，推动商品房预售合同纠纷、信用卡纠纷一审收案数分别下降17.01%、24.05%。对恶性案件高发地区发出司法建议，当地政府采取8项措施开展整治取得成效。针对办案中发现的央企票据风险防范问题发出司法建议，得到中央部委重视，推动相应法规修订。聚焦社会治理、行政管理、民生安全等领域，发出司法建议1049份，89.42%被采纳落实。多地政府将司法建议转化为行政决策，法院配合采取措施，推动社会治理谋在前、预在先。

三、践行司法为民，增强人民群众获得感幸福感安全感

民之所需，力之所至。坚持以人民为中心，以更有力度的司法惩治犯罪，以“情同此心”“如我在诉”的意识服务群众，保障人民安居乐业。

严厉打击危害群众切身利益犯罪。一审审结盗窃、抢劫、抢夺等侵财犯罪案件8194件，有力保护人民群众的人身财产安全。一审审结危害食品药品安全犯罪案件287件，守护百姓餐桌安全、用药安全。福州法院依法审结生产销售金额高达6000余万元的病死鳗鱼制品案，莆田法院审理黄某利用互联网生产销售假药案入选全国法院典型案例。深入推进反电诈专项工作，严惩“4·09”涉缅北特大跨境电信网络诈骗案，将116名犯罪分子绳之以法。一审审结电信网络诈骗及关联犯罪案件7510件，帮助受骗群众挽回损失1.53亿元，让群众对“钱袋子的安全”更有信心。审结江秋莲诉林某侮辱、诽谤案，判处网暴者有期徒刑，惩治网络暴力，净化网络生态。

扎牢民生权益司法保障网。民生无小案，一审审结婚姻家庭、教育、医疗、住房、就业等民事案件27.7万件，传递司法温度，弘扬社会主义核心价值观。深化家事审判改革，联合省妇联出台预防化解家事纠纷工作意见，完善反家暴工作机制，发出人身安全保护令、家庭教育令等585份，维护家庭和谐幸福。加强老年人合法权益保护，健全适老型诉讼服务机制。三明法院依法审结涉及1542名老人的养老诈骗案件，守护群众养老钱。依托覆盖全省的少年法庭，加强未成年人司法保护，965名法官担任中小学法治副校长，讲授“法治公开课”，以法守护“未”来。漳州法院成功调结一起老旧小区加装电梯案，促进睦邻友善。与省人社厅等九部门联合推出新业态从业者权益保障8项机制，宁德法院妥善处理一起欠薪纠纷，让203名农民工安“薪”过年。制定我省道交事故损害赔偿项目计算标准，推动保险理赔、人民调解、行政调解和司法裁判“一把尺子”裁量，快处道交纠纷2万件。深化军地协作机制，维护军人军属合法权益。规范司法救助程序，救助964人，发放司法救助金2550.51万元。

努力兑现胜诉权益。执结案件29.82万件，执行到位金额875.88亿元，实际结案率、结案平均用时等8项重点指标位居全国前列。加强执行联动，完善查人找物信息共享机制。网络司法拍卖成交214.29亿元，为当事人节约佣金10.71亿元，有效破解财产变现难。健全执前调解和督促履行机制，引入金融消保中心、民间调解团体等力量，共同推进执前化解。全省94家中院、基层法院全部设立执行服务中心，通过执行服务大厅、网上综合管理平台等，方便群众联系执行法官，及时反映诉求。共办理反馈群众涉执诉求1.34万条，努力让服务中心走进群众心中。

优化诉讼服务。服务好不好、群众说了算。持续深化“厅网线巡”立体化诉讼服务体系建设，优化线上线下诉讼服务，保障律师执业权利，线上便捷立案27.43万件，网上缴费38.55万件，12368热线回应咨询51.19万人次，让公平正义加速抵达百姓心间。我省成为全国深化跨域诉讼服务13个改革试点省份，创新“跨域联办、一站通办、在线速办”机制，平潭法院研发“平易讼”平台，为当事人提供一站式诉讼服务。坚持“有诉必理”，规范落实立案登记制，充分保障群众诉权。落实“有信必复”，每件群众来信在7日内告知“已收到、谁在办”，3个月内答复办理过程或结果。通过领导干部带头接访、包案化解等方式，用心用情化解217件信访老案。

四、深化改革驱动，持续提升执法办案质效

坚持质量优先、兼顾效率、关注效果，通过改革、管理、科技三向发力，促进司法权依法规范行使，让公平正义可触可感。

推动司法责任制全面准确落实。司法责任是人民法院的宪法责任，由审判委员会、院庭长、合议庭、法官依法定职责分别承担、共同负责。完善审判委员会工作机制，压实院庭长监督管理职责，纳入重大疑难复杂等“四类案件”监管3.34万件，确保管到位、管得准。建立院庭长办案类型指引与负面清单，院庭长办案39.96万件，其中疑难复杂案件占比42%，以“头雁示范”激发“雁阵活力”。进一步规范合议庭运行，员额法官年人均办案233.18件。强化审级监督，发挥上级法院“统”的优势，审结一审案件52.34万件、二审案件5.68万件，申诉、申请再审及再审案件1.3万件。

以审判管理促提质增效。开展审判质量管理指标体系试点工作，创新运用58项指标，强化对办案质量、效率、效果的综合评价。增设“案—件比”指标，以老百姓诉至法院的一“案”与进入办案环节的若干“件”相比，引导办案更加注重一次性实质化解群众烦心事，“案—件比”逐月优化，相当于减少了4.57万件案件。一审服判息诉率88.78%，一审裁判被改判发回重审率、民事裁判申请执行率同比下降。聚焦长期未结、久押不决的“骨头案”“钉子案”，持续开展专项清理、难案攻坚，2023年长期未结、久押不决案件同比分别下降75.96%、86.14%，逐步实现“动态清零”，让公平正义不再迟到。省法院与宁德法院联动化解33年前发生的“大业坑”山林权纠纷，入选全国法院清理积案典型案例。

强化数智赋能。深度融入“数字福建”“数字政法”建设，积极参与省级政法跨部门大数据办案平台建设和应用，启动智能法庭升级改造，全面提升智慧司法服务品质。省法院建成“诉讼档案数字化中心”，提高电子卷宗随案生成、一键转档的效率。深化数助治理，加强司法大数据分析研判，围绕民生热点、社会治理等形成12项专题研究成果，变“司法数据”为“数据司法”，为经济社会发展建言献策。智慧法院建设成效位居全国法院第一方阵，电子诉讼占比位居全国前列，刑事案款跨域便民缴纳系统等6项成果亮相第六届数字中国建设峰会。

五、坚持全面从严，锻造忠诚干净担当的法院铁军

始终把党的政治建设摆在首位，一体融合推进政治建设、业务建设和职业道德建设，不断提升队伍革命化、正规化、专业化、职业化水平。136个集体、222名个人受到省级以上表彰表扬。芗城法院卞国平、惠安法院陈玲玲获评2023年度福建省“十大法治人物”。

扎实开展学习贯彻习近平新时代中国特色社会主义思想主题教育。落实“学思想、强党性、重实践、建新功”总要求，把理论学习、调查研究、推动发展、检视整改贯通起来，推动主题教育走深走实。运用习近平法治思想学习宣传馆等“四馆”特色载体开展溯源学习，共和国法治摇篮展览馆、“法映刺桐”宋元法律文化展馆分别被命名为全国法院革命传统教育基地、法治文化教育基地。开展司法理念大讨论，引导干警树牢和践行“抓前端、治未病”、双赢多赢共赢、案结事了政通人和等新时代能动司法理念。严格执行《中国共产党政法工作条例》和省委实施办法，落实意识形态工作责任制，建立健全贯彻落实上级重大决策部署“知、督、促”机制。注重两批主题教育衔接联动，推广运用“四下基层”，大兴调查研究，省法院形成调研报告21篇，实现成果转化48项，落实47条整改措施，建章立制11项，切实通过主题教育解决问题、推动工作。

着力提升能力素质。办好“闽法讲堂”“闽法课堂”，线上线下举办各类培训和讲座54期，培训3万余人次。用好“法答网”，选任449名答疑法官，回复审判业务咨询3719条。运用“闽法同判”平台，汇聚类案裁判、难题答疑等30余个，统一裁判尺度。加强岗位练兵，与省总工会联合举办全省法院书记员技能竞赛。推出加强年轻干部培养的10条措施，筑好后备力量“蓄水池”。深化高层次人才培养，院校合作共建涉外法治人才协同培养创新基地。传承八闽文化精髓，把朱子文化、冯梦龙“无讼”文化、宋慈证据裁判文化等有机融入司法审判，以文育人、以文促审。省法院承担的《新时代法院文化建设研究》获评全国法院“优秀重大课题研究成果”。

持之以恒正风肃纪反腐。坚持严管就是厚爱，一体推进不敢腐不能腐不想腐。制定进一步贯彻落实中央八项规定精神实施办法，持续纠治“四风”。对4家中院开展政治督察和第四轮司法巡查，推动全面从严治党向基层延伸。运用福建法院“清风”系统，加强对审判执行全流程92个廉政风险点的智能监管，督促排查整改391项。狠抓防止干预司法“三个规定”落实，全省法院干警记录报告有关信息47904条，“有问必录、应报尽报”逐渐成为自觉。支持纪检监察机关监督执纪问责，以零容忍态度严惩司法腐败，查处违纪违法人员72人，确保司法清正廉洁。

六、自觉接受监督，切实加强和改进工作

监督就是支持，监督就是帮助。认真落实全过程人民民主，自觉接受人大监督，依法向大会报告工作，落实规范性文件报送人大备案审查制度。向省人大常委会报告知识产权审判工作，落实好审议意见，出台加强知识产权保护27条措施。全省法院办复代表建议193件，就优化营商环境、参与社会治理、加强生态司法等，充分采纳代表意见，把饱含的民声民意转化为公正为民司法的具体举措。健全代表履职保障机制，开展代表定向结对联络，上门走访听取意见建议8579人次，邀请代表旁听庭审、见证执行、座谈交流等1443场次。接受澳门特别行政区、台湾省全国人大代表来闽视察。自觉接受政协民主监督，走访省各民主党派、工商联，全省法院办复委员提案121件。自觉接受纪检监察机关对法院工作人员的监督。依法接受检察监督，认真审理抗诉案件，及时办理检察建议，共同维护司法公正。广泛接受社会监督、舆论监督，深化与律师良性互动，及时回应关切。

各位代表，过去一年法院工作的发展进步，

是各级党委、人大、政府、政协、监委、检察院和人大代表、政协委员以及社会各界、广大人民群众关心支持帮助的结果。在此，我谨代表全省法院表示衷心感谢和崇高敬意！

我们清醒认识到，法院工作还存在一些问题和困难。对标中国式现代化对法院职责使命提出的新要求，把能动司法贯彻到为大局服务、为人民司法全过程还有差距；紧扣福建发展特色优势，服务保障新福建建设的能力水平还需提升；紧紧依靠党委领导，抓前端治未病、融入社会治理的成效还需进一步巩固拓展；队伍素质能力还需持续提升，作风不正、办案不公、司法腐败问题仍有发生。对此，我们将采取有力措施，认真加以解决。

2024 年工作安排

2024 年是新中国成立 75 周年，是实现“十四五”规划目标任务的关键一年，是习近平总书记亲自擘画“机制活、产业优、百姓富、生态美”新福建宏伟蓝图 10 周年。全省法院要坚持以习近平新时代中国特色社会主义思想为指导，深入贯彻习近平法治思想，全面贯彻落实党的二十大和二十届二中全会精神，围绕推动高质量发展首要任务和构建新发展格局战略任务，坚持能动司法理念，抓牢提质增效主线，政治建院、业务立院、科技强院、改革兴院，加快推进审判工作现代化，更加有力支撑和服务中国式现代化。

一要坚持党的领导，确保法院工作正确方向。巩固拓展主题教育成果，自觉把习近平法治思想作为“纲”和“魂”融入审判执行工作全过程、各方面，善于从政治上看、精于从法治上办，不断厚植党的执政根基。严格执行《中国共产党政法工作条例》，增强政治意识，严明政治纪律。主动接受人大监督、政协民主监督、社会监督，忠实履行职责，推进法院工作。

二要强化能动履职，以高质量司法服务保障高质量发展。深入实施新时代民营经济强省战略，优化法治化营商环境，加强知识产权司法保护，促进形成新质生产力。围绕两岸融合发展示范区建设，提供更有温度更高效率的涉台司法服务。完善生态司法一体化保护格局，助力打造美丽中国先行示范省。支持法治政府建设，促进依法行政。提升涉外司法效能，服务高水平对外开放。

三要践行人民至上，提升人民群众的司法获得感。坚持和发展新时代“枫桥经验”，以诉源、案源、执源、访源“四源共治”为抓手，不断提升矛盾纠纷预防化解法治化水平。用心用情办好民生案件，深化跨域诉讼、执行服务等司法便民利民举措，发挥人民法庭服务群众第一线作用，久久为功解决好群众急难愁盼。依法惩治犯罪，促进建设更高水平的平安福建。

四要深化司法改革，着力保障和促进社会公平正义。深化司法体制综合配套改革，全面准确落实司法责任制，压紧压实管理责任、审判责任，强化对审判执行活动的制约监督，规范司法权力运行。加强符合司法规律的审判管理，全面提升工作质效。加大裁判文书上网力度，持续深化司法公开。全面建设智慧法院“一张网”，协同推进省级政法跨部门大数据办案平台建设，以数助治理新成效赋能司法。

五要落实严管厚爱，建设高素质过硬法院队伍。强化全员全面全时考核，健全“干部能上能下、员额能进能退”用人机制，完善从优待警和法官权益保障等制度，激发干事创业积极性。加大力度做好优秀年轻干部“选、育、管、用”工作，推进队伍梯次培养。一以贯之落实中央八项规定及其实施细则精神，深化运用“清风”系统加强廉政风险防控，持续抓实“三个规定”，确保队伍绝对忠诚、绝对可靠、绝对纯洁。

各位代表，新的一年，我们将更加紧密地团结在以习近平同志为核心的党中央周围，在省委领导、人大监督下，坚定信心、忠诚履职，真抓实干、担当作为，为奋力谱写中国式现代化福建篇章作出新的更大贡献！

福建省人民检察院工作报告

——2023年1月13日在福建省第十四届人民代表大会第一次会议上

福建省人民检察院代检察长　侯建军

各位代表：

现在，我代表福建省人民检察院向大会报告工作，请予审议，并请省政协各位委员和其他列席人员提出意见。

过去五年工作回顾

省十三届人大一次会议以来的五年，是福建牢记嘱托、砥砺前行、跨越发展的五年，也是检察事业重塑变革、守正创新、深化发展的五年。在省委和最高人民检察院领导下，在省人大及其常委会监督下，全省检察机关坚持以习近平新时代中国特色社会主义思想为指导，深入贯彻党的十九大和二十大精神，全面贯彻习近平法治思想，落实省委部署和省十三届人大历次会议决议，深刻领悟“两个确立”的决定性意义，增强“四个意识”、坚定“四个自信”、做到“两个维护”。五年来，全省检察机关从百年党史和90多年检察史中赓续红色血脉，顺应多重改革叠加形势把握时代机遇，以《中共中央关于加强新时代检察机关法律监督工作的意见》和省委实施意见引领创新发展，以省人大常委会《关于加强新时代人民检察院法律监督工作的决定》深化拓展“四大检察”法律监督格局，各项工作取得长足进步。2018年至2022年，共办理各类案件916964件，其中刑事检察477130件、民事检察18777件、行政检察11063件、公益诉讼检察13164件、其他案件396830件。

一、忠诚担当保障高质量发展和高水平安全

统筹发展和安全，聚焦全方位推进高质量发展制定系列服务保障举措，守正创新、能动履职为大局服务。

坚决维护国家安全和社会稳定。贯彻总体国家安全观，依法严惩危害国家安全、暴恐、邪教组织等犯罪，助力建设更高水平的平安福建。打赢为期三年的扫黑除恶专项斗争，常态化惩治黑恶犯罪，对全部涉黑和重大涉恶案件由省检察院统一把关，起诉涉黑犯罪2521人、涉恶犯罪6648人，推动“破网打伞”、行业治乱，全省54个单位和个人获省级以上表彰。突出打击影响人民群众安全感的犯罪，起诉严重暴力犯罪和多发性侵财犯罪67739人。与金融监管部门推进金融风险领域整治，起诉非法吸收公众存款、洗钱等破坏金融管理秩序犯罪5650人，同步做好追赃挽损工作。针对传统犯罪加速向网络蔓延态势，起诉电信网络诈骗、网络赌博等犯罪57375人。因时因势优化依法战疫措施，落实宽严相济刑事政策，起诉涉疫犯罪996人。

着力营造法治化营商环境。坚持法治是最好的营商环境，依法平等保护国企民企、内资外资、大中小微企业合法权益，起诉破坏市场经济秩序犯罪24416人，起诉侵害企业权益犯罪3578人。传承弘扬“晋江经验”，持续加大对民营企业平等保护力度，对企业负责人涉经营类犯罪依法能不捕的不捕、能不诉的不诉、能不判实刑的提出适

用缓刑建议。会同省公安厅对长期未侦结的涉企“挂案”集中攻坚，对排查的109件全部督促办结。积极融入海丝中央法务区建设，福州、厦门、泉州市检察机关入驻提供检察服务。

全力保障创新驱动发展。融入知识产权强省建设，省检察院与省知识产权局建立协同保护十项制度。省市两级检察院全部组建知识产权检察办公室，深化刑事、民事、行政检察一体履职，推进知识产权权利人告知工作全覆盖，共起诉侵犯知识产权犯罪3312人，办理知识产权民事行政诉讼监督案件84件。我省办理的案件连续10年入选年度全国检察机关典型案例。宁德一高新技术企业商业秘密被侵犯，检察机关经引导侦查取证、自行补充侦查，破解商业秘密认定、侵权致损鉴定难题，依法追诉2个公司单位犯罪，保护企业“不能说的秘密”。完善检察办案保护创新创业容错机制，建立涉科研骨干职务犯罪案件批捕、起诉层报省检察院审批制度。

助力打造美丽福建。积极践行绿水青山就是金山银山的理念，深入打好蓝天、碧水、碧海、净土保卫战，起诉破坏生态环境资源犯罪8470人，办理公益诉讼案件6801件，督促修复被损毁耕地、林地、矿山1.8万亩，清理各类固体废物、生活垃圾57.7万吨，追偿环境损害赔偿金1.3亿元。在全国率先实现“河（湖）长+检察长”机制全覆盖，闽江、九龙江、木兰溪流域检察机关推进跨区域协作。省检察院与省自然资源厅等6部门建立海洋保护协作机制，与省林业局推进以认购林业碳汇方式修复受损生态环境。南平市检察机关开展环武夷山国家公园保护发展带专项监督，龙岩市检察机关建成全省首个生态修复治理检察示范基地，宁德市检察机关协同26家涉海单位共护“海洋蓝”。

引领社会法治意识。落实“谁执法谁普法”普法责任制，将社会主义核心价值观融入法律监督，办理的164个案件入选最高检指导性案例、典型案例，发布全省性典型案例14批次66件，结合办案制发社会治理类检察建议3900件。运用全媒体矩阵讲好检察故事，推动法治精神、法治观念飞入寻常百姓家。在全省分主题选点建成八个特色检察展示平台，成为普法宣传教育、代表委员联络、党政干部与在校学生教学实践的阵地，累计接待5万余人参观、学习。

二、坚守初心保护人民群众合法权益

坚持以人民为中心，积极回应人民群众新要求新期待，守正创新办好民生案件、为民实事，增进人民福祉。

守护人民群众美好生活。落实食品药品安全“四个最严”要求，开展系列专项监督保障“舌尖上的安全”，办理公益诉讼案件1643件，起诉制售有毒有害食品、假药劣药等犯罪1002人，以民事公益诉讼诉请惩罚性赔偿金，让违法者付出应有代价。从严惩治侵犯公民个人信息犯罪，起诉1168人，会同行政机关深入排查、清理存在个人信息泄露隐患的政务公开内容。针对安全生产、物流寄递、窨井盖管理等领域安全隐患，与公安、住建、应急管理、邮政管理等部门联合开展专项行动，起诉危害安全生产犯罪629人，督促整改各类安全隐患2.8万处。汇全系统之力开展对口帮扶，选派243名干部援藏援疆和驻村挂职，助推脱贫攻坚和乡村振兴。漳州市检察机关首创检察技术“云”援藏机制，为受援检察机关提供专门技术支撑。

用心用情办理群众信访。做好“送上门来的群众工作”，从2019年起推行群众信访“件件有回复”制度，全省100347件信访件落实了7日内程序性回复，进入检察办案程序的信访件均在3个月内作出办理进展或结果答复。领导干部带头办理疑难复杂信访案件，全省三级院检察长接访、包案6854件，基层检察院受理首次信访全部由院领导办理。对争议较大、久诉不息的1812件案件，邀请人大代表、政协委员、人民监督员等参与评议，以公开听证化“法结”、解“心结”。为2212名生活困难的刑事被害人及其近亲属发放司法救助金5504万余元，雪中送炭、救人急难。

撑起未成年人法治保护蓝天。贯彻未成年人保护法、预防未成年人犯罪法，加大双向保护力度，零容忍惩治性侵、虐待等侵害未成年人犯罪，批捕7907人、起诉11035人；对涉罪未成年人依法从宽和依法惩戒并行，对主观恶性深、犯罪手段残忍、后果严重的坚决依法惩治，对犯罪情节较轻的立足挽救，不批捕2671人、不起诉3251

人，不捕率、不诉率较总体刑事案件高出 15. 6 个、20. 1 个百分点。加强犯罪源头预防，推动密切接触未成年人行业开展入职查询 59. 9 万人次，对 513 名前科劣迹人员作出清退或不予录用等处理。打造全省“未检闽 e 站”工作品牌，各地涌现出一批各具特色的未检团队。莆田市检察机关联合相关部门建立权益保护协作机制，结对帮扶侨乡留守儿童。

加强特殊群体权益保障。坚决维护国防利益和军人军属合法权益，起诉涉军犯罪 89 人，办理公益诉讼案件 186 件。福州市检察机关会同军事检察院督促拆除某军用机场周边超高信号塔，消除军事飞行安全隐患。维护归侨侨眷和侨胞合法权益，省检察院与省侨联建立检侨常态化联络机制。保障妇女儿童合法权益，联合省公安厅、省民政厅出台意见，开展打击拐卖妇女儿童专项行动，批捕 323 人、起诉 899 人。维护老年人合法权益，起诉养老诈骗犯罪 410 人，力促追赃挽损 4460 万余元，守护老年人“钱袋子”。厦门市检察机关办理一起以低价旅游设置购物陷阱诈骗老年人案件，依法起诉 21 人，督促全额退赃 700 万余元。连续五年组织开展“根治欠薪”专项监督活动，起诉拒不支付劳动报酬犯罪 257 人，支持农民工起诉 1560 件，帮助 3183 人追讨欠薪 7004 万元。开展无障碍环境建设公益诉讼专项监督，办理相关案件 205 件，“有爱无碍”让残障人士放心出门。

三、全面履职切实维护社会公平正义

坚守宪法定位，在守正创新中依法履行刑事、民事、行政、公益诉讼“四大检察”职能，助力打造法治强省。

着力做优刑事检察。坚持惩治犯罪与保障人权并重、实体公正与程序公正并重，严格依法办案，防止和纠正冤错案件。全面落实“捕诉一体”机制，批捕各类刑事犯罪 149928 人、起诉 316033 人。始终坚持对严重犯罪追诉严惩，对已过追诉期限但社会危害性和影响仍然存在的 24 件命案，报请最高检核准追诉，重罪虽久必究、正义不会缺席。适应轻罪案件不断增多、重罪案件持续减少的犯罪结构变化，与法院、公安机关共同落实少捕慎诉慎押刑事司法政策，组织开展羁押必要性审查专项活动。对依法可不捕的不批捕 39018 人，对犯罪情节轻微、不需要判处刑罚的不起诉 34908 人，诉前羁押率逐年下降至 30. 3%。与公安机关在市县两级全覆盖设立侦查监督与协作配合办公室，对应当立案而不立案的监督立案 2085 件、不应当立案而立案的监督撤案 3073 件，对依法当捕、应诉而未移送的追加逮捕 3834 人、追加起诉 5814 人，对侦查活动违法情形提出监督纠正意见 4269 件。推进行政执法与刑事司法衔接，督促行政执法机关移送涉嫌犯罪案件 1160 件，公安机关已立案 995 件。加大对定罪量刑明显不当、审判程序严重违法等问题监督力度，对认为确有错误的刑事裁判提出抗诉 953 件，法院已审结 725 件，其中改判、发回重审 510 件。针对漳州市芗城区一起因被告人不认罪、以证据存疑作无罪判决的盗窃案件，省市区三级检察院接续监督、历时五年，有效补查复核证据，省法院采纳抗诉意见，改判被告人有期徒刑十年。

加强和改进刑事执行检察工作，依法监督监狱、看守所、社区矫正机构履职。全面推行“派驻+巡回”检察工作机制，省检察院直接组织对 26 个监狱、看守所开展巡回检察，各地市实现辖区巡回检察全覆盖，发现监管执法问题 1220 个、检察履职问题 243 个，发出纠正违法通知书 248 份。严防“纸面服刑”“提钱出狱”，全面加强对违规违法减刑、假释、暂予监外执行问题的监督，累计纠正执行不当 7510 人。针对收押难、送监难问题，开展专项清理排查，牵头修订完善长效机制，督促依法收押收监 3793 人。对全省 1101 名老年在押人员合法权益保障情况开展调研，促成相关部门完善监管措施。深化财产刑执行监督，提出纠正意见 3428 件，已执行 322. 1 亿元。加强对涉海涉渔社区矫正对象出海作业管理的监督，率先出台监督指导意见，实现既“管得住”又“出得去”。

着力做强民事检察。深入贯彻民法典，强化精准监督理念，对认为确有错误的民事裁判提出抗诉、再审检察建议 1236 件，法院已采纳 1025 件。与法院共同维护司法公信，对审查后不支持监督申请的 6278 件正确裁判，耐心向当事人释法说理，促进服判息诉。对民事审判活动中的违法情形提出监督意见 942 件，法院已采纳 924 件。落实省委政法委部署，推进执法监督和法律监督贯通衔接，连续三年开展执行案件评查，对消极执行、超标的查封、终结本次执行程序不规范等情形提出监督意见4364件，法院已采纳4325件；以类案监督检察建议规范失信被执行人名单制度，17万人被移出失信名单。持续加大虚假诉讼监督力度，牵头与法院、公安机关等建立协作机制，监督纠正虚假诉讼766件，帮助挽回经济损失2.2亿余元，从中追究刑事责任109人，让打假官司者吃上真官司。三明、南平、龙岩市检察机关在办理涉黑恶“套路贷”刑事案件、假借农民工讨薪案件中，监督纠正虚假诉讼118件，4名司法工作人员被追究刑事责任。

着力做实行政检察。围绕维护司法公正、促进依法行政的共同法治目标，加大行政诉讼监督力度。对行政裁判结果及行政审判和执行活动中的违法情形，提出监督意见3327件。泉州市检察机关专项监督清理住宅专项维修资金未及时交存问题，督促缴交1亿余元。针对一些行政争议难以化解、群众诉求得不到实质解决问题，首创行政争议实质性化解“路线图”工作机制，通过监督纠正、促成和解、司法救助等方式，有效化解行政争议1207件，其中诉争10年以上的106件。省市县三级检察院办理闽侯县姚某诉请撤销婚姻登记监督案，受到最高检重视并促成民政部等4部门出台处理冒名顶替、弄虚作假办理婚姻登记问题指导意见。在全国率先探索开展诉讼活动中涉及行政处罚、行政强制戒毒专项监督，持续跟进解决没收违法建筑物处置问题，推进土地执法查处领域非诉执行监督，提出监督意见2323件。

着力做好公益诉讼检察。履行“公共利益代表”神圣职责，落实省委《关于支持检察机关依法开展公益诉讼工作的意见》，协同立法、执法、司法保护国家利益和社会公共利益。聚焦社会关切的生态环境和资源保护、食品药品安全、国有财产保护、国有土地使用权出让等传统法定领域，办理公益诉讼案件9555件，占办案总数的72.6%。积极稳妥办理英烈权益保护、个人信息保护、农产品质量安全等新法定领域案件1465件，探索办理公共卫生、文物和文化遗产保护等其他领域案件2144件。厦门市检察机关创新“检察监督+台胞认领+社会共管”涉台文物保护模式，泉州市检察机关开展“检察护宝·守护海丝名城”专项监督，三明市检察机关以专项监督促成修缮21处革命文物。以诉前实现保护公益目的为最佳司法状态，首创公益诉讼诉前圆桌会议机制，通过诉前磋商、告知函、公开听证等方式，督促相关部门依法履职，99.5%的案件在诉前环节得以解决。对于诉前检察建议未整改到位以及法律规定的机关和组织未提起公益诉讼的，依法提起公益诉讼1006件，诉讼请求全部得到法院支持。

四、凝心聚力推进改革创新和品牌打造

坚持守正创新，向改革要动力、向管理要质效，形成一批可复制可推广的福建检察样本。

全面推进重塑性改革。坚决配合国家监察体制改革，协同完善监察执法与刑事司法衔接机制，受理各级监委移送职务犯罪2022人，已起诉1686人，对6名原省部级干部和37名原厅级干部提起公诉。依法立案侦查司法工作人员徇私枉法、滥用职权等职务犯罪148人。深化刑事诉讼制度改革，落实认罪认罚从宽制度，坚持应用尽用、规范适用，检察环节适用率稳定保持在85%以上，一审服判率92.6%。深化司法体制综合配套改革，完善检察官单独职务序列，制定检察官权力清单，入额院领导带头办理疑难复杂和引领性案件46101件。全面完成检察机关内设机构改革，市县两级检察院机构精简33.7%，人员力量向一线倾斜。

健全检察管理制度。遵循检察工作规律，用制度管事、管案、管人。建立部署、落实、监督、评价“四位一体”工作机制，形成闭环管理，推动工作落地见效。率先在省级院推行业务态势分析制度，每季度集中分析全省检察业务质效。深化运用“案—件比”质效评价标准，刑事检察“案—件比”从2019年的1.95优化至2022年的1.11，有效减少群众诉累、节约司法资源。全面推行部门主要职责说明书和个人岗位说明书“两书”制度，解决“干什么”“怎么干”的问题，激发干警担当作为。1057个集体和个人获省级以上表彰，涌现出“全国工人先锋号”省检察院第七检察部、全国“人民满意的公务员”潘进格等一批先进典型。李望厦、周永东用生命赴使命，激励我们不忘初心、承志前行。

打造检察品牌矩阵。生态检察与公益诉讼融

合履职成效凸显，生态恢复性司法机制作为国家生态文明试验区改革举措在全国推广。未成年人检察工作创新发展，在全国首创“督促监护令”机制上升为法律规定，与省妇联等部门联合推广“春蕾安全员”机制。涉台检察品牌持续擦亮，涉台检察联络室和台胞检察联络员覆盖全省，“司法服务+司法保障+司法交流”涉台检察工作模式得到最高检和中央台办肯定。泉州“亲清护企”、平潭“岚岛检察蓝”先后获评第一、二届全国检察机关十佳文化品牌。

五、自我革命锻造新时代过硬检察铁军

弘扬伟大建党精神，持之以恒抓党建、带队伍、促业务，守正创新提升检察队伍整体水平。

始终把政治建设摆在首位。学思践悟习近平新时代中国特色社会主义思想，深入学习宣传贯彻党的二十大精神，坚定拥护“两个确立”、坚决做到“两个维护”。坚持党对检察工作的绝对领导，落实《中国共产党政法工作条例》和省委实施办法，向省委、省委政法委请示报告重要工作、重大事项。扎实开展“不忘初心、牢记使命”主题教育、党史学习教育和政法队伍教育整顿，推进“提高效率、提升效能、提增效益”行动。加强机关党建工作，开展模范机关和文明单位创建，79个检察院被评为全国、全省文明单位，省检察院连续三届被评为全国文明单位。

稳步提升法律监督能力。创新教育培训和岗位练兵平台，开办“新福建检察大讲堂”，通过业务竞赛、听庭评议等方式，分级分类培训75000人次。注重交流互鉴、智慧借助，开展检察官、法官、警察等同堂培训32次，聘请472名行政机关专业人员兼任检察官助理，与法院、行政机关互派干部交流，与清华大学等高校建立战略协作机制。25个团队和个人获评全国优秀办案团队、优秀检察官、优秀公诉人、业务专家称号。

深化全面从严管党治检。严格落实中央八项规定及其实施细则精神和我省实施办法，落实新时代政法干警“十个严禁”、防止干预司法“三个规定”等纪律要求，一体推进不敢腐不能腐不想腐。自觉接受最高检党组巡视、省委全面从严治党主体责任检查、省委政法委政治督察，三级检察院一体整改落实。建立健全内部监督制约机制，加强对市县两级检察院“一把手”、年轻干部的管理监督。主动接受各级纪委监委及派驻机构监督，积极配合地方党委开展巡察，严肃查处违纪违法检察人员154人。

锲而不舍夯实基层基础。持续开展“基层建设年”活动，6个基层院获评“全国先进基层检察院”。主动争取党委重视支持，全面完成市县检察长换届，优化领导班子结构。适应数字化发展趋势，在省委政法委领导下主导建设的省级政法跨部门大数据办案平台投入使用，检察业务应用系统2.0上线运行，网上办案迭代升级，信息技术赋能“智慧”检察。

各位代表，自觉接受监督，是检察机关贯彻落实全过程人民民主的庄严承诺。五年来，我们认真学习贯彻中央、省委人大工作会议精神，自觉接受人大及其常委会监督，认真落实相关决议和决定，向省人大常委会专题报告司法体制改革、民事行政检察、公益诉讼检察、未成年人检察、控告申诉检察等工作，配合各级人大常委会开展专题调研和执法检查753次，配合开展类案评查工作。自觉接受民主监督，每年向省政协通报检察工作，健全与各民主党派、工商联和无党派人士联系机制。重视与代表委员经常性联络，邀请视察工作、参与公开听证等检察活动15108人次，办结代表建议687件、委员提案137件。自觉接受履职制约，对公安机关提请复议复核的案件依法慎重审查，改变原决定77人，对法院作出无罪判决的逐案评查剖析。尊重和保障律师依法执业，与律协建立协作机制，开展律师互联网阅卷试点工作，监督纠正执法司法人员侵犯律师执业权利58件。自觉接受社会监督，支持人民监督员、特约检察员、专家咨询委员、听证员履职。深化检务公开，常态化开展线上线下检察开放日活动，及时发布重要案件信息和核心业务数据，不断提升司法公信力。

各位代表，过去五年检察工作的发展进步，是全省各级党委、人大、政府、政协、监委、法院和人大代表、政协委员以及社会各界关心、支持、帮助的结果。在此，我谨代表全省检察机关表示衷心感谢和崇高敬意！

我们深切体会到，检察事业发展进步，必须

坚持党的绝对领导，深入践行习近平法治思想，时刻谨记习近平总书记对福建、对检察工作的殷切嘱托，确保检察事业坚定有力、行稳致远；必须坚持践行全过程人民民主，把为了人民与依靠人民统一起来，把人民群众、代表委员的监督支持转化为检察机关能动履职、为民司法的强大动力；必须坚持法律监督宪法定位，强化法治思维、遵循司法规律，坚持敢于监督、善于监督、勇于开展自我监督，努力让人民群众在每一个司法案件中感受到公平正义；必须坚持系统观念，把握好全局和局部、当前和长远、宏观和微观的关系，坚持个案办理、类案监督、社会治理一体推进，更好发挥法治固根本、稳预期、利长远的保障作用；必须坚持守正创新，对根本性原则性问题坚如磐石，对新形势新要求顺势而为，对大数据新技术深度运用，推动检察工作创新发展。

我们清醒认识到，与新时代新征程党和人民的更高要求相比，检察工作还有一定差距。一是学思践悟习近平法治思想还需走深做实，检察理念需持续提升；二是服务新发展阶段新福建建设的措施还需持续优化，保障民生的精准度和实效性有待增强；三是法律监督需要进一步加强，不敢、不善、不规范监督问题还不同程度存在；四是队伍专业化水平仍有差距，运用大数据赋能法律监督、推动社会治理还需持续发力；五是极少数检察人员违纪违法仍时有发生，推进全面从严管党治检时刻不能放松。对这些问题，我们将紧盯不放，下大气力推动解决。

2023年工作安排

2023年是全面贯彻落实党的二十大精神的开局之年。全省检察机关要坚持以习近平新时代中国特色社会主义思想为指导，深入落实《中共中央关于加强新时代检察机关法律监督工作的意见》及省委实施意见，把握以检察工作现代化服务中国式现代化的目标要求，依法能动履行检察职能，为全方位推进高质量发展提供有力保障。

一是深入学习宣传贯彻党的二十大精神。按照党中央部署，认真开展习近平新时代中国特色社会主义思想主题教育，全覆盖开展党的二十大精神学习培训，不断提高政治判断力、政治领悟力、政治执行力。始终坚持党对检察工作的绝对领导，坚定不移走中国特色社会主义法治道路、检察道路。

二是全力服务保障新发展阶段新福建建设。落实省委十一届三次全会部署，运用法治力量服务我省现代化建设。依法打击危害国家安全犯罪，常态化推进扫黑除恶，宽严相济办好各类案件。加强涉台检察工作，助力海峡两岸融合发展示范区建设。常态化抓实生态环境司法保护、信访积案化解、未成年人综合保护等为民实事。

三是全面提升法律监督质量和效果。深入思考检察工作现代化的思路、方法和路径，推动法律监督理念、体系、机制、能力现代化。持续推动"四大检察"全面协调充分发展，加强刑事立案、侦查、审判和执行活动监督，强化民事、行政检察监督，提升公益诉讼办案质效，办理更多有影响力的典型案件。深化检察改革，实施数字检察战略，赋能司法办案和法律监督。

四是锻造忠诚干净担当的检察队伍。落实新时代党的建设总要求和新时代党的组织路线，一体提升政治素质、业务素质和职业道德素质。深化全面从严管党治检，突出抓好领导干部和办案环节制约监督。优化检务管理，完善考核评价体系，激励干警担当作为。自觉接受人大监督，接受政协民主监督，依靠群众支持做好各项工作。

各位代表，新的一年，我们要更加紧密团结在以习近平同志为核心的党中央周围，认真落实本次省人大会议部署，忠实履行宪法法律赋予的职责使命，踔厉奋发、勇毅前行，为奋力谱写全面建设社会主义现代化国家福建篇章作出新的更大贡献！

关于福建省2023年国民经济和社会发展计划执行情况及2024年国民经济和社会发展计划草案的报告

——2024年1月23日在福建省第十四届人民代表大会第二次会议上

福建省发展和改革委员会

各位代表：

受福建省人民政府委托，现将福建省2023年国民经济和社会发展计划执行情况及2024年国民经济和社会发展计划草案提请省十四届人大二次会议审议，并请省政协各位委员和其他列席人员提出意见。

一、2023年国民经济和社会发展计划执行情况

2023年，全省各级各部门坚持以习近平新时代中国特色社会主义思想为指导，全面贯彻落实党的二十大精神，坚决贯彻落实习近平总书记重要讲话重要指示批示精神和党中央决策部署，牢牢把握习近平总书记亲自擘画的新福建宏伟蓝图和“四个更大”重要要求，在省委领导下，坚持稳中求进工作总基调，完整、准确、全面贯彻新发展理念，积极服务和融入新发展格局，统筹疫情防控和经济社会发展，统筹发展和安全，认真执行省十四届人大一次会议审议批准的《政府工作报告》和2023年国民经济和社会发展计划，深学争优、敢为争先、实干争效，积极探索海峡两岸融合发展新路，加快建设两岸融合发展示范区，有效应对外部压力、积极克服困难问题，全省经济持续恢复，呈现前低后高、逐季向好态势，高质量发展扎实推进，社会大局安定稳定。初步统计，全省地区生产总值增长4.5%；一般公共预算总收入增长9.8%，地方一般公共预算收入增长7.6%。

一年来国民经济和社会发展成效主要体现在。

（一）坚定实施扩大内需战略，内需潜力有效释放

投资关键作用有效发挥。固定资产投资增长2.5%，其中，制造业投资增长11.6%，基础设施投资增长5.7%。发挥政府投资引导带动作用，探索编制省级政府投资计划，新增地方政府专项债务限额1618亿元、分解下达中央预算内投资99.9亿元、争取增发国债资金240.5亿元、安排省级预算内投资31.5亿元支持重大项目建设。1580个省重点项目完成投资7387亿元，完成年度计划的114%。聚焦重点领域，谋划储备项目2831个、总投资2.3万亿元。实现高质量发展融资1094.5亿元，推动基础设施REITs试点工作，14个项目纳入项目库跟踪管理。2023年福建省与央企深化合作推进会、第二十三届中国国际投资贸易洽谈会、第十三届民营企业产业项目洽谈会等重大招商活动成功举办，与中核、中能建等7家央企签订战略合作协议，纳入跟踪管理的全省重大招商项目共579个、开工率94.3%。

专栏 1 基础设施重大工程推进情况

铁路	全国首条时速350公里的跨海智能高铁福厦高铁开通运营，龙龙铁路龙岩至武平段建成通车；福州港口后方铁路杜坞至樟林至透堡段加快建设；漳汕高铁完成前期工作，龙龙铁路武平至梅州段、宁德漳湾铁路专用线可研批复；温福高铁、温武吉铁路等项目实质性开展前期工作；福建省城际铁路规划调整获批，莆田至长乐机场城际铁路F2线、宁德至长乐机场城际铁路F3线、厦漳泉城际铁路R1线前期加快推进。全省铁路完成投资125亿元。
民航	福州机场二期扩建、厦门新机场、泉州机场改扩建工程建设有序推进。龙岩新机场项目建议书获国务院、中央军委批复，武夷山机场迁建工程前期工作加快推进。全省民航完成投资88.81亿元。
轨道交通	福州地铁4号线首通段、5号线后通段开通。福州至长乐机场城际F1线、厦门地铁4号线、6号线加快建设。全省城市（际）轨道交通完成投资291.9亿元。
公路	厦门第二东通道、泉南高速永春互通至汤城枢纽段改扩建工程主线等建成通车。加快沈海高速泉厦扩容、泉梅高速泉州段、京台复线等高速公路前期工作。全省公路完成投资648.85亿元。
港航	漳州LNG码头等项目竣工，加快建设罗屿8号、11—12号，可门6、7号泊位工程等项目，开工建设福州港江阴航道延长段工程、江阴6、7号泊位工程等项目。全省港航完成投资76.26亿元。
水利	国家重大项目“一闸三线”全线通水，解决平潭缺水问题，霍口水库主体完工。白濑水利枢纽工程、木兰溪下游水生态修复与治理工程、漳州东南沿海九龙江调水工程、“五江一溪”防洪治理工程、城乡供水一体化工程等加快实施，闽江干流防洪提升工程、金门供水水源保障工程等开工建设，上白石水利枢纽前期工作加快推进。全省水利完成投资574亿元。
新型基础设施	全省新增5G基站3万个，实现所有乡镇和93%以上行政村的5G覆盖。人工智能计算中心（福州）纳入全国人工智能算力战略体系。新增漳州、省联通2个工业互联网标识解析二级节点。三明海丝卫星数据运营中心开工建设。省北斗位置服务公共平台建成，实现8000余艘渔船接入管理、全省大中型海洋渔船配备卫星通信终端。数字农业、智慧交通、智慧医疗等重点领域融合基础设施建设稳步推进。

居民消费加快恢复。出台促进消费提质升级16条、进一步促消费扩内需9条等措施，实施扩消费“八大行动”，深化“全闽乐购”品牌，开展各类主题促销活动近万场，社会消费品零售总额增长5%。激发大宗消费，共发放汽车补贴1.78亿元，撬动汽车消费40多亿元，限额以上单位新能源汽车零售额增长28%。全国首个闽菜文化博物馆开馆，推广“八闽全福宴·一县一桌菜”，餐饮收入额增长10.8%。实施县域商业建设行动，乡镇快递物流站点实现全覆盖。我省获批全国内外贸一体化试点，泉州市获批国家第三批一刻钟便民生活圈建设试点城市。

（二）深入实施科教兴省战略，科技自立自强步伐加快

高质量教育体系加快建设。推进基础教育扩优提质，全省学前教育普惠率达94.6%，80%以上的义务教育学校实现管理标准化。实施县域普通高中发展提升行动计划，达标高中在校生占比达90%。深化职业教育产教融合校企合作，晋江入选第一批国家级市域产教联合体。建立福建技工教育联盟，5所技工院校获评国家级高技能人才培训基地。实施新一轮“双一流”和一流应用型高校建设计划，建设7个基础学科联盟和4个政产学研用金联盟。新增两院院士5人，福州大学、福建中医药大学等7所院校增补列入“十四五”教育强国储备院校名单，福建工程学院更名福建理工大学。

科技创新能力进一步提升。印发实施加快推进科技创新发展20条措施。发挥福厦泉国家自主创新示范区引领作用，落地实施84个协同创新平台项目。国家高新技术企业突破1.2万家、增长35%，新增上杭、武夷山、闽侯、武平4个国家级创新型县（市）。新建集成电路省创新实验室，高标准推进7家省创新实验室建设，2家实验室重组入列全国重点实验室。新增7家国家企业技术中心，新建9家省级工程研究中心，国家级海上风电研究与试验检测基地全面动工。组织实施大黄鱼育种国家重点研发计划，以及“氢燃料多场景应用超高速空气压缩机关键技术研发及产业化”等12项“揭榜挂帅”重大项目。成功开展全球首次海上风电无淡化海水原位直接电解制氢技术海试，破解海水直接电解制氢难题；突破柔性新型显示材料氟聚酰亚胺及关键单体研发与产业化、银合金靶材关键技术研发及产业化等系列关键技术。召开全省知识产权保护和发展大会，知识产权强省加快建设，15项专利获第二十四届中国专利奖。

人才引育取得良好成效。实施2023年引才引智计划，出台加强新时代高技能人才队伍建设实施意见，引进急需紧缺人才。选拔省“创业之星”“创新之星”人才20人，我省91名外籍人才获批在华永久居留。首创选认行业领域科技特派员，选认省级个人科技特派员2217名、团队科技特派员794个，我省主导制定的科技特派员国家标准发布实施。新增国家级技能大师工作室5个，全国技术能手38人，省级技能大师工作室60个，省技术能手157人。

（三）促进产业体系升级发展，新动能新优势不断集聚增强

工业生产稳步恢复。实施合力抓工业全力稳增长10条等措施，完善“一产业一专班”专项协调机制，出台“电动福建”建设、竹产业高质量发展等政策措施，全省规模以上工业增加值增长3.3%；工业用电量增长6.5%。召开全省新型工业化推进大会。积极探索建设中沙（福建）产业合作区，中沙古雷乙烯项目进入建设实施阶段，古雷炼化一体化二期项目纳入国家规划，中化二套乙烯项目稳步推进，我省向石化大省加速迈进。持续壮大4个国家级、17个省级战略性新兴产业集群，宁德时代等5家链主企业列入国家名单，新认定专精特新“小巨人”企业42家、专精特新中小企业1052家。加速数字化绿色化转型，出台省级新一代信息技术与制造业融合发展项目管理办法，福州、厦门入选全国首批中小企业数字化转型试点城市；修订印发工业能效指南，制定鼓励企业入园进区若干措施，宣传推广泉州市园区标准化建设经验。深入实施国防科技工业军民融合创新工程，促进区域军民特色产业发展。

产业链供应链韧性增强。发布全国首份县域重点产业链发展白皮书，编制14条产业链条图谱、8份产业地图，发布工业206家现有龙头企业和704家龙头培育企业名单，强化产业链招商，以龙头企业引领带动产业链上下游企业协同落地、集聚发展。实施技术难题攻关，支持技术创新重点攻关及产业化项目74项，加强质量支撑和标准引领，产业链供应链韧性和安全水平稳步提升。

建筑业转型步伐加快。出台建筑业高质量发展10条措施，大力发展“建筑之乡”，建筑业增加值增长5.1%。推广“系统代脑、机器代工、工厂代现场”等建筑智能建造模式，全省装配式建筑比例超30%。新建建筑全面执行绿色建筑标准，新建绿色建筑8223万平方米。全域开展“无废城市”建设，推广建筑垃圾资源化利用再生产品。

现代服务业质效持续提升。实施服务业高质量发展三年行动，服务业增加值增长5.2%。福州市获批建设港口型国家物流枢纽，福州、厦门、泉州、三明列入国家流通战略支点城市，新培育5条多式联运“一单制”试点线路，全省高速公路出口总流量增长19%。深入实施“引金入闽”工程，2023年金融资本服务实体经济福建创新发展大会、第四届中国资产管理武夷峰会成功举办，宁德、龙岩国家级普惠金融改革试验区加快建设，全省本外币各项存、贷款余额分别增长11.1%、8.2%，新增上市和过会企业17家。互联网、软件信息技术等新兴服务业加快发展。

数字经济创新发展。深入实施做大做强做优数字经济行动计划，数字经济增加值突破2.9万亿元。制定实施新型基础设施建设新一轮三年行动计划，福州、泉州、漳州、龙岩、三明、平潭6个城市达到千兆城市建设标准，国家新一代人工智能公共算力开放创新平台获批建设。建设福建卫星数据运营中心等10个公共服务平台，卫星应用、信创、人工智能产业集聚创新发展。第六届数字中国建设峰会成功举办，620个、总投资3400亿元的签约项目加速落地，191个省数字经济重点项目加快建设。建设上线省级数字技术应用场景对接平台。省公共数据汇聚共享平台汇聚有效数据900多亿条，省大数据交易所交易金额超10亿元。

海洋经济壮大发展。出台《福建省海洋经济促进条例》，深入实施海洋经济高质量发展三年行动，全省海洋生产总值达1.2万亿元。首届世界航海装备大会成功举办，期间全省海洋经济产业合作创新发展大会共对接签约海洋经济重大项目170项、总投资超2000亿元。省级高新区厦门海洋高新技术产业园区获批建设。全球首台16兆瓦海上风电机组并网发电。“闽投系列”深海装备养殖试点项目持续推进，首台套“闽投1号”投产运营，秀屿、霞浦、东山、惠安4台套加快建设。

绿色经济深化发展。深入实施绿色经济发展行动计划，推进绿色低碳先进技术示范工程，新增70家绿色工厂、5家绿色工业园、6家绿色供应链管理企业入选国家绿色制造名单，3个园区获批国家清洁生产审核创新试点。首届世界储能大会成功举办，全国首条高速公路重卡换电绿色物流专线在我省启动。深化绿色金融创新运用，11项绿色金融创新案例在全国推广，全国首单茶树碳汇储量指数保险、首单水土保持项目碳汇交易落地，林业碳汇成交量与成交额均居全国前列。

文旅经济蓬勃发展。召开全省文旅经济发展大会，实施“清新福建·精彩四季”主题消费年行动，推出400多项利民惠民措施，举办4000多场次文旅活动，打造“清新福建”旅游列车，平潭海洋极光“蓝眼泪”等IP火爆全国。全省累计接待旅游总人数5.72亿人次，实现旅游总收入6981亿元，分别增长45.9%、61.3%。长征国家文化公园（福建段）、G228滨海风景道、福建美术馆等项目加快建设。莆田市获评国家历史文化名城，鼓楼、武夷山获批国家文化产业和旅游产业融合发展示范区，永定、建阳入选全国文化产业赋能乡村振兴试点县，泉州中山路、漳州古城、长汀店头街、泰宁尚书街创建国家级旅游休闲街区，烟台山历史街区等文旅新地标相继建成，新评定10个4A级景区。监测数据显示，全省重点景区客流量增长39.3%。

（四）实施新时代民营经济强省战略，发展动力不断增强

创新和发展“晋江经验”。出台实施新时代民营经济强省战略推进高质量发展的意见，构建“1+N”政策体系，建立省领导挂钩联系重点民营企业机制和民营企业家常态化沟通交流机制，围绕融资服务、科技创新、政策兑现开展优化民营经济营商环境专项行动。搭建全省统一的向民间资本推介项目平台，储备项目597个、总投资4234亿元，在房地产开发投资大幅下滑情况下，民间制造业、民间基础设施投资分别增长8.1%、4.6%。规模以上民营工业企业增加值增长3.5%，民营企业进出口增长4.7%，普惠小微贷款余额增长22.3%，均好于全省平均水平。

重点领域改革深入推进。出台纵深推进全面深化改革的实施方案。新一轮国企改革深化提升加快推进，启动对标世界一流企业价值创造行动，12家企业入选国家“双百企业”，8家企业参与国家“科改行动”。农业农村改革稳步实施，“三医”协同改革纵深推进，商事制度改革进一步深化，集体林权制度改革不断取得新成效，价格改革稳妥推进。

专栏2　重点领域改革推进情况

简政放权方面	国家印发厦门综合改革试点实施方案，以清单批量授权方式赋予在重点领域和关键环节改革上更大自主权。 开展建设全省统一收件平台等5项改革试点，公布福建省政务服务领域强制性中介服务事项清单。
农业农村改革	巩固完善农村基本经营制度，沙县大洛镇整镇开展第二轮土地承包到期后再延长30年试点。 推进农村产权流转交易市场建设，出台《福建省农村产权流转交易管理办法（试行）》，推广应用省级农村产权流转交易信息平台，全省累计完成交易2270宗，成交金额达15.2亿元。
医疗改革	深化“药价保”集成改革，完善药品耗材采购挂网政策，扩大省际联盟集采范围。 稳步扩大按疾病诊断相关分组和按病种分值付费改革医疗机构覆盖面。 在全国率先探索“无陪护”病房政策和药学服务收费改革。
林业改革	稳步推进南平、三明、龙岩3个全国试点市和邵武、尤溪、柘荣等15个省级特色试点县建设，林木采伐管理改革试点迈出新步伐，林权流转等重点任务扎实推进，全省完成林权流转246.7万亩。

续表

商事制度改革	有序推进歇业备案改革，完成登记受理系统和综合审批系统流程再造、资源整合和数据共享，推动电子营业执照跨部门应用，企业办事更加便捷。
价格改革	有序推动公办高等学历教育收费改革，稳妥推进能源资源价格改革，持续推动农业水价综合改革，开展医疗服务价格动态调整工作。

营商环境优化提升。完善营商环境数字化监测督导机制，全国优化营商环境现场会成功举办，我省4个典型经验做法向全国推广。不折不扣落实减税降费各项举措，持续清理废除妨碍统一大市场和公平竞争的政策措施。落实数字政府改革和建设总体方案，开展政务服务效能提升“双十百千”工程，政务数据共享全面推进，建设“易企办”掌上企业服务专区；制定省级“一件事一次办”集成化办理平台技术规范和数据标准，“一业一证”行业综合许可平台上线运行。全省新设经营主体增长9.13%。社会信用体系建设加快推进，漳州、泉州获评第四批全国社会信用体系建设示范区。

（五）统筹推进城乡发展，区域协调协同发展持续深化

新型城镇化建设取得新成效。率先启动全域范围内户口迁移“跨省通办”，全年农业转移人口落户城镇37.7万人。厦漳泉都市圈发展规划编制完成将印发实施，福州都市圈同城化建设加快推进，实施居住证互通互认，200余万名流动人口凭证享受基本公共服务。新型城市建设品质有效提升，新改扩建城市道路704公里、新增公共停车泊位3.1万个，创建无障碍设施样板街道11个；新建改造公园绿地1002公顷、福道1083公里、郊野公园17平方公里、“口袋公园”147个；新建改造供水和燃气管道1363公里、雨水管网575公里，三明市入选全国海绵城市建设示范城市；生活垃圾分类稳居全国前列。

区域发展格局持续优化。出台进一步做深做实新时代山海协作推动区域协调发展的意见，印发发展飞地经济指导意见。深入实施革命老区振兴发展实施方案，落实中央国家机关及有关单位对口支援政策，支持三明与上海、龙岩与广州对口合作，闽西革命老区高质量发展示范区加快建设。福州新区和平潭综合实验区加快一体化发展，省海洋大数据中心落户等一批重大事项有效落实。对口支援不断深化，连续三次在国家组织的对口援疆、援藏工作绩效综合考核评价中获得双优秀；持续推动闽宁协作，连续5年在国家东西部协作考核中取得“好”的等次。

乡村振兴全面推进。深入实施特色现代农业高质量发展“3212”工程，农林牧渔业总产值增长4.3%，新创建“福九味”中药材国家优势特色产业集群，漳浦、福清2个国家现代农业产业园，漳平、福安2个国家农业现代化示范区，连江筱埕镇等7个国家农业产业强镇。持续实施种业创新与产业化工程，育成水稻、玉米和果树等农作物新品种37个，杂交水稻制种面积57.92万亩、产量1.18亿公斤，保持全国第一。召开深入学习“千万工程”经验建设福建美丽乡村现场推进会，实施农村建设品质提升五类工程，全年完成乡村水、电、路、气、通信等基础设施投资368.1亿元，海沧、石狮、建宁评为全国村庄清洁行动先进县，寿宁、漳浦、翔安创建国家乡村振兴示范县。巩固拓展脱贫攻坚成果，强化产业、就业帮扶，支持光泽止马镇、福鼎贯岭镇、平和大溪镇等地72个农村基础设施、产业配套设施以工代赈项目建设。

（六）扎实推动两岸融合发展示范区建设，国际经济合作和竞争新优势持续增强

海峡两岸融合发展迈出重大步伐。深入贯彻落实《中共中央、国务院关于支持福建探索海峡两岸融合发展新路建设两岸融合发展示范区的意见》，制定我省实施意见，发布首批增进台胞福祉15条政策措施。全年新设台企数大陆占比1/4，实际利用台资大陆占比近四成，新设台企户数和实际利用台资规模保持大陆首位，闽台贸易额906.2亿元。“小三通”客运航线复航，“小四通”工作持续推进，向金门供水超3000万吨。推出第二批两岸行业标准共通13个试点项目，平潭设立大陆首个台胞职业资格一体化服务中心。第十五届海峡论坛、第十一届海峡青年节成功举办，开展“重启交流、福建先行”行动，累计举办各类重点民间交流活动近280项。

“海丝”核心区建设成果丰硕。第五届“丝路海运”国际合作论坛成功举办，“丝路海运”命名航线集装箱吞吐量突破1500万标箱，“丝路飞翔”开通国际和港澳台空中航线50条，中欧、中亚班列稳定运行。促进开放型经济发展，福建自贸试验区新推出第20批59项创新举措，其中全国首创26项、对台特色6项，率先试点对接国际高标准推进制度型开放。第三届海丝中央法务区论坛成功举办，累计引入现代化、国际化法务机构或项目超100个，搭建国际商事海事争端解决平台体系，在全国首创“涉台海事纠纷解决中心”等一批特色法务品牌。中国—金砖国家新时代科创孵化园揭牌运行，金砖创新基地累计签约金砖合作项目91个、超450亿元。菌草、计量标准化等一批民心相通项目深入实施，积极推动一系列民间交往。

经贸合作提质增效。出台促进外贸回稳提质等政策措施，持续开展“福品销全球”活动，组织超4100家次企业参加236场境外展会，电动载人汽车、锂电池、太阳能电池等“新三样”商品出口1365.6亿元、增长49.8%。全省外贸进出口19743.5亿元、下降0.2%，其中出口下降2.7%，进口增长3.9%；新设外商投资企业数增长36.2%，实际使用外资302.6亿元，高技术制造业实际使用外资增长35.8%。跨境电商发展良好，市场采购贸易开展全国通关一体化试点，全面深化服务贸易创新发展试点任务落地率达98.1%。2023全球招商大会、第十届中国—中亚合作论坛、中印尼、中菲“两国双园”建设推进大会以及经贸合作推介会等重要活动成功举办，第二十三届投洽会期间签约双向投资项目366个、总投资3254.7亿元。高水平“走出去”稳步前行，备案对外投资项目404个，实际对外投资额增长51.4%，派出各类劳务人员规模保持全国首位。第一届中国侨智发展大会成功举办。联合港澳“并船出海”拓展国际市场，开展“2023闽港澳经贸交流会”“香港企业福建行”“国潮泉州品牌香江行”等活动，实际使用港澳资177亿元。

（七）切实办实事惠民生，人民生活水平持续提高

就业形势总体平稳。出台促稳工稳产促就业7条等措施，统筹用好就业补助资金、失业保险基金，城镇调查失业率4.8%，城镇新增就业53万人，均完成年度目标。出台促进毕业生等青年就业创业10条措施，高校毕业生就业局势总体稳定。加强企业工资宏观调控，居民收入稳步增加，城镇居民、农村居民人均可支配收入分别增长4.3%、6.9%，城乡收入差距进一步缩小。

民生保障进一步增强。省委、省政府29项为民办实事项目全面完成。民生支出4527.15亿元、增长3.7%，占一般公共预算支出的77.1%。深入实施全民参保计划，企业职工基本养老保险全国统筹、失业保险省级统筹稳步开展。继续提高城乡居民医保财政补助标准，健全大病保险和医疗救助制度。建立基本养老服务清单动态调整机制。完成退役军人接收安置任务，开展“我为老兵办实事”活动。率先建立低收入人口动态监测和救助帮扶机制，基本建成分层分类的社会救助体系。加大普惠托位供给，增加1.28万个普惠托位，厦门市获评第一批国家婴幼儿照护服务示范城市。厦门、泉州列入第二批国家儿童友好城市。龙岩市全国青年发展型城市建设试点中期评估获优秀。提高孤儿、事实无人抚养儿童基本生活最低养育标准，建立自然增长机制，制定实施孤独症儿童关爱服务措施，乡镇（街道）未成年人保护工作站覆盖率达83.8%。以“整镇推进、一户一案、扩量提质”等方式推进残疾人家庭无障碍改造1万户，经验在全国推广。持续做好保供稳价，居民消费价格与上年持平，压实“菜篮子”市长责任制。

专栏3　社会保障工作和成效

医疗保障	完善职工医保门诊共济保障机制，巩固提升福州市长期护理保险试点，推进定制型商业健康保险发展。 城乡居民医保人均财政补助标准提高到每人每年640元。 全省集中带量采购药品、医用耗材价格平均降幅达50%以上，医保药品目录扩大至2967个。
养老保障	调整提高退休人员基本养老金，总体调整水平为2022年退休人员月人均基本养老金的3.8%，惠及231.33万名退休人员。 调整提高城乡居民基础养老金省定标准达每人每月150元，惠及503.25万老年城乡居民。 为民办实事项目新建嵌入式养老服务机构50个、示范性长者食堂300个，各类养老服务床位达29万张，长者食堂（助餐点）达2871个。泉州市列入全国居家和社区基本养老服务提升行动第三批试点城市。
住房保障	开工保租房8.4万套、棚户区改造5.9万套、公租房1891套、老旧小区改造38.2万户。 落实提取公积金支付首付款政策，支持购房3.4万套。
社会兜底保障	低保、特困供养年人均标准分别达到10112元、25380元。 儿童福利机构集中供养的孤儿和社会散居孤儿、事实无抚养儿童基本生活最低养育标准分别达到每人每月2100元、1700元。 实行五类困难群体精准医疗救助，共资助参保113.91万人、医疗救助707.4万人次，救助金额15.18亿元。 销售平价商品1.68万余吨，政府补贴（让利）超1900万元，发放价格临时补贴8113万元，惠及困难群众209万人次。困难残疾人生活补贴标准提高8%。

健康福建加快建设。科学精准落实新冠病毒感染"乙类乙管"要求，经受住较短时间疫情高峰冲击，疫情平稳有序"压峰"转段。深化爱国卫生运动，持续推进卫生城镇创建、健康城镇建设。8个国家区域医疗中心建设项目加快推进，累计开展新技术、新项目、新服务276项，其中60项新技术项目填补我省医疗技术空白。"三医"协同发展实现部门网络互通。启动三明、南平紧密型城市医疗集团建设国家级试点工作。开展"千名医师下基层"项目，诊疗27万人次。实施母婴安全行动提升计划、健康儿童提升计划。城乡全民健身场地设施持续改善，人均体育场地面积达2.57平方米、增长6.2%。杭州亚运会参赛成绩取得历史突破。举办厦门马拉松、中华龙舟赛等各类品牌赛事超400项，开展和美乡村篮球大赛（村BA）等全民健身赛事活动超5000场。

专栏4　"健康福建"建设工作和成效

卫生应急能力	省立医院纳入国家紧急医学救援基地第二批项目储备库。依托厦门大学附属翔安医院建设省级紧急医学救援基地。省立医院金山院区二期、协和医院西院二期2个省级重大疫情救治基地项目基本建成。 省、市、县三级疾控局全部挂牌成立。 福州、厦门、泉州制定实施"平急两用"基础设施建设方案，提高重大公共卫生事件应对能力。
区域医疗中心	复旦大学附属肿瘤医院福建医院纳入第五批国家区域医疗中心建设项目。 首批4个省级区域医疗中心项目加快建设，布局第2批9个省级区域医疗中心扩容建设。
中医药传承发展	省中医药管理局正式挂牌，所有乡镇卫生院、社区卫生服务中心设置中医馆。 省立医院、省妇幼保健院被列入国家中西医协同"旗舰"医院试点项目建设单位。 8个学科入选国家中医药管理局高水平中医药重点学科建设项目。
全民健身竞技体育	城区"15分钟健身圈"基本建成，全民健身设施覆盖各行政村。新建20个智慧体育公园、23个多功能运动场等。 第19届杭州亚运会，福建运动员打破3项亚运会纪录，42人次获得25枚金牌、17人次获得8枚银牌、5人次获得5枚铜牌，获金牌人次位列全国第2，创我省历史最好成绩。

文化强省建设稳步推进。召开全省文物工作会议，强化文化遗产挖掘保护，推进漳州圣杯屿沉船水下考古发掘、福建水下考古（平潭）基地等项目建设。加强优秀传统文化传播交流，2023年“5·18”国际博物馆日中国主会场活动、“茶和天下·共享非遗”全国主会场活动成功举办。连续11届获中国戏剧梅花奖并摘得“双梅花”。2023年中国金鸡百花电影节、首届中国电视剧大会等活动成功举办，《柴米油盐之上》获上海电视节白玉兰奖“最佳系列纪录片奖”，《山海情》获“国际传播奖”。创建14个城乡公共文化新空间。

（八）加快建设美丽中国先行示范省，生态文明建设取得新进展

生态文明改革创新接续推进。首个全国生态日福建活动成功举办，我省入选全国省级水网先导区，福州市荣获首届全球可持续发展城市奖，新增晋安、华安、建阳、延平、屏南5个国家生态文明建设示范区，松溪、周宁2个“绿水青山就是金山银山”实践创新基地，湄洲岛、鼓浪屿、海坛岛、大嵛山、惠屿、南日岛6个海岛入选首批“和美海岛”。《福建省国土空间规划（2021—2035年）》获批，省级、设区市级自然资源清单编制完成。《武夷山国家公园总体规划》获批，南平生态产品价值实现机制国家试点工作全面完成。出台城乡建设、能源、工业等领域碳达峰实施方案，加快打造湄洲岛零碳示范区，三明、厦门获评国家低碳城市试点优良城市，龙岩市建成投用全球首座“通量—大气—遥感”碳汇数据双塔观测平台。国家碳计量中心（福建）获批筹建。

生态环境保护和治理持续加强。高标准实施蓝天、碧水、碧海、净土“四大工程”，细化推进“五个美丽”载体建设任务。加强新污染物治理，推进“城市扬尘污染”点题整治，实施58个省级以上工业园区“污水零直排区”建设，新建改造城市污水管网1237公里、污水处理厂15座，实现乡镇生活污水治理市场化全覆盖，深化海漂垃圾治理，完成环境安全隐患整改2608个。生态环境保持优良并持续居全国前列，主要流域国控断面Ⅰ~Ⅲ类水质比例99%、提高0.9个百分点，南平市国控断面全域达到Ⅱ类水质；9个设区城市空气质量达标天数比例98.4%、提高0.8个百分点；近岸海域优良水质比例88.7%、提高2.9个百分点，重点岸段海漂垃圾密度较整治前下降超60%。

（九）统筹发展和安全，安全发展基础不断夯实

粮食安全保障力度加大。召开全省耕地保护和粮食安全工作会议，第十九届粮食产销协作福建洽谈会成功举办，新建和改造提升高标准农田118万亩、高效节水灌溉10.6万亩，全年粮食总产量达511万吨。粮库智能化升级改造加快，提前建成建宁、南安、长汀3个省级粮库。落实食品安全“两个责任”，守护好人民群众“舌尖上的安全”，莆田市获评第三批国家食品安全示范城市。

能源供应保持稳定。推进安全稳妥的煤电油气产供销储体系建设，天然气消费增长12.4%。可再生能源加快发展，可再生能源发电装机占比41.3%、提高3.3个百分点。提高能源行业应急处置能力，强化电力运行管理，圆满完成迎峰度夏电力保供工作。深化电力市场改革，电力中长期市场建设有序推进，开展电力现货市场长周期试运行。

专栏5　能源基础设施项目推进情况

核电	漳州核电1、2号机组建设有序推进，宁德核电5、6号机组获得国家核准。
煤电	华电可门三期、华夏电力等容量替代项目加快建设，江阴电厂二期开工。
海上风电	平潭外海海上风电场建成，漳浦六鳌海上风电场二期首批机组并网，连江外海项目完成核准。
抽水蓄能	永泰抽蓄4号机组、厦门抽蓄1号机组建成并网，古田溪混合抽蓄、仙游木兰、永安、华安抽蓄等项目完成核准。
电网	福厦特高压输变电工程投用，核准闽侯500千伏输变电工程、五峰500千伏变电站主变扩建（三期）工程等。
天然气	漳州LNG接收站建成，闽粤支干线、闽粤支干线与漳州LNG外输管道联通工程、漳州LNG外输管道延伸段开工建设。

经济金融等领域风险有效防范化解。持续完善金融风险防控机制，不良贷款率1.19%，连续4年被评级为无高风险金融机构的省份。促进房地产业健康发展，实施下调首付比例、调整存量房贷款利率、优化限购限售、“认房不认贷”、“换新购”等政策。稳妥处置房企债务风险，专项借款保交楼项目已交付2.9万套、交付率82%。坚决防控政府债务风险，到期政府债券本息已全部按期偿还，所有县级财力均可覆盖“三保”支出需求。建立全网全域的保障机制，全力抓好网络安全、信息安全、数据安全。

防灾减灾救灾和安全生产工作扎实推进。有力有效应对极端自然灾害，成功防御超强台风“杜苏芮”、极端降雨台风“海葵”以及15场暴雨、5个台风，出台灾后恢复重建措施和民生救助保障政策，最大限度降低灾害损失。推进重大事故隐患专项排查整治2023行动，生产安全事故数量下降11%、死亡人数下降11%，未发生重大以上事故。

平安福建建设迈上新台阶。着力防范化解政治安全风险，筑牢国家安全东南屏障。强化社会治安防控，构建社会面四级巡防机制，常态化推进扫黑除恶斗争，严厉打击电信网络诈骗、跨境赌博、盗采海砂等违法犯罪。扎实推进市域社会治理现代化，做实做优“最小治理单元”，警务网格和社区网格融合运作，群众安全感率达99%以上，福州、厦门、泉州获评首批全国社会治安防控体系建设示范城市，社会大局保持安定稳定。

总的看，全省经济持续回升向好，财政收入、物价、就业、医疗、教育、污染物减排、生态质量、安全生产、粮食产量等指标较好实现年度目标任务，用电量、高速公路出口总流量、景区客流量等客观实物量指标较快增长。同时我们也清醒看到，在前所未有挑战、超出预期困难的形势下，我省经济实际增长以及与经济增速相关的部分指标，与预期目标有一定差距，发展还面临不少困难挑战：一是有效需求不足问题凸显，由于世界经济增长动能不足、主要经济体需求减弱，我省经济外向度高、受外部环境影响大，传统优势产品订单外流，外贸出口压力加大。消费仍处于弱复苏状态，汽车、家用电器等耐用品消费恢复较慢。投资增长仍需扩力，房地产开发投资下降12.7%，拉低民间投资增速。二是科技创新不足，传统产业转型升级还不够优，新兴产业规模还不够大，受市场需求变化影响，电子信息、食品、医药等行业增速放缓，部分民营企业特别是中小微企业生产经营困难，现代服务业增长动力不强。三是公共服务、生态环保、安全生产等领域还存在短板，重点群体就业压力上升。面对这些困难和问题，我们高度重视，采取有力措施积极应对。

二、2024年国民经济和社会发展主要预期目标和任务

政府工作报告提出2024年经济社会发展工作的总体要求是：以习近平新时代中国特色社会主义思想为指导，全面贯彻落实党的二十大、二十届二中全会和中央经济工作会议精神，聚焦新福建建设宏伟蓝图和“四个更大”重要要求，按照省第十一次党代会和省委十一届四次、五次全会及省委经济工作会议部署，坚持稳中求进工作总基调，完整、准确、全面贯彻新发展理念，围绕推动高质量发展首要任务和构建新发展格局战略任务，紧扣建设两岸融合发展示范区重要使命，以实体经济为根基，以科技创新为引领，以改革开放为动力，加快建设现代化经济体系，统筹扩大内需和深化供给侧结构性改革，统筹新型城镇化和乡村全面振兴，统筹高质量发展和高水平安全，切实增强经济活力、防范化解风险、改善社会预期，巩固和增强经济回升向好态势，持续推动经济实现质的有效提升和量的合理增长，厚植绿色底色，增进民生福祉，保持社会稳定，奋力推动中国式现代化福建实践取得新突破。

按照上述总体要求，提出2024年经济社会发展主要预期目标：

一是增强高质量发展新动能。以科技创新为引领，加快建设现代化产业体系，深入推进新型工业化，不断增强实体经济创新力和竞争力，积极扩大有效需求，加快形成消费和投资相互促进的良性循环。预计全省地区生产总值增长5.5%左右；研发经费投入增长18%以上；固定资产投资增长5%左右；社会消费品零售总额增长6.5%左右；一般公共预算总收入增长5.5%，地方一般公共预算收入增长5%。

二是推动改革开放迈出新步伐。落实进一步全面深化改革重大举措，深入实施新时代民营经济强省战略，持续优化提升营商环境，扩大高水平对外开放，出口增长5.5%左右，实际使用外商直接投资增长3%左右。

三是促进绿色低碳新发展。加快美丽中国先行示范省建设，拓宽绿水青山向金山银山转化路径，持续深入推进绿色低碳循环发展，化学需氧量、氨氮、挥发性有机物、氮氧化物重点工程减排量完成国家下达的指标，地级及以上城市空气质量优良天数比率、地表水达到或好于Ⅲ类水体比例保持高水平。

四是推进人民生活迈上新台阶。坚持尽力而为、量力而行，在发展中保障和改善民生，切实办好民生实事，不断提高人民生活品质。预期居民人均可支配收入与经济增长同步；城镇调查失业率5.5%左右；居民消费价格涨幅3%左右；每十万人口高等教育在校生数达到3370人；每千人口拥有执业（助理）医师数2.96人，每千人口医疗机构床位数5.92张。

五是加快建设新安全格局。全面贯彻总体国家安全观，强化重点领域安全能力建设，坚决守住不发生系统性风险的底线。加大能源安全保障工作，粮食总产量507万吨以上，提高公共安全治理水平，不发生重特大事故。

组织实施好十个方面工作。

（一）着力强化科技创新引领，加快建设现代化产业体系

推进高水平科技自立自强。深入实施创新驱动发展战略，推进高能级研发创新平台建设，推动海洋气候环境模拟、智慧储能等重大科技基础设施加速落地，筹建海洋领域省创新实验室。支持省创新研究院高水平建设，围绕我省主导产业和战略性新兴产业建设一批产业技术研发公共服务平台。推动省级创新平台优化整合提升，聚焦集成电路、工业母机、生物制造、新能源等重点领域，布局创建一批省级创新平台，提升重组一批国家级科技创新平台。完善“揭榜挂帅”等攻关机制，组织实施10个以上重大科技创新项目。建设全省科技成果转移转化公共服务平台，开展科技成果转化“搭桥”行动和专利转化专项行动，建设福州国家知识产权保护示范区，加强服务能力和知识产权保护。强化企业技术创新主体地位，支持企业家领衔国家和省级重大创新任务和工程，加大创新激励力度，集中优势资源推进重大战略性技术和产品攻关突破，力争培育国家高新技术企业数突破1.3万家。深入实施新时代人才强省战略，健全“以才引才”机制，实施高层次人才培养和“托举”计划，不断深化人才发展体制机制改革，建设一批卓越工程师学院和实践基地。深入推进科技特派员制度，选认省级科技特派员2000名以上。

大力推进新型工业化。强化链群联动，研究制定县域重点产业链发展政策措施。巩固提升支柱产业，促进石油化工和锂电新能源新材料产业耦合协同发展，增强新型显示、新能源汽车等领域全产业链优势。加快传统产业数字化转型智能化改造，大力推动纺织鞋服、食品、冶金、建材等企业设备更新和技术提升，打造“智改数转”标杆。深入推进数字经济创新发展，加快新型基础设施建设，办好第七届数字中国建设峰会，打造卫星应用、信创等特色数字产业集群，培育建设马尾物联网、仓山人工智能、武平新型显示、涵江超高清视频、晋江工业互联网等省级数字经济核心产业集聚区。积极培育战略性新兴产业，围绕氢氢、动力电池、储能电池、存储器芯片制造、海上风电装备制造等细分领域，培育新经济增长点，形成新质生产力。加强人工智能、第三代半导体、量子科技、元宇宙、氢能与储能等前瞻布局，培育发展未来产业。实施国防科技工业军民融合创新工程，培育建设一批高技术产业基地、军民协同创新中心和标杆企业。

推动服务业优质高效发展。提高服务效率和服务品质，大力培育服务业新产业、新业态、新模式，推动与先进制造业深度融合。建设高效顺畅的流通体系，推进国家物流枢纽城市和国家骨干冷链物流基地建设，推进实施厦福泉国家综合货运枢纽补链强链工程，有效降低社会物流成本。积极推动闽江航运振兴发展，助力江海联运。推动金融业高质量发展，持续实施“引金入闽”等工程，加快金融集聚区建设，做好科技金融、绿色金融、普惠金融、养老金融、数字金融五篇文章，提高金融配置效率和能力，加大金融服务实体经济力度。

（二）着力扩大有效需求，加速形成消费投资良性循环

激发投资活力潜力。完善投融资机制，抓民间投资、抓项目前期、抓资金争取，提高投资效率和有效性，发挥好政府投资的带动放大效应。依托项目全生命周期管理机制，进一步健全项目谋划储备体系，围绕高质量发展，谋划一批锻长板、强弱项、增后劲项目。积极争取中央预算内投资、地方政府专项债券等资金，安排省级预算内投资支持项目建设。全力以赴抓前期，完善统筹协调、要素保障和正向激励机制，推进重大项目和标志性工程建设，抓紧抓实年度省重点项目实施。加力提效用好各类资金，促进更多好项目大项目多开工、快建设、早投产。规范实施政府和社会资本合作新机制，聚焦重大工程和补短板、重点产业链供应链、完全使用者付费的特许经营等3张项目清单，引导更多民间资本参与重大项目建设。推动更多基础设施REITs项目获得国家试点支持，引导金融资金更大力度投向重大项目。加快推进保障性住房建设、“平急两用”公共基础设施建设、城中村改造等“三大工程”。聚焦城市地下管网建设、农民工城市住房保障、高质量教育服务、医疗养老服务等领域，持续加大投入力度，以有效投资持续带动消费。

专栏6　重大基础设施

铁路	推进漳汕高铁、龙龙铁路武平至梅州段开工建设，力争温福高铁、宁德漳湾铁路专用线动工，加快福州港口后方铁路杜坞至樟林至透堡段建设，推进温武吉铁路前期工作，争取昌福厦高铁、赣龙厦高铁等项目纳入国家规划。争取莆田至长乐机场城际铁路F2线、宁德至长乐机场城际铁路F3线及厦漳泉城际铁路R1线开工建设。
民航	加快福州机场二期扩建、厦门新机场、泉州机场扩能改造项目建设。推进武夷山机场、龙岩新机场、泰宁通用机场等前期工作。
轨道交通	争取福州地铁4号线后通段开通运营。加快福州至长乐机场城际F1线，福州地铁2号线东延段、6号线东调段，厦门地铁3号线南延段及新机场段、4号线、6号线及角美延伸段等建设。争取福州城市轨道三期、厦门城市轨道三期规划获批。
公路	加快宁德至古田、沙县至南平、宁德至上饶霞浦段等高速公路，以及国道G228等项目建设。推进沈海高速泉厦扩容、漳诏高速扩容、泉梅高速泉州段等项目前期工作。推进“乡镇便捷通”“邻县通高速”等工程。
港航	争取国家布局建设大宗商品储运基地。加快建设江阴6、7号泊位、东吴东4号泊位、罗屿8号泊位及11—12号泊位等项目。推进罗屿13号泊位等项目前期工作。
水利	加快建设泉州白濑水利枢纽、金门供水水源保障、闽江干流防洪提升、木兰溪下游水生态修复治理等重大项目，以及连城永丰、霞浦田螺岗等一批中型水库工程，上白石水利枢纽力争开工建设。推进闽西南、闽江口水资源配置等工程前期工作。
新型基础设施	重点推进双千兆网络、物联网等建设，在福州、厦门、泉州规模化集约化建设人工智能计算中心，推动海丝卫星大数据中心、省卫星数据开发服务平台等重点项目建设。实施产业基础设施、传统基础设施、公共服务设施数字化改造提升工程。布局未来产业领域创新平台。

巩固消费复苏态势。推动消费从疫后恢复转向持续扩大，激发有潜能的消费，培育壮大新型消费，稳定和扩大传统消费。持续深化“全闽乐购”，加快发展夜间经济、直播经济、首店经济等新兴消费，促进福建老字号创新发展。鼓励新能源汽车、二手汽车消费，扩大停车位供给，优化提升充电基础设施建设。支持刚性和改善性住房需求，促进家庭装修、智能绿色家电消费。扩大服务消费，促进文娱体育会展消费和健康服务消费。提质做优文旅消费，围绕打造世界知名旅游目的地“11537”发展思路和布局，持续打响“海丝起点 清新福建”品牌，做好保护、传承、传播、

发展“四篇文章”，办好海上丝绸之路国际艺术节、旅游节以及世界妈祖文化论坛等重大品牌活动。深入实施县域商业建设行动，健全县乡村物流配送体系，推动绿色产品进城。加快建设福厦“一小时生活圈”，打造“一刻钟”便民生活圈。

专栏7　扩大消费举措

提升消费供给质量	举办八闽美食嘉年华、小吃食品等推介活动，加快新闽菜创新发展。培育发展预制菜产业，鼓励“明厨亮灶”。深化“一县一桌菜”品牌创建。 创新谋划推进夜间文旅消费集聚区、沉浸式演艺活动等一批具有辨识度、有创意的文旅消费场景项目，创建城市特色夜游品牌。 推动厦门植物园、连城冠豸山创建5A级旅游景区，打造福州上下杭等一批非遗街区。 丰富5G网络和千兆光网消费应用场景。 鼓励绿色智能家电下乡、家电以旧换新。
持续优化消费环境	推动步行街、商场、夜市等商圈基础设施升级提质。 发展冷链共同配送、“一件代发”、“生鲜电商+冷链宅配”、“中央厨房+食材冷链店配”等物流模式。 支持县级物流配送中心、乡镇物流站点建设改造，打造乡镇商业集聚区。 全面开展“放心消费在福建”行动，依法打击假冒伪劣行为。

（三）着力促进民营经济发展壮大，持续深化重点领域改革

深入实施新时代民营经济强省战略。动态完善“1+N”政策体系清单，完善与民营企业家常态化交流机制，健全民营经济统筹协调、挂钩联系、诉求解决等工作机制，帮助企业破解发展痛点难点。落实优化新时代民营经济发展环境综合改革，健全世界一流企业培育工作机制，加强民营经济统计监测和分析评估，在市场准入、要素获取、公平执法、权益保护等方面落实一批标志性举措。

专栏8　服务民营企业举措

优化政务服务格局	把“高效办成一件事”作为优化政务服务、提升行政效能的重要抓手，加快推动政务服务“一网好办”。执行行政许可清单管理制度，深化“一件事一次办”“一业一证”改革。 完善财政资金直达机制。 全面推行惠企政策“免申即享”，推广告知承诺制。 深入推进涉及民营企业的投融资体制改革和工程建设项目审批制度改革。
健全减轻企业负担长效监管机制	完善政府定价的涉企收费清单制度，进行常态化公示，接受企业和社会监督。 畅通投诉举报平台渠道，公开曝光违规增加企业负担典型案例。
完善拖欠账款预防和清理机制	严格落实《保障中小企业款项支付条例》，健全防范和化解拖欠中小企业账款长效机制，完善拖欠账款投诉处理和信用监督机制，完善拖欠账款清理与巡视、督查、审计等常态化对接机制。

打造市场化法治化国际化的一流营商环境。围绕打造市场、法治、政务、要素、社会“五大环境”和构建亲清政商关系，聚焦企业急难愁盼，制定新一轮营商环境重点改革方案。实施“数据要素×”行动计划，加大数据要素开发利用，推动公共数据与产业数据融合应用，推进数据要素市场化改革，加快构建全省一体化公共数据体系。进一步完善公共信用信息平台功能，创新拓展信用激励应用场景。完善营商环境数字化监测督导机制。加强政策跟踪问效，着力打通惠企政策落地“最后一公里”。

专栏9 全面优化营商环境举措

建设市场化营商环境	全面深入实施市场准入负面清单制度，着力清理取消企业在资质资格获取、招标投标、政府采购、权益保护等方面存在的差别化待遇，强化公平竞争审查制度刚性约束。 优化业务流程，减少办事环节、精简申请材料、压缩办理时限。提供优质便利的涉企服务，上线“易企办”企业服务专区，推进政务服务事项集成化办理，电子证照扩大应用、互通互认。
建设法治化营商环境	持续深化营商环境法规制度立改废释，健全优化营商环境法规政策体系。 大胆探索“综合查一次”改革，建立健全跨部门综合监管制度。 全面落实行政执法“三项制度”加强行政裁量权基准动态管理，强化行政执法监督，加快建设省一体化大融合行政执法平台。 完善公共数据共享应用协调机制，促进更多公共数据依法有序共享、合理有效利用。
建设国际化营商环境	落实好外商投资准入前国民待遇加负面清单制度，加强外商投资促进和保护。 持续深化通关便利化改革，推进通关业务全流程网上办理，提升港口集疏运水平。

推进重点领域改革。切实落实“两个毫不动摇”，深入实施国有企业改革深化提升行动，完善市场化经营机制，积极稳妥深化混合所有制改革。积极融入全国统一大市场，扎实推进高标准市场体系建设，推动落实福厦泉要素市场化配置综合改革。推进厦门综合改革试点。深化农业农村改革，加快推进农村产权流转交易市场建设，推动晋江、沙县、建瓯稳慎开展农村宅基地制度改革。深化区域金融改革创新，推动宁德、龙岩国家级普惠金融改革试验区建设延期试点工作，在台江、晋江、上杭开展省级金融支持共同富裕试点，支持福州市申创科创金融试验区。持续推进能源价格、水资源价格等改革，规范民生社会事业领域收费。推进统计重点改革，做好第五次全国经济普查工作。

（四）着力探索融合发展新路，加快建设两岸融合发展示范区

持续引育“融”的主体。大力实施闽台产业融合计划，以电子信息、石油化工、机械装备、新兴服务业为重点，强化对台产业链招商。吸引更多台胞来福建发展，落实同等待遇，推动惠台利民政策措施落到实处，落实取消台胞在闽暂住登记政策，建好用活台湾青年创业就业基地，建设台胞宜居宜业首选地。推动闽台体育融合发展。优化在闽台胞子女申请就读中小学和公立幼儿园流程，扩大高校对台招生规模，合作兴办职业学校，设立一批两岸青少年研学基地，打造台胞求学研习聚集地。

持续提升“融”的平台。谋划建设福马产业合作园区，创建两岸中小企业合作区。支持平潭加快建设两岸共同市场先行区域，优化海关监管模式，加快构建全方位对台开放格局。增强对台产业园区集聚功能，打造集聚两岸资源要素、有全球竞争力的产业基地和先进制造业集群。支持福州、厦门、平潭等地打造对台跨境电商集散枢纽、台湾商品集散中心。推进南平、宁德等地与台湾深化产业合作。深化闽台乡建乡创合作，推进三明加快建设海峡两岸乡村融合发展试验区，推动台湾农民创业园、闽台农业融合发展产业园提档升级，探索台胞参与乡村振兴新路径。支持建设多层次两岸金融市场，推动海峡股权交易中心“台资版”创新升级。

持续夯实“融”的基础。办好第十六届海峡论坛、第十二届海峡青年节，巩固宗亲、乡亲、姻亲、民间信仰等纽带，推进泉州、漳州世界闽南文化交流中心、莆田妈祖文化中心、龙岩和三明客家文化对台交流项目建设，促进同胞心灵契合。推动打造厦金、福马“同城生活圈”，持续推进与金马地区通水、通电、通气、通桥，加快金门供水水源保障工程、福州与马祖地区通水二期工程大陆侧先行段建设，加快建设厦金通桥大陆侧项目厦门第三东通道、马祖通桥大陆侧项目福州机场第二高速公路。适度超前开展交通物流基础设施建设，加密对台客货运航线。建设两岸标准共通服务平台，扩大两岸标准、计量、认证认可等领域交流合作，引导台胞台企共同建设一流营商环境。

（五）着力推进新时代山海协作和城乡融合发展，提升区域协调发展水平

统筹区域协调发展。完善新时代山海协作“1+N+M”政策体系，优化调整山海县区结对关系，推进“产业飞地”“科创飞地”“消薄飞地”建设，推动落地一批山海协作项目。支持重点区域加快发展，持续推进福州新区、平潭一体化高质量发展。推动老区苏区振兴发展，加快闽西革命老区高质量发展示范区建设，持续深化三明与上海、龙岩与广州对口合作，加快对口合作产业园建设，实施一批品牌示范合作项目。推进陆海统筹发展，研究制定加快建设“海上福建”推进海洋经济高质量发展的意见，持续推进福州、厦门国家海洋经济发展示范区建设，推进海洋生物医药、海洋工程装备等海洋新兴产业发展，加快建设秀屿等6个省级海洋产业示范县、石狮海洋生物科技园等海洋渔业产业集聚区。深化闽宁协作、援疆援藏、援重庆万州等对口支援工作。加强与粤港澳大湾区、长三角经济联系，推进兄弟省份横向合作，持续推动京闽（三明）科技合作。

加快构建城乡融合新格局。深入推进以人为本的新型城镇化，提高农业转移人口市民化质量，推动未落户常住人口均等享有基本公共服务。推动厦漳泉都市圈规划落地实施，推进福州都市圈、厦漳泉都市圈同城化步伐，完善重大交通枢纽、重大产业、重大平台布局建设，实施城市更新行动，提升中心城市综合承载力。以县域为重点统筹推进城乡融合发展，按照“基础设施围绕人口配”“公共服务跟着人口走”，构建推进城乡融合发展“1+N+X”政策体系和工作举措，立足比较优势和地方特色，聚焦“人、地、钱”三个关键节点，分类引导县城差异发展，因地制宜补齐县城短板弱项。增强乡镇综合服务能力，建强中心镇，鼓励有条件的地区推进乡镇行政区划和村级建制调整优化。

（六）着力全面推进乡村振兴，加快农业农村现代化

夯实粮食安全根基。落实粮食安全党政同责，加大稳粮惠农政策力度，落实更严格的耕地保护制度，推进新一轮粮食产能提升行动，新建和改造提升高标准农田90万亩，确保粮食播种面积继续稳定在1253万亩以上，粮食总产量稳定在507万吨以上。扎实推进粮食增储和建库，强化粮食“产购储加销”协同，确保34.4万吨增储任务落实到位。推进种业创新攻关，育成具有自主知识产权的农业优新品种30个以上。

大力发展特色现代农业。深入实施“3212”工程，聚焦粮食、蔬菜、畜禽等重要农产品有效供给，推进优势特色产业集群、现代农业产业园、农业产业强镇、“一村一品”专业村等建设。开展农产品“三品一标”四大行动，推进全国绿色食品原料标准化生产基地建设。加快推进农产品加工产业转型升级，建设农产品仓储保鲜冷链物流设施，改造提升农产品产地、集散地和销地批发市场，推进农村产业融合发展示范园建设。发展乡村研学、农事体验、森林康养等新模式新业态，推动有条件的县（市、区）打造乡村振兴重点片区。深入推进科技特派员制度，健全科技特派员利益共同体支持保护机制，助力乡村振兴和产业转型升级。

扎实有序推进乡村建设。深入学习“千万工程”经验，实施“千村示范引领、万村共富共美”工程，加快打造福建版宜居宜业和美乡村。推进农村建设品质提升暨乡村建设行动，强化乡村空间设计和风貌管控，持续推进国家级和省级乡村治理示范村镇创建，加强农村改厕与生活污水治理有机衔接。推进农村精神文明建设，保护传承福建优秀农耕文化。巩固拓展脱贫攻坚成果，健全完善防止返贫动态监测和帮扶机制，持续巩固提升“三保障”和饮水安全成果。积极推广以工代赈等方式，拓宽农民增收渠道。

（七）着力扩大高水平对外开放，巩固外贸外资基本盘

加快建设开放强省。深化“助力万企成长”行动，全力稳住美欧日韩等传统市场，深耕东盟市场，拓展新兴市场，促进内外贸一体化。规范发展市场采购，促进跨境电商健康快速发展，推动综合保税区业务创新。促进高质量“引进来”和高水平“走出去”，用好投洽会、进博会等重大展会以及“云上投洽会”等线上平台，争取引进一批带动引领性强的项目。发挥“侨”的优势，深入实施引侨资汇侨智聚侨力工程，完善与海外闽籍华商企业常态化对接机制，持续建设高水平交流平台，打造全球闽商经贸协作网络。深化闽港澳科技合作、经贸合作，持续开展福建品牌港澳行，推进“并船出海”。

深度融入共建“一带一路”。贯彻落实高质量共建“一带一路”八项行动，在制度开放、绿色低碳、科技创新、数字等方面稳步拓展合作新领域新空间，推进“丝路海运”港航贸一体化发展，提升中欧班列规模效益，促进联动发展，统筹推进重大标志性工程和培育“小而美”项目。高质量建设海丝中央法务区，打造法治创新聚集区和一流法律服务高地。高水平建设金砖创新基地、金砖科创孵化园。实施自贸试验区提升战略和创新发展平台提升行动，深化对接国际高标准推进制度型开放试点工作。加快推进“两国双园”建设，进一步创新国际经贸合作方式。

（八）着力深化生态文明建设，加快建设美丽福建

深化生态文明体制机制创新。以重点领域和关键环节改革创新，深化生态省和国家生态文明试验区建设，持续完善生态产品价值实现、生态保护补偿、生态环境治理投融资等机制。持续推进自然资源资产产权制度改革，加快建设全国深化集体林权制度改革先行区，深化新型林业经营主体标准化建设，推动做大“林票 2.0”规模总量，拓宽“两山”转化路径。严格落实生态环境损害赔偿制度，持续探索用水权改革。

强化环境污染防治。持续深入打好蓝天、碧水、碧海、净土保卫战，分区分类扎实推进“五个美丽”建设，加强重点区域联防联控，统筹减污降碳协同增效、$PM_{2.5}$与臭氧协同治理、氮氧化物与挥发性有机物协同减排。深化闽江、九龙江等重点流域整治，提升畜禽养殖粪污资源化利用水平，加快入河排污口整治提升、工业园区“污水零直排区”建设。深化城镇生活污水处理提质增效、城市黑臭水体治理，新建改造城镇污水管网 1850 公里，县级城市消除 80%以上黑臭水体。分类分批实施入海排污（放）口排查整治，推进提水式海水养殖和网箱养殖整治。加强无居民海岛监视监测，做好海岛自然资源保护。扎实推进“无废城市”建设，加强新污染物治理。强化土壤污染源头防控。持续推动中央生态环境保护督察反馈问题整改。

加强生态系统治理和保护。实施重要生态系统保护和修复、重点流域一体化保护和综合治理等重大工程，推动海洋、湿地、历史遗留矿山等生态保护修复。深化武夷山国家公园建设。推进自然保护地整合优化工作，强化“绿盾”自然保护地监督，推进互花米草除治攻坚，加强松材线虫病防控，严防外来物种侵害。

深入推进绿色低碳发展。积极稳妥推进碳达峰碳中和，深入实施绿色低碳先进技术示范工程，加快推进交通物流、农业农村、公共机构能效提升等节能减排重点工程。加大绿色经济培育力度，加快建设资源循环型产业体系，做大做强新能源、节能环保等绿色低碳产业，推进“以竹代塑”发展，探索电动化应用“一揽子”解决方案。加快建设国家生态工业园区，推动建设更多“零碳岛”“零碳村”“零碳工厂”“零碳园区”，支持宁德市推进近零碳试点示范工程。推进绿色建筑创建行动，推动海上风电、光伏等新能源与抽水蓄能、新型储能协同开发，按序时进度完成国家下达的单位地区生产总值能耗下降目标。健全碳排放权市场交易制度，支持林业碳汇、海洋碳汇等创新探索，推进三明、龙岩、南平 3 个国家级林业碳汇试点市建设。推进三明、南平省级绿色金融改革试验区建设，支持厦门申创国家级绿色金融改革创新试验区。

专栏 10　绿色能源项目

风电	建成漳浦六鳌海上风电场二期等项目，力争连江外海等海上风电场项目开工，探索推动国管海域深远海海上风电开发。
光伏	大力支持屋顶分布式光伏建设，推进一批海上光伏电站项目建设。

续表

抽蓄	加快厦门、云霄抽蓄建设进度，推动古田溪、仙游木兰、永安、华安抽蓄开工建设，加快漳平、南安、德化抽蓄等项目前期工作。
储能	推动国网时代福建吉瓦级宁德霞浦储能工程（二期）、平潭综合实验区城市配电网供电能力提升—共享储能电站（期）等项目投产。

（九）着力在发展中保障和改善民生，提高人民生活品质

落实就业优先政策。将促进高校毕业生就业工作放在首位，做好高校毕业生就业指导和离校未就业毕业生实名制服务、困难毕业生结对帮扶，落实大学生就业和创新创业财税金融支持政策，用好省级创业支持资金，巩固拓展就业新空间，促进高校毕业生等青年群体就业创业。聚焦大龄、残疾、长期失业等特殊困难重点群体，开展就业服务，保障和支持灵活就业和新就业形态。促进退役军人多领域、广范围、宽渠道的高质量就业。城镇新增就业50万人以上。推动职业院校与企业产教融合发展，加快各级人力资源服务产业园建设。逐步健全与经济增长相适应的居民收入增长机制，适时提高最低工资标准，多渠道增加中低收入群体收入，扩大中等收入群体，保护合法收入，调节过高收入，取缔非法收入。

专栏11　促就业举措

就业服务	加快建设身边的“就业+”服务站，优化岗位信息、求职信息汇集方式，促进供需有效对接。 推进就业工作数字化转型，建成推广全省统一就业信息资源库和就业信息平台。 加强公共实训基地与公共就业服务机构合作，开展技能评价、就业指导、岗位推荐等服务。
就业保障	健全适应新就业形态劳动者劳动保障权益政策，全面落实工资支付保障制度。健全失业动态监测预警机制，防范化解规模性失业风险。

建设高质量教育体系。加快构建优质均衡的基本公共教育服务体系，推进学前教育优质普惠发展、义务教育优质均衡发展、普通高中优质特色发展、特殊教育优质融合发展，大力促进教育公平。深入实施高水平职业学校和专业建设计划，加强新时代高技能人才队伍建设，推进职业学校办学条件达标工程，打造“海丝学院”职教品牌。推进新一轮“双一流”和一流应用型高校建设，动态调整优化高等教育学科设置，着力培养国家战略人才和理工农医等急需紧缺人才。加快教育强国推进工程储备院校项目建设，支持高校学生宿舍建设，高质量建设福州大学城联合研究生院。

提高健康服务供给质量。扎实推进国家、省级区域医疗中心建设。推进临床重点专科建设和医疗“创双高”。加大特色中医和中医院建设力度，支持中医优势专科建设，推进县级中医院“两专科一中心”、共享中药房项目建设。进一步推动“三医”协同治理，深入推广三明医改经验，协同推进医保支付方式改革。推进城市医疗集团和县域医共体建设。加大乡村医疗卫生人才保障力度。做大做强“运动健身进万家”品牌，持续增加群众身边全民健身场地设施供给，大力开展“村”字号系列赛事、社区运动会、全民健身运动会等赛事活动。

繁荣发展文化事业。加强公共文化服务法制保障体系建设，保护传统艺术经典，举办第九届福建艺术节，精心培育攀“高峰”精品力作。加快福建文旅艺术大学筹建工作。打造福建非遗传播品牌，开展“清新福建·共享非遗”福建四季非遗传播、“闽南文化非遗周”等系列活动。做好第四次全国文物普查工作，夯实文物保护利用基础。

健全社会保障体系。稳步提升养老保险待遇水平，推进医保精准参保扩面。发展银发经济增进老年人福祉，培育养老服务新业态，推进老年友好环境建设，引导新建一批示范性长者食堂、嵌入式养老服务机构，全力打造“福见康养”幸福养老体系。完善三孩生育政策及配套措施，提升普惠托育服务体系，每千人口托位数达到4.0个以上。推进“福蕾行动计划”，实施困境儿童关爱服务质量提升三年行动计划。筑牢维护妇女儿童权益的法治屏障，积极推进国家儿童友好城市建设。加强社会优抚工作。稳妥推进保障性住房规划建设，规范发展保租房和公租房，解决好困难工薪收入群体以及新市民、青年人等群体住房问题。深入实施中长期青年发展规划，推进全国和省级青年发展型城市试点建设。进一步完善低收入人口动态监测和救助帮扶机制，大力发展服务类社会救助，推进“乐善福行”专项行动。落实好“菜篮子”市长负责制，保障重要民生商品有效供给和价格总体平稳。

（十）着力有效防范化解重点领域风险，确保大局安定稳定

加强经济金融风险防控。全力推进保交楼、保民生、保稳定工作，推进项目建设交付，促进房地市场平稳健康发展。支持城市老旧小区电梯加装、危旧房改造，加快城中村和燃气、污水等地下管网改造，消除住房安全隐患。坚持把防控风险作为金融工作的永恒主题，加强金融风险监测评估和预警，建立维护金融稳定的长效机制。防范化解地方政府债务风险。抓实基层“三保”工作，确保基层财政平稳运行。

保障能源安全。统筹做好煤电油气运保障工作，强化迎峰度夏、迎峰度冬电力保供，建成投产漳州核电1号机组、华电可门三期、漳州LNG外输通道等项目，推进宁德核电5、6号机组、中石油福建LNG接收站等项目建设。保障电力供应安全，完善省内“四纵三横”主干电网，加快建设主力电源和新能源项目送出工程。

提高公共安全治理水平。深入落实安全生产责任制，推进安全生产治本攻坚三年行动，构建全链条排查整治重大事故隐患的责任体系，亿元生产总值生产安全事故死亡人数控制在0.008人以内。提高防灾减灾救灾能力，推进200个自然灾害避灾点提升项目建设。深化治理“餐桌污染”、建设“食品放心工程”，开展市场安全风险专项整治，强化食品、药品、工业产品、特种设备质量安全监管。全面推进省级数字政府网络安全工作，深化网络安全等级保护制度实施，进一步压实网络安全主体责任。全力推进常态化扫黑除恶斗争向纵深发展。严打严治电信网络诈骗、涉未成年人等突出违法犯罪，推动公共安全治理向事前预防转型。坚决整治拖欠农民工工资。强化涉访涉稳风险防控，深入推进群众参与平安建设和社会治理。

各位代表，做好2024年经济社会发展工作意义重大、任务艰巨、使命光荣。我们要更加紧密地团结在以习近平同志为核心的党中央周围，以习近平新时代中国特色社会主义思想为指导，深刻领悟“两个确立”的决定性意义，增强“四个意识”、坚定“四个自信”、做到“两个维护”，不折不扣贯彻落实党中央、国务院各项决策部署，认真落实省委十一届四次、五次全会和省委经济工作会议要求，落实省十四届人大二次会议决议，自觉接受省人大的监督，认真听取省政协的意见和建议，不折不扣抓落实、雷厉风行抓落实、求真务实抓落实、敢作善为抓落实，坚定信心、开拓奋进，努力实现经济社会发展各项目标任务，以高质量发展的实际行动和成效，为奋力谱写中国式现代化福建篇章、服务全国发展大局作出新的更大贡献！

关于福建省2023年预算执行情况及2024年预算草案的报告

——2024年1月23日在福建省第十四届人民代表大会第二次会议上

福建省财政厅

各位代表：

受福建省人民政府委托，现将福建省2023年预算执行情况及2024年预算草案提请省十四届人大二次会议审议，并请省政协各位委员和其他列席人员提出意见。

一、2023年预算执行情况

2023年是全面贯彻党的二十大精神的开局之年，是三年新冠疫情防控转段后经济恢复发展的一年。全省各级各部门坚持以习近平新时代中国特色社会主义思想为指导，深入贯彻党的二十大和二十届二中全会精神，坚决贯彻落实习近平总书记重要讲话重要指示批示精神，全面落实“四个更大”重要要求，认真落实党中央、国务院决策部署和省委、省政府工作要求，严格执行省十四届人大一次会议审查批准的预算，牢固树立争优争先争效意识，集中精力抓开局，扎扎实实促发展，加力提效实施积极的财政政策，注重精准、更可持续，统筹做好稳增长、促发展、惠民生、保安全等各项工作，促进经济运行在合理区间和社会大局稳定，推动我省经济社会高质量发展取得新成效新进展。

（一）2023年预算收支情况

1. 一般公共预算

据快报统计，2023年，全省一般公共预算总收入5907.88亿元，增长9.8%。地方一般公共预算收入3591.87亿元，增长7.6%。全省一般公共预算支出5868.43亿元（含中央补助收入、上年结转和一般债券安排的支出），增长3.1%。

省本级地方一般公共预算收入268.87亿元，下降4.0%。省本级一般公共预算支出622.11亿元（含中央补助收入、上年结转安排的支出），增长6.8%。

2. 政府性基金预算

全省政府性基金预算收入2070.68亿元，下降21.3%，主要是国有土地使用权出让收入减收。全省政府性基金预算支出3589.02亿元（含中央补助收入、上年结转和专项债券安排的支出），下降14.0%。

省本级政府性基金预算收入27.30亿元，增长24.7%。省本级政府性基金预算支出59.06亿元（含中央补助收入、上年结转和专项债券安排的支出），增长1.6%。

3. 国有资本经营预算

全省国有资本经营预算收入192.93亿元，增长11.3%，主要是部分地市国有企业资产处置产权转让等一次性收入增加。全省国有资本经营预算支出56.70亿元，下降47.5%，主要是省本级国有资本经营预算支出减少。

省本级国有资本经营预算收入50.15亿元，下降20.2%，主要是2022年省属国有企业利润下降，相应减少2023年上缴国有资本经营预算收入。省本级国有资本经营预算支出3.85亿元，下降92.4%，主要是2022年安排省属金融企业增资扩股等资本性支出，抬高了基数。

4. 社会保险基金预算

全省社会保险基金收入 2440. 84 亿元，增长 9. 8%。全省社会保险基金支出 2149. 66 亿元，增长 11. 2%。主要是收入随参保人员增加和缴费基数增加而提高，支出随享受待遇人数增加和待遇水平增加而提高。当年收支结余 291. 18 亿元，年末滚存结余 2646. 05 亿元。

省级社会保险基金收入 1088. 37 亿元，增长 11. 6%。省级社会保险基金支出 960. 84 亿元，增长 16. 0%。主要是 2023 年起失业保险基金实行省级统筹，全省收支纳入省级社会保险基金。当年收支结余 127. 53 亿元，年末滚存结余 1031. 35 亿元。

5. 地方政府债务情况

2023 年，全省发行政府债券 2838. 98 亿元。其中：发行新增债券 1756. 49 亿元（财政部下达新增限额 1759 亿元，扣除无需发行的外债转贷资金 2. 51 亿元），主要用于市政和产业园区、交通、社会事业、保障性安居工程、农林水利、生态环保等公益性项目建设；发行再融资债券 1082. 49 亿元，用于偿还存量政府债务。全省共偿还政府债券本金 932. 17 亿元。截至 2023 年末，全省政府债务余额 13810. 88 亿元（一般债务 3797. 07 亿元、专项债务 10013. 81 亿元），严格控制在中央核定的限额 14332. 1 亿元之内，政府债务风险总体可控。

2023 年，省本级发行政府债券 50. 35 亿元。其中：发行新增债券 42. 05 亿元，主要用于水利、交通、教育、医疗、养老等领域；发行再融资债券 8. 3 亿元。省本级共偿还政府债券本金 15. 76 亿元。截至 2023 年末，省本级政府债务余额 252. 13 亿元（一般债务 73. 61 亿元、专项债务 178. 52 亿元）。

以上快报数在决算编制中可能还会有所变动，决算编成后再按规定报省人大常委会审批。

（二）主要财税政策落实和重点财政工作情况

按照预算法及其实施条例、《福建省预算审查监督条例》等规定，以及省人大预算决议和省人大常委会有关审议意见的要求，强化预算收支管理，着力保障和改善民生，深化财税体制改革，严防财政运行风险，推动经济社会平稳发展。

1. 坚持精准发力，大力支持激发市场主体活力

一是持续落实减税降费政策。不折不扣落实中央延续、优化、完善减税降费各项举措，重点支持中小微市场主体，实施好小规模纳税人减免增值税、小微企业和个体工商户所得税优惠等政策；持续激励企业增加研发投入，落实研发费用税前加计扣除政策，并作为制度性安排长期实施。出台对经营困难的纳税人减免房产税和城镇土地使用税、对退役士兵和重点群体创业就业顶格给予税费减免等地方性举措。全省全年新增减税降费及退税缓费约 683 亿元。聚焦规范涉企收费，持续开展乱收费整治，助力优化营商环境。

二是有效发挥财政稳投资作用。争取中央下达我省新增专项债务限额 1618 亿元，在全国率先完成全年新增政府债券发行任务。建立新增专项债券分配“两上两下”工作机制和项目成熟度评审机制，将专项债券资金精准用于 1180 个项目建设，其中省重点项目 209 个。持续加强专项债券使用穿透式监测和预警，拉动有效投资。多渠道筹措资金 163. 78 亿元，加快推进铁路、公路、港口、民航机场等交通基础设施建设。统筹预算内投资 165. 64 亿元，支持重大基础设施、自然灾害防治、公共管理等领域重大项目建设。下达省级以上财政资金 60. 44 亿元，推进水利项目建设。全面梳理、分类实施政府和社会资本合作项目，推动项目依法合规、稳妥有序实施。

三是加强财政金融协同联动。推出 3 期共 300 亿元规模的提质增产争效专项资金贷款，省级财政按贷款金额 1%给予贴息，重点支持制造业、科技、文化旅游等领域，惠及企业 2 万多家。扩大政银担业务合作，下达 2. 5 亿元，从业务奖补、保费补贴、代偿补偿等方面支持政府性融资担保（再担保）机构服务小微企业、新型农业经营主体。实施创业担保贷款财政贴息及奖补政策，通过降低申请门槛、免除反担保要求等措施，引导银行业金融机构加大贷款投放力度。实施技术改造融资贴息政策，省级财政给予年化 2%贴息，累计签约重点技改项目贷款 469 项，已投放 274. 27 亿元，可撬动社会资本投资 1842 亿元。

四是助力稳外贸稳外资促消费。下达 14. 93 亿元，支持稳外贸稳外资促消费，促进高水平开放，助力提振内需。实施促进外资扩增量稳存量提质

量若干政策，支持外资企业加快到资，鼓励制造业招大引强。出台促进外贸稳定增长十条措施，对小微出口企业“单一窗口+出口信保”项目保费进行全额补助，支持组团“走出去”。进一步优化财政奖补政策，助力提振市场消费信心，鼓励各地采用购车补贴、发放汽车消费券等方式拉动全省汽车消费；支持重点商圈街区大数据平台建设和步行街提升改造，打造一刻钟便民生活圈，推动“假日经济”；支持发展“直播引流+实体消费”新模式，提振网络消费。

2. 坚持创新驱动，加快建设现代化经济体系

一是加快推进科技自立自强。下达6.49亿元，支持7家省创新实验室高标准建设和有序运转，推进福厦泉自主创新示范区建设。下达3.7亿元，支持1387家科技型企业迸发新动能，新增培育一批国家级高新技术企业和国家级专精特新“小巨人”企业，支持46个高技术、高成长、强引领的产业领军团队开展技术攻关；下达5亿元，支持选认2217名省级科技特派员、822个法人和团队科技特派员，实施农业高质量发展超越协同创新工程等；下达6.3亿元，强化“从0到1”基础研究保障力度，深化科技计划项目经费管理，持续推动科技重大项目“揭榜挂帅”“赛马”制度改革，推进高校科研院所科技成果转化试点。

二是做大做强“四大经济”。用好100亿元规模省级政府投资母基金，推动数字、绿色、海丝和闽台等产业基金组建工作，引导撬动更多社会资本投入。加快推进数字产业化、产业数字化，统筹15.5亿元，深入实施新型基础设施建设三年行动计划，深化数字福建建设，促进数字经济创新发展；推动产业转型升级，支持中小企业数字化改造，福州市、厦门市入选第一批国家中小企业数字化转型城市试点。支持加快发展海洋经济，下达47.1亿元，强化海洋资源利用与保护，加快完善海洋渔业现代设施与装备，推进海洋渔业产业发展，支持举办2023世界航海装备大会、外国使节看渔业活动，支持福州（连江）国家远洋渔业基地及厦门、连江、东山、晋江等国家级沿海渔港经济区建设，建设具有国际竞争力的现代海洋渔业产业基地。培育壮大绿色经济，下达4.64亿元，支持大力发展节能环保产业，深化“电动福建”建设，推动能源绿色低碳转型；积极引导新能源车辆采购，全省各级执法执勤部门新能源车辆采购比例同比增长159%；下达2.6亿元，支持林下经济、竹业、花卉等产业发展，提升林业生态产品价值；严格落实绿色采购制度，近三年节能节水产品、环境标志产品采购数量占同类采购数量的比重超过90%，福州、龙岩获批政府采购支持绿色建材促进建筑品质提升城市试点。推动文旅消费升级，下达4.74亿元，支持实施文旅品牌县正向激励、国家夜经济消费聚集区奖励、智慧文旅项目奖补等，推进全域旅游、生态旅游、红色旅游以及闽派文化精品打造，支持文旅融合示范项目建设，进一步打响“清新福建”旅游品牌。

三是全面强化生态省建设。统筹山水林田湖草沙一体化保护和综合治理，下达12.77亿元，推进九龙江流域山水工程建设，巩固闽江流域生态保护修复成效，我省2个项目入选全国山水工程首批优秀典型案例。积极争取中央支持，开展海洋、国土绿化、黑臭水体等重点领域生态保护治理，通过竞争性评审，7个项目获中央资金奖补18.5亿元。深入推进重点流域生态保护补偿、综合性生态保护补偿，下达10.76亿元，推动实施区域生态环境质量持续提升，构建生态保护者和受益者利益共享、良性互动局面。下达11.72亿元，推进国土绿化、提升森林质量和碳汇能力。下达4.85亿元，支持环武夷山国家公园保护发展带建设。积极利用亚洲开发银行和法国开发署贷款，支持仙游县木兰溪流域生态环境综合治理及提升项目、福鼎市建设山水林海一体化保护管理与合理利用示范项目。

四是有力支持城乡区域发展。持续加大“三农”投入，确保财政投入与乡村振兴目标任务相适应。保持衔接资金投入力度不减，下达21.01亿元，推动巩固脱贫攻坚成果与乡村振兴有效衔接。保障粮食安全，统筹19.13亿元，支持建设总仓容65万吨的省级储备粮库。下达12.72亿元，落实种粮农民补贴政策。下达17.38亿元，加大高标准农田建设支持力度，将财政补助标准由1600元/亩提高至2400元/亩。下达26.29亿元，支持乡村优势特色产业发展，推进农村一、二、三产业融合发展。下达19.7亿元，加大对原中央苏区和革命

老区转移支付等财力补助力度。下达 11.81 亿元，支持乡村振兴重点县、海岛及沿海地区各项社会事业发展和产业结构调整。健全农业转移人口市民化奖励机制，下达 14.13 亿元，增强吸纳农业人口较多地区财政保障能力，切实保障随迁子女义务教育等基本公共服务需求。下达 30.58 亿元，提升城乡建设品质，重点建设海绵城市，改善提升历史文化名镇名村传统村落，推动福道建设，打造城乡建设品质提升省级样板工程等。漳州、龙岩、南平海绵城市建设示范项目被财政部评为 A 级等级，三明获评全国海绵城市建设示范城市。下达 1.9 亿元，支持沪明、广龙对口合作。统筹 13.7 亿元，深化东西部协作和对口支援，促进援藏、援疆项目落地实施，持续推动闽宁合作再上新水平。

3. 坚持人民立场，持续保障和改善民生福祉

一是有效保障民生支出。坚持以人民为中心发展思想，持续加大财政投入力度，全省民生支出 4527.15 亿元，增长 3.7%，占一般公共预算支出 77.1%，持续保持七成以上。其中：教育支出 1259.01 亿元，增长 3.4%；社会保障和就业支出 770.79 亿元，增长 7.5%；卫生健康支出 617.66 亿元，增长 1.9%；城乡社区支出 443.69 亿元，增长 2.9%；农林水支出 412.40 亿元，增长 0.5%；住房保障支出 149.38 亿元，增长 17.1%；自然资源海洋气象等支出 89.75 亿元，增长 41.3%；粮油物资储备支出 27.03 亿元，增长 4.6%。持之以恒办好民生实事，29 项省委和省政府为民办实事项目省级累计下达相关资金 128.14 亿元，完成年初计划总额的 116.5%。

二是有力落实就业优先战略。聚焦高校毕业生、下岗失业人员、农民工等重点群体就业，下达 13.13 亿元，顶格实施各类就业创业政策。下达 1.04 亿元，用于各地低收入人口跨省务工奖励。支持就业公共服务体系建设，泉州市入围国家公共就业服务能力提升示范项目。失业保险基金实行省级统收统支，比国家要求提前一年。实施降低工伤保险费率和失业保险稳岗返还政策，减轻企业负担，促进企业稳岗扩岗。

三是稳步提升教育实力。下达 59.9 亿元，支持新建、改扩建公办幼儿园 195 所，实施义务教育薄弱环节改善与能力提升计划，增补城区义务教育学位 10.73 万个，支持普通高中教育质量提升，推进基础教育扩优提质。下达 26.6 亿元，有序推进职业教育“双高计划”和产教融合，推动基于专业大类的职业教育差异化生均拨款制度改革，入选全国职业教育生均拨款改革试点省份。下达 69.8 亿元，探索建立高等教育支出绩效评价体系，重点推动国家和省级“双一流”和应用型本科高校建设。下达 17.9 亿元，持续强化学生资助经费保障，资助困难学生逾百万人次，实现“所有学段、所有学校、所有家庭经济困难学生”全覆盖。深入实施人才强省战略，安排 10.5 亿元，支持实施省级高层次人才、“特级后备”人才、省引才“百人计划”等人才政策，加快推进人才吸引集聚平台建设，加强总会计师类会计领军人才、注册会计师类人才培养。

四是持续推进卫生健康发展。下达 109.14 亿元，将城乡居民医保财政补助从每人每年 610 元提高到 640 元，支持各地落实基本医保待遇、巩固大病保险保障水平。下达 22.72 亿元，将基本公共卫生人均筹资标准从 84 元提高到 89 元，统筹用于基本公共卫生服务项目。下达 1.34 亿元，用于支持中医药服务能力提升、中医药人才建设和传承创新等。全力做好疫情防控新阶段财政保障，下达 16.17 亿元，支持各地及时足额发放医务人员一次性补助和过渡期临时性工作补助，对实施“乙类乙管”后新冠病毒感染患者个人负担部分予以补助。实施新一轮医疗“创双高”，开展县域医共体能力提升项目，支持卫生健康人才队伍建设。支持开展“无陪护”病房、适龄女性 HPV 疫苗免费接种、乙肝感染者规范化治疗等试点项目。

五是不断完善多层次社会保障体系。持续推进养老保险制度改革，下达 69.51 亿元，对居民缴费和基础养老金给予补助，支持城乡居民基础养老金省定标准从每人每月 140 元提高到 150 元。下达 1.36 亿元，新建 300 个示范性长者食堂、50 个嵌入式养老服务机构，支持农村幸福院质量改造提升。下达 33.26 亿元，统筹用于城乡低保、特困供养、临时救助、孤儿基本生活保障和流浪乞讨人员救助等支出，集中养育孤儿和社会散居孤儿基本生活省定最低养育标准从每人每月 1800 元和

1400元，分别提高到2100元和1700元。厦门市入围国家普惠托育服务发展示范项目。落实我省重特大疾病医疗保险和救助制度，下达6.2亿元，用于资助符合条件的困难群众参加基本医疗保险、开展住院救助等。下达9.5亿元，将困难残疾人生活补贴标准从每人每月99元提高到107元，将生活困难的重度残疾人一级、二级护理补贴标准分别提高到每人每月128元、107元，支持促进残疾人就业创业、提升残疾人康复服务能力、推进残疾人家庭无障碍改造等。连续第22次提高部分优抚对象抚恤和生活补助标准，惠及优抚对象超过20万人。下达29.8亿元，保障优抚对象、军休干部等群体的生活和医疗待遇。将革命“五老”人员定期生活补助标准从每人每月1870元提高至1990元，支持优抚事业单位和烈士纪念设施提质改造等。

4. 坚持优化管理，不断提升财政治理效能

一是持续加强财政法治建设。不断提升服务省人大代表、政协委员水平，办理建议提案沟通率、答复率、满意率均达到100%。强化财会监督，在全国率先出台纪检监察监督、巡视监督与审计监督、财会监督、统计监督贯通协同实施办法，建设财会监督问题库、风险防控等系统，开展财会监督、预算执行监督专项行动和重点民生资金专项整治，构建大监督工作格局。制定完善行政执法公示办法、行政执法全过程记录办法、重大行政执法决定法制审核办法，出台《福建省财政行政处罚裁量权适用规则》《福建省财政行政处罚裁量权基准》，进一步推动财政行政执法管理规范化、制度化。建立行政复议应诉定期报告制度，扎实做好以案促改和普法教育。建立健全应用行政调解化解政府采购纠纷机制，优化财会多元纠纷化解机制。加大对注册会计师、资产评估行业中介机构执业质量监督，提升中介执业质量。强化行政事业单位内部控制建设，提升单位内部管理水平。

二是深化预算管理改革。修订《福建省省级财政专项资金管理办法》，进一步明确专项资金的管理范畴，压实管理职责，强化预算和绩效管理，完善法律责任。全面推进预算绩效管理工作，评价范围拓展到部门整体支出和政府采购支出等领域，对到期专项实施全生命周期绩效评价。健全财政资源统筹机制，将省直部门取得的所有收入全部编入预算，将省直行政事业单位所办企业统一纳入省级国有资本经营预算编制范围。严格转移支付设立程序，加强绩效管理结果应用，完善专项转移支付资金评估和退出机制。优化直达资金范围，全省纳入直达机制的资金共有33项、841.13亿元，并加强对下正向激励，实施资金分类管理，完善全过程监管机制，更好保障基层财政运转和落实惠企利民政策。

三是切实提高财政信息化水平。深化预算管理一体化改革，分批推进一体化系统整合，顺利完成预算指标核算管理改革，率先在全国实现国库统发工资系统与人事管理平台联网。扎实推进乡村振兴（扶贫惠民）资金在线监管平台扩面提质，监管资金增至54项，累计580亿元，惠及群众846万人次。启动智慧财审系统，运用信息技术和网络大数据进行智能辅助审核和自动预警分析，评审资金69.49亿元。建成福建省公务用车控购信息管理系统，实现全省执法执勤用车和市县公务用车全流程线上购置审批。设立政府采购远程异地评审模式，在全国率先实现全省跨市应用新突破。推广以电子保函方式缴交政府采购保证金，减少市场主体的资金占用成本。深化非税收入收缴电子化和财政电子票据改革，推进涉费政务事项“一网通办”“跨省通办”，进一步拓展财政电子票据社会化应用。

5. 坚持防范风险，保障基层财政平稳运行

一是坚决防控政府债务风险。加强到期债务情况分析研判，精准匹配发行再融资债券，督促各地严格落实偿债责任，全省到期政府债券本息全部按期偿还。建立健全防范化解地方债务风险工作机制，制定一揽子化债方案。积极稳妥化解隐性债务存量，坚决遏制增量，开展化债试点，优化债务结构，降低利息负担。加强全口径债务统计监测和分析，开展债务风险等级评定和预警通报，健全考核问责机制，压实债务风险防控主体责任。

二是兜牢兜实基层“三保”底线。进一步推动财力下沉，下达省对市县转移支付1838.43亿元，增长11.2%。健全“三保”预算审核和执行

监测机制，实现全省县（市、区）“三保”预算审核全覆盖，动态监测各地“三保”支出执行情况，确保所有县级预算财力均可覆盖“三保”支出需求。建立“三保”激励约束机制，将市县“三保”支出责任落实情况纳入促进财政经济加快发展正向激励资金的考核奖励范围，组织开展基层“三保”领域的财经纪律重点问题专项整治。

2023年财政改革发展工作取得的成绩，根本在于习近平新时代中国特色社会主义思想科学指引，是坚决贯彻落实党中央、国务院决策部署的结果，是省委和省政府的科学施策、正确领导的结果，也离不开省人大、省政协的有效监督、有力指导。同时，我们也清醒看到，财政工作还存在一些不足，财政运行仍面临一些困难和问题，主要是：土地和房地产相关收入对地方财力影响持续显现，税收收入增速总体呈回落态势，财政收入稳定增长面临更大挑战；我省已经进入偿债高峰期，部分市县到期债券本息占财力比重较高，还本付息压力较大；基层“三保”及其它刚性支出只增不减，部分市县库款紧张，基层财政收支普遍处于“紧平衡”状态；部分部门资金拨付不及时、项目支出进度偏慢，未能及时形成实物工作量；有的市县专项债券投向不精准、效益不高，财政资金使用绩效有待进一步提升；有的项目资金存在管理不够规范的问题，还要持续严肃财经纪律、整饬财经秩序。我们高度重视这些问题，今后还将认真听取各位代表、各位委员的意见和建议，加大工作力度、采取有力措施加以解决。

二、2024年预算草案

2024年是新中国成立75周年，是实施“十四五”规划的关键一年，是习近平总书记亲自擘画“机制活、产业优、百姓富、生态美”新福建宏伟蓝图10周年。预算编制和财政工作的指导思想是：以习近平新时代中国特色社会主义思想为指导，全面贯彻落实党的二十大、二十届二中全会和中央经济工作会议精神，聚焦新福建建设宏伟蓝图和“四个更大”重要要求，按照省第十一次党代会和省委十一届四次、五次全会及省委经济工作会议部署，坚持稳中求进工作总基调，完整、准确、全面贯彻新发展理念，围绕推动高质量发展首要任务和构建新发展格局战略任务，统筹扩大内需和深化供给侧结构性改革，统筹新型城镇化和乡村全面振兴，统筹高质量发展和高水平安全，坚持积极的财政政策要适度加力、提质增效，落实好结构性减税降费政策，坚持党政机关过紧日子，大力优化财政支出结构，兜牢基层“三保”底线，加强地方政府债务管理，严肃财经纪律，强化财会监督，提高财政资金绩效，落实新一轮财税体制改革各项工作，切实增强经济活力、防范化解风险、改善社会预期，巩固和增强经济回升向好态势，持续推动经济实现质的有效提升和量的合理增长，增进民生福祉，保持社会稳定，为奋力推动中国式现代化福建实践提供坚实财力保障。

（一）2024年财政收支形势分析

从全国来看，我国发展具有巨大韧性和潜力，国内经济回升向好、长期向好的趋势没有改变，积极因素持续积累、预期持续好转。从我省来看，全省经济在固本培元中总体回升向好，经济运行持续保持恢复。经济社会高质量发展为财政改革发展提供了重要支撑，但也要看到，当前外部环境的复杂性、严峻性、不确定性加大，消费增长受到制约，社会投资意愿不强，外需疲弱制约出口，产业结构调整有待深化，房地产市场预期尚未稳定，叠加中小微企业缓征税款抬高收入基数等因素，都将对今年我省财政收入的稳定增长产生影响。初步预计，2024年财政收入增幅将与我省经济增长保持大体协调。与此同时，为全面推动我省高质量发展，今年各方面对财政支出需求较多，科技攻关、乡村振兴、生态环保等重点支出刚性增长；弥补养老、教育、医疗卫生等基本民生短板，财政需要继续加强保障；支持区域协调发展，增强基层“三保”能力等，需要保持适当财政支出强度。总的来看，今年我省财政收支形势依然严峻，仍将处于“紧平衡”状态。

（二）2024年预算编制原则

预算编制遵循以下原则：一是服务中心、保障重点。围绕省委和省政府中心工作，聚焦省委经济工作会议部署，保持必要的财政支出强度，增强省委和省政府重大战略任务和基本民生财力保障。二是量入为出、统筹平衡。实事求是，科学编制收入预算，保持与经济社会发展水平相协调，与积极的财政政策相衔接。加强财政资源统筹，坚持以收定支、量力而行，突出重点、有保有压，确保全年财政收支平衡。三是勤俭节约、过紧日子。坚持艰苦奋斗，节俭办一切事业，党政机关要习惯过紧日子，严控一般性支出。严肃财经纪律，规范使用各类财政资金。四是强化管理、提质增效。坚持预算法定，强化预算约束和绩效管理，在预算编制中加强对审计、财会监督和绩效评价等结果的运用，提高资金效益和政策效果。五是兜牢底线、防范风险。加大转移支付调节力度，统筹加大对基层和财政困难地区的倾斜支持，兜牢基层“三保”底线。防范化解地方政府债务风险，坚决遏制隐性债务增量、化解存量。

（三）2024 年全省代编和省级一般公共预算

1. 全省代编一般公共预算

全省代编一般公共预算总收入预计为 6230.45 亿元，增长 5.5%。地方一般公共预算收入预计为 3770.03 亿元，增长 5%，加上中央补助 1488.41 亿元、动用预算稳定调节基金 340.97 亿元、调入资金 532.99 亿元、中央提前下达新增一般债务限额 96 亿元，剔除上解中央 64.63 亿元，全省收入合计 6163.77 亿元。按照收支平衡原则，安排全省一般公共预算支出 6163.77 亿元，增长 5.1%。

2. 省级一般公共预算

省本级一般公共预算收入预计为 272.95 亿元，增长 1.5%，加上中央财政补助收入 1379.35 亿元、市县财政上解收入 342.94 亿元、调入资金 14.84 亿元、动用预算稳定调节基金 180 亿元、中央提前下达新增一般债务限额 82 亿元，省级收入合计 2272.08 亿元。

按照收支平衡原则，相应安排省级支出 2272.08 亿元，增长 5.4%，扣除应上解中央支出 43.73 亿元、补助市县支出 1535.19 亿元、一般债务还本支出 3.5 亿元、债务转贷支出 82 亿元，省本级支出 607.66 亿元，增长 2.8%。

（四）政府性基金预算

全省政府性基金预算收入预计为 2820.77 亿元，增长 36.2%，加上中央补助收入 16.66 亿元、中央提前下达新增专项债务限额 1212 亿元，全省收入合计 4049.43 亿元。按照以收定支原则，相应安排支出 4049.43 亿元。

省本级政府性基金预算收入预计为 24.06 亿元，下降 11.9%，加上中央补助收入 16.55 亿元、按规定调入专项债券还本付息资金 8.03 亿元、市县财政上解政府性基金 5 亿元、中央提前下达新增专项债务限额 928 亿元，省级收入合计 981.64 亿元。按照以收定支原则，相应安排省级政府性基金预算支出 981.64 亿元，扣除补助市县支出 30.33 亿元、专项债务还本支出 0.91 亿元、债务转贷市县支出 928 亿元，安排省本级支出 22.4 亿元。

（五）国有资本经营预算

全省国有资本经营预算收入预计为 185.88 亿元，下降 3.7%，加上中央补助收入 0.2 亿元，全省收入合计 186.08 亿元。根据国有资本经营预算管理相关规定，扣除按规定调入一般公共预算 78.93 亿元，相应安排支出 107.15 亿元。

省本级国有资本经营预算收入预计为 76.53 亿元，增长 52.6%，其中，省国资委监管企业国有资本经营预算收入 33.29 亿元、省级金融企业国有资本经营预算收入 41.81 亿元、其他企业国有资本经营预算收入 1.43 亿元。省本级国有资本经营预算收入加上中央财政补助收入 0.18 亿元、上年结转收入 4.68 亿元，省级收入合计 81.39 亿元。按照收支平衡原则，扣除按规定调入一般公共预算 12.1 亿元，安排省级国有资本经营预算支出 69.29 亿元，其中，安排省本级支出 69.11 亿元、补助市县支出 0.18 亿元。

（六）社会保险基金预算

全省社会保险基金预算收入预计为 2676.98 亿元，增长 9.7%。按照精算平衡原则，安排全省社会保险基金预算支出 2332 亿元，增长 8.5%。当年收支结余 344.98 亿元，年末滚存结余 2991.03 亿元。

省级社会保险基金预算收入预计为 1260.42 亿元，增长 13.1%，其中，企业职工基本养老保险基金收入 1058.13 亿元、机关事业单位基本养老保险基金收入 68.72 亿元、职工基本医疗保险基金收入 52.02 亿元、工伤保险基金收入 40.6 亿元、失业保险基金收入 40.95 亿元。按照精算平衡原则，安排省级社会保险基金支出 1076.87 亿元。当年收支结余 183.55 亿元，年末滚存结余 1242.74 亿元。

（七）2024 年省级四本预算支出安排

省级四本预算安排支出共计 4399.88 亿元，对照省委十一届四次、五次全会和省委经济工作会议提出的各项部署，以及省政府工作报告任务要求，重点做好以下 8 个方面的支出保障：

1. 支持全面提升产业体系现代化水平。紧扣新型工业化目标，完善推动产业结构优化调整的政策体系，发挥财政奖补政策作用，引导各县域发展重点产业链，推动新一轮工业园区标准化建设，支持实施先进制造业集群发展工程；优化技改项目设备投资奖补政策，大力实施技改项目融资贴息，支持传统产业“智改数转”；用好生物医药等专项资金，培育壮大战略性新兴产业；落实人工智能等奖补政策，加快布局发展未来产业；健全完善优质企业梯度培育体系，加大力度培育专精特新企业、制造业单项冠军企业，培优扶强龙头企业。推动数字经济发展，用好数字福建、数字经济等专项资金，完善数字基础设施，助力福建大数据交易中心、东南大数据产业园等建设，支持办好第七届数字中国建设峰会；推动海洋经济发展，发挥财政资金正向激励作用，推进“海上粮仓”建设，支持举办2024世界航海装备大会；推动绿色经济发展，用好“电动福建”建设专项资金，促进节能降碳升级改造，助力新能源汽车、电池租赁、新型储能等产业发展，促进电动船舶全产业链发展，通过补贴、以旧换新等方式，支持新能源汽车废旧动力电池回收再利用；推动文旅经济发展，用好文旅专项资金，支持平潭国际旅游岛、世界文化遗产保护等重点项目建设，支持建设特色文化旅游带、精品文旅线路等，创新高品位文旅业态产品，打响“海丝起点·清新福建”品牌。加强财政金融协同联动，统筹做好科技金融、绿色金融、普惠金融、养老金融、数字金融五篇大文章；做强现代服务业，用好财政奖补资金，支持发展生活性服务业，大力发展物流业，推进厦福泉国家综合货运枢纽补链强链工程。发展高质高效农业，严格落实耕地保护和粮食安全责任制，加大高标准农田建设投入力度，支持开展种业振兴行动和农业科技研发应用，全力保障粮食安全和重要农产品稳产保供；支持特色现代农业高质量发展，提升设施农业发展水平，推进农村一、二、三产业融合，加快国家农村产业融合发展示范园建设，发展农产品精深加工、冷链物流、休闲观光农业。

2. 支持着力强化科技创新支撑引领。支持科技创新，提升财政科技投入效能，优化科技创新券等奖补政策，促进企业研发投入与科技资源配置紧密挂钩；加大对企业科技创新团队和科研人员激励力度，让更多企业参与技术攻关；支持开展科技成果转化“搭桥”行动，促进技术创新成果转化更加便利。落实好新一轮科技管理机构改革任务，激发全社会创新活力；加强基础研究支持力度，进一步优化“揭榜挂帅”“赛马”制度，支持推动职务科技成果权属改革；健全科技创新投融资机制，加大“科技贷”投放力度，扩大对科技型小微企业贷款担保规模和覆盖面，撬动更多社会资本投入。发挥平台载体作用，支持福厦泉科学城、省创新研究院、省创新实验室建设，不断增强国家自主创新示范区引领示范作用；完善绩效评估和动态调整机制，加快省级科技创新平台重组提升；推动科研设施开放共享，支持产业技术研发公共服务平台建设。实施新时代人才强省战略，用好人才专项等资金，实施高层次人才培养和“托举”计划，支持培养“百千万人才工程”“雏鹰”计划，实施“技能福建”行动；开展引进首席科学家和领军人才团队科研经费稳定支持机制试点，推进高水平引才聚才平台建设，不断深化人才发展体制机制改革，持续完善人才使用、评价、激励等机制，让人才脱颖而出、各展其能。

3. 支持加快建设两岸融合发展示范区。认真贯彻落实《中共中央、国务院关于支持福建探索海峡两岸融合发展新路建设两岸融合发展示范区的意见》精神和我省实施意见，发挥财政职能作用，加快建设台胞台企登陆第一家园。支持健全台胞社会参与体系，建设台胞求学研习集聚地，完善台胞在闽就医、购房、养老服务、社会救助等保障体系，建好用活台湾青年创业就业基地，鼓励两岸产学研企开展标准共通试点。支持促进闽台经贸合作，推进闽台石化、电子信息、生物医药、现代农业、现代服务业等产业链供应链价值链加快融合；支持闽台基础设施应通尽通，建设对台跨境电商集散枢纽、能源资源中转平台，促进两岸物流集散中心等对台客货运枢纽设施提级扩能；支持提档升级台湾农民创业园、闽台农业融合发展产业园。加大科研支持力度等，深化闽台科技创新合作。推进两岸文化研究和交流，支持办好第十六届海峡论坛、第十二届海峡青年节，开展“迁台记忆”档案文献征集、保护、开发利用和数字化工作，加强闽台历史文化、南岛语族文化等研究，深入实施涉台文物保护工程，拓展闽台同名同宗村交流，促进青少年交流更加热络。支持闽台全域融合发展，提升厦金融合质效，促进福马创新融合，推动平潭探索对台贸易创新发展，拓展其他地区对台融合实践。

4. 支持积极服务和融入新发展格局。发挥专项债券稳投资、促增长作用，统筹相关领域资金，聚焦补短板、强弱项，积极扩大有效益的投资，强化交通强省建设和能源保障，加快重大水利工程建设，深入实施新型基础设施建设三年行动计划。支持深挖消费潜力扩内需，大力发展数字消费、绿色消费、健康消费，稳定和扩大传统消费，深化“三品”专项行动，持续开展“全闽乐购”活动，办好第三届福品博览会，加快推进新闽菜创新发展三年行动，提振新能源汽车、电子产品等大宗消费；统筹做好重点领域改革资金保障，支持要素市场化配置、农业农村、集体林权制度、“三医”联动等改革；落实《国务院关于进一步完善国有资本经营预算制度的意见》，充分发挥国资预算的功能作用，聚焦重点行业和关键领域，支持我省主导产业做强做专，促进国有资本合理配置，推动国有经济布局优化和结构调整；落实企业重组与改制税收优惠政策，支持深入实施新一轮国企改革深化提升行动。支持开放平台提档升级，加大资金统筹力度，深入实施自贸试验区提升战略，持续推进“两国双园”“丝路海运”“海丝中央法务区”、金砖创新基地等建设；支持对外贸易保稳促优，优化拓展国际贸易“单一窗口”，壮大“新三样”出口优势，加快内外贸一体化发展；支持利用外资提质增效，办好第二十四届投洽会、第二届中国侨智发展大会、海丝博览会暨海交会，打造“投资福建”品牌，扩大闽港闽澳合作；发挥“侨”的优势，支持深入实施引侨资汇侨智聚侨力引进工程。深入实施新时代民营经济强省战略，加大对民营企业创新支持力度，推进民营企业产业升级，加强产业补链延链升链建链，壮大产业集群，鼓励和吸引更多民间资本参与重大项目建设。扎实推进“放管服”改革，支持清理拖欠企业账款，严格规范涉企收费；支持加快数字政府建设，将财政执法事项纳入一体化大融合行政执法平台，建立数字赋能机关效能建设平台，建好企业掌上服务专区，推动政务服务“一网通办”“一网好办”。

5. 支持统筹推进城乡区域协调发展。支持新型城镇化建设，发挥农业转移人口市民化奖励资金导向作用，促进基本公共服务常住人口全覆盖；统筹用好城乡人居环境建设等资金，推动福道建设，打造城乡建设品质提升省级样板工程等，支持开展城市片区综合开发、县城更新、完整社区项目；健全住房保障体制机制，持续开展城镇老旧小区改造，积极推进保障性住房建设和城中村改造，加大力度发展保障性租赁住房；加快补齐基础设施短板，推进“平急两用”公共基础设施、海绵城市、城乡供水一体化等建设。支持高质量建设福州都市圈、厦漳泉都市圈，推进闽东北、闽西南协同发展。学习运用“千万工程”经验，支持开展“千村示范引领、万村共富共美”工程；落实“四个不摘”要求，保持投入力度不减，加大就业、产业帮扶力度，发展新型农村集体经济，巩固拓展脱贫攻坚成果同乡村振兴有效衔接，守牢不发生规模性返贫底线；加强乡村建设，实施农村建设品质提升行动，支持打造乡镇生活污水治理提升县、农村生活垃圾治理试点县；深入实施高素质农民培育计划，支持提升科技特派员等服务水平。促进公共资源共享，推进教育、医疗、托幼等优质资源向山区延伸，提升山区基本公共服务水平；做深做实新时代山海协作，支持加快老区苏区振兴，健全对乡村振兴重点县及欠发达老区苏区县挂钩帮扶机制，深化沪明、广龙对口合作，加快建设闽西革命老区高质量发展示范区；加强东西部协作和对口支援，推进闽宁协作和援藏援疆工作。

6. 支持努力让老百姓过上更好的日子。坚持尽力而为、量力而行，提高基本公共服务水平，兜住、兜准、兜牢民生底线。更加突出就业优先导向，完善就业促进机制，健全就业目标任务落实与就业资金分配挂钩制度，优化调整稳岗扩岗政策，支持高校毕业生、退役军人、农民工等重点群体稳定就业；加强困难群体就业兜底帮扶，提升职业技能培训水平。支持教育优先发展，夯实基础教育，持续实施公办幼儿园结构优化与质量提升工程，支持城区义务教育学位增补，推进改善普通高中学校办学条件、特殊教育优质融合发展、技工院校教育基础能力建设；有序推进职业教育国家和省级“双高计划”，支持发展技工教育；支持高等教育竞争力和综合实力提升，加强高等教育支出绩效评价体系运用，深入推进新一轮“双一流”和一流应用型高校建设；支持发展终身教育，开展继续教育。着力建设健康福建，推动优质医疗资源扩容提质下沉，健全分级诊疗服务体系，支持区域医疗中心建设，加强紧密型县域医共体建设，实施薄弱乡镇卫生院服务能力提升工程；推动中医药传承创新发展，加强传染病监测预警体系建设，促进公共卫生服务能力提升。织密扎牢社会保障网，支持积极扩大社会保险覆盖面，促进适龄参保人员应保尽保、愿保尽保；落实企业职工基本养老保险全国统筹，深化机关事业单位养老保险改革，健全职业年金绩效评价体系；实施工伤保险基金省级统收统支，持续完善基本医疗保险、失业保险省级统筹制度；进一步健全完善分层分类社会救助体系，积极发展银发经济，促进医养康养深度融合，支持建设示范性长者食堂、嵌入式养老服务机构；积极完善生育支持政策，鼓励探索普惠托育服务发展支持政策，深入实施中长期青年发展规划，促进人口高质量发展；积极发展公益慈善事业，加大社会优抚力度。着力打造文化强省，传承发展八闽优秀文化，加大文物非遗保护传承力度，支持三坊七巷、万里茶道、船政文化申遗，强化革命文物集中连片保护利用；繁荣发展哲学社会科学，支持做好档案、地方志、参事、文史工作；加快建设体育强省，继续建设一批全民健身场地设施，支持培育和引进国内国际品牌赛事。

7. 支持奋力打造美丽中国先行示范省。支持深入打好蓝天保卫战，持续支持抓好大气污染防治重大工程；支持深入打好碧水保卫战，深化闽江流域综合治理，持续推进九龙江流域山水林田湖草沙一体化保护和修复，继续实施重点流域生态保护补偿；支持深入打好碧海保卫战，实施重大海洋生态保护修复项目，常态化清理海漂垃圾，深化重点海湾综合治理；支持深入打好净土保卫战，加强土壤污染源头防控，开展涉重金属矿区历史遗留固体废物整治，深入推进农村生活污水治理。持续加强生态保护和修复，支持环武夷山国家公园保护发展带建设等；支持实施生物多样性保护重大工程，持续加强林业有害生物防治。健全减污降碳约束机制，落实低碳发展税收政策、绿色采购等制度，引导绿色低碳发展；推进综合性生态保护补偿，加强生态环境治理项目建设，以生态指标考核为导向，对重点生态功能区、生态文明建设示范区予以奖励，持续改善和提升生态环境质量。

8. 支持全力维护社会安定稳定。筑牢安全生产防线，支持狠抓安全生产治本攻坚、防灾减灾救灾、食品药品安全，深入开展安全专项整治，继续实施“五个一百”公共安全保障提升工程，常态长效推进基层防汛、防台风能力标准化建设，打造海陆空协同的应急救援体系。筑牢风险防范屏障，支持防范能源安全风险，加大支撑性电源和输电通道建设，统筹煤电油气保障；防范化解金融风险；防范化解房地产风险，用好用足房地产政策工具箱，支持刚性和改善性购房需求，促进房地产市场平稳健康发展。筑牢社会治理根基，强化依法治理能力提升，深入实施“八五”普法规划，支持开展普法宣传教育工作，助力推进多层次、多领域依法治理；支持做好人民信访工作，促进基层社会综合治理和社会治安防控体系建设，助力基层进一步加强社会治理体系和治理能力建设，推动打造共建共治共享社会治理新格局；深化司法体制综合配套改革，健全省以下法院、检察院经费管理制度体系，助力维护社会公平正义。

同时，加强财政经费保障，充分发挥工会、共青团、妇联、残联、红十字会等群团组织作用，做好关心下一代、老体协等工作。加强民族团结，促进宗教和顺。支持深化全民国防教育，落实兵役征集、民兵组织建设、人民防空等国防动员地方支出责任；优化退役军人工作和政策体系；统筹财政资金支持驻闽部队支前项目，构建全要素、多领域、高效益军民融合深度发展格局。

三、扎实做好 2024 年财政改革发展工作

围绕上述指导思想和预算安排，深入贯彻预算法及其实施条例，全面落实省十四届人大二次会议决议要求，坚持稳中求进、以进促稳、先立后破，扎实做好财政各项改革发展工作，确保全年预算目标顺利完成，推动我省经济社会高质量发展取得新成效。

（一）着力强化财政资源统筹

落实宏观政策逆周期和跨周期调节，精准实施积极的财政政策，着力在适度加力、提质增效上下功夫，增强宏观政策一致性，把有限的资金用在发展所需、民生所急、基层所盼上。加强政策统筹，政策效果评价注重有效性、增强获得感，强化协同联动、放大组合效应，同向发力、形成合力，着力提升宏观政策支持高质量发展的效果。抓好增量与存量资金统筹，完善结余资金收回使用机制，优先保障省委和省政府确定的重点任务。落实好结构性减税降费政策，重点支持科技创新和制造业发展。抓好财政拨款收入和非财政拨款收入统筹，将依托行政权力、国有资源资产获取的收入等全面纳入预算管理，将各部门和单位依法依规取得的事业收入、事业单位经营收入等各类收入全部纳入部门或单位预算管理。抓好部门和市县政策资金的统筹，推进跨部门、跨级次、跨区域重大事项协同联动，最大限度地形成促进发展的合力。抓好增发国债资金与年度预算安排的统筹，优先保障地方配套资金到位，做好跨年度预算平衡，确保资金有序衔接。

（二）着力深化预算管理制度改革

落实中央新一轮财税体制改革有关部署，健全现代预算制度，持续优化税制结构，完善财政转移支付体系。持续完善财政预算绩效管理结果应用体系，将绩效管理结果与完善政策、调整预算安排有机衔接，体现奖优罚劣和激励相容导向。加强支出标准体系建设，完善基本支出标准，加快项目支出标准建设。不断完善财政直达资金管理机制，优化直达资金范围。推进数字财政建设，依托预算管理一体化系统，强化系统自动控制和预警监控，打破信息“孤岛”，提高数据质量。强化专项债券项目穿透式监测和债券资金投后管理，完善项目建设和运营全周期、全过程监督管理机制。

（三）着力优化财会监督管理

严格监管转移支付资金，严肃财经纪律。强化预算监督管理，扎实开展财会监督、预算执行常态化监督，一体推进问题整改和机制建立。认真落实贯通协同的实施办法，不断健全财会监督与各类监督横向协同、省市县纵向联动的制度体系，及时将发现问题线索纳入问题库，推动实现问题发现、整改、复核、销账的全周期闭环管理，切实把制度优势转化为工作成果。建立健全应用行政调解化解政府采购纠纷机制，优化财会多元纠纷化解机制。积极推动专项资金分配审核系统开发建设，通过核查比对资金分配方案，避免重复补助、违规补助。

（四）着力促进基层平稳运行

抓实抓细基层“三保”工作，强化市、县（区）主体责任，进一步落实“三保”分级责任制，做好预算管理、资金统筹、风险排查、问题处置，将“三保”作为预算安排的重点，坚持“三保”支出在财政支出中的优先顺序。强化基层财政运行和库款水平动态监测预警，对困难地区适时通过库款调度等方式给予支持，确保基层“三保”不出问题。统筹好地方债务风险化解和稳定发展，建立健全防范化解地方政府债务风险的长效机制，抓好一揽子化债方案落实，积极稳妥推动化解地方政府债务风险。压实还本付息责任，督促各地统筹做好偿债资金安排，坚决防范偿债风险。抓实隐性债务风险化解工作，加强地方政府融资平台公司治理，严禁违法违规举债融资行为，遏制新增隐性债务。推进重点地区统筹各类资金资产资源，落实“一地一策”化债，逐步降低债务风险水平，坚决守住不发生系统性风险的底线。

（五）着力落实预算审查监督

认真贯彻落实《福建省预算审查监督条例》，及时报告财税改革和财政重点工作进展，持续加强和改进财政预算管理。认真办理人大代表、政协委员建议提案，加强日常沟通，积极回应关切。扎实推进审计查出问题整改，建立健全整改工作机制，强化责任落实和责任追究。积极做好审计整改工作，把“当下改”和“长久立”结合起来，从政策设计、制度机制上剖析原因、堵塞漏洞。加强审计结果运用，建立健全预算约束机制，将审计发现问题、审计整改成效与年度预算资金安排结合，调整优化相关省级部门及市县项目资金安排。

各位代表、各位委员，新的一年我们要更加紧密地团结在以习近平同志为核心的党中央周围，全面贯彻落实习近平新时代中国特色社会主义思想，坚定拥护“两个确立”、坚决做到“两个维护”，在省委和省政府的领导下，自觉接受省人大监督，虚心听取省政协意见建议，凝聚力量、团结奋斗，担当作为、精准施策，更好发挥财政政策效能，扎实推进财政改革发展各项工作，为全面加快新发展阶段新福建建设，奋力谱写中国式现代化福建篇章作出新的更大贡献。

第二篇

大事纪要

一月

1 日，周祖翼在福州永泰调研。

新年第一天，省委书记周祖翼深入福州永泰县赤锡乡、城峰镇，调研农村疫情防控工作，并向基层干部群众致以新年的问候和祝福。

1 日，我省县级财政管理绩效综合评价排名持续进位。

福建省财政厅消息，根据财政部日前公布的 2021 年度县级财政管理绩效综合评价结果显示，我省综合得分位居全国第 8，较上年提升 11 位。14 个县进入全国前 200 名，较上年增加 3 个，占比排名全国第 4。其中，5 个县进入全国前 20 名，周宁县排名全国第 1，为我省历年来最好成绩。这 14 个县分别是：周宁县、光泽县、邵武市、建瓯市、武夷山市、福鼎市、政和县、浦城县、屏南县、建宁县、顺昌县、明溪县、清流县、长汀县。

1 日，省级财政下达 2.49 亿元支持提升省市县三级重症救治能力。

福建省财政厅消息，为贯彻落实党中央、国务院和省委、省政府疫情防控工作部署，根据我省当前疫情形势，经省政府批准，近日，省财政厅下达 2.49 亿元，支持提升省市县三级重症救治能力。其中，安排省属医院 8705 万元支持提升重症救治能力；安排市县 16150 万元，按照“市级三级医院补床位缺口，县级定点医院补床位建设目标”的原则，对市级三级医院和县级定点医院重症救治床位（综合 ICU）建设给予补助，其中困难县（市、区）最高档补助比例达 80%，以做好应对疫情高峰的医疗救治准备，努力保障人民群众安全和身体健康。

1 日，全省高速公路行政执法队伍正式揭牌。

1 日，福建省 9 个高速公路行政执法支队同时揭牌。新揭牌的福建省福州高速公路行政执法支队等 9 支队伍以原福建省交通综合行政执法总队高速公路支队为基础组建，由省交通运输厅直接管理，标志着全省高速公路行政执法队伍在规范化、标准化、专业化建设上迈出重要一步。

2 日，我省出台新冠病毒感染“乙类乙管”工作实施意见。

福建省应对新冠病毒感染疫情工作指挥部消息，我省出台新冠病毒感染“乙类乙管”工作实施意见。实施意见明确，从 1 月 8 日起对新冠病毒感染实施“乙类乙管”，要求各级各部门围绕“保健康、防重症”，采取针对性措施，确保疫情防控平稳转段和社会秩序稳定，最大程度保护人民生命安全和身体健康，最大限度减少疫情对经济社会发展的影响。

3 日，省委常委会召开会议。

省委书记周祖翼主持召开省委常委会会议，认真学习习近平总书记在全国政协新年茶话会上的重要讲话和二〇二三年新年贺词精神，研究我省贯彻落实措施；听取省人大常委会、省政府、省政协、省法院、省检察院党组工作汇报；研究 2023 年省委和省政府为民办实事项目，审议《福建自贸试验区提升战略实施方案》《福建自贸试验区创新发展平台提升行动方案》，研究推进省直机关党的建设相关工作。

3 日，省政府召开常务会议。

省长赵龙主持召开省政府常务会议，认真学习贯彻党的二十大精神，按照省委工作要求，审议通过《福建省省级政府投资项目代建制管理办法（试行）》《福建省进一步支持大学生创新创业若干措施》；研究 2023 年省委省政府为民办实事项目、省级预算草案和区域合资铁路公司重组等工作。

3日，我省出台保护关心爱护医务人员激励保障措施。

省卫健委消息，疫情防控进入新阶段，广大医务人员坚守一线“保健康 防重症”，全力守护群众健康，我省印发《关于做好疫情防控新阶段医务人员保护关心爱护工作的通知》，从改善工作条件、加强人员配备、做好健康监测、强化院感培训、落实保险保障、加强人文关怀、营造执业环境、落实职称倾斜、落实薪酬待遇、强化正向激励等十个方面对新阶段医务人员进行激励和保障。

3日，省委理论学习中心组召开学习会。

省委理论学习中心组召开学习会，围绕学习贯彻习近平总书记在中央政治局民主生活会上的重要讲话精神，集中学习研讨。省委书记周祖翼主持并讲话，强调要深入学习贯彻习近平总书记重要讲话精神，与学习贯彻习近平新时代中国特色社会主义思想和党的二十大精神相贯通，深刻领悟“两个确立”的决定性意义，增强“四个意识”、坚定“四个自信”、做到“两个维护”，以奋发有为的精神把党的二十大作出的重大决策部署在福建落地见效。

3日，丝绸之路国际电影节闽陕交接仪式在西安举行。

晚上，由中央广播电视总台、陕西省人民政府、福建省人民政府主办的第九届丝绸之路国际电影节颁奖盛典暨闽陕交接仪式在西安举行，省委常委、宣传部部长张彦出席。

4日，周祖翼赵龙走访省各民主党派、工商联并座谈。

福建省委书记周祖翼在福州走访了省各民主党派、工商联机关并座谈，代表省委、省政府向省各民主党派、工商联和无党派人士致以诚挚问候和新年的祝福，征求大家对2023年工作以及省委班子建设的意见建议。省长赵龙参加并主持座谈会。

4日，省领导调研“小三通”复航准备工作。

省委副书记罗东川率省直有关部门负责同志赴福州马尾区琅岐口岸，调研“小三通”复航准备工作情况，强调要深入学习贯彻党的二十大精神，全面贯彻新时代党解决台湾问题的总体方略，按照省委十一届三次全会部署要求，始终尊重、关爱、造福台湾同胞，突出以通促融、以惠促融、以情促融，扎实推进闽台各领域交流合作和人员往来走深走实。

4日，我省援京医疗队平安凯旋。

经过14天奋战，今日我省援京医疗队圆满完成各项任务平安返闽，福州长乐国际机场用最高礼遇“过水门”为英雄“接风洗尘”，向他们致以崇高敬意。按照国务院联防联控机制医疗救治组要求，去年12月22日，省委、省政府组建援京重症救治医疗队，奔赴一线，驰援北京。我省援京医疗队共169人，来自省立医院，省肿瘤医院，福建医科大学附属协和医院、附一医院、附二医院，福建中医药大学附属人民医院、第二人民医院、第三人民医院、康复医院等9个医疗卫生单位。

4日，我省少先队个人和集体获全国表彰。

共青团中央、教育部、全国少工委近日发布《关于表彰2022年度全国优秀少先队员、全国优秀少先队辅导员、全国优秀少先队集体的决定》。我省福州市钱塘小学少先队员孙姌姌等19人被评为2022年度全国优秀少先队员，福州教育学院附属第一小学少先队大队辅导员郑丽娜等13人被评为2022年度全国优秀少先队辅导员，福清市实验小学少先队大队等17个大队、中队被评为2022年度全国优秀少先队集体。

4日，全省职业教育大会召开。

全省职业教育大会在福州召开，会议指出，要深入学习贯彻党的二十大精神和习近平总书记关于职业教育的重要论述，聚焦全省高质量发展现实需求，促进教育链、人才链与产业链、创新链衔接，推进职普融通、产教融合、科教融汇，努力培养高素质技能型人才，为谱写全面建设社会主义现代化国家福建篇章提供有力支撑。副省长李德金出席会议并讲话。

5日，省扫黑除恶斗争领导小组会议召开。

省扫黑除恶斗争领导小组会议召开，总结2022年扫黑除恶工作，分析形势研究工作重点，部署2023年常态化扫黑除恶斗争。省委副书记、政法委书记、领导小组组长罗东川主持并讲话。领导小组副组长黄海昆、金银墙出席会议。

5日，省委政法委员会2023年第一次全体会议召开。

省委副书记、政法委书记罗东川主持召开省委政法委员会2023年第一次全体会议，认真传达学习贯彻中央、省委经济工作会议及中央政法委有关会议、文件精神，研究岁末年初全省安全稳定工作和2023年全省政法工作要点。省委政法委员会委员黄海昆、金银墙等出席。

5日，全省各地持续加强疫苗接种服务。

当前，我省正在对感染高风险人群、60岁及以上老年人、具有较严重基础疾病人群和免疫力低下人群开展第二剂次加强免疫接种。根据我省新冠病毒感染“乙类乙管”工作实施意见，各地持续加强老年人和重点人群疫苗接种，通过设立老年人绿色通道、临时接种点、流动接种车等措施，最大限度为老年人接种提供便利。对失能、半失能老年人等群体，将提供上门接种服务。

5日，我省重点药企冲刺紧缺药品生产。

当前，退烧药品、抗原检测试剂等新冠病毒感染防治重点药品器械市场需求激增，但我省防治重点药械产能规模仍不够大。为此，我省出台《关于加快推进新冠病毒感染防治重点药械产业发展有关措施》，加大对我省新冠病毒感染防治重点药械产业发展的扶持力度。

5日，福建省第十届百花文艺奖评奖活动启动。

近日，省委宣传部印发通知，正式启动福建省第十届百花文艺奖评奖活动。此次评奖将设荣誉奖及一、二、三等奖。申报截止时间为2023年3月31日，作品申报表可从东南网下载（网址：http：//www.fjsen.com）。

6日，全省疫情防控工作视频会议召开。

全省疫情防控工作视频会议在福州召开。会议认真贯彻落实习近平总书记关于疫情防控工作的重要指示精神，按照国务院联防联控机制要求，对平稳有序推进我省新冠病毒感染“乙类乙管”工作进行部署，确保全省疫情防控平稳转段和社会秩序稳定。省委书记周祖翼出席并讲话。省长赵龙主持。

6日，赵龙在福州市调研检查基层疫情防控工作。

省长赵龙到福州市社区、农村、医疗卫生单位和物资民生企业以及养老机构，调研检查基层疫情防控工作，看望慰问疫情防控一线人员。他强调，全省各级各部门要深入贯彻习近平总书记关于疫情防控的重要指示精神，全面落实党中央、国务院决策部署和省委工作要求，坚持人民至上、生命至上，有序推进新冠病毒感染“乙类乙管”各项工作，全力保障人民生命安全和身体健康。省领导林宝金、李德金参加。

6日，省人大常委会领导检查省十四届人大一次会议筹备情况。

省人大常委会党组书记、副主任梁建勇带队对省十四届人大一次会议的筹备情况进行检查，秘书长黄新銮陪同检查。梁建勇一行先后前往福建会堂、西湖宾馆、闽江饭店、融通梅峰宾馆、左海大厦，认真查看并了解会场布置、疫情防控、代表餐厅、安全保障、住宿安排等情况，听取有关负责人关于筹备工作的汇报。

6日，省十三届人大常委会第125次主任会议召开。

省十三届人大常委会第125次主任会议在福州召开。省人大常委会副主任梁建勇主持会议，副主任周联清、庄稼汉、吴洪芹、檀云坤、袁毅、严可仕，秘书长黄新銮出席会议。根据省十三届人大常委会第三十六次会议授权，主任会议决定，省十四届人大一次会议于2023年1月11日至15日在福州召开，会期5天。

6日，福建省家庭教育工作推进视频会议召开。

福建省家庭教育工作推进视频会议在榕召开，省委常委、常务副省长、省妇儿工委主任郭宁宁出席并讲话。

6日，福建省开展寒假校外培训治理。

福建省教育厅消息，我省即日起在全省范围内开展寒假校外培训治理，严防严处违规学科类培训，加强非学科类培训多部门协同监管。根据相关通知，我省在寒假期间至少将开展1次机构安全自查和部门联合检查，对于安全管理措施不落实或落实不到位的责令关停并限期整改，整改不到位的不得恢复培训活动。

6—8日，华侨大学举办“第六届汉语哲学论坛：语言秩序与思想秩序”。

第六届汉语哲学论坛在泉州召开。来自北京大学、复旦大学、中国人民大学、中国社科院哲学所、北京师范大学、中山大学、浙江大学、厦门大学、华侨大学、德国柏林洪堡大学等的50多位国内外专家学者与会，围绕“语言秩序与思想秩序”主题展开探讨。论坛由华侨大学哲学与社会发展学院与北京大学哲学系、复旦大学哲学学院等联合主办。

7日，常斌林瑞良任福建省副省长。

省十三届人大常委会第三十七次会议在福州举行。因工作需要，会议决定免去黄海昆的福建省人民政府副省长职务，接受霍敏辞去福建省人民检察院检察长职务。会议决定任命常斌、林瑞良为福建省人民政府副省长；任命侯建军为福建省人民检察院副检察长、检察委员会委员、检察员，代理福建省人民检察院检察长职务。

7日，张毅恭同志任泉州市委书记。

日前，省委决定，张毅恭同志任泉州市委书记。

7日，宋峻同志遗体告别仪式在榕举行。

2023年1月3日22时35分，福建省人大常委会原副主任宋峻在福州逝世，享年88岁。上午，宋峻同志遗体告别仪式在福州举行。

8日，黄海昆任福建省委常委。

日前，中共中央批准：黄海昆同志任福建省委常委。

8日，首届福建“福”文化嘉年华受热捧。

为期3天的首届福建“福”文化嘉年华在福州市台江区青年广场圆满落幕。本次嘉年华在线下线上均引发热烈反响，累计超过15万人次客流涌入现场，包括中央主要新闻单位在内的众多媒体纷纷聚焦活动亮点进行报道。

9日，省政府就政府工作报告广泛征求意见建议。

为深入贯彻落实党中央决策部署和省委工作要求，日前，省长赵龙和省政府副省长通过召开座谈会等多种方式，就省政府工作和《政府工作报告（征求意见稿）》听取省人大常委会、省政协、部分省级老同志，省各民主党派、工商联、无党派人士和九市一区等各界代表的意见建议。

9日，福建省各级机关深入开展“我在乡间有亩田”党员志愿活动。

2022年以来，福建省委省直机关工委倡议开展“我在乡间有亩田”党员志愿活动，发动全省各级机关自愿认筹认种抛荒农田耕地，以实际行动保障粮食安全，推动乡村全面振兴，奋力书写保耕护粮的“机关答卷”。截至目前，全省各级机关党员干部职工，认种抛荒地2.89万亩，认筹资金1683.8万元，其中省直机关认筹认种近3000亩。

9日，出席省十四届人大一次会议代表陆续抵榕。

出席省十四届人大一次会议的代表陆续抵榕，向大会报到。省十四届人大现有代表558名。会前，代表们纷纷深入基层走访调研，广泛听取意见和建议，精心准备了一批有质量、有深度的议案建议。

9日，省政府新闻办通报我省公安工作。

在第三个中国人民警察节到来之际，1月9日，省政府新闻办公室举行新闻发布会，通报2022年我省公安工作情况和警察节相关活动安排。一年来，我省公安机关牢记习近平总书记“人民的保护神”殷切嘱托，以做好党的二十大安保维稳等重大安保工作为抓手，共完成53场重大活动和36个重要节点安保任务，特别是深入推进夏季治安打击整治“百日行动”，快侦快破现行案件2.9万余起，抓获网上在逃人员1万余名，部省两级204起集群战役、111起挂账督办案件全部成功收网，社会治安秩序得到深度净化，实现“五个严防、三个确保”目标，以福建平安助力全国平安。每年1月10日确定为中国人民警察节，与我省的“漳州110”密切相关。今年警察节期间，省公安厅将举行升警旗仪式和“110宣传日”、《您好，110》（第四季）开播等活动。各地公安机关将因地制宜开展“110警营开放日”、向人民报告等活动，邀请人大代表、政协委员、民警家属、辖区群众深入警营，听取意见建议，进一步密切警民关系。

9日，省领导调研检查疫情防控等工作。

副省长、省应对疫情工作指挥部副指挥长李德金赴省医保局、省卫健委调研，并召开专题会议，分析研判当前疫情形势，部署落实新冠病毒感染“乙类乙管”有关工作。

10 日，政协第十三届福建省委员会第一次会议今日开幕。

今天上午，中国人民政治协商会议第十三届福建省委员会第一次会议开幕。本次会议于 1 月 10 日至 14 日在福州召开，会期 4 天半。

10 日，省公安厅举行中国人民警察节升警旗仪式。

省公安厅举行 2023 年中国人民警察节升警旗仪式，深入学习宣传贯彻党的二十大精神，热烈庆祝第三个中国人民警察节，进一步增强民警职业荣誉感、责任感、归属感，振奋警心、激励斗志，全力护航新发展阶段新福建建设。省委常委，省公安厅党委书记、厅长黄海昆参加仪式。

10 日，省公安厅举行授奖仪式。

今日是第三个中国人民警察节，省公安厅举行授奖仪式，为荣获“全国公安系统二级英雄模范”称号、侦破重大专案荣立一等功集体的民警代表及有功人员颁奖，进一步增强民警荣誉意识、责任意识，激励全警奋进新征程、建功新时代。省委常委，省公安厅党委书记、厅长黄海昆出席仪式。仪式现场宣读了公安部、省公安厅表彰决定。黄海昆为获评“二级英模”称号的厅刑事技术总队副总队长罗永铕同志、荣立一等功集体代表及获得记功嘉奖的民警颁奖。

11 日，福建省第十四届人大一次会议开幕。

今天上午，福建省第十四届人民代表大会第一次会议开幕。本次会议于 1 月 11 日至 15 日在福州召开，会期 5 天。

11 日，聚焦政府工作报告。

今日省十四届人大一次会议在福州隆重开幕。省长赵龙代表省人民政府向大会作政府工作报告。报告分为四个部分：一、2022 年和过去五年工作回顾；二、全面贯彻落实党的二十大精神，奋力谱写全面建设社会主义现代化国家福建篇章；三、敢拼会赢、真抓实干，全力做好 2023 年工作；四、坚持党的全面领导，全力建设让人民更加满意的政府。报告指出，伟大思想引领伟大时代，伟大时代呼唤伟大奋斗。我们要更加紧密地团结在以习近平同志为核心的党中央周围，高举中国特色社会主义伟大旗帜，全面贯彻习近平新时代中国特色社会主义思想，在省委领导下，自信自强、守正创新，踔厉奋发、勇毅前行，奋力谱写全面建设社会主义现代化国家福建篇章，为全面推进中华民族伟大复兴作出更大贡献！

11 日，省级财政再下达 1.95 亿元资金支持重症救治能力提升。

根据我省当前正面临重症救治高峰的情况，在前期已安排省市县三级重症救治能力提升补助资金 2.49 亿元的基础上，经省政府批准，今日，省财政厅再下达 1.95 亿元，重点支持省属公立医院及县级综合医院再建设一批可转化 ICU 床位，同步配齐相关设备，确保能够在 24 小时内转化为重症监护单元。此次安排的资金包括：安排省属医院 1.44 亿元。安排县级综合医院 5109 万元。

12 日，周祖翼赵龙与各地党政负责同志签订 2023 年平安建设、生态环境保护目标责任书。

省两会前夕，省委书记周祖翼，省委副书记、省长赵龙代表省委、省政府，分别与九个设区市和平潭综合实验区党政负责同志签订 2023 年平安建设、生态环境保护目标责任书。周祖翼强调，全省各地各有关部门要深入学习贯彻习近平总书记重要讲话重要指示精神，贯彻落实党中央决策部署，知责明责、担责履责，全面推进平安福建建设，持续深化生态省建设，不断推动各项工作取得新进展新成效，以实际行动坚定拥护“两个确立”、坚决做到“两个维护”。

12 日，向全省公立医疗卫生机构医务人员发放一次性补助。

为贯彻落实省委、省政府关于关心关爱医务人员的一系列政策措施，及时鼓励激励奖励医务人员，最大限度调动其积极性，确保他们更好地投入各项救治工作，保障人民健康安全和经济社会发展，经省委、省政府批准，今日，省财政厅下达 5.6 亿元资金向全省各级公立医疗卫生机构医务人员发放一次性补助。补助范围包括 2022 年 12 月 31 日全省各级公立医院、疾控中心和基层医疗卫生机构医、护、药、技等岗位在岗医务人员。人员类别以实际从事的工作内容为准，不受编制、身份等限制。补助资金以补助范围的人员为基数，按照人均 5000 元标准发放，具体由医疗卫生机构自行制定分配方案。

13 日，我省部署开展“食安 8 号”专项行动。

近日，省公安厅部署全省公安机关开展“食安8号”专项行动，依法严打食品领域违法犯罪，全力保障春节、元宵节和全国、全省“两会”期间食品安全。

13日，福建省直机关青年学习讲堂发布主题原创歌曲。

一首由福建省直机关干部创作并演唱的主题原创歌曲《胸怀天下》，从福建省直机关青年学习讲堂第11期的课堂传唱开来，以一种时尚新颖、寓教于乐的形式受到了广大机关党员干部职工的好评。

13日，春节保供有力“福游”八闽安心过年。

省政府新闻办举行新闻发布会，通报春节期间有关工作情况。省发改委、省交通厅、省商务厅、省卫健委、省市场监管局、省疾控中心相关负责人出席发布会并回答记者提问。

14日，我省调整完善市县财力分档补助政策。

福建省财政厅消息，为更好保障基层“三保”(保基本民生、保工资、保运转)，我省在持续加大省对市县转移支付补助力度的基础上，近日，进一步调整完善市县财力分档补助政策，将原有的4档补助比例调整为5档，提高对人均财力相对较低市县的补助力度。据统计，2022年我省对市县补助达1653亿元，比上年增长10%，涉及支持落实退税减税降费和重点民生转移支付资金、调整工资转移支付资金、均衡性转移支付资金和县级基本财力保障补助资金等。

14日，省政协十三届一次会议闭幕。

上午，省政协十三届一次会议圆满完成各项议程，在福州闭幕。新当选的十三届省政协主席滕佳材，副主席张兆民、王光远、阮诗玮、刘献祥、严可仕、余军、张国旺、黄玲、黄如欣，秘书长陆开锦；十二届省政协领导崔玉英、杜源生、洪捷序、许维泽、林钟乐在主席台就座。滕佳材主持闭幕会。省委书记周祖翼，省委副书记、省长赵龙，省领导张彦、迟耀云、邢善萍、林宝金、崔永辉、郭宁宁、吴偕林、宋鸿喜、王永礼、黄海昆到会祝贺。

15日，周祖翼当选福建省人大常委会主任，赵龙当选福建省人民政府省长。

省十四届人大一次会议第三次全体会议选举周祖翼为福建省人大常委会主任，周联清、庄稼汉、李德金、檀云坤、袁毅、江尔雄为福建省人大常委会副主任，黄新銮为福建省人大常委会秘书长；赵龙为福建省人民政府省长，郭宁宁、郑建闽、林文斌、李建成、常斌、林瑞良、王金福为福建省人民政府副省长；迟耀云为福建省监察委员会主任；金银墙为福建省高级人民法院院长，侯建军为福建省人民检察院检察长。根据地方组织法规定，本次大会选出的福建省人民检察院检察长须报经最高人民检察院检察长提请全国人大常委会批准。

15日，省十四届人大一次会议闭幕。

省十四届人大一次会议圆满完成各项议程，于1月15日下午在福建会堂闭幕。大会主席团常务主席、执行主席周祖翼主持会议并讲话。周祖翼强调，全省上下要更加紧密地团结在以习近平同志为核心的党中央周围，全面学习、全面把握、全面落实党的二十大精神，牢记“三个务必”，以奋发有为的精神状态，勠力同心、勇毅前行，为奋力谱写全面建设社会主义现代化国家福建篇章作出新的更大贡献。担任闭幕会执行主席的是：周祖翼、梁建勇、周联清、庄稼汉、李德金、吴洪芹、檀云坤、袁毅、江尔雄、黄新銮。

16日，省委常委会召开会议。

省委书记周祖翼主持召开省委常委会会议，认真传达学习习近平总书记在二十届中央纪委二次全会上的重要讲话、对政法工作作出的重要指示、致经济日报创刊40周年的贺信精神，研究贯彻落实措施；研究推进我省疫情防控和宣传、统战、科技人才等工作，审议《关于实施“深学争优、敢为争先、实干争效”行动的工作方案》。

16日，二〇二三年省政府第一次全体会议召开。

省长赵龙主持召开2023年省政府第一次全体会议，强调要坚持以习近平新时代中国特色社会主义思想为指导，深入贯彻党的二十大精神和中央经济工作会议部署，全面落实省委工作要求和省两会精神，雷厉风行、紧抓快办做好政府各项工作，拼出个高质量发展的新天地。

16日，民进福建省委九届二次全体（扩大）会议召开。

民进福建省第九届委员会第二次全体（扩大）会议在福州召开。省政协副主席、民进省委会主委严可仕出席并代表民进福建省第九届常务委员会作 2022 年工作报告。

16 日，2023 年新春交响音乐会在榕举行。

晚上，由省委宣传部、中国音乐家协会指导，省文旅厅、省文联主办的“春回大地歌声扬”——2023 年新春交响音乐会在福建大剧院歌剧厅举行。省领导张彦、李德金、王金福、刘献祥出席。

17 日，黄海昆同志任省委政法委书记。

日前，省委决定，黄海昆同志任省委政法委书记。

17 日，2023 年省委和省政府为民办实事项目发布、2023 年省政府重点工作任务清单印发。

省两会刚刚闭幕，我省即发布 2023 年为民办实事项目，印发今年省政府重点工作任务清单，推动政府工作报告各项目标任务落到实处、取得实效。

17 日，省直机关开展“福兔贺春”送春联活动。

省委省直机关工委联合省机关事务管理局今日在屏山大院举办省直机关“福兔贺春”送春联活动。来自省直机关的 16 位书法家和书法爱好者现场挥毫泼墨，吸引了屏山大院省直机关干部职工纷纷来到现场。

17 日，全省疫情防控工作视频会召开。

全省疫情防控工作视频会在福州召开，对做好春节前后疫情防控和医疗救治工作进行再部署再落实。省人大常委会副主任、省应对疫情工作指挥部副指挥长李德金讲话，副省长常斌主持。

17 日，省领导检查春运运输服务保障和交通运输安全工作。

副省长林文斌带领省直有关部门及福州市政府相关负责人到闽运福州汽车北站、福州火车站、省交通运输指挥调度中心，实地检查春运运输服务保障和交通运输安全工作，并看望慰问春运一线干部职工。

18 日，省委常委会召开会议。

晚上，省委书记周祖翼主持召开省委常委会会议，认真传达学习习近平总书记春节前夕视频连线看望慰问基层干部群众时的重要讲话精神，研究部署我省贯彻落实意见。

18 日，省政府召开常务会议。

省长赵龙主持召开省政府常务会议，认真学习贯彻党的二十大精神，按照省委工作要求，确定 2023 年度省重点项目，研究柘荣经济开发区申请设立省级高新区事项；研究推动职能部门做好生态环境保护、促进海洋经济发展、推进基本养老服务体系建设、首届“福建慈善奖”拟表彰名单等工作。

18 日，全省宣传部长会议召开。

全省宣传部长会议召开，全面贯彻落实党的二十大精神，传达学习全国宣传部长会议及省委常委会会议、省两会精神，部署全省宣传思想工作。会议还表彰了中宣部第十六届精神文明建设“五个一工程”我省获奖作品和参评作品申报单位。省委常委、宣传部部长张彦出席并讲话，副省长常斌主持。

18 日，全省网信办主任会议在福州召开。

全省网信办主任会议在福州召开。会议深入学习贯彻党的二十大精神，传达学习党中央、省委有关部署要求，总结 2022 年网信工作，研究部署 2023 年工作。会上发布了 2022 年全省网信“十件大事”，通报表扬了 2022 年度全省网信工作先进单位、国家网络安全宣传周福建省活动先进集体和先进个人、全省短视频大赛获奖单位。省委常委、宣传部部长张彦出席会议。

18 日，省委政法工作会议召开。

省委召开政法工作会议，全面贯彻落实党的二十大和习近平总书记重要指示精神，认真落实中央政法工作会议部署，研究今年和今后一个时期政法工作。省委常委、政法委书记黄海昆出席并讲话，副省长李建成主持，省政协副主席黄玲、省法院院长金银墙、省检察院检察长侯建军出席。

18 日，我省再推 44 项措施支持大学生创新创业。

近日，我省出台《进一步支持大学生创新创业若干措施》，从 10 个方面推出 44 项措施为大学生创新创业营造良好环境、创造有利条件，增强创新创业活力，进一步支持大学生创新创业。这 10 个方面包括提升大学生创新创业能力、推进创新创业平台建设、完善“互联网+”大学生创新创业大赛可持续发展机制等。

19日，福建省春节团拜会举行。

上午，福建省2023年春节团拜会在这里举行。省委书记、省人大常委会主任周祖翼代表省委、省人大常委会、省政府、省政协，向各位老领导老同志，向全省广大干部群众和驻闽部队官兵，向香港、澳门、台湾和海内外的福建乡亲，向长期以来关心支持福建发展的各界朋友致以新春祝福和衷心感谢。省长赵龙，东部战区陆军政治委员唐兴华，省政协主席滕佳材出席。

19日，神舟十五号航天员接力传播中华“福”文化。

传统春节即将到来，中华大地年味渐浓。近日，正在中国空间站“出差”的3位航天员费俊龙、邓清明、张陆，特别录制了“福”文化拜年视频，祝福大家“福兔呈祥、福满乾坤”，把中华“福”文化传播到宇宙空间。

19日，2023福建新春福气夜开播。

晚上，由省委宣传部、省广电局、省文旅厅和省广播影视集团主办的春节特别节目《山海福地·福气来——2023福建新春福气夜》将在东南卫视、海峡卫视首播，用“福气”陪着福建人一起辞旧迎新。

19日，莆仙戏和南音将首次亮相总台春晚。

日前，中央广播电视总台2023年春节联欢晚会在北京完成第四次彩排。我省两项代表性非遗文化元素莆仙戏和南音将首次亮相总台春晚舞台，彰显中华优秀传统文化千年传承魅力。

19日，周祖翼赵龙等走访慰问驻闽部队官兵。

连日来，省委书记、省人大常委会主任周祖翼，省委副书记、省长赵龙，十二届省政协主席崔玉英，省委副书记罗东川等省领导，分别走访慰问驻闽部队机关和基层单位，共叙军地鱼水深情，共谋双拥发展大计。

19日，省领导看望慰问基层政法干警。

省委常委、政法委书记黄海昆到基层看望慰问一线政法干警，向坚守岗位的同志们致以新春佳节美好祝福，感谢大家用辛勤付出换来广大群众的幸福安宁。

19日，去年我省16.7万脱贫劳动力稳岗就业。

全省农业农村（乡村振兴）局长会议消息，去年，我省共安排省级以上衔接资金19.8亿元，支持9.2万脱贫户和监测对象发展生产，推动16.7万脱贫劳动力稳岗就业，脱贫人口家庭人均纯收入20394元，同比增长14.1%，增幅继续高于全省农民平均水平。

19日，全省征兵工作电视电话会议召开。

我省召开征兵工作电视电话会议，部署今年全省征兵工作。省长、省征兵领导小组组长赵龙强调，要深入学习贯彻党的二十大精神，坚决落实党中央、国务院和中央军委决策部署，切实扛起做好新时代征兵工作的使命担当，努力为建设世界一流军队提供更多“优质钢”。省军区领导王宏宇、宋鸿喜出席，副省长王金福主持。

19日，2023年福建省征兵宣传和大学生征兵工作线上启动。

由省征兵办主办的2023年福建省征兵宣传和大学生征兵工作线上启动仪式在宁德举行，标志着今年征兵工作全面展开。本次活动采取全省统一、在线直播、上下互动的方式举行，全省各级各高校征兵工作人员，各高校师生和返乡大学生通过直播平台在线参与活动。省征兵领导小组副组长、省军区少将副司令员郑福源等军地领导出席活动。

19日，2023“全闽乐购·福兔迎春”消费季启动。

2023“全闽乐购·福兔迎春”消费季暨海丝博览会海交会线上展会平台“全球促销”活动启动仪式在福州举行，副省长王金福出席。启动仪式上，省商务厅、省文旅厅分别发布了商务、文旅领域促消费系列活动，福州市商务局发布重点商圈综合体、夜色经济街区等新春促消费活动。

20日，周祖翼在福州看望慰问基层干部群众。

农历癸卯兔年春节即将来临，榕城大街小巷张灯结彩、年味浓浓，洋溢着喜庆祥和的节日气氛。省委书记、省人大常委会主任周祖翼深入福州的项目工地、医院、社区，看望慰问基层干部群众，向大家致以新春的美好祝福。

20日，赵龙看望慰问一线工作人员。

省长赵龙在福州市调研检查春节期间市场保供稳价、快递业保通保畅、消费复苏回暖等情况，看望慰问节日期间坚守岗位的一线工作人员，向他们送上新春祝福。

20日，省领导慰问老同志和各界人士代表。

春节前夕，省委书记、省人大常委会主任周祖翼，省委副书记、省长赵龙，省政协主席滕佳材等省领导，分别以电话等方式慰问或委托有关方面负责同志慰问了老同志和各界人士代表，向大家送上诚挚问候和新春祝福。

20日，省领导调研春节假期文化旅游工作。

省委常委、宣传部部长张彦带队前往三坊七巷、省非遗博览苑、福建芳华越剧院、福建博物院等文旅景区、文化单位和企业，检查督导春节期间公共服务、文化旅游和安全生产等工作，看望慰问坚守岗位的一线干部职工。副省长王金福参加调研。

21日，省领导看望春节期间坚守岗位的民警辅警。

21日、22日是除夕、大年初一，省委常委、省公安厅厅长黄海昆先后深入莆田市、福州市公安基层单位，看望坚守岗位的民警、武警、辅警和群防群治力量，送上新春祝福，感谢大家充分发扬“百姓过节、警察站岗”优良传统，舍小家、为大家，确保人民群众平安过大年。

22日，南音首次亮相央视春晚舞台。

今年，闽南人熟悉的南音首次亮相央视春晚舞台。《百鸟归巢》是今年春晚的第三个节目，融合了传统南音演奏与流行音乐元素，由歌手谭维维负责流行歌曲部分演唱，厦门市南乐团、泉州市南音传承中心、泉州师范学院及来自台湾的南音演员赖多俐等38人则负责南音部分表演。

24日，省社科界学术年会举办“绿色空间与生态城市”论坛。

近日，福建省社会科学界联合会、福建省城市经济研究会在厦门举办福建省社科界2022年学术年会“第十四届海峡生态城市发展（国际）论坛”，近50位专家学者通过线上线下，围绕“绿色空间与生态城市”主题进行学术交流。

26日，全省首趟返岗包机抵达福州。

今天（正月初五）下午，随着两架飞机平稳降落在福州长乐国际机场，来自云南的238名返岗务工人员顺利抵达福州。这是今年春节后全省首趟返岗包机，为福州多家重点企业免费接回了务工人员。目前，福州市已安排300万元专项资金，全速推进“点对点”包车包机包列接送复工返岗活动。在2月8日（正月十八）前，预计输转来榕务工人员超1万人，其中，预计安排9架专机、1列专列“点对点”接回务工人员约3000人，发动各县（市）区、企业通过包车预计接回务工人员超7000人，加强企业用工服务保障，助力一季度实现“开门稳”“开门红”。

28日，我省出台优待措施激励大学生参军报国。

福建省征兵办消息，近日，省征兵办会同省委组织部、省教育厅、省财政厅、省人社厅、省交通运输厅、省文旅厅、省退役军人厅、省国资委和省军区保障局军地10个部门联合印发了《进一步加强和改进征兵工作的若干措施》，激励广大高素质青年特别是大学毕业生参军入伍热情，进一步提升征兵工作质量效益。

28日，全省累计实现旅游收入逾136亿元。

福建省文旅厅消息，据第三方测算，2023年春节假期全省累计接待游客2087.79万人次，同比增长25.4%；累计实现旅游收入136.55亿元，同比增长78.0%。按可比口径，上述两项指标分别恢复到2019年同期的98.8%和102.9%。

28日，福建口岸出入境流量增长明显。

厦门边检总站消息，春节假期，福建口岸出入境流量特别是两岸往来流量增长明显。1月21日至1月27日，福建边检机关共查验出入境人员4.2万余人次，较去年春节同期增长333%；查验出入境交通运输工具470余艘（架）次，是去年春节同期的1.4倍。其中，累计查验两岸空中直航飞机30余架次、旅客4200余人次，同比分别增长200%、277%；累计查验“小三通”客轮12艘次、旅客719人次。

29日，滕佳材走访省各民主党派、工商联。

省政协主席滕佳材走访省各民主党派、工商联机关，向大家致以诚挚问候和新春祝福。

29日，交通流量全面复苏

福建省交通运输厅消息，春节黄金周7天，全省交通运输总体安全有序，全省高速公路出入口（含省际）交通流量2564.3万辆次，同比增长16.6%。其中，免征小型客车2471.2万辆次，同比增长17.3%。全省道路客运量300.6万人次，水路客运量28.82万人次，全省公交、地铁客运量1862.47万人次。另外，根据中国铁路南昌局集团有限公司（以下简称“南铁”）提供的数据，今年春节假期，南铁共计发送旅客336.6万人次，同比增长32.3%，其中福建省发送旅客158.3万人次。厦门机场的数据显示，1月21日至27日，机场共保障进出港航班3028架次，日均433架次，比2022年春节假期增长58.04%，恢复至2019年80.00%的水平。7天内机场进出港旅客40.2326万人次，同比增长117.71%，恢复至2019年的71.61%。福州机场累计完成起降航班1403架次，比2022年增长37.7%；累计吞吐量17.9万人次，同比增长72.8%。

29日，消费市场开局红火。

2023年春节，我省消费市场加速回暖向好。根据银联系统统计，春节期间（1月21日到1月27日），全省线下消费规模338.84亿元，同比增长11.5%，其中日用百货同比上升4.3%，汽车销售同比上升18.7%。据浪潮大数据监测，同期全省实现网络零售额约60亿元，同比增长9.5%，其中在线餐饮、旅游等非实物商品网络零售额同比增长50%以上。全省兔年消费市场红火开局。

29日，我省春节期间社会大局稳定治安秩序良好。

今年春节期间，全省公安机关发扬“百姓过节、警察站岗”的优良传统，严格落实防风险、保安全、护稳定、促发展各项措施，为人民群众欢度新春佳节创造安全稳定的政治社会环境。节日期间，全省社会大局稳定，治安秩序良好，道路交通安全畅通，大型活动顺利举办。

30日，省委常委会召开会议。

福建省委书记周祖翼主持召开省委常委会会议，认真学习习近平总书记同党外人士座谈并共迎新春时、在二〇二三年春节团拜会上的重要讲话精神，研究我省贯彻落实措施；深入学习贯彻落实习近平总书记重要讲话重要指示批示精神和党中央决策部署，总结去年贯彻落实工作，部署新一年工作；学习贯彻全国组织部长会议和全国审计工作会议精神，部署推进我省相关工作。

30日，省未成年人保护工作委员会第二次全体会议召开。

省未成年人保护工作委员会第二次全体会议在榕召开。会议深入学习贯彻党的二十大精神，贯彻落实习近平总书记关于未成年人保护工作重要指示批示精神，总结全省未成年人保护工作，部署下一阶段重点工作。副省长、省未保委主任郑建闽出席会议并讲话。

30日，我省加快打造海峡科技创新中心。

2023年全省科技工作视频会议消息，2023年，我省将在促进区域创新发展上下功夫，发挥福厦泉国家自主创新示范区集聚效应，以建设中国东南（福建）科学城、厦门科学城、泉州时空科创基地为核心，推动建设一批特色园区、创新平台和重大项目，加大力度引导省内高新区与自创区开展协同创新，加快打造海峡科技创新中心。

31日，省纪委十一届三次全会在榕召开。

中共福建省第十一届纪律检查委员会第三次全体会议在福州召开。省委书记周祖翼出席并讲话，强调要以习近平新时代中国特色社会主义思想为指导，全面贯彻党的二十大精神，认真落实二十届中央纪委二次全会部署要求，在新时代新征程上一刻不停推进全面从严治党，深入实施新时代廉洁福建建设，做到干部清正、政府清廉、政治清明、社会清朗，巩固拓展福建风清气正的良好政治生态，为全面建设社会主义现代化国家福建篇章作出新的贡献。省委副书记、省长赵龙，省政协主席滕佳材出席。省委常委、省纪委书记、省监委主任迟耀云主持并作工作报告。

31日，福建省纪检监察系统表彰大会召开。

福建省纪检监察系统表彰大会在福州召开。会议表彰了38个先进集体、90名先进工作者，嘉奖了140名同志。省委常委、省纪委书记、省监委主任迟耀云出席会议并讲话。

（摘编：刘红波）

二月

1日，2022年福建统一战线专项民主监督成果汇报会暨第十八届建言献策论坛召开。

2022年福建统一战线专项民主监督成果汇报会暨第十八届建言献策论坛在榕召开。省委常委、统战部部长王永礼出席并讲话。省人大常委会副主任江尔雄、省政府副省长王金福、省政协副主席张兆民出席会议，省各民主党派、工商联主要负责同志阮诗玮、严可仕、刘献祥、郑建闽、王光远、夏先鹏、吴志明、罗恩平、王长平和无党派人士代表陈敬辉等作交流发言。

1日，中华经典诵写讲大赛我省获佳绩。

近日，教育部公布了第四届中华经典诵写讲大赛获奖名单，我省选手在本届大赛的经典诵读大赛、汉字书写大赛、诗词讲解大赛、师生篆刻大赛4项赛事中共获得457个奖项，在全部奖项数中占比6.69%。本届大赛各赛项分设小学生组、中学生组、职业院校学生组、大学生组、留学生组、教师组、社会人员组等。我省组织选送参赛的经典诵读、汉字书写两项赛事作品获得一、二等奖的比例分别为：经典诵读大赛一等奖20.91%、二等奖10.19%，汉字书写大赛一等奖19.19%、二等奖15.88%。省教育厅体卫艺语处（省语委办）获得本届大赛的优秀组织单位奖。

2日，福建省发布数字政府改革和建设总体方案。

日前，福建省人民政府发布《福建省数字政府改革和建设总体方案》（以下简称《方案》），《方案》提出，坚持“全省一盘棋、上下一体化建设”原则，构建一张网、一朵云、三大一体化平台和一个综合门户，支撑N个应用的“1131 + N”一体化数字政府体系。《方案》提出两个阶段的发展目标，到2025年，实现数字政府系统通、业务通、数据通、服务通、管理通和组织在线、数据在线、业务在线、管理在线、沟通在线“五通五在线”，建成全过程数字化管理、政务服务“一网通办”、省域治理“一网统管”、政府运行“一网协同”的高效协同数字政府，打造能办事、快办事、办成事的“便利福建”，推动网上政务服务能力走在全国前列，奋力打造数字政府改革先行省、全国数字化治理示范省，贡献数字政府改革福建模式。到2035年，高水平建成整体协同、敏捷高效、智能精准、开放透明、公平普惠的“五通五在线”数字政府，形成与治理体系和治理能力现代化相适应的数字政府体系框架。数字政府、数字经济、数字社会、数字文化、数字生态融合促进，共同构成数字化发展新格局。

2日，省政府与省总工会举行第35次联席会议。

省政府与省总工会举行第35次联席会议，省长赵龙主持会议并讲话。省总工会党组介绍了去年工作情况以及基层工会、职工群众需要解决的相关事项，省直有关部门负责同志积极回应并提出措施。省人大常委会副主任、省总工会主席周联清，副省长林瑞良出席。

2日，省纪委常委会召开会议。

省委常委、省纪委书记、省监委主任迟耀云主持召开省纪委常委会（扩大）会议，传达学习贯彻全省“深学争优、敢为争先、实干争效”行动动员部署会精神，研究贯彻落实省纪委十一届三次全会精神的意见。

2日，我省对口支援干部人才代表新春座谈会召开。

我省对口支援干部人才代表新春座谈会在福州召开，省委副书记罗东川，省委常委、组织部部长邢善萍出席会议并讲话，副省长郑建闽主持会议。会上，我省援藏援疆援宁工作队领队和6名干部人才代表分别作了交流发言，省直有关部门参加会议。

2日，福建侨界代表人士新春茶话会在榕举行。

农历正月十二，福建侨界代表人士新春茶话会在榕举行。这是时隔三年、疫情防控转段后的首次侨亲大联欢，40余位闽籍侨界代表和华商企业在闽代表、在闽外企代表等齐聚一堂，畅叙乡情友谊，共话合作商机。

3日，2022年省委和省政府为民办实事项目全面完成。

省委、省政府近日发布关于2022年为民办实事项目实施情况的通报。各级各有关部门严格按照省委和省政府的工作计划，全力克服疫情影响，加强统筹协调，科学安排进度，狠抓工作落实，兜牢民生底线，省级财政及时下达项目资金123.91亿元，有力保障25项为民办实事项目全面完成。

3日，福建全力打造消费大省。

全省商务工作会议消息，去年全省社会消费品零售总额21050.1亿元，同比增长3.3%，增速居全国第三位。2022年，消费市场受疫情冲击较大。我省创新推出“福见商旅”“万企百日惠福品”以及首届“福品网购节”、汽车下乡等活动，聚焦重要节点开展美食、汽车、鞋服等各类主题促销2万多场，全年累计发放商贸消费券3.4亿元，推动汽车、家电等大宗消费回升，持续打响“全闽乐购”品牌。全省网络零售额7355.8亿元，规模位居全国第六。作为商务部确定的“消费提振年”，今年我省将继续发挥消费基础性作用，全力打造消费大省。

3日，112校获评福建首批义务教育教改基地校。

福建省教育厅近日公布我省义务教育教改基地校名单，确定福州市麦顶小学等112所学校为福建省首批义务教育教改基地校。我省从2017年开始培育义务教育教改基地校，经过学校自愿申报、县级审核上报、市级评估推荐、省级遴选认定等程序之后产生。

4日，省政府党组召开二〇二二年度民主生活会。

省政府党组召开2022年度民主生活会。会议以全面贯彻习近平新时代中国特色社会主义思想，深刻领悟“两个确立”的决定性意义，增强“四个意识”、坚定“四个自信”、做到“两个维护”，团结带领党员干部以奋发有为的精神状态贯彻落实党的二十大作出的重大决策部署为主题，紧密结合政府工作实际，深入进行对照检查，严肃开展党性分析，认真开展批评和自我批评。省政府党组书记、省长赵龙主持并讲话，省政府党组成员出席，副省长郑建闽列席。省纪委监委、省委组织部有关负责同志到会指导。

4日，纪念林祥谦烈士牺牲100周年座谈会举行。

纪念林祥谦烈士牺牲100周年座谈会在福州举行。省委书记、省人大常委会主任周祖翼出席并讲话，强调要深入贯彻落实党的二十大精神和习近平总书记关于学习英雄模范的重要论述，深切缅怀、传承弘扬林祥谦烈士的革命精神和崇高风尚，激励和引导广大党员干部更好发挥英雄模范的精神引领、典型示范作用，奋力谱写全面建设社会主义现代化国家福建篇章。省委副书记、省长赵龙主持座谈会，省政协主席滕佳材出席。中华全国总工会副主席、书记处书记魏地春出席并讲话。

5日，我省积极构建家庭教育公共服务体系。

省妇联消息，依托党群服务中心、新时代文明实践所站、社区综合服务设施等，我省建立社区（村）家长学校、家庭教育指导服务站点1.5万多所（个），覆盖率达84%，提前3年实现80%创建目标。576所网上家长学校、491个微信和手机客户端服务平台及100%覆盖社区（村）的“闽姐姐有声书屋”，为家长提供更加便捷的指导服务。

7日，我省去年追回医保基金超8亿元。

福建省医保局消息，2022年，全省现场检查定点医药机构13144家，处理违法违规机构12340家，移交司法机关14家、移交纪检监察机关6家，处理违法违规参保人 730 人，共追回医保基金 8.59 亿元。

8 日，省社科联八届二次全会召开。

省社科联第八届委员会第二次全体会议在福州召开。省委常委、宣传部部长、省社科联主席张彦出席并讲话。

8 日，福建与新加坡在榕举办文献遗产展。

由福建省档案馆与新加坡国家文物局、新加坡晚晴园——孙中山南洋纪念馆联合主办的“无限江山笔底收——新加坡早期中文报业与星闽记忆”展览，在福州市三坊七巷举行开展仪式。展览由“千秋事业留报端”“但开风气不为师”“青史凭谁定是非”“后生可畏更可爱”“丝路扬帆下南洋”“华风远被到星洲”“明月何曾是两乡”“百年跨国两地书”8 个篇章组成，通过新加坡晚晴园——孙中山南洋纪念馆提供的百余幅历史照片、中文报刊复制品以及福建省档案馆馆藏的大量珍贵涉侨档案文献，回顾了新加坡华文报章从 1880 年到 1942 年间的曲折发展历程，以及闽籍华侨华人对两地文化教育事业的贡献，将新加坡与福建的深厚渊源在文献遗产图卷中娓娓道来。

9 日，省领导与泰国闽籍侨领座谈。

省委常委、统战部部长王永礼在福州与泰国闽籍侨领、第十六届世界华商大会组委会荣誉主席林嘉南一行座谈。

9 日，闽江流域河湖长制工作推进会召开。

副省长郑建闽带领省直相关部门负责同志赴三明市将乐县开展巡河调研，并召开闽江流域河湖长制工作推进会，听取相关设区市河湖长述职，安排部署有关工作。

9 日，全省公安局长会议召开。

全省公安局长会议以视频会形式召开。会议深入学习贯彻习近平总书记重要指示精神，落实中央、公安部和省委、省政府一系列会议精神，部署推进公安工作高质量发展。副省长、省公安厅党委书记李建成出席会议并讲话。

9 日，福建力量紧急驰援土耳其。

当地时间 2 月 6 日，土耳其东南部接连发生两次 7.8 级地震，造成重大人员伤亡和财产损失。目前救援工作正在紧张进行中，土耳其政府开启了国际援助通道。一方有难，八方支援，连日来，我省民间救援力量迅速响应，可爱的逆行者们已经踏上征程，奔赴震区参与国际救援。

9 日，我省实施“学习圆梦”行动 助力劳动者能力学历双提升。

近日，记者从省总工会了解到，我省组织实施“学习圆梦”素质提升行动，进一步完善学历与培训并重的农民、农民工和职工继续教育制度，为我省乡村振兴和产业转型升级提供人才支撑。我省每年计划招收 1.2 万名高素质农民（含“一村一名大学生”）、农民工和职工参加中专及以上学历教育；每年计划培训高素质农民、农民工和职工 12 万人次。

10 日，省科技奖我省高校获奖数超六成。

2021 年度福建省科学技术奖日前揭晓，我省各高校共获奖 133 项（含合作项目），占全部获奖项目的 63.94%；我省各高校作为第一完成单位，共获奖 104 项，占 50%，获奖数比上一年度增加了 7 项。在自然科学奖方面，全省共颁发一、二、三等奖共 16 项，其中有 15 项以高校为第一完成单位。厦门大学、福建师范大学和福建农林大学包揽了三个一等奖项目。同时，由华侨大学作为第一完成单位的“机械剥离法石墨烯的制备与改性技术及应用”成果，获得全省唯一的省技术发明奖一等奖。

10 日，支持大学生创新创业，我省送出“大礼包”。

省政府办公厅日前出台《福建省进一步支持大学生创新创业若干措施的通知》，从 10 个方面推出 44 项措施，包括提升大学生创新创业能力、推进创新创业平台建设、完善“互联网+”大学生创新创业大赛可持续发展机制等，为大学生创新创业营造良好环境、创造有利条件，增强创新创业活力。

10 日，省属本科高校党委书记抓基层党建工作述职评议考核会议召开。

2022 年度省属本科高校党委书记抓基层党建工作述职评议考核会议在榕召开，会上，19 所省属本科高校党委书记依次述职。省委常委、宣传部部长张彦出席并讲话，副省长常斌主持。

10 日，2022 年度“福建好人榜”发布。

“德耀八闽 文明有福”2022 年度“福建好人

榜”发布活动暨第九届厦门市道德模范颁奖典礼在厦门举办。2009 年起，福建省委文明办已连续 13 年组织开展“我推荐我评议身边好人”活动，发动广大网友和基层干部群众推荐评议助人为乐、见义勇为、诚实守信、敬业奉献、孝老爱亲五类身边好人好事，充分展示我省平凡英雄风采。经过广大群众踊跃推荐，2022 年，共有 113 名候选人在网上进行了事迹展示，经专家评审和网络点赞，最后 65 人（组）荣登 2022 年“福建好人榜”。从 2009 年以来，全省已累计评选出“福建好人”1454 人（组），其中 651 人（组）荣登“中国好人榜”。

10 日，我省开展专项行动整治“僵尸型”社会组织。

福建省民政厅消息，我省日前出台《持续开展“僵尸型”社会组织专项整治行动方案》，部署 2023 年度“僵尸型”社会组织专项整治工作，并对福建省生顺排球俱乐部等 50 家连续 2 年未年报的全省性社会组织启动撤销登记行政处罚程序。近年来，我省持续加大社会组织监管力度，把清理整治“僵尸型”社会组织作为提升监管效能的重要手段并连续多年列入对设区市平安综治考核内容。2022 年，全省共清理整治“僵尸型”社会组织 3600 家，其中撤销登记 963 家，注销登记 1771 家，整改激活 866 家。

13 日，省委常委会召开会议。

省委书记周祖翼主持召开省委常委会会议，认真传达学习习近平总书记在新进中央委员会的委员、候补委员和省部级主要领导干部学习贯彻习近平新时代中国特色社会主义思想和党的二十大精神研讨班开班式上的重要讲话精神，学习习近平总书记在中共中央政治局第二次集体学习时的重要讲话、给第 19 批援助中非共和国的中国医疗队队员的回信精神，研究我省贯彻落实措施。

13 日，省领导到宁德基层调研。

近日，省委常委、政法委书记黄海昆深入宁德基层调研政法工作，看望一线干警，强调要传承弘扬习近平总书记在福建工作期间亲自倡导和践行的“四下基层”优良作风，深入开展“深学争优、敢为争先、实干争效”行动，以政法工作的担当作为护航经济健康发展、确保社会和谐稳定。

13 日，我省出台健全重特大疾病医疗保险和救助制度实施细则。

福建省医保局消息，日前省医保局等十部门印发《福建省健全重特大疾病医疗保险和救助制度的实施细则》（以下简称《细则》），变“人找政策”为“政策找人”，提高救助精准度，保障符合条件的困难群众及时享受医疗救助政策。

14 日，省政府召开常务会议。

省长赵龙主持召开省政府常务会议，认真学习贯彻党的二十大精神，按照省委工作要求，研究加强审计监督、规范物业管理等工作，审议福建省统计条例（修订草案）。

14 日，周祖翼主持召开省习近平新时代中国特色社会主义思想研究中心年度工作会议。

福建省委书记、省习近平新时代中国特色社会主义思想研究中心主任周祖翼主持召开研究中心年度工作会议，研究部署 2023 年工作。周祖翼强调，要深入学习宣传贯彻党的二十大精神，大力实施“深学争优、敢为争先、实干争效”行动，着力在深化理论研究、推动成果传播、加强学术交流、提供决策咨询、强化人才支撑上下功夫，积极打造学习宣传研究习近平新时代中国特色社会主义思想的理论高地、传播高地和人才高地，以实际行动坚定拥护“两个确立”、坚决做到“两个维护”。

14 日，全省深化基层矛盾纠纷排查化解工作视频会议召开。

全省深化基层矛盾纠纷排查化解工作视频会议召开，省委常委、政法委书记黄海昆出席并讲话。会议指出，今年是毛泽东同志批示推广“枫桥经验”60 周年暨习近平总书记指示坚持和发展“枫桥经验”20 周年。坚持和发展好新时代“枫桥经验”，是贯彻落实党的二十大精神、护航全省高质量发展的现实需要，是推动矛盾纠纷化解、建设更高水平平安福建的重要抓手，是践行党的群众路线，提升群众获得感、幸福感、安全感的迫切要求。各地各有关部门要深入学习贯彻习近平总书记重要指示精神，全面理解“枫桥经验”内涵实质，坚持为了人民、依靠人民，加强和创新基层社会治理，着力化解矛盾、促进和谐、引领风尚、保障发展，通过基层小平安集聚全省大平安。

15日，全省“扫黄打非”工作电视电话会议召开。

2023年全省“扫黄打非”工作电视电话会议在福州召开，学习贯彻第三十六次全国“扫黄打非”工作电视电话会议精神，部署全省“扫黄打非”工作。省委常委、宣传部部长张彦出席并讲话，省政府副省长郑建闽主持会议。

16日，十一届省委全面深化改革委员会第六次会议召开。

福建省委书记、省委全面深化改革委员会主任周祖翼主持召开十一届省委深改委第六次会议，强调要深入学习贯彻习近平总书记关于全面深化改革的重要论述，增强改革意识、砥砺改革精神，推动重要领域和关键环节改革取得新突破新进展，在全面深化改革中争优、争先、争效，进一步彰显福建改革的担当作为。省长、省委深改委副主任赵龙，省政协主席滕佳材，省委副书记、省委深改委副主任罗东川出席。

16日，省委政法委员会全体会议暨政法委员述职会议召开。

省委政法委员会召开2023年第二次全体会议暨政法委员述职会议，认真学习贯彻习近平总书记在学习贯彻党的二十大精神研讨班开班式上的重要讲话精神，传达学习中央政法委和省委有关会议要求，研究贯彻落实意见。会上，省委政法委员会委员逐一进行述职。会议要求，政法委员会委员要按照“讲政治、讲法治、讲学习、讲担当、讲纪律”要求，勤勉履职、当好示范，凝心聚力打造法治强省，建设更高水平的平安福建，推动新时代新征程福建政法工作迈上新台阶。省委常委、政法委书记黄海昆主持会议，省委政法委员会委员李建成、金银墙、侯建军、史建国、张建超等出席。

16日，去年我省人均体育消费超2120元。

福建省体育工作会议上消息，2022年全省体育产业总产出达6008.78亿元，体育产业增加值占全省地区生产总值的比重达4.14%，对全省经济增长的贡献率为4.3%，拉动地区国民经济增长0.5个百分点。2022年，全省体育消费总规模达889.1亿元，人均体育消费支出2123.5元，占居民人均生活消费支出比重持续提高。此外，全省去年共举办规模以上品牌赛事110余项，间接带动各类消费40亿元以上。2022年全省体彩销售成效明显，全年销售103.51亿元，同比增长11.58%，筹集公益金28.19亿元，同比增长7.78%。

16日，全省“劳模工匠进校园”活动启动。

由省总工会主办的2023年全省“劳模工匠进校园”活动启动仪式，今日在莆田学院举行。“大国工匠”郑春辉等3位来自不同领域的劳模工匠带来首场宣讲，弘扬劳动光荣、技能宝贵、创造伟大的时代风尚。

17日，周祖翼在福州泉州调研。

福建省委书记周祖翼深入福州、泉州，走进中科院海西研究院闽都创新实验室、福州大学石油化工学院清源创新实验室和省工程装备涂装新材料实验室，与院士专家、科研人员交流，调研科技创新平台建设情况。

17日，省人大常委会党组召开理论学习中心组学习会。

省人大常委会党组召开理论学习中心组学习会，围绕学习贯彻习近平总书记在新进中央委员会的委员、候补委员和省部级主要领导干部学习贯彻习近平新时代中国特色社会主义思想和党的二十大精神研讨班开班式上的重要讲话精神，进行集中学习研讨；学习习近平总书记在中央政治局第二次集体学习时的重要讲话、给第19批援助中非共和国的中国医疗队队员的回信精神。省人大常委会党组书记周联清主持会议并讲话，副书记庄稼汉、李德金作重点发言。

17日，省领导到平潭调研。

省委常委、省纪委书记、省监委主任迟耀云到平潭综合实验区，围绕贯彻落实省纪委十一届三次全会工作部署开展调研。迟耀云参观了实验区主题党日馆、平潭新兴产业园等，听取实验区落实习近平总书记重要指示精神、推进开放开发情况介绍；到君山片区大坪村、金井片区龙海村，了解乡村振兴、基层小微权力监督等工作情况；到实验区纪工委监察工委看望干部，了解学习贯彻省纪委全会精神情况。

17日，我省中央引导地方科技发展资金项目启动申报。

福建省科技厅消息，2023 年度福建省中央引导地方科技发展资金项目日前启动申报。根据相关通知，项目将发挥中央财政用于支持和引导地方政府落实国家创新驱动发展战略等资金引导作用，以问题为导向，以需求为牵引，结合我省实际，支持自由探索类基础研究等三个方面，单个项目申请资助额度最高达 100 万元。

17 日，2023 年福建省文化科技卫生“三下乡”集中服务活动启动。

2023 年福建省文化科技卫生“三下乡”集中服务活动在宁德市古田县杉洋镇举行。活动由省委宣传部等 16 家单位主办、省委网信办等 37 家单位联办，捐赠了一批惠农助农款物，推出了一批支农强农项目。当地群众近 3000 人参加现场活动。省委常委、宣传部部长张彦宣布活动启动并看望演职人员与现场服务志愿者。

17—18 日，周祖翼在福州泉州厦门调研。

福建省委书记周祖翼先后赴福州、泉州、厦门，走进科研院所、高校、企业，与院士专家、科研人员交流，调研科技创新平台建设情况。周祖翼强调，要认真学习习近平总书记关于科技创新的重要论述，全面贯彻党的二十大精神，深入实施创新驱动发展战略，发挥福厦泉国家自主创新示范区集聚效应，高标准推进科技创新平台建设，不断塑造高质量发展新动能新优势。

18 日，周祖翼在厦门调研。

福建省委书记周祖翼深入厦门的高校、企业，到厦门大学近海海洋环境科学国家重点实验室、嘉庚创新实验室和厦门亿联网络技术股份有限公司音视频统一通信重点实验室调研。

18 日，第十六届小康电视节目工程荣誉盛典举行。

“我们的新时代”第十六届小康电视节目工程荣誉盛典在宁德举行。省政协副主席刘献祥、中国视协名誉主席赵化勇为获得最佳媒体人物和小康题材最佳电视剧的创作代表颁发荣誉证书。本次活动由中国电视艺术家协会、福建省广播影视集团、福建省文联、宁德市委市政府主办，第十六届小康电视节目工程推选出的小康题材年度最佳电视剧、最佳系列节目、最佳专题节目、最佳短视频、最佳媒体机构和网络平台等荣誉在盛典现场逐一揭晓。

21 日，我省建立青少年体育工作联席会议制度。

我省近日建立福建省青少年体育工作联席会议制度，加强对我省青少年体育工作的统筹协调和工作指导，深化体教融合。联席会议由省教育厅、省体育局、省委宣传部、省发改委、省民政厅、省财政厅、省人社厅、省自然资源厅、省住建厅、省卫健委、省税务局、省市场监管局、福建银保监局、团省委等 14 个部门和单位组成，省教育厅、省体育局为牵头单位。

21 日，福建与江西签署全面深化战略合作框架协议。

福建省委书记、省人大常委会主任周祖翼在福州会见了来闽考察的江西省委副书记、省长叶建春一行，就进一步拓展两省合作空间、强化产业协作、深化文旅互动、提高区域联动发展水平等进行深入交流。省委副书记、省长赵龙参加会见，出席两省座谈会，见证两省签署全面深化战略合作框架协议，并陪同考察调研。

22 日，全省检察长座谈会召开。

全省检察长座谈会暨“深学争优、敢为争先、实干争效”行动动员部署会召开。省委常委、政法委书记黄海昆出席会议并讲话，省检察院检察长侯建军作工作部署。

22 日，省关工委 2023 年全体委员会议召开。

省关工委 2023 年全体委员会议在福州召开，会议认真贯彻落实党的二十大精神，传达学习中央、省委领导同志对关工委工作的批示精神，表彰一批基层“五好”关工委示范点，省关工委主任刘群英作工作报告。王建双、陈荣春、陈增光、曹德淦、陈旭、袁锦贵等省级老同志出席会议。

22—23 日，省领导到莆田市调研。

省委常委、省纪委书记、省监委主任迟耀云到莆田市，围绕贯彻落实省纪委十一届三次全会工作部署开展调研。

22—24 日，省领导到龙岩基层调研。

省委常委、政法委书记黄海昆到龙岩基层调研政法工作。他强调，要大力弘扬古田会议精神，从老区苏区宝贵的红色资源中汲取力量，发扬优良传统，赓续红色血脉，忠诚履行政法职责使命，为推动高质量发展保驾护航。

23 日，省政协召开界别协商座谈会。

省政协召开“打造鹫峰山文旅品牌，将‘闽东之光’发扬光大”界别协商座谈会。会上，民盟福建省委会介绍课题背景和调研成果等情况，省直、宁德市有关部门和专家学者通过线上线下联动方式，共同围绕整合鹫峰山脉及周边各类旅游资源，集中打造鹫峰山文旅品牌，推动闽东旅游资源跨域统筹、有序开发进行座谈交流，进一步凝聚共识。省政协副主席阮诗玮出席并讲话。

23 日，2022 年福建省改革品牌、改革试点成果评选表扬名单揭晓。

福建省委改革办消息，2022 年福建省改革品牌、改革试点成果评选表扬名单公布，“福建省‘一件事一次办’政务服务改革”等 10 个改革品牌、“三明市基础教育综合改革”等 15 个改革试点成果榜上有名。此次评选旨在充分发挥改革典型示范作用，着力强化“完善提升一批、创新推进一批、复制推广一批”的改革思路，持续推动全省改革工作提质扩面、纵深突破，具有参与度高、覆盖面广、代表性强的特点，较好体现了有力促进经济社会发展、真正给人民群众带来实实在在获得感的评价标准和优中选优的鲜明导向。

23 日，德旺基础教育高端论坛开幕。

德旺基础教育高端论坛开幕式在福州举行。全国政协教科卫体委员会副主任、教育部原副部长、中国教育学会会长朱之文，副省长常斌出席开幕式并致辞。开幕式上，与会领导和嘉宾还共同见证了研究院与中国教育学会、北京大学、清华大学、华东师范大学以及厦门、龙岩、宁德三地教育局签订合作协议。

24 日，全省疫情防控工作视频会议召开 。

全省疫情防控工作视频会议在福州召开。省委书记周祖翼出席并讲话，强调要认真学习贯彻习近平总书记在 2 月 16 日中共中央政治局常委会会议上的重要讲话精神，按照党中央决策部署，抓实抓细新阶段疫情防控各项工作，坚决巩固住来之不易的重大成果，以争优、争先、争效的姿态奋进新征程、建功新时代。省长赵龙主持。

24 日，上海市与三明市对口合作第一次联席会议召开。

上海市与三明市对口合作第一次联席会议召开。上海市委常委、副市长郭芳，福建省委常委、常务副省长郭宁宁，省政协副主席、三明市委书记黄如欣出席会议并讲话。

24 日，我省财政收支运行实现良好开局。

福建省财政厅消息，1 月份，全省一般公共预算总收入 890. 36 亿元，增长 0. 6%。地方一般公共预算收入 556. 67 亿元，增长 5. 9%，增幅位列东部十省市首位、全国第四位。民生支出占一般公共预算支出持续保持七成以上，财政支出进度高于序时进度，为实现一季度“开门稳”“开门红”奠定坚实基础。区域增收面维持平稳。宁德市财政总收入增幅 48. 6%，全省最高，主要得益于锂电新能源新材料等新兴主导产业效益提高，带动企业所得税同比增长 62. 3%。福厦泉总收入完成 580. 68 亿元，占全省比重 65. 2%。地方级收入区域增收面为 90%，增幅居前三的分别是宁德 61. 7%、三明 18. 0%、漳州 10. 8%。82 个县（市、区）中，财政总收入正增长的有 62 个、增收面为 75. 6%。地方级收入正增长的有 68 个、增收面为 82. 9%，增幅前 5 位的县区为：屏南、霞浦、大田、福安、龙海；收入规模排名前 5 位的为：福清、晋江、思明、南安、闽侯。

25 日，十一届省委第二轮第一批巡视展开。

根据《中国共产党巡视工作条例》及省委《实施办法》规定，经省委同意，省委巡视组近期陆续进驻，对连江县、闽清县、罗源县、永泰县，厦门市海沧区、翔安区，南靖县、华安县，泉州市泉港区、惠安县，永安市、宁化县，莆田市荔城区、秀屿区，南平市延平区、顺昌县，武平县、长汀县，柘荣县、福鼎市等 20 个县（市、区）开展巡视，巡视时间 40 天左右。

25 日，省直机关全民健身运动会健步走活动举行。

由省委省直机关工委、省体育局、省总工会联合主办的“争优争先争效 走好第一方阵”——第十届省直机关全民健身运动会健步走活动在福州福山郊野公园举行。来自省直机关 120 多个单位的 600 多名干部职工参与健步走活动。

25 日，“沪明情 向未来——上海、三明两地红色文化传承主题展”开展。

“沪明情 向未来——上海、三明两地红色文化传承主题展”在中共一大纪念馆专题展厅开展。省委常委、常务副省长郭宁宁，上海市副市长张小宏出席并为主题展揭幕，省政协副主席、三明市委书记黄如欣致辞。本次展览由中共上海市委宣传部、中共福建省委宣传部指导，中共三明市委宣传部、中共一大纪念馆主办，展期1个月。

26日，福建首次举办高校发明专利成果拍卖会。

近日，“科创未来”——高校专利技术“福建拍”首场拍卖会在厦门大学福清科创园中国技术交易所海丝中心举行。本次拍卖会对19件高校发明专利标的进行现场拍卖，最终成交12件，总成交额540万元。这是福建省首次举办高校发明专利成果拍卖会。此次拍卖的专利技术均来自厦门大学，拍卖会从筹备伊始，就吸引众多企业持续关注。

27日，省直单位党组（党委）书记抓机关党建述职评议会议召开。

2022年度省直单位党组（党委）书记抓机关党建述职评议会议在福州召开。106家省直和中央驻闽单位党组（党委）书记向省委作了述职。省委常委、秘书长、省直机关工委书记吴偕林出席会议并讲话。吴偕林对13家单位党组（党委）书记的现场述职逐一点评，强调要深入学习贯彻党的二十大精神，按照省委工作部署，深学争优、敢为争先、实干争效，全面提升机关党建质量，为全面推进中国式现代化福建实践提供坚强保障。

27日，全国两会福建宣传报道工作动员会召开。

2023年全国两会福建宣传报道工作动员会在福州召开。中央驻闽和省主要新闻媒体、“九市一区”宣传部门负责同志参加会议。省委常委、宣传部部长张彦出席会议并讲话。

27日，我省高快速铁路里程居全国第十。

福建省铁路建设发展中心消息，截至2022年底，我省铁路运营里程达到4381公里，其中高、快速铁路1906公里，位居全国第十，初步形成“三纵六横”的铁路网格局。

27日，福建高院与省台联巩固深化涉台沟通联络机制。

在省人大常委会的推动下，福建省高级人民法院与福建省台湾同胞联谊会举行《关于巩固深化沟通联络机制的意见》签署仪式。福建省人大常委会副主任、省台联会长江尔雄，福建高院党组书记、院长金银墙出席活动。

28日，我省6部优秀舞台艺术作品进京展演。

省文旅厅消息，今日开始，我省原创歌剧《鸾峰桥》、交响音画《海峡 海峡》等作品，将进京参加文旅部“新时代舞台艺术优秀剧目展演”集中示范演出，由省文旅厅主办的福建省歌舞剧院“福建艺术周”也将在京同步启幕，首都观众将一睹福建艺术家的风采。此次进京展演，集合了我省近年来创排的6部优秀舞台艺术作品，包括：原创歌剧《鸾峰桥》（福建省歌舞剧院与宁德畲族歌舞艺术传承中心、闽江学院等共同推出）、交响音画《海峡 海峡》（福建省歌舞剧院与福州市闽都文化艺术中心共同推出）、音乐剧《富春璧合》（福建省歌舞剧院与浙江瑞锦文化演艺有限公司共同推出）、《大儒朱熹》——走进朱熹大型交响咏诵会（福建省歌舞剧院与南平市文旅局共同推出）、马勒《旅行者之歌》交响音乐会（福建省歌舞剧院与福建师范大学音乐学院共同推出）以及交响合唱音乐会《闽山闽水物华新》（省文旅厅与省文联共同主办）。

28日，省十三届人大代表建议办理工作先进单位和先进个人表彰会举行。

省十三届人大代表建议办理工作先进单位和先进个人表彰会在榕举行。会议为中共福建省委组织部组织二处等40个单位和郑泽鑫等65人颁发了奖牌和荣誉证书。省发改委、省工信厅有关同志代表先进单位和个人作经验介绍。省人大常委会党组书记、副主任周联清出席会议并讲话，副主任袁毅主持，省政府副省长常斌出席会议。

28日，在闽十四届全国人大代表在榕集中学习培训。

2月28日至3月2日，在闽十四届全国人大代表在福州集中学习培训。省委书记、省人大常委会主任周祖翼对即将赴京履职的我省全国人大代表提出要求，强调十四届全国人大一次会议是党的二十大之后召开的一次十分重要的会议，大家要认真参加学习培训，提高依法履职能力，坚决扛起神圣使命，为出席大会做好思想政治准备和素质能力准备。代表们集中收看了关于人大制度专题报告视频和贯彻代表法、提高代表依法履职能力的专题报告视频，以及全国人大常委会、国家发改委、财政部工作情况通报视频。代表们还视察了“3820”战略工程实施30周年成就展、福建时代星云科技有限公司和星网锐捷公司。

（摘编：陈德盛）

三月

1日，全省公安机关执法办案管理中心建设提升现场会召开。

省公安厅召开全省公安机关执法办案管理中心建设提升现场会，部署推动执法办案管理中心提质增效、加快实现执法能力现代化。副省长、省公安厅厅长李建成出席会议并讲话。

1日，原创歌剧《鸾峰桥》在京展演。

晚上，入选文化和旅游部、北京市人民政府主办的新时代舞台艺术优秀剧目展演的宁德首部原创歌剧《鸾峰桥》在中央歌剧院大剧场上演。中国文联党组书记李屹，省委常委、宣传部部长张彦，省人大常委会副主任江尔雄，省政府副省长郑建闽，省政协副主席刘献祥，老同志陈增光观看演出。歌剧《鸾峰桥》共四幕八场戏，以上世纪80年代末至90年代初宁德地委主要领导一行深入下党乡实地调研指导为背景，生动讲述了下党乡乡亲们在党的领导下，发扬“弱鸟先飞，滴水穿石”的闽东精神，奋力摆脱贫困、走向乡村振兴的故事。全剧以艺术的语言生动诠释了“宁德是习近平新时代中国特色社会主义思想的重要萌发地和实践地”“中国共产党的领导是中国人民摆脱贫困、过上幸福生活的根本保障”等深刻主题。

1日，我省举办高校毕业生联合招聘大会。

2023年“八闽春暖 职引未来”高校毕业生联合招聘大会在福州大学旗山校区举办。本次招聘会是我省面向2023届高校毕业生举办的首场全省综合性大型公益专场招聘会，现场588家企业提供近2万个岗位，涵盖装备制造、电子信息、教育、医疗卫生、生物制药、新材料、新能源、建筑业、金融商贸、石油化工、食品、交通物流等领域。本次活动还将开设线上专场招聘会，将持续到3月10日，毕业生和用人单位可同步进行线上求职招聘。大会现场同步举办女大学生就业创业宣讲活动。

1日，第十六届福建省戏剧水仙花奖决赛鸣锣。

由省文联、省文旅厅联合主办，省戏剧家协会承办的第十六届福建省戏剧水仙花奖决赛今日在福州开赛。创办于1986年的福建省戏剧水仙花奖比赛堪称两年一度的全省戏剧演员和演奏员艺术水平的集中巡礼。今年的赛事共有省直戏剧院团、设区市艺术院团、艺校及民营职业剧团等40家单位的300余位选手入围现场决赛竞演。比赛汇聚了京剧、越剧、莆仙戏、梨园戏、闽剧、高甲戏、歌仔戏（芗剧）、闽西汉剧、潮剧、三角戏、山歌戏、北路戏等13个戏曲剧种以及木偶戏、话剧等不同艺术表演形式。

1日，全省电影工作会议召开。

2023年全省电影工作会议在泉州召开。会议提出，今年我省将深入实施“闽派电影精品创作工程”。2023年，我省电影工作将坚持把创作优秀作品作为中心环节，聚焦红色革命、华人华侨、“福”文化、侯官文化、船政文化等福建特色题材，深入实施“闽派电影精品创作工程”“八闽电影剧本孵化工程”，用情用力打造“闽派”精品。

2日，省委常委会召开扩大会议。

福建省委书记周祖翼主持召开省委常委会（扩大）会议，传达学习习近平总书记在党的二十届二中全会上的重要讲话和全会精神，研究我省贯彻落实措施。

2日，住闽全国政协委员抵京。

肩负崇高使命，满载殷殷期盼，住闽全国政协委员下午抵达北京，将出席4日开幕的全国政协十四届一次会议。

2日，省属高校实验室首获CNAS实验室认可资质。

闽江学院药物制剂研究与测试中心日前通过中国合格评定国家认可委员会（CNAS）的评审，在省属高校实验室中首个获得CNAS实验室认可证书。这标志着该校应用技术型实验室平台建设与管理取得重要突破。

2日，积极参与土耳其叙利亚地震救援我省三支救援队受褒奖。

福建社会组织参与土耳其、叙利亚地震救援工作分享会举行，我省三支救援队受到民政部门褒奖。今年2月6日，土耳其和叙利亚周边地区发生7.8级地震，中国救援队日夜兼程万里驰援，我省社会组织积极行动，除向灾区援助物资之外，福建省蓝豹救援服务中心派出6名队员奔赴叙利亚、福建省蓝天救援防灾减灾中心派出18名队员和厦门市曙光救援队派出8名队员出征土耳其。3支救援队的32名勇士克服重重困难，利用自身专业技能开展人道主义救援，用实际行动展现出福建社会组织的大爱情怀。

3日，福建省全国人大代表抵京。

怀着依法履职的诚挚之情，带着谋划发展的拳拳之心，今日，出席十四届全国人大一次会议的福建省全国人大代表抵达北京，向大会报到。

3日，十四届全国人大一次会议福建代表团成立。

十四届全国人大一次会议福建代表团在北京成立。代表团推选周祖翼为团长，赵龙、迟耀云、周联清、庄稼汉为副团长。省委书记、省人大常委会主任周祖翼主持会议。会议审议了十四届全国人大一次会议主席团和秘书长名单草案、大会议程草案。

3日，全国技工院校教师职业能力大赛我省获佳绩。

由人社部主办的第三届全国技工院校教师职业能力大赛日前传来好消息：来自龙岩技师学院、福州第一技师学院和厦门技师学院的10名我省选手，在所参加的全部10个项目中全员获奖且首次取得一等奖的优异成绩。省人社厅获优秀组织奖。大赛分为教学赛和班主任赛，共有来自全国30个省（市、区）和新疆生产建设兵团的307名优秀教师参加决赛。

3日，省领导调研科技创新工作。

上午，省委副书记罗东川率省直有关部门负责同志到福州大学、省科协调研科技创新工作，强调要认真学习贯彻习近平总书记关于科技创新的重要论述，贯彻落实党的二十大关于教育科技人才的决策部署，结合实施“深学争优、敢为争先、实干争效”行动，团结引领全省广大科技工作者坚持“四个面向”、坚持自立自强、坚持需求导向和产业化方向，为加快创新型省份建设、推动福建高质量发展作贡献。

3日，省公安厅召开厅党委（扩大）会议。

下午，副省长，省公安厅党委书记、厅长李建成主持召开厅党委（扩大）会议，深入学习贯彻习近平总书记在党的二十届二中全会上的重要讲话和全会精神，研究贯彻落实意见。

3日，省第二十八次见义勇为英雄模范表彰大会召开。

省第二十八次见义勇为英雄模范表彰大会在福州召开。省委常委、政法委书记黄海昆，省人大常委会副主任李德金，副省长、省公安厅厅长、省见义勇为人员奖励和保护工作委员会主任李建成出席会议。中华见义勇为基金会秘书长胡增印到会指导。表彰会上，省人民政府授予郭朝明等10人“福建省见义勇为模范”荣誉称号；省见义勇为人员奖励和保护工作委员会授予陈美等25人“见义勇为先进个人（群体）”荣誉称号；省妇联授予吴英治等4人“福建省三八红旗手”荣誉称号。

3日，福建省“传承弘扬雷锋精神 讲好新时代雷锋故事”座谈会召开。

福建省“传承弘扬雷锋精神 讲好新时代雷锋故事”座谈会在福州召开。会议学习贯彻习近平总书记对深入开展学雷锋活动的重要指示精神，落实“把雷锋精神代代传承下去——纪念毛泽东等老一辈革命家为雷锋同志题词六十周年”座谈会部署要求，交流经验做法，推动全省学雷锋活动向纵深发展。会上，省委宣传部表彰了2023年度福建省学雷锋活动示范点和岗位学雷锋标兵。10家单位代表围绕传承弘扬雷锋精神作交流。省委常委、宣传部部长张彦出席并讲话。

3日，省领导调研离退休干部党建工作。

下午，省委副书记罗东川率省直有关部门负责同志到省委老干部局调研离退休干部党建工作，强调要认真学习贯彻习近平总书记关于老干部工作的重要论述，深入贯彻落实党的二十大精神，结合实施“深学争优、敢为争先、实干争效”行动，扎实抓好离退休干部党的建设、作用发挥、服务管理等各项工作，推动新时代老干部工作高质量发展。

5日，2023年省市“3·5”学雷锋纪念活动暨“温暖的榕城”新时代文明实践系列活动启动。

“雷锋精神耀八闽”——2023年省市“3·5”学雷锋纪念活动暨“温暖的榕城”新时代文明实践系列活动启动仪式在榕举行。启动仪式上宣读了学雷锋志愿服务倡议书，并为福建省学雷锋志愿服务“五个最美”先进典型、五星级志愿者，以及福州市第三届新时代文明实践志愿服务创新项目大赛获奖项目颁发证书。省委常委、宣传部部长张彦，省委常委、福州市委书记林宝金出席。

6日，住闽全国政协委员讨论政府工作报告。

住闽全国政协委员在各界别小组，讨论政府工作报告、计划报告、预算报告和立法法修正草案，并提出相关建议。

7日，福建代表团审议立法法修正草案。

参加十四届全国人大一次会议的福建代表团召开代表小组会议，审议立法法修正草案。代表团团长、省委书记、省人大常委会主任周祖翼，代表团副团长、省委副书记、省长赵龙参加。

7日，2023年全省教育工作会议召开。

2023年全省教育工作会议在榕召开，省委常委、宣传部部长张彦出席会议并讲话，副省长常斌主持。福州大学、闽江学院、福建林业职业技术学院和福州市、莆田市、龙岩市教育局负责同志作交流发言。

7日，我省2023年“三八”国际妇女节纪念活动在榕举行。

由省妇联主办的“从春天向明天——党的二十大精神主题宣讲暨2023年‘三八’国际妇女节纪念活动”在福州举行。省委副书记罗东川出席活动，并为2022年度全国三八红旗手（集体）、2023年全国巾帼建功标兵等先进女性典型代表颁奖。2021—2022年度福建省三八红旗手标兵、福建省三八红旗手（集体）等先进女性代表和各行各业妇女、巾帼志愿者、典型家庭代表等600多人现场参加活动。活动还通过多个新媒体平台同步直播，共有32万人次在线观看。

7日，省社区矫正委员会第三次全体会议召开。

省社区矫正委员会召开第三次全体会议，总结去年工作，研究部署今年重点任务。会上，省司法厅主要负责同志通报了2022年全省社区矫正工作情况，省法院、检察院、公安厅、监狱管理局、团省委相关负责同志作了交流发言。省委常委、政法委书记、省社区矫正委员会主任黄海昆出席并讲话，副省长、省公安厅厅长、省社区矫正委员会副主任李建成主持会议。

7日，省领导赴南平三明龙岩调研。

4—7日，副省长、省公安厅厅长李建成赴南平、三明、龙岩调研指导公安工作。他强调，要坚持以人民为中心，坚持政治建警、改革强警、从严治警，持续推进公安工作现代化，为服务保障发展大局作出新的更大贡献。

8日，“最暖万家灯火处”八闽家主题影像故事展开幕。

上午，由省妇联、省妇儿工委办、福州市委宣传部主办的“最暖万家灯火处”八闽家主题影像故事展在福州市三坊七巷开幕。此次展览以习近平总书记关于注重家庭家教家风建设的重要论述为主线，围绕“习语传家”“福见万家”两个篇章展开，生动诠释了习近平总书记的为民情怀，全面展示了我省广大家庭践行社会主义核心价值观、共谱新时代家庭新画卷的生动故事。省委常委、常务副省长、省妇儿工委主任郭宁宁出席并向先进家庭代表赠送“八闽家庭福卡”和《习近平走进百姓家》一书。

8日，福建代表团审议全国人大常委会工作报告。

参加十四届全国人大一次会议的福建代表团召开代表小组会议，审议全国人大常委会工作报告，审议关于修改立法法的决定草案、国务院机构改革方案、第十四届全国人大一次会议选举和决定任命的办法草案。代表团团长、省委书记、省人大常委会主任周祖翼，代表团副团长、省委副书记、省长赵龙，于伟国、李钺锋、黄志贤等代表参加。

9日，福建代表团审议两高工作报告。

上午，参加十四届全国人大一次会议的福建代表团召开代表小组会议，审议最高人民法院工作报告、最高人民检察院工作报告；下午，代表团召开全体会议，审议关于国务院机构改革方案的决定草案。代表团团长、省委书记、省人大常委会主任周祖翼，代表团副团长、省委副书记、省长赵龙，于伟国、李钺锋、黄志贤等代表参加。

10日，住闽全国政协委员提交提案109件。

全国政协十四届一次会议开幕以来，住闽全国政协委员认真履职、积极建言，共提交大会提案109件。住闽全国政协委员以饱满的政治热情和强烈的履职担当参政议政，所提交提案选题精准、调研透彻、建言务实，提案整体质量较好。

12日，住闽全国政协委员返闽。

下午，出席全国政协十四届一次会议的住闽全国政协委员在完成大会各项议程后，从北京返回福建。会议期间，住闽全国政协委员们深入讨论政府工作报告和其他报告，讨论立法法修正草案和国务院机构改革方案，认真审议全国政协常委会工作报告、政协章程修正案草案等文件；提交大会提案109件，以饱满的履职热情，强烈的使命担当，积极参与大会各项议程，赢得了社会各界广泛关注和好评。

12日，福建代表团审议有关决议草案。

参加十四届全国人大一次会议的福建代表团召开代表小组会议，审议关于政府工作报告、年度计划、年度预算、全国人大常委会工作报告、最高人民法院工作报告、最高人民检察院工作报告的六个决议草案。

12日，“闽台融合发展研究基地”在福建师范大学挂牌。

“闽台融合发展研究基地”授牌仪式暨“新时代深化两岸各领域融合发展”学术研讨会在福建师范大学举行。来自中国社科院台湾研究所、厦门大学台湾研究院等大陆涉台研究机构的40余名专家学者参加了会议。“闽台融合发展研究基地”设立在福建师范大学闽台区域研究中心，今后将通过加强学术研究和实践探索，挖掘闽台融合发展的丰富内涵、核心价值和功能意义，为福建探索海峡两岸融合发展新路打造知识库、人才库、信息库及思想库。

12—13日，省领导到厦门调研公安工作。

副省长、省公安厅厅长李建成到厦门调研指导公安工作，督导检查全国两会安保工作落实情况，看望慰问基层一线民警辅警。

13日，我省全国人大代表返闽。

参加十四届全国人大一次会议的福建代表团代表圆满完成会议各项任务，于今晚返回福建。

13日，全省公安机关开展“昆仑2023”专项行动。

福建省公安厅消息，近日全省公安机关部署开展“昆仑2023”专项行动，依法严厉打击食品、药品、环境、知识产权、森林和野生动植物领域违法犯罪活动，全力保障人民群众身体健康和生命安全。这是我省连续五年开展此项行动，目前累计破获案件1.3万余起，取得了显著成效。

15日，省委常委会（扩大）会议召开。

福建省委书记周祖翼主持召开省委常委会（扩大）会议，认真传达学习习近平总书记重要讲话精神和全国两会精神，研究部署我省贯彻落实意见。周祖翼、赵龙、滕佳材、周联清分别传达了有关精神。

15日，省政府召开常务会议。

省长赵龙主持召开省政府常务会议，认真学习贯彻党的二十大精神和全国两会精神，按照省委工作要求，研究省域一体化数字执法平台建设、固定污染源自动监控管理、2023年提前批新增政府债务限额分配等工作，审议福建省固体废物污染环境防治条例（草案）；研究粮食应急预案、农村信用社改革等事项。

15 日，“3·15”国际消费者权益日系列宣传活动启动。

纪念“3·15”国际消费者权益日暨“提振消费信心——放心消费在福建”系列宣传活动启动仪式在福州举行。现场发布了 2022 年度福建省消费投诉分析报告和消费维权十大典型案例、老年旅游消费体察报告、2022 年消费类典型案例白皮书、福州市建设国际消费中心城市工作成效及相关政策，并为新成立的福建省消委会家电专业委员会授牌，为福建省促进放心消费工作联盟授旗。省商贸联、省信和消保中心、省青商联、东百集团等 12 家单位代表进行“放心消费在福建”公开承诺与倡议。省人大常委会副主任袁毅、省政府副省长常斌、省政协副主席余军参加活动。

15 日，我省首次对减刑案件进行实质化审理。

近日，省高级人民法院在泉州市中级人民法院开庭审理泉州监狱服刑人员唐某某减刑一案。此次庭审是“两高两部”《关于加强减刑、假释案件实质化审理的意见》实施以来，省法院第一次对监狱减刑案件进行实质化审理。全省各地市中级人民法院 29 名法官及泉州监狱 10 名民警到庭观摩学习，3 名泉州市人大代表参加旁听。

16 日，2023 年福建省暨福州市欢送新兵活动举行。

上午，2023 年福建省暨福州市欢送新兵活动在福州火车站北广场举行。200 余名新兵胸戴大红花，精神抖擞、英姿飒爽，带着家乡人民的期盼和祝福奔赴军营，开启报效祖国的新征程。省征兵领导小组副组长、副省长王金福，省军区少将副司令员郑福源等军地领导出席欢送活动。

16 日，国内首个 10 公里国家级路跑赛事落户福鼎。

中国 10 公里精英赛将于本月 26 日在宁德福鼎开跑。这是国内首个 10 公里国家级路跑赛事 IP，也是中国田协“以跑者为核心”打造的品牌赛事，选手赛事成绩可经由中国田径协会认证进入官方数据库，申报中国路跑大众选手等级。

17 日，省委召开红色文化遗存保护利用工作会议。

上午，省委副书记罗东川主持召开工作会议，研究部署红色文化遗存保护利用工作。会议强调要认真学习贯彻习近平总书记关于加强红色文化遗存保护利用的重要指示要求，深入贯彻落实党的二十大精神，结合实施“深学争优、敢为争先、实干争效”行动，扎实做好我省红色文化遗存保护利用各项工作，切实守护好历史文脉和精神财富。省委常委、宣传部部长张彦，省政府副省长郑建闽出席会议。

17 日，省公安厅党委传达学习贯彻习近平总书记重要讲话和全国两会精神。

副省长，省公安厅党委书记、厅长李建成主持召开厅党委（扩大）会议，深入学习习近平总书记重要讲话精神和全国两会精神，研究贯彻落实意见。

17 日，省检察院传达学习贯彻全国两会精神。

省检察院召开党组（扩大）会议，认真传达学习习近平总书记在全国两会期间的系列重要讲话精神和全国两会精神、省委常委会（扩大）会议以及最高检电视电话会议精神，研究部署贯彻落实意见。省检察院党组书记、检察长侯建军主持会议并讲话。

17 日，我省科研团队发表首个国产九价 HPV 疫苗 I 期临床试验结果。

日前，厦门大学科研团队等在《柳叶刀》子刊《柳叶刀-区域健康（西太平洋）》在线发表有关首个国产九价 HPV 疫苗 I 期临床试验结果的论文。该论文指出，安全性评价结果显示，九价 HPV 疫苗具有良好的安全性，最常见的不良反应包括接种部位疼痛和发热；所有的不良事件均为症状轻微的 1、2 级，短期内即自行恢复；所有受试者接种疫苗前后血常规、血生化均未发生有临床意义的异常改变；整个试验期间未发生 3 级及以上不良反应及严重不良事件（SAE）。宫颈癌是疾病负担最重的妇科肿瘤之一。据估计，全球范围内每年新发宫颈癌病例约 60 万例，导致约 34 万例死亡，而导致宫颈癌的最主要原因是高危型人乳头瘤病毒（HPV）持续性感染。接种疫苗是预防 HPV 感染最有效的手段。

17 日，世界闽侨青年精英汇在上海举行。

世界闽侨青年精英汇在上海举行，邀请30多位在沪闽籍港澳侨青年、海外青年留学人员、海外青年科技人才代表，围绕“根与魂 梦与业”主题座谈交流。省委常委、统战部部长王永礼主持并讲话。

18日，龙龙高铁福建段箱梁架设完成。

凌晨，随着最后一榀箱梁精准落到龙岩市上杭县东山大桥0号和1号桥墩上，标志着龙龙高铁福建段箱梁架设全部完成，为下一步线上施工奠定了坚实基础。龙龙高铁福建段（龙岩至武平）线路全长92.7公里，设计时速250公里，设桥梁41座，共架设箱梁338榀。线路跨越国道及高速公路、地方道路12处，以及汀江航道和赣瑞龙铁路隧道，整体施工环境复杂，施工难度大。

18—19日，全省高校师范生教学技能大赛举办。

由省教育厅主办、闽南师范大学承办、省普教室协办的第九届全省高校师范生教学技能大赛在闽南师范大学举办。来自全省32所高校、16个学科的251名师范生同场竞技，最终决出一等奖53名、二等奖74名、三等奖80名、优秀奖42名，评选出优秀指导老师28名、优秀组织奖10个。比赛包含教学设计、模拟课堂教学和专家问答三个环节，主要考查参赛者教学设计能力、驾驭课堂教学能力以及应用现代教育理念、学科知识分析解决问题能力。

19日，周祖翼会见中国残联理事长周长奎。

福建省委书记、省人大常委会主任周祖翼在福州会见了中国残联党组书记、理事长周长奎一行。周祖翼感谢中国残联长期以来给予福建残疾人事业的大力支持。他希望中国残联继续关心和指导福建工作，提出更多宝贵意见，共同推动我省残疾人事业高质量发展。

19日，省领导到福州调研公安工作。

副省长、省公安厅厅长李建成深入福州公安基层单位调研，看望慰问民警辅警，强调要深入学习贯彻党的二十大和全国两会精神，持续抓好维护安全稳定各项工作，全力维护国家政治安全和社会大局稳定。

19日，首届福建省新就业形态劳动者技能大赛启动。

首届福建省新就业形态劳动者技能大赛启动仪式在福州举行。本届大赛将设置多个比赛项目，并计划于今年4月至8月组织开展市县两级新就业形态劳动者技能竞赛活动，9月份举办各项目省级决赛，为广大新就业形态劳动者提供技能锻炼与风采展示的平台。省人大常委会党组书记、副主任，省总工会主席周联清出席活动并宣布大赛启动。

19日，福建省第七届残疾人职业技能竞赛暨展能节在福州举行。

由省残联、省人社厅、省总工会联合主办的福建省第七届残疾人职业技能竞赛暨展能节在福州举行。省委副书记罗东川出席开幕式并宣布开幕。在开幕式上，中国残联党组书记、理事长周长奎，省政府副省长林瑞良分别致辞，省人大常委会副主任庄稼汉、省政协副主席张兆民出席。裁判员代表和参赛选手代表分别宣誓。全省残疾人职业技能竞赛每四年举办一次。本届竞赛设置5大类23个项目及16个展能项目，来自全省10个代表团的200多名选手参赛。

19—21日，全国政协副主席梁振英来闽考察。

全国政协副主席梁振英来闽考察，并召开福州新区闽港合作咨询委员会秘书处揭牌仪式暨福州新区闽港合作座谈交流会。省委书记周祖翼，省长赵龙，省政协主席滕佳材与考察团一行在福州交流座谈。梁振英一行还在福州出席了援塞内加尔“消除白内障致盲项目”交流会，希望与福建一道，助力援外医疗事业发展，促进当地民众健康、民生及可持续发展，并分组实地考察了解经济社会发展情况。

20日，省委常委会召开会议。

福建省委书记周祖翼主持召开省委常委会会议，认真学习习近平总书记在中共中央政治局第三次集体学习时、中央党校建校九十周年庆祝大会暨二〇二三年春季学期开学典礼上的重要讲话和对深入开展学雷锋活动作出的重要指示、在中国共产党与世界政党高层对话会上的主旨讲话精神，研究我省贯彻落实措施。

20日，省总工会十四届二次全委（扩大）会议召开。

省总工会十四届二次全委（扩大）会议在榕召开。省人大常委会党组书记、副主任，省总工会主席周联清主持会议并讲话。会议认真学习贯彻党的二十大精神，深入贯彻落实习近平总书记关于工人阶级和工会工作的重要论述，传达学习全国总工会十七届七次执委会精神和省委的部署要求，审议通过省总工会常委会工作报告、《关于全面贯彻落实党的二十大精神 团结动员广大职工奋力谱写中国式现代化福建篇章的决议》，表决通过有关人事事项。

20 日，全省基层党建工作重点任务推进会召开。

全省基层党建工作重点任务推进会在福州召开。省委常委、组织部部长邢善萍强调，要深入学习贯彻党的二十大精神，按照中组部部署和省委要求，牢固树立大抓基层的鲜明导向，推动基层党建工作提质增效，以高质量党建引领保障高质量发展。

20 日，省防指会商部署近期降水防范工作。

福建省防指消息，省防指组织应急、水利、气象、水文等部门会商，分析研判近期强降雨天气趋势和影响，安排部署相关防范工作。会商指出，21—25 日我省有一次明显降水过程。其中，21 日我省西北部地区有中到大雨，局部暴雨；22 日中北部地区有中到大雨，局部暴雨；23 日、24 日中北部地区有暴雨。过程雨量中北部地区 80—150 毫米，局部可达 200 毫米，最大小时雨量 50 毫米，降雨时局地伴有雷雨大风冰雹等强对流天气。

20 日，全省“你点我检”为民服务活动启动。

福建省市场监管局近日启动了今年第一期“你点我检”为民服务活动，坚持“开门办抽检”“问检于民”，常态化推进“你点我检”为民服务活动，让群众更多地参与到食品安全监管中来。

20 日，我省科研团队发现新冠病毒感染临床治疗潜在药物。

近日，细胞应激生物学国家重点实验室、福建省药物新靶点研究重点实验室、厦门大学药学院刘文教授团队与国家传染病诊断试剂与疫苗工程技术研究中心、厦门大学公共卫生学院夏宁邵教授团队，通过一系列实验确定了非洛地平、法舒地尔、伊马替尼及卡泊芬净四种药物能够有效抑制炎症因子释放，并在不同程度上缓解新冠病毒感染的地鼠模型中的致命性炎症、降低重症肺炎率及死亡率。该研究成果日前在线发表在国际著名医学期刊 Cellular & Molecular Immunology 上。

21 日，我省加快推进农村生活污水治理。

全省农村生活污水治理现场推进会消息，截至 2022 年底，我省已基本建成 7556 个村庄的农村污水处理设施，治理设施覆盖率达 54%，今年将深入贯彻省委“深学争优、敢为争先、实干争效”部署，进一步推进农村生活污水治理提质增效。我省农村生活污水治理工作涉及 84 个县、14178 个建制村。

21 日，全省社会工作主题宣传活动启动。

由省民政厅主办的 2023 年全省社会工作主题宣传活动启动仪式在厦门市举办。本次活动以“推进‘五社联动’关爱‘一小一老’”为主题，全面展示了全省社会工作发展成果。启动仪式上，省民政厅为第三批 14 家省级社工人才基地授牌，并为厦门市第三批专业社会工作领军人才和第一批高级社会工作师颁发奖金和荣誉证书。本月 21 日至 31 日期间，各地将采用现场宣传、视频展播、行业宣讲等方式，集中展示全省社会工作发展成果。

22 日，周祖翼会见台湾世新大学校长陈清河。

福建省委书记周祖翼在福州会见了台湾世新大学校长陈清河一行。周祖翼对陈清河校长来闽表示欢迎，并简要介绍了福建经济社会发展和高等教育发展等情况。副省长常斌参加会见。

22 日，全省市域社会治理现代化试点验收工作动员会暨培训会召开。

全省市域社会治理现代化试点验收工作动员会暨培训会召开。会议以视频形式召开并开展工作培训，福州、厦门、漳州、龙岩 4 个试点市作了交流发言。省委常委、政法委书记黄海昆出席会议并讲话。

22 日，全省高校思政大讲坛首届论坛举办。

全省高校思政大讲坛启动仪式暨首届论坛日前在福建师范大学举办。活动现场，全国道德模范、时代楷模、“最美奋斗者”等荣誉称号的获得者，大连海事大学教授曲建武作了题为“凝心聚力育新人”的主旨发言。高校思政大讲坛系列活动旨在通过邀请省内外知名专家、领导以及高校优秀辅导员，围绕思政工作相关重点、热点、难点问题进行研讨，着力提升高校辅导员队伍素质能力。

22日，我省58个村落入选第六批中国传统村落名录。

近日，住建部等六部门联合印发通知，公布第六批列入中国传统村落名录村落名单。我省莆田市仙游县游洋镇龙山村等58个村落入选。至此，我省已有552个中国传统村落，位居全国第六位。目前，我省有4座国家级历史文化名城、4条中国历史文化街区、76个中国历史文化名镇名村、9414栋历史建筑。

22—24日，省领导调研海丝中央法务区建设。

省委常委、政法委书记黄海昆先后到泉州、厦门、福州调研海丝中央法务区建设，强调要认真贯彻落实党的二十大精神和全国两会精神，深入学习贯彻习近平法治思想，锲而不舍推进法务区建设，持续优化市场化、法治化、国际化营商环境，更好服务保障全省经济社会高质量发展和高水平对外开放。

23日，周祖翼主持召开省委台湾工作领导小组会议。

福建省委书记、省委台湾工作领导小组组长周祖翼主持召开领导小组会议，深入学习贯彻党的二十大精神，全面贯彻新时代党解决台湾问题的总体方略和党中央对台工作决策部署，研究下一步我省对台工作。省委副书记、省长、领导小组副组长赵龙，省委副书记、领导小组副组长罗东川出席。

23日，福建省第十五届社会科学优秀成果奖今起申报。

福建省第十五届社会科学优秀成果奖3月23日开始申报，4月23日截止。本届评奖实行网上限额申报，具体申报细则可登录福建省社科联官方网站社科评奖栏目查看，网址 http://www.fjskl.org.cn。

23日，暴雨预警和强对流预警持续生效。

受冷空气和西南暖湿气流共同影响，我省自北而南出现飑线天气过程，全省出现大范围强对流和暴雨天气。省气象台24日6时50分继续发布“暴雨预警Ⅳ级”和“强对流预警Ⅳ级”，暴雨天气过程还将持续。

24日，省防指要求做好暴雨和强对流天气防御工作。

上午，省防指组织应急、水利、自然资源、气象、水文等部门会商，传达贯彻省领导批示要求，进一步分析研判天气、汛情趋势，视频连线龙岩、三明等设区市防汛办，调度部署防御工作。目前，省防指已启动防暴雨Ⅳ级应急响应。24日至25日，我省仍有较强降雨过程，24日全省大部大雨到暴雨，25日我省中南部地区大雨到暴雨，降雨时局地伴有雷雨大风冰雹等强对流天气。

24日，第二届世界闽籍侨领峰会举行。

以“凝聚侨智侨力·同心共圆中国梦”为主题的二十大精神宣介暨第二届世界闽籍侨领峰会在福州举行。来自英国、美国、法国、西班牙、日本、德国等近30个国家（地区）的闽籍华人、华侨社团代表及相关部门负责人齐聚一堂。

25日，《领导文萃》创刊30周年理论研讨会举行。

《领导文萃》创刊30周年理论研讨会在省委党校、福建行政学院举行。《领导文萃》杂志创刊于1993年，是省委党校、福建行政学院主管主办的非时政类文摘刊物。杂志多年来深受读者的喜爱，先后入选“全国百强社科期刊”“中国最美期刊”等，成为覆盖全国的文摘名刊。

25日，“寻访海丝印记 读懂中华文明”国际人文交流活动在福州启动。

“寻访海丝印记 读懂中华文明”国际人文交流活动在福州启动。省委常委、宣传部部长张彦出席启动仪式并讲话。活动由中国外文局、中国国际公共关系协会、省政府新闻办、省外办共同主办，中国外文局副局长陆彩荣，中国政府欧洲事务代表、联合国原副秘书长、中国国际公共关系协会会长吴红波，斐济驻华大使马纳萨·坦吉萨金鲍等嘉宾先后作了发言。启动仪式后，张彦会见出席活动的各国驻华使节和媒体代表，深入交流互动。活动期间，驻华使节和中外媒体代表还在福州、泉州、漳州等地开展“行走福建”实地参访。

25—27日，中国文联党组书记李屹一行在宁德调研。

中国文联党组书记、副主席李屹，中国文联

党组成员、副主席诸迪带队深入宁德市调研文艺工作和经济社会发展情况。省委常委、宣传部部长张彦，副省长郑建闽分别陪同调研。

26 日，习近平总书记关于教育的重要论述理论研讨会在福州举行。

习近平总书记关于教育的重要论述理论研讨会在福州举行。研讨会由省习近平新时代中国特色社会主义思想研究中心主办，省研究中心闽江学院研究基地承办，中国教育报刊社参与协办。省委常委、宣传部部长，省习近平新时代中国特色社会主义思想研究中心执行主任张彦出席会议并讲话，省政府副省长常斌主持会议。中国人民大学党委书记张东刚，中央党校（国家行政学院）、教育部、中国社科院、部分国内知名高校的专家学者以及闽江学院等高校师生代表百余人参加会议。会议期间，举行了省习近平新时代中国特色社会主义思想大学生研习社授牌暨“2023 年研习社第一课”活动，华侨大学、福州大学、福建农林大学、集美大学、闽江学院等 5 所高校成立了大学生研习社。

26 日，6 家群众团体获公益性捐赠税前扣除资格。

为鼓励和引导社会各界参与捐赠，助力公益事业发展，近日，省财政厅、省税务局公布第二批获得 2022—2024 年度公益性捐赠税前扣除资格的群众团体名单，6 家群众团体入选。

本批入选的群众团体为：明溪县红十字会、东山县红十字会、平和县红十字会、华安县红十字会、泉州市鲤城区红十字会、泉州市洛江区红十字会。加之第一批认定的 10 家，全省共有 16 家群众团体获得该项资格。

26 日，省领导带队赴港澳开展联谊交流活动。

3 月 26 日至 4 月 1 日，省委常委、统战部部长王永礼带队赴香港、澳门，围绕学习贯彻党的二十大精神、携手共促闽港闽澳交流合作，走访闽籍社团、看望乡亲，开展联谊交流、宣传推介等活动。

27 日，省领导会见美国巾帼会代表团一行。

省委副书记罗东川在榕会见了来访的美国巾帼会代表团团长、创会会长张素久女士一行。

罗东川对代表团一行专程来福建参访表示欢迎，对张素久女士和美国巾帼会长期以来在促进华裔女性自身发展、深化中美妇女交流、弘扬中华优秀传统文化、推进祖国统一大业等方面发挥的重要作用和作出的积极贡献予以肯定。

27 日，全省机关党的工作会议召开。

2023 年全省机关党的工作会议在福州召开。省委常委、秘书长、省委省直机关工委书记吴偕林出席会议并讲话。会上，省委组织部、省商务厅、省监狱管理局、国家统计局福建调查总队、福州市委市直机关工委、厦门市委市直机关工委有关负责同志作交流发言。

27 日，第二届全国技能大赛（世赛项目）福建省选拔赛落幕。

第二届全国技能大赛（世赛项目）福建省选拔赛闭幕式暨颁奖仪式在龙岩举行。此次比赛由省人社厅、教育厅、共青团福建省委共同主办。来自 9 个设区市、平潭综合实验区和省属职业（技工）院校的 12 支代表队 1204 名选手同台竞技，大赛第一名的获得者将代表福建参加第二届全国技能大赛（第 47 届世界技能大赛全国选拔赛）。

27 日，福建农林大学与中国水产科学研究院签署战略合作协议。

福建农林大学与中国水产科学研究院战略合作签约仪式在该校举行。根据协议，校院双方将在人才培养、科学研究、学科建设等方面开展交流合作，通过聘任兼职教授（研究员）、研究生导师的方式，实现优势学科教师资源共享，探索完善校院联合的人才培养模式和体系，建立健全联合攻关和协同创新机制，共同创建国家级和省级科研平台，努力打造高等学校与科研院所紧密合作的成功典范。

28 日，顾秀莲来闽调研农村青年致富“种子工程”。

中国关工委主任顾秀莲近日来闽，就福建省关工委农村青年致富“种子工程”等工作开展调研。省关工委主任刘群英参加调研。顾秀莲考察了省农科院海峡现代农业示范园，并与部分老科技专家和种子学员座谈交流，听取“种子工程”工作情况汇报，观看了专题汇报片，并向“种子工程”五老工作室授牌。部分种子学员汇报了经

“种子工程”培训后的学习工作、发展生产情况。

28日，周祖翼在三明尤溪县三元区调研。

福建省委书记周祖翼深入三明市尤溪县洋中镇桂峰村、旭源纺织有限公司和三元区列西街道小蕉村，调研古村落保护、企业生产和乡村振兴等情况。

28日，第一次全国自然灾害综合风险普查“媒体基层行”活动在福州启动。

由国务院普查办、中宣部新闻局、应急管理部新闻宣传司联合开展的第一次全国自然灾害综合风险普查“媒体基层行”活动启动仪式在福州举行。国务院普查办主任、国家减灾委秘书长郑国光，省委常委、常务副省长郭宁宁等出席启动仪式并致辞。启动仪式后还召开了全国自然灾害综合风险普查第三次成果应用交流会，住房和城乡建设部、交通运输部、国家林草局等有关成员单位交流成果应用情况，福建、北京、湖北、四川、重庆等有关省（市）作经验分享。

28日，省财政下达县级基本财力保障机制奖励资金9.59亿元。

福建省财政厅消息，为筑牢兜实基层“三保”底线，落实“积极的财政政策要加力提效”要求，近日，省财政根据县级基本财力保障机制奖补办法，下达全省县（市、区）奖励资金共9.59亿元。考核涉及县（市、区）改善乡镇财政支出均衡度、增强村级组织和社区居委会运转经费保障能力、控制财政供养人员规模以及财政管理绩效等方面。

28—29日，省领导到莆田基层调研。

省委常委、政法委书记黄海昆到莆田基层调研政法工作，强调要深入学习贯彻习近平总书记关于政法工作的重要指示精神，坚持和发展新时代“枫桥经验”，着力提升基层社会治理体系和治理能力现代化水平。

29日，中央驻闽主要媒体在漳州开展集中调研采访。

3月29日至4月1日，中央驻闽主要媒体以习近平总书记来闽考察两周年为契机，围绕深入学习宣传贯彻党的二十大精神和实施“深学争优、敢为争先、实干争效”行动，在漳州开展集中调研采访。调研采访期间，省委常委、宣传部部长张彦看望中央驻闽主要媒体，与大家就精神文明建设和发展文旅经济进行座谈。省政协副主席、漳州市委书记张国旺参加座谈。

30日，第二次全国检察机关公益诉讼检察工作会议在福州召开。

第二次全国检察机关公益诉讼检察工作会议在福州召开。最高人民检察院副检察长张雪樵出席会议并讲话，省委常委、政法委书记黄海昆，省检察院检察长侯建军出席并致辞。

30日，省委政法委机关党建暨党风廉政建设工作会议召开。

省委政法委召开机关党建暨党风廉政建设工作会议。省委常委、政法委书记黄海昆出席并讲话。会议指出，今年是全面贯彻党的二十大精神的开局之年，做好机关党建和党风廉政建设工作责任重大、意义重大。要深入学习贯彻习近平总书记二十届中央纪委二次全会上的重要讲话精神，进一步强化政治责任，一刻不停推进机关全面从严治党，以高质量党建服务保障全省政法工作现代化。

30日，第七届国际调解高峰论坛在厦举行。

由中国贸促会、海丝中央法务区建设工作领导小组、厦门市政府共同举办，以“挑战、创新、机遇——努力构建国际商事纠纷多元解决机制新格局”为主题的第七届国际调解高峰论坛在厦门举行。中国贸促会党组书记、会长任鸿斌，省委副书记、海丝中央法务区建设工作领导小组组长罗东川，新加坡文化、社区及青年部部长兼律政部第二部长唐振辉，最高人民法院审判委员会副部级专职委员王淑梅，中国法学会副会长姜伟，以及司法部、国家知识产权局、厦门市政府有关负责同志出席开幕式并致辞，香港律政司、联合国国际贸易法委员会负责人线上致辞。来自新加坡、美国、英国、韩国等国内外的400多位专家学者以线上线下的方式，围绕构建纠纷多元解决机制、加强知识产权纠纷调解仲裁、金砖国家纠纷解决制度的守正与创新等问题进行了深入交流，300多万业内人士线上观看了论坛开幕式。

30日，福建省第七届红十字应急救护大赛举行。

福建省第七届红十字应急救护大赛27日至29

日在福州举行。省人大常委会党组副书记、副主任，省红十字会会长李德金出席29日颁奖仪式并为大赛获奖选手及2022年度福建省“最美救护员”颁奖。本次大赛主要内容为理论知识考试、成人心肺复苏（含AED使用）操作、创伤救护（左前臂出血现场止血包扎）实操，救护演讲和模拟场景演练等内容。来自全省9个设区市和平潭综合实验区以及5所省部属高校的15支代表队和75名选手经过激烈角逐，最终由福建卫生职业技术学院代表队摘得团体赛一等奖，厦门代表队队员陈小红荣获个人综合一等奖。

31日，省委深改委专项工作小组联络员会议召开。

省委深改委专项工作小组联络员会议召开。会议要求，必须切实增强改革意识、砥砺改革精神、强化改革自觉，以钉钉子的精神狠抓改革落实，在推进中国式现代化中体现担当作为、贡献福建力量。省委常委、秘书长、改革办（财经办）主任吴偕林出席会议并讲话。

31日，省人大常委会通过决定明确我省地方政府规章罚款限额。

省人大常委会会议3月31日表决通过《福建省人民代表大会常务委员会关于设定福建省地方政府规章罚款限额的决定》，决定自公布之日起施行。决定明确，对违反行政管理秩序的行为设定罚款的限额为三万元；但对涉及公共安全、生态环境保护、有限自然资源开发利用以及直接关系人身健康、生命财产安全方面违反行政管理秩序的行为，可以设定不超过二十万元的罚款。

31日，中华见义勇为基金会在闽举行向见义勇为英烈敬献花篮仪式。

中华见义勇为基金会和福建省、福州市见义勇为基金会向省、市见义勇为英烈和牺牲人员敬献花篮仪式在福州妙峰山陵园——福建见义勇为纪念广场举行。中华见义勇为基金会理事长邓卫平，省委常委、政法委书记黄海昆一同向见义勇为纪念碑敬献花篮。福建见义勇为纪念碑建于2000年。全省见义勇为英烈及牺牲人员共333名，现镶嵌在纪念墙上的有166名受省级表彰的见义勇为英烈及牺牲人员的遗像和事迹。福建见义勇为英烈生命纪念阁共存放19名省级表彰英烈的骨灰。

31日，省领导赴漳州泉州调研。

3月31日至4月1日，省委常委、宣传部部长张彦率省直有关部门同志赴漳州、泉州，围绕精神文明建设、文旅经济发展等开展调研。

（摘编：邹申）

四月

1日，水下文物保护管理宣传活动在平潭举行。

《中华人民共和国水下文物保护管理条例》修订实施一周年宣传活动在平潭举行。福建省副省长郑建闽、国家文物局副局长陆进出席活动。外交、公安、司法、自然资源、交通运输、海警等部门，沿海和长江沿线有关省（区、市）文物行政部门、水下考古队员代表，平潭综合实验区各界代表130多人参加活动。当天，国家文物局考古研究中心，福建、山东、广东省文物行政部门负责同志及水下考古队员代表介绍有关工作成果。

2日，省领导会见香港晋江社团总会访问团。

省委常委、统战部部长王永礼在福州会见香港晋江社团总会访问团，畅叙乡情乡谊，共话闽港交流合作。作为近年来人数最多的香港同乡访问团，此访成员共有 80 多人，3 日至 4 日，访问团一行还将前往泉州，开展三年来第一次组团回乡祭祖交流访问。

2 日，省领导会见中日韩展望对话会嘉宾。

受福建省委书记周祖翼委托，福建省委常委、厦门市委书记崔永辉会见了来厦出席中日韩展望对话会的嘉宾，与中日韩合作秘书处秘书长欧渤芊、中国公共外交协会会长吴海龙、韩国国际交流财团理事长金起焕进行了交流会谈。第一届“中日韩展望对话会”于 4 月 2 日至 3 日在中国厦门举办，此次活动由中日韩合作秘书处、中国公共外交协会、日本中曾根和平研究所以及韩国国际交流财团共同主办。

3 日，第六届数字中国建设峰会将于 27 日在福州开幕。

第六届数字中国建设峰会新闻发布会在北京举行。国家互联网信息办公室副主任曹淑敏，国家发改委、科技部、工信部、国务院国资委有关负责人，省委常委、常务副省长郭宁宁等介绍了峰会有关情况。本届峰会将于 4 月 27 日至 28 日在福州举办。峰会由国家网信办、国家发改委、科技部、工信部、国务院国资委、福建省政府等共同主办，将举办开幕式、主论坛、专题分论坛等系列论坛活动，数字成果展、数字产品博览会和数字创新大赛等“两展一赛”，以及数字生态大会、“有福之州 · 对话未来”、“闽江夜话”等主题特色活动。

3 日，省领导与香港福建希望工程基金会访闽团一行座谈。

省委常委、统战部部长王永礼在福州与香港福建希望工程基金会访闽团一行座谈。香港福建希望工程基金会主席、访闽团团长刘志仁，基金会候任主席、访闽团副团长洪顶拥等表示，基金会将继续发扬济危扶困、乐善好施的精神，团结引导广大闽籍乡亲积极投身慈善事业和家乡建设，为推动闽港经济文化交流和教育事业发展贡献更多智慧和力量。

3 日，科技创新助力福建高质量发展院士专家恳谈会召开。

科技创新助力福建高质量发展院士专家恳谈会在福州召开，邀请参加今年八闽行活动的院士专家，为加快推进科技自立自强、推动福建高质量发展把脉献策。省长赵龙出席并讲话，副省长林瑞良主持。会上，中国科学院院士包信和、朱作言、郭正堂、高松、黄如、吕建、杨卫、郑永飞、何雅玲、田禾、向涛、陈仙辉等，围绕科研平台建设、高等教育发展、高层次人才培引、产学研融合和数字经济、海洋经济、特色现代农业等方面建言献策。赵龙认真听取发言后说，大家的建议站位很高、见解独到，很有前瞻性，我们将进一步细化梳理，充分吸纳、抓好落实。

3 日，省防指会商部署清明前后强降雨防范工作。

下午，省防指组织应急、水利、气象、自然资源等部门会商，分析研判清明前后强降雨天气趋势和影响，安排部署相关防范工作。会商指出，入汛后我省雨水增多，近期受低层切变南压、西南气流影响，4—6 日我省有一次强对流和暴雨过程，过程量 50—100 毫米，局部可达 150 毫米，最大小时雨量 50 毫米，降雨时局地伴有雷雨大风冰雹等强对流天气。其中，4 日我省西部北部部分暴雨，局部大暴雨，24 小时雨量 50—80 毫米，局部 120 毫米；5 日中南部地区部分大雨，局部暴雨；6 日中南部地区部分中雨到大雨，局部暴雨。三明宁化西溪宁化站、龙岩长汀汀江观音桥站将发生超警戒 0—0.5 米洪水，均低于保证水位。

4 日，省委常委会召开会议。

福建省委书记周祖翼主持召开省委常委会会议，认真学习习近平总书记在 3 月 30 日中共中央政治局会议上、中共中央政治局第四次集体学习时的重要讲话，在学习贯彻习近平新时代中国特色社会主义思想主题教育工作会议上的重要讲话和《关于在全党深入开展学习贯彻习近平新时代中国特色社会主义思想主题教育的意见》精神，学习贯彻习近平总书记向中国发展高层论坛 2023 年年会致贺信精神，研究我省贯彻落实意见。会议审议《关于在全省大兴调查研究的实施方案》《福建省推进领导干部能上能下实施细则》，并研究部署加强党校建设等工作。

4 日，省政协年度工作动员部署会召开。

省政协召开年度工作动员部署会，以“强五力、优服务、提质效、走前列”为主题，对新一届省政协机关建设和2023年度工作进行动员部署。省政协主席滕佳材出席会议并讲话。

4日，省领导到兴业银行和省体育局调研党建工作。

省委副书记罗东川赴兴业银行和省体育局调研党建工作，强调要认真学习贯彻习近平总书记重要讲话重要指示精神，深入贯彻落实党的二十大和全国两会精神，以党的政治建设为统领，扎实开展学习贯彻习近平新时代中国特色社会主义思想主题教育，一刻不停推进全面从严治党，以高质量党建引领保障金融、体育事业高质量发展。

5日，省委省直机关工委印发《2023年省直机关党的建设工作要点》。

2023年省直机关党的建设工作总体要求是：以习近平新时代中国特色社会主义思想为指导，以全面学习、全面把握、全面落实党的二十大精神为主线，持之以恒贯彻落实习近平总书记“7·9”重要讲话精神，深刻领悟“两个确立”的决定性意义，增强“四个意识”、坚定“四个自信”、做到“两个维护”，按照省第十一次党代会、省委十一届三次全会部署要求，深学争优、敢为争先、实干争效，着力推进机关作风建设，全面提高机关党建质量，当好“三个表率”，建设模范机关，为奋力谱写中国式现代化福建篇章提供坚强保证。

5日，我省印发高校学科专业竞赛管理办法。

省教育厅近日印发《福建省高校大学生学科专业竞赛管理办法（试行）》（以下简称《管理办法》），旨在进一步规范竞赛管理，着力打造竞赛品牌，提升竞赛质量，鼓励和引导高校积极承办赛事。《管理办法》包括总则、竞赛设置、竞赛申报、竞赛管理、竞赛监管、附则等部分，最突出的改变是强化统筹，将原大学生学科技能竞赛和研究生学科竞赛整合为大学生学科专业竞赛，面向研究生、本科生、专科生，统一部署、统一组织。

6日，省政府党组会议和省政府常务会议召开。

省政府党组书记、省长赵龙主持召开省政府党组会议、省政府常务会议，认真学习习近平总书记在3月30日中央政治局会议上、中央政治局第四次集体学习时的重要讲话，在学习贯彻习近平新时代中国特色社会主义思想主题教育工作会议上的重要讲话和主题教育工作会议精神，按照省委部署要求，研究贯彻落实措施；研究促进文旅经济高质量发展、2023年省级预算内投资总体安排等工作。

6日，省政府召开廉政工作会议。

省政府召开廉政工作会议。省政府党组书记、省长赵龙强调，要全面贯彻落实党的二十大和二十届一中、二中全会精神，深入学习贯彻习近平总书记关于党风廉政建设和反腐败斗争重要论述，认真落实二十届中央纪委二次全会和国务院第一次廉政工作会议精神，按照省委部署要求，坚定不移推进政府党风廉政建设，为推动高质量发展、谱写中国式现代化福建篇章提供坚强保障。省委常委、省纪委书记、省监委主任迟耀云应邀出席会议，省委常委、常务副省长郭宁宁主持。

6日，省领导赴省委党校（福建行政学院）宣讲习近平强军思想。

在第八个全民国家安全教育日到来之际，省委常委、省军区少将政治委员宋鸿喜赴省委党校（福建行政学院）为党员干部、党校主体班学员作“深刻理解把握习近平强军思想”主题宣讲。

6日，省领导赴平潭调研闽台融合发展工作。

省委副书记罗东川率省直有关部门负责同志赴平潭综合实验区调研，强调要深入学习贯彻党的二十大精神和习近平总书记对福建工作的重要讲话重要指示精神，坚决贯彻新时代党解决台湾问题的总体方略，紧密结合“深学争优、敢为争先、实干争效”行动，充分发挥资源禀赋和独特区位优势，加大开放开发和对台先行先试力度，为加快建设国际旅游岛和海峡两岸融合发展示范区作出更大贡献。

6日，省委政法委传达学习贯彻习近平总书记重要讲话精神。

省委政法委召开委务会议暨理论学习中心组学习（扩大）会议，认真学习贯彻习近平总书记近期重要讲话精神，传达学习《关于在全党深入开展学习贯彻习近平新时代中国特色社会主义思想主题教育的意见》和省委常委会会议精神，研究贯彻落实举措。省委常委、政法委书记黄海昆主持会议并讲话。

6日，我省公安机关开展清明祭扫和慰问英烈家属活动。

连日来，我省公安机关按照公安部、省公安厅部署，组织瞻仰公安烈士陵园、走访慰问公安英烈遗属、深入学习英烈事迹、开展清明“云祭扫”等活动，深情缅怀公安英烈的丰功伟绩，大力弘扬公安英模精神。新中国成立以来，我省共有528名公安民警光荣牺牲，其中187名被批准为革命烈士。他们冲锋在前、壮志满怀，用热血和生命诠释了对党和人民的无限忠诚、对公安事业的无比热爱，谱写了壮丽的英雄赞歌。

7日，省委常委会召开会议。

福建省委书记周祖翼主持召开省委常委会会议，深入学习领会习近平总书记在学习贯彻习近平新时代中国特色社会主义思想主题教育工作会议上的重要讲话精神，研究我省主题教育实施意见、第一批实施方案、省委常委会主题教育工作方案等，进一步部署全省主题教育工作；认真学习习近平总书记在参加首都义务植树活动时的重要讲话、给阿拉伯知名艺术家代表复信精神，研究我省贯彻落实措施；审议《福建省人大常委会2023年度立法工作计划》《福建省人民政府2023年度立法工作计划》，研究部署我省文旅经济发展等工作。

7日，新福建大讲堂举行报告会。

由省委组织部、省委党校、福建行政学院主办的“新福建大讲堂”举行报告会。中国科学院院士白春礼应邀作“世界科技前沿发展态势与高水平科技自立自强”专题报告。省委常委、组织部部长邢善萍主持报告会。白春礼院士用通俗的语言、翔实的数据、鲜活的案例，客观分析了当前世界科技前沿和发展态势，详细介绍了我国科技创新取得的显著成就，深刻阐述了实现高水平科技自立自强的实践路径，为大家作了一场精彩生动的报告。

7日，福建省“全国国防教育示范学校”授牌仪式在榕举行。

福建省“全国国防教育示范学校”授牌仪式在福州一中举行。授牌仪式上宣读了我省102所全国国防教育示范学校名单，并进行了授牌。省委常委、宣传部部长张彦出席并讲话，省委常委、省军区政委宋鸿喜出席。

7—8日，省领导赴莆田调研妈祖文化交流和乡村振兴工作。

省委副书记罗东川率省直有关部门负责同志赴莆田湄洲岛、南日岛等地调研妈祖文化交流和乡村振兴工作，强调要全面贯彻党的二十大精神，扎实抓好学习贯彻习近平新时代中国特色社会主义思想主题教育，结合“深学争优、敢为争先、实干争效”行动，深入调查研究，科学统筹谋划，以更高站位和更实举措服务新福建高质量发展。

8日，《复兴文库》读书活动专题讲座暨省直宣传文化系统联学共学活动举办。

近日，在学习贯彻习近平新时代中国特色社会主义思想主题教育全面开展之际，省委宣传部联合中华书局、海峡出版发行集团共同举办《复兴文库》读书活动专题讲座暨省直宣传文化系统联学共学活动，扎实推进学习型机关、书香机关建设。省委常委、宣传部部长张彦出席并主持。

8日，“行见八闽”大思政课研学实践圈建设有序推进。

“行见八闽”大思政课研学实践圈建设推进会在厦门举办，省委常委、宣传部部长张彦出席会议并讲话。厦门大学校长张宗益出席会议，教育部思政司负责同志线上致辞。会上正式宣布启动“行见八闽”大思政课研学实践圈建设，来自厦门大学，厦门市集美区、同安区、翔安区和泉州市南安市的大中小学生现场演绎了“行走的思政课”课程。

9日，首批省级应急救援队伍授牌。

近日，省应急管理厅举行首批省级应急救援队伍授牌仪式，28支社会应急救援队伍正式成为省级应急救援队伍。此次授牌的省级应急救援队伍是通过层层选拔，能力突出、经验丰富，在我省历次抢险救援行动中发挥重要作用的队伍。这28支队伍涉及矿山救援、危化救援、防汛抗旱、森林灭火、工程抢险等领域。在灾害事故救援过程中，这些队伍将在省应急管理厅统一指挥调度下开展应急救援工作。

10日，福建省学习贯彻习近平新时代中国特色社会主义思想主题教育工作会议召开。

全省学习贯彻习近平新时代中国特色社会主义思想主题教育工作会议在福州召开。省委书记、省委学习贯彻习近平新时代中国特色社会主义思想主题教育领导小组组长周祖翼出席会议并讲话，学习贯彻习近平新时代中国特色社会主义思想主题教育中央第七指导组组长王建军到会指导并讲话。省委副书记、省长赵龙主持会议，中央第七指导组副组长陈海波出席。

10—14 日，全国政协侨联界委员来闽考察。

全国政协侨联界委员考察团来闽，就“贯彻落实中共二十大精神，加强和改进侨务工作”开展考察。省委书记、省人大常委会主任周祖翼，省委副书记、省长赵龙在福州与全国政协常委、港澳台侨委员会主任刘赐贵率领的考察团一行座谈。在闽期间，考察团先后赴福州、泉州、漳州、厦门等地，深入侨文化博物馆、侨资企业、产业园区、高校实地考察，了解当地开展侨务工作的经验做法。

11 日，我省举办首届互联网营销师职业技能大赛。

省人社厅、省广电局、省总工会日前联合主办首届互联网营销师职业技能大赛。大赛以“福满东南 闪亮新主播”为主题，按照互联网营销师国家职业技能标准高级工（三级）要求进行。

11 日，省委主题教育巡回指导组培训会召开。

省委学习贯彻习近平新时代中国特色社会主义思想主题教育巡回指导组培训会在福州召开。省委主题教育巡回指导组全体成员参加集中学习培训。省委常委、组织部部长，省委主题教育领导小组副组长、办公室主任邢善萍出席会议并讲话。

11 日，省习近平新时代中国特色社会主义思想研究中心集体学习暨重大课题部署会召开。

省习近平新时代中国特色社会主义思想研究中心集体学习暨重大课题部署会召开，会议认真贯彻落实中央及省委关于主题教育的部署要求，学习《习近平著作选读》第一卷、第二卷，研究部署“习近平在福建工作期间关于现代化建设的探索与实践”重大课题。省委常委、宣传部部长，省习近平新时代中国特色社会主义思想研究中心执行主任张彦主持并讲话。

11—12 日，上海代表团来闽考察。

上海代表团来闽考察。省委书记、省人大常委会主任周祖翼在三明与上海市委副书记、市长龚正一行，就进一步推动省市区域联动发展和沪闽沪明合作等进行座谈交流。省委副书记、省长赵龙参加座谈，并陪同考察调研。在闽期间，上海代表团先后考察了三明市中央苏区革命纪念馆、沪明小学、1958 工业记忆馆、沙县区总医院、泰宁锦江国际度假酒店项目和大金湖、沙县区夏茂镇俞邦村等，深入了解沪明文旅产业和教育合作，三明红色历史文化、工业发展史、医改、教改、乡村振兴等情况。

12 日，周祖翼在南平调研。

福建省委书记周祖翼深入南平市顺昌县、延平区，实地调研闽江上游流域生态环境保护和绿色发展等情况。

12 日，福建省爱国主义教育数字展馆第一批升级上线仪式暨爱国主义教育基地数字化工作推进会举行。

福建省爱国主义教育数字展馆第一批升级上线仪式暨爱国主义教育基地数字化工作推进会在福建省革命历史纪念馆举行。省委常委、宣传部部长张彦出席并致辞。相关部门负责人、部分学校师生代表等 200 多人参加活动。近年来，省委宣传部运用 8K、5G、VR、AI 等数字科技手段，对我省爱国主义教育数字展馆进行技术升级，积极打造互动性和传播性更强的福建省爱国主义教育数字平台。本次升级上线后，数字展馆收录省级以上爱国主义教育基地 57 个、重大主题展览 4 个，可适配电脑、手机等多种终端展示场景，还可在小程序中进行互动分享。

12—13 日，周祖翼在福州调研。

福建省委书记周祖翼深入福州市闽清县、仓山区、台江区，调研闽江生态环境保护、水资源利用和商业业态、文旅开发等情况。

13—14 日，省领导到漳州市调研。

省委常委、省纪委书记、省监委主任迟耀云到挂钩联系的乡村振兴重点县漳州市云霄县，围绕推进挂钩帮扶、做强基层监督等工作开展调研。

14 日，“4·15”全民国家安全教育日宣传活动启动。

在第八个全民国家安全教育日来临之际，由省委国安办主办的“奋进新征程·共筑大安全”主场活动在福州举行。活动还为今年新建的 8 个国家安全教育基地授牌。省委常委、秘书长吴偕林出席活动并致辞。

14日，全省文艺高质量发展座谈会召开。

全省文艺高质量发展座谈会在福州召开。会议深入学习贯彻习近平总书记关于文艺工作的重要论述，落实精神文明建设“五个一工程”工作座谈会精神，研究文艺精品创作和文艺事业高质量发展思路举措。省委常委、宣传部部长张彦主持并讲话。

14日，省自然科学基金联合单位每年投入经费首次突破亿元。

福建省科技厅消息，我省积极探索创新多元渠道投入机制，通过福建省自然科学基金联合资助引导社会共同投入基础研究，取得良好工作成效。自省自然科学基金启动新一期联合资助以来，已与64家单位签订联合资助协议，2023年度参与联合资助的单位投入经费增至1.3950亿元，首次突破亿元。

14日，我省开展低收入群体居住环境消防安全改造。

福建省财政厅、省消防救援总队消息，为切实保障人民群众生命财产安全，我省针对低收入群体居住场所电气线路老化、无消防设施等消防安全隐患，开展提升改造工程。目前，省级补助资金2100万元已下达各地。补助对象为全省42万户低保对象、特困人员和低保边缘家庭。改造内容包括为每户家庭增配1个漏电保护器、1个烟感报警器、1个灭火器和1个消防逃生面罩，以及对存在隐患的“表下线”（表后电气线路）进行改造，防范降低电气火灾风险。2023年，省级财政按照总数10%即4.2万户（优先考虑建成年代久、耐火等级低的建筑）进行补助，每户补助改造经费500元。

14日，2023数字教育创新应用峰会在榕举办。

2023数字教育创新应用峰会暨元宇宙中国行（福州站）城市论坛在福州举办。会上，“福州市元宇宙产业园”揭牌，并同步成立元宇宙教育实践基地。

16日，2023年中国金鸡百花电影节将于11月上旬举办。

在北京举行的厦门文化影视产业推介会上，中国文联党组成员、书记处书记，中国电影家协会分党组书记张宏宣布，中国金鸡百花电影节暨中国电影金鸡奖颁奖典礼自2019年起连续十年长期在厦门举办，其中，2023年中国金鸡百花电影节暨中国电影金鸡奖颁奖典礼将于11月上旬举办。

16—20日，全国政协副主席陈武率专题调研组来闽。

全国政协副主席陈武率调研组来闽，就“促进优质医疗资源扩容和区域均衡布局”进行专题调研。省委书记、省人大常委会主任周祖翼，省委副书记、省长赵龙，省政协主席滕佳材与调研组一行在福州进行了座谈。在闽期间，调研组赴福州、泉州、厦门等地，深入不同层级医疗卫生机构实地调研，与省市县有关部门、部分医疗机构代表座谈交流，听取意见建议。全国政协常委、教科卫体委员会主任陈宝生，全国政协委员、教科卫体委员会副主任曹雪涛，全国政协委员、农业和农村委员会副主任胡盛寿，全国政协常委、致公党中央常委赵家军参加调研。省领导林宝金、吴偕林、常斌、余军、张国旺参加有关活动。

17日，省委常委会召开会议。

福建省委书记周祖翼主持召开省委常委会会议，认真学习习近平总书记在广东考察时的重要讲话精神，研究我省贯彻落实措施；研究部署全省精神文明建设、教育强省等工作。

17日，滕佳材会见港区省级政协委员联谊会参访团。

省政协主席滕佳材在福州会见了由港区省级政协委员联谊会主席郑翔玲、会长施荣怀率领的联谊会参访团一行。

17—18日，2023年福建省非遗精品展举办。

作为2023年福建省文旅经济发展大会的重要活动内容，“文旅融合 共享非遗”——2023年福建省非遗精品展在宁德市举行。共有来自全省各地的32个非遗代表性项目和30多位非遗代表性传承人参加。同期，我省还将在全省各地举办170多场非遗展览展示展演活动，让非遗走进社区、走进景区、走进校园，有效推动文旅融合，助力文旅经济高质量发展。

18日，赵龙在宁德福安调研。

省长赵龙深入宁德福安市溪尾镇溪邳村、下白石镇下岐村，调研乡村振兴工作和连家船民上岸后的生产生活情况。他强调，要深入学习贯彻党的二十大精神和习近平总书记重要讲话重要指示批示精神，传承弘扬“四下基层”“四个万家”等优良作风，扎实开展主题教育，大兴调查研究，践行宗旨为民造福，滴水穿石久久为功，努力让人民群众过上更好日子。

18 日，福建省文旅经济发展大会召开。

2023 年福建省文旅经济发展大会在宁德召开。省委书记、省人大常委会主任周祖翼出席并讲话，强调要以开展学习贯彻习近平新时代中国特色社会主义思想主题教育为契机，大力发展文旅经济，坚持以文塑旅、以旅彰文，推动文旅资源大省向文旅经济强省转变，让山海之美与人文之韵更好为发展增光添彩、为百姓造福添福。省委副书记、省长赵龙主持大会。文化和旅游部副部长杜江、世界旅游联盟主席张旭出席并讲话，中国旅游集团董事长陈寅出席。

18 日，健康中国行动三明现场推进会活动开幕。

健康中国行动三明现场推进会活动开幕。国家卫生健康委副主任于学军、福建省副省长常斌出席并致辞。

18 日，十一届省委第二轮第二批巡视展开。

根据《中国共产党巡视工作条例》，经省委同意，省委巡视组近期陆续进驻，对福州市台江区、闽侯县，漳州市龙文区、龙海区、云霄县、平和县，石狮市、晋江市、安溪县、德化县，明溪县、将乐县，莆田市城厢区、仙游县，建瓯市、浦城县，龙岩市新罗区、连城县，古田县、霞浦县等 20 个县（市、区）开展巡视，巡视时间 40 天左右。

18—19 日，省领导到厦门基层调研。

省委常委、政法委书记黄海昆到厦门市调研，强调要认真贯彻落实习近平总书记关于市域社会治理现代化的重要论述，深入开展学习贯彻习近平新时代中国特色社会主义思想主题教育，扎实推进市域社会治理现代化试点创建，不断提高市域社会治理能力。

19 日，省第十届少数民族传统体育运动会将于 4 月 24 日在南平开幕。

南平市人民政府消息，由省民族与宗教事务厅、省体育局主办，南平市人民政府承办的福建省第十届少数民族传统体育运动会，将于 4 月 24 日至 27 日在南平市举行。本届运动会开幕式以“福籽聚武夷 同心爱中华”为主题，将于 24 日上午在南平市体育中心举办。四年一届的全省少数民族传统体育运动会，是我省规格最高、规模最大的综合性民族体育盛会。本届运动会设 3 大类表演项目，共有 12 个代表团的 1300 多名运动员参加。南平作为多民族散杂居地区，现有少数民族 47 个、少数民族村 48 个。

19 日，省领导暗访检查防汛备汛和消防安全工作。

省委常委、常务副省长郭宁宁采取“四不两直”方式，深入福州市应急物资仓库、闽侯县上街镇联心村避灾点、侯官排涝站和福建医科大学附属第一医院等地，暗访检查防汛备汛和消防安全工作，现场指出问题，提出具体要求。

19 日，2023 年福建文旅经济论坛在福州举办。

作为 2023 年福建省文旅经济发展大会的配套活动，福建文旅经济论坛在福建博物院举办，副省长常斌出席并致辞。论坛上，6 位全国知名文旅专家特邀参加嘉宾演讲，从科教人才战略、中国旅游业高质量发展、全球旅游发展、数字科技赋能、文旅融合发展等角度，为福建省文旅产业高质量发展建言献策。在对话环节，11 位全国知名的文旅专家、知名文旅企业代表分为两组，分别就“福建文旅经济新业态新模式”“福建滨海旅游创新突破”两大话题，进行深度对话。

19 日，福建省“4·26”知识产权宣传周版权宣传活动启动。

在第 23 个世界知识产权日来临之际，福建省“4·26”版权宣传培训暨知识产权宣传周版权宣传活动在福州永泰启动。活动由省版权局与省版权协会联合举办，包括“区块链+版权”试点成果发布，版权示范单位授牌、优秀版权登记作品颁奖和版权宣传培训等系列活动，旨在推进我省《著作权法》宣传和各项版权工作，提高全社会版权保护意识，营造尊重知识、尊重创造、尊重版权的良好社会氛围。2022 年全省登记各类作品共 28.6 万件，同比增长 61.9%，居全国第四位。其中，经专家评议与网络投票等环节，《春晓》白瓷、《中国有福》书法等 25 件作品获评 2022 年度

（福建省）版权登记优秀作品。

20日，一季度福建居民人均可支配收入同比增长4.4%。

据国家统计局福建调查总队住户抽样调查，一季度福建居民人均可支配收入13054元，比上年同期增加554元，同比增长4.4%，扣除价格因素实际增长3.1%。分城乡看，城镇居民人均可支配收入16870元，同比增长3.5%，扣除价格因素实际增长2.3%；农村居民人均可支配收入6567元，同比增长5.6%，扣除价格因素实际增长3.9%。

20日，省委召开一季度工作会议。

福建省委召开一季度工作会议，总结一季度全省工作，部署二季度重点任务。省委书记周祖翼在会上强调，要深入学习贯彻党的二十大精神，紧密结合开展学习贯彻习近平新时代中国特色社会主义思想主题教育，深入实施“深学争优、敢为争先、实干争效”行动，以奋发有为的精神状态，创造性地推进各项工作，奋力推动上半年“双过半”和高质量发展。省委副书记、省长赵龙主持并点评一季度全省经济社会发展情况，就下一步工作作了具体部署。省政协主席滕佳材出席。

20日，省委人才工作领导小组会议召开。

省委人才工作领导小组会议在福州召开。会议审议了《福建省“十四五”期间人才发展规划》《2023年全省人才工作要点及分工方案》《关于加强新时代高技能人才队伍建设的实施意见》等，进行2022年度人才工作述职。省委书记、省委人才工作领导小组组长周祖翼主持会议并讲话，省长、省委人才工作领导小组第一副组长赵龙出席。

20日，省领导会见第十批太平洋岛国政治家联合考察团。

省委常委、常务副省长郭宁宁在福州会见汤加王国副首相兼司法大臣萨缪·瓦伊普卢为首的第十批太平洋岛国政治家联合考察团。

20日，全省公安工作第一季度汇报会召开。

下午，省公安厅召开全省公安工作第一季度汇报会，深入学习贯彻习近平总书记重要讲话精神，传达省委一季度工作会议精神，研究部署下阶段公安工作和队伍建设。会上，各设区市、平潭综合实验区公安局以及指挥中心和交警、治安、刑侦、经侦总队等厅属单位主要负责同志汇报了第一季度工作情况。副省长、省公安厅厅长李建成出席会议并讲话。

21日，周祖翼会见中国工程院院士周济、钟志华一行。

福建省委书记、省人大常委会主任周祖翼在福州会见了来闽开展调研的中国工程院院士、国家制造强国建设战略咨询委员会主任周济，中国工程院副院长、院士钟志华等一行。

21日，我省发布科技攻关榜单，广邀英雄“揭榜挂帅”。

日前，围绕11个重大技术需求（难题）项目和2个成果转化项目，我省面向全国发布2023年“揭榜挂帅”英雄榜，广邀科研单位和企业前来“揭榜”攻关。据悉，研发总预算初步预测达2.535亿元。

21日，第二届全国职业技能大赛福建省选拔赛报名启动。

省人社厅近日全面启动第二届全国职业技能大赛电子技术等11个国赛项目福建省选拔赛的参赛报名工作。本次大赛既包含茶艺师等颇具人文底蕴的竞赛项目，又涵盖了人工智能、互联网、物联网等涉及前沿科技的新兴职业技能。凡16周岁以上，在福建省工作满1年，且在法定退休年龄以内的中国大陆公民均可按属地原则报名参加。

21日，推进福建21世纪海上丝绸之路核心区建设现场会召开。

由国家发展改革委主办的推进福建21世纪海上丝绸之路核心区建设现场会在福州召开。会上，我省发改委和有关地市，国家有关部委和兄弟省市有关负责同志作了交流发言。省委常委、常务副省长郭宁宁出席会议并致辞。

22日，首届全国高等院校马克思主义学院院长联席会议在平潭开幕。

首届全国高等院校马克思主义学院院长联席会议在平潭开幕，来自全国各地210多所高等院校的马克思主义学院主要负责人、专家学者以及期刊界代表等共350多人参加，活动将持续至24日。

23日，全民国防教育科技化研讨会暨主题宣讲活动启动。

“科技赋能 强国有我”全民国防教育科技化研讨会暨主题宣讲活动在福州启动，省委常委、宣传部部长张彦出席启动仪式并致辞。本次活动包含主题宣讲、现场体验、专家研讨、实地调研等环节，还邀请了国防大学、军事科学院等院校军事专家到省委党校、闽江学院等举办国防教育专题讲座。全民国防教育科技化产品研发实验室、科技化实践基地和新媒体矩阵实训基地签约活动同步举行。

23日，福建青年宣讲党的二十大精神活动总决赛在榕举行。

“让青春绽放绚丽之花”福建青年宣讲党的二十大精神活动总决赛在福州举行。省委常委、宣传部部长张彦出席，为获奖选手颁奖并向“福小宣”青年宣讲团授旗。本次活动共有150组选手进入初赛，9组选手进入总决赛。获奖选手将组成“福小宣”青年宣讲团，结合开展主题教育深入基层宣讲，让新思想传八闽、润人心。

24日，省委常委会召开会议。

福建省委书记周祖翼主持召开省委常委会会议，认真学习习近平总书记在二十届中央全面深化改革委员会第一次会议上的重要讲话、向云南大学建校100周年致贺信、向“中国式现代化与世界”蓝厅论坛致贺信精神，研究我省贯彻落实措施；研究机关效能建设、深化医药卫生体制改革等工作。

24日，福建省第十届少数民族传统体育运动会在南平举办。

福建省第十届少数民族传统体育运动会在南平开幕。省委常委、统战部部长王永礼宣布开幕，副省长常斌致开幕词。本届民族运动会共设7个大项32个小项的竞赛项目和18个表演项目，来自全省各地的1800多位运动员、教练员、裁判员和志愿人员参加。

25日，福建省庆祝“五一”国际劳动节暨表彰劳动模范和先进工作者大会举行。

福建省庆祝“五一”国际劳动节暨表彰劳动模范和先进工作者大会在福州举行。省委书记、省人大常委会主任周祖翼代表省委、省政府向受到表彰的劳动模范和先进工作者表示热烈祝贺，向奋战在全省各条战线的广大劳动者致以诚挚的节日问候。省委副书记、省长赵龙主持大会。省政协主席滕佳材出席。省委副书记罗东川宣读表彰决定。

25日，省政协召开重点提案办理协调会。

省政协召开“关于把宁德打造成为‘民族团结共同富裕示范窗口’的建议”重点提案办理协调会。省政协副主席阮诗玮出席并讲话。会议听取了提案办理有关情况的介绍。提案主办单位省民族宗教厅，协办单位省发改委、教育厅、科技厅、商务厅、文旅厅及宁德市政府，相关单位省工信厅、民政厅、财政厅、人社厅、卫健委及福建社会科学院等负责同志围绕重点提案办理工作进行座谈交流。

25日，省公安厅部署维护安全稳定工作。

省公安厅召开全省公安机关视频会议，深入学习贯彻习近平总书记关于做好公共安全工作的重要指示精神，按照公安部视频调度会部署和省委、省政府工作要求，全面部署近期重大活动、“五一”假期以及今后一段时间安全保卫工作。副省长、省公安厅厅长李建成出席会议并讲话。

25日，省法院发布2022年知识产权司法保护状况。

省法院新闻发布会消息，2022年全省法院充分发挥审判职能作用，共受理各类知识产权案件24389件、结案23198件，同比分别增长16.33%、26.57%，以高质量司法维护公平市场秩序、助推高质量发展。

26日，省政府召开常务会议。

省长赵龙主持召开省政府常务会议，认真学习贯彻党的二十大精神，按照省委部署要求，研究通过《关于进一步加强招商引资工作的意见》，研究2023年数字福建工作要点、全省治理“餐桌污染”建设“食品放心工程”工作方案。

26日，全省党校（行政学院）校（院）长会议召开。

全省党校（行政学院）校（院）长会议召开。省委常委、组织部部长，省委党校校长、福建行政学院院长邢善萍强调，要深入学习贯彻习近平总书记在中央党校建校90周年庆祝大会上的重要讲话精神，坚守为党育才、为党献策的党校初心，准确把握党校在新时代新征程党的事业中肩负的职责使命，奋力开创党校工作新局面，为谱写中国式现代化福建篇章作出更大贡献。

26日，我省纪念中共中央发布“五一口号”75周年座谈会召开。

我省纪念中共中央发布“五一口号”75周年座谈会在福州召开，省委常委、统战部部长王永礼出席并讲话。省各民主党派主要负责同志江尔雄、阮诗玮、刘献祥、吴志明、罗恩平、王长平等和无党派人士代表作交流发言。

26日，周祖翼赵龙与出席第六届数字中国建设峰会嘉宾代表座谈。

26、27日，省委书记、省人大常委会主任周祖翼，省委副书记、省长赵龙在福州与出席第六届数字中国建设峰会的部分企业负责人分别座谈交流，进一步深入推动务实合作，实现共同发展。

27日，第六届数字中国建设峰会今日在福州开幕。

第六届数字中国建设峰会于4月27日至28日在福州举行。本届峰会由国家网信办、国家发改委、科技部、工信部、国务院国资委、福建省政府等共同主办，福州市政府等有关单位承办，以“加快数字中国建设，推进中国式现代化”为主题，以宣传贯彻落实《数字中国建设整体布局规划》为主线。本届峰会设置了“1+3+N”系列活动：“1”指论坛活动，包括开幕式、主论坛和分论坛，其中分论坛包括数据资源、数字政务、人工智能、数字治理等20多个。“3”指“两展一赛”，包括数字中国建设成果展、数字产品博览会以及数字中国创新大赛。“N”指系列特色活动，包括数字生态大会、“有福之州·对话未来”、“闽江夜话”等，以及数字经济重大项目签约活动。

27日，数字素养与技能分论坛举行。

第六届数字中国建设峰会数字素养与技能分论坛在福州海峡国际会展中心举行。国家互联网信息办公室副主任曹淑敏，福建省委常委、组织部部长邢善萍，教育部党组成员、副部长吴岩，退役军人事务部党组成员、副部长马飞雄出席并致辞。论坛上举行了全民数字素养与技能培训基地授牌仪式，为13个部门共同评选出的第一批培训基地代表授牌，并启动了2023年全国数字乡村创新大赛。

27日，数字文化分论坛举行。

第六届数字中国建设峰会数字文化分论坛在福州海峡国际会展中心举行。国家网信办副主任曹淑敏，文化和旅游部党组成员、副部长卢映川，福建省委常委、统战部部长王永礼出席并致辞。论坛以“自信繁荣：数字文化赋能社会发展”为主题，由国家网信办、文化和旅游部主办。论坛还举办了以“‘数字+文化’焕发融合新活力”为主题的圆桌对话。

27日，数字教育发展与治理论坛举行。

第六届数字中国建设峰会数字教育发展与治理论坛在福州举行。教育部副部长吴岩、福建省副省长常斌和中国联通董事长刘烈宏出席论坛并致辞。作为数字中国建设峰会上首次亮相的论坛，数字教育发展与治理论坛以“数字教育：协同发展与多元共治”为主题，由教育部主办。

27日，中国科协主席万钢在闽调研。

在参加第六届数字中国建设峰会开幕式后，中国科协主席万钢在福州对“科创中国”及省科协工作开展调研。万钢前往中科院海西研究院，实地调研了中国科协“科创中国”基地福建光电信息科学与技术创新实验室、中国微循环学会康为创新驱动服务站以及中国工程科技发展战略福建研究院，并和省科协领导班子座谈，认真听取相关情况汇报和意见建议。

27—28日，中央媒体聚焦数字中国建设峰会。

第六届数字中国建设峰会在福州举行。连续两天，人民日报、新华社、中央广播电视总台、光明日报等中央主要媒体，在重要版面、重要时段刊发（播报）“数字中国”“数字福建”建设新成果，对峰会进行全方位、多角度报道，为数字中国建设峰会营造了良好氛围，引起广泛关注。

28日，中央政法委领导到福州调研。

中央政法委副秘书长王洪祥到福州基层调研政法工作，强调要深入学习贯彻党的二十大精神和习近平总书记关于政法工作的重要指示精神，更好统筹发展和安全，持续创新基层社会治理，全力以赴防风险、保安全、护稳定、促发展，努力以政法工作现代化护航中国式现代化。省委常委、政法委书记黄海昆陪同调研。

28日，数字政务分论坛举行。

第六届数字中国建设峰会数字政务分论坛举行。第十二届全国政协副主席、国家电子政务专家委员会主任王钦敏，国家网信办副主任曹淑敏，省人大常委会副主任檀云坤出席论坛并致辞，省政协原副主席薛卫民出席论坛。来自中央和国家机关、地方政府、知名企业、研究机构等各界的代表参加论坛。

28 日，2023 年省市全民数字素养与技能提升月启动。

2023 年省市全民数字素养与技能提升月启动仪式在福州举行。此次活动以“数字赋能 全民共享”为主题，旨在通过在全省各地举办全民数字素养与技能提升系列活动，丰富资源供给，扩展应用场景，完善培育体系，优化发展环境，营造全民全社会广泛关注并积极参与的浓厚氛围。启动仪式上，省市全民数字素养与技能提升月活动形象 IP“数宝”正式发布。副省长王金福出席并致辞。

28 日，数字政法分论坛举行。

第六届数字中国建设峰会数字政法分论坛在福州举行。中央政法委副秘书长王洪祥，公安部副部长陈思源，福建省委常委、政法委书记黄海昆，福建省副省长、省公安厅厅长李建成出席并致辞。最高人民检察院检察委员会副部级专职委员张志杰，中国工程院院士沈昌祥和全国工商联副主席、奇安信科技集团股份有限公司董事长齐向东分别作主旨演讲，分享数字政法建设方面的思想观点与实践经验。福建省高级人民法院院长金银墙、福建省人民检察院检察长侯建军出席。本次论坛由福建省人民政府主办，中共福建省委政法委员会、福建省公安厅、福建省大数据集团有限公司共同承办。论坛以“智治赋能政法工作现代化”为主题，旨在不断集聚智治意识和创新优势，进一步增强政法智能化建设的凝聚力和战斗力。

28 日，2023 数字中国创新大赛总决赛颁奖仪式举行。

2023 数字中国创新大赛总决赛颁奖仪式在海峡国际会展中心举行，省委常委、福州市委书记林宝金，省委常委、常务副省长郭宁宁出席活动，为九个赛道的一等奖、金奖等 39 个最高奖项颁奖。

28 日，第六届数字中国建设峰会在福州闭幕。

第六届数字中国建设峰会在福州闭幕。峰会上，系列论坛活动解读重大政策、发布重要报告，“两展一赛”集中展示了一系列数字中国建设最新成果，系列特色活动持续推动重点行业产业生态协同创新、共同发展。数据显示，本届峰会共招商对接数字经济项目 606 个，总投资 3357 亿元。其中，集中签约项目 52 个，总投资 581 亿元，项目平均投资额比上届增长超 30%。本届峰会成果展重点展示数字基础设施、数字经济、数字社会等 11 个方面的百余项数字化最新成果和优秀实践案例。作为峰会重要组成部分，本届数字中国创新大赛设置 9 个赛道，参赛人数 2.7 万余人。峰会还举办开幕式、主论坛以及 20 个分论坛系列论坛活动。第六届数字中国建设成果展览会、第二届中国国际数字产品博览会持续至 4 月 30 日。

（摘编：李子涵）

五月

4 日，“五一”期间我省社会治安总体平稳。

福建省公安厅消息，今年“五一”期间我省公安机关认真落实省委、省政府和公安部部署，全力以赴防风险、保安全、护稳定、促发展，有力保持全省社会大局稳定、治安总体平稳、道路交通安全畅通，确保大型活动顺利举办。节日期间，我省公安机关严格落实24小时领导带班和值班备勤，强化社会面整体防控。启动高等级巡逻防控勤务，加密武装联勤巡逻，共投入社会面巡防警力5.5万人次，发动群防群治力量12.4万人次，全面提升见警率、管事率、震慑力。全省接报刑事、治安警情数同比分别下降19.8%、2.9%，社会治安秩序良好。

4日，7家银行入选我省政府债券柜台业务承办银行。

近期，省财政厅从报名的金融机构中择优选取7家银行成为我省政府债券柜台业务承办银行。7家银行分别是工商银行、农业银行、中国银行、建设银行、交通银行、兴业银行、民生银行。个人和中小机构投资者可通过上述银行的营业网点、网上银行、手机APP等渠道，认购和交易福建省地方政府债券。

4日，福建造机器人完成2例气管插管临床试验。

近日，由福州大学未名医疗机器人研究院、福建省立医院、福建省智慧医工联合工程研究中心、福建骞越医疗科技有限公司联合研发的气管插管手术机器人RNIS在福州成功开展了2例科研临床试验，不良并发症发生率为0。据悉，该手术机器人系国内首台气管插管机器人，而此次科研临床的顺利实施，证明了RNIS系统的有效性、可靠性和安全性。

5日，省委常委会召开会议。

福建省委书记周祖翼主持召开省委常委会会议，认真学习习近平总书记在4月28日中央政治局会议上的重要讲话、向全国广大劳动群众致以“五一”国际劳动节节日的祝贺和诚挚慰问、给中国农业大学科技小院的学生回信等重要指示精神，研究我省贯彻落实措施；部署推进数字福建建设、主题教育、民族工作、食品安全工作等。

5日，福建省纪念第76个世界红十字日暨红十字应急救护站启动仪式举行。

福建省纪念第76个世界红十字日暨红十字应急救护站启动仪式在榕举行。省政协副主席、省红十字会分管日常工作的副会长黄玲出席活动。本次活动以“生命守护‘救’在身边”为主题，启动仪式上，首批50个红十字应急救护站正式启用并陆续投放。

5日，我省三个示范城市均被评为“A”。

财政部公布中央财政海绵城市建设示范补助资金2022年绩效评价结果，我省龙岩市、南平市和漳州市三个示范城市全部被评为“A”。我省成为全国唯一一个示范城市均取得A档成绩的省份、获得A档示范城市最多的省份。

5—8日，全国政协副主席周强率专题调研组来闽调研。

全国政协副主席周强率调研组来闽，就“提高全民科学素质，营造良好创新环境”开展专题调研。省委书记、省人大常委会主任周祖翼，省委副书记、省长赵龙，省政协主席滕佳材与调研组一行在福州进行了座谈。在闽期间，调研组赴福州、莆田等地，深入学校、科研院所、科普教育基地、科技创新企业实地调研，与省市有关部门座谈交流，听取意见建议。

6日，周祖翼出席我省第九批援疆干部人才欢送座谈会。

我省第九批援疆干部人才欢送座谈会在福州召开。省委书记、省人大常委会主任周祖翼在会上勉励大家，要深入学习贯彻习近平总书记重要讲话重要指示精神和新时代党的治疆方略，坚持全面援疆、精准援疆、长期援疆，坚持顺应民意、保障民生、凝聚民心，拿稳“接力棒”、跑好“接力赛”，推动援疆工作取得新进展新成效，以实际行动坚定拥护“两个确立”、坚决做到“两个维护”。省委副书记、省长赵龙主持。省政协主席滕佳材出席。

6日，共青团福建省第十五次代表大会在榕开幕。

共青团福建省第十五次代表大会在福州开幕。省委书记、省人大常委会主任周祖翼出席并讲话。省委副书记、省长赵龙，省政协主席滕佳材出席。团中央书记处书记徐晓到会祝贺。

6日，周祖翼会见香港福建妇女协会代表团。

福建省委书记、省人大常委会主任周祖翼在福州会见了由全国妇联执委、香港福建妇女协会创会主席陈聪聪，香港福建妇女协会主席凃雅雅带领的访闽代表团一行。

6日，周祖翼会见台湾中华大学校长刘维琪。

福建省委书记、省人大常委会主任周祖翼在福州会见了台湾中华大学校长刘维琪一行。周祖翼对刘维琪校长来福建表示欢迎，并简要介绍了福建经济社会和高等教育发展等情况。周祖翼说，闽台教育各有优势、互补性强，融合发展基础条件良好。我们大力支持两地高校开展学生、教学与研究人员交流，推动教育教学和学术研究等项目合作，持续探索深化闽台高等教育融合发展。我们将积极促进两岸青年一代的交流交往，欢迎更多台湾青年学子参与海峡论坛、海峡青年节和乡建乡创等活动，不断增进情感认同、促进心灵契合。

6 日，我省首家检验门诊开诊。

近日，福建省首家检验门诊在福建医科大学附属第一医院茶亭院区和滨海院区开诊。该门诊为患者提供“一站式”检验咨询、报告解读及开具检验医嘱等服务，为临床提供详尽的诊疗项目信息咨询。

7 日，省防指会商调度防汛抢险工作。

省防指召开会商调度会，落实国务院领导批示精神和国家防总部署要求，按照省委和省政府工作要求，对当前防汛抢险工作进行再部署、再落实。会议强调，入汛以来我省雨水显著增多，短时强降雨多发。各地各有关部门要深入学习贯彻习近平总书记关于防汛救灾工作的重要指示精神，坚持人民至上、生命至上，时刻绷紧防汛保安全这根弦，压紧压实各方责任，毫不松懈做好防汛抢险各项工作，切实保障人民群众生命财产安全。省委常委、常务副省长郭宁宁出席会议并讲话。

8 日，周祖翼今日率团访问印度尼西亚、马来西亚、新加坡。

今日起，省委书记、省人大常委会主任周祖翼率福建省代表团，开始对印度尼西亚、马来西亚、新加坡进行访问。

8 日，省政府召开常务会议。

省长赵龙主持召开省政府常务会议，研究我省重大事故隐患专项排查整治、建筑垃圾资源化利用等工作；审议《福建省水资源条例修正案（草案）》，决定提请省人大常委会审议。

8 日，2023 年福建省“5・12”全国防灾减灾日活动启动。

今年 5 月 12 日是第 15 个全国防灾减灾日。今天上午，由福建省减灾委员会、福建省应急管理厅、福建省教育厅主办的 2023 年福建省“5・12”全国防灾减灾日活动在福州高级中学正式启动。省委常委、常务副省长、省减灾委主任郭宁宁出席活动。今年防灾减灾日主题是“防范灾害风险护航高质量发展”。我省现有省、市、县三级救灾物资储备库 98 个，自然灾害避灾点 1.9 万个，1173 处地震应急避难场所。为做好防汛备汛工作，保障人民群众生命财产安全，全省各地共落实防汛责任人 7.12 万人，修订应急预案 1.74 万个，开展培训和演练 5633 场，充实组建抢险队伍 7019 支 11.92 万人，储备应急物资 3.98 亿元。今年入汛以来，有力防御 5 场暴雨，预置出动抢险力量 9347 人次，转移群众 9605 人。

8 日，省政府举行法治专题学习讲座。

省政府举行法治专题学习讲座，邀请对外经济贸易大学党委常委、副校长王敬波作《依法行政与改革》专题辅导报告。省长赵龙主持并讲话。讲座中，王敬波深刻阐释了改革与法治的关系，用典型事例对改革推动法治、法治推动改革、法治引领改革、法治固化改革成果、改革与法律紧密衔接作了深入解读，提出了处理依法行政与改革关系的调适之路。

9 日，省领导赴省直机关开展主题教育调研。

省委常委、秘书长、省直机关工委书记吴偕林赴省直机关开展主题教育调研，指导推动下一步工作。吴偕林实地调研了省应急管理厅、省总工会、省生态环境厅，深入省应急指挥中心、省职工服务中心、省环境监测中心，听取主题教育开展情况汇报，并召开座谈会。

9 日，“5・18”国际博物馆日中国主会场活动将在福建举行。

上午，国家文物局 2023 年“5・18”国际博物馆日中国主会场活动新闻发布会在北京召开。据国家文物局副局长顾玉才介绍，今年的主会场活动将由国家文物局和福建省人民政府主办，福建省文化和旅游厅、福建省文物局、福州市人民政府、中国博物馆协会、中国文物报社承办。主会场活动将于 5 月 17 日至 19 日在福建博物院举行，围绕“博物馆、可持续性与美好生活”主题，集中展示中国博物馆事业发展的最新成果，博物馆主动融入经济社会发展大局所作出的独特贡献。

9日，我省“科普希望行”系列活动启动。

在全国科技工作者日即将来临之际，2023年福建省“科普希望行”系列活动在福州第三中学正式启动。本次活动由福建省科协联合福建省委宣传部、省教育厅主办。启动仪式上，主办单位为福建医科大学附属第一医院主任医师、教授、科普希望行专家团副团长徐国兴授旗，随后，中国科学院院士林惠民以“计算与智能”为题，为福州三中的师生带来了一场生动精彩的科普讲座。

9—12日，全国人大常委会副委员长肖捷率执法检查组来闽。

全国人大常委会副委员长肖捷率全国人大常委会特种设备安全法执法检查组来闽开展执法检查。受省委书记周祖翼委托，省委副书记、省长赵龙与检查组一行在福州进行了座谈。

10日，省领导与参加石竹山梦文化节活动的嘉宾代表座谈。

省委常委、统战部部长王永礼在福清与参加第七届中华梦乡·福清石竹山梦文化节活动的嘉宾代表座谈。全国政协常委、中国道教协会会长李光富，港澳台道教界人士代表出席座谈。

10日，我省在推广普及国家通用语言文字方面居全国前列。

教育部、国家语委召开国家通用语言文字推广普及工作表彰大会暨2023年国家语委全体委员会议，授予178个单位“国家通用语言文字推广普及先进集体”称号、294名个人“国家通用语言文字推广普及先进个人”称号。据悉，这是国家通用语言文字法颁布以来首次表彰，我省获评3个先进集体和8名先进个人。我省在推广普及国家通用语言文字方面一直走在全国前列。2020年我省普通话普及率为89.32%，高于全国同期平均水平(80.72%) 8.6个百分点。

10日，省政协召开重点提案办理协调会。

省政协召开“关于以‘迁台记忆’为抓手，推动‘福’文化促进两岸同胞心灵契合的建议”重点提案办理协调会。省委常委、常务副省长郭宁宁出席并讲话。省政协副主席阮诗玮主持会议。

11日，省双拥共建工作领导小组会议召开。

日前，省双拥共建工作领导小组会议召开，深入学习贯彻党的二十大精神和习近平总书记关于双拥工作的重要论述，听取2022年双拥工作和2023年工作要点的汇报，研究《关于全力争创全国双拥模范城（县）推动福建双拥工作高质量发展的实施方案》。省长、省双拥共建工作领导小组组长赵龙主持会议并讲话。省领导张彦、郭宁宁、林文斌、常斌、康涛，驻闽部队有关领导出席。

11日，第112个国际护士节庆祝活动举行。

省政协办公厅、教科卫体委、省卫健委、《福建卫生报》社联合举办“关爱天使 守护未来”——第112个国际护士节庆祝活动。活动中，慰问了优秀护理工作者代表，13名护理工作者代表和与会同志作了交流发言，线上“医视觉”点赞互动启动。省政协副主席阮诗玮出席并致辞。

11日，全省档案工作会议召开。

全省档案工作会议在福州召开。省委常委、秘书长吴偕林出席会议并讲话。副省长常斌主持会议。

12日，“闽动-2023”地震应急综合演练举行。

省抗震救灾指挥部暨防震减灾联席会议组织开展“闽动-2023”地震应急综合演练。省委常委、常务副省长郭宁宁担任演练总指挥并作点评。

12日，省领导看望慰问一线护理工作者。

今年5月12日，是第112个国际护士节。副省长常斌赴福建省立医院看望慰问一线护理工作者代表，并召开座谈会，向全省广大护理工作者致以节日的祝贺和诚挚的问候。

12日，省领导出席中国—太平洋地区民间友好论坛。

中国—太平洋地区民间友好论坛在福州举办。中国人民对外友好协会会长林松添，省委常委、常务副省长郭宁宁，汤加王国皮洛莱乌·图伊塔公主出席论坛开幕式并致辞，太平洋地区友好组织、驻华使节、政府代表，以及中国外交部、教育部、部分省市代表出席活动。

13日，省领导出席中国品牌发展国际论坛。

2023年中国品牌日活动10日在上海开幕。作为今年“中国品牌日”的重要活动之一，中国品牌发展国际论坛于13日下午在上海举行，省委常委、常务副省长郭宁宁出席主论坛活动并参加福建展区巡馆活动。

14日，福建省“为爱奔跑·母亲健康1+1”公益募捐活动举行。

由省妇联、省体育局和福州市政府共同主办的“关爱母亲·福暖八闽”——2023年福建省“为爱奔跑·母亲健康1+1”公益募捐活动举行。省委常委、常务副省长、省妇儿工委主任郭宁宁出席活动，现场带头捐款，为爱心单位颁发荣誉奖牌，为领跑嘉宾颁发爱心公益大使证书、授旗并参加健康跑。此次健康跑全程3公里，不竞速、不排名，只为爱奔跑。福建省母亲健康天使基金爱心公益大使——闽籍举重奥运冠军邓薇、女排奥运冠军徐云丽领跑，省市直机关干部职工、社会团体、爱心企业、在闽台胞台企、志愿者等1000多人参与。

14日，第二届“闽港澳青少年社会责任推广大使”评选活动福建赛区颁奖典礼举行。

第二届“闽港澳青少年社会责任推广大使”评选活动福建赛区颁奖典礼在闽港两地连线举行。全国政协副主席梁振英在香港会场出席活动并致辞。本届评选活动以“新时代闽港澳故事：共塑代际团结 共创未来福祉”为主题。活动吸引了闽港澳地区上百所高校、中小学参与，逾2000名学生通过征文、绘画和视频的方式参加评选，港澳赛区和福建赛区分别有65名和85名学生获得“青少年社会责任推广大使”称号，分别有6所和12所中小学被评为“优秀青少年社会责任推广学校”。会上，举行了“闽港澳台侨社会责任推广基地”线上揭牌仪式，启动第三届评选活动，主题为“赓续中华文化 拥抱永续未来”。活动期间，还举办了“社会责任与可持续发展论坛”。

15日，全国公安机关打击和防范经济犯罪宣传日主会场活动在闽举行。

第14个“5·15”全国公安机关打击和防范经济犯罪宣传日主会场活动在福州举行。副省长、省公安厅厅长李建成，公安部经济犯罪侦查局负责同志出席活动并致辞。

15日，全省银行业促消费一致行动正式启动。

在人行福州中心支行指导下，中国银联福建分公司携手省内各银行在福州市晋安区喜盈门广场启动2023年福建省银行业促消费一致行动。省委常委、常务副省长郭宁宁出席并致辞。即日起，我省银行业将以“全闽U惠·助商利民”为主题，统筹营销、财务、信贷、服务等各项资源，共同投入、共同发声、共同行动。

15日，全省政法系统领导干部专题研讨班举办。

全省政法系统领导干部专题研讨班在省委党校开班。省委常委、政法委书记黄海昆作开班动员和主题报告，副省长、省公安厅厅长李建成作专题辅导。省法院院长金银墙、省检察院检察长侯建军出席。此次研讨班为期五天，以线上线下相结合的方式举行，邀请浙江省新时代枫桥经验研究院院长金伯中等省内外专家学者作专题辅导。省市两级党委政法委、政法各单位的班子成员和处级以上领导干部，各县（市、区）党委政法委书记及部分乡镇政法委员参加。

15日，省防指会商部署近期强降雨防范工作。

省防指组织应急、水利、气象、自然资源等部门会商，传达贯彻省领导批示要求，分析研判近期降雨天气形势和汛情动态，落实安排相关防范工作。会商指出，5月16日晚至18日我省自北而南有一次较强降雨过程。其中，16日全省有分散性阵雨或雷阵雨，17日西部北部部分大雨到暴雨、局部大暴雨，18日中南部沿海地区部分大雨到暴雨。过程雨量50—120毫米，局部可达180毫米，最大小时雨量70毫米。16—17日，南平、三明、龙岩等地部分中小河流有1.0—2.5米涨水过程。

16日，2023年福建省普通高校招生考试安全工作视频会召开。

2023年全省普通高校招生考试安全工作视频会在福州召开。会议强调，要深入学习贯彻习近平总书记关于高考工作的重要讲话重要指示批示精神，按照国家教育考试部际联席会议和省委、省政府工作要求，提高政治站位，深刻把握高考工作新形势、新任务、新挑战，聚焦“三无三稳三确保”总目标，以最高标准、最严要求、最实措施，全力保障高考安全平稳有序。副省长、省招委会主任常斌出席并讲话。

16日，全省高校毕业生等青年就业创业工作视频会召开。

全省高校毕业生等青年就业创业工作视频会在福州召开。会议指出，高校毕业生是党和国家宝贵的人才资源。各级各有关部门和高校要深入学习贯彻习近平总书记关于就业工作的重要讲话重要指示批示精神，按照党中央、国务院决策部署和省委、省政府工作要求，紧密结合学习贯彻习近平新时代中国特色社会主义思想主题教育，切实增强责任感、紧迫感，全力以赴抓好今年高校毕业生等青年就业创业工作，确保完成全年目标任务。副省长常斌出席并讲话。

17 日，周祖翼率福建省代表团顺利完成出访东南亚三国各项任务。

8—17 日，省委书记、省人大常委会主任周祖翼率福建省代表团赴印度尼西亚、马来西亚、新加坡访问，深入贯彻落实习近平主席同三国领导人达成的重要共识，发挥独特优势，深化交流交往，深度融入共建“一带一路”，主动服务党和国家外交大局，进一步深化福建与三国各领域务实合作，更好实现优势互补、互利共赢。

17—26 日，省领导率团访问欧洲三国。

副省长王金福率福建省经贸代表团访问荷兰、法国和德国，就进一步贯彻落实习近平总书记关于扩大开放的重要论述，持续增强福建与欧洲国家经贸、教育、文化等方面交流合作开展广泛洽谈。

18 日，省领导到泉州调研基层社会治理工作。

省委常委、政法委书记黄海昆赴泉州晋江、丰泽调研基层社会治理工作，强调要全面贯彻党的二十大精神，深入开展主题教育，坚持和发展新时代“枫桥经验”，忠诚履行职责使命，全力维护社会安定稳定，为经济社会高质量发展保驾护航。

18 日，全省首家县级劳动能力鉴定站在德化成立。

泉州市劳动能力鉴定委员会德化鉴定站正式揭牌成立。这是全省首家县级劳动能力鉴定站。当天，该鉴定站开展首期劳动能力鉴定，来自德化、永春两县的 26 名工伤人员完成劳动能力鉴定工作。

18 日，“有福之州 博物馆之夜”点亮福州文脉。

晚上，三坊七巷华灯璀璨，“有福之州 博物馆之夜”点灯仪式在这里举行。作为主会场，三坊七巷携手新店古城遗址公园、冶山春秋园、上下杭历史文化街区、苍霞福街、烟台山历史风貌区、中国船政文化城、长乐和平街特色历史文化街区等 7 个历史文化街区，通过云直播一齐点灯，将福州千年文脉融进了灯火辉煌的现代都市之夜。本次活动由国家文物局、福建省政府主办。

18 日，2023 年“5·18”国际博物馆日中国主会场活动在福州开幕。

2023 年国际博物馆日中国主会场活动在福建博物院开幕。文化和旅游部副部长、国家文物局局长李群，省委副书记罗东川出席开幕式并致辞，省委常委、宣传部部长张彦，副省长常斌出席，国家文物局副局长顾玉才主持。2023 年国际博物馆日的主题是“博物馆、可持续性与美好生活”。开幕式上，国际博物馆协会主席艾玛·纳迪发表视频致辞，我省与国家文物局签署战略合作框架协议，“福航天下——海上丝绸之路的文化印记”主题展览启动。开幕式后，省领导和嘉宾一行参观了主题展览。

19 日，李希在福建调研。

中共中央政治局常委、中央纪委书记李希 16 日至 19 日到福建调研。他强调，纪检监察机关要深刻领悟“两个确立”的决定性意义，增强“四个意识”、坚定“四个自信”、做到“两个维护”，深入开展学习贯彻习近平新时代中国特色社会主义思想主题教育，切实抓好全国纪检监察干部队伍教育整顿，纵深推进纪检监察工作高质量发展。

19 日，省政府召开常务会议。

省长赵龙主持召开省政府常务会议，认真学习贯彻党的二十大精神，按照省委部署要求，审议 2023 年第二批新增政府债务限额分配方案，研究我省乡村振兴责任制实施细则等。

19 日，省领导到泉州德化调研推进挂钩帮扶工作。

省委常委、政法委书记黄海昆赴泉州市德化县调研推进挂钩帮扶和党建联系点工作，强调要学深悟透习近平总书记关于“三农”工作的重要论述，进一步提高政治站位，强化责任担当，以实干实效吹响"三争"号角，全面推进乡村振兴。

20日，省人大常委会领导开展调查研究。

为扎实开展学习贯彻习近平新时代中国特色社会主义思想主题教育，认真贯彻落实中央和省委关于大兴调查研究的工作方案和实施方案，加强和改进人大调查研究工作，近日省人大常委会领导周联清、庄稼汉、李德金、檀云坤、袁毅、江尔雄、黄新銮深入乡镇、企业、园区、村庄开展调查研究，并走访联系人大代表，认真听取意见建议。

20日，省领导出席福建省第三十三次"全国助残日"活动。

上午，在第三十三次"全国助残日"即将来临之际，省委副书记罗东川、省人大常委会副主任庄稼汉、省政府副省长常斌、省政协副主席黄玲、省级老同志陈绍军、中国残联副理事长张伟出席我省助残日相关活动，为残疾人送去党和政府的关怀，向他们致以亲切问候。

20日，我省首个公园式婚姻登记处启用。

位于福州三县洲大桥桥下、被称为爱情岛的江心岛开放，岛上的婚姻登记处开启服务。这是我省首个公园式婚姻登记处，吸引情侣们纷纷前来为美好爱情"盖章"。

22日，省委常委会召开会议。

福建省委书记周祖翼主持召开省委常委会会议，认真学习领会习近平总书记在二十届中央财经委员会第一次会议、在河北雄安新区考察并主持召开高标准高质量推进雄安新区建设座谈会、在首届中国—中亚峰会上等重要讲话重要指示精神，研究我省贯彻落实措施；学习贯彻中共中央政治局常委、中央纪委书记李希来闽调研时的讲话要求；研究贯彻2023年对台工作会议精神等工作。

23日，全省法院院长专题研讨班开班。

全省法院院长学习贯彻习近平新时代中国特色社会主义思想专题研讨班在福州开班。省法院党组书记、院长金银墙作"深入贯彻习近平法治思想，以正确司法理念引领推动法院工作发展"专题辅导报告。

23日，我省开展十项行动推进青年就业创业。

我省近日出台2023年高校毕业生等青年就业创业推进计划实施方案，即日起在全省范围内开展十项重点行动促进高校毕业生就业创业。

23日，我省开展校外培训"平安消费"专项行动。

福建省教育厅消息，即日起，我省在全省范围内开展校外培训"平安消费"专项行动。

根据省教育厅、省消委会联合制定的《福建省校外培训"平安消费"专项行动方案》（以下简称《行动方案》），此次"平安消费"专项行动将与校外培训资金监管工作、隐形变异学科类校外培训治理工作等常规性工作相结合，形成长效工作机制。各地将开展常态化收费行为排查整治并建立工作台账，重点整治超时段、超限额收费，未落实政府指导价，未明码标价、价格欺诈，虚假宣传、诱导消费等问题。

23—24日，周祖翼在泉州调研。

福建省委书记周祖翼深入泉州市调研，强调要学习贯彻习近平新时代中国特色社会主义思想，秉承"敢为人先、爱拼会赢"的开拓创新精神，弘扬"晋江经验"，深入实施新时代民营经济强省战略，加强和改进侨务工作，充分发挥海外侨胞的重要作用，不断塑造高质量发展新动能新优势。

24日，省领导赴高校调研闽台高等教育融合发展工作。

近日，省委副书记罗东川率省委台办、教育工委有关负责同志，前往闽江学院、福建师范大学和福建江夏学院调研闽台高等教育融合发展工作，强调要全面贯彻落实党的二十大精神和新时代党解决台湾问题的总体方略，贯彻习近平总书记关于对台工作的重要指示精神，坚持先行先试、勇于开拓创新，持续深化闽台各领域融合发展，加快建设海峡两岸融合发展示范区，为促进祖国统一发挥更大作用。

24日，福建省疾病预防控制局、中医药管理局正式挂牌。

福建省疾病预防控制局、中医药管理局正式挂牌。省疾病预防控制局挂牌成立、省卫健委加挂省中医药管理局牌子，是贯彻落实党中央、国务院决策部署，全面推进健康福建建设的重大举措，也是巩固疫情防控成果、推动卫生健康事业高质量发展的现实要求。省疾病预防控制局为省卫健委管理的机构，机构规格为副厅级。省卫健委加挂“福建省中医药管理局”牌子，有利于加强中医药管理职能，进一步推进我省中医药事业发展。副省长常斌出席仪式并揭牌。

24日，第三届中德科技论坛在泉州开幕。

第三届中德科技论坛在泉州开幕。全国人大常委会副委员长、民盟中央主席、欧美同学会（中国留学人员联谊会）会长丁仲礼，省委书记、省人大常委会主任周祖翼，国务院侨务办公室主任陈旭在开幕式上致辞。

25日，滕佳材在福州市开展调研。

省政协主席滕佳材赴福州市养老机构和养老服务指导中心，就省委确定的省政协年度专题议政性常委会会议议题“大力发展养老事业和养老产业”开展调研。

25日，省领导到莆田基层调研。

省委常委、政法委书记黄海昆到莆田调研生态司法保护、基层社会治理等工作，强调要深入学习贯彻习近平法治思想和习近平总书记关于政法工作的重要指示精神，更好发挥法治固根本、稳预期、利长远的保障作用，筑牢生态司法保护屏障，扎实推进矛盾纠纷化解法治化，不断提高人民群众的获得感、幸福感、安全感。

25日，我省启动“5·25”学校心理健康教育月系列活动。

由省委宣传部（文明办）、省委教育工委（省教育厅）等11个部门联合举办的“聚力心育 健康成长”——构建“大思政”教育福建区域暨福建省“5·25”学校心理健康教育月启动仪式在福州市中山小学与冶山春秋园举行。省委常委、宣传部部长张彦出席活动。

25日，我省公安代表亮相国新办中外记者见面会。

国务院新闻办公室举行“铸牢忠诚警魂 践行为民宗旨”中外记者见面会，邀请5位全国公安系统英雄模范和立功集体代表进行交流。我省厦门市公安局思明分局莲前派出所所长韩江海警官参加记者见面会。在记者提问环节，韩江海围绕开展主题教育、社会治理创新、基层派出所队伍建设等方面，回答了中央广播电视总台、人民日报等媒体记者的提问，积极推介我省公安工作经验，展示公安队伍良好形象。

25日，第九届福建省“互联网+”大学生创新创业大赛启动。

第九届福建省“互联网+”大学生创新创业大赛暨“青年红色筑梦之旅”在上杭县才溪乡启动。来自全省各高校分管创新创业教育的校领导、大赛负责人，以及全省各高校近500名师生代表、项目签约单位代表参加活动。在才溪乡举行“青年红旅”活动启动仪式，旨在弘扬才溪乡调查精神，汲取老一辈革命家调查研究的思想智慧，把大兴调查研究全面融入创新创业、乡村振兴的火热实践中，进一步推动主题教育走深走实。

26日，全省自然资源执法监管工作视频会召开。

全省自然资源执法监管暨自然资源督察反馈问题等整改工作视频会召开。副省长林文斌出席并讲话。

26日，省防指会商部署台风“玛娃”防御工作。

上午，省防指召集应急、气象、海洋与渔业等部门，会商今年第2号台风“玛娃”发展趋势，研判海上风浪影响情况，安排相关防御工作。今年第2号台风“玛娃”于20日14时生成，目前中心位于美国关岛西偏北方向约620公里的西北太平洋洋面上，中心附近最大风力17级（62米/秒），超强台风级。预计，台风“玛娃”将以每小时25~30公里的速度向西偏北方向移动，于30日前后在台湾东南面洋面（东经125度附近）转向东北方向移动，6月3日前后擦过闽外渔场北上。受其影响，5月30日起，我省渔场海域将有显著风浪过程，阵风最大可达12级、浪高最大可出现5米巨浪。

27日，省政协“圆乡村儿童钢琴梦”项目成果六一汇报演出举行。

在“六一”国际儿童节即将到来之际，“童心向党 以琴圆梦”唱响我们的价值观——省政协“圆乡村儿童钢琴梦”项目成果六一汇报演出在福州举行。省政协主席滕佳材、副主席刘献祥出席活动并为获赠钢琴学校和志愿活动执行单位颁发牌匾和荣誉证书。

28日，福州市委党校建校70周年庆祝大会举行。

福州市委党校建校70周年庆祝大会在福州举行。省委书记、省人大常委会主任周祖翼出席庆祝大会并讲话，他强调，要深入学习贯彻习近平总书记关于党校工作的重要论述，坚守党校初心，弘扬优良传统，不断提高办学治校水平，在学习贯彻习近平新时代中国特色社会主义思想主题教育中发挥积极作用，着力培养更多高素质的基层党员干部，积极服务地方发展，为中国式现代化福建实践作出新的贡献。

28日，省第十批援藏工作队与昌都市卡若第二初级中学结对帮扶。

下午，位于昌都市卡若区俄洛镇的卡若第二初级中学迎来了一群前来“认亲”的客人。这群客人，正是来自福建省第十批援藏工作队的62名队员。他们在省第十批援藏工作队领队吕国健的带领下，分别与自己结对的孩子认亲，开展“一对一”结对帮扶活动。结对帮扶是福建援藏工作的一项重要内容，自去年7月中旬进藏以来，省第十批援藏工作队就高度重视对口帮扶工作，积极帮助对口援建单位卡若第二初级中学开展各种活动。

29日，我省举办夏季毕业生专场招聘会。

为搭建毕业生与用人单位双向选择交流平台，促进我省毕业生高质量充分就业，省人社厅、省教育厅、海峡人才市场、福建师范大学等日前联合举办“职引未来”2023年福建省暨福州地区夏季毕业生专场招聘会。这是我省面向2023届高校毕业生举办的综合性公益专场招聘会，参会求职毕业生近3000人，共收到简历1847份，达成就业意向746人。线上直播巡展活动吸引10.3万人次观看。

30日，省委常委会召开会议。

省委书记周祖翼主持召开省委常委会会议，认真学习贯彻习近平总书记在中央政治局第五次集体学习时、二十届中央审计委员会第一次会议上的重要讲话和近期重要指示精神，研究部署推进我省有关工作；听取我省安全生产工作及重大事故隐患专项排查整治2023行动开展情况汇报，研究下一步工作。

30日，省领导看望慰问一线科技工作者。

今年5月30日是第七个“全国科技工作者日”，副省长林瑞良率省直有关部门负责同志看望慰问一线科技工作者，并向全省广大科技工作者致以节日的问候和诚挚的祝福，对他们长期以来作出的贡献致以崇高敬意。林瑞良一行先后走访了福州大学能源与环境光催化国家重点实验室、中科院海西研究院闽都创新实验室，与中国工程院院士付贤智等院士专家、科技工作者深入交流，询问他们的工作、生活情况，并详细了解关键技术攻关、科技成果转化和产业化情况。

30日，省领导会见基里巴斯议会体育特别委员会代表团。

副省长常斌在福州会见由基里巴斯议员、议会体育特别委员会主席莫阿纳塔·伊恩塔阿克率领的基里巴斯议会体育特别委员会代表团。常斌对代表团一行到访福建表示欢迎，并简要介绍了福建经济社会发展情况。他希望继续加强与基里巴斯的交流合作，真诚邀请基里巴斯举重队多到福建交流训练，互相学习，共同进步。

30日，省政协领导看望慰问少年儿童。

在2023年“六一”国际儿童节到来之际，省政协副主席黄玲带领省政协社法委、省妇联和省教育厅负责同志，到福州市开展慰问活动。活动期间，省政协机关、省妇联和省教育厅向4所学校分别捐赠“六一”国际儿童节慰问金。

30日，2023年“全民禁毒宣传月”活动启动。

今年6月是我国第13个“全民禁毒宣传月”。今日，省政府新闻办公室召开新闻发布会，通报去年以来我省禁毒工作主要情况以及今年“全民禁毒宣传月”活动安排。省禁毒委和省公安厅、教育厅、卫健委、应急厅有关负责同志出席并回答记者提问。根据国家统计局调查，2022年我省禁毒工作群众满意度达98.59%，排名全国第四，禁毒工作综合绩效连续多年位居全国前列。2022年，全省新发现吸毒人员1300多名，同比下降55.2%。2022年以来，我省持续推进禁毒“十百千万”工程，建成禁毒教育基地71个、禁毒品牌社区108个、禁毒宣教点（室）3477个。强化攻坚打击，全省共破获毒品犯罪案件880多起，打掉制贩毒团伙80多个，抓获毒品犯罪嫌疑人1300多名，抓捕、劝投涉毒在逃人员390多名，查处吸毒人员2690多人次，缴获一批毒品和制毒物品。持续开展禁毒示范“四级联创”，推出一批具有地方特色的毒品治理模式，厦门、宁德等地加快推进第二批全国禁毒示范城市创建。深入开展“无毒乡村”守护行动，确定61个县（市、区）、122个乡镇街道和244个村居作为两批次重点单位，全面强化农村禁毒基础建设。

30日，主旋律电视剧《激战苍穹》在宁德开机。

以蔡威烈士为题材的电视剧《激战苍穹》在宁德市蕉城区霍童镇开机。电视剧《激战苍穹》是省重点文艺项目，列入2021—2025年“闽派”重点电视剧选题。省委常委、宣传部部长张彦出席开机仪式并讲话。

30日，央闽社院联合课题成果汇报交流会召开。

央闽社院联合课题“习近平同志在闽工作期间关于统一战线工作的重要论述和实践研究”成果汇报交流会召开。中央社院党组书记、第一副院长吉林，省委常委、统战部部长、省社院院长王永礼出席并讲话。省级老同志金能筹、林强出席并发言。

30日，第十六届“挑战杯”福建省大学生课外学术科技作品竞赛颁奖仪式举行。

第十六届“挑战杯”福建省大学生课外学术科技作品竞赛闭幕式暨颁奖仪式在福建农林大学举行。副省长常斌、中国科学院院士谢联辉出席活动，为获奖代表颁奖。“挑战杯”福建省大学生课外学术科技作品竞赛由团省委、省科协、省教育厅、省社科院、省学联联合主办，30年来有一千余项科研项目孵化，已成为我省孕育青年科技人才、展现青年优秀学子风采的重要平台。据悉，今年3月大赛启动以来，吸引了全省61所高校1343项作品入围省赛，涵盖机械与控制、信息技术与数理、哲学与社会等7个学科领域，参与学校数、作品数均创福建省赛历年之最。

31日，周祖翼参加福建少先队庆祝“六一”国际儿童节活动并寄语全省少年儿童。

“六一”国际儿童节到来之际，今天，省委书记、省人大常委会主任周祖翼在福州市参加“学习二十大、争做好队员”福建少先队庆祝“六一”国际儿童节主题队日活动，代表省委、省政府向全省少年儿童致以节日祝贺，向全省少年儿童工作者致以崇高敬意，向关心支持少年儿童事业的社会各界人士表示衷心感谢。周祖翼希望全省少年儿童牢记习近平总书记的谆谆教导，争做理想远大、品德高尚、勤奋学习、体魄强健的好少年，努力实现德智体美劳全面发展。

31日，省政府召开常务会议。

省长赵龙主持召开省政府常务会议，研究通过《深入推进跨部门综合监管改革工作方案》《福建省人民防空工程维护和使用管理办法（草案）》；研究《福建省水利工程管理条例（草案）》，决定提请省人大常委会审议；研究新型基础设施建设等工作。

31日，“点亮未来”——庆祝“六一”国际儿童节主题活动举办。

下午，“点亮未来”——庆祝“六一”国际儿童节主题活动在福州市屏西小学举行。省委常委、常务副省长、省妇儿工委主任郭宁宁出席活动。

31日，省检察院发布未成年人检察工作白皮书。

省检察院举办“检爱同行 共护花开”主题检察开放日活动，发布《未成年人检察工作白皮书（2018—2022）》（以下简称《白皮书》），并邀请了各地检察机关及相关单位围绕“未成年人综合保护”，现场分享司法保护主动融入家庭保护、学校保护、社会保护的创新工作机制与经验做法。《白皮书》指出，近年来我省未成年人司法保护政策总体得到较好落实，未成年人犯罪不捕率、不起诉率、附条件不起诉率逐年上升，诉前羁押率逐年降低。2022年，我省未成年人犯罪不捕率为62.71%，不起诉率为55.91%，附条件不起诉率为34.83%；诉前羁押率为22.23%，低于同期刑事犯罪案件7.77个百分点，比2018年下降39.17个百分点。

（摘编：沈光明）

六月

1日，赵龙会见北京大学“东方奖学金”学员代表团。

受省委书记周祖翼委托，省长赵龙在福州会见北京大学“东方奖学金”学员代表团一行。北京大学校长龚旗煌、副省长常斌参加。

1日，电视剧《幸福草》在福州开机。

电视剧《幸福草》在福建农林大学开机拍摄。电视剧《幸福草》以福建农林大学林占熺教授及其团队为原型，讲述我国菌草科研专家以大爱之心和奋斗精神，深入多国推广菌草技术，帮助当地人减贫脱困的故事。该剧受到多方关注，已列入中宣部2023年度文化产业发展专项资金重点扶持项目、国家广电总局2023年度工作要点和重点实施的“一带一路”题材电视剧项目。省委常委、宣传部部长张彦出席开机仪式并讲话。

1日，2023年省扫黑除恶斗争领导小组第二次会议召开。

2023年省扫黑除恶斗争领导小组第二次会议召开，省委常委、政法委书记、省扫黑除恶斗争领导小组组长黄海昆主持并讲话，领导小组副组长李建成、金银墙、侯建军出席。会议指出，各级各有关单位要深入学习贯彻习近平法治思想，以开展主题教育为契机，按照全国扫黑办和省委工作要求，把专项治理和系统治理、依法治理、源头治理结合起来，以更高站位、更大决心、更实举措，推动我省扫黑除恶常态化走深走实，助力建设更高水平的平安福建、法治福建。

1日，福建省首部报业专志正式出版发行。

福建省首部报业专志《福建省志·报业志（1995—2005）》近日正式出版发行。本志书由省委党史研究和地方志编纂办公室组织实施、省委宣传部承编、省报业协会具体编纂，于2014年正式开编。

2日，周祖翼到福建农林大学讲授思政课。

福建省委书记周祖翼到福建农林大学给高校师生讲授思政课，共同学习领会党的二十大精神和习近平新时代中国特色社会主义思想，深入学习贯彻习近平总书记给中国农业大学科技小院的学生回信精神，理解把握中国式现代化的理论体系和实践要求，助力推动广大青年在强国建设、民族复兴的新征程中展现担当作为，在奋力谱写中国式现代化福建篇章中激扬青春梦想、贡献青春力量。

2日，“法治新时代·平安新征程”媒体采风八闽行启动。

由省委政法委主办的“法治新时代·平安新征程”媒体采风八闽行启动仪式在海丝中央法务区福州片区举行。《人民日报》、新华社等中央驻闽和省级主要新闻媒体记者参加活动，省委政法委有关负责同志及福建日报社、福建省广播影视集团、人民网福建频道和法治日报福建记者站等媒体代表作交流发言。

2日，省人大常委会开展专利“一法一例”执法检查。

根据省人大常委会2023年监督工作计划，省人大常委会于6月至7月开展《中华人民共和国专利法》《福建省专利促进与保护条例》执法检查。上午，省人大常委会召开专利“一法一例”执法检查汇报会。省人大常委会党组副书记、副主任李德金出席会议并讲话，副省长常斌到会介绍我省贯彻实施专利“一法一例”情况，省法院、省政府有关部门作了工作汇报。

3日，我省原创作品参加全国优秀儿童戏剧展演。

由福建人民艺术剧院原创的音乐儿童剧《小萤火虫跟宝宝一样……》获选参加“第九届全国优秀儿童戏剧展演”，今天在四川南充高坪文化艺术中心进行了2场演出，共吸引近2000名观众到场观看。全国优秀儿童戏剧展演由文化和旅游部艺术司主办，是儿童剧领域最具影响力的国家级艺术活动。

4日，“十四五”末我省力争技能人才占比达35%。

我省近日印发《关于加强新时代高技能人才队伍建设的实施意见》，提出到“十四五”末，技能人才占就业人员的比例达到35%，高技能人才占技能人才的比例达到35%，基本形成适应经济高质量发展、与现代化产业体系相匹配的高技能人才队伍建设体系。力争到2035年，技能人才规模持续壮大、素质大幅提高，努力打造一支能够支撑产业发展和赢得区域竞争优势的成熟的产业技能人才队伍。

4日，首届中国电视剧大会优秀电视剧八闽展播活动在厦启动。

下午，首届中国电视剧大会优秀电视剧八闽展播活动在厦门启动。活动以“放歌新时代 剧耀新征程”为主题，将从6月到10月在省、市、县全媒体平台展播一批优秀电视剧，这也是首届中国电视剧大会期间唯一覆盖全省9个设区市和平潭综合实验区的活动。本次活动策划推出“山海情深”“生活交响”“正义华章”“奋斗赞歌”四个展播主题，第一批推荐《山海情》《我们这十年》《人世间》《狂飙》等23部优秀电视剧，努力形成主题鲜明、百花齐放的生动景象。

5日，省委常委会召开会议。

福建省委书记周祖翼主持召开省委常委会会议，认真学习贯彻习近平总书记在二十届中央国家安全委员会第一次会议、文化传承发展座谈会上和在北京育英学校考察时的重要讲话精神，研究贯彻落实措施；学习贯彻《习近平著作选读》第一卷、第二卷出版座谈会精神，扎实抓好我省学习工作；研究部署我省主题教育和乡村振兴等工作。

5日，2023年全省对台工作会议召开。

2023年全省对台工作会议在福州召开。会议以习近平新时代中国特色社会主义思想为指导，深入学习贯彻党的二十大精神和新时代党解决台湾问题的总体方略，落实2023年对台工作会议精神和工作部署，总结我省2022年以来对台工作，部署推动下一步工作。省委书记周祖翼出席会议并讲话。省委副书记、省长赵龙出席。省委副书记罗东川主持并传达有关精神。

5日，首届中国电视剧大会在厦门开幕。

首届中国电视剧大会在厦门开幕，国家广电总局党组成员、副局长朱咏雷，中国广播电视社会组织联合会会长范卫平，省委常委、宣传部部长张彦，中宣部文艺局和厦门市负责同志出席。

5日，九地市宽带用户下载速率指标评价报告出炉。

宽带用户下载速率是衡量地区宽带网络服务综合能力的关键性指标。日前，由福建省通信管理局指导、福建省通信工程质量监督中心编制的《福建省九地市宽带用户下载速率指标评价（2022年）》报告发布。从评价结果看，厦门、福州、泉州地区宽带用户下载速率位居全省前三，第四至九名依次是莆田、龙岩、三明、宁德、漳州、南平。

6日，“四时福建”（北京）文旅推介活动在京举行。

“四时福建”（北京）文旅推介活动在新华社新立方演播厅举行。文化和旅游部党组成员、副部长卢映川，新华社党组成员、秘书长景如月，福建省人民政府党组成员、副省长王金福，中国气象局党组成员、副局长毕宝贵及相关部门负责人、新闻媒体等近百人出席活动。

6日，省领导在榕调研基层民族宗教工作。

省委常委、统战部部长王永礼赴福州长乐区调研基层民族宗教工作。王永礼实地考察了长乐玫瑰山庄天主教堂和福建宗教爱国故事陶瓷艺术作品展，看望宗教界代表人士，详细了解宗教场所建设和宗教活动开展情况，希望我省宗教界人士和信教群众传承和弘扬爱国主义的优良传统，持续推进宗教中国化福建实践走深走实，不断坚定走与社会主义社会相适应道路的信心和决心。

6日，我省8部作品入围全国少儿舞蹈展演。

近日，由省舞蹈家协会推荐的8件原创少儿舞蹈作品，入围“第十二届‘小荷风采’全国少儿舞蹈展演”，入围作品数量实现新突破。“小荷风采”全国少儿舞蹈展演是经中宣部批准立项，在中国文联领导下的全国性少儿舞蹈展演活动，每两年举办一次，是我国少年儿童舞蹈交流与展示的重要舞台，也是全国少儿舞蹈创作和表演水平的大检阅。通过初选和复选，此次展演全国共有189件作品入围，最终将通过现场展演决定评奖结果。

6日，我省举办2023年“6·6”八闽放鱼日活动。

由福州市人民政府、福建省政协人口资源环境委员会、福建省海洋与渔业局联合主办的“6·6”八闽放鱼日主会场活动在福州举行。副省长林瑞良参加。此次放流活动以“养护水生生物资源 促进人与自然和谐共生”“江河湖海 年年有鱼”为主题。活动当天，福州向闽江放流鲢鱼、鳙鱼、团头鲂、倒刺鲃、日本鳗鲡、香鱼等约105万尾。与此同时，全省各市县联动开展相关活动，预计投放鲢鱼、鳙鱼、团头鲂、倒刺鲃、日本鳗鲡、香鱼、大黄鱼、真鲷、黑鲷、黄姑鱼、扁圆吻鲴等物种共500万余尾。

6日，医保移动支付互联网生态应用推广在我省启动。

医保移动支付互联网生态应用推广启动仪式在福州举行。福建省副省长常斌，国家医保局副局长黄华波出席仪式并致辞。在活动现场，医保部门现场展示了“医保移动支付，就医结算无忧”的多场景应用：患者只需通过手机操作就能实现医保电子凭证建档、预约挂号、药房取药、窗口缴费、诊间结算、报告查询等就医全流程应用，医保移动支付开启智能化新时代。

6日，我省加大法律援助经费补助力度。

福建省财政厅消息，为提高基层法律援助服务水平，更好满足群众法律援助需求，今年省财政加大对各地的法律援助经费补助力度，补助资金比上年增长31.3%。

6—9日，全国政协副主席蒋作君率专题调研组来闽调研。

全国政协副主席、致公党中央主席蒋作君率调研组来闽，就“加强人才国际交流，加快建设世界重要创新高地”开展专题调研。省委书记、省人大常委会主任周祖翼，省政协主席滕佳材与调研组一行在福州进行了交流座谈。在闽期间，调研组赴福州、厦门等地，深入留学人员创业园、创新实验室、高新技术企业、高校实地调研，与省市有关部门座谈交流，听取意见建议。

7日，“闽人智慧”主题馆亮相深圳文博会。

第十九届中国（深圳）国际文化产业博览交易会开幕，福建馆以“闽人智慧”为主题亮相。福建馆在造型设计上融合“福”文化和海洋文化元素，顶部展示福船乘风破浪特效的裸眼3D屏，与馆内摆放的福船模型相映成趣。展出内容分“你未必知道的福建”“你未曾料想的福建”“你未能触摸的福建”三大部分，彰显以科学技术赋能文化产业、传统与现代文化交相辉映的特色。省委常委、宣传部部长张彦参加有关活动。

8日，省人大常委会开展未成年人保护“一法一办法”执法检查。

根据省人大常委会今年监督工作计划，省人大常委会于4—7月对《中华人民共和国未成年人保护法》和《福建省实施〈中华人民共和国未成年人保护法〉办法》开展执法检查。省人大常委会召开执法检查汇报会，省人大常委会党组副书记、副主任庄稼汉出席会议并讲话，副省长林瑞良到会介绍我省贯彻“一法一办法”情况，省直有关部门作了工作汇报。

8日，我省启动智慧财审系统。

作为数字财政建设一个组成部分，经设计和测试，智慧财审系统今日在省财政厅启动。系统自测试运行以来，已有87家项目单位、7000多人次上线办理业务，形成基础数据10.6万条，累计出具评审报告58份，评审资金超50亿元，单个项目平均评审时效比规定时限缩减超7个工作日，提升效率24.53%。

8日，省领导在福州调研关心下一代和少先队工作。

下午，省委副书记罗东川率省直有关单位负责同志，到福州调研关心下一代和少先队工作，强调要认真学习贯彻习近平总书记在北京育英学校考察时的重要讲话精神，全面贯彻落实党的二十大关于少年儿童事业发展的决策部署，推动我省关心下一代和少先队工作高质量发展，努力培养更多能够担当民族复兴大任的时代新人。省关工委主任刘群英参加相关活动。

8—9日，周祖翼在漳州调研。

福建省委书记周祖翼赴漳州市，深入乡村、企业和经济开发区、生态园区，实地调研九龙江中下游流域生态环境保护、落实河长制和推动绿色发展等情况。

9日，第二季度省委群团工作座谈会召开。

上午，第二季度省委群团工作座谈会在福州召开。省委副书记罗东川出席会议并讲话，强调要认真学习贯彻习近平总书记关于加强和改进党的群团工作的重要论述，深入开展学习贯彻习近平新时代中国特色社会主义思想主题教育，做深做实网上群团工作，为新时代新征程新福建建设作出新的更大贡献。

9日，福建省“最美基层民警”揭晓。

晚上，由省委宣传部、省公安厅联合组织的“凝心铸魂 护卫八闽”福建省“最美基层民警”发布仪式在福州举行。现场，福州市公安局交警支队副支队长王能文等10名同志被授予福建省“最美基层民警”称号，罗源县公安局政委高湛等8名同志被授予福建省“最美基层民警”提名奖。他们是公安系统各条战线的优秀代表，包含交通警察、经侦民警、刑侦能手、法医专家、“扫黑尖兵”、“缉私先锋”等。社区工作人员、村（居）民、学生家长等群众代表为当选者颁奖。省领导黄海昆、李德金、李建成、黄玲，省直相关部门负责同志出席发布仪式。

9日，“凝心铸魂 强根基同心建设新福建”民主党派主题教育座谈会召开。

省委统战部在福州召开“凝心铸魂强根基 同心建设新福建”民主党派主题教育座谈会，省委常委、统战部部长王永礼主持会议并讲话。参加全省参政党建设专题研讨班的各民主党派省级组织新任副主委和市级组织新任主委参加座谈会。

9—10日，周祖翼在龙岩调研。

福建省委书记周祖翼深入龙岩市新罗区、漳平市，实地调研九龙江上游流域生态环境保护、落实河长制和水资源利用、防洪排涝等情况。

9日，2023年高考收官。

18时15分，随着生物学科目考试铃响卷收，2023年福建省普通高校招生考试顺利结束。今年高考期间，全省23.2万考生顺利完成考试，全省86个考区、226个考点全部平稳有序。

我省为101名残疾考生提供了优先进入考场等多种合理便利，在各相关单位和考点的协助下，这些残疾考生顺利参考。

10日，“百年大变局与东南亚区域国别研究”学术研讨会举行。

“百年大变局与东南亚区域国别研究”学术研讨会在厦门工学院举行。来自清华大学、厦门大学、同济大学、暨南大学、云南大学、泰国工商大学、泰国正大管理学院、云南省普洱市10所中学以及福建社会科学院、福建省侨联等单位的70多位专家学者重点聚焦东南亚国家，就区域国别视域下的华侨华人研究、海外华商差异性、凝结侨心侨力，中国—东盟经济贸易合作、高等教育合作、“一带一路”建设、跨境电商服务等议题进行研讨。

10日，我省首家省级文艺评论基地揭牌。

“学术研究与文艺批评”青年批评家论坛暨福建省文联文艺评论工作进校园活动在厦门大学思明校区举行，福建文艺评论基地（厦门大学中国语言文学系）同期揭牌。

11日，第二届全国技能大赛福建省选拔赛开赛。

第二届全国技能大赛将于2023年9月在天津举办。为积极做好参赛备战工作，为全国技能大赛推荐优秀选手，由省人社厅主办的第二届全国技能大赛（国赛项目）福建省选拔赛于6月11日—30日举行。

12日，省政协农业和农村委员会与福建农林大学合作签约仪式举办。

省政协农业和农村委员会与福建农林大学签署战略合作协议，共同贯彻落实党中央和福建省委关于全面推进乡村振兴战略部署和工作要求，发挥智库优势作用，助力乡村振兴。省政协副主席严可仕出席见证。

12日，2023福建国际产学研用合作对接会举行。

近日，由省对外友协理事会、福建师范大学共同举办的2023福建国际产学研用合作对接会在福州举行。我省8名高校智库专家学者、10余家“走出去”企业负责人、来自18个国家的在闽留学生和本地高校毕业生代表等百余人参加。

12—15 日，我省全国人大代表开展专题调研。

黄志贤、周联清、庄稼汉、严可仕、金银墙、侯建军、梁建勇、吴洪芹等 50 多位我省全国人大代表分别赴福州、莆田、宁德等地开展专题调研。省人大常委会副主任袁毅陪同调研。

13 日，省政府召开常务会议。

省长赵龙主持召开省政府常务会议，研究通过《福建省人民政府工作规则》《福建省邻县高速通工程规划方案》《福建省乡镇便捷通高速工程实施方案》；研究我省中央生态环境保护督察整改和推进数据要素市场化改革等工作。

13 日，省领导会见香港特区政府驻粤办主任。

省委常委、常务副省长郭宁宁在福州会见香港特区政府驻粤办主任苏惠思一行。郭宁宁代表省委和省政府对苏惠思一行到访福建表示欢迎，简要介绍福建经济社会发展情况。她希望闽港继续携手努力，在“一国两制”方针指引下，加强优势互补，深化务实合作，实现共同发展。

13 日，福建首个国家海外知识产权纠纷应对指导地方分中心成立。

日前，国家知识产权局批准设立福建省知识产权保护中心为第三批海外知识产权纠纷应对指导地方分中心，这也是福建省内首个国家海外知识产权纠纷应对指导地方分中心。

13 日，第二十一届海创会 18 日—22 日在榕举办。

今天召开的海创会新闻发布会消息，第二十一届中国·海峡创新项目成果交易会（海创会）将于 18 日至 22 日在福州举行，主要活动包括第十三届民营企业产业项目洽谈会、第十九届粮洽会、金融服务融资对接会、省生态环境成果发布会、省双碳高峰论坛、第三届丝路科技创新合作论坛等。本届海创会线下展会将设置 4500 平方米展览面积，主要由院士专家和主宾高校专题展区、企业创新馆、省市协作馆、创新成果馆、人才资本馆、绿色经济馆、项目成果交易服务区等展区组成。到目前，已征集到 151 个参展单位（个人）的 291 个参展项目（产品）。

13 日，全国党刊全媒体主题采访活动在宁德启动。

上午，“四下基层”与党的群众路线——全国党刊全媒体沿着总书记的足迹主题采访活动在宁德启动。此次活动由福建省委宣传部、宁德市委、中国期刊协会党刊分会主办，福建省期刊协会、《福建通讯》杂志社等承办。活动期间，《求是》《党建》《党建研究》等 30 多家中央及各省（市、区）党刊社 70 多名采编人员，将深入宁德东侨经济技术开发区、福安市、福鼎市、霞浦县、寿宁县、周宁县、古田县等地开展为期 5 天的调研采访，深入挖掘习近平同志当年倡导和建立“四下基层”工作制度的动人故事，报道宁德推动经济社会高质量发展的火热实践。

14 日，两岸抗战老兵后人携手传承抗战精神。

两岸抗战老兵后人携手传承抗战精神活动在福州三山人文纪念园举行，60 余位海峡两岸抗战老兵后人共聚一堂，缅怀抗日先烈，铭记抗战历史，传承抗战精神。本次活动由台盟福建省委会、福建省文化经济交流中心、福建省新四军研究会、三山人文纪念园等联合举办。

14 日，省政协举行专题议政性常委会会议。

十三届省政协常委会第三次会议召开，围绕“大力发展养老事业和养老产业”协商议政。会议深入学习贯彻习近平总书记关于养老服务工作重要指示批示精神，围绕省委、省政府关于积极发展养老事业和养老产业的工作部署，组织 150 位政协委员、国内养老领域专家学者与省直有关部门共话养老事业、共谋养老产业。省委副书记、省长赵龙出席并讲话。省政协主席滕佳材主持会议。全国政协人口资源环境委员会副主任王建军出席并讲话。

15 日，我省 5G 移动电话用户达 1811.2 万户。

省通信管理局发布最新数据显示，我省 5G 用户保持快速发展，占比持续提升。截至 4 月底，全省电话用户达 5593.7 万户，同比增长 0.6%。而 5G 移动电话用户达 1811.2 万户，同比增长 53.4%，占移动电话用户总数的 36.8%，占比较上年同期提升 12.5 个百分点。

15 日，福建电网进入迎峰度夏阶段。

入夏以来，用电负荷逐渐升高。据预测，今年夏季，福建全省最高用电负荷将比去年夏季最高负荷增长 5.9%。今日，福建电网正式进入迎峰度夏阶段。国网福建电力全力以赴做好迎峰度夏电力保供。

15日，福建展团亮相北京国际图书博览会。

第二十九届北京国际图书博览会开幕。福建展团紧扣学习宣传贯彻习近平新时代中国特色社会主义思想和党的二十大精神，携17家出版单位精选2000余种图书、期刊和音像制品及数字出版产品等参展，重点展示新时代十年和党的二十大以来主题出版成果，反映近年来福建出版特色。省委常委、宣传部部长张彦参加有关活动。

15日，“全福游 防非行”启动。

6月15日是全国防范非法集资集中宣传日，2023年福建省防范非法集资集中宣传日暨“全福游 防非行”宣传活动启动仪式在福州三坊七巷旅游景区举行。各设区市同步在辖区内的4A级以上旅游景区举行启动仪式，全面拉开了2023“全福游 防非行”宣传推广活动帷幕。

15日，“点亮网络文明之光”2023年网上主题宣传活动在厦门启动。

“点亮网络文明之光”2023年网上主题宣传活动在厦门启动。中央网信办副主任、国家网信办副主任牛一兵，省委常委、宣传部部长张彦出席启动仪式并致辞。启动仪式上，主题片《光·有你》正式发布，5位网络达人讲述网络文明故事。

15日，第十五届海峡论坛·两岸社区服务恳谈会在厦举行。

以“健康社区·让健康拥抱生活”为主题的第十五届海峡论坛·两岸社区服务恳谈会在厦门举行。全国政协常委、港澳台侨委员会副主任、致公党中央副主席兼秘书长卢国懿，第十二届福建省政协副主席、省乡村振兴促进会会长许维泽出席并讲话。致公党福建省委会主委罗恩平代表致公党福建省委会致欢迎辞，新党主席吴成典代表台湾嘉宾致辞。

15日，全省高校毕业生就业创业工作视频会议召开。

省政府召开视频会议，对全省高校毕业生就业创业工作进行再动员、再部署、再推进。会议强调，各地各有关部门和高校要切实提高政治站位，强化责任担当，按照党中央、国务院决策部署和省委、省政府工作要求，千方百计帮助高校毕业生就业，全力推进各项任务落实落细。副省长林瑞良出席并讲话。

15日，第十二届共同家园论坛在平潭举行。

第十二届共同家园论坛在平潭举行。副省长常斌出席并致辞。来自海峡两岸各界人士近300人参加。本次活动延续“好的生活 好的未来”主题，邀请两岸嘉宾代表就后疫情时代加强两岸交流合作开展研讨。

15日，第七届海峡两岸村里长交流会在平潭举办。

第七届海峡两岸村里长交流会在平潭举办。副省长常斌出席并致辞。两岸社区、基层代表等400多人参加。本次活动采用专家主旨演讲、社区治理案例分享等形式，交流两岸社区治理经验和做法，为探索两岸基层融合新模式和新路径建言献策。现场还为20个岚台融合示范基地授牌。

16日，福建省纪委监委公布2023年度“点题整治”项目及监督方式。

福建省纪委监委明确8项“深化推进”项目和5项新增项目，共13项作为2023年度“点题整治”项目。省纪委监委“一网一号”设有“点题整治”专栏（外网专栏：http://www.fjcdi.gov.cn/cms/html/fjsjwjw/zzqzsbdfbhbzzf/index.html；公众号专栏：微信公众号“福建纪检监察”下方菜单栏“精品集萃”，选择“点题整治”），持续更新整治动态，开辟“群众留言板”，实时接收意见建议。

16日，“高质量发展调研行”福建站行程启动。

中宣部举行的“高质量发展调研行”主题采访活动福建站行程在榕启动，并召开主题采访活动情况介绍会。会上，中宣部、省委宣传部有关负责人介绍了活动情况和福建省情，省发改委、科技厅、工信厅、生态环境厅、农业农村厅、商务厅、文化和旅游厅、海洋与渔业局等部门有关负责人发言。在为期6天的主题采访活动中，中央和省市主要媒体的记者将沿福建海岸线一南一北两条线路，深入福州、厦门、漳州、泉州、莆田、宁德等地基层一线，调研采访我省各地各部门推动高质量发展的创新举措和生动实践。

16日，“中国有约·相约福建”国际媒体主题采访活动在泉启动。

2023年“中国有约·相约福建”国际媒体主题采访活动在泉州正式启动。国家网信办副主任牛一兵，省委常委、宣传部部长张彦出席启动仪式。来自新加坡、越南、阿尔及利亚、英国、法国、意大利、俄罗斯和土耳其等国家的驻华记者、网络名人，人民网、新华网、中国日报网、中国网、学习强国等中央重点新闻网站的外籍专家、记者以及省内媒体记者代表组成的采访团参加本次活动。

16 日，第十五届海峡论坛今日在厦门启幕。

第十五届海峡论坛在厦门拉开序幕，论坛大会将于 17 日上午在厦门会议中心举行。

16 日，第十一届两岸公益论坛举办。

第十一届两岸公益论坛在厦门开幕。本届论坛由中国宋庆龄基金会联合中国致公党中央社会发展与服务委员会、台湾中华文化推广协会、台湾张老师基金会、台湾中华华夏文化交流协会、香港义工联盟共同主办。论坛以“乡村振兴·公益行动”为主题，设置“乡村振兴·公益育才”“乡村振兴·公益兴业”两个分论坛及公益沙龙，近 80 家两岸社会组织，300 余名社团组织代表、志愿者及相关研究学者参加论坛活动。第十三届全国政协副主席、中国宋庆龄基金会主席李斌，海峡两岸关系协会常务副会长、中国宋庆龄基金会副主席龙明彪，中国宋庆龄基金会副主席沈蓓莉，福建省政协副主席严可仕出席开幕式。

16 日，第十一届海峡两岸民生气象论坛开幕。

第十一届海峡两岸民生气象论坛在厦门开幕。海峡两岸 150 余名气象专家、学者围绕“深化气象交流，惠泽两岸民生”主题，共享气象科技最新研究成果，共商气象服务民生大计，共促两岸气象融合发展。福建省人大常委会副主任李德金、中国气象局总工程师黎健出席开幕式并致辞。

16 日，第二十一届海峡青年论坛在厦门举行。

由中华全国青年联合会、中国国民党青工总会、台湾中华青年交流协会共同举办，以“青春同心创未来，携手打拼谋复兴”为主题的第二十一届海峡青年论坛在厦门开幕。中共中央台办、国务院台办副主任潘贤掌出席开幕式，福建省委副书记罗东川、全国青联副主席陈小艳、中国国民党青工总会总会长廖怡琇、台湾中华青年交流协会理事长黄荣护等出席并致辞。

本届论坛包括主旨论坛、闽台青年乡建乡创合作交流论坛、海峡青年社团圆桌会以及系列研学体验活动，近 450 位两岸青年代表围绕高质量发展、创新创业、乡建乡创等进行深入交流研讨。

16 日，2023 两岸残障人士交流嘉年华举行。

第十五届海峡论坛·2023 两岸残障人士交流嘉年华在厦门举办。全国人大常委会委员、中国残联副主席吕世明，省政协副主席黄玲出席开幕式并致辞。

16 日，第十五届海峡两岸关爱下一代成长论坛开幕。

第十五届海峡两岸关爱下一代成长论坛在厦门开幕，来自两岸的 100 多名专家学者、慈善组织代表和部分省市关工委代表参加活动。中国关工委主任顾秀莲、福建省关工委主任刘群英出席会议，中国关工委常务副主任刘雅芝主持论坛。本届论坛以“弘扬中华文化，传颂家教诗词”为主题，来自两岸的 5 位学者、诗人、教育工作者作主题演讲，倡导两岸重视家庭文化建设，从先贤家教诗词入手，唤醒人们对中华家风的美好记忆，以正确的历史观、民族观化育后人，增强青少年的民族认同、文化认同，让相亲相爱、向上向善、爱国爱家的优良家风代代相传。

16 日，第十四届海峡两岸船政文化研讨会在福州举行。

海峡论坛·第十四届海峡两岸船政文化研讨会在福州举行。全国政协副主席、台盟中央主席苏辉，省人大常委会副主任、台盟福建省委会主委江尔雄在研讨会上致辞。省政协副主席王光远、中国国民党前代主席林政则出席。来自海峡两岸的专家学者、船政后裔、高校师生、青年代表等参加研讨会。本次研讨会以“向海图强 共谋复兴”为主题，会议向船政文化两岸博士考察队授旗，为《船政集刊》揭幕。

16 日，2023 年全省中考安全工作视频会召开。

2023 年全省中考安全工作视频会在福州召开，副省长常斌出席会议并讲话。会议要求，各级各有关部门要严格按照教育部和省委、省政府对招生考试工作的部署要求，切实提高政治站位，以高度的政治自觉和使命担当，压实工作责任，强化风险意识，确保中考安全平稳有序，绝无一失。

16 日，全国妇联主席沈跃跃来厦调研。

全国政协副主席、全国妇联主席沈跃跃一行来厦，就妇联坚决贯彻党中央部署，扎实推进妇联家庭工作，进一步深化妇联改革进行调研。调研组一行先后参观了厦门市湖里区金安社区、市公安局赴金旅游办证中心、思明区深田社区、海沧区一农社区下陈社等地，听取了“近邻党建”带妇建引领社会治理的做法、全国三八红旗集体服务台胞台企的经验，详细了解了“远亲不如近邻”文化带动好家风的生动典型、巾帼力量投身乡村振兴的故事。

17日，第十五届海峡论坛大会在厦门举行。

第十五届海峡论坛大会在厦门举行。中共中央政治局常委、全国政协主席王沪宁出席，宣读习近平总书记贺信并致辞。

17日，赵龙会见参加第十五届海峡论坛台商代表一行。

受省委书记周祖翼委托，省长赵龙在厦门会见全国台企联会长李政宏等前来参加第十五届海峡论坛的台商代表。中共中央台办、国务院台办副主任潘贤掌，省委常委、常务副省长郭宁宁参加。

17日，第十五届海峡论坛·海峡影视季在厦开幕。

晚上，由国家广播电视总局、福建省人民政府和台湾有关机构联合主办的第十五届海峡论坛·海峡影视季活动在厦门开幕。国家广电总局党组成员、副局长乐玉成，中共福建省委常委、宣传部部长张彦出席并致辞。本届影视季以“携手向未来”为主题，聚焦中华文化传承发展，举办影视对接项目推介会、两岸高校青年影视创作营、青年网络视听优秀作品展、海峡影视季晚会等系列活动，推动两岸影视业界深化交流。

18日，周祖翼会见参加第十五届海峡论坛的台湾嘉宾代表。

17日、18日，省委书记、省人大常委会主任周祖翼在厦门分别会见了中国国民党副主席夏立言、新党主席吴成典等前来参加第十五届海峡论坛的台湾嘉宾代表。

周祖翼对夏立言、吴成典来闽参加本届海峡论坛表示欢迎，并简要介绍了福建基本省情和对台交流合作情况。周祖翼希望两岸同胞通过海峡论坛这个平台越走越亲、厚植情谊，促进心灵契合，携起手来，共同为进一步增强两岸人民福祉、推动两岸和平发展作出新的贡献。

18日，第三届海峡两岸社会发展论坛举行。

由中国社科院社会学研究所与厦门海沧台商投资区管委会共同主办、海峡两岸交流基地（厦门市石室书院）承办的第三届海峡两岸社会发展论坛在厦门开幕。论坛以“数字化与社会发展转型”为主题，海峡两岸关系协会会长张志军出席开幕式，70多名来自海峡两岸科研院所、高校的专家学者参加本届论坛。

18日，“融行八闽”两岸媒体联合采访活动在厦门启动。

由福建省委台港澳办主办的“融行八闽”两岸媒体联合采访活动在厦门启动（如图）。采访团的30多名成员中包括参加第十五届海峡论坛的两岸媒体记者、网络达人，他们来自中央广播电视总台、人民网、台湾东森电视、东森新媒体ETtoday、风传媒等。

18日，海峡两岸婚姻家庭论坛在厦举行。

第十一届海峡两岸婚姻家庭论坛在厦门举行。民政部副部长詹成付、省政协副主席阮诗玮出席会议并讲话。台盟中央常务副主席李钺锋，海峡两岸关系协会常务副会长龙明彪，以及两岸各界嘉宾共200余人出席。本届论坛以“执子手、喜相逢”为主题，包括主旨论坛、主题讲座、十周年图片展、礼仪风俗体验等系列活动。

20日，省防指会商部署做好端午期间强降雨防御工作。

上午，省防指召集省应急厅、省水利厅、省自然资源厅、省气象局等部门会商，贯彻省委、省政府工作要求，分析研判端午假期强降雨态势和影响，连线调度南平、宁德、三明等市防指，部署相关防御工作。受西南急流影响，20日至24日，我省北部地区有持续性强降雨天气，过程累计降雨量中北部地区80~200毫米，其中南平150~250毫米，局部350毫米，最大小时雨量100毫米。受降雨影响，闽江上游主要支流富屯溪、崇阳溪和麻阳溪可能发生超警戒水位洪水，南平大部、三明北部、宁德东部和福州北部地区中小河流可能出现明显涨水。此次降雨过程落区集中，过程雨量和小时雨强较大，致灾风险高，强降雨落区发生中小河流洪水、山洪和地质灾害可能性大。

21日，省委常委会召开会议。

福建省委书记周祖翼主持召开省委常委会会议，传达学习习近平总书记向第十五届海峡论坛致贺信精神，传达中共中央政治局常委、全国政协主席王沪宁出席第十五届海峡论坛和在闽考察时讲话要求，研究部署我省贯彻落实工作。

21日，礼赞劳动者·奋进新福建——“劳动最美丽”主题征文颁奖典礼在榕举行。

由省总工会、省文联联合主办的礼赞劳动者·奋进新福建——“劳动最美丽”主题征文颁奖典礼在省广播影视集团演播厅举行。省人大常委会党组书记、副主任，省总工会主席周联清出席颁奖典礼，并为获奖者颁奖。活动自今年1月份启动以来，得到广大职工和文艺工作者的积极响应，活动期间共收到原创作品2202篇，其中，散文827篇、诗歌629首、报告文学746篇。经过初评、复评、终评，评出散文、诗歌、报告文学三个组别获奖作品170篇。

21日，福建国际传播中心揭牌成立。

福建国际传播中心成立仪式在福州举行。省委常委、宣传部部长张彦出席并讲话。福建国际传播中心以“福通五洲 见证中国”为发展理念，以“强内容、建矩阵、促融合、重外联、搭平台”为重要抓手，全力打造“HolaFujian”核心品牌，精心策划一系列内容IP，将建立覆盖海外多层次、立体式传播矩阵，推动构建多主体、多渠道的大外宣格局。

21日，东南科学城研究成果通过评审。

由福建农林大学省重点智库培育单位区域特色发展研究院和中国科学院科技战略咨询研究院联合承担的中国工程院院地合作项目《福州加快建设“东南（福建）科学城”，推动高新区与大学城融合发展研究》，通过中国工程科技发展战略福建研究院在福州组织召开的专家结题评审。

22日，2023中华龙舟大赛（福建·福州站）举行。

6月22日正值端午佳节，2023中华龙舟大赛（福建·福州站）开幕式和颁奖仪式在海峡国际会展中心浦下河龙舟池举行。省长赵龙，副省长郭宁宁、林文斌、李建成、林瑞良、王金福观摩比赛。省委常委、福州市委书记林宝金宣布开幕。副省长常斌致欢迎辞。本站比赛于6月20日开赛，吸引来自泰国、马来西亚、印度尼西亚等国家及港澳台地区和境内共60支劲旅参加。比赛共设职业男子组、职业女子组、精英公开组、青少年男子组、青少年女子组五个组别，在三天的时间里分别进行100米、200米、500米直道赛三项比赛。本站比赛由国家体育总局社会体育指导中心、中央广播电视总台体育青少节目中心、中国龙舟协会、福建省体育局、福州市人民政府主办。

22—25日，2023IAI国际设计节在厦举行。

2023IAI国际设计节暨第十四/十五届IAI全球设计奖颁奖盛典在厦门集美举行。来自美国、德国、荷兰、意大利、韩国等国家和地区的数百名设计师聚首厦门，参加IAI设计论坛、IAI全球设计奖作品展、IAI颁奖之夜、大师公益讲堂等丰富多彩的系列活动。

24日，中国特色社会主义财政理论研讨会在厦大举行。

上午，中国特色社会主义财政理论研讨会在厦门大学举行，省委常委、宣传部部长张彦出席会议并致辞。研讨会由厦门大学、中国财政学会、中国税务学会、福建省邓子基教育基金会联合主办，系厦门大学邓子基文科资深教授百年诞辰纪念重要活动。财政学界代表，邓子基教授学生、家乡代表，厦门大学师生代表共300余人参加。会前，还举行了邓子基文科资深教授铜像落成揭幕仪式。

24日，福建省2023年普通高考录取控制分数线公布。

下午，福建省高等学校招生委员会召开全体会议，研究确定我省2023年普通高考切线方案，部署高招录取工作。经会议研究决定，公布福建省2023年普通高考各类录取控制分数线。

25日，省委常委会会议召开。

福建省委书记周祖翼主持召开省委常委会会议，认真学习习近平总书记对宁夏银川市兴庆区富洋烧烤店燃气爆炸事故作出的重要指示、给比利时知名友好人士董博复信精神，研究我省贯彻落实措施；研究部署2023年省委、省政府工作检查有关事项；听取我省中央生态环境保护督察整改工作情况汇报，并研究推进下一步工作。

25 日，我省举行国际禁毒日宣传活动。

在第 36 个国际禁毒日来临之际，省委书记周祖翼、省长赵龙对我省禁毒工作提出要求。今天，我省在福州市晋安区林则徐禁毒教育基地举行国际禁毒日宣传活动，省领导黄海昆、李德金、李建成、黄玲出席。今年全民禁毒宣传月期间，我省围绕“健康人生、绿色无毒”主题，举办全省首届青少年禁毒知识竞赛，组织实施禁毒公益宣传“亮屏”工程，组织拍摄“禁毒福建‘行’”系列专题纪录短片并录制《禁毒之战 2023》“6·26”国际禁毒日特别节目，举办禁毒知识科普展览等系列宣传活动。

25 日，端午假日文旅市场持续回暖。

2023 年端午假期，全省文旅市场安全平稳有序，民俗文化活动精彩纷呈，文旅新玩法集聚人气，假日文旅消费持续回暖。据第三方测算，2023 年端午假日全省接待游客人数 621.08 万人次，实现旅游收入 43.39 亿元。

25 日，省优秀科技工作者评选启动。

福建省科协日前下发通知，决定开展第八届福建省优秀科技工作者评选工作，拟表彰不超过 30 名优秀科技工作者。评选范围为我省工业、农业、科研、卫生、教育等战线上，在自然科学、技术科学、工程技术及相关科学领域，从事科技研究与开发、普及与推广、科技人才培养或促进科技与经济结合的科技工作者。

26 日，全省文物工作会议在榕召开。

全省文物工作会议在福州召开。会前，省委书记周祖翼提出要求。省委副书记、省长赵龙出席并讲话，省委常委、宣传部部长张彦主持，副省长王金福作总结讲话。会上，南平市获授“城村汉城国家考古遗址公园”匾牌，泉州市、龙岩市作交流发言。

27 日，我省出台加强新时代社区科普工作实施方案。

日前，省科协、省民政厅印发《福建省加强新时代社区科普工作的实施方案》，从加强社区科普资源供给、搭建社区科普服务平台、强化社区科普设施建设、建设社区科普服务队伍、提升社区科普服务效能等五个方面确定 14 项重点任务和具体措施，为实现到 2025 年我省公民具备科学素质的比例超过 16%奠定基础。

27 日，周祖翼今日率团访问香港澳门。

今日起，省委书记、省人大常委会主任周祖翼率福建省代表团，开始对香港、澳门进行访问。代表团将看望闽籍乡亲，开展经贸推介、文旅交流等活动。

27 日，省领导调研政法跨部门大数据办案平台建设。

省委常委、政法委书记黄海昆到政法跨部门大数据办案平台省级协同专班调研，强调要认真落实习近平总书记关于数字中国建设的重要论述，立足数字福建资源优势，把大数据办案平台建设放在政法工作现代化大局中整体谋划、一体推进，加速推进政法协同一体化，以数字化赋能政法工作高质量发展。黄海昆深入专班工作现场，看望慰问专班成员，详细了解大数据办案平台研发联调情况，并主持座谈会听取平台建设情况，协调推动解决难点堵点问题。

27—28 日，省领导赴长汀上杭调研生态保护和乡村振兴工作。

省委副书记罗东川率省直有关部门负责同志赴龙岩市长汀县、上杭县调研生态保护和乡村振兴工作，强调要全面贯彻党的二十大精神，深入学习贯彻习近平生态文明思想和习近平总书记关于“三农”工作的重要论述，进一步把开展主题教育同加强生态保护和全面推进乡村振兴紧密结合起来，大兴调查研究、狠抓工作落实，推进老区苏区全面振兴。

27—30 日，中央驻闽主要媒体在龙岩开展集中调研采访。

省委宣传部组织中央驻闽主要媒体，围绕深入开展学习贯彻习近平新时代中国特色社会主义思想主题教育、“深学争优、敢为争先、实干争效”行动等主题宣传，在龙岩开展集中调研采访。调研期间，省委常委、宣传部部长张彦看望中央驻闽主要媒体，并座谈交流。

28 日，习近平主席致“鼓岭缘”中美民间友好论坛的贺信在我省引发热烈反响。

28 日，国家主席习近平向“鼓岭缘”中美民间友好论坛致贺信，鼓励两国民间友好人士把鼓岭故事和鼓岭情缘传承下去、发扬光大，让中美人民友谊像鼓岭上的千年柳杉一样，茁壮成长，生生不息。习近平主席的贺信让我省广大干部群众深受鼓舞，大家表示，将立足岗位，续写鼓岭故事，深化两国人民之间的友谊，努力成为中美经贸合作、文化交流互鉴的桥梁纽带。

28 日，2023“鼓岭缘”中美民间友好论坛地方合作分论坛在福州举办。

2023“鼓岭缘”中美民间友好论坛地方合作分论坛在福州举办。副省长王金福出席分论坛并致辞。本次分论坛共设置地方对话、合作共赢和签约仪式 3 项活动议程，与会嘉宾分别作了交流发言，并签署有关合作协议，共商中美地方合作，共促中美地方友好。

28 日，纪录片《鼓岭 鼓岭》在福州举办开机仪式。

作为 2023“鼓岭缘”中美民间友好论坛的重要环节，纪录片《鼓岭 鼓岭》开机仪式在福州举办。中国人民对外友好协会会长林松添，省委常委、福州市委书记林宝金，副省长王金福，穆蔼仁家族后人穆言灵等共同宣布纪录片正式开机。《鼓岭 鼓岭》由解读中国工作室、福建省广播影视集团、福州市人民政府新闻办公室共同出品，美国 A+E 电视网纪录片团队进行摄制，将于明年在美国历史频道（History Channel）播出。

28 日，“鼓岭之友”座谈会在福州举行。

上午，“鼓岭之友”座谈会在福州鼓岭万国公益社举行。穆言灵、李·加德纳、程高登、柏凯斯、毕乐华、蒲光珠等“鼓岭之友”相聚一堂，共忆鼓岭故事，共叙深厚情谊。中国人民对外友好协会会长林松添出席并讲话。省委常委、福州市委书记林宝金出席并致欢迎辞。

会上，林宝金向穆言灵、程高登颁发福州市“荣誉市民”证书，并向穆蔼仁、加德纳、程吕底亚、兰玛利亚、柯志仁、蒲天寿等 6 个家族代表赠送礼品。

28 日，福建省公安机关实战练兵演练在福州举行。

福建省公安机关实战练兵演练在福州举行。省领导黄海昆、李德金、李建成、黄玲出席。来自全省各地 500 余名公安民警参加演练。

29 日，我省启动习近平新时代中国特色社会主义思想现场教学点线上交流展示。

由省委学习贯彻习近平新时代中国特色社会主义思想主题教育领导小组办公室主办的“习近平新时代中国特色社会主义思想现场教学点线上交流展示”正式启动，分期分批推出、集中交流展示现场教学点线上教学素材，进一步引导广大党员干部从理论源头和实践起点深刻感悟党的创新理论的真理力量和实践伟力。

29 日，省人大常委会开展宗教事务条例执法检查。

根据省人大常委会今年监督工作计划，省人大常委会将于 7 月—8 月对《宗教事务条例》和《福建省宗教事务条例》开展执法检查。今日，省人大常委会召开执法检查汇报会，省人大常委会副主任江尔雄出席会议并讲话。副省长常斌到会介绍我省贯彻实施国务院和我省宗教事务条例情况，省政府有关部门作了工作汇报，省委宣传部、统战部、政法委、网信办在会上交流了有关情况。

29 日，赵龙到福州大学讲授思政课。

根据省委统一安排，省长赵龙到福州大学，围绕深入开展学习贯彻习近平新时代中国特色社会主义思想主题教育，全面贯彻落实党的二十大精神和习近平总书记重要讲话重要指示批示精神，按照“四个更大”重要要求，奋力推进中国式现代化福建实践，与师生代表座谈交流，为师生讲授思政课。副省长常斌参加。

29 日，2023 年中国网络文明大会新闻发布会在北京举行。

今日，国务院新闻办在京召开新闻发布会，邀请主办方、承办方有关负责人介绍 2023 年中国网络文明大会相关情况并回答记者提问。中国网络文明大会已连续举办了两届，今年大会主题为“网聚文明力量 奋进伟大征程”，由中央网信办、中央文明办、中共福建省委、福建省政府共同主办。7 月 18—19 日，2023 年中国网络文明大会将在厦门举办。

29 日，全国检察机关普通犯罪检察工作会议暨常态化扫黑除恶斗争推进会召开。

全国检察机关普通犯罪检察工作会议暨常态化扫黑除恶斗争推进会在福州召开。最高检党组成员、副检察长陈国庆，最高检检察委员会专职委员张志杰出席并讲话。省委常委、政法委书记黄海昆，省检察院党组书记、检察长侯建军出席并致辞。

29日，福建省青年科技奖评选启动。

日前，中共福建省委组织部、省科协、省人社厅、省科技厅下发通知，决定开展第十七届福建省青年科技奖评选工作，拟表彰30名优秀青年科技工作者。候选人须符合以下条件之一：在自然科学研究领域取得重要的、创新性的成就和作出突出贡献；在工程技术方面取得重大的、创新性的成果和作出突出贡献，并有显著应用成效；在科学技术普及、科技成果推广转化、科技管理工作中取得突出成绩，产生显著的社会效益或经济效益。同时，须是中华人民共和国公民，且全职在闽工作满1年及以上。

30日，“一件事”集成套餐省级地方标准发布。

近日，省市场监督管理局公告称，福建省地方标准《政务服务“一件事”集成套餐服务要求》（以下简称《标准》）获批发布，将于今年9月19日起正式实施。《标准》以南平市“一件事”改革经验为基础，综合我省“一件事”集成套餐改革的工作实践，对政务服务“一件事”集成套餐服务的组织要求、事项要求、办事指南要求、平台要求、服务要求、监督检查与评价改进等技术内容进行规范，由南平市发改委（审改办）等单位牵头起草。

30日，省领导上主题教育专题党课。

省委副书记罗东川以“坚持以习近平新时代中国特色社会主义思想为指导，深入学习贯彻习近平总书记致第十五届海峡论坛的贺信精神和新时代党解决台湾问题的总体方略，努力在加快建设两岸融合发展示范区上展现新担当新作为”为题，为省委台办、省台联全体党员和省委办有关党员干部上主题教育专题党课，共同过政治生日。

30日，福建革命军事馆文物捐赠仪式在福州举行。

福建革命军事馆文物捐赠仪式在福州举行。省委常委、省军区政治委员、军事馆建设工作组副组长宋鸿喜少将出席捐赠仪式，为文物捐赠者颁发收藏证书并讲话。捐赠仪式上，相关社团组织及老领导老革命、烈士亲属、革命后代、民间收藏爱好者捐赠文物近百件，3名捐赠代表发言。福建革命军事馆建设工作自2020年10月启动，目前已确定选址，展陈内容大纲通过审核，征集文物超7000件，并将长期面向社会公众征集革命军事文物。

（摘编：赵旭东）

七月

1日，周祖翼参加所在党支部“七一”主题党日活动。

在中国共产党建党102周年来临之际，今日，省委书记周祖翼以普通党员身份，参加所在的省委办公厅秘书一处党支部“七一”主题党日活动，学习贯彻习近平新时代中国特色社会主义思想和党的二十大精神，结合开展主题教育和“深学争优、敢为争先、实干争效”行动，交流学习实践感悟，共同庆祝党的生日并向全省广大党员致以节日问候。

1日，八闽红色地名巡礼系列宣传活动启动。

由省委宣传部指导，省民政厅联合省委党史方志办、省文旅厅主办的“有福的地方是我家——八闽红色地名巡礼”系列宣传活动正式启动。活动以百年党史为经，以八闽红色地名为纬，通过摄制播放系列宣传片，采取“实地探访+演绎回溯+时空对话”的生动表现形式，以及利用抖音平台发起全网话题互动、打卡红色地标等线上线下联动、大屏小屏交互的融媒体宣传，全方位展现我省红色地名的历史今貌，引发观众的情感共鸣和思想共振。

2 日，省领导会见参加海丝国际纪录片大会外宾。

省委常委、宣传部部长张彦，省政协副主席刘献祥在泉州会见了参加海丝国际纪录片大会的外宾代表。本次海丝国际纪录片大会由中国外文局、福建省人民政府新闻办公室、福建省广播电视局、泉州市人民政府联合主办，7 月 3 日开幕，为期 4 天，其间，将举办纪实影像与人类文明互鉴论坛、亚洲纪录片圆桌论坛、中外纪实影像精品交流沙龙等一系列主题活动，挖掘中国与海丝沿线国家在纪录片创作领域的合作潜力。

3 日，省委常委会召开会议。

省委书记周祖翼主持召开省委常委会会议，认真学习习近平总书记对党的建设和组织工作作出的重要指示、在 6 月 30 日中共中央政治局会议上、在中共中央政治局第六次集体学习时、同团中央新一届领导班子成员集体谈话时的重要讲话和向“鼓岭缘”中美民间友好论坛致贺信精神，研究贯彻落实措施。

3 日，全省主题教育指导工作暨专项整治工作推进会召开。

全省学习贯彻习近平新时代中国特色社会主义思想主题教育指导工作暨专项整治工作推进会召开。会议深入学习贯彻习近平总书记关于主题教育的重要讲话重要指示批示精神，落实党中央关于主题教育整改整治工作要求，对持续推进我省主题教育和专项整治工作进行安排部署。省委书记、省委主题教育领导小组组长周祖翼出席会议并讲话，中央第七指导组组长王建军到会指导并讲话。省委副书记、省长赵龙主持会议，中央第七指导组副组长陈海波出席。

3 日，2023 海丝国际纪录片大会在泉州开幕。

2023 海丝国际纪录片大会在泉州开幕，来自国内外的 400 多位知名纪录片制作人、导演、专家学者等参会交流，省政协副主席刘献祥出席会议并讲话。大会以“弘扬海丝精神，记录时代变迁”为主题，将举办“21 世纪海丝十年”纪实影像精品展映、海丝纪实影像系列主题论坛、中国—非洲纪实影像交流日、中外纪录片项目推介展映等 15 场活动。当天，会上还发布《海丝国际纪录片大会倡议》、签署 5 个国际合拍项目合作意向、启动“MY WAY”青年影像节中国区征集活动等。

3 日，第二届“侨批文化与华侨精神”研讨会举行。

近日，由中国华侨历史学会、中国华侨历史博物馆、福建省档案馆、广东省档案馆、五邑大学共同主办的第二届“侨批文化与华侨精神”研讨会在泉州举行。

3 日，福建省创新战略研究计划联合项目启动。

日前，省科学技术厅、省科学技术协会决定组织实施 2023 年福建省创新战略研究计划联合项目，组织动员广大科技工作者围绕我省经济社会发展重大问题和科协组织创新发展问题开展创新战略研究，提出前瞻性、建设性意见建议，为党委政府科学决策提供智力支撑。联合项目计划立项 40 项，每项资助 5 万元。

3 日，我省积极救助大病困境儿童。

由省妇联主办，省妇女儿童发展基金会、省儿童医院承办的“关爱儿童·托起希望”福建省困境儿童重大疾病救治项目宣传活动在省儿童医院举行。活动现场，举办方向捐赠单位和企业颁发捐赠证书，并向省儿童医院拨付 2023 年救助款 150 万元；组织部分捐赠代表前往病房慰问探视住院受助儿童。项目按自付费用的 85%予以补助，每人最高补助 5 万元。项目启动以来，已累计募集善款 910 多万元，救助患儿 200 多名。

4 日，福建省梅花奖演员演出季精彩纷呈。

3 日和 4 日晚，第 29 届中国戏剧梅花奖得主陈丽宇和第 31 届中国戏剧梅花奖得主郑全，在福州芳华剧院联袂为观众演出了越剧《唐琬》。作为省文旅厅策划推出的“为人民绽放”福建省梅花奖演员演出季中的一台大戏，《唐琬》的演出赢得观众阵阵掌声。记者获悉，演出季将持续至今年 8 月底，计划为基层观众献上约 100 场惠民演出活动。

4 日，中国—非洲纪实影像交流日活动举办。

中国—非洲纪实影像交流日活动在泉州举办。

活动聚焦“纪实影像推动文明交流互鉴”主题，邀请中非纪实影像创作者与学者就影像合作、传播议题等开展对话和研讨交流。

4—6日，周祖翼赴宁德开展工作检查。

根据省委统一部署，省委书记周祖翼赴宁德市柘荣县、福鼎市开展工作检查，认真倾听企业、群众呼声，察实情、出实招、办实事，推动政策落地、工作落实。周祖翼强调，要深入学习贯彻习近平新时代中国特色社会主义思想和党的二十大精神，聚焦习近平总书记对福建工作的重要讲话重要指示批示精神，扎实推进主题教育，走好群众路线，坚持“四下基层”，进一步激发全省党员干部干事创业精气神，以新气象新作为推动各项工作取得新成效。

4—6日，省人大常委会组成人员培训班在京举办。

省人大常委会组成人员培训班在全国人大会议中心举办。省人大常委会组成人员、部分专门委员会委员和机关有关部门负责同志参加学习。培训班邀请全国人大宪法和法律委员会主任委员信春鹰、全国人大常委会预算工作委员会主任史耀斌、全国人大常委会法制工作委员会副主任武增、全国人大常委会代表工作委员会副主任傅文杰分别作关于贯彻实施立法法、预算审查监督工作、地方组织法、代表法等方面的专题辅导报告，并结合现场教学深入学习贯彻落实党的二十大精神。

5—7日，第十五届海峡论坛·海峡两岸职业教育论坛举办。

第十五届海峡论坛·海峡两岸职业教育论坛在厦门举行。本届论坛是新冠疫情后首次举办的较大规模两岸民间职业教育线下交流盛会，来自两岸的职业教育专家、学者、院校和企业代表等近200人围绕论坛主题进行了深入交流。

6日，我省开展600余场高校毕业生专场招聘会。

福建省人社厅消息，继推出专项补贴之后，我省又推新举措促进高校毕业生就业。即日起，全省九个设区市及平潭综合实验区将举办600余场面向离校未就业高校毕业生的专场招聘会。这些专场招聘会既包括线下招聘会，也包括线上招聘会。

6日，我省“最美村歌”征集评选启动。

省文旅厅、省文联和省乡村振兴研究会日前联合发起福建省“最美村歌”评选活动，作品征集时间将持续至8月15日。征集作品要求创作于2020年1月1日以后，且词曲均未在其他征歌活动中获奖的原创歌曲作品。活动组委会将组织专家团队从征集作品中评选入围作品50首，颁发“最美村歌”入围证书。复评阶段采用线上+线下的评选方式，最终选出10首“最美村歌”。

6日，省领导到晋江调研乡村振兴工作。

省委副书记罗东川率省直有关部门负责同志，到晋江市调研乡村振兴工作，强调要深入学习贯彻习近平总书记关于“三农”工作重要论述，学好用好“千万工程”经验，结合实施“深学争优、敢为争先、实干争效”行动，扎实推进乡村产业发展、环境整治、基层治理等重点工作，加快建设宜居宜业和美乡村，走出一条具有福建特色的乡村振兴之路。

7日，2023年泛珠三角区域合作行政首长联席会议在贵阳举行。

以“奋进新征程，合作开新局”为主题的2023年泛珠三角区域合作行政首长联席会议在贵州贵阳举行，省长赵龙率团出席并作会议发言。他表示，福建将坚持以习近平新时代中国特色社会主义思想为指导，持续深化与泛珠各方交流合作，共绘发展“工笔画”，共创合作“新蓝海”，共同谱写区域协调发展新篇章，为以中国式现代化全面推进中华民族伟大复兴作出新的更大贡献。

7日，省领导调研共青团和青年工作。

上午，省委副书记罗东川率省直有关部门负责同志，到团省委机关调研共青团和青年工作，强调要深入学习贯彻习近平总书记关于青年工作的重要思想，贯彻落实习近平总书记同团中央新一届领导班子成员集体谈话时的重要讲话和团十九大精神，结合实施“深学争优、敢为争先、实干争效”行动，扎实做好引领凝聚、组织动员、联系服务青年各项工作，不断开创我省共青团和青年工作新局面。

7日，省政协“四下基层 心系人民”主题书画展开幕。

由省政协和宁德市政协联合举办的“四下基

层 心系人民”主题书画展在榕开幕。省政协主席滕佳材出席开幕式并致辞。

7 日，省政协召开“推进南岛语族考古研究和开发利用”对口协商会。

省政协召开“推进南岛语族考古研究和开发利用”对口协商会，组织部分政协委员、专家学者与省直有关单位、相关地方政府进行协商交流。省委常委、宣传部部长张彦出席并发言，省政协副主席阮诗玮主持会议。

7 日，福建与希腊共和国西希腊大区正式建立友好省区关系。

福建省与希腊共和国西希腊大区建立友好省区关系协议书签字仪式在福州举行，副省长林文斌、西希腊大区副主席福基安・柴伊米斯分别代表双方签署协议书。

8 日，全国城乡历史文化保护传承培训班在莆举办。

近日，2023 全国城乡历史文化保护传承培训班在莆田举办。来自全国各地有关单位的 200 余名学员参加培训。此次培训班由住建部建筑节能与科技司主办，中国建筑文化中心承办，为期 3 天。培训采取理论授课、实地观摩相结合的方式进行，参训学员分两组实地观摩了兴化府历史文化街区、萝苜田历史文化街区、省级历史文化名村洋尾村、莆田市博物馆等地。

8 日，第九届两岸学子论坛在厦举行。

以“提振与汇聚”为主题的第九届两岸学子论坛在厦门举行，吸引约 300 名专家学者及青年学子与会。本届论坛分为开幕式、主题演讲、研究生代表主题发言、分论坛研讨、微视频展播、学术总结汇报、闭幕式及颁奖典礼等环节，旨在增进两岸青年学子交流、拓宽学术视野。

8—9 日，第三届国家治理现代化论坛在漳州举办。

由中央党校（国家行政学院）公共管理教研部、省委党校（福建行政学院）主办，福建谷文昌干部学院承办的第三届国家治理现代化论坛在漳州东山成功举办。中央党校（国家行政学院）副校长（副院长）龚维斌，省委常委、组织部部长邢善萍，省政协副主席、漳州市委书记张国旺出席论坛并致辞。

9 日，中华职业教育创新创业赛闭幕，我省“视界乡村”项目获高职组二等奖。

日前，作为全国规模最大、级别最高、影响力最强的职教创新创业赛事——第六届中华职业教育创新创业全国现场总决赛顺利闭幕。由福建信息职业技术学院的黄净晴老师指导，刘炫祥领衔，谢浩然等 4 名同学共创的《视界乡村——多测合一的三维数字乡村助力者》项目，荣获全国总决赛高职组二等奖。

9 日，“两岸学者面对面”系列活动共议闽南文化。

“两岸学者面对面”系列活动第五场在厦门举行，两岸专家学者以“维系海内外的共同心声：从闽南歌谣到歌仔、南音和戏剧”为主题，娓娓道来，展开深度对谈。近百名两岸专家学者、两岸学子出席本场活动。本次活动由厦门大学和中华文化学院共同主办，厦门大学台湾研究院承办。

9 日，我省启动 2023 年青年就业服务攻坚行动。

上午，省国资委联合省人社厅、福州大学主办举办福建省属企业“国聘行动”夏季专场招聘会。近百家省属国有企业参加并提供了 500 多个就业岗位，涵盖国防工业、制造业、化工等领域。活动当日，参会企业通过线上、线下方式收到简历 1863 份，达成初步就业意向 493 人。

10 日，周祖翼、赵龙与全国双拥考评调研组一行交流。

全国双拥考评调研组来闽开展工作，考评指导我省全国双拥模范城（县）创建工作。省委书记、省人大常委会主任周祖翼在福州与率队调研的全国双拥工作领导小组成员兼办公室副主任、中央军委政治工作部群众工作局局长高翔一行进行了工作交流。省委副书记、省长赵龙出席。

10 日，省政府召开常务会议。

省长赵龙主持召开省政府常务会议，审议通过《福建省新增地方政府债务限额分配管理暂行办法》，研究 2022 年省级决算和 2023 年上半年预算执行情况。

10 日，“习近平与福建教育故事”思政课教学展示活动在榕举行。

“习近平与福建教育故事”思政课教学展示活动在福建农林大学举行，省委常委、宣传部部长张彦出席活动并讲话，省委主题教育第 12 巡回指导组到场指导。活动现场，与会人员一同参观了“习近平总书记关心指导福建农林大学建设发展”专题展厅，6位“习近平与福建教育故事”思政课一等奖获得者作教学展示，来自省内外的知名专家给予点评指导。“习近平与福建教育故事”巡讲也于当日同步启动。

10日，福建省全国节能宣传周启动。

福建省2023年全国节能宣传周暨全国低碳日启动仪式在宁德举行。省政协副主席刘献祥出席并讲话。本次活动由省政府节能办、省发改委主办，各界代表宣读了“节能降碳，你我同行”倡议书。现场同时开展九市一区现场直播联动汇报、绿色健步行、节能宣传展、有奖竞答、政策解读、专家论坛，以及节能改造典型案例、节能新技术新产品和绿色金融机构扶持节能项目推介。

11日，省委全面依法治省委员会守法普法协调小组第二次全体会议召开。

省委全面依法治省委员会守法普法协调小组第二次全体会议在福州召开。省委常委、宣传部部长、全面依法治省委员会守法普法协调小组组长张彦出席并讲话。会上审议了《福建省“八五”普法规划中期评估工作方案》，省教育厅、省公安厅、省妇联汇报履行“谁执法谁普法”普法责任制工作情况，泉州市、龙岩市、三明市尤溪县作普法工作经验介绍。

11日，省政协领导会见澳门佛教（国际）联合会福建参访团。

省政协副主席阮诗玮在福州会见省政协委员、澳门佛教（国际）联合会会长释戒晟带领的澳门佛教（国际）联合会福建参访团一行。

13日，“科创中国”福建区域科技服务团连续两年获评全国示范。

日前，福建省科协申报的“科创中国”福建区域科技服务团项目成功获评2023年全国示范，该项目已连续两年获评全国示范项目。2023年项目由郑兰荪、付贤智、郭东明、孙世刚等多位院士领衔，20位省内外专家参与，重点服务福州、泉州等“科创中国”试点城市，加快人才与技术资源导入产业一线。

13日，全省深入学习“千万工程”经验建设福建美丽乡村现场推进会侧记。

全省深入学习“千万工程”经验建设福建美丽乡村现场推进会在邵武召开，深入贯彻落实习近平总书记关于“三农”工作的重要论述和浙江“千万工程”经验的重要批示精神，总结我省工作做法，对建设福建美丽乡村作出全面部署。

14日，省领导到泉州德化调研。

省委常委、政法委书记黄海昆赴泉州市德化县调研，接待来访群众并推进挂钩帮扶和党建联系点工作。他强调，要深入学习贯彻习近平总书记关于加强和改进人民信访工作的重要思想，大力弘扬“四下基层”“四个万家”优良作风，把心贴近人民，进一步提升信访工作法治化水平。

14日，我省公安机关大力打击网络谣言。

福建省公安厅消息，4月10日以来，我省公安机关按照公安部统一部署，深入开展网络谣言打击整治专项行动，坚持依法打击和综合整治相结合，有力打击“网络水军”嚣张气焰，消减网络谣言的负面影响。全省公安机关深入排查检查互联网企业、网站96家次，指导清理网络谣言信息1138条，关停违法账号45个。

14日，我省大中专学生志愿者暑期“三下乡”社会实践活动启动。

由省委宣传部、省委文明办、省委网信办、省委教育工委、省民宗厅、省文旅厅、省河长办、团省委、省学联联合开展的2023年福建省大中专学生志愿者暑期文化科技卫生“三下乡”社会实践活动在武夷学院启动。

15日，周祖翼、赵龙会见香港立法会代表团一行。

福建省委书记、省人大常委会主任周祖翼在福州会见了由香港特别行政区立法会主席梁君彦率领的代表团一行。省委副书记、省长赵龙出席。周祖翼代表省委、省政府对香港立法会代表团来闽考察表示欢迎，并简要介绍了福建省情。周祖翼说，欢迎大家深入了解福建、积极推介福建，对福建发展多提宝贵建议，进一步助力闽港合作向更高水平发展。

15日，福州长乐国际机场综合保税区获批设立。

国务院日前批复同意整合福州保税区设立福州长乐国际机场综合保税区，为福建首个空港综保区，标志着福建高水平开放再增添新平台。

17日，周祖翼会见国务院侨办主任陈旭一行。

福建省委书记、省人大常委会主任周祖翼在福州会见了中央统战部副部长、国务院侨务办公室主任陈旭一行。周祖翼说，福建是著名侨乡，有闽籍侨胞1580多万，是福建的独特优势和宝贵资源。希望中央统战部、国侨办一如既往地关心支持福建，助力我们创新做好统战和侨务工作。

17日，省职业院校技能大赛教学能力比赛现场决赛举行。

2023年福建省职业院校技能大赛教学能力比赛现场决赛日前在湄洲湾职业技术学院举行，共有230件参赛作品、900多名参赛教师进入现场决赛。此次比赛由省教育厅主办，福建技术师范学院承办。

17日，闽清经济开发区获批设立。

省政府近日印发《关于同意设立闽清经济开发区的批复》，同意设立闽清经济开发区。该开发区位于闽清县白中镇，面积318.97公顷，纳入省级经济开发区管理。根据《批复》，开发区四至范围为北至白中镇福建联兴陶瓷有限公司、东至白中镇梅坂村和白樟镇园头村交界处、南至县道X125、西至白中镇白汀村东侧。

17日，网络诚信建设高峰论坛在厦门举行。

2023年中国网络文明大会网络诚信建设高峰论坛在厦门举办。论坛以“网聚诚信力量 共享美好生活”为主题，围绕加强网络诚信建设，分别进行了主题演讲。论坛上还发布了《互联网平台企业履行社会责任评估报告2023》《中国网络诚信发展报告2023》和“2022年中国网络诚信十件大事”，并为互联网平台企业履行社会责任典型案例颁发证书。

17—21日，黄晓薇来闽调研妇女和妇联工作。

为进一步深入学习习近平总书记关于妇女儿童和妇联工作重要论述，推动学习贯彻习近平新时代中国特色社会主义思想走深走实，全国妇联党组书记、副主席、书记处第一书记黄晓薇来闽调研，并与省委书记周祖翼、省长赵龙就妇女工作和妇联工作进行了深入交流。

18日，2023年中国网络文明大会在厦门市举行。

2023年中国网络文明大会在福建省厦门市举行。中共中央政治局委员、中宣部部长李书磊出席并发表主旨演讲。

18日，网络文明国际交流互鉴论坛在厦门举办。

2023年中国网络文明大会网络文明国际交流互鉴论坛在厦门举办，中央网信办、国家网信办总工程师孙蔚敏，中央广播电视总台副台长胡劲军出席并分别致辞。论坛由中央网信办、中央广播电视总台、中国新闻社指导，中国网络空间研究院、华语环球节目中心、中国新闻网主办，《中国网信》杂志承办。本次论坛以“加强网络文明交流互鉴共存 携手构建网络空间命运共同体”为主题。

18日，数字公益慈善发展论坛在厦门举行。

2023年中国网络文明大会数字公益慈善发展论坛在厦门举行。世界互联网大会秘书长、中国网络社会组织联合会会长任贤良，民政部党组成员、副部长张春生，中国残联党组成员、副理事长赵素京，福建省政府党组成员康涛出席活动并致辞。中国社会保障学会会长郑功成、重庆市慈善总会会长刘光磊在论坛上发表主题演讲。福建省慈善总会会长雷春美出席活动。本次论坛以“数字化社会发展中的公益慈善与社会保障”为主题。

18日，互联网与文明创建论坛在厦门举行。

下午，2023年中国网络文明大会互联网与文明创建论坛在厦门市举行，论坛主题为“走好网上群众路线 践行创建为民宗旨”。本次论坛包括“嘉宾致辞”“主题演讲”“圆桌对话”等主要环节。

18日，网络内容建设论坛举行。

2023年中国网络文明大会网络内容建设论坛在厦门举行。本次论坛以“思想耀亮时代 文明引领征途”为主题，来自中央和国家机关、地方政府、互联网企业、新闻媒体的代表和专家学者等150余位嘉宾参加论坛。

18日，2023年两岸科技创新融合发展研讨会在厦门举行。

2023年两岸科技创新融合发展研讨会在厦门举行，来自两岸的专家学者、高校科研院所代表、青年创业者近200人参会。本次研讨会以“创新生物科技 共享健康未来”为主题，聚焦智慧医疗、康养、中医药传承与创新、食品研发等领域。研讨会为期3天，将开展主题演讲、创新沙龙、项目资本对接等活动。

18日，算法治理论坛在厦门举行。

2023年中国网络文明大会算法治理论坛在厦门举行。省委常委、常务副省长郭宁宁，中央网信办、国家网信办总工程师孙蔚敏出席论坛并致辞。论坛以“算法治理向上向善 网络文明共建共享”为主题，旨在深入探讨算法治理的新趋势新挑战，拓展算法综合治理新思路新路径，护航新技术新应用健康可持续发展。

18日，我省开展夏季高温天气劳动保护专项行动。

福建省人社厅消息，即日起至9月30日在全省范围内开展夏季高温天气劳动保护专项行动。此次专项行动中，我省将采用“自查+整改”相结合的方式，指导用人单位建立健全防暑降温工作制度，加强高温天气作业劳动保护，严格执行高温天气作业工作时间规定，采取合理安排工作时间、轮换作业、适当增加高温工作环境下劳动者的休息时间和减轻劳动强度、减少高温时段室外作业等措施，充分保障高温天气期间劳动者的休息权利。

19日，周祖翼、赵龙会见菲律宾前总统杜特尔特。

福建省委书记、省人大常委会主任周祖翼，省委副书记、省长赵龙在福州会见了菲律宾前总统杜特尔特一行。双方就进一步加强经贸人文各领域务实合作和深化友城交往等方面进行了交流。

19日，我省十部门联合推进百万就业见习岗位募集。

针对离校两年内未就业高校毕业生和16—24岁失业青年，省人社厅、省教育厅等十部门近日联合推进实施就业见习岗位募集计划，采取补贴支持、税费支持和保障激励等系列支持政策促进就业。

19日，省总工会启动2023年“金秋助学”活动。

福建省总工会近日印发《关于开展2023年“金秋助学”活动的通知》，在全省范围内启动以“金秋助学圆梦·工会伴你成长”为主题的“金秋助学”活动。省总工会本级今年安排220万元助学资金，全省各级工会将结合实际情况配套专项资金，制定本级工会助学对象范围和助学标准。同时，鼓励有条件的工会将困难职工家庭在学前教育、义务教育阶段及特殊教育学校就学的子女纳入助学对象。

19日，十一届福建省委第二轮巡视完成反馈。

根据省委部署要求，十一届福建省委第二轮巡视反馈工作于7月18日全部完成。本轮巡视反馈采取向设区市党委通报和向县（市、区）主要负责人“一对一”及其党委领导班子反馈相结合的方式进行。巡视反馈传达了省委书记专题会议和省委巡视工作领导小组会议精神，通报了巡视相关县（市、区）发现的主要问题，并对深入抓好巡视整改工作提出要求。

19日，2023年中国网络文明大会网络辟谣论坛在厦举行。

2023年中国网络文明大会网络辟谣论坛在厦门举行。本次论坛以“携手抵制网络谣言 共建共享文明家园”为主题，旨在加强网络谣言治理，营造风清气正的网络空间。本次论坛还发布了《“携手抵制网络谣言”倡议》和2023年度上半年社会民生领域网络辟谣榜，同时，现场展播了第五届中国互联网辟谣优秀作品。

19日，海峡两岸青少年网络素养建设论坛举行。

2023年中国网络文明大会海峡两岸青少年网络素养建设论坛在厦门举行。论坛以“网聚新青年 共叙海峡情”为主题，通过主旨演讲、新青年说、沙龙对话三个篇章展开，论坛上发布了福建省网络文明建设“十佳优秀案例”和福建省“十大文明网站”。

19日，网络文明社会共建论坛在厦门举行。

2023年中国网络文明大会网络文明社会共建论坛在厦门举行。本次论坛以“网聚青春正能量 共建网络新风尚”为主题，深入推进文明办网、文明用网、文明上网，汇聚起建功新时代、奋进新征程的强大精神力量。论坛现场分别进行了职工好网民、青年好网民、巾帼好网民优秀成果展示，为2022年职工好网民主题活动优秀组织单位颁发证书，为青年好网民代表颁授“青年网络文明使者”证书，发布了“争做巾帼好网民 汇聚网上正能量”行动倡议。

19日，数字文旅发展论坛在厦门举行。

2023年中国网络文明大会数字文旅发展论坛在厦门举办。故宫博物院院长王旭东、福建省副省长王金福、中国外文局副局长兼总编辑高岸明出席论坛并致辞，世界互联网大会秘书长、中国网络社会组织联合会会长任贤良出席论坛。本次论坛以“数字链接古今 网络贯通世界”为主题，论坛上还举行了故宫博物院多语种网站发布上线仪式、古文字与中华文明传承发展工程“故宫博物院藏古文字数字平台”发布上线仪式以及“‘互联中国’@绿色生活”公益广告征集启动仪式。

19日，网络市场监管与服务示范区座谈会举行。

网络市场监管与服务示范区座谈会在福州举行。会议总结交流创建经验，为首批13个示范区授牌。国家市场监督管理总局副局长燕军、福建省人民政府副省长常斌出席会议并致辞。

19日，数据安全与个人信息保护论坛在厦门举行。

2023年中国网络文明大会数据安全与个人信息保护论坛在厦门举行。最高人民检察院副检察长张雪樵，福建省人民政府副省长、省公安厅厅长李建成，中央网信办、国家网信办总工程师孙蔚敏出席并致辞。本次论坛以“强化数据安全保障体系 推进数字文明新发展”为主题，邀请国内数据安全、数据技术、数据制度等相关领域主管部门、专家学者共同探讨数据安全和信息保护的理论和实践，总结数字经济持续健康发展的经验和成效。论坛上还发布了《个人信息的内生安全机制及实现》报告和数据安全与个人信息保护创新实践案例。

19日，网络法治论坛在厦门举行。

2023年中国网络文明大会网络法治论坛在厦门举行。最高人民检察院副检察长张雪樵，福建省人大常委会副主任檀云坤，中央网信办、国家网信办总工程师孙蔚敏，中国政法大学党委书记胡明出席论坛并致辞。本次论坛以“数据法治与网络文明”为主题，聚焦数据法治前沿理论和实践热点问题展开深入探讨。

20日，省委常委会召开会议。

福建省委书记周祖翼主持召开省委常委会会议，认真学习贯彻习近平总书记在全国生态环境保护大会上的重要讲话精神、对网络安全和信息化工作作出的重要指示精神，研究我省贯彻落实措施；研究推进网络文明和海丝核心区建设等工作。

20日，省政府举行集体学习会。

根据省政府党组主题教育工作安排，今日，省政府举行集体学习会，省政府党组书记、省长赵龙以“跟着总书记学思想学理念学方法”为主题，为政府系统党员干部讲授专题党课。

20日，香港立法会代表团来闽考察。

近日，香港特区立法会主席梁君彦率领33名议员来到福建，展开为期5天的考察行程。代表团先后到访福州和厦门，参观当地历史文化、金融贸易、航运物流、创新科技、通信等重点设施和项目，了解高质量发展情况，探讨如何深化闽港在不同领域的合作。

21—22日，“四下基层”与新时代党的群众路线理论研讨会在宁德举行。

中共福建省委、人民日报社联合主办的“四下基层”与新时代党的群众路线理论研讨会在宁德举行。研讨会期间，还分别举行了“四下基层”与坚持以人民为中心的发展思想、“四下基层”与大兴调查研究、“四下基层”与党的作风建设等三场平行分论坛，来自省内外的专家学者积极研讨，在交流碰撞中感悟真理力量、实践伟力，提出宝贵建议。

22日，2023中国人工智能大会在榕举行。

2023中国人工智能大会在榕举行。省委常委、福州市委书记林宝金，省委常委、常务副省长郭宁宁，国务院参事、中国工程院院士戴琼海出席并致辞。副省长林瑞良、同济大学校长郑庆华、中国工程院院士柴天佑、英国皇家工程院院士Josef Kittler等出席。本届大会以“数智领航·共筑未来”为主题，旨在聚焦国内外人工智能领域研究进展和学术前沿，为人工智能产业发展提供新的思路。开幕式上，还为福州、厦门和泉州三地的福建省人工智能产业园授牌，并举行福建省人工智能产业人才基地建设启动仪式等活动。

22日，全省公安工作汇报会召开。

省公安厅召开今年上半年全省公安工作汇报会，深入学习贯彻党的二十大精神，认真落实省委上半年工作会议暨省委、省政府工作检查总结会精神以及公安部近期部署要求，对做好下阶段特别是完成全年工作目标进行部署。副省长、省公安厅厅长李建成出席会议并讲话。省委主题教育第二巡回指导组到会指导。

22日，百余名乡村教师在厦研修交流。

近日，同心·行知乡村教师高级研修班结业典礼暨乡村教育主题实践交流会在厦门举行。

活动由福建省同心慈善基金会和福建省陶行知研究会联合主办，来自全国各地的110多名乡村教师参加。

23日，福建宁德传承“四下基层”优良作风。

人民日报7月23日刊发通讯《福建宁德传承“四下基层”优良作风》，报道宁德市各级领导干部传承“四下基层”优良作风，在基层一线宣讲政策、发现问题、化解矛盾、推进工作，走好新时代党的群众路线。福建日报24日予以转载。

23日，“重走朱子之路”开营仪式举行。

上午，“重走朱子之路”开营仪式在福州举行。省政协副主席、省炎黄文化研究会会长阮诗玮出席并讲话。本届“重走朱子之路”活动以“纪念朱熹诞辰893周年暨台湾海峡两岸朱子文化交流促进会成立10周年”为契机，共邀请来自台湾海峡两岸朱子文化交流促进会以及台湾清华大学、台湾政治大学、北京大学、厦门大学等高校的学者、师生百余人参与。

23日，省防指会商做好台风“杜苏芮”防御工作。

下午，省防指组织应急、水利、气象、海洋与渔业、海事等部门，会商分析今年第5号台风“杜苏芮”发展趋势和影响，部署防御工作。会商指出，近期海上热带气旋活跃，今年第5号台风“杜苏芮”21日生成，目前已进入48小时警戒线，23日14时距离台湾鹅銮鼻东南方向约1110公里，近中心最大风力10级（28米/秒）。“杜苏芮”将以每小时10公里左右的速度向西偏北方向移动，24日转向西北方向移动，逐渐向台湾省东部沿海靠近，最强可达强台风级或超强台风级，27日前后靠近我省。受“杜苏芮”影响，我省各大渔场将出现4.0~7.0米的巨浪到狂浪；福州至泉州沿海有3.5~4.5米的大浪到巨浪。

24日，省防指部署第5号台风“杜苏芮”防御工作。

省防指召开全省视频会议，部署今年第5号台风“杜苏芮”防御工作。省委常委、常务副省长、省防指总指挥郭宁宁出席会议并讲话。会议强调，台风“杜苏芮”可能发展为超强台风，并在我省中南部沿海一带登陆，带来狂风、巨浪、大潮、暴雨等多重严重影响。各地区各部门务必高度警戒，坚持人民至上、生命至上，严阵以待、严防死守，全力以赴做好各项防御工作，切实保障人民群众生命财产安全。

24日，我省打造会计行业人才高地。

日前，我省首期总会计师类会计领军人才毕业典礼在厦门国家会计学院举行，48名学员经过三年培养考核取得会计领军人才证书。

25日，2023年福建省领事保护宣传月举办。

近日，由外交部领事司指导，福建省外办和厦门市外办共同主办的2023年福建省领事保护宣传月活动在厦门举办。

25日，省委常委会召开会议。

福建省委书记周祖翼主持召开省委常委会会议，认真学习习近平总书记在7月24日中央政治局会议、党外人士座谈会、中央政治局第七次集体学习、中央财经委员会第二次会议上的重要讲话和给“科学与中国”院士专家代表的回信精神，研究我省贯彻落实措施；部署我省主题教育下一步工作。

25日，周祖翼赵龙赴省应急指挥中心检查部署防台风工作。

今年第5号台风“杜苏芮”正朝我省沿海靠近，强度逐渐加强。今日，省委书记周祖翼、省长赵龙赴省应急指挥中心，详细了解台风的路径、强度及风雨影响，并召开全省视频会议，检查部署防御台风工作。

25日，中央政法委领导来闽调研。

近日，中央政法委副秘书长王洪祥率调研组到厦门市、三明市，深入基层政法单位、乡镇街道社区等，详细了解政法跨部门大数据办案平台、海丝中央法务区、生态司法保护、矛盾纠纷化解等情况，调研指导基层平安建设、市域社会治理现代化试点、政法宣传舆论等工作。

25日，我省重新制定妇女权益保障条例。

省人大常委会组成人员分组审议了《福建省妇女权益保障条例（草案）》。2008年我省对《福建省实施〈中华人民共和国妇女权益保障法〉办法》进行了修正，而此次立法则是重新制定妇女权益保障条例。

25日，省领导检查我省2023年高招录取工作。

省委常委、宣传部部长张彦到高招录取现场，检查我省普通高校招生录取工作，看望慰问现场工作人员。我省普通高校招生录取工作已于6月30日开始，预计到8月16日结束。

25日，省领导参加“八闽文化之旅·第六届港澳台大学生走朱子之路研习营”开营式。

由省政协和港澳台有关单位举办的“八闽文化之旅·第六届港澳台大学生走朱子之路研习营”在福州开营。省委副书记罗东川、省政协副主席阮诗玮出席开营式并讲话。本次研习营旨在以朱子文化为主题，以港澳台青年为主体，通过体验式文化交流考察，促进闽港澳台青年交流交往，共有来自港澳台的45名青年学生参加为期一周的研习活动。

25日，全省政法机关防御台风维护社会稳定工作视频调度会召开。

下午，省委常委、政法委书记黄海昆主持召开全省政法机关防御台风维护社会稳定工作视频调度会。会议深入学习贯彻习近平总书记关于防汛救灾工作的重要指示精神，认真落实党中央部署和省委工作要求，对全省政法系统防御台风工作进行调度部署，全力维护人民群众生命财产安全，确保社会大局安定稳定。

25日，第二十三届投洽会第二次筹备工作会议召开。

第二十三届中国国际投资贸易洽谈会第二次筹备工作会议在厦门召开。商务部部长助理陈春江、福建省副省长王金福出席会议并讲话。第二十三届投洽会将于9月8日至11日在厦门举办。今年的投洽会以“开放·融合 引领高质量发展”作为年度主题，主要由重大活动、会议论坛活动、权威信息发布、展览展示、对接洽谈等部分组成。

25日，甘肃省答谢东西部协作对口帮扶省市福州专场演出举行。

晚上，甘肃省答谢东西部协作对口帮扶省市福州专场演出在福建大剧院举行。省委常委、宣传部部长张彦，省人大常委会副主任袁毅，甘肃省副省长赵金云出席活动。本次活动由甘肃省委宣传部、福建省委宣传部主办，甘肃演艺集团承办。

25日，第三届福建最美监狱人民警察暨首届最美警属荣誉仪式举行。

晚上，由省司法厅、省监狱管理局主办的第三届福建最美监狱人民警察暨首届最美警属荣誉仪式在省广播影视集团演播厅举行。副省长李建成出席活动并为获奖者颁奖。

26日，十一届省委第三轮巡视动员部署会召开。

十一届省委第三轮巡视动员部署会在福州召开，省委常委、省纪委书记、省监委主任、省委巡视工作领导小组组长迟耀云出席会议并讲话，省委常委、组织部部长、省委巡视工作领导小组副组长邢善萍宣布了十一届省委第三轮巡视的组长授权任职和任务分工的决定。

26日，《福建省献血条例》将于今年11月1日起施行。

新修订的《福建省献血条例》经省人大常委会会议表决通过，将于今年11月1日起施行。《条例》践行社会主义核心价值观，弘扬人道主义精神，针对我省献血现状，本着适度超前原则，聚焦加强政府组织保障、规划布点、为献血者提供福利便利等方面进行修改。

26日，《福建省发挥村规民约基层治理作用若干规定》将于今年9月1日起施行。

《福建省发挥村规民约基层治理作用若干规定》今日经省人大常委会会议表决通过，主要内容包括规范村规民约内容、规范制定程序、明确政府职责等，将于今年9月1日起施行。这是我省“小切口”立法的又一次生动尝试。

26日，科技馆展品展项建设要求发布。

根据《福建省地方标准发布公告（2023年第1号）》，由福建省科技馆主导研制的福建省地方标准《DB35/T 2123—2023 科技馆展品展项建设通用要求》日前正式批准发布，实施日期为2023年9月19日。该标准有助于科技馆体系标准化成果应用和推广示范，为推动我省科普标准化高质量发展提供有效支撑。

26日，省防指召开省市县乡四级防台风工作视频会。

省防指召开省市县乡四级视频会，全面落实省委、省政府工作要求，对防御台风“杜苏芮”进行再强调再部署再落实。省委常委、常务副省长、省防指总指挥郭宁宁出席会议并讲话。

会议强调，台风“杜苏芮”已加强为超强台

风，可能在我省闽南沿海一带登陆，影响广、危害大，今明两天防御工作尤为关键。各地各部门要坚持人民至上、生命至上，顶格部署并迅速落实各项防范应对措施，尽全力保障人民生命财产安全。

26日，我省发出关于在防汛防台风中发挥基层党组织战斗堡垒作用和党员先锋模范作用的通知。

省委主题教育领导小组办公室、省委组织部发出《关于在防汛防台风中发挥基层党组织战斗堡垒作用和党员先锋模范作用的通知》，强调要深入贯彻落实习近平总书记的重要指示精神和中央、省委的部署要求，认真践行主题教育“以学促干”的要求，在防汛防台风一线争优争先争效。

27日，全省防御台风“杜苏芮”视频部署会召开。

福建省委书记周祖翼在省应急指挥中心主持召开全省防御台风“杜苏芮”视频部署会，对防台风工作进行再动员、再部署、再落实。周祖翼强调，要深入学习贯彻习近平总书记关于防汛救灾工作的重要讲话重要指示批示精神，推动全省上下全力以赴防台风，有力有序、落细落实各项防御措施，切实保障人民生命财产安全。省委副书记、省长赵龙出席并作具体部署。

27日，赵龙赴漳州检查指导防台风工作落实情况。

上午，我省启动防御第5号台风“杜苏芮”Ⅰ级应急响应后，受省委书记周祖翼委托，省长赵龙和省人大常委会副主任李德金立即赶赴本次台风重点影响区域漳州，实地检查指导防台风工作，看望坚守一线的干部群众和官兵。根据省委安排，日前已到漳州开展督导工作的省委常委、省纪委书记、省监委主任迟耀云，副省长林瑞良参加有关活动。

27日，周祖翼在福州市检查防汛防台风工作。

下午，今年第5号台风“杜苏芮”直扑福建沿海而来，给我省带来较大影响。省委书记周祖翼深入福州市鼓楼区、晋安区、台江区，检查指导防御台风工作落实情况，并慰问坚守在防台风一线的基层干部群众。

27日，我省部署“八一”期间双拥工作。

近日，省退役军人事务厅、省军区政治工作局、省双拥办联合下发《关于做好“八一”期间拥军优属拥政爱民工作的通知》，要求各地各部队要扎实做好“八一”期间拥军优属拥政爱民工作，巩固发展新时代军政军民团结，为巩固提高一体化国家战略体系和能力、推进强国强军汇聚强大力量。

27日，省防指启动防台风和防暴雨Ⅰ级应急响应。

省防指启动防台风和防暴雨Ⅰ级应急响应，并组织防汛、气象等部门会商研判，要求落细落实各项防台风措施，重点防范陆上强风对城乡基础设施、城市运行和居民生活的危害，以及强降水可能引发的山洪、中小流域洪水和城乡积涝、塌方、滑坡、泥石流等次生灾害。

会商研判指出，27日17时，台风“杜苏芮”中心附近最大风力15级，预计最大可能于28日早晨到上午在我省晋江至东山一带沿海登陆。27日傍晚到28日白天，我省中南部沿海海区和闽中、闽南、台湾浅滩渔场最大风力可达12~15级、阵风15~17级；泉州、漳州北部、厦门北部和莆田南部有大暴雨到特大暴雨。

28日，省领导赴一线开展防御超强台风督导检查。

今年第5号台风“杜苏芮”于7月28日上午9点55分在泉州市晋江沿海登陆，正面袭击我省。省委书记周祖翼在省应急指挥中心，通过视频实时察看全省各地风情雨势，统筹协调、部署推进防御超强台风各项工作。省长赵龙在漳州市、泉州市，省委副书记罗东川在三明市，其他省领导在所督导检查的地区，就地参加防台风工作。

29日，周祖翼在福州察看灾情并指导救灾工作。

今年第5号台风“杜苏芮”登陆后，给我省部分地区带来暴雨、局部特大暴雨，沿海多地出现历史上最强日降水。今天一早，省委书记周祖翼深入福州受灾点，实地察看灾情，部署指导救灾，并看望慰问一线公安干警和抢险救灾人员。

29日，“杜苏芮”成为63年来首登福建的最强台风。

首登福建的台风，简单地说就是每年登陆福建的第一个台风。28日上午9时55分，今年第5号台风“杜苏芮”在福建省晋江市沿海登陆，登陆时中心附近最大风力达15级（50米/秒，强台风级），中心最低气压945百帕，成为63年来首登福建的最强台风。

29日，赵龙赴泉州莆田福州检查指导防台风暴雨工作。

受台风“杜苏芮”影响，我省出现狂风暴雨、局部特大暴雨，部分地区出现灾情。28—29 日，省长赵龙和省人大常委会副主任李德金赴泉州、莆田、福州检查指导防抗台风和强降雨救灾工作。

29 日，福州市区等五地日降雨量超过历史极值。

福建省防指消息，第 5 号台风“杜苏芮”已于 28 日 22 时离开我省，29 日 11 时减弱为热带低压，并停止编号。据统计，28 日 8 时—29 日 18 时，全省 45 个县的 233 个乡镇累计雨量超过 250 毫米，12 个县的 33 个乡镇超过 500 毫米，以莆田涵江区白沙镇 813 毫米为最大，最大小时雨量为莆田荔城区新度镇 151.2 毫米。福州市区、闽侯、莆田市区、仙游、泉州南安日降雨量超过 1961 年以来历史极值纪录；莆田市区日降雨量破全省国家观测站最大日降雨量历史纪录。

29 日，省财政厅紧急下拨 5000 万元支持做好台风应急救灾工作。

福建省财政厅、省应急管理厅紧急下拨 5000 万元中央自然灾害救灾资金，支持做好台风“杜苏芮”应急救灾工作。其中，受灾较为严重的泉州市 2000 万元、福州市 1000 万元、莆田市 1000 万元，其他地区 1000 万元。由地方统筹用于应急抢险救援和受灾群众救助，重点做好搜救转移安置受灾人员、排危除险等应急处置、开展次生灾害隐患排查和应急整治、倒损民房修复等。

29 日，我省累计 8138 名大学生参加西部、欠发达地区志愿服务。

由团省委、省委组织部、省教育厅、省财政厅、省人社厅联合举办的“西部计划实施 20 周年纪念大会暨 2023 年福建省大学生志愿服务西部计划、欠发达地区计划出征仪式”在福州举行。各厅局相关负责同志及各服务市、县项目办代表出席出征仪式。出征仪式上，冯淑丹等 39 名大学生志愿者被授予“2021—2023 年度福建省大学生志愿服务欠发达地区计划优秀志愿者”称号，同时还举行了志愿者授旗和宣誓仪式，为参加 2023 年福建省大学生志愿服务西部计划、福建省大学生志愿服务欠发达地区计划的大学生志愿者送行。

31 日，福建省纪念延安双拥运动 80 周年暨 2023 年“八一”军政座谈会召开。

在庆祝中国人民解放军建军 96 周年之际，福建省纪念延安双拥运动 80 周年暨 2023 年“八一”军政座谈会在福州召开，共同推动新时代双拥工作高质量发展。省委书记、省人大常委会主任周祖翼出席并讲话，省委副书记、省长赵龙主持，驻闽部队领导唐兴华、省政协主席滕佳材出席。

31 日，“中国福建”客户端小程序上线。

经过前期试运行，今日，福建省人民政府门户网站移动版“中国福建”客户端小程序（以下简称“中国福建”小程序）正式上线。该小程序围绕解决群众身边的“关键小事”的各类场景，集成多项高频便民利企服务，模块设置清晰，操作轻松便捷，已集成医保、社保、公积金、交管、大学生就业、消费维权等高频便民服务和营业执照、企业信息、开票助手等高频利企服务。目前，“中国福建”小程序已入驻闽政通 APP，并在微信、支付宝等平台设置服务入口。

31 日，省民政厅印发通知要求扎实做好灾后困难群众兜底保障工作。

福建省民政厅印发《关于认真做好台风“杜苏芮”灾后困难群众兜底保障工作的通知》，要求各地进一步提高政治站位，把保障困难群众基本生活作为灾后重建的一项重要任务，完善工作措施，抓好工作落实。

31 日，第八批国家集采药品中选结果落地福建。

福建医疗保障局消息，今日起，第八批国家组织药品集中带量采购中选结果在我省落地执行。此次集采药品平均降价 56%，落地执行后，我省预计一年可节约医疗费用 5.15 亿元，切实减轻患者负担。本批国家集采中选药品 39 个品种，福建省本次落地执行除头孢西丁注射剂型外的 38 个品种。

31 日，台风“杜苏芮”共造成我省 266.69 万人受灾。

福建省防指消息，今年第 5 号台风“杜苏芮”共造成我省 266.69 万人受灾，紧急避险转移 39.95 万人，紧急转移安置 16.24 万人；农作物受灾面积 37396.27 公顷，其中绝收面积 1701.76 公顷；倒塌和严重损坏房屋 3357 间，一般损坏房屋 14998 间，直接经济损失 147.55 亿元。

（摘编：王杰成）

八月

1 日，李兴湖同志任三明市委书记。

日前，省委决定，李兴湖同志任三明市委书记。

1 日，2023 年福建省哲学社会科学教学科研骨干研修班开班。

2023 年福建省哲学社会科学教学科研骨干研修班开班式在省委党校举行，省委常委、宣传部部长张彦出席并讲话。

1 日，2023 年下半年我省征兵宣传暨大学生征兵工作启动。

省征兵办、省教育厅主办的 2023 年下半年福建省征兵宣传和大学生征兵工作网络启动仪式在莆田举行。省征兵工作领导小组副组长、省军区少将副司令员郑福源等军地领导出席活动。

1 日，“大手牵小手，永远跟党走”青少年演讲比赛总决赛举行

全省关工委“大手牵小手，永远跟党走”青少年演讲（讲故事）比赛总决赛在福州举行。省关工委连续 3 年举办“大手牵小手，永远跟党走”青少年演讲（讲故事）比赛。本次演讲比赛于今年 5 月启动，经过层层选拔，共有 24 名选手分别参加小学组、中学组总决赛，其中年龄最小的 9 岁，年龄最大的 18 岁。省关工委主任刘群英出席。

1 日，第九届福建省“互联网+”大学生创新创业大赛决赛打响。

以“我敢闯，我会创”为主题的第九届福建省“互联网+”大学生创新创业大赛决赛今日开赛。本届大赛由省教育厅、省委统战部、省发改委、省工信厅等 11 个部门共同主办，福州大学、黎明职业大学分别承办，共吸引了全省 247 所学校的 85 万名师生、近 22.3 万个项目报名参赛，参赛人数、项目数均创历史新高。经过校级选拔、省赛网评等环节的角逐，最终共有 400 多个项目进入决赛，包括高教主赛道项目 148 个、“青年红色筑梦之旅”赛道项目 62 个、职教赛道项目 139 个、产业命题赛道项目 35 个、萌芽赛道项目 20 个。

1 日，福建“四大经济”高层次人才认定标准出炉。

福建省委人才办、省发改委、省财政厅、省人社厅、省文旅厅等 5 部门近日联合发布我省数字经济、海洋经济、绿色经济、文旅经济省级高层次人才认定条件。明确了高层次人才认定办法和 3 个方面 23 项政策支持。

1—10 日，我省公安机关推进夏季交通安全整治行动。

按照公安部部署，省公安厅在全省范围内开展夏季交通安全整治行动，严查严处超员载客、非法改装、疲劳驾驶、酒醉驾等交通违法行为，进一步强化道路交通安全管理，切实维护群众生命财产安全。

2 日，省委常委会召开会议。

福建省委书记周祖翼主持召开省委常委会会议，认真学习贯彻习近平总书记对防汛救灾工作作出的重要指示和在四川考察、返京途中在陕西汉中考察、八一前夕视察西部战区空军时等重要讲话精神，研究我省贯彻落实措施；部署推动我省防汛救灾、加强资源节约、加强和改进省管企业党的建设等工作。

2 日，十一届省委全面深化改革委员会第八次会议召开。

福建省委书记、省委全面深化改革委员会主任周祖翼主持召开十一届省委深改委第八次会议，深入学习贯彻二十届中央深改委第二次会议精神，

研究《福建省深入开展“一市一试点”“一县一特色”专项改革工作方案》，听取我省推进要素市场化配置综合改革工作情况及厦门市进展情况的汇报；听取省委深改委文化体制改革专项工作小组、社会治理体制改革专项工作小组关于改革推进落实情况的汇报。省长、省委深改委副主任赵龙，省政协主席滕佳材，省委副书记、省委深改委副主任罗东川出席。

2 日，王进足同志任漳州市委书记。

日前，省委决定，王进足同志任漳州市委书记。

2 日，我省将成立学校家庭教育指导服务中心。

福建省教育厅消息，我省将依托福建开放大学成立福建省学校家庭教育指导服务中心。省学校家庭教育指导服务中心接受省委教育工委、省教育厅和福建开放大学的双重指导，具有行政和业务双重性质。

2 日，“走出大山看大海”公益游学活动开营。

由民盟福建省委会主办的“闽盟烛光行动”——2023 年“走出大山看大海”公益游学活动在福州开营。省政协副主席、民盟省委会主委阮诗玮出席开营仪式。此次公益游学活动为期 3 天，组织来自莆田市仙游县，南平市松溪县、政和县，龙岩漳平市，宁德市周宁县的 40 名优秀中小学生和老师前往福州、平潭，实地参观三坊七巷林则徐纪念馆、冰心纪念馆、福建博物院等地，引导学生在领略八闽大地自然和人文之美中，增强热爱祖国、努力学习、奋发图强的原动力。

2 日，省人大常委会主题教育调研成果交流和典型案例剖析会召开。

省人大常委会主题教育调研成果交流和典型案例剖析会召开。会议深入学习贯彻习近平总书记关于主题教育的重要讲话重要指示批示精神，交流调研成果，剖析典型案例，推动主题教育走深走实，推动调研成果转化为推进高质量发展和新时代人大工作的思路举措、实际成效。省人大常委会党组书记、副主任周联清主持会议并讲话。省委第四巡回指导组到会指导。

2 日，省政协召开专题协商会。

省政协围绕“教育、科技、产业联动，培育使用创新人才”议题举行专题协商会，组织政协委员并邀请专家学者、高校师生代表与省直有关部门负责同志共谋推进教育、科技、产业、人才联动发展良策。省政协主席滕佳材主持会议。副省长林瑞良出席并讲话。

2 日，“福建院士专家宁夏行”活动举办。

福建省科协主席、中国科学院院士郑兰荪带队赴宁夏固原开展院士专家对口帮扶协作工作，中国科学院院士、福建省农科院研究员谢华安等 15 位院士专家参加活动。

2 日，第五届两岸融合发展论坛举办。

第五届两岸融合发展论坛在福州市举办，旨在凝聚两岸学者的智慧，研究融合发展的理论与实践，为探索融合发展新路献计献策。中华全国台湾同胞联谊会会长郑建闽，福建省委常委、统战部部长王永礼出席论坛并致辞。来自两岸的 70 余位专家学者，围绕“新形势下深化两岸各领域融合发展的理论与实践”展开研讨。

3 日，省委召开省级老领导座谈会。

省委召开省级老领导座谈会，通报有关情况并听取意见建议。省委书记周祖翼主持会议并讲话。省委副书记、省长赵龙通报了今年以来全省经济社会发展情况，省政协主席滕佳材出席会议。省级老同志陈明义、黄小晶、方忠炳、郑义正、陈增光、陈营官、黄贤模、曹德淦、金能筹、陈旭、刘德章、王美香、马潞生、袁锦贵、叶继革、陈桦、马新岚、倪英达、刘群英、潘征、叶双瑜、雷春美出席座谈会。

3 日，周祖翼赴福州市检查全面从严治党主体责任落实情况。

福建省委书记周祖翼赴福州开展 2023 年全面从严治党主体责任落实情况检查并进行集体约谈。周祖翼强调，要深入学习贯彻习近平新时代中国特色社会主义思想和党的二十大精神，坚持“3820”战略工程思想精髓，进一步压紧压实管党治党政治责任，推动全面从严治党向纵深发展，推动福州发展在新时代新征程不断迈上新台阶。

3 日，省领导赴三明市检查全面从严治党主体责任落实情况。

省委副书记罗东川赴三明市开展 2023 年全面从严治党主体责任落实情况检查并进行集体约谈。

3 日，军地领导在福州检查指导征兵体检工作。

副省长、省征兵领导小组副组长王金福，省

军区少将副司令员、省征兵领导小组副组长郑福源等军地领导在福州检查指导征兵体检工作。

3 日，深入学习贯彻习近平总书记文化传承发展座谈会重要讲话精神专题会议召开。

全省宣传文化系统深入学习贯彻习近平总书记文化传承发展座谈会重要讲话精神专题会议召开，省委常委、宣传部部长张彦出席并讲话。

3 日，全国首个妇幼领域真实世界数据应用平台在闽启用。

第二届福建数字医疗与转化创新大会消息，由省妇幼保健院牵头的全国首个“妇幼健康全生命周期人工智能医疗器械真实世界数据应用平台”在闽正式启用。该平台将在妇幼全生命周期临床场景中围绕孕产保健、生殖医学、儿童保健、儿科疾病诊疗和妇科疾病诊疗等专科领域，综合运用真实世界数据应用评估技术，发现、孵化和转化一批兼具临床价值与市场价值的产品和解决方案，并利用福建省妇幼保健网络进行试点推广。项目的启用，有利于提升全国妇幼健康大数据的使用价值，促进人工智能医疗器械在妇幼健康领域的研发、转化和应用。目前，平台已吸引 10 多家关联企业进行合作转化。

3—4 日，省领导赴建宁开展群众接访和挂钩帮扶工作。

省委副书记罗东川率省直有关部门负责同志赴建宁县开展群众接访和挂钩帮扶工作，强调要认真学习贯彻习近平总书记关于山海协作和老区苏区振兴发展的重要指示精神，紧密结合“深学争优、敢为争先、实干争效”行动，立足区域实际，集中优势资源，调动各方力量，推动革命老区高质量发展示范区建设，助力建宁县高质量发展。

4 日，全省政法跨部门大数据办案平台建设应用推进会召开。

全省政法跨部门大数据办案平台建设应用推进会召开。会议深入学习贯彻习近平总书记关于数字中国建设的重要论述，总结平台建设成效，部署推广应用工作。省委常委、政法委书记黄海昆，副省长、省公安厅厅长李建成，省法院院长金银墙、省检察院检察长侯建军出席并讲话。省委主题教育第二巡回指导组到会指导，会议以视频形式开至县一级。

4 日，“中国白 · 德化瓷”国际巡展启动。

“中国白 · 德化瓷”国际巡展在新华社历史陈列馆启动，省委常委、宣传部部长张彦，新华社党组成员、秘书长景如月出席启动仪式并致辞。启动仪式上，德化县与新华社中国经济信息社签署了战略合作协议。

5 日，周祖翼会见老挝国会副主席宋玛 · 奔舍那一行。

福建省委书记、省人大常委会主任周祖翼在福州会见了率团前来参加首届“中国-东盟周”活动的老挝国会副主席宋玛 · 奔舍那一行。周祖翼代表省委、省政府对宋玛副主席一行来访表示欢迎，并简要介绍了福建省情和经济社会发展情况。他说福建将认真贯彻落实两党两国最高领导人达成的重要战略共识，与老挝进一步巩固传统友谊，携手共同参与“一带一路”建设，在经贸、文旅、教育、医疗和青年交流互学等领域深化务实合作、取得更大成果，实现互利共赢。

5 日，我省首批专项选认 54 名“闽藏协作”科特派。

福建省科学技术厅公布 2023 年福建省科技特派员（闽藏协作）名单，共有 54 人入选。他们也是我省首次专项选认的“闽藏协作”科技特派员。

6 日，首届“中国—东盟周”在福州开幕。

以“面向新时代的中国东盟全面战略伙伴关系”为主题的首届“中国—东盟周”在福州开幕。老挝国会副主席宋玛 · 奔舍那，省长赵龙出席并致辞。外交部部长助理农融，省委常委、福州市委书记林宝金致辞，省委常委、常务副省长郭宁宁出席，中国—东盟中心秘书长史忠俊主持。“中国—东盟周”由中国—东盟中心、福建省外办、福州市人民政府共同主办，活动将持续至 11 日，包括中国（福建）—东盟贸易合作论坛、“海丝传琴”音乐会、青年论坛、电影周、美食嘉年华等，来自中国和东盟国家的政要、驻华使节及智库专家等应邀出席。

7 日，我省出台 10 项举措促进文旅消费。

为贯彻落实《国务院办公厅转发国家发展改革委关于恢复和扩大消费措施的通知》精神，落实落细《新形势下促进文旅经济高质量发展激励措施》，省文化和旅游厅今日印发《关于促进文化和旅游消费的措施》，出台 10 项具体有力举措，推进全领域、全行业、全要素的文旅深度融合发展，进一步提升我省文化和旅游消费质量水平，推动我省文旅经济高质量发展。

8 日，省公安厅部署安全生产、维护稳定等工作。

近日，副省长，省公安厅党委书记、厅长李建成主持召开厅党委（扩大）会议，学习贯彻习近平总书记对防汛救灾工作的重要指示精神，按照国务院和省委、省政府、公安部有关工作要求，部署推进安全生产、维护社会稳定等重点工作。

8 日，省政协领导会见香港福建同乡会访问团。

省政协副主席阮诗玮在福州会见香港福建同乡会访问团。阮诗玮对会长柯孙培等一行来闽访问表示欢迎。他希望香港福建同乡会一如既往地关心、支持新福建建设，进一步推动闽港经济社会文化合作向更宽领域、更深层次和更高水平迈进。

8—11 日，省关工委举办全省关工委干部培训班。

全省关工委干部培训班在南平武夷山市举办。省关工委主任刘群英出席开班式并讲话，常务副主任袁锦贵作专题讲座。培训班邀请有关专家学者进行专题讲座，并开展实地践学和交流研讨。培训班成员表示，学习贯彻习近平新时代中国特色社会主义思想主题教育启动以来，全省各级关工委高度重视、精心组织，把开展主题教育与推动中心工作紧密结合，取得了实实在在的成效。

9 日，省委和省政府向老同志通报上半年工作。

省委和省政府召开工作通报会，向老同志通报上半年全省经济社会发展情况。受省委书记周祖翼、省长赵龙委托，省委常委、秘书长吴偕林作工作通报，副省长林文斌主持会议。

会议强调，福建发展取得的成绩，凝聚着各位老同志的心血汗水。希望各位老同志一如既往地关心、支持省委和省政府工作，为新福建建设多贡献智慧和力量。省委和省政府将继续做好各项服务保障工作，不断增强老同志政治上的荣誉感、组织上的归属感、生活上的幸福感。

9 日，2023“走进政协 · 台湾青年说”主题分享活动举行。

2023“走进政协 · 台湾青年说”主题分享活动在榕举行。省政协主席滕佳材，副主席阮诗玮出席活动。本次活动以“协商民主与两岸融合发展”为主题，邀请台湾青年与福建省政协青年委员、两岸专家学者对话交流，通过分享在大陆参与民主协商的经历感悟，进一步增强台湾青年认同感和归属感，共画两岸同心圆。

10 日，周祖翼会见复旦大学裘新一行。

福建省委书记、省人大常委会主任周祖翼在福州会见了复旦大学党委书记裘新一行。周祖翼代表省委、省政府对复旦大学长期以来给予福建发展的大力支持表示感谢，并简要介绍了福建省情。他希望双方发挥各自优势，在产教融合、校企联动以及科研创新、医疗卫生、人才培养等方面持续深化合作，携手打造国家区域医疗中心样板，成为校地合作的典范。

10 日，我省在全国率先实现海岸沿线 30 公里 5G 连续覆盖。

第六届“绽放杯”5G 应用征集大赛 5G+水利海洋专题赛启动会在泉州举办。从启动会上获悉，截至今年 6 月，全省累计建成 5G 基站 9.4 万个，实现所有乡镇和 85%以上建制村 5G 覆盖，推动重点港口、码头 5G 深度覆盖，并在全国率先实现全省海岸沿线 30 公里 5G 连续覆盖。

10—11 日，全省检察长研讨班召开。

全省检察长研讨班在福州召开。省检察院党组书记、检察长侯建军出席开班式并讲话。

会议指出，今年以来，全省检察机关深入学习贯彻习近平新时代中国特色社会主义思想和党的二十大精神，扎实开展主题教育，一体推进“深学争优、敢为争先、实干争效”行动，按照全国检察长会议、全省检察长座谈会部署，高质效履行法律监督职能，各项检察工作稳步推进。要切实扛起新时代新征程福建检察工作的历史使命和检察工作现代化的政治责任，进一步推动检察工作高质量发展，更好服务中国式现代化的福建实践。

11 日，新一轮《闽宁科协系统合作框架协议》签订。

近日，福建省科协与宁夏回族自治区科协签订了新一轮《闽宁科协系统合作框架协议》，在加强科协工作交流、科技人才交流、学会学术交流、科普工作交流等方面达成新一轮合作意向。

11 日，全省第一批主题教育部分单位座谈会召开。

全省第一批主题教育部分单位座谈会在福州召开。会议深入学习贯彻习近平总书记关于主题教育的系列重要讲话重要指示批示精神，贯彻落实党中央决策部署和省委工作要求，交流经验做法，听取意见建议并开展测评，对下一步工作进行再部署再推进。中央第七指导组组长王建军到会指导并讲话，省委常委、组织部部长，省委主题教育领导小组副组长、办公室主任邢善萍主持会议并讲话，中央第七指导组副组长陈海波出席会议。

14 日，社会组织助力乡村振兴公益创投大赛举办。

为发挥社会组织在乡村振兴中的积极作用，推广社会组织在助力乡村振兴中尤其是与老区村开展“阳光 1+1”牵手的经验做法，近日，省民政厅联合省乡村振兴局开展“阳光 1+1·奋进新征程”福建省社会组织助力乡村振兴公益创投大赛活动。截至目前，经组委会审核后，符合本次大赛要求的申报项目共 186 个。

15 日，省领导到漳州龙海调研督导。

省委常委、政法委书记黄海昆到漳州市龙海区调研督导“治重化积”工作，推进中央信访联席办交办重点信访事项化解。他强调，要深入学习贯彻习近平法治思想，大力传承弘扬“四下基层”“四个万家”优良传统，扎实推进信访工作法治化，依法依规保障群众合法权益，全力维护社会大局和谐稳定。

15 日，福建省少年儿童心理健康指导服务平台上线。

今年暑假期间，由福建省妇联牵头研发制作的“无忧少年”——福建省少年儿童心理健康指导服务平台正式上线。平台充分考虑各年龄段少年儿童的心理生理特点，采用“实践+指导”的手段和场景式互动化方式，让孩子们在游戏中获得情绪疏解，掌握处理心理困惑的方式方法，提升自我调适能力。平台还能够帮助学校、家长和心理健康教育工作者及时掌握、研判少年儿童心理问题，及时有效开展心理疏导和指导服务。

15 日，第八季全省高校大学生“一‘马’当先”知识竞赛圆满收官。

第八季全省高校大学生学习马克思主义理论“一‘马’当先”知识竞赛总决赛在福建师范大学举行。省委常委、宣传部部长张彦出席并为获奖高校颁奖。本季知识竞赛分高校初赛、省级晋级赛和省级总决赛三个阶段，历时 3 个月，涵盖全省高校，共吸引 20 余万人次参加。在各校初赛的基础上，省级晋级赛通过线下相对集中、线上统一竞答的方式，产生研究生组、本科生组、高职高专学生组十强队伍入围总决赛。总决赛以现场竞答方式进行，最终角逐出研究生组、本科生组、高职高专学生组个人和团体一、二、三等奖及优胜奖。

16 日，中共福建省委十一届四次全会在榕举行。

中国共产党福建省第十一届委员会第四次全体会议，于 2023 年 8 月 16 日在福州举行。全会由省委常委会主持，省委书记周祖翼讲话。全会听取和讨论了周祖翼受省委常委会委托作的工作报告，审议了《中共福建省委、福建省人民政府关于实施新时代民营经济强省战略，推进高质量发展的意见》。

16 日，央媒频频点赞福建。

近期，我省大事喜事不断，引起中央主流媒体广泛关注。七月下旬以来，《人民日报》、新华社、中央广播电视总台、《光明日报》、《经济日报》等中央主流媒体连续聚焦福建高质量发展，在重要版面、重要时段刊播有分量的报道，点赞我省开展主题教育、弘扬“四下基层”优良作风等经济社会发展亮点。

16 日，我省各级计生协会金秋助学累计资助 15.7 万名学子。

“金秋之光 点亮人生”——福建省计生协会“金秋助学”演讲活动在福州举行。来自全省各地的 10 名受助学子，分享了遇见金秋助学、点亮人生的感人故事。据统计，2011 年以来，全省各级计生协会累计发放助学款 3.15 亿元，资助 15.7 万名计生家庭学子顺利就学、逐梦前行。

17 日，省第十一次归侨侨眷代表大会召开。

福建省第十一次归侨侨眷代表大会在福州召开。省委书记、省人大常委会主任周祖翼，中国侨联党组书记、主席万立骏出席开幕式并讲话。省委副书记、省长赵龙，省政协主席滕佳材出席。来自全省各条战线、各行各业的归侨侨眷代表，60 个国家闽籍侨胞、港澳台侨界代表人士和特邀嘉宾等800多人参加会议。

17日，闽宁首届肢残人歌手大赛落幕。

为深入开展闽宁两地残疾人文化交流，在第十四次全国“肢残人活动日”之际，“讴歌新时代 唱响新生活”闽宁首届肢残人歌手大赛近日在福州落幕。历经预赛、决赛的激烈角逐，来自福州的缪宇辉、宁夏的冯国富获得一等奖。

17—18日，2023年全省高校领导干部办学治校能力专题研讨班举办。

2023年全省高校领导干部办学治校能力专题研讨班在福州举办。省委常委、宣传部部长张彦，副省长常斌出席并分别作主题报告。本次研讨班邀请教育部有关司局负责同志、国内知名教育专家授课，全省九市一区分管教育工作的负责同志、教育部门和全省高校主要负责同志参加研讨。

18日，纪念毛泽东才溪乡调查90周年座谈会召开。

纪念毛泽东才溪乡调查90周年座谈会在龙岩市上杭县才溪镇召开。省委书记、省人大常委会主任周祖翼在会上强调，要深入学习贯彻习近平总书记关于调查研究的重要论述，深刻领会才溪乡调查所蕴含的精神实质和实践要求，深化主题教育，大兴调查研究，传承弘扬苏区精神和苏区干部好作风，奋力谱写中国式现代化福建篇章。省委副书记、省长赵龙主持。省政协主席滕佳材出席。会前，与会同志还一同瞻仰了光荣亭、毛泽东才溪乡调查会址，参观了毛泽东才溪乡调查纪念馆。

18日，纪念毛泽东才溪乡调查90周年理论研讨会在龙岩举行

上午，由中国中共党史人物研究会、福建省委宣传部、福建省委党史方志办、龙岩市委联合举办的纪念毛泽东才溪乡调查90周年理论研讨会在龙岩召开。福建省委副书记罗东川出席会议并讲话，中国中共党史人物研究会会长张树军作主旨讲话。中国中共党史人物研究会常务理事马卫防出席会议。会上，来自中央党史和文献研究院、中央党校、国防大学等单位的40多位专家学者，围绕“大力弘扬才溪乡调查好作风，全面推进中国式现代化新实践”作了研讨交流。

18日，省领导调研检查新建福厦铁路和厦漳泉城际铁路建设工作。

省委常委、常务副省长郭宁宁，省政府党组成员康涛率省直有关部门赴新建福厦铁路漳州段外部环境整治点、厦门北站、泉州东站、莆田站和福州南站等全线路，开展实地调研和现场检查，召开专题会议协调推进新建福厦铁路和厦漳泉城际铁路建设工作。

18日，2023年海峡两岸司法实务研讨会召开。

2023年海峡两岸司法实务研讨会在莆田市举行。中国法官协会名誉副会长杨万明，省人大常委会副主任江尔雄，海峡两岸法学交流协会（台湾）荣誉顾问廖林丽贞出席研讨会，省法官协会会长、海峡两岸审判理论专业委员会主任金银墙主持开幕式。本次研讨会由福建省法官协会、海峡两岸法学交流协会（台湾）共同主办。来自海峡两岸的100多位法学理论界及实务界嘉宾以“深化司法交流 促进融合发展”为主题，围绕“两岸刑事司法实务热点问题研究”“两岸新兴领域司法案件研究”“两岸司法制度改革发展研究”三个议题展开研讨。

18日，2023年海峡法学论坛举行。

由福建省文化经济交流中心、福建省法学会、厦门大学法学院、澳门大学法学院、香港律师协会、海峡两岸仲裁中心等19家高校法学院和法学研究机构联合主办的2023年海峡法学论坛在泉州举行。

18—19日，周祖翼在龙岩调研。

福建省委书记周祖翼深入龙岩市永定区、连城县，走进革命红色小镇、世界文化遗产和传统村落，察看重点产业项目，看望一线医护人员，调研推进革命老区振兴发展。周祖翼强调，要牢记习近平总书记对老区苏区建设的殷切嘱托，充分发挥福建红色圣地的优势，大兴调查研究，主动担当作为，保护运用好红色资源，传承弘扬优秀传统文化，不断提升人民群众生活品质，加快推进革命老区高质量发展示范区建设。

19日，赵龙赴厦门市检查全面从严治党主体责任落实情况。

根据省委统一部署，今日，省委副书记、省长赵龙赴厦门市开展2023年全面从严治党主体责任落实情况检查并进行集体约谈。

19日，2023年“中国医师节”庆祝活动举行。

今年8月19日是我国第6个中国医师节。当天，由省卫健委指导，省医师协会、省医学会联合主办，省肿瘤医院承办的“勇担健康使命，铸就时代新功”2023年“中国医师节”庆祝活动在福州举行。活动现场颁发了“2022年福建医学科技奖”，该奖项设立于2007年，至今已完成16届评审工作。此次共有36项科技成果荣获“2022年福建医学科技奖”，其中：中国人民解放军联勤保障部队第九〇〇医院王雯、福建省妇幼保健院颜建英2人主持的项目获得一等奖；厦门大学附属第一医院洪国粦等9人主持的项目获得二等奖；福建省立医院刘振华等25人主持的项目获得三等奖。活动同时表彰了“福建省2023年重症救治技能竞赛”11个奖项的获奖单位和获奖者。

20日，北京大学在闽青年人才座谈会召开。

北京大学在闽青年人才座谈会在福州召开。省委常委、组织部部长邢善萍，北京大学党委书记郝平出席座谈会并讲话。邢善萍代表省委组织部，向郝平一行表示欢迎。她说，北京大学是我国高等教育的一面旗帜，长期以来为福建经济社会发展输送了一大批优秀青年人才，希望北京大学一如既往关心支持福建发展，在人才培养引进、学科建设、科研攻关、决策咨询等方面进一步深化合作，推动省校战略合作取得更为丰硕的成果。

20日，世界闽侨青年精英汇举行。

世界闽侨青年精英汇在平潭举行，邀请18位闽侨青年精英、海外青年留学人员、海外青年科技人才代表，围绕“根与魂 梦与业”主题座谈交流。省委常委、统战部部长王永礼主持并讲话。

20日，省政协举办全省医务人员羽毛球邀请赛。

为庆祝第六个中国医师节，省政协举办福建省医务人员羽毛球邀请赛，邀请全省各级医疗卫生单位24支队伍共187人参赛。省政协副主席黄如欣出席开幕式并讲话。

21日，闽侨青年精英海丝情活动举行。

第五期闽侨青年精英海丝情活动在平潭举行。来自全球47个国家和地区的130余名闽籍侨青、海外留学生代表欢聚岚岛，围绕“侨谈两岸融合 青春逐梦八闽”主题，畅叙乡情，共话发展。省委常委、统战部部长王永礼出席并致辞。活动期间，还举办了2023闽侨青年精英海丝对话、第三届RCEP青年侨商创新创业对接会，并通过网络平台直播邀请47个国家和地区的闽籍海外侨团云端参会。会后将组织海外闽籍华裔青年实地参访，近距离感受平潭经济社会发展脉动和两岸融合发展新成就。

21日，福建省引进青年人才欢迎会召开。

福建省引进青年人才欢迎会在福州召开。省委常委、组织部部长邢善萍出席会议并讲话，勉励广大青年人才牢记嘱托、奋勇争先，用青春的智慧和汗水在八闽大地书写精彩人生。副省长林瑞良主持欢迎会。北京大学、清华大学、中国人民大学等16所高校领导出席会议。北京大学党委书记郝平、中国人民大学校长林尚立、同济大学党委书记方守恩，清华大学党委副书记过勇、中国医学科学院北京协和医学院党委书记姚建红、中国科学院大学党委副书记金德鹏分别在会上作了讲话，表达了对青年人才的亲切关怀和真诚祝福。

22日，第二十三届投洽会新闻发布会在京举行。

第二十三届中国国际投资贸易洽谈会新闻发布会在北京举行。商务部部长助理陈春江、福建省副省长王金福出席发布会。投洽会今年起恢复“一年一办”。本届大会以“开放·融合 引领高质量发展”为年度主题，围绕投资促进、产业创新、项目资本对接三大板块布展12万平方米，其间还将发布《世界投资报告2023》（中文版）、《中国外商投资报告2023》、《中国双向投资报告2023》等权威报告。本届投洽会由巴西、塞尔维亚、卡塔尔三个国家担任主宾国，甘肃为主宾省、兰州为明星市。

22—23日，福建省党政代表团赴宁夏考察并召开深化闽宁协作发展交流座谈会。

福建省委书记、省人大常委会主任周祖翼率领福建省党政代表团赴宁夏学习考察并召开交流座谈会，落实习近平总书记关于深化东西部协作和定点帮扶工作的重要指示精神，重温习近平总书记对推进闽宁协作的重要指示精神，推动闽宁协作取得新成绩。省政协主席滕佳材参加。宁夏回族自治区党委书记、人大常委会主任梁言顺，自治区党委副书记、自治区主席张雨浦，自治区政协主席陈雍参加活动。

22—25 日，全国人大常委会副委员长郑建邦率执法检查组来闽。

全国人大常委会副委员长郑建邦率安全生产法执法检查组来闽开展检查。受省委书记周祖翼委托，省委副书记、省长赵龙参加有关活动。检查组听取福建省贯彻实施安全生产法情况汇报，并先后赴福州、宁德、南平开展实地检查。

23 日，中央网信办领导来闽调研。

中央网信办副主任、国家互联网信息办公室副主任赵泽良一行，来福州调研 2023 年国家网络安全宣传周筹备情况并召开筹备工作组第一次会议。省委常委、宣传部部长张彦陪同调研。

23 日，我省召开打击治理电信网络诈骗犯罪工作专题会议。

我省召开打击治理电信网络诈骗犯罪工作专题会议，深入学习贯彻习近平总书记重要指示精神，研究部署推进深化打防管治建宣工作。省委常委、政法委书记黄海昆主持会议并讲话，副省长、省公安厅厅长李建成出席。会议强调，各地各部门要提高政治站位，深入贯彻落实《反电信网络诈骗法》，以实施省委“深学争优、敢为争先、实干争效”行动为抓手，以实现本地发案、外流犯罪、群众财损“三个大幅减少”为目标，强化外病内治、系统施治、标本兼治，落实领导责任、属地责任、行业部门责任、社会各方责任，坚决遏制电信网络诈骗犯罪多发高发态势。

23 日，福建文旅（成都）推介会举办。

福建文旅推介会在四川成都举办，进一步促进福建与四川在文化和旅游方面的交流合作，推介会上，福建文旅重点推介了全省夏季十大精品线路，设置了“送福礼”互动环节，让游客们在不同类别的旅游线路中，感受山海交融、人文荟萃的福建之美。南平、龙岩“文旅推荐官”上台推介特色文旅资源，发布相关优惠政策，向四川人民发出“来福建，享福气，自由自在好生活”的邀请。

24 日，周祖翼会见台湾逢甲大学高承恕一行。

福建省委书记、省人大常委会主任周祖翼在福州会见了前来参加第八届海峡两岸青少年创客大赛福州站活动的台湾逢甲大学董事会董事长高承恕一行。周祖翼对高承恕董事长来闽表示欢迎，并简要介绍了福建经济社会发展情况，希望在人才培养、科研平台建设、产学研转化等方面与台湾高校进一步加强交流合作，推动更多台胞台青来福建工作学习生活，增进同胞亲情福祉。

24 日，福建卫生用品展开幕。

以“聚势卫品 · 链通全球”为主题的福建（泉州）生活用纸与卫生用品产业对接会暨展览会（简称“福卫展”）在晋江国际会展中心举行。本届“福卫展”参展企业超过 200 家，展出面积超过 1 万平方米，涉及生活用纸、婴儿纸尿裤、卫生巾及老人护理用品、宠物卫生用品、日化用品、防疫用品，以及卫生用品加工设备器材、原辅材料、专业服务等细分领域。本次展会还借助新媒体手段，搭建线上“福卫展”，设成品、机械设备、原辅材料、印刷包装、专业服务等五大展区。

24—25 日，福建省慈善总会召开第四届理事会第三次常务理事会议。

省慈善总会在柘荣召开第四届理事会第三次常务理事会议，总结交流上半年工作进展情况，研究推进下半年工作，推动全省慈善事业高质量发展。省慈善总会会长雷春美作工作报告。

25 日，省委常委会召开会议。

福建省委书记周祖翼主持召开省委常委会会议，认真学习习近平总书记在 8 月 17 日中央政治局常委会会议研究部署防汛抗洪救灾和灾后恢复重建工作时的重要讲话精神，研究我省贯彻落实措施；部署推进我省防汛救灾、主题教育和第二十三届中国国际投资贸易洽谈会筹备等工作。

25 日，福建 LNG 接收站累计外输天然气超 600 亿方。

中海福建天然气有限责任公司（福建 LNG）消息，通过流量计统计显示，中国海油气电集团福建 LNG 接收站累计外输天然气超 600 亿方。据测算，600 亿方天然气相当于福建省 1000 多万个家庭 33 年的用气量，可替代燃煤约 7400 万吨，减排二氧化碳 8100 万吨。

25 日，我省开展城镇燃气安全专项整治行动。

福建省市场监管局消息，我省将开展城镇燃气安全专项整治行动。针对“问题气、问题瓶、问题灶阀、问题软管”等燃气安全关键问题，着力从根本上消除风险隐患，确保本次燃气安全专项整治取得实效。

27日，省防指会商做好台风“苏拉”防御工作。

下午，省防指启动防台风Ⅳ级应急响应，组织应急、气象、海洋与渔业、水利、交通、住建、海事等部门，连线沿海各地，会商分析台风“苏拉”发展趋势和影响，部署相关防御工作。

27日，2023年平潭国际赛车嘉年华启幕。

2023年平潭国际赛车嘉年华开幕式举行。省人大常委会党组副书记、副主任李德金出席开幕式，并现场观摩赛事活动。本次活动由China GT中国超级跑车锦标赛平潭站、壳牌喜力国际汽联F4方程式中国锦标赛平潭站、超吉联赛PRO平潭站三大赛事组成，共吸引70名顶尖车手齐聚平潭如意湖国际赛道，展开“速度与激情”的巅峰对决。经过激烈比拼，上述三项比赛分别决出各个回合的冠亚季军。本次活动旨在以汽车赛事为引擎，进一步塑造标志性品牌赛事IP，促进“体育+旅游”深度融合，激发城市发展新活力，助力打造“国际风范、青春时尚”的平潭国际旅游岛。

28日，周祖翼赵龙会见自然资源部王广华一行。

福建省委书记、省人大常委会主任周祖翼在福州会见了自然资源部部长、党组书记王广华一行。省委副书记、省长赵龙出席。周祖翼对自然资源部长期以来给予福建发展的大力支持表示感谢。他希望自然资源部一如既往地关心福建工作，在重大项目建设、地质灾害防治和科技创新转化、改革试点探索等方面继续给予帮助支持。

29日，我省第十三批援宁挂职干部欢送座谈会举行。

我省第十三批援宁挂职干部欢送座谈会在福州举行。省委书记周祖翼希望即将履新的23位援宁干部，要深入学习贯彻习近平总书记关于深化东西部协作和定点帮扶工作的重要指示精神，以高度的政治自觉、思想自觉、行动自觉，传承好传统，跑好“接力赛”，推动闽宁协作事业再上新台阶。省委副书记、省长赵龙主持。

29日，全国国土空间规划工作会议在榕召开。

2023年全国国土空间规划工作会议在福州召开。自然资源部党组书记、部长王广华出席会议并讲话，省长赵龙致辞，自然资源部副部长庄少勤主持会议。首届全国国土空间规划行业年会同期举办。

29日，省法学会第九次会员代表大会召开。

省法学会第九次会员代表大会在福州召开。省委书记、省人大常委会主任周祖翼出席开幕式。中国法学会党组成员、副会长张苏军出席开幕式并致辞，省委副书记罗东川出席开幕式并讲话，省委常委、政法委书记黄海昆主持会议。省委常委、秘书长吴偕林，省人大常委会副主任檀云坤、副省长王金福、省政协副主席黄玲，省法院院长金银墙、省检察院检察长侯建军出席开幕式。大会选举黄海昆为省法学会第九届理事会会长。

29日，省防指部署第9号台风“苏拉”和近期强降雨防御工作。

省防指召开全省视频会议，深入学习贯彻习近平总书记关于防汛救灾工作重要指示精神，落实省委、省政府工作要求，分析研判台风“苏拉”发展趋势，部署防御工作。省委常委、常务副省长郭宁宁出席会议并讲话。会议强调，台风“苏拉”强度高、路径复杂，将带来狂风、巨浪、大潮、暴雨多重影响，叠加前期连续出现的暴雨，致灾风险高。各地各部门要坚持人民至上、生命至上，坚持底线思维和极限思维，坚持防风、防雨、防地灾并重，保持高度警觉警惕，以“时时放心不下”的责任感，抓早抓实抓快防范应对工作，切实保障人民群众生命财产安全。

29日，新修订的《福建省消防条例》将于9月1日施行。

省政府新闻办召开新闻发布会，省消防救援总队等单位有关负责人对新修订的《福建省消防条例》（以下简称《条例》）进行政策解读。新修订的《条例》于今年5月通过，将于9月1日施行。这是一部贯彻落实总体国家安全观、全面顺应消防体制改革、充分总结我省消防工作经验做法的条例，对推进我省消防治理体系和治理能力现代化具有重要作用。

29日，新闽菜推广活动在榕启动。

由省商务厅、工业和信息化厅、农业农村厅、文化和旅游厅联合主办的“新闽菜推广暨福满金秋·八闽美食嘉年华”启动仪式在福州举行。副省长王金福出席活动。启动仪式上，省商务厅发布了“八闽全福宴・一县一桌菜”推广计划，并与中国烹饪协会、中国饭店协会、世界中餐业联合会以及美团、京东零售、饿了么、滴灌通等企业签订战略合作协议，共同助力新闽菜发展。随着本场活动的启动，全省各地也将陆续开展主题鲜明、形式多样的新闽菜宣传推广以及八闽美食嘉年华活动。

30日，全省组织工作会议召开。

全省组织工作会议在福州召开。省委书记周祖翼出席会议，强调要深入学习贯彻习近平新时代中国特色社会主义思想和党的二十大精神，以习近平总书记关于党的建设的重要思想为根本遵循，弘扬伟大建党精神，按照全国组织工作会议、省第十一次党代会和省委十一届三次、四次全会部署，以坚持和加强党中央集中统一领导为最高原则，以忠诚为党护党、全力兴党强党为根本使命，以解决大党独有难题、健全全面从严治党体系为重大任务，扎实做好理论武装、选贤任能、强基固本、育才聚才各项工作，以高质量党建推动高质量发展，为奋力谱写全面建设社会主义现代化国家福建篇章提供坚强组织保证。省委副书记罗东川主持。

30日，省政府召开常务会议。

省长赵龙主持召开省政府常务会议，听取2023年度党政领导生态环保目标责任书各项任务进展情况汇报，部署推进生态环境保护工作；传达学习贯彻全国东西部协作和中央单位定点帮扶工作现场会精神，研究中国—印度尼西亚经贸创新发展示范园区建设实施方案和省级专项政策措施、加强新时代水土保持等工作，审议《福建省机关效能建设工作条例（草案）》。

30日，福建理工大学举行揭牌仪式。

福建理工大学揭牌仪式在福州举行。省委常委、宣传部部长张彦出席并代表省委省政府对学校办学发展提出希望，副省长常斌出席并宣读《教育部关于同意福建工程学院更名为福建理工大学的函》。省直有关单位及福州市，闽侯县、福州高新区管委会有关负责同志，福州地区有关高校代表及福建理工大学师生校友代表约200人参加。

30日，省防指会商调度第9号台风“苏拉”防御工作。

省防指召开会商调度会，落实省委、省政府工作要求，进一步分析研判台风“苏拉”发展趋势，对防御工作再强调、再部署、再落实。省委常委、常务副省长郭宁宁出席会议并讲话。会议强调，目前超强台风“苏拉”已进入24小时警戒线，强度高、路径多变，防御难度大、致灾风险高。

31日，防御台风“苏拉”“海葵”会商调度视频会议召开。

防御台风“苏拉”“海葵”会商调度视频会议在省应急指挥中心召开。省委书记周祖翼在会上对全省防台风工作落实情况进行检查部署，强调要把思想和行动统一到习近平总书记重要讲话重要指示批示精神上来，始终坚持人民至上、生命至上，始终绷紧防大汛、抢大险、救大灾这根弦，发扬顽强拼搏、连续作战的精神，以“时时放心不下”的责任感，严阵以待、周密安排，及早启动应急准备，慎终如始做好防汛防台风各项工作，全力保障人民群众生命财产安全和社会大局稳定。省委副书记、省长赵龙主持。

31日，十三届省政协界别召集人工作会议召开。

十三届省政协界别召集人工作会议召开。会议深入学习贯彻习近平新时代中国特色社会主义思想，全面贯彻落实习近平总书记关于加强和改进人民政协工作的重要思想，总结经验、交流工作，统一思想、推动创新，不断开创我省政协界别工作新局面。省政协主席滕佳材出席并讲话。

31日，2023世界航海装备大会新闻发布会召开。

2023世界航海装备大会新闻发布会在福州召开。省委常委、常务副省长郭宁宁，工业和信息化部、交通运输部有关司局及福州市政府负责同志出席发布会介绍情况并答记者问。

（摘编：余晓楠）

九月

1日，省残疾人联合会第八次代表大会召开。

福建省残疾人联合会第八次代表大会在福州召开。省委书记、省人大常委会主任周祖翼在开幕式讲话中强调，要深入学习贯彻习近平总书记关于残疾人事业的重要论述，把残疾人事业摆在更加突出的位置，加强组织领导，强化使命担当，扎实推动我省残疾人事业全面发展，确保共同富裕道路上残疾人一个都不掉队，努力为残疾人创造更加幸福美好的新生活。省委副书记、省长赵龙，省委副书记罗东川出席。中国残联党组成员、副主席张卫星到会祝贺并讲话。会议选举林瑞良为省残联第八届主席团主席；选举产生省残联第八届执行理事会，推举宿利南为执行理事会理事长；选举产生我省出席中国残联第八次代表大会代表。

1日，省防指调度部署防汛防台风工作。

省防汛指挥部召开会商调度会，落实省委和省政府工作要求，进一步分析研判台风“苏拉”“海葵”演变趋势和影响，调度部署防御工作。省委常委、常务副省长郭宁宁出席会议并讲话。会议强调，台风“苏拉”“海葵”对我省的大风暴雨影响已经显现并将持续，防汛防台风形势依然严峻。

1日，福建省推进地市级媒体深度融合研讨交流会举行。

福建省推进地市级媒体深度融合研讨交流会在厦门大学举行。省委常委、宣传部部长张彦出席会议并讲话。会上，来自《新闻战线》杂志社、北京大学、中国人民大学的专家学者分别作主旨演讲，为我省地市级媒体融合发展把脉问诊、献计献策。三明、漳州、泉州等地市委宣传部和福州日报社作经验交流。会上还为2022年度全省县级融媒体中心30强单位颁发奖牌。

1日，省社会主义学院2023年秋季开学典礼举行。

省社会主义学院2023年秋季开学典礼在福州举行。省委常委、统战部部长、省社会主义学院院长王永礼，省政协副主席、农工党省委会主委刘献祥出席开学典礼并讲话。

1日，福建等13省（区、市）联合整治交通违法行为。

为贯彻落实全国公安机关夏季治安打击整治行动部署，今日广东省公安厅组织上海、江苏、浙江、安徽、福建、江西、山东、河南、湖北、湖南、广西、海南等省（区、市）交警总队召开华东、中南片区夏季交通安全整治行动第二波次区域会战联席视频会议。9月4日至13日，十三省（区、市）公安交管部门将开展夏季交通安全整治行动第二波次区域会战，历时10天。

2日，省人大常委会向社会公开征集建议。

省人大常委会消息，为编制好我省地方立法工作计划，增强立法的前瞻性和针对性，提高立法质量和效率，进一步增强地方人大监督工作和讨论决定重大事项工作的针对性和实效性，省人大常委会决定自即日起至9月30日，向社会公开征集2024年立法工作计划的建议项目、监督工作和讨论决定重大事项工作议题建议。

2日，省委党校、福建行政学院2023年秋季学期开学。

省委党校、福建行政学院举行2023年秋季学期开学典礼，省委常委、组织部部长，省委党校校长、福建行政学院院长邢善萍出席并讲话，强调要深入学习贯彻习近平新时代中国特色社会主义思想，学习贯彻习近平总书记关于党的建设的重要思想，坚定拥护“两个确立”、坚决做到“两个维护”，锚定目标真抓实干，全面增强履职本领，扛起管党治党责任，为奋力谱写中国式现代化福建篇章作出新的更大贡献。

2日，香港理工大学晋江技术创新研究院揭牌。

香港理工大学晋江技术创新研究院正式签约并揭牌。副省长林瑞良见证签约并参加揭牌仪式。香港理工大学校董会主席林大辉博士、校长滕锦光院士，省台港澳办、省教育厅、省科技厅和泉州市、晋江市相关负责人参加签约揭牌仪式。

4日，全省防御台风“海葵”工作视频会议召开。

受省委书记周祖翼委托，省长赵龙赴省应急指挥中心召开全省防御台风“海葵”工作视频会议。赵龙强调，要坚决贯彻落实习近平总书记关于防汛救灾工作的重要讲话重要指示批示精神，按照中共中央、国务院决策部署和省委、省政府工作要求，坚持人民至上、生命至上，把防大汛、抢大险、救大灾这根弦绷得更紧，慎终如始做好防御台风“海葵”各项工作，全力以赴保障人民群众生命财产安全。副省长林文斌主持，省军区副司令员郑福源出席。会上，省气象局、省海洋与渔业局、省水利厅、省自然资源厅汇报了台风趋势及风雨预测预报等情况，有关地市汇报了防御工作落实情况。

4日，省防指维持防台风Ⅱ级、防暴雨Ⅲ级应急响应。

晚上，省防指消息，今年第11号台风“海葵”4日21时中心位于东山沿海偏东约115公里的台湾海峡海面上，中心附近最大风力11级（30米/秒）。预计将以每小时10公里左右的速度向西偏北方向移动，强度缓慢减弱，趋向我省南部到广东东部沿海，可能于5日凌晨前后在福建漳浦至广东惠来一带沿海登陆。统计9月3日20时至4日21时累计雨量，共有37个县（市、区）180个乡镇超过50毫米，其中18个县（市、区）52个乡镇超过100毫米，以漳州市龙海区港尾镇222.8毫米为最大；最大小时雨量为晋江金井镇78.5毫米。

5日，省防指将防暴雨应急响应提升为Ⅱ级。

台风“海葵”5日5时20分前后在东山登陆。省防指消息，省气象台5日23时将“暴雨预警”提升为Ⅰ级。受台风“海葵”影响，3日夜间至今，我省出现暴雨到大暴雨，局部特大暴雨。统计3日20时至5日22时累计雨量，共有25个县（市、区）的89个乡镇超过250毫米，蕉城、福清、马尾和晋安4个县（市、区）的6个乡镇超过400毫米，以宁德蕉城区飞鸾镇504.0毫米为最大，最大小时雨量为福州仓山区盖山镇148.9毫米。预计5日晚至6日，我省中南部地区有暴雨到大暴雨，累计雨量100~250毫米，局部350毫米，最大小时雨量120毫米。

6日，省委常委会召开会议。

建省委书记周祖翼主持召开省委常委会会议，认真学习贯彻习近平总书记在8月31日中央政治局会议上的重要讲话精神，研究我省贯彻落实措施；研究部署主题教育和信访、数字经济创新等工作。

6日，十三届省政协常委会第四次会议闭幕。

十三届省政协常委会第四次会议在榕闭幕。会议传达了中共中央政治局常委、全国政协主席王沪宁在看望在榕全国政协委员和省政协机关干部时的讲话精神，以及中共福建省委十一届四次全会精神并研究了省政协贯彻落实措施。省政协主席滕佳材主持会议并讲话。

6日，省领导会见外国媒体记者团。

省委常委、常务副省长郭宁宁在福州会见来自格鲁吉亚、阿塞拜疆和白俄罗斯等10个国家记者组成的中国国际新闻交流中心外国媒体记者团。

6日，第二十三届中国国际投资贸易洽谈会8日开幕。

第二十三届中国国际投资贸易洽谈会新闻发布会在厦门举行。本届投洽会参会的主宾国、国际组织、境外副部级官员，以及发布的投资权威信息和专业报告均为近年来数量最多。本届投洽会将于8日至11日在厦门举办。今年是投洽会恢复“一年一办”的第一年。从本届开始，投洽会设置永久主题“扩大双向投资 共促全球发展”，今年以“开放·融合 引领高质量发展”为年度主题。

6日，台风“海葵”造成我省159.16万人受灾。

省防指消息，据初步统计，截至9月6日17

时，台风“海葵”及其带来的强降雨已造成我省159.16万人受灾，转移群众29.41万人；农作物受灾面积9949.71公顷，倒损房屋2537间，直接经济损失50.54亿元。3日20时至6日16时累计雨量，全省35个县（市、区）185个乡镇超250毫米，福州（仓山、马尾、晋安、长乐、台江、闽侯、连江、鼓楼）、宁德（蕉城）共9个县（市、区）31个乡镇超500毫米；最大小时雨量在福州仓山区盖山镇149.2毫米。到目前，极端天气监测显示多项历史纪录被打破，其中福州市区、永泰的3小时、6小时、12小时、24小时累计降水历史纪录均被打破。省防指维持防暴雨Ⅱ级应急响应。

6日，省防指会商调度防暴雨工作。

省防指召开会商调度会，连线重点地区，进一步研判强降雨趋势及灾情影响，点对点调度防御工作。省委常委、常务副省长郭宁宁出席会议并讲话。

7日，第三届海丝中央法务区论坛在厦开幕。

第三届海丝中央法务区论坛在厦门开幕，来自境内外的嘉宾围绕“创新、合作、开放、共享——以海丝中央法务区建设深度融入共建‘一带一路’”主题进行深入交流。省委书记、省人大常委会主任周祖翼出席开幕式并讲话。省委副书记罗东川主持。省委常委、厦门市委书记崔永辉在会上致欢迎词。

7—8日，第三届海丝中央法务区论坛系列活动成功举办。

第三届海丝中央法务区论坛系列活动在厦门成功举办。本届论坛主题为创新、合作、开放、共享——以海丝中央法务区建设深度融入共建“一带一路”。省委副书记、海丝中央法务区建设工作领导小组组长罗东川主持开幕式、主论坛。省委常委、政法委书记、海丝中央法务区建设工作领导小组副组长黄海昆出席闭幕式并致辞，副省长、省公安厅厅长李建成主持闭幕式。中央政法委、最高法、最高检、司法部和世界知识产权组织有关负责同志，省法院院长金银墙、省检察院检察长侯建军出席论坛相关活动。

8日，2023年度福建省十大法治人物和十大法治事件评选活动启动。

近日，由省委依法治省办、省委宣传部、省委政法委、省人大常委会办公厅、省司法厅、省法学会主办，福建法治报社承办的2023年度福建省十大法治人物和十大法治事件评选活动正式启动。此次评选活动以“凝聚法治力量 护航高质量发展”为主题，评选活动从2023年9月持续至12月。

8日，省领导在厦门调研公立医院党建和台青工作。

省委副书记罗东川在厦门调研公立医院党建和台青工作，强调要深入学习贯彻习近平新时代中国特色社会主义思想和党的二十大精神，全面加强公立医院党的建设，积极探索海峡两岸融合发展新路，努力推动党中央决策部署落实落地。

8日，福建省优秀教师表彰暨先进事迹宣讲启动仪式在榕举行。

在第39个教师节来临之际，今日，福建省优秀教师表彰暨先进事迹宣讲启动仪式在福建师范大学举行，省委常委、宣传部部长张彦出席并致辞，省人大常委会副主任檀云坤、省政府副省长常斌、省政协副主席黄如欣出席。现场宣读了福建省“优秀教师”“优秀教育工作者”表彰决定，颁发50名优秀代表证书，介绍了2023年全国教书育人楷模兰臻事迹和“福建省优秀教师先进事迹宣讲团”情况。常斌宣布全省宣讲活动启动并为宣讲团授旗。

8日，第三届城市绿色发展大会举行。

第三届城市绿色发展大会在厦门举行。中国国际投资促进会会长马秀红出席并致辞。本届大会以“聚焦绿色创新发展，共建新型智慧城市”为主题，相关领域的学者专家和政府部门、投资机构、企业代表，围绕全面推动绿色高质量转型发展，聚焦民生保障、城市更新、园区发展、环境治理等相关议题展开专题研讨，并进行城市、项目路演推介。

9日，周祖翼在厦门看望慰问人民教师。

第三十九个教师节到来之际，省委书记、省人大常委会主任周祖翼在厦门看望慰问一线教职员工，感谢大家为福建教育事业发展作出的贡献，并代表省委、省政府向全省广大人民教师和教育工作者致以节日问候和祝福。周祖翼强调，要深入贯彻习近平总书记关于教育工作的重要论述，认真学习领会习近平总书记向全国优秀教师代表致信的精神，大力弘扬教育家精神，牢记为党育人、为国育才的初心使命，立德树人、培根铸魂，努力培养德智体美劳全面发展的社会主义建设者和接班人，为福建高质量发展作出更大贡献。

9日，福州大学习近平新时代中国特色社会主义思想校园宣讲中心揭牌。

福州大学习近平新时代中国特色社会主义思想校园宣讲中心揭牌暨福大·大梦书屋启幕仪式，在福州大学旗山校区图书馆举行，省委常委、宣传部部长，省习近平新时代中国特色社会主义思想研究中心执行主任张彦出席。

9日，友城合作与人文交流论坛举行。

友城合作与人文交流论坛在厦门举行。来自塔吉克斯坦、乌兹别克斯坦和哈萨克斯坦的嘉宾，陕西省和福建省相关部门、部分企业和青年代表参加了本次论坛。福建省人大常委会副主任江尔雄出席论坛并致辞。

9日，第六届“一带一路”发展高层论坛举行。

第六届“一带一路”发展高层论坛在厦门举行。本届论坛邀请60余名来自“一带一路”沿线国家的政府官员，围绕“‘一带一路’倡议十周年回顾暨高质量发展下的机遇与挑战”主题开展研讨。论坛由中国国际经济合作学会、厦门国家会计学院共同主办。

10日，中国—中亚妇女发展论坛在厦门举行。

全国妇联、上海合作组织睦邻友好合作委员会和福建省人民政府9月9日至10日在厦门共同举办以“妇女与可持续发展”为主题的中国—中亚妇女发展论坛。全国政协副主席、全国妇联主席、上合组织睦委会主席沈跃跃出席论坛并作主旨讲话。乌兹别克斯坦副总理马赫卡莫娃，福建省省长赵龙，土库曼斯坦妇女联盟主席杜尔德耶娃，塔吉克斯坦政府妇女和家庭事务委员会第一副主席吉亚索娃，吉尔吉斯斯坦妇女大会主席阿克巴吉舍娃，哈萨克斯坦驻华大使努雷舍夫，上海合作组织秘书长张明出席并致辞。全国妇联副主席、书记处书记林怡主持。省领导郭宁宁、黄玲出席。论坛一致通过成果文件《中国—中亚妇女发展论坛（厦门）倡议》。

11日，2023国家网络安全宣传周主论坛举办。

2023国家网络安全宣传周主论坛——网络安全技术高峰论坛在福州海峡国际会展中心举办。中央网信办副主任、国家网信办副主任赵泽良出席并作主旨报告，省委常委、宣传部部长张彦主持，省委常委、福州市委书记林宝金致辞。论坛围绕“人工智能发展与治理”这一主题作演讲，分享研究成果，碰撞智慧火花。

11日，省十四届人大常委会第13次主任会议召开。

省十四届人大常委会第13次主任会议在福州召开。会议决定，9月20日至22日在福州召开省十四届人大常委会第六次会议。受省委书记、省人大常委会主任周祖翼委托，省人大常委会副主任周联清主持会议。会议听取关于省十四届人大常委会第六次会议建议议程（草案）和日程安排的汇报、关于会议议程有关情况的汇报。会议还研究了我省义务教育优质均衡发展、乡村医疗卫生体系发展、《福建省全民健身条例》实施情况等常委会专题调研报告。

11日，第八届福建省道德模范候选人名单公示。

2023年2月，省委宣传部、省委文明办、省总工会、团省委、省妇联、省军区政治工作局6部门联合开展第八届福建省道德模范推荐评选工作。经各地推荐、部门审查、评委投票、会议审议，确定了28名第八届福建省道德模范候选人公示名单。

11日，省直机关举办慈善关爱文明实践活动。

省委省直机关工委、省红十字会在福州联合举办2023年福建省直机关“尊老爱幼 扶困助残”慈善关爱文明实践活动。省政协副主席、省红十字会分管日常工作的副会长黄玲到活动现场看望慰问志愿者，并带头参与慈善捐款。2023年至今，省直各单位累计开展“尊老爱幼 扶困助残”志愿服务活动2947次，看望慰问困难群众31376人次，为弱势群体解决困难10578个，落实帮扶资金4576万元，以实际行动传承中华民族传统美德，弘扬社会主义核心价值观。

12日，周祖翼会见首届“福建慈善奖”获奖代表。

福建省委书记、省人大常委会主任周祖翼，

省委副书记、省长赵龙在福州与首届“福建慈善奖”获奖代表会见座谈，强调要深入学习贯彻习近平总书记关于公益慈善事业的重要指示批示精神，深入贯彻实施慈善法，坚守公益初心，弘扬慈善文化，引导、支持有意愿有能力的企业、社会组织和个人积极参与公益慈善事业，积极促进新时代福建慈善事业高质量发展。首届“福建慈善奖”获奖者代表曹德旺、傅光明、许清流、刘清影先后发言。

12 日，国家公园司法保护协作联盟成立大会暨国家公园首届司法保护协作研讨会召开。

国家公园司法保护协作联盟成立大会暨国家公园首届司法保护协作研讨会在南平建阳召开。省法院院长金银墙出席并致辞。会上，首批国家公园所在省份的 10 家高级人民法院、南平中院、福州大学法学院共同签署了《国家公园司法保护协作框架协议》，宣告国家公园司法保护协作联盟成立，并一致通过《国家公园司法保护协作联盟章程》。

13 日，省政协召开“加强‘福’文化的宣传推广”专题协商会。

省政协围绕“加强‘福’文化的宣传推广”议题举行专题协商会。省委常委、宣传部部长张彦出席并讲话。省政协副主席张兆民主持会议。

13 日，全省首家新就业形态劳动者权益保障服务中心在厦成立。

厦门市新就业形态劳动者权益保障服务中心正式成立，这是全省首家多元化保障新就业形态劳动者权益的专门机构。该权益保障中心由厦门市人社局牵头，多个民生服务行业主管（监管）部门和职能部门共同参与建设，是厦门市在加强新就业形态劳动者权益保障、提升新就业形态劳动者公共服务水平、助力城市治理现代化等方面的新尝试、新突破。

13 日，第十届丝绸之路国际电影节将在福州举办。

第十届丝绸之路国际电影节新闻发布会消息，由中央广播电视总台、福建省人民政府和陕西省人民政府共同主办，福建省电影局、福州市人民政府、电影频道共同承办的第十届丝绸之路国际电影节将于 9 月 23 日至 27 日在福州举办。

13—14 日，省领导赴宁德福州基层调研督导维稳安保工作。

省委常委、政法委书记黄海昆到宁德市、福州市调研督导重大活动维稳安保工作，强调要深入学习贯彻习近平总书记重要指示精神，按照中央政法委部署要求，强化履职尽责，主动靠前作为，全力以赴防风险、保安全、护稳定，确保全省社会大局持续安定稳定。

14 日，省政府召开常务会议。

省长赵龙主持召开省政府常务会议，审议通过《福建省促进人工智能产业发展十条措施》《关于进一步加强生态保护红线监管的通知》《福建省气象灾害防御办法》，研究深化新时代山海协作、加强房屋使用安全管理等工作。

14 日，省法院举行破产审判工作发布会。

省法院举行破产审判工作新闻发布会。根据通报，五年来我省高效审结一批有较高影响力的破产重整案，平均审理天数大幅缩短，破产管理人协会实现省、市两级全覆盖，为出清无效产能、激活市场活力、优化产业结构提供了有力司法保障。

14 日，首届九年一贯制学校高质量发展论坛举行。

首届九年一贯制学校高质量发展论坛及教学开放活动在厦门举行。此次论坛主题为“激活九年制优势 引领高质量发展”，与会专家围绕多个热点话题展开研讨，包括教学效果的评估与提升、师资队伍的建设与培养、学科融合与创新能力培养等，为九年一贯制学校的高质量发展提供智力支持。“福建省九年一贯制学校高质量发展共同体”当日成立，共同体成员学校涵盖省内 9 个设区市的九年一贯制优质学校。

14 日，2023 国家网络安全宣传周法治主题日系列活动举行。

2023 国家网络安全宣传周法治主题日系列活动在福州举行。本次法治主题日活动以“法治力量护航数字中国 共建一带一路网络文明”为主题，旨在增强广大网民网络安全意识，提升网络安全基本防护技能，推进网络安全相关法律及治理体系建设，营造安全清朗的网络环境。活动由公安部网络安全保卫局指导、福建省公安厅主办、福州市公安局承办。

15日，我省公安机关重拳打击整治网络乱象。

省公安厅举行新闻发布会，通报今年以来打击整治网络乱象的主要措施、成效和典型案例，并向广大网友和互联网企业发出“共同参与打击整治网络乱象 共建共享网络安全”的倡议。今年以来，我省公安机关聚焦人民群众反映强烈的问题，依法严打侵犯公民个人信息、黑客攻击破坏、网络水军、网络谣言、网络暴力等网络乱象，组织个案攻坚和集群作战，快侦快破，共侦办相关案件1052起、打掉犯罪支撑团伙56个，有力震慑了各类网络违法犯罪。

16日，周祖翼赵龙会见港澳福州社团骨干和青年代表联合组团。

福建省委书记、省人大常委会主任周祖翼在福州会见了港澳福州社团骨干和青年代表联合组团一行。他代表省委、省政府向大家回到家乡考察访问表示欢迎，并介绍了福建经济社会发展情况。他希望大家以此次访问为契机，积极融入国家发展大局，深度对接福建经济社会发展，持续做“一国两制”方针的坚定拥护者、家乡建设发展的参与者、闽港闽澳交流的有力推动者，携手共创美好未来。省委、省政府将一如既往地关心支持闽籍港澳乡亲发展，完善政策措施，为大家来福建学习、就业、创业、生活提供良好环境。省委副书记、省长赵龙出席。

16日，福建省全民国防教育月主题宣传活动举行。

“踔厉奋发强国防、勇毅前行向复兴”全民国防教育月主题宣传活动在福建船政交通职业学院举行。省委常委、宣传部部长张彦出席并致辞，省委常委、省军区少将政治委员宋鸿喜为我省全国航天特色学校代表授牌，东部战区陆军政治部少将副主任秦云峻出席活动。现场还为省级航天特色校代表授牌，为福建省“爱我国防”主题短视频、宣传海报、摄影获奖作者代表颁奖，向全国国防教育示范学校代表赠送国防题材书籍，并举行了国防主题展示体验和电影展映活动。

16日，全省公安机关传承弘扬新时代“漳州110”精神现场会召开。

全省公安机关传承弘扬新时代“漳州110”精神现场会在漳州市召开。会前，省委书记周祖翼、省长赵龙作出批示。副省长、省公安厅厅长李建成出席并讲话。公安部有关单位负责同志到会指导。与会代表参观了“漳州110”原址馆、“漳州110”事迹展览馆等，观看并交流传承弘扬新时代“漳州110”精神情况。

16日，2023国家网络安全宣传周青少年网络保护分论坛举行。

2023国家网络安全宣传周青少年网络保护分论坛在福州举行。论坛以“清朗网络E路护航”为主题。当日上午，2023国家网络安全宣传周青少年日线下宣传活动在闽江师专旗山校区举办。下午，我省高校组织师生在线收看共青团中央举办的“明辨”主题网络传播活动。网络安全宣传周期间，团中央等部门还通过全国网络安全微视频征集大赛、青少年日线下宣传等主题活动，进一步教育引导广大青少年在学习和参与中感知网络安全风险，提高网络安全防范意识，做网络安全的守护者和传播者。

16日，泉州、福州三坊七巷分获中国美食旅游“十城”“十街”称号。

省文化和旅游厅消息，在16日举行的2023中国美食旅游发展论坛上，发布了“大众旅游·美食系列”之十城、十街、十企获奖名单和特别贡献案例，通过“旅游+美食”的发展模式，开辟美食旅游发展新路径。其中，我省泉州市获得“中国美食旅游十城”称号，福州三坊七巷获得“中国美食旅游十街”称号。

17日，2023年国家网络安全宣传周个人信息保护主题日活动举行。

2023年国家网络安全宣传周个人信息保护主题日活动在福州举办。活动以“网络安全为人民，网络安全靠人民”为主题，由省委网信办、省总工会、省妇女联合会主办，福州市委网信办、福州市总工会、福州市妇女联合会承办，围绕个人信息保护法律法规、生活常识、防护手段等内容开展宣传。

18日，2023年福建省暨福州市秋季新兵入伍欢送活动举行。

上午，2023年福建省暨福州市秋季新兵入伍欢送活动在福州火车站举行。200余名新兵胸戴大红花，斗志昂扬、英姿飒爽，带着家乡人民的厚望与祝福奔赴军营，开启保家卫国、报效祖国的新征程。省征兵领导小组副组长、副省长王金福，省军区少将副政治委员史建国等军地领导出席欢送活动。

18日，省法院领导到福建师大附中讲授法治公开课。

省法院院长金银墙受聘担任福建师范大学附属中学法治副校长，并以“学法用法 护‘未’成长”为题为800余名师生代表讲授法治公开课。

18日，省政协领导与“闽籍侨领故乡行”考察团座谈交流。

省政协副主席阮诗玮在福州与应邀参加“闽籍侨领故乡行”的侨领侨胞座谈交流。阮诗玮对各位侨领侨胞的到来表示热烈欢迎。他希望大家能够在参观走访过程中，更好了解祖国的政治制度，特别是政协协商民主制度；更好地感受家乡发展新貌，了解当地政府、乡亲所需所盼，找准自身发展机遇，贡献侨智侨力，为促进海内外中华儿女团结奋斗、全面推进中华民族伟大复兴作出更大贡献。

18日，我省选举产生42名中国妇女十三大代表。

福建省妇联十三届三次执委会议在福州召开，选举产生我省出席中国妇女第十三次全国代表大会代表42名。

18—21日，赵龙率福建省代表团访问南非。

省委副书记、省长赵龙率福建省代表团访问南非，深入落实习近平总书记在金砖国家领导人第十五次会晤上的重要讲话精神和中南两国元首达成的重要共识，会见南非政府官员，走访友好人士，深化友城关系，看望闽籍乡亲，拓展金砖合作，共创美好未来。

19日，省领导调研打击治理电信网络诈骗犯罪工作。

省委常委、政法委书记黄海昆到龙岩市新罗区调研打击治理电信网络诈骗犯罪工作并召开专题会议，要求深入学习贯彻习近平总书记关于打击治理电信网络诈骗犯罪工作的重要指示精神，对标中央政法委要求，持续发力、压茬推进，坚决守护人民群众财产安全与合法权益。

19日，漳州台胞台企权益保护法治宣传基地（福建特色检察展示平台）启用。

上午，漳州台胞台企权益保护法治宣传基地（福建特色检察展示平台）在漳州台商投资区两岸青年创业基地正式启用。省委常委、政法委书记黄海昆，省检察院检察长侯建军等出席启用仪式。

19日，省政协召开“推进宗教事务依法治理”协商式民主监督座谈会暨相关界别协商会。

省政协召开“推进宗教事务依法治理”协商式民主监督座谈会暨“加强宗教及民间信仰文物保护”界别协商会。省政协副主席张兆民出席并讲话。会上，省直有关部门，省、市政协宗教等界别委员，部分宗教团体负责人和宗教界人士围绕协商内容进行面对面协商交流，达到了凝聚共识、推动工作的协商目的。

19日，8月厦门网约车订单合规率全国第一。

近日，交通运输部公布全国网约车监管信息交互平台8月份统计数据，我省厦门市网约车订单合规率排名位居全国36个中心城市（直辖市、省会城市、计划单列市）第一名。

19日，武夷山国家公园森林生态产品很值钱。

近日，在国家林业和草原局森林资源管理司的支持下，《中国森林生态产品四十年时空演变研究》发布。该书对我国首批5个国家公园的森林生态产品价值进行核算。结果显示，武夷山国家公园森林生态产品总价值为129.33亿元/年。

20日，省领导赴新疆昌吉调研对口援疆工作。

近日，省委副书记罗东川率省直有关部门负责同志赴新疆昌吉州调研对口援疆工作，看望我省援疆干部人才，强调要认真学习贯彻习近平总书记关于新疆工作的重要讲话重要指示精神，完整准确全面贯彻新时代党的治疆方略，坚持全面援疆、精准援疆、长期援疆，进一步提升对口援疆综合效益，更好服务新疆高质量发展。新疆维吾尔自治区党委常委、纪委书记、监委主任田湘利参加调研。

20日，我省立法全面系统推动固体废物污染防治。

针对当前固体废物产量高、存量多、利用低、处置难等突出问题，今日，《福建省固体废物污染环境防治条例（草案）》提交省人大常委会会议一审，相比2009年制定固体废物污染环境防治若干规定，此次立法更加全面系统。

20日，我省对立法条例进行修改。

《福建省人民代表大会及其常务委员会立法条例修正案（草案）》提交省人大常委会一审。此次修改是为了更好适应地方立法工作新形势新任务的需要，进一步提高立法质量和效率，维护国家法制统一，保障在法治轨道上推进我省高质量发展。

20日，全省文艺精品创作生产推进会议召开。

全省文艺精品创作生产推进会议在福州召开。会议深入贯彻习近平总书记在文化传承发展座谈会上的重要讲话精神和关于文艺工作的重要论述，聚焦重点文艺项目创作生产，加强工作调度，促进“闽派”文艺繁荣发展。省委常委、宣传部部长张彦主持会议。

21日，周祖翼走访调研宣传思想文化系统单位。

福建省委书记周祖翼在福州走访调研部分宣传思想文化系统单位并召开座谈会。周祖翼强调，要深入学习贯彻习近平总书记关于宣传思想工作的重要思想和党的二十大精神，发挥福建独特优势，深挖用好理论富矿，巩固拓展第一批主题教育成果、扎实开展第二批主题教育，推动全省上下学思践悟习近平新时代中国特色社会主义思想，以强烈的政治担当、历史担当、责任担当，推动新形势下我省宣传思想文化工作高质量发展，为谱写中国式现代化福建篇章营造浓厚氛围、凝聚精神力量。省领导张彦、吴偕林参加。省宣传思想文化系统部分单位和中央驻闽媒体的主要负责同志等参加座谈。

21日，省委政法委员会召开2023年第五次全体会议。

省委政法委员会召开2023年第五次全体会议，传达学习贯彻习近平总书记近期重要讲话重要指示批示精神，贯彻落实中央政法委有关会议精神，研究部署维护安全稳定、政法领域严格执法、常态化扫黑除恶斗争、数字政法建设等重点工作。省委常委、政法委书记黄海昆主持会议并讲话，省委政法委员会委员李建成、侯建军等出席。

21—23日，赵龙率福建省代表团访问肯尼亚。

省委副书记、省长赵龙率福建省代表团访问肯尼亚，认真落实习近平总书记今年8月在南非出席中非领导人对话会上的重要讲话精神，聚焦高质量共建“一带一路”，开展经贸文化交流活动，巩固传统友谊，深化友好合作，共同谱写中肯地方友好新篇章。

22日，预算审查监督条例将于今年11月1日起施行。

《福建省预算审查监督条例》（以下简称《条例》）经省十四届人大常委会第六次会议表决通过，《条例》对我省县级以上地方各级人大及其常委会审查批准预算、预算调整、决算，监督预算执行以及相关活动作出规定，将于11月1日起施行。

22日，2023年全省大学生暑期社会实践总结展示会举行。

“追寻领袖足迹 感悟思想伟力”2023年全省大学生暑期社会实践总结展示会在厦门大学举行。省委常委、宣传部部长张彦出席并讲话。会上，组织单位向优秀实践成果获得者、优秀实践个人、优秀指导教师及优秀组织单位颁奖，参加实践活动的师生代表分享了实践感悟。今年暑期，全省共有28万余名师生、上万支队伍参与社会实践活动，其中，全国线路实践队形成调研报告、学术论文等200余篇。

22日，省人大常委会对社会救助工作情况开展专题询问。

省十四届人大常委会第六次会议举行联组会议，结合审议省政府关于社会救助工作情况的报告，开展专题询问。省人大常委会副主任周联清、庄稼汉、李德金、檀云坤、袁毅、江尔雄，秘书长黄新銮出席会议。会议由庄稼汉主持，副省长王金福及省直相关部门负责人到场应询。8位委员、1位代表和2位网友代表围绕社会救助体系建设、完善社会救助制度等人民群众普遍关注的热点难点问题进行了询问。省民政厅、省教育厅、省财政厅、省人社厅、省住建厅、省卫健委、省应急厅、省医保局等应询部门负责人作了回答。

22日，省检察院举行生态环境公益诉讼检察开放日活动。

省检察院、福州市检察院、长乐区检察院在闽江河口国家湿地公园联合开展“生态环境公益诉讼检察助力美丽中国建设”检察开放日活动，邀请部分全国人大代表、省人大代表、省政协委员、“益心为公”志愿者等开展座谈交流，并通报近年来我省湿地保护检察工作及生态环境公益诉讼检察工作情况。

23日，省领导看望我省部分亚运参赛运动员和媒体人员。

副省长常斌在杭州看望慰问了我省部分参加亚运会的运动员和媒体人员。本届亚运会，我省共有39名运动员取得14个大项40个小项的参赛资格，同时还有7名教练员入选代表团名单，无论是参赛运动员人数还是参赛项目数均创造历届亚运会新高。杭州亚运会于9月23日至10月8日举行，共设40个大项、61个分项、481个小项，其中40个竞赛大项包括31个奥运项目和9个非奥运项目，将产生481块金牌。

24日，第五届善行八闽——优秀公益慈善项目宣传推介会举行。

第五届善行八闽——优秀公益慈善项目宣传推介会在榕举行。推介会以“乐善福行 人人向善”为主题，向社会推介展示我省公益慈善力量在服务社会、服务群众、服务发展等方面的最新成效和优秀项目，进一步交流慈善实践经验，激发向上向善力量，营造良好慈善氛围。副省长林瑞良、省慈善总会会长雷春美出席并讲话，省级老同志苏增添、张广敏、叶家松出席会议。本次推介会由福建省民政厅指导，福建省慈善总会主办，共收到申报项目467个，评选出了特等奖1名、一等奖10名、二等奖20名、三等奖30名、优秀奖50名。会上还举行了“福建省慈善总会官网改版上线启动仪式”。

24日，中秋国庆假期高速继续免费通行。

福建高速集团消息，2023年中秋、国庆假期8天（9月29日0时—10月6日24时），我省高速公路将继续对7座以下（含7座）载客车辆实施免费通行政策，以车辆驶离出口收费车道的时间为准。

24日，省台联举办台胞中秋联谊活动。

省台联在福州举办“乡亲相爱一家人”台胞中秋联谊活动，近200名在闽台胞畅叙乡情、共话发展，参观“共同家园 共同记忆”档案文献展、“潮涌八闽”福建现代化进程展，并游览旗山湖公园。

25日，我省公安机关夏季治安打击整治行动成效明显。

省政府新闻办公室举行新闻发布会，通报我省公安机关夏季治安打击整治行动做法和成效。今年6月底以来，我省公安机关按照公安部部署，把“夏季行动”作为深入开展主题教育的重要举措，严打犯罪活动、排查风险隐患，全力打出攻守“组合拳”，全面点亮八闽“平安灯”。

25日，首届全国新文艺群体海洋文化美术作品展开展。

“海上明月共潮生”首届全国新文艺群体海洋文化美术作品展在福州海峡文化艺术中心D馆容美术馆开展，将展至10月25日。省人大常委会党组副书记、副主任李德金出席开幕式。本次展览邀请全国各省新文艺群体40位代表画家、省内新文艺群体60位代表画家，展出中国画、油画、漆画、水彩等类型的100余件美术作品。

26日，习近平总书记关于做好新时代党的统一战线工作的重要思想理论研讨会召开。

习近平总书记关于做好新时代党的统一战线工作的重要思想理论研讨会在福州召开。省委书记、省习近平新时代中国特色社会主义思想研究中心主任周祖翼，中央统战部副部长马利怀出席并讲话。省领导张彦、郭宁宁、吴偕林、江尔雄、王光远、阮诗玮、刘献祥、严可仕出席。省委常委、统战部部长王永礼主持。中央党校（国家行政学院）副校（院）长龚维斌、省级老同志金能筹等八位与会代表从不同角度作了交流研讨。省直有关单位主要负责同志，党外人士、亲历者、省内外专家学者和新闻媒体代表等参加。

26日，全省公安机关主要领导干部政治轮训示范班举行。

第一期全省公安机关主要领导干部政治轮训示范班在福建警察学院开班。副省长、省公安厅厅长李建成作开班动员，以“旗帜鲜明讲政治　提升能力抓落实　奋力推进福建公安工作和队伍建设高质量发展”为题，为全体参训学员讲授第一课。

26日，圆瑛法师与宗教中国化论坛在古田举行。

以“智慧互鉴 和谐共融”为主题的圆瑛法师与宗教中国化论坛系列活动在古田县举行。省政协副主席张兆民出席并致辞。开幕式上，福建省对台交流基地、福建省华侨文化交流基地、福建省爱国主义教育基地、福建省圆瑛法师思想研究基地等先后揭牌，福建省圆瑛文教基金会项目正式启动。本次活动由中国佛教协会主办，将历时三天，其间通过线上线下学术资料征集、实地场馆游览、书画艺术展览、论坛会议等形式，为海内外与会嘉宾呈现圆瑛文化的传承力量与卓越成就。

26 日，“两岸学者面对面”共话两岸融合发展。

由厦门大学和中华文化学院共同主办的“两岸学者面对面”系列活动第七场在厦门举办。

全国台湾研究会会长汪毅夫与南开大学周恩来政府管理学院行政管理系教授黄清贤，以“两岸融合发展示范区建设的施工图”为主题开展对谈。

26—27 日，福建省第八届红十字应急救护大赛举办。

福建省第八届红十字应急救护大赛在福州举办。省人大常委会党组副书记、副主任，省红十字会会长李德金出席 27 日颁奖仪式并为获得一等奖的队伍和选手颁奖。来自全省各设区市和平潭综合实验区选拔出的 10 支红十字救护队 50 名队员经过激烈角逐，最终由厦门红十字代表队获得团体一等奖，厦门红十字代表队队员肖扬获得个人综合一等奖。

27 日，福厦高铁明日开通运营。

中国国家铁路集团有限公司（以下简称“国铁集团”）消息，福州至厦门至漳州高铁（以下称“福厦高铁”）将于 9 月 28 日开通运营，福州至厦门最快 55 分钟可达，两地实现“一小时生活圈”。这是继京张高铁、京雄城际后我国建成投用的又一智能高铁。福厦高铁起自福州南站，经莆田市、泉州市、厦门市、漳州市，接入漳州站。线路全长 277 公里，设计时速 350 公里。全线共设福州南、福清西、莆田、泉港、泉州东、泉州南、厦门北、漳州 8 座车站，其中漳州站为既有车站，福州南、莆田、厦门北站为改扩建车站，福清西、泉港、泉州东、泉州南站为新建车站。

27 日，第十届丝绸之路国际电影节闭幕。

晚上，第十届丝绸之路国际电影节在位于福州市闽侯县的闽越水镇圆满落幕，省领导张彦、林宝金、李德金、康涛、张国旺，陕西省领导孙大光出席。当晚的活动分为颁奖典礼、文艺演出和交接仪式三部分，表演了《茉莉花》《福佑福州》等歌舞节目，现场还对“一带一路”电影、热映电影、即将上映新片的剧组进行了互动采访。闭幕式上，为获得本届电影节“金丝路奖”最佳影片、最佳导演、最佳新锐导演、最佳女演员、最佳男演员等十大奖项的影片、演员进行了颁奖。当晚还进行了丝路电影节会旗交接，第十一届丝绸之路国际电影节将于 2024 年在陕西西安举办。

27 日，福建省第十七届“书香八闽”全民读书月启动。

由福建省委宣传部主办，泉州市委宣传部承办的福建省第十七届“书香八闽”全民读书月启动仪式在泉州府文庙广场举行。省委常委、宣传部部长张彦出席了启动仪式。仪式上，“金台少年阅读行”福建站正式启动并获授旗，全国最美农家书屋、乡村阅读推广人、2023 年福建省全民阅读优秀项目、优秀阅读推广人代表、2022—2023 年度“闽版好书”单位代表获颁奖，3 个泉州市农家书屋获赠“我的书屋我的梦”征文活动作品集。现场还播放了乡村阅读微电影《假如没有阅读》，推荐了《谕见美好》及《闽人智慧》系列丛书，分享了乡村公益阅读故事。今年的读书月主题为“学习新思想 建设新福建 书香伴我行”。

27 日，海外与港澳福建校友沙龙分享活动举行。

中秋、国庆前夕，以“拓展‘校友圈’画大‘同心圆’”为主题的第 19 期“同心 · 半月座谈”以沙龙分享的形式在福建师范大学举行，10 位回乡的海外与港澳福建校友代表应邀参加。省委常委、统战部部长王永礼参加活动。

27 日，我省举办庆祝中华人民共和国成立 74 周年招待会

晚上，福建省庆祝中华人民共和国成立 74 周年招待会在榕举办。副省长常斌出席并致辞。招待会前，常斌会见了菲律宾驻厦门总领事欧莉娜、新加坡驻厦门总领事庄志嘉、泰国驻厦门副总领事冰忆莲。外国和港澳台企业代表、外国专家和

外籍教师、留学生、港澳台同胞以及海外华侨华人代表等200余人参加了招待会。

27日，省政协重点提案办理“三结合”座谈会召开。

省政协《关于集纳多元力量强化防灾减灾科普社会责任的建议》重点提案办理“三结合”座谈会在福州召开。副省长李建成出席并讲话。省政协副主席余军主持会议。

27日，福建革命军事馆征集布展工作推进会在京举行。

福建革命军事馆征集布展工作推进会在北京举行。38位闽籍开国将军亲属和省委办公厅、省政府办公厅、省军区政治工作局、省政府驻北京办事处有关负责同志参加会议。

28日，福厦高铁开通运营了。

9时15分，福厦高铁首趟列车G9801次从福州南站开出，经停泉州南站后抵达厦门北站，历时1小时1分。这标志着我国首条设计时速350公里的跨海高铁——福厦高铁正式开通运营。福厦高铁北起福州，途经莆田、泉州，南至厦门和漳州，北端衔接合福、温福铁路，南端衔接厦深、龙厦铁路，预留衔接规划温福高铁、漳汕高铁。全长277公里，总投资530.4亿元。项目由原中国铁路总公司与福建省共同出资，由东南沿海铁路福建有限责任公司组织建设。从2014年初启动前期工作至2023年9月28日开通运营，一路笃行不息，十年终成通路。项目通车后，福建省高快铁路运营里程达2183公里，位列全国第七。

28日，福建省百花文艺奖历届获奖作品精品展开幕。

福建省百花文艺奖历届获奖作品精品展开幕式在福建省海峡民间艺术馆举行。省委常委、宣传部部长张彦出席活动并宣布开幕。此次展览从文学、电影、电视剧、广播剧、戏剧、曲艺、音乐、舞蹈、杂技、美术、摄影、书法、民间文艺、文艺评论等14个文艺门类的福建省百花文艺奖历届获奖作品中，精心挑选近200件（套）作品展出，旨在生动描绘“闽派”文艺百花竞放、生机勃勃的繁荣景象，全面展现福建文艺界勇立时代潮头，奏响时代之声、爱国之声、人民之声的奋进历程和使命担当。同时，福建省海峡民间艺术馆还将举办为期一个月的惠民展演。福建省百花文艺奖从1994年至今，共评选表彰了1288件优秀原创作品。

28日，两岸同胞迎中秋活动在福建举办。

“共话融合发展 喜迎中秋佳节”两岸同胞迎中秋活动27日晚在福建莆田举办。两岸同胞相聚妈祖故里湄洲岛，共迎佳节、共叙亲情、共话融合发展。来自福州、厦门、泉州、漳州等地以及台湾岛内的台胞参加活动。中共中央台办、国务院台办主任宋涛走访看望在闽台胞并与台胞代表座谈。

28日，省公安厅研究部署维护安全稳定工作。

省公安厅召开全省公安机关视频会议，认真落实公安部和省委、省政府要求，总结全省公安机关夏季治安打击整治行动有关工作情况，对中秋国庆假期、重大活动安保以及近期维护安全稳定工作进行再部署。副省长、省公安厅厅长李建成出席并讲话。

29日，周祖翼赵龙赴福州泉州检查中秋国庆节日安全工作。

中秋、国庆长假来临，上午，省委书记、省人大常委会主任周祖翼，省委副书记、省长赵龙赴福州、泉州检查中秋国庆节日安全工作，看望慰问坚守一线的广大干部职工并致以节日问候。

30日，烈士纪念日向革命烈士敬献花篮仪式在榕举行。

在我国第十个烈士纪念日到来之际，福建省、福州市今日在福州文林山革命烈士陵园隆重举行向革命烈士敬献花篮仪式。省委书记、省人大常委会主任周祖翼，省委副书记、省长赵龙，驻闽部队领导唐兴华，与省、市各界代表一道，向革命烈士纪念碑敬献花篮。仪式由省委常委、福州市委书记林宝金主持。省委、省人大常委会、省政府、省政协领导，省法院、省检察院领导，驻闽部队领导等出席。省直有关部门主要负责同志，省各民主党派、工商联主要负责同志，省、市机关干部代表，在榕的烈属、老战士、优秀退役军人代表，驻榕武警官兵、公检法干警和消防救援队伍代表，学生代表等参加。

（摘编：苏建平）

十月

1 日，闽将日进四金。

在国庆节当天的亚运会赛场上，福建选手在举重、水球、田径、羽毛球等项目上共收获 4 枚金牌。截至目前，福建选手在亚运会上夺得的金牌已经达到 16 枚。

1 日，我省妇联 2 个项目、1 个案例荣登“全国榜”。

省妇联消息，日前，全国妇联组织部、全国妇联社会联络中心面向全国开展女性社会组织服务儿童类项目及案例征集展示活动，经全国各省级妇联组织推荐、专家评审及项目公示，最终推选出 50 个全国展示项目和 10 个全国优秀案例。由福建省妇联选送的惠安县儿童友好之家社工项目、莆田涵江区“五朵金花 五彩童年”关爱侨乡洋留守儿童项目入选女性社会组织服务儿童类全国展示项目，《福州市“五全”工作法引领女性社会组织健康发展》入选女性社会组织服务儿童类全国优秀案例。

2 日，省防指启动防台风Ⅳ级应急响应。

省防指消息，省气象台于 10 月 2 日 8 时发布“台风预警Ⅳ级”。根据《福建省防汛抗旱防台风应急预案》，省防指决定于 10 月 2 日 8 时启动防台风Ⅳ级应急响应。要求各设区市和平潭综合实验区防指及相关部门密切关注台风“小犬”动向，提前做好各项防范应对准备，根据台风发展趋势细化安排部署防御工作。

3 日，我省广泛开展走访慰问公安英烈遗属活动。

连日来，省公安厅党委认真贯彻习近平总书记给中国人民公安大学在读英烈子女回信精神，落实公安部部署，在全省范围内组织开展走访慰问公安英烈遗属活动，激励广大公安民警辅警继承英烈遗志、凝聚奋进力量，忠实履行好新时代公安机关使命任务。本次走访慰问活动的对象包括全省公安机关所有健在的公安烈士遗属，共计 55 户。市、县两级公安机关和厅交警总队延伸走访范围，共慰问因公牺牲民警辅警遗属 221 户。

3 日，省防指会商进一步做好台风“小犬”防御工作。

省防指组织省委宣传部，省应急厅、水利厅、自然资源厅、交通厅、文旅厅、气象局、海洋与渔业局、住建厅和福建海事局等部门，连线沿海各地，会商分析今年第 14 号台风“小犬”发展趋势和影响，部署相关防御工作。今年第 14 号台风“小犬”3 日 16 时中心距离台湾省鹅銮鼻偏东方向约 420 公里（北纬 21.4 度、东经 124.9 度），中心附近最大风力 16 级（52 米/秒，超强台风级）。预计“小犬”将以每小时 10～15 公里的速度向西偏北方向移动，强度变化不大，4 日夜间至 5 日早晨登陆或擦过台湾岛南部沿海（强台风级或超强台风级，14～16 级），5 日白天进入台湾浅滩渔场，之后向偏西方向移动。

4 日，我省扩大农业转移人口市民化奖励范围。

日前，省财政厅修订印发相关管理办法，扩大农业转移人口市民化奖励范围，在对吸纳外来人口较多地区给予激励的同时，对解决随迁子女义务教育问题成效显著的地区也给予奖励，引导相关地区增加基本公共服务供给，落实随迁子女入学政策。我省自 2016 年起实施农业转移人口市民化奖励机制，累计已下达奖励资金 85.62 亿元，年均增长 20.5%。

5 日，平潭与巴布亚新几内亚马当市签署建立友好城市意向书。

近日，平潭与巴布亚新几内亚马当市在莫尔兹比港举行友好城市关系意向书签订仪式，双方代表签署了建立友好城市意向书，并互赠礼品。意向书签订后，双方将持续推动各领域交流往来，增进两地人民之间的了解和友谊，重点推动海洋渔业、海岛旅游及南岛语族文化等方面合作，实现优势互补、互利共赢。

6日，省领导检查指导安保维稳工作。

副省长、省公安厅厅长李建成深入福州基层，实地检查指导亚运会和中秋国庆假期安保维稳工作，看望慰问坚守岗位的民警辅警，强调要深入学习贯彻习近平总书记重要回信精神，按照公安部和省委、省政府部署，再接再厉、接续奋战，确保安保维稳工作圆满收官。

7日，周祖翼赵龙会见退役军人事务部部长裴金佳。

福建省委书记、省人大常委会主任周祖翼在福州会见了退役军人事务部党组书记、部长裴金佳一行。省委副书记、省长赵龙出席。周祖翼代表省委、省政府对退役军人事务部长期以来给予福建发展的大力支持表示感谢，并介绍了福建经济社会发展情况。他希望退役军人事务部一如既往地关心支持福建工作，共同推进新时代新征程退役军人工作高质量发展。

7日，中国工会第十八次全国代表大会福建省代表团组团会议召开。

中国工会第十八次全国代表大会福建省代表团组团会议在福州召开。省人大常委会党组副书记、副主任，省总工会主席庄稼汉出席会议并讲话。

7日，全省高速出入口流量同比增长19%。

省交通运输厅消息，今年中秋、国庆假期，全省高速出入口总流量3497.5万辆次，日均437.2万辆次，较2022年同期增长19%。在道路运输方面，“双节”期间，全省公路客运累计客运量538.94万人次，较2022年增长33.29%；城市公交累计客运量2773.9万人次，与2022年基本持平；城市轨道交通累计客运量1177.85万人次，较2022年增长58%。水路运输方面，全省累计客运量54.89万人次，与去年同期相比增长154.6%。其中“小三通”客运航线客运量15439人次。

7日，中秋国庆假期福建口岸出入境流量同比增长近7倍。

厦门边检总站消息，今年中秋、国庆“双节”叠加，同时受出境团队游目的地国家恢复范围进一步扩大的影响，福建口岸出入境客流增速明显，迎来三年来出入境客流新高峰。9月29日至10月6日，福建边检机关共查验出入境旅客12.2万余人次，同比增长近7倍；查验出入境交通运输工具1240余艘（架）次，同比增长约74%；日均出入境客流1.5万余人次，与9月相比增长3.9%。据厦门边检总站统计，中秋、国庆假期期间，福建边检机关共查验两岸往来旅客2.7万余人次，同比增长约4.7倍。其中，累计查验两岸空中直航飞机110余架次、旅客近1.2万人次，系去年同期的1.5倍；累计查验两岸“小三通”客轮120余艘次、旅客1.5万余人次。截至6日23时，今年中秋、国庆“双节”期间，在福州长乐国际机场出入境边防检查站共查验出入境人员近2.9万人次，同比增长约481%。其中入境约1.46万人次，同比增长约379%；出境1.42万人次，同比增长约645%。

7日，我省中秋国庆期间社会治安平稳有序。

福建省公安厅消息，今年中秋、国庆期间，全省公安机关广大民警辅警深入贯彻落实习近平总书记给中国人民公安大学在读英烈子女重要回信精神，按照省委、省政府和公安部工作部署，发扬“百姓过节、警察站岗”的优良传统，全力以赴保持道路交通安全畅通，助力大型活动顺利举办，维护景区和非景区景点良好秩序，确保我省社会治安平稳有序、人民群众度过平安祥和的节日。

7—9日，省领导赴港调研闽籍爱国同乡社团建设。

省委常委、统战部部长王永礼带队在香港调研，出席当地有关庆祝国庆活动，连续召开座谈会，围绕贯彻落实党的二十大精神和习近平总书记关于港澳工作的重要论述，研讨推动闽籍爱国同乡社团发展。

7—10日，部分全国人大代表赴厦门漳州开展专题调研。

26位我省全国人大代表赴厦门市、漳州市开展“两岸融合发展示范区建设”专题调研。

调研组实地考察厦门航空公司、厦门银行、南普陀寺、厦门大学、湖里区台青创客家、漳州台商投资区以及嘉文丽化妆品有限公司、统实包装有限公司和白礁慈济宫等，并听取相关情况汇报。

8 日，省领导调研政法重点工作。

省委常委、政法委书记黄海昆到省和福州市政法单位调研政法重点工作。他强调，要坚持以习近平新时代中国特色社会主义思想为指导，深入贯彻习近平法治思想和总体国家安全观，更好统筹发展和安全，奋力推进政法工作高质量发展，不断提升工作体系和工作能力现代化水平。

8 日，在杭州亚运会我省获金牌人次位列全国第二。

今日，杭州第 19 届亚运会正式落下帷幕，在为期 16 天的比赛中，源远流长的中华文明与激情洋溢的体育盛会交相辉映。赛场上，39 名来自福建的运动员以梦想为帆、以奋斗作桨，共 42 人次夺得 25 枚金牌、17 人次夺得 8 枚银牌、5 人次夺得 5 枚铜牌，并在射击和举重两个大项上创造三项新的亚运会纪录，获金牌人次位列全国第二，实现了参赛成绩和精神文明的双丰收。25 枚金牌也突破了我省在 2010 年广州亚运会和 2014 年仁川亚运会时创造的最高纪录——17 枚金牌。

9 日，2023 年第三季度见义勇为勇士榜发布，福建 2 位勇士上榜。

中央政法委在北京发布 2023 年第三季度见义勇为勇士榜，49 位勇士光荣上榜。其中，福建 2 位勇士上榜。福建上榜勇士中，有两度下到沼气弥漫的污水井救人英勇牺牲的福州马尾工程师蔡文，有途经三明沙县、进入充满毒气的罐体救人不幸牺牲的河南籍司机李滕辉。他们和全国各地的勇士们一样，在危急时刻挺身而出、见义勇为，保护国家利益、集体利益和人民群众生命财产安全，事迹可歌可泣、感人肺腑。

9 日，第十五届福建音乐舞蹈节颁奖晚会在福州举行。

由省文化和旅游厅、省教育厅、省文联、省总工会联合主办，福建省艺术馆承办的第十五届福建音乐舞蹈节颁奖晚会在福建大剧院举行。省人大常委会副主任李德金、省人民政府副省长王金福、省政协副主席刘献祥以及本届福建音乐舞蹈节主办单位的相关领导出席颁奖晚会，并为获奖节目和获奖选手颁奖。本届福建音乐舞蹈节共有声乐、器乐、舞蹈、合唱、广场舞 5 个门类 537 件作品参赛。经过初赛、复赛，最后 5 个门类 100 个作品入围决赛，评选出节目奖 93 件、单项奖 41 件。

10 日，赵龙赴宁德古田调研。

省长赵龙深入宁德市古田县基层乡村、企业，践行“四下基层”优良传统，开展调查研究，现场接待来访群众，面对面倾听诉求，推动解决实际问题。他强调，要深入学习贯彻习近平总书记重要讲话重要指示批示精神，牢记嘱托、赓续奋斗，高质量开展第二批主题教育，奋力谱写闽东高质量发展新篇章。

10 日，省领导赴屏南调研推进第二批主题教育和乡村振兴工作。

省委副书记罗东川率省直有关部门负责同志赴屏南县调研推进第二批主题教育和乡村振兴工作，强调要深入学习贯彻习近平总书记重要讲话重要指示批示精神，认真贯彻落实党中央决策部署，锚定目标任务，科学统筹推进，扎实开展第二批主题教育，走好具有福建特色的乡村振兴之路。

10 日，全省公安机关党的建设工作会议召开。

省公安厅召开全省公安机关党的建设工作会议，全面分析全省公安机关党的建设和组织工作形势，研究部署当前和今后一个时期的重点任务。副省长、省公安厅党委书记、厅长李建成出席会议并讲话。

10—11 日，省领导到南平三明基层调研。

省委常委、政法委书记黄海昆赴南平市、三明市基层调研。他强调，要深入学习贯彻习近平总书记重要讲话重要指示批示精神，大力传承弘扬“四下基层”优良传统，扎实开展第二批主题教育，持续推进福建政法工作现代化，为奋力谱写中国式现代化福建篇章贡献政法力量。

11 日，十一届省委第三轮第二批巡视展开。

根据省委巡视工作部署安排，省委第三轮第二批巡视 15 个单位。截至 10 月 11 日，7 个巡视组已完成进驻动员工作。

11 日，第四届国家奖学金福建省颁奖大会在

榕举行

"强国有我 不负华年"第四届国家奖学金福建省颁奖大会在闽江学院举行。国家奖学金是国家授予青年学子的最高荣誉。从2020年起，我省每年举办一次国家奖学金颁奖大会。2022—2023年度，我省有631名研究生、1067名本专科学生、505名中职学生获得国家奖学金，27441名学生获得国家励志奖学金。副省长常斌出席并讲话。

11日，省政协召开民主监督协商会。

省政协召开"扎实推进市域社会治理现代化，建设更高水平的平安福建"民主监督协商会。会上，课题组介绍了民主监督调研情况，政协委员、民主党派代表与省直有关部门负责同志坦诚交流，为推进市域社会治理现代化凝聚共识和力量。省政协副主席黄玲出席并讲话。

12日，省政协召开"老委员专家组"工作座谈会。

省政协召开"老委员专家组"工作座谈会，省政协副主席张兆民出席并讲话。会上，"老委员专家组"成员分别汇报了今年以来工作情况，省政协通报了今年反映社情民意信息情况以及各专委会工作开展情况。

13日，全省深化运用"四下基层"制度走好新时代党的群众路线推进会召开。

全省深化运用"四下基层"制度走好新时代党的群众路线推进会在福州召开。省委书记、省委主题教育领导小组组长周祖翼在会上讲话，强调要深入学习贯彻习近平总书记重要批示精神，把学习推广"四下基层"作为第二批主题教育重要抓手，推动各级党委（党组）深刻把握"四下基层"的丰富内涵、时代价值和实践要求，不断深化运用"四下基层"制度，走好新时代党的群众路线，奋力谱写中国式现代化福建篇章。中央第七巡回指导组组长姚增科出席并讲话。省委副书记、省长、省委主题教育领导小组副组长赵龙主持。

13日，省领导会见国际民间友好人士代表团。

省委常委、常务副省长郭宁宁在福州会见国际民间友好人士代表团。郭宁宁代表省委、省政府对代表团一行表示欢迎，并简要介绍福建经济社会发展情况。她希望代表团发挥桥梁纽带作用，助力推动所在国与福建的民间友好往来，深化国际友城和人文交流，共建经贸务实合作平台，实现共同发展。

13—14日，周祖翼在漳州市云霄县调研。

福建省委书记周祖翼赴漳州市云霄县，深入漳江口红树林国家级自然保护区、下河乡下河村和向东渠教育实践基地、开漳历史纪念馆，调研生态建设、乡村振兴和传统文化保护等情况，指导推进第二批主题教育。

13—15日，周祖翼在漳州调研。

福建省委书记周祖翼赴漳州市云霄县、诏安县，走乡村、看企业、问发展，深入调研生态建设、乡村振兴、民营经济发展、传统文化保护等情况，指导推进第二批主题教育。

16日，我省举办世界粮食日宣传活动暨粮食安全宣传周启动仪式。

省粮储局、农业农村厅、教育厅、科技厅、妇联以及宁德市政府在宁德市联合主办福建省2023年世界粮食日暨粮食安全宣传周主会场活动启动仪式。10月16日是世界粮食日，今年活动主题确定为："水是生命之源，水是粮食之本。不让任何人掉队。"10月16日所在周是我国粮食安全宣传周，主题是"践行大食物观 保障粮食安全"。现场，粮食企业代表向全社会发出倡议：争做爱粮节粮的倡导者、践行者、宣传者，拒绝"舌尖上的浪费"，弘扬勤俭节约的传统美德，引领崇尚节俭的社会风尚。

16—19日，省领导到泉州调研基层社会治理和挂钩帮扶工作。

省委常委、政法委书记黄海昆到泉州市永春县、德化县调研，强调要深入学习贯彻习近平总书记重要指示精神，传承弘扬"四下基层"优良传统，深入开展第二批主题教育，持续提升社会治理现代化水平，助力乡村振兴与县域经济高质量发展。

17日，第七届海峡两岸书院论坛开幕。

第七届海峡两岸书院论坛在南平考亭书院开幕。全国政协常委、省政协副主席、民盟省委会主委阮诗玮出席并致辞。两岸专家学者200多人参加活动。

17—18日，福建省党政代表团赴新疆昌吉州考察。

福建省委书记、省人大常委会主任周祖翼，省委副书记、省长赵龙率福建省党政代表团赴新疆维吾尔自治区昌吉州进行实地考察，深入学习贯彻习近平总书记关于新疆工作的重要讲话和重要指示批示精神，完整准确全面贯彻新时代党的治疆方略，贯彻落实第九次全国对口支援新疆工作会议部署，深入推动新时代对口援疆工作，并看望慰问援疆干部人才。新疆维吾尔自治区党委书记、新疆生产建设兵团党委第一书记、第一政委马兴瑞，自治区党委副书记、政府主席艾尔肯·吐尼亚孜在昌吉州与代表团一行进行座谈并陪同考察。

18 日，全省宣传思想文化系统专题会议召开。

日前，全省宣传思想文化系统专题会议召开，学习贯彻习近平总书记对宣传思想文化工作作出的重要指示和全国宣传思想文化工作会议精神，研究部署贯彻落实措施。省委常委、宣传部部长张彦出席并讲话。

18 日，省领导会见外国驻港澳领事官员团。

副省长李建成在福州会见外国驻港澳领事官员团。李建成对领事官员团的到来表示欢迎，向外交部驻澳门特派员公署组织领团来闽参观考察、探讨合作表示感谢，并简要介绍福建经济社会发展情况。他希望各位领事官员多关注福建、了解福建，为福建与各国加强多领域合作牵线搭桥。

18 日，福建发布首个面向肝病和肝癌的医疗大模型。

福州大学首届医工交叉学术论坛暨孟超大模型发布会在福州举行。作为庆祝福州大学 65 周年校庆献礼系列活动之一，本次论坛活动由福州大学主办，福州大学医工交叉研究院、福建省肿瘤医院承办。本次论坛发布了首个面向肝病和肝癌的医疗大模型——孟超大模型。

19 日，省领导与出席第三届国际黄檗禅论坛嘉宾座谈。

省委常委、统战部部长、省海外联谊会会长王永礼在福清与出席第三届国际黄檗禅论坛的日本、美国、澳大利亚、新加坡、印度尼西亚、马来西亚等国黄檗宗代表座谈。

20 日，省政协召开“同心筑梦”民族乡村助学活动十周年座谈会。

省政协召开“同心筑梦”民族乡村助学活动十周年座谈会。省政协副主席张兆民出席并讲话。自 2014 年起，在广大政协委员、爱心组织和社会各界爱心人士的鼎力支持下，省政协民宗委已连续 10 年开展“同心筑梦”民族乡村助学活动，累计筹集善款近 600 万元、资助 1000 多名困难家庭大学生和部分中小学生。

20 日，浦城美术馆/范迪安美术馆开馆启动仪式举行。

浦城美术馆/范迪安美术馆开馆启动仪式在浦城县举行，省人大常委会党组副书记陈冬，省人大常委会副主任袁毅，十三届全国人大华侨委委员、省人大书画院院长叶双瑜出席活动。中国美术家协会主席范迪安被聘为美术馆荣誉馆长暨学术委员会主任。现场，陈冬宣布浦城美术馆/范迪安美术馆正式开馆。

20 日，省委政法委员会召开 2023 年第六次全体会议。

省委政法委员会召开 2023 年第六次全体会议，传达学习贯彻习近平总书记近期重要讲话重要指示批示精神，落实中央政法委有关会议部署，研究推进第二批主题教育和维护安全稳定、调解工作创新发展、打击治理电信网络诈骗犯罪等重点工作。省委常委、政法委书记黄海昆主持会议并讲话，省委政法委员会委员金银墙、侯建军、张建超等出席。

21 日，陈嘉庚先生创办集美学校 110 周年纪念大会举行。

陈嘉庚先生创办集美学校 110 周年纪念大会在厦门举行。第十四届全国政协港澳台侨委员会副主任崔玉英出席大会。第十一届中国侨联党组成员、副主席连小敏，省委常委、厦门市委书记崔永辉，副省长常斌出席并致辞。自 2014 年起，厦门市已连续 8 年举办“嘉庚精神宣传月”。今年的“嘉庚精神宣传月”聚焦陈嘉庚先生创办集美学校 110 周年和集美学村命名 100 周年两个主题。当天的纪念大会邀请海内外嘉宾、集美校友、陈嘉庚后裔参访团、集美学校师生代表等约 700 人参加。

22 日，福建省标准地图矢量数据首次公开发布。

近日，省自然资源厅首次公开发布福建省标准地图矢量数据。数据以 1：100 万公众版基础地理信息数据（2021）为基础编制而成，包含了省界、设区市界、县界、省级行政中心、地级市行政中心、县级驻地、主要河流、水库、主要岛屿、群列岛及省域最高峰等具有坐标参数的矢量数据。社会公众可通过福建省标准地图服务平台，免费下载使用。

22日，第五届福建省大学生戏剧节暨第七届福建省大学生艺术节戏剧展演开幕。

晚上，第五届福建省大学生戏剧节暨第七届福建省大学生艺术节戏剧展演开幕式系列活动在福州大学旗山校区举办。省人大常委会副主任李德金、省政协副主席黄如欣出席活动，相关单位负责人、高校师生代表等近千人参加。本届大学生戏剧节自今年3月启动，有106部作品参与剧目展演，其中46部作品入围终评，于10月19日至27日现场竞演，角逐福建省戏剧水仙花奖·大学生戏剧奖。本次活动由省文联、省教育厅主办，省戏剧家协会承办。省剧协将组织推荐优秀作品参加全国性校园戏剧交流展演。

22—26日，全国政协副主席梁振英率团来闽考察。

全国政协副主席梁振英率港区全国政协委员考察团来闽就“深化闽港合作”进行专题调研。省委书记周祖翼，省委副书记、省长赵龙，与考察团一行在福州进行交流座谈。全国政协港澳台侨委员会副主任崔玉英参加活动。在闽期间，考察团先后深入福州市、宁德市、厦门市的高新科技产业园区、企业、高校和文物保护单位等实地考察，详细了解福建经济社会发展等情况。

23日，省委常委会召开会议。

福建省委书记周祖翼主持召开省委常委会会议，认真学习习近平总书记在第三届“一带一路”国际合作高峰论坛开幕式上的主旨演讲、向第五届中俄能源商务论坛致贺信、致欧美同学会成立110周年的贺信精神，研究我省贯彻落实措施；学习贯彻国家副主席韩正出席第24届东亚及西太平洋电力工业协会大会时的讲话精神，学习中央主题教育工作推进会精神，研究推进我省能源电力、主题教育、干部教育培训等相关工作。

23日，我省十六名运动员参加七大项目比赛。

本届亚残运会中国体育代表团中，福建共有26人入选，其中运动员16人、教练员4人、赛事辅助人员2人、工作人员4人。运动员来自福州、厦门、泉州、三明、南平、龙岩、宁德等7个市，其中首次参加亚残运会5人。他们将参加盲足、田径、游泳、乒乓球、羽毛球、跆拳道、盲人柔道7个大项的比赛，是历届亚残运会中我省参赛人数、参赛项目最多的一届。

24日，省委三季度工作会议在榕召开。

省委三季度工作会议在福州召开。省委书记周祖翼出席会议并讲话，强调要深入学习贯彻习近平新时代中国特色社会主义思想和党的二十大精神，扎实推进主题教育，深学争优、敢为争先、实干争效，撸起袖子加油干、扎扎实实抓发展，进一步凝聚共识、稳定预期、提振信心、攻坚克难，认真做好第四季度工作，科学谋划明年工作，奋力谱写中国式现代化福建篇章。省委副书记、省长赵龙主持会议，点评三季度全省经济社会发展情况，并具体部署下一步工作。

24日，省领导召开分管部门党风廉政建设形势分析会。

省委常委、组织部部长邢善萍召开分管部门党风廉政建设形势分析会，深入学习贯彻习近平总书记关于党的建设的重要思想，贯彻落实党的二十大关于全面从严治党的战略部署，听取省委组织部、省委编办、省委老干部局、省委党校（福建行政学院）党风廉政建设工作汇报，分析研判形势，研究部署下一步工作措施。

24日，第二届中国·霞浦海洋诗会启幕。

第二届中国·霞浦海洋诗会在霞浦县长春镇下尾岛举办。本届诗会由中国作协、福建省委宣传部、宁德市委指导，《诗刊》社、中国诗歌网、省文联、宁德市委宣传部、霞浦县委县政府主办，以诗歌为媒介，以“相思”为主题，打造一场“有高度、有深度、有温度”的当代中国诗歌盛会。开幕式现场，主办方特别为著名诗人姚风、江非、叶玉琳颁发了“第二届中国·霞浦海洋诗歌成就奖”。

24日，“情系福建 茗香两岸——两岸文化联谊行”活动启动。

由中华文化联谊会、海峡两岸旅游交流协会和福建省人民政府共同主办，中华全国台湾同胞联谊会支持举办，福建省文化和旅游厅承办的

“情系福建 茗香两岸——两岸文化联谊行”活动在福州开幕。福建省人民政府党组成员康涛、台湾中华民族发展基金会董事长林中森等出席开幕式，来自两岸的100多名文化、旅游、传媒等业界人士参加活动。

25日，最高人民法院调研组来闽调研。

25日、27日，在海上丝绸之路（泉州）司法合作国际论坛间隙，最高人民法院党组书记、院长张军率最高法调研组深入福建厦门、泉州两地法院开展调研。省委书记、省人大常委会主任周祖翼参加工作座谈。

26日，省政府常务会议召开。

省长赵龙主持召开省政府常务会议，听取全省质量工作情况汇报，部署下一阶段工作；审议通过《关于鼓励企业入园进区的若干措施》《福建省进一步完善医疗卫生服务体系实施方案》；研究我省“十四五”规划纲要实施情况中期评估、清理拖欠企业账款、防范化解地方债务风险等工作。

26日，“福建·厦门澳门周”活动在厦门开幕。

“福建·厦门澳门周”活动在厦门中山路开幕。澳门特别行政区行政长官贺一诚，澳门中联办主任郑新聪，省委常委、厦门市委书记崔永辉，省委常委、常务副省长郭宁宁出席开幕式。活动现场设立不同主题的展区共58个，内容包括澳门概况、澳门美食、节日盛事等，向福建、厦门的居民展示澳门的旅游、商贸、文化、体育、娱乐等特色元素。同时，还将在厦门中山路大型路展的现场及相关社交平台上，为市民游客提供丰富的旅游优惠，精彩呈现澳门“旅游+”的魅力。本次活动由澳门特别行政区政府经济财政司、厦门市人民政府、福建省人民政府台港澳事务办公室、福建省文化和旅游厅共同主办，将持续至10月30日。

26日，省公安厅传达学习贯彻习近平总书记重要指示批示精神。

副省长、省公安厅党委书记、厅长李建成主持召开厅党委（扩大）会议，传达学习习近平总书记关于“四下基层”重要批示精神，学习贯彻习近平总书记对宣传思想文化工作重要指示和全国宣传思想文化工作会议精神，研究贯彻落实措施。

26日，我省举行庆祝福建省第28届环卫工人节暨第5个环卫工人关爱月活动。

福建省第28届环卫工人节暨第5个环卫工人关爱月活动在榕举办，省人大常委会党组副书记、副主任，省总工会主席庄稼汉出席活动并看望慰问一线环卫工人。此次活动由省总工会、省人大环境与资源保护委员会、省住建厅联合举办。

26日，超万人次科技特派员全年一线开展服务。

全省科技特派员成果现场推介对接活动在三明市举行。当前我省已累计选认科技特派员79172人次，全年在一线开展服务的省市县三级科技特派员超过1万人次，科技特派员创业和技术服务实现乡镇全覆盖和一、二、三产业全覆盖，为脱贫攻坚、乡村振兴和产业转型升级提供了强有力的科技支撑和人才保障。

27日，省领导与参加首届侨僧文化交流系列活动的嘉宾代表座谈。

省委常委、统战部部长、省海外联谊会会长王永礼在南安与参加“中华一家 从心出发”首届侨僧文化交流系列活动的中国佛教协会会长演觉法师以及菲律宾、印度尼西亚、越南等9个国家和台湾、澳门地区的海内外佛教界代表座谈。

28日，周祖翼赵龙会见新华社社长傅华。

福建省委书记、省人大常委会主任周祖翼在福州会见了来福建调研的新华通讯社社长、党组书记傅华一行。省委副书记、省长赵龙出席。周祖翼代表省委、省政府对新华社长期以来给予福建发展的关心支持表示感谢。在简要介绍福建基本省情后，周祖翼希望新华社充分发挥新型全媒体机构和媒体型智库优势，一如既往地关注福建、宣传福建，共同挖掘理论和实践“富矿”，持续推出一批有深度、有分量、有影响力的新闻报道，强化决策咨询服务，为推动福建发展出谋划策、加油鼓劲。

30日，福建省老科学技术工作者协会成立40周年座谈会召开。

福建省老科学技术工作者协会（以下简称“省老科协”）成立40周年座谈会在福州召开。原国务委员、第十一届全国人大常委会副委员长、中国老科协荣誉会长陈至立出席会议。中国老科协会长李学勇、省政府副省长林瑞良出席并讲话。中国老科协常务副会长齐让、省老科协会长薛卫民出席。座谈会上，陈至立等领导为我省优秀老科技工作者颁奖，并为福建老年科技大学揭牌。

30日，2023年第21期“同心·半月座谈”在福安举行。

以“传承弘扬‘四下基层’助力民族乡村振兴发展”为主题的第21期“同心·半月座谈”在福安市社口镇坦洋村举行。省直及部分沿海经济发达县（市、区）挂钩帮扶单位、部分设区市民宗局及民族乡负责人，人民日报社福建分社、国家民委民族团结杂志社负责人，以及专家学者、台湾乡建乡创代表等应邀参加。省委常委、统战部部长王永礼主持会议并讲话。座谈中，大家交流了挂钩帮扶工作的经验做法，并就进一步促进民族乡村振兴发展提出意见建议。

30日，省政协召开重点提案办理“三结合”座谈会。

省政协召开《关于把宁德打造成为“民族团结共同富裕示范窗口”的建议》重点提案办理“三结合”座谈会。省政府副省长常斌出席会议并讲话。省政协副主席张兆民主持会议。

31日，第二届福建省“国防人物”颁奖仪式举行。

第二届福建省“国防人物”颁奖仪式在福州举行。省委副书记罗东川，省委常委、省军区少将政治委员宋鸿喜，副省长王金福出席仪式。此次“国防人物”评选宣传活动历时近半年，经过初审、评委会集体评审等环节，最终评选确定20名“国防人物”正式人选和18名提名奖获得者。此次颁奖仪式由省委宣传部、省退役军人事务厅、省军区政治工作局联合主办。

31日，中国少年先锋队福建省第八次代表大会暨福建省学生联合会第十一次代表大会开幕。

中国少年先锋队福建省第八次代表大会暨福建省学生联合会第十一次代表大会在福州开幕。省委副书记、省少工委名誉主任罗东川出席开幕式并讲话，强调要深入学习贯彻习近平总书记关于青年工作的重要思想、关于少年儿童和少先队工作的重要论述及习近平总书记同团中央新一届领导班子成员集体谈话时的重要讲话精神，贯彻落实党中央决策部署及省委工作要求，扎实做好促进我省青少年成长发展各项工作，推动新时代青少年工作高质量发展。省领导庄稼汉、王金福、黄玲出席开幕式。

31日，全省主题教育工作推进会召开。

全省主题教育工作推进会在福州召开。省委常委、组织部部长，省委主题教育领导小组副组长、办公室主任邢善萍出席会议并讲话，强调要深学细照笃行习近平总书记关于主题教育的重要讲话重要指示批示精神，全面落实党中央部署和省委要求，以强烈的责任感紧迫感抓好各项任务落实，不断推动主题教育走深走实，以实际行动坚定拥护“两个确立”、坚决做到“两个维护”。

（摘编：吴强）

十一月

1日，省领导赴福州调研基层党建工作并指导推进第二批主题教育。

省委副书记罗东川率省直有关部门负责同志赴福州调研基层党建工作，指导推进第二批主题教育，强调要深入学习贯彻习近平总书记关于党的建设的重要思想和习近平总书记关于主题教育系列重要讲话重要指示批示精神，大力传承弘扬“四下基层”“四个万家”等优良作风，以开展主题教育为契机不断提升基层党的建设质量，为推动经济社会高质量发展提供坚强保证。

1 日，省领导率团访问美国、巴拿马、塔吉克斯坦。

近日，省委常委、宣传部部长张彦率团访问美国、巴拿马、塔吉克斯坦，开展一系列人文交流活动，推动文明交流互鉴。外访期间，访问团看望了当地闽籍社团、企业代表，鼓励海外乡亲发扬爱国爱乡优良传统，发挥桥梁纽带作用，生动讲述福建故事、传播中国声音。

1 日，省领导与第三届世界华侨华人工商大会福建考察团座谈交流。

第三届世界华侨华人工商大会福建考察团一行到访福建，开启为期 4 天的考察交流之旅。其间，考察团将参加福建省招商推介会，还将前往福州、泉州、厦门等地实地考察，深入了解福建历史文化和经济发展情况。当天，受省委书记周祖翼委托，省委常委、统战部部长王永礼在福州与考察团成员座谈交流。

2 日，周祖翼赵龙与第三届世界闽籍华侨华人社团联谊大会暨福建省海外联谊会第六届理事大会重要嘉宾代表交流座谈。

福建省委书记、省人大常委会主任周祖翼在福州与第三届世界闽籍华侨华人社团联谊大会暨福建省海外联谊会第六届理事大会重要嘉宾代表齐聚一堂，围绕“凝聚乡情力量、助力家乡发展”主题，共叙亲情、共话发展。省委副书记、省长赵龙主持。

2 日，全球南方智库对话会在厦门开幕。

由中共中央对外联络部、福建省人民政府、金砖国家智库合作中方理事会共同主办的全球南方智库对话会在厦门开幕，主题为“全球南方：携手推进现代化”。中联部部长刘建超，省长赵龙，省委常委、厦门市委书记崔永辉致辞。中联部副部长、金砖国家智库合作中方理事会理事长郭业洲主持。省领导郭宁宁、康涛出席。

2 日，省领导到平潭调研。

省委常委、政法委书记黄海昆到平潭综合实验区调研，实地了解基层社会治理、自贸区法治建设、两岸融合发展等工作情况。他强调，要坚定不移沿着习近平总书记指引的“一岛两窗三区”发展方向，立足资源禀赋，发挥独特优势，在探索海峡两岸融合发展新路上迈出更大步伐。

3 日，福建中国和平统一促进会成立大会在榕举行。

福建中国和平统一促进会成立大会在福州举行。省委书记、省人大常委会主任周祖翼出席并讲话，强调要深入学习贯彻习近平新时代中国特色社会主义思想和党的二十大精神，坚持大团结大联合，顺应历史大势，坚守民族大义，坚定反“独”促统，积极参与建设两岸融合发展示范区，为推动祖国和平统一大业、推进中华民族复兴伟业贡献福建力量。中央统战部副部长、中国和平统一促进会秘书长林锐出席。

3 日，全省国家安全系统表彰大会举行。

全省国家安全系统表彰大会在福州举行，会议传达省委书记周祖翼对全省国家安全机关的批示要求，省委常委、政法委书记黄海昆出席大会并讲话。会议表彰了全省国家安全系统 15 个先进集体、25 名先进个人。

3 日，金鸡电影论坛·知识产权保护论坛举行。

金鸡电影论坛·知识产权保护论坛在厦门举行。最高人民法院副院长、二级大法官陶凯元，中国文联党组成员、书记处书记，中国影协分党组书记张宏，省政府党组成员康涛出席并致辞。2013 年至 2022 年，全国人民法院一审审结涉电影作品知识产权案件共计 1.16 万件。近五年，涉电影作品案件年均增长 7.46%，高于同期普通民事案件 4.73 个百分点。

3 日，福建省海外联谊会六届一次理事大会召开。

福建省海外联谊会六届一次理事大会在福州召开，会上选举产生新一届理事会常务理事和班子成员，省委常委、统战部部长王永礼当选会长。

3 日，省政协召开“走具有福建特色的乡村振兴之路”远程协商会。

省政协围绕“走具有福建特色的乡村振兴之路”议题召开远程协商会。省委副书记罗东川出席会议并讲话，省政协副主席张兆民主持会议。会上，省政协副主席严可仕代表课题组作主旨发言。

3 日，省法院领导到清流县调研挂钩帮扶工作。

省法院院长金银墙率队到清流县调研，召开

挂钩帮扶工作座谈会并接访信访群众。

3日，中国金鸡百花电影节举办电影音乐会。

“光影传承 一路同心”2023年中国金鸡百花电影节电影音乐会在厦门闽南大戏院举行，最高人民法院副院长陶凯元，中国文联副主席李雪健、奚美娟，省委常委、宣传部部长张彦出席。

4日，周祖翼在厦门与电影艺术家代表座谈。

晚上，第36届中国电影金鸡奖颁奖典礼暨2023年中国金鸡百花电影节闭幕式在厦门举行。活动前，省委书记周祖翼与中国文联党组书记、副主席李屹及电影艺术家代表进行座谈。

4日，金鸡奖·鼓浪屿论坛在厦门举办。

2023年金鸡奖·鼓浪屿论坛近日在厦门举办。中国文联党组成员、书记处书记，中国影协分党组书记张宏，省委常委、宣传部部长张彦出席并致辞。本届金鸡奖·鼓浪屿论坛由中国文联、中国电影家协会、厦门市政府共同主办。论坛上，嘉宾围绕“如何全面贯彻落实习近平文化思想，努力推动优秀传统文化的光影传承”等展开深入交流。

4日，中国新闻工作者援助项目名单发布。

中国记协发布2023年中国新闻工作者援助项目援助名单和金额，来自10家中央新闻单位、29个省（自治区、直辖市）的73家地方新闻单位共103名新闻工作者获援助金432万元。尤溪县融媒体中心陈大勤等得到援助。这是中国记协连续第十年对因履行新闻工作职责殉职、伤残或重病的新闻工作者进行援助，援助人数和援助金额为历年最高。

4日，福建海外杰出女性联谊会二届一次理事会议召开。

福建海外杰出女性联谊会二届一次理事会议在福州召开。省人大常委会副主任江尔雄出席，来自31个国家和地区的闽籍海外杰出女性代表等80多人参加。李然当选第二届理事会会长，廖彩珍当选理事长，王品华当选执行会长，林璒利当选监事长。

4日，2023年中国金鸡百花电影节闭幕。

第36届中国电影金鸡奖颁奖典礼暨2023年中国金鸡百花电影节闭幕式在厦门举行。

5日，中国金鸡百花电影节有福电影推介会举行。

2023年中国金鸡百花电影节有福电影推介会近日在厦门举行，省委常委、宣传部部长张彦出席并致辞。活动现场，“有福电影人发展促进会”举行筹备仪式，省电影局与厦门大学电影学院进行合作签约，“福建电影文化与科技研究中心”同时揭牌。

5日，2023年有福电影巡展圆满结束。

在漳州举行的2023年中国金鸡百花电影节有福电影巡展（以下简称“有福电影巡展”）交接仪式上，省电影局负责人正式宣布龙岩成为2024年有福电影巡展主宾城市，漳州、龙岩市委宣传部有关负责人进行了主宾城市旗帜交接。

5—6日，周祖翼在莆田调研。

福建省委书记周祖翼深入莆田市，察看历史文化街区保护和非遗传承，调研推动基层社会治理等工作。周祖翼强调，要深入学习贯彻习近平总书记重要讲话重要指示批示精神，加大历史文化名城保护传承力度，加强基层治理能力建设，推动“四下基层”走深走实，以扎实开展主题教育的实际成果推动高质量发展取得新成效。

6日，省委常委会召开会议。

福建省委书记周祖翼主持召开省委常委会会议，认真传达学习习近平总书记在中央金融工作会议、10月27日中央政治局会议、二十届中央政治局第九次集体学习以及同全国总工会、全国妇联新一届领导班子成员集体谈话时等近期重要讲话重要指示精神，研究我省贯彻落实措施；研究推进我省金融、工会、妇联等工作。

6日，出入境“十项措施”明年1月1日实施。

中华人民共和国出入境管理局消息，为深入贯彻落实《中共中央 国务院关于支持福建探索海峡两岸融合发展新路 建设两岸融合发展示范区的意见》，该局紧扣两岸融合发展示范区建设规划，聚焦台胞台商台企所需所盼，研究出台十项出入境政策措施（以下简称“十项措施”），并将于2024年1月1日起实施，进一步促进闽台人员往来、便利台胞在闽居住生活，深化两岸各领域融合发展。

7日，全省党委和政府办公厅（室）系统工作会议召开。

全省党委和政府办公厅（室）系统工作会议

在福州召开。会议深入学习贯彻习近平总书记关于新时代办公厅工作的重要指示，认真落实全国党委和政府秘书长会议精神，总结工作、分析形势，对全省办公厅（室）工作进行安排部署。省委书记周祖翼会前对我省做好新时代办公厅工作提出要求，省委常委、秘书长吴偕林出席会议并讲话。

7 日，第六届世界科技社团发展与治理论坛在厦门举办。

第六届世界科技社团发展与治理论坛在厦门举办。中国科协专职副主席、书记处书记孟庆海，副省长林瑞良出席论坛并致辞。中国电机工程学会理事长、中国工程院院士舒印彪主持主旨报告会。本次论坛以“协同构建创新发展新生态”为主题，由中国科协与福建省人民政府共同主办。

7 日，2023 年福建省社会科学普及宣传周启动仪式在福州举行。

由省委宣传部、省社科联主办的“学习贯彻习近平文化思想 建设中华民族现代文明——2023 年福建省社会科学普及宣传周”启动仪式在福州举行。省人大常委会副主任檀云坤出席启动仪式。活动现场举行赠书、授牌仪式，向台江区等基层社科普及基地代表赠送《闽山闽水物华新——习近平福建足迹》及省市社科普及读物，为获评 2023—2025 年度福建省社会科学普及基地代表授牌。今年福建省社会科学普及宣传周采取省市县三级联动、线上线下相结合的方式进行。

7 日，首届学青会科学论文报告会举行。

第一届全国学生（青年）运动会科学论文报告会（以下简称“科报会”）在广西南宁闭幕。我省在本届科报会中共报送论文 80 篇，获得大会报告（一等奖）2 篇、专题报告（二等奖）7 篇、墙报交流（三等奖）18 篇，获奖篇数共计 27 篇。

8 日，省政府召开常务会议。

省长赵龙主持召开省政府常务会议，听取全省安全生产工作情况汇报，审议通过《加快新闽菜创新发展三年行动方案（2023—2025 年）》，研究实施“百镇千村示范、万村共富共美”工程、见义勇为英雄模范评选表彰工作。研究通过《福建省安全生产条例（草案）》《福建省武夷山国家公园条例（草案）》《福建省促进首台套技术装备推广应用条例（草案）》，决定提请省人大常委会审议。

8 日，省领导赴福建佛学院调研。

省委常委、统战部部长王永礼赴莆田市走访调研福建佛学院男众部。

8 日，中国—太平洋岛国海洋防灾减灾合作研讨会在平潭召开。

中国—太平洋岛国海洋防灾减灾合作研讨会在平潭召开。自然资源部副部长许大纯、福建省副省长林文斌出席并致辞。部分岛屿国家部级官员、驻华使节及国际组织代表参加会议。

本次研讨会以“共促防灾减灾合作 共创韧性海岛未来”为主题，聚焦应对气候变化、海洋防灾减灾、蓝色经济发展等进行研讨，促成签署一批合作协议和合作备忘录，并揭牌启用中国—太平洋岛国防灾减灾合作中心海洋防灾减灾合作分中心。其间，还同步举办了国际海岛论坛。

9 日，我省举行习近平总书记向国家综合性消防救援队伍授旗致训词五周年主题报告会。

“向党和人民报告”——习近平总书记向国家综合性消防救援队伍授旗致训词五周年主题报告会暨 2023 年福建省消防宣传月主题活动在福州举行。省委常委、常务副省长郭宁宁出席活动并看望慰问全省消防救援队伍英模代表。报告会以合唱、情景音乐舞蹈剧、诗朗诵、情景表演等形式展示了全省消防救援队伍深入贯彻习近平总书记重要授旗训词精神和重要勉励语精神，立足“全灾种、大应急”职责定位，扛起应急救援“主力军、国家队”使命担当的良好形象。现场还举行授旗授牌仪式，为矿山救援、危化救援、防汛抗旱等领域的 28 支省级应急救援队伍授旗，为省森林消防总队训练大队、福州市江阴化工应急救援中心等 10 个应急救援培训基地授牌。

9 日，我省创建各级美丽庭院示范户 13.59 万户。

近日，全省“美丽庭院”创建推进活动在宁德市屏南县召开。2021 年以来，省妇联、省农业农村厅落实国家人居环境 5 年行动总要求，立足农村家庭最小单元，开展美丽庭院创建示范户的工作。三年来，全省创建各级美丽庭院示范户 13.59 万户，建设“美丽庭院”示范带（线）121 条。

9日，我省举办乡村振兴带头人研修班。

近日，由省农业农村厅主办、福建农林大学承办的乡村振兴带头人（乡村治理与发展）研修班在福州举办。该研修班还是我省学历与非学历深度融合的学分银行制试点项目。学分银行制由省农业农村厅联合福建农林大学、福建开放大学、福建农业职业技术学院开展，旨在将培训与学历教育打通，实施学分互认。

9—11日，周祖翼在南平调研。

福建省委书记周祖翼深入南平市浦城县、松溪县乡村、企业和文化场馆实地调研，指导推进第二批主题教育。周祖翼强调，要认真贯彻落实习近平总书记对福建工作的重要讲话重要指示批示精神，完整、准确、全面贯彻新发展理念，坚持生态优先、绿色发展，传承弘扬优秀传统文化，夯实基层基础，推进乡村振兴，把主题教育学习成果转化为推动高质量发展的强劲动力。

10日，第七次全省妇女儿童工作会议召开。

第七次全省妇女儿童工作会议在福州召开，省委副书记、省长赵龙出席并讲话，强调要深入学习贯彻习近平总书记关于妇女儿童工作的重要论述和重要指示批示精神，认真落实第七次全国妇女儿童工作会议精神，按照省委常委会会议要求，坚持男女平等基本国策和儿童优先发展，深入实施妇女、儿童发展纲要，不断开创新时代新征程妇女儿童事业高质量发展新局面。省委常委、常务副省长郭宁宁主持。

10日，省政协在福州开展四级政协委员联合督办提案活动。

省政协与福州市政协组织全国、省、市和鼓楼区四级政协委员就“推进长者食堂建设运营”相关提案，联合开展督办调研和协商座谈。省政协副主席余军参加联合督办活动。

10日，赵龙会见菲华各界联合会访闽团一行。

省长赵龙在福州会见了菲华各界联合会访闽团一行。省领导郭宁宁、王永礼出席。受省委书记周祖翼委托，赵龙代表省委、省政府对大家回到家乡考察访问表示热烈欢迎，对广大海外乡亲长期关心祖国发展、支持家乡建设表示衷心感谢。他真诚希望菲华各界联合会和广大乡亲继续关心支持家乡高质量发展，常回家乡走走看看，共叙乡情友情、共谋合作发展，共同讲好中国故事、福建故事，促进福建与菲律宾地方和民间交往、经贸合作和人文交流，为强国建设、民族复兴伟业和构建人类命运共同体作出新的更大贡献。

10日，第三届东南法治论坛在龙岩举行。

以“学习贯彻习近平法治思想 推进政法工作现代化”为主题的第三届东南法治论坛在龙岩举行。第十三届全国人大监察和司法委员会副主任委员、中国法学会副会长徐显明出席论坛并作主旨演讲。省领导黄海昆、李建成，省法院院长金银墙、省检察院检察长侯建军出席并致辞。

10日，第十一届福建中小学教师论坛举行。

福建省社科界2023年学术年会教育分论坛暨福建省第十一届中小学教师论坛于近日举办，将持续至本月18日。论坛围绕“学习贯彻党的二十大精神 加快高质量基础教育体系建设”主题，设置了一个主论坛和五个子论坛。活动由福建教育学院、福建省教育学会、福建省陶行知研究会、福建省家庭教育研究会、福建省写作学会联合承办，在福州、平潭、将乐等地举行。

11日，“江山如画”网上主题宣传启动仪式在武夷山举行。

由中央网信办网络传播局指导，省委宣传部、省委网信办、南平市委、南平市人民政府等共同主办的“江山如画”网上主题宣传活动，在武夷山启动。启动仪式以“茶”为主线，从茶文化、茶产业、制茶传承人等多个维度勾勒出一幅福建的“茶地图”。

12—15日，上海代表团来闽考察。

上海代表团来福建考察。省委书记、省人大常委会主任周祖翼在福州与上海市政协主席胡文容一行，就进一步深化双方合作等进行座谈交流。省委副书记、省长赵龙，致公党中央常务副主席、上海市政协副主席张恩迪出席座谈。省委副书记罗东川出席上海市与三明市对口合作推介会，并陪同代表团在三明考察。

13日，福建重点电视剧《此心安处是吾乡》今起央视播出。

福建省广播电视局消息，由我省出品的32集电视剧《此心安处是吾乡》定于今日在央视一套黄金时段播出。《此心安处是吾乡》由中央政法委宣传教育局和政法综治信息中心指导，省委宣传部、省广播电视局、泉州市委宣传部、三明市委宣传部等联合摄制，主要讲述基层一线妥善调处化解社会矛盾，守护人民群众平安幸福生活的故事，对宣传推广新时代“枫桥经验”具有积极意义。

13 日，全国中小学党建德育工作会议召开。

全国中小学党建德育工作会议在福州召开。教育部党组成员、副部长、总督学王嘉毅出席并讲话，副省长常斌出席并致辞。

13 日，第二届考亭论坛在南平举行。

由省委宣传部联合中国社会科学院哲学研究所共同主办，朱子学会、中华朱子学会协办，南平市委、市政府承办的第二届考亭论坛在南平开幕。省委常委、宣传部部长张彦出席开幕式并致辞。省人大常委会副主任李德金、省政协副主席阮诗玮出席。朱子学会会长朱崇实、国际儒学联合会副理事长陈来、中国社会科学院副秘书长马援分别代表各自单位致辞。本届论坛以“融通朱子文化，夯实文明根基，不断开辟马克思主义中国化时代化新境界”为主题，设主论坛和三个分论坛。

13 日，第四届海丝茶文化论坛将在武夷山举办。

2023 年（第四届）海丝茶文化论坛组委会消息，论坛将于 11 月 14 日—17 日在“双世遗”城市武夷山市举办。活动将邀请驻华使节、国际友人、海外华侨华人、海内外茶界专家学者、茶企茶商、青年网红代表等近 40 个国家和地区逾 200 人参会。

14—15 日，省中华职业教育社第九次代表大会在福州召开。

福建省中华职业教育社第九次代表大会在福州召开。省委常委、统战部部长王永礼在开幕式上讲话并与新老班子成员座谈。中华职业教育社党组书记、总干事王晓光到会祝贺并讲话。省人大常委会党组副书记陈冬、省政府党组成员康涛出席开幕式。省政协副主席、民进省委会主委严可仕代表省各民主党派、省工商联和有关人民团体致贺词。

15 日，省政协召开重点提案办理“三结合”座谈会。

省政协召开《关于将环武夷山国家公园打造成人与自然和谐共生先行地的建议》重点提案办理“三结合”座谈会。省政府副省长王金福出席并讲话。省政协副主席余军主持会议。

15 日，福建省关工委成立 35 周年座谈会召开。

省关工委成立 35 周年座谈会在福州召开。第十届全国人大常委会副委员长、中国关工委主任顾秀莲，省委副书记罗东川出席会议并讲话，省关工委主任刘群英主持会议并作工作报告。省关工委常务副主任曹德淦、陈荣春、陈旭、袁锦贵，省关工委委员、中科院院士谢华安参加会议。

15—16 日，省领导赴武夷山调研乡村振兴工作。

省委副书记罗东川率省直有关部门负责同志赴武夷山市，调研“三茶”统筹发展和乡村振兴工作，强调要深入学习贯彻习近平总书记关于“三农”工作的重要论述和来闽考察重要讲话精神，深入践行“两山”理论，着力推进茶文化、茶产业、茶科技统筹发展，持续走好具有当地特色的乡村振兴之路。

16 日，省政协召开重点提案办理座谈会。

省政协召开《关于以“迁台记忆”为抓手 推动“福”文化促进两岸同胞心灵契合的建议》重点提案办理座谈会。省委常委、宣传部部长张彦出席并讲话。省政协副主席阮诗玮主持会议。

17 日，省政协召开民主监督协商会。

省政协召开“提高我省基层防病治病和健康管理能力”民主监督协商会。省政府副省长常斌出席并讲话。省政协副主席黄如欣主持会议。会上，省政协课题组通报民主监督情况，农工党福建省委会、省政协委员、专家学者、基层医疗卫生机构代表与省直有关部门、部分设区市政府围绕进一步提高基层防病治病和健康管理能力开展全面深入、坦诚务实的协商。

18 日，第十五届海峡论坛・陈靖姑文化节在古田开幕。

第十五届海峡论坛・陈靖姑文化节在古田县开幕。省政协副主席刘献祥出席并致辞。本届文化节以“千年临水情 两岸一家亲”为主题，由福建省道教协会等主办，由两岸信众共祭顺天圣母仪式、文艺表演、闽台青年互动交流项目等活动组成。

18日，第八届世界妈祖文化论坛在莆田湄洲岛开幕。

由文化和旅游部、自然资源部、中国社会科学院、澳门特别行政区政府和福建省人民政府共同主办的第八届世界妈祖文化论坛在莆田湄洲岛开幕。全国政协副主席、台盟中央主席苏辉宣布开幕。海峡两岸关系协会会长、中央台办原主任张志军，中国侨联原主席林兆枢，中国社会科学院党组成员赵志敏，省委常委、宣传部部长张彦，省人大常委会副主任、台盟省委会主委江尔雄，副省长王金福，省政协副主席阮诗玮，省人大常委会原副主任袁锦贵，自然资源部总工程师田文彪等出席。本届论坛以“大爱和平 文明互鉴”为主题，设有妈祖大爱和平论坛暨第九届国际妈祖文化学术研讨会、妈祖文化与海洋文明论坛、闽台文旅融合发展论坛、妈祖文化青年交流论坛、闽台健康产业融合发展论坛等五个平行论坛。其间，还举行了第二十五届中国·莆田湄洲妈祖文化旅游节开幕式、第八届“湄洲女发髻”表演赛、妈祖搭心桥——项目推介签约等活动。

18日，省社科界学术年会研讨“哲学视野中的中国式现代化”。

福建省社会科学界2023年学术年会社科普及论坛“哲学视野中的中国式现代化”学术研讨会在平潭召开。此次研讨会由福建省社会科学界联合会主办，省哲学学会、省辩证唯物主义研究会、省历史唯物主义研究会、省伦理学会承办，旨在从哲学维度探讨中国式现代化，深入挖掘中国式现代化所蕴含的学理、哲理、道理。来自省委党校、厦门大学、福州大学、福建师范大学等单位的100多位专家学者参会。

18—20日，全省重要舆论阵地领导干部培训班暨“记者大讲堂”举行。

由省委宣传部、省新闻工作者协会主办的2023年全省重要舆论阵地领导干部培训班暨“记者大讲堂”在福州举行。培训活动包含专题辅导与交流分享。

19—25日，台湾省第十四届全国人大代表来闽视察。

全国人大常委会代表工作委员会组织台湾省第十四届全国人大代表视察组来闽开展视察。在闽期间，视察组召开座谈会，听取我省相关情况汇报，并先后赴福州、平潭、泉州、漳州、厦门等地，深入了解我省贯彻新发展理念，构建新发展格局，推进高质量发展情况；重点了解我省贯彻落实《中共中央 国务院关于支持福建探索海峡两岸融合发展新路 建设两岸融合发展示范区的意见》情况。

20日，省委常委会召开会议。

福建省委书记周祖翼主持召开省委常委会会议，认真学习习近平总书记在中央全面深化改革委员会第三次会议、同美国总统拜登举行中美元首会晤时的重要讲话和对山西吕梁市永聚煤矿一办公楼火灾事故作出的重要指示等近期一系列重要讲话重要指示精神，研究贯彻落实措施；部署推进平安建设、乡村振兴、医疗卫生、生态环保等工作。

20日，省政府召开常务会议。

省长赵龙主持召开省政府常务会议，听取知识产权法治专题学习讲座，研究推进信访工作法治化、闽江九龙江流域保护管理、我省参加杭州第19届亚运会获奖运动员教练员和有功集体与个人表彰奖励等工作。

20日，第二届侯官论坛在福州举行。

第二届侯官论坛在福建师范大学举行。省委常委、宣传部部长张彦出席开幕式并讲话。

本届论坛以“传承侯官文化精神 书写教育强国福建篇章”为主题，包含主论坛和三个分论坛。论坛举办期间，还举办了“闽人智慧 侯官精神”——侯官文化主题美术与书法展以及“寻访侯官文化”考察等活动。

20日，全省中级人民法院院长座谈会召开。

省法院召开全省中级人民法院院长座谈会，深入学习贯彻习近平法治思想，认真落实“枫桥经验”纪念大会、全国调解工作会议精神，部署推进下一阶段全省法院工作。省法院院长金银墙出席会议并讲话。

21日，刘国中在福建三明调研。

新华社福州电，中共中央政治局委员、国务

院副总理刘国中20日至21日到福建三明调研医改工作并主持召开座谈会。他强调，要深入学习贯彻习近平总书记关于医改工作的重要指示精神，认真落实党中央、国务院决策部署，坚持以人民健康为中心，坚持卫生与健康工作方针，促进医保、医疗、医药协同发展和治理，推动新时代新征程深化医改不断取得新进展，持续提高人民健康福祉。

21日，第二届福文化论坛召开。

第二届福文化论坛在榕召开。省政协副主席阮诗玮出席并讲话。本届福文化论坛共征集论文85篇，邀请了省内外福文化专家学者、理论工作者及社会各界学者约90人参会，大家围绕福文化的源流和内涵、价值传播等方面深入研讨交流，对福文化转化和运用提出了意见建议，为推动福建高质量发展贡献智慧和力量。

21日，我省修订机关效能建设工作条例。

省人大常委会会议消息，为传承弘扬习近平总书记关于机关效能建设的重要理念和重大实践，持续优化提升我省政务服务质量和水平，保证条例有关规定与法律法规、党内法规和规范性文件相统一，已施行近10年的《福建省机关效能建设工作条例》（以下简称《条例（草案）》）将进行修订。《条例（草案）》已提交本次会议审议，修订内容涉及效能制度、绩效管理、效能督查、效能投诉等方面。

21日，我省举行希望工程实施30周年主题报告会。

由共青团福建省委、福建省青少年发展基金会主办，福建省希望工程办公室承办的福建希望工程实施30周年主题报告会在福州举行。福建希望工程自1992年在我省全面实施以来，累计募集善款超5亿元，在省内外援建希望小学521所，为农村学校捐建希望工程图书室、快乐体育园地、智慧教室等项目2050个，资助家庭经济困难学生25.4万名，培训乡村教师2.2万人，创新实施了“青春同行·助孤行动”等一系列具有福建特色的青少年公益项目，已成为我省共青团服务青少年成长发展的知名公益品牌。

22日，中央第一生态环境保护督察组督察福建省动员会召开。

为全面贯彻党的二十大精神，深入贯彻落实习近平生态文明思想，经党中央、国务院批准，根据二十届中央生态环境保护督察工作领导小组第一次会议精神，中央第一生态环境保护督察组近日进驻福建省开展生态环境保护督察。今日，督察进驻动员会在福州召开，督察组组长陈润儿、副组长翟青分别就做好督察工作作了讲话，省委书记周祖翼进行了进驻动员，省委副书记、省长赵龙主持会议。

22日，全省各地全力配合中央生态环境保护督察。

经党中央、国务院批准，22日起，中央第一生态环境保护督察组进驻福建省，开展为期一个月的生态环境保护督察。中央生态环境保护督察，是以习近平同志为核心的党中央作出的重大改革举措，是贯彻落实习近平生态文明思想的重大体制创新。22日下午，在收听收看中央第一生态环境保护督察组督察福建省动员会后，全省9个设区市和平潭综合实验区全面行动，立即召开本地区部署动员会议，就配合做好中央生态环境保护督察工作再动员再部署。

22日，2023年全国各省区市社科联联席会议召开。

全国各省区市社科联联席会议在福州召开。省委常委、宣传部部长、省社科联主席张彦出席会议并致辞。会上，全国哲学社会科学工作办公室负责同志作视频致辞，150余名各省区市社科联代表围绕“学习贯彻习近平文化思想，奋力推进新时代社科普及工作高质量发展”主题展开交流研讨。

22日，全国首个反垄断审查合规辅导中心在厦成立。

海丝中央法务区反垄断审查合规辅导中心在厦门揭牌运营。该辅导中心是全国首个反垄断审查法务合规辅导基地，会集了一批热心公益的反垄断领域相关学者和律师，组成首批辅导团队，其中辅导专员10名、志愿者29名，将为企业提供常规辅导、个性化辅导和疑难问题辅导三个层级的公益性法务支持，帮助企业在战略发展和转型的关键期提高反垄断合规意识，防范法律风险，增强核心竞争力。

23日，周祖翼在闽江学院调。

福建省委书记周祖翼赴闽江学院调研。周祖翼强调，要认真学习贯彻习近平总书记关于高等教育的重要论述，深入学习贯彻习近平总书记对闽江学院的重要讲话重要指示精神，全面落实“不求最大、但求最优、但求适应社会需求”的办学理念，牢记嘱托、坚定信心，立德树人、追求卓越，共同把闽江学院办得更好。

23日，福建省人民代表大会常务委员会关于召开福建省第十四届人民代表大会第二次会议的决定。

福建省第十四届人民代表大会常务委员会第七次会议决定：福建省第十四届人民代表大会第二次会议于2024年1月下旬在福州召开，会期约5天。

23日，第一届中国侨智发展大会筹备工作推进会召开。

第一届中国侨智发展大会筹备工作推进会召开，深入学习贯彻习近平总书记关于侨务工作的重要论述，按照党中央和省委、省政府部署要求，全面动员部署大会各项筹备工作。中国侨联副主席程红，省委常委、福州市委书记林宝金出席并讲话。省委常委、统战部部长王永礼主持。

23日，省监委聘请第二届特约监察员。

省监委召开第二届特约监察员聘请会议，优选聘请32名特约监察员。省委常委、省纪委书记、省监委主任迟耀云出席会议并讲话。会上，特约监察员代表作了发言，并集体签订了《履职承诺书》。

23日，福文化研究院、福文化创新应用研究中心成立。

福文化研究院、福文化创新应用研究中心授牌仪式暨第一次联席会议在福州举行。会上，福文化研究院、福文化创新应用研究中心依托单位负责同志，福文化研究专家、相关企业负责人作交流发言。省委常委、宣传部部长张彦出席会议并讲话。

24日，全省宣传思想文化工作会议召开。

全省宣传思想文化工作会议在福州召开。省委书记、省人大常委会主任周祖翼出席并讲话，强调要坚持以习近平新时代中国特色社会主义思想为指导，全面贯彻党的二十大精神，深入学习贯彻习近平文化思想，认真落实全国宣传思想文化工作会议部署，按照省第十一次党代会和省委十一届三次、四次全会要求，围绕坚持用党的创新理论武装全党、教育人民这一首要政治任务，围绕推动文化繁荣、建设文化强国、建设中华民族现代文明这一新的文化使命，坚定文化自信，秉持开放包容，坚持守正创新，全面推动我省宣传思想文化工作高质量发展，加快建设更高水平的文化强省，为奋力谱写全面建设社会主义现代化国家福建篇章提供坚强思想保证、强大精神力量、有利文化条件。

24日，省政府党组会议和省政府常务会议召开。

省政府党组书记、省长赵龙主持召开省政府党组会议和省政府常务会议，认真学习习近平总书记在中央全面深化改革委员会第三次会议、同美国总统拜登举行中美元首会晤时的重要讲话和对山西吕梁市永聚煤矿一办公楼火灾事故作出的重要指示等近期一系列重要讲话重要指示批示精神，按照省委部署要求，研究贯彻落实措施；审议通过《福建省粮食流通管理办法（修订草案）》；研究通过《福建省测绘地理信息条例（草案）》，决定提请省人大常委会审议。

24日，周祖翼赵龙会见日本长崎县知事大石贤吾一行。

福建省委书记、省人大常委会主任周祖翼，省委副书记、省长赵龙在福州会见了日本长崎县知事大石贤吾、议长德永达也一行。

24日，省领导到福州基层调研。

省委常委、政法委书记黄海昆到福州市仓山区、台江区调研，强调要深刻把握新时代“枫桥经验”的科学内涵和实践要求，传承弘扬“四下基层”工作作风和优良传统，不断提升矛盾纠纷预防化解法治化水平。

24日，我省首个口服小分子全球创新药获批上市。

国家药监局正式批准福建广生堂药业旗下控股子公司广生中霖具有全球自主知识产权的抗新冠病毒创新药阿泰特韦片/利托那韦片组合包装（商品名：泰中定）附条件获批上市。这是福建首个获批上市用于治疗新冠病毒感染的口服小分子化学药物，也是我省自主创新小分子药物研发的一个重要里程碑。

24 日，首届福建省大学生钢琴音乐节举行。

晚上，福建省首届大学生钢琴艺术展演暨钢琴音乐节在福建师范大学开幕。此次活动为期 5 天，活动形式涵盖艺术展演、学术论坛、大师班、音乐会等，参与者辐射全省所有本科音乐院系，围绕“新文科背景下音乐专业钢琴教学的内涵式发展”主题展开探讨。音乐节还邀请到中外钢琴专家，通过大师班、音乐会、名师讲座的方式，分享前沿观点、指点艺术进阶，分享高水准钢琴教学经验。

26 日，省领导会见全国人大太平洋岛国议员研讨班学员。

省人大常委会党组副书记、副主任庄稼汉在福州会见了全国人大太平洋岛国议员研讨班学员一行。研讨班学员来自萨摩亚、纽埃、巴布亚新几内亚、所罗门群岛、汤加等国家，并赴福州、泉州、平潭等地调研考察。

26 日，首届福建省“阅向未来”青少年演讲比赛颁奖仪式举行。

由省委宣传部指导，省文旅厅、省教育厅、团省委、省妇联联合主办的首届福建省“阅向未来”青少年演讲比赛颁奖仪式 26 日在福州举行。副省长江尔雄出席颁奖仪式，为获得一等奖的选手颁奖，并启动世界知名旅游目的地福建“小小文旅推荐官”活动。首届福建省“阅向未来”青少年演讲比赛自 4 月 23 日启动以来，全省共 440 多家图书馆、文化馆、学校等单位（机构）积极参与，征集参赛作品 2837 件。经各地初赛、全省复赛、决赛评选，最终演讲作品《万寿岩的新生之路》《千年莆仙戏 余韵万里长》获得一等奖，《镶嵌在锦歌里的旧时光》《薪火传递 筑梦兰溪》等 6 个作品获得二等奖，《坊巷觅春秋》《穿越时空 遇见嘉庚》等 12 个作品获得三等奖，《与党同心 与党同行》《传优秀文化 凝民族之魂》等 20 个作品入围决赛，福州市文化和旅游局、厦门市少年儿童图书馆等 10 家单位获得优秀组织奖。

26 日，全国孤独症青少年足球邀请赛举行。

为期两天的第二届“心启航杯”孤独症青少年足球邀请赛在福州结束。赛事为 5 人制足球赛制，分为少年组和青年组进行，吸引了来自福州、合肥、杭州、温州、绍兴、诸暨、莆田等地共 11 支队伍 100 多名孤独症青少年参赛。

27 日，福建与金门马祖“小四通”取得新进展。

福建省发展和改革委员会有关负责人 27 日表示，福建与金门、马祖通水、通电、通气、通桥（以下简称“小四通”），事关金门、马祖同胞民生福祉，福建省积极推进相关项目，取得实效。

28 日，2023 年省涉军维权工作领导小组会议召开。

2023 年省涉军维权工作领导小组会议在福州召开。会议深入贯彻习近平强军思想和习近平法治思想，按照省涉军维权工作整体部署安排，专题审议领导小组工作规则及其办公室工作细则。省委常委、政法委书记、省涉军维权工作领导小组组长黄海昆出席会议并讲话，省军区副政委史建国主持会议，省法院院长金银墙、省检察院检察长侯建军出席。

28 日，省领导调研法治建设工作。

省委常委、政法委书记黄海昆在福州调研法治建设工作。他强调，要深入学习贯彻习近平法治思想，时时处处用“十一个坚持”对照、审视工作，扎实推进更高水平的法治福建建设，为奋力谱写中国式现代化福建篇章营造良好法治环境。

28 日，省直青年学习讲堂举办“深入学习贯彻习近平文化思想”专题学习会。

省委宣传部、省委省直机关工委共同举办省直青年学习讲堂第 21 讲，就“深入学习贯彻习近平文化思想”组织专题学习会。省委常委、宣传部部长张彦出席会议。学习会深入学习贯彻习近平文化思想和习近平总书记对宣传思想文化工作的重要指示，贯彻落实全国、全省宣传思想文化工作会议精神，观看学习视频“闽人智慧”主题宣传片。

28 日，第二届南岛语族研究学术研讨会召开。

由省民族与宗教事务厅与福建理工大学联合主办的第二届南岛语族研究学术研讨会在福建理工大学召开。省政协副主席张兆民出席并致辞。南岛语族主要分布于亚洲的中国台湾、东南亚群岛及大洋洲美拉尼西亚、密克罗尼西亚、波利尼西亚三大群岛，覆盖 18 个国家和地区近 4 亿人口，是世界上分布范围最广的语族。

28日，龙龙高铁武梅段项目可研获国家发展改革委批复。

近日，国家发展改革委正式批复了龙岩至龙川铁路武平至梅州段（简称“龙龙高铁武梅段”）项目可研报告，这标志着该项目前期工作取得关键突破和重大进展，为力争今年底开工建设创造了有利条件。据了解，龙龙高铁龙岩至武平段项目已于11月18日进入试运行阶段，将于12月底开通。武平至梅州段项目的可研获批和初设审查，意味着龙龙高铁向着全线通车的目标又迈进一大步。

28—29日，省领导赴龙岩调研革命老区乡村振兴工作。

省委副书记罗东川率省直有关部门负责同志赴龙岩市调研革命老区乡村振兴工作，强调要深入学习贯彻习近平生态文明思想和习近平总书记关于“三农”工作的重要论述，坚持生态优先、绿色发展，巩固拓展脱贫攻坚成果，接续推进乡村全面振兴，加快建设闽西革命老区高质量发展示范区。

29日，周祖翼在三明市大田县调研。

福建省委书记周祖翼赴三明市大田县，深入文江溪流域大田县文江镇大安村段和鸿辉矿业，走进吴山镇阳春村、屏山乡大田大方广茶业有限公司和均溪镇第二集美学村，了解生态环境保护、乡村振兴以及第二批主题教育开展等情况。

29日，全省坚持和发展新时代“枫桥经验”推进会召开。

全省坚持和发展新时代“枫桥经验”推进会在福州召开。会议深入学习贯彻纪念毛泽东同志批示学习推广“枫桥经验”60周年暨习近平总书记指示坚持发展“枫桥经验”20周年大会精神，传达省委书记周祖翼批示要求，通报表扬全省新时代“枫桥式工作法”先进典型，交流各地经验做法。省委常委、政法委书记黄海昆出席并讲话，副省长、省公安厅厅长李建成主持，省法院院长金银墙、省检察院检察长侯建军、武警福建总队司令员张建超出席。

29日，全省设区市党委政法委书记座谈会召开。

省委政法委召开设区市党委政法委书记座谈会，听取今年以来政法工作进展情况，分析形势任务，研究谋划明年思路举措。省委常委、政法委书记黄海昆主持会议并讲话。

29日，全省公安机关视频会议召开。

省公安厅召开全省公安机关视频会议，深入学习贯彻习近平总书记重要指示精神，传达贯彻全国公安厅局长座谈会精神。会议指出，全省公安机关要按照全国公安厅局长座谈会和全省坚持和发展新时代“枫桥经验”推进会部署，树牢争优、争先、争效意识，攻坚冲刺全年目标任务，善始善终做好各项重点工作，努力推进公安工作和队伍建设高质量发展，更好履行维护国家安全和社会稳定、守护人民幸福和安宁的神圣职责。副省长、省公安厅厅长李建成出席会议并讲话。

29日，我省举办反食品浪费暨食品安全宣传活动。

以“尚俭崇信尽责，同心共护食品安全”为主题的2023年福建省反食品浪费暨食品安全宣传活动在福州举行。活动由省市场监管局、福州市市场监管局和福建江夏学院共同举办。今年来，全省共督促指导餐饮服务经营者开展自查自纠14.52万家，大型餐饮服务企业食品安全总监、食品安全员制止餐饮浪费培训考核合格率达98%；监督检查餐饮服务经营户9.9万家，发现存在餐饮浪费行为的餐饮服务经营户334家次，整改问题385个；开展“随机查餐厅”行动957次，检查餐饮服务经营户10551家；责令整改并予以警告的案件447起，公布典型案例66个，培训餐饮从业人员28808名。

29—30日，省领导赴龙岩、漳州宣讲习近平文化思想。

省委常委、宣传部部长张彦赴龙岩市、漳州市宣讲习近平文化思想，指导推进第二批主题教育，并深入基层调研。

30日，《习近平在福建》系列采访实录受访者在榕座谈。

中信银行福州分行党建馆获评福建省习近平新时代中国特色社会主义思想实践示范基地周年成果汇报暨党建共建交流座谈会在榕举行。座谈会以“学思践悟新思想 携手共进促发展”为主题，深入贯彻落实全国、全省宣传思想文化工作会议精神，总结实践示范基地建设成效，交流分享工作经验，推动各级各部门切实把党的创新理论转化为指导实践、推动工作的强大动力。中央党校(国家行政学院)、省委宣传部、省工商联、省对外经济合作中心有关负责人，《习近平在福建》系列采访实录受访者和社区、企事业单位代表等参加座谈会。

（摘编：胡义顺）

十二月

1日，省委常委会召开会议。

福建省委书记周祖翼主持召开省委常委会会议，认真学习习近平总书记在11月27日中央政治局会议、深入推进长三角一体化发展座谈会上的重要讲话和近期一系列重要指示精神，研究我省贯彻落实措施；研究部署主题教育、新型工业化等工作。

1日，周祖翼在三明泉州调研。

11月29日至12月1日，省委书记周祖翼深入三明市大田县和泉州市德化县、永春县调研，走乡村、看企业，问生态、促发展，实地指导推动第二批主题教育。周祖翼强调，要深入贯彻落实习近平总书记对福建工作的重要讲话重要指示批示精神，完整、准确、全面贯彻新发展理念，牢固树立和践行绿水青山就是金山银山理念，统筹好经济发展和生态环境保

护，实现高质量发展和高水平保护相统一，让人民群众实实在在感受到第二批主题教育带来的新成效新变化。

1日，全省第二批主题教育整改整治工作推进会召开。

全省第二批主题教育整改整治工作推进会在福州召开。省委副书记、省委主题教育领导小组副组长罗东川出席会议并讲话；省委常委、省纪委书记、省监委主任，省委主题教育领导小组副组长迟耀云主持会议；省委常委、组织部部长，省委主题教育领导小组副组长、办公室主任邢善萍作具体工作部署。会议强调，各级党委（党组）要加强组织领导，压实工作责任，着力形成整改整治工作合力。要坚持两手抓、两促进，主动对接、有机融入中心工作，锚定全年目标任务加压奋进，精心谋划明年工作，切实把主题教育激发出的热情干劲，转化为推动高质量发展的实绩实效。

1日，2023年福建省“宪法宣传周”启动仪式暨十大法治人物和十大法治事件颁奖典礼举行。

在第10个国家宪法日到来之际，2023年福建省“宪法宣传周”启动仪式暨十大法治人物和十大法治事件颁奖典礼在福州举行。省委常委、政法委书记、依法治省办主任黄海昆出席并致辞，省人大常委会副主任李德金、副省长李建成、省政协副主席余军、省法院院长金银墙、省检察院检察长侯建军出席。本次活动由省委依法治省办、省委宣传部、省委政法委、省人大常委会办公厅、省司法厅、省法学会主办，福建法治报社承办。

2日，我省举行退役军人创业创新大赛。

由省退役军人事务厅主办，省科技厅、人社厅、农业农村厅协办，建设银行福建省分行、省退役军人服务中心承办的福建省“建行杯”第三届退役军人创业创新大赛在福州举行。大赛自今年7月启动以来，各地共159支队伍报名参赛。经过初赛选拔，28个优秀退役军人企业（团队）参

加省级复赛。大赛设现代农业、传统产业及生活服务业、新兴产业3个赛道，最终决出各赛道一等奖1名、二等奖2名、三等奖3名。其中，基于生物信息对抗技术的数字无人化果园示范项目、数字茶叶助力传统产业升级、智宇智慧养老服务项目分别获得现代农业、传统产业及生活服务业、新兴产业3个赛道的一等奖。

3日，“人类文明新形态的创新性价值与世界社会主义”国际学术会召开。

“人类文明新形态的创新性价值与世界社会主义”国际学术会议在福州召开。此次研讨会由中国社会科学院马克思主义研究院和福州大学联合主办，旨在加深对世界马克思主义理论研究、各国共产党的理论主张及实践探索等的认识，探讨中国式现代化与社会主义理论及实践的世界意义。

3日，福建已建成196个一刻钟便民生活圈。

近日，在第二届福博会现场举行的福建省一刻钟便民生活节消息，我省已建成196个一刻钟便民生活圈，其中福州市167个，厦门市23个，泉州市6个。在“2023中国城市便利店发展指数”中，厦门连续四年蝉联全国第一。

4日，省领导调研冬季呼吸道传染病防治工作。

副省长常斌先后到福州实验小学、福建幼儿师范高等专科学校附属第二幼儿园和福建省儿童医院调研冬季呼吸道传染病防治工作。调研强调，当前正值流感、支原体肺炎等呼吸道传染疾病的高发季节。各地各有关部门要认真贯彻落实党中央国务院决策部署和省委、省政府工作要求，坚持人民至上、生命至上，突出重点，强化细化实化防治措施，全力保障人民群众健康。

4日，省人大常委会党组及机关党组召开理论学习中心组学习会。

省人大常委会党组及机关党组召开理论学习中心组学习会，认真传达学习习近平总书记关于宪法的重要论述，近日在中央政治局会议、二十届中央政治局第十次集体学习、深入推进长三角一体化发展座谈会上的重要讲话精神，关于主题教育重要讲话重要指示批示精神以及省委常委会会议精神，传达学习全省宣传思想文化工作会议精神并提出贯彻意见。省人大常委会党组书记周联清出席会议并讲话。

5日，十一届省委全面深化改革委员会第九次会议召开。

福建省委书记、省委全面深化改革委员会主任周祖翼主持召开十一届省委深改委第九次会议，强调要认真学习贯彻习近平总书记在中央全面深化改革委员会第三次会议上的重要讲话精神，坚决贯彻党中央重大改革部署，锚定更高目标，集聚各方合力，推动改革进一步深化，确保各项改革任务落地落实。省长、省委深改委副主任赵龙，省委副书记、省委深改委副主任罗东川出席。

5日，全省知识产权保护和发展大会召开。

全省知识产权保护和发展大会在福州召开，省长赵龙出席大会并讲话。他强调，要深入学习贯彻习近平总书记关于知识产权工作的重要论述，认真落实党中央国务院决策部署及省委工作要求，全面加强知识产权保护和发展，加快知识产权强省建设，为谱写中国式现代化福建篇章提供有力支撑。副省长常斌主持，国家知识产权局副局长胡文辉出席并讲话。

5日，福建省学习贯彻习近平文化思想理论研讨会召开。

福建省学习贯彻习近平文化思想理论研讨会在福州召开。省委常委、宣传部部长，省习近平新时代中国特色社会主义思想研究中心执行主任张彦出席并讲话。会议强调，全省宣传思想文化战线要坚持以习近平文化思想为指导，充分发挥福建优势，在理论学习、研究阐释和宣传普及上下功夫，努力打造学习宣传贯彻习近平新时代中国特色社会主义思想的理论高地、传播高地、人才高地。大力推进文化保护传承，不断扩大高质量文化供给，着力赓续历史文脉、繁荣八闽文化，讲好中国故事、福建故事，推动习近平文化思想在八闽大地落地生根，加快更高水平文化强省、社科强省建设，为谱写新时代中国特色社会主义福建篇章持续提供精神支持和文化力量。

5日，第三届全国报刊编校技能大赛福建赛区初赛在榕举办。

近日，由省新闻出版局主办，省报业协会、省期刊协会承办的第三届全国报刊编校技能大赛福建赛区初赛在福州举办。来自省内44家报刊单位的116名编校人员参加比赛。福建日报社获得团体成绩第一名。福建日报社黄爱华、福建教育杂志社李武、福州大学学报陈未鹏三位选手组成的福建省报刊代表队将代表福建参加全国决赛。

5 日，省市国际志愿者日主题活动举行。

12 月 5 日是第 38 个国际志愿者日，2023 年福建省、泉州市“12・5”国际志愿者日主题活动当天在泉州台商投资区举办。活动以“放歌新时代 八闽志愿情”为主题，旨在广泛动员全省各级各部门、社会各界关注志愿服务，助推全省志愿服务事业和精神文明建设工作迈上新台阶。此前，2023 年度新时代文明实践志愿服务项目大赛决赛于 4 日在泉州举行，决出金奖 10 名、银奖 15 名、铜奖 20 名。5 日的主题活动中，主办方为项目大赛获奖的个人、单位和组织，以及学雷锋志愿服务全国“四个 100”、全省“五个最美”、“五星级志愿者”的代表进行颁奖。截至目前，全省实名注册志愿者达 703 万人，注册团体 7.8 万个，总服务时长 1.97 亿小时。

6 日，省领导会见日本驻广州总领事。

省委常委、常务副省长郭宁宁在福州会见日本驻广州总领事贵岛善子一行。郭宁宁代表省委和省政府对贵岛善子一行表示欢迎，简要介绍福建经济社会发展情况。她希望双方以中日两国领导人重要共识为引领，抓住有利时机，着力拓展投资产业对接发展，持续深化健康医疗等民生领域合作，加强友城和人文交流，推动双方经贸、民生、文化等合作向更宽领域和更深层次发展。

7 日，省政府召开常务会议。

省长赵龙主持召开省政府常务会议，听取全省食品安全工作情况汇报，审议通过《福建省食品安全工作评议考核办法》；研究我省开展第五次全国经济普查、2023 年迎峰度冬电力保供、涉及行政复议的地方性法规规章和行政规范性文件清理等工作。

7 日，2023 海丝华文媒体发展论坛在榕举行。

2023 海丝华文媒体发展论坛在福州举行。省委常委、宣传部部长张彦出席论坛开幕式并致辞。2023 海丝华文媒体发展论坛以“赓续丝路精神 共创华媒未来”为主题，开幕式上举行了福建国际传播中心与华文媒体合作签约仪式，宣读了呼吁讲好中国故事、促进中外人文交流的《鼓岭倡议》。论坛结束后，与会媒体在我省开展为期三天的采访活动。

7 日，宁德市畲族歌舞团建团 35 周年系列活动举行。

宁德市畲族歌舞团建团 35 周年系列活动举行。省委常委、宣传部部长张彦出席开幕式并致辞。活动包括“院地”结对帮扶战略合作和文化惠民演出服务项目签约、举办畲族歌舞团团史展、畲族文化成果展和“闽东之光 金凤朝阳”宁德市畲族歌舞团高质量发展座谈会等。

8 日，省委常委会召开会议。

福建省委书记周祖翼主持召开省委常委会会议，认真传达学习习近平总书记近期重要讲话、重要指示精神，研究我省贯彻落实措施；部署推动红色文化遗存保护利用、领导干部自然资产离任审计、信访工作法治化等工作。

8 日，“新时代‘一带一路’文明互鉴与发展机遇”研讨会举行。

由民盟福建省委会、民盟“一带一路”（福建）研究院、福建技术师范学院主办的“新时代‘一带一路’文明互鉴与发展机遇”研讨会在福清举行。省内外相关人士及院校专家学者共 60 多人参加研讨会。省政协副主席、民盟省委会主委阮诗玮出席会议。

8—11 日，中央驻闽主要媒体在泉州开展集中调研采访。

省委宣传部组织中央驻闽主要媒体，围绕深入开展学习贯彻习近平新时代中国特色社会主义思想主题教育、深入实施“深学争优、敢为争先、实干争效”行动，在泉州开展集中调研采访。调研采访期间举办了中央驻闽主要媒体季谈会，省委常委、宣传部部长张彦出席，并与媒体代表座谈交流。

8—13 日，聚焦第五届海上丝绸之路国际艺术节。

第五届海上丝绸之路国际艺术节在泉州举办。来自全球 43 个国家和地区的 52 个艺术团队齐聚千年古城，献上了一场场精彩绝伦的艺术盛宴。

9 日，周祖翼在泉州现场督导中央环保督察典型案例通报问题整改工作。

福建省委书记、省人大常委会主任周祖翼赴

泉州市惠安县、南安市，现场督导中央生态环境保护督察典型案例通报问题整改工作。周祖翼强调，要深入学习贯彻习近平生态文明思想，全面落实中央生态环境保护督察组要求，扎实推动督察问题整改，切实守好生态环境质量底线。

10日，“发展全过程人民民主与发挥人大代表作用”专题研讨会召开。

近日，省人大常委会“发展全过程人民民主与发挥人大代表作用”专题研讨会在漳州漳浦召开。会议围绕学习贯彻习近平总书记关于坚持和完善人民代表大会制度的重要思想、发展全过程人民民主与发挥人大代表作用，进行深入研讨交流。省人大常委会党组副书记陈冬出席会议并讲话。

10日，“陕北民歌音乐会”全国巡演走进福州。

由中央宣传部、文化和旅游部主办的“陕北民歌音乐会”全国巡演福州站在福建大剧院歌剧厅举行。省委常委、宣传部部长张彦，省政协副主席刘献祥出席活动。音乐会分为三大板块，集中呈现了传统陕北民歌、经典革命歌曲以及新创陕北民歌。

11日，第一届全省检察机关“一院一品”十佳典型事例揭晓。

第一届全省检察机关“一院一品”典型事例定评会在福州召开。省检察院党组书记、检察长侯建军出席。评选自8月启动，经过全省各地推荐和初选产生20个入围事例。定评会上，评选出“十佳典型事例”和10个优秀典型事例。

11日，省青年工作联席会议第四次全体会议召开。

省青年工作联席会议第四次全体会议在福州召开，全面总结第三次全体会议以来省中长期青年发展规划实施情况，研究部署下一阶段工作。省委副书记、联席会议第一召集人罗东川出席会议并讲话，副省长常斌主持会议。会议审议通过了《福建省青年发展型城市建设试点中期评估工作方案》《2023—2024年福建省青年工作联席会议成员单位服务青年发展实事项目》。

12日，第七届“爱我国防”福建省大学生演讲比赛落幕。

第七届“爱我国防”福建省大学生演讲比赛颁奖仪式暨展演活动在福建农林大学举行。

本届演讲比赛以“踔厉奋发强国防，勇毅前行向复兴”为主题，由省委宣传部、省教育厅、省退役军人事务厅、省军区政治工作局和团省委共同主办。本次决赛共有2组选手获得一等奖、3组选手获得二等奖、5组选手获得三等奖，另有13组选手获得优胜奖。颁奖仪式上，部分获奖代表依次登台，通过激情演讲，深情讲述英烈事迹，抒发爱国强军热情，引起广泛共鸣。

13日，我省表彰参加杭州亚运会获奖运动员教练员及有功集体与个人。

我省参加杭州第19届亚运会总结表彰大会暨2023—2024年冬训动员大会在福州举行。此前，省委书记、省人大常委会主任周祖翼，省委副书记、省长赵龙在福州会见了运动员教练员代表。

14日，省领导到福建农林大学调研团员和青年主题教育并上思政课。

省委副书记罗东川率省直有关部门负责同志，到福建农林大学调研团员和青年主题教育并给青年大学生上思政课，强调要深入学习贯彻习近平总书记关于主题教育的重要讲话重要指示批示精神和“三农”工作重要论述，结合高校实际开展团员和青年主题教育，引导青年大学生树立“强农报国”的志向抱负，争做知农爱农兴农的新时代青年，积极助力福建全面推进乡村振兴。

14日，“理上往来”理论宣传访谈活动乡村振兴专场举行。

省委宣传部“理上往来”理论宣传访谈活动乡村振兴专场在位于福州市的闽侯青梗菜科技小院举行，福建农林大学专家、省市宣传部门和农业农村工作部门工作人员面向基层一线农业工作者、农民群众，开展主题为“在新征程上全面推进乡村振兴”的理论宣讲访谈。

15日，周祖翼赵龙与南非德班理工大学孔子学院师生会见交流。

福建省委书记、省人大常委会主任周祖翼在福州会见了南非德班理工大学孔子学院师生一行，与大家愉快交流，共同深入学习贯彻习近平主席给南非德班理工大学孔子学院师生复信精神，进一步推动学院建设发展。省委副书记、省长赵龙主持。

15日，全省宣传思想文化系统实施“深学争优、敢为争先、实干争效”行动暨工作创新经验交流会召开。

为深入学习贯彻习近平文化思想，落实全国、全省宣传思想文化工作会议精神，全省宣传思想文化系统实施“深学争优、敢为争先、实干争效”行动暨工作创新经验交流会召开。省委常委、宣传部部长张彦出席并讲话。

15日，省领导现场督导中央生态环保督察典型案例通报问题整改工作。

中央生态环保督察通报龙岩泉州城区污水处理提质增效推进缓慢等典型案例后，省委、省政府高度重视，省委书记周祖翼、省长赵龙第一时间作出批示。12月16日—17日，根据省委和省政府安排，副省长林文斌赴泉州、龙岩现场督导典型案例通报问题整改工作。

15日，福建省检察官惩戒委员会成立。

福建省检察官惩戒委员会成立大会在福州召开，标志着我省检察司法责任制改革向前迈出坚实一步。省检察院党组书记、检察长侯建军出席会议并讲话，省委政法委有关负责同志出席。按照《福建省检察官惩戒委员会章程（试行）》，15名省检察官惩戒委员会委员从人大代表、政协委员、法学专家、律师、政法实务工作者和员额检察官中产生。会议推选侯建军为省检察官惩戒委员会主任，施忠华、陈瑜为副主任。

15日，红色文化报告文学散文集《金瓯一片》出版座谈会举行。

为纪念毛泽东同志诞辰130周年，红色文化报告文学散文集《金瓯一片》出版座谈会今日在榕举行。省政协副主席、省炎黄文化研究会会长阮诗玮出席并讲话。《金瓯一片》一书收录了省炎黄文化研究会和省作协联合组织的“走进八闽大地”作家采风团精心采写的作品共40篇，生动叙述了土地革命时期毛泽东同志与福建军民结下的深厚情谊。会上，编写、出版单位主要负责同志，作者、编辑代表作交流发言，并举行赠书仪式。

15日，全国首创，福建主导制定“科技特派员”国家标准。

省政府新闻办就福建省主导制定“科技特派员”国家标准召开新闻发布会。省科技厅、省市场监管局、南平市政府有关负责人对“科技特派员”国家标准进行了详细解读。

15日，数字化赋能传统文化艺术发展论坛在榕举办。

数字化赋能传统文化艺术发展论坛在福州举办，民建中央副主席洪慧民出席并致辞，省委统战部、民建省委会负责同志出席。

16日，福建省漳州体育训练基地成立50周年暨弘扬女排精神座谈会举行。

福建省漳州体育训练基地成立50周年暨弘扬女排精神座谈会在漳州举行。国家体育总局副局长、党组成员刘国永，副省长常斌出席会议并讲话。会上，新老女排运动员、教练员代表作了交流发言。漳州基地是中国首个排球训练基地，先后承接了49次女排转训集训任务，被女排姑娘们亲切称为“娘家”，是“女排福地”“冠军摇篮”。

16日，第二届基础教育论坛暨2023年德旺基础教育论坛举行。

由福建省教育厅、福建师范大学指导，德旺基础教育研究院、福建师范大学教师教育学院主办的第二届基础教育论坛暨2023年德旺基础教育论坛在福州举行。本次论坛围绕“弘扬教育家精神 躬耕教坛担使命”主题，设置了主旨演讲、圆桌论坛和4个分论坛。中国工程院院士、香港中文大学（深圳）校长徐杨生，全国教书育人楷模、南京市浦口区行知教育集团总校长杨瑞清分别作了主旨演讲。教育部中学校长培训中心研究室主任、华东师范大学王俭教授与5位省内名师名校长就“为师之道”展开圆桌对话。

16日，新时代闽派文艺理论家批评家学术活动周开幕。

新时代闽派文艺理论家批评家学术活动周在福州开幕。省委常委、宣传部部长张彦出席开幕式并致辞。本届学术活动周以“文化传承与文艺原创力”为主题，包含主旨发言、主题研讨、学术讲座及全国文学院院长联席会议等多场活动，邀请谢冕、孙绍振、王光明、张陵、陈晓明等全国、全省著名文艺理论家批评家进行交流对话。

18日，周祖翼会见北京师范大学党委书记程建平。

福建省委书记、省人大常委会主任周祖翼在福州会见了北京师范大学党委书记程建平一行。

周祖翼对北京师范大学长期以来给予福建经济社会发展特别是高等教育事业的大力支持表示感谢。周祖翼说，福建与北师大渊源深厚，希望进一步深化省校在科研创新、人才培养、师资队伍建设等方面的交流合作，积极推进合作共建，共同探索推动两岸教育融合发展，实现互利共赢。

18日，省领导会见美国纽约州议会代表团。

省委常委、常务副省长郭宁宁在福州会见由纽约州议会众院少数党领袖威廉·巴克利率领的美国纽约州议会代表团。郭宁宁代表省委、省政府对代表团一行表示欢迎，并简要介绍福建经济社会发展情况。她说，明年是中美两国建交45周年，希望纽约州与福建省相向而行，抓住有利时机，加强经贸对接，开展招商推介，推动产业项目落地，共同促进两省州在教育、医疗、文旅等领域深化合作，增进国际友城和民间交流交往，实现互利共赢。

18日，我省首个获批上市的新冠治疗口服小分子化学药物下线。

一类创新药——口服小分子全球创新药“泰中定®”下线剪彩仪式在福建广生堂药业股份有限公司举行，这是我省首个获批上市用于治疗新冠病毒感染的口服小分子化学药物。

19日，周祖翼会见柬埔寨国王西哈莫尼。

福建省委书记、省人大常委会主任周祖翼在福州会见了柬埔寨国王西哈莫尼一行。周祖翼代表中共福建省委、省人民政府和4188万福建人民，对西哈莫尼国王率代表团访问福建表示热烈欢迎，并简要介绍了福建省情。周祖翼说，今年是两国建交65周年和“中柬友好年”，我们将认真贯彻落实两国领导人达成的重要共识，进一步深化务实合作，加强民间往来和经贸人文交流，拓展文旅市场，推动青年互访，为中柬两国的友好合作贡献新的力量。

19日，第六届全省机关体制机制创新优秀案例展示交流活动举办。

第六届全省机关体制机制创新优秀案例展示交流活动在福州举办。活动旨在深入贯彻落实习近平总书记为福建擘画的建设“机制活、产业优、百姓富、生态美”新福建的重要要求，巩固深化学习贯彻习近平新时代中国特色社会主义思想主题教育成果，进一步推动机关体制机制创新和创新成果转化运用，为我省经济社会和党的建设高质量发展贡献机关力量。

19日，全省未成年人思想道德建设工作推进会召开。

全省未成年人思想道德建设工作推进会在宁德召开。会议深入学习贯彻习近平文化思想及全国“新时代好少年”学习宣传工作座谈会精神，总结交流各地各部门经验做法。

20日，第一届中国侨智发展大会主论坛举行。

第一届中国侨智发展大会主论坛在福州举行。省政协主席滕佳材、中国侨联副主席程红出席，省委常委、福州市委书记林宝金作主旨演讲，省委常委、统战部部长王永礼主持，副省长林瑞良出席，诺贝尔奖获得者阿夫拉姆·赫什科通过视频致辞。论坛上，中国科学院院士、西北工业大学副校长张卫红，中国科学院分子细胞科学卓越创新中心研究员、核糖核酸功能与应用重点实验室主任陈玲玲分别以“绿色航空与结构轻量化设计制造技术”“新型RNA的发现、功能和应用探索”为主题作主旨演讲。福州市政府负责同志宣读了华侨华人新生代《福州宣言》。

20日，全省红色文化遗存保护利用工作座谈会召开。

全省红色文化遗存保护利用工作座谈会在三明市召开。会议贯彻落实文化遗产保护传承座谈会精神及省委工作要求，交流经验做法，研究工作举措。省委常委、宣传部部长张彦出席并讲话。

20日，侨创联盟与侨界新生代创新创业分享会召开。

第一届中国侨智发展大会专题论坛“侨创联盟与侨界新生代创新创业分享会”在福州召开。中国侨联副主席程红和福建省委常委、统战部部长王永礼出席并致辞，海内外36个国家和地区的260多位嘉宾参加。

20日，省领导率团访问墨西哥、哥斯达黎加、秘鲁。

近日，省人大常委会党组书记、副主任周联清率团访问墨西哥、哥斯达黎加、秘鲁，就深度融入共建“一带一路”、推进法治合作、搭建立法机构交流交往平台机制、友城建设等进行交流探讨。

20日，第十一届福建省中青年演员比赛汇报演出在福州举行。

第十一届福建省中青年演员比赛汇报演出今晚在福建大剧院举行，省人大常委会党组副书记、副主任李德金，省人民政府副省长江尔雄，省政协副主席刘献祥，省人大常委会原副主任叶双瑜，省政协原副主席李红出席，并与全场近千名观众一起观看了精彩演出。

20日，台盟福建省十一届三次全委会召开。

台盟福建省十一届三次全委会在福州召开。会议传达学习中央经济工作会议精神、中共中央党外人士座谈会精神和《中共中央、国务院关于支持福建探索海峡两岸融合发展新路 建设两岸融合发展示范区的意见》、台盟十一届二中全会精神，审议通过盟省委常委会2023年工作报告、内部监督委员会2023年工作报告，开展领导班子年度述职及测评。副省长、盟省委主委江尔雄出席会议并作报告。

20日，闽港澳台侨校长论坛举行。

闽港澳台侨校长论坛在福州举办。副省长江尔雄出席并致辞。本届论坛以“赓续中华文脉 培育时代新人”为主题，旨在发挥广大港澳台同胞、海外侨胞、归侨侨眷桥梁纽带作用，加强闽港澳台侨大中小学和海外华文学校等交流合作，共同培养富有社会责任、具备国际视野和创新能力的新一代人才。

20日，第一届中国侨智发展大会“侨智汇”展区开馆。

第一届中国侨智发展大会“侨智汇”展区开馆活动在福州举行。“侨智汇”展区活动以“侨聚中华 智汇五洲”为主题，以华侨华人新生代为主体，聚焦海外专业人士和科技人才，设置政策发布、人才推介、资源交流和招聘对接区，举办“侨智汇”竞赛，着力推动第一届中国侨智发展大会成果转化落实。

20日，我省智慧林长管理经验入选。

2023年数字政府评估大会暨第二十二届政府网站绩效评估结果发布会在北京举行，现场公布了数字政府五十佳优秀创新案例评选结果。福建省林业局报送的“数字赋能林长管理，全面提升林长‘智治’能力”入选，成为福建入选的3个案例之一。

21日，省委常委会召开会议。

省委书记周祖翼主持召开省委常委会会议，认真学习习近平总书记在广西考察时的重要讲话，对“三农”工作、低温雨雪冰冻灾害防范应对工作、甘肃临夏州积石山县6.2级地震作出的重要指示，向美中贸易全国委员会成立50周年庆典致贺信精神，落实中央农村工作会议精神，紧密结合福建实际，研究贯彻落实措施。

21日，省领导会见我省获全国检察机关“双先”表彰代表。

省委常委、政法委书记黄海昆在福州会见我省获全国检察机关“双先”表彰代表，省检察院检察长侯建军参加会见。20日在京召开的全国检察机关队伍建设工作会议暨第十次“双先”表彰大会上，我省上杭县检察院等10个先进集体和先进个人荣获表彰。

21日，省领导率团访问阿根廷、智利、巴西。

近日，省委常委、政法委书记黄海昆率团访问阿根廷、智利、巴西，深入贯彻习近平总书记关于高质量共建“一带一路”的重要论述，围绕建立健全打击跨国有组织犯罪协作机制，加强司法执法交流合作，有效保护海外中国公民、侨胞和企业安全及合法权益，深化海丝中央法务区建设，开展一系列交流活动。

21日，“侨智发展伯乐汇”圆桌会议举行。

“侨智发展伯乐汇”圆桌会议在福州举行。本次会议以“汇侨智、促发展”为主题，会聚了众多的海内外专家学者、留学人才、企业家，共同为国家经济、科技、人才交流合作贡献智慧力量。省人大常委会副主任庄稼汉出席活动并致辞。

21日，“华人华侨与中国式现代化”学术研讨会在莆田举行。

“华人华侨与中国式现代化”学术研讨会在莆田举行。来自浙江省侨联、北京市侨联、河南省侨联等单位的数十名专家学者齐聚一堂，深入交流经验，碰撞思想火花，共享学术成果。

22日，省委政法委员会召开2023年第八次全体会议。

省委政法委员会召开2023年第八次全体会议，

传达学习贯彻习近平总书记近期重要讲话和重要指示批示精神，落实中央政法委有关部署，研究推进维护岁末年初安全稳定等重点工作。省委常委、政法委书记黄海昆主持会议并讲话，省委政法委员会委员金银墙、侯建军、史建国、张建超等出席。

22日，省领导到华侨大学讲授思政课并调研。

省委常委、政法委书记黄海昆来到华侨大学泉州校区，以“坚持以党的二十大精神为指引，在中国式现代化建设中展现青年担当”为主题讲授思政课。黄海昆察看了华侨大学“一站式”学生社区，对华侨大学打造相融相睦共进的“邻里式”学生社区的工作理念和做法予以肯定。

22日，省领导到福建艺术职业学院调研团员和青年主题教育并讲授思政课。

省委常委、组织部部长，省委主题教育领导小组副组长、办公室主任邢善萍，到福建艺术职业学院调研团员和青年主题教育并给青年师生讲授思政课，强调要深入学习贯彻习近平新时代中国特色社会主义思想，结合学院实际开展团员和青年主题教育，引导广大青年师生在以学铸魂、以学增智、以学正风、以学促干上下功夫，进一步坚定文化自信，勇担新的文化使命，为文化强国建设贡献智慧和力量。

22日，省领导到福建中医药大学调研思想政治教育并讲授思政课。

省委常委、宣传部部长张彦到福建中医药大学，调研思想政治理论课开课情况，并以“深入学习贯彻习近平文化思想，为文化强省建设贡献澎湃青春力量”为主题讲授思政课。张彦调研了中医证研究基地和康复学科建设成果，详细了解学校中医药科研成果转化和康复产业发展等情况，随后主持召开座谈会，研究部署我省《习近平新时代中国特色社会主义思想概论》课推进工作。

22日，省领导在福州调研社会福利院工作。

正值冬至节气，副省长江尔雄率省直有关部门、福州市有关负责同志在福州调研社会福利院工作。江尔雄先后深入福州市社会福利院、第二社会福利院，详细了解社会福利院改造提升和消防安全、食品安全、医养结合等工作情况，看望慰问在院老人和特困、孤残人员，仔细询问他们的身体状况和生活情况，并赠送御寒物资。

22日，省人大常委会党组及机关党组召开理论学习中心组学习会。

省人大常委会党组及机关党组召开理论学习中心组学习会，认真传达学习中央经济工作会议精神；习近平总书记在近期中央政治局会议、党外人士座谈会，在上海考察、返京途中在江苏盐城考察、在广西考察时的重要讲话精神和对“三农”工作作出的重要指示等近期一系列重要讲话重要指示批示精神及省委常委会会议精神。省人大常委会党组书记周联清出席会议并讲话。

22日，致公党福建省委会十届三次全会召开。

中国致公党福建省第十届委员会第三次全体会议在福州召开。会议深入学习贯彻中央经济工作会议、中共中央党外人士座谈会、致公党十六届二中全会、中共福建省委常委会（扩大）会议等有关会议精神，审议通过了《关于致公党福建省委会常委会2023年工作报告的决议》《致公党福建省委会监督委员会2023年工作报告》。

22日，中央生态环保督察通报“福建省一些化工园区环境违法违规问题比较突出”等典型案例后，省委、省政府高度重视，省委书记周祖翼、省长赵龙第一时间作出批示。今日，根据省委和省政府安排，副省长林瑞良赴三明市现场督导典型案例通报问题整改工作。

23日，福建省金门同胞第十五次代表大会召开。

福建省金门同胞第十五次代表大会在福州召开。省委常委、统战部部长王永礼出席开幕式并讲话。

23日，省公安厅部署岁末年初安保维稳工作。

省公安厅召开全省公安机关视频会议，深入贯彻习近平总书记重要指示精神，按照公安部和省委、省政府工作要求，对岁末年初安保维稳工作进行部署。副省长、省公安厅厅长李建成出席会议并讲话。

23日，省领导在三明市现场督导中央生态环保督察典型案例通报问题整改工作。

23日，“渠水有声”向东渠精神之光美术书法展开展。

“渠水有声”向东渠精神之光美术书法展暨“育见山海”福建省金牌美育村培育工程启动仪式

在省美术馆举行。向东渠是由云霄、东山两县共建的大型水利工程，这条人工长河历史性地解决了两县百姓千百年来的生产生活用水困难问题。向东渠建设以其工程量之巨、技术难度之高、施工条件之苦、完成工期之短、创新求精之识，成为当年艰苦创业的成功典范，凝聚成可贵的向东渠精神。今年是向东渠通水50周年。为大力弘扬向东渠精神，省文化和旅游厅、漳州市人民政府共同主办“渠水有声”向东渠精神之光美术书法展。

23—25日，我省顺利实现平安研考。

为期3天的福建省2024年全国硕士研究生招生考试平稳顺利落下帷幕。本次考试全省共9.3万余人报考，各地考试过程平稳有序，考场秩序井然，考风考纪良好。全省各地、各部门、各级招考机构、各考点学校坚持人民至上，以“时时放心不下”的责任感，强化组织、积极准备，为研考生送去关心关爱。

24日，中国共产党福建省第十一届委员会第五次全体会议举行。

中国共产党福建省第十一届委员会第五次全体会议，于2023年12月24日在福州举行。全会由省委常委会主持，省委书记周祖翼讲话。全会听取和讨论了周祖翼受省委常委会委托作的工作报告，审议了《中共福建省委、福建省人民政府关于贯彻落实〈中共中央、国务院关于支持福建探索海峡两岸融合发展新路建设两岸融合发展示范区的意见〉的实施意见》。周祖翼就《实施意见（讨论稿）》向全会作了说明。

25日，省委经济工作会议在榕召开。

省委经济工作会议在福州召开。会议以习近平新时代中国特色社会主义思想为指导，深入贯彻党的二十大精神，传达学习贯彻中央经济工作会议精神，落实省委十一届四次、五次全会要求，总结2023年全省经济工作，分析当前形势，部署2024年经济工作。省委书记周祖翼主持并讲话。省委副书记、省长赵龙作具体工作部署。省政协主席滕佳材出席。

25日，2023年福建省新闻战线获奖作品和先进个人颁奖活动举办。

2023年福建省新闻战线获奖作品和先进个人颁奖活动在福州举办，省领导张彦、陈冬、江尔雄、刘献祥，中国记协党组成员、书记处书记殷陆君出席活动。2022年度福建省共有14件新闻作品获得第33届中国新闻奖，位居全国前列。活动表彰了第33届中国新闻奖福建省获奖代表、2022年度福建新闻奖获奖作品主创人员、福建省新闻战线融媒体业务能力竞赛获奖代表，为首届林白水新闻奖获得者和省资深新闻工作者代表颁发荣誉证书。

25日，省财政厅提前下达一批2024年保民生促发展补助资金。

为保民生、促发展，近日，省财政厅提前下达一批2024年补助资金，涉及促进就业、居民医保、基层“三保”、教育优质发展以及社会公益事业等方面。在保障和改善民生方面，下达一批2024年民生补助资金178.21亿元。在补短板强基础方面，提前下达2024年县级基本财力保障转移支付资金78.92亿元。在推动教育体育高质量发展方面，提前下达一批教育经费、体育及文旅宣传资金48.98亿元在支持地方社会公益事业发展方面，提前下达2024年中央专项彩票公益金5亿元。

26日，省政府召开常务会议。

省长赵龙主持召开省政府常务会议，研究通过《关于推行以专项信用报告替代无违法记录证明 进一步提升便企政务服务水平的实施方案》、我省税费征管和服务保障办法、盐田保护管理办法；研究2024年政府工作报告、2023年预算执行情况及2024年预算草案、2023年国民经济和社会发展计划执行情况及2024年国民经济和社会发展计划草案，以及建设全国深化集体林权制度改革先行区、公立医院薪酬制度改革等工作。

26日，省政府与省总工会举行第36次联席会议。

省政府与省总工会举行第36次联席会议，省长赵龙主持会议并讲话。他强调，要深入学习贯彻习近平总书记关于工人阶级和工会工作的重要论述，坚持全心全意依靠工人阶级的根本方针，持续增强工会组织的政治性、先进性、群众性，充分调动广大职工群众的积极性、主动性、创造性，为谱写中国式现代化福建篇章作出新的更大贡献。省人大常委会副主任、省总工会主席庄稼汉，副省长林瑞良出席。

26日，纪念毛泽东同志诞辰130周年暨《人民万岁》首映日观影活动举行。

为纪念毛泽东同志诞辰130周年，由省委宣传部主办的纪录电影《人民万岁》首映日观影活动在福州举行。省委常委、宣传部部长张彦出席活动。电影《人民万岁》是纪念毛泽东同志诞辰130周年重点影片，已于今日在全国院线上映。

26日，民进福建省委九届三次全体（扩大）会议召开。

民进福建省第九届委员会第三次全体（扩大）会议在福州召开。省政协副主席、民进省委会主委严可仕出席并代表民进福建省第九届常务委员会作2023年工作报告。会议总结2023年工作情况，部署2024年主要任务。

26日，全省历史文化保护现场会在永泰召开。

全省历史文化保护现场会在永泰县召开，省委宣传部、省住建厅、省文旅厅等部门有关负责人出席会议。会议传达了关于借鉴推广“嵩口模式”的工作要求、文化遗产保护传承座谈会以及住建部历史文化保护苏州现场会会议精神等。会上，永泰、福安、晋江、屏南、永定等5个县（市、区）的代表分别介绍了“闽台合作”嵩口模式、“乡贤反哺”南岩模式、“乡愁不愁”晋江模式、“无鞭奋蹄”龙潭模式和“世遗活化”土楼模式等历史文化保护工作经验做法。

26日，“寒冬送温暖”专项救助行动开展。

福建省民政厅消息，为全力保障流浪人员等困难群众安全过冬、温暖过冬，连日来，我省各级民政部门和救助机构发挥兜底保障作用，积极开展“寒冬送温暖”专项救助行动，共组织工作人员上街巡查4200多人次，出动车辆3000多台次；发放棉被、棉衣500多件，食品饮料2000多件，街面救助554人次，站内救助1704人次，返乡救助137人次；增设开放式临时救助点或临时避寒场所90多个。

26日，省青少年国际象棋锦标赛在岚落幕。

近日，由省体育局主办的2023年福建省青少年国际象棋锦标赛在平潭落幕，来自全省各中小学、幼儿园及培训学校的700余名青少年棋手参与角逐。本次比赛为期3天，赛事根据选手年龄、性别共分为12个个人赛组别，并以各单位成绩最佳的选手名次计算团体成绩。

27日，省政协征求省各党派团体和无党派人士意见建议。

省政协党组书记、主席滕佳材走访省各民主党派、工商联，并主持召开座谈会，征求省各民主党派、工商联和无党派人士对省政协常委会工作报告和对省政协党组班子、党组成员的意见建议。省政府副省长江尔雄，省政协副主席张兆民、阮诗玮、刘献祥、严可仕、余军、张国旺、黄玲、黄如欣，省委统战部有关负责同志参加走访和座谈。

27日，福建省第二十九次见义勇为英雄模范表彰大会召开。

福建省第二十九次见义勇为英雄模范表彰大会在福州召开。省委常委、政法委书记黄海昆，省人大常委会副主任檀云坤，副省长、省公安厅厅长、省见义勇为人员奖励和保护工作委员会主任李建成，省政协副主席黄玲出席会议。表彰会上，省人民政府授予蔡文等3人“福建省见义勇为英雄”荣誉称号，授予余深华等8人“福建省见义勇为模范”荣誉称号；省见义勇为人员奖励和保护工作委员会授予黄光忠等37人“福建省见义勇为先进个人”荣誉称号。

27日，四川大学华西厦门医院全面运行。

国家区域医疗中心试点项目四川大学华西厦门医院全面运行仪式在华西厦门医院130广场举行。四川大学党委书记甘霖出席并致辞，副省长常斌出席活动。华西厦门医院和研究院为一个机构、两块牌子，医疗业务规划紧密契合当地医疗的刚性需求，涵盖华西4所附属医院46个临床医技科室、37个国家临床重点专科，整合形成9个疾病中心、1个综合支撑平台和1个全程管理中心，打造包含呼吸疾病、神经精神疾病、妇儿疾病、口腔疾病等至少5个重点专业方向，切实提升区域医疗水平；研究院规划建成5个共享科研平台，包括公共实验平台、动物实验平台、生物样本库、临床信息中心、GCP中心。医院规划床位800张，首期开放床位235张。

27日，民革福建省委会十四届三次全会召开。

民革福建省第十四届委员会第三次全体会议

在福州召开。会议深入学习贯彻中央经济工作会议、中共福建省委十一届五次全会、民革十四届二中全会等有关会议精神，审议通过民革福建省委会常委会 2023 年工作报告，审议民革福建省委会内部监督委员会 2023 年工作报告。

27 日，闽籍华裔新生代寻根之旅在厦门开营。

“根与魂 梦与业”——闽籍华裔新生代寻根之旅在厦门开营。在为期 5 天的寻根之旅中，学员们将通过专家授课、现场教学、实地参访、非遗体验等方式感受亲切的乡音乡情，了解博大精深的中华文化，从“闽山闽水物华新”中领略新时代新福建的万千气象。

28 日，省政协召开知情明政通报会。

省政协召开知情明政通报会，深入学习贯彻习近平总书记关于加强和改进人民政协工作的重要思想，围绕切实提高提案质量、提升协商议政质效，更好聚焦中心、服务大局开展互动交流。省政协主席滕佳材出席并讲话，副主席余军主持会议。会上，省委办公厅、省政府办公厅以及省委台港澳办，省发改委、教育厅、科技厅、工信厅、民政厅、人社厅、生态环境厅、农业农村厅、商务厅、文旅厅、卫健委等省直有关部门负责同志围绕 2024 年工作思路和政协提案建议选题方向作交流发言，为省政协谋划新一年协商议题和提案重点提供参考。

28 日，海丝中央法务区建设领导小组全体会议召开。

海丝中央法务区建设领导小组全体会议在福州召开。会议总结今年以来海丝中央法务区建设成效，审议 2024 年工作要点及分工方案，研究部署下阶段重点工作。省委副书记、领导小组组长罗东川出席并讲话，省委常委、政法委书记，领导小组副组长黄海昆主持会议。

28 日，省领导到福建医科大学调研。

省委常委、宣传部部长张彦到福建医科大学宣讲习近平文化思想，调研高校党建、思政和文明校园创建工作。

28 日，推进信访工作法治化全省视频会议召开。

推进信访工作法治化全省视频会议召开。会议深入学习贯彻习近平法治思想和习近平总书记关于加强和改进人民信访工作的重要思想，贯彻落实《信访工作条例》，部署推进全省信访工作法治化。省委常委、政法委书记、省信访工作联席会议总召集人黄海昆出席并讲话，副省长、省信访工作联席会议召集人李建成主持会议。

28 日，第二届福建“福”文化嘉年华活动在漳州启幕。

第二届福建“福”文化嘉年华活动在漳州古城启幕。副省长江尔雄出席启动仪式。此次嘉年华以“福满八闽 · 开漳大吉”为主题，旨在展示“福”文化创新成果，进一步打响“福”文化品牌，推动全社会参与“福”文化、乐享“福”文化，促进“福”文化创造性转化、创新性发展。

28 日，《福建省气象灾害防御办法》下月起施行。

福建省政府新闻发布会消息，《福建省气象灾害防御办法》自 2024 年 1 月 1 日起施行。

办法明确，气象灾害防御工作遵循以人为本、科学防御，党委领导、政府主导，部门联动、社会参与的原则，确定县级以上人民政府及其有关部门和气象主管机构应当建立健全以气象灾害预警为先导的联动机制，及时启动应急响应并依法及时采取相应的应急处置措施。

28 日，省纪委监委出台规范政商交往行为的意见及指导案例。

为深入贯彻习近平总书记关于构建亲清政商关系的重要论述，落实福建省委关于实施新时代民营经济强省战略的部署，近日，经省委同意，福建省纪委监委印发《关于规范政商交往行为推动全面构建亲清政商关系的意见》，并发布指导案例，进一步明晰政商交往边界和底线，推动做到亲而有度、清而有为，营造良好政治生态和营商环境。

29 日，福建各界人士新年茶话会举行。

全省各界人士新年茶话会在福州举行。省委书记、省人大常委会主任周祖翼出席茶话会并发表讲话。省委副书记、省长赵龙，东部战区陆军司令员孔军、政委唐兴华出席，省政协主席滕佳材主持。省委、省人大常委会、省政府、省政协领导等与各界人士欢聚一堂、喜迎新年。周祖翼代表省委、省政府，向各民主党派、工商联和无党派人士，向全省广大干部群众，向所有关心支持福建发展的台港澳同胞、海外侨胞和国际友人，向驻闽部队指战员、武警官兵、公安干警和消防救援队伍指战员，致以节日问候和诚挚祝福。

29日，中共福建省委举行新闻发布会。

中共福建省委举行新闻发布会，通报省委十一届五次全会相关情况，并回答记者提问。省委副书记罗东川，省委常委、常务副省长郭宁宁出席并通报情况。省委宣传部，省民政厅、交通运输厅、农业农村厅、商务厅、文旅厅负责同志参加发布会，围绕贯彻落实省委十一届五次全会精神，就深化两岸往来和闽台经贸合作、推进台创园建设、扩大两岸民间交流、深化闽台文化和旅游交流、支持台胞台企参与乡村振兴和融入福建发展等问题回答记者提问，介绍下一步重点工作。

29日，十三届省政协第十三次主席会议召开。

省政协主席滕佳材主持召开十三届省政协第十三次主席会议。省政协副主席张兆民、王光远、阮诗玮、刘献祥、余军、黄玲、黄如欣出席。会议审议通过了十三届省政协常委会第五次会议方案，决定于1月中旬召开。

29日，2024年辰龙迎春跨年购启动。

“全闽乐购·畅享福品”2024年辰龙迎春跨年购活动在福州启动。副省长王金福出席启动仪式。启动仪式发布了福建省入围全国县域商业领跑县和全省100家首店、第三批特色步行街、首届智慧商圈、“闽菜馆”获评企业等名单；福州市商务局介绍新春跨年购活动安排和促消费政策；政银企签署消费促进合作协议。活动现场还设置了福品网红街，包括“福”气福品展区、“闽菜新吃·味来鼓楼”展区、鼓楼区首届马路生活节特展等。全省各地将同步开启“跨年迎春”主题促销活动，省市县、政银企将联动开展线上线下活动3000场以上，发放消费券和消费补贴超1.5亿元，推动各方优惠让利10亿元以上，促进一季度消费实现“开门红”“开门稳”。

29日，我省部署新年春节期间拥军优属拥政爱民工作。

2024年新年春节即将来临，省退役军人事务厅、省军区政治工作局、省双拥办近日联合下发通知，要求各地各部队各部门要大力弘扬“爱我人民爱我军”光荣传统，扎实做好拥军优属、拥政爱民工作，为巩固提高一体化国家战略体系和能力、推进强国强军贡献福建力量。

30日，我省实施新时代基础教育名师名校长培养计划。

福建省教育厅消息，省教育厅将依托国家教育行政学院及新时代中小学名师名校长培养基地，分批次分学段分学科（领域）对我省160名教师、80名校（园）长进行为期两年的集中培养，帮助教师校长进一步凝练教育理念，提升教育教学、办学治校能力，支持他们发挥示范引领作用，带动更多教师校长发展。

31日，省法院、省检察院学习贯彻中央、省委经济工作会议和省委全会精神。

近日，省法院、省检察院分别召开党组会议，传达学习贯彻中央、省委经济工作会议和省委十一届五次全会精神。省法院党组书记、院长金银墙，省检察院党组书记、检察长侯建军分别出席并讲话。

31日，省财政提前下达2024年县级基本财力保障转移支付资金78.92亿元。

福建省财政厅消息，为切实增强基层政府保基本民生、保工资、保运转的财政保障能力，提高预算完整性，加快支出进度，近日，省财政提前下达2024年县级基本财力保障转移支付资金78.92亿元。

31日，福州市旅游集散服务中心入选2023全国旅游公共服务十佳案例。

近日，文化和旅游部公布了2023全国旅游公共服务十佳案例和31个优秀案例。福州市旅游集散服务中心的运营案例“从旅游集散服务中心到文旅服务综合体”，入选全国十佳。

2023年，福州市旅游集散服务中心接待游客100多万人次，先后被福建省文化和旅游厅、福建省科学技术厅评定为“福建省十佳旅游集散服务中心示范点”和福建省文旅行业唯一的省级众创空间。

（摘编：周华政）

第三篇

发展探索

福建社会形势分析与预测

2023年，福建坚持以习近平新时代中国特色社会主义思想为指导，紧扣习近平总书记亲自擘画的新福建宏伟蓝图和“四个更大”等重要要求，坚定拥护“两个确立”、坚决做到“两个维护”，推动全省深入学习宣传贯彻党的二十大精神，扎实开展学习贯彻习近平新时代中国特色社会主义思想主题教育，实施“深学争优、敢为争先、实干争效”行动，完整、准确、全面贯彻新发展理念，奋力谱写中国式现代化福建篇章。

一、2023年福建社会发展基本形势

（一）社会民生保障不断完善

福建积极践行以人民为中心的发展思想，认真推进年初定的29项为民办实事项目，包括新增义务教育公办学校学位、新建或改扩建公办幼儿园、新增普惠性托位、建设示范性长者食堂和嵌入式社区养老服务机构、新建改造市县生活污水管网、改造老旧小区供配电设施等。2023年福建为民办实事项目总投资435.05亿元，其中省级财政承担109.98亿元，截至9月底，已下达125.3亿元，完成省级计划投入数的113.9%，为兜牢民生底线提供了有力保障。

福建全力实施就业优先战略，保持就业局势稳定。一是多措并举促进高校毕业生就业，大力实施促进毕业生就业创业十大专项行动，开展送岗留才进校园活动，积极推动岗位信息省级归集发布，常态化开展线上线下招聘活动，通过“云招聘”、“直播带岗”、视频面试等形式有效促进供需对接，开展“八闽春暖”高校毕业生就业服务专项活动、高校毕业生国有企业招聘季专项活动，围绕创业信息发布、场地对接服务、融资对接服务、创业指导服务等方面，全面铺开“源来好创业”青年创业资源对接服务季活动，为广大青年创新创业项目搭建广阔平台。二是强化脱贫人口稳岗就业帮扶，持续做好脱贫人口就业状况跟踪监测，推广脱贫人口“就业一键帮”平台，发挥输入地稳岗就业帮扶责任，向省内跨区域流动脱贫人口提供同等就业服务。三是深入实施职业技能提升行动，组织实施创业培训“马兰花计划”，逐步建立政策扶持、创业培训、创业服务“三位一体”工作机制，坚持以培训促创业，以创业带就业。1—9月，全省城镇新增就业47.28万人，同比增加1.68万人，增长3.68%，就业困难人员实现就业2.73万人，同比增加0.65万人，增长31.25%。

福建不断推进覆盖全民、统筹城乡、安全规范、可持续的多层次社会保障体系建设，社会保险覆盖范围持续扩大，待遇水平稳步提升，经办服务精细便捷，社会保险事业实现了优质发展。截至9月底，全省城镇基本养老保险参保人数（含离退休）1770.25万人，完成全年目标任务的105.33%，企业基本养老保险参保人数（不含离退休）1429.72万人，完成全年目标任务的105.91%，机关事业基本养老保险参保人数（不含离退休）99.53万人，完成全年目标任务的102.03%。失业保险参保人数752.26万人，完成全年目标任务的97.32%，工伤保险参保人数1030.63万人，完成全年目标任务的97.51%。

（二）教育卫生事业持续进步

福建加快推进教育现代化、建设教育强省，努力办好人民满意的教育，构建优质均衡的公共教育服务体系。一是持续推进义务教育优质均衡发展和城乡一体化，实施义务教育薄弱环节改善与能力提升项目，新增公办义务教育学校学位，

推进义务教育管理标准化学校和乡村温馨校园建设，完善强校带弱校、城乡对口帮扶等办学机制，加强城乡紧密型教育共同体建设。二是持续完善公共教育体系，推进学前教育普及普惠安全优质发展，实施城镇公办幼儿园结构优化与质量提升工程，扶持普惠性民办园，扩大普惠性学前教育资源供给，实施特殊教育发展提升行动，落实十五年免费教育，深入开展“向阳花开”助学帮扶行动，全面推进乡村教育振兴和教育振兴乡村工作，推动构建城乡统筹、优质特色的乡村教育体系。三是深入推进“双减”工作，持续开展线上线下违规培训整治行动，统筹做好非学科类培训监管，加强课后服务管理，督促指导各地通过财政补贴、服务性收费或代收费方式落实课后服务经费，不断减轻学生和家长的负担。

福建加快实施健康福建行动，推进卫生健康事业高质量发展。一是促进医疗资源下沉共享，努力让群众在家门口享受到优质医疗服务，县域“六大中心”基层辐射率达到90%以上，创新开展“移动医院”巡诊、“千名医师万人次下基层”等项目，截至8月，全省已安排逾4000名中级及以上职称医师下基层服务，为基层群众提供诊疗服务逾37.2万人次，开展业务培训5.8万人次，服务特殊人群4.47万人次，“移动医院”巡诊已经服务基层群众8501人次，为基层医务人员开展业务培训1083人次。二是深化“三医联动”改革，力促医疗服务更加公平可及，完善药品耗材采购机制，落实国家、省级和省际集采，统筹临床路径规范化管理、医保支付方式等改革，多措并举减轻群众就医费用负担。三是创新医改便民惠民举措，不断改善群众就医体验，持续在全省二级以上公立医院推行医学检查检验结果互认，推进“无陪护”病区、家庭病床服务以及中药共享药房等试点。四是健全“一老一小”健康服务体系，将老年健康纳入基本公共卫生服务项目，持续优化老年人就医环境，在各医疗机构开展适老环境和诊疗流程改造升级，加快发展安宁疗护服务，开展医养结合机构服务质量提升行动，实施母婴安全行动提升计划，严格落实母婴安全五项制度，探索开展分娩镇痛试点、导乐分娩和温馨产房建设等新模式。

（三）文化事业繁荣发展

福建努力推动文化和旅游高质量发展，推进文化强省建设。一是创新打造系列文化品牌，推进“福”文化研究阐释和宣传推介，举办“福”文化展览和创意设计大赛，推动“福”文化IP转化，打造一批富有地域性、原创性的“福”文化精品出版物，进一步擦亮朱子文化、船政文化、侯官文化、海洋文化等特色文化名片，构建“闽人智慧”等鲜明福建文化标识体系。二是持续实施文化惠民工程，建设一批“清新书苑”“城市书房”等高品质公共文化新型空间，打造乡村戏台、农民文化公园等乡村特色文化休闲空间，扎实推进公共文化场馆试点错时延时开放，持续打造街头文化艺术展演、“读中华经典 颂时代华章”经典诵读比赛、乡村“村晚”、“春燕行动”福建乡村音乐会等品牌活动，进一步完善“福建百姓大舞台”文化惠民演出活动机制。三是文化旅游全面回暖，“海丝起点 清新福建”品牌效应充分展现，民俗旅游、红色旅游、乡村旅游、高铁沿线旅游广受欢迎，中秋国庆假日全省接待游客3949.41万人次，实现旅游收入323.86亿元，按可比口径分别比上年同期增长18.0%和33.2%，分别恢复2019年国庆假日的106.1%和104.7%，福建国庆假期游客总消费居全国第9，游客总人次居全国第13。

（四）社会治理稳定有效

福建深化政法公共服务供给，着力打造法治强省，加快建设更高水平的平安福建。一是大力推进平安建设，常态化推进扫黑除恶，深入开展电信网络诈骗、养老诈骗等专项打击整治行动，加大跨境赌博违法犯罪打击力度，一体化打击治理工作机制经验在全国推广，群众安全感率达99%以上。创新发展新时代“枫桥经验”，打造“海上枫桥”“园区枫桥”等调解品牌，推广泉州台商矛盾纠纷排调分离机制、宁德矛盾纠纷排查化解“四个一”工作法等经验。探索创新“党建引领近邻服务模式”，开展助幼、助教、助医、助老、助困“五助”服务，形成“深田经验”、“党建+”社区邻里中心、“党建引领夯基惠民”等创新做法。二是扎实推进法治建设，构建法治化营商环境示范区，持续推进海丝中央法务区建设，打造福建特色法治品牌，推进法治政府建设，推动多层次多领域依法治理，增强全民法治观念，不断提升人民群众法治获得感。三是深入推进数字政法建设，不断完善省级政法跨部门大数据办案平台，打造“一站式”12309检察服务中心、跨域诉讼服务3.0版、“互联网+公共法律服务”，建设数字政法公共服务产品矩阵，目前依申请审批服务事项网上可办率达97.55%。

（五）乡村振兴战略深入实施

福建切实把实施乡村振兴战略作为“三农”工作总抓手，深入学习“千万工程”经验，扎实推进乡村产业、人才、文化、生态、组织振兴，走具有福建特色乡村振兴之路。一是推进现代农业高质量发展，做强做优做大茶叶、水产、花卉苗木、水果、林竹、畜禽、蔬菜、食用菌等乡村特色产业，深入实施特色现代农业高质量发展“3212”工程，加快创建优势特色产业集群、现代农业产业园、产业强镇、“一村一品”专业村，推进农业现代化示范区建设，全方位打造“福农优品”品牌。上半年福建农业农村经济持续向好，全省农林牧渔业总产值2193.7亿元，按可比价计算同比增长4.2%，比一季度提高0.1个百分点。二是坚决守牢保障粮食安全底线，实施新一轮粮食产能提升行动，确保完成粮食播种面积1253万亩、产量507万吨任务，保证重要农产品有效供给，推进国家级杂交水稻制种大县和三明“中国稻种基地”建设。三是巩固拓展脱贫攻坚成果，完善防止返贫监测帮扶机制，推动脱贫人口持续稳定增收，巩固拓展脱贫攻坚成果，持续健全对38个乡村振兴重点县及欠发达老区苏区县的挂钩帮扶机制，加快老区苏区振兴发展。四是大力建设宜居宜业和美乡村，持续提升乡村“五个美丽”建设，从改造、完善、提升入手，坚持小角度切入、小项目着力，培育美丽乡村庭院、美丽乡村微景观、美丽乡村小公园（小广场）、美丽田园、美丽乡村休闲旅游点，不断加强名镇名村传统村落保护，积极引进台湾建筑师（文创）团队，开展闽台乡建乡创合作。

（六）生态文明建设扎实推进

福建持续深化生态省建设，全方位、全地域、全过程加强生态环境保护，着力推动绿色低碳发展，深入打好污染防治攻坚战，加快建设人与自然和谐共生美丽福建。据省生态环境厅发布的环境质量状况显示，福建生态状况总体保持优良水平。环境空气质量方面，1—8月，9个设区城市环境空气质量优良天数比例平均为98.1%，同比上升0.1个百分点，环境空气质量综合指数范围为2.31~2.98。水环境方面，1—8月，全省主要流域总体水质为优，国控断面Ⅰ~Ⅲ类水质比例98.1%，Ⅰ~Ⅱ类水质比例63.8%。省控以上断面Ⅰ~Ⅲ类水质比例97.9%，其中Ⅰ~Ⅱ类水质比例60%，各类水质比例如下：Ⅰ类占2.1%，Ⅱ类占57.9%，Ⅲ类占37.9%，Ⅳ类占2.1%，无Ⅴ类和劣Ⅴ类水。108个集中式生活饮用水水源均达标（达到或优于Ⅲ类标准），达标比例为100%。森林覆盖率继续位居全国首位。生态环境状况指数继续保持全国前列。

二、当前福建社会发展面临的主要问题与挑战

（一）社会民生事业与人民群众期待仍有差距

医疗卫生资源存在总量不足、分布不合理、供给不均衡等问题，医疗服务供需矛盾还较突出，总体医疗水平仍有提升空间。教育资源在城乡之间、各学校之间发展不平衡的现象仍然存在，“普职分流”成为学生和家长焦虑的重要因素，“二胎儿童”入园入学高峰引发学位紧张。民众[illegible]老旧小区改造进程中更多融入居家[illegible]目。农村老年人数量多、老龄程度深、困难老人多，农村养老事业存在人力不足、保障不足、服务设施不健全等短板。

（二）劳动就业与社会保障面临挑战

国际经济环境更趋复杂严峻，经济恢复基础尚不牢固，稳就业仍然面临着不少困难和挑战。近年就业总量压力较大，劳动者的技能素养与岗位需求存在落差，结构性的矛盾也比较突出，招工难、就业难并存的结构性矛盾依然突出，普工难招、技术工人短缺。民众对个人养老金制度实施、城乡居民养老保险缴费档次及基础养老金动态调整、社会保障卡持续扩大应用范围等问题较为关注，民众希望进一步完善基本生活救助制度，健全医疗、住房、教育、就业等专项社会救助。

（三）环境保护和平安建设方面仍存在隐患

在生态治理方面，老百姓“家门口”的噪声、油烟、恶臭、扬尘等问题仍然存在。局部海域秋

冬季水质较差，超标项目主要为无机氮和活性磷酸盐。近年互花米草面积日益扩张，其对沿海生态的负面影响逐步显现，威胁到沿海生态安全。自然保护地监管力度还需进一步加强，有些地方环境保护和开发的矛盾还比较突出，有些历史遗留问题还没有完全解决到位。在社会治理方面，近年网络诈骗、网络赌博、网络谣言、泄露个人信息等网络犯罪屡有发生，“声音合成”“AI换脸”等新型技术骗局具有很强的迷惑性。

三、2024年福建社会发展基本态势与对策建议

2024年，福建将坚持以习近平新时代中国特色社会主义思想为指导，全面学习贯彻党的二十大精神，深入贯彻习近平总书记重要讲话重要指示批示精神，深学争优、敢为争先、实干争效，持续建设富强福建、创新福建、活力福建、幸福福建、美丽福建、平安福建，突出探索海峡两岸融合发展新路，全方位推进高质量发展，奋力谱写全面建设社会主义现代化国家福建篇章。

（一）全面发展民生和社会事业，持续建设幸福福建

深入贯彻以人民为中心的发展理念，总结为民办实事的实践经验，谋划重大民生项目，着力[illegible]个急难愁盼问题，持续提升为民办[illegible]效。持续健全就业公共服务体系，促进重点群体就业，帮扶困难群体就业，支持创业带动就业、多渠道灵活就业，稳定和扩大就业容量。健全多层次社会保障体系，扩大社会保险覆盖面，完善基本养老、基本医疗保险筹资和待遇调整机制，加强分层分类社会救助。鼓励引导民营经济参与民政民生事业，支持民营企业参与养老服务业，共同打造“福见康养”体系，引导民营企业积极参与公益慈善事业。加强公共环境适老化改造和无障碍环境建设，增加和完善长者食堂。坚持以“三医”协同治理为抓手，扎实推进医疗卫生服务体系改革，提升基层医疗卫生服务水平，完善分级诊疗制度，推动区域医疗中心建设提质扩容，促进优质医疗资源下沉基层、均衡布局。统筹优化基础教育资源配置，大力推广集团化办学，实施义务教育薄弱环节改善与能力提升项目，统筹推进职业教育、高等教育协同创新、融合发展。全面推进乡村振兴，坚持耕地保护和粮食安全，推动闽东北、闽西南两大协同发展区建设取得更大进展。加快老区苏区振兴发展，完善省领导联系、省直部门挂钩帮扶、经济较发达县（市、区）对口协作工作制度，推进龙岩与广州、三明与上海对口合作。传承中华优秀传统文化，推动“福”文化、朱子文化、船政文化、海洋文化等创造性转化、创新性发展，深入实施文艺作品质量提升、文化惠民等工程。加快建设两岸融合发展示范区，充分显现福建作为台胞台企登陆第一家园的效应。

（二）着力提升社会治理现代化水平，持续建设平安福建

坚持和发展新时代“枫桥经验”，健全完善调解工作机制，搭建首席法律咨询专家参与公共决策、风险防控、矛盾调处的法治实践平台，形成依法依规、梯次递进的矛盾纠纷化解格局。深化“近邻”党建模式，推动社会治理重心向基层下移。加强社会治安综合治理，完善立体化信息化社会治安防控体系，推进扫黑除恶常态化，依法严惩群众反映强烈的各类违法犯罪活动。有效防范化解房地产、金融风险，严防新技术新应用带来的风险，维护网络安全、信息安全、数据安全等非传统安全。高标准、高质量推进政法跨部门大数据办案平台和综治中心实体化建设。

（三）深入实施生态省战略，持续建设美丽福建

牢固树立和践行绿水青山就是金山银山的理念，坚定不移实施生态省战略，加快建设美丽中国先行示范省。持之以恒打好污染防治攻坚战，大力实施流域性、区域性、行业性污染整治，打好蓝天、碧水、碧海、净土“四大保卫战”。加快发展方式绿色低碳转型，积极稳妥推进碳达峰碳中和，推动能耗双控逐步转向碳排放双控，严格绿色管控、坚决遏制“两高一低”项目盲目上马，大力发展绿色经济、优化能源布局。坚持山水林田湖草沙一体化保护和系统治理，加强生态系统保护，抓严生态系统监管，维护生态系统安全，着力构建从山顶到海洋的生态保护修复体系，不断提升生态系统多样性、稳定性、持续性。加快构建具有福建特色的生态文明制度体系。

（撰稿：福建社会科学院　耿羽）

福建社会治理形势分析与展望

2023年是全面贯彻落实党的二十大精神开局之年。党的二十大站在推进国家安全体系和能力现代化的战略高度，对完善社会治理体系作出新的部署。习近平总书记在党的二十大报告中强调，“夯实国家安全和社会稳定基层基础”，“完善社会治理体系。完善共建共治共享的社会治理制度，提升社会治理效能。”完善社会治理体系是以习近平同志为核心的党中央从推进国家安全体系和能力现代化，坚决维护国家安全和社会稳定的战略高度提出的一项重大任务。

今年以来，我省面临疫情防控和经济社会发展的双重压力，经历台风和洪涝等自然灾害，面对复杂多变的国际形势，全面贯彻习近平新时代中国特色社会主义思想，全面落实总体国家安全观，推进市域社会治理现代化建设，扎实推进更高水平的平安福建、法治福建建设，为新发展阶段新福建建设提供坚实基础。

一、2023年社会治理的主要成效

党的二十大报告指出：“国家安全是民族复兴的根基，社会稳定是国家强盛的前提。”发展和安全犹如车之两轮、鸟之两翼，必须协调一致，齐头并进。近年来，我省坚定不移贯彻总体国家安全观，统筹维护国家安全各类要素、各个领域，扎实推进市域社会治理现代化，全面推广“近邻”党建模式，乡镇（街道）社会工作服务站实现全覆盖；常态化开展扫黑除恶斗争，群众安全感逐年提升，平安（综治）建设考评常年稳居全国前列；采取更有力措施保障粮食安全和食品药品安全，持续深化应急管理改革，有效防止台风、强降雨等自然灾害。福建省正不断完善社会治理体系，加快建设更高水平的平安福建，以高水平安全保障高质量发展。

（一）以党建引领，推动城乡基层治理

习近平总书记在党的二十大报告中指出：“推进以党建引领基层治理。”党的领导是中国特色社会主义最本质的特征，是社会主义法治最根本的保障，以党建引领基层治理是把党的领导这一最大的制度优势切实落实到基层治理的理论和实践中。2014年，习近平总书记到福州军门社区调研并作出重要指示，其关于“三个如何”的重要论述充分体现了坚持以人民为中心的价值追求，是党建引领基层治理的鲜明表达。

福建作为习近平新时代中国特色社会主义思想的重要孕育地和实践地，承载了习近平总书记“以党建引领基层治理”的鲜明理念和生动实践。2023年4月，福建省发布《关于加强基层治理体系和治理能力现代化建设的实施方案》，提出力争到2025年，建立起党组织统一领导、政府依法履责、各类组织积极协同、群众广泛参与，自治、法治、德治相结合的基层治理体系，构建网格化管理、精细化服务、信息化支撑、开放共享的基层管理服务平台，全省基层治理体系和治理能力现代化水平显著提高；到2035年，基本实现基层治理体系和治理能力现代化。为我省推动完善基层治理规划了路线图，提出了明确的目标和任务。

自2020年以来，福建省紧紧抓住“为何引领、谁来引领、怎样引领”等关键要素，大力实施“近邻党建”，采取各种措施切实加强基层党组织建设。面对基层治理力量薄弱，资源不足等影响基层治理效能的瓶颈问题，近年来，各地持续深入开展在职党员“双报到”活动，人力资源、专业资源、组织资源在社区层面得到了整合，党

建优势转化成了基层治理效能。福建省直机关推动在职党员“双报到”常态化制度化，到今年8月份，省直机关各级党组织与党员干部已经与5558个社区建立挂钩共建，先后到共建社区报到服务36594人次，到居住小区报到服务15114人次，开展“我为群众办实事”活动4826次，涉及项目5141个，切实解决人民群众急难愁盼的各类问题。面对农村基层党组织发展不平衡，带动力度发展不够等问题，各地积极探索“跨村党建”模式，把党组织联合起来，强化领导协调作用，推动党建工作镇村联动、村村联动，形成以党建促乡村振兴的新局面。宁德市周宁县地处山区，面对乡村规模小、空心化、发展不平衡等问题，当地创新农村党组织设置，通过“跨村党建”的模式，把经济组织联合起来，资源共享，产业互补，由单打独斗向抱团发展、联合振兴转变。目前，全县已成立联村党组织9个，创建乡村振兴示范带（线）9条，覆盖41个行政村、3个社区。相关经验做法还入选了2022年福建省10大改革品牌。

（二）深入推进市域社会治理现代化，构筑共建共治共享的社会治理新格局

党的二十大报告指出，“健全共建共治共享的社会治理制度”“建设人人有责、人人尽责、人人享有的社会治理共同体”。社会治理是国家治理的重要方面，社会治理现代化是建设更高水平平安中国的应有之义。2019年以来，福建省分两批开展市域社会治理现代化试点合格城市创建，坚持系统治理、依法治理、源头治理、综合治理，不断探索市域治理的新理念、新方法和新制度，在创新基层社会治理、多元化解矛盾纠纷等方面取得了明显成效，以市域治理现代化助推更高水平的平安福建建设。

一是夯实基层治理网格化管理，不断完善网格基础设施建设。在市域治理的薄弱环节县乡层面，深入推进网格化管理，不断注入服务新动能，将网格化管理作为推进精细化治理的重要手段。近年来，德化县在基层社会治理中推动综治中心标准化、数字化、实战化建设，实现县乡村三级综治中心全覆盖。县级层面，建成集网格化服务管理中心、矛盾纠纷多元化解中心、智慧德化信息中心、公共安全视频中心等一体的综治中心；乡镇层面，按照“一厅四室”（群众接待厅、综合协调室、矛盾纠纷化解室、研判室、心理咨询室），做到18个乡镇全覆盖；村级层面，采取“多室合一、一室多用”，222个村（社区）均设有“两室一中心”（矛盾纠纷多元化解室、警务室、综治中心）。全县形成了以县级综治中心为指挥枢纽平台、乡镇综治中心为实战化工作平台，村（社区）综治中心为基础性工作平台的平安建设新格局。

二是坚持和发展“枫桥经验”，推广基层矛盾纠纷多元化解机制。为了贯彻落实习近平总书记“把非诉讼纠纷解决机制挺在前面”的重要指示，坚持和发展新时代“枫桥经验”，我省近年来积极推进诉源治理，完善社会矛盾纠纷多元调处化解综合机制。2023年7月24日，龙岩市成立福建省首个市级诉源治理中心，出台《龙岩市深化诉源治理工作实施意见》，将诉源治理纳入平安建设考评，将万人成讼率考核延伸至乡镇，为诉源治理工作提供制度保障。构建“五联四化”诉源治理体系，即联合“基层法官、人大代表、政协委员、村居干部、调解员”五大主体，推进“法治化、社会化、专业化、智能化”深度融合，推动矛盾纠纷源头化解。龙岩市中级人民法院出台《关于深化诉源治理行动方案》，实施“一村（居）一法官”辖区全覆盖，以村居法官引领，将矛盾纠纷化解从审判法庭前移至街道社区、村庄农户，最大限度地将矛盾纠纷化解在基层、化解在萌芽，推动构建自治、德治、法治相融合的基层社会治理模式。今年1—6月，龙岩市实现诉源执源案件、万人成讼率“双下降”，村居法官靠前指导、化解纠纷1016件；代表委员参与诉前调解460件，调解成功320件。龙岩的诉源治理工作是福建省近年来积极探索诉源治理的生动体现，连江县法院构建“1+4+N”多元解纷格局，漳州法院全省首创“一三五”劳动争议全链条诉源治理机制，尤溪县法院打造诉源治理“山区样本”，莆田市城厢区法院推行邻里解纷中心，寿宁县法院推动矛盾纠纷源头治理等，在多个领域形成了新时代“枫桥经验”的生动实践，取得了良好的政治效果、经济效果和社会效果。

三是充分发挥司法能动，以法治护航高质量发展。在优化营商环境的大背景下，我省各级法院充分发挥能动作用，创新审判和执行工作机制，为我省高质量发展提供司法助力。为了推动长期“执行不能”的涉企旧案清结销案，让破产案件控增量、减存量、防变量，福州法院运用“执破直通”机制，推动构建“矛盾止于未发、化于未诉、解于执前”的“四源共治”新格局。早在2020年1月，福州市中级人民法院便首次利用“执破”协同并进理念，成功重整位于连江的“中国贵谷”项目。在此基础上，福建省高级人民法院在全国首创“执破直通”机制。2021年2月，福州市中级人民法院研究出台《关于贯彻“执破直通”机制的实施意见》，通过执破信息共享优势，在审理过程中打通执行与破产程序，并迅速在全市两级法院铺开推广。2022年，仓山区人民法院在全市率先成立“执破直通”合议庭，鼓楼区法院创新提出“预警+筛查”模式、仓山区法院建立企业回访机制、闽侯县法院打造“保立审执破”一体化机制，马尾区法院推出“立审执联破”全链条工作机制……福州市各级法院在“执破直通”机制上纷纷出台各种创新举措，有效助力诉源治理，实现法律效益、经济效益和社会效益的统一。

（三）创造安全稳定的社会环境，着力防范化解各类风险隐患

近年来，福建省将平安福建建设置于经济社会发展全局中来谋划，坚持总体国家安全观，着力防范化解影响社会稳定的各类风险隐患，努力提升平安福建建设的科学化、社会化、法治化、智能化水平，持续巩固社会安全稳定的局面，为新发展阶段新福建建设奠定坚实的基础。今年1月至8月，全省刑事案件呈现发案数下降和破案率、抓获数上升的“一降两升”态势；全省电信网络诈骗案件呈现发案数和财损数下降、破案率和抓获数上升的“两降两升”良好态势。

一是开展夏季治安打击整治行动。今年6月以来，根据公安部的部署，福建省公安厅部署全省公安机关开展夏季治安打击整治行动，严厉打击黑恶痞、黄赌毒、枪爆刀、盗抢骗、食药环等违法犯罪和各类季节性违法犯罪。截至9月底，全省共破获刑事案件2.3万余起，取得立案数下降、破案率和抓获数上升“一降两升”的良好效果。对于涉黑涉恶、电信网络诈骗、跨境赌博等群众反映强烈的突出违法犯罪，一方面推进扫黑除恶常态化，切实保护人民群众的生命财产安全。另一方面，集中力量严打电信网络诈骗犯罪，侦破一批重大专案，预警、劝阻潜在被骗受害人20万余名，避免群众损失近25亿元。加大对跨境赌博违法犯罪活动的打击力度，共侦破跨境赌博及关联案件1305起，抓获犯罪嫌疑人2554名，查冻扣涉案资金1.55亿及一批涉案物品，有效遏制赌博乱象。

二是持续推进重点领域专项打击，加强重点领域涉稳风险防控。今年6月底，省公安厅联合其他相关部门开展打击整治瓶装液化石油气“黑气”违法犯罪工作，查处涉“黑气”案件446起，其中刑事案件119起，抓获违法犯罪嫌疑人668名，有力推动平安福建建设。近年来，福建省严厉打击枪支爆炸物品违法犯罪活动，成效明显，连续四年实现涉枪涉爆刑事案件总量大幅下降，实现部督案件办结率、在逃人员缉捕率“两个100%”，相关工作经验在全国推广。今年7月，面对枪爆安全形势的严峻性、复杂性，我省部署新一轮为期三年的专项行动，坚持精准打击，坚决遏制枪爆违法犯罪。

三是推出多项便民惠民措施，助力我省高质量发展。今年3月，省公安厅出台《福建省公安机关便民惠企助力高质量发展的18项措施》，包括深化派出所“一站式”综合服务窗口建设，便利户籍、车架业务办理，优化个体工商户网上公章刻制备案，持续优化道路交通安全出行环境，健全完善警企、警校联络机制，护航“夜间经济”发展等，办好民生实事，优化营商环境，为经济社会高质量发展保驾护航、增添动力。

（四）持续深化数字政务建设，全面提升平安福建科学化和智能化水平

2023年2月，中共中央、国务院印发《数字中国建设整体布局规划》，这是党的二十大后我国信息化领域的首个全面规划，首次提出了新时代数字中国建设的整体布局。我省编制了《规划》福建省实施方案，并发布了《2023年数字福建工作要点》，明确提出要把数字福建建设作为基础性先导性工程，推进数字政府改革建设，全面提升数字福建建设的整体性、系统性、协同性。习近平同志在福建工作期间亲自开创部署了我省数字政府建设，22年来，我省始终把数字福建作为战略工程持续推进，数字政府建设取得显著成效。今年4月，中央网信办发布了《数字中国发展报告（2022年）》，对全国31个省（区、市）数字化综合发展水平进行评估，我省名列第6名。8月4日，我省发布《数字福建发展报告（2022）》，这是我省首次发布数字福建发展报告，提出要持续深化数字政府改革建设方面，推动数字政务建设向更高标准更高质量迈进。

一是大力推进智慧政法建设。近年来，面对“数据壁垒”“数据孤岛”等制约数字化改革深入推进的痛点、堵点，福建各级政法部门持续深入推进数字法治改革，让信息化成为平安福建、法治福建建设的“助推器”。福建公安推动386项公安行政审批服务事项全部入驻福建省网上办事大厅，推动高频政务服务事项实现“省内通办”和“跨省通办”。今年1月，在龙岩中院、福州中院探索实践财产刑执行工作新机制的基础上，福建法院推行“全域+异地+在线”刑事案款跨域便民缴纳系统正式上线运行，在全省区域内实现了刑事案款异地可查询、线上可办理。今年1月，福建省行政检察智慧办案平台正式上线运行，通过大数据抓取有关执法司法办案数据，破解基层院案件线索发现难的问题；建成“福建省沿海七地市涉海洋公益诉讼协调指导中心大数据应用平台”，以大数据平台推动我省海洋公益诉讼提质增效。福建监狱系统推出“福建监狱移动执法终端系统”，形成便捷高效的监狱信息化工作新格局。

二是持续推进智慧城市建设。在“数字福建”战略引领下，我省各地数字城市建设逐步迈入高质量发展新阶段。各地充分依托信息化手段，通过搭建统一网格化服务管理平台，将城市纳入网格单元实施精细化、主动化管理，打造城市管理与综合执法的“智慧大脑”。莆田市大力推进“全市一张图、全域数字化”建设，构建“党建引领、夯基惠民”基层治理平台，将全市重新划分为1万多个网格，13万多单元，创新“市—县区—镇街—村居—网格—单元”六级治理模式，通过集信息汇总、预警监测、数据分析、指挥调度、监督考核等功能于一体的基层治理大数据云平台，大大提高了城市治理的信息化、智能化水平。今年9月，台风“海葵”袭击福建，厦门市湖里区借助23台易涝点智能感知设备和AI视频监控，通过24小时视频轮巡和算法赋能，及时发现、识别隐患并生成事件预警，助力打好“防汛主动仗”。

三是深入推进智慧社区建设。习近平总书记2014年视察福州军门社区时强调：“要多想想如何让群众生活和办事更方便一些，如何让群众表达诉求的渠道更通畅一些，如何让群众感觉更平安、更幸福一些。”以数字化手段更好实现“三个如何”是智慧社区建设的目的和意义所在。2022年国家九部门联合印发的《关于深入推进智慧社区建设的意见》指出：“智慧社区是充分运用大数据、云计算、人工智能等信息技术手段，整合社区各类服务资源，打造基于信息化、智能化管理与服务的社区治理新形态。”在数字化时代，智慧社区成为完善城乡社区治理，提升社区现代化水平的重要抓手。全省各地持续推动智慧社区综合管理平台建设，不断提升社区精细化管理和智能化服务水平。漳州市是首批全国市域社会治理现代化试点城市，一直致力于打造“智慧社区”服务平台。有的社区充分利用“智慧芳邻”小程序等服务平台将社区、物业、业主三方纳入智慧社区平台，利用“互联网+”优势畅通居民、物业、社区工作者、职能部门之间的协同互动，建立“发现—受理—处理—督办—反馈”的闭环模式；有的社区有针对性地安装高空抛物智能检测系统，守护居民的“头顶安全”；有的社区推动智慧社区综合管理平台接入“城市大脑”系统，实现社区数据与职能管理部门的共享、协调、联动、互交，为社区管理提质增效。

（五）不断推进食品药品安全现代化治理体系和治理能力建设

习近平同志2001年在福建工作期间，亲自部署开展治理“餐桌污染”、建设“食品放心工程”工作。全省治理“餐桌污染”，建设“食品放心工程”工作已经连续23年列入省委和省政府为民办实事项目，成效显著，成为福建政府治理品牌。从2019年起连续三年在国务院食安委对省政府的食品安全工作评议考核中获得A级。今年，我省开展了“建设‘食品放心工程’、深化治理‘餐桌污染’专项整治”，并将其列入省委主题教育专项整治项目，由省政府领导挂钩包案。一是加强行政指导，进一步压实主体责任。2022年11月，《企业落实食品安全主体责任监督管理规定》正式施行，福建省市场监督管理局印发《福建省食品经营企业落实食品安全主体责任工作手册》，对主体责任要求进行明确和细化，为企业加强食品安全风险防控提供指引。二是加强对新生领域、重点领域的食品安全监管力度。针对网络餐饮监管薄弱的问题，继去年网络餐饮点题整治取得阶段性成效后，我省积极构建网络餐饮长效治理机制。泉州市发布《关于强化入网餐饮服务提供者常态化监管的通知》，加强对网上餐饮服务提供者的线上监测；推出“咱厝人查厨房”执法视频直播行动，采取全程直播无保留的方式，聚焦食品安全消费热点。今年9月，为了整治中小学配餐及食堂食品安全问题，守护“青少年”舌尖上的安全，省市场监督管理局制定《2023年高风险餐饮服务单位视食品安全风险评估》，对全省合计171家供校集体用餐配送单位开展食品安全评估，并将评估结果同步推送给教育主管部门，切实保护广大师生的饮食安全。对外卖平台上订单数量大、消费频次高的网红店，开展“每月一周查网红”的执法监督检查活动，加强对网红店的执法检查力度。三是采取有力措施，坚决制止餐饮浪费行为。习近平总书记多次强调要制止餐饮浪费行为并对此作出重要指示。今年3月，省市场监管局出台《福建省制止餐饮浪费专项行动实施方案》，在全省开展制止餐饮浪费专项行动。本次活动通过督促平台落实主体责任，健全完善标准规范，加强餐饮监管执法力度和强化宣传引领导向等措施，建立长效机制，有效制止餐饮浪费行为。

“两品一械”（药品、化妆品、医疗器械）安全事关人民群众的生命安全和身体健康，是人民群众最为关心的问题之一。今年7月，省药监局在总结去年药品安全专项整治行动的基础上，印发了《福建省药品安全巩固提升行动实施方案》，此次行动将持续到2024年底，共有36项工作任务，聚焦药品、医疗器械、化妆品三个领域，通过全面排查风险隐患，严厉打击违法违规行为，持续强化监管能力，保障我省药品安全形势稳定向好。一是加强制度和机制建设。为了强化基层药品安全监管，2022年12月，我省印发《福建省关于推进市县药品监管能力标准化建设的实施方案》，提出了强化组织领导、强化经费保障、强化正向激励等13条具体措施，同时明确了标准化建设的主要任务清单和执法检查基本装备配置指导标准，深化市县药品监管体制机制改革。二是持续深入开展药品安全专项整治行动，强化案件查办。2022年，向国家药监局报送大案要案44件，查处重点领域案件78件。《化妆品监督管理条例》出台以来，2020—2022年，共查处化妆品行政处罚案件1561件，其中，在漳州查获一件网络销售假冒化妆品特大案件，涉案金额2.1亿元，抓获人数73人，捣毁制假窝点6处，查获违法物品52万余件。多个大案要案的成功查办，有力打击了“两药一械”违法犯罪活动。三是加强药品监管的信息化、智能化建设。我省不断完善“一物一码、物码同追”药品信息化追溯体系，目前已经实现全省药品重点品种生产企业（含生物制品）入驻率100%，生产企业一级渠道商入驻率99.09%，药品批发企业入驻率98.86%，零售药店入驻率89.89%。2022年，在药品重点品种追溯体系建设的基础上，省药监局将药品信息化追溯体系拓展到中药饮片、医疗机构等方面，目前已有13家生产经营企业参加中药饮片追溯试点。此外，我省还积极探索建立省级“两品一械”网络交易监测系统，该系统自2020年底上线以来，在加强“两品一械”网络销售领域的风险预警与防范，打击和惩治网络销售违法违规行为中发挥了重要作用。作为药品智慧监管的典型案例，该系统入选了国家药监局2023年十大药品智慧监管典型案例。

（六）持续深化应急管理体系和能力现代化建设

应急管理是国家治理体系和治理能力的重要组成部分，与生态文明建设、社会治理、城市治理、基层治理等共同构成中国式现代化的新型治理工具箱。习近平总书记强调，我国是世界上自然灾害最为严重的国家之一，同时，各类事故隐患和安全风险交织叠加、易发多发，影响公共安全的因素日益增多，要积极推进我国应急管理体系和能力现代化。这既是现代化治理体系的重要组成部分，也是推进中国式现代化的安全保证。

福建省是全国自然灾害多发的省份之一，自然灾害类型多，受灾面广，70%以上的人口分布在气象、地质、地震和海洋等自然灾害严重的地区，防灾减灾救灾形势严峻。我省积极推进应急管理体系和能力现代化建设，筑牢我省安全稳定的防线，成功抵御住超强台风“杜苏芮”和台风“海葵”带来的强降雨考验。一是以项目建设为抓手，完善应急管理体系建设。2022年以来，福建省应急管理厅“五个一百”公共安全保障提升工程被列入省委、省政府2023年为民办实事项目，推动在全省建设100个应急保障类项目、100个救援力量类项目、100个安全技能提升项目、100个安全宣教联播项目、100个安全文化示范园项目，致力于构建大安全、大应急格局。今年以来，全省各地开展重大事故隐患专项排查整治2023行动，有针对性地对重点领域和行业进行专项执法检查，确保全省安全形势稳定。二是摸清家底，构建我省自然灾害风险“大数据库”。2020年以来，我省按照第一次全国自然灾害综合风险普查工作部署，完成了为期3年涉及9大行业的风险普查调查，采集和录入约1307万项调查数据，基本摸清了全省自然灾害风险隐患底数，形成了我省自然灾害风险“大数据库”。2022年2月，国普办赴邵武对我省应急系统普查调查质量进行国家级核查，准确率为98.46%，排名全国第二。三是加强应急管理队伍建设。2022年10月，在应急管理部的大力支持下，福建省在已有国家专业队基础上，获批新建国家危险化学品应急救援古雷队和国家矿山应急救援福建队2支队伍，充实壮大了我省应急救援的国家专业队。各地加快应急救援体系建设，逐步建成“国家队”、“地方队”、民间救援力量相结合的应急救援体系。四是数字赋能，以信息化推进应急管理现代化。我省在自然灾害风险普查的基础上，建构全灾种自然灾害综合风险动态数据库和灾害风险评估示范应用系统，目前我省在普查成果应用、信息化平台建设等工作方面都走在全国前列。例如，普查数据被融入全省应急指挥系统，不断提高自然灾害监测预警和应急指挥研判能力，推动安全治理模式从灾后救助向灾前预防转型。今年7月，第5号台风“杜苏芮”正面登陆福建，福州市持续性强降雨突破历史极值，依托灾害风险普查成果，提前转移和安置高风险区群众60574人，实现“人员零伤亡、财产少损失”目标。

二、社会治理面临的新局面新问题

经过多年平安福建、法治福建建设，我省社会治理形势总体向好，但当前统筹疫情防控和经济社会发展、统筹发展和安全仍面临不少困难和挑战。城乡区域发展不平衡不充分的问题仍然突出，防范化解重点领域风险压力仍然较大，社会治理还有不少薄弱环节，极端情况下城市运行保障和应急管理体系亟须加强。

（一）基层社会治理依然存在突出问题和薄弱环节

基层治理是社会治理的中心，统筹推进乡镇和城乡社区治理，是实现国家治理体系和治理能力现代化的基础工程。我省基层社会治理总体情况较好，但仍存在一些困难和问题。一是治理理念有偏差。基层社区治理仍处于政府主导的阶段，基层自治组织（居委会、村委会）行政化倾向严重，“重管控、轻服务”的现象还不同程度存在，事务性的工作多，自主性的工作少，基层社会治理长期形成的“行政惯性”需要改变。二是治理机制不健全。基层社会治理方式创新不足，仍侧重于政府主导，社会治理系统化不够，制度设计的整体性、联动性不足。治理资源分散，社区治理主体之间缺乏有效整合、协作和沟通机制。三是基层基础不扎实。群众参与基层治理渠道、平台单一；社会组织参与社区治理作用较弱，参与社会治理的主体作用未能充分发挥；以物业公司为代表的企业在城市社区治理中尚未发挥出应有的作用，欠缺履行社会职责、维护企业信誉等方面的约束。社区民主自治还不能够很好体现，距离“党委领导、政府负责、社会协同、公众参与、法治保障”的社会治理体制建立还有不小差距。四是队伍管理不精细。基层网格员队伍不稳定，兼职人员往往一人任多职，且年龄普遍偏大、知识结构较低，加上基层工作千头万绪，往往仅能应付常规工作，难以提供创造性、差异化的服务。

专业社工、社区人才储备欠缺等问题普遍存在。五是城市社区共同体的建构面临挑战。城市社区人口在职业、年龄、工作场域等方面存在极大差异，在价值观和利益诉求等方面也存在很大不同。且城市人口流动性大，使得社区共同体的构建具有极大的变动性和不确定性，面临多元性和流动性的挑战。我省城市社区中还有不少大中型社区，城市社区共同体的形成更为艰难。

（二）数字政务建设依然存在难题，信息化服务功能仍需加强

20多年来，福建省持续推进信息化建设，在数字政府、数字经济、数字社会等方面取得了长足进展，但在新发展阶段，数字政府、数字社会建设依然面临很多现实困境。一是“信息孤岛”林立，数据难以开放共享。特别是在数字政务建设方面，各级政府在纵向信息互联互通方面进行得相对较好，横向信息互联互通则困难重重，存在众多“信息孤岛”“信息烟囱”，而由于各种原因，部门之间数据难以共享，离“高效协同”的数字政务目标尚有差距。二是数据资源利用水平较低。由于跨层级、跨部门数据共享存在难题，大量高价值的政务资源没有得到有效整合和开放利用，数据碎片化、非结构化现象存在。且各类数据统计口径不一、底数不清、数据不实，能进行有效使用的数据少。三是信息存在安全隐患。一方面，政务资源包含个人隐私、政府机密信息，需要在完整性、有效性、保密性、自主可控性上得到充分保障。另一方面，群众对信息安全普遍感到焦虑，信息泄露、信息滥用现象不时出现。四是信息爆炸问题不容忽视。当前，信息平台“百花齐放”，但网络和在线政务平台整合程度不够，在为居民提供多样化服务，带来便利的同时，也造成了信息爆炸、选择困难和基础数据大量录入、资源浪费等问题。

（三）应急管理体系建设仍然存在薄弱环节，基层应急管理能力亟需增强

深入推进应急管理体系和能力现代化建设，“短板”在基层，难点也在基层，基层应急管理是当前应急管理体系最突出的问题，需要加强基层应急能力和社会共治体系。一是应急管理意识淡薄。基层工作人员、作业人员和居民群众风险意识和应急管理意识相对不足，对风险隐患的重视程度不够。二是应急管理工作基础薄弱。基层排查辖区风险隐患基础资料数据不全，风险隐患档案不清，风险研判不足，风险隐患整改的困难较多。三是应急管理队伍不全。应急管理工作涉及面广，需要较强的专业知识。但基层的应急管理人才较少，专业性不足，力量相对比较薄弱。四是应急物资储备不足。突发事件种类繁多、风险隐患因地而异，应急物资储备的规模和要求不同，基层往往难以满足要求。而且目前大中城市建筑密度比较高，应急避难场所普遍不足，特别是中心城区应急避难场所严重不足。

三、进一步推动社会治理的对策措施

治理好则社会稳，社会稳则发展兴。要坚持以新安全格局保障新发展格局，全面贯彻总体国家安全观，加强重大疫情防控救治体系和应急管理体系建设，防范化解重大风险。要不断完善党委领导、政府负责、民主协商、社会协同、公众参与、法治保障、科技支撑的社会治理体系，加快推进市域社会治理现代化，推动基层社会治理创新，努力建设人人有责、人人尽责、人人享有的社会治理共同体。

（一）加强基层治理体系和治理能力现代化建设

基层强则国家强，基层安则天下安，要不断完善社会治理体系，健全党组织领导下的自治、德治和法治相结合的城乡基层治理体系。构建网格化管理、精细化服务、信息化支撑、开放共享的基层管理服务平台，提高基层治理体系和治理能力现代化水平。

一是以党建引领为核心，以党建统领自治、法治与德治“三治融合”。党的领导是中国特色社会主义制度的最大优势，基层社会治理要以党建引领为核心，坚持走中国特色的社会治理之路。强化基层党组织建设，推广“近邻党建”工作模式，充分利用好党员“双报到、双服务”的组织优势、资源优势、人才优势等，将其切实转化为社区治理效能。二是提高基层治理效能，提升社区服务品质。推进社区服务精细化，建立权责清单，规范一站式服务，将延伸到社区的社会管理和公共服务事项加以整理，设立统一的服务窗口，变“多头受理”为“一站式服务”。拓展菜单式服务，根据社区服务资源、志愿者特长、居民实际需求等，以菜单式形式列举与群众关系密切的服务选项，为社区居民提供“你点我供”的菜单式精细化服务。三是促进社区工作者专业化和职业化，精准提高干部治理能力。不断壮大社区工作者队伍，鼓励社区工作者参加职业水平考试，提高社区工作者的综合素质和服务能力，使原有的社区工作者尽快完成角色转换，更好适应新时期社区工作的任务和要求。四是支持和培育社区社会组织，进一步推进社区自治。大力推行政府购买服务，推进“政府立项、政府采购、合同管理、组织运作、评估兑现”的服务方式，构建政府与社会组织之间的平等协作关系。根据民政厅《关于推进福建省社区社会组织高质量发展的实施意见》，培育一批有活力、有公信力、有品牌影响的优秀社区社会组织，建立与城乡社会发展相适应的社区社会组织体系。

（二）深入推动数字政务建设，全面赋能高质量发展

2022 年 12 月，福建省发布《福建省数字政府改革和建设总体方案》，提出了我省未来三年数字政府建设的总体目标、总体架构、实施路径和任务清单，为我省未来数字政府建设规划了清晰的路线图和任务书。要以数字福建现有建设成果为基础，聚焦协同高效、数字赋能，让信息化、数字化成为更高水平平安福建、法治福建建设的“助推器”。一是深化政务服务数字化改革，让政务服务方式从“碎片化”向“一体化”转变，着力破解企业和群众在网上办事遇到的难点、痛点和堵点。二是数字赋能基层治理，提高基层社会治理精细化水平。建设一体化基层工作站，构建“数字化网格管理、精细化网格服务”工作体制机制，创新网格员队伍职能认定，提升基层政务服务水平。三是推进数字乡村建设，加快智能设施和公共服务向乡村延伸覆盖，以数字化支撑现代乡村治理体系。四是强化数字政法建设，加快行政执法数字化转型，推进执法规范化、标准化、智能化建设。建设综合行政“大执法”体系，健全行政执法和刑事司法衔接工作机制，持续深化大数据协同办案平台建设应用，不断提升司法质效和公信力。

（三）构筑应急管理新格局，以高水平安全服务高质量发展

习近平总书记强调：“要发挥我国应急管理体系的特色和优势，借鉴国外应急管理有益做法，积极推进我国应急管理体系和能力建设。”福建省全面加强重大疫情防控救治体系和应急管理体系建设，推动公共安全治理模式向事前预防转变，坚决遏制重特大事故，提高防灾减灾救灾和重大突发公共事件处置保障能力，防范化解重大风险。一是坚持依法治理，完善应急管理相关法律法规体系建设。严格落实今年 5 月修订的《福建省消防条例》，推动修订《福建省安全生产条例》，严厉打击突出违法行为。二是提升基层应急管理能力。健全基层和企事业单位应急管理工作档案，优化基层应急管理预案。充实基层应急管理人才队伍，建立起由专职应急管理人员、兼职应急管理人员和应急管理志愿者等共同组成的基层应急管理工作队伍。逐步补齐应急避难场所短板，完善应急物资储备管理工作。三是强化数字应急建设，提升应急管理科学化水平。完善应急基础信息共享机制，提高科学精准的大数据分析研判水平；建立协同联动的数字应急综合应用平台，推进数字应急管理全覆盖。四是加强日常应急管理宣传工作。大力加强对应急管理相关法律法规、标准规范和科学知识等的宣传，增强企业和人民群众的风险意识和应急管理意识。定期组织开展不同灾种的应急演练，提高居民群众的应急管理能力。建立社会公众参与、评价安全文化机制，拓展公众参与的渠道。

（撰稿：福建社会科学院　陈思宇）

2023 年福建省教育厅工作重点

2023 年 3 月 14 日福建省教育厅印发《福建省教育厅 2023 年工作要点》的通知，要求结合实际抓好贯彻落实，主要内容如下。

总体要求：以习近平新时代中国特色社会主义思想为指导，紧紧围绕深入学习贯彻党的二十大精神这条主线，认真贯彻落实习近平总书记关于教育的重要论述，深刻领悟“两个确立”的决定性意义，增强“四个意识”、坚定“四个自信”、做到“两个维护”，按照党中央、国务院决策部署和省委、省政府、教育部工作要求，紧扣“四个更大”重要要求，坚持稳中求进工作总基调，坚持和加强党对教育工作的全面领导，全面贯彻党的教育方针，落实立德树人根本任务，以教育强省建设为目标，加快建设高质量教育体系，着力办好人民满意的教育，为奋力谱写全面建设社会主义现代化国家福建篇章作出新的更大贡献。

一、坚持立德树人，牢牢把握正确办学方向

1. 坚持不懈用习近平新时代中国特色社会主义思想和党的二十大精神铸魂育人。按照中央和省委部署，组织开展主题教育。深入实施习近平新时代中国特色社会主义思想大学习领航计划，推进习近平新时代中国特色社会主义思想和党的二十大精神进教材进课堂进头脑。深入开展“讲好中国故事·上好思政课程”集体创优攻坚行动，遴选党的二十大精神融入思政课“百堂金课”。开好讲好“习近平新时代中国特色社会主义思想概论”课，用好《习近平总书记教育重要论述讲义》《习近平新时代中国特色社会主义思想学生读本》。以学习贯彻党的二十大精神为主题，举办第八季全省高校大学生学习马克思主义理论“一‘马’当先”知识竞赛。实施习近平新时代中国特色社会主义思想、中华优秀传统文化研究重大专项，加强新时代马克思主义学院建设，遴选建设一批福建省哲学社会科学重点实验室。

2. 全面加强教育系统党的建设。坚持和完善高校党委领导下的校长负责制，深化“一融双优”党建模式，持续实施党组织“对标争优”建设计划，实施党务干部能力提升工程。深化落实省委办公厅印发的《关于建立中小学校党组织领导的校长负责制的实施方案》。加强民办学校、中外合作办学党建工作。推动高校共青团改革创新，常态化开展青年志愿服务行动，强化实践育人功能。加强机关党建工作，开展支部达标创星活动，深化模范机关创建。

3. 纵深推进全面从严治党。坚持以严的基调强化正风肃纪，一体推进“三不腐”，提高综合功效，加强经常性纪律教育，持续深化严的氛围。压实管党治党政治责任，紧盯重要节点、关键少数、重要领域，强化监督检查。聚焦教育领域民生热点，深化专项整治。开展落实全面从严治党主体责任情况检查，落实基层党组织书记抓党建述职评议工作。锲而不舍落实中央八项规定及其实施细则精神和我省实施办法，持续深化纠治“四风”，推进精文简会、规范督查检查考核，巩固为基层减负成果。持续推进新时代廉洁文化建设。

4. 构建完善学校“大思政”工作格局。实施“时代新人铸魂工程”、高校思政工作质量提升专项行动、“一站式”学生社区综合治理创新行动，推进大中小学思想政治教育一体化建设。全面推进高校课程思政建设，遴选一批课程思政示范中心、示范课程、教学名师和团队。实施“大思政”

教育福建区域构建工程，打造区域协同的研学实践圈。实施学生心理健康促进行动，建设一批心理健康教育特色校、心理健康教育名师工作室，优化心理健康教育发展生态。举办第二届“侯官论坛”，推动侯官文化传承发展。建设一批家庭教育特色学校和家庭教育创新实践地，遴选一批家庭教育典型案例。

5. 完善德智体美劳全面培养的教育体系。一体化推进大中小学德育工作，加强和改进新时代中等职业学校德育工作。深入推进体教融合，举办中小学体育教师和高校体育教育专业学生基本功大赛，组织全省大中小学各项体育联赛，新增300所学校体育场地向社会开放。持续推进儿童青少年近视防控工作，改造近视防控教室照明工程2万间。实施学校美育浸润行动计划，举办全省第七届大学生艺术节，持续开展艺术进校园等活动。一体推进大中小学劳动教育，鼓励有条件的中小学充分挖掘地方课程资源，遴选建设第五批中小学劳动教育实践特色项目、第四批中小学生劳动教育实践基地和劳动教育优秀案例。

6. 规范教材管理。组织修订地方课程教材，将党的二十大精神融入各级各类教材。强化教材建设和管理，指导各地各校建立常态化管理体制机制，配齐建强教材工作专兼职管理队伍，适时开展教材管理人员培训。推进落实高校“马工程”重点教材统一使用。加强教材教辅和进校课外读物把关。

二、坚持公平公益，构建优质均衡基本公共教育服务体系

7. 推进学前教育普及普惠安全优质发展。实施城镇公办幼儿园结构优化与质量提升工程，改造城区和城乡接合部公办幼儿园150所。扶持普惠性民办园，开展示范性幼儿园建设和评估，推进乡村学前教育办学点标准化建设和巡回支教工作，扩大普惠性学前教育资源供给。推进幼儿园课程游戏化和幼小科学衔接，规范保育教育活动常规，提升保教水平。

8. 推进义务教育优质均衡发展和城乡一体化。推进12个县（市、区）开展义务教育优质均衡先行创建工作。实施义务教育薄弱环节改善与能力提升项目，新增公办义务教育学校学位5万个。推进义务教育管理标准化学校和乡村温馨校园建设。完善强校带弱校、城乡对口帮扶等办学机制，加强城乡紧密型教育共同体建设。推动控辍保学从动态清零转向常态清零。

9. 推进高中阶段学校多样化发展。实施县域普通高中发展提升行动，加强示范高中对口帮扶县域高中工作。推进示范高中、达标高中等创建工作，提升普通高中课程改革基地校、特色项目建设质量。组织普通高中新课程实施专项视导和高中毕业班教学视导。组织修订《福建省普通高中设置标准及管理办法暂行规定》。探索中等职业教育专业大类培训模式，注重基础知识和技能培养。

10. 持续促进教育公平。实施特殊教育发展提升行动，落实十五年免费教育，深化融合教育改革，推进20万人口以上县（市、区）建设1所标准化寄宿制特殊教育学校。完善覆盖全学段学生资助体系，推进学生资助管理信息系统全面应用，深入开展“向阳花开”助学帮扶行动，提升资助育人成效。贯彻落实《深化新时代学校民族团结进步教育指导纲要》，聚焦铸牢中华民族共同体意识，持续深化学校民族教育。

11. 深入推进“双减”工作。继续把“双减”工作摆在突出位置，适时调整完善“双减”工作专门协调机制。持续开展线上线下违规培训整治行动。统筹做好非学科类培训监管。加强校外培训机构党的建设。提高作业管理与设计水平，适时开展省级优质作业设计大赛和展示交流活动。加强课后服务管理，督促指导各地通过财政补贴、服务性收费或代收费方式落实课后服务经费。

12. 全面推进乡村教育振兴和教育振兴乡村工作。推动构建城乡统筹、优质特色的乡村教育体系。对接乡村人才、产业需求，深化校地、校校、校企合作，培养应用型、复合型人才，推进面向农村农业的科技创新与成果转化。支持老区苏区高校和涉农学科专业建设。落实高校各类农村专项招生任务。深化闽宁教育对口协作。做好大田县和上杭县官庄民族乡挂钩帮扶工作。

13. 推进国家通用语言文字高质量普及。强化学校在推广普及国家通用语言文字的基础阵地作用，实施学前儿童普通话教育专项培训计划。加大国家通用手语和通用盲文推广力度。举办第五届中华经典诵写讲大赛。推进“语保工程”二期建设任务落实和一期建设成果《中国语言资源集·福建》出版发行。开展全国“推普周”宣传活动。加强普通话水平测试站标准化建设与规范化管理，新增建设一批测试站。

14. 深入推进学习型社会建设。完善全民终身学习推进机制，建立健全多元主体协同参与社会大教育的有效机制，推动学校教育、社区教育、数字教育、社会文化教育、中华优秀传统文化教育多元结合。规范高等学历继续教育管理，加强内涵质量建设。实施福建省终身教育提质培优项目建设，打造一批终身教育品牌项目，发挥示范引领作用。举办“全民终身学习活动周”暨“9·28”终身教育活动日活动。

三、坚持内涵提升，增强教育服务经济社会发展能力

15. 加快构建现代职业教育体系。落实职普融通、产教融合、科教融汇，扎实推进“双高计划”，提高职业教育的质量、适应性和吸引力。推进职业学校办学条件达标工程，着力解决制约职业教育发展的重点问题。推动建设市域产教联合体，建立健全多形式衔接、多渠道成长、可持续发展的职业教育和培训体系。完善职业教育专业动态调整机制，促进专业布局与当地产业结构紧密对接。建设一批省级示范性职业教育集团（联盟）。办好职业教育活动周。

16. 推进高等教育全方位高质量发展。落实高等教育十年发展规划，深入推进新一轮“双一流”建设和一流应用型高校建设，开展常态化建设情况监测。优化学科专业结构，加强基础学科、交叉学科、新兴学科建设，推进新工科、新医科、新农科、新文科建设，加强学科联盟和高水平学科创新平台建设。开展新一轮博士硕士学位授权审核工作。推进现代产业学院等示范性特色学院建设。规范学科竞赛管理。立项一批教学研究项目、研究生精品课程、专业学位教学案例、产教融合联合培养示范基地。完善本科教学评估机制，推进本科教学合格评估、审核评估。

17. 着力培养拔尖创新和急需紧缺人才。优化人才培养类别结构，逐步提高理工农医类在校生占比。推动基础学科人才培养，加快补齐公共卫生和健康领域人才短板，扩大本科临床医学类专业招生规模。加强师范教育人才培养，实施“卓越教师培养计划”。建设一批省级师范教育实践基地。

18. 加强有组织科研。推动政产学研用金联盟发挥建设成效，提升高校服务“四大经济”高质量发展水平。联合实施省科技重大专项、技术创新重点攻关及产业化项目、自然科学基金高校联合资助项目。规范实施高校科技项目，推进高校科技创新团队建设。加强高校科技创新平台建设布局。推进福建省高校科技成果转化对接服务平台使用，促进高校科技成果转化。

19. 扩大高水平教育开放合作。发挥高校优势加强科技、人才领域国际交流，推动引进境外优质资源来闽合作办学。深化国际产学研用合作，办好海上丝绸之路大学联盟和职教联盟论坛，支持高校举办高水平国际学术会议。加大力度引进海外高层次留学人才，吸引更多国际学生来闽留学。深化闽台教育交流合作，加强闽港澳高校校际合作。

20. 大力推动毕业生充分就业创业。组织开展2023届全省普通高校毕业生就业促进行动，积极拓展市场化就业渠道，用足用好各类政策性岗位，精准帮扶重点群体毕业生就业，优化升级“互联网+就业”模式，完善“福建省24365大学生就业创业服务平台”，提升就业创业指导服务水平。落实高校就业工作“一把手”工程，全面开展高校书记校（院）长访企拓岗活动，完善全校全员促就业工作机制。贯彻落实《福建省进一步支持大学生创新创业若干措施》，举办“互联网+”大学生创新创业大赛和“青年红色筑梦之旅”活动。

四、坚持改革创新，推进教育治理能力现代化

21. 深化新时代教育评价改革。以教育评价改革为牵引，统筹推进育人方式、办学模式、管理体制、保障机制改革，推动完善学校管理和教育评价体系。深化新高考、专升本、高职分类、艺术类招考改革，深化考试内容改革，加强关键能力考查，形成分类考试、综合评价、多元录取的考试招生模式。加强新课程、新教材、新高考协调联动，加强高中学生生涯规划教育和选科指导。

加强考试安全工作，探索应用大数据、人工智能等技术手段，提高教育考试管理信息化、智能化、现代化水平。

22. 深化教育督导体制机制改革。贯彻落实《教育督导问责办法》实施细则，健全逐级全覆盖、跨级重抽查、本级促协同的督政体系。做好接受国务院对省级政府履行教育职责评价各项工作。开展对市级政府履行教育职责督导评估，做好县域义务教育优质均衡发展督导评估、县域学前教育普及普惠督导评估工作。加强督学和教育督导队伍建设。组织参加2023年国家义务教育质量监测工作。优化2023年省级义务教育质量监测方式，巩固并拓展高中阶段教育质量监测。建立各级各类教育质量常态化评估监测制度，强化教育督导结果运用，充分发挥教育督导“利剑”作用。

23. 落实依法治教。推动加快《福建省学校安全管理条例》《福建省老年教育条例》立法进程，推进《福建省民办教育促进法实施条例》研制工作。推进高校法治工作测评。落实教育部《中小学法治副校长聘任与管理办法》。全面实行权责清单制度，推进教育部门政务服务“一网通办”和“小学入学一件事”集成服务改革。

24. 规范民办教育发展。加大民办教育监督管理力度、引导民办学校全面加强内涵建设。巩固规范民办义务教育发展工作成效。完善民办高校年检制度，以检促管规范民办高校办学行为。

五、坚持优先发展，强化教育高质量发展要素保障

25. 推动加大教育投入。督促各地落实财政教育支出责任，确保“两个只增不减”落实到位。优化教育资源配置，突出保运转、补短板、兜底线、抓关键。新增教育经费重点投向关键领域、困难地区和薄弱环节。指导各地健全教育经费保障和动态调整机制。健全激励机制，引导学校扩大社会投入，支持高校多渠道增加教育经费。全面实施预算绩效管理，加强财会监督，提高教育经费使用效益。

26. 加强教师队伍建设。强化师德师风建设。组织开展全省优秀教师和优秀教育工作者评选表彰工作，宣传优秀教师典型事迹。制订实施福建省新时代基础教育强师计划。完善省级公费师范生培养制度，推进师范专业认证，推动师范生培养质量提升。优化省级教师培训工作，加强省市县三级联动，深入推进“下沉式”培训。有序推进公办普通高校人员控制总量管理改革。推动高校引进一批高层次人才，做好高校教育科研类引进生工作。深化教师评价改革，修订高校、中等职业学校教师等职称评价标准。制订职业教育“双师型”教师认定办法，建设一批“双师型”教师省级培训基地。推动落实义务教育教师平均工资收入水平不低于当地公务员。

27. 加快推进教育数字化。制定实施《福建省教育数字化战略行动三年实施方案》。优化完善“福建智慧教育平台”各项功能，丰富优质数字教育资源和服务。开展省级“智慧教育试点区”“智慧校园试点校”建设工作。规划建设“福建教育专网”。强化网络学习空间建设应用，开展优秀教师网络学习空间征集。

28. 统筹推进校园疫情防控和安全稳定工作。认真落实“乙类乙管”下疫情防控各项举措。筑牢学校安全工作体系，加强学校安全教育，深入开展教育领域专项整治，推动校园及周边环境持续改善，深化源头治理、系统治理和综合治理，切实维护师生安全健康。

29. 加强干部队伍建设。按照省委统一部署，深入开展“深学争优、敢为争先、实干争效”行动。坚持党管干部原则，树立正确用人导向，发挥职务与职级功能作用，选好配强机关公务员队伍和直属单位领导班子。大力弘扬“马上就办、真抓实干”优良作风，加强机关效能和作风建设。创新机关群团工作方式方法，丰富机关文体活动，推动机关文明建设上新水平。做好离退休干部和关心下一代工作。加大内部审计工作力度。

（摘编：沈光明）

2023年福建省出台教育督导工作重点

2023年4月5日福建省教育厅消息，《2023年全省教育督导工作要点》近日出台，明确“双减”作为今年福建教育督导“一号工程”。

今年我省教育重点督导任务共有13项，包括推进县域义务教育优质均衡发展督导、统筹做好学前教育普及普惠督导评估、提高责任督学挂牌督导工作水平、务实开展职业院校督导评估、健全完善高等教育督导评估制度等。其中“双减”是今年教育督导“一号工程”。根据前述工作要点，我省将把“双减”工作情况及成效作为2023年对市县两级政府履行教育职责评价的重要内容。针对“双减”开展经常性督导，持续传导压力。还将不定期组织督学专家采取“四不两直”等方式开展专项督导，并加大典型问题曝光力度，对问题突出的地方约谈，对造成恶劣影响的依法依规严肃追责问责。

今年我省教育督导的另一重点是健全“逐级全覆盖、跨级重抽查、本级促协同”的督政体系。我省将优化完善“对市督导”评估办法标准，适时组织“回头看”跟踪督查，并加强“对乡镇督导”工作指导。

提高教育质量，促进教育公平。在推进县域义务教育优质均衡发展方面，我省今年将推动出台我省各县（市、区）实现县域义务教育优质均衡发展暨督导评估的总体规划与时间安排。进一步明确国家优质均衡发展督导评估操作指南的指标要求，优化评估方式。对先行创建县（市、区）开展省级督导调研并持续开展均衡发展跟踪监测。在学前教育普及普惠督导评估方面，我省将统筹幼儿园办园行为督导评估和保育教育质量评估要求，完善指标体系，组织开展相关评估工作，以评促改，推动有条件的县（市、区）申报国家督导评估认定。

今年我省还将全面优化基础教育质量督导评价体系，组织福州市鼓楼区等10个样本县（区）参加国家义务教育阶段学生德育、科学、劳动教育质量监测；巩固并拓展高中阶段教育质量监测；将职业学校办学条件达标、教育费附加用于职业教育比例、职业院校生均综合定额或公用经费财政拨款落实情况等作为职业院校评估重点，把职业学校办学条件达标情况纳入市县两级政府履行教育职责评价体系。

高等教育方面，我省今年将组织对福州大学、福建师范大学、闽南师范大学、厦门理工学院、莆田学院进行审核评估。指导福州理工学院、厦门医学院、厦门华厦学院、福州工商学院、福建商学院等5所高校做好本科教学合格评估准备工作及相关高校的评估整改工作。开展本科生毕业论文（设计）、硕士学位论文抽检。

（摘编：周华政）

2023年福建省做好基本公共卫生服务工作

2023年7月31日福建省卫生健康委员会、福建省财政厅印发《关于做好2023年基本公共卫生服务工作的通知》(闽卫基层函〔2023〕1550号)提出,为全面贯彻落实党的二十大精神,推进健康中国建设,持续提升基本公共卫生服务水平,根据国家卫生健康委、财政部、国家中医药局、国家疾控局《关于做好2023年基本公共卫生服务工作的通知》(国卫基层发〔2023〕20号)精神,结合我省实际,提出做好2023年基本公共卫生服务工作,主要内容如下。

一、提高经费补助标准

(一)明确增加经费使用途径

2023年,基本公共卫生服务经费人均财政补助标准为89元,新增经费重点强化对老年人、儿童的基本公共卫生服务。2020—2022年累计增加的基本公共卫生服务财政补助经费,继续统筹用于基本公共卫生服务和基层医疗卫生机构开展疫情防控有关工作,重点支持做实做细新冠重点人群健康管理服务,加强传染病及突发公共卫生事件报告和处置,按照服务规范提质扩面,优化服务内容等工作。

(二)足额落实资金安排

各地要严格落实财政事权和支出责任划分改革意见,足额落实财政补助经费。各级财政、卫健部门应加强协调配合,在收到上级补助资金后30日内将资金拨付到本级项目实施单位或下级财政,并同步落实本级配套资金,确保项目顺利实施。对于需要根据绩效评价结果扣减或奖励的资金,可采取次年结算的方式兑现,不得影响项目资金拨付进度。

(三)及时兑现村医经费

对于乡村医生承担的基本公共卫生服务工作,应明确具体任务和补助标准,并采取“先预拨、后结算”的方式及时拨付。乡镇卫生院应在收到基本公共卫生服务补助资金30天内,按照不低于村卫生室承担任务70%的比例预拨村级补助资金,其余资金根据核定的任务量和考核结果于2023年底前尽快完成结算,严禁出现克扣乡村医生补助等问题。

(四)加强经费使用管理

各地要严格执行《福建省基本公共卫生服务补助资金管理办法》(闽财规〔2022〕26号),及时分解下达基本公共卫生服务专项资金绩效目标,加快资金拨付和执行进度,加强资金监管,确保资金安全。探索完善以服务结果为导向的资金支付方式,规范经费使用,切实提高资金使用效益,保障人民群众健康权益。

基本公共卫生服务资金落实情况,由各设区市卫健委及平潭综合实验区社会事业局会同同级财政部门汇总填报2023年基本公共卫生服务补助资金落实情况统计表(略),于8月31日、12月31日前分别报送省卫健委、省财政厅。各地要定期了解掌握资金下达和支出进度,抽查资金落实情况,对于进度慢的地区或单位及时予以督促。

二、明确年度工作任务

(一)明确基本公共卫生服务项目内容

一是原12类国家基本公共卫生服务项目,主要是居民健康档案管理、健康教育、预防接种、传染病及突发公共卫生事件报告和处置、0~6岁儿童、孕产妇、老年人、高血压及2型糖尿病等慢性病患者、严重精神障碍患者、肺结核患者健康管理，中医药健康管理，卫生监督协管等服务项目。

二是其他基本公共卫生服务项目，主要是不限于基层医疗卫生机构实施的职业病防治、地方病防治；人禽流感和SARS防控、鼠疫防治等疾病预防控制；卫生应急队伍运维保障和能力提升，开展突发公共卫生事件应急救援；妇女“两癌”筛查、基本避孕服务、新生儿疾病筛查、增补叶酸预防神经管缺陷、免费孕前优生健康检查、地中海贫血防控等妇幼健康；健康素养促进；老年健康与医养结合服务；省级卫生健康监督、食品安全风险监测等服务内容，相关工作按照原途径推动落实，确保服务对象及时获得相应的基本公共卫生服务。

（二）明确年度绩效目标

各地要明确年度工作目标（原12类国家基本公共卫生服务项目年度工作目标见附件2，其他项目工作目标另行下发），统筹各县（市、区）实际，逐级明确下达任务。要统筹把握好基本公共卫生服务任务和经费执行进度，定期报送基本公共卫生服务进展，加强数据质量控制，确保年度任务如期顺利完成。

三、把握重点工作

（一）强化“一老一小”等重点人群健康管理服务

1. 做实老年人健康管理服务。各地要摸清辖区65岁及以上常住老年人底数，建立并动态更新台账。继续以老年人健康体检为抓手做实老年人健康管理服务，加强上级医院或医共体牵头医院对基层医疗卫生机构的技术指导和质量控制，做好老年人健康体检报告分析和结果反馈，加强后续有针对性的健康指导、健康咨询、健康管理等服务。各地要梳理分析老年人健康相关数据，形成区域健康状况分析的有关报告，为进一步加强区域老年人健康指导提供科学依据。

2. 广泛开展老年人健康管理服务宣传，充分调动社区、家庭、辖区驻地单位的积极性，动员符合条件的老年人主动接受老年人健康管理服务和中医药健康服务。

3. 对于未利用基本公共卫生服务开展健康体检的老年人，要指导辖区承担基本公共卫生服务任务的基层医疗卫生机构主动了解老年人的健康状况，结合其他渠道开展健康体检的结果做好相应健康管理服务。鼓励有条件的地方继续开展老年人认知功能初筛服务，对筛查结果异常的老年人，指导其到上级医疗卫生机构复查。

4. 做实0~6岁儿童健康管理服务和0~3岁儿童中医药健康管理服务，强化3岁以下婴幼儿健康养育照护和咨询指导、儿童生长发育和心理行为发育评估、儿童超重和肥胖的预防、眼保健和近视防控、口腔保健等健康指导和干预。

（二）提升慢性病患者健康管理服务质量

1. 推动城市医疗集团牵头医院和二级医院或县域医共体牵头医院与基层医疗卫生机构建立分层分级管理机制。组建上下联动的慢性病患者健康管理团队，对团队内的医务人员，支持按照服务数量和质量参与基本公共卫生服务经费分配。

2. 加强高血压、2型糖尿病患者健康管理。对于血压、血糖控制稳定的，由基层医疗卫生机构按照《国家基本公共卫生服务规范（第三版）》《国家基层高血压防治管理指南》和《国家基层糖尿病防治管理指南》等提供健康管理服务；对于控制不稳定或不适合在基层诊治的，经转诊到上级医疗机构明确诊断并通过系统治疗稳定后，上级医疗机构要及时将患者转诊至常住地辖区的基层医疗卫生机构接受后续的随访管理服务。

3. 对同时患有高血压、2型糖尿病等多种慢性疾病的患者，要创新手段积极推进开展多病共管服务，提高健康管理协同服务、融合服务的质量和效率。

（三）提高电子健康档案利用效率和质量

1. 各地要进一步推进电子健康档案管理平台与区域范围内医疗卫生机构电子病历系统及妇幼保健、免疫规划、慢病管理、地方病防治、老年健康信息、死因监测等重点公共卫生业务系统的条块融合和信息共享，逐步提高电子健康档案管理平台层级。

2. 各地要进一步完善电子健康档案管理平台的调阅率统计、错误反馈、档案质量监测等功能，及时发现并修订完善居民健康档案信息，动态更新已死亡或迁出居民健康档案，确保信息更新时效性、完整性和准确性，全面提升电子健康档案质量。

3. 要通过各种途径广泛宣传电子健康档案“记录一生、服务一生”的理念，结合实际通过开展“晒晒我的健康账户”“口袋里的健康档案”等形式，调动居民参与记录、更新、使用电子健康档案的积极性。

（四）统筹做好基层疫情防控

当前，新冠疫情流行风险依然存在，季节性传染病高发，各地要高度重视，结合新冠疫情和传染病流行特点，加强部署，充分发挥基层医疗卫生机构“哨点”作用，指导基层医疗卫生机构规范开展传染病及突发公共卫生事件报告和处理。要落实好国家免疫规划，加强疫苗接种人员培训，提高基层疫苗接种服务质量，保证适龄儿童及时、全程接种疫苗。继续按照统一部署做好新冠病毒疫苗目标人群疫苗接种工作。继续按照《新冠重点人群管理服务与健康监测指南》，分类分级对重点人群服务落实“六个到位”，把重点人群防护工作做实做细，加强日常管理服务和健康监测，确保对重症高风险人群早发现、早识别、早干预，为防重症发挥基础性作用。

四、充分利用家庭医生签约服务

各地要综合考虑当地基层卫生人力资源情况、经济发展水平、服务人口、地理状况等，科学测算基本公共卫生服务成本，明确纳入家庭医生签约服务包中的基本公共卫生服务内容和相应的经费额度，支持家庭医生（团队）为签约的重点人群和高血压、2型糖尿病等慢性病患者提供签约服务，落实医防融合的综合性服务，并根据服务数量和质量，在开展绩效评价后及时拨付相应经费。推进打通电子健康档案和家庭医生签约服务管理信息系统，加强基本公共卫生服务、家庭医生签约服务数据的实时更新和共享。

五、加强项目管理

（一）进一步发挥绩效评价的导向作用

将基本公共卫生服务经费落实情况以及乡村医生补助落实情况、绩效目标落实情况、重点人群健康管理服务质量和效果、电子健康档案利用效率和质量、群众满意度等作为绩效评价的重要内容。强化日常评价和年终评价相结合，探索建立日常绩效评价的常态化机制，全面落实将省市复评与县级初评结果的一致性纳入绩效评价。巩固线下、线上结合开展绩效评价的方式方法，切实提高绩效评价质量和效率。提高基本公共卫生服务精细化管理水平，完善绩效分配激励机制，调动承担服务的医疗卫生机构和医务人员的积极性。

（二）加强对基本公共卫生服务的日常管理

充分发挥疾病预防控制、妇幼保健等专业机构作用，加强人员培训及对承担任务的医疗卫生机构的督促和指导，持续抓好健康教育和健康素养促进。提高宫颈癌、乳腺癌筛查目标人群覆盖率和筛查质量。

（三）加大基本公共卫生服务宣传力度

要广泛利用传统媒体和新媒体，通过多种途径和群众喜闻乐见的方式，持续加强基本公共卫生服务宣传，扩大基本公共卫生服务的影响力和实施效果。

（摘编：李子涵）

2023年福建省妇幼健康重点工作

2023年4月27日福建省卫生健康委员会印发《关于做好2023年妇幼健康重点工作的通知》（闽卫妇幼函〔2023〕736号）提出，2023年全省妇幼健康重点工作，主要内容如下：

2023年工作思路是：以习近平新时代中国特色社会主义思想为指导，深入学习宣传贯彻党的二十大精神，贯彻落实健康福建战略、福建省妇女儿童发展纲要和“十四五”福建省卫生健康发展专项规划，坚持以妇女儿童健康为中心，以“生命全周期、服务全过程”为导向，以强基固本提升妇幼健康服务内涵为目标，以妇幼健康系列行动计划为抓手，加强母婴安全保障，提升优生优育服务水平，推动妇幼健康事业高质量发展。

一、坚持党建引领妇幼健康事业发展

贯彻落实党的二十大精神，将学习宣传贯彻党的二十大精神作为当前和今后一个时期的首要政治任务，以党的二十大精神和重大理论指导新时代妇幼健康事业高质量发展的新实践。深入推动各级妇幼保健机构落实党委领导下的院长负责制，深入实施《推进妇幼健康文化建设工作方案（2021—2025年）》，积极创建妇幼健康文化特色单位。

二、筑牢母婴安全底线

深入实施《福建省母婴安全行动提升计划实施方案（2021—2025年）》，持续巩固落实母婴安全五项制度。指导各地持续做好妇幼健康领域疫情防控工作，加强对孕产妇和儿童新冠防护的健康宣教、主动随访、就医提醒，提高预防意识和防护能力。密切跟踪各地母婴安全形势，开展省级危重症孕产妇评审、孕产妇死亡及新生儿死亡评审。试点开展全省危重孕产妇和新生儿救治体系评估，完善危重孕产妇和新生儿救治网络建设，强化多学科协作。在国家卫生健康委统一部署下，指导各地积极创建母婴友好医院，推进国家新生儿保健特色专科建设。

三、促进儿童全面健康发展

深入实施《福建省健康儿童行动提升计划实施方案（2021—2025年）》和《母乳喂养促进行动计划（2021—2025年）》。夯实儿童保健服务管理，持续深化儿童眼及视力、口腔健康服务，在国家卫生健康委统一部署下，启动新生儿安全项目，做好基层儿童早期发展项目试点工作。加强儿童心理健康服务，组织开展0~6岁儿童孤独症筛查干预服务规范试点，推进儿童孤独症筛查干预服务规范落实。实施母乳喂养促进行动，开展世界母乳喂养周等主题宣传，加强婴幼儿营养喂养指导。

四、强化出生缺陷综合防治

落实出生缺陷三级防控措施，深入实施防治出生缺陷主题宣传、公益行及出生缺陷防治人才培训项目。统筹推进婚孕前保健服务，推广婚前医学检查、婚姻家庭辅导和优生咨询指导婚育全程“一站式”服务，努力提升婚前医学检查率。完善产前筛查和产前诊断资源配置和布局，加强省级产前诊断中心和省级出生缺陷防治管理中心建设。强化产前筛查和诊断技术管理，推动产前产后一体化和多学科诊疗协作。指导做好出生缺陷干预救助项目，促进防治服务更加科学规范、公平可及。

五、进一步加强完善妇女全生命周期服务

制定《福建省消除艾滋病、梅毒和乙肝母婴传播行动计划实施方案（2023—2025年）》，推动各项目标实现。落实国家《加速消除宫颈癌行动计划》，制定《福建省加速消除宫颈癌行动计划实施方案（2023—2030年）》《福建省妇女“两癌”筛查质量控制实施方案》，规范开展妇女宫颈癌、乳腺癌筛查工作，提高筛查质量和效率。做好2023年省委、省政府为民办实事项目，继续开展适龄女性HPV疫苗接种工作。制定《福建省妇幼保健机构盆底专科规范化建设标准》，开展妇幼保健机构盆底专科规范化建设项目，进一步完善妇女全生命周期服务链条。

六、强基固本提升妇幼健康服务能力

继续组织实施妇幼保健机构医疗服务与保障能力提升项目和省级生育全程优质服务县建设，持续提升妇幼健康服务能力和质量。深化“互联网+妇幼健康”服务模式，不断完善省级“云上妇幼”远程医疗服务平台项目建设并做好项目建设情况评估，继续实施全省妇幼保健机构“大手牵小手”行动，辐射带动基层妇幼保健机构能力提升。在国家卫生健康委指导下，组织实施妇幼保健机构绩效考核，加强绩效考核数据质控分析和考核结果应用。落实《推进妇幼中医药工作实施方案（2021—2025年）》，继续开展妇幼保健机构中医馆建设，深化内涵建设，逐步将中医药融入妇幼健康服务各个环节。

七、强化妇幼健康服务全过程监管

按照“证照分离”改革相关工作要求，严格母婴保健专项技术、人类辅助生殖技术审批；进一步强化事中事后监管，推进“人脸识别”系统管理；加强对各地婚前医学检查、产前筛查等母婴保健专项技术新审批机构的监督管理。遴选建立新一轮《福建省人类辅助生殖技术专家库》和《福建省产前筛查（诊断）技术专家库》，进一步发挥省人类辅助生殖技术、省产前诊断技术质控中心的技术专家监督指导作用，提升同质化管理水平。强化出生医学证明监管，稳妥有序做好第七版出生医学证明签发和管理工作。

八、提高妇幼健康信息化水平

指导各地落实《福建省妇幼健康监测方案（2022年版）》，进一步优化妇幼健康信息系统，探索开展妇幼健康统计调查全程质量控制。推动省级平台与国家平台数据对接共享，推进妇幼健康信息系统建设与管理，落实信息与网络安全工作要求。推动各地加强区域妇幼卫生信息化建设，建立完善妇幼基本公共卫生服务项目管理系统，提升数据监管及辅助决策水平，进一步提高工作效率。

九、坚守妇幼健康行业安全底线

加强妇幼健康行风建设，落实《医疗机构工作人员廉洁从业九项准则》，营造风清气正的行业风气，塑造行业良好形象。健全重大风险权力事项集体研究机制，做好风险防范和应急处置。落实意识形态工作责任制，做好舆情风险评估。树牢安全发展理念，强化红线意识和底线思维，加强妇幼健康行业安全生产指导。

（摘编：邹申）

福建人力资源建设形势分析与对策建议

福建省深入学习贯彻习近平总书记关于做好新时代人才工作的重要思想，始终坚持党对人才工作的全面领导，坚持人才引领驱动，深入实施新时代人才强省战略，注重把经济发展建立在提高人力资源质量基础上，积极营造才聚八闽、聚才兴闽的良好氛围，为奋力谱写中国式现代化福建篇章奠定坚实的人力资源基础。

一、福建人力资源建设现状

（一）人力资源规模保持稳定，城乡就业人员结构持续优化

到2022年底，福建总人口达到4188万人，比上一年略增1万人，其中劳动力资源2508.6万人；劳动年龄人口在总人口的比例比上一年下降0.4%，已由2010年的69.3%持续下降到59.9%，全省劳动力人口数量较2010年减少50.6万人，劳动力低成本现象已逆转。全省城乡就业人员2174万人，比上一年减少23万人；城乡就业人员结构持续优化，第一、二、三产业就业人员比例与上一年持平，由2004年的40.2∶29.4∶30.4持续优化为13.7∶33.2∶53.1。

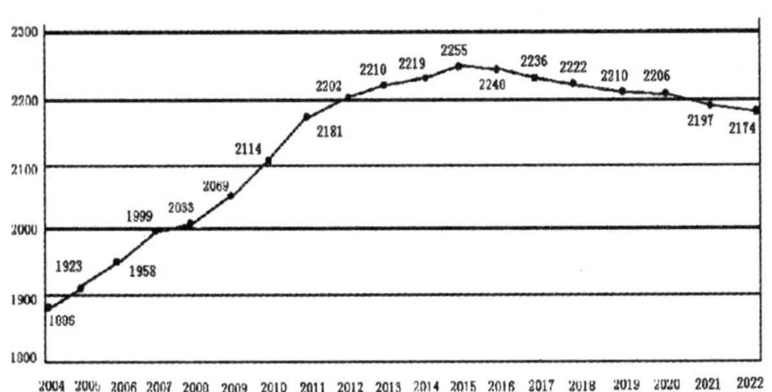

图1　2004—2022年全省城乡就业人员变化趋势图（单位：万人）

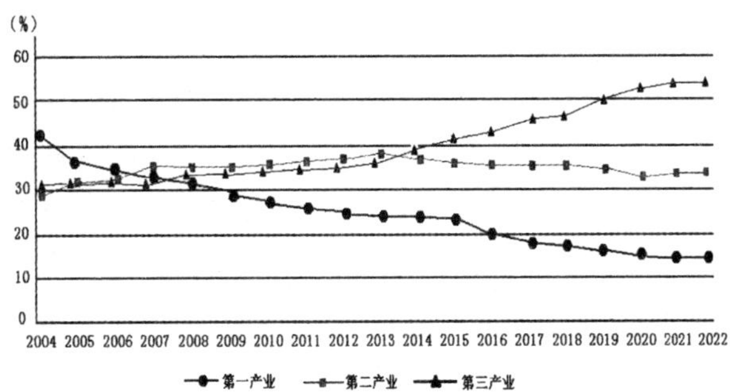

图2　2004—2022年全省就业人员从事产业的比例变化趋势

（二）坚持党对人才工作的全面领导，全方位推进高质量发展的人才支撑持续强化

1. 突出以产聚才、以才促产，围绕产业发展需求，大力引进重点产业急需紧缺的创新创业人才。制定《福建省2023—2024年度紧缺急需人才引进指导目录》，聚焦做优做强数字经济、海洋经济、绿色经济、文旅经济等重点产业，突出“高精尖缺”和“多点多极支撑”人才供需，加大对福州市数字经济人才基地、厦门海峡两岸创新创业领军人才基地、泉州先进制造业人才基地建设的支持。大力实施省引才“百人计划”，近几年引进的高层次人才中有90%以上是主导产业和新兴产业急需紧缺的人才。为优化产业人才队伍结构，制定工科类青年专业人才支持暂行办法，累计支持各类企业引进1.4万名工科专业人才从事创新工作。先后与北京大学、清华大学等国内高水平高校建立人才交流合作机制，选拔引进近千名优秀硕博士来闽，到国有企业、民营龙头企业、高校、科研院所、医疗机构、规划建设等单位工作。

2. 强化创新驱动，深化产学研对接，形成产业提升与人才集聚的良性互动。构建定位清晰、

梯次明显的人才培养支持体系，出台《福建省产业领军团队遴选和支持办法（试行）》，实施产业领军团队支持项目，开展关键技术突破和产业化，培育一批实体经济“单项冠军”“专精特新”企业，近几年已遴选电子信息、高端装备、新能源、新材料等领域产业领军团队63个。实施“雏鹰计划”青年拔尖人才支持项目，已支持149名优秀青年人才，成为福建省科技创新的骨干力量。实施《福建省高层次人才认定和支持办法（试行）》，按照“总量控制、好中择优”的原则，开展高层次人才自主认定申报，做好国家级高技能人才培训基地和技能大师工作室评审遴选。实施“创新之星”“创业之星”人才支持项目，制定《关于支持创新实验室人才队伍建设的若干措施》等一揽子人才政策。目前，全省拥有国家重点实验室10个、省创新实验室6个、省重点实验室276个、国家级工程技术研究中心7个、省级工程技术研究中心527个、省级新型研发机构232家；现有国家高新技术企业8941家；建设省级以上科技企业孵化器、众创空间共计466家。这些高水平的创新平台为各类科技人才提供了更大的发展空间。

3. 坚持向改革要动力、用改革增活力，形成更具竞争力、吸引力的人才政策体系和服务体系。坚持问题导向，积极推进人才周转编制管理、公办普通高校人员总量控制等改革事项，向用人主体授权，为人才松绑，构建有利于各类人才发挥作用的制度环境。突出以用为本，注重柔性引才用才。比如，开展“院士专家八闽行”等活动，先后邀请院士381人次来闽开展技术指导，累计建成院士专家工作站317个，开展合作项目500多项。以具有明显创新能力的青年科技人才为重点，开展高层次留学人才回国资助试点工作，重点支持人工智能、量子信息、集成电路、空天科技等前沿领域的留学回国人才。目前，全省人才资源总量有效扩大，专业技术人才总量达291万人，在技能劳动者队伍中有679.8万人次取得职业资格证书或技能等级证书，其中高级工以上121.2万人次。

（三）政府公共投入逐步增长，保障人力资源发展和质量提升的基础条件持续改善

各级政府加大公共投入，夯实卫生、教育、社会保障、科技等保障人力资源发展的基础条件，全省人力资源竞争力不断增强。福建省城乡居民收入稳步增长，2023年上半年，全省城镇居民人均可支配收入30224元，同比增长3.8%；全省农村居民人均可支配收入12783元，同比增长5.9%。医疗卫生机构和一线技术人员增多，卫生机构床位总数增加，为提高人口健康素质奠定基础。2022年底福建省卫生技术人员30.57万人，比上一年增长3.9%，卫生机构床位数22.98万张，比上一年增长2.7%。全省支撑人力资源发展的保障条件持续改善，2022年底福建省财政用于教育支出1217.2亿元，同比增长12.7%，用于社会保障和就业支出717.2亿元，同比增长21.0%，用于卫生健康的支出606.3亿元，同比增长13.6%。

（四）构建和谐劳动关系持续深化，人力资源市场体系进一步健全

1. 构建和谐劳动关系持续深化。深入开展新时代和谐劳动关系创建活动，促进形成规范有序、公正合理、互利共赢、和谐稳定劳动关系。比如，面对新就业形态劳动争议案件数量持续增长、类型复杂、调处难度加大的情况，贯彻落实人社部等八部委关于维护新就业形态劳动者劳动保障权益指导意见的十五条措施，积极探索劳动纠纷化解新模式。再如，进一步强化根治欠薪与清理拖欠民营企业中小企业账款工作，向社会曝光一批拖欠农民工工资失信联合惩戒对象名单；强化数字治理，依托全省劳动监测预警大数据平台，仅2023年二季度就对200个工程项目予以评价，督促施工企业更好履行工资支付主体责任。此外，部署开展农民工工资争议速裁庭建设专项行动，通过全程办案提速，力争实现80%涉及农民工的案件由速裁庭办理，速裁庭办理农民工工资争议案件案均办结时限比法定时限总体缩短30%。目前，省、市、县三级仲裁委调整组建率和仲裁建院率均达100%，调解仲裁“六统一”居全国前列；全省劳动合同、集体合同签订率动态保持在95%、80%以上。

2. 建设高标准人力资源市场体系步伐加快。尊重劳动者的自主择业权，充分发挥市场配置的基础性作用，形成了多元化的市场用人主体。人力资源服务机构是重要的人力资源市场主体。深入实施国家人社部2023年6月出台的《人力资源服务机构管理规定》，坚持规范管理和促进发展有机结合，切实提升人力资源服务规范化水平。聚焦促进就业和人才顺畅有序流动的主线，加快建设与实体经济、科技创新、现代金融协同发展的人力资源产业体系，积极培育一批人力资源服务骨干企业。比如，海峡人力资源服务产业园吸引了海峡人力、博达管理咨询等86家省内外人力资源服务机构入驻，从业人员约0.1万人；中国海峡人才市场在世界各地建有23个引才联络站，在全省设立26个工作部，每年为10余万家次用人单位近200万人次各类人才提供人力资源全产业链服务。

二、福建人力资源建设存在的问题

福建人力资源建设的持续发展，为全方位推进高质量发展奠定了良好的人力基础。但在东部沿海发达省份中，福建的人才竞争力还较弱，人才发展不具备优势，面对新时代高质量发展的要求，一些深层次人才发展体制机制问题依然存在，全省人力资源建设面临不少矛盾和困难。

（一）高层次、创新型人才供给不足，人才发展的体制机制障碍仍需进一步破除

福建人才资源总量有效供给相对不足，尤其是高端人才紧缺的局面没有改变，以领军人才为核心的创业创新团队引进不足。当前，数字化、智能化引领的产业变革加速演进，数字经济、智能经济、海洋经济、绿色经济加速成长。新兴技术领域成为博弈重点，高端人才、标准规则、市场空间成为竞争焦点。全省高层次、创新型人才供给不足与社会需求量激增之间的矛盾凸显，尤其掌握关键核心技术的高端领军人才、基础研究和高精尖人才紧缺，推动原始性创新、能够解决“0—1”“卡脖子”问题的人才更是匮乏，先进制造、信息传输、软件信息技术服务业等产业人才总量不足，外国专家人才不够多，国际人才发展的区域竞争力不强等，这些日益成为推进高质量发展的制约因素。

面对新一轮科技革命和产业变革孕育兴起的新变化新机遇，需要不断增强与之相适应的人才发展体系更新能力，不断深化人才发展体制机制改革。当前存在的问题表现在：在人才培养机制方面，工程科技人才、创新创业人才、复合型学科人才培养模式改革推进不足，人才载体平台建设不健全，以企业为主体的技术创新体系不完备，产学研用生态系统构建不完善；在人才引进机制方面，仍以行政为主导，市场化引才用才作用发挥不够，海外人才引进在评价机制、申请程序、许可制度方面有待完善；在人才使用机制方面，体制内岗位聘用、职称晋升等存在论资排辈，高校院所存在“官本位、行政化”、表面化科研等问题；在人才评价机制方面，评价手段单一、评价分类不足问题突出，“四唯”现象依然存在；在人才流动机制方面，体制内外人才流动的身份壁垒、政策壁垒依然存在，不同区域的科技人才流动不通畅；在人才激励机制方面，存在激励政策覆盖面窄、激励模式单一化、激励机制与需求层次不匹配、科技成果转化支持体系仍然薄弱等问题。如何改革体制机制中存在的不足、短板，进一步增强人才发展新动力，特别是针对承担国家创新驱动任务的高校院所专家人才群体，如何进一步形成有利于人才潜心研究的发展环境，这是当前迫切需要解决的难题。

（二）人力资源结构性矛盾突出，职业教育与培训体系建设仍较薄弱

1. 人力资源结构存在不均衡性。一方面，技能人才总量、质量、结构还不适应产业转型升级需求。尤其是高技能人才数量不足日益成为产业转型升级的瓶颈。全省技能人才占就业人员比重31.3%，其中高技能人才仅占技能人才总数的17.8%，与发达国家普遍占比40%以上的水平有明显差距。全省人力资源需求与供给不匹配导致的结构性短缺问题仍较突出。比如，据全省人力资源市场统计数据，2023年第一、二季度人力资源市场有技能要求的熟练工市场求人倍率高达2.44、2.11，而无技能要求的一般劳动力市场求人倍率仅为0.96、0.89。另一方面，人才分布的区域差距比较明显。乡村劳动力持续外流、乡村空心化等现象没有扭转，乡村人才尤其适合乡村新业态的人才更加缺乏。如何加强乡村人才队伍建设，把握好流动与分布的关系，为推进城乡融合发展提供人才支撑，这是当前迫切需要解决的课题。

2. 职业教育与培训体系建设仍较薄弱。“求

职难”“招工难”并存，反映出技能人才培养与产业需求尚未同频共振，教育链对产业链的支撑作用亟待提升。一方面，技工教育投入不足。全省现有技工学校65所，其中公办35所、民办30所。目前技工院校建设资金短缺，技工院校生均拨款低，学校的基本建设和教学实训设施设备投入少，远不能满足高技能人才培养的需求。另一方面，全省现代职业教育体系建设比较薄弱，校企合作、产教融合机制体制不健全。技能人才培养与产业发展需求相脱节的问题较突出，专业布局还不能完全适应区域产业发展的要求；职业教育与培训机构“双师型”教师短缺，在引进有企业经验教师与技能大师等符合技能教育要求的师资建设渠道还不通畅等。

（三）新就业形态劳动者权益保障问题凸显，人力资源市场体系建设有待完善

1. 产业转型升级与新业态发展对协调劳动关系提出新挑战。一方面，新就业形态劳动者权益保障问题凸显。以新技术、新产业、新业态、新模式为代表的“四新经济”迅速发展，网约配送员、网约车驾驶员、互联网营销师等新就业形态劳动者数量大幅增加。由于平台用工形式相对灵活，他们的劳动权益保障面临用工关系复杂、就业质量不高、社会保险缺失等问题。比如，加盟制是相当部分快递企业的经营模式，据有关部门统计，全省快递加盟企业劳动合同签订率不高，有28.86%的快递员未签订劳动合同，这一劳动群体相关的劳动争议、合同纠纷呈上升趋势。另一方面，产业转型升级对协调劳动关系提出新挑战。全球经贸形势错综复杂，需求不足制约明显，部分企业生产经营面临困难、裁员减员风险增大。加之人工智能的快速发展挤占劳动力就业空间，部分劳动密集型企业施行“机器换工”减少了劳动力需求。比如，据全省人力资源市场统计数据，2023年第一季度职业供求总量为67.16万人次，同比下降29.42%，第二季度职业供求总量为52.70万人次，同比下降42.59%，岗位需求人数、求职人数大幅下滑。经济领域矛盾逐渐传导到劳动用工领域，劳动争议案件增多，劳动者权益维护面临较大压力。

2. 人力资源市场体系建设有待完善。人力资源市场体系发展不平衡不充分，还需进一步整合，清理废除妨碍统一市场和公平竞争的各种规定和做法。与江苏等东部沿海省份相比，福建人力资源服务业整体实力及规模较弱，人力资源市场化配置能力不强，数字化建设相对滞后等。比如，服务机构业务产品同质化严重，主要以档案管理、招聘、派遣等传统业态为主，高级人才寻访、人才测评、大数据招聘、人力资源外包等“专、精、深”服务供给不足，不能完全满足客户对智能化、网络化、个性化的人才服务需求。此外，人才公共服务体系还不完善，存在人才发展环境的配套服务保障机制不健全、人才发展的法治化建设水平有待提高等问题。

三、进一步推进福建人力资源建设的对策思路

福建人力资源建设应紧扣经济社会发展实际需要，适应人才工作面临的形势变化，深入实施新时代人才强省战略，坚持人才引领驱动，强化人力资源开发利用，不断塑造发展新动能新优势，促进全省人力资源综合竞争力的整体提升。

（一）围绕人才引领驱动，构建新时代人才强省战略体系

1. 强化人才引领驱动，完善新时代人才强省战略布局。坚持面向世界科技前沿、经济主战场、国家重大需求、人民生命健康的“四个面向”，是新征程做好人才工作的根本遵循，是新时代人才强省战略的立足基点、价值体现和使命担当。现阶段应从高质量发展走在前列的高度谋划人才布局，适应国家战略由紧跟型、模仿型升级为赶超型、夺标型的新形势，强化人才在新福建建设中的引领驱动作用，构建符合新时代发展要求的人才强省战略支撑体系。一是聚焦创新驱动、自立自强，锚定人才强省战略进阶新基点。创新驱动实质上是人才驱动，国家注重教育、科技、人才一体化布局，在北京、上海、粤港澳大湾区建设高水平人才高地，福建一些高层次人才集中的中心城市应着力建设吸引和集聚人才的平台，开展人才发展体制机制改革试点，重点建设一批国家实验室和新型研发机构，加快打造人才发展引领区和战略支点。比如，以福州高新区、福州大学城为依托，在福州建设中国东南（福建）科学城，以厦门大学、嘉庚创新实验室、同安“三谷”等

为依托，建设厦门科学城，以引进中科院国家授时中心为支撑，在泉州建设时空科创基地，并在福州、厦门、泉州等中心城市建设高能级引才聚才平台，不断开辟发展新领域新赛道；把握中央支持福建建设两岸融合发展示范区的重大机遇，支持福州、厦门建设特色鲜明、优势互补、协同发展的闽台人才集聚平台等。二是加强基础研究，全面提高国家战略人才自主培养的能力和质量。针对高质量发展面临的卡点瓶颈，加快夯实国家战略人才力量。尤其是补齐基础软件、核心硬件、基础原材料等突出短板，提升自主知识产权和替代接续能力。充分发挥教育在人才培养中的基础性作用，发挥高校、科研院所人才培养主阵地作用，全面提升国家战略人才的供给能力。紧密围绕科技自立自强，全面提高人才自主培养质量，突出“高精尖缺”导向，整合高水平大学、科研机构和科技领军企业力量，完成关键核心技术攻关和重大科研攻关，着力造就一批具有重要影响力的科技领军人才和拔尖创新人才。三是注重以企业为主体，推动创新链、产业链、人才链深度融合。培育壮大创新型企业群体，支持企业建设省重点实验室、工程研究中心、制造业创新中心、企业技术中心等研发机构。尤其是吸引国内外一流高校、科研机构、中央企业和世界500强企业来闽设立新型研发机构。比如，加快推进天津大学—新加坡国立大学福州联合学院、中国福州物联网开放实验室、鲲鹏产业生态中心、百度云（福州）AI实验室、宁德时代新能源—中国科学院物理研究所联合研发中心等研发机构建设。

2. 深化人才发展体制机制改革，大力提升国际人才竞争力水平。一是推动人才发展体制机制改革取得新突破。围绕当前亟待突破的重点难点问题，深入推进科研经费管理、人才培养、人才评价、人才分配制度、创新创业激励、科技成果转移转化等重点制度改革，进一步激发人才创新活力。比如，在改革人才评价机制方面，大力健全以创新价值、能力、贡献为导向的科技人才评价体系，并遵循科研活动规律和人才成长规律，构建多元化的人才评价方式，形成有利于科技人才潜心研究和创新的评价体系等。二是实施更加开放包容的人才集聚政策。全球围绕科技制高点的人才竞争不断加剧，福建应发挥区位优势和环境优势，以更加开放的姿态参与国际人才竞争。在扎牢人才自主培养内循环根基的前提下，积极畅通人才引进外循环路径。比如，完善相关签证、永久居留、移民、税收、金融、社会保障等政策和法规，构建高效便捷出入境和停居留服务体系，建设国际化多语种人才“一站式”服务平台。三是推进人才发展的法治化建设。围绕人才管理体制机制全流程制定法律法规，将人才工作纳入依法管理、科学推进的轨道。注意及时将成熟的政策转化为法律法规，比如制定《人才发展促进条例》等地方性法规，形成有利于人才发展的法治环境。

（二）加强技能人才队伍建设，促进人力资源合理分布，提升全省人力资源质量水平

1. 积极创新技能人才培养体系。坚持把建设知识型、技能型劳动者作为人力资源开发利用的内在要求，加快形成适应经济高质量发展的技能人才队伍。一是夯实职业教育基础作用，构建以行业企业为主体、职业学校（含技工院校）为基础、政府推动与社会支持相结合的技能人才培养体系。大力发展产业技工教育，鼓励成立职业教育集团，做大做强职业学校。支持符合条件的技师学院和高级技工学校比照高等职业院校建设发展。积极构建终身职业技能培训工作体系，全面实施“技能福建行动”，建设一批高技能人才培训基地和技能大师工作室，培养更多的卓越工程师、大国工匠、高技能人才。鼓励各类企业事业组织、社会团体及其他社会组织以独资、合资、合作等方式依法参与举办职业教育培训机构。二是发挥企业主体作用，不断完善学科专业设置和人才培养方式。加强制造业等重点领域技能人才培养，深化产教融合、校企合作，建立重点产业紧缺人才培养实训基地，开展订单式培养、套餐制培训。应用型专业应全程对接产业，以产业链牵引教育链，推动人才培养与产业发展需要紧密对接。三是突出技能实绩评价导向，构建多元化评价机制，畅通技能人才发展通道。完善技能竞赛体系、“新八级工”职业技能等级制度、技能人才使用分配激励机制，支持与西部地区开展技能人才共建共享，强化闽宁、闽滇、闽甘等协作。

2. 促进城乡人力资源合理分布。注重统筹外出务工与本地就业，畅通智力、技术、管理下乡通道，建立城乡人才合作交流机制、城市人才入乡激励机制，夯实城乡融合发展人才基础。实施乡村振兴人才支持计划，完善派驻第一书记和工作队、科技特派员、乡村振兴指导员、金融指导员等制度。实施高素质农民培育计划、农村创业带头人培育行动、乡村产业振兴带头人培育“头雁”项目，支持培养本土急需紧缺人才，培育一批联农带农紧密的创业创新群体。加强山海协作，推进区域人才协作一体化。深化闽台乡建乡创合作，吸引台湾建筑师、文创团队参与乡村建设。

（三）大力健全劳动关系治理体系，推动人力资源服务业高质量发展

1. 大力健全劳动关系治理体系。坚持把健全劳动关系治理体系作为人力资源开发利用的重要保障。一是着力构建和谐劳动关系新格局。健全党委领导、政府负责、社会协同、企业和职工参与、法治保障的工作体制和源头治理、动态处理、应急处置相结合的工作机制。坚持解决当前突出问题与建立长效机制相结合，做好经济结构调整过程中劳动关系处理工作，提升劳动关系治理水平。推进构建和谐劳动关系体制机制创新，完善劳动人事争议调解仲裁机制，提升劳动保障监察执法效能，充分发挥协调劳动关系三方作用，推动实现企业和职工协商共事、机制共建、效益共创、利益共享。二是加强新就业形态劳动者权益保障。注重厘清并明确各方法律关系，制定与新就业形态特点相适应的劳动法规，明确用工方与劳动者的权利义务关系，分类保障劳动者合法权益。加强对新就业形态中劳动关系、劳动基准等问题研究，加快制定工资工时等有关劳动基准，促进平台企业形成行业用工规范，不断优化平台算法，确立劳动权益基本保护标准。进一步完善灵活就业人员社会保障制度，建立适应“自由人生产制度”的劳动就业政策，研究适应从业人员不同特点的多元化保险办法，建立以劳动者可监控收入为基础的社会保险政策。对于长期稳定实际就业的新就业形态劳动者，建议放开参加社会保险的户籍限制，允许他们自愿参加职工基本养老、基本医疗和失业保险。

2. 大力加强人力资源服务体系建设。健全人力资源市场政策法规体系，推动出台《福建省人力资源市场条例》及相关配套政策，让市场供求机制、价格机制、优胜劣汰机制充分发挥作用。制定全省人力资源服务产业园建设支持专项政策，推进国家、省、市级人力资源服务产业园区建设，加快聚集专业化、国际化的人才机构，促进全省人力资源服务业高质量发展。坚持把推进数字化改革作为人力资源开发利用的重要驱动，让数字技术更好服务劳动力市场运行，促进人力资源供需有效匹配。加强人才服务体系建设，不断完善人才服务窗口、人才驿站（人才之家）等平台服务功能，建立人才专窗、绿色通道、服务专员制度，推行人才服务“一卡通”，打造集人才政策、业务办理、服务事项于一体的线上线下服务平台。

（撰稿：福建社会科学院 赖扬恩）

第四篇

热点透视

福建出台二十条措施激励干部勇担当善作为

2023年5月26日，福建省纪委消息，福建省纪委、省委组织部日前联合出台《关于深化激励干部担当作为工作的通知》（以下简称《通知》），从提升动力能力、优化考评机制、树立鲜明用人导向、健全管理监督机制、构建关心关爱体系等5个方面，推出20条系统配套、务实管用的政策措施。这些举措融入干部选育管用各个环节，打出一套激励干部担当作为的“组合拳”。

《通知》的出台，是福建省扎实开展学习贯彻习近平新时代中国特色社会主义思想主题教育的重要成果，是深入实施“深学争优、敢为争先、实干争效”行动的具体举措，进一步健全了干部激励和保护机制，必将有力推动广大党员干部以“拼”的姿态、“抢”的劲头、“闯”的胆略，投身新福建建设的火热实践。

《通知》坚持问题导向、基层导向，重点围绕“干部不担当不作为”“激励机制不健全”“关心关爱干部不到位”等基层和干部群众反映强烈的突出问题，分析根源症结，顺应干部期待，提出了一系列具有引领性、针对性、可操作性的政策措施。明确要强化干部担当作为实绩考核，将担当作为情况作为年度考核重要内容，引导干部牢固树立和践行正确政绩观；强调要破除论资排辈、消除“隐形台阶”，大力选拔使用勇于担当、善于作为、实绩突出的干部，特别优秀的可以破格使用，以正确用人导向引领干事创业导向；围绕精神鼓励、政治关心、生活关爱、经济激励，细化了谈心谈话、待遇保障、健康体检、带薪年休假等具体措施，注重解决干部“后顾之忧”。

《通知》强调，各级各部门要建立健全工作机制，结合实际提出符合本地本领域干部特点的措施，以上级担当带动下级担当，以领导干部担当带动广大干部担当，把激励干部担当作为融入日常工作、形成长效机制，推动广大干部在推进中国式现代化的福建实践中不懈奋斗。

（摘编：苏建平）

福建省人大常委会研究确定2023年工作重点

2023年4月12日，福建省人大常委会办公厅消息，省人大常委会主任会议近日研究确定了今年工作要点和立法、监督、代表工作计划。2023年省人大常委会计划审议18项立法，听取和审议18项专项工作报告，开展4项法律法规的执法检查等。

立法工作主要围绕加强经济领域立法，审议

海洋经济促进条例、水利工程管理条例、治理货物运输车辆超限超载条例、统计条例等法规；围绕加强民生保障立法，审议物业管理条例（修改）、工会法实施办法（修改）、公民献血条例（修改）等法规；围绕加强生态环保立法，审议气候资源保护和利用条例、野生动物保护条例、固体废物污染环境防治若干规定（修改）、武夷山国家公园条例（试行）（修改）等法规；围绕加强社会治理立法，审议立法条例（修改）、安全生产条例（修改）、消防条例（修改）、机关效能建设工作条例（修改）、人大信访条例（修改）、人大常委会组成人员守则（修改）。

监督工作将主要围绕推进高质量发展，听取和审议2023年上半年国民经济和社会发展计划执行情况的报告，省“十四五”规划纲要实施情况中期评估、重大项目进展、耕地保护、安全生产等专项工作报告，检查种子法及我省条例、专利法及我省条例实施情况。围绕加强预算审查监督和国有资产管理监督，听取和审议2023年上半年预算执行情况的报告、2022年度省级预算执行和其他财政收支审计工作的报告及审计查出问题整改情况的报告，审查批准2022年省级决算和2023年省级预算调整方案；审议2022年度国有资产管理情况的综合报告，听取和审议2022年度金融企业国有资产管理情况的专项报告、交通专项资金管理使用情况的报告。围绕促进民生改善和社会事业发展，听取和审议社会救助工作情况的报告并开展专题询问；检查未成年人保护法及我省实施办法、宗教事务条例及我省条例实施情况；开展全民健身条例实施情况、义务教育优质均衡发展情况、乡村医疗卫生体系发展情况专题调研。围绕加强生态环境和传统文化保护，听取和审议2022年环境状况和环境保护目标完成情况的报告；听取和审议传承中华优秀传统文化，加强古厝古建筑保护利用工作情况的报告并作出决议，开展省市县三级联动监督；听取和审议历史文化名城名镇名村和传统村落保护条例执法检查报告审议意见研究处理情况的报告，并开展满意度测评。围绕加强监察和司法工作的监督，听取和审议省法院关于知识产权审判工作情况的报告、省检察院关于服务保障民营经济发展工作情况的报告，开展监察机关整治群众身边不正之风和腐败问题工作情况专题调研。

代表工作方面，今年将进一步加强人大代表联系群众活动室建设，根据各级人大代表的职业背景、专业特长等因素，就便就近做好代表混合编组工作，更好发挥活动室作用；计划通过代表初任培训班，实现新任基层代表学习培训全覆盖，加快“福建省人大代表工作信息化平台”建设，完善代表履职评价和激励机制，提升代表履职登记管理规范化、信息化建设水平。

（摘编：邹申）

福建省人民检察院出台十六条举措服务保障乡村振兴

2023年4月12日《福建日报》刊发，省人民检察院印发《关于依法能动履职服务保障乡村振兴的实施意见》（以下简称《实施意见》），明确提出三方面十六条举措，要求全省检察机关充分发挥“四大检察”职能作用，结合各地实际认真抓好贯彻落实，为全面推进乡村振兴提供有力法治保障。

在营造良好法治环境方面，《实施意见》要

求，严厉打击影响农村稳定发展的严重刑事犯罪，依法惩治农村黑恶势力、宗族恶势力及其“保护伞”，助力平安乡村建设。严惩涉农领域职务犯罪，确保脱贫攻坚成果不被蚕食。着力营造农村法治化营商环境，切实保护农民、农村企业等市场主体合法权益；扎实办好涉农业案件，服务“三农”领域产业发展。

《实施意见》强调，深入开展“公益诉讼守护美好生活”“服务保障乡村振兴战略”专项监督活动，助力打造美丽乡村。扎实办好乡村民生案件，持续开展“根治欠薪”专项监督活动，支持农村弱势群体依法维权。针对乡村社会治理突出问题，制发检察建议，推动法律监督由个案办理向类案监督拓展，达到“办理一案，治理一片”效果。继续开展“司法救助助力全面推进乡村振兴”专项活动、“关注困难妇女群体，加强专项司法救助”活动、涉军人军属司法救助专项活动，加大农村地区生活困难当事人司法救助力度。

《实施意见》明确，强化组织领导，检察长作为第一责任人要主动谋划制定具体举措，完善工作机制，及时研究解决涉农案件新情况新问题，确保服务保障乡村振兴各项措施落地见效。

（摘编：王杰成）

坚持全面依法治省　不断开创法治福建建设新局面

2023年4月7日，福建省委书记、省委全面依法治省委员会主任周祖翼主持召开十一届省委全面依法治省委员会第三次会议，深入学习贯彻习近平法治思想，全面学习、全面把握、全面落实党的二十大精神，坚持全面依法治省，统筹推进法治福建、法治政府、法治社会建设，不断开创法治福建建设新局面。省长、省委全面依法治省委员会副主任赵龙出席。

会议指出，党的十八大以来，以习近平同志为核心的党中央对全面依法治国、建设法治中国作出了顶层设计和重大部署，创造性提出了一系列具有原创性、标志性的全面依法治国新理念新思想新战略，形成了习近平法治思想，为新时代新征程上坚持全面依法治国提供了科学理论指导、行动指南和根本遵循。党的二十大报告对坚持全面依法治国、推进法治中国建设，作出专章论述、专门部署，意义重大、影响深远。要深刻把握法治在党和国家事业布局中的重要地位和重大作用，紧密结合福建实际，落深落细各项工作，全面推进各方面工作法治化，更好发挥法治固根本、稳预期、利长远的保障作用，为谱写全面建设社会主义现代化国家福建篇章提供有力法治保障。

会议强调，要强化理论武装，以开展学习贯彻习近平新时代中国特色社会主义思想主题教育为契机，发挥福建优势、深挖理论和实践“富矿”，持续学深悟透习近平法治思想，深化学习宣传、研究阐释、贯彻落实等各项工作，自觉用科学理论指导推动法治福建建设，以实际行动坚定拥护“两个确立”、坚决做到“两个维护”。要把握大局大势，找准法治服务中心工作的着力点，强化执法司法保障，突出打造法治化营商环境示范区，持续推进海丝中央法务区建设，以高水平法治保障高质量发展。要践行法治为民，认真落实新修改的立法法，全面贯彻全过程人民民主要求，推进法治政府建设率先突破，推动多层次多领域依法治理，增强全民法治观念，不断提升人民群众法治获得感。要深化改革创新，大兴调查研究，着力破除深层次体制机制障碍，勇于争优、争先、争效，打造福建特色法治品牌，为推进中国式法治现代化贡献更多福建经验、福建智慧。

会议要求，要坚持和加强党对全面依法治省工作的领导，紧抓“关键少数”，把党的领导贯彻到法治建设全过程各方面。要加强新时代法治人才队伍建设，提高领导干部运用法治思维和法治方式深化改革、推动发展、化解矛盾、维护稳定、应对风险的能力水平。要夯实基层基础，抓好中央依法治国办督察组反馈问题的整改落实，推动重心下移、力量下沉、保障下倾，促进提升基层治理体系和治理能力现代化水平。

会议审议了关于学习宣传贯彻党的二十大精神、全面推进依法治省建设的相关文件和省委全面依法治省委员会2023年工作要点，书面审议了省委全面依法治省委员会及各协调小组、办公室2022年工作总结报告，研究了今年立法计划工作。省委全面依法治省委员会委员出席，省直有关单位负责同志列席会议。

（摘编：刘红波）

福建法院一站式建设成效明显

2023年2月21日，省法院举行新闻发布会，通报福建法院一站式多元纠纷解决和诉讼服务体系建设情况，并发布30个诉源治理工作典型案例。

省法院与28家省直部门、行业建立诉非联动机制，全省法院聘请特邀调解员4297名、特邀调解组织1962个，设立人大代表、政协委员调解工作室111个，形成了法院内外统筹、各部门各层级聚合的格局，提升多元共治水平。

强化源头治理，我省法院持续开展诉源治理减量工程建设，推进诉非联动中心建设并实现全省全覆盖；大力推广应用人民法院调解平台，将4536名基层调解员、网格员和4763个基层自治组织汇聚到调解平台上，增强基层解纷实效。

2022年全省法院受理案件数和新收案件数分别同比下降了3.39%和4.25%；诉前分流29.86万件、诉前调解成功21.24万件，分别同比增加17.87%和23.62%，万人起诉率同比下降2.04%，诉源治理成效进一步显现。

为提升诉讼服务质效，我省法院将大数据、人工智能等科技创新成果同诉讼服务工作深度融合。目前已开通应用福建法院网上诉讼服务中心、人民法院调解平台、12368诉讼服务平台等13个平台。五年来，全省法院共网上立案57.6万件、开庭8.44万次、调解99.53万次。特别是与邮政集团福建分公司在全国首先打造司法集约送达“185”模式，平均送达缩短用时5天，节约送达成本22%~30%，送达成功率93.7%。

在一站式建设中，一批具有福建特色亮点的“一站式”服务品牌成果持续涌现。跨域诉讼服务方面，继2015年泉州中院在全国率先开展跨域立案诉讼服务后，福建高院又在全国率先打造跨域诉讼服务3.0版，进一步拓展服务，将86个事项纳入服务范围，为人民群众提供家门口的诉讼服务。

涉台涉侨服务方面，我省法院以海外同乡会、商会为依托，会同侨联建立海外诉源治理和诉非联动机制，实现海外侨胞立案、调解等诉讼事务全流程网上办理。全省法院还开通了全国首个涉台司法服务网和涉台司法App，设立103个涉港澳台涉侨法官工作室，聘任台胞、侨胞担任特邀调解员，为涉侨跨国、涉港澳台跨境解纷提供便捷高效的服务。

（摘编：林学军）

福建诚邀全国院士出谋献策

2023年2月14日，中国工程科技发展战略福建研究院面向全国发布该院2023年咨询研究项目指南，旨在切实发挥战略咨询研究对科学决策的支撑作用，诚邀院士前来申报。研究周期为2023年3月1日至2024年2月29日。

中国工程科技发展战略福建研究院是中国工程院和福建省人民政府共同设立的公益性、咨询性学术研究机构，是省院共建的工程科技高端智库，设在省科协。

2023年咨询研究项目分为重大和重点咨询研究项目，将分别针对福建经济社会发展中全局性重大工程科技问题组织开展的战略性、前瞻性、综合性咨询研究项目，针对福建重点领域及行业重点问题组织开展的战略性、前瞻性咨询研究项目。

根据相关公告，咨询研究项目申请人原则上须由工程院院士担任，申请人须是项目的实际负责人，应有足够的时间、精力和专业能力从事项目的组织实施及研究工作。申请重大项目的专家团队须有不少于5位两院院士，申请重点项目的专家团队须有不少于3位两院院士参加。

2023年咨询研究项目的重大咨询研究项目，包括福建省信息技术应用创新产业链发展战略研究、福建省电子化学品产业发展路径与技术路线研究、福建省医疗卫生事业高质量发展战略研究、福建省光电产业集群发展战略研究、福建省先进碳材料产业链现代化研究、福建省节能环保产业发展战略及实施路径研究。

重点咨询研究项目包括福建省可再生能源与电网协同可持续发展战略研究、福建省电动船舶全产业链发展路径研究、福建海域现代化海洋牧场建设路径研究、福建与金砖国家产业合作路径研究。

申请项目（课题）的依托单位原则上应为项目（课题）申请人所在单位或中国工程院战略咨询中心。项目申请人应根据项目指南要求，编制项目研究目标及总体任务，并组建多学科、跨领域、跨区域的研究团队开展战略性、前瞻性研究，提出符合福建实际的对策建议，为推动福建高质量发展服务。

（摘编：邹申）

大兴调查研究　助推福建教育高质量发展

2023年4月13日，中共福建省委教育工委、福建省教育厅印发《关于在全省教育系统大兴调查研究的实施方案》的通知（闽委教综〔2023〕5号）提出，各地教育行政部门、学校对标对表，迅速行动。

调查研究是我们党的传家宝。习近平总书记在福建工作期间，就提出“没有调研就不要决策”，带头倡导和践行“四下基层”“四个万家”等优良作风，走遍了八闽大地的山山水水，留下了“三进下党”“七下晋江”等动人故事，为福建创造了宝贵精神财富、重大实践成果。福建教育系统认真贯彻落实党的二十大关于教育科技人才一体推进的战略部署，深入开展学习贯彻习近平新时代中国特色社会主义思想主题教育，加强和改进教育系统调查研究工作。

此次教育领域调查研究以推动教育高质量发展为目标，围绕党中央、省委确定的调研内容，结合实际，聚焦贯彻落实习近平总书记关于教育的重要论述，贯彻落实党的二十大精神，贯彻落实党的教育方针，落实立德树人根本任务，坚持以人民为中心发展教育，落实职普融通、产教融合、科教融汇，加快推进高等教育创新，推动完善学校管理和教育评价体系，深化新时代教师队伍建设改革，推进教育高质量交流合作，坚定不移全面从严治党，统筹教育事业发展和校园安全稳定以及其他教育热点难点问题等 13 个方面开展调研。

开展主题教育是一项系统性工程。福建教育系统要把牢科学的思想方法和工作方法，有力有序将其深入推动。一是坚持感恩与感悟相结合，原原本本“学”、带着感情“悟”、联系实际“思”；二是坚持实干与实效相结合，把开展主题教育与落实“十四五”教育发展专项规划、教育年度工作要点等确定的目标任务紧密结合，明确重点解决的问题、重点攻克的难关、重点推进的项目；三是坚持调研与调度相结合，发挥教育系统人才和智力优势，由省委教育工委、省教育厅班子成员牵头，以上率下、协同推进调查研究；四是坚持规定与选定相结合，不折不扣落实规定动作、系统谋划自选动作，深挖独特资源、打造“一校一品”主题教育特色品牌亮点；五是坚持整改与整体相结合，对群众反映强烈、长期没有解决的教育热点难点问题，制定专项整治方案，采取领导挂钩包案和台账式管理、项目化推进等方式集中整治；六是坚持学校与学生相结合，党员教师、辅导员等队伍走前头作表率，多形式多载体多样化发动青年学生组织，增强主题教育的凝聚力、感召力、感染力；七是坚持“有形”与“无形”相结合，以主题教育促进教育主要指标、事业发展绩效等“有形”成绩稳中有进，以主题教育促进立德树人，涵养“无形”的宝贵精神财富。

（摘编：胡义顺）

福建出台十条措施优化升级职业教育

2023 年 7 月 28 日，省政府办公厅印发《关于进一步推动职业教育服务经济社会发展十条措施》（以下简称《措施》），我省职业教育迎来优化升级的强大政策助力，为服务经济社会发展添动能。

《措施》明确，我省将采取建设市域产教联合体、组建行业产教融合共同体、改善职业学校办学条件、搭建校企合作综合数据服务平台、推进产学研创服一体化建设、加快双师型教师队伍培养等十条措施，解决区域内产教融合不深不透、重点行业人才培养供给侧与产业需求侧匹配度不高、教师队伍建设力度不强等职业教育发展问题。

《措施》提出，2023 年到 2025 年，我省每年将遴选3~5家市域产教联合体，力争到2025年5家入选教育部认定的市域产教联合体；到2025年，建设5个省级行业产教融合共同体，力争2个入选国家级行业产教融合共同体。此外，我省还将打造省级校企综合数据服务平台，构建校企“产教研创服”一体化融合发展命运共同体。预计到2025年，我省高职院校社会服务总收入超过3亿元，其中横向技术服务企业到款额和专利转化到款额合计超过1000万元的高职院校超过5家。

职业教育是特色鲜明的一种教育类型。为了提高职业教育的办学水平，加快推进职业本科教育，我省将加强高水平职业院校和物联网应用技术、软件技术、高分子材料加工技术、食品加工等高水平专业群建设。“十四五”期间，全省将力争完成福建船政交通职业技术大学、厦门海洋职业大学设置工作。去年，教育部等五部门启动职业学校办学条件达标工程，要求到2023、2025年底达标率分别达到80%以上、90%以上。为调动地方积极性，我省省级财政将对提前完成达标任务的市给予奖励，对2024年达标比例90%以上或2025年达标比例100%的设区市，给予一次性奖补1000万元。

针对职业教育“双师型”教师来源单一、培养难度高、培训水平低等现状，教育部去年出台了“双师型”教师新认定的标准。此次出台《措施》，我省首次对新标准的“双师型”教师提出占比不低于50%的要求，并着手建设一批共享开放的省级职业教育教师企业实践基地，开展职业学校教师专业学位研究生定向培养。而为了提高职业学校毕业生就业质量，我省将定期发布毕业去向落实率正负面清单，引导学校对连续两年初次毕业去向落实率处于末位10%的专业调减或停止招生。

（摘编：张捷）

福建省实施职业院校教师素质提高三年行动计划

2023年2月23日，福建省教育厅消息，省教育厅联合省财政厅近日组织实施福建省职业院校教师素质提高三年行动计划，围绕推进师资培训提质增效、加强“双师型”队伍建设、推进教师队伍梯队发展、健全教师发展支持体系等四个方面发力，提升职教教师队伍建设水平。

研制专业人才培养方案的能力、组织参与结构化模块式教学的能力、运用现代教育理论和方法开展教育教学的能力是当前职业院校教师亟须具备的三种能力，它们的养成需要政府部门、职业院校和教师的共同努力。此次行动的重点任务之一，正是对我省现有职业院校教师的知识技能进行更新。

此次行动，我省通过对接新专业目录、新专业内涵，将把职业标准、专业教学标准、职业技能等级证书标准、行业企业先进技术等纳入教师培训必修模块。同时，综合采取线下混合研修、在线培训、结对学习、跟岗研修、顶岗研修、访学研修、返岗实践等灵活多样的研修方式，围绕职业院校提质培优、“双高”项目建设和院校治理体系现代化等重点内容开展系统化培训。

建设高素质“双师型”教师队伍一直是职业教育的薄弱环节。此次行动计划明确专业课教师每年至少累计1个月以多种形式参与企业实践或实训基地实训，新任教师到行业企业实践时间不少于8周。我省还将修订完善“双师型”教师认定标准和实施办法和兼职教师管理办法，并支持职业院校设立一批产业导师特聘岗，推动形成校企人员双向流动、相互兼职常态运行机制。

在推进教师队伍梯队发展方面，我省将制订名师名校长管理办法，加强专业带头人、名师名校长培养，在全省分批次遴选培养200名专业带头人、50名名师、30名名校长，建设一批“双师型”名师工作室和技艺技能传承创新平台；并支持青年骨干教师到国家级师资培训基地、高水平高校和科研院所访学研修。同时，遴选立项、培育建设120个德技双馨、创新协作、结构合理的省级教学创新团队，争创若干国家级教学创新团队。

为了支持健全职业院校教师发展，我省还明确要建设一批省级“双师型”教师培训基地与教师企业实践基地，争创若干国家级基地；聘请技术能手、职教专家和行业企业高水平人员参与教师培训工作，并分层次、分专业建设开发一批教师培训优质资源，建设高水平职业教育教师培养培训指导委员会，为教师队伍建设提供有力的智力支持和人才支撑。

（摘编：余晓楠）

第四届国家奖学金福建省颁奖大会在榕举行

2023年10月11日，“强国有我 不负华年”第四届国家奖学金福建省颁奖大会在闽江学院举行。副省长常斌出席并讲话。

常斌代表省政府向教育部对福建教育事业发展的关心、支持表示感谢，向获得国家奖学金和励志奖学金的学生表示祝贺。他希望青年学生始终牢记习近平总书记的殷殷嘱托，把准青春航向，树立“强国有我”的决心，坚定不移听党话、跟党走；涵养青春底气，锤炼意志，自觉培养家国情怀、世界胸怀，争当有理想、敢担当、能吃苦、肯奋斗的新时代好青年；积蓄青春力量，练就本领，培育敢为人先、敢于突破、敢试敢闯的胆识与气魄；奋进青春赛道，践行誓言，在以中国式现代化全面推进强国建设、民族复兴伟业中建功立业。各地各有关部门要坚持教育优先发展，持续加大教育投入，进一步健全完善学生资助体系，做到应助尽助、资助育人，让每个孩子都能享受公平而有质量的教育。

国家奖学金是国家授予青年学子的最高荣誉。从2020年起，我省每年举办一次国家奖学金颁奖大会。2022—2023年度，我省有631名研究生、1067名本专科学生、505名中职学生获得国家奖学金，27441名学生获得国家励志奖学金。

（摘编：李子涵）

福建中医药大学正式成为省部（局）共建高校

2023年10月23日，福建省教育厅消息，近日，福建省人民政府、国家中医药管理局联合印发《关于共建福建中医药大学的意见》，标志着福建中医药大学正式进入省部（局）共建高校行列。

福建中医药大学成为省部（局）共建高校是学校事业发展的新起点，标志着学校步入高质量发展“快车道”。学校将在福建省人民政府、国家中医药管理局共同指导下，坚持立德树人根本任务，坚持传承精华、守正创新，深化医教协同，进一步推动中医药教育改革与发展，努力建设成为高水平有特色的一流中医药大学，更好服务区域和全国卫生健康事业高质量发展。

（摘编：周华政）

中国计算机教育大会在闽召开

2023年12月2日，第五届中国计算机教育大会（CECC）在厦门召开。大会以“新时代·新计算·新理念”为主题，吸引了来自全国计算机学术界、教育界和产业界的100多位领导和专家，以及3000多位高校教师和产业代表积极参与，共同探讨新时代下计算机教育的新理念、新技术和新趋势。

本次大会为期两天，除了开幕式及大会主题报告外，还举办11个教指委分论坛，主题涵盖计算机一流专业建设与高质量人才培养、智能化时代下如何培养高质量创新型软件人才、网络安全产学协同育人等，从不同维度全方位探讨中国计算机教育发展的新趋势与新理念，探求教学创新、产学合作、科教协同、人才培养等难题的解决之道。同时，开设“101计划”“智能计算系统”“大模型技术与教育创新”3个大会论坛。

大会期间设置了丰富的同期活动，包括人工智能产业创新发展闭门交流会、产学研座谈会、厦门软件信息高新技术企业参访、名师走进厦门高校座谈会等，为产学研合作提供全方位的交流平台。现场展区设有CECC特色文化展区、厦门宣传专区等，为与会者提供更多交流机会。

中国计算机教育大会（CECC）由教育部高等学校计算机类专业教学指导委员会、教育部高等学校软件工程专业教学指导委员会、教育部高等学校网络空间安全专业教学指导委员会、教育部高等学校大学计算机课程教学指导委员会联合主办。

（摘编：赵旭东）

福建科技活动人力投入居全国第一

2023年2月24日，福建省科技厅消息，根据科技部最新发布的《中国区域科技创新评价报告2022》，2020年福建科技活动人力投入指标表现亮眼，位次大幅上升了5位，与广东、浙江等10个省市并列第1位；企业R&D研究人员数增长51.19%，占全社会R&D研究人员比重提高了23.92个百分点，位次上升了1位至全国第5位。

报告显示，我省政府科技投入不断增长，2020年地方财政科技支出比上年增长了12.02%，占地方财政支出比重提高了0.24个百分点，位次上升了1位至全国第10位。在“科技创新环境”指标中，福建“科技人力资源”和“科技意识”指标均排全国第7位。

为强化科技引领作用，我省加强关键核心技术攻关，围绕国家战略目标和福建产业发展重大需求，2022年，全省累计安排科技计划项目经费7.38亿元，支持3551项省级科技计划项目开展技术攻关，不断提升产业发展竞争力。企业是创新的主体。我省大力实施研发经费投入分段补助、研发费用加计扣除等政策，2022年，高企享受研发经费投入分段补助企业数和带动企业研发经费投入额分别同比增长40.5%、38.2%。

围绕提质增效，我省将进一步完善省创新实验室体系布局，在建设嘉庚创新实验室等6家省创新实验室基础上，积极筹建集成电路和海洋领域省创新实验室，争创国家级重大创新平台和基地，并加大力度促进落地一批新型研发机构、产业技术创新公共服务平台。

锚定政府工作报告提出的“2023年全社会研发投入要提升18%”的目标，我省相关部门还将通过提升全社会研发投入，进一步吸引创新人才，推动关键核心技术攻关。通过推动科技企业争取国家科技成果转化引导基金支持，加快形成多元化、多层次、多渠道的科技投融资体系；鼓励各设区市“因城施策”“因企施策”提升全社会研发投入水平，吸引更多社会资金投入科技创新，充分发挥省级政策性优惠贷款风险分担资金池作用，力争全年全社会研发投入增长18%以上。

（摘编：刘红波）

《福建省“十四五”科普事业发展规划》公布

2023年5月23日，福建省科技厅消息，日前，省科学技术厅、省委宣传部、省科协印发《福建省“十四五”科普事业发展规划》（以下简称《规划》），为我省科普事业勾勒发展蓝图。

根据《规划》，“十四五”期间重点实施4项任务，包括深化科普体制改革、夯实创新基础、提高科普创新能力、拓展科普创新空间，同时打造6个重大工程，涉及推动建设多元化资金投入体系、科普评价与奖励体系、科普创新研发平台、科普基地、科普信息化，以及提升科普人才积极性等方面。力争2025年我省公民具备科学素质的比例超过16%，科普创新驱动成效显著，科普实力和创新能力大幅跃升，科学普及与科技创新成为创新发展“两翼”的整体格局初步形成。

企业是创新的主体，走市场化道路是科普事业发展的新趋势。《规划》提到，强化科普创新治理多元化结构，加快发挥企业在科普市场化中的主体作用，重点支持企业在创新性、竞争性的技术、产品、市场、金融、消费、产业等领域发挥主体作用；增强企业在科普创新中主体地位，研究制定科普产业与企业相关激励办法、技术标准和发展规范；在科普领域全产业链、全服务链、全供给链中，选择、培育、支撑一批具有较强实力和较大规模的头部企业；推动形成一批科普专业技术服务创新服务平台，引导科普创新服务平台为科普中小微企业创新的不同阶段、不同环节，提供专业化、市场化、集成化、网络化支撑服务。

“十三五”期末，我省公民具备科学素质的比例达到11.51%。为进一步提升公民科学素质，《规划》提出，推动科普与学校教育深度融合，培养一批有创新潜质的青少年，强化“中学生英才计划”的评估和跟踪，进一步扩大青少年科技创新大赛等的影响力和覆盖面；依托高校、科研院所的线上和线下教育网络普遍提高农民科学素养。

我省将打造一支具有较强专业技术水平和研发创新能力的高层次科普专业技术人才队伍。广泛动员高校、科研单位、企业、媒体、文创机构的科技工作者、媒体从业者和文创人员及公共卫生人员积极投身科普工作；推动建立科普业绩进入科研业绩考核、职称评聘指标等及高级专业技术职务任职资格评审等工作机制；鼓励相关部门和社会组织建立科普专项荣誉，提高社会人才从事科普工作积极性，建立科普志愿者网络服务平台。

在科普经费投入方面，《规划》提出，推动建设多元化资金投入体系，推动在福建省科技项目中单独增设科普专项，鼓励建立科普产业引导基金，鼓励社会资本大力支持科普类高新技术企业以及科普产业的发展壮大；积极推动符合条件的科普项目通过基金云平台，对接已入驻的省内有关基金。

《规划》还提出，将科普研发平台建设纳入福建省科技创新平台建设范围，加快推进科普类新型研发机构建设，建立科普产品研发中心。同时，构建科普信息化服务体系，升级改造“福建科普”等微信平台，形成联结多个科普自媒体的矩阵平台。

（摘编：赵旭东）

2023年福建省选认2217名省级个人科特派和822个团队及法人科特派

2023年4月17日，福建省科技厅消息，根据省委办公厅、省政府办公厅印发的《关于深入推进科技特派员制度服务乡村振兴的若干措施》通知等精神，经组织申报、市县两级科技主管部门推荐、省科技特派员工作联席会议成员单位共同审核筛选，决定选认2023年福建省科技特派员2217名、团队科技特派员794个、法人科技特派员28个。

全省推荐的2217名个人科技特派员中，1211名为2022年选认的省级个人科技特派员，2023年申请继续选认；其余1006名为新申报人选。

这些选认的省级科技特派员中，属于一产领域的占58.82%、二产领域的占30.67%、三产领域的占10.51%；从省外选认的116名、从港澳台选认的41名（台胞37名）、从国外选认的7名；服务23个原省级扶贫开发工作重点县的共647名；援疆援藏援宁的个人科技特派员32名、团队科技特派员17个（84名成员）。

此次选认的省级科技特派员中，在聚焦服务“四大经济”和茶科技等方面，服务数字经济的个人科技特派员235名、团队238个（1115名成员），服务海洋经济的个人科技特派员132名、团队126个（616名成员），服务绿色经济的个人科技特派员755名、团队540个（2624名成员），服务文旅经济的个人科技特派员64名、团队69个（352名成员），服务茶科技的个人科技特派员110名、团队104个（546名成员）。

（摘编：林学军）

2023国家网络安全宣传周开幕式在榕举行

9月11日，2023国家网络安全宣传周开幕式在福州举行。省委书记、省人大常委会主任周祖翼，中央宣传部副部长、中央网信办主任、国家网信办主任庄荣文出席开幕式并致辞。省委副书记、省长赵龙主持。

周祖翼指出，党的十八大以来，以习近平同志为核心的党中央高度重视网络安全工作，作出了一系列新部署新要求，为我们做好新时代新征程网络安全工作指明了前进方向、提供了根本遵循。福建是数字中国建设的思想源头和实践起点。我们要深入学习贯彻习近平总书记关于网络强国的重要思想，坚持以人民为中心，统筹发展和安全，牢固树立正确的网络安全观，积极应对网络安全挑战，营造风清气正的网络空间。要着力强化政治引领，做大做强网上主流思想舆论，不断提升全民网络安全意识，在全社会营造网络安全人人有责、人人参与、人人维护的良好氛围。要着力强化能力建设，严密防范网络安全风险隐患，保障人民群众在网络空间的合法权益。要着力强化创新驱动，力争在核心技术上取得更多突破，打造一批具有国际竞争力的网络安全领军企业。要着力强化人才支撑，建立多层次人才培养体系，鼓励引导互联网优秀人才来福建就业创业。周祖翼表示，福建将以此次活动为契机，进一步加强国家网络安全宣传教育，弘扬主旋律，激发正能量，共同开创网络安全工作新局面，为高质量发展保驾护航。

庄荣文指出，党的十八大以来，习近平总书记高度重视网络安全工作，提出了一系列新部署新要求。前不久，全国网络安全和信息化工作会议召开，习近平总书记对网络安全和信息化工作作出重要指示，强调坚持统筹发展和安全、坚持筑牢国家网络安全屏障，为做好新时代新征程网络安全工作提供了根本遵循。面对新形势新任务新要求，要聚焦重点领域，全面加强关键信息基础设施安全防护，落实关键信息基础设施运营者主体责任和保护工作部门监管责任，确保关键信息基础设施平稳有序运行。要创新数据治理，大力提升数据安全和个人信息保护水平，加大数据领域违法违规行为的打击力度，保障个人信息安全。要强化规范引领，加强新技术新应用前瞻性研究，划清安全红线，有效规范引导新技术新应用健康有序安全发展。要推进融合发展，坚持网络安全教育、技术、产业融合发展，完善支持网络安全企业发展的政策措施，切实形成网络安全良性生态。要加强宣传教育，充分调动各地区各部门力量，宣传网络安全理念、普及网络安全知识、推广网络安全技能，共同营造维护网络安全的浓厚氛围。

开幕式后，周祖翼、庄荣文、赵龙等参观了网络安全博览会。博览会设置关键信息基础设施保护、数据安全、个人信息保护、产品与服务等展区，来自全国近60家单位、企业参展。

今年的网安周以“网络安全为人民，网络安全靠人民”为主题，自9月11日至17日在全国范围内统一开展，由中央宣传部、中央网信办、教育部、工业和信息化部、公安部、中国人民银行、国家广播电视总局、全国总工会、共青团中央、全国妇联等十部门联合主办。部分中央和国家机关有关负责同志，省直有关部门主要负责同志，省内高校有关负责同志，专家学者和企业代表等参加开幕式。

（摘编：张捷）

《海上丝绸之路文献集成》新书首发式举行

2023年11月26日，《海上丝绸之路文献集成·历代史籍编》新书首发式在福州举行。省委常委、宣传部部长张彦出席并讲话，中山大学党委书记陈春声致辞，全国台湾研究会第七届理事会会长汪毅夫出席。

海上丝绸之路的研究，离不开文献的支撑，更离不开基础性的史料整理。在共建“一带一路”倡议提出十周年之际，出版发行《海上丝绸之路文献集成》具有重要意义。《海上丝绸之路文献集成》是具有集大成意义的资料汇编，有助于推动海上丝绸之路学术探索的深入和研究领域的拓展。在研究海上丝绸之路时，要对传统时期海上交通交往的“结构过程”有更加贴近历史实际的辩证理解；更加关注传统时期海丝沿岸不同国家和地区的制度差异；坚持“眼光向下”，关注普通百姓的日常生活；注重苦读文献和“出思想”。

《海上丝绸之路文献集成》由福建人民出版社出版，全书分为8个分编，整体出版规模计划为800册，首批出版的“历代史籍编”共140册。发布会后召开了海上丝绸之路历史文献国际学术研讨会。

（摘编：王杰成）

第五届海上丝绸之路国际艺术节开幕

2023年12与8日晚，由文化和旅游部、福建省人民政府主办，福建省文化和旅游厅、泉州市人民政府承办的第五届海上丝绸之路国际艺术节在泉州开幕。文化和旅游部党组成员、故宫博物院院长王旭东，省委常委、宣传部部长张彦，省政府党组成员康涛出席开幕式。王旭东宣布第五届海上丝绸之路国际艺术节开幕。

开幕式前，张彦会见了中外艺术家。张彦指出，在共建“一带一路”倡议指引下，中外友好崭新画卷在八闽大地徐徐铺开，“宋元中国·海丝泉州”的文化名片持续擦亮。近年来，福建立足特色文化优势，文艺创作百花齐放、硕果累累，致力运用艺术这一世界通用语言，展现可信、可爱、可敬的中国形象。新时代，福建将积极参与国际文化艺术交流，推动中华文化与世界各民族文化偕进传承。希望大家以出席艺术节为契机，驻足“清新福建”，更多体验多元八闽文化，用艺术想象力和创造力，为福建这片“山海画廊、人间福地”增光添彩，为促进文明交流互鉴注入美的力量。

海上丝绸之路国际艺术节着力搭建中国与共建“一带一路”国家和地区文化交流合作平台，为共建“一带一路”增添了绚丽色彩，为推动构建人类命运共同体贡献力量。福建将以文化推动合作，以交流凝聚共识，把艺术节打造成多彩文化展示和人民友好往来的“永不落幕”盛会。本届海上丝绸之路国际艺术节，以“多元文明、美美与共”为主题，设有“共情之美”“天籁之美”“匠心之美”“和合之美”“炫光之美”五大主题板块12项活动，融合美艺、美音、美展、美舞、美作等，邀请到43个国家和地区、52个艺术团体，1600多名艺术家、专家学者、国际友人和媒体记者参与，向全世界共享交流的舞台、艺术的盛会、人民的节日。

（摘编：张捷）

第十届丝绸之路国际电影节在福州举办

2023年9月25日，第十届丝绸之路国际电影节启动仪式在福州举行。省委书记周祖翼出席并宣布电影节开幕，中央广播电视总台副台长邢博致辞，省领导张彦、林宝金、吴偕林、周联清、李建成、刘献祥出席。

第十届丝绸之路国际电影节于9月23日至27

日在福州举办，由中央广播电视总台、福建省政府和陕西省政府共同主办，福建省电影局、福州市政府、电影频道共同承办。本届电影节以“汇聚世界力量，讲好丝路故事”为主题，主体活动包括“金丝路奖”评选、“丝路十年·有福电影”十周年系列成果展、电影展映、电影论坛、电影市场、国别展特别活动、有福电影·丝路闽陕系列活动等，共有1000多部影片报名参加主竞赛和展映单元，其中参加主竞赛近500部，涵盖51个国家和地区。

今年是共建“一带一路”倡议提出十周年，也是丝绸之路国际电影节举办十周年。本届电影节聚焦“十周年”元素，全面总结十年来丝绸之路国际电影节促进共建“一带一路”国家和地区电影艺术交流成果，加强中外电影交流学习，致力于以电影为媒介，汇聚世界力量，讲好丝路故事。

电影节开幕晚会在闽侯县闽越水镇举办，现场设置了“丝路山海”电影展映影片推介、“丝路十年·有福电影”十周年成果介绍、入围影片发布、评委团亮相、电影主创采访等主题环节，集中展现丝路十年光影的辉煌时刻。晚会现场还表演了《一路同心》《福佑福州》《灿烂》等文艺节目。

（摘编：刘红波）

2023年中国金鸡百花电影节在厦门闭幕

2023年11月4日，第36届中国电影金鸡奖颁奖典礼暨2023年中国金鸡百花电影节闭幕式在厦门举行。省委书记、省人大常委会主任周祖翼，中国文联党组书记、副主席李屹，最高人民法院副院长、二级大法官陶凯元，中国文联党组成员、书记处书记，中国电影家协会分党组书记张宏，中国文联副主席李雪健、奚美娟，省领导张彦、崔永辉、吴偕林、周联清、康涛、刘献祥出席。

本届金鸡奖共颁出21项大奖，达式常、翟俊杰两位老艺术家获中国文联终身成就奖（电影）。电影《封神第一部：朝歌风云》获最佳故事片奖，孔大山、王一通凭借剧本《宇宙探索编辑部》获最佳编剧奖，梁朝伟、何赛飞凭借电影《无名》《追月》中的精彩表现分别荣获最佳男主角奖和最佳女主角奖，李雪健、黄米依因在电影《封神第一部：朝歌风云》《永安镇故事集》中的出色表演分获最佳男配角奖、最佳女配角奖，导演程耳凭借《无名》获最佳导演奖。电影《流浪地球2》获评委会特别奖。

此外，刘晓世导演的《长空之王》获最佳导演处女作奖，《回西藏》获最佳中小成本故事片奖，《长安三万里》获最佳美术片奖，《雪豹和她的朋友们》获最佳纪录/科教片奖，《拨浪鼓咚咚响》获最佳儿童片奖，《谯国夫人》获最佳戏曲片奖，《燃烧的巴黎圣母院》获最佳外语片奖，《流浪地球2》获最佳录音奖，《封神第一部：朝歌风云》获最佳摄影奖，《无名》获最佳剪辑奖，《万里归途》获最佳美术奖，最佳音乐奖花落《觅渡》。

第36届中国电影金鸡奖由中国文联、中国电影家协会和厦门市政府共同主办。今年金鸡奖评选共收到影片179部，包含故事片53部、中小成本故事片64部、儿童片21部、美术片6部、纪录/科教片16部、戏曲片11部、外语片8部。

今年的中国金鸡百花电影节，举办了金鸡影展、金鸡电影论坛、金鸡电影创投大会等活动，新设“金鸡电影市场”单元，举办金鸡百花星光海岸——《大众电影》时代荣耀等活动，充分展示电影行业发展成果，探讨电影产业发展新趋势。

（摘编：刘红波）

第十二届中国国际民间艺术节在安溪开幕

2023年10月13日晚，由中国文学艺术界联合会和福建省人民政府主办的第12届中国国际民间艺术节在福建安溪开幕。中国文联党组书记、副主席李屹，省委副书记、省长赵龙出席并共同启动开幕。中国文联党组成员、书记处书记张宏，副省长王金福致辞。开幕前，赵龙会见了李屹一行，就深入学习贯彻习近平文化思想，弘扬中华优秀传统文化，支持福建文化强省建设，推动文化事业和文化产业加快发展等进行交流。

今年是习近平总书记提出共建“一带一路”倡议十周年。本届艺术节以“弘扬‘一带一路’精神，共创人类美好未来”为主题，将持续至17日，以音乐舞蹈交流演出为主，邀请8支国外艺术团与6支国内艺术团同台演出，包括开幕式文艺演出、中外艺术家大联欢等活动，充分体现国际性、民族性、民间性、群众性特点，为共建“一带一路”贡献文化艺术力量。艺术节首次在县一级地方举办，南音、高甲戏、茶歌舞等福建本土文艺团体参加交流演出，通过惠民演出、基层巡演等形式载体，展现福建深厚的历史底蕴、丰富的民俗文化和独特的海丝魅力，彰显了民间艺术深入生活、扎根人民的初心使命。

当晚，开幕式在梨园戏和高甲戏联袂演绎的开场舞蹈《有朋自远方来》中拉开帷幕，浓郁的闽南文化风情扑面而来，热情欢迎来自五湖四海的艺术家们。随后，印度、哈萨克斯坦、韩国、摩洛哥、尼泊尔、荷兰、菲律宾、波兰、斯里兰卡、坦桑尼亚、赞比亚、津巴布韦以及来自福建、青海、新疆与港澳台地区的艺术家轮番登台表演，充分展现中外艺术家携手奋进、和衷共济的昂扬风貌，体现了不同文明之间互学互鉴、美美与共的和合精神。

中国国际民间艺术节是经国务院批准设立的大型国际民间文化交流活动，每3年举办一届。自1990年创办以来，中国文联相继在国内30多个城市举办艺术节活动，邀请来自世界五大洲68个国家的170多个艺术团来华参加演出，已成为中国文联对外民间文化交流的重要品牌。

（摘编：邹申）

第二十九届全国摄影艺术展览暨首届厦门影像艺术周开幕

2023年12月2日，第二十九届全国摄影艺术展览暨首届厦门影像艺术周在厦门开幕。中国文联党组成员、副主席、书记处书记徐永军，中国文联副主席、中国摄影家协会主席李舸出席活动。

本届展览共收到19520名摄影人投送的有效来稿94476件、28.8万余幅。经过今年7月和8月的两轮封闭式评选，最终产生纪录类、艺术类、创意和商业类、短视频类共计295件入展作品。

本次展览场地面积达1万平方米，展线长度约1500米，均为历届全国影展之最。从本届开始，全国影展将连续五届10年落户厦门。

影展期间，厦门鼓浪屿和万石植物园景区面向全国市级以上摄影家协会会员免费开放。同时，美图秀秀全民摄影季展览、厦门六区摄影展、影像调研、摄影名家讲坛等活动将同步进行，为广大摄影名家和摄影爱好者搭建交流互动的平台。

此次展览由中国文学艺术界联合会、中国摄影家协会主办，厦门市人民政府承办，将持续至2024年1月3日。全国摄影艺术展览自1957年创办以来已经举办了28届，是中国摄影家协会历史最悠久、影响最广泛、规模最大的品牌活动。

（摘编：沈光明）

福建省文物事业成就

2023年6月9日，福建省文物局消息，近年来，福建文物系统坚决贯彻落实习近平总书记关于文物工作系列重要论述和指示批示精神，在文化和旅游部、国家文物局的大力支持和指导下，主动作为，积极工作，稳步推动我省文物事业高质量发展、全方位进步。

一、文保工作不断夯实

组织申报第八批全国重点文物保护单位和第十批省级文物保护单位工作，新增全国重点文物保护单位33处（其中扩展1处），核定公布第九、第十批省级文物保护单位317处、第十批省级文物保护单位65处。组织实施第三次全国文物普查，并完成我省第一次全国可移动文物普查、全省文物系统外160余家国有单位近8万多件（套）收藏文物的认定；开展革命文物、朱子文物、涉台文物等专题调查，新发现重要水下文化遗产5处，确认沉船和遗物点近50处；开展全省“非世遗类”文物土楼调查，共登记1105座“非世遗类”文物土楼。

二、世遗保护亮点迭出

精心筹备第44届世界遗产大会，2021年7月31日，大会在福州圆满落幕。全力推进“泉州：宋元中国的世界海洋商贸中心”项目申遗工作，并成功列入《世界遗产名录》。积极开展海上丝绸之路、三坊七巷、万里茶道等项目申遗前期工作；编制《福州市三坊七巷文化遗产申报策略研究》，启动编制万里茶道福建段文化遗产保护管理规划，开展长汀汀州城墙纳入“中国明清城墙”项目和东山关帝庙纳入“关圣文化史迹”项目联合申遗工作。

三、考古与大遗址保护成效喜人

积极配合基本建设工程，做好考古勘探工作，共进行考古勘探304项、考古发掘80项；“南岛语族起源与扩散研究”项目列入国家“考古中国”重大项目；国家水下文化遗产保护福建（平潭）基地暨福建水下考古（平潭）基地揭牌；实施考古和大遗址保护工程，昙石山遗址入选全国“百年百大考古发现”，万寿岩国家考古遗址公园入选全国5项考古遗址保护展示优秀项目。启动实施8个国保集中成片传统村落、15个省保集中成片传统村落文物保护和环境整治，10个传统村落文物展示利用项目。

四、革命文物保护利用出彩出新

印发《福建省革命文物保护利用工程实施方案》，全面确定新时期革命文物工作任务书和路线图。开展普查认定，积极参加全国重点和省级文物保护单位申报和评审。实施保护工程，集中力量推进原中央苏区片区、长征片区等革命文物集中连片保护利用工程；打造“古田会议丰碑、调查研究模范、万里长征起点、红色交通生命线、风展红旗如画”红色文化品牌。

五、文物活化利用有效推进

出台相关意见，推进博物馆建设质量提升。全省国有博物馆全部实行免费开放，连续5年成功举办“5·18”国际博物馆日福建主会场系列活动；近十年累计举办各种博物馆展览活动12000多场，参观人数达2.5亿人次。开展“遇见·文物”短视频征集大赛、全省博物馆纪念馆讲解员大赛，编印《八闽物语》《福建省博物馆概览》等图书，在数届“中国博物馆及相关产品与技术博览会”“数字中国建设峰会”上设立“福建文物展区”，均取得良好成效。

六、严守文物安全底线

出台专项措施，基本完成木构建筑类省级文物保护单位消防设施建设，建成“福建省文物保护平台安全在线监管一期系统”。强化风险防控，组织全省开展博物馆和文物建筑消防安全大排查，对消防安全隐患严重单位实行重点督办。组织开展全省文物保护单位保护范围和建设控制地带内违法违规建设自查自纠工作，“两线”内违法违规建设问题得到有效整改。

七、文物机制建设实现突破

联合纪检监察、司法、消防等部门，开展文化遗产保护、文物火灾安全隐患专项整治行动。建立健全全社会参与文物保护利用的新机制，开展福建省两批次“最美文物守护人”评选活动，营造全社会共同保护文物的氛围。充分发挥文物专项资金的放大效应，构建政府、商业保险、第三方专业科技公司共同参与的多层次、多渠道、可持续文物保护工作模式，探索“文物保险+服务”文物保护新模式。

八、成功举办“5·18”国际博物馆日中国主会场活动

2023年“5·18”国际博物馆日中国主会场设在福建博物院，福州市为主会场活动举办城市。活动前，省文旅厅、省文物局成立工作专班，组织福州市、福建博物院等承办单位多次召开工作协调会；活动期间，开幕式、专题展览、主题论坛、博物馆之夜、全国博物馆十大陈列展览精品终评等系列活动均取得圆满成功，赢得社会各界广泛关注与好评，向世人展示了一场具有“国际视野、中国精神、福建特色、福州味道”的博物馆盛会。

（摘编：周华政）

第一届中国侨智发展大会在榕举办

2023年12月20—22日，由中国侨联、福建省人民政府共同主办的第一届中国侨智发展大会在福州成功举办。全国人大常委会副委员长、农工党中央主席何维在开幕式上讲话并宣布大会开幕。省委书记、省人大常委会主任周祖翼，中国侨联党组书记、主席万立骏在开幕式上致辞。省委副书记、省长赵龙主持开幕式。全国人大常委会委员、华侨委员会副主任委员黄志贤，省政协主席滕佳材出席。

12 月 22 日，省政府新闻办举行第一届中国侨智发展大会成果新闻发布会，邀请中国侨联、福建省侨办、福建省侨联及福州市相关部门，介绍第一届中国侨智发展大会的特色亮点、主要成果。

本届大会立足福建、服务全国、面向海外，致力打造“溯源头学思想、聚侨心凝共识、汇侨智助发展”的国家级平台，取得了积极成效。

海内外嘉宾踊跃参与，47 位海内外院士、102 家海内外专业社团以及来自全球 37 个国家和地区的 1000 余名嘉宾参会，汇聚起侨界人才推动高质量发展的磅礴力量。高层次人才众多，博士以上高层次人才 632 名，占嘉宾总数的 61.8%；45 岁以下的新侨和华裔新生代 516 名，占比 50.4%。大会期间，110 多位海外博士、博士后与省内 14 家高校、科研院所、创新实验室达成对接意向，30 多名海外博士与福州市福耀高等研究院进行初步对接并达成就业意向。本届大会还倾力打造“侨智汇”系列品牌活动，开展线上线下大型招才引智推介，线下吸引近万人参加，线上超 2.6 万人次访问，线下线上投递简历 3600 多份，包含海外人才 350 多人，达成初步就业意向 1480 人；邀请海内外科技精英人才开展竞技比赛，发掘和培养国际化、高水平的技术技能人才。据统计，大会共举办 4 项产业推介和成果对接专场活动，侨界院士和高层次专家学者发表 83 场主旨演讲。现场推介展示高新技术成果 45 项，9 个合作项目成功签约，17 个项目达成初步合作意向，意向金额逾 70 亿元。

人才聚，产业兴。为满足产业、人才发展需求，大会着力打造中国相关产业和人才政策措施的发布平台。形成了《“侨企侨资”税收政策指引》，鼓励侨界人才回乡投资兴业；首次提出并发布《芯动力汽车芯片产品评审规程》，完善了国内汽车芯片审查认证体系；发布了《汽车芯片技术分享实例蓝皮书》等。

为高质量发展注入“侨动力”，离不开机制的保驾护航。大会围绕新发展阶段，贯彻新发展理念，探讨和初步形成了五项机制。包括，产业链贯通机制得以建立，30 多家行业重点企业联合成立氢能产业创新发展联盟，建立了中国福州与东盟数字贸易合作机制。

引侨资，聚侨智，汇侨力。本次大会，“侨商兴闽基金”正式成立，目标规模 100 亿元，首期 30 亿元资金到位；省侨办、省侨联与中国工商银行福建省分行签订了《涉侨金融服务框架合作协议》，厦门国际银行等机构参与了产业对接活动等，这些安排促进了华侨金融和产业发展的融通，华侨资本和产业融通机制更加健全。

（摘编：周华政）

第十五届海峡论坛大会深化融合发展

第十五届海峡论坛大会 2023 年 6 月 17 日在厦门举行。中共中央政治局常委、全国政协主席王沪宁出席，宣读习近平总书记贺信并致辞。

王沪宁表示，习近平总书记高度重视海峡论坛，专门发来贺信，阐明了“国家好，民族好，两岸同胞才会好”的大道至理，宣示了继续致力于促进两岸经济文化交流合作、深化两岸各领域融合发展、造福台湾同胞的政策主张，充分体现了对广大台湾同胞的深情牵挂和关心关怀。我们要以习近平总书记贺信精神为指引，在新的起点上把海峡论坛办得越来越好。

王沪宁表示，两岸关系发展根基在民间、动

力在人民，交流合作成果惠及两岸同胞。我们秉持“两岸一家亲”理念，始终尊重、关爱、造福台湾同胞，只要是有利于增进同胞亲情福祉、有利于深化彼此理解认同的事，我们都会用心用情用力去做，而且一定会做好。希望两岸同胞乘时乘势，致力民族复兴伟大事业，共享中国式现代化广阔机遇。

王沪宁表示，两岸关系和平发展是维护台海和平稳定、促进共同发展、造福两岸同胞、通向民族复兴的正确道路。“台独”同台海和平水火不容，必须坚决反对“台独”分裂活动和外部势力干涉。坚持“九二共识”、反对“台独”，两岸关系才能回到和平发展的正确轨道。

全国政协副主席、中华全国妇女联合会主席沈跃跃，全国政协副主席、台盟中央主席苏辉，第十三届全国政协副主席、中国宋庆龄基金会主席李斌，中共中央台办、国务院台办主任宋涛等中央和国家部委领导，省委书记周祖翼、省长赵龙、省政协主席滕佳材等省领导，中国国民党副主席夏立言、新党主席吴成典等来自台湾各界的嘉宾代表出席了论坛大会。

周祖翼在致辞中表示，自2009年起，海峡论坛已成功举办十五届，取得丰硕成果。两岸民众借助这个平台，持之以恒深化交流合作，人越走越亲、情越走越浓。新时代是中华民族和两岸同胞大发展大作为的时代，必将为闽台融合发展带来新机遇、拓展新空间，不断增进同胞福祉，营造更加便利便捷的环境，让广大台胞更好地在福建创业、兴业、乐业。

本届论坛继续以“扩大民间交流、深化融合发展”为主题，采取线下活动为主、集中分散相结合的方式开展各项交流活动，主会场设在厦门，福建省有关设区市和平潭综合实验区也分别举办相关活动。论坛安排了论坛大会和基层交流、青年交流、文化交流、经济交流四大版块37场活动，加上有关设区市同期举办的14场活动，共计51场活动。本届论坛邀请台湾政党代表、台湾主办单位代表，以及台湾行业代表、社团负责人、工青妇、乡镇村里、农渔工商、民间信仰等各界嘉宾共5000余人。

本届论坛的四个主要特点：呈现疫后交流新常态，两岸很多新老朋友线下相聚，共襄盛会，充分说明了恢复两岸交流和人员正常往来是两岸同胞的共同愿望。展现融合发展新成果，本届论坛将继续围绕以通促融、以惠促融、以情促融，充分展现深化两岸融合发展取得的积极成效。彰显青年发展新活力，论坛持续聚焦两岸青年群体，面向台湾青年提供1200多个就业岗位、1000多个实习实训岗位，发布更多惠及台湾青年的政策举措。激励同胞奋进新征程，通过海峡论坛十五年专题宣传片、十五年主题展，面向全网公开征集海峡论坛主题歌曲等，充分展示十五年来两岸基层民众通过海峡论坛这一两岸民间交流平台的所获所感。

（摘编：周华政）

第十五届海峡百姓论坛在厦门开幕

2023年5月30日，第十五届海峡百姓论坛在厦门开幕，千余名来自海峡两岸的宗亲贤达、姓氏文化研究专家学者跨海相会，延续“两岸同根闽台一家”这一主题，共叙亲情乡谊、共谋民生福祉。中华海外联谊会副会长林锐作视频致辞。全国台联会长、台盟中央副主席郑建闽，省委常委、厦门市委书记崔永辉，省委常委、统战部部长王永礼，省人大常委会副主任江尔雄等出席开幕式。

海峡百姓论坛说“家乡话”，叙“家乡情”，聚的是“百家姓”，惠的是“老百姓”，深刻诠释了“两岸同根 闽台一家”的历史源脉，有助于推动两岸同胞坚定信心决心、增进互动互信、促进合心合力。林锐在致辞中希望两岸同胞要共担弘扬中华文化之责，共担传承两岸历史之责，共担推进民族复兴之责，高举爱国主义旗帜，凝心聚力，坚定反“独”促统，为强国建设、民族复兴而不懈奋斗。

海峡百姓论坛已经成为促进两岸姓氏文化交流，深化闽台宗亲联谊的知名品牌。郑建闽在致辞中希望两岸嘉宾集思广益、深入研讨，进一步加强沟通交流，筑牢合作平台，深入挖掘整理两岸姓氏资源，巩固深化两岸共同的历史记忆和文化纽带，共同弘扬中华优秀传统文化，共创中华民族绵长福祉。

开幕式上，四位嘉宾作主旨发言，还发布了《海峡百姓宣言（厦门）》，并举行了世界闽南语音乐中心推介活动。

（摘编：余晓楠）

福建省开展全面提升医疗质量行动

2023 年 8 月 11 日，由福建省卫生健康委员会制定的《福建省全面提升医疗质量行动工作方案（2023—2025 年）》正式出台。根据方案，2023 年 7 月至 2025 年 12 月，我省在全省二级及以上医疗机构中开展全面提升医疗质量行动。

行动将围绕结构质量、过程质量和工作机制三个维度开展。一是加强基础质量安全管理，夯实结构质量。指导医疗机构进一步完善落实医疗质量安全管理的组织体系、制度体系和工作机制，加强医务人员、药品器械、医疗技术等核心要素管理，提高急诊、门诊、日间医疗、手术、患者随访等薄弱环节的质量，加快推进多学科协作机制。重点落实手术质量安全提升行动、“破壁”行动。

二是强化关键环节和行为管理，提高过程质量。指导医疗机构进一步加强日常诊疗行为、患者评估、三级查房、合理用药、检查检验、病历质量、会诊行为、危重症救治、患者安全管理、护理服务、院感防控等 11 个关键环节或行为的质量安全管理。重点落实病历内涵质量提升行动、患者安全专项行动。

三是织密质量管理网络，完善工作机制。要求各级卫健行政部门进一步健全质控体系和工作机制，落实质量安全信息公开制度，强化目标导向，充分发挥考核评估对医疗机构的指挥棒作用。指导医疗机构探索完善“以质为先”的绩效管理机制，以质量改进目标为年度工作重点，创新工作机制和方式方法，以点带面提升质量安全水平。重点落实“织网”行动，进一步完善质控组织体系建设，充分发挥质控中心（组织）作用，提升重大疾病诊疗能力和医疗质量安全水平，持续提升人民群众对医疗服务的满意度。

（摘编：刘红波）

福建省加快建设优质高效中医药服务体系

2023年4月14日，2023年全省卫生健康工作会议消息，全省社区卫生服务中心和乡镇卫生院实现100%设置中医馆，让居民在家门口就能获得高质量的中医药医疗服务。

2022年我省中医药传承创新发展迈出新步伐，颁布实施《福建省中医药条例》，福州市中医院等4所设区市级中医医院列入国家中医特色重点医院建设项目，省人民医院列入国家中医疫病防治基地、国家中医药传承创新中心项目库，全省社区卫生服务中心和乡镇卫生院实现100%设置中医馆。

2023年我省将不断完善中医药管理体系。坚持中西医并重，发挥中医药在常见病、多发病、慢性病及疑难病症、重大传染病防治中的作用。加强高水平中医药重点学科和中医药人才队伍建设。推动国家中医优势专科、中西医协同“旗舰”医院建设试点等重点项目建设。推动精品中医馆项目建设，探索在部分社区卫生服务站和村卫生室设置“中医阁”，让老百姓在家门口就能享受到优质的中医服务。

（摘编：沈光明）

中共福建省委、福建省人民政府向杭州第19届亚运会中国体育代表团发贺电

2023年10月8日，中共福建省委、福建省人民政府向杭州第19届亚运会中国体育代表团发贺电，主要内容如下。

在杭州第19届亚运会上，我国体育健儿团结协作、顽强拼搏、奋勇争先，勇夺201枚金牌、111枚银牌、71枚铜牌，金牌数和奖牌数居奖牌榜榜首。其中，福建运动员夺得25枚金牌、8枚银牌、5枚铜牌，取得我省运动员参加亚运会历史最好成绩，全省人民倍感振奋！在此，福建省委、省政府向杭州第19届亚运会中国体育代表团表示热烈祝贺！向国家体育总局对福建体育发展的关心支持表示诚挚感谢！向我省全体参赛运动员、教练员致以亲切慰问！

希望我省运动健儿继续发扬敢拼会赢精神，刻苦训练、团结拼搏，在国际、国内赛场上再创佳绩！同时，号召全省人民向中国体育代表团和福建参赛运动员、教练员学习，坚持以习近平新时代中国特色社会主义思想为指导，深学争优、敢为争先、实干争效，在各自岗位上踔厉奋发、追求卓越、争创一流，为奋力谱写全面建设社会主义现代化国家福建篇章作出更大贡献！

（摘编：张捷）

中共福建省委、福建省人民政府向杭州第4届亚洲残疾人运动会中国体育代表团发贺电

2023年10月28日，中共福建省委、福建省人民政府向杭州第4届亚洲残疾人运动会中国体育代表团发贺电，主要内容如下。

在杭州第4届亚洲残疾人运动会上，我国残疾人运动员团结协作、顽强拼搏、奋勇争先，勇夺214枚金牌、167枚银牌、140枚铜牌，金牌数和奖牌数居奖牌榜榜首。其中，福建省残疾人运动员夺得8枚金牌、6枚银牌、10枚铜牌！在此，福建省委、省政府向杭州第4届亚洲残疾人运动会中国体育代表团表示热烈祝贺！向中国残联对福建省残疾人事业发展的关心支持表示诚挚感谢！向我省全体参赛运动员、教练员致以亲切慰问！

希望我省残疾人运动员继续发扬自强不息、敢拼会赢精神，刻苦训练、团结拼搏，在国际、国内赛场上再创佳绩！同时，号召全省人民向中国体育代表团和参赛运动员、教练员学习，坚持以习近平新时代中国特色社会主义思想为指导，深学争优、敢为争先、实干争效，在各自岗位上踔厉奋发、追求卓越、争创一流，为奋力谱写全面建设社会主义现代化国家福建篇章、在中国式现代化进程中促进残疾人事业全面发展作出更大贡献！

（摘编：张捷）

福建体育实现新跨越

2023年10月8日，杭州第19届亚运会正式落下帷幕，在为期16天的比赛中，源远流长的中华文明与激情洋溢的体育盛会交相辉映。赛场上，39名来自福建的运动员以梦想为帆、以奋斗作桨，共42人次夺得25枚金牌、17人次夺得8枚银牌、5人次夺得5枚铜牌，并在射击和举重两个大项上创造三项新的亚运会纪录，获金牌人次位列全国第二，实现了参赛成绩和精神文明的双丰收。

25枚金牌也突破了我省在2010年广州亚运会和2014年仁川亚运会时创造的最高纪录——17枚金牌。

本届亚运会，我省共有39名运动员取得14个大项41个小项的参赛资格，参赛运动员数、参加项目数创我省参加历届亚运会新高。在参赛项目创造新高的同时，我省运动员在41个小项中的25项获得金牌，夺金率61%。

其中，举重、羽毛球、击剑、武术套路等传统优势项目依然保持强势，共有18名运动员入选，占比高达47.4%。此外，射击、皮划艇、体操、帆船帆板等潜力项目也逐渐成为我省竞技体育不断实现突破的支点。

成绩并不是偶然。近年来，省体育局坚持从省情出发，走精兵备战路线，在扩大基本盘、做大优势项目群的同时注重打造攻关复合型团队，把有限的资源集中用在重点项目、重点运动员身上，取得明显成效，并且设立竞技体育专项保障经费，在经费有限的前提下，加大对竞技体育经费投入。

此外，我省加大科技助力，建成数字化体能训练中心，搭建复合型训练管理团队，建立并提升马江举重基地、东山帆船帆板基地等国家级训练基地10个，通过“筑巢引凤”为福建体育健儿创造更多同场切磋、共同提高的机会。

杭州亚运会上的25枚金牌，不仅凸显了福建竞技体育的高度，也展示着福建竞技体育人才储备的厚度。

统计数据显示，第十七届省运会周期我省青少年运动员注册约4.3万人，第十八届省运会周期我省首次注册青少年运动员约5.1万人，同比增长18.6%，促进青少年参与竞技体育的覆盖面更广、基数更多。

同时，通过搭建省、市、县、校四级纵向赛事平台，打造锦标赛、冠军赛、中学生联赛、分站赛、巡回赛等青少年体育赛事体系。去年，全省举办省级青少年体育赛事32场，参赛人数超3万人次。今年，这两项数据预计达到50场和5万人次。

开门办体育也不断成为我省竞技体育后备人才的有益补充。我省在去年举行的第十七届省运会上首次设置社会俱乐部组，通过省级赛事进一步拉动市级联赛，充分调动社会参与后备人才培养的积极性，拓宽后备人才社会选材面。

在福建入选亚运会中国体育代表团的39名运动员中，“00后”达到14人，占比35.9%，他们累计收获11金、4银、2铜，占福建金牌数的44%。

这些新生代的出色表现，显示出福建体育人才梯队建设的良性循环，也使得本届亚运会成为福建竞技体育面向未来的更高起点。

对于不足10个月后就要开幕的2024年巴黎奥运会来说，杭州亚运会只是一块“试金石”。经过亚运会的砥砺，福建体育从中收获了惊喜、发现了问题、坚定了信心。从钱塘江畔望向埃菲尔铁塔，福建体育健儿将收拾行囊，重新上路，期待在更高更宽广的舞台讲述新的福建体育故事。

（摘编：林学军）

福建省老年人体育事业生机勃发

2023年，省老体协认真学习贯彻党的二十大精神，以习近平新时代中国特色社会主义思想为指导，围绕中心服务大局，全面加强老年人体育工作，取得了新的成效，显现老年人体育事业生机勃发之势。

（一）**召开全省老年人体育工作会议**。2月27日至3月1日在福清市召开全省老年人体育工作会议。主要议题是学习贯彻党的二十大精神，学习贯彻党中央、国务院及国家体育总局、福建省人民政府等有关老龄工作和做好老年人体育工作的文件精神，总结交流和实地考察老年人体育工作的经验与成果，研究部署进一步做好全省老年人体育工作。

会上，福州市委常委、福清市委书记叶仁佑致辞，省体育局党组副书记、副局长董劲松作报告。福州市、厦门市、大田县体育局领导和福清市、南安市老体协、厦门市湖里区高殿社区的负责人在会上作经验交流发言。最后，省老体协王美香主席作总结讲话。

董劲松在报告中总结了全省老年人体育工作取得的成绩。一是认真制定实施加强老年人体育工作的法规和政策。全省“党政主导、部门尽责、协会组织、社会支持、重在基层、面向全体”的老年人体育工作格局逐步形成并不断完善。二是坚持“政府主导、社会参与、多方筹资”的原则，加快建设和完善老年人健身场地和设施。三是老年人体育健身活动丰富多彩，老年人体育人口比例大幅提升。目前全省普遍开展的老年人健身项目有60多项，老年人体育人口比例达65%左右。全省老年人参加全国性、区域性体育赛事成绩显著，位居前列。四是老年人体育组织网络进一步健全，服务能力不断增强。省老体协和设区市老体协多次获得“全国群众体育先进单位”等光荣称号。五是“老年人健身康乐家园”创建工作取得积极成果。截至2021年底，全省获评省级“康乐家园”1513个，市级5144个，县级10814个；县级创建率64.9%。如何贯彻好中央和省有关文件精神，进一步加强老年人体育工作，董劲松对各级体育主管部门和各级老年人体育协会提出了具体要求；希望各方共同努力，为健康老龄化作出更大贡献。

王美香主席在讲话中要求各级老体协：一要发挥优势，发扬传统。要充分发挥老体协的组织优势、政治优势、队伍优势和工作网络优势；发扬好传统，身体力行“献爱老心、架康乐桥”的老体协服务精神，爱岗敬业，为健康老龄化奉献智慧和力量。二要坚持两手抓。一手抓老年人体育健身项目的培训推广普及、健身活动的组织和交流；一手抓创建“老年人健身康乐家园”。三要建好两支队伍。建设一支热爱体育、热心服务、技能娴熟、善于管理的老年人体育工作志愿者队伍；建设若干支老年人体育健身骨干队伍。四要完善两大载体平台。要进一步健全和完善各级老年人体育健身大会这一综合性赛事平台和各种单项比赛交流平台，促进老年人体育健身活动规模化、规范化、品牌化、常态化。五要用好两大活动阵地。各级老体协要用好管好老年人体育活动中心（室）、场（馆）和健身辅导站（点）两大阵地，开展健身项目培训推广，满足基层老年人体育健身需求，保障老年人健身活动的有效开展。

（二）**福建代表团在全国第四届老健会取得历史上最好成绩**。第四届全国老年人体育健身大会于2023年4月25日在四川省泸州市开幕，8月5日在湖北省咸宁市闭幕。福建代表团由338人组成，参加大会设置的14个大项57个小项的比赛，共获得团体优胜奖32个、个人优胜奖50个；团体优秀奖4个、个人优秀奖20个。多个项目荣获优胜奖前10名，部分项目荣获团体及个人前三名的优异成绩。各代表队均获得体育道德风尚奖。单列城市组团的厦门市代表团参加11个大项22个小项的交流比赛，共获得优胜奖18项、优秀奖4项，并获得体育道德风尚奖。福清市承办本届全国老健会气排球比赛，参赛运动员和工作人员近千人，为全国赛事最大规模。福建省在本届全国老健会上还获得多个奖项：福建省老体协、福清市人民政府、福州市老体协、福清市老体协获单位贡献奖；福建省老体协获优秀组织奖；福清市人民政府获优秀承办奖。

（三）**认真组织年度老年人体育项目培训、推广、交流比赛等工作**。省老体协举办全省老年人广场舞、门球、柔力球（竞技）、健身球操骨干培训班各1期，参训人数共358人；举办柔力球（套路）、健身气功、太极拳（剑）巡回培训班共17期，参训人数共1318人。

老年人体育健身活动广泛开展，交流比赛活动丰富多彩。省老体协先后主办或承办省全民健身运动会老年人门球大联赛总决赛（在永安市）、福建省首届广场舞大赛决赛、2023年中国平潭全国中老年气排球精英赛、福建省第八届老年人智力运动会（在罗源县）、福建省老年人门球和气排球交流比赛（在南平）、“银杏杯”全省老年人健身气功八段锦交流活动（在三明市沙县区）、全民健身运动会“立风杯”省直退休干部网球交流活动。

由省老体协、省广播影视集团、省老年大学协会、中国移动通信集团福建有限公司联合主办的福建省第二届广场舞大赛，自6月1日报名小程序启动以后，赛事得到全省广大老年人的热烈响应，全网传播量近1亿，共有235支队伍报名参赛，超3500人入围。经过视频海选、抖音挑战赛、复赛展演等环节，通过移动高清电视、“移动高清电视精灵”小程序进行网络票选，线上与线下相结合，最终产生24支队伍、500余人参加决赛。决赛于11月24日至25日在省广电中心举办，产生一等奖队伍3支、二等奖队伍5支、三等奖队伍8支。网络投票期间，移动高清“舞动·福见”专区到访数超74万人次，全网话题阅读量破6000万。

10月17日至19日，由福建省老体协主办的第26届华东地区老年网球邀请赛在福州举行。华东地区六省一市和三个计划单列市等11个单位12支队伍、近200名运动员参赛。福建省人大常委会党组副书记、副主任李德金出席并宣布开幕，省老体协主席王美香致辞并出席颁奖。经过三天的友好角逐，福建省选手成绩优异，获得各组别比赛一个团体第一名、一个第二名；单项一个第一名、一个第二名、三个第三名。赛事成功圆满，得到各方好评。

（四）组织开展全省基层老年人体育工作调研，适时召开“武平会议”。4月6日至19日，省老体协主席、驻会副主席、秘书长及各设区市和平潭综合实验区老体协主席等共20人，组成3个调研组，分赴9个设区市和平潭综合实验区的19个县（市、区）、39个乡镇（街道）、70多个村（社区）开展老年人体育工作调研。调研主要内容是老年人体育健身场地设施建设，老年人体育协会组织及队伍建设，老年人体育健身项目推广普及，健身活动组织开展及载体平台建设，老年人体育工作服务保障机制，以及“老年人健身康乐家园”创建成果及存在问题。调查组深入一线，走进老年群众中间，听取老年群众的意见和建议，了解体育健身项目推广、健身活动开展、健身队伍组织等情况；与基层干部群众共同见证成果，总结经验，分析问题，研究解决办法，并向当地党委、政府报告情况。

7月11日至14日，在全面开展调研的基础上，在武平县召开全省老年人体育协会调查研究工作座谈会，总结经验、分析问题、研究解决办法，进一步推动老年人体育工作高质量发展。省老体协王美香主席在会上作题为《关于基层老年人体育工作调研情况及建议》的讲话，肯定我省老年人体育工作的积极成果，指出存在的问题。针对我省老年人体育工作的现状，提出工作意见和建议。一要提高政治站位，充分认识做好老年人体育工作的重要意义。二要积极构建“党政主导、部门尽责、协会组织、社会支持、重在基层、面向全体”的老年人体育工作格局，加快建立健全老年人体育工作服务保障机制。三要加强老体协组织队伍建设，全面提升服务能力。四要明确任务，强化措施，务实创新，注重实效；坚持两手抓，建好两支队伍，完善两大平台，用好两个阵地。五要加强调查研究，着力在破解难题补短板上取得积极成效。六要加强党建工作，发挥党员先锋模范作用和党支部战斗堡垒作用，为做好老体协工作提供坚强的组织保障。

（五）稳步推进省老年体育活动中心改扩建工程。省老年体育活动中心改扩建项目系《福建省国民经济和社会发展第十三个五年规划纲要》明确的任务，2021年经福建省发展和改革委员会批准建设。2023年7月正式开始建设，工程进展顺利。

（六）积极推进党建工作，认真开展主题教育。3月17日，省老体协主席、省老体协党支部书记王美香主持召开党员大会，传达学习全国两会精神和习近平总书记重要讲话精神。强调要把学习宣传贯彻全国两会精神、习近平总书记的重要讲话精神与学习宣传党的二十大精神有机结合，认真落实省委提出的“深学争优、敢为争先、实干争效”行动要求，深入基层，开展调查研究，问需老年群众，改进工作，服务基层。与会党员热烈讨论，积极发言，畅谈学习的感受和体会。

开展主题党日活动。6月29日，省老体协党支部全体党员前往华荣集团创办的华煦·桂湖颐养中心（晋安区社会福利中心）开展“敬老送健康·情暖康乐园”主题党日活动。省老体协党支部与华荣集团党总支交流了党建工作经验，签订《党建共建协议》，把主题教育学习成果转化为为老服务的实际行动。党支部慰问住养老人，向他们赠送礼品。

邀请专家讲授主题教育党课。7月13日，省老体协在武平县召开调查研究工作座谈会期间，邀请专家讲授主题教育党课，组织与会同志参观刘亚楼将军纪念馆，缅怀革命前辈的丰功伟绩。

召开支部组织生活会。年底，党支部召开组

织生活会，汇报主题教育的心得体会，总结成绩，查摆不足，进行党性分析，开展批评和自我批评，增强做好老年人体育工作的使命感、责任感；秉承“献爱老心、架康乐桥”的宗旨，切实加强对全省老年人体育工作的指导，积极帮助基层克服困难和解决问题。

（撰稿人：兰福生）

2023中国国际体育用品博览会在厦开幕

2023年5月26日，为期四天的2023中国国际体育用品博览会在厦门开幕。

中国体博会始办于1993年，历经30年的积累和发展，已成长为亚太地区规模最大的体育行业综合性展览品牌。

本届体博会由中国体育用品业联合会、中体联（海南）体育科技产业发展有限公司联合主办，以“破局·蝶变，演绎新时代体育产业”为主题，展览面积超过15万平方米，共有1565家体育用品企业参展，专业观众人数预计将超过10万人次。展会在延续传统的健身展区、体育场馆及器材展区、体育消费及服务展区的基础上，增设了政府展区，集中展示各地体育产业成果。

经过“最长周期”的沉淀之后，再度扬帆起航的中国体博会在展区功能设计、展品展示场景、展商邀约体系、会议活动内容、专业观众邀请渠道等多个维度进行了提质升级。

加强中国体育用品制造业与服务业的融合发展，是本届展会的一大核心命题，众多省、市单位代表，齐聚2023中国体博会，谋求“体育+文化”“体育+旅游”“体育+医疗”“体育+教育”等更多“体育+”业态的合作可能性，打破地域、行业的边界限制，用新视角、新思路、新技术诠释新体育。

同时，一改往届按照“产品类别”进行细分展示的传统，本届展会以“一体化解决方案”集成体的方式，有效地推动行业从单一产品制造向产品制造和服务“双轮驱动”模式的过渡。

（摘编：林学军）

晋江2023年国际大体联足球世界杯开幕

2023年10月21日，晋江2023年国际大体联足球世界杯正式开幕。副省长常斌、国际大体联代理主席雷诺·艾德发表致辞，教育部副部长王嘉毅宣布开幕。

福建省深入贯彻落实习近平总书记关于加快建设体育强国的重要论述，大力发展体育事业，取得积极成效。在杭州第19届亚运会上，福建运动员取得历史最好成绩。福建省已成功举办首届国际大体联足球世界杯，非常荣幸能够再次举办这一盛会，竭诚欢迎各国运动员、裁判员和来宾，期待各参赛球队秉持公平竞争、友谊第一的原则，以体育促和平、以体育促团结、以体育促包容，加深了解，增进友谊，在推动大学生足球的繁荣与发展中加强国际体育交流与合作。

受疫情影响，第二届国际大体联足球世界杯两度推迟。此次比赛既承载着大学体育坚韧顽强的深刻内涵，体现了对团结和平的美好追求，更推动了不同文明之间交流对话与和谐共生的崭新局面。希望青年运动员尽情享受11天里同台竞技、相互学习的美好时光，深化交流、增进友谊，共同谱写青春记忆。

国际大体联足球世界杯是国际大学生体育联合会重点打造的足球赛事，也是全球大学生足球比赛的最高等级赛事。在接下来的11天里，16个国家和地区的20支大学足球劲旅将奉献46场精彩比赛。

（摘编：赵旭东）

福建省2023年和美乡村篮球大赛（村BA）开赛

2023年7月6日晚，福建省2023年和美乡村篮球大赛（村BA）开幕式在晋江举行。省委副书记罗东川出席活动并宣布开幕。

本次比赛由省农业农村厅和省体育局主办，旨在加强农村精神文明建设、增强农民群众健身意识，通过举办乡村篮球比赛，突出展示新时代福建农民风采，展现乡村风貌，引领乡村风尚，助力乡村振兴。

在为期七天的比赛中，来自全省九市一区的20支代表队，将在晋江的英林镇东埔村、东石镇潘径村、东石镇萧下村和永和镇西坑村等四个场地展开角逐。

比赛分为两个阶段进行，第一阶段比赛时间是7月6日至10日，20支球队分成A、B、C、D四个小组展开单循环赛，各小组排名前两位的球队晋级第二阶段。第二阶段的比赛将于7月11日至12日进行交叉淘汰和排位赛，并于12日在英林镇东埔村决出最后的冠军归属。作为全国和美乡村篮球大赛选拔赛，此次赛事的冠亚军队伍将代表福建参加全国和美乡村篮球大赛大区赛。比赛期间还将举行农产品展销、乡村旅游推介等相关配套活动。

开幕式前，罗东川还看望了参赛运动员、教练员代表。

（摘编：张捷）

福建出台十一条措施促进烈士褒扬工作高质量发展

2023年9月29日，在第十个国家烈士纪念日来临之际，省退役军人事务厅印发《关于促进新时代烈士褒扬工作高质量发展十一条措施》（以下简称《措施》），从强化政治责任、加强规范管理、注重褒扬激励、强化监督检查等四个方面出台11条措施，指导各地贯彻执行精准服务工作法，关心关爱烈属，精细化管护烈士纪念设施，传承弘扬英烈精神，推动新时代烈士褒扬工作高质量发展。

《措施》指出，各地要积极推进将烈士褒扬工作落实情况纳入地方党政领导班子综合考评内容，并作为文明城市单位、双拥模范城（县）创建活动、平安建设考评内容；建立健全英雄烈士保护部门联动协调、共建共管机制，充分利用宣传、党史、文旅、文博等部门高端人才优势，发挥省烈士纪念设施保护专家委员会的作用，提升对烈士纪念设施管护利用水平。

同时，要持续深化分类整修、分级负责、统一数字化管理“两分一统”烈士纪念设施长效管护机制，落实“六个一”管护标准，按照国家级、省级、设区市级、县级和未确定保护级别五个层次，落实精细化、规范化管理；依托“福建省退役军人事务一体化平台”，开设“福建英烈网版块”，建设全省烈士纪念设施“一张图”信息管理平台；根据烈士纪念设施的类别、规模、保护级别以及周边环境等情况，在划定保护范围和边界的基础上，落实烈士纪念设施不动产权属登记。

《措施》要求，各地要建立烈保系统“三个一”常态化工作机制，即每人学习宣传一个英烈故事、帮扶联系一位烈士家属、挂钩管护一个烈士纪念设施，深化烈士英雄事迹的挖掘收集整理和研究运用，精准做好烈属困难救助服务工作，及时掌握烈士纪念设施管护情况，加强业务指导；要持续开展“烈士亲友讲烈士故事”“八闽烈士纪念设施巡礼”“万福千屏致敬万千英烈”等活动，传承弘扬英烈精神；要创新展陈讲解形式，充实英烈讲解力量，加强烈士纪念设施展陈讲解工作；要常态化开展“为烈士寻亲、为烈士立传”活动、采集完善烈属信息内容，及时整理烈士生平事迹，将烈士英雄事迹和精神传承下去。

（摘编：刘红波）

首届“福建慈善奖”表彰大会召开

2023年9月12日，首届“福建慈善奖”表彰大会在福州召开。省长赵龙出席并讲话，副省长林瑞良主持，省慈善总会会长雷春美出席。6位获奖代表在会上发言。

赵龙向受表彰的单位和个人表示祝贺。他说，习近平总书记始终高度重视慈善事业发展，在福建工作期间就亲自推动成立省慈善总会，身体力行关心支持慈善工作。党的十八大以来，习近平总书记对慈善事业作出一系列重要指示批示，为发展公益慈善事业指明了前进方向、提供了根本遵循。福建是慈善大省，一代代心怀大爱、无私奉献的福建人民择善而从、执善而行，推动慈善文化在八闽大地薪火相传、生生不息。新时代新征程上，要以更实举措践行慈善为民宗旨，精准解决群众急难愁盼；要以更大力度凝聚向上向善精神力量，引导更多爱心人士投身慈善事业；要以更宽视野开创慈善事业崭新局面，为推动公益慈善事业高质量发展注入源头活水。赵龙强调，要坚持和加强党对公益慈善事业的全面领导，自觉把公益慈善事业放在迈向共同富裕、促进文明和谐、彰显中国特色社会主义制度优越性的高度去认识、去深化、去践行。要压实工作责任，健全完善体制机制，加强行业队伍建设，严格监督管理，让每一笔善款都在阳光下运行，让每一份爱心都能结出满意的果实。

“福建慈善奖”是我省慈善领域最高奖，78个爱心个人、单位、项目荣获首届“福建慈善奖”。

（摘编：王杰成）

全国首个SOS儿童村孤弃儿童养护中心在莆田启用

2023年12月12日，位于中国莆田SOS儿童村内的莆田市孤弃儿童养护中心正式揭牌启用，这是全国10个SOS儿童村中启用的首个孤弃儿童养护中心。

莆田市孤弃儿童养护中心是莆田市委、市政府民生三个“十大工程”项目之一，项目总投资约4300万元，建筑面积达6528平方米，设置床位180张。新落成的养护中心总高4层，中心配备医生、护士、护理员等，并设有特教室、康复室、活动室、中医理疗室、生活区，可为孤弃儿童提供养育、康复、教育、医疗和社会工作等服务。

儿童村目前养育孤儿、事实无人抚养儿童126名。2020年，莆田SOS儿童村进行机构改革，并加挂“莆田市未成年人保护中心”和“莆田市儿童福利中心”牌子。机构改革后，儿童村整合全市儿童福利机构职责职能，变成全面为孤弃儿童、困境儿童等提供服务的综合型福利机构，实行健康儿童家庭居住、残障儿童集中居住“双轨制”。

养护中心启用后，将进一步补齐残障儿童养护短板，推动儿童村打造集养、治、教、康于一体的综合型儿童福利机构。

（摘编：张捷）

第五篇

生态文明

全省生态环境保护大会举行

2023年8月31日，全省生态环境保护大会在福州举行。省委书记、省人大常委会主任周祖翼出席并讲话，强调要以习近平生态文明思想为统领，坚持以人民为中心，牢固树立和践行绿水青山就是金山银山的理念，坚定不移实施生态省战略，加快建设美丽中国先行示范省，为福建高质量发展绘就最亮丽的底色，让绿水青山永远成为福建的骄傲。省委副书记、省长赵龙主持会议。省政协主席滕佳材出席。

周祖翼指出，习近平总书记在全国生态环境保护大会上的重要讲话和在首个全国生态日之际作出的重要指示，为我们进一步加强生态环境保护、推进生态文明建设提供了根本遵循。福建是习近平生态文明思想的重要孕育地和实践地，我们要深入学习贯彻习近平总书记重要讲话重要指示批示精神，切实把思想和行动统一到党中央决策部署上来，与学习贯彻习近平总书记在福建工作期间的重要理念和重大实践、党的十八大以来对福建生态文明建设工作的重要要求紧密结合起来，全面把握、融会贯通、深入落实，更好学思践悟习近平生态文明思想，推动美丽福建建设迈上新台阶，以实际行动坚定拥护“两个确立”、坚决做到“两个维护”。

周祖翼充分肯定了我省生态文明建设取得的成绩，指出绿色是福建一张亮丽名片，当前我省生态文明建设仍处于压力叠加、负重前行的关键期，全省各级各部门要像保护眼睛一样保护生态环境，像对待生命一样对待生态环境，以更高站位、更宽视野、更大力度来谋划和推进全省生态环境保护工作，努力让福建天更蓝、山更绿、水更清、海更净。

周祖翼强调，要持之以恒打好污染防治攻坚战。坚持精准治污、科学治污、依法治污，大力实施流域性、区域性、行业性污染整治，打好蓝天、碧水、碧海、净土“四大保卫战”，坚决守住“环境质量只能更好、不能变差”的底线。要加快发展方式绿色低碳转型。坚持把绿色低碳发展作为解决生态环境问题的治本之策，积极稳妥推进碳达峰碳中和，推动能耗双控逐步转向碳排放双控，严格绿色管控、坚决遏制“两高一低”项目盲目上马，大力发展绿色经济、优化能源布局，营造绿色风尚、养成俭朴之风，加快形成绿色生产方式和生活方式，厚植高质量发展的绿色底色。要加强生态保护和修复。坚持山水林田湖草沙一体化保护和系统治理，加强生态系统保护，抓严生态系统监管，维护生态系统安全，着力构建从山顶到海洋的生态保护修复体系，不断提升生态系统多样性、稳定性、持续性。要坚决整治群众身边突出生态环境问题。积极回应群众关切，下大气力解决老百姓“家门口”的噪声、油烟、恶臭、扬尘等问题，做到执法监管要严、风险防范要严，不断提高群众生态环境获得感。全力推进两轮中央生态环保督察整改攻坚扫尾，同步推进省级生态环保督察整改，扎实做好中央新一轮生态环保督察迎检准备工作。要深入推进生态文明建设体制机制创新，充分发挥改革“试验田”作用，勇于探索、大胆创新，探索生态产品价值实现机制，完善生态环境监督管理机制，拓展市场化生态激励机制，努力推出更多有福建辨识度的改革成果，加快构建具有福建特色的生态文明制度体系。

周祖翼要求，要坚持党对生态文明建设的全

面领导，坚持生态环境保护“党政同责”“一岗双责”，严格落实责任，建立科学合理的考核评价机制，强化法治保障、财政支持、政策支持和科技支撑，形成齐抓共管的强大合力，推动美丽福建建设各项部署落地见效。要加强队伍建设，整体提升专业技术人才水平和能级，突出强化基层生态环保力量，努力建设一支政治强、本领高、作风硬、敢担当的生态环境保护队伍。

会上，省生态环境厅、自然资源厅、发改委、财政厅，厦门市、福州市和寿宁县、德化县的主要负责同志作了汇报交流。

省委、省人大常委会、省政府、省政协领导，省法院院长、省检察院检察长出席。省直有关单位主要负责同志等参加。会议以视频形式召开，各市、县（区）和平潭综合实验区设分会场。

（摘编：余晓楠）

全省深入学习“千万工程”经验建设福建美丽乡村现场推进会举行

2023年7月13日，全省深入学习“千万工程”经验建设福建美丽乡村现场推进会在南平邵武市举行。会议以习近平新时代中国特色社会主义思想为指引，深入贯彻落实习近平总书记关于“三农”工作的重要论述和浙江“千万工程”经验的重要批示精神，结合省委主题教育开展“千万工程”经验案例学习，总结我省“千村试点、万村推进”工作做法，对建设福建美丽乡村作出全面部署，坚定不移走具有福建特色的乡村振兴之路。省委书记、省人大常委会主任周祖翼出席会议并讲话。省委副书记、省长赵龙主持会议。省政协主席滕佳材出席。

近年来，全省以开展“千村试点、万村推进”工作为抓手，乡村振兴各项工作取得新成效。要深入学习“千万工程”宝贵经验，坚持农业农村优先发展，结合福建实际，清醒认识存在的差距不足，加快建设宜居宜业和美乡村。要着力贯彻新发展理念，正确处理速度与质量、发展与环保、发展与安全的关系，求真务实、积极作为，保持历史耐心，蹄疾步稳、有力有序推进乡村振兴。要着力精准科学，把县域作为重点统筹推进城乡融合发展和乡村振兴，一体推进、通盘考虑，强化基础设施和公共服务县乡村统筹，对乡村进行科学分类、精准施策，探索各具特色的乡村振兴路径。要着力促进特色现代农业高质量发展，念好“土”字诀，打好“特”字牌，唱好“产”字歌，大力推进产业振兴，促进共同富裕。要着力加强乡村人才队伍建设，坚持本土培养和外部引进相结合，根据乡村实际需求科学统筹精准选派驻村第一书记、科技特派员等，加大新型职业农民培育力度，用乡村广阔天地的发展机遇，引导毕业生到乡、能人回乡、农民工返乡、企业家入乡，大力推进人才振兴。要着力加强农村精神文明建设，加强农村思想道德建设，弘扬和践行社会主义核心价值观，推进移风易俗，切实保护利用古厝、古村落、古民居、古建筑，挖掘传承弘扬乡村优秀文化，大力推进文化振兴。要加强农村生态文明建设，坚持生态优先、节约集约、绿色低碳发展，把农村人居环境整治好，把农村绿水青山守护好，大力推进生态振兴。要着力加强和改进乡村治理，坚持大抓基层的鲜明导向，加强农村基层党组织建设，大力推进组织振兴，深化法治乡村和平安乡村建设，用数字技术赋能乡村治理，切实维护农村安定稳定。

会议要求，全省各级党委要坚持党对“三农”工作的全面领导，强化抓党建促乡村振兴，为建设美丽乡村提供坚强保障。要强化责任落实，压紧压实五级书记抓乡村振兴责任，树立正确政绩观，坚持求真务实、分类施策，形成群策群力、齐抓共管的工作局面。要强化资源保障，优先保障乡村振兴财政投入，加快构建农村金融服务体系，畅通资源要素流通渠道。要强化示范创新，尊重基层首创，探索一批可复制可推广的模式，以点带面推动乡村振兴。要强化社会参与，建立健全政府主导、农民主体、部门配合、社会资助、企业参与、市场运作的建设机制，把各方力量、各方资源汇聚到乡村振兴上。

会上，省委副书记罗东川、副省长王金福作了主题发言。会前，同济大学建筑与城市规划学院杨贵庆教授受邀作了题为“乡村振兴新征程，‘千万工程’再出发”的专题讲座。与会同志还赴邵武市水北镇龙斗村、和平镇和平村、城郊镇莲塘村，进行现场观摩考察。

（摘编：陈德盛）

武夷山国家公园总体规划发布

2023年8月19日，在青海西宁举行的第二届国家公园论坛上，国家林业和草原局发布了包括武夷山国家公园在内的首批国家公园总体规划。

总体规划的规划期为2023年至2030年，坚持保护优先，把生态系统的完整性、原真性保护作为首要任务，突出保护管理、监测监管、科技支撑、教育体验、和谐社区等重点任务，布局了先进的监测体系、高水平的科研体系、完备的科普宣教体系。

根据规划，到2025年，武夷山国家公园原生性中亚热带常绿阔叶林生态系统应得到有效保护，典型森林生态系统面积占比达到65%以上；旗舰物种黄腹角雉野生种群数量应超过1100只；监测体系覆盖率达50%；主要水体Ⅰ～Ⅱ类水质比例达到98%；自然教育受众达到每年300万人次。

到2030年，典型森林生态系统面积占比达到66.7%；黄腹角雉野生种群数量超过1200只；监测体系覆盖率达到80%；主要水体Ⅰ～Ⅱ类水质比例达到100%；自然教育受众达到每年500万人次；国家公园社区生产生活、生态产业与自然保护更加融合，人与自然和谐共生。

武夷山国家公园是我国首批国家公园之一。2016年6月，国家发改委批复《武夷山国家公园体制试点区试点实施方案》，体制试点区规划总面积1001.4平方公里，整合了福建武夷山国家级自然保护区、武夷山国家级风景名胜区、福建武夷山国家森林公园、福建武夷天池国家森林公园、九曲溪光倒刺鲃国家级水产种质资源保护区等5个自然保护地，涉及南平武夷山市、建阳区、邵武市、光泽县4个县（市、区）9个乡镇。

2021年9月30日，国务院批复同意设立武夷山国家公园，在原试点区基础上，新整合江西武夷山国家级自然保护区、铅山县鹅湖山国家森林公园2个自然保护地。武夷山国家公园正式设立后，总面积达1280平方公里。

福建、江西两省于2021年11月联合启动总体规划编制工作。在认真总结试点经验的基础上，研究分析建设现状及存在问题，衔接区域相关规划，调查规划项目意向，并广泛征求相关部门及利益群体意见，对保护管理、监测监管、科技支撑、教育体验、和谐社区建设等重点任务进行了部署。

武夷山国家公园植被类型丰富，具有中亚热带原生性常绿阔叶林典型生态系统，两栖和爬行类动物资源丰富度高，是东南动植物宝库、世界著名的生物模式标本产地。自正式设立以来，武夷山国家公园生态系统的原真性完整性得到有效保护，旗舰物种种群数量得到恢复，其中福建片区累计发表并发布22个新物种。

（摘编：苏建平）

《福建省气候资源保护和利用条例》正式施行

2023年6月1日，《福建省气候资源保护和利用条例》（以下简称《条例》）正式施行。当天，省政府新闻办召开新闻发布会，省气象局等单位有关负责人介绍了福建气候资源特点、《条例》实施的重要意义和主要内容，并回答记者提问。

今年3月31日，福建省第十四届人民代表大会常务委员会第三次会议审议通过《条例》，于6月1日起施行。《条例》内容共分六章四十条，充分考虑福建实际，围绕总则、气候资源探测、气候资源保护、气候资源利用、法律责任和附则等方面，对气候资源保护利用作出较全面的规定。

《条例》强化政府领导，规定县级以上人民政府应当加强对气候资源保护和利用工作的领导、组织和协调；强化气候资源探测管理，要求县级以上地方人民政府加强气候资源探测基础设施和站网的规划建设；坚持保护优先，预防和治理并重，规定县级以上地方人民政府要加强山水林田湖草沙系统保护和修复，改善气候条件，保护气候资源；推进合理利用，发展绿色经济，要求县级以上地方人民政府对气候资源利用的方向作出规划，有计划地合理利用气候资源，对太阳能、风能、云水，以及农业、旅游业等领域气候资源开发利用作了具体规定。同时，严格法律责任，强化监督管理，对国家机关及其工作人员、从事气候资源活动的组织或个人的法律责任作了规定。

《条例》的出台，不仅是福建气象地方立法工作取得的重大成果，也是生态文明建设中的一件大事。福建气候资源丰富，开发利用潜力大，具体表现为太阳能资源充足，年平均日照时数在1480至2360小时之间，太阳能年平均总辐射在3800至5400兆焦/平方米之间，其中莆田至漳州沿海地区太阳能资源丰富，可利用价值高；降水充沛，全省平均年降水量1671毫米，比全国平均值多出约1000毫米；近海风能资源优越，受台湾海峡“狭管效应”影响，沿海地区及海上风能资源十分丰富，且时间分配相对均匀、风能方向稳定，极具开发利用价值；旅游气候资源多样，特殊的地理位置和地形地貌造就了多样的气候形态、宜人的生态环境，海陆差异、垂直立体的气候条件既可避寒也可纳凉，云海、雾凇、日出、观星等气象物候景观多样，生态气候旅游资源丰富。

近年来，我省不断深耕气候资源利用，取得较好的社会和经济效益。有13个县市获得中国天然氧吧称号，其中武平县天然氧吧“生态立本”发展模式得到自然资源部点名表扬和全国推广；深化特色滨海旅游休闲气象服务产品创建，南靖土楼星空等4地获评全国“天气气候景观观赏地”；开展农产品气候品质认证工作，颁发“气候优质农产品”牌匾95块、气候品质认证证书110张、提供溯源二维码196.3万枚。同时，建立了福鼎白茶生态气象观测示范区，推进建宁水稻制种服务全国试点，获评1家国家级特色农业气象服务中心，有3家省级特色农业服务中心建成。

结合我省实际，《条例》将鼓励福建特色气候资源的开发利用，着眼于服务乡村振兴战略，助力清新福建、生态福建建设，强调根据当地气候特点发展特色旅游产业及设施农业、特色农业、观光农业，鼓励合理利用气候资源，推动气候标志品牌评价，开展农产品气候品质认证、精细化农业气候服务等工作，鼓励合理利用气候资源，将气候资源优势转化为经济优势，推动福建经济高质量发展。

（摘编：张捷）

福建出台首份省级国土绿化综合性规划

2023年6月9日　福建省绿化委员会印发关于《福建省国土绿化规划（2022—2030年）》（以下简称《规划》）的通知（闽绿委〔2023〕4号），作为福建首份省级国土绿化综合性规划，提出了至“十四五”末及“十五五”末全省国土绿化的主要任务和目标。

根据最新统计口径，福建省森林覆盖率高达65.12%，连续44年领跑全国。

《规划》明确了全省国土绿化目标：至2025年，全省森林覆盖率达到65.24%，森林蓄积量达到8.10亿立方米，城市建成区绿地率达到41.00%；至2030年，全省森林覆盖率达到65.31%，森林蓄积量和城市建成区绿地率稳步提升。

《规划》提出，要对不同土地类型开展造林绿化空间适宜性评估，确定规划造林绿化空间和位置，并纳入国土空间规划“一张图”统一管理，为科学合理安排年度绿化任务提供依据。

森林蓄积量，是衡量森林质量的重要指标之一。数据显示，“十三五”期间，全省森林面积由801.27万公顷增加到807.72万公顷，净增6.45万公顷；森林蓄积量由6.08亿立方米增加到8.07亿立方米，净增1.99亿立方米，实现了森林面积、森林蓄积量连续“双增长”。

2021年，省绿化委便出台关于科学造林绿化的实施意见，提出“调结构、提质量、增资源、强效益”的原则。此次《规划》再次强调：“存量增量并重、数量质量统一，科学开展造林绿化和森林经营，精准提升绿化质量，系统推进生态保护和修复。”《规划》提出，要按照“树种珍贵化和乡土化，材种大径级化和高价值化，结构复层异龄化和生态化”的要求，开展森林精准提升工程建设。以松林改造为例，至2025年，规划实施松林改造面积33.33万公顷；至2030年，规划实施松林改造面积66.67万公顷。

福建优异的生态成绩单，正是各个部门协作联动的成果。数据显示，“十三五”期间，福建发改、财政、林业部门累计安排90.40亿元支持造林绿化、森林质量精准提升、森林资源保护等国土绿化项目建设；自然资源部门投入矿山地质环境治理恢复资金17.23亿元；住建部门投入城市园林绿化建设资金37.70亿元；交通运输部门投入高速公路绿化资金2.90亿元，新增绿化里程967.50公里、新增绿化面积约4.30万亩，投入国省道绿化资金1.70亿元，实施绿化里程2520公里；水利部门投入水土流失专项治理资金22.86亿元等。

此次《规划》涉及全省20多个部门，衔接了自然资源、林业、住建、环保、交通、水利、农业农村等部门专项规划，进一步明确了各部门的国土绿化责任。

《规划》提出，创新义务植树形式，引导公众通过抚育管护、自然保护、认种认养等方式，履行植树义务。同时要完善义务植树评价、认定等制度，激发公众参与义务植树的内在动力，发挥“互联网+全民义务植树”基地作用，逐步建立以义务植树基地为基础的义务植树系统。

（摘编：陈德盛）

福建省发布一批生态环境项目成果

2023年6月19日，2023年福建省生态环境项目成果发布会在福州举行。会上54个项目现场签约，总投资670亿元。

发布会现场展出32个生态环境项目案例、10项前沿技术、10项金融成果；来自高校、生态环境部环境规划院的专家学者分享对生态环境项目工作的思考与建议。

我省大力实施项目工作法，将工程项目作为生态环境工作的重要载体和关键抓手。2022年以来，全省累计策划申报区域性、流域性、行业性生态环境项目2506个，总投资3631亿元；获中央、省级生态环境专项资金逾51亿元，新增生态环保专项债8亿元，今年还新增设立省级生态环境综合性专项资金4亿元；1862个生态环境项目获金融机构优先审批，累计获授信4533亿元，实际投放1785亿元，同比增长58.72%；全省已有11个EOD（生态环境导向开发模式）项目新增纳入中央储备库，总投资370亿元，项目数居全国前列。

在生态环境项目支撑下，福建生态环境质量保持优良并位居全国前列。

（摘编：胡义顺）

2022年福建省生态环境状况公报发布

2023年6月2日，在“六五环境日”来临之际，我省召开生态环境状况新闻发布会，发布2022年福建省生态环境状况公报，介绍当前环保热点、难点问题等相关情况。

2022年，我省深入践行习近平生态文明思想，全方位、全地域、全过程加强生态环境保护，绿水青山“颜”“值”同升，生态省建设交出高分答卷。

深入治污　环境质量领先全国

公报显示，2022年福建生态环境质量保持优良，并持续居全国前列。

2022年我省水、大气、生态环境质量保持优良并持续居全国前列，全省主要流域Ⅰ~Ⅲ类水质比例98.7%，比上年提升1.4个百分点；9个设区城市空气优良天数比例稳定优良，$PM_{2.5}$浓度降至每立方米19微克，福州、厦门在全国168个重点城市中分列第5位、第9位；近岸海域海水水质总体良好，优良水质比例85.8%；森林覆盖率65.12%，连续44年保持全国首位，“清新福建”成为亮丽名片。

2022年，我省印发《福建省深入打好污染防治攻坚战实施方案》，进一步守蓝天、护碧水、促碧海、保净土、治固废，推进流域性、区域性、行业性污染整治；氮氧化物、挥发性有机物、化学需氧量和氨氮等4项主要污染物完成国家下达的减排任务，排放强度仅为全国的一半；污染防治攻坚战成效考核连续三年优秀，并居全国前列。

近年来，我省坚持严格执法与优化服务并重，执法成效持续位居全国前列，2022年执法大练兵成绩获评全国第二，是国家开展环保执法大练兵以来连续7年稳居全国前三的唯一省份。2022年，全省生态环境保护执法系统推行全员执法，全省共办理环境行政处罚案件2833起；推广“在线监控+用电监控+视频监控”，建立监测、监管、执法“三联动”机制，推动生成治理项目125个，总投资113.9亿元，推动7个国控断面水质提升。

建设生态强省　美丽福建品牌更亮

作为习近平生态文明思想的重要孕育地和实践地，福建始终坚持以习近平生态文明思想统领生态省和国家生态文明试验区建设。2022年，《深化生态省建设 打造美丽福建行动纲要》（以下简称《行动纲要》）印发，为美丽福建建设制定路线图和时间表。

“按照《行动纲要》明确的‘1560’建设体系，我们正加快推动各项任务落地实施。”许碧瑞介绍，“1”就是围绕建设美丽中国先行示范省这一目标；“5”就是以美丽城市、美丽乡村、美丽河湖、美丽海湾、美丽园区“五大美丽”为载体；“60”就是围绕“万里福道网”“无废城市”等50项美丽建设行动，形成高效运转的生态保护修复运行机制、更加灵活的生态产品价值实现机制等生态文明制度改革10项标志性成果。

2022年，我省坚持促进人与自然和谐共生，以深化生态强省建设促进美丽福建建设。目前，全省已有39个市、县（区）获国家生态文明示范区命名，6个县（市）和1条流域获国家命名为“绿水青山就是金山银山”实践创新基地。持续强化重要生态系统保护修复，坚持山水林田湖草沙一体化保护和系统治理，加强武夷山国家公园建设，实施闽江、九龙江山水林田湖草一体化保护修复，“一湾一策”推进海岸线生态保护，全面除治沿海互花米草；深入推进农村饮用水水源地整治，因地制宜实施农村生活污水治理，加快消除较大面积农村黑臭水体，漳州市入选国家农村黑臭水体治理试点支持城市。

根据《行动纲要》，到2025年，福建省节能减排要保持全国先进水平，生态环境质量继续稳定优良并居全国前列，美丽福建建设要取得重大进展；到2030年，各项指标稳中有进，美丽福建基本建成；到2035年，福建省生态文明建设在更高水平、更深层次、更宽领域融入经济社会发展的各方面与全过程，美丽中国先行示范省全面建成。

绿色发展“颜值”“产值”同提升

在服务绿色发展中争优、争先、争效。福建省生态环境厅党组成员、总工程师张玉梅表示，近年来，我省生态环境系统大力传承弘扬习近平总书记在闽工作期间亲自推动的厦门筼筜湖整治、长汀水土流失治理等重要理念和重大实践，充分发挥生态环境部门职能作用，推动制约地方发展的环保堵点、卡点转化为绿色发展的增长点、创新点。

2022年以来，聚力服务绿色发展主责主业，我省生态系统深入实施“三线一单”生态环境分区管控，更好规范和引导开发建设行为，严格落实我省“1+10+N”三级生态环境准入清单，坚决防止引进项目污染转移、低水平重复建设、落后产能反弹回潮；积极稳妥推进碳达峰碳中和，强化碳排放强度监测预警，健全碳排放权市场交易机制，推动构建绿色低碳循环经济体系，不断提升经济发展的“含金量”“含绿量”，降低“含碳量”。

2022年以来，我省以项目工作法为抓手，持续推进生态环境治理产业化，探索创新生态环境治理产业化等生态产品价值实现机制；按照任务项目化、项目清单化、清单具体化，接续谋划、落地实施生态环境治理项目，推进污染治理的同时扩大生态环保领域有效投资，为“两山”转化探索出一条“面子”和“里子”一齐要、“颜值”和“产值”同提升的福建路径。

2022年，我省累计策划申报2026个项目，总投资2733亿元，同比增长一倍以上；全省环保产业规模稳步扩大，领域不断拓展，总产值近2400亿元，增幅约6%，“福建环保制造”品牌不断培育壮大。2022年以来，共争取安排中央和省级专项资金用于入库项目，累计下达资金51.7亿元，同比增长43.2%；争取到省内10家主要银行未来五年给予8000亿元的意向性融资支持，协调优先审批生态环境项目568个，累计授信2800亿元，同比增长53%，实际投放1343亿元，同比增长80%；探索推广“生态治理+产业开发”的EOD模式，目前已有13个EOD项目进入中央库或省级库，总投资额超过425亿元。

（摘编：邹申）

福建省发布2022年度幸福河湖评价报告

2023年2月18日，福建省2023年幸福河湖评价报告发布暨合作交流仪式在福州举行，发布2022年度幸福河湖评价报告与福建省幸福河湖10个优秀案例。

我省于2022年2月18日在全国率先成立“福建省幸福河湖促进会”，经过评价研究，形成福建《幸福河湖评价导则》（以下简称《导则》）省级地方标准，成为全国首个幸福河湖建设的省级地方标准项目；并根据《导则》，以流域面积大于200平方公里的179条河流及重点湖库为对象，开展全域河湖幸福评价，形成2022年度福建省幸福河湖评价报告。

会上，省河湖健康研究中心分析了我省179条河流评价结果，展示了河湖的环境状况和生态功能，并发布“福建幸福河湖评价报告（2022）”。评价结果显示，2022年，在179条河流中，河流幸福指数（RHI）大于75分的三星级河流有170条，占95%；大于85分的五星级河流有31条，占17.3%，主要分布在三明市、南平市、龙岩市、福州市、莆田市、宁德市。

福建省幸福河湖10个优秀案例在活动现场发布，包括福州内河、厦门筼筜湖、漳州九龙江、泉州桃溪、莆田木兰溪、龙岩汀江、三明金溪河、南平九曲溪、宁德霍童溪和平潭三十六脚湖等。

“幸福河湖 美丽福建”扶助活动、“青春相作伴 节水八闽行”获奖作品颁奖仪式等随后举行。

（摘编：沈光明）

福建省首份鸟类观察年报发行

2023年3月17日福建省林业局消息，我省首份鸟类观察年报近日正式发行。该年报收录我省十大明星鸟种、十大高光鸟种，以及一批特色观鸟路线。

2022年10月，为了给广大观鸟爱好者搭建信息交流平台，省野生动植物保护中心会同省林科院联合启动“福建省鸟类观察年报（2022年度）”作品征集活动。经评审，共确定黄腹角雉、白鹇、鸳鸯、绿翅金鸠、东方白鹳、黑冠鹃隼、短耳鸮、斑头大翠鸟、红嘴相思鸟、叉尾太阳鸟等十大明星鸟种；灰雁、棉凫、白腰燕鸥、绿背鸬鹚、栗头鳽、寿带、高山短翅蝗莺、东亚蝗莺、双斑绿柳莺、山鹡鸰等被确定为十大高光鸟种。

福建生态禀赋优越，地处东亚—澳大利西亚候鸟迁徙路线的中途，为鸟类的生息繁衍提供了理想的条件。目前，全省共记录鸟类592种，约占我国自然分布鸟类种类的40%。在这些鸟类中，列入《国家重点保护野生动物名录》的有152种，其中黑脸琵鹭、中华凤头燕鸥、黄腹角雉、中华秋沙鸭等36种鸟类为国家一级保护野生动物，白鹇、小天鹅、画眉、红嘴相思鸟等116种鸟类为国家二级保护野生动物。

（摘编：李子涵）

福建省人大常委会开展湿地保护法执法检查

受全国人大常委会委托，省人大常委会将于6月在全省开展《中华人民共和国湿地保护法》执法检查。2023年6月2日，省人大常委会召开执法检查汇报会。省人大常委会副主任檀云坤出席会议并讲话，副省长王金福到会介绍我省贯彻实施湿地保护法情况，省直有关部门作了工作汇报。

会议要求，要深入贯彻落实党的二十大精神和习近平生态文明思想，完整、准确、全面贯彻新发展理念，结合开展主题教育，进一步增强保护湿地的责任感使命感，扎实做好执法检查各环节工作，以法治力量守护湿地生态安全，不断深化生态省建设、打造美丽福建。要围绕检查重点，紧扣法律条文规定，重点检查保护职责落实、湿地保护与合理利用、湿地修复制度落实、湿地保护执法司法等情况，解决影响法律实施的关键问题，推动湿地保护法全面有效实施。要加强组织实施，切实担负起生态文明建设的政治责任和法定职责，坚持问题导向，大兴调查研究，强化普法宣传，凝聚监督合力，确保执法检查认识到位、责任到位、组织到位，推动我省湿地保护工作再上新水平。

执法检查组将赴福州、泉州、龙岩开展执法检查。

（摘编：赵旭东）

福建省检察院发布生态检察工作成效

2023年6月5日正值第50个“世界环境日”，省检察院召开“生态检察助力美丽中国建设”专题新闻发布会，通报全省生态检察工作开展情况，展示检察机关服务保障美丽中国建设的新进展、新成效。

全省检察机关依法能动履职，坚持专项带动，切实守护清新福建名片，服务保障我省经济发展和生态文明建设。2022年以来，共批准逮捕破坏环境资源犯罪案件311件500人，提起公诉1072件1673人；立案办理生态环境和资源保护领域公益诉讼案件3501件。

坚持各方联动，持续凝聚生态保护合力，省检察院在全国检察机关率先建立行政公益诉讼诉前圆桌会议机制，2022年以来，全省共在办案中适用诉前圆桌会议机制540件、组织公开听证724场，积极督促行政机关在公益诉讼诉前阶段主动履职或落实整改；与省林长办出台《关于建立“林长+检察长”协作机制的意见》，设立派驻省林长办检察联络室，健全信息共享、案件移送等机制，截至2022年底，省市县三级“林长+检察长”协作机制全面建立；与省水利厅联合印发《关于建立健全水行政执法与检察公益诉讼协作机制的实施细则》，细化河湖管理、水土保持等重点领域配合。三明市检察院全面推行“河（湖）长+检察长”协作机制，受到中央依法治国办通报表扬。

为提升检察监督质效，全省检察机关聚焦司法办案与生态修复一体化，积极践行恢复性司法理念，2022年以来，运用“补植复绿”机制办案131件，补植林木面积4060.3亩；提起生态环境和资源保护领域民事公益诉讼793件。省检察院会同省林业局出台《关于在办理生态环境刑事犯罪和公益诉讼案件中适用林业碳汇赔偿机制开展生态修复的工作意见（试行）》，以“绿碳”替代性修复破解传统生态修复机制季节性限制、原地修复困难等实践问题，全省共办理林业碳汇损失赔偿案件98件，引导认购林业碳汇1.4万吨，认购金额791万元。

（摘编：胡义顺）

聚焦生态环境和资源保护领域 我省检察机关公益诉讼案件办理规模逐年递升

2023年8月15日是首个全国生态日，省检察院新闻发布会消息，2021年以来，全省检察机关共立案办理生态环境和资源保护领域公益诉讼案件5568件，在立案总数中占比47.53%，办案规模、办理质效呈逐年递升趋势。

生态环境和资源保护领域是检察公益诉讼传

统的法定办案领域，也是最大的办案领域。当日，省检察院还通报5件全省检察机关生态环境和资源保护领域公益诉讼典型案例，分别是：福州市长乐区人民检察院督促保护闽江河口湿地国家级自然保护区行政公益诉讼案；漳州市龙海区人民检察院诉陈某某非法采矿刑事附带民事公益诉讼案；石狮市人民检察院督促整治保护矿山生态环境行政公益诉讼案；浦城县人民检察院督促保护耕地资源行政公益诉讼案；龙岩市检察机关督促矿山生态修复治理行政（民事）公益诉讼系列案。

这批案例覆盖公益诉讼案件各类型，内容涵盖矿山修复治理、耕地资源保护、国际重要湿地保护、海洋生态保护等方面，具有较强代表性和突出成效。

2021年至今，在全省检察机关立案办理的生态环境和资源保护领域公益诉讼案件中，向人民法院提起公益诉讼606件，已判决案件诉讼请求全部得到支持，督促挽回被毁损的耕地、林地、湿地面积12872.8亩，督促治理恢复被污染水源面积3485.9亩，清理生态类固体废物11980.8吨，促进受损生态环境得到有效修复。我省“专业化法律监督+恢复性司法实践+社会化综合治理”的生态检察模式、公益诉讼圆桌会议办案机制、海洋“五并”立体治理模式等创新做法获肯定和推广。

（摘编：赵旭东）

第八届中国国际绿色创新发展大会促进绿色低碳可持续发展

2023年9月7日，第八届中国国际绿色创新发展大会在厦门举行。中国国际投资促进会会长马秀红、福建省政府党组成员康涛出席并致辞。中国工程院院士贺鸿作主旨演讲。

大会由中国国际投资促进会、联合国工业发展组织主办，以“落实联合国气候公约，促进绿色低碳可持续发展——共建新平台、共创新生态、共享新成果”为主题，旨在搭建社会各界研讨交流、投资贸易、对接合作的专业平台，共享绿色转型、创新发展的思路和成果，实现高质量国际绿色领域合作。

会议现场，来自中外政府部门、企业、学者代表，围绕会议主题从绿色投资、氢能产业发展、企业绿色低碳发展、大气污染防治等方面展开研讨；并举行数字化乡村振兴试点项目启动仪式，绿色低碳乡村振兴智慧医疗项目签约，钢铁行业环境产品声明（EPD）等绿色项目及绿色低碳企业、园区推介等活动。

此外，中国质量认证中心为大会出具“零碳会议”证书，使大会成为本届投洽会首个绿色零碳活动。

（摘编：赵旭东）

数字生态文明分论坛举行

2023年4月27日，第六届数字中国建设峰会数字生态文明分论坛在福州海峡国际会展中心举办。论坛由生态环境部、福建省人民政府主办，福建省副省长郑建闽出席并致辞，生态环境部党组成员、副部长翟青视频致辞。

本次论坛以“加快数字生态文明建设，促进人与自然和谐共生”为主题，旨在促进数字生态文明优秀成果推广应用，持续打造全国数字生态文明建设成果展示平台、数字生态文明发展新技术新理念交流平台、国家生态环境信息化政策发布平台及各方共享合作平台。

活动现场，中国工程院院士王桥，来自各省（区、市）生态环境部门与优秀企业的代表展开深入交流研讨；生态环境部发布了30个数字生态文明优秀应用案例名单。

峰会期间还举办“创新减污降碳数字引擎”“构建扩绿增长智慧体系”两个子论坛；并设置数字生态文明成果展区，通过系统演示等方式，集中展示生态环境管理领域数字化实践成果和优秀案例。

（摘编：周华政）

第三届中国—俄勒冈州气候变化与可持续发展论坛在福州举行

2023年11月1日，第三届中国—俄勒冈州气候变化与可持续发展论坛在福州举行。福建省副省长林文斌、天津市副市长张玲、美国俄勒冈州参议员迈克尔·登布罗出席并致辞，中国驻旧金山总领事张建敏线上致辞，俄勒冈州—中国理事会主席蓝进出席。

林文斌向与会嘉宾介绍了福建生态文明建设成果。他表示，福建深入贯彻习近平生态文明思想，持续深化国家生态文明试验区建设，走出了一条生态环境高颜值和经济发展高素质协同并进的福建路径。福建愿同各方一道，积极应对极端天气挑战，加强极端天气及其衍生灾害的科学与技术研究，努力提高防灾减灾救灾能力；大力推动产业低碳发展，加强节能环保、清洁能源与绿色产业投资与合作，共同提升绿色产业竞争力；着力释放“蓝碳”潜能，推动海洋产业生态化、海洋生态产业化，助力碳达峰、碳中和；持续深化交流互鉴，积极开展气候变化适应与减缓、生物多样性保护等经验交流，做应对气候变化的先行者和引领者。

本次论坛还举行武夷山国家公园与火山口湖国家公园《合作声明》签署仪式，并围绕“打造韧性城市 应对气候风险”“减缓气候变化 公园在行动”“发展生态产业 服务双碳目标”等议题进行交流。

（摘编：陈德盛）

“中法国家公园体系对话”活动在武夷山国家公园开幕

2023 年 6 月 13 日，由国家林业和草原局、法国开发署共同举办的“中法国家公园体系对话”活动在武夷山国家公园开幕。副省长王金福、法国驻华大使白玉堂、欧盟驻华大使庹尧诲出席活动。

我国实行国家公园体制，目的是保持自然生态系统的原真性和完整性，保护生物多样性，保护生态安全屏障，给子孙后代留下珍贵的自然资产。这是我国推进自然生态保护、建设美丽中国、促进人与自然和谐共生的一项重要举措。2019 年，国家林草局与法国生物多样性局签署《关于自然保护领域合作的谅解备忘录》，确定在以国家公园为主体的自然保护地体系建设和管理方面开展合作。此次对话活动旨在探索和完善中法两国的国家公园管理模式和运行方式，推动中法两国在自然保护及生物多样性保护领域合作继续走深走实。

此次活动为期两天，主要围绕“中国国家自然保护地体制改革”“实施生物多样性保护‘3030 目标’的政策选择及实施路径”等议题开展交流研讨。来自 18 个省、自治区的林草主管部门，五个首批设立的国家公园及 20 多个一线保护区代表，有关科研机构专家以及法方专家参加专题研讨。

（摘编：王杰成）

第四届中国水土保持学术大会在福州举办

2023 年 12 月 6 日，第四届中国水土保持学术大会在福州开幕。水利部副部长、中国水土保持学会理事长田学斌出席开幕式并讲话，副省长王金福出席并致辞。

大会由中国水土保持学会主办，以“生态文明引领水土保持高质量发展”为主题，深入学习贯彻习近平生态文明思想，围绕加强水土流失预防保护、依法严格人为水土流失监管、提升水土保持管理能力和水平等重点热点问题，开展深入研讨，交流成果，凝聚共识，为推进新阶段水土保持高质量发展提供支撑。

开幕式上颁发了中国水土保持学会科学技术奖、优秀设计奖，授予第七批“全国水土保持科普教育基地”。中国工程院院士武强、朱教君等多位专家、学者作主旨报告。

大会设置主会场和12个分会场，来自高等院校、科研院所、设计单位、学术团体以及相关行业管理部门的1200余名专家、学者和代表参加会议。会议期间，部分参会代表前往莆田市和平潭综合实验区开展现场技术交流。

（摘编：胡义顺）

福州被授予首届全球可持续发展城市奖

2023年10月28日，全球可持续发展城市奖（上海奖）颁奖活动暨2023年世界城市日中国主场活动在上海拉开序幕。在活动现场，福州被授予首届全球可持续发展城市奖（上海奖），是全球5个被授予这项荣誉的城市之一。

首届全球可持续发展城市奖（上海奖）是由联合国人居署和上海市人民政府共同推动设立的国际奖项，主题为“共建可持续的城市未来”，旨在表彰世界范围内在可持续发展方面取得突出进展的城市，并希望世界各国携起手来、通力合作，更好推动《联合国2030可持续发展议程》落实，为建设可持续发展的未来之城而努力。

首届全球可持续发展城市奖（上海奖）以经济活力与城市繁荣、生态建设与绿色发展、城市安全与韧性发展、可持续发展的能力建设为四大评选维度。共有来自全球16个国家的54个城市申报。经国际评审团组织评选，15个城市入围。最终，澳大利亚布里斯班、中国福州、乌干达坎帕拉、马来西亚槟城乔治市、巴西萨尔瓦多5个城市获此奖项。

此次评选中，福州的城市亮点为：聚焦绿色经济和数字经济的可持续发展战略，创新实施城市水系治理工程，建设成为绿色低碳生态友好的“千园之城”。

（摘编：苏建平）

全国“十佳林场”福建省新增名单

2023年9月23日，福建省林业局消息，近日，中国林场协会确定50家国有林场为2023年全国“十佳林场”。我省3家入选，分别为：福建省厦门坂头国有防护林场、福建省永春碧卿国有林场、福建省邵武故县国有林场。

中国林场协会自2010年开始组织认定年度全国“十佳林场”，主要表彰在森林经营利用、林业产业发展、科技兴林、改革管理等十个方面表现突出的林场。到目前，福建共有17个国有林场先后被授予全国“十佳林场”荣誉称号。

（摘编：余晓楠）

2023年福建省城市环境空气质量状况

根据《环境空气质量标准》（GB 3095—2012）及其修改单、《环境空气质量评价技术规范（试行）》（HJ 663—2013）和《城市环境空气质量排名技术规定》（环办监测〔2018〕19号），对2023年12月及1—12月全省县级以上城市空气质量进行评价。具体如下：

一、9市1区环境空气质量

1—12月，9个设区城市环境空气质量优良天数比例平均为98.4%，同比上升0.8个百分点；环境空气质量综合指数范围为2.29~2.9，首要污染物为臭氧。空气质量从相对较好开始排名，依次为：南平、龙岩、福州、宁德、莆田、厦门、三明、泉州和漳州（并列第8名）。平潭综合实验区环境空气质量优良天数比例平均为98.9%，同比下降0.5个百分点；环境空气质量综合指数为1.95，首要污染物为臭氧（详见附表1）。

二、县级城市环境空气质量

1—12月，58个县级城市环境空气质量优良天数比例平均为99.5%，同比下降0.2个百分点；环境空气质量综合指数范围为1.39~2.55，首要污染物为细颗粒物、臭氧。

空气质量相对较好、排名前10位的县级城市（自第一名开始排序）分别是：泰宁、将乐、明溪、清流、宁化、建宁、永定、武平、大田、周宁；空气质量排名后10位的县级城市（自最后一名开始排序）分别是：石狮、永安、晋江、长乐、闽侯、龙海、惠安、泉港、浦城和福安（并列倒数第9名）（详见附表2）。

附表1

2023年1—12月设区城市环境空气质量状况

排名	城市	综合指数	优良天数比例（%）	SO_2	NO_2	PM_{10}	$PM_{2.5}$	$CO_{\_95per}$	$O_{3\_8h\text{-}90per}$	首要污染物
1	南平市	2.29	99.7	5	14	30	19	0.8	111	臭氧
2	龙岩市	2.37	99.7	7	16	30	18	0.8	113	臭氧
3	福州市	2.50	98.1	4	16	35	19	0.7	130	臭氧
4	宁德市	2.53	97.5	6	14	33	20	0.9	132	臭氧
5	莆田市	2.58	96.4	7	13	36	20	0.8	137	臭氧
6	厦门市	2.61	99.7	3	20	37	20	0.7	124	臭氧
7	三明市	2.68	100	8	19	33	22	1.1	111	臭氧

续表

排名	城市	综合指数	优良天数比例（%）	SO_2	NO_2	PM_{10}	$PM_{2.5}$	$CO_{\_95per}$	$O_{3\_8h\text{-}90per}$	首要污染物
8	漳州市	2.90	98.6	6	20	40	23	0.8	139	臭氧
8	泉州市	2.90	96.2	7	19	39	22	0.8	145	臭氧
-	平潭区	1.95	98.9	2	8	27	14	0.6	124	臭氧

备注：1. 综合指数为无量纲，CO 浓度单位为 mg/m^3，其他浓度单位均为 $\mu g/m^3$；
2. 综合指数越小，表示环境空气质量相对越好。

附表 2

2023 年 1—12 月县级城市环境空气质量状况

设区市	县级城市	优良天数比例（%）	综合指数	首要污染物
福州	永泰县	99.5	2.05	臭氧
	连江县	99.2	2.16	臭氧
	闽清县	99.2	2.24	臭氧
	福清市	99.2	2.29	臭氧
	闽侯县	99.2	2.44	臭氧
	长乐区	99.2	2.46	臭氧
	罗源县	98.9	2.33	臭氧
莆田	仙游县	99.4	2.32	臭氧
三明	泰宁县	100	1.39	臭氧
	将乐县	100	1.58	臭氧
	明溪县	100	1.59	臭氧
	清流县	100	1.67	臭氧
	宁化县	100	1.69	臭氧
	建宁县	100	1.71	臭氧
	大田县	100	1.82	臭氧
	尤溪县	100	2.07	臭氧
	沙县区	100	2.10	臭氧
	永安市	100	2.49	臭氧
泉州	晋江市	99.5	2.48	臭氧
	德化县	99.2	2.26	臭氧
	永春县	98.9	2.20	臭氧
	惠安县	98.6	2.41	臭氧
	南安市	98.4	2.25	臭氧
	安溪县	98.1	2.26	臭氧
	泉港区	97.8	2.39	臭氧
	石狮市	97.8	2.55	臭氧

续表

设区市	县级城市	优良天数比例（%）	综合指数	首要污染物
漳州	华安县	100	1.96	臭氧
	南靖县	100	2.04	臭氧
	诏安县	99.7	2.25	臭氧
	云霄县	99.7	2.26	臭氧
	长泰区	99.5	2.28	臭氧
	平和县	99.2	2.30	臭氧
	漳浦县	99.2	2.33	臭氧
	龙海区	98.6	2.43	臭氧
	东山县	98.4	2.32	臭氧
南平	松溪县	100	1.94	臭氧
	建瓯市	100	2.13	臭氧
	政和县	100	2.15	臭氧
	顺昌县	100	2.20	臭氧
	浦城县	100	2.34	臭氧
	武夷山市	99.7	1.86	臭氧
	建阳区	99.7	2.07	臭氧
	邵武市	99.7	2.19	臭氧
	光泽县	99.7	2.24	臭氧
龙岩	连城县	100	1.94	臭氧
	永定区	99.7	1.77	臭氧
	武平县	99.7	1.81	细颗粒物、臭氧
	长汀县	99.7	2.01	臭氧
	漳平市	99.7	2.10	臭氧
	上杭县	99.7	2.22	臭氧
宁德	福鼎市	100	2.03	臭氧
	霞浦县	100	2.21	臭氧
	周宁县	99.7	1.83	臭氧
	屏南县	99.7	1.85	臭氧
	寿宁县	99.7	1.93	臭氧
	柘荣县	99.7	2.00	臭氧
	古田县	99.7	2.07	臭氧
	福安市	99.7	2.34	臭氧

备注：综合指数越小，表示环境空气质量相对越好。

（来源：福建省生态环境厅网站　摘编：陈德盛）

2023年福建省县级以上集中式生活饮用水水源水质每月状况

1月

一、监测情况

2023年1月，全省9个设区市及平潭综合实验区共监测106个正式投入使用的集中式生活饮用水水源（取水口），其中地表水水源104个（河流型48个，湖库型56个）、地下水水源2个。

（一）监测点位

1. 地表水水源：河流型水源在水厂取水口上游100米附近处设置监测断面，水厂在同一河流有多个取水口，可在最上游100米处设置监测断面；湖库型水源原则上按常规监测点位采样，在每个水源取水口周边100米处设置1个监测点位进行采样。河流及湖库采样深度为水面下0.5米处。

2. 地下水水源：具备采样条件的，在抽水井采样。如不具备采样条件，在自来水厂的汇水区（加滤前）采样。

（二）监测项目

1. 地表水水源

①设区城市、平潭综合实验区：监测项目为《地表水环境质量标准》（GB 3838—2002）表1的基本项目（24项）、表2的补充项目（5项）和表3的优选特定项目（33项），共62项。其中，湖库型地表水饮用水源加测叶绿素a和透明度2项，共64项。

②县级城市：监测项目为《地表水环境质量标准》（GB 3838—2002）表1的基本项目（24项）、表2的补充项目（5项），共29项。其中，湖库型地表水饮用水源加测叶绿素a和透明度2项，共31项。

2. 地下水饮用水源

监测项目为《地下水质量标准》（GB/T 14848—2017）表1中39项。

各地可根据当地污染实际情况，适当增加区域特征污染物。

二、评价标准及方法

（一）地表水水源

地表水水源水质评价根据《地表水环境质量标准》（GB 3838—2002）Ⅲ类标准限值进行评价。基本项目按照《地表水环境质量评价方法（试行）》（环办〔2011〕22号）进行评价，补充项目、特定项目采用单因子评价法进行评价。

（二）地下水水源

地下水水源水质评价执行《地下水质量标准》（GB/T 14848—2017）Ⅲ类标准限值，采用单因子评价法进行评价。评价项目为《地下水质量标准》（GB/T 14848—2017）表1中39项。

三、评价结果

（一）总体情况

106个集中式生活饮用水水源均达标（达到或优于Ⅲ类标准），达标比例为100%（详见附表）。

（二）地表水水源

104个地表水水源均达标，达标比例为100%。其中，有76个达到或优于Ⅱ类标准，占73.1%。

（三）地下水水源

2个地下水水源均达标，达标比例为100%。

备注：

1. 集中式生活饮用水水源，是指进入输水管网送到用户的和具有一定取水规模（供水人口一般大于1000人）的在用、备用和规划水源。

2. 集中式生活饮用水水源和饮用水的区别：饮用水水源为原水，居民饮用水为末梢水，水源水经自来水厂净化处理达到《生活饮用水卫生标准》的要求后，进入居民供水系统作为饮用水。

附表

2023年1月福建省县级以上集中式生活饮用水水源水质状况

序号	省份名称	行政区划	点位名称	水源地类型	水体类型	达标情况	超标指标及超标倍数
1	福建省	福州市	福州市西区、北区水厂闽江原厝取水口	地表水	河流型	达标	
2	福建省	福州市	福州市城门水厂闽江南港取水口	地表水	河流型	达标	
3	福建省	福州市	福州市马尾水厂白眉水库取水口	地表水	湖库型	达标	
4	福建省	福州市	福州市新东区水厂塘坂取水口	地表水	河流型	达标	
5	福建省	福州市	福州市飞凤山水厂水源取水口	地表水	河流型	达标	
6	福建省	闽侯县	闽侯县自来水公司叶洋泵站取水口	地表水	河流型	达标	
7	福建省	连江县	连江县塘坂水厂塘坂取水口	地表水	河流型	达标	
8	福建省	罗源县	罗源县八井水厂反调节库取水口	地表水	河流型	达标	
9	福建省	罗源县	罗源县可湖水厂西溪水库取水口	地表水	湖库型	达标	
10	福建省	罗源县	罗源县洋尾水厂东岩调节水库取水口	地表水	湖库型	达标	
11	福建省	闽清县	闽清县白石坑水厂、塔山水厂闽江取水口	地表水	河流型	达标	
12	福建省	闽清县	闽清县葫芦门水库取水口	地表水	湖库型	达标	
13	福建省	永泰县	永泰县南区水厂大樟溪取水口	地表水	河流型	达标	
14	福建省	永泰县	永泰县青云山水厂天门窗水库取水口	地表水	湖库型	达标	
15	福建省	福清市	福清市东张水库取水口	地表水	湖库型	达标	
16	福建省	福清市	福清市闽江调水峡南取水口	地表水	河流型	达标	
17	福建省	长乐区	长乐炎山水厂炎山矶头取水口	地表水	河流型	达标	
18	福建省	厦门市	厦门市莲坂水厂、集美水厂石兜、坂头水库取水口	地表水	湖库型	达标	
19	福建省	厦门市	厦门市同安梅山水厂汀溪水库取水口	地表水	湖库型	达标	
20	福建省	莆田市	莆田市莆田水厂东圳水库取水口	地表水	湖库型	达标	
21	福建省	莆田市	莆田市涵江水厂外度水库取水口	地表水	湖库型	达标	
22	福建省	仙游县	仙游县仙游水厂古洋水库取水口	地表水	湖库型	达标	
23	福建省	仙游县	仙游县金钟水库取水口	地表水	湖库型	达标	
24	福建省	三明市	三明市东牙溪水库取水口	地表水	湖库型	达标	
25	福建省	明溪县	明溪县城北水厂罗翠水库取水口	地表水	湖库型	达标	
26	福建省	清流县	清流县自来水厂严坊溪取水口	地表水	湖库型	达标	
27	福建省	宁化县	宁化县沙子甲水厂寨头里水库取水口	地表水	湖库型	达标	
28	福建省	大田县	大田县自来水公司坑口水库取水口	地表水	湖库型	达标	
29	福建省	尤溪县	尤溪县自来水厂大池水库取水口	地表水	湖库型	达标	
30	福建省	尤溪县	尤溪县东村溪兴头水库取水口	地表水	湖库型	达标	
31	福建省	沙县区	沙县第一水厂洞天岩水库取水口	地表水	湖库型	达标	

续表

序号	省份名称	行政区划	点位名称	水源地类型	水体类型	达标情况	超标指标及超标倍数
32	福建省	沙县区	沙县第三水厂马岩水库取水口	地表水	湖库型	达标	
33	福建省	沙县区	沙县双溪水库取水口	地表水	湖库型	达标	
34	福建省	将乐县	将乐县下村水厂漠村溪取水口	地表水	河流型	达标	
35	福建省	泰宁县	泰宁县北溪水厂际头水库取水口	地表水	湖库型	达标	
36	福建省	建宁县	建宁县自来水公司王坪栋水库取水口	地表水	湖库型	达标	
37	福建省	永安市	永安市北区水厂沙溪取水口	地表水	河流型	达标	
38	福建省	永安市	永安市南区水厂洛溪水库取水口	地表水	湖库型	达标	
39	福建省	泉州市	泉州市北水厂北高干渠取水口	地表水	河流型	达标	
40	福建省	泉州市	泉州市湄丰水厂、泉港第三水厂泗洲水库取水口	地表水	湖库型	达标	
41	福建省	泉州市	泉州市湄丰水厂、泉港第三水厂黄塘溪取水口	地表水	河流型	达标	
42	福建省	泉州市	泉州市金浦水厂、三水厂晋江干流金鸡拦河旧闸取水口	地表水	河流型	达标	
43	福建省	惠安县	惠安县城南水厂黄塘溪取水口	地表水	河流型	达标	
44	福建省	惠安县	惠安县北关水厂菱溪水库取水口	地表水	湖库型	达标	
45	福建省	安溪县	安溪县城关水厂晋江西溪吾都取水口	地表水	河流型	达标	
46	福建省	永春县	永春县第三自来水厂晋江东溪湖洋溪取水口	地表水	河流型	达标	
47	福建省	德化县	德化县第二水厂国宝溪取水口	地表水	河流型	达标	
48	福建省	石狮市	石狮市石狮水厂南高干渠取水口	地表水	河流型	达标	
49	福建省	晋江市	晋江市田洋水厂南高干渠取水口	地表水	河流型	达标	
50	福建省	南安市	南安市美林水厂晋江东溪取水口	地表水	河流型	达标	
51	福建省	漳州市	厦门市高殿水厂、杏林水厂九龙江北溪取水口	地表水	河流型	达标	
52	福建省	漳州市	漳州市第二水厂九龙江北溪鳌浦取水口	地表水	河流型	达标	
53	福建省	漳州市	漳州市三水厂、福糖水厂九龙江北溪内林取水口	地表水	河流型	达标	
54	福建省	漳州市	漳州市金峰水厂九龙江西溪取水口	地表水	河流型	达标	
55	福建省	云霄县	云霄县风吹岭水厂车圩溪取水口	地表水	河流型	达标	
56	福建省	漳浦县	漳浦县自来水厂梁山水库取水口	地表水	湖库型	达标	
57	福建省	漳浦县	漳浦县自来水厂澎水水库取水口	地表水	湖库型	达标	
58	福建省	诏安县	诏安县自来水厂亚湖水库取水口	地表水	湖库型	达标	
59	福建省	长泰区	长泰自来水公司龙津溪福信取水口	地表水	河流型	达标	
60	福建省	东山县	东山县供水公司红旗水库取水口	地表水	湖库型	达标	
61	福建省	南靖县	南靖县自来水公司象溪取水口	地表水	河流型	达标	
62	福建省	平和县	平和县自来水公司花山溪取水口	地表水	河流型	达标	
63	福建省	华安县	华安县自来水厂九龙江北溪取水口	地表水	河流型	达标	

续表

序号	省份名称	行政区划	点位名称	水源地类型	水体类型	达标情况	超标指标及超标倍数
64	福建省	龙海区	龙海自来水厂九龙江北溪江东桥取水口	地表水	河流型	达标	
65	福建省	南平市	南平市新建村水厂照溪（五星桥水库）取水口	地表水	湖库型	达标	
66	福建省	南平市	南平市武夷新区水厂雷公口水库取水口	地表水	湖库型	达标	
67	福建省	顺昌县	顺昌县派溪水厂院尾水库取水口	地表水	湖库型	达标	
68	福建省	浦城县	浦城县东区水厂南浦溪取水口	地表水	河流型	达标	
69	福建省	浦城县	浦城县西区水厂东风水库取水口	地表水	湖库型	达标	
70	福建省	光泽县	光泽县自来水厂西关水坝取水口	地表水	河流型	达标	
71	福建省	松溪县	松溪县杉溪水厂杉溪取水口	地表水	河流型	达标	
72	福建省	松溪县	松溪县来龙水厂钱园桥水库取水口	地表水	湖库型	达标	
73	福建省	政和县	政和县珠山水厂宝岭水库取水口	地表水	湖库型	达标	
74	福建省	邵武市	邵武市熙春水厂大乾水库取水口	地表水	湖库型	达标	
75	福建省	武夷山市	武夷山市石雄水厂西溪取水口	地表水	河流型	达标	
76	福建省	武夷山市	武夷山市三菇水厂崇阳溪取水口	地表水	河流型	达标	
77	福建省	建瓯市	建瓯市东门水厂松溪取水口	地表水	河流型	达标	
78	福建省	建瓯市	建瓯市新区水厂七里街水库取水口	地表水	湖库型	达标	
79	福建省	龙岩市	龙岩市凤凰水厂富溪三级水库大坝取水口	地表水	湖库型	达标	
80	福建省	龙岩市	龙岩市新区水厂黄岗水库取水口	地表水	湖库型	达标	
81	福建省	龙岩市	龙岩市东南洋水厂东肖水库取水口	地表水	湖库型	达标	
82	福建省	长汀县	长汀县自来水股份有限公司正方水库取水口	地表水	湖库型	达标	
83	福建省	永定区	永定龙寨水厂龙寨水库取水口	地表水	湖库型	达标	
84	福建省	永定区	永定淑雅溪水库取水口	地表水	湖库型	达标	
85	福建省	上杭县	上杭县兰地水厂汀江横滩取水口	地表水	河流型	达标	
86	福建省	武平县	武平县北门水厂捷文水库取水口	地表水	湖库型	达标	
87	福建省	连城县	连城县自来水公司竹光地下取水口	地下水	地下水源	达标	
88	福建省	连城县	连城县自来水公司波洋地下取水口	地下水	地下水源	达标	
89	福建省	连城县	连城县城区第二水源北团河取水口	地表水	河流型	达标	
90	福建省	漳平市	漳平市自来水厂大坂三级电站取水口	地表水	河流型	达标	
91	福建省	漳平市	漳平市铁路水厂双洋溪取水口	地表水	河流型	达标	
92	福建省	宁德市	宁德市二水厂金涵水库取水口	地表水	湖库型	达标	
93	福建省	宁德市	宁德市德源自来水厂陈家洋水库取水口	地表水	湖库型	达标	
94	福建省	宁德市	宁德市第一自来水厂金溪取水口	地表水	河流型	达标	
95	福建省	霞浦县	霞浦县北山里水厂溪西水库取水口	地表水	湖库型	达标	
96	福建省	古田县	古田县城关水厂桃溪水库取水口	地表水	湖库型	达标	
97	福建省	屏南县	屏南县第一自来水厂汤坑溪取水口	地表水	河流型	达标	
98	福建省	屏南县	屏南县第二自来水厂南峭溪取水口	地表水	河流型	达标	

续表

序号	省份名称	行政区划	点位名称	水源地类型	水体类型	达标情况	超标指标及超标倍数
99	福建省	屏南县	屏南县第二自来水厂引水工程取水口	地表水	河流型	达标	
100	福建省	寿宁县	寿宁县城区自来水厂西山水库取水口	地表水	湖库型	达标	
101	福建省	周宁县	周宁县深洋水厂李园水库取水口	地表水	湖库型	达标	
102	福建省	柘荣县	柘荣县自来水厂新荣溪水库取水口	地表水	湖库型	达标	
103	福建省	福安市	福安市城关二水厂交溪桃花岛取水口	地表水	河流型	达标	
104	福建省	福安市	福安市城东水厂留洋水库取水口	地表水	湖库型	达标	
105	福建省	福鼎市	福鼎市二水厂南溪水库取水口	地表水	湖库型	达标	
106	福建省	平潭综合实验区	平潭县自来水公司三十六脚湖取水口	地表水	湖库型	达标	

2月

一、监测情况

2023年2月，全省9个设区市及平潭综合实验区共监测106个正式投入使用的集中式生活饮用水水源（取水口），其中地表水水源104个（河流型48个，湖库型56个）、地下水水源2个。

（一）监测点位

1. 地表水水源：河流型水源在水厂取水口上游100米附近处设置监测断面，水厂在同一河流有多个取水口，可在最上游100米处设置监测断面；湖库型水源原则上按常规监测点位采样，在每个水源取水口周边100米处设置1个监测点位进行采样。河流及湖库采样深度为水面下0.5米处。

2. 地下水水源：具备采样条件的，在抽水井采样。如不具备采样条件，在自来水厂的汇水区（加滤前）采样。

（二）监测项目

1. 地表水水源

①设区城市、平潭综合实验区：监测项目为《地表水环境质量标准》（GB 3838—2002）表1的基本项目（24项）、表2的补充项目（5项）和表3的优选特定项目（33项），共62项。其中，湖库型地表水饮用水源加测叶绿素a和透明度2项，共64项。

②县级城市：监测项目为《地表水环境质量标准》（GB 3838—2002）表1的基本项目（24项）、表2的补充项目（5项），共29项。其中，湖库型地表水饮用水源加测叶绿素a和透明度2项，共31项。

2. 地下水饮用水源

监测项目为《地下水质量标准》（GB/T 14848—2017）表1中39项。

各地可根据当地污染实际情况，适当增加区域特征污染物。

二、评价标准及方法

（一）地表水水源

地表水水源水质评价根据《地表水环境质量标准》（GB 3838—2002）Ⅲ类标准限值进行评价。基本项目按照《地表水环境质量评价方法（试行）》（环办〔2011〕22号）进行评价，补充项目、特定项目采用单因子评价法进行评价。

（二）地下水水源

地下水水源水质评价执行《地下水质量标准》（GB/T 14848—2017）Ⅲ类标准限值，采用单因子评价法进行评价。评价项目为《地下水质量标准》（GB/T 14848—2017）表1中39项。

三、评价结果

（一）总体情况

106个集中式生活饮用水水源均达标（达到或优于Ⅲ类标准），达标比例为100%（详见附表）。

（二）地表水水源

104个地表水水源均达标，达标比例为100%。

其中，有74个达到或优于Ⅱ类标准，占71.2%。

（三）地下水水源

2个地下水水源均达标，达标比例为100%。

备注：

1. 集中式生活饮用水水源，是指进入输水管网送到用户的和具有一定取水规模（供水人口一般大于1000人）的在用、备用和规划水源。

2. 集中式生活饮用水水源和饮用水的区别：饮用水水源为原水，居民饮用水为末梢水，水源水经自来水厂净化处理达到《生活饮用水卫生标准》的要求后，进入居民供水系统作为饮用水。

附表

2023年2月福建省县级以上集中式生活饮用水水源水质状况

序号	省份名称	行政区划	点位名称	水源地类型	水体类型	达标情况	超标指标及超标倍数
1	福建省	福州市	福州市西区、北区水厂闽江原厝取水口	地表水	河流型	达标	
2	福建省	福州市	福州市城门水厂闽江南港取水口	地表水	河流型	达标	
3	福建省	福州市	福州市马尾水厂白眉水库取水口	地表水	湖库型	达标	
4	福建省	福州市	福州市新东区水厂塘坂取水口	地表水	河流型	达标	
5	福建省	福州市	福州市飞凤山水厂水源取水口	地表水	河流型	达标	
6	福建省	闽侯县	闽侯县自来水公司叶洋泵站取水口	地表水	河流型	达标	
7	福建省	连江县	连江县塘坂水厂塘坂取水口	地表水	河流型	达标	
8	福建省	罗源县	罗源县八井水厂反调节库取水口	地表水	河流型	达标	
9	福建省	罗源县	罗源县可湖水厂西溪水库取水口	地表水	湖库型	达标	
10	福建省	罗源县	罗源县洋尾水厂东岩调节水库取水口	地表水	湖库型	达标	
11	福建省	闽清县	闽清县白石坑水厂、塔山水厂闽江取水口	地表水	河流型	达标	
12	福建省	闽清县	闽清县葫芦门水库取水口	地表水	湖库型	达标	
13	福建省	永泰县	永泰县南区水厂大樟溪取水口	地表水	河流型	达标	
14	福建省	永泰县	永泰县青云山水厂天门窗水库取水口	地表水	湖库型	达标	
15	福建省	福清市	福清市东张水库取水口	地表水	湖库型	达标	
16	福建省	福清市	福清市闽江调水峡南取水口	地表水	河流型	达标	
17	福建省	长乐区	长乐炎山水厂炎山矾头取水口	地表水	河流型	达标	
18	福建省	厦门市	厦门市莲坂水厂、集美水厂石兜、坂头水库取水口	地表水	湖库型	达标	
19	福建省	厦门市	厦门市同安梅山水厂汀溪水库取水口	地表水	湖库型	达标	
20	福建省	莆田市	莆田市莆田水厂东圳水库取水口	地表水	湖库型	达标	
21	福建省	莆田市	莆田市涵江水厂外度水库取水口	地表水	湖库型	达标	
22	福建省	仙游县	仙游县仙游水厂古洋水库取水口	地表水	湖库型	达标	
23	福建省	仙游县	仙游县金钟水库取水口	地表水	湖库型	达标	
24	福建省	三明市	三明市东牙溪水库取水口	地表水	湖库型	达标	
25	福建省	明溪县	明溪县城北水厂罗翠水库取水口	地表水	湖库型	达标	
26	福建省	清流县	清流县自来水厂严坊溪取水口	地表水	湖库型	达标	
27	福建省	宁化县	宁化县沙子甲水厂寨头里水库取水口	地表水	湖库型	达标	

续表

序号	省份名称	行政区划	点位名称	水源地类型	水体类型	达标情况	超标指标及超标倍数
28	福建省	大田县	大田县自来水公司坑口水库取水口	地表水	湖库型	达标	
29	福建省	尤溪县	尤溪县自来水厂大池水库取水口	地表水	湖库型	达标	
30	福建省	尤溪县	尤溪县东村溪兴头水库取水口	地表水	湖库型	达标	
31	福建省	沙县区	沙县第一水厂洞天岩水库取水口	地表水	湖库型	达标	
32	福建省	沙县区	沙县第三水厂马岩水库取水口	地表水	湖库型	达标	
33	福建省	沙县区	沙县双溪水库取水口	地表水	湖库型	达标	
34	福建省	将乐县	将乐县下村水厂漠村溪取水口	地表水	河流型	达标	
35	福建省	泰宁县	泰宁县北溪水厂际头水库取水口	地表水	湖库型	达标	
36	福建省	建宁县	建宁县自来水公司王坪栋水库取水口	地表水	湖库型	达标	
37	福建省	永安市	永安市北区水厂沙溪取水口	地表水	河流型	达标	
38	福建省	永安市	永安市南区水厂洛溪水库取水口	地表水	湖库型	达标	
39	福建省	泉州市	泉州市北水厂北高干渠取水口	地表水	河流型	达标	
40	福建省	泉州市	泉州市湄丰水厂、泉港第三水厂泗洲水库取水口	地表水	湖库型	达标	
41	福建省	泉州市	泉州市湄丰水厂、泉港第三水厂黄塘溪取水口	地表水	河流型	达标	
42	福建省	泉州市	泉州市金浦水厂、三水厂晋江干流金鸡拦河旧闸取水口	地表水	河流型	达标	
43	福建省	惠安县	惠安县城南水厂黄塘溪取水口	地表水	河流型	达标	
44	福建省	惠安县	惠安县北关水厂菱溪水库取水口	地表水	湖库型	达标	
45	福建省	安溪县	安溪县城关水厂晋江西溪吾都取水口	地表水	河流型	达标	
46	福建省	永春县	永春县第三自来水厂晋江东溪湖洋溪取水口	地表水	河流型	达标	
47	福建省	德化县	德化县第二水厂国宝溪取水口	地表水	河流型	达标	
48	福建省	石狮市	石狮市石狮水厂南高干渠取水口	地表水	河流型	达标	
49	福建省	晋江市	晋江市田洋水厂南高干渠取水口	地表水	河流型	达标	
50	福建省	南安市	南安市美林水厂晋江东溪取水口	地表水	河流型	达标	
51	福建省	漳州市	厦门市高殿水厂、杏林水厂九龙江北溪取水口	地表水	河流型	达标	
52	福建省	漳州市	漳州市第二水厂九龙江北溪鳌浦取水口	地表水	河流型	达标	
53	福建省	漳州市	漳州市三水厂、福糖水厂九龙江北溪内林取水口	地表水	河流型	达标	
54	福建省	漳州市	漳州市金峰水厂九龙江西溪取水口	地表水	河流型	达标	
55	福建省	云霄县	云霄县风吹岭水厂车圩溪取水口	地表水	河流型	达标	
56	福建省	漳浦县	漳浦县自来水厂梁山水库取水口	地表水	湖库型	达标	
57	福建省	漳浦县	漳浦县自来水厂澎水水库取水口	地表水	湖库型	达标	
58	福建省	诏安县	诏安县自来水厂亚湖水库取水口	地表水	湖库型	达标	
59	福建省	长泰区	长泰自来水公司龙津溪福信取水口	地表水	河流型	达标	

续表

序号	省份名称	行政区划	点位名称	水源地类型	水体类型	达标情况	超标指标及超标倍数
60	福建省	东山县	东山县供水公司红旗水库取水口	地表水	湖库型	达标	
61	福建省	南靖县	南靖县自来水公司象溪取水口	地表水	河流型	达标	
62	福建省	平和县	平和县自来水公司花山溪取水口	地表水	河流型	达标	
63	福建省	华安县	华安县自来水厂九龙江北溪取水口	地表水	河流型	达标	
64	福建省	龙海区	龙海自来水厂九龙江北溪江东桥取水口	地表水	河流型	达标	
65	福建省	南平市	南平市新建村水厂照溪（五星桥水库）取水口	地表水	湖库型	达标	
66	福建省	南平市	南平市武夷新区水厂雷公口水库取水口	地表水	湖库型	达标	
67	福建省	顺昌县	顺昌县派溪水厂院尾水库取水口	地表水	湖库型	达标	
68	福建省	浦城县	浦城县东区水厂南浦溪取水口	地表水	河流型	达标	
69	福建省	浦城县	浦城县西区水厂东风水库取水口	地表水	湖库型	达标	
70	福建省	光泽县	光泽县自来水厂西关水坝取水口	地表水	河流型	达标	
71	福建省	松溪县	松溪县杉溪水厂杉溪取水口	地表水	河流型	达标	
72	福建省	松溪县	松溪县来龙水厂钱园桥水库取水口	地表水	湖库型	达标	
73	福建省	政和县	政和县珠山水厂宝岭水库取水口	地表水	湖库型	达标	
74	福建省	邵武市	邵武市熙春水厂大乾水库取水口	地表水	湖库型	达标	
75	福建省	武夷山市	武夷山市石雄水厂西溪取水口	地表水	河流型	达标	
76	福建省	武夷山市	武夷山市三菇水厂崇阳溪取水口	地表水	河流型	达标	
77	福建省	建瓯市	建瓯市东门水厂松溪取水口	地表水	河流型	达标	
78	福建省	建瓯市	建瓯市新区水厂七里街水库取水口	地表水	湖库型	达标	
79	福建省	龙岩市	龙岩市凤凰水厂富溪三级水库大坝取水口	地表水	湖库型	达标	
80	福建省	龙岩市	龙岩市新区水厂黄岗水库取水口	地表水	湖库型	达标	
81	福建省	龙岩市	龙岩市东南洋水厂东肖水库取水口	地表水	湖库型	达标	
82	福建省	长汀县	长汀县自来水股份有限公司正方水库取水口	地表水	湖库型	达标	
83	福建省	永定区	永定龙寨水厂龙寨水库取水口	地表水	湖库型	达标	
84	福建省	永定区	永定淑雅溪水库取水口	地表水	湖库型	达标	
85	福建省	上杭县	上杭县兰地水厂汀江横滩取水口	地表水	河流型	达标	
86	福建省	武平县	武平县北门水厂捷文水库取水口	地表水	湖库型	达标	
87	福建省	连城县	连城县自来水公司竹光地下取水口	地下水	地下水源	达标	
88	福建省	连城县	连城县自来水公司波洋地下取水口	地下水	地下水源	达标	
89	福建省	连城县	连城县城区第二水源北团河取水口	地表水	河流型	达标	
90	福建省	漳平市	漳平市自来水厂大坂三级电站取水口	地表水	河流型	达标	
91	福建省	漳平市	漳平市铁路水厂双洋溪取水口	地表水	河流型	达标	
92	福建省	宁德市	宁德市二水厂金涵水库取水口	地表水	湖库型	达标	
93	福建省	宁德市	宁德市德源自来水厂陈家洋水库取水口	地表水	湖库型	达标	

续表

序号	省份名称	行政区划	点位名称	水源地类型	水体类型	达标情况	超标指标及超标倍数
94	福建省	宁德市	宁德市第一自来水厂金溪取水口	地表水	河流型	达标	
95	福建省	霞浦县	霞浦县北山里水厂溪西水库取水口	地表水	湖库型	达标	
96	福建省	古田县	古田县城关水厂桃溪水库取水口	地表水	湖库型	达标	
97	福建省	屏南县	屏南县第一自来水厂汤坑溪取水口	地表水	河流型	达标	
98	福建省	屏南县	屏南县第二自来水厂南峭溪取水口	地表水	河流型	达标	
99	福建省	屏南县	屏南县第二自来水厂引水工程取水口	地表水	河流型	达标	
100	福建省	寿宁县	寿宁县城区自来水厂西山水库取水口	地表水	湖库型	达标	
101	福建省	周宁县	周宁县深洋水厂李园水库取水口	地表水	湖库型	达标	
102	福建省	柘荣县	柘荣县自来水厂新荣溪水库取水口	地表水	湖库型	达标	
103	福建省	福安市	福安市城关二水厂交溪桃花岛取水口	地表水	河流型	达标	
104	福建省	福安市	福安市城东水厂留洋水库取水口	地表水	湖库型	达标	
105	福建省	福鼎市	福鼎市二水厂南溪水库取水口	地表水	湖库型	达标	
106	福建省	平潭综合实验区	平潭县自来水公司三十六脚湖取水口	地表水	湖库型	达标	

3月

一、监测情况

2023年3月，全省9个设区市及平潭综合实验区共监测106个正式投入使用的集中式生活饮用水水源（取水口），其中地表水水源104个（河流型48个，湖库型56个）、地下水水源2个。

（一）监测点位

1. 地表水水源：河流型水源在水厂取水口上游100米附近处设置监测断面，水厂在同一河流有多个取水口，可在最上游100米处设置监测断面；湖库型水源原则上按常规监测点位采样，在每个水源取水口周边100米处设置1个监测点位进行采样。河流及湖库采样深度为水面下0.5米处。

2. 地下水水源：具备采样条件的，在抽水井采样。如不具备采样条件，在自来水厂的汇水区（加滤前）采样。

（二）监测项目

1. 地表水水源

①设区城市、平潭综合实验区：监测项目为《地表水环境质量标准》（GB 3838—2002）表1的基本项目（24项）、表2的补充项目（5项）和表3的优选特定项目（33项），共62项。其中，湖库型地表水饮用水源加测叶绿素a和透明度2项，共64项。

②县级城市：监测项目为《地表水环境质量标准》（GB 3838—2002）表1的基本项目（24项）、表2的补充项目（5项），共29项。其中，湖库型地表水饮用水源加测叶绿素a和透明度2项，共31项。

2. 地下水饮用水源

监测项目为《地下水质量标准》（GB/T 14848—2017）表1中39项。

各地可根据当地污染实际情况，适当增加区域特征污染物。

二、评价标准及方法

（一）地表水水源

地表水水源水质评价根据《地表水环境质量标准》（GB 3838—2002）Ⅲ类标准限值进行评价。基本项目按照《地表水环境质量评价方法（试行）》（环办〔2011〕22号）进行评价，补充项目、特定项目采用单因子评价法进行评价。

（二）地下水水源

地下水水源水质评价执行《地下水质量标准》（GB/T 14848—2017）Ⅲ类标准限值，采用单因子评价法进行评价。评价项目为《地下水质量标准》（GB/T 14848—2017）表 1 中 39 项。

三、评价结果

（一）总体情况

106 个集中式生活饮用水水源均达标（达到或优于Ⅲ类标准），达标比例为 100%（详见附表）。

（二）地表水水源

104 个地表水水源均达标，达标比例为 100%。其中，有 79 个达到或优于Ⅱ类标准，占 76.0%。

（三）地下水水源

2 个地下水水源均达标，达标比例为 100%。

备注：

1. 集中式生活饮用水水源，是指进入输水管网送到用户的和具有一定取水规模（供水人口一般大于 1000 人）的在用、备用和规划水源。

2. 集中式生活饮用水水源和饮用水的区别：饮用水水源为原水，居民饮用水为末梢水，水源水经自来水厂净化处理达到《生活饮用水卫生标准》的要求后，进入居民供水系统作为饮用水。

附表

2023 年 3 月福建省县级以上集中式生活饮用水水源水质状况

序号	省份名称	行政区划	点位名称	水源地类型	水体类型	达标情况	超标指标及超标倍数
1	福建省	福州市	福州市西区、北区水厂闽江原厝取水口	地表水	河流型	达标	
2	福建省	福州市	福州市城门水厂闽江南港取水口	地表水	河流型	达标	
3	福建省	福州市	福州市马尾水厂白眉水库取水口	地表水	湖库型	达标	
4	福建省	福州市	福州市新东区水厂塘坂取水口	地表水	河流型	达标	
5	福建省	福州市	福州市飞凤山水厂水源取水口	地表水	河流型	达标	
6	福建省	闽侯县	闽侯县自来水公司叶洋泵站取水口	地表水	河流型	达标	
7	福建省	连江县	连江县塘坂水厂塘坂取水口	地表水	河流型	达标	
8	福建省	罗源县	罗源县八井水厂反调节库取水口	地表水	河流型	达标	
9	福建省	罗源县	罗源县可湖水厂西溪水库取水口	地表水	湖库型	达标	
10	福建省	罗源县	罗源县洋尾水厂东岩调节水库取水口	地表水	湖库型	达标	
11	福建省	闽清县	闽清县白石坑水厂、塔山水厂闽江取水口	地表水	河流型	达标	
12	福建省	闽清县	闽清县葫芦门水库取水口	地表水	湖库型	达标	
13	福建省	永泰县	永泰县南区水厂大樟溪取水口	地表水	河流型	达标	
14	福建省	永泰县	永泰县青云山水厂天门窗水库取水口	地表水	湖库型	达标	
15	福建省	福清市	福清市东张水库取水口	地表水	湖库型	达标	
16	福建省	福清市	福清市闽江调水峡南取水口	地表水	河流型	达标	
17	福建省	长乐区	长乐炎山水厂炎山矶头取水口	地表水	河流型	达标	
18	福建省	厦门市	厦门市莲坂水厂、集美水厂石兜、坂头水库取水口	地表水	湖库型	达标	
19	福建省	厦门市	厦门市同安梅山水厂汀溪水库取水口	地表水	湖库型	达标	
20	福建省	莆田市	莆田市莆田水厂东圳水库取水口	地表水	湖库型	达标	
21	福建省	莆田市	莆田市涵江水厂外度水库取水口	地表水	湖库型	达标	

续表

序号	省份名称	行政区划	点位名称	水源地类型	水体类型	达标情况	超标指标及超标倍数
22	福建省	仙游县	仙游县仙游水厂古洋水库取水口	地表水	湖库型	达标	
23	福建省	仙游县	仙游县金钟水库取水口	地表水	湖库型	达标	
24	福建省	三明市	三明市东牙溪水库取水口	地表水	湖库型	达标	
25	福建省	明溪县	明溪县城北水厂罗翠水库取水口	地表水	湖库型	达标	
26	福建省	清流县	清流县自来水厂严坊溪取水口	地表水	湖库型	达标	
27	福建省	宁化县	宁化县沙子甲水厂寨头里水库取水口	地表水	湖库型	达标	
28	福建省	大田县	大田县自来水公司坑口水库取水口	地表水	湖库型	达标	
29	福建省	尤溪县	尤溪县自来水厂大池水库取水口	地表水	湖库型	达标	
30	福建省	尤溪县	尤溪县东村溪兴头水库取水口	地表水	湖库型	达标	
31	福建省	沙县区	沙县第一水厂洞天岩水库取水口	地表水	湖库型	达标	
32	福建省	沙县区	沙县第三水厂马岩水库取水口	地表水	湖库型	达标	
33	福建省	沙县区	沙县双溪水库取水口	地表水	湖库型	达标	
34	福建省	将乐县	将乐县下村水厂漠村溪取水口	地表水	河流型	达标	
35	福建省	泰宁县	泰宁县北溪水厂际头水库取水口	地表水	湖库型	达标	
36	福建省	建宁县	建宁县自来水公司王坪栋水库取水口	地表水	湖库型	达标	
37	福建省	永安市	永安市北区水厂沙溪取水口	地表水	河流型	达标	
38	福建省	永安市	永安市南区水厂洛溪水库取水口	地表水	湖库型	达标	
39	福建省	泉州市	泉州市北水厂北高干渠取水口	地表水	河流型	达标	
40	福建省	泉州市	泉州市涓丰水厂、泉港第三水厂泗洲水库取水口	地表水	湖库型	达标	
41	福建省	泉州市	泉州市涓丰水厂、泉港第三水厂黄塘溪取水口	地表水	河流型	达标	
42	福建省	泉州市	泉州市金浦水厂、三水厂晋江干流金鸡拦河旧闸取水口	地表水	河流型	达标	
43	福建省	惠安县	惠安县城南水厂黄塘溪取水口	地表水	河流型	达标	
44	福建省	惠安县	惠安县北关水厂菱溪水库取水口	地表水	湖库型	达标	
45	福建省	安溪县	安溪县城关水厂晋江西溪吾都取水口	地表水	河流型	达标	
46	福建省	永春县	永春县第三自来水厂晋江东溪湖洋溪取水口	地表水	河流型	达标	
47	福建省	德化县	德化县第二水厂国宝溪取水口	地表水	河流型	达标	
48	福建省	石狮市	石狮市石狮水厂南高干渠取水口	地表水	河流型	达标	
49	福建省	晋江市	晋江市田洋水厂南高干渠取水口	地表水	河流型	达标	
50	福建省	南安市	南安市美林水厂晋江东溪取水口	地表水	河流型	达标	
51	福建省	漳州市	厦门市高殿水厂、杏林水厂九龙江北溪取水口	地表水	河流型	达标	
52	福建省	漳州市	漳州市第二水厂九龙江北溪鳌浦取水口	地表水	河流型	达标	
53	福建省	漳州市	漳州市三水厂、福糖水厂九龙江北溪内林取水口	地表水	河流型	达标	

续表

序号	省份名称	行政区划	点位名称	水源地类型	水体类型	达标情况	超标指标及超标倍数
54	福建省	漳州市	漳州市金峰水厂九龙江西溪取水口	地表水	河流型	达标	
55	福建省	云霄县	云霄县风吹岭水厂车圩溪取水口	地表水	河流型	达标	
56	福建省	漳浦县	漳浦县自来水厂梁山水库取水口	地表水	湖库型	达标	
57	福建省	漳浦县	漳浦县自来水厂澎水水库取水口	地表水	湖库型	达标	
58	福建省	诏安县	诏安县自来水厂亚湖水库取水口	地表水	湖库型	达标	
59	福建省	长泰区	长泰自来水公司龙津溪福信取水口	地表水	河流型	达标	
60	福建省	东山县	东山县供水公司红旗水库取水口	地表水	湖库型	达标	
61	福建省	南靖县	南靖县自来水公司象溪取水口	地表水	河流型	达标	
62	福建省	平和县	平和县自来水公司花山溪取水口	地表水	河流型	达标	
63	福建省	华安县	华安县自来水厂九龙江北溪取水口	地表水	河流型	达标	
64	福建省	龙海区	龙海自来水厂九龙江北溪江东桥取水口	地表水	河流型	达标	
65	福建省	南平市	南平市新建村水厂照溪（五星桥水库）取水口	地表水	湖库型	达标	
66	福建省	南平市	南平市武夷新区水厂雷公口水库取水口	地表水	湖库型	达标	
67	福建省	顺昌县	顺昌县派溪水厂院尾水库取水口	地表水	湖库型	达标	
68	福建省	浦城县	浦城县东区水厂南浦溪取水口	地表水	河流型	达标	
69	福建省	浦城县	浦城县西区水厂东风水库取水口	地表水	湖库型	达标	
70	福建省	光泽县	光泽县自来水厂西关水坝取水口	地表水	河流型	达标	
71	福建省	松溪县	松溪县杉溪水厂杉溪取水口	地表水	河流型	达标	
72	福建省	松溪县	松溪县来龙水厂钱园桥水库取水口	地表水	湖库型	达标	
73	福建省	政和县	政和县珠山水厂宝岭水库取水口	地表水	湖库型	达标	
74	福建省	邵武市	邵武市熙春水厂大乾水库取水口	地表水	湖库型	达标	
75	福建省	武夷山市	武夷山市石雄水厂西溪取水口	地表水	河流型	达标	
76	福建省	武夷山市	武夷山市三菇水厂崇阳溪取水口	地表水	河流型	达标	
77	福建省	建瓯市	建瓯市东门水厂松溪取水口	地表水	河流型	达标	
78	福建省	建瓯市	建瓯市新区水厂七里街水库取水口	地表水	湖库型	达标	
79	福建省	龙岩市	龙岩市凤凰水厂富溪三级水库大坝取水口	地表水	湖库型	达标	
80	福建省	龙岩市	龙岩市新区水厂黄岗水库取水口	地表水	湖库型	达标	
81	福建省	龙岩市	龙岩市东南洋水厂东肖水库取水口	地表水	湖库型	达标	
82	福建省	长汀县	长汀县自来水股份有限公司正方水库取水口	地表水	湖库型	达标	
83	福建省	永定区	永定龙寨水厂龙寨水库取水口	地表水	湖库型	达标	
84	福建省	永定区	永定淑雅溪水库取水口	地表水	湖库型	达标	
85	福建省	上杭县	上杭县兰地水厂汀江横滩取水口	地表水	河流型	达标	
86	福建省	武平县	武平县北门水厂捷文水库取水口	地表水	湖库型	达标	
87	福建省	连城县	连城县自来水公司竹光地下取水口	地下水	地下水源	达标	
88	福建省	连城县	连城县自来水公司波洋地下取水口	地下水	地下水源	达标	

续表

序号	省份名称	行政区划	点位名称	水源地类型	水体类型	达标情况	超标指标及超标倍数
89	福建省	连城县	连城县城区第二水源北团河取水口	地表水	河流型	达标	
90	福建省	漳平市	漳平市自来水厂大坂三级电站取水口	地表水	河流型	达标	
91	福建省	漳平市	漳平市铁路水厂双洋溪取水口	地表水	河流型	达标	
92	福建省	宁德市	宁德市二水厂金涵水库取水口	地表水	湖库型	达标	
93	福建省	宁德市	宁德市德源自来水厂陈家洋水库取水口	地表水	湖库型	达标	
94	福建省	宁德市	宁德市第一自来水厂金溪取水口	地表水	河流型	达标	
95	福建省	霞浦县	霞浦县北山里水厂溪西水库取水口	地表水	湖库型	达标	
96	福建省	古田县	古田县城关水厂桃溪水库取水口	地表水	湖库型	达标	
97	福建省	屏南县	屏南县第一自来水厂汤坑溪取水口	地表水	河流型	达标	
98	福建省	屏南县	屏南县第二自来水厂南峭溪取水口	地表水	河流型	达标	
99	福建省	屏南县	屏南县第二自来水厂引水工程取水口	地表水	河流型	达标	
100	福建省	寿宁县	寿宁县城区自来水厂西山水库取水口	地表水	湖库型	达标	
101	福建省	周宁县	周宁县深洋水厂李园水库取水口	地表水	湖库型	达标	
102	福建省	柘荣县	柘荣县自来水厂新荣溪水库取水口	地表水	湖库型	达标	
103	福建省	福安市	福安市城关二水厂交溪桃花岛取水口	地表水	河流型	达标	
104	福建省	福安市	福安市城东水厂留洋水库取水口	地表水	湖库型	达标	
105	福建省	福鼎市	福鼎市二水厂南溪水库取水口	地表水	湖库型	达标	
106	福建省	平潭综合实验区	平潭县自来水公司三十六脚湖取水口	地表水	湖库型	达标	

4月

一、监测情况

2023年4月，全省9个设区市及平潭综合实验区共监测106个正式投入使用的集中式生活饮用水水源（取水口），其中地表水水源104个（河流型48个，湖库型56个）、地下水水源2个。

（一）监测点位

1. 地表水水源：河流型水源在水厂取水口上游100米附近处设置监测断面，水厂在同一河流有多个取水口，可在最上游100米处设置监测断面；湖库型水源原则上按常规监测点位采样，在每个水源取水口周边100米处设置1个监测点位进行采样。河流及湖库采样深度为水面下0.5米处。

2. 地下水水源：具备采样条件的，在抽水井采样。如不具备采样条件，在自来水厂的汇水区（加滤前）采样。

（二）监测项目

1. 地表水水源

①设区城市、平潭综合实验区：监测项目为《地表水环境质量标准》（GB 3838—2002）表1的基本项目（24项）、表2的补充项目（5项）和表3的优选特定项目（33项），共62项。其中，湖库型地表水饮用水源加测叶绿素a和透明度2项，共64项。

②县级城市：监测项目为《地表水环境质量标准》（GB 3838—2002）表1的基本项目（24项）、表2的补充项目（5项），共29项。其中，湖库型地表水饮用水源加测叶绿素a和透明度2项，共31项。

2. 地下水饮用水源

监测项目为《地下水质量标准》（GB/T 14848—2017）表1中39项。

各地可根据当地污染实际情况，适当增加区

域特征污染物。

二、评价标准及方法

（一）地表水水源

地表水水源水质评价根据《地表水环境质量标准》（GB 3838—2002）Ⅲ类标准限值进行评价。基本项目按照《地表水环境质量评价方法（试行）》（环办〔2011〕22 号）进行评价，补充项目、特定项目采用单因子评价法进行评价。

（二）地下水水源

地下水水源水质评价执行《地下水质量标准》（GB/T 14848—2017）Ⅲ类标准限值，采用单因子评价法进行评价。评价项目为《地下水质量标准》（GB/T 14848—2017）表 1 中 39 项。

三、评价结果

（一）总体情况

106 个集中式生活饮用水水源均达标（达到或优于Ⅲ类标准），达标比例为 100%（详见附表）。

（二）地表水水源

104 个地表水水源均达标，达标比例为 100%。其中，有 61 个达到或优于Ⅱ类标准，占 58.7%。

（三）地下水水源

2 个地下水水源均达标，达标比例为 100%。

备注：

1. 集中式生活饮用水水源，是指进入输水管网送到用户的和具有一定取水规模（供水人口一般大于 1000 人）的在用、备用和规划水源。

2. 集中式生活饮用水水源和饮用水的区别：饮用水水源为原水，居民饮用水为末梢水，水源水经自来水厂净化处理达到《生活饮用水卫生标准》的要求后，进入居民供水系统作为饮用水。

附表

2023 年 4 月福建省县级以上集中式生活饮用水水源水质状况

序号	省份名称	行政区划	点位名称	水源地类型	水体类型	达标情况	超标指标及超标倍数
1	福建省	福州市	福州市西区、北区水厂闽江原厝取水口	地表水	河流型	达标	
2	福建省	福州市	福州市城门水厂闽江南港取水口	地表水	河流型	达标	
3	福建省	福州市	福州市马尾水厂白眉水库取水口	地表水	湖库型	达标	
4	福建省	福州市	福州市新东区水厂塘坂取水口	地表水	河流型	达标	
5	福建省	福州市	福州市飞凤山水厂水源取水口	地表水	河流型	达标	
6	福建省	闽侯县	闽侯县自来水公司叶洋泵站取水口	地表水	河流型	达标	
7	福建省	连江县	连江县塘坂水厂塘坂取水口	地表水	河流型	达标	
8	福建省	罗源县	罗源县八井水厂反调节库取水口	地表水	河流型	达标	
9	福建省	罗源县	罗源县可湖水厂西溪水库取水口	地表水	湖库型	达标	
10	福建省	罗源县	罗源县洋尾水厂东岩调节水库取水口	地表水	湖库型	达标	
11	福建省	闽清县	闽清县白石坑水厂、塔山水厂闽江取水口	地表水	河流型	达标	
12	福建省	闽清县	闽清县葫芦门水库取水口	地表水	湖库型	达标	
13	福建省	永泰县	永泰县南区水厂大樟溪取水口	地表水	河流型	达标	
14	福建省	永泰县	永泰县青云山水厂天门窗水库取水口	地表水	湖库型	达标	
15	福建省	福清市	福清市东张水库取水口	地表水	湖库型	达标	
16	福建省	福清市	福清市闽江调水峡南取水口	地表水	河流型	达标	
17	福建省	长乐区	长乐炎山水厂炎山矶头取水口	地表水	河流型	达标	
18	福建省	厦门市	厦门市莲坂水厂、集美水厂石兜、坂头水库取水口	地表水	湖库型	达标	

续表

序号	省份名称	行政区划	点位名称	水源地类型	水体类型	达标情况	超标指标及超标倍数
19	福建省	厦门市	厦门市同安梅山水厂汀溪水库取水口	地表水	湖库型	达标	
20	福建省	莆田市	莆田市莆田水厂东圳水库取水口	地表水	湖库型	达标	
21	福建省	莆田市	莆田市涵江水厂外度水库取水口	地表水	湖库型	达标	
22	福建省	仙游县	仙游县仙游水厂古洋水库取水口	地表水	湖库型	达标	
23	福建省	仙游县	仙游县金钟水库取水口	地表水	湖库型	达标	
24	福建省	三明市	三明市东牙溪水库取水口	地表水	湖库型	达标	
25	福建省	明溪县	明溪县城北水厂罗翠水库取水口	地表水	湖库型	达标	
26	福建省	清流县	清流县自来水厂严坊溪取水口	地表水	湖库型	达标	
27	福建省	宁化县	宁化县沙子甲水厂寨头里水库取水口	地表水	湖库型	达标	
28	福建省	大田县	大田县自来水公司坑口水库取水口	地表水	湖库型	达标	
29	福建省	尤溪县	尤溪县自来水厂大池水库取水口	地表水	湖库型	达标	
30	福建省	尤溪县	尤溪县东村溪兴头水库取水口	地表水	湖库型	达标	
31	福建省	沙县区	沙县第一水厂洞天岩水库取水口	地表水	湖库型	达标	
32	福建省	沙县区	沙县第三水厂马岩水库取水口	地表水	湖库型	达标	
33	福建省	沙县区	沙县双溪水库取水口	地表水	湖库型	达标	
34	福建省	将乐县	将乐县下村水厂漠村溪取水口	地表水	河流型	达标	
35	福建省	泰宁县	泰宁县北溪水厂际头水库取水口	地表水	湖库型	达标	
36	福建省	建宁县	建宁县自来水公司王坪栋水库取水口	地表水	湖库型	达标	
37	福建省	永安市	永安市北区水厂沙溪取水口	地表水	河流型	达标	
38	福建省	永安市	永安市南区水厂洛溪水库取水口	地表水	湖库型	达标	
39	福建省	泉州市	泉州市北水厂北高干渠取水口	地表水	河流型	达标	
40	福建省	泉州市	泉州市湄丰水厂、泉港第三水厂泗洲水库取水口	地表水	湖库型	达标	
41	福建省	泉州市	泉州市湄丰水厂、泉港第三水厂黄塘溪取水口	地表水	河流型	达标	
42	福建省	泉州市	泉州市金浦水厂、三水厂晋江干流金鸡拦河旧闸取水口	地表水	河流型	达标	
43	福建省	惠安县	惠安县城南水厂黄塘溪取水口	地表水	河流型	达标	
44	福建省	惠安县	惠安县北关水厂菱溪水库取水口	地表水	湖库型	达标	
45	福建省	安溪县	安溪县城关水厂晋江西溪吾都取水口	地表水	河流型	达标	
46	福建省	永春县	永春县第三自来水厂晋江东溪湖洋溪取水口	地表水	河流型	达标	
47	福建省	德化县	德化县第二水厂国宝溪取水口	地表水	河流型	达标	
48	福建省	石狮市	石狮市石狮水厂南高干渠取水口	地表水	河流型	达标	
49	福建省	晋江市	晋江市田洋水厂南高干渠取水口	地表水	河流型	达标	
50	福建省	南安市	南安市美林水厂晋江东溪取水口	地表水	河流型	达标	
51	福建省	漳州市	厦门市高殿水厂、杏林水厂九龙江北溪取水口	地表水	河流型	达标	

续表

序号	省份名称	行政区划	点位名称	水源地类型	水体类型	达标情况	超标指标及超标倍数
52	福建省	漳州市	漳州市第二水厂九龙江北溪鳌浦取水口	地表水	河流型	达标	
53	福建省	漳州市	漳州市三水厂、福糖水厂九龙江北溪内林取水口	地表水	河流型	达标	
54	福建省	漳州市	漳州市金峰水厂九龙江西溪取水口	地表水	河流型	达标	
55	福建省	云霄县	云霄县风吹岭水厂车圩溪取水口	地表水	河流型	达标	
56	福建省	漳浦县	漳浦县自来水厂梁山水库取水口	地表水	湖库型	达标	
57	福建省	漳浦县	漳浦县自来水厂澎水水库取水口	地表水	湖库型	达标	
58	福建省	诏安县	诏安县自来水厂亚湖水库取水口	地表水	湖库型	达标	
59	福建省	长泰区	长泰自来水公司龙津溪福信取水口	地表水	河流型	达标	
60	福建省	东山县	东山县供水公司红旗水库取水口	地表水	湖库型	达标	
61	福建省	南靖县	南靖县自来水公司象溪取水口	地表水	河流型	达标	
62	福建省	平和县	平和县自来水公司花山溪取水口	地表水	河流型	达标	
63	福建省	华安县	华安县自来水厂九龙江北溪取水口	地表水	河流型	达标	
64	福建省	龙海区	龙海自来水厂九龙江北溪江东桥取水口	地表水	河流型	达标	
65	福建省	南平市	南平市新建村水厂照溪（五星桥水库）取水口	地表水	湖库型	达标	
66	福建省	南平市	南平市武夷新区水厂雷公口水库取水口	地表水	湖库型	达标	
67	福建省	顺昌县	顺昌县派溪水厂院尾水库取水口	地表水	湖库型	达标	
68	福建省	浦城县	浦城县东区水厂南浦溪取水口	地表水	河流型	达标	
69	福建省	浦城县	浦城县西区水厂东风水库取水口	地表水	湖库型	达标	
70	福建省	松溪县	松溪县杉溪水厂杉溪取水口	地表水	河流型	达标	
71	福建省	松溪县	松溪县来龙水厂钱园桥水库取水口	地表水	湖库型	达标	
72	福建省	政和县	政和县珠山水厂宝岭水库取水口	地表水	湖库型	达标	
73	福建省	邵武市	邵武市熙春水厂大乾水库取水口	地表水	湖库型	达标	
74	福建省	武夷山市	武夷山市石雄水厂西溪取水口	地表水	河流型	达标	
75	福建省	武夷山市	武夷山市三菇水厂崇阳溪取水口	地表水	河流型	达标	
76	福建省	建瓯市	建瓯市东门水厂松溪取水口	地表水	河流型	达标	
77	福建省	建瓯市	建瓯市新区水厂七里街水库取水口	地表水	湖库型	达标	
78	福建省	龙岩市	龙岩市凤凰水厂富溪三级水库大坝取水口	地表水	湖库型	达标	
79	福建省	龙岩市	龙岩市新区水厂黄岗水库取水口	地表水	湖库型	达标	
80	福建省	龙岩市	龙岩市东南洋水厂东肖水库取水口	地表水	湖库型	达标	
81	福建省	长汀县	长汀县自来水股份有限公司正方水库取水口	地表水	湖库型	达标	
82	福建省	永定区	永定龙寨水厂龙寨水库取水口	地表水	湖库型	达标	
83	福建省	永定区	永定淑雅溪水库取水口	地表水	湖库型	达标	
84	福建省	上杭县	上杭县兰地水厂汀江横滩取水口	地表水	河流型	达标	
85	福建省	武平县	武平县北门水厂捷文水库取水口	地表水	湖库型	达标	

续表

序号	省份名称	行政区划	点位名称	水源地类型	水体类型	达标情况	超标指标及超标倍数
86	福建省	连城县	连城县自来水公司竹光地下取水口	地下水	地下水源	达标	
87	福建省	连城县	连城县自来水公司波洋地下取水口	地下水	地下水源	达标	
88	福建省	连城县	连城县城区第二水源北团河取水口	地表水	河流型	达标	
89	福建省	漳平市	漳平市自来水厂大坂三级电站取水口	地表水	河流型	达标	
90	福建省	漳平市	漳平市铁路水厂双洋溪取水口	地表水	河流型	达标	
91	福建省	宁德市	宁德市二水厂金涵水库取水口	地表水	湖库型	达标	
92	福建省	宁德市	宁德市德源自来水厂陈家洋水库取水口	地表水	湖库型	达标	
93	福建省	宁德市	宁德市第一自来水厂金溪取水口	地表水	河流型	达标	
94	福建省	霞浦县	霞浦县北山里水厂溪西水库取水口	地表水	湖库型	达标	
95	福建省	古田县	古田县城关水厂桃溪水库取水口	地表水	湖库型	达标	
96	福建省	屏南县	屏南县第一自来水厂汤坑溪取水口	地表水	河流型	达标	
97	福建省	屏南县	屏南县第二自来水厂南峭溪取水口	地表水	河流型	达标	
98	福建省	屏南县	屏南县第二自来水厂引水工程取水口	地表水	河流型	达标	
99	福建省	寿宁县	寿宁县城区自来水厂西山水库取水口	地表水	湖库型	达标	
100	福建省	周宁县	周宁县深洋水厂李园水库取水口	地表水	湖库型	达标	
101	福建省	柘荣县	柘荣县自来水厂新荣溪水库取水口	地表水	湖库型	达标	
102	福建省	福安市	福安市城关二水厂交溪桃花岛取水口	地表水	河流型	达标	
103	福建省	福安市	福安市城东水厂留洋水库取水口	地表水	湖库型	达标	
104	福建省	福鼎市	福鼎市二水厂南溪水库取水口	地表水	湖库型	达标	
105	福建省	平潭综合实验区	平潭县自来水公司三十六脚湖取水口	地表水	湖库型	达标	

5月

一、监测情况

2023年5月，全省9个设区市及平潭综合实验区共监测106个正式投入使用的集中式生活饮用水水源（取水口），其中地表水水源104个（河流型48个，湖库型56个）、地下水水源2个。

（一）监测点位

1. 地表水水源：河流型水源在水厂取水口上游100米附近处设置监测断面，水厂在同一河流有多个取水口，可在最上游100米处设置监测断面；湖库型水源原则上按常规监测点位采样，在每个水源取水口周边100米处设置1个监测点位进行采样。河流及湖库采样深度为水面下0.5米处。

2. 地下水水源：具备采样条件的，在抽水井采样。如不具备采样条件，在自来水厂的汇水区（加滤前）采样。

（二）监测项目

1. 地表水水源

①设区城市、平潭综合实验区：监测项目为《地表水环境质量标准》（GB 3838—2002）表1的基本项目（24项）、表2的补充项目（5项）和表3的优选特定项目（33项），共62项。其中，湖库型地表水饮用水源加测叶绿素a和透明度2项，共64项。

②县级城市：监测项目为《地表水环境质量标准》（GB 3838—2002）表1的基本项目（24项）、表2的补充项目（5项），共29项。其中，湖库型地表水饮用水源加测叶绿素a和透明度2

项，共31项。

2. 地下水饮用水源

监测项目为《地下水质量标准》（GB/T 14848—2017）表1中39项。

各地可根据当地污染实际情况，适当增加区域特征污染物。

二、评价标准及方法

（一）地表水水源

地表水水源水质评价根据《地表水环境质量标准》（GB 3838—2002）Ⅲ类标准限值进行评价。基本项目按照《地表水环境质量评价方法（试行）》（环办〔2011〕22号）进行评价，补充项目、特定项目采用单因子评价法进行评价。

（二）地下水水源

地下水水源水质评价执行《地下水质量标准》（GB/T 14848—2017）Ⅲ类标准限值，采用单因子评价法进行评价。评价项目为《地下水质量标准》（GB/T 14848—2017）表1中39项。

三、评价结果

（一）总体情况

106个集中式生活饮用水水源均达标（达到或优于Ⅲ类标准），达标比例为100%（详见附表）。

（二）地表水水源

104个地表水水源均达标，达标比例为100%。其中，有68个达到或优于Ⅱ类标准，占65.4%。

（三）地下水水源

2个地下水水源均达标，达标比例为100%。

备注：

1. 集中式生活饮用水水源，是指进入输水管网送到用户的和具有一定取水规模（供水人口一般大于1000人）的在用、备用和规划水源。

2. 集中式生活饮用水水源和饮用水的区别：饮用水水源为原水，居民饮用水为末梢水，水源水经自来水厂净化处理达到《生活饮用水卫生标准》的要求后，进入居民供水系统作为饮用水。

附表

2023年5月福建省县级以上集中式生活饮用水水源水质状况

序号	省份名称	行政区划	点位名称	水源地类型	水体类型	达标情况	超标指标及超标倍数
1	福建省	福州市	福州市西区、北区水厂闽江原厝取水口	地表水	河流型	达标	
2	福建省	福州市	福州市城门水厂闽江南港取水口	地表水	河流型	达标	
3	福建省	福州市	福州市马尾水厂白眉水库取水口	地表水	湖库型	达标	
4	福建省	福州市	福州市新东区水厂塘坂取水口	地表水	河流型	达标	
5	福建省	福州市	福州市飞凤山水厂水源取水口	地表水	河流型	达标	
6	福建省	闽侯县	闽侯县自来水公司叶洋泵站取水口	地表水	河流型	达标	
7	福建省	连江县	连江县塘坂水厂塘坂取水口	地表水	河流型	达标	
8	福建省	罗源县	罗源县八井水厂反调节库取水口	地表水	河流型	达标	
9	福建省	罗源县	罗源县可湖水厂西溪水库取水口	地表水	湖库型	达标	
10	福建省	罗源县	罗源县洋尾水厂东岩调节水库取水口	地表水	湖库型	达标	
11	福建省	闽清县	闽清县白石坑水厂、塔山水厂闽江取水口	地表水	河流型	达标	
12	福建省	闽清县	闽清县葫芦门水库取水口	地表水	湖库型	达标	
13	福建省	永泰县	永泰县南区水厂大樟溪取水口	地表水	河流型	达标	
14	福建省	永泰县	永泰县青云山水厂天门窗水库取水口	地表水	湖库型	达标	
15	福建省	福清市	福清市东张水库取水口	地表水	湖库型	达标	
16	福建省	福清市	福清市闽江调水峡南取水口	地表水	河流型	达标	
17	福建省	长乐区	长乐炎山水厂炎山矶头取水口	地表水	河流型	达标	

续表

序号	省份名称	行政区划	点位名称	水源地类型	水体类型	达标情况	超标指标及超标倍数
18	福建省	厦门市	厦门市莲坂水厂、集美水厂石兜、坂头水库取水口	地表水	湖库型	达标	
19	福建省	厦门市	厦门市同安梅山水厂汀溪水库取水口	地表水	湖库型	达标	
20	福建省	莆田市	莆田市莆田水厂东圳水库取水口	地表水	湖库型	达标	
21	福建省	莆田市	莆田市涵江水厂外度水库取水口	地表水	湖库型	达标	
22	福建省	仙游县	仙游县仙游水厂古洋水库取水口	地表水	湖库型	达标	
23	福建省	仙游县	仙游县金钟水库取水口	地表水	湖库型	达标	
24	福建省	三明市	三明市东牙溪水库取水口	地表水	湖库型	达标	
25	福建省	明溪县	明溪县城北水厂罗翠水库取水口	地表水	湖库型	达标	
26	福建省	清流县	清流县自来水厂严坊溪取水口	地表水	湖库型	达标	
27	福建省	宁化县	宁化县沙子甲水厂寨头里水库取水口	地表水	湖库型	达标	
28	福建省	大田县	大田县自来水公司坑口水库取水口	地表水	湖库型	达标	
29	福建省	尤溪县	尤溪县自来水厂大池水库取水口	地表水	湖库型	达标	
30	福建省	尤溪县	尤溪县东村溪兴头水库取水口	地表水	湖库型	达标	
31	福建省	沙县区	沙县第一水厂洞天岩水库取水口	地表水	湖库型	达标	
32	福建省	沙县区	沙县第三水厂马岩水库取水口	地表水	湖库型	达标	
33	福建省	沙县区	沙县双溪水库取水口	地表水	湖库型	达标	
34	福建省	将乐县	将乐县下村水厂漠村溪取水口	地表水	河流型	达标	
35	福建省	泰宁县	泰宁县北溪水厂际头水库取水口	地表水	湖库型	达标	
36	福建省	建宁县	建宁县自来水公司王坪栋水库取水口	地表水	湖库型	达标	
37	福建省	永安市	永安市北区水厂沙溪取水口	地表水	河流型	达标	
38	福建省	永安市	永安市南区水厂洛溪水库取水口	地表水	湖库型	达标	
39	福建省	泉州市	泉州市北水厂北高干渠取水口	地表水	河流型	达标	
40	福建省	泉州市	泉州市湄丰水厂、泉港第三水厂泗洲水库取水口	地表水	湖库型	达标	
41	福建省	泉州市	泉州市湄丰水厂、泉港第三水厂黄塘溪取水口	地表水	河流型	达标	
42	福建省	泉州市	泉州市金浦水厂、三水厂晋江干流金鸡拦河旧闸取水口	地表水	河流型	达标	
43	福建省	惠安县	惠安县城南水厂黄塘溪取水口	地表水	河流型	达标	
44	福建省	惠安县	惠安县北关水厂菱溪水库取水口	地表水	湖库型	达标	
45	福建省	安溪县	安溪县城关水厂晋江西溪吾都取水口	地表水	河流型	达标	
46	福建省	永春县	永春县第三自来水厂晋江东溪湖洋溪取水口	地表水	河流型	达标	
47	福建省	德化县	德化县第二水厂国宝溪取水口	地表水	河流型	达标	
48	福建省	石狮市	石狮市石狮水厂南高干渠取水口	地表水	河流型	达标	
49	福建省	晋江市	晋江市田洋水厂南高干渠取水口	地表水	河流型	达标	
50	福建省	南安市	南安市美林水厂晋江东溪取水口	地表水	河流型	达标	

续表

序号	省份名称	行政区划	点位名称	水源地类型	水体类型	达标情况	超标指标及超标倍数
51	福建省	漳州市	厦门市高殿水厂、杏林水厂九龙江北溪取水口	地表水	河流型	达标	
52	福建省	漳州市	漳州市第二水厂九龙江北溪鳌浦取水口	地表水	河流型	达标	
53	福建省	漳州市	漳州市三水厂、福糖水厂九龙江北溪内林取水口	地表水	河流型	达标	
54	福建省	漳州市	漳州市金峰水厂九龙江西溪取水口	地表水	河流型	达标	
55	福建省	云霄县	云霄县风吹岭水厂车圩溪取水口	地表水	河流型	达标	
56	福建省	漳浦县	漳浦县自来水厂梁山水库取水口	地表水	湖库型	达标	
57	福建省	漳浦县	漳浦县自来水厂澎水水库取水口	地表水	湖库型	达标	
58	福建省	诏安县	诏安县自来水厂亚湖水库取水口	地表水	湖库型	达标	
59	福建省	长泰区	长泰自来水公司龙津溪福信取水口	地表水	河流型	达标	
60	福建省	东山县	东山县供水公司红旗水库取水口	地表水	湖库型	达标	
61	福建省	南靖县	南靖县自来水公司象溪取水口	地表水	河流型	达标	
62	福建省	平和县	平和县自来水公司花山溪取水口	地表水	河流型	达标	
63	福建省	华安县	华安县自来水厂九龙江北溪取水口	地表水	河流型	达标	
64	福建省	龙海区	龙海自来水厂九龙江北溪江东桥取水口	地表水	河流型	达标	
65	福建省	南平市	南平市新建村水厂照溪（五星桥水库）取水口	地表水	湖库型	达标	
66	福建省	南平市	南平市武夷新区水厂雷公口水库取水口	地表水	湖库型	达标	
67	福建省	顺昌县	顺昌县派溪水厂院尾水库取水口	地表水	湖库型	达标	
68	福建省	浦城县	浦城县东区水厂南浦溪取水口	地表水	河流型	达标	
69	福建省	浦城县	浦城县西区水厂东风水库取水口	地表水	湖库型	达标	
70	福建省	松溪县	松溪县杉溪水厂杉溪取水口	地表水	河流型	达标	
71	福建省	松溪县	松溪县来龙水厂钱园桥水库取水口	地表水	湖库型	达标	
72	福建省	政和县	政和县珠山水厂宝岭水库取水口	地表水	湖库型	达标	
73	福建省	邵武市	邵武市熙春水厂大乾水库取水口	地表水	湖库型	达标	
74	福建省	武夷山市	武夷山市石雄水厂西溪取水口	地表水	河流型	达标	
75	福建省	武夷山市	武夷山市三菇水厂崇阳溪取水口	地表水	河流型	达标	
76	福建省	光泽县	光泽县自来水厂西关水坝取水口	地表水	河流型	达标	
77	福建省	建瓯市	建瓯市东门水厂松溪取水口	地表水	河流型	达标	
78	福建省	建瓯市	建瓯市新区水厂七里街水库取水口	地表水	湖库型	达标	
79	福建省	龙岩市	龙岩市凤凰水厂富溪三级水库大坝取水口	地表水	湖库型	达标	
80	福建省	龙岩市	龙岩市新区水厂黄岗水库取水口	地表水	湖库型	达标	
81	福建省	龙岩市	龙岩市东南洋水厂东肖水库取水口	地表水	湖库型	达标	
82	福建省	长汀县	长汀县自来水股份有限公司正方水库取水口	地表水	湖库型	达标	
83	福建省	永定区	永定龙寨水厂龙寨水库取水口	地表水	湖库型	达标	

续表

序号	省份名称	行政区划	点位名称	水源地类型	水体类型	达标情况	超标指标及超标倍数
84	福建省	永定区	永定淑雅溪水库取水口	地表水	湖库型	达标	
85	福建省	上杭县	上杭县兰地水厂汀江横滩取水口	地表水	河流型	达标	
86	福建省	武平县	武平县北门水厂捷文水库取水口	地表水	湖库型	达标	
87	福建省	连城县	连城县自来水公司竹光地下取水口	地下水	地下水源	达标	
88	福建省	连城县	连城县自来水公司波洋地下取水口	地下水	地下水源	达标	
89	福建省	连城县	连城县城区第二水源北团河取水口	地表水	河流型	达标	
90	福建省	漳平市	漳平市自来水厂大坂三级电站取水口	地表水	河流型	达标	
91	福建省	漳平市	漳平市铁路水厂双洋溪取水口	地表水	河流型	达标	
92	福建省	宁德市	宁德市二水厂金涵水库取水口	地表水	湖库型	达标	
93	福建省	宁德市	宁德市德源自来水厂陈家洋水库取水口	地表水	湖库型	达标	
94	福建省	宁德市	宁德市第一自来水厂金溪取水口	地表水	河流型	达标	
95	福建省	霞浦县	霞浦县北山里水厂溪西水库取水口	地表水	湖库型	达标	
96	福建省	古田县	古田县城关水厂桃溪水库取水口	地表水	湖库型	达标	
97	福建省	屏南县	屏南县第一自来水厂汤坑溪取水口	地表水	河流型	达标	
98	福建省	屏南县	屏南县第二自来水厂南峭溪取水口	地表水	河流型	达标	
99	福建省	屏南县	屏南县第二自来水厂引水工程取水口	地表水	河流型	达标	
100	福建省	寿宁县	寿宁县城区自来水厂西山水库取水口	地表水	湖库型	达标	
101	福建省	周宁县	周宁县深洋水厂李园水库取水口	地表水	湖库型	达标	
102	福建省	柘荣县	柘荣县自来水厂新荣溪水库取水口	地表水	湖库型	达标	
103	福建省	福安市	福安市城关二水厂交溪桃花岛取水口	地表水	河流型	达标	
104	福建省	福安市	福安市城东水厂留洋水库取水口	地表水	湖库型	达标	
105	福建省	福鼎市	福鼎市二水厂南溪水库取水口	地表水	湖库型	达标	
106	福建省	平潭综合实验区	平潭县自来水公司三十六脚湖取水口	地表水	湖库型	达标	

6月

一、监测情况

2023年6月，全省9个设区城市及平潭综合实验区共监测108个正式投入使用的集中式生活饮用水水源（取水口），其中地表水水源106个（河流型48个，湖库型58个）、地下水源2个。

（一）监测点位

1. 地表水水源：河流型水源在水厂取水口上游100米附近处设置监测断面，水厂在同一河流有多个取水口，可在最上游100米处设置监测断面；湖库型水源原则上按常规监测点位采样，在每个水源取水口周边100米处设置1个监测点位进行采样。河流及湖库采样深度为水面下0.5米处。

2. 地下水水源：具备采样条件的，在抽水井采样。如不具备采样条件，在自来水厂的汇水区（加滤前）采样。

（二）监测项目

1. 地表水水源

（1）设区城市、平潭综合实验区：监测项目为《地表水环境质量标准》（GB3838—2002）表1的基本项目（24项）、表2的补充项目（5项）和表3的优选特定项目（33项），共62项。其中，湖库型地表水饮用水源加测叶绿素 a 和透明度 2 项，共 64 项。

（2）县级城市：监测项目为《地表水环境质量标准》（GB3838—2002）表 1 的基本项目（24 项）、表 2 的补充项目（5 项），共 29 项。其中，湖库型地表水饮用水源加测叶绿素 a 和透明度 2 项，共 31 项。

2. 地下水饮用水源

监测项目为《地下水质量标准》（GB/T 14848—2017）表 1 中 39 项。

各地可根据当地污染实际情况，适当增加区域特征污染物。

二、评价标准及方法

（一）地表水水源

地表水水源水质评价根据《地表水环境质量标准》（GB3838—2002）Ⅲ类标准限值进行评价。基本项目按照《地表水环境质量评价方法（试行）》（环办〔2011〕22 号）进行评价，补充项目、特定项目采用单因子评价法进行评价。

（二）地下水水源

地下水水源水质评价执行《地下水质量标准》（GB/T 14848—2017）Ⅲ类标准限值，采用单因子评价法进行评价。评价项目为《地下水质量标准》（GB/T 14848—2017）表 1 中 39 项。

三、评价结果

（一）总体情况

108 个集中式生活饮用水水源均达标（达到或优于Ⅲ类标准），达标比例为 100%（详见附表）。

（二）地表水水源

106 个地表水水源均达标，达标比例为 100%。其中，有 76 个达到或优于Ⅱ类标准，占 71.7%。

（三）地下水水源

2 个地下水水源均达标，达标比例为 100%。

备注：

1. 集中式生活饮用水水源，是指进入输水管网送到用户的和具有一定取水规模（供水人口一般大于 1000 人）的在用、备用和规划水源。

2. 集中式生活饮用水水源和饮用水的区别：饮用水水源为原水，居民饮用水为末梢水，水源水经自来水厂净化处理达到《生活饮用水卫生标准》的要求后，进入居民供水系统作为饮用水。

附表

6 月份福建省县级以上集中式生活饮用水水源水质状况

序号	省份名称	行政区划	点位名称	水源地类型	水体类型	达标情况	超标指标及超标倍数	备注
1	福建省	福州市	福州市西区、北区水厂闽江原厝取水口	地表水	河流型	达标		
2	福建省	福州市	福州市城门水厂闽江南港取水口	地表水	河流型	达标		
3	福建省	福州市	福州市马尾水厂白眉水库取水口	地表水	湖库型	达标		
4	福建省	福州市	福州市新东区水厂塘坂取水口	地表水	河流型	达标		
5	福建省	福州市	福州市飞凤山水厂水源取水口	地表水	河流型	达标		
6	福建省	长乐区	长乐区炎山水厂炎山矶头取水口	地表水	河流型	达标		
7	福建省	闽侯县	闽侯县自来水公司叶洋泵站取水口	地表水	河流型	达标		
8	福建省	连江县	连江县塘坂水厂塘坂取水口	地表水	河流型	达标		
9	福建省	罗源县	罗源县八井水厂反调节库取水口	地表水	河流型	达标		
10	福建省	罗源县	罗源县可湖水厂西溪水库取水口	地表水	湖库型	达标		
11	福建省	罗源县	罗源县洋尾水厂东岩调节水库取水口	地表水	湖库型	达标		
12	福建省	闽清县	闽清县白石坑水厂、塔山水厂闽江取水口	地表水	河流型	达标		
13	福建省	闽清县	闽清县葫芦门水库取水口	地表水	湖库型	达标		
14	福建省	永泰县	永泰县南区水厂大樟溪取水口	地表水	河流型	达标		

续表

序号	省份名称	行政区划	点位名称	水源地类型	水体类型	达标情况	超标指标及超标倍数	备注
15	福建省	永泰县	永泰县青云山水厂天门窗水库取水口	地表水	湖库型	达标		
16	福建省	福清市	福清市东张水库取水口	地表水	湖库型	达标		
17	福建省	福清市	福清市闽江调水峡南取水口	地表水	河流型	达标		
18	福建省	厦门市	厦门市莲坂水厂、集美水厂石兜、坂头水库取水口	地表水	湖库型	达标		
19	福建省	厦门市	厦门市同安梅山水厂汀溪水库取水口	地表水	湖库型	达标		
20	福建省	莆田市	莆田市莆田水厂东圳水库取水口	地表水	湖库型	达标		
21	福建省	莆田市	莆田市涵江水厂外度水库取水口	地表水	湖库型	达标		
22	福建省	仙游县	仙游县仙游水厂古洋水库取水口	地表水	湖库型	达标		
23	福建省	仙游县	仙游县金钟水库取水口	地表水	湖库型	达标		
24	福建省	三明市	三明市东牙溪水库取水口	地表水	湖库型	达标		
25	福建省	沙县区	沙县区第一水厂洞天岩水库取水口	地表水	湖库型	达标		
26	福建省	沙县区	沙县区第三水厂马岩水库取水口	地表水	湖库型	达标		
27	福建省	沙县区	沙县区双溪水库取水口	地表水	湖库型	达标		
28	福建省	明溪县	明溪县城北水厂罗翠水库取水口	地表水	湖库型	达标		
29	福建省	清流县	清流县自来水厂严坊溪取水口	地表水	湖库型	达标		
30	福建省	宁化县	宁化县沙子甲水厂寨头里水库取水口	地表水	湖库型	达标		
31	福建省	大田县	大田县自来水公司坑口水库取水口	地表水	湖库型	达标		
32	福建省	尤溪县	尤溪县自来水厂大池水库取水口	地表水	湖库型	达标		
33	福建省	尤溪县	尤溪县东村溪兴头水库取水口	地表水	湖库型	达标		
34	福建省	将乐县	将乐县下村水厂漠村溪取水口	地表水	河流型	达标		
35	福建省	泰宁县	泰宁县北溪水厂际头水库取水口	地表水	湖库型	达标		
36	福建省	建宁县	建宁县自来水公司王坪栋水库取水口	地表水	湖库型	达标		
37	福建省	永安市	永安市北区水厂沙溪取水口	地表水	河流型	达标		
38	福建省	永安市	永安市南区水厂洛溪水库取水口	地表水	湖库型	达标		
39	福建省	泉州市	泉州市北水厂北高干渠取水口	地表水	河流型	达标		
40	福建省	泉州市	泉州市湄丰水厂、泉港第三水厂泗洲水库取水口	地表水	湖库型	达标		
41	福建省	泉州市	泉州市湄丰水厂、泉港第三水厂黄塘溪取水口	地表水	河流型	达标		
42	福建省	泉州市	泉州市金浦水厂、三水厂晋江干流金鸡拦河旧闸取水口	地表水	河流型	达标		
43	福建省	惠安县	惠安县城南水厂黄塘溪取水口	地表水	河流型	达标		
44	福建省	惠安县	惠安县北关水厂菱溪水库取水口	地表水	湖库型	达标		
45	福建省	安溪县	安溪县城关水厂晋江西溪吾都取水口	地表水	河流型	达标		
46	福建省	永春县	永春县第三自来水厂晋江东溪湖洋溪取水口	地表水	河流型	达标		
47	福建省	德化县	德化县第二水厂国宝溪取水口	地表水	河流型	达标		

续表

序号	省份名称	行政区划	点位名称	水源地类型	水体类型	达标情况	超标指标及超标倍数	备注
48	福建省	石狮市	石狮市石狮水厂南高干渠取水口	地表水	河流型	达标		
49	福建省	晋江市	晋江市田洋水厂南高干渠取水口	地表水	河流型	达标		
50	福建省	南安市	南安市美林水厂晋江东溪取水口	地表水	河流型	达标		
51	福建省	漳州市	厦门市高殿水厂、杏林水厂九龙江北溪取水口	地表水	河流型	达标		
52	福建省	漳州市	漳州市第二水厂九龙江北溪鳌浦取水口	地表水	河流型	达标		
53	福建省	漳州市	漳州市三水厂、福糖水厂九龙江北溪内林取水口	地表水	河流型	达标		
54	福建省	漳州市	漳州市金峰水厂九龙江西溪取水口	地表水	河流型	达标		
55	福建省	龙海区	龙海区自来水厂九龙江北溪江东桥取水口	地表水	河流型	达标		
56	福建省	长泰区	长泰区自来水公司龙津溪福信取水口	地表水	河流型	达标		
57	福建省	云霄县	云霄县风吹岭水厂车圩溪取水口	地表水	河流型	达标		
58	福建省	漳浦县	漳浦县自来水厂梁山水库取水口	地表水	湖库型	达标		
59	福建省	漳浦县	漳浦县自来水厂澎水水库取水口	地表水	湖库型	达标		
60	福建省	诏安县	诏安县自来水厂亚湖水库取水口	地表水	湖库型	达标		
61	福建省	东山县	东山县供水公司红旗水库取水口	地表水	湖库型	达标		
62	福建省	南靖县	南靖县自来水公司象溪取水口	地表水	河流型	达标		
63	福建省	平和县	平和县自来水公司花山溪取水口	地表水	河流型	达标		
64	福建省	华安县	华安县自来水厂九龙江北溪取水口	地表水	河流型	达标		
65	福建省	南平市	南平市新建村水厂照溪（五星桥水库）取水口	地表水	湖库型	达标		
66	福建省	南平市	南平市武夷新区水厂雷公口水库取水口	地表水	湖库型	达标		
67	福建省	顺昌县	顺昌县派溪水厂院尾水库取水口	地表水	湖库型	达标		
68	福建省	浦城县	浦城县东区水厂南浦溪取水口	地表水	河流型	达标		
69	福建省	浦城县	浦城县西区水厂东风水库取水口	地表水	湖库型	达标		
70	福建省	光泽县	光泽县西溪水厂西溪取水口	地表水	河流型	达标		新增
71	福建省	光泽县	光泽县北溪水厂肖家坑水库取水口	地表水	湖库型	达标		新增
72	福建省	松溪县	松溪县杉溪水厂杉溪取水口	地表水	河流型	达标		
73	福建省	松溪县	松溪县来龙水厂钱园桥水库取水口	地表水	湖库型	达标		
74	福建省	政和县	政和县珠山水厂宝岭水库取水口	地表水	湖库型	达标		
75	福建省	邵武市	邵武市熙春水厂大乾水库取水口	地表水	湖库型	达标		
76	福建省	武夷山市	武夷山市石雄水厂西溪取水口	地表水	河流型	达标		
77	福建省	武夷山市	武夷山市三菇水厂崇阳溪取水口	地表水	河流型	达标		
78	福建省	武夷山市	武夷山市第二水厂东溪水库取水口	地表水	湖库型	达标		新增
79	福建省	建瓯市	建瓯市东门水厂松溪取水口	地表水	河流型	达标		
80	福建省	建瓯市	建瓯市新区水厂七里街水库取水口	地表水	湖库型	达标		

续表

序号	省份名称	行政区划	点位名称	水源地类型	水体类型	达标情况	超标指标及超标倍数	备注
81	福建省	龙岩市	龙岩市凤凰水厂富溪三级水库大坝取水口	地表水	湖库型	达标		
82	福建省	龙岩市	龙岩市新区水厂黄岗水库取水口	地表水	湖库型	达标		
83	福建省	龙岩市	龙岩市东南洋水厂东肖水库取水口	地表水	湖库型	达标		
84	福建省	永定区	永定区龙寨水厂龙寨水库取水口	地表水	湖库型	达标		
85	福建省	永定区	永定区淑雅溪水库取水口	地表水	湖库型	达标		
86	福建省	长汀县	长汀县自来水股份有限公司正方水库取水口	地表水	湖库型	达标		
87	福建省	上杭县	上杭县兰地水厂汀江横滩取水口	地表水	河流型	达标		
88	福建省	武平县	武平县北门水厂捷文水库取水口	地表水	湖库型	达标		
89	福建省	连城县	连城县自来水公司竹光地下取水口	地下水	地下水源	达标		
90	福建省	连城县	连城县自来水公司波洋地下取水口	地下水	地下水源	达标		
91	福建省	连城县	连城县城区第二水源北团河取水口	地表水	河流型	达标		
92	福建省	漳平市	漳平市自来水厂大坂三级电站取水口	地表水	河流型	达标		
93	福建省	漳平市	漳平市铁路水厂双洋溪取水口	地表水	河流型	达标		
94	福建省	宁德市	宁德市二水厂金涵水库取水口	地表水	湖库型	达标		
95	福建省	宁德市	宁德市德源自来水厂陈家洋水库取水口	地表水	湖库型	达标		
96	福建省	宁德市	宁德市第一自来水厂金溪取水口	地表水	河流型	达标		
97	福建省	霞浦县	霞浦县北山里水厂溪西水库取水口	地表水	湖库型	达标		
98	福建省	古田县	古田县城关水厂桃溪水库取水口	地表水	湖库型	达标		
99	福建省	屏南县	屏南县第一自来水厂汤坑溪取水口	地表水	河流型	达标		
100	福建省	屏南县	屏南县第二自来水厂南峭溪取水口	地表水	河流型	达标		
101	福建省	屏南县	屏南县第二自来水厂引水工程取水口	地表水	河流型	达标		
102	福建省	寿宁县	寿宁县城区自来水厂西山水库取水口	地表水	湖库型	达标		
103	福建省	周宁县	周宁县深洋水厂李园水库取水口	地表水	湖库型	达标		
104	福建省	柘荣县	柘荣县自来水厂新荣溪水库取水口	地表水	湖库型	达标		
105	福建省	福安市	福安市城关二水厂交溪桃花岛取水口	地表水	河流型	达标		
106	福建省	福安市	福安市城东水厂留洋水库取水口	地表水	湖库型	达标		
107	福建省	福鼎市	福鼎市二水厂南溪水库取水口	地表水	湖库型	达标		
108	福建省	平潭综合实验区	平潭县自来水公司三十六脚湖取水口	地表水	湖库型	达标		

备注：

1. 按照闽政文〔2023〕193号要求，取消光泽县自来水厂西关水坝取水口点位，2023年6月起停测；

2. 按照闽政文〔2022〕366号要求，新增光泽县西溪水厂西溪取水口点位，2023年6月开始监测；

3. 按照闽政文〔2022〕366号要求，新增光泽县北溪水厂肖家坑水库取水口点位，2023年6月开始监测；

4. 按照闽政文〔2023〕193号要求，新增武夷山市第二水厂东溪水库取水口点位，2023年6月开始监测。

7 月

一、监测情况

2023 年 7 月，全省 9 个设区城市及平潭综合实验区共监测 108 个正式投入使用的集中式生活饮用水水源（取水口），其中地表水水源 106 个（河流型 48 个，湖库型 58 个）、地下水源 2 个。

（一）监测点位

1. 地表水水源：河流型水源在水厂取水口上游 100 米附近处设置监测断面，水厂在同一河流有多个取水口，可在最上游 100 米处设置监测断面；湖库型水源原则上按常规监测点位采样，在每个水源取水口周边 100 米处设置 1 个监测点位进行采样。河流及湖库采样深度为水面下 0.5 米处。

2. 地下水水源：具备采样条件的，在抽水井采样。如不具备采样条件，在自来水厂的汇水区（加滤前）采样。

（二）监测项目

1. 地表水水源

（1）设区城市、平潭综合实验区：监测项目为《地表水环境质量标准》（GB3838—2002）表 1 的基本项目（24 项）、表 2 的补充项目（5 项）和表 3 的优选特定项目（33 项），共 62 项。其中，湖库型地表水饮用水源加测叶绿素 a 和透明度 2 项，共 64 项。

（2）县级城市：监测项目为《地表水环境质量标准》（GB3838—2002）表 1 的基本项目（24 项）、表 2 的补充项目（5 项）和表 3 的优选特定项目（33 项），共 62 项。其中，湖库型地表水饮用水源加测叶绿素 a 和透明度 2 项，共 64 项。

2. 地下水饮用水源

监测项目为《地下水质量标准》（GB/T 14848—2017）表 1 中 39 项。

各地可根据当地污染实际情况，适当增加区域特征污染物。

二、评价标准及方法

（一）地表水水源

地表水水源水质评价根据《地表水环境质量标准》（GB3838—2002）Ⅲ类标准限值进行评价。基本项目按照《地表水环境质量评价方法（试行）》（环办〔2011〕22 号）进行评价，补充项目、特定项目采用单因子评价法进行评价。

（二）地下水水源

地下水水源水质评价执行《地下水质量标准》（GB/T 14848—2017）Ⅲ类标准限值，采用单因子评价法进行评价。评价项目为《地下水质量标准》（GB/T 14848—2017）表 1 中 39 项。

三、评价结果

（一）总体情况

108 个集中式生活饮用水水源均达标（达到或优于Ⅲ类标准），达标比例为 100%（详见附表）。

（二）地表水水源

106 个地表水水源均达标，达标比例为 100%。其中，有 77 个达到或优于Ⅱ类标准，占 72.6%。

（三）地下水水源

2 个地下水水源均达标，达标比例为 100%。

备注：

1. 集中式生活饮用水水源，是指进入输水管网送到用户的和具有一定取水规模（供水人口一般大于 1000 人）的在用、备用和规划水源。

2. 集中式生活饮用水水源和饮用水的区别：饮用水水源为原水，居民饮用水为末梢水，水源水经自来水厂净化处理达到《生活饮用水卫生标准》的要求后，进入居民供水系统作为饮用水。

附表

7 月份福建省县级以上集中式生活饮用水水源水质状况

序号	省份名称	行政区划	点位名称	水源地类型	水体类型	达标情况	超标指标及超标倍数	备注
1	福建省	福州市	福州市西区、北区水厂闽江原厝取水口	地表水	河流型	达标		
2	福建省	福州市	福州市城门水厂闽江南港取水口	地表水	河流型	达标		

续表

序号	省份名称	行政区划	点位名称	水源地类型	水体类型	达标情况	超标指标及超标倍数	备注
3	福建省	福州市	福州市马尾水厂白眉水库取水口	地表水	湖库型	达标		
4	福建省	福州市	福州市新东区水厂塘坂取水口	地表水	河流型	达标		
5	福建省	福州市	福州市飞凤山水厂水源取水口	地表水	河流型	达标		
6	福建省	长乐区	长乐区炎山水厂炎山矶头取水口	地表水	河流型	达标		
7	福建省	闽侯县	闽侯县自来水公司叶洋泵站取水口	地表水	河流型	达标		
8	福建省	连江县	连江县塘坂水厂塘坂取水口	地表水	河流型	达标		
9	福建省	罗源县	罗源县八井水厂反调节库取水口	地表水	河流型	达标		
10	福建省	罗源县	罗源县可湖水厂西溪水库取水口	地表水	湖库型	达标		
11	福建省	罗源县	罗源县洋尾水厂东岩调节水库取水口	地表水	湖库型	达标		
12	福建省	闽清县	闽清县白石坑水厂、塔山水厂闽江取水口	地表水	河流型	达标		
13	福建省	闽清县	闽清县葫芦门水库取水口	地表水	湖库型	达标		
14	福建省	永泰县	永泰县南区水厂大樟溪取水口	地表水	河流型	达标		
15	福建省	永泰县	永泰县青云山水厂天门窗水库取水口	地表水	湖库型	达标		
16	福建省	福清市	福清市东张水库取水口	地表水	湖库型	达标		
17	福建省	福清市	福清市闽江调水峡南取水口	地表水	河流型	达标		
18	福建省	厦门市	厦门市莲坂水厂、集美水厂石兜、坂头水库取水口	地表水	湖库型	达标		
19	福建省	厦门市	厦门市同安梅山水厂汀溪水库取水口	地表水	湖库型	达标		
20	福建省	莆田市	莆田市莆田水厂东圳水库取水口	地表水	湖库型	达标		
21	福建省	莆田市	莆田市涵江水厂外度水库取水口	地表水	湖库型	达标		
22	福建省	仙游县	仙游县仙游水厂古洋水库取水口	地表水	湖库型	达标		
23	福建省	仙游县	仙游县金钟水库取水口	地表水	湖库型	达标		
24	福建省	三明市	三明市东牙溪水库取水口	地表水	湖库型	达标		
25	福建省	沙县区	沙县区第一水厂洞天岩水库取水口	地表水	湖库型	达标		
26	福建省	沙县区	沙县区第三水厂马岩水库取水口	地表水	湖库型	达标		
27	福建省	沙县区	沙县区双溪水库取水口	地表水	湖库型	达标		
28	福建省	明溪县	明溪县城北水厂罗翠水库取水口	地表水	湖库型	达标		
29	福建省	清流县	清流县自来水厂严坊溪取水口	地表水	湖库型	达标		
30	福建省	宁化县	宁化县沙子甲水厂寨头里水库取水口	地表水	湖库型	达标		
31	福建省	大田县	大田县自来水公司坑口水库取水口	地表水	湖库型	达标		
32	福建省	尤溪县	尤溪县自来水厂大池水库取水口	地表水	湖库型	达标		
33	福建省	尤溪县	尤溪县东村溪兴头水库取水口	地表水	湖库型	达标		
34	福建省	将乐县	将乐县下村水厂漠村溪取水口	地表水	河流型	达标		
35	福建省	泰宁县	泰宁县北溪水厂际头水库取水口	地表水	湖库型	达标		
36	福建省	建宁县	建宁县自来水公司王坪栋水库取水口	地表水	湖库型	达标		
37	福建省	永安市	永安市北区水厂沙溪取水口	地表水	河流型	达标		

续表

序号	省份名称	行政区划	点位名称	水源地类型	水体类型	达标情况	超标指标及超标倍数	备注
38	福建省	永安市	永安市南区水厂洛溪水库取水口	地表水	湖库型	达标		
39	福建省	泉州市	泉州市北水厂北高干渠取水口	地表水	河流型	达标		
40	福建省	泉州市	泉州市涓丰水厂、泉港第三水厂泗洲水库取水口	地表水	湖库型	达标		
41	福建省	泉州市	泉州市涓丰水厂、泉港第三水厂黄塘溪取水口	地表水	河流型	达标		
42	福建省	泉州市	泉州市金浦水厂、三水厂晋江干流金鸡拦河旧闸取水口	地表水	河流型	达标		
43	福建省	惠安县	惠安县城南水厂黄塘溪取水口	地表水	河流型	达标		
44	福建省	惠安县	惠安县北关水厂菱溪水库取水口	地表水	湖库型	达标		
45	福建省	安溪县	安溪县城关水厂晋江西溪吾都取水口	地表水	河流型	达标		
46	福建省	永春县	永春县第三自来水厂晋江东溪湖洋溪取水口	地表水	河流型	达标		
47	福建省	德化县	德化县第二水厂国宝溪取水口	地表水	河流型	达标		
48	福建省	石狮市	石狮市石狮水厂南高干渠取水口	地表水	河流型	达标		
49	福建省	晋江市	晋江市田洋水厂南高干渠取水口	地表水	河流型	达标		
50	福建省	南安市	南安市美林水厂晋江东溪取水口	地表水	河流型	达标		
51	福建省	漳州市	厦门市高殿水厂、杏林水厂九龙江北溪取水口	地表水	河流型	达标		
52	福建省	漳州市	漳州市第二水厂九龙江北溪鳌浦取水口	地表水	河流型	达标		
53	福建省	漳州市	漳州市三水厂、福糖水厂九龙江北溪内林取水口	地表水	河流型	达标		
54	福建省	漳州市	漳州市金峰水厂九龙江西溪取水口	地表水	河流型	达标		
55	福建省	龙海区	龙海区自来水厂九龙江北溪江东桥取水口	地表水	河流型	达标		
56	福建省	长泰区	长泰区自来水公司龙津溪福信取水口	地表水	河流型	达标		
57	福建省	云霄县	云霄县风吹岭水厂车圩溪取水口	地表水	河流型	达标		
58	福建省	漳浦县	漳浦县自来水厂梁山水库取水口	地表水	湖库型	达标		
59	福建省	漳浦县	漳浦县自来水厂澎水水库取水口	地表水	湖库型	达标		
60	福建省	诏安县	诏安县自来水厂亚湖水库取水口	地表水	湖库型	达标		
61	福建省	东山县	东山县供水公司红旗水库取水口	地表水	湖库型	达标		
62	福建省	南靖县	南靖县自来水公司象溪取水口	地表水	河流型	达标		
63	福建省	平和县	平和县自来水公司花山溪取水口	地表水	河流型	达标		
64	福建省	华安县	华安县自来水厂九龙江北溪取水口	地表水	河流型	达标		
65	福建省	南平市	南平市新建村水厂照溪（五星桥水库）取水口	地表水	湖库型	达标		
66	福建省	南平市	南平市武夷新区水厂雷公口水库取水口	地表水	湖库型	达标		
67	福建省	顺昌县	顺昌县派溪水厂院尾水库取水口	地表水	湖库型	达标		
68	福建省	浦城县	浦城县东区水厂南浦溪取水口	地表水	河流型	达标		

续表

序号	省份名称	行政区划	点位名称	水源地类型	水体类型	达标情况	超标指标及超标倍数	备注
69	福建省	浦城县	浦城县西区水厂东风水库取水口	地表水	湖库型	达标		
70	福建省	光泽县	光泽县西溪水厂西溪取水口	地表水	河流型	达标		新增
71	福建省	光泽县	光泽县北溪水厂肖家坑水库取水口	地表水	湖库型	达标		新增
72	福建省	松溪县	松溪县杉溪水厂杉溪取水口	地表水	河流型	达标		
73	福建省	松溪县	松溪县来龙水厂钱园桥水库取水口	地表水	湖库型	达标		
74	福建省	政和县	政和县珠山水厂宝岭水库取水口	地表水	湖库型	达标		
75	福建省	邵武市	邵武市熙春水厂大乾水库取水口	地表水	湖库型	达标		
76	福建省	武夷山市	武夷山市石雄水厂西溪取水口	地表水	河流型	达标		
77	福建省	武夷山市	武夷山市三菇水厂崇阳溪取水口	地表水	河流型	达标		
78	福建省	武夷山市	武夷山市第二水厂东溪水库取水口	地表水	湖库型	达标		新增
79	福建省	建瓯市	建瓯市东门水厂松溪取水口	地表水	河流型	达标		
80	福建省	建瓯市	建瓯市新区水厂七里街水库取水口	地表水	湖库型	达标		
81	福建省	龙岩市	龙岩市凤凰水厂富溪三级水库大坝取水口	地表水	湖库型	达标		
82	福建省	龙岩市	龙岩市新区水厂黄岗水库取水口	地表水	湖库型	达标		
83	福建省	龙岩市	龙岩市东南洋水厂东肖水库取水口	地表水	湖库型	达标		
84	福建省	永定区	永定区龙寨水厂龙寨水库取水口	地表水	湖库型	达标		
85	福建省	永定区	永定区淑雅溪水库取水口	地表水	湖库型	达标		
86	福建省	长汀县	长汀县自来水股份有限公司正方水库取水口	地表水	湖库型	达标		
87	福建省	上杭县	上杭县兰地水厂汀江横滩取水口	地表水	河流型	达标		
88	福建省	武平县	武平县北门水厂捷文水库取水口	地表水	湖库型	达标		
89	福建省	连城县	连城县自来水公司竹光地下取水口	地下水	地下水源	达标		
90	福建省	连城县	连城县自来水公司波洋地下取水口	地下水	地下水源	达标		
91	福建省	连城县	连城县城区第二水源北团河取水口	地表水	河流型	达标		
92	福建省	漳平市	漳平市自来水厂大坂三级电站取水口	地表水	河流型	达标		
93	福建省	漳平市	漳平市铁路水厂双洋溪取水口	地表水	河流型	达标		
94	福建省	宁德市	宁德市二水厂金涵水库取水口	地表水	湖库型	达标		
95	福建省	宁德市	宁德市德源自来水厂陈家洋水库取水口	地表水	湖库型	达标		
96	福建省	宁德市	宁德市第一自来水厂金溪取水口	地表水	河流型	达标		
97	福建省	霞浦县	霞浦县北山里水厂溪西水库取水口	地表水	湖库型	达标		
98	福建省	古田县	古田县城关水厂桃溪水库取水口	地表水	湖库型	达标		
99	福建省	屏南县	屏南县第一自来水厂汤坑溪取水口	地表水	河流型	达标		
100	福建省	屏南县	屏南县第二自来水厂南峭溪取水口	地表水	河流型	达标		
101	福建省	屏南县	屏南县第二自来水厂引水工程取水口	地表水	河流型	达标		
102	福建省	寿宁县	寿宁县城区自来水厂西山水库取水口	地表水	湖库型	达标		

续表

序号	省份名称	行政区划	点位名称	水源地类型	水体类型	达标情况	超标指标及超标倍数	备注
103	福建省	周宁县	周宁县深洋水厂李园水库取水口	地表水	湖库型	达标		
104	福建省	柘荣县	柘荣县自来水厂新荣溪水库取水口	地表水	湖库型	达标		
105	福建省	福安市	福安市城关二水厂交溪桃花岛取水口	地表水	河流型	达标		
106	福建省	福安市	福安市城东水厂留洋水库取水口	地表水	湖库型	达标		
107	福建省	福鼎市	福鼎市二水厂南溪水库取水口	地表水	湖库型	达标		
108	福建省	平潭综合实验区	平潭县自来水公司三十六脚湖取水口	地表水	湖库型	达标		

备注：

1. 按照闽政文〔2023〕193号要求，取消光泽县自来水厂西关水坝取水口点位，2023年6月起停测；

2. 按照闽政文〔2022〕366号要求，新增光泽县西溪水厂西溪取水口点位，2023年6月开始监测；

3. 按照闽政文〔2022〕366号要求，新增光泽县北溪水厂肖家坑水库取水口点位，2023年6月开始监测；

4. 按照闽政文〔2023〕193号要求，新增武夷山市第二水厂东溪水库取水口点位，2023年6月开始监测。

8月

一、监测情况

2023年8月，全省9个设区城市及平潭综合实验区共监测108个正式投入使用的集中式生活饮用水水源（取水口），其中地表水水源106个（河流型48个，湖库型58个）、地下水源2个。

（一）监测点位

1. 地表水水源：河流型水源在水厂取水口上游100米附近处设置监测断面，水厂在同一河流有多个取水口，可在最上游100米处设置监测断面；湖库型水源原则上按常规监测点位采样，在每个水源取水口周边100米处设置1个监测点位进行采样。河流及湖库采样深度为水面下0.5米处。

2. 地下水水源：具备采样条件的，在抽水井采样。如不具备采样条件，在自来水厂的汇水区（加滤前）采样。

（二）监测项目

1. 地表水水源

（1）设区城市、平潭综合实验区：监测项目为《地表水环境质量标准》（GB3838—2002）表1的基本项目（24项）、表2的补充项目（5项）和表3的优选特定项目（33项），共62项。其中，湖库型地表水饮用水源加测叶绿素a和透明度2项，共64项。

（2）县级城市：监测项目为《地表水环境质量标准》（GB3838—2002）表1的基本项目（24项）、表2的补充项目（5项），共29项。其中，湖库型地表水饮用水源加测叶绿素a和透明度2项，共31项。

2. 地下水饮用水源

监测项目为《地下水质量标准》（GB/T 14848—2017）表1中39项。

各地可根据当地污染实际情况，适当增加区域特征污染物。

二、评价标准及方法

（一）地表水水源

地表水水源水质评价根据《地表水环境质量标准》（GB3838—2002）Ⅲ类标准限值进行评价。基本项目按照《地表水环境质量评价方法（试行）》（环办〔2011〕22号）进行评价，补充项目、特定项目采用单因子评价法进行评价。

（二）地下水水源

地下水水源水质评价执行《地下水质量标准》（GB/T 14848—2017）Ⅲ类标准限值，采用单因子评价法进行评价。评价项目为《地下水质量标准》（GB/T 14848—2017）表1中39项。

三、评价结果

（一）总体情况

108个集中式生活饮用水水源均达标（达到或优于Ⅲ类标准），达标比例为100%（详见附表）。

（二）地表水水源

106个地表水水源均达标，达标比例为100%。其中，有75个达到或优于Ⅱ类标准，占70.8%。

（三）地下水水源

2个地下水水源均达标，达标比例为100%。

备注：

1. 集中式生活饮用水水源，是指进入输水管网送到用户的和具有一定取水规模（供水人口一般大于1000人）的在用、备用和规划水源。

2. 集中式生活饮用水水源和饮用水的区别：饮用水水源为原水，居民饮用水为末梢水，水源水经自来水厂净化处理达到《生活饮用水卫生标准》的要求后，进入居民供水系统作为饮用水。

附表

8月份福建省县级以上集中式生活饮用水水源水质状况

序号	省份名称	行政区划	点位名称	水源地类型	水体类型	达标情况	超标指标及超标倍数	备注
1	福建省	福州市	福州市西区、北区水厂闽江原厝取水口	地表水	河流型	达标		
2	福建省	福州市	福州市城门水厂闽江南港取水口	地表水	河流型	达标		
3	福建省	福州市	福州市马尾水厂白眉水库取水口	地表水	湖库型	达标		
4	福建省	福州市	福州市新东区水厂塘坂取水口	地表水	河流型	达标		
5	福建省	福州市	福州市飞凤山水厂水源取水口	地表水	河流型	达标		
6	福建省	长乐区	长乐区炎山水厂炎山矾头取水口	地表水	河流型	达标		
7	福建省	闽侯县	闽侯县自来水公司叶洋泵站取水口	地表水	河流型	达标		
8	福建省	连江县	连江县塘坂水厂塘坂取水口	地表水	河流型	达标		
9	福建省	罗源县	罗源县八井水厂反调节库取水口	地表水	河流型	达标		
10	福建省	罗源县	罗源县可湖水厂西溪水库取水口	地表水	湖库型	达标		
11	福建省	罗源县	罗源县洋尾水厂东岩调节水库取水口	地表水	湖库型	达标		
12	福建省	闽清县	闽清县白石坑水厂、塔山水厂闽江取水口	地表水	河流型	达标		
13	福建省	闽清县	闽清县葫芦门水库取水口	地表水	湖库型	达标		
14	福建省	永泰县	永泰县南区水厂大樟溪取水口	地表水	河流型	达标		
15	福建省	永泰县	永泰县青云山水厂天门窗水库取水口	地表水	湖库型	达标		
16	福建省	福清市	福清市东张水库取水口	地表水	湖库型	达标		
17	福建省	福清市	福清市闽江调水峡南取水口	地表水	河流型	达标		
18	福建省	厦门市	厦门市莲坂水厂、集美水厂石兜、坂头水库取水口	地表水	湖库型	达标		
19	福建省	厦门市	厦门市同安梅山水厂汀溪水库取水口	地表水	湖库型	达标		
20	福建省	莆田市	莆田市莆田水厂东圳水库取水口	地表水	湖库型	达标		
21	福建省	莆田市	莆田市涵江水厂外度水库取水口	地表水	湖库型	达标		
22	福建省	仙游县	仙游县仙游水厂古洋水库取水口	地表水	湖库型	达标		
23	福建省	仙游县	仙游县金钟水库取水口	地表水	湖库型	达标		
24	福建省	三明市	三明市东牙溪水库取水口	地表水	湖库型	达标		

续表

序号	省份名称	行政区划	点位名称	水源地类型	水体类型	达标情况	超标指标及超标倍数	备注
25	福建省	沙县区	沙县区第一水厂洞天岩水库取水口	地表水	湖库型	达标		
26	福建省	沙县区	沙县区第三水厂马岩水库取水口	地表水	湖库型	达标		
27	福建省	沙县区	沙县区双溪水库取水口	地表水	湖库型	达标		
28	福建省	明溪县	明溪县城北水厂罗翠水库取水口	地表水	湖库型	达标		
29	福建省	清流县	清流县自来水厂严坊溪取水口	地表水	湖库型	达标		
30	福建省	宁化县	宁化县沙子甲水厂寨头里水库取水口	地表水	湖库型	达标		
31	福建省	大田县	大田县自来水公司坑口水库取水口	地表水	湖库型	达标		
32	福建省	尤溪县	尤溪县自来水厂大池水库取水口	地表水	湖库型	达标		
33	福建省	尤溪县	尤溪县东村溪兴头水库取水口	地表水	湖库型	达标		
34	福建省	将乐县	将乐县下村水厂漠村溪取水口	地表水	河流型	达标		
35	福建省	泰宁县	泰宁县北溪水厂际头水库取水口	地表水	湖库型	达标		
36	福建省	建宁县	建宁县自来水公司王坪栋水库取水口	地表水	湖库型	达标		
37	福建省	永安市	永安市北区水厂沙溪取水口	地表水	河流型	达标		
38	福建省	永安市	永安市南区水厂洛溪水库取水口	地表水	湖库型	达标		
39	福建省	泉州市	泉州市北水厂北高干渠取水口	地表水	河流型	达标		
40	福建省	泉州市	泉州市涠丰水厂、泉港第三水厂泗洲水库取水口	地表水	湖库型	达标		
41	福建省	泉州市	泉州市涠丰水厂、泉港第三水厂黄塘溪取水口	地表水	河流型	达标		
42	福建省	泉州市	泉州市金浦水厂、三水厂晋江干流金鸡拦河旧闸取水口	地表水	河流型	达标		
43	福建省	惠安县	惠安县城南水厂黄塘溪取水口	地表水	河流型	达标		
44	福建省	惠安县	惠安县北关水厂菱溪水库取水口	地表水	湖库型	达标		
45	福建省	安溪县	安溪县城关水厂晋江西溪吾都取水口	地表水	河流型	达标		
46	福建省	永春县	永春县第三自来水厂晋江东溪湖洋溪取水口	地表水	河流型	达标		
47	福建省	德化县	德化县第二水厂国宝溪取水口	地表水	河流型	达标		
48	福建省	石狮市	石狮市石狮水厂南高干渠取水口	地表水	河流型	达标		
49	福建省	晋江市	晋江市田洋水厂南高干渠取水口	地表水	河流型	达标		
50	福建省	南安市	南安市美林水厂晋江东溪取水口	地表水	河流型	达标		
51	福建省	漳州市	厦门市高殿水厂、杏林水厂九龙江北溪取水口	地表水	河流型	达标		
52	福建省	漳州市	漳州市第二水厂九龙江北溪鳌浦取水口	地表水	河流型	达标		
53	福建省	漳州市	漳州市三水厂、福糖水厂九龙江北溪内林取水口	地表水	河流型	达标		
54	福建省	漳州市	漳州市金峰水厂九龙江西溪取水口	地表水	河流型	达标		
55	福建省	龙海区	龙海区自来水厂九龙江北溪江东桥取水口	地表水	河流型	达标		

续表

序号	省份名称	行政区划	点位名称	水源地类型	水体类型	达标情况	超标指标及超标倍数	备注
56	福建省	长泰区	长泰区自来水公司龙津溪福信取水口	地表水	河流型	达标		
57	福建省	云霄县	云霄县风吹岭水厂车圩溪取水口	地表水	河流型	达标		
58	福建省	漳浦县	漳浦县自来水厂梁山水库取水口	地表水	湖库型	达标		
59	福建省	漳浦县	漳浦县自来水厂澎水水库取水口	地表水	湖库型	达标		
60	福建省	诏安县	诏安县自来水厂亚湖水库取水口	地表水	湖库型	达标		
61	福建省	东山县	东山县供水公司红旗水库取水口	地表水	湖库型	达标		
62	福建省	南靖县	南靖县自来水公司象溪取水口	地表水	河流型	达标		
63	福建省	平和县	平和县自来水公司花山溪取水口	地表水	河流型	达标		
64	福建省	华安县	华安县自来水厂九龙江北溪取水口	地表水	河流型	达标		
65	福建省	南平市	南平市新建村水厂照溪（五星桥水库）取水口	地表水	湖库型	达标		
66	福建省	南平市	南平市武夷新区水厂雷公口水库取水口	地表水	湖库型	达标		
67	福建省	顺昌县	顺昌县派溪水厂院尾水库取水口	地表水	湖库型	达标		
68	福建省	浦城县	浦城县东区水厂南浦溪取水口	地表水	河流型	达标		
69	福建省	浦城县	浦城县西区水厂东风水库取水口	地表水	湖库型	达标		
70	福建省	光泽县	光泽县西溪水厂西溪取水口	地表水	河流型	达标		新增
71	福建省	光泽县	光泽县北溪水厂肖家坑水库取水口	地表水	湖库型	达标		新增
72	福建省	松溪县	松溪县杉溪水厂杉溪取水口	地表水	河流型	达标		
73	福建省	松溪县	松溪县来龙水厂钱园桥水库取水口	地表水	湖库型	达标		
74	福建省	政和县	政和县珠山水厂宝岭水库取水口	地表水	湖库型	达标		
75	福建省	邵武市	邵武市熙春水厂大乾水库取水口	地表水	湖库型	达标		
76	福建省	武夷山市	武夷山市石雄水厂西溪取水口	地表水	河流型	达标		
77	福建省	武夷山市	武夷山市三菇水厂崇阳溪取水口	地表水	河流型	达标		
78	福建省	武夷山市	武夷山市第二水厂东溪水库取水口	地表水	湖库型	达标		新增
79	福建省	建瓯市	建瓯市东门水厂松溪取水口	地表水	河流型	达标		
80	福建省	建瓯市	建瓯市新区水厂七里街水库取水口	地表水	湖库型	达标		
81	福建省	龙岩市	龙岩市凤凰水厂富溪三级水库大坝取水口	地表水	湖库型	达标		
82	福建省	龙岩市	龙岩市新区水厂黄岗水库取水口	地表水	湖库型	达标		
83	福建省	龙岩市	龙岩市东南洋水厂东肖水库取水口	地表水	湖库型	达标		
84	福建省	永定区	永定区龙寨水厂龙寨水库取水口	地表水	湖库型	达标		
85	福建省	永定区	永定区淑雅溪水库取水口	地表水	湖库型	达标		
86	福建省	长汀县	长汀县自来水股份有限公司正方水库取水口	地表水	湖库型	达标		
87	福建省	上杭县	上杭县兰地水厂汀江横滩取水口	地表水	河流型	达标		
88	福建省	武平县	武平县北门水厂捷文水库取水口	地表水	湖库型	达标		
89	福建省	连城县	连城县自来水公司竹光地下取水口	地下水	地下水源	达标		
90	福建省	连城县	连城县自来水公司波洋地下取水口	地下水	地下水源	达标		

续表

序号	省份名称	行政区划	点位名称	水源地类型	水体类型	达标情况	超标指标及超标倍数	备注
91	福建省	连城县	连城县城区第二水源北团河取水口	地表水	河流型	达标		
92	福建省	漳平市	漳平市自来水厂大坂三级电站取水口	地表水	河流型	达标		
93	福建省	漳平市	漳平市铁路水厂双洋溪取水口	地表水	河流型	达标		
94	福建省	宁德市	宁德市二水厂金涵水库取水口	地表水	湖库型	达标		
95	福建省	宁德市	宁德市德源自来水厂陈家洋水库取水口	地表水	湖库型	达标		
96	福建省	宁德市	宁德市第一自来水厂金溪取水口	地表水	河流型	达标		
97	福建省	霞浦县	霞浦县北山里水厂溪西水库取水口	地表水	湖库型	达标		
98	福建省	古田县	古田县城关水厂桃溪水库取水口	地表水	湖库型	达标		
99	福建省	屏南县	屏南县第一自来水厂汤坑溪取水口	地表水	河流型	达标		
100	福建省	屏南县	屏南县第二自来水厂南峭溪取水口	地表水	河流型	达标		
101	福建省	屏南县	屏南县第二自来水厂引水工程取水口	地表水	河流型	达标		
102	福建省	寿宁县	寿宁县城区自来水厂西山水库取水口	地表水	湖库型	达标		
103	福建省	周宁县	周宁县深洋水厂李园水库取水口	地表水	湖库型	达标		
104	福建省	柘荣县	柘荣县自来水厂新荣溪水库取水口	地表水	湖库型	达标		
105	福建省	福安市	福安市城关二水厂交溪桃花岛取水口	地表水	河流型	达标		
106	福建省	福安市	福安市城东水厂留洋水库取水口	地表水	湖库型	达标		
107	福建省	福鼎市	福鼎市二水厂南溪水库取水口	地表水	湖库型	达标		
108	福建省	平潭综合实验区	平潭县自来水公司三十六脚湖取水口	地表水	湖库型	达标		

备注：

1. 按照闽政文〔2023〕193号要求，取消光泽县自来水厂西关水坝取水口点位，2023年6月起停测；

2. 按照闽政文〔2022〕366号要求，新增光泽县西溪水厂西溪取水口点位，2023年6月开始监测；

3. 按照闽政文〔2022〕366号要求，新增光泽县北溪水厂肖家坑水库取水口点位，2023年6月开始监测；

4. 按照闽政文〔2023〕193号要求，新增武夷山市第二水厂东溪水库取水口点位，2023年6月开始监测。

9月

一、监测情况

2023年9月，全省9个设区城市及平潭综合实验区共监测108个正式投入使用的集中式生活饮用水水源（取水口），其中地表水水源106个（河流型48个，湖库型58个）、地下水源2个。

（一）监测点位

1. 地表水水源：河流型水源在水厂取水口上游100米附近处设置监测断面，水厂在同一河流有多个取水口，可在最上游100米处设置监测断面；湖库型水源原则上按常规监测点位采样，在每个水源取水口周边100米处设置1个监测点位进行采样。河流及湖库采样深度为水面下0.5米处。

2. 地下水水源：具备采样条件的，在抽水井采样。如不具备采样条件，在自来水厂的汇水区（加滤前）采样。

（二）监测项目

1. 地表水水源

（1）设区城市、平潭综合实验区：监测项目为《地表水环境质量标准》（GB3838—2002）表1的基本项目（24项）、表2的补充项目（5项）和表3的优选特定项目（33项），共62项。其中，湖库型地表水饮用水源加测叶绿素a和透明度2项，共64项。

（2）县级城市：监测项目为《地表水环境质量标准》（GB3838—2002）表1的基本项目（24项）、表2的补充项目（5项），和表3的优选特定项目（33项），共62项。其中，湖库型地表水饮用水源加测叶绿素a和透明度2项，共64项。

2. 地下水饮用水源

监测项目为《地下水质量标准》（GB/T 14848—2017）表1中39项。

各地可根据当地污染实际情况，适当增加区域特征污染物。

二、评价标准及方法

（一）地表水水源

地表水水源水质评价根据《地表水环境质量标准》（GB3838—2002）Ⅲ类标准限值进行评价。基本项目按照《地表水环境质量评价方法（试行）》（环办〔2011〕22号）进行评价，补充项目、特定项目采用单因子评价法进行评价。

（二）地下水水源

地下水水源水质评价执行《地下水质量标准》（GB/T 14848—2017）Ⅲ类标准限值，采用单因子评价法进行评价。评价项目为《地下水质量标准》（GB/T 14848—2017）表1中39项。

三、评价结果

（一）总体情况

108个集中式生活饮用水水源均达标（达到或优于Ⅲ类标准），达标比例为100%（详见附表）。

（二）地表水水源

106个地表水水源均达标，达标比例为100%。其中，有80个达到或优于Ⅱ类标准，占75.5%。

（三）地下水水源

2个地下水水源均达标，达标比例为100%。

备注：

1. 集中式生活饮用水水源，是指进入输水管网送到用户的和具有一定取水规模（供水人口一般大于1000人）的在用、备用和规划水源。

2. 集中式生活饮用水水源和饮用水的区别：饮用水水源为原水，居民饮用水为末梢水，水源水经自来水厂净化处理达到《生活饮用水卫生标准》的要求后，进入居民供水系统作为饮用水。

附表

9月份福建省县级以上集中式生活饮用水水源水质状况

序号	省份名称	行政区划	点位名称	水源地类型	水体类型	达标情况	超标指标及超标倍数	备注
1	福建省	福州市	福州市西区、北区水厂闽江原厝取水口	地表水	河流型	达标		
2	福建省	福州市	福州市城门水厂闽江南港取水口	地表水	河流型	达标		
3	福建省	福州市	福州市马尾水厂白眉水库取水口	地表水	湖库型	达标		
4	福建省	福州市	福州市新东区水厂塘坂取水口	地表水	河流型	达标		
5	福建省	福州市	福州市飞凤山水厂水源取水口	地表水	河流型	达标		
6	福建省	长乐区	长乐区炎山水厂炎山矾头取水口	地表水	河流型	达标		
7	福建省	闽侯县	闽侯县自来水公司叶洋泵站取水口	地表水	河流型	达标		
8	福建省	连江县	连江县塘坂水厂塘坂取水口	地表水	河流型	达标		
9	福建省	罗源县	罗源县八井水厂反调节库取水口	地表水	河流型	达标		
10	福建省	罗源县	罗源县可湖水厂西溪水库取水口	地表水	湖库型	达标		
11	福建省	罗源县	罗源县洋尾水厂东岩调节水库取水口	地表水	湖库型	达标		
12	福建省	闽清县	闽清县白石坑水厂、塔山水厂闽江取水口	地表水	河流型	达标		

续表

序号	省份名称	行政区划	点位名称	水源地类型	水体类型	达标情况	超标指标及超标倍数	备注
13	福建省	闽清县	闽清县葫芦门水库取水口	地表水	湖库型	达标		
14	福建省	永泰县	永泰县南区水厂大樟溪取水口	地表水	河流型	达标		
15	福建省	永泰县	永泰县青云山水厂天门窗水库取水口	地表水	湖库型	达标		
16	福建省	福清市	福清市东张水库取水口	地表水	湖库型	达标		
17	福建省	福清市	福清市闽江调水峡南取水口	地表水	河流型	达标		
18	福建省	厦门市	厦门市莲坂水厂、集美水厂石兜、坂头水库取水口	地表水	湖库型	达标		
19	福建省	厦门市	厦门市同安梅山水厂汀溪水库取水口	地表水	湖库型	达标		
20	福建省	莆田市	莆田市莆田水厂东圳水库取水口	地表水	湖库型	达标		
21	福建省	莆田市	莆田市涵江水厂外度水库取水口	地表水	湖库型	达标		
22	福建省	仙游县	仙游县仙游水厂古洋水库取水口	地表水	湖库型	达标		
23	福建省	仙游县	仙游县金钟水库取水口	地表水	湖库型	达标		
24	福建省	三明市	三明市东牙溪水库取水口	地表水	湖库型	达标		
25	福建省	沙县区	沙县区第一水厂洞天岩水库取水口	地表水	湖库型	达标		
26	福建省	沙县区	沙县区第三水厂马岩水库取水口	地表水	湖库型	达标		
27	福建省	沙县区	沙县区双溪水库取水口	地表水	湖库型	达标		
28	福建省	明溪县	明溪县城北水厂罗翠水库取水口	地表水	湖库型	达标		
29	福建省	清流县	清流县自来水厂严坊溪取水口	地表水	湖库型	达标		
30	福建省	宁化县	宁化县沙子甲水厂寨头里水库取水口	地表水	湖库型	达标		
31	福建省	大田县	大田县自来水公司坑口水库取水口	地表水	湖库型	达标		
32	福建省	尤溪县	尤溪县自来水厂大池水库取水口	地表水	湖库型	达标		
33	福建省	尤溪县	尤溪县东村溪兴头水库取水口	地表水	湖库型	达标		
34	福建省	将乐县	将乐县下村水厂漠村溪取水口	地表水	河流型	达标		
35	福建省	泰宁县	泰宁县北溪水厂际头水库取水口	地表水	湖库型	达标		
36	福建省	建宁县	建宁县自来水公司王坪栋水库取水口	地表水	湖库型	达标		
37	福建省	永安市	永安市北区水厂沙溪取水口	地表水	河流型	达标		
38	福建省	永安市	永安市南区水厂洛溪水库取水口	地表水	湖库型	达标		
39	福建省	泉州市	泉州市北水厂北高干渠取水口	地表水	河流型	达标		
40	福建省	泉州市	泉州市湄丰水厂、泉港第三水厂泗洲水库取水口	地表水	湖库型	达标		
41	福建省	泉州市	泉州市湄丰水厂、泉港第三水厂黄塘溪取水口	地表水	河流型	达标		
42	福建省	泉州市	泉州市金浦水厂、三水厂晋江干流金鸡拦河旧闸取水口	地表水	河流型	达标		
43	福建省	惠安县	惠安县城南水厂黄塘溪取水口	地表水	河流型	达标		
44	福建省	惠安县	惠安县北关水厂菱溪水库取水口	地表水	湖库型	达标		
45	福建省	安溪县	安溪县城关水厂晋江西溪吾都取水口	地表水	河流型	达标		

续表

序号	省份名称	行政区划	点位名称	水源地类型	水体类型	达标情况	超标指标及超标倍数	备注
46	福建省	永春县	永春县第三自来水厂晋江东溪湖洋溪取水口	地表水	河流型	达标		
47	福建省	德化县	德化县第二水厂国宝溪取水口	地表水	河流型	达标		
48	福建省	石狮市	石狮市石狮水厂南高干渠取水口	地表水	河流型	达标		
49	福建省	晋江市	晋江市田洋水厂南高干渠取水口	地表水	河流型	达标		
50	福建省	南安市	南安市美林水厂晋江东溪取水口	地表水	河流型	达标		
51	福建省	漳州市	厦门市高殿水厂、杏林水厂九龙江北溪取水口	地表水	河流型	达标		
52	福建省	漳州市	漳州市第二水厂九龙江北溪鳌浦取水口	地表水	河流型	达标		
53	福建省	漳州市	漳州市三水厂、福糖水厂九龙江北溪内林取水口	地表水	河流型	达标		
54	福建省	漳州市	漳州市金峰水厂九龙江西溪取水口	地表水	河流型	达标		
55	福建省	龙海区	龙海区自来水厂九龙江北溪江东桥取水口	地表水	河流型	达标		
56	福建省	长泰区	长泰区自来水公司龙津溪福信取水口	地表水	河流型	达标		
57	福建省	云霄县	云霄县风吹岭水厂车圩溪取水口	地表水	河流型	达标		
58	福建省	漳浦县	漳浦县自来水厂梁山水库取水口	地表水	湖库型	达标		
59	福建省	漳浦县	漳浦县自来水厂澎水水库取水口	地表水	湖库型	达标		
60	福建省	诏安县	诏安县自来水厂亚湖水库取水口	地表水	湖库型	达标		
61	福建省	东山县	东山县供水公司红旗水库取水口	地表水	湖库型	达标		
62	福建省	南靖县	南靖县自来水公司象溪取水口	地表水	河流型	达标		
63	福建省	平和县	平和县自来水公司花山溪取水口	地表水	河流型	达标		
64	福建省	华安县	华安县自来水厂九龙江北溪取水口	地表水	河流型	达标		
65	福建省	南平市	南平市新建村水厂照溪（五星桥水库）取水口	地表水	湖库型	达标		
66	福建省	南平市	南平市武夷新区水厂雷公口水库取水口	地表水	湖库型	达标		
67	福建省	顺昌县	顺昌县派溪水厂院尾水库取水口	地表水	湖库型	达标		
68	福建省	浦城县	浦城县东区水厂南浦溪取水口	地表水	河流型	达标		
69	福建省	浦城县	浦城县西区水厂东风水库取水口	地表水	湖库型	达标		
70	福建省	光泽县	光泽县西溪水厂西溪取水口	地表水	河流型	达标		
71	福建省	光泽县	光泽县北溪水厂肖家坑水库取水口	地表水	湖库型	达标		
72	福建省	松溪县	松溪县杉溪水厂杉溪取水口	地表水	河流型	达标		
73	福建省	松溪县	松溪县来龙水厂钱园桥水库取水口	地表水	湖库型	达标		
74	福建省	政和县	政和县珠山水厂宝岭水库取水口	地表水	湖库型	达标		
75	福建省	邵武市	邵武市熙春水厂大乾水库取水口	地表水	湖库型	达标		
76	福建省	武夷山市	武夷山市石雄水厂西溪取水口	地表水	河流型	达标		
77	福建省	武夷山市	武夷山市三菇水厂崇阳溪取水口	地表水	河流型	达标		

续表

序号	省份名称	行政区划	点位名称	水源地类型	水体类型	达标情况	超标指标及超标倍数	备注
78	福建省	武夷山市	武夷山市第二水厂东溪水库取水口	地表水	湖库型	达标		
79	福建省	建瓯市	建瓯市东门水厂松溪取水口	地表水	河流型	达标		
80	福建省	建瓯市	建瓯市新区水厂七里街水库取水口	地表水	湖库型	达标		
81	福建省	龙岩市	龙岩市凤凰水厂富溪三级水库大坝取水口	地表水	湖库型	达标		
82	福建省	龙岩市	龙岩市新区水厂黄岗水库取水口	地表水	湖库型	达标		
83	福建省	龙岩市	龙岩市东南洋水厂东肖水库取水口	地表水	湖库型	达标		
84	福建省	永定区	永定区龙寨水厂龙寨水库取水口	地表水	湖库型	达标		
85	福建省	永定区	永定区淑雅溪水库取水口	地表水	湖库型	达标		
86	福建省	长汀县	长汀县自来水股份有限公司正方水库取水口	地表水	湖库型	达标		
87	福建省	上杭县	上杭县兰地水厂汀江横滩取水口	地表水	河流型	达标		
88	福建省	武平县	武平县北门水厂捷文水库取水口	地表水	湖库型	达标		
89	福建省	连城县	连城县自来水公司竹光地下取水口	地下水	地下水源	达标		
90	福建省	连城县	连城县自来水公司波洋地下取水口	地下水	地下水源	达标		
91	福建省	连城县	连城县城区第二水源北团河取水口	地表水	河流型	达标		
92	福建省	漳平市	漳平市自来水厂大坂三级电站取水口	地表水	河流型	达标		
93	福建省	漳平市	漳平市铁路水厂双洋溪取水口	地表水	河流型	达标		
94	福建省	宁德市	宁德市二水厂金涵水库取水口	地表水	湖库型	达标		
95	福建省	宁德市	宁德市德源自来水厂陈家洋水库取水口	地表水	湖库型	达标		
96	福建省	宁德市	宁德市第一自来水厂金溪取水口	地表水	河流型	达标		
97	福建省	霞浦县	霞浦县北山里水厂溪西水库取水口	地表水	湖库型	达标		
98	福建省	古田县	古田县城关水厂桃溪水库取水口	地表水	湖库型	达标		
99	福建省	屏南县	屏南县第一自来水厂汤坑溪取水口	地表水	河流型	达标		
100	福建省	屏南县	屏南县第二自来水厂南峭溪取水口	地表水	河流型	达标		
101	福建省	屏南县	屏南县第二自来水厂引水工程取水口	地表水	河流型	达标		
102	福建省	寿宁县	寿宁县城区自来水厂西山水库取水口	地表水	湖库型	达标		
103	福建省	周宁县	周宁县深洋水厂李园水库取水口	地表水	湖库型	达标		
104	福建省	柘荣县	柘荣县自来水厂新荣溪水库取水口	地表水	湖库型	达标		
105	福建省	福安市	福安市城关二水厂交溪桃花岛取水口	地表水	河流型	达标		
106	福建省	福安市	福安市城东水厂留洋水库取水口	地表水	湖库型	达标		
107	福建省	福鼎市	福鼎市二水厂南溪水库取水口	地表水	湖库型	达标		
108	福建省	平潭综合实验区	平潭县自来水公司三十六脚湖取水口	地表水	湖库型	达标		

10月

一、监测情况

2023年10月，全省9个设区城市及平潭综合实验区共监测108个正式投入使用的集中式生活饮用水水源（取水口），其中地表水水源106个（河流型48个，湖库型58个）、地下水源2个。

（一）监测点位

1. 地表水水源：河流型水源在水厂取水口上游100米附近处设置监测断面，水厂在同一河流有多个取水口，可在最上游100米处设置监测断面；湖库型水源原则上按常规监测点位采样，在每个水源取水口周边100米处设置1个监测点位进行采样。河流及湖库采样深度为水面下0.5米处。

2. 地下水水源：具备采样条件的，在抽水井采样。如不具备采样条件，在自来水厂的汇水区（加滤前）采样。

（二）监测项目

1. 地表水水源

（1）设区城市、平潭综合实验区：监测项目为《地表水环境质量标准》（GB3838—2002）表1的基本项目（24项）、表2的补充项目（5项）和表3的优选特定项目（33项），共62项。其中，湖库型地表水饮用水源加测叶绿素a和透明度2项，共64项。

（2）县级城市：监测项目为《地表水环境质量标准》（GB3838—2002）表1的基本项目（24项）、表2的补充项目（5项），共29项。其中，湖库型地表水饮用水源加测叶绿素a和透明度2项，共31项。

2. 地下水饮用水源

监测项目为《地下水质量标准》（GB/T 14848—2017）表1中39项。

各地可根据当地污染实际情况，适当增加区域特征污染物。

二、评价标准及方法

（一）地表水水源

地表水水源水质评价根据《地表水环境质量标准》（GB3838—2002）Ⅲ类标准限值进行评价。基本项目按照《地表水环境质量评价方法（试行）》（环办〔2011〕22号）进行评价，补充项目、特定项目采用单因子评价法进行评价。

（二）地下水水源

地下水水源水质评价执行《地下水质量标准》（GB/T 14848—2017）Ⅲ类标准限值，采用单因子评价法进行评价。评价项目为《地下水质量标准》（GB/T 14848—2017）表1中39项。

三、评价结果

（一）总体情况

108个集中式生活饮用水水源均达标（达到或优于Ⅲ类标准），达标比例为100%（详见附表）。

（二）地表水水源

106个地表水水源均达标，达标比例为100%。其中，有84个达到或优于Ⅱ类标准，占79.2%。

（三）地下水水源

2个地下水水源均达标，达标比例为100%。

备注：

1. 集中式生活饮用水水源，是指进入输水管网送到用户的和具有一定取水规模（供水人口一般大于1000人）的在用、备用和规划水源。

2. 集中式生活饮用水水源和饮用水的区别：饮用水水源为原水，居民饮用水为末梢水，水源水经自来水厂净化处理达到《生活饮用水卫生标准》的要求后，进入居民供水系统作为饮用水。

附表

10月份福建省县级以上集中式生活饮用水水源水质状况

序号	省份名称	行政区划	点位名称	水源地类型	水体类型	达标情况	超标指标及超标倍数	备注
1	福建省	福州市	福州市西区、北区水厂闽江原厝取水口	地表水	河流型	达标		
2	福建省	福州市	福州市城门水厂闽江南港取水口	地表水	河流型	达标		

续表

序号	省份名称	行政区划	点位名称	水源地类型	水体类型	达标情况	超标指标及超标倍数	备注
3	福建省	福州市	福州市马尾水厂白眉水库取水口	地表水	湖库型	达标		
4	福建省	福州市	福州市新东区水厂塘坂取水口	地表水	河流型	达标		
5	福建省	福州市	福州市飞凤山水厂水源取水口	地表水	河流型	达标		
6	福建省	长乐区	长乐区炎山水厂炎山矶头取水口	地表水	河流型	达标		
7	福建省	闽侯县	闽侯县自来水公司叶洋泵站取水口	地表水	河流型	达标		
8	福建省	连江县	连江县塘坂水厂塘坂取水口	地表水	河流型	达标		
9	福建省	罗源县	罗源县八井水厂反调节库取水口	地表水	河流型	达标		
10	福建省	罗源县	罗源县可湖水厂西溪水库取水口	地表水	湖库型	达标		
11	福建省	罗源县	罗源县洋尾水厂东岩调节水库取水口	地表水	湖库型	达标		
12	福建省	闽清县	闽清县白石坑水厂、塔山水厂闽江取水口	地表水	河流型	达标		
13	福建省	闽清县	闽清县葫芦门水库取水口	地表水	湖库型	达标		
14	福建省	永泰县	永泰县南区水厂大樟溪取水口	地表水	河流型	达标		
15	福建省	永泰县	永泰县青云山水厂天门窗水库取水口	地表水	湖库型	达标		
16	福建省	福清市	福清市东张水库取水口	地表水	湖库型	达标		
17	福建省	福清市	福清市闽江调水峡南取水口	地表水	河流型	达标		
18	福建省	厦门市	厦门市莲坂水厂、集美水厂石兜、坂头水库取水口	地表水	湖库型	达标		
19	福建省	厦门市	厦门市同安梅山水厂汀溪水库取水口	地表水	湖库型	达标		
20	福建省	莆田市	莆田市莆田水厂东圳水库取水口	地表水	湖库型	达标		
21	福建省	莆田市	莆田市涵江水厂外度水库取水口	地表水	湖库型	达标		
22	福建省	仙游县	仙游县仙游水厂古洋水库取水口	地表水	湖库型	达标		
23	福建省	仙游县	仙游县金钟水库取水口	地表水	湖库型	达标		
24	福建省	三明市	三明市东牙溪水库取水口	地表水	湖库型	达标		
25	福建省	沙县区	沙县区第一水厂洞天岩水库取水口	地表水	湖库型	达标		
26	福建省	沙县区	沙县区第三水厂马岩水库取水口	地表水	湖库型	达标		
27	福建省	沙县区	沙县区双溪水库取水口	地表水	湖库型	达标		
28	福建省	明溪县	明溪县城北水厂罗翠水库取水口	地表水	湖库型	达标		
29	福建省	清流县	清流县自来水厂严坊溪取水口	地表水	湖库型	达标		
30	福建省	宁化县	宁化县沙子甲水厂寨头里水库取水口	地表水	湖库型	达标		
31	福建省	大田县	大田县自来水公司坑口水库取水口	地表水	湖库型	达标		
32	福建省	尤溪县	尤溪县自来水厂大池水库取水口	地表水	湖库型	达标		
33	福建省	尤溪县	尤溪县东村溪兴头水库取水口	地表水	湖库型	达标		
34	福建省	将乐县	将乐县下村水厂漠村溪取水口	地表水	河流型	达标		
35	福建省	泰宁县	泰宁县北溪水厂际头水库取水口	地表水	湖库型	达标		
36	福建省	建宁县	建宁县自来水公司王坪栋水库取水口	地表水	湖库型	达标		
37	福建省	永安市	永安市北区水厂沙溪取水口	地表水	河流型	达标		
38	福建省	永安市	永安市南区水厂洛溪水库取水口	地表水	湖库型	达标		

续表

序号	省份名称	行政区划	点位名称	水源地类型	水体类型	达标情况	超标指标及超标倍数	备注
39	福建省	泉州市	泉州市北水厂北高干渠取水口	地表水	河流型	达标		
40	福建省	泉州市	泉州市湄丰水厂、泉港第三水厂泗洲水库取水口	地表水	湖库型	达标		
41	福建省	泉州市	泉州市湄丰水厂、泉港第三水厂黄塘溪取水口	地表水	河流型	达标		
42	福建省	泉州市	泉州市金浦水厂、三水厂晋江干流金鸡拦河旧闸取水口	地表水	河流型	达标		
43	福建省	惠安县	惠安县城南水厂黄塘溪取水口	地表水	河流型	达标		
44	福建省	惠安县	惠安县北关水厂菱溪水库取水口	地表水	湖库型	达标		
45	福建省	安溪县	安溪县城关水厂晋江西溪吾都取水口	地表水	河流型	达标		
46	福建省	永春县	永春县第三自来水厂晋江东溪湖洋溪取水口	地表水	河流型	达标		
47	福建省	德化县	德化县第二水厂国宝溪取水口	地表水	河流型	达标		
48	福建省	石狮市	石狮市石狮水厂南高干渠取水口	地表水	河流型	达标		
49	福建省	晋江市	晋江市田洋水厂南高干渠取水口	地表水	河流型	达标		
50	福建省	南安市	南安市美林水厂晋江东溪取水口	地表水	河流型	达标		
51	福建省	漳州市	厦门市高殿水厂、杏林水厂九龙江北溪取水口	地表水	河流型	达标		
52	福建省	漳州市	漳州市第二水厂九龙江北溪鳌浦取水口	地表水	河流型	达标		
53	福建省	漳州市	漳州市三水厂、福糖水厂九龙江北溪内林取水口	地表水	河流型	达标		
54	福建省	漳州市	漳州市金峰水厂九龙江西溪取水口	地表水	河流型	达标		
55	福建省	龙海区	龙海区自来水厂九龙江北溪江东桥取水口	地表水	河流型	达标		
56	福建省	长泰区	长泰区自来水公司龙津溪福信取水口	地表水	河流型	达标		
57	福建省	云霄县	云霄县风吹岭水厂车圩溪取水口	地表水	河流型	达标		
58	福建省	漳浦县	漳浦县自来水厂梁山水库取水口	地表水	湖库型	达标		
59	福建省	漳浦县	漳浦县自来水厂澎水水库取水口	地表水	湖库型	达标		
60	福建省	诏安县	诏安县自来水厂亚湖水库取水口	地表水	湖库型	达标		
61	福建省	东山县	东山县供水公司红旗水库取水口	地表水	湖库型	达标		
62	福建省	南靖县	南靖县自来水公司象溪取水口	地表水	河流型	达标		
63	福建省	平和县	平和县自来水公司花山溪取水口	地表水	河流型	达标		
64	福建省	华安县	华安县自来水厂九龙江北溪取水口	地表水	河流型	达标		
65	福建省	南平市	南平市新建村水厂照溪（五星桥水库）取水口	地表水	湖库型	达标		
66	福建省	南平市	南平市武夷新区水厂雷公口水库取水口	地表水	湖库型	达标		
67	福建省	顺昌县	顺昌县派溪水厂院尾水库取水口	地表水	湖库型	达标		
68	福建省	浦城县	浦城县东区水厂南浦溪取水口	地表水	河流型	达标		
69	福建省	浦城县	浦城县西区水厂东风水库取水口	地表水	湖库型	达标		

续表

序号	省份名称	行政区划	点位名称	水源地类型	水体类型	达标情况	超标指标及超标倍数	备注
70	福建省	光泽县	光泽县西溪水厂西溪取水口	地表水	河流型	达标		
71	福建省	光泽县	光泽县北溪水厂肖家坑水库取水口	地表水	湖库型	达标		
72	福建省	松溪县	松溪县杉溪水厂杉溪取水口	地表水	河流型	达标		
73	福建省	松溪县	松溪县来龙水厂钱园桥水库取水口	地表水	湖库型	达标		
74	福建省	政和县	政和县珠山水厂宝岭水库取水口	地表水	湖库型	达标		
75	福建省	邵武市	邵武市熙春水厂大乾水库取水口	地表水	湖库型	达标		
76	福建省	武夷山市	武夷山市石雄水厂西溪取水口	地表水	河流型	达标		
77	福建省	武夷山市	武夷山市三菇水厂崇阳溪取水口	地表水	河流型	达标		
78	福建省	武夷山市	武夷山市第二水厂东溪水库取水口	地表水	湖库型	达标		
79	福建省	建瓯市	建瓯市东门水厂松溪取水口	地表水	河流型	达标		
80	福建省	建瓯市	建瓯市新区水厂七里街水库取水口	地表水	湖库型	达标		
81	福建省	龙岩市	龙岩市凤凰水厂富溪三级水库大坝取水口	地表水	湖库型	达标		
82	福建省	龙岩市	龙岩市新区水厂黄岗水库取水口	地表水	湖库型	达标		
83	福建省	龙岩市	龙岩市东南洋水厂东肖水库取水口	地表水	湖库型	达标		
84	福建省	永定区	永定区龙寨水厂龙寨水库取水口	地表水	湖库型	达标		
85	福建省	永定区	永定区淑雅溪水库取水口	地表水	湖库型	达标		
86	福建省	长汀县	长汀县自来水股份有限公司正方水库取水口	地表水	湖库型	达标		
87	福建省	上杭县	上杭县兰地水厂汀江横滩取水口	地表水	河流型	达标		
88	福建省	武平县	武平县北门水厂捷文水库取水口	地表水	湖库型	达标		
89	福建省	连城县	连城县自来水公司竹光地下取水口	地下水	地下水源	达标		
90	福建省	连城县	连城县自来水公司波洋地下取水口	地下水	地下水源	达标		
91	福建省	连城县	连城县城区第二水源北团河取水口	地表水	河流型	达标		
92	福建省	漳平市	漳平市自来水厂大坂三级电站取水口	地表水	河流型	达标		
93	福建省	漳平市	漳平市铁路水厂双洋溪取水口	地表水	河流型	达标		
94	福建省	宁德市	宁德市二水厂金涵水库取水口	地表水	湖库型	达标		
95	福建省	宁德市	宁德市德源自来水厂陈家洋水库取水口	地表水	湖库型	达标		
96	福建省	宁德市	宁德市第一自来水厂金溪取水口	地表水	河流型	达标		
97	福建省	霞浦县	霞浦县北山里水厂溪西水库取水口	地表水	湖库型	达标		
98	福建省	古田县	古田县城关水厂桃溪水库取水口	地表水	湖库型	达标		
99	福建省	屏南县	屏南县第一自来水厂汤坑溪取水口	地表水	河流型	达标		
100	福建省	屏南县	屏南县第二自来水厂南峭溪取水口	地表水	河流型	达标		
101	福建省	屏南县	屏南县第二自来水厂引水工程取水口	地表水	河流型	达标		
102	福建省	寿宁县	寿宁县城区自来水厂西山水库取水口	地表水	湖库型	达标		
103	福建省	周宁县	周宁县深洋水厂李园水库取水口	地表水	湖库型	达标		
104	福建省	柘荣县	柘荣县自来水厂新荣溪水库取水口	地表水	湖库型	达标		
105	福建省	福安市	福安市城关二水厂交溪桃花岛取水口	地表水	河流型	达标		

续表

序号	省份名称	行政区划	点位名称	水源地类型	水体类型	达标情况	超标指标及超标倍数	备注
106	福建省	福安市	福安市城东水厂留洋水库取水口	地表水	湖库型	达标		
107	福建省	福鼎市	福鼎市二水厂南溪水库取水口	地表水	湖库型	达标		
108	福建省	平潭综合实验区	平潭县自来水公司三十六脚湖取水口	地表水	湖库型	达标		

11月

一、监测情况

2023年11月，全省9个设区城市及平潭综合实验区共监测108个正式投入使用的集中式生活饮用水水源（取水口），其中地表水水源106个（河流型48个，湖库型58个）、地下水源2个。

（一）监测点位

1. 地表水水源：河流型水源在水厂取水口上游100米附近处设置监测断面，水厂在同一河流有多个取水口，可在最上游100米处设置监测断面；湖库型水源原则上按常规监测点位采样，在每个水源取水口周边100米处设置1个监测点位进行采样。河流及湖库采样深度为水面下0.5米处。

2. 地下水水源：具备采样条件的，在抽水井采样。如不具备采样条件，在自来水厂的汇水区（加滤前）采样。

（二）监测项目

1. 地表水水源

（1）设区城市、平潭综合实验区：监测项目为《地表水环境质量标准》（GB3838—2002）表1的基本项目（24项）、表2的补充项目（5项）和表3的优选特定项目（33项），共62项。其中，湖库型地表水饮用水源加测叶绿素a和透明度2项，共64项。

（2）县级城市：监测项目为《地表水环境质量标准》（GB3838—2002）表1的基本项目（24项）、表2的补充项目（5项），和表3的优选特定项目（33项），共62项。其中，湖库型地表水饮用水源加测叶绿素a和透明度2项，共64项。

2. 地下水饮用水源

监测项目为《地下水质量标准》（GB/T 14848—2017）表1中39项。

各地可根据当地污染实际情况，适当增加区域特征污染物。

二、评价标准及方法

（一）地表水水源

地表水水源水质评价根据《地表水环境质量标准》（GB3838—2002）Ⅲ类标准限值进行评价。基本项目按照《地表水环境质量评价方法（试行）》（环办〔2011〕22号）进行评价，补充项目、特定项目采用单因子评价法进行评价。

（二）地下水水源

地下水水源水质评价执行《地下水质量标准》（GB/T 14848—2017）Ⅲ类标准限值，采用单因子评价法进行评价。评价项目为《地下水质量标准》（GB/T 14848—2017）表1中39项。

三、评价结果

（一）总体情况

108个集中式生活饮用水水源均达标（达到或优于Ⅲ类标准），达标比例为100%（详见附表）。

（二）地表水水源

106个地表水水源均达标，达标比例为100%。其中，有91个达到或优于Ⅱ类标准，占85.8%。

（三）地下水水源

2个地下水水源均达标，达标比例为100%。

备注：

1. 集中式生活饮用水水源，是指进入输水管网送到用户的和具有一定取水规模（供水人口一般大于1000人）的在用、备用和规划水源。

2. 集中式生活饮用水水源和饮用水的区别：饮用水水源为原水，居民饮用水为末梢水，水源水经自来水厂净化处理达到《生活饮用水卫生标准》的要求后，进入居民供水系统作为饮用水。

附表

11月份福建省县级以上集中式生活饮用水水源水质状况

序号	省份名称	行政区划	点位名称	水源地类型	水体类型	达标情况	超标指标及超标倍数	备注
1	福建省	福州市	福州市西区、北区水厂闽江原厝取水口	地表水	河流型	达标		
2	福建省	福州市	福州市城门水厂闽江南港取水口	地表水	河流型	达标		
3	福建省	福州市	福州市马尾水厂白眉水库取水口	地表水	湖库型	达标		
4	福建省	福州市	福州市新东区水厂塘坂取水口	地表水	河流型	达标		
5	福建省	福州市	福州市飞凤山水厂水源取水口	地表水	河流型	达标		
6	福建省	长乐区	长乐区炎山水厂炎山矶头取水口	地表水	河流型	达标		
7	福建省	闽侯县	闽侯县自来水公司叶洋泵站取水口	地表水	河流型	达标		
8	福建省	连江县	连江县塘坂水厂塘坂取水口	地表水	河流型	达标		
9	福建省	罗源县	罗源县八井水厂反调节库取水口	地表水	河流型	达标		
10	福建省	罗源县	罗源县可湖水厂西溪水库取水口	地表水	湖库型	达标		
11	福建省	罗源县	罗源县洋尾水厂东岩调节水库取水口	地表水	湖库型	达标		
12	福建省	闽清县	闽清县白石坑水厂、塔山水厂闽江取水口	地表水	河流型	达标		
13	福建省	闽清县	闽清县葫芦门水库取水口	地表水	湖库型	达标		
14	福建省	永泰县	永泰县南区水厂大樟溪取水口	地表水	河流型	达标		
15	福建省	永泰县	永泰县青云山水厂天门窗水库取水口	地表水	湖库型	达标		
16	福建省	福清市	福清市东张水库取水口	地表水	湖库型	达标		
17	福建省	福清市	福清市闽江调水峡南取水口	地表水	河流型	达标		
18	福建省	厦门市	厦门市莲坂水厂、集美水厂石兜、坂头水库取水口	地表水	湖库型	达标		
19	福建省	厦门市	厦门市同安梅山水厂汀溪水库取水口	地表水	湖库型	达标		
20	福建省	莆田市	莆田市莆田水厂东圳水库取水口	地表水	湖库型	达标		
21	福建省	莆田市	莆田市涵江水厂外度水库取水口	地表水	湖库型	达标		
22	福建省	仙游县	仙游县仙游水厂古洋水库取水口	地表水	湖库型	达标		
23	福建省	仙游县	仙游县金钟水库取水口	地表水	湖库型	达标		
24	福建省	三明市	三明市东牙溪水库取水口	地表水	湖库型	达标		
25	福建省	沙县区	沙县区第一水厂洞天岩水库取水口	地表水	湖库型	达标		
26	福建省	沙县区	沙县区第三水厂马岩水库取水口	地表水	湖库型	达标		
27	福建省	沙县区	沙县区双溪水库取水口	地表水	湖库型	达标		
28	福建省	明溪县	明溪县城北水厂罗翠水库取水口	地表水	湖库型	达标		
29	福建省	清流县	清流县自来水厂严坊溪取水口	地表水	湖库型	达标		
30	福建省	宁化县	宁化县沙子甲水厂寨头里水库取水口	地表水	湖库型	达标		
31	福建省	大田县	大田县自来水公司坑口水库取水口	地表水	湖库型	达标		
32	福建省	尤溪县	尤溪县自来水厂大池水库取水口	地表水	湖库型	达标		
33	福建省	尤溪县	尤溪县东村溪兴头水库取水口	地表水	湖库型	达标		
34	福建省	将乐县	将乐县下村水厂漠村溪取水口	地表水	河流型	达标		

续表

序号	省份名称	行政区划	点位名称	水源地类型	水体类型	达标情况	超标指标及超标倍数	备注
35	福建省	泰宁县	泰宁县北溪水厂际头水库取水口	地表水	湖库型	达标		
36	福建省	建宁县	建宁县自来水公司王坪栋水库取水口	地表水	湖库型	达标		
37	福建省	永安市	永安市北区水厂沙溪取水口	地表水	河流型	达标		
38	福建省	永安市	永安市南区水厂洛溪水库取水口	地表水	湖库型	达标		
39	福建省	泉州市	泉州市北水厂北高干渠取水口	地表水	河流型	达标		
40	福建省	泉州市	泉州市湄丰水厂、泉港第三水厂泗洲水库取水口	地表水	湖库型	达标		
41	福建省	泉州市	泉州市湄丰水厂、泉港第三水厂黄塘溪取水口	地表水	河流型	达标		
42	福建省	泉州市	泉州市金浦水厂、三水厂晋江干流金鸡拦河旧闸取水口	地表水	河流型	达标		
43	福建省	惠安县	惠安县城南水厂黄塘溪取水口	地表水	河流型	达标		
44	福建省	惠安县	惠安县北关水厂菱溪水库取水口	地表水	湖库型	达标		
45	福建省	安溪县	安溪县城关水厂晋江西溪吾都取水口	地表水	河流型	达标		
46	福建省	永春县	永春县第三自来水厂晋江东溪湖洋溪取水口	地表水	河流型	达标		
47	福建省	德化县	德化县第二水厂国宝溪取水口	地表水	河流型	达标		
48	福建省	石狮市	石狮市石狮水厂南高干渠取水口	地表水	河流型	达标		
49	福建省	晋江市	晋江市田洋水厂南高干渠取水口	地表水	河流型	达标		
50	福建省	南安市	南安市美林水厂晋江东溪取水口	地表水	河流型	达标		
51	福建省	漳州市	厦门市高殿水厂、杏林水厂九龙江北溪取水口	地表水	河流型	达标		
52	福建省	漳州市	漳州市第二水厂九龙江北溪鳌浦取水口	地表水	河流型	达标		
53	福建省	漳州市	漳州市三水厂、福糖水厂九龙江北溪内林取水口	地表水	河流型	达标		
54	福建省	漳州市	漳州市金峰水厂九龙江西溪取水口	地表水	河流型	达标		
55	福建省	龙海区	龙海区自来水厂九龙江北溪江东桥取水口	地表水	河流型	达标		
56	福建省	长泰区	长泰区自来水公司龙津溪福信取水口	地表水	河流型	达标		
57	福建省	云霄县	云霄县风吹岭水厂车圩溪取水口	地表水	河流型	达标		
58	福建省	漳浦县	漳浦县自来水厂梁山水库取水口	地表水	湖库型	达标		
59	福建省	漳浦县	漳浦县自来水厂澎水水库取水口	地表水	湖库型	达标		
60	福建省	诏安县	诏安县自来水厂亚湖水库取水口	地表水	湖库型	达标		
61	福建省	东山县	东山县供水公司红旗水库取水口	地表水	湖库型	达标		
62	福建省	南靖县	南靖县自来水公司象溪取水口	地表水	河流型	达标		
63	福建省	平和县	平和县自来水公司花山溪取水口	地表水	河流型	达标		
64	福建省	华安县	华安县自来水厂九龙江北溪取水口	地表水	河流型	达标		
65	福建省	南平市	南平市新建村水厂照溪（五星桥水库）取水口	地表水	湖库型	达标		

续表

序号	省份名称	行政区划	点位名称	水源地类型	水体类型	达标情况	超标指标及超标倍数	备注
66	福建省	南平市	南平市武夷新区水厂雷公口水库取水口	地表水	湖库型	达标		
67	福建省	顺昌县	顺昌县派溪水厂院尾水库取水口	地表水	湖库型	达标		
68	福建省	浦城县	浦城县东区水厂南浦溪取水口	地表水	河流型	达标		
69	福建省	浦城县	浦城县西区水厂东风水库取水口	地表水	湖库型	达标		
70	福建省	光泽县	光泽县西溪水厂西溪取水口	地表水	河流型	达标		
71	福建省	光泽县	光泽县北溪水厂肖家坑水库取水口	地表水	湖库型	达标		
72	福建省	松溪县	松溪县杉溪水厂杉溪取水口	地表水	河流型	达标		
73	福建省	松溪县	松溪县来龙水厂钱园桥水库取水口	地表水	湖库型	达标		
74	福建省	政和县	政和县珠山水厂宝岭水库取水口	地表水	湖库型	达标		
75	福建省	邵武市	邵武市熙春水厂大乾水库取水口	地表水	湖库型	达标		
76	福建省	武夷山市	武夷山市石雄水厂西溪取水口	地表水	河流型	达标		
77	福建省	武夷山市	武夷山市三菇水厂崇阳溪取水口	地表水	河流型	达标		
78	福建省	武夷山市	武夷山市第二水厂东溪水库取水口	地表水	湖库型	达标		
79	福建省	建瓯市	建瓯市东门水厂松溪取水口	地表水	河流型	达标		
80	福建省	建瓯市	建瓯市新区水厂七里街水库取水口	地表水	湖库型	达标		
81	福建省	龙岩市	龙岩市凤凰水厂富溪三级水库大坝取水口	地表水	湖库型	达标		
82	福建省	龙岩市	龙岩市新区水厂黄岗水库取水口	地表水	湖库型	达标		
83	福建省	龙岩市	龙岩市东南洋水厂东肖水库取水口	地表水	湖库型	达标		
84	福建省	永定区	永定区龙寨水厂龙寨水库取水口	地表水	湖库型	达标		
85	福建省	永定区	永定区淑雅溪水库取水口	地表水	湖库型	达标		
86	福建省	长汀县	长汀县自来水股份有限公司正方水库取水口	地表水	湖库型	达标		
87	福建省	上杭县	上杭县兰地水厂汀江横滩取水口	地表水	河流型	达标		
88	福建省	武平县	武平县北门水厂捷文水库取水口	地表水	湖库型	达标		
89	福建省	连城县	连城县自来水公司竹光地下取水口	地下水	地下水源	达标		
90	福建省	连城县	连城县自来水公司波洋地下取水口	地下水	地下水源	达标		
91	福建省	连城县	连城县城区第二水源北团河取水口	地表水	河流型	达标		
92	福建省	漳平市	漳平市自来水厂大坂三级电站取水口	地表水	河流型	达标		
93	福建省	漳平市	漳平市铁路水厂双洋溪取水口	地表水	河流型	达标		
94	福建省	宁德市	宁德市二水厂金涵水库取水口	地表水	湖库型	达标		
95	福建省	宁德市	宁德市德源自来水厂陈家洋水库取水口	地表水	湖库型	达标		
96	福建省	宁德市	宁德市第一自来水厂金溪取水口	地表水	河流型	达标		
97	福建省	霞浦县	霞浦县北山里水厂溪西水库取水口	地表水	湖库型	达标		
98	福建省	古田县	古田县城关水厂桃溪水库取水口	地表水	湖库型	达标		
99	福建省	屏南县	屏南县第一自来水厂汤坑溪取水口	地表水	河流型	达标		
100	福建省	屏南县	屏南县第二自来水厂南峭溪取水口	地表水	河流型	达标		
101	福建省	屏南县	屏南县第二自来水厂引水工程取水口	地表水	河流型	达标		

续表

序号	省份名称	行政区划	点位名称	水源地类型	水体类型	达标情况	超标指标及超标倍数	备注
102	福建省	寿宁县	寿宁县城区自来水厂西山水库取水口	地表水	湖库型	达标		
103	福建省	周宁县	周宁县深洋水厂李园水库取水口	地表水	湖库型	达标		
104	福建省	柘荣县	柘荣县自来水厂新荣溪水库取水口	地表水	湖库型	达标		
105	福建省	福安市	福安市城关二水厂交溪桃花岛取水口	地表水	河流型	达标		
106	福建省	福安市	福安市城东水厂留洋水库取水口	地表水	湖库型	达标		
107	福建省	福鼎市	福鼎市二水厂南溪水库取水口	地表水	湖库型	达标		
108	福建省	平潭综合实验区	平潭县自来水公司三十六脚湖取水口	地表水	湖库型	达标		

12月

一、监测情况

2023年12月，全省9个设区城市及平潭综合实验区共监测108个正式投入使用的集中式生活饮用水水源（取水口），其中地表水水源106个（河流型48个，湖库型58个）、地下水源2个。

（一）监测点位

1. 地表水水源：河流型水源在水厂取水口上游100米附近处设置监测断面，水厂在同一河流有多个取水口，可在最上游100米处设置监测断面；湖库型水源原则上按常规监测点位采样，在每个水源取水口周边100米处设置1个监测点位进行采样。河流及湖库采样深度为水面下0.5米处。

2. 地下水水源：具备采样条件的，在抽水井采样。如不具备采样条件，在自来水厂的汇水区（加滤前）采样。

（二）监测项目

1. 地表水水源

（1）设区城市、平潭综合实验区：监测项目为《地表水环境质量标准》（GB3838—2002）表1的基本项目（24项）、表2的补充项目（5项）和表3的优选特定项目（33项），共62项。其中，湖库型地表水饮用水源加测叶绿素a和透明度2项，共64项。

（2）县级城市：监测项目为《地表水环境质量标准》（GB3838—2002）表1的基本项目（24项）、表2的补充项目（5项），共29项。其中，湖库型地表水饮用水源加测叶绿素a和透明度2项，共31项。

2. 地下水饮用水源

监测项目为《地下水质量标准》（GB/T 14848—2017）表1中39项。

各地可根据当地污染实际情况，适当增加区域特征污染物。

二、评价标准及方法

（一）地表水水源

地表水水源水质评价根据《地表水环境质量标准》（GB3838—2002）Ⅲ类标准限值进行评价。基本项目按照《地表水环境质量评价方法（试行）》（环办〔2011〕22号）进行评价，补充项目、特定项目采用单因子评价法进行评价。

（二）地下水水源

地下水水源水质评价执行《地下水质量标准》（GB/T 14848—2017）Ⅲ类标准限值，采用单因子评价法进行评价。评价项目为《地下水质量标准》（GB/T 14848—2017）表1中39项。

三、评价结果

（一）总体情况

108个集中式生活饮用水水源均达标（达到或优于Ⅲ类标准），达标比例为100%（详见附表）。

（二）地表水水源

106个地表水水源均达标，达标比例为100%。其中，有92个达到或优于Ⅱ类标准，占86.8%。

（三）地下水水源

2个地下水水源均达标，达标比例为100%。

备注：

1. 集中式生活饮用水水源，是指进入输水管网送到用户的和具有一定取水规模（供水人口一般大于1000人）的在用、备用和规划水源。

2. 集中式生活饮用水水源和饮用水的区别：饮用水水源为原水，居民饮用水为末梢水，水源水经自来水厂净化处理达到《生活饮用水卫生标准》的要求后，进入居民供水系统作为饮用水。

附表

12月份福建省县级以上集中式生活饮用水水源水质状况

序号	省份名称	行政区划	点位名称	水源地类型	水体类型	达标情况	超标指标及超标倍数	备注
1	福建省	福州市	福州市西区、北区水厂闽江原厝取水口	地表水	河流型	达标		
2	福建省	福州市	福州市城门水厂闽江南港取水口	地表水	河流型	达标		
3	福建省	福州市	福州市马尾水厂白眉水库取水口	地表水	湖库型	达标		
4	福建省	福州市	福州市新东区水厂塘坂取水口	地表水	河流型	达标		
5	福建省	福州市	福州市飞凤山水厂水源取水口	地表水	河流型	达标		
6	福建省	长乐区	长乐区炎山水厂炎山矶头取水口	地表水	河流型	达标		
7	福建省	闽侯县	闽侯县自来水公司叶洋泵站取水口	地表水	河流型	达标		
8	福建省	连江县	连江县塘坂水厂塘坂取水口	地表水	河流型	达标		
9	福建省	罗源县	罗源县八井水厂反调节库取水口	地表水	河流型	达标		
10	福建省	罗源县	罗源县可湖水厂西溪水库取水口	地表水	湖库型	达标		
11	福建省	罗源县	罗源县洋尾水厂东岩调节水库取水口	地表水	湖库型	达标		
12	福建省	闽清县	闽清县白石坑水厂、塔山水厂闽江取水口	地表水	河流型	达标		
13	福建省	闽清县	闽清县葫芦门水库取水口	地表水	湖库型	达标		
14	福建省	永泰县	永泰县南区水厂大樟溪取水口	地表水	河流型	达标		
15	福建省	永泰县	永泰县青云山水厂天门窗水库取水口	地表水	湖库型	达标		
16	福建省	福清市	福清市东张水库取水口	地表水	湖库型	达标		
17	福建省	福清市	福清市闽江调水峡南取水口	地表水	河流型	达标		
18	福建省	厦门市	厦门市莲坂水厂、集美水厂石兜、坂头水库取水口	地表水	湖库型	达标		
19	福建省	厦门市	厦门市同安梅山水厂汀溪水库取水口	地表水	湖库型	达标		
20	福建省	莆田市	莆田市莆田水厂东圳水库取水口	地表水	湖库型	达标		
21	福建省	莆田市	莆田市涵江水厂外度水库取水口	地表水	湖库型	达标		
22	福建省	仙游县	仙游县仙游水厂古洋水库取水口	地表水	湖库型	达标		
23	福建省	仙游县	仙游县金钟水库取水口	地表水	湖库型	达标		
24	福建省	三明市	三明市东牙溪水库取水口	地表水	湖库型	达标		
25	福建省	沙县区	沙县区第一水厂洞天岩水库取水口	地表水	湖库型	达标		
26	福建省	沙县区	沙县区第三水厂马岩水库取水口	地表水	湖库型	达标		
27	福建省	沙县区	沙县区双溪水库取水口	地表水	湖库型	达标		
28	福建省	明溪县	明溪县城北水厂罗翠水库取水口	地表水	湖库型	达标		
29	福建省	清流县	清流县自来水厂严坊溪取水口	地表水	湖库型	达标		
30	福建省	宁化县	宁化县沙子甲水厂寨头里水库取水口	地表水	湖库型	达标		

续表

序号	省份名称	行政区划	点位名称	水源地类型	水体类型	达标情况	超标指标及超标倍数	备注
31	福建省	大田县	大田县自来水公司坑口水库取水口	地表水	湖库型	达标		
32	福建省	尤溪县	尤溪县自来水厂大池水库取水口	地表水	湖库型	达标		
33	福建省	尤溪县	尤溪县东村溪兴头水库取水口	地表水	湖库型	达标		
34	福建省	将乐县	将乐县下村水厂漠村溪取水口	地表水	河流型	达标		
35	福建省	泰宁县	泰宁县北溪水厂际头水库取水口	地表水	湖库型	达标		
36	福建省	建宁县	建宁县自来水公司王坪栋水库取水口	地表水	湖库型	达标		
37	福建省	永安市	永安市北区水厂沙溪取水口	地表水	河流型	达标		
38	福建省	永安市	永安市南区水厂洛溪水库取水口	地表水	湖库型	达标		
39	福建省	泉州市	泉州市北水厂北高干渠取水口	地表水	河流型	达标		
40	福建省	泉州市	泉州市湄丰水厂、泉港第三水厂泗洲水库取水口	地表水	湖库型	达标		
41	福建省	泉州市	泉州市湄丰水厂、泉港第三水厂黄塘溪取水口	地表水	河流型	达标		
42	福建省	泉州市	泉州市金浦水厂、三水厂晋江干流金鸡拦河旧闸取水口	地表水	河流型	达标		
43	福建省	惠安县	惠安县城南水厂黄塘溪取水口	地表水	河流型	达标		
44	福建省	惠安县	惠安县北关水厂菱溪水库取水口	地表水	湖库型	达标		
45	福建省	安溪县	安溪县城关水厂晋江西溪吾都取水口	地表水	河流型	达标		
46	福建省	永春县	永春县第三自来水厂晋江东溪湖洋溪取水口	地表水	河流型	达标		
47	福建省	德化县	德化县第二水厂国宝溪取水口	地表水	河流型	达标		
48	福建省	石狮市	石狮市石狮水厂南高干渠取水口	地表水	河流型	达标		
49	福建省	晋江市	晋江市田洋水厂南高干渠取水口	地表水	河流型	达标		
50	福建省	南安市	南安市美林水厂晋江东溪取水口	地表水	河流型	达标		
51	福建省	漳州市	厦门市高殿水厂、杏林水厂九龙江北溪取水口	地表水	河流型	达标		
52	福建省	漳州市	漳州市第二水厂九龙江北溪鳌浦取水口	地表水	河流型	达标		
53	福建省	漳州市	漳州市三水厂、福糖水厂九龙江北溪内林取水口	地表水	河流型	达标		
54	福建省	漳州市	漳州市金峰水厂九龙江西溪取水口	地表水	河流型	达标		
55	福建省	龙海区	龙海区自来水厂九龙江北溪江东桥取水口	地表水	河流型	达标		
56	福建省	长泰区	长泰区自来水公司龙津溪福信取水口	地表水	河流型	达标		
57	福建省	云霄县	云霄县风吹岭水厂车圩溪取水口	地表水	河流型	达标		
58	福建省	漳浦县	漳浦县自来水厂梁山水库取水口	地表水	湖库型	达标		
59	福建省	漳浦县	漳浦县自来水厂澎水水库取水口	地表水	湖库型	达标		
60	福建省	诏安县	诏安县自来水厂亚湖水库取水口	地表水	湖库型	达标		
61	福建省	东山县	东山县供水公司红旗水库取水口	地表水	湖库型	达标		
62	福建省	南靖县	南靖县自来水公司象溪取水口	地表水	河流型	达标		
63	福建省	平和县	平和县自来水公司花山溪取水口	地表水	河流型	达标		

续表

序号	省份名称	行政区划	点位名称	水源地类型	水体类型	达标情况	超标指标及超标倍数	备注
64	福建省	华安县	华安县自来水厂九龙江北溪取水口	地表水	河流型	达标		
65	福建省	南平市	南平市新建村水厂照溪（五星桥水库）取水口	地表水	湖库型	达标		
66	福建省	南平市	南平市武夷新区水厂雷公口水库取水口	地表水	湖库型	达标		
67	福建省	顺昌县	顺昌县派溪水厂院尾水库取水口	地表水	湖库型	达标		
68	福建省	浦城县	浦城县东区水厂南浦溪取水口	地表水	河流型	达标		
69	福建省	浦城县	浦城县西区水厂东风水库取水口	地表水	湖库型	达标		
70	福建省	光泽县	光泽县西溪水厂西溪取水口	地表水	河流型	达标		
71	福建省	光泽县	光泽县北溪水厂肖家坑水库取水口	地表水	湖库型	达标		
72	福建省	松溪县	松溪县杉溪水厂杉溪取水口	地表水	河流型	达标		
73	福建省	松溪县	松溪县来龙水厂钱园桥水库取水口	地表水	湖库型	达标		
74	福建省	政和县	政和县珠山水厂宝岭水库取水口	地表水	湖库型	达标		
75	福建省	邵武市	邵武市熙春水厂大乾水库取水口	地表水	湖库型	达标		
76	福建省	武夷山市	武夷山市石雄水厂西溪取水口	地表水	河流型	达标		
77	福建省	武夷山市	武夷山市三菇水厂崇阳溪取水口	地表水	河流型	达标		
78	福建省	武夷山市	武夷山市第二水厂东溪水库取水口	地表水	湖库型	达标		
79	福建省	建瓯市	建瓯市东门水厂松溪取水口	地表水	河流型	达标		
80	福建省	建瓯市	建瓯市新区水厂七里街水库取水口	地表水	湖库型	达标		
81	福建省	龙岩市	龙岩市凤凰水厂富溪三级水库大坝取水口	地表水	湖库型	达标		
82	福建省	龙岩市	龙岩市新区水厂黄岗水库取水口	地表水	湖库型	达标		
83	福建省	龙岩市	龙岩市东南洋水厂东肖水库取水口	地表水	湖库型	达标		
84	福建省	永定区	永定区龙寨水厂龙寨水库取水口	地表水	湖库型	达标		
85	福建省	永定区	永定区淑雅溪水库取水口	地表水	湖库型	达标		
86	福建省	长汀县	长汀县自来水股份有限公司正方水库取水口	地表水	湖库型	达标		
87	福建省	上杭县	上杭县兰地水厂汀江横滩取水口	地表水	河流型	达标		
88	福建省	武平县	武平县北门水厂捷文水库取水口	地表水	湖库型	达标		
89	福建省	连城县	连城县自来水公司竹光地下取水口	地下水	地下水源	达标		
90	福建省	连城县	连城县自来水公司波洋地下取水口	地下水	地下水源	达标		
91	福建省	连城县	连城县城区第二水源北团河取水口	地表水	河流型	达标		
92	福建省	漳平市	漳平市自来水厂大坂三级电站取水口	地表水	河流型	达标		
93	福建省	漳平市	漳平市铁路水厂双洋溪取水口	地表水	河流型	达标		
94	福建省	宁德市	宁德市二水厂金涵水库取水口	地表水	湖库型	达标		
95	福建省	宁德市	宁德市德源自来水厂陈家洋水库取水口	地表水	湖库型	达标		
96	福建省	宁德市	宁德市第一自来水厂金溪取水口	地表水	河流型	达标		
97	福建省	霞浦县	霞浦县北山里水厂溪西水库取水口	地表水	湖库型	达标		
98	福建省	古田县	古田县城关水厂桃溪水库取水口	地表水	湖库型	达标		
99	福建省	屏南县	屏南县第一自来水厂汤坑溪取水口	地表水	河流型	达标		

续表

序号	省份名称	行政区划	点位名称	水源地类型	水体类型	达标情况	超标指标及超标倍数	备注
100	福建省	屏南县	屏南县第二自来水厂南峭溪取水口	地表水	河流型	达标		
101	福建省	屏南县	屏南县第二自来水厂引水工程取水口	地表水	河流型	达标		
102	福建省	寿宁县	寿宁县城区自来水厂西山水库取水口	地表水	湖库型	达标		
103	福建省	周宁县	周宁县深洋水厂李园水库取水口	地表水	湖库型	达标		
104	福建省	柘荣县	柘荣县自来水厂新荣溪水库取水口	地表水	湖库型	达标		
105	福建省	福安市	福安市城关二水厂交溪桃花岛取水口	地表水	河流型	达标		
106	福建省	福安市	福安市城东水厂留洋水库取水口	地表水	湖库型	达标		
107	福建省	福鼎市	福鼎市二水厂南溪水库取水口	地表水	湖库型	达标		
108	福建省	平潭综合实验区	平潭县自来水公司三十六脚湖取水口	地表水	湖库型	达标		

（来源：福建省生态环境厅网站　摘编：陈德盛）

2023 年福建省流域水环境质量状况

2023 年 1—12 月，全省主要流域总体水质为优，国控断面Ⅰ~Ⅲ类水质比例 99.0%，Ⅰ~Ⅱ类水质比例 68.6%；国控及省控断面Ⅰ~Ⅲ类水质比例 99.5%，其中Ⅰ~Ⅱ类水质比例 65.3%，各类水质比例如下：Ⅰ类占 1.9%，Ⅱ类占 63.5%，Ⅲ类占 34.1%，Ⅳ类占 0.5%，无Ⅴ类和劣Ⅴ类水。

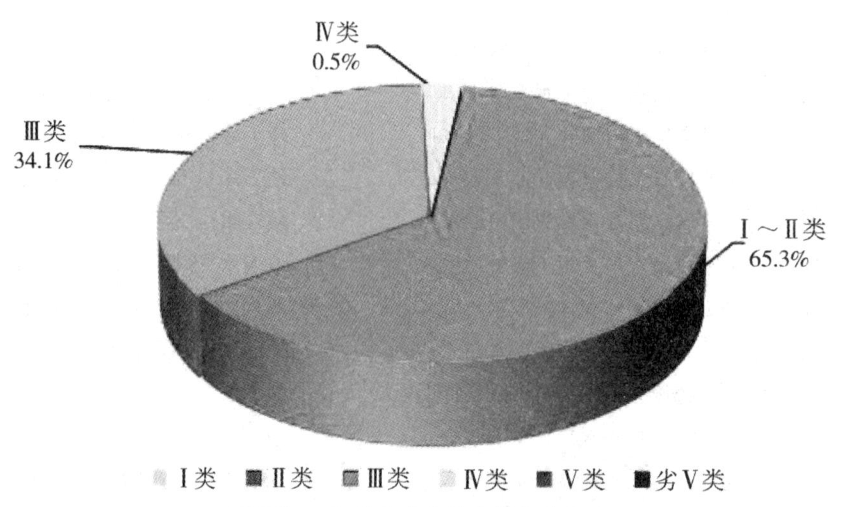

2023年1—12月全省主要流域水质状况

（来源：福建省生态环境厅网站　摘编：陈德盛）

2023年福建省地表水水质状况排名

参照生态环境部《城市地表水环境质量排名技术规定（试行）》，对全省主要流域和各设区市、有关县级行政区的地表水水质状况进行排名。

一、主要流域水质排名情况

2023年1—12月，全省主要流域总体水质从相对较好开始排名，具体为：闽江、交溪、霍童溪、萩芦溪、汀江（韩江）、九龙江、晋江、木兰溪、敖江、东西溪、诏安东溪、龙江、漳江、鹿溪。

二、设区市水质排名情况

2023年1—12月，各设区市地表水水质按省考断面评价，水质排名情况如下（详见表1）。

2023年1—12月福建省设区市地表水水质排名情况（表1）

类别＼排名	1	2	3	4	5	6	7	8	9
省考断面（自优排序）	南平	三明	宁德	龙岩	莆田	泉州	福州	漳州	厦门
小流域断面（自优排序）	三明	南平	龙岩	宁德	泉州	莆田	福州	漳州	厦门

三、县级行政区水质排名情况

平潭综合实验区因涉及流域少，暂参与县级行政区水质排名。2023年1—12月，平潭和全省62个县级行政区（40个县、11个县级市，地理位置相对独立的11个市辖区）地表水水质综合排名前10位和后10位名单如下（详见表2）。

2023年1—12月福建省县级行政区地表水水质排名情况（表2）

类别＼排名	1	2	3	4	5	6	7	8	9	10
前10名（自优排序）	武夷山	光泽	德化	将乐	泰宁	邵武	建阳	尤溪	福鼎	明溪
后10名（倒数排序）	石狮	晋江	平潭	泉港	惠安	龙海	东山	漳浦	诏安	福清

注：地理位置相对独立的11个市辖区为：福州长乐、漳州龙海和长泰、泉州泉港、三明三元和沙县、龙岩新罗和永定、南平延平和建阳、宁德蕉城。

（来源：福建省生态环境厅网站　摘编：陈德盛）

2023年福建省近岸海域水质状况排名

（1—11月）

2023年1—11月，全省近岸海域235个国省控监测点位，按照面积法评价，优良面积水质比例89.1%。沿海各设区市近岸海域优良面积水质比例，分别为：莆田96.2%、泉州94.5%、漳州94.3%、福州85.6%、厦门84.2%、宁德79.1%。平潭综合实验区所辖近岸海域面积相对较小，暂不参与市级行政区水质排名。沿海各设区市、县（市、区）和重点港湾海水水质排名情况如下（详见附表）。

2023年全省近岸海域水质排名情况

地区＼排名		1	2	3	4	5	6	7	8	9	10
设区市（自优排序）		莆田	泉州	漳州	福州	厦门	宁德	/	/	/	/
县级	前10名（自优排序）	秀屿区	漳浦县	晋江市	平潭综合实验区	东山县	惠安县	石狮市	泉港区	长乐区	龙海市
	后10名（倒数排序）	洛江区	福安市	马尾区	蕉城区	涵江区	海沧区	集美区	荔城区	罗源县	云霄县
重点港湾河口	前5名（自优排序）	深沪湾	湄洲湾	东山湾	兴化湾	旧镇湾	/	/	/	/	/
	后5名（倒数排序）	沙埕港	三沙湾	闽江口	福清湾	诏安湾	/	/	/	/	/

（来源：福建省生态环境厅网站 摘编：陈德盛）

2023年福建省排污权指标市场加权平均价汇总

第一季度福建省排污权指标市场加权平均价汇总

受让地区	标的名称	2023年第一季度市场加权平均价（元/年吨）
全省	化学需氧量	15359.95
	氨氮	12574.62
	二氧化硫	5236.76
	氮氧化物	8964.61
福州	化学需氧量	10279.93
	氨氮	12237.92
	二氧化硫	6950.00
	氮氧化物	10189.18
厦门	化学需氧量	8011.69
	氨氮	8007.27
	二氧化硫	5326.83
	氮氧化物	9065.64
漳州	化学需氧量	24998.41
	氨氮	14658.75
	二氧化硫	5772.41
	氮氧化物	13696.55
泉州	化学需氧量	8600.00
	氨氮	7800.00
	二氧化硫	4390.00
	氮氧化物	4200.00
三明	化学需氧量	10244.48
	氨氮	
	二氧化硫	5926.02
	氮氧化物	5835.38

续表

受让地区	标的名称	2023 年第一季度市场加权平均价（元/年吨）
莆田	化学需氧量	10000.00
	氨氮	—
	二氧化硫	—
	氮氧化物	—
南平	化学需氧量	10244.48
	氨氮	12237.92
	二氧化硫	5243.51
	氮氧化物	10189.18
龙岩	化学需氧量	—
	氨氮	13389.88
	二氧化硫	—
	氮氧化物	14400.00
宁德	化学需氧量	10244.00
	氨氮	12237.00
	二氧化硫	6950.56
	氮氧化物	10189.18
平潭	化学需氧量	10341.00
	氨氮	—
	二氧化硫	—
	氮氧化物	—

第二季度福建省排污权指标市场加权平均价汇总

受让地区	标的名称	2023 年第二季度市场加权平均价（元/年吨）
全省	化学需氧量	12347.01
	氨氮	10932.64
	二氧化硫	5980.11
	氮氧化物	5296.08
福州	化学需氧量	10336.27
	氨氮	10043.11
	二氧化硫	6908.36
	氮氧化物	10197.76
厦门	化学需氧量	8011.69
	氨氮	8007.27
	二氧化硫	5808.29
	氮氧化物	10189.18

续表

受让地区	标的名称	2023 年第二季度市场加权平均价（元/年吨）
漳州	化学需氧量	24960.23
	氨氮	10171.39
	二氧化硫	9605.07
	氮氧化物	3095.24
泉州	化学需氧量	8600.00
	氨氮	7800.00
	二氧化硫	4193.57
	氮氧化物	4187.93
三明	化学需氧量	—
	氨氮	12237.92
	二氧化硫	—
	氮氧化物	—
莆田	化学需氧量	—
	氨氮	—
	二氧化硫	—
	氮氧化物	3499.98
南平	化学需氧量	10244.48
	氨氮	9889.83
	二氧化硫	6950.00
	氮氧化物	10189.18
龙岩	化学需氧量	22500.00
	氨氮	13389.88
	二氧化硫	6886.75
	氮氧化物	14320.90
宁德	化学需氧量	10955.60
	氨氮	12237.00
	二氧化硫	6950.00
	氮氧化物	10189.18
平潭	化学需氧量	10244.48
	氨氮	—
	二氧化硫	—
	氮氧化物	—

第三季度福建省排污权指标市场加权平均价汇总

受让地区	标的名称	2023 年第三季度市场加权平均价（元/年吨）
全省	化学需氧量	12696.35
	氨氮	11427.33
	二氧化硫	5407.90
	氮氧化物	7764.34
福州	化学需氧量	10617.31
	氨氮	12090.90
	二氧化硫	6950.00
	氮氧化物	10189.18
厦门	化学需氧量	8011.69
	氨氮	8007.27
	二氧化硫	6300.00
	氮氧化物	10189.18
漳州	化学需氧量	22826.82
	氨氮	9850.04
	二氧化硫	3249.15
	氮氧化物	31000.00
泉州	化学需氧量	8600.00
	氨氮	7800.00
	二氧化硫	3796.32
	氮氧化物	4200.00
三明	化学需氧量	——
	氨氮	14696.95
	二氧化硫	6951.00
	氮氧化物	10189.18
莆田	化学需氧量	24995.76
	氨氮	9850.00
	二氧化硫	——
	氮氧化物	——
南平	化学需氧量	10244.48
	氨氮	9850.00
	二氧化硫	6950.50
	氮氧化物	10189.18
龙岩	化学需氧量	22500.00
	氨氮	13389.88
	二氧化硫	6863.54
	氮氧化物	14391.25

续表

受让地区	标的名称	2023 年第三季度市场加权平均价（元/年吨）
宁德	化学需氧量	24994.72
	氨氮	12236.03
	二氧化硫	6949.81
	氮氧化物	10189.18
平潭	化学需氧量	——
	氨氮	——
	二氧化硫	——
	氮氧化物	——

第四季度福建省排污权指标市场加权平均价汇总

受让地区	标的名称	2023 年第四季度市场加权平均价（元/年吨）
全省	化学需氧量	9854.82
	氨氮	10041.45
	二氧化硫	6655.79
	氮氧化物	10618.66
福州	化学需氧量	10244.48
	氨氮	12237.9
	二氧化硫	6950
	氮氧化物	10433.17
厦门	化学需氧量	8011.69
	氨氮	8007.27
	二氧化硫	6300
	氮氧化物	10189.18
漳州	化学需氧量	19150.8
	氨氮	9843.24
	二氧化硫	7582.92
	氮氧化物	16833.8
泉州	化学需氧量	8600
	氨氮	7800
	二氧化硫	4198.39
	氮氧化物	4200
三明	化学需氧量	——
	氨氮	——
	二氧化硫	4850
	氮氧化物	——

续表

受让地区	标的名称	2023年第四季度市场加权平均价（元/年吨）
莆田	化学需氧量	——
	氨氮	——
	二氧化硫	6000
	氮氧化物	20000
南平	化学需氧量	12911.99
	氨氮	9850
	二氧化硫	6763.51
	氮氧化物	10189.18
龙岩	化学需氧量	22500
	氨氮	13389.88
	二氧化硫	6619.09
	氮氧化物	14400
宁德	化学需氧量	25000
	氨氮	12234.53
	二氧化硫	6951.19
	氮氧化物	10189.18
平潭	化学需氧量	——
	氨氮	——
	二氧化硫	——
	氮氧化物	——

（来源：福建省生态环境厅网站　摘编：陈德盛）

第六篇

区域概览

福州市社会发展综述

2023年是全面贯彻党的二十大精神的开局之年，是三年新冠疫情防控转段后经济恢复发展的一年。习近平总书记视频连线市社会福利院发表重要讲话，并向“鼓岭缘”中美民间友好论坛发来贺信，给全市人民巨大鼓舞。

一年来，福州市以习近平新时代中国特色社会主义思想为指导，全面贯彻党的二十大和二十届二中全会精神，认真落实习近平总书记来闽考察重要讲话精神，坚持“3820”战略工程思想精髓，加快建设现代化国际城市，攻坚克难、砥砺前行，经济持续回升向好，社会大局安定稳定。全市地区生产总值增长5.3%左右；规上工业增加值增长3.5%；固定资产投资增长5%左右；一般公共预算总收入1189.8亿元，增长12.3%；地方一般公共预算收入754.1亿元，增长8%；出口总额保持正增长；实际利用外资不低于全省平均水平；社会消费品零售总额4960亿元，增长6%以上；城镇、农村居民人均可支配收入分别达58031元、28650元，分别增长4.3%、6.8%；居民消费价格总水平上涨0.4%。完成省下达的节能减排降碳任务。福州成为全国唯一荣获首届全球可持续发展城市奖（上海奖）的城市。一年来社会发展的主要工作和成效如下。

创新动能有力释放。入选全国创新驱动示范市。全社会研究与试验发展经费投入总量保持全省第一。国家自主创新示范区福州片区推出改革创新举措67项，科创走廊超额完成建设目标。闽都创新实验室初步建成，福耀科技大学（暂名）主体封顶，福州大学城联合研究生院获批建设，省人工智能计算中心一期建成投用。开展关键核心技术“揭榜挂帅”攻关项目59个，新增国家级科技企业孵化器1家、省级众创空间孵化器14家。国家级高新技术企业突破4000家、省级科技小巨人企业达749家，均位居全省第一。新增省级以上“专精特新”企业177家、中小企业特色产业集群5个。入选第二批国家知识产权保护示范区建设城市，有效发明专利拥有量超2.9万件、位居全省第一。“好年华 聚福州”人才工作品牌持续打响，福州国际人才港加快建设，入选国家重大人才计划专家11人，引进培养高层次人才3650人、高技能人才1.6万人，吸引来榕留榕就业创业应届高校毕业生7.5万人，连续三年获评中国年度最佳引才城市。

人居环境日益优化。福州新区直管区提速建设，森林城市生态提升等239个项目加快推进，国道316线长乐漳港至营前段等49个项目建成投用。三江口片区配套进一步优化提升，植物园一期等50个项目加快建设，福厦客专南站广场等20个项目竣工投用。实施城市品质提升项目1004个。闽江对渡码头、美丽闽江展示馆建成开放，“闽江之心”建设提档升级。实施古厝保护利用项目122个、文物修缮和活化利用工程69个，世遗大会展示馆建成开放。地铁4号线首通段、5号线后通段开通运营。城区北向第二通道建成通车。新改扩建市政道路145公里。新增更新新能源公交车135辆，新辟优化公交线路60条，新建改造公交站点116座。新增公共停车泊位5210个，新建“光储充检”充电站11座。全国首个新建配售型保障性住房顺利开工，新增保障性租赁住房2.35万套。实施棚户区改造项目20个，开工老旧小区改造项目315个。闽江北岸三线贯通工程完工，改造提升福道134.4公里，新改建口袋公园65个、郊野公园3.5平方公里。处置“两违”266万平方米。新改建生活垃圾分类屋（亭）150座，垃圾分类考评位居全国大城市第5名。开展全域治水、“护河爱水、清洁家园”行动，建成安全生态水系25公里，水环境质量达到历史最好水平。快速有力抵御“杜苏芮”“海葵”台风强降雨。高品质饮用水和城乡供水一体化工作扎实推进，新建改造市政供水管网90公里、污水管网113公里，改造二次供水设施超2万户。新建改造燃气管网167公里。空气质量排名全国重点城市第4位、历史最佳。苍霞新城老旧小区改造提升、红庙岭园区垃圾资源化处理获中国人居环境范例奖，闽江河口湿地入选国际重要湿地名录和全国山水工程首批优秀典型案例。

民生福祉持续改善。坚持尽力而为、量力而行，各级财政用于民生支出814.5亿元，占一般公共预算支出的80.8%。68件为民办实事项目全部完成。城镇新增就业14万人，失业人员再就业3.8万人。城乡居民基础养老金标准提高到每月250元。新改扩建公办幼儿园38所、中小学13所，新增公办园学位1.2万个、义务教育学位9000个。组建市级总医院2家、县级总医院13家，提升基层医疗卫生机构64家，孟超肝胆医院金山院区、市疾控中心新址建成投用，新增床位3000张。新建长者食堂78个、嵌入式养老服务机构7个，新增养老床位2494张，城乡居家社区养老服务设施实现全覆盖。新建普惠性托育机构26家，新增普惠托位1760个。实施“有福之州书香榕城”建设，全民阅读推广服务体系持续完善。举办中华龙舟大赛、福州马拉松、电竞福州2023等赛事活动，在第19届杭州亚运会、首届全国学生（青年）运动会上取得佳绩，举办全民健身活动近500场次。着力防范化解风险，完成“保交楼”项目15个，不良贷款率低于全国平均水平。完成县级公安机关及基层派出所提升改造项目19个，获评全国首批社会治安防控体系建设示范城市。

政府效能不断提升。开展第二批学习贯彻习近平新时代中国特色社会主义思想主题教育，坚持“第一议题”学习制度，深刻领悟“两个确立”的决定性意义，以实际行动坚决做到“两个维护”。弘扬“四下基层”“马上就办、真抓实干”优良作风，实施“深学争优、敢为争先、实干争效”推动“党建领航、经济领跑、民生领先”行动，激励干部勤政务实、敢为敢闯。发展战略性新兴产业、文旅产业、保障性租赁住房及建设信息基础设施、推进产业数字化等工作获国务院办公厅督查激励。

2024年福州市工作总体要求是：以习近平新时代中国特色社会主义思想为指导，全面贯彻落实党的二十大和二十届二中全会精神，按照省委十一届五次全会和市委十二届六次全会部署，紧扣“四个更大”重要要求，聚焦建设两岸融合发展示范区重要使命，坚持稳中求进工作总基调，完整、准确、全面贯彻新发展理念，积极服务和融入新发展格局，统筹扩大内需和深化供给侧结构性改革，统筹新型城镇化和乡村全面振兴，统筹高质量发展和高水平安全，坚持“3820”战略工程思想精髓，一张蓝图绘到底，落实福州都市圈、强省会战略，加快建设现代化国际城市。2024年全市经济社会发展主要预期目标是：地区生产总值增长6%左右，规上工业增加值增长6%，地方一般公共预算收入增长5%，固定资产投资增长5%，社会消费品零售总额增长7%，出口总额增长不低于全省平均水平，实际利用外资保持正增长，城镇、农村居民人均可支配收入与经济增长保持同步，完成省下达的节能减排降碳任务。社会发展重点做好以下几项工作：

彰显闽都文化底蕴。开展第四次全国文物普查工作。实施福州文庙、柔远驿等重点文物修缮工程50个，完成古厝保护利用100处，推动昙石山遗址创建国家考古遗址公园。保护提升城市中轴线，加快三宝城（南公园）、上下杭“非遗一条街”等项目建设，推动三坊七巷、海上丝绸之路·中国（福州）史迹、船政文化史迹等项目列入中国世界文化遗产预备名单。开展文化和自然遗产日等非遗主题活动。实施新一批名村（传统村落）整治提升，完成永泰国家级传统村落集中连片保护利用示范县创建工作。

推进环境污染防治。加快闽江口琅岐环境空气超级监测站建设，完成闽清建陶企业前端脱硫整治，优良空气天数比例稳定在98%以上。推动闽江流域上下游协同管控，强化流域水环境监测预警。完成主要流域入河排污口溯源，划定、建设“一闸三线”工程水源保护区，主要流域优良水质比例达97%以上。推进入海排污口分类整治，基本完成“除黑”，整治“消劣”70%以上，近岸海域优良水质面积比例达83%以上。强化土壤污染源头防控。推进“无废城市”建设，推动固体废物资源化利用和无害化处置能力达到国内领先水平。保障核与辐射安全。

促进绿色低碳发展。落实《福州市建设可持续发展城市行动纲要》。持续推进碳达峰碳中和，完成国家“三线一单”减污降碳协同管控试点，争取国家气候适应型城市建设试点。加快闽清绿色建筑产业园、永泰装配式装修产业基地建设，开工装配式建筑面积326万平方米。推进连江外海风电场、中核海上光伏等项目建设，新增海上风电装机、光伏发电装机各100万千瓦。

强化社会保障。坚持就业优先，做好高校毕业生、农民工、退役军人等重点群体就业工作，建设就业驿站15个以上，实现城镇新增就业13万人、失业人员再就业2.4万人以上，确保零就业家庭动态清零。推进老年友好型城市建设，发展银发经济，新建长者食堂30个，提升示范性长者食堂15个，建成嵌入式养老服务机构5个，新增养老床位2000张，打响“有福之州 幸福老人”品牌。加快国家儿童友好城市建设，完善三孩配套支持措施，推动县（市）区各建成公办托育机构1家以上。完善城乡居民基本医疗保险制度，稳步提升居民和职工待遇水平。发展社会救助、慈善和残疾人事业。

建设教育强市。新改扩建公办幼儿园25所、中小学15所，新增公办园学位4890个、义务教育学位1.2万个、一级达标高中2所。提升集团化办学内涵，培育一批省级名师名校长，打造市级名师工作室35个以上。巩固提升“双减”政策成效，提高课后服务质量和管理水平。实现90%学前教育乡村办学点标准化建设。办好第61届中国高等教育博览会，支持闽江学院等市属院校发展，推动福耀科技大学（暂名）设置申报，加快天津大学福州国际校区建设，支持福州大学城联合研究生院建设。探索职普融通联合培养模式，创建国家产教融合试点城市。发展老年教育和特殊教育，促进家庭教育。深化全国智慧教育示范区创建工作。

建设健康福州。建成投用市中医院五四北分院，开工建设市第一总医院鼓山院区、老年病院区等项目，新增床位2000张。推动优质医疗资源下沉共享，新增社区医院5家、星级社区卫生服务中心和乡镇卫生院30家、星级社区卫生服务站20家、星级村卫生所300家。推进联合病房、联合门诊、名医工作室建设，强化双向转诊，构建市县乡村网格化分级诊疗体系。加大医疗卫生人才引育力度。深化爱国卫生运动。统筹抓好新冠、流感、登革热等重点传染病疫情防控。加强药品安全监管。办好中华龙舟大赛、世界女子围棋大赛、福州马拉松等大型赛事，举办市第二十六届运动会，实施全民健身工程200个以上。

繁荣文化事业。推动市文化馆新馆、市少儿图书馆新馆、市科技馆新馆开馆。推进“有福之州 书香榕城”建设，加快打造重点阅读品牌。开展“福满榕城”系列文化活动，办好世界福州十邑春晚、海峡两岸民俗文化节，增强丝路国际电影节品牌效应，推动闽都文化国际交流，打响闽都文化国际品牌。统筹推进文明培育、文明实践、文明创建，开展“循迹再奋进”文明实践活动，深化市民文明巡访团建设，建强建好新时代文明实践中心，争创新一届全国文明城市。推动哲学社会科学、新闻出版、广播影视、文学艺术等事业繁荣发展。

维护安定稳定。开展安全生产治本攻坚三年行动，推进市应急管理综合平台建设，建立城市风险源数据库。全力防范消防、建筑施工、城镇燃气、道路交通等重点领域重大风险，持续开展“一镇一站”“一村一点”建设。深化“餐桌污染”治理，争创国家食品安全示范城市。推广“镇街吹哨、部门报到”一线处置机制，提升基层网格治理效能。新建智慧安防小区200个。健全常态化扫黑除恶工作机制。深入推进“八五”普法。

（摘编：周华政）

鼓楼区社会发展概述

2023年是全面贯彻落实党的二十大精神的开局之年，是三年新冠疫情防控转段后经济恢复发展的一年。一年来，鼓楼区以习近平新时代中国特色社会主义思想为指导，认真学习宣传贯彻党的二十大和二十届二中全会精神，深入实施省委“深学争优、敢为争先、实干争效”、市委“党建领航、经济领跑、民生领先”行动，扎实开展区委“比学习争示范、比作为争先锋、比实干争一流”行动，凝心聚力，攻坚克难，各项事业取得新进展。全年地区生产总值增长5.8%；一般公共预算总收入63.23亿元，增长10.6%；地方一般公共预算收入40.16亿元，增长15%；社会消费品零售总额增长5.5%；实际利用外资2.25亿美元，增长427%；城镇居民人均可支配收入增长3.8%。入选首批国家文化产业和旅游产业融合发展示范区建设单位，位居全国创新百强区第18名，“两会一员”机制获评全国创新社会治理年度十佳案例、全国城乡社区高质量发展典型案例。一年来社会发展的主要工作和成效如下。

坚持为民惠民，全力改善居住环境，谋定后动实施城市旧改“百日会战”，完成屏西小区等9个项目31万平方米征迁，出让高工小区等8幅235亩地块。着力解决群众关切问题，竣工回迁书香红墙等6个项目1517套安置房，破解瀚城国际等项目历史遗留问题，实现交房530套、办理不动产权证745本，宜发得贵城2号楼顺利复工。城市更新步伐加快。实施建华支巷等环境综合整治项目11个，提升道路街巷6条，新建智慧灯杆265根。新增保障性租赁住房1900套，增设既有住宅电梯107台。改造老旧小区167个，“投融资+建设+运营”“共建基金池”做法获住建部推广。凤湖社区入选全国完整社区建设试点名单，责任规划师制度在全省推广。获评福建省建筑之乡。城市管理精耕细作。在全市首创“城市建管日”，每周“四不两直”脚步丈量街面，解决问题5.3万个。率先实现垃圾分类社区物业自治，积分兑换平台顺利运行。“家在鼓楼”小区事务服务中心新纳管小区42个，增长107%。新建公共停车场6个，新增停车泊位458个，设立首批“外卖小哥”专属停车点。多方联动破解医院周边交通“梗阻”。有效抵御台风“杜苏芮”“海葵”超历史极值强降雨，重点积水路段6小时恢复井然秩序。

补短板、优服务，民生福祉进一步增进，社会保障有力有效。开展“书记区长送岗留才”等招聘活动40场，完善公共就业创业平台，1440家企业提供岗位需求2.9万人次。新建共享职工之家3个、户外劳动者服务站点9个。新增就业3.14万人，失业人员再就业8507人。发放失业保险待遇6860万元，惠及3.72万人次。获评全国首批“法治人社建设优秀单位”。

服务举措温暖惠民。50件为民办实事项目顺利完成。全区划定25个“一刻钟幸福圈”，围绕十大元素实施补强项目198个。76家“长者食堂·学堂”提供助餐助学服务超200万人次，用餐量、银龄福卡办卡量均居全市第一。累计设置养老照料床位1297张。长护险签约服务2057人，占全市30%。新增托育机构8家、托位688个，南街街道、水部街道建华社区入选全市首批儿童友好城市建设示范点。建成全市首条网络餐饮示范街。

教育事业成果丰硕。调整优化区属教育集团，提速建设7所学校。获评全国中小学科创实验基地区、全省基础教育综合改革实验区。课后服务做法入选全省“双减”典型案例。林主敏老师获全国中小学青年教师教学竞赛小学组一等奖，系全市首次。

卫健事业提质扩面。成立区疾病预防控制局，推进集团化办医改革，组建鼓楼区总医院。通过国家慢性病综合防控示范区复审。在全省率先实现疫苗全流程数字化管理、开展乙肝规范治疗试点。建成医养结合“健康小屋”12家。

文体事业蓬勃发展。举办“国际博物馆日”中国主会场等文博活动，出版《你未熟知的鼓楼名人》等书籍，《建国带你去巡山——鼓楼摩崖题刻》等原创短视频浏览量超8024万次。新增非遗代表性传承人21名，建成非遗传承示范基地7家，活化利用古厝12处，修缮文物建筑3处。新增健身路径15条，开展文体活动262场，惠及群众超30万人次。鼓楼区输送的运动员林雨薇在杭州亚运会获得女子100米栏金牌。

立机制、解难题，治理基础进一步夯实，治理机制创新深化。在全国首创“两会一员”机制，社会治理专家委员会、市民委员会、法务特派员三支队伍规模达2670人，常态化开展决策咨询、纠纷化解、法务服务7000余次。实施“物业管理品质提升年”行动，完成417个小区“点题整治”，清理返还公共收益2141.9万元，屏东城、宏杨新城破除多年积弊实现业委会自管。

智能治理扎实推进。国家智能社会治理实验综合基地完成中期评估，输出阶段性成果25项。“鼓楼智脑”拓展子平台13个。“一线处置”机制解决民生事项6.7万件，满意率达99.86%上升1.34%，获评教育部十佳典型主题案例。社会大局安定稳定，完善多元化矛盾纠纷化解体系，“治重化积”事项办结化解率达100%，处理劳动人事仲裁争议案件1004起。纵深推进扫黑除恶斗争，刑事案件量下降20.8%，开展重大事故隐患专项排查整治2023行动，整治隐患76处。完善社会治安防控体系，新建智慧安防小区93个。五凤、水部、安泰、洪山派出所迁入新址。

数字政府建设添智提效。拓展数字化公文平台“文会事档”一体化应用场景，签批和流转时限均压减30%以上。社区“政务远程视频咨询办、代理办”覆盖事项1114项。被中央网信办评为数字素养宣传表现突出单位。“家在鼓楼”公众号影响力连续14个月居全省第一。区政府门户网站实现全省绩效考核十三连冠，廉洁政府建设常抓不懈，实施营商环境专项监督，出台财务管理、国资租赁等管理办法，开展公房违规租赁等四大专项整治，收回拖欠资金511.3万元。建成冶山清风苑，打造“小微权力智慧监督”平台，解决问题962个。坚持过紧日子，加强审计、统计监督，全区行政事业单位公用经费支出压减30%。

2024年是中华人民共和国成立75周年，是实现“十四五”规划目标任务的关键一年，是习近平总书记亲自擘画“机制活、产业优、百姓富、生态美”新福建宏伟蓝图10周年。2024年鼓楼区各项工作的总体要求是：以习近平新时代中国特色社会主义思想为指导，全面贯彻落实党的二十大和二十届二中全会精神，紧扣“四个更大”重要要求，坚持“3820”战略工程思想精髓，完整、准确、全面贯彻新发展理念，服务和融入新发展格局，坚持稳中求进、以进促稳、先立后破，聚焦经济建设这一中心工作和高质量发展这一首要任务，转方式、调结构、提质量、增效益，强化改革创新，提升治理效能，切实增强经济活力、防范化解风险、改善社会预期，建设更强支撑、更强示范的实力鼓楼，更具创新力、更具竞争力的活力鼓楼，更高品质、更高颜值的魅力鼓楼，更加可感可享、更加宜居宜业的幸福鼓楼，全力打造现代化国际城市“最美窗口”，扎实推进中国式现代化鼓楼实践。2024年全区经济社会发展的主要预期目标是：地区生产总值增长6%；一般公共预算总收入增长5%；地方一般公共预算收入增长5%；社会消费品零售总额增长6%；城镇以上固定资产投资增长6%；城镇居民人均可支配收入增长3.5%。

（摘编：吴强）

台江区社会发展概述

2023年，台江区坚持以习近平新时代中国特色社会主义思想为指导，全面贯彻党的二十大和二十届一中、二中全会精神，坚持“3820”战略工程思想精髓，主动融入省、市发展大局，扎实开展“深学争优、敢为争先、实干争效”推动“党建领航、经济领跑、民生领先”行动，持续深化“1234”工作机制，凝心聚力、苦干实干，各项事业取得了新的进展，成功获评全国科普示范区、全省城乡建设品质提升绩效优异区。全年地区生产总值710.2亿元，增长4.1%；固定资产投资153亿元，增长6%；社会消费品零售总额318.9亿元，增长7.9%；一般公共预算总收入26.5亿元，地方一般公共预算收入17.7亿元；实际利用外资4258万美元；城镇居民人均可支配收入6.3万元，增长4.5%。一年来社会发展的主要工作和成效如下。

优环境、提品质，城区面貌有效改善。实施闽江北岸全线贯通工程等城市品质提升项目179个，累计投资51亿元。城区建设有序推进。台江区“闽江之心”二期项目加快建设，达道河、中亭街、台江码头慢行系统优化改善，八一七路（台江段）、台江路街区品质提升工作进展顺利，半岛国际立面整治基本竣工，完成夜景亮化项目77处。福州三宝城地标建筑开工动建，雕刻总厂改造提升项目实现完工。宜居水平持续提升。苍霞新城老旧小区改造提升工程全面竣工，获评2023年中国人居环境范例奖，纳入省级完整社区建设试点。新改扩建双浦巷、龙成丽景等市政道路6条，新建改造雨污水管网48.4公里，新增祥坂街等街头小公园3处、公共停车泊位500个。深入挖掘辖区温泉资源，四块田、荷塘路大众温泉汤屋对外营业。台江区社区和物业垃圾分类主体责任有效落实，成功入选省级垃圾分类示范区创建试点。拆除“两违”面积2.9万平方米。生态环境不断改善。全力配合开展第三轮中央生态环境保护督察工作。全域治水、“护河爱水、清洁家园”行动常态化开展，闽江流域主要断面水质100%达标，15条内河水质稳定在Ⅳ类以上，瀛洲河等4条内河游航线投入运营。空气质量优良天数比例保持前列。洋头口社区成为全市首个通过验收的低碳社区。

区域共建实现突破。台江区与上海市杨浦区人民政府签订战略合作协议，联合12个县（市）区发起成立“上下杭商旅经济合作发展联盟”。台胞法务服务家园正式成立，成功举办第十一届海青节台江区特色主题系列活动。重点领域攻坚破题。结合“点题整治”，全面开展国有（集体）房产清理工作，盘活国有资产396处，收回被侵占房产53处，追回欠租房产136处、租金1754.8万元。“五经普”清查工作基本完成。“十四五”中期评估工作圆满完成。

办实事、解难题，民生福祉持续增进。全年区级财政用于民生支出16.7亿元，占一般公共预算支出82.8%。完成各级为民办实事项目79件。

社会保障兜牢兜实。台江区擦亮“找工作 到台江”就业品牌，举办“春风行动”“就业夜市”等招聘会40场次，提供岗位1.8万余个，城镇新增就业人员16344人，失业人员实现再就业4687人。完成华信花园等51个老旧小区改造，筹集保障性租赁住房1530套，“新上海西”全面动建。保交楼工作顺利开展，恒大天璟二期1187套商品房启动交付。

基础教育优质发展。全区中小学、幼儿园集团化办学实现全覆盖，红星小学（乌山小学分校）新建、十四中扩建等工作持续推进。台江区启动名师“翱翔计划”，新引进研究生学历优秀教育人才20名。十五中成为全国首个中央美术学院附中美术学科基地校，台二实小挂牌福建省福州实验小学台江分校，鳌峰幼儿园获评省级示范园。全区中考“一三附”等“老九所”录取率取得新提升，高考一本上线人数实现翻番。

健康事业不断提升。区级医院改建项目启动实施，义洲社区医院顺利投用，区疾控局、区总医院挂牌运作，新增市级精品中医馆2家。台江区“千名医师下基层”活动有效开展，社区卫生服务中心实现“诊间结算”全覆盖，人均基本公共卫生服务经费补助标准提高至80元。区社会福利中心竣工验收，瀛洲府等3家居家社区养老服务照料中心建成投用，新改造提升省级示范性长者食堂2家，“长者食堂+学堂”模式实现全覆盖。

文化事业稳步发展。上下杭历史文化街区入选“2022全国文化遗产旅游百强案例”，获评国家4A级旅游景区。台江区南公河口街区全面建成开放，“美美与共——闽藏唐卡漆画精品展”启幕迎客。修缮肖梦馥故居等古厝23处，活化利用金鱼里7号等古厝，打造全省首个“福”文化主题博物馆、八闽商埠展示馆，古田会馆入选全省首批“存正心、守正道、养正气”新风正气福建“名片”宣传教育示范点。

社会治理纵深推进。“三去一增”提升社区治理效能做法获全市推广。“万名干部下基层”行动走深走实，选派461名科级党员干部兼任小区党支部第一书记，健全“一长九员”小区网格队伍。完成60个无物业小区标准化管理提升工作。信访维稳、安全生产、食品药品和粮食安全形势稳定向好，福州市防范非法集资宣传教育示范点成功落地。“平安三率”成效巩固提升。

重实干、求实效，政府建设再上台阶。政治机关建设持续深化。深入开展学习贯彻习近平新时代中国特色社会主义思想主题教育，坚持区政府常务会议“第一议题”学习制度，建强用好苍霞人家生活馆、美丽闽江展示馆、连家船民上岸纪念广场等新思想实践基地，以实际行动坚定拥护“两个确立”、坚决做到“两个维护”。

党风廉政建设扎实推进。标本兼治抓好省委巡视反馈意见整改落实。严格落实中央八项规定及其实施细则精神，一以贯之纠治“四风”，风清气正的政治生态持续巩固。严控行政运行成本，“三公”经费压减121.7万元。《关于进一步加强财务管理的若干措施》出台实施，坚决维护财经纪律。审计监督质效不断提升，查处违规问题金额1578.3万元，追回财政资金1563.2万元。干部作风建设切实加强。以“四下基层”工作制度提出35周年为契机，弘扬践行“马上就办、真抓实干”等优良传统，大兴调查研究，推动新时代党的群众路线走深走实。

实施“一支队伍管执法”改革，综合行政执法效能有效提升。台江区12345平台受理公众诉求7.2万件，按时回复率、群众满意率均超99%。法治政府建设取得实效。台江区“八五”普法规划中期省级评估督导迎检工作顺利完成。自觉接受人大依法监督和政协民主监督，办复各级人大代表建议83件、政协委员提案139件，满意度均达100%。全年公开政务信息751件，区政府及部门预算公开率达100%。

2024年台江区各项工作的总体要求是：以习近平新时代中国特色社会主义思想为指导，全面贯彻落实党的二十大和二十届二中全会精神，紧扣“四个更大”重要要求，坚持稳中求进工作总基调，完整、准确、全面贯彻新发展理念，服务和融入新发展格局，着力推动高质量发展，坚持“3820”战略工程思想精髓，深入实施“1234”工作机制，持续推动经济实现质的有效提升和量的合理增长，增进民生福祉，保持社会稳定，扎实推进现代化国际城市核心区建设，努力在中国式现代化福州实践中走前列、争一流。全区经济社会发展的主要预期目标是：地区生产总值增长6%左右；第三产业增加值增长6%；固定资产投资增长6%；社会消费品零售总额增长6%；一般公共预算总收入增长5%，地方一般公共预算收入增长6%；实际利用外资完成市下达任务；城镇居民人均可支配收入增长4.5%。

（摘编：胡义顺）

仓山区社会发展概述

2023年，是全面贯彻落实党的二十大精神的开局之年。仓山区紧紧围绕“深学争优、敢为争先、实干争效”推动“党建领航、经济领跑、民生领先”行动部署，深入开展“九大专项”“项目攻坚增效年”等行动，经济社会发展取得新进展。全年地区生产总值1065亿元，增长2.5%；一般公共预算总收入41.2亿元，增长31.9%；地方一般公共预算收入26.2亿元，增长18.2%；固定资产投资474亿元，增长0.5%；社会消费品零售总额575.2亿元，增长2.5%；进出口总额305亿元，增长1.8%；实际利用外资1.43亿美元；居民人均可支配收入53072元，增长2.8%。获得“全国市辖区高质量发展百强区”“全国首届自然资源节约集约示范县（市）”等荣誉。一年来社会发展的主要工作和成效如下。

城区功能品质加速提升。实施市政、园林、水系等36项、总投资1103.38亿元的城建项目竞赛，完成金山绿轴道路工程、连坂污水厂三期等6个项目，完成投资103.76亿元。推动万乐新村等25个老旧小区综合整治提升，盘活保障性租赁住房5226套。推进温泉之都建设，打造“福泉金汤”品牌，建成九福汤泉二期和首开螺洲温泉小镇等2个项目。建成金山片区、烟台山片区等两个完整街区，完成街巷整治等172项综合提升工作。完成义序公交综合车场等城区交通治堵项目80个，道路拥堵指数下降12%。启动严复公园二期建设；建成口袋公园10处、立体绿化10处、福道5公里。完成历史建筑、传统风貌建筑保护修缮5处、活化利用10处，文物建筑保护修缮15处、活化利用2处。

市容环境持续改观。开展市容环境品质提升专项整治行动，加强全区“门前三包”管理、“两车”综合整治等工作，创建精美小街巷39条。新建垃圾分类屋亭20座、提升改造100座。拆除“两违”面积2.34万平方米。人居环境不断改善。国家生态文明建设示范区创建工作持续推进，空气质量综合指数2.45，空气质量优良率99.1%，城门等饮用水水源地水质达标率100%。建成开放53条、总长度约120公里河道，胪厦溪一期、浦口河一期整治主体工程基本完成，下洋河整治项目进场施工。“护河爱水、清洁家园”、村庄清洁“六清一改”等行动深入开展，发动群众、志愿者等26.54万余人次参与，整治房前屋后乱堆放4.5万余处，清理生活垃圾2.64万余吨，都市型美丽乡村建设水平不断提升。“闽江之心”核心区整体提升推动有力，江心公园改造升级为爱情主题公园；完成中洲岛2号楼及补征地项目征迁和地块出让，1、3号楼协商搬迁工作加速推进。

民生温度持续提升。就业形势保持总体平稳。实现城镇新增就业2.09万人，失业人员再就业6411人，就业困难人员就业638人。组织开展“英才聚仓·幸福满仓”校园招聘和“春风行动”“就业夜市”等系列招聘活动35场，近400家次企业提供岗位2.7万个。教育事业发展成绩喜人。三江口小学、螺洲中学新教学楼等建成投用，新增中小学学位6060个；新增10所公办幼儿园，提供学前教育公办学位3600个。全区95所公办中小学、幼儿园调整成立17个联盟式教育集团，城乡一体化集团办学全覆盖。区属中学“壮腰工程”取得突破性进展，“一三附”“老九所”录取率创新高。开展“百名博士进校园”活动，养成教育工作在全国中小学党建德育工作会议上作现场汇报。教师队伍素质明显提升，214 人次获得市级及以上各类专业竞赛奖项。

公共文体服务不断优化。完成区博物馆提升改造。累计开展357场群众性文化活动，惠及群众280万余人次；举办营业性演艺活动178场，观演29.3万人次，营收1.42亿元。精心策划花朝节、闽台陈靖姑民俗文化旅游节等非遗活动，配合举办“鼓岭缘”中美民间友好论坛，烟台山入围第十二届中国旅游投资艾蒂亚奖最佳城市文旅项目。有序推进39处体育设施新建改造工作，承办福州马拉松、2023电竞赛等14项赛事，成功举办五四青年节百团接力赛等16项全民健身赛事。

健康养老服务便民惠民。疫情防控平稳转段。推动省立医院金山院区二期等5个省、市优质项目建设，孟超肝胆医院金山院区开诊；区疾病预防控制局挂牌；开展集团化办医，实施“政府组建医疗集团+国投组建健康集团”模式，完成仓山区总医院筹建工作，仓山区医院项目启动建设，金山街道社区卫生服务中心提升为社区医院。在全市率先制定实施村级医疗卫生机构提升三年行动，提升改造示范化村卫生所、社区卫生服务站31家，创建市四星级以上基层医疗卫生机构6家。推动中医药特色文化传承创新，打造“南台小郎中”中医药进校园科普品牌，临江街道社区卫生服务中心建成省级精品中医馆。建立“中心+站点+居家”的社区居家养老专业化服务网络，为全区1.35万名老人提供居家养老服务；区社会福利中心投入运营。

安全生产形势保持稳定。深入开展重大事故隐患专项排查整治2023行动，加强燃气、自建房、电动自行车充电等重点领域隐患排查整治，累计排查整改隐患1.17万个；区消防救援大队被评为全国消防安全专项整治三年行动工作先进大队。成功抵御台风“杜苏芮”“海葵”超历史极值强降雨。社会治理效能巩固提升。完善落实“三清单、一承诺”制度，全区123家重点食品生产经营主体均实现食品安全总监、食品安全员“双配备”。累计化解“治重化积”专项件三个批次共500件，总体办结率97.6%、居全市第1；办结中央信访联席办集中交办重点信访事项21件，办结率100%。深化矛盾纠纷调处，成功调解4009件，调解质效居全市前列；建新派出所创新警地“三联”协力解纷工作法，被中央政法委评为全国“枫桥式工作法”单位。全面做好社区综合提升，水都社区等8个精品社区通过市级考评验收，数量居全市第1，金洲社区被民政部评为“全国先进基层群众性自治组织”。

队伍建设不断加强。坚持和加强党的全面领导，牢牢把握“学思想、强党性、重实践、建新功”的总要求，扎实开展学习贯彻习近平新时代中国特色社会主义思想主题教育，传承弘扬“四下基层”“马上就办、真抓实干”等优良传统，深刻领悟“两个确立”的决定性意义，增强“四个意识”、坚定“四个自信”、做到“两个维护”。全面从严治党向纵深推进，严肃查处政府系统党员干部违纪违法问题17起24人，实施效能问责12人次。

2024年仓山区各项工作的总体要求是：以习近平新时代中国特色社会主义思想为指导，全面贯彻落实党的二十大和二十届二中全会精神，按照省委十一届五次全会和市委十二届六次全会部署，紧扣“四个更大”重要要求，坚持稳中求进工作总基调，完整、准确、全面贯彻新发展理念，积极服务和融入新发展格局，统筹扩大内需和深化供给侧结构性改革，统筹高质量发展和高水平安全，坚持“3820”战略工程思想精髓，一张蓝图绘到底，全方位推进高质量发展，在更高起点上加快建设繁荣美丽开放文明的新时代新仓山，奋力打造现代化国际城市先行示范区。根据新的形势和任务，2024年仓山区将加大开发建设力度，以城市建设带动产业发展，进一步增进民生福祉。2024年全区经济社会发展的主要预期目标是：地区生产总值增长5.5%；一般公共预算总收入增长5%；地方一般公共预算收入增长5%；社会消费品零售总额增长5%；固定资产投资增长3%；居民人均可支配收入增长5%；完成市下达的实际利用外资、进出口总额和节能减排降碳任务。

（摘编：苏建平）

晋安区社会发展概述

2023年是全面贯彻党的二十大精神的开局之年，是三年新冠疫情防控转段后经济恢复发展的一年。习近平总书记向“鼓岭缘”中美民间友好论坛等致信回信，全区上下备受鼓舞、倍感振奋，为晋安区勇立潮头争创一流注入强大信心和精神动力。

一年来，晋安区以开展学习贯彻习近平新时代中国特色社会主义思想主题教育为动力，全面贯彻落实党的二十大和二十届二中全会精神，深化实施“三争三领”行动，细化落实“能力提升年、争先突破年、提质增效年”，抢抓机遇、乘势而上，攻坚克难、砥砺前行，全方位推进高质量发展。初步全区地区生产总值增长6%左右；三次产业结构为0.8∶24.7∶74.5；固定资产投资增长8.2%；一般公共预算总收入34.8亿元，增长32.1%；地方一般公共预算收入21.6亿元，增长24.7%；进出口总额335.4亿元，增长4.9%；实际利用外资8680万美元，增长近2倍；社会消费品零售总额逼近千亿，达972.4亿元，增长10.8%；城镇、农村居民人均可支配收入分别达5.9万元、2.87万元，分别增长5.2%、6%。成功入选第七批国家生态文明建设示范区，科技创新、绿色发展、新型城镇化质量连创3个“全国百强”，跻身2023中国市辖区高质量发展百强。一年来社会发展的主要工作和成效。

突出建管并举，城市品质持续提升。开展城乡建设增效行动，实施77个、总投资150亿元的新一轮城市建设品质提升项目，同步打造福兴经济开发区及周边城市片区综合开发、岭头集镇环境整治两个省级样板，顺利通过省级现场评审。晋安区交通基础设施配套更加完善，城区北向第二通道等17条道路建成通车，站西路延伸段等85条道路加快建设，区内地铁4号线首通段正式通车运行。加大实施火车站片区交通综合整治，盘活城区桥下空间、边角地等闲置地块，新增公共停车泊位577个、电动充电桩300个。实施老旧小区改造项目22个，惠及群众2万多人。开展污水提质增效专项行动，新建市政污水管网12公里，完成鼓山下院周边高品质饮用水试点片区改造。实施城市管理增效行动，推动市容环境品质提升、铁路沿线环境综合治理等专项工作，加大“两违”治理，垃圾分类月度考评在五城区中两获第一、六获第二。

践行为民宗旨，民生保障持续加强。晋安区开展民生事业突破行动，认真办好87件省市区级为民办实事项目，财政支出80%以上用于民生事业。教育强区异军突起，新建投用学校4所、提升改造学校7所，新增学位5156个，学前教育集团化、义务教育集团化、城乡办学一体化实现“三个100%”全覆盖，连续3年获评全市初中教学质量综合效益优胜奖，中考省一级达标校上线人数去年首超千人、今年再增三成。福州七中成功晋级省一级达标高中，获评教育部及省市级“基础教育精品课”数量四年蝉联全市第一。晋安区获评省级基础教育综合改革实验区、省级家校社协同育人试点县区，学前教育普及普惠顺利通过省级现场评估，区启智学校获评省级特殊教育标准化学校。

集团化办医走在前列，在全市率先成立区级医疗集团（总医院），区医院二期、桂湖院区先后投入使用，区医院三期顺利启动建设，“一院三区”面积拓展至10万平方米以上，床位数扩增至

790张。晋安区“优质服务基层行”推荐标准率位居全市第一，医共体建设经验入选国家卫健委“紧密型县域医疗卫生共同体建设典型案例”。成立区疾病预防控制局，平稳推进新冠病毒感染“乙类乙管”工作，扎实开展登革热防控工作。构建完善普惠多元养老体系，推进居家社区养老网络全省示范项目建设，率先实现镇街居家社区养老综合服务中心全覆盖，凤林社区、南湖社区入选全国示范性老年友好型社区。深化省级青年发展型县域试点建设，开展区主要领导“送岗引才进校园”等专场招聘活动，困难毕业生实现100%就业。

社会保障更加扎实，长期护理保险试点稳步推进，发放城乡低保、临时救助、失业补助等1.08亿元，城镇新增就业1.39万人，镇街共享职工之家实现全覆盖，建成保障性租赁住房1157套，旧改项目完成回迁选房1417套。中国寿山石馆入选2023-2025年度福建省社会科学普及基地。

开展全民健身活动22场，人均体育场地面积居城区首位，区少体校获评国家体育后备人才基地，晋安籍运动员在市级以上赛事连获244金、158银、36铜，在世界级、国家级赛事中勇夺23金。

夯实基层网格，社会治理持续深化。强化党建引领基层治理，在全市率先成立首个物业行业党委，组建镇街小区事务服务中心，177个无物业小区实现标准化管理。6个精品社区全面通过市级验收，获评数量和奖补金额均居全市第二。闽王文化、白马王文化等对台交流深入推进，全年举办两岸连心节、台胞服务日等交流活动200多场次，为在榕就业创业台胞提供公租房保障服务获得国台办点赞。创新区主要领导一线接听12345热线机制，及时回应办理群众诉求，全年办复各类诉求件11.3万件，满意率达99%以上。福兴经济开发区职工法律服务一体化基地获评全省“园区枫桥”机制建设优秀单位。

开展风险防范增效行动，在北峰山区首建4个综合应急救援站，强化专业救援与社会救援协同联动，应急党建联盟扩充至51支2446人，打造形成全市首个“5分钟响应、15分钟到达、20分钟施救”的山地快速应急响应救援圈，落深落细全省“五个一百”安全应急保障提升工程示范建设，森林防火、安全生产、食品药品等领域保持安定稳定态势。

加大推进矛盾纠纷多元化解，妥善化解信访积案，刑事、盗窃、电诈警情持续减少，群众安全感持续提升。推进国防动员体制改革，双拥共建、人民防空等工作扎实开展，退役军人服务保障体系日益完善。持续深化精神文明建设，拓展新时代文明实践中心服务，组织开展各类文明实践志愿服务活动4300多场，涌现出全国最美志愿者、省市道德模范、福建好人等一批先进典型。

建好用好中国寿山石馆等新思想学习教育实践基地，深入开展干部政治能力、业务能力提升行动，不断激发干事创业精气神。集中精力拼经济、促发展，集结力量渡难关、保稳定，集聚优势争先进、当标兵，面对“杜苏芮”“海葵”等台风带来的超历史极值降水，全区党员干部闻令而动、冲锋在前，广大人民群众齐心协力、共克时艰，迅速排清涝点、抢通堵点，不到24小时就一键恢复正常生产生活秩序。

2024年晋安区工作总体要求是：以习近平新时代中国特色社会主义思想为指导，全面贯彻落实党的二十大和二十届二中全会精神，深入学习贯彻习近平总书记重要讲话重要指示批示精神，按照省委十一届五次全会、市委十二届六次全会及区委全会部署，坚持“3820”战略工程思想精髓，紧扣“四个更大”重要要求，完整、准确、全面贯彻新发展理念，服务和融入新发展格局，坚持稳中求进、以进促稳、先立后破，以“福聚晋安”惜福谋福造福，统筹扩大内需和深化供给侧结构性改革，统筹新型城镇化和乡村全面振兴，统筹高质量发展和高水平安全，努力在更高起点上全方位推进高质量发展，争当建设现代化国际城市排头兵。全区经济社会发展主要预期目标是：地区生产总值增长6.5%左右；规上工业增加值增长4%；一般公共预算总收入增长7.6%；地方一般公共预算收入增长11.1%；固定资产投资增长6%；社会消费品零售总额增长9%；第三产业增加值增长6.9%；城镇、农村居民人均可支配收入分别增长5%、6%。

（摘编：余晓楠）

马尾区社会发展概述

2023年是全面贯彻党的二十大精神的开局之年，是三年新冠疫情防控转段后经济恢复发展的一年。一年来，马尾区坚持以习近平新时代中国特色社会主义思想为指导，全面贯彻党的二十大和二十届二中全会精神，坚持“3820”战略工程思想精髓，始终牢记习近平总书记“马尾的事，特事特办、马上就办”殷切嘱托，全区经济“稳”的基础不断夯实，“进”的动能不断积累，“保”的底线不断巩固，高质量发展迈出坚实步伐，各项工作取得新的成效。获评2023年度全国先进制造业百强园区、科技创新百强区、高质量发展百强区、中国水产品预制菜之都、福建省建筑之乡等荣誉。全区地区生产总值增长5%；固定资产投资增长12.7%；一般公共预算总收入增长18.5%；地方一般公共预算收入增长14.5%；社会消费品零售总额增长7%；出口总额增长5.4%；城镇居民人均可支配收入增长4.5%；农村居民人均可支配收入增长6.5%。一年来社会发展的工作和成效主要表现如下。

坚持生态优先，绿色发展实现新进展。生态环境不断改善，全区空气优良天数比例为98.5%，空气质量居六城区之首。林业改革提质增效，完成植树造林1855亩，森林覆盖率为47.5%，森林蓄积量92.82万立方米，超额完成森林抚育任务1700亩；完成重点区域林相改善768亩，松林改造提升1012亩。深入开展“护河爱水、清洁家园”“河湖长制”等工作，主要流域优良水质达标率为100%。成立美丽海湾保护与建设工作领导小组，开展58公里海湾岸线管理保护工作，海漂垃圾平均密度同比下降19.6%。企业实现绿色低碳转型，福人木业获评国家级绿色工厂，中日达等4家企业获得省、市节能和循环经济专项扶持。

坚持协同发展，人居环境呈现新面貌。城市品质不断提升。持续推进福州机场第二高速公路等重点基础设施建设；“福马号”盾构机始发，地铁建设取得关键性进展；港口路下穿工程稳步推进，2024年春节前主路通车；新改扩建济安东路、铁南东路二期等市政道路7条，新建改造雨污水管网31公里，完成老旧小区改造1.51万平方米；“两违”综合治理、房屋结构安全整治等工作取得实效，拆除违建面积7.97万平方米，摸排鉴定自建房、经营性建筑近5万栋。乡村环境不断改善，开展村庄清洁“六清一改”及裸房整治等行动，实施8个农村生活污水提升治理项目。全市春季农业生产现场会、深入学习“千万工程”经验暨党建引领乡村振兴“五大工程”现场推进会在琅岐召开，琅岐网格治理、人居环境整治等经验做法在全市推广。对口协作持续加强，深化闽宁协作、山海协作，支持协作资金超3000万元，巩固拓展脱贫攻坚成果同乡村振兴有效衔接。

坚持民生为本，幸福指数获得新提高。坚持以人民为中心的发展思想，全年投入民生支出42.19亿元，占财政总支出的66.1%；按时完成20件为民办实事项目。就业形势稳中向好，城镇新增就业人口9486人，失业人员再就业2474人，就业困难人员实现再就业211人，为失业人员累计发放补助资金3633万元；举办“春风行动”等招聘活动60余场，提供各类就业岗位8000余个。劳动关系和谐稳定，马尾区构建和谐劳动关系示范区工作入选人社部改革创新实践案例。住房保障工作扎实推进，新增保障性租赁住房1637套，完成青洲新苑等1687套安置房回迁工作，回迁面积达

15.23 万平方米。

教育事业持续推进，全区教育支出超 7 亿元，马尾实验中学、益智学校前期工作基本完成；出台《基础教育强师惠师十条措施》，引进教育领军人才 1 名、名校长 3 名；新增公办幼儿园学位 540 个、高中学位 5400 个，15 个教育集团覆盖 42 所公办中小学幼儿园，覆盖率位居全市前列；琅岐海青营地获批市级研学营地，自 10 月份开办以来，共开展研学课程 20 批次，接待 1.3 万名中小学生参加研学，受到好评；产教融合持续深化，物联网产教联合体获评省级市域产教联合体。

医疗水平稳步提升，马尾区医院新院如期开建；区总医院在全省率先开展居家自动腹膜远程实时监控项目，打造全国首个创新型“物联网+尿毒症”智慧医疗样板中心。养老服务不断优化，新建农村幸福院 3 家，累计建成长者食堂 17 个，实现社区全覆盖。

文体事业繁荣发展，船政文化景区荣获国家工业旅游示范基地、第一批省级文明旅游示范单位等称号，《最忆船政》实景演艺项目顺利公演；闽剧《马江魂》获全国民营剧团优秀剧目、福建省第十届百花文艺奖二等奖；马尾区获评全省首批体育运动特色区。

坚持安全发展，安定稳定形成新合力。牢固树立底线思维，全力做好防风险、保安全、护稳定、促发展各项工作，马尾区安全低风险指数排名保持在全省 84 个县（市、区）的前 20 名。持续推进重大事故隐患专项排查整治行动，全力防御“杜苏芮”“海葵”等多个超强台风。

平安马尾建设深入推进，社会治安防控体系不断完善，全区刑事案件发案数同比下降 15.8%。食品药品安全监管持续加强，常态化推进“两个责任”工作落地见效，药品合格率保持 100%。信访形势平稳有序，进一步完善矛盾纠纷多元化解和诉源治理机制，受理来信来电和网络信访件 5715 件，同比下降 10.9%。保交楼工作顺利推进，交付房屋 2450 套，全面完成省、市下达任务。12345 便民政务服务质量稳步提升，办结诉求件 2.55 万件，群众满意率达 99.9%。

坚持“马上就办”，政府服务展现新作为。全面贯彻中共中央、国务院的决策部署，深入落实省委、省政府、市委、市政府和区委的工作要求，认真开展第二批学习贯彻习近平新时代中国特色社会主义思想主题教育。传承弘扬“马上就办、真抓实干”“四下基层”“四个万家”等优良传统，落实省委“深学争优、敢为争先、实干争效”、市委“党建领航、经济领跑、民生领先”、区委“三敢三创”行动要求，深入开展“千名干部进千企”“万名干部下基层”等行动，开通企业服务直通车热线，设立企业接待日，召开企业家座谈会 50 余场，兑现企业各类奖补资金 3.28 亿元。加强法治政府建设，严格规范公正文明执法，依法行使权力、履行职责、承担责任。加强廉洁政府建设，严格落实中央八项规定及其实施细则精神，坚决整治形式主义、官僚主义，驰而不息纠治“四风”。认真执行区人大及其常委会决议决定，依法接受区人大的法律监督和工作监督；自觉接受区政协的民主监督，积极开展协商民主实践。

2024 年马尾区工作总体要求是：以习近平新时代中国特色社会主义思想为指导，全面贯彻落实党的二十大和二十届二中全会精神，按照省委十一届五次全会、市委十二届六次全会和区委十届五次全会部署，紧扣“四个更大”重要要求，坚持稳中求进工作总基调，完整、准确、全面贯彻新发展理念，积极融入新发展格局，统筹扩大内需和深化供给侧结构性改革，统筹新型城镇化和乡村全面振兴，统筹高质量发展和高水平安全，坚持“3820”战略工程思想精髓，突出树立“一个标杆”，打响“两大品牌”，做强“三大产业”，全方位推进高质量发展和深化改革开放，在奋力谱写中国式现代化福建篇章和加快福州现代化国际城市建设中创一流、作示范。马尾区经济社会发展的主要预期目标是：地区生产总值增长 6%，一般公共预算总收入增长 6%，地方一般公共预算收入增长 6%，固定资产投资增长 8%，社会消费品零售总额增长 8%，出口总额增长 5.5%，城镇居民人均可支配收入增长 5%，农村居民人均可支配收入增长 5.5%。

（摘编：林学军）

长乐区社会发展概述

2023年是长乐建县1400年的里程碑之年。长乐区深入实施“深学争优、敢为争先、实干争效”推动“党建领航、经济领跑、民生领先”行动，较好地完成区十八届人大二次会议确定的主要目标任务，位列全国综合实力百强区第62位、中国工业百强区第37位、市辖区高质量发展百强第37位、绿色发展百强区第68位、新型城镇化质量百强区第76位、科技创新百强区第93位，长乐经济开发区入选中国省级开发区高质量发展百强。全区地区生产总值突破1250亿元，增长3.5%；第一产业增加值增长4.5%；规模以上工业增加值增长1.5%；第三产业增加值增长4%；一般公共预算总收入87.36亿元，地方一般公共预算收入61.59亿元；固定资产投资完成560亿元；社会消费品零售总额222亿元，增长6%；出口总额157.7亿元，增长28.6%；实际利用外资7.8亿元，增长310%；居民人均可支配收入44100元，增长5.4%；开展第五次全国经济普查，完成节能减排降碳任务。一年来社会发展的主要工作和成效如下。

坚持科教兴城，千年古邑创新创业沃土不断厚植。深入实施创新驱动发展、人才强区战略，推动创新链、产业链、人才链、资金链深度融合。教育发展持续均衡，新组建9个教育集团，公办中小学幼儿园实现教育集团全覆盖，天津大学福州校区完成首届硕士招生，福州软件职业技术学院三区、福外高级中学、区委党校二期等建成投用，德诚职业培训学校、长乐职业中专学校实训中心等即将竣工，新改扩建城南幼儿园、首占中心幼儿园、实验幼儿园会堂路校区等幼儿园12所，新改扩建十九中滨海校区、师大附小滨海校区、群众路小学滨海校区等中小学26所，长乐侨中获评全国民族团结进步示范区示范单位，福州外语外贸学院3个项目入选教育部社区教育“能者为师”实践创新项目，长师附小获评省级首批义务教育教改基地校。“双减”政策持续落实，义务教育阶段学科类培训机构压减率92.3%。实施关爱基金“一线关怀”、职业教育“质量提升”等七项行动，成立区级中华优秀传统文化教育研究推广中心、全区首家村级垅下教育发展促进会，兑现奖教奖学1051万元，尊师重教奖教氛围更加浓厚。

坚持文化强区，千年古邑特色文旅事业不断繁荣。以纪念长乐建县1400年为重要契机，聚焦省级全域生态旅游示范区和文创走廊创建，深入宣传展示长乐历史文脉和城市形象。文化底蕴更厚，长乐番薯种植系统入选中国重要农业文化遗产名单，长乐修园堂获批省级中医药文化宣传教育基地建设单位，举办首届中国董奉中医药文化大会暨第三届海峡岐黄论坛、中国农民丰收节长乐主会场暨第八届青山贡果文化节、首届福州番薯文化节暨陈振龙番薯文化节、首届中国海蚌旅游文化节；梅花镇省级历史文化名镇保护规划获省政府批复，完成古县衙、南阳陈氏宗祠等重点文物、历史建筑、传统风貌建筑修缮及活化利用项目20个。

文旅产业更火，构建“一心二核三廊九片区”文旅产业布局，海滨旅游区下沙片区于“五一”假期对外开放并跃居全省十大热门景区，网龙网络、金德尚黄金入选福州首批文化企业十强。高水平组织“遇见梅城”“月满华诞 家国长乐”等文旅活动，提速梅花古城、猴屿全域旅游、南阳红色景区、洞江湖首钻欢乐世界等文旅项目建设。

文体品牌更亮，承办第六届“吴清源杯”世

界女子围棋赛、中国桨板冠军赛、中国足球协会杯第一轮赛程等大型赛事，在杭州亚运会上摘得福州首金，在第十七届全国武术之乡比赛、中华龙舟大赛、市第五届残疾人运动会等赛事荣获佳绩。高标准举办新春焰火秀、“千年古邑 长安久乐”主题成就展、主题雕塑《航》、文艺晚会、灯光秀等纪念长乐建县1400年系列活动，发布《长安久乐》《一生长乐》等原创歌曲，编印出版《长安久乐》《福见长乐》《长乐古民居》《长乐古桥梁》《长乐古石刻》《云游长乐》等书籍；区图书馆连续四届获评国家一级图书馆，区少年儿童业余体育学校入选国家体育后备人才基地。

坚持民生优先，千年古邑宜居宜业幸福感不断增强。长乐区聚焦省级共同富裕示范区建设，持续加大民生事业投入，民生支出占一般公共预算支出达82.5%，66个民生补短板项目完成投资34.5亿元，17个为民办实事项目完成投资8.6亿元。健康长乐持续推进，深化集团化办医，区总医院建设及探索实施编外人员备案制管理、长乐社区健康驿站等经验做法在全国示范推广；市疾控中心新址、华山医院福建医院二期等建成投用，区人民医院、中医院整体搬迁投用，新增床位510张，区妇幼保健医院、航城街道社区卫生服务中心加快搬迁，全域医疗资源得到进一步盘整；区人民医院在全省县区级医院率先通过国家医疗健康信息互联互通标准化成熟度四级甲等测评，创伤中心成为中国创伤救治联盟成员单位。全省首家检验门诊在华山医院福建医院开诊，区妇幼保健院HPV实验室、区公卫体检录入系统等建成投用；开展“优质服务基层行”活动，18家乡镇卫生院、社区卫生服务中心达基本标准；中医馆实现乡镇（街道）全覆盖，中医诊疗设备实现242家村卫生所全覆盖；落实卫生健康人才队伍建设九条措施，设立名医工作室（站）19个。

“一老一小”幸福托稳，新建长乐（者）食堂5个、实现乡镇（街道）全覆盖，改造提升农村幸福院12个，新增养老床位360张，为1.5万老年人提供居家养老政府购买服务，开展老年关爱活动170场，区老年人体育活动中心加快建设；长乐未成年人保护教育基地正式开馆，区检察院第五检察部入选全国维护青少年权益岗创建单位，新增托育机构3家、普惠性托位165个，开展“福蕾行动计划”儿童关爱保护行动，服务儿童1.9万人次。

就业社保提质扩面，长乐区组织开展“鲲鹏展翅竞吴航”“春风行动”“就业夜市”“天天招聘”等活动，新增城镇就业6800人、职业技能培训5000人；推行公积金逐月冲房租政策，发放城乡低保、特困人员救助供养、临时救助金、残疾人“两项”补助资金1.2亿元，受益群众16.2万人次；区慈善总会、红十字会、教育发展促进会、计生协等社团组织累计发放救助金4300万元，受益群众6.2万人次；大东海实业入选中华慈善奖捐赠企业表彰名单。

坚持美丽长乐，千年古邑滨海城市底色不断擦亮。长乐区严格落实生态环境保护责任制，扎实推进中央、省生态环保督察反馈问题整改。闽江河口湿地正式入选国际重要湿地名录，闽江河口湿地生态保护及入侵物种综合治理入选全国山水工程首批优秀典型案例，滨海新城砂质海岸生态减灾入选海岸带生态减灾协同增效国际案例，滨海新城海洋生态保护修复工程获得中央财政专项资金支持，完成入海排口溯源，近岸海域优良水质面积比例达到考核要求。

坚持全域治水，策划生成106个总投资约229亿元的“水美长乐”项目，长限生态补水泵站、东区水厂水质提升、下沙河和梅花河清淤等工程竣工，城乡供排水一体化、城区污水处理厂二厂等18个项目加快推进。全面落实“河湖长制”“河长日”，建立全省首个县级智慧水利系统，打造示范河道35条，整治入河排污口3437个，河长制工作和水质指标达标率均居全市前列，入选县域节水型社会达标区。

扎实开展“护河爱水、清洁家园”“六清一改”“五个美丽”等行动，完成村庄规划编制23个，处置“两违”219宗、拆违12.5万平方米，建设“绿盈乡村”高级版4个、中级版12个，新建美丽乡村庭院310户、微景观115处。有序推进垃圾分类工作，生活垃圾日处理规模超900吨。

（摘编：沈光明）

福清市社会发展概述

2023年，福清市深入实施“三争三领”行动推进“十大工程”，“五盘并转”，系统谋划，以实干担当迎接挑战，用创新破题书写华章，推动经济社会发展取得新成绩，较好地完成了年初确定的目标任务，以及“十四五”规划中期目标。地区生产总值比增6.5%，固定资产投资比增5%，规上工业总产值比增4.8%，一般公共预算总收入突破200亿元。县域发展潜力跃居百强县第9位，县域经济实力提升至百强县第14位。一年来社会发展的主要工作和成效如下。

要素保障彰显新优势。创新“首席服务官”全程代办机制，为352家企业提供全链条服务。新增“省内通办”事项29个、“跨省通办”事项162个，推出“市场主体歇业”一件事打包办。

发展空间优化拓展。开展江阴化工区、两国双园、东部新城等片区征迁，拆迁总建筑面积79.3万平方米，征地5000亩。盘活处置低效闲置用地110宗7500亩，相关经验做法获得全省推广。成立土地报批和造地专班，设立用地指标管理“集中池”，新增耕地1280亩、水田1250亩，获批用地85宗6300亩，获批宗数位居全省第一。

人才引育有力有效。坚持全视角引才，探索“以赛引才”等模式，新引进高层次人才2300名。实施“大国工匠”千名制造工程师培训计划，支持企业开展技能等级自主认定，新增高技能人才1112人。健全人才驿站“1+N”站点体系，兑现人才公寓95套。高等与职业院校新开设专业11个、委培班5个，为本土产业输送人才1200名。

城乡建设展现新面貌。城市品质持续提升。福厦高铁福清西站正式通车，市域轨道S1线规划落地，福通大桥开工动建，龙江南路、清繁大道延伸线双洞贯通，G228滨海风景道三山南倪至江镜前华段将在春节前通车。开展玉融山、龙江夜景提升行动，城市新地标玉融福阁正式点亮，全省最大裸眼3D光影秀震撼上线。实施71个总投资148亿元品质提升项目，新改建供水管网20.3公里、污水管网9.6公里、电力线路459公里，改造提升35个老旧小区。虎溪生态湿地等公园建成开放。城区新增造林2220亩、瞭望台4处、生态步道70公里。实施道路护栏花化香化彩化工程，在省内首推“超薄沥青罩面技术”，完成城乡道路“白改黑”140公里。

重点组团加快推进。东部新城落地加州集团等企业总部，苍霞湖爱情主题公园（一期）、全民健身园启动建设，福泽大道建成通车。高铁文旅小镇完成石竹山旅游配套提升等29个总投资4.1亿元项目，南少林步道实现全线贯通。龙高商贸新城“一园一中心”招引30家商贸企业，福庐山公园二期建成开放。中央商务区城市设计方案启动编制。汽车走廊“三旧”改造全面完成，汽车城示范项目落地动建。乡村振兴成果丰硕。实施213个乡村振兴试点项目，新增星级村11个、省级示范镇村14个、“绿盈乡村”21个，一都镇获评国家农业产业强镇。“福清尖椒”入选全国名特优新农产品，“岚湖山石竹白眉茶”获评全省著名农业品牌。新建改造1万亩高标准农田，完成粮库信息化建设，国家级海洋牧场3000吨渔货码头建成投用。完成55个村生活污水治理。精准开展对口协作，帮助西吉县落地企业8家、到资3.8亿元，助销产品5亿元。

生态环境有效治理。中央生态环保督察反馈问题整改扎实推进。实施“全域治水”行动，加快重点水库整治，完成环东张水库截污干管修复，集中流转2240亩土地建设生态缓冲区。深化龙江流域综合治理，建成融元污水处理厂尾水湿地工程，重塑中下游河道8.5公里。持续开展“散乱污”整治，关停企业及小作坊194家。开展鳗鱼养殖行业专项整治行动，关停退养23场。协同推进蓝天、净土污染防治，改造升级福耀、新福兴等重点企业工业熔窑，土壤环境质量保持稳定。

民生事业再上新台阶。社会保障兜牢底线。把稳就业摆在更加突出位置，发放各类稳岗扩岗补助500万元，新增城镇就业1.6万人、高校毕业生岗位1.3万个。养老保险扩面新增6.8万人。创新“长者食堂+学堂”模式，启动示范型大众食堂建设，新建长者食堂24家。动建社会福利中心二期（托老中心），提升改造农村幸福院25家。福清市医院静馨分院揭牌，新增养老床位700张。

公共服务扩容提质。高质量完成126件为民办实事项目，城关小学东部校区、二中新校区、一中江阴港城校区等20个学校建成投用，新增学位1万个。持续规范校外托管机构。中高考质量稳步提升，以优异成绩通过省教育“两项督导”评估。福清市医院二期、市疾控中心新址建成投用，完成市中医院住院大楼改造提升，建成智慧共享中药房。深化集团化办医模式，组建城北医疗集团片区医共体，新增10家五星级基层医疗卫生机构。推动市二医院与福建医科大学附属协和医院，渔溪卫生院、高山卫生院与孟超肝胆医院合作共建。城乡供水一体化提前圆满收官，约76万农村人口用上了大水源、大水厂、大管网供应的优质水。

文体旅事业繁荣发展。实施“福清·福韵”——“福”文化主题传播计划，推出《家乡的榕树》《家在福清》等本土原创歌曲，在海内外引发强烈反响。举办跨年烟火、庙会灯会、龙舟赛等特色文艺活动197场，非遗文化佾舞亮相中国—中亚峰会。启动紫云宝塔、祝圣宝塔等7处文物修缮工作，完成东张窑址考古勘探。市融媒体中心原创作品《寻找百强“共富”密码》获“中国新闻奖”二等奖。承办全国老年人体育健身大会气排球交流活动，市少体校获评国家高水平体育后备人才基地。83所中小学体育场对外开放，新增体育场地7.9万平方米，全民健身氛围更加浓厚。

加快全域旅游发展，启动岚湖山旅游度假区规划。新增2条全国乡村旅游精品线路，一都镇普礼村入选省级金牌旅游村。“来福清·享清福”冠名高铁列车成为城市“移动名片”，全年接待游客突破800万人次，年旅游收入比增35%。市域治理协同高效。开展重大事故隐患专项排查整治等行动，安全生产事故起数和亡人数实现“双下降”。组建公安局主战中心，实现全省毒品重点关注地区摘牌脱帽。扎实抓好精神文明“五大创建”总评验收工作。开展信访突出问题攻坚行动，化解三批次897件“治重化积”事项。“平安三率”水平继续保持省市前列。

持续加强政府自身建设。深入开展第二批学习贯彻习近平新时代中国特色社会主义思想主题教育，大兴调查研究之风，政府班子牵头完成14项课题调研，一线办公现场解决问题。扎实推进法治政府建设，完善府院联动机制，设立行政争议调处中心。树牢过“紧日子”思想，持续压降“三公”经费和一般性支出。

2024年福清市各项工作的总体要求是：以习近平新时代中国特色社会主义思想为指导，全面贯彻落实党的二十大和二十届二中全会精神，习近平总书记重要讲话重要指示批示精神，按照中央决策、省市部署和市委要求，紧扣“四个更大”重要要求，坚持稳中求进、以进促稳、先立后破总基调，完整、准确、全面贯彻新发展理念，服务和融入新发展格局，着力推动高质量发展，坚持“3820”战略工程思想精髓，加快建设现代化国际化海滨山水城市，奋力推进中国式现代化福清实践，努力在融入新发展阶段新福建和福州现代化国际城市建设大局中出经验、当标兵。经济社会发展主要预期目标是：地区生产总值增长7.5%；规上工业增加值增长9%；地方一般公共预算收入增长6%；固定资产投资增长6%；社会消费品零售总额增长7.5%；出口总额增长3%；城乡居民人均可支配收入增长7.5%，完成上级下达的约束性指标任务。

（摘编：赵旭东）

闽侯县社会发展概述

2023年是全面贯彻党的二十大精神的开局之年。闽侯县坚持以习近平新时代中国特色社会主义思想为指导，在上级党委政府和县委的正确领导下，统筹“三大”优势，着力“三城”建设，推动新时代现代化滨江新城高质量发展取得新成效。地区生产总值完成1045亿元，财政收入总量保持省市前列，城乡居民人均可支配收入增长5.3%。再次荣登县域经济和社会综合发展百强县、县域经济基本竞争力百强县两大榜单，入选第二批国家创新型县（市）建设名单，排名创新百强县第24位，跃升县域发展潜力百强县第12位。高新区位列全国先进制造业百强园区第47位，获评国家知识产权服务业高质量集聚发展试验区。一年来，社会发展的主要工作和成效如下。

科技创新实现新的突破，高校科技成果对接转化机制不断完善，26家企业对接技术需求33项。产业工人技能提升体系加快建立，闽侯科技特派员工作站成功揭牌，合盈机械、创新食品专家工作站入选第十三批院士（专家）工作站。

城乡功能品质更加完善。《闽侯县国土空间总体规划（2020—2035年）》编制工作基本完成，落实《闽侯经济技术开发区控制性规划提升方案（荆溪片区）》等控制性详细规划30个。新型城镇化建设步伐持续加快，新城开发、老城提升统筹推进，首邑大道、苏洋地铁防洪排涝等一批重大基础设施项目加快实施，东南汽车城自来水厂、南通文山至祥谦兰圃段道路拓宽改造工程等一批项目建成投用，落实市级城市品质提升项目195个，改造二次供水设施0.19万户，新辟（优化）公交线路13条。乡村振兴战略深入实施，“我的家乡我建设”、村庄清洁“六清一改”等行动扎实开展，实施农村生活污水治理项目54个，新开通农村客运线路3条，尚干后福村、白沙林柄村、小箬福田村等12个村入选全省乡村振兴示范村创建名单，上街侯官村登上央视“一年又一年”春节直播节目。“六提升·助创城”攻坚行动扎实推进，落实创城重点工作项目55个，城乡管理水平、文明程度持续提升。

县域生态环境更加清新。坚持尊重自然、顺应自然、保护自然，统筹山水林田湖草沙一体化保护和系统治理，认真抓好第三轮中央生态环境保护督察反馈问题整改工作，生态环境持续向好。生态环境质量提升百日攻坚行动深入实施，“护河爱水、清洁家园”“污水不入河”等工作成效明显，综合整治“散乱污”企业359家、入河排污口859个，新建（改造）污水管网87.25公里。深化“河湖长制”，河湖保护、管理、治理“三位一体”责任全面落实，获评“全省河长制湖长制正向激励奖励县”。主要流域（闽江、敖江）国、省考断面水质优良比例达100%，集中式饮用水源地达标率达100%，空气质量优良天数比例达99.2%。新建公园绿地195亩、街头小公园10个、立体绿化7处，建成福道18公里，五虎山生态文明教育实践基地建成投用。完成造林绿化和森林经营面积8.1万亩，青口东台“榕树王”入选全国最美古树名单。

社会事业发展更加繁荣。实施教育项目41项，建成投用闽侯四中实验楼体艺馆、竹岐中学扩建等项目15个，新增学位5580个，成立教育集团37个，实现中小幼教育集团全覆盖。高新区作为全省唯一代表入选国家普惠性学前教育保障机制试验区。医疗卫生体系加快完善，县总医院组建成立，县人民医院新设重症医学科，高新区综合医院、上街中心卫生院扩建等4个项目加快建设，完成投资4.58亿元。居家养老专业化服务工作持续加强，建成长者食堂30个。第二届侯官论坛精彩呈现，闽剧《侯官女人》获省戏剧剧本征文一等奖并排名榜首，牛头山海洋遗址公园建成开放，县博物馆可移动文物数字化保护利用和预防性保护项目获国家文物局立项，县图书馆再次获评“国家一级馆”，第十届丝绸之路国际电影节成功举办。新增市级非遗名录代表性传承人3人、市级非遗名录传承示范基地4个。推出“月游闽侯”“畅游闽侯”线路34条，开展“闽侯人游闽侯”体验游活动，出台《促进文旅经济发展十条措施》《支持闽侯县民宿产业发展十条措施》，发布《闽侯县温泉旅游产业发展规划》，白沙镇入选福建省“全域生态旅游小镇”，侯官村入选福建省“金牌旅游村”。“与世界 共鱼悦”金鱼文化节、“榕创汇”无人机挑战赛等活动成效良好。

群众民生福祉更加殷实。财政民生支出105.89亿元，占一般公共预算支出的87.8%。落实省市县为民办实事项目126个。职业技能培训7600人次，新增城镇就业1.5万人，实现失业人员再就业4500人。建成安商房（安置房）项目18个，回迁153.64万平方米。完成“保交楼”项目4个。城乡居民基本养老保险参保率、企业职工基本养老保险参保率持续提高。医疗保险覆盖率保持在95%以上。“首邑木兰”家庭教育、“红雨伞”妇女儿童维权、“四季帮扶”职工权益保障等工作品牌持续打响，救助帮扶、临时救助等工作扎实开展，关心下一代、广播影视、文学艺术、地方志以及科普、档案、老龄、慈善、青少年、红十字、残疾人等各项事业全面发展。

基层社会治理更加高效。重大事故隐患专项排查整治2023行动扎实开展，安全生产形势保持稳定。“四门四访”活动深入开展，攻坚化解信访积案121件。平安闽侯建设系统推进，社会治安防控体系不断健全，平安建设责任制考评连续七年取得全市优秀等次，简案快办中心入选全国法治公安建设推进会实地参观点。“小团队、细网格”社会治理体系持续完善，基层小微权力监督平台作用有效发挥，入选全市“e体+”治理平台应用试点县，平安三率稳步提升。“八五”普法深入推进。食安创城工作通过省级初评。

政府自身建设更加有力。深入学习宣传贯彻党的二十大精神，扎实开展学习贯彻习近平新时代中国特色社会主义思想主题教育，深刻领会“两个确立”的决定性意义，以实际行动增强“四个意识”、坚定“四个自信”、做到“两个维护”。全面落实意识形态工作责任制，扎实开展“三争三领”行动，干部干事创业精气神持续提振。强化重点领域监管，坚决整治群众身边的不正之风和腐败问题。依法强化审计监督，完成审计项目32个。狠抓党风廉政建设，严格执行中央八项规定及其实施细则，持续纠治“四风”，效能问责51人次。接受县人大常委会专题询问2次，推动政协协商成果转化落实6个，依法接受县人大法律监督、工作监督和县政协民主监督，高质量办理答复市县人大代表建议129件、政协委员提案105件，办结率、满意率均达100%。

2024年闽侯县工作的总体要求是：高举中国特色社会主义伟大旗帜，以习近平新时代中国特色社会主义思想为指导，全面贯彻落实党的二十大和二十届二中全会精神，完整、准确、全面贯彻新发展理念，对标中国式现代化，坚持稳中求进、以进促稳、先立后破，紧扣“四个更大”重要要求，坚持“3820”战略工程思想精髓，统筹扩大内需和深化供给侧结构性改革，统筹新型城镇化和乡村全面振兴，统筹高质量发展和高水平安全，深化八闽首邑意识，发挥近郊区位优势，紧密融入福州主城，加快建设科教名城、产业强城、宜居新城，推动新时代现代化滨江新城高质量发展，在福州加快建设现代化国际城市中再放异彩。全县经济社会发展主要预期目标是：地区生产总值增长6%；第一产业增加值增长4%；第二产业增加值增长6.2%；第三产业增加值增长6%；一般公共预算总收入增长5%；固定资产投资增长5%；社会消费品零售总额增长10%；城乡居民人均可支配收入增长5.3%；全面落实节能、减排、降碳任务。

（摘编：张捷）

连江县社会发展概述

2023年，连江县坚持以习近平新时代中国特色社会主义思想为指导，以学习宣传贯彻党的二十大精神为主线，坚决贯彻落实习近平总书记重要讲话、重要指示批示精神，完整、准确、全面贯彻新发展理念，深入实施“深学争优、敢为争先、实干争效”推动“党建领航、经济领跑、民生领先”行动，扎实推进“八个年”专项活动，与全县68万人民同心协力，与6万多市场主体携手并进，奋力实现经济质的有效提升和量的合理增长。完成全县地区生产总值777.8亿元，比增6.3%；一般公共预算总收入50.11亿元，比增10.3%，地方一般公共预算收入34.33亿元，比增1.9%；固定资产投资405亿元，比增15.7%；实际利用外资7162万美元，完成进度103%；出口总额116.6亿元，比增32.8%。

一年来，连江县稳中求进、迎难而上，科学统筹、精准发力，聚焦民生、尽心尽力，推进了一批事关长远的大事要事，办成了一批事关全局的急事难事，办好了一批造福群众的实事好事。

首次入选全国县域高质量发展百强县，再次入选全国GDP百强县、全国县域发展潜力百强县、全省县域经济实力“十强县”。获评2022年全国乡村振兴百强县，在全省排名中位列第一。获评2021—2025年度第二批全国科普示范县。连江经济开发区入选2023中国省级开发区高质量发展百强榜单。承办全省重点园区产业链招商与产业链发展现场会；参加全省盘活低效用地工作暨园区标准化建设现场会，作经验交流。连江鲍鱼入选2023国家农业品牌精品培育名单、国家地理标志产品保护示范区筹建名单以及第二批地理标志运用促进重点联系指导名录。获评国家级水产健康养殖和生态养殖示范区，蝉联“中国海带之乡”。获评“中国生态食材（鲍鱼、鱼丸、海带）之都”与“中国美食地标之都”。

连江水产精深加工产业集群入选福建省中小企业特色产业集群（第二批）名单。“海上智慧平台 护航‘福海粮仓’”项目荣获2023全球智慧城市大会中国赛区“宜居和包容大奖”入围奖。入选全省创建武术套路运动项目试点特色县，陈惠颖夺得第十九届杭州亚运会武术女子南拳、南刀全能冠军。入选省级基础教育综合改革实验区名单。高考本科上线率高于全省18个百分点，中考“一均三率”稳居福州市七县（市）区第一。县总医院新院全面投用。

一年来，连江县社会发展的主要工作和成效如下。

民生福祉达到新水平，发展成果普惠群众。教育事业加快发展。突出集团化办学，新成立9个教育集团，集团化办学覆盖率达100%，促进城乡教育优质均衡。新改扩建10所中小学（幼儿园），提升改造近视防控教室446间，新增各类学位2830个。新增正高级教师1人，省级学科带头人4人。成为全省2023年度入选全国第三批智能研修平台应用试点工作区的唯一县区。成功举办连江一中建校100周年教育教学成果展。连江县、连江一中双获评福建省教育科研协同创新基地，透堡中心小学等8所学校获得“福建省科研实践创新基地校（园）”称号。实验小学被教育部、中央军委政治工作部认定为全国国防教育示范学校。

健康服务便民暖心。全面推行集团化办医，组建1个县总医院、2个紧密型医共体。与市一总医院通过“府院共建”联合办医模式，共同运营可门港医院，县精神病院完成单体验收，县疾控中心、县第四医院加快建设，全年新增医疗床位600张。积极创建国家级慢性病示范区。举办第二届“金凤荟萃·医路同行”中秋座谈会等活动，引进医疗高层次人才59名，创建名医工作室6个，引才育才工作不断提升。百凤社区获评全国示范性老年友好型社区。

文旅事业繁荣进步。创建第七届省级文明县城，29个集体和个人获评市级以上文明荣誉。举办县级全民健身运动会。积极创建环马祖澳国家级滨海旅游度假区，国庆期间接待游客超20万人次。推出7条乡村旅游精品路线，其中3条入选第一批福州城市可持续发展参观线路。兴星航天航空研学基地落户贵安，贵安温泉旅游度假区申报国家级旅游度假区通过文化和旅游部答辩。发布“2023连江十大滨海旅游网红打卡点”。丹阳镇、安凯乡同心村分别入选省级全域生态旅游小镇、金牌旅游村。《你好！连江系列短视频》获评全国县级融媒体优秀短视频作品一等奖。提升6处文物保护单位等级，连江十番音乐研究会获评市级第八批非遗项目传承示范基地。

社会保障扩面提质。强化重点群体就业帮扶，开展“县长送岗留才进校园”“访企拓岗”等活动，征集高校毕业生就业岗位5117个，连江籍应届高校毕业生就业率达99.2%。城镇新增就业2800人，完成职业技能培训8402人次。引进培育高层次人才570人，培养高技能人才308人。按照省级示范性标准提升浦口镇中麻村、琯头镇门边村、后二村3家长者食堂。完成“一中心、四枢纽、多站点”的养老布局，建设投用下宫镇农村区域性养老服务中心，升级改造长龙镇、坑园镇敬老院。基层救助“三支队伍”建设模式得到各级民政部门一致认可，在全国作经验推广。

安全生产扎实有力。全面落实安全生产十五条硬措施，深入开展以海上为重点，覆盖危化品、燃气、自建房、消防、道路交通等各行业领域安全生产专项整治，生产安全事故起数、死亡人数同期分别下降28.5%、66.7%。深化“商渔共治”，首次与福州海事局签订合作备忘录。投入近5000万元，建成投用全省首个县级海上智慧综合管理服务平台，持续提升物防、技防水平，海上安全监管体系不断健全完善。

风险防线织牢织密。压实“保交楼、保民生、保稳定”责任，“保交楼”工作得到省政府肯定，在全省工作会议上作经验介绍。着力防范化解金融风险，不良贷款率稳中有降。在财政增收压力明显加大的情况下，全县债务风险等级保持在可控区间。持续开展“治重化积”专项行动，开创县域信访法治化“1115”工作法等新模式，有效化解信访积案26件，信访及时受理率、按期答复率均为100%，入选省级信访工作法治化试点县。

2024年，连江县工作的指导思想是：坚持以习近平新时代中国特色社会主义思想为指导，全面贯彻落实党的二十大和二十届二中全会精神，按照中央经济工作会议和中央农村工作会议决策部署，坚持“3820”战略工程思想精髓，紧扣“四个更大”重要要求，坚持稳中求进工作总基调，完整、准确、全面贯彻新发展理念，加快构建新发展格局，着力推动高质量发展，全面深化改革开放，统筹扩大内需和深化供给侧结构性改革，统筹新型城镇化和乡村全面振兴，统筹高质量发展和高水平安全，切实增强经济活力、防范化解风险、改善社会预期，巩固和增强经济回升向好态势，持续推动经济实现质的有效提升和量的合理增长，增进民生福祉，保持社会稳定，在建设“海上福州”、推动两岸融合发展中走前头、作示范、当表率，加快建设福州现代化国际城市的坚强北翼。经济社会发展的主要预期目标是：全县地区生产总值比增6%，一产增加值比增3.5%，规模以上工业增加值比增9%，建筑业增加值比增10%，三产增加值比增6.3%，固定资产投资比增6%，一般公共预算总收入比增5%，地方一般公共预算收入比增5%，社会消费品零售总额比增5%，实际利用外资、出口总额实现正增长。

（摘编：邹申）

闽清县社会发展概述

2023年是全面贯彻党的二十大精神的开局之年，是三年新冠疫情防控转段后经济恢复发展的一年。闽清县坚持以习近平新时代中国特色社会主义思想为指导，深入学习贯彻党的二十大和二十届一中、二中全会精神，坚持“3820”战略工程思想精髓，主动融入省、市发展大局，扎实开展“深学争优、敢为争先、实干争效”推动“党建领航、经济领跑、民生领先”行动，经济社会发展呈现稳中有进、进中提质的良好态势。

全党上下深入开展学习贯彻习近平新时代中国特色社会主义思想主题教育，为闽清县奋进新征程、建功新时代提供了坚强政治保证、强大思想指引、磅礴精神力量。全县广大干部思想共识更加凝聚，奋斗目标更加明确，工作思路更加清晰。全县上下忠诚履职、敢为争先、创新突破，不断增强经济抗压韧性和发展活力，指标考核逐月进位，乡村振兴百花齐放，闽台乡建乡创如火如荼，获评全省“建筑之乡”，闽清经开区成功晋级省级开发区。

始终牢记“人民就是江山，江山就是人民”“财力再紧也不能紧民生”，教育医疗、交通建设、饮水安全等民生领域投入持续增长，31件县级为民办实事项目完成年度目标任务，群众幸福感进一步增强。全年完成地区生产总值468.6亿元，增长5%；固定资产投资156亿元，增长15%；一般公共预算总收入32.2亿元，增长4.8%；地方一般公共预算收入20.4亿元，增长11.7%；社会消费品零售总额45.5亿元，增长5%；城镇居民、农村居民人均可支配收入分别增长3%、5%。一年来，闽清县社会发展的主要工作和成效如下。

全域统筹、协同推进，城乡融合加快步伐宜居品质不断提升。南山片区县城更新样板17个子项目全面铺开，“瞰山揽城·沿溪向江”山水步道初成体系。闽台乡建乡创合作样板在雄江镇先行试点，创新“微整治、微改造、微调整”全域整治模式，为打造“闽江第一镇”的美好愿景注入全新活力。梅溪新城无障碍设施样板项目建成投用，成功打造新城主干道、公园广场等30分钟无障碍生活圈，获得群众一致点赞。

生态环境向好向优。扎实推进中央和省生态环境保护督察反馈问题整改销号。建陶行业环境整治两年行动加快推进，脱硫提标改造取得积极进展。严格落实河湖长制、林长制，扎实开展水口库区水环境、“青山挂白”、侵占河道岸线、小水电站生态下泄流量等四大专项整治行动，植树造林1万亩、治理河道21公里、水土流失综合治理2.2万亩。下祝乡获评福建省森林乡镇。全县6个主要流域国省控断面、7个小流域省控断面Ⅰ~Ⅲ类水质达标比例连续多年保持100%。全年空气质量优良天数比例99.4%，在全省县区位次上升18名。

聚焦民需、改善民生，群众福祉持续增进社会保障有力有效。全年民生支出28亿元，占财政总支出的80%以上。落实稳岗就业政策，新增城镇就业1400人。城乡居民基本养老保险、医疗保险持续提标扩面。发放城乡低保金、特困供养金、临时救助金7560万元。养老服务体系更加健全，改造提升农村幸福院12所、长者食堂23个、老年人助餐点27个，塔庄镇社区居家养老综合服务中心、雄江镇“青银共时”活动空间建成投用，“长者食堂+乐龄学堂”创新做法获人民日报等央媒点赞。

社会事业协调发展。闽清二中改扩建、闽清

职专新校区等项目加快推进，改造提升中小学校舍1.1万平方米。组建中小学、幼儿园教育集团16个，覆盖率达100%。学前教育“两率”指标排名全市前列，一中一般本科上线率96%，创近年来最佳成绩。坂东中心小学入选教育部第四批乡村温馨校园，实验小学成功创建福建省义务教育教改基地校。

组建县总医院医疗集团，入选全国第三批县域慢性病管理中心建设单位，建成呼吸综合诊疗、消化内镜“两大中心”，新增生殖医学中心“名医师带徒”工作室，半永久静脉导管置管术等6项新技术填补了多项医疗领域空白。推动优质医疗资源下沉，塔庄、池园2家乡镇卫生院达国家推荐标准。县公共卫生应急服务中心（一期）建成投用，新增救治床位180张。

成功举办“秋季村晚”、福州市羽毛球联赛等文体活动。央视《童声唱·唱游我家乡》栏目走进闽清，全面对外展现闽清礼乐文化和风土人情。建成县非遗展示馆、坂东智慧体育公园等一批项目。修缮活化利用典利厝、上新厝等5处不可移动文物。新增市级非遗项目基地2个、市级代表性传承人2人。白樟镇新农村文艺交流基地获评福建省新时代特色文艺示范基地。吴孟超院士馆入选福建省科学家精神教育基地。

社会大局持续稳定。深化“平安闽清”建设，常态化开展扫黑除恶斗争，扎实推进夏季治安打击整治“百日行动”，严厉打击电信网络诈骗等各类违法犯罪行为。“治重化积”工作成效明显，获评全国信访工作示范县。扎实做好安全生产、应急管理等工作，全县安全生产形势持续稳定向好。同时，国防教育和国防动员、民兵预备役建设水平不断提升。工会、共青团、妇女儿童、红十字会、退役军人、库区移民、供销合作、人民防空、残疾人等各项事业加快发展。水文、气象、科普、档案史志、防震减灾、外事侨务、民族宗教等工作取得新成效。

作风上从严从实。闽清县深化运用“四下基层”制度，弘扬“马上就办、真抓实干”，12345热线、政务网站等平台与企业、群众全天候互动，全年办理诉求件9833件，办结率100%、满意率99.5%。健全分级协调、清单管理、重点督办等机制，推动乡镇部门在“擂台赛”上比高低，“对标赛”中争进位，干事创业氛围日益浓厚，政风行风持续向好。履职上依法依规。坚持在推动工作中不断完善政府工作规则，扎实开展项目招投标领域突出问题专项治理，健全重大决策合法性审查。高质量办理人大代表建议91件、政协委员提案165件，满意率均达100%。

廉洁上敢抓敢管。闽清县坚决扛牢全面从严治党主体责任，落实意识形态工作责任制。以严的基调强化正风肃纪，全面落实中央八项规定及其实施细则精神，效能问责6人次。抓实巡视巡察整改、审计整改，深化廉政风险防控，有效发挥审计常态化“经济体检”作用。

2024年是中华人民共和国成立75周年，是实现“十四五”规划目标任务的关键一年。闽清县必须立足长远、干在当前，围绕大局、统筹兼顾，全力推动经济健康发展、社会和谐稳定，在新起点上奋力开创闽清高质量发展新局面。根据县委统一部署，2024年闽清县工作总体要求是：以习近平新时代中国特色社会主义思想为指导，深入学习贯彻落实党的二十大和二十届一中、二中全会精神，紧扣“四个更大”重要要求，坚持“稳中求进、以进促稳、先立后破”，完整、准确、全面贯彻新发展理念，积极服务和融入新发展格局，统筹扩大内需和深化供给侧结构性改革，统筹新型城镇化和乡村全面振兴，统筹高质量发展和高水平安全，坚持“3820”战略工程思想精髓，深入实施“两区开发、两翼齐飞”发展战略，大力实施“三大三强”发展举措，融入都市圈，建设山水城，在推进中国式现代化的新征程中，全力打造福州都市圈承接区“桥头堡”和乡村振兴“闽清样板”。全年经济社会发展主要预期目标：地区生产总值495亿元，增长5.5%；固定资产投资增长8%；规模以上工业总产值242亿元，增长10%；社会消费品零售总额47.8亿元，增长5%；一般公共预算总收入33.8亿元，增长5%；地方一般公共预算收入20.8亿元，增长2%；居民收入增长实现和经济增长基本同步；各项约束性指标完成省市下达计划。

（摘编：王杰成）

罗源县社会发展概述

2023年是全面贯彻党的二十大精神的开局之年，是三年新冠疫情防控转段后经济恢复发展的一年。一年来，罗源县坚持以习近平新时代中国特色社会主义思想为指导，全面贯彻党的二十大和二十届一中、二中全会精神，坚持“3820”战略工程思想精髓，聚焦县委绘制的美好蓝图，抢抓机遇、主动作为，全面建设可持续发展的现代化美丽海湾城市，在全方位推进高质量发展新征程上奋发作为、勇毅前行。

扎实开展“三争三领”“攻坚2023”等行动，成功跻身“全国县域高质量发展百强县”，“全国县域发展潜力百强县”提升至29位，三季度全市“经济领跑”专项行动排名第二，县域经济保持稳中向好态势。全年实现地区生产总值450亿元，比增6.5%；完成地方一般公共预算收入15.2亿元以上，比增29.2%；全社会固定资产投资190亿元，比增10.7%；出口总额19.3亿元，比增20.6%；社会消费品零售总额69.3亿元，比增5.5%；城镇居民人均可支配收入增长5.5%，农村居民人均可支配收入增长7.5%。

一年来，罗源县认真践行在县十八届人大二次会议上的庄严承诺，锚定目标、攻坚克难，集中精力推动年初确定的10个重大项目达成预期目标：一是牛坑湾填海工程环评审批进入收官环节，计划于2024年3月开工建设。二是沈海高速水古互通及接线工程（西兰隧道）完成项目立项、设计等前期工作并挂网招标，计划于2024年6月正式动建。三是罗源湾公共运输廊道项目已推进2.5公里，完成固定资产投资1.7亿元。四是北门巷历史文化街区（文锦街）正加速建设，计划于2024年6月主体竣工。五是县总医院项目（一期）住院楼完成主体建设，门诊楼、医技楼计划于2024年3月建成。六是特殊教育学校新校区、滨海第三实验幼儿园等10个教育基础设施项目建成投用。七是城乡供水一体化项目完成一期C1标段主体建设，已覆盖凤山、松山、碧里等片区共计16个村。八是台商投资区围填海历史遗留问题完成整改，已向自然资源部申请预验收。九是清华大学重大科研项目已完成可研报告编制等前期工作，待上级论证通过后推进实施。十是中心市场改造项目正在有序推进施工，计划于2024年6月建成。未来，罗源县将每年谋划推动10个打基础、利长远、增潜力、惠民生的重大项目，持续为罗源高质量发展夯实“稳”的根基，积蓄“进”的力量。罗源县将以不达目标不罢休、不获全胜不收兵的韧劲，逐年盘点、逐年通报，确保每个项目年年都有新进展、件件都能见成效。一年来，社会发展的主要工作和成效如下。

生态环境稳中向好。坚持严准入、严监管，完成审批建设项目环评36个。嘉纳塑胶、景泰软包装等6家企业完成VOCs深度治理改造。闽光、宝钢基本完成超低排放改造项目，宝钢德盛屋面光伏项目实现并网发电。建成白塔生活污水处理厂、起步镇村庄污水治理等7个城乡污水治理项目，全县重点流域水质稳定达标Ⅲ类以上。完成55个入海排污口、2个入海沟渠“消劣”，清理海漂垃圾2900吨，近岸海域水质稳定优良。新增植树造林超1万亩，全县森林覆盖率达54.26%。排查整治流域污染源，清退敖江流域鳗鱼养殖场5家，清退非法畜禽养殖场82家。打击环境违法行为11起、非法采矿行为18起，完成废弃石碴点生态修复14处，查处各类违法占林行政案件53起。

铁腕整治“两违”乱象，依法拆除违章建筑1万平方米，清理海上非法养殖2030亩。加快养殖海权改革，发放养殖凭证1328本。完成传统养殖渔排改造14.6万口、筏式浮球改造9000亩，建设深水网箱200口。擦亮生态名片，“鸟中大熊猫”黑脸琵鹭首次在罗源湾越冬栖息，在西兰乡发现全国面积最大的天然更新水松群落。

社会大局平安和谐。抓牢粮食安全底线，治理抛荒撂荒耕地5958亩，完成粮播面积9.59万亩，产量达3.57万吨。大力化解政府性债务风险，存量法定债务率保持在预警线120%以下。常态化开展非法集资风险排查整治工作。开展2023年“安全年”活动，检查生产经营单位7000余家次，排查整治隐患3000多个，全年未发生较大及以上安全生产事故。强化药品监管，80%医疗机构完成“规范药房”创建。专项抽检食品1200批次，查处食品案件55起。启动罗源县智慧应急指挥中心项目，完成全县乡（镇）、村（社区）两级防汛能力标准化建设。开展根治欠薪专项行动，全面构建和谐劳动关系，为劳动者追回拖欠工资1272万元。推进社会治理现代化，溯源治理、盗案必破等罗源经验做法被省市推广，平安建设“三率”保持省市前列。电信网络诈骗呈“三降三升”良好态势，境外涉诈重点人员劝返成效居全市前列，全县盗窃刑事案件破案率达99%，群众安全感、满意率不断提升。开展信访“治重化积”专项工作，信访事项实现动态清零。大力支持国防和军队建设，持续巩固军政军民团结。

人民福祉持续增强。坚持教育优先发展战略，总投资2.3亿元，实施教育攻坚项目12个，新改扩建中小学、幼儿园7所，提升学校田径场3个，新增学位3380个；持续推进智慧校园建设，教室智慧照明改造实现全覆盖。出台惠师强师十条措施，引进高层次教育人才37名，公开招聘教师144名。创新“思政课+互联网+红色资源”，打造“多彩罗源”大思政课品牌。实验小学入选首批省级教改示范基地校。优化医疗服务体系，鉴江卫生院迁建项目主体完工，福州市第二总医院罗源医院揭牌成立，与省附一医院达成紧密型合作意向。强化医疗人才队伍建设，公开招聘卫技人员41名。丰富群众文体生活，举办“凤舞畲乡·春季村晚”等惠民文旅推广活动40余场，放映公益电影206场。与省实验闽剧院开展院地合作，成立周虹等名师工作室，开展“戏韵中秋·情满国庆”闽剧优秀剧目展演活动。举办罗源“海峡两岸”端午龙舟邀请赛等全民体育赛事20余场，起步中心小学斩获姚基金篮球季全国总决赛冠军。县“文艺家之家”揭牌，“两馆一宫”主体工程竣工。坚决守住不发生规模性返贫底线，全县脱贫群众人均纯收入达到24214元，比增10.24%。举办“春风行动”等招聘会52场，开通“罗源易就业”微信小程序，城镇新增就业人数1780人。推动养老事业发展，建成长者食堂12个。

2024年是中华人民共和国成立75周年，是实现“十四五”规划目标的冲刺之年，更是罗源抢抓机遇、砥砺前行的攻坚之年。罗源县将锚定全年目标任务，抓住一切有利时机，利用一切有利条件，看准了就抓紧干，能多干就多干一些，着力破解发展难题，增强发展动力，厚植发展优势，全力实现各项工作提质增效、跨越赶超。各项工作的总体要求是：以习近平新时代中国特色社会主义思想为指导，深入贯彻落实党的二十大精神，坚持稳中求进、以进促稳、先立后破，把坚持高质量发展作为新时代的硬道理，传承弘扬习近平总书记在福建、福州工作期间15次来罗调研指导留下的宝贵思想财富、精神财富和重大实践成果，统筹发展和安全，围绕“启航新时代，做强北大门，打响四大国家级品牌，建功丝路海港城，全面建设可持续发展的现代化美丽海湾城市”的奋斗目标，努力实现罗源高质量发展取得更多突破性进展、标志性成果、实质性成效，奋力谱写中国式现代化罗源篇章。全县经济社会发展主要预期目标是：地区生产总值增长6.5%，地方一般公共预算收入增长11.8%，固定资产投资增长8%，城镇居民人均可支配收入增长6%，农村居民人均可支配收入增长8%。

（摘编：陈德盛）

永泰县社会发展概述

2023年，永泰县坚持以习近平新时代中国特色社会主义思想为指导，深入学习贯彻党的二十大和二十届二中全会精神，全力推进经济复苏和社会事业发展，各项工作取得新的成绩。全县地区生产总值384.4亿元，增长4.1%；一般公共预算总收入19.3亿元，增长19.5%，地方一般公共预算收入13.1亿元，增长14.2%；固定资产投资139亿元，增长5%；工业固定资产投资39.5亿元，增长80%；规模以上工业产值54.5亿元；社会消费品零售总额36.8亿元；进出口总值28.5亿元，增长13%；实际利用外资501万美元；城镇居民和农村居民人均可支配收入分别增长7%和8%。一年来社会发展的主要工作和成效如下。

城市品质提档升级。98个城市品质提升项目顺利实施。樟城西大道、清凉环山北路等4条市政道路全面通车，南门景观廊桥竣工投用。建立安置房选房超市，纳入存量房源207套。完成城区主干道交通信号灯系统提升改造36处。新建福道14.4公里，改造提升公园9.5万平方米，人均公园绿地面积达20.5平方米。新建改造雨污管网9公里、供水供气管网9公里。新增保障性租赁住房1680套。排查经营性自建房1831栋，完成经营性自建房挂牌巡检。餐饮类商户燃气报警装置实现全覆盖。城镇生活污水管网一期项目竣工。县厨余垃圾处理设施建成投用。城区保洁面积扩大至40万平方米，环卫市场化率达90%。规范摆摊设点，增设便民摊位107个。樟城中心市场获评省五星级文明集市。国家文明城市创建有序推进。

乡村振兴全面推进。入选2024年省级闽台乡建乡创样板县。岭路凤落村入选全国红色美丽村庄建设试点村。丹云赤岸村、梧桐埕演村入选省级美丽休闲乡村。白云北山寨入选国家文物建筑保护利用典型案例。“爱永泰计划”—乡村振兴项目获首届福建慈善奖。“嵩口模式”获中央宣传部推广。“多规合一”实用性村庄规划实现全覆盖。实施乡村振兴“六个一”先导项目162个，引进专家团队23支，活化利用古厝23座，培育直播团队51支，直播带货收入4041万元。

生态建设持续领跑。空气质量优良天数比例达99.4%。成功创建全市唯一省级森林养生城市，岭路乡获省级森林康养小镇，嵩口镇入选省级森林乡镇。御温泉获省级森林康养基地。新增造林绿化9430亩，完成商品林赎买3187亩。开展松材线虫病防治，清除枯死松木1.6万株，改造林地3.1万亩。常态化开展“护河爱水、清洁家园”行动，建立“河长日”重点工作会商机制。全域治水工作全面铺开。实施安全生态水系建设项目6个、中小河流治理项目4个，治理河道28公里。设置水质监测断面32个，大樟溪水质保持Ⅱ类以上标准。大樟溪流域供水生态补偿实现破题，首批补偿款1000万元顺利到位。开展藤山省级自然保护区生物多样性司法保护协作行动。推进省级林业碳中和试点县建设。全市率先推行“福碳”认购替代性生态修复机制，探索“司法+林业碳汇”合作。全省首个水禽粪污利用碳减排项目上线交易。白云抽水蓄能电站实现碳减排41.6万吨。

民生事业加快发展。民生支出占一般公共预算支出达83.6%。48项为民办实事项目顺利实施。新建改造农村公路30公里，完成农村公路养护提升32.5公里，实施危桥改造4座。永泰一中顺利通过省一级达标高中复评。成立第一届小学名校长工作室。调整组建教育集团14个，公办中小学幼儿园实现全覆盖。试点建设县域医共体联合病房，探索“中心村+基干村”卫生所建设。嵩口、大洋中心卫生院获评省四星级乡镇卫生院。妇幼保健院手术室、分娩中心揭牌投用。总医院健康管理中心搬迁启用。新增普惠性托幼试点机构4家，托位达1015个。深化“餐桌污染”治理，实现食品安全分层分级包保全覆盖。新增长者食堂7个。完成大洋区域性养老中心提升。改造提升农村幸福院11所，每千名老人拥有床位达48张。全省率先建立“银发人才库”，入库人才120名。人才公寓启用入住。落实稳就业奖补及职业技能“见证补贴”等政策，开展线上、线下招聘会35场，城镇新增就业超1600人次。闽运公交总站启用。完成低收入群体居住场所消防安全改造4701户。消防救援城峰站建成投用。“杜苏芮”“海葵”等超强台风灾后重建项目有序实施。

改革成果竞相涌现。“放管服”改革持续深化，开展全市首批“零材料 打包办”跨部门审批试点改革。推出“一件事打包办”套餐12组，“一趟不用跑”事项提高至90.4%。个体工商户设立登记实现“全程网办”。入驻行政许可事项审批承诺时限压缩至法定时限的12.5%以内。探索社会投资工业项目“交地即交证”模式，啤酒小镇等4个项目实现“多证同发”。成立土地报批前期工作专班，提速推进用地报批55宗。农村集体经营性建设用地入市入选全国试点。建立“四个一”项目验收推进机制，提高农业产业化项目竣工验收效率。创新建立“1+3+N”全员执法工作机制，入选省级林业综合执法改革试点县。健全完善政府法律顾问聘请制度。创新开展不动产登记带押过户，颁发土地和房屋不动产权属证书（证明）1.6万件、林权登记16.7万亩。完善并延续人才购房补贴、房票安置等政策，累计申请补助1380万元、发放房票7456万元。高新企业研发投入分段补助经费比增78%，科技特派员补助项目比增50%，申报国家高新技术企业认定数比增133%。

治理效能稳步提升。深入开展学习贯彻习近平新时代中国特色社会主义思想主题教育，弘扬“马上就办、真抓实干”优良作风，践行“四下基层”工作方法。深化“铁三角”治违机制，查处“两违”56宗3万平方米。发挥政府性融资担保作用，永阳融资担保公司累计对外担保2.4亿元。争取各类债券资金16.2亿元。第五次经济普查扎实开展，实有市场主体突破2.4万户，新增“四上”企业26家。全面融入省一体化大融合行政执法平台。设立“数字永泰司法服务中心”，推进全流程电子化办案。全面推行紧密型派出所勤务模式，整合设立5个区域联合派出所。创新“1314”“五防联动”模式，推动警务机制改革。深化“大信访”机制建设，推动基层社会治理平台一体化运行。樟城镇入选省级新时代“枫桥经验”典型单位。认真执行县人大及其常委会决定决议，自觉接受人大法律监督、工作监督和政协民主监督，办复人大代表建议意见56件、政协委员提案84件，满意率分别达98.2%、98.8%。

2024年永泰县工作的总体要求是：以习近平新时代中国特色社会主义思想为指导，全面贯彻落实党的二十大和二十届二中全会精神，认真落实省、市各项决策部署以及县委十四届五次全会精神，以高质量发展为首要任务，以“三示范三跨越”为总路径，完整、准确、全面贯彻新发展理念，积极服务和融入新发展格局，坚持做强城关与做大产业，统筹扩大内需和深化供给侧结构性改革，统筹新型城镇化和乡村全面振兴，统筹高质量发展和高水平安全，持续构建“生态+”绿色产业体系，奋力推进现代化绿色发展先行区建设。全县经济社会发展主要预期目标是：地区生产总值增长6.5%；一般公共预算总收入、地方一般公共预算收入分别增长8.5%和7.5%；固定资产投资增长5%；工业固定资产投资增长9%；规模以上工业增加值增长5%；社会消费品零售总额增长5%；进出口总值增长10%；实际利用外资1280万美元；城镇居民和农村居民人均可支配收入分别增长7%和8%。

（摘编：李子涵）

厦门市社会发展综述

2023年是全面贯彻党的二十大精神的开局之年，是三年新冠疫情防控转段后经济恢复发展的一年。一年来，厦门市坚持以习近平新时代中国特色社会主义思想为指导，全面贯彻党的二十大和二十届二中全会精神，深入贯彻落实习近平总书记重要讲话重要指示精神特别是致厦门经济特区建设40周年贺信重要精神，认真贯彻落实中共中央、国务院决策部署和省委、省政府工作要求，在市委的正确领导下，深入开展学习贯彻习近平新时代中国特色社会主义思想主题教育，坚持稳中求进工作总基调，完整、准确、全面贯彻新发展理念，积极服务和融入新发展格局，着力推动高质量发展，深学争优、敢为争先、实干争效，加快实施“一二三”战略规划，坚持应急与谋远相结合，奋力抢机遇、强优势、挖潜力，经济回升向好，社会保持稳定。地区生产总值增长3.1%，规模以上工业增加值与上年持平，固定资产投资增长0.5%，社会消费品零售总额增长2.9%，居民消费价格指数增长0.2%，全体居民人均可支配收入增长4.5%，一般公共预算总收入、地方一般公共预算收入分别增长5.6%和5.5%，完成年度节能减排任务。一年来，厦门市社会发展的主要工作和成效如下。

法治环境更加完善。细化落实《厦门经济特区优化营商环境条例》，实施再创营商环境新优势助力企业高质量发展行动。国家发展改革委在厦门举办全国优化营商环境现场会，城市平均综合信用指数排名全国第一。海丝中央法务区集聚法务相关机构900多家，成为“海丝”核心区标志性工程。广泛开展普法宣传，完善现代公共法律服务体系，营造全社会尊法学法守法用法的良好环境。

政务环境更加高效。建成一体化政务服务平台，市行政服务中心事项进驻率提升至97.5%，综合窗口实现市区全覆盖，政务服务事项100%网上可办、84%“全程网办”、911项“免证办”，入选全国数字政府创新成果和实践案例，工程建设项目审批制度改革稳居全国前列。

市场环境更加优化。厦门市坚持对各类经营主体一视同仁、平等对待，出台促进民营经济发展壮大系列措施，深化“益企服务”专项行动，举办企业家日大会，常态化开展企业家座谈会、企业接待日等活动，全市近九成国家高新技术企业、近八成境内上市公司来自民营企业。

新城建设和城市更新加快推进。厦门市深入推进跨岛发展，加强片区产业导入、项目建设和配套完善，马銮湾新城、翔安新城公建设施加快完善，同安新城、同翔高新城产业集群成型成势，集美新城进一步集聚成城。深入实施城市更新行动，启动建设首批25个城中村现代化治理试点，扎实推进92个岛内大提升项目和516个城市建设品质提升项目，完成老旧小区改造9.1万户。

城市环境更为宜居。完成前两轮中央生态环保督察反馈问题整改，空气质量保持全国前列，集中式饮用水水源地、主要流域国省控断面水质达标率保持100%，近岸海域水质稳中向好，生活垃圾分类考评连续22个季度位列全国大城市第一。上榜中国十大“大美之城”，鼓浪屿、筼筜湖、东南部海域分别获评国家和美海岛、美丽河湖、美丽海湾，生态文明建设工作获国务院督查激励，城市宜居指数位居全国前列。

城市运行更具韧性。增强城市空间布局安全，制定城市体检评估标准，建立地下空间资源调查和应用体系。加强交通基础设施联通，新机场飞行区、航站区等项目加快建设，翔安大桥通车，福厦高铁开通运营，轨道交通 3 号线南延段和 4 号线、6 号线建设有序推进，2 号线二期工程等 3 个项目获鲁班奖。建设城市生命线安全工程，新建改造燃气管道 80 公里，新增供水能力 20 万吨/日，供电可靠性达到国际先进水平。完善城市防灾减灾救灾体系，有力防御“杜苏芮”等多轮台风和暴雨侵袭，构建海陆空应急救援新格局。

城市治理更加智慧。高水平建设城市大脑，累计建成 5G 基站 1.4 万个，在全国率先开展智慧港口、公交、医疗等 5G 场景应用，成为全国第三个公共交通“一码多乘”城市。加快推动城市运行管理“一网统管”，“大城管”机制落地见效，城市精细化管理经验获全国推广，文明城市测评成绩位居全国前列。

民生短板加快补齐。47 项为民办实事项目全部完成。建成中小学幼儿园项目 53 个，新增学位 6.3 万个，入选国家基础教育教师队伍建设改革试点，2 项基础教育教学成果全省首次获评国家级一等奖。深化国家区域医疗中心试点建设，川大华西厦门医院、苏颂医院正式运营，新增医疗床位 2000 张，获批全国健康城市建设试点。建成家庭养老床位 900 张，入选全国居家和社区基本养老服务提升行动项目地区。市老年大学改扩建工程竣工投用。完成 25 个婴幼儿照护服务普惠项目，新增普惠托位超 2000 个，获批国家儿童友好城市试点，获评首批全国婴幼儿照护服务示范城市。

就业和社会保障稳步推进。出台稳就业促就业、促进青年就业创业等措施，城镇新增就业 16.4 万人。最低生活保障、特困人员、孤儿基本生活保障标准进一步提高，“惠厦保”参保覆盖面不断扩大，推出新就业形态劳动者职业伤害保险“益鹭保”。落实国家规划建设保障性住房政策，建设筹集保障性租赁住房 4.2 万套，配租配售保障性住房 1.1 万套，发放大学生“5 年 5 折租房”补贴 2.7 亿元。

文化体育繁荣发展。坚持文化惠民，23 家公共文化场馆错时延时开放，举办金鸡百花电影节、陈嘉庚先生创办集美学校 110 周年纪念活动、第二届市民文化节等活动。全民健身工作形成全国经验，改建全民健身场地设施 12.5 万平方米，举办世界田联钻石联赛、第二十一届市运会等重大赛事活动，厦门马拉松荣获全球首个特别贡献奖。厦门市运动健儿在亚运会、亚残运会取得历史最好成绩。

社会大局和谐稳定。持续防范化解风险，保交楼、保民生、保稳定工作扎实推进，金融机构不良贷款率保持较低水平，政府债务风险安全可控。落实全国全省安全生产一盘棋响应、安全事故复盘评估等机制，实施重大隐患排查整治行动，安全生产形势保持稳定。深化信访问题源头治理三年攻坚行动，扎实做好根治欠薪和拖欠企业账款清理工作。通过市域社会治理现代化试点城市验收。常态化开展扫黑除恶斗争，刑事警情下降 22.3%，电信网络诈骗警情下降 21%，获评首批全国社会治安防控体系建设示范城市。

深入推进政府系统全面从严治党，严格落实中央八项规定及其实施细则精神和省实施办法、市执行办法，严防“四风”问题反弹回潮。坚持过紧日子，大力压减非急需非刚性支出。认真做好国务院督查、巡视巡察、审计反馈问题整改。自觉接受人大法律监督、工作监督和政协民主监督，加强政府内部监督。

2024 年是新中国成立 75 周年，是实施“十四五”规划的关键一年，也是厦门落实综合改革试点、加快城市发展转型至关重要的一年。厦门市要以习近平新时代中国特色社会主义思想为指导，全面贯彻落实党的二十大、二十届二中全会和中央、省委经济工作会议精神，按照市委十三届六次全会和市委经济工作会议部署要求，坚持稳中求进工作总基调，完整、准确、全面贯彻新发展理念，围绕推动高质量发展首要任务和构建新发展格局战略任务，统筹扩大内需和深化供给侧结构性改革，统筹新型城镇化和乡村全面振兴，统筹高质量发展和高水平安全，以综合改革为动力，推进科技创新引领和现代化产业体系建设，打造新发展格局节点城市，促进两岸融合发展，切实增强经济活力、防范化解风险、改善社会预期，巩固和增强经济回升向好态势，加快培育发展新动能，推动经济实现质的有效提升和量的合理增长，厚植绿色底色，增进民生福祉，保持社会稳定，加快把努力率先实现社会主义现代化的宏伟蓝图变成美好现实。厦门市经济社会发展的主要目标是：地区生产总值增长5.5%左右，规模以上工业增加值增长8%左右，固定资产投资增长6%左右，一般公共预算总收入、地方一般公共预算收入均增长5.5%左右，社会消费品零售总额增长5.5%左右，外贸进出口总额增速高于全省，居民消费价格涨幅控制在3%左右，全体居民人均可支配收入与经济增长保持同步，完成年度节能减排目标。实现上述目标，厦门市社会发展重点要做好以下几项工作。

深入打好污染防治攻坚战。一体推进中央和省生态环保督察反馈问题整改。深化细颗粒物与臭氧协同治理，确保空气质量保持全国前列。坚持陆海统筹、河海联动，严格落实河湖长制，开展河湖专项治理和入河排放口整治，巩固近岸海域污染防治成效。优化垃圾分类模式，强化危险废物、新污染物治理，建设无废城市。

系统实施生态保护修复。加强水土保持综合治理，持续推进“绿盾”自然保护地强化监督工作，加大松材线虫病防控攻坚力度，开展互花米草除治后续生态修复，巩固海湾生态保护修复成果，探索海洋生态修复路径，构建从山顶到海洋的保护治理大格局，提升生态系统多样性、稳定性、持续性。

加快发展方式绿色低碳转型。深化国家生态文明试验区建设，完善生态产品价值实现等机制，健全排污权、碳排放权等交易体系，积极应对欧盟碳边境调节机制等国际贸易碳壁垒，探索推进碳足迹管理工作。建设“电动厦门”，推动智能建造试点，全面投用抽水蓄能电站，创建低碳社区、低碳园区、近零碳排放示范区，让清新的蓝、怡人的绿常在。

坚持在发展中保障和改善民生，尽力而为、量力而行，兜住、兜准、兜牢民生底线，营造温暖和谐的社会氛围，让群众生活更加舒心、暖心、安心。

打造现代化教育强市。加快教育补短扩容，建成38个中小学幼儿园项目、新增4.1万个学位。深入实施新时代基础教育强师计划和国家优秀中小学教师培养计划，推动学前教育普及普惠和义务教育优质均衡发展，统筹职业教育、高等教育、继续教育协同创新。

建设高水平健康之城。持续推进国家区域医疗中心试点建设，支持中医药传承创新发展，加快补齐精神卫生等短板，深入推进分级诊疗，完善公共卫生体系，提升传染病等疾病防治能力，构建全生命周期家庭健康服务体系。广泛开展全民健身运动，持续引进高水平赛事，发展运动时尚等体育产业，建设国家体育消费试点城市。

加快建设文化强市。深入贯彻习近平文化思想，广泛践行社会主义核心价值观，持续提升城市文明程度和市民文明素质。大力推动文化繁荣发展，提高鼓浪屿世界文化遗产保护能力和水平，举办纪念陈嘉庚先生诞辰150周年系列活动，深入实施文化惠民工程、文艺创作精品工程，积极培育文化龙头企业，做强动漫、影视、演艺等文化产业。

着力稳就业促增收。完善就业促进机制，开展“访企拓岗促就业”行动，优化调整稳岗扩岗政策，开发盘活政策性岗位，支持灵活就业和新就业形态发展，确保重点群体就业稳定。完善收入分配机制，增加低收入者收入，扩大中等收入群体，多渠道增加城乡居民收入。

织密扎牢社会保障网。完善多层次社会保障体系，提高城乡居民养老保险待遇水平，推进保障性住房规划建设和配租配售。健全分层分类的社会救助体系，发展社会福利、慈善、残疾人事业。完善生育支持政策体系，保障关爱妇女儿童。加快公共设施适老化适幼化改造，建设一批养老服务照料中心、托育综合服务中心，让老年人乐享幸福、孩子们茁壮成长。

筑牢安全发展防线。全面贯彻总体国家安全观，防范政治风险，切实维护政治安全。严格落实意识形态工作责任制，加强网络和数据安全管理，做好保密工作。有效防范化解房地产、金融、政府债务等重点领域风险，坚决守住不发生系统性风险底线。开展安全生产治本攻坚三年行动，健全防灾减灾救灾机制，用智慧化手段提升消防等应急救援能力，争创全国安全发展示范市。做好重要民生商品保供稳价，加强食品药品安全监管。坚持和发展新时代“枫桥经验”，创新社会治理，常态化开展扫黑除恶斗争，健全社会治安防控体系，争创全国禁毒示范城市。

（摘编：刘红波）

思明区社会发展概述

2023年是全面贯彻党的二十大精神的开局之年，是三年新冠疫情防控转段后经济恢复发展的关键之年。这一年，思明区坚持以习近平新时代中国特色社会主义思想为指导，全面学习贯彻党的二十大精神，深入贯彻落实习近平总书记重要讲话重要指示精神特别是致厦门经济特区建设40周年贺信重要精神，坚持稳中求进工作总基调，完整、准确、全面贯彻新发展理念，积极服务和融入新发展格局，着力推动高质量发展，深入实施“深学争优、敢为争先、实干争效”行动，紧密围绕厦门“一二三”战略规划[1]，求真务实，团结奋进，经济社会保持平稳健康发展。全年地区生产总值增长5.6%；实现财政总收入410.12亿元；固定资产投资增长46.3%；年度节能减排任务顺利完成。一年来，社会事业发展的主要工作和成效如下。

片区开发加速推动。厦门国际商务核心区A1地块成功出让，与四川华西集团合作推进统一规划、统一开发、统一运营。湖滨四里标段、何厝岭兜片区安置房封顶，泥窟石村片区安置房加快建设。开元创新社区B05地块顺利出让，优质产业空间加快释放。

基础设施不断完善。实施城市品质提升行动，加快保障性租赁住房等41个项目建设，累计投入资金59.4亿元。持续推进筼筜湖南、北岸片区污水“两高”建设[8]，完成214个建筑小区、106条道路排水管网改造。改造提升154个老旧小区，惠及居民超3万户。整合边角闲置用地，改扩建地下空间，加大停车共享力度，释放停车位914个。建设龙山幼儿园周边等15条配套市政道路。完成铁路文化公园、鸿山公园改造提升，建成“拾光园”等5个口袋公园，“兜”起百姓家门口的微幸福。

环境面貌焕然一新。实施环岛路黄厝路段、演武大桥观景平台、BRT第一码头周边等景观提升，完成前埔北等农贸市场改造升级。新建129个智能垃圾屋，垃圾分类考评保持全市前列。深入推进“蓝天、碧海、碧水、净土”工程，厦门东南部海域、筼筜湖入选国家级“美丽海湾”“美丽河湖”优秀案例，鼓浪屿入选全国首批“和美海岛”示范创建名单，城区空气质量优良率保持100%。

基层治理扎实有效。开展市民文明素养再提升十大专项行动，推动文明创建全时全域、常态长效。聚焦“宜居、宜业、智慧、和谐”，推动30余个民生基础设施项目建设，创建街道级综合治理调度平台，以党建引领促进共建共治，黄厝社区、东山东坪山社城中村现代化治理成效明显。成立物业管理行业协会，“一办法一细则”[9]获全市推广。常态化开展小区综合治理，15个小区入选全市首批“最美小区”，4个社区获评全市近邻党建先进社区。优化社区考核评价机制，完善社区工作者成长培养、薪酬待遇等管理体系，激发基层干事创业热情。推动市、区两级应用对接整合，“一网统管”[10]平台全流程优化提升，街道处置事件率提高至95%以上，“智慧思明”相关经验做法入选中国信息协会“2022—2023数字城市创新成果与实践案例”。

文教事业优质发展。教育补短扩容再提升，采用高科技预制学校[11]等方式新改扩建7所学校，新增小学学位5130个、幼儿园学位720个。实施“百校焕新”行动[12]，区属学校实现空调全覆盖，区青少年宫和老年大学新校区投用。与北师大等高校合作强化名师名校长培育，引育学科名师、骨干教师268名。“双减”工作经验在全国推广，获评省级基础教育综合改革实验区。开展海峡两岸原创广场舞大联欢等文化惠民活动300余场，参与群众近30万人次。举办“翻阅思明·2023全民阅读季”活动，吸引超百万群众参与。启动第二轮文物保护修缮，建成陈化成史迹展览馆。新改建运动场所51处，人民体育场全新亮相，在第21届市运会上实现金牌数、总积分“双第一”。

民生保障持续改善。落实就业优先政策，发放各项就业补助资金3516万元，引进高校毕业生2.7万人，城镇失业人员再就业1.35万人。发放基础人才“五年五折”租房补贴138041万元，保障总额和惠及人次均居全市首位。生成服务青年发展实事项目32项，积极推动7个方面青年“优+”行动落地落实。做好退役军人安置就业创业和优抚保障。兜底保障困难群众，发放救助补助9189万元，惠及14万人次。新设3家养老服务照料中心、4个居家养老服务站，扩大长者助餐服务覆盖面。老年人心理关爱项目获国家典型经验推广。老龄工作获评全省先进。新增6家普惠托育机构、486个普惠性托位，千人口托位数达3.66个。新建官任、黄厝卫生服务站，加快医疗卫生综合体等9个医疗卫生基础设施补短板项目建设。完成街道社区卫生服务中心转隶。率先全市开展基层医疗卫生机构人员自聘制改革14，强化基层卫生人才队伍保障。溪岸、莲薇健康社区案例获评全国优秀，国家级慢性病综合防控示范区复评审得到国家专家组高度肯定。

社会大局和谐稳定。全力推进重大事故隐患专项排查整治行动，完成32处高层建筑消防隐患整改，“以奖代补”推动422家“三合一”场所15消防技术改造。全覆盖推广运用巡查系统，实现小散工程精准纳管。开展基层防汛标准化建设，修订突发事件应急预案，持续提升防灾减灾救灾和突发事件处置保障能力。牢牢守住耕地红线，强化粮食安全保障能力。加强食品药品安全监管，推动智慧监管、法治监管、信用监管，守好“舌尖上的安全”。践行新时代“枫桥经验”16，完善多元矛盾纠纷化解机制，万人成讼率同比下降6.2%，积极化解98件信访积案。常态化开展扫黑除恶，严厉打击电信网络诈骗等违法犯罪活动。全区刑事警情同比下降27.75%，连续两年降幅全市第一，群众安全感率保持全市前列。同时，国防动员、双拥共建工作进一步加强，民族宗教、侨务外事、档案方志、人防海防、仲裁、信访等各项工作取得新进展，妇女儿童、关心下一代、残疾人等各项事业取得新成效。

牢牢把握“学思想、强党性、重实践、建新功”总要求，扎实开展学习贯彻习近平新时代中国特色社会主义思想主题教育，坚定拥护“两个确立”，坚决做到“两个维护”。大力践行“四下基层”，常态化开展“近邻·思民”专项活动，完成30项为民办实事项目。坚持抓班子、带队伍、强作风，深入推进“强腰”工程，实施“以学促干”百日行动，严格落实中央八项规定及其实施细则精神，持之以恒纠治“四风”，工作作风持续转变。

2024年是中华人民共和国成立75周年，也是实施“十四五”规划的关键一年。全区上下要进一步凝聚共识、提振信心、攻坚克难，出实招求实效，打基础利长远，以实际行动展现中心城区应有担当。思明区工作的总体要求是：坚持以习近平新时代中国特色社会主义思想为指导，全面贯彻落实党的二十大和二十届二中全会精神，深入贯彻落实习近平总书记重要讲话重要指示精神特别是致厦门经济特区建设40周年贺信重要精神，坚持稳中求进、以进促稳、先立后破，完整、准确、全面贯彻新发展理念，围绕市委“三个引领”17“六个率先”18重要要求，坚定信心、保持定力，抢抓机遇、乘势而上，统筹高质量发展和高水平安全，巩固和增强经济回升向好态势，持续推动经济实现质的有效提升和量的合理增长，增进民生福祉，保持社会稳定，为厦门更高水平建设高素质高颜值现代化国际化城市作出新的更大贡献。经济社会发展的主要预期目标为：地区生产总值增长5.5%左右，财政总收入、地方一般公共预算收入均增长5.5%，固定资产投资达到300亿元，完成市下达的节能减排任务。

（摘编：李子涵）

湖里区社会发展概述

2023年是极具压力、极富挑战的一年。湖里区全面贯彻党的二十大精神，深入贯彻落实习近平总书记重要讲话重要指示精神特别是致厦门经济特区建设40周年贺信重要精神，落实落细省委“深学争优、敢为争先、实干争效”行动要求，围绕全市“一二三”战略规划，锚定“10+13”任务，在市场环境低迷、主导行业支撑减弱等压力下，千方百计推动经济复苏，逐月逐季争先进位。全年地区生产总值比增1.5%，一般公共预算总收入281.9亿元，其中区级一般公共预算收入59.4亿元、比增6.2%。成为全市唯一进入全国工业、创新百强“双榜单”的先进区，荣获全国国土资源节约集约模范区、投资竞争力百强区、旅游综合实力百强区，全省十优发展区、基础教育综合改革实验区、平安建设示范区、建筑之乡等称号。建成神山党员综合教育基地，投用仙岳山闽台文化交流馆、侨文化馆，成功举办首届金砖创新基地产业创新联盟企业家论坛、首届中国数字音乐产业大会、第十五届海峡两岸福德文化节、区侨联成立三十五周年等重大活动。

坚持志不求易、事不避难，做成了许多难而有意义的事，攻克了一批制约发展的卡点堵点、难点痛点，比如：攻坚完成体量最大的钟宅社、泥金社征拆扫尾，历时5年的东部旧改征拆工作顺利收官，历时30年的乌石浦旧村改造项目完成返迁等，为加快建设“两高两化”中心城区提供有力支撑。一年来，社会发展的主要工作和成效如下。

民生服务共创共享。“百姓金点子，幸‘湖’金钥匙”活动常办常新，9大类38个为民办实事项目100%完成，民生社会事业投入占财政支出超65%。成功落地厦门一中湖里分校，近5年首次实现积分入学100%覆盖。社区居家养老服务、长者食堂、助餐点服务范围全覆盖，街道照料中心密度全市最高，每千名老人养老床位数80张、蝉联全市第一；启动区公共卫生综合楼改扩建，社区卫生服务中心均与市级医院建立双向转诊合作机制。

城市管理更具智慧。“城市大脑”实现市、区16个平台互联互通，受理派发事件76.7万余件，办结率达99.8%，城市“智理”经验在全省推广。开发智慧城中村管理服务平台，近邻小程序服务居民33.2万次。“360”两违管控机制在全市推广，拆除“两违”29万平方米。打造12条示范街，率先完成19个农贸市场改造。

城市环境更为宜居。入选国家环境健康管理试点。空气优良率99.7%，实现3个100%。完成62平方公里排污溯源排查和45平方公里正本清源。建成23公里环岛慢行系统、5处立体绿化项目及5个口袋公园，新开放石头皮山等2处综合性公园，提升绿地约20公顷。打通钟智西三路等3条断头路。象屿综保区成为全国首个零碳综保区并入选国家级绿色低碳典型案例，科华数据等11家企业入选国家级、省级绿色制造名单。

教育文体优质均衡。教育经费落实“两个只增不减”，投入超18亿元、比增5%。墩上学校等10个项目加快建设，完成金尚中学等37所校园、56个修缮改造项目。开办幼儿园5所、新增公办学位1440个，扩增公办小学班级27个、学位1215个。中考学业评估排名全市前列。打造新教师“135”培养机制，新增正高级教师5人，省、市级学科带头人25人。打造省、市级心理健康教育特色校4所，成立家庭教育指导站并在全市作经验介绍。落实“双减”政策，全市率先实现义务教育学校特色课后服务全覆盖。举办1500余场文体活动，新增16家图书流通点。策划生成113个全民健身项目，建成投用81个全民健身场地。

医养事业普惠增容。支持3个国家区域医疗中心改扩建。实现全市首例信用就医“亲情付”。推进“适老化”改造与养老服务设施“四同步”建设，建成社区居家养老服务站59个，新建禾美等3个公服综合体，特殊困难老年人月探访率100%。专业养老机构、街道养老服务照料中心增至20家。妇幼保健工作连续三年获省、市考核第一。新增普惠性托育机构5家、普惠托位351个，提前实现每千人3.8个托位目标。

就业社保兜底有力。社会保障支出超12亿元，比增21.4%。落实就业优先政策，“131”精准就业帮扶3.5万人次，兑现新引进人才生活补贴4566万元。101家企业的“HR联盟”吸纳就业用工超20万人、占全区用工总量的40%以上。健全多层次社会保障体系，建立全市首个区级临时性救助站，累计发放低保、残疾人等补贴及保障性租赁房租金补助5405万元，惠及家庭3.3万户次。湖里创新园入选全国首批基层劳动关系公共服务样板站点。区总工会获评第一届全国和谐劳动关系创建工作先进集体。成立全市首个“区劳动关系权益保障中心”，保障农民工工资支付工作连续五年在市对区考核中获评A级。

安全生产平稳有序。深入开展重大事故隐患专项排查整治，出台生产安全事故“一盘棋”响应、基层消防安全网格管理等13项制度，完成基层防汛能力标准化及17个易涝点、20座主要山体“一点一案”建设。“安全一张网”智慧监管平台实现燃气、建设等领域全覆盖，上线“一键扫码”举报功能。改造、新建燃气管道6.5公里，城中村燃气灶具不合格率下降55%。首创小散工程日巡系统，8746宗项目纳入“一网统管”。完成3轮1.77万栋次房屋安全全覆盖排查，开展394栋高层公共建筑消防设施隐患排查整治。建立“三合一”场所滚动排查机制，“六先六后”试点经验全市推广。

平安湖里见行见效。常态化开展“四门四访”1492批、3224人次，建设79个信访评理室，化解涉福厦公铁等一批超10年的积案，第三批“治重化积”、中央集中交办件化解率100%。信访事项及时受理率、按期办结率保持100%，信访人次比降16.8%。市对区年度信访考评连续9年居全市第一。“智慧安防”小区对接率居全市第一。刑事警情下降14.8%。建成电动自行车集中充电桩（口）2.66万个，为重点企业定制公交出行做法在全市推广。常态化排查284家涉金融类企业，立案侦查1家。坚决制止耕地“非农化”，防止“非粮化”，设置粮食应急网点38家。

社会治理更加完善。湖里区健全网格员激励机制，评选金牌及优秀网格员100名。高级社工增至6人，占全市三分之二、全省四分之一。智慧社区、智慧网格获全国治理创新案例，五缘湾涉海资源利用管理服务机制体制入选全省首批“一县一特色”专项改革案例。成立物业行业协会，开具全市首单物业管理领域行政处罚书。创新“公证+”警调联动多元化解模式，打造“区智慧矫正中心”，调处矛盾纠纷8394件、连续6年居全市第一。

2024年是中华人民共和国成立75周年，也是“十四五”规划的关键之年。湖里区将坚持以习近平新时代中国特色社会主义思想为指导，认真贯彻落实党中央、国务院决策部署和省委、省政府，市委、市政府和区委工作要求，积极融入综合改革试点，全面落实“一二三”战略，以科技创新为引领，以项目建设、招商引资攻坚年、提升年为抓手，坚持应急与谋远相结合，持续在“抓机遇、强优势、挖潜力”上下功夫，加快推进现代化产业体系建设，切实把多区叠加优势转化为发展动能，为努力率先实现社会主义现代化作出新的更大贡献。全区经济社会发展主要预期目标为：地区生产总值预估增长5.5%，区级财政收入增长5.5%，区属规模以上工业产值增长12%，限额以上批发零售业销售额增长5%，固定资产投资增长5%。

（摘编：陈德盛）

集美区社会发展概述

2023年是全面贯彻落实党的二十大精神的开局之年，是昂扬奋进“十四五”的关键之年。全区上下坚持以习近平新时代中国特色社会主义思想为指导，紧紧围绕学习贯彻党的二十大精神这一主线，聚焦“中国式现代化”这一主题，落实省委“深学争优、敢为争先、实干争效”行动部署、市委“一二三”战略，锚定“走前头、作示范”目标定位，坚持稳中求进工作总基调，全力做好稳增长、促改革、调结构、惠民生、防风险、保稳定各项工作。

2023年是集美承压而上、转换动力的一年。受疫情“疤痕效应”、国际环境、宏观形势等多重因素影响，叠加集美区制造业外向度高、房地产对经济财政影响大等深层次、结构性问题，全区经济发展和财政收支面临前所未有的压力与挑战。集美区咬紧牙关拼经济、全力以赴调结构。地区生产总值同比增长2.6%；三产结构比例优化调整为0.3：44.4：55.3，第三产业比重同比提高4.4个百分点；全体居民人均可支配收入同比增长4.1%；区级一般公共预算总收入、区级一般公共预算收入分别达到151.27亿元和45.87亿元。荣获全国综合实力百强区称号，是全市唯一上榜的行政区；同时入选全国科技创新百强区、全国新型城镇化质量百强区。

2023年也是集美攻坚克难、勇毅前行的一年。面对极不平凡的发展环境，集美区坚持以改革创新激发动力活力，以担当实干书写崭新篇章，做成了许多长期想办而没有办成的大事难事，攻克了一批制约集美发展的痛点堵点。一年来，社会发展的主要工作和成效如下。

生态底色熠熠生辉。环境信访投诉同比下降28.8%。获评全国第六批节水型社会建设达标县（区），杏林湾水利风景区获评省级水利风景区。坚决实施杏林湾生态环境整治提升一期工程和九天湖试验区水环境治理项目，水体质量、关键指标显著改善、更加稳定；瑶山溪全流域水质全线达标；正本清源排水管网建设累计完成超九成。空气质量同比改善率、优良天数比例两项指标排名全市第一；后溪工业组团成功创建全省领先、全市最大的三星级低碳工业园区。大学康城小区成为全国首批、全省首个宁静小区。

社会治理有力有效。始终把社会治理作为系统工程，汇聚合力、多元共治，书写了和谐稳定的安全答卷。应急管理基础持续加固。深入开展重大事故隐患专项排查整治2023行动，生产安全事故起数、死亡人数同比“双下降”，未发生较大及以上生产安全事故。组建24支行业企业安全生产服务队伍，引入企业安全员，企业间自主互查、共除隐患新机制基本形成。先后修订完善22份应急预案，有序应对“杜苏芮”和“4・18”等38场台风暴雨侵袭。打好森林防灭火能力提升三年行动收官战，全年未发生森林火灾。

公共安全屏障持续筑牢。获评全国信访工作示范县（区）、全省信访工作法治化试点区，灌口派出所获评全国第三批“枫桥式公安派出所”，后溪镇人民调解委员会获评全国模范人民调解委员会。扫黑除恶打击成效、电诈警情降幅全市第一，每万人刑事警情发生数保持全市最低。在全市首创“劳动仲裁+检察监督、人民调解、法院审理”联动调解机制，率先投用岛外第一个数字仲裁庭。在全省首创《学校“星级食堂”评定规范》。

基层治理能力持续优化。圆满完成全国市域

社会治理现代化试点省级验收和中央复核工作。建设全省“一支队伍管执法”改革示范点。建成“智慧集美”平台和社会治理综合指挥中心，实现“一屏观全域、一网管全区”。引导多元主体协同参与网格治理，培育“集美热心人”超4200人，组建志愿服务队103支。成立全省首个基层微治理分拣中心，吸纳500余名新就业群体参与基层治理。启用全市首个红色物业服务中心、“业委会之家”。调整优化龙山、叶厝、东安等大型社区的管理区域，新设明珠、霞梧、磁窑3个社区。

始终把为民造福作为价值导向，勇挑重担、不负人民，书写了群众获益的民生答卷。民生支出74.3亿元，占一般公共预算支出比重较去年同期提高5.2个百分点，达到83.3%。45项为民办实事项目全面完成。

重点民生保障有力。率先全市出台推进高校毕业生等青年就业创业八条措施和企业青年人才生活补助办法，集美户籍生源离校未就业毕业生就业率达99.9%，排名全市第一；常态落实“1311”就业服务工作机制，全区失业人员再就业10108人、就业困难人员再就业2457人。发放各类救助资金近4800万元，生活不能自理特困人员集中供养率达82.2%。建成4个镇（街）级未成年人保护工作站，为42名事实无人抚养儿童及孤儿发放114.6万元基本生活费。

教育发展提质扩优。入选省“基础教育教学研究基地县”，新增省一级达标高中1所、省首批义务教育教改基地校2所。建成中小学幼儿园项目6个，新增建设学位10230个，新开办中小学、幼儿园12所，公办幼儿园在园幼儿占比同比提升10.7个百分点。与南京师范大学签约共建九年一贯制学校，正式开办厦门二中集美校区，启动厦门五中集美校区项目，引进华中师范大学国家教育治理研究院福建研究中心。新增市级骨干教师（班主任）145人、市级以上学科带头人、专家型教师26人。174名教师在市中小学幼儿园教师教学能力大赛中获奖，获奖总人数和获一等奖人数均居全市各区第二。

医疗卫生普惠便捷。疫情防控平稳转段，较快恢复经济社会正常秩序。川大华西厦门医院正式运营，市妇幼保健院集美院区主体工程完工，杏林医院新建项目开工，杏滨街道社区卫生服务中心康锦分中心投用。集美街道社区卫生服务中心连续3年在全市年度综合激励考核中获得第一。开展“千名医师万人次下基层”，其中市级专家下沉基层坐诊2464人次，服务患者3.1万余人次。全科门诊实行工作日延时、节假日不停诊制度。顺利通过国家慢性病综合防控示范区建设考评。14家医疗机构获评省“老年友善医疗机构”。太保家园开业，区级老年人养护中心投入社会化运营。率先全市制定托育服务发展三年行动规划，新增38所幼儿园向下延伸招收2—3周岁婴幼儿。率先全市建立健全心理危机干预服务模式。

文体事业亮点纷呈。成功举办纪念陈嘉庚先生创办集美学校110周年系列活动和第三届嘉庚论坛，提升完善闽台关系档案文献展。落地首届中国电视剧大会、第29届全国摄影艺术展，市数字体育产业园在软件园三期揭牌。新增2家国家文化出口重点企业、3家省级文化产业示范基地。获评省“首批重点影视外景拍摄基地”，引进海峡两岸音乐剧产业基地。IAI创意设计节亮相集美，全球第三座红点设计博物馆开馆。后溪镇入选省“全域生态旅游小镇”。灵玲马戏城确定为国家4A级旅游景区，十里长堤人气爆棚，人文集美火热出圈。

2024年，集美区各项工作的主题主线是：坚持以习近平新时代中国特色社会主义思想为指导，全面贯彻党的二十大和二十届二中全会精神，认真落实中央经济工作会议精神和省、市、区委各项决策部署，坚持稳中求进、以进促稳、先立后破，以改革创新为根本动力，以创新驱动高质量发展为鲜明底色，全力推动集美在迈向产业现代化、城乡建设现代化、社会治理服务现代化、人的现代化的新征程中高歌猛进、笃行不怠。全区经济社会发展的预期目标是：地区生产总值增长6%以上，争取实现更好结果，规模以上工业增加值增长5%，固定资产投资增长6.5%，一般公共预算总收入、地方一般公共预算收入分别增长6.2%、5.5%，全体居民人均可支配收入与经济增长基本同步。

（摘编：王杰成）

海沧区社会发展概述

2023年是全面贯彻党的二十大精神的开局之年，是三年新冠疫情防控转段后经济恢复发展的一年。海沧区坚持以习近平新时代中国特色社会主义思想为指导，深入学习贯彻党的二十大精神，认真贯彻落实市委、市政府和区委的正确领导下，坚持稳中求进工作总基调，完整、准确、全面贯彻新发展理念，积极服务和融入新发展格局，着力推动高质量发展，深学争优、敢为争先、实干争效，主动融入厦门“一二三”战略规划实施，全力促发展、保民生、防风险，经济社会保持平稳健康发展，首次进入“中国工业百强区”前五十强、位列第42位，发展韧性不断彰显。全年地方生产总值继续保持千亿规模，地方一般公共预算收入增长4.4%，其他营利性服务业营收增长34.7%，社会消费品零售总额增长2.2%，实际使用外资增长15.1%，居民人均可支配收入稳步增长。但受疫情防控政策调整、市场供需变化、价格波动等因素影响，抗原检测试剂、新型疫苗、钴酸锂等三类工业产品大幅减产，规上工业增加值、地区生产总值等指标不及预期，与既定目标存在较大差距。一年来社会发展的主要工作和成效如下。

城中村治理成效凸显。按照市委、市政府“全域、彻底、科学”的现代化治理要求，首批打造渐美、新垵、山边、石塘等4个精品村。规划更精细，坚持一村一策，制定一个总体规划及多个专项子规划，生成改造项目121个，总投资4.7亿元。居住更安全，率先全市试点建立应急综治队伍，基本完成出租屋技防改造，完善微型消防站等设施，打通房前屋后“逃生路”，解决消防救援“最后一公里”难题。环境更舒适，下大力气拆除违法建筑、清理巷道堆杂，腾挪空间近15万平方米；坚持地下地上协同，一体推进强弱电缆化、道路“白改黑”等工作，完善停车、健身等服务配套；规范夜市经营管理，带动“烟火气”回归。治理更有效，突出党建引领，发动房东、外来务工人员等多方力量参与共建，促进新老厦门人融合，持续增强认同感和归属感；加快智慧管理平台建设，山边社区成立全市首家村级物业公司，新垵村引入市属国企合作探索大物业管理，推动共建共治共享。

基础设施完善提升。新建（改造）道路7公里，芦澳路等23条道路如期完工，鼎山北路等8条断头路顺利打通，总投资超10亿元的鳌冠大道获批立项。港区集疏运体系不断完善，沧江路快速通道仅用时9个月实现建成通车，建港路沿线等7个重要交通节点完成提升。增设公共停车位2042个，建成5G基站855个。实施兴港花园等32个老旧小区改造，惠及居民1.1万户。

城乡景观增绿提质。坚持让城市融入大自然，新增（改造）园林绿地90万平方米，完成5座人行天桥绿化彩化，建成5个高颜值“口袋公园”。重点推动海沧湖公园提档焕新，改善公厕、照明等配套设施，增设茶水驿站，成为群众品茶“话仙”的好去处，实现颜值与功能“双提升”。天竺山景区获评国家级自然教育基地、福建省森林康养基地，打造三江口温泉露营基地，以品质升级带动人气聚集。

公共服务扩容提质。教育资源更加优质，双十附校东屿校区等10个项目加快建设，沧江高中等7个项目建成投用，新增学位8640个；央美恒一高中顺利开办，填补全省艺术特色类普高空白；开展15个“百校焕新”项目，提升校园环境；高考本科上线人数创历史新高，中考学业评估值继续领跑岛外。群众就医更加便捷，复旦肿瘤厦门医院开业在即，海沧医院急救站正式启用、体检部升级开放，社区卫生服务中心开展延时服务。

乡村振兴深入推进。发展壮大农村集体经济，优先保障“一村一发展用地”需求，完成46个乡村基础设施项目建设、总投资1.2亿元，渐美村入选“全国乡村治理示范村”，洪塘村获评“福建省金牌旅游村”。

文体事业蓬勃发展。推动40个全民健身场地设施建设、面积超2.8万平方米，建成跑步道3.3公里。办好海沧半程马拉松、中国大学生游泳锦标赛等品牌赛事，举办“星辰大海”等金鸡百花电影节配套活动，开展乡村篮球赛等群众性文体活动。出台智能视听产业发展扶持政策，吸引一批优质企业入驻。编制全区历史文化遗产保护规划，启动第二轮69处不可移动文物集中保护修缮。

社会保障扎实有效。落实高校毕业生等群体就业服务，新增城镇就业2.1万人。做好被征地人员养老保障工作。提升“一老一小”保障水平，区社会福利中心完成升级改造，2家基层养老服务中心投入使用，增加养老床位154张；新设普惠托育机构3家，婴幼儿每千人托位数保持全市前列。优化社区服务半径，新成立海湾、海湖、兴景等3个城市社区。东坑安居房二期开工建设，东瑶安商房一期交付使用。

生态环境持续改善。深入打好污染防治攻坚战，前两轮中央生态环保督察反馈问题全部完成整改，环境信访投诉总量下降62.8%，2023年党政领导生态文明建设和生态环境保护目标责任考核、生态环境质量公众满意度均位列全市各区第一。减污降碳协同增效试点工作入选全国典型案例。空气质量保持优良，新建（改造）污水管网21.5公里，地表水水质稳定达标，岸线海漂垃圾保洁实现全覆盖。下大力气推动东埔社区环境污染综合整治，促进面貌改善和产业升级。

社会治理效能提升。深化平安海沧建设，群众安全感率保持在99%以上。常态化推进扫黑除恶专项斗争，刑事警情下降23.5%；推动涉众型金融等领域风险排查化解，诈骗类案件下降19.7%。创新矛盾纠纷联合调处模式，全面完成“治重化积”攻坚任务，东孚街道“后坑夜话”入选全市基层思想政治工作十佳优秀案例。系统推动市域治理“一网统管”建设。深入推进重大事故隐患专项排查整治行动，安全生产事故起数和死亡人数“双下降”。全面提升“防、备、救”能力，有力防范“杜苏芮”等多轮台风和暴雨侵袭。食品安全形势稳定向好。同时，海沧区国防动员和后备力量建设、双拥共建、人防海防工作持续巩固提升，民族宗教、审计统计、侨务外事、档案方志、消防救援、防震减灾、质量强区等工作取得新进展，工会、共青团、妇女儿童、老龄、残疾人、红十字等事业实现新进步。

加力政府自身建设，履职能力不断增强。深入开展学习贯彻习近平新时代中国特色社会主义思想主题教育，坚定拥护“两个确立”，坚决做到“两个维护”。坚定不移推进全面从严治党，扎实做好省委巡视反馈问题整改，持之以恒落实中央八项规定及其实施细则精神，守牢意识形态领域阵地。常态落实过紧日子要求，坚决压减非刚性非重点支出，让有限财力发挥最大效益。弘扬“四下基层”优良传统，深入开展调查研究，推动调研成果有效转化。一体推进法治海沧、法治社会、法治政府建设。39个为民办实事项目全部完成。

2024年海沧区各项工作的总体要求是：要坚持以习近平新时代中国特色社会主义思想为指导，全面贯彻落实党的二十大和二十届二中全会精神，认真贯彻落实市委、市政府、区委工作要求，坚持稳中求进工作总基调，完整、准确、全面贯彻新发展理念，积极服务和融入新发展格局，着力推动高质量发展，全面深化改革开放，统筹扩大内需和深化供给侧结构性改革，统筹新型城镇化和乡村全面振兴，统筹高质量发展和高水平安全，切实增强经济活力、防范化解风险、改善社会预期，巩固和增强经济回升向好态势，持续推动经济实现质的有效提升和量的合理增长，在更高起点上建设高素质高颜值国际一流湾区。全区经济社会发展的主要预期目标是：地区生产总值增长6%左右，规上工业增加值增长6.5%，固定资产投资增长5%，地方一般公共预算收入等稳定增长。

（摘编：邹申）

同安区社会发展概述

2023年，是全面贯彻党的二十大精神的开局之年，是三年新冠疫情防控转段后经济恢复发展的关键之年，也是全区上下聚力攻坚、承压前行的一年。一年来，同安区坚持以习近平新时代中国特色社会主义思想为指导，全面学习贯彻党的二十大精神，深入贯彻落实习近平总书记重要讲话重要指示批示精神，在市委、市政府和区委的正确领导下，坚持稳中求进工作总基调，高效统筹发展和安全，扎实开展省委“三争”行动和区委“四个年”活动，积极克服各种超预期因素不利影响，全力以赴拼经济、铆足干劲促发展，富美新同安建设迈出坚实步伐。全年地区生产总值增长1.5%，固定资产投资增长12.3%，财政总收入、区级财政收入分别增长17.5%、4.6%，全体居民人均可支配收入同比增长4.2%。一年来社会发展的主要工作和成效如下。

新城建设快速推进。同安新城、同翔高新城（同安片区）全年完成固定资产投资345亿元，占全区比重超60%，“双引擎”作用更加凸显。同安新城成形起势，未来产业园、市民服务中心等20个重点项目加快建设，银城智谷二期竣工投用，环东云谷一期正式开园，美峰创谷辰星展览中心开放营业，“三谷”注册企业超1600家。同翔高新城（同安片区）快速崛起，厦门时代、苏颂天文馆等重点项目加速推进，厦门新能安、华尔达智能制造等企业相继投产，高新城入驻企业达162家、员工超2.2万人。

城市更新有序开展。轨道交通6号线涉铁段盾构双线贯通，辖区13个车站全面开建。同安东路、海翔大道完善工程等城市主干道建成通车，4条“断头路”顺利打通。西湖片区一期核心区完成征拆，谋划生成项目47个，与中国能建达成战略合作。祥平西、城北等片区开发稳步推进，华润喜力啤酒生产基地等项目落地开工。改造提升老旧小区14个、农贸市场5个，新增绿道12公里、园林绿地91.4公顷，完成20平方公里正本清源改造，新建改造雨污水管网12公里、燃气管道24.7公里。

营商环境持续优化。全面落实稳增长各项政策措施，兑现惠企扶持资金12.1亿元，为企业减税降费、退税缓费超12.4亿元。出台“民营经济23条”“营商环境24条”，支持民营企业加快发展，新增经营主体2.2万户、“四上”企业180家、上市后备企业4家。举办企业家日、政银企对接会，做实“一企一品”益企服务行动，“验登合一”赋能项目落地“加速度”入选市“十佳”营商环境创新举措。加强知识产权保护，集体商标、地理标志证明商标数量位居全市第一。

乡村振兴深入实施。完成粮食播种面积3.3万亩、粮食总产量1.3万吨，新增高标准农田超1万亩。5个精品村、12个试点村、82个乡村振兴项目有序推进，建成全市首家现代农业综合服务中心，现代都市农业产业集群产值同比增长11.1%。提升改造农村道路21.5公里，获评“四好农村路”全国示范县，莲花村入选中国美丽休闲乡村。村集体经济公司增至48家，81个行政村集体经济收入全部超过50万元。推动首批“闽宁协作”农业碳汇交易成功落地泾源，援疆援藏、省内帮扶取得新成效。

社会保障更加有力。坚持稳岗拓岗促就业，发放稳岗资金1.6亿元，城镇新增就业2.1万人。扎实开展困难群众帮扶，为4500余名低保对象和特困人员提供兜底保障，投入救助补助资金1.1亿元，大病医疗救助保险惠及全区户籍居民。新增安置房2215套、保障性租赁住房7578套，发放青年群体租房补贴759万元。强化“一老一小”服务，新增家庭养老床位128张、普惠性托位345个，建成未成年人保护工作站2个。

文教事业不断进步。加强普惠性基础性民生建设，21件为民办实事项目全部完成。大力推进教育扩优提质，新增省、市示范幼儿园7所，100%通过省级义务教育管理标准化学校验收，中高考成绩进步值与贡献率全市第一。第二外国语学校高中部等14个项目竣工投用，新增学位1.7万个。举办苏颂、朱子、孔子文化节，发布首条苏颂主题研学路线。深入实施文化惠民工程，举办“文化大篷车”等活动400余场，4家公共文化场馆错时延时开放。完成14处不可移动文物保护修缮。

健康同安稳步发展。苏颂医院开门问诊，中医院急救站正式启用，五显卫生院新院区顺利建成，第三医院综合内科病区揭牌投用，神经内科入选省级临床重点专科建设项目。加快中医重点专科建设，祥平社区卫生服务中心获评省级精品中医馆。药品监管能力标准化建设扎实推进。广泛开展爱国卫生运动，共创文明健康生活。积极开展全民健身活动，成功举办环东半马、铁人三项亚洲杯等体育赛事，新改建近邻运动场46个。

社会治理趋于精细。健全基层减负常态化机制，规范村级组织工作事务，基层治理能力稳步提升。完成各类协管员整合，节约财政资金约2000万元。实施城中村现代化治理三年行动，四口圳、梧侣等6个试点村打造初见成效。推行“4+2”管理模式，243个无物业小区实现“有人管”。处置“两违”134.1万平方米。健全议理堂驻所（队）调解机制，信访一次性化解率达98%，“治重化积”化解率达100%。

生态环境稳定向好。深入打好污染防治攻坚战，扎实推进中央和省生态环保督察反馈问题整改。东西溪水环境质量稳中有升，国省控断面优良水质率达100%，同安湾通过省级美丽海湾专家评审。开展城市扬尘“点题整治”，空气质量优良率达97.8%。加强建筑废土监管，立案查处违法倾倒渣土行为158件。率先全市开展“生态警务”建设。加快绿色低碳转型，厦门抽水蓄能电站1号、2号机组运行投产，建成新能源停车场24个。

安全基础持续巩固。同安区深入开展重大事故隐患专项排查整治2023行动，全年未发生较大以上安全生产事故。扎实推进平安同安建设，刑事警情同比下降19.1%。强化道路交通事故预防“减量控大”，严打严防电信网络诈骗犯罪，“平安三率”测评执法满意率排名全市前列。有效防范化解金融、房地产等重点领域风险，政府债务处于绿色风险等级。

同时，同安区国防动员、双拥共建、民族宗教、审计统计、侨务外事、人防海防、气象等工作取得新进展，妇女儿童、青年、老龄、残疾人、红十字、慈善等事业实现新进步。

同安区始终把政治建设摆在首位，坚决贯彻落实上级决策部署，坚定不移推进全面从严治党，严格落实中央八项规定及其实施细则精神，抓紧抓牢意识形态工作。自觉在法治轨道上用权，成立行政复议咨询委员会，建立三级法律顾问履职体系。

2024年，同安区各项工作的总体要求是：以习近平新时代中国特色社会主义思想为指导，全面贯彻落实党的二十大精神，深入贯彻落实习近平总书记重要讲话重要指示批示精神，特别是致厦门经济特区建设40周年贺信重要精神，认真贯彻落实中共中央、国务院决策部署以及省委、省政府，市委、市政府和区委工作要求，坚持稳中求进工作总基调，充分发挥同安“大、乡、古、工”比较优势，聚力推进“四区一基地”建设，加快构建“一圈一轴双翼”城市发展格局，持续推动经济实现质的有效提升和量的合理增长，增进民生福祉，保持社会稳定，勇当“跨岛发展”的主引擎、主力军，为全市努力率先实现社会主义现代化作出同安贡献。全区经济社会发展的主要预期目标是：地区生产总值增长6%左右，规上工业总产值增长10%以上，区级财政收入增长6.5%，全社会固定资产投资增幅高于省市平均水平，社会消费品零售总额增长5%，居民人均可支配收入增幅高于省市平均水平。

（摘编：张捷）

翔安区社会发展概述

2023年是全面贯彻党的二十大精神的开局之年，是三年新冠疫情防控转段后经济恢复发展的一年。面对复杂形势和艰巨任务，翔安区坚持以习近平新时代中国特色社会主义思想为指导，全面学习贯彻党的二十大精神，深入贯彻落实习近平总书记重要讲话重要指示精神特别是致厦门经济特区建设40周年贺信重要精神，坚持稳中求进工作总基调，奋力抢机遇、强优势、挖潜力，努力克服经济下行压力影响，经济社会发展持续稳中向好，以一份亮眼的成绩单向建区二十周年献礼。地区生产总值从一季度增长3%稳步提升至全年7%，规模以上工业增加值增长15%，财政总收入增长16.9%，区级财政收入增长12.6%，批发零售业销售额增长44%，全体居民人均可支配收入增长4.8%，其中地区生产总值、规模以上工业增加值、建筑业总产值、批发零售业销售额、餐饮业营业额、社会消费品零售额、区级财政收入、全体居民人均可支配收入等8项指标增幅排名全市第一，成为全市经济增长的重要引擎。连续第四年入围“中国工业百强区”，全市唯一上榜国家乡村振兴示范县创建名单，获评国家农产品质量安全县、全国节水型社会建设达标县等国家级荣誉。一年来，翔安区社会发展的主要工作和成效如下。

聚力提品质，城乡魅力不断彰显。重大片区取得新突破。重大片区完成投资600亿元，新机场航站区、飞行区工程全面展开，机务维修、空管货运等通航配套加速实施。全省最大体育会展场馆—奥体中心、国际博览中心开馆投用，片区交通市政、酒店住宅等接续投建。翔南片区正式动建，翔业、火炬、市政等市属产业集团齐聚落地，彭厝北片区、新城CBD开发稳步推进。同翔高新城加快拓展，产业集群不断壮大，片区产值规模突破200亿元。

乡村振兴实现新变化。翔安区携手天津大学开展“12个一”行动，投入1.3亿元实施“1312”示范工程，全市深入学习“千万工程”经验建设美丽乡村现场推进会在翔安召开。深化文旅融合发展，新增4个省级美丽休闲镇村，红珊汽车文化公园获评中国体育旅游精品景区。开展全域村庄环境“六七八”整治，房前屋后更加干净整洁有序。

城区配套再获新提升。翔安大桥全面通车，第三东通道开工动建，地铁3/4号线机场段加速掘进，“桥隧铁”进出岛交通格局成形；城区路网持续完善，溪东大桥、大嶝大桥竣工通车，民安大道、舫山北路、文勤路等遗留十余年的“断头路”成功打通堵点，新增城乡道路里程26公里。市政设施有序提升，新建变电站3座，新改建给排水、燃气、综合管廊等管道53公里，建成区正本清源改造完成83%，城镇污水集中收集处理率提升至78%，农村生活污水治理实现全域覆盖。

宜居环境展现新面貌。全面推行“大市政”机制，重拳整治乱倒乱盖等“城市顽疾”，清整固体废弃物24万立方米、拆除“两违”137万平方米。下大力气改造提升一批城中村、老旧小区，沙美美食街、郑坂夜市广获群众点赞，洋唐安居工程获中国人居环境奖。翔安中心公园景观主体完工，新增园林绿地25公顷、慢行步道10公里。深化污染防治攻坚，配合完成第三轮中央生态环保督察，砂场、废弃矿坑、畜禽养殖等突出环境问题得到破解，空气质量优良率99.2%，九溪等流域常年丰水，主要断面稳定保持Ⅲ类水质，近岸海域水质居全省第二。

营商环境持续优化。招商引资全面发力，成功举办建区二十年高质量发展招商大会等多场区级活动，区属首个自主招商的百亿产值项目—盛屯新能源成功落地，全年新增签约项目151个、总投资超300亿元，招商引资竞赛居全市前列。“放管服”改革深化，创新政务服务“免证办”“小区办”等模式。

公共服务协同发力。教育事业优质发展，新开办九溪高中等中小学幼儿园12所，新增各类学位1.5万个；推动实验小学、双十中学、科技中学翔安校区扩班，加快北京十一学校联盟校、上海师范大学合作校前期，有效满足群众对优质教育需求。医疗资源扩容提质，新增医疗机构45家、床位250张，2家社区卫生服务中心达到国家“优质服务基层行”推荐标准、实现辖区零的突破，市第五医院、厦大翔安医院双双入围“省单医院100强”。文体事业繁荣发展，新改建公共体育设施3.6万平方米，举办各类文体活动700余场，全民文化健身蔚然成风，一批翔安健儿、文艺佳作在国内外赛场斩获佳绩。

民生保障持续加力。47项各级为民办实事项目全面完成。就业帮扶扎实推进，发放稳就业补助近8500万元，开展就业创业服务活动208场，城镇新增就业2.3万人，高校应届毕业生就业率99.9%。社会保障不断完善，全市首创社会救助流动驿站，为困难群众发放补助1.4亿元，为辖区群众投保1050万元，为老弱妇幼、退役军人、骑手小哥等建设服务设施130处。住房保障有力落实，审批农村宅基地3325宗、增长29.5%。

风险防范化解有力。社会大局安全稳定，生产安全、道路交通事故亡人数下降20%、30%，刑事、电诈等各类警情降幅均超20%，有力抵御“杜苏芮”等14轮台风暴雨侵袭。基层治理水平提升，化解各类积案难件、矛盾纠纷近2万件，为群众挽回损失3.4亿元，信访事项一次性办结率居全市第一，扫黑除恶好评率位列全省第五。金融、房地产、政府债务等风险安全可控，疫情防控、食品药品、意识形态等形势平稳。同时，翔安区国防动员、双拥共建、民族宗教、文明创建、审计统计、侨务外事、档案方志、消防救援、机关事务等取得新进展，工会、共青团、妇女儿童、老龄、残疾人、慈善福利等实现新成效。

翔安区坚定学思想铸忠诚。扎实开展政府系统主题教育，坚持不懈用习近平新时代中国特色社会主义思想凝心铸魂，更加深刻领悟“两个确立”的决定性意义，大力弘扬“四下基层”优良作风，推动以学铸魂、以学增智、以学正风、以学促干走深走实，以高质量发展成效增强“四个意识”、做到“两个维护”。

坚定转作风提效能。扎实推进“深学争优、敢为争先、实干争效”行动，党员干部干事创业精气神全面提升，征地拆迁、国资处置等一批遗留难题得到有力攻克，乡村振兴、农村污水治理等亮点工作在全省作典型推广，今年来相关工作被央级媒体报道335次，36家单位和11名人员获省级以上表彰。上年度市对区绩效考评位列全市第一。

2024年是中华人民共和国成立75周年，是实现“十四五”规划目标任务的关键一年。翔安区要坚持以习近平新时代中国特色社会主义思想为指导，全面贯彻落实党的二十大和二十届二中全会精神，深入学习贯彻习近平总书记重要讲话重要指示精神特别是致厦门经济特区建设40周年贺信重要精神，认真落实党中央、国务院决策部署和省市工作要求，聚焦经济建设这一中心工作和高质量发展这一首要任务，围绕厦门“一二三”战略规划这一重点，坚持稳中求进、以进促稳、先立后破，完整、准确、全面贯彻新发展理念，更好服务和融入新发展格局，统筹扩大内需和深化供给侧结构性改革，统筹新型城镇化和乡村全面振兴，统筹高质量发展和高水平安全，切实增强经济活力、防范化解风险、改善社会预期，持续推动经济实现质的有效提升和量的合理增长，为全市努力率先实现社会主义现代化作出新的更大贡献。全区经济社会发展的主要预期目标是：地区生产总值增长6.5%，规模以上工业增加值增长10%以上，财政总收入增长6%，固定资产投资增长5%，居民收入保持平稳增长。

（摘编：赵旭东）

漳州市社会发展综述

2023年，漳州市坚持以习近平新时代中国特色社会主义思想为指导，认真学习贯彻党的二十大精神，完整、准确、全面贯彻新发展理念，突出深学争优、敢为争先、实干争效，扎实开展“产业发展项目建设提升年”活动，全方位推进高质量发展。全市地区生产总值增长5.9%，一般公共预算总收入增长19.6%，地方一般公共预算收入增长11.5%，规模以上工业增加值增长5.6%，固定资产投资增长8.1%，社会消费品零售总额增长9.2%，出口总额增长5.3%，城镇、农村居民人均可支配收入分别增长5.1%、7.7%，居民消费价格指数（市辖区）99.5，完成年度节能减排任务，顺利完成年初确定的目标任务。一年来，社会发展的主要工作和成效如下。

坚持守底线、防风险，社会大局平安稳定。深入开展重大事故隐患专项排查整治2023行动，深入整治道路交通隐患路段，全市生产安全事故起数、死亡人数呈现“双下降”。积极有效防御“杜苏芮”“苏拉”“海葵”等台风，及时复盘总结经验做法，制定极端天气情况下6小时恢复正常生产生活秩序部门联动工作方案。大力开展城镇燃气安全生产风险专项整治，紧盯“问题气、问题瓶、问题阀、问题软管、问题管网、问题环境”等关键环节，推进31.9万户居民户内燃气设施安全更新改造。巩固拓展全国市域社会治理现代化试点成果，深入开展信访“治重化积”工作，推进乡镇（街道）信访工作联席会议实体化运作、规范化运行。纵深推进常态化扫黑除恶斗争，深入开展夏季治安综合整治行动，严厉打击电信网络诈骗等各类违法犯罪活动，治安和刑事警情均持续下降。

深入打好污染防治攻坚战，启动九龙江流域（漳州段）水质提升攻坚，深化花山溪饮用水水源地风险突出问题整治，推进国家农村黑臭水体治理试点项目建设，加快前两轮中央生态环境保护督察反馈问题整改销号，抓好第三轮中央生态环境保护督察问题立行立改，主要流域49个国省控断面Ⅰ～Ⅲ类水质达到年度考核目标要求，Ⅰ～Ⅱ类水质同比提升12.2个百分点，九龙江西溪入选全国“最美家乡河”。

着力防范化解重点企业信贷风险，年末全市不良贷款率保持在合理水平。全市完成商品房销售面积556万平方米。创新“债转股”“信托计划持股”等模式，一盘一策推进21个保交楼项目处置。守牢耕地保护和粮食安全底线，完成补充耕地8226亩、水田及旱改水5862亩，恢复耕地1.7万亩；完成粮食播种面积93.04万亩、产量42.12万吨，油料播种面积13.34万亩。国家食品安全示范城市创建工作有力推进，食品安全和药品安全满意率保持全省前列。

坚持补短板、办实事，民生福祉不断增进。全面完成45项为民办实事项目，财政民生支出达79.9%。在全省率先设立“就业夜市”，启动17个“零工驿站”，招录政策性岗位4684人，城镇新增就业超4.2万人。

出台促进教育高质量发展“20条”，成立“漳州市水仙花教育发展基金会”，新增公办幼儿园学位2790个、义务教育学位1.1万个。

持续推进名医馆建设，举办海丝国际中医药文化论坛，与北京协和医院、中国中医科学院望京医院等开展合作共建，与海峡两岸医药卫生交流协会等共建海峡两岸医药健康融合发展示范基地、师带徒示范基地和名医联谊基地。推进38个重点医疗卫生项目建设，新增床位600张、卫技人员1283人，漳州市医院、漳浦县医院被确定为省级区域医疗中心建设单位。建成医养结合型养老机构30家，新增养老床位1065张。新建30家普惠托育机构，新增普惠性托位1375个。在全省率先制定住院分娩医保报销倾斜待遇政策。

新增长者食堂34所。开工建设生命公园203个。推动化解市区第二批不动产权办证历史遗留问题12563宗、面积116万平方米。举办美食文化节、闽南文化周等活动，加强土楼活化利用，漳州圣杯屿元代沉船遗址的考古发掘取得新成果。中国女排精神展示馆顺利开馆，举办弘扬女排精神座谈会。开展全国首个乡村气排球公开赛，举办全民健身赛事活动300场次。

加快漳州高新区"三大片区"等15个重点片区建设，实施城市建设品质提升项目927个，海绵城市建设扎实推进，九龙江流域（漳州段）山水林田湖草沙一体化保护和修复工程项目基本完成，全国文明城市创建工作巩固提升。深入推进乡村振兴"十镇百村"行动，加快建设和美乡村，新建乡镇生活污水配套管网183.1公里，整治裸房1.69万栋，新建农村公路441公里。成立1954个乡贤促进会，831个村推行乡村治理积分制，农村建设品质提升考核综合排名全省第一。

坚持学思想、强队伍，履职效能有力提高。深入开展学习贯彻习近平新时代中国特色社会主义思想主题教育，紧扣"学思想、强党性、重实践、建新功"，把理论学习、调查研究、推动发展、检视整改等贯通起来，精心组织实施，从严从实推进，以主题教育实绩实效赋能高质量发展。

2024年是中华人民共和国成立75周年，是实施"十四五"规划的关键一年。漳州市要以习近平新时代中国特色社会主义思想为指导，全面贯彻落实党的二十大和二十届二中全会精神，紧扣"四个更大"重要要求，坚持稳中求进工作总基调，完整、准确、全面贯彻新发展理念，围绕推动高质量发展首要任务和构建新发展格局战略任务，聚焦建设两岸融合发展示范区重要使命，以科技创新为引领，以改革开放为动力，加快建设现代化产业体系，统筹扩大内需和深化供给侧结构性改革，统筹新型城镇化和乡村全面振兴，统筹高质量发展和高水平安全，深入实施"产业发展项目建设增效年"活动和"七比一看"竞赛，切实增强经济活力、防范化解风险、改善社会预期，持续推动经济实现质的有效提升和量的合理增长，全力打造全省高质量发展新的重要增长极。全市经济社会发展的主要预期目标是：地区生产总值增长6%左右，一般公共预算总收入增长7%，地方一般公共预算收入增长5%，规模以上工业增加值增长7%，固定资产投资增长6.5%，社会消费品零售总额增长6.5%，出口总额增长5%，城镇、农村居民人均可支配收入分别增长6%、7.5%，居民消费价格指数（市辖区）控制在103左右，完成节能减排任务。

新的一年，漳州市将运用好"十四五"规划实施情况中期评估成果，重点抓好社会发展的以下几项工作：

聚焦功能品质，持续提升城市能级。抓畅行促通达。拓展对外通道，推动漳汕高铁等项目开工建设。畅通内部循环，加快沈海线漳州龙海至诏安段扩容工程、漳州通海高速（永漳高速公路华安至漳浦段）、G324线龙海角美大碑头至龙文朝阳漳滨段工程等项目建设，实施G228线滨海旅游风景道示范项目，力促南江滨路与厦漳同城大道互通建成通车。实施中心城区高快一体暨快联快通工程，实现主城区15分钟上高速，便捷出行、快速过境。积极申报创建国家公交都市，推动城乡公交一体化发展，提高公共交通出行品质。

抓建设促升级。加快15个重点片区开发建设，高品质打造西湖片区、建元片区。实施805个城市建设品质提升项目，全域建设海绵城市，系统建设"平急两用"公共基础设施。新改建一批口袋公园、城市绿道，推进圆山福道、山水连城步道规划建设。采取拆除新建、整治提升、拆整结合三类方式，实施城市更新和城中村改造，加快芗城上墩、龙文东屿等片区开发，开工改造201个老旧小区，全市基本完成2000年底前建成的老旧小区改造任务。

抓治理促宜居。加强城市风貌管控，进一步彰显闽南风、漳州味。持续推进"5G+光网"双千兆城市建设，加快智慧城管（二期）建设。完善

"城管双员进社区"解难题机制，推进生活垃圾分类，实施中心城区住宅小区低洼配电站房迁移改造。常态化抓好交通秩序、市容市貌、背街小巷、农贸市场等整治，深化全国文明城市创建。

狠抓污染防治攻坚。紧盯第三轮中央生态环境保护督察反馈问题，对账销号、举一反三，确保问题整改到位、取得实效。深入打好蓝天保卫战，全面淘汰每小时10蒸吨及以下燃煤锅炉，加快重点行业挥发性有机物治理，严格落实工地、道路、裸露地块等抑尘降尘措施。深入打好碧水保卫战，禁止在九龙江北溪、西溪流域新扩建造纸、制革、电镀、漂染等项目，加快花山溪流域农业种植结构调整，深化畜禽养殖污染防治，抓好市政排水管网错接混接改造、雨污分流改造和破损管网修复，促进九龙江流域（漳州段）水质明显提升。深入打好碧海保卫战，加强陆海污染源头治理和联防联控，推进入海排污口整治，抓好提水式海水养殖场尾水治理。深入打好净土保卫战，严格落实农用地和建设用地土壤污染防治，严禁污染地块违规开发利用，强化危废全过程信息化管理。

加强生态保护修复。健全"河湖林长制"，坚持山水林田湖草沙一体化保护和系统治理。深化森林质量精准提升行动，严厉查处违法破坏防护林行为，加快基干林补植、整体复绿，开展植树造林7.6万亩、森林抚育25万亩，实施珍贵树种造林3000亩、松林改造2.2万亩。加强"前埂后沟"等保土保水措施，推进水土流失综合治理。实施云霄县、东山县、古雷开发区美丽海湾生态环境治理项目，推进东山县乌礁湾综合治理和云霄县海岸带生态修复，持续抓好互花米草除治管护，强化珊瑚礁和红树林保护。

突出就业优先。完善就业促进机制，做好高校毕业生、农民工、退役军人等重点群体就业创业，帮扶大龄、残疾、低保家庭、长期失业等困难人员就业创业，新增城镇就业3.8万人以上。实施"人社便民服务年"活动，创建一批本地特色劳务品牌和创业孵化基地，打造"家门口"就业服务站，加大"就业夜市""零工驿站"推广应用。规范政府补贴性职业技能培训，加大农民工、"4050"人员等群体职业培训。

办好为民实事。实施38项为民办实事项目。抓好示范性幼儿园评估工作，推进中小学拔尖创新人才早期培养工程，开展普通高中高质量发展行动和县（区）一中振兴工程，实施职业院校办学条件达标计划，支持闽南师范大学圆山校区、漳州职业技术学院古雷石油化工学院等建设，启动漳州二中扩建、龙师附小古雷分校等项目建设，推动漳州三中龙文校区等项目投用，新增中小学优质学位5000个。推进全生命周期健康管理高质量发展，实施卫生健康项目47个，新增床位650张。开展家庭病床服务试点工作，力争二级以上公立综合医院设置老年医学科比例达90%。推进农村互助式养老服务，三星级以上农村幸福院达到800个以上。实施积极生育支持政策。完善婴幼儿照护服务支持政策，支持各类主体建设托育机构。推进城市餐厅和长者食堂建设。新开工生命公园300个。大力弘扬漳州闽南文化、海丝文化、红色文化等优秀传统文化，深化"用闽南文化点亮千年漳州古城"行动计划。加大力度保护文化遗产，持续推进漳州圣杯屿元代沉船遗址的考古发掘、保护利用，谋划推动圣杯屿专题博物馆建设。组织150场以上全民健身赛事活动。全面落实社会救助、残疾人补贴、大病保险、职工医疗互助等托底政策，分层分类提供常态化救助帮扶。新筹建保障性租赁住房822套。

筑牢安全底线。深化危化品、燃气、校园、交通运输、建筑施工、消防等重点领域风险隐患排查整治，严格落实安全生产责任制。着力创建安全发展示范城市，强化台风等自然灾害综合监测预警，加快建设"一网统管"信息化平台，按照极端天气6小时恢复正常生产生活秩序的要求，最大限度减少灾害造成的损失。推进社会治安防控体系建设，常态化推进扫黑除恶斗争，集中打击整治群众反映强烈的突出违法犯罪。常态化开展信访"治重化积"工作，全面推进信访问题源头治理。强化食品药品安全监管，争创国家食品安全示范城市。有效防范化解房地产、金融等领域风险，坚决守住不发生系统性风险的底线。

（摘编：沈光明）

芗城区社会发展概述

2023年是全面贯彻落实党的二十大精神的开局之年，是三年新冠疫情防控转段后经济恢复发展的一年。一年来，芗城区坚持以习近平新时代中国特色社会主义思想为指导，全面贯彻落实党的二十大精神，深入实施省委“深学争优、敢为争先、实干争效”行动，积极开展“产业发展项目建设提升年”活动以及“七比一看”竞赛，坚持稳中求进工作总基调，完整、准确、全面贯彻新发展理念，服务和融入新发展格局，全方位推进高质量发展，较好完成区十届人大二次会议确定的各项目标任务。全年实现地区生产总值924.8亿元、增长7.5%；固定资产投资261.3亿元、增长8.3%；一般公共预算总收入36.62亿元、增长10%；地方一般公共预算收入22.22亿元、增长10%；社会消费品零售总额353.5亿元、增长6.6%；城镇居民人均可支配收入55179元、增长6%；农村居民人均可支配收入27778元、增长8%。节能减排降碳各项任务有序推进。一年来，社会发展的主要工作和成效如下。

要素保障扎实高效，统筹协调土地、资金等资源要素，全年完成土地报批1028亩、处置批而未供用地1055亩、清理盘活闲置土地282亩，加快亚邦、宝诺等630亩低效工业用地“腾笼换鸟”；争取省级以上资金超7亿元、政府专项债券资金16.55亿元。

统筹城乡促振兴，人居环境明显提升。深入实施乡村振兴战略，常态化开展文明城区创建，全力推进城乡优功能提品质。城市颜值不断刷新，实施81个城建项目，改造67个老旧小区，新建口袋公园10个、绿道10公里，北环城路、厦门路、丹霞路全面提升，百里弦歌片区、龙溪遗址公园建成开放，西湖生态园正式开园，让老城区焕发新活力，西部片区绽放新光彩。城市运行高效精细，开展“双员进社区”活动，主动倾听民声，打通联系服务群众“最后一公里”；纠治占道经营、占道施工等违规行为为2.2万余起，查处车辆违停16万起，处置“两违”面积约43万平方米；推进夜市规范化管理，守护城市的“烟火气”；加强生活垃圾分类设施建设，新建垃圾分类亭50座，城市形象显著提升。

乡村建设稳步推进，深入开展农村人居环境整治，“五个美丽”建设成效凸显，浦南镇双溪村入选省级美丽宜居村庄培育对象；城乡供水一体化项目持续推进，铺设管网150公里；新改建农村公路8公里，顺利通过省级“四好农村道路”示范区验收，整治裸房1317栋，村容村貌大幅提升，美丽乡村更加宜人。

生态治理全面深化，扎实推进“蓝天、碧水、净土”三大工程，严厉打击环境违法行为，突出生态环境问题得到有效整治。全区空气优良率达98%、同比改善3%；九龙江流域（芗城段）山水林田湖草沙一体化保护和修复工程竣工投用，西区污水处理厂三期扩建项目扎实推进，完成省级开发区“污水零直排”建设任务，地表水国控、省控断面水质均值达标，省控新洲断面水质实现跨类别提升，全面加强饮用水水源地管理，水质达标率达100%；率先全市完成南美白对虾“兑淡”养殖专项整治，完成16个村庄污水治理验收任务，土壤污染风险得到有效管控。

聚焦难点惠民生，群众福祉不断增强。围绕群众急难愁盼，用心用情用力保障和改善民生。社会保障逐步完善，近八成财政支出投入民生领域，31 件为民办实事项目高质量完成。坚持稳岗位保就业，全区新增就业人数 8600 人，失业再就业 2735 人，发放各类就业创业补贴 1908 万元；深入实施“万才聚漳”行动计划，搭建跨省劳务协作平台，全方位多领域加大引才聚才力度；坚持惠民生保底线，为 3000 名困难群众代缴基本养老保险，发放各类救助保障资金 3800 万元。

社会事业持续发展，聚焦学有所教，统筹推进 23 个教育项目建设，西桥中心小学、巷口中心小学等 4 所学校建成投用，新增学位 9630 个；创新“轻盈餐厅”课后午餐模式，入选全省第七批落实“双减”工作典型案例；教师进修学校顺利通过“福建省示范性县级教师进修学校”评估，芗城实小获评“福建省义务教育教改基地校”，家门口的“好学校”越来越多。

聚焦病有所医，全力推动医疗服务提质升级，实施 15 个医疗卫生项目，获评“全国医养结合示范区”。推动漳州市人民医院与福建医科大学附属第一医院成立医疗健康联合体，提升芗城中医院的中医特色服务，扎实开展“全国基层中医药工作示范区”创建工作；东铺头社区卫生服务中心、通北社区卫生服务中心升级为二级综合社区医院。聚焦住有所居，积极调整住房供应结构，审核配租公租房 2294 套，推进配售限价房 342 套，更好满足居民住房需求。

社会大局和谐稳定，常态化开展扫黑除恶斗争，打造平安芗城、法治芗城，巷口派出所被命名为全国“枫桥式公安派出所”，西桥街道南台社区、天宝镇珠里社区获评“全国民主法治示范社区”。国家食品安全示范城市创建工作有效推进，太古桥街区获评省级食品安全示范街。深入开展重大事故隐患专项排查整治 2023 行动，有力有效应对“杜苏芮”、“苏拉”等台风，安全生产形势总体平稳。坚决守住耕地保护红线和粮食安全底线，新增耕地 394 亩、恢复耕地 755 亩，新建高标准农田 1000 亩，军粮仓储物流中心建成投用，出台十五条种粮奖补措施，完成粮食播种面积 9400 亩、产粮 3354 吨。

转变作风提效能，政府建设再上台阶。持续抓好理论武装，全面贯彻党的二十大精神，深入开展学习贯彻习近平新时代中国特色社会主义思想主题教育，不断增强捍卫“两个确立”、做到“两个维护”的政治自觉、思想自觉、行动自觉。坚定不移推进全面从严治党，强化正风肃纪，一体推进不敢腐、不能腐、不想腐。着力锻造过硬队伍，扎实开展干部作风“五不”问题、“股长做派”、“科长天大”突出问题专项整治和“一线看作风、多维识干部”专项行动。自觉接受区人大及其常委会的法律监督和区政协的民主监督，全年办理区人大代表建议 37 件、区政协提案 58 件，满意率均为 100%。认真听取各民主党派、工商联、各人民团体、无党派人士及社会各界人士意见。巡察监督、审计监督、机关效能工作持续加强，绩效考评工作连续多年居全市前列。政务服务质效有力提升，深化“一网好办”工作举措获全省推广，行政许可事项即办率达 65%，承诺时限压缩占比达 88%。第五次全国经济普查工作综合试点为全市提供先行经验。

2024 年，芗城区要坚持以习近平新时代中国特色社会主义思想为指导，全面贯彻落实党的二十大和二十届二中全会精神，坚持稳中求进工作总基调，完整、准确、全面贯彻新发展理念，服务和融入新发展格局，紧扣“四个更大”重要要求，深入开展“产业发展项目建设增效年”活动和“七比一看”竞赛，着力推动高质量发展，统筹新型城镇化和乡村全面振兴，统筹高质量发展和高水平安全，切实增强经济活力、防范化解风险、改善社会预期，巩固和增强经济回升向好态势，持续推动经济实现质的有效提升和量的合理增长，增进民生福祉，保持社会稳定，加快建设高品质中心城区，努力在建设现代化滨海城市中贡献芗城力量。全区经济社会发展的主要预期目标为：全年地区生产总值增长 7.3%左右、力争突破 1000 亿元大关，规模以上工业总产值增长 9.3%左右，固定资产投资增长 9%左右，社会消费品零售总额增长 7.2%左右，一般公共预算总收入增长 7%左右，地方一般公共预算收入增长 6%左右，城镇居民人均可支配收入增长 6%左右，农村居民人均可支配收入增长 8%左右；完成市下达的节能减排降碳任务。

（摘编：林学军）

龙文区社会发展概述

2023年是全面贯彻落实党的二十大精神的开局之年，也是三年新冠疫情防控转段后经济恢复发展的第一年。这一年，龙文区坚持以习近平新时代中国特色社会主义思想为指导，全面贯彻落实党的二十大精神，坚决落实中央和省、市决策部署，以开展“产业发展项目建设提升年”活动为抓手，迎难而上、创新突围，推动经济运行回升向好，高质量发展扎实推进，社会保持安定稳定。全年地区生产总值完成468亿元，增长6.5%；规模以上工业总产值291.2亿元，增长5.5%；固定资产投资217.4亿元，增长6%；社会消费品零售总额275.3亿元，增长9%；一般公共预算总收入21.3亿元，增长-2.3%，地方一般公共预算收入14.2亿元，增长-11.5%；城镇、农村居民人均可支配收入分别为55704元、29950元，分别增长5%和8%。一年来，龙文区社会发展的主要工作和成效如下。

坚持精建细管，提升品质促融合，开拓了富美宜居新空间。精心做好规划、建设、治理“三篇文章”，精雕细琢生产、生活、生态“三大空间”，实施138个城乡品质提升项目，已完成投资53.5亿元、占年度计划投资102%，让城乡更加宜居、更有人气。

开发“五区”拓空间。统筹考虑片区功能定位、业态植入、投入产出，策划推进建元、东屿、上美湖新社（蓝田开发区）、虎山、九十九湾四季花海等成熟度较高的“五大片区”开发。通过修缮、改造、重建等方式，多点布局、拓展优化城市发展空间，完善市政基础、公建配套设施，推动产业可持续发展和历史文化保护传承，不断增强产业发展人口集聚能力。

建好“三网”强配套。注重城市竖向设计，系统推进路网、水网、管网等基础设施建设，完成17条道路、10个路口、26个渠化岛改造和7条背街小巷整治，新增改造道路约12.3公里、停车泊位140多个，让群众出行更便捷；实施九十九湾“幸福河湖”、海绵城市等8个重大项目建设，巩固提升辖区黑臭水体整治成果；加快实施管线入廊、雨污分流，进一步完善地下供水、排水、燃气、电力、通信等管线及其附属设施，减少停水断电、“马路拉链”等“城市病”。

拓展“四化”促宜居。聚焦城市绿化，加快景山公园等项目建设，见缝插绿新配套8处“口袋公园”，完成总投资2.92亿元的九龙江流域山水林田湖草沙一体化保护和修复工程，推动辖区流域水质稳定达标、空气质量持续提升。聚焦市容净化，巩固拓展全国文明城市、省级生活垃圾分类示范区等创建成果，持续开展停车秩序整治、市容环境提升、生活垃圾分类等专项行动，创评一批“美丽街区”“美丽社区”“美丽乡村”，郭坑镇洛滨村获评2023年“福建省美丽休闲乡村”。聚焦功能强化，启动老旧小区及城市更新项目，分批推进完整社区建设，福隆社区成为全市唯一入选全国完整社区建设试点的社区。聚焦治理优化，严厉打击违法犯罪，坚持和发展新时代“枫桥经验”，在全市首创“积分制”“跨村联建”“社区工作者职业等级管理”等制度机制，持续提升基层治理效能。

注重数字赋能、贴心服务。围绕打造数字化营商环境，以“漳州企业家日”设立为契机，优化提升“E企通”自助服务平台，打造“民企通”挂钩服务平台，一“码”对接企业多元需求，为企业提供“妈妈式”服务；优化“企业共享用工”

平台，进一步打通用工信息壁垒，有效解决企业“用工荒”问题，支持企业家以恒心办恒业。

注重人才支撑、深度服务。聚焦产业发展需要，畅通“产才融合、引才助产”渠道，在全市首创“英才服务联盟”，发放“英才卡”，推动银行授信“人才贷”200亿元；与7所高校建立校地合作关系，新增产学研合作平台198个。

聚焦就业岗位、普惠托位、优质学位、医养床位、便利餐位、公益园位等“六位”，实施民生事业提升“六项计划”，38个为民办实事项目年度任务全面完成，全年民生支出17.7亿元，占财政支出82.6%。

实施“灵活就业”计划。强化就业优先政策，发挥“零工服务中心（驿站）”等平台作用，选派“就业网格员”点对点做好重点群体就业；开展“寒冬送暖就业先行”“送岗留才进校园”等专场招聘会和“就业夜市”共27场，提供岗位近1.2万个。全区城镇新增就业7600余人，失业再就业2000余人。

实施“学有优教”计划。持续加大教育投入，扩大优质教育资源供给，全年教育支出达7.8亿元；建成投用龙溪学校、通源学校2个九年一贯制学校项目，竣工交付3个小区配套幼儿园改造项目，新增学位7710个；着力解决6511名进城务工人员子女就读问题，政策覆盖率100%，让老百姓在家门口享受到优质教育资源。

实施“幼有善育”计划。积极落实“三孩”政策配套措施，坚持普惠和公益并行，引导建设一批方便可及、价格实惠、质量有保障的托育服务项目，新增普惠性托位180个，千人均托位数提升到5.3个，提前超额完成“十四五”规划任务。

实施“全民健康”计划。加快“后疫情时代”卫生健康发展，实施“龙文区医疗卫生强基三年行动”，探索创建全生命周期健康管理试点区，新增4个省级营养健康食堂（餐厅），启动景山街道社区医院提升改造，跟踪推进2个市级卫生健康项目，2家社区卫生中心（卫生院）通过国家“优质服务基层行”推荐标准验收，其中1家通过国家社区医院验收。落实全民健身国家战略，新增1处智慧体育公园、1处社区多功能运动场、1处公共游泳池，不断健全“15分钟健身圈”。

实施“老有颐养”计划。新增1个示范性“长者食堂”、2个“城市餐厅”、4个社区居家养老服务站，推进保利世茂养护院建设；启动全民健康行动，实施网格化家庭医生签约服务，完善“互联网+养老服务”，加快构建社区居家养老机构相协调、医养康养相结合的养老服务体系。

实施“住有宜居”计划。谋划实施6个安商房项目，完成棚户区改造项目5个、套数5814套；完成4个安置小区安置选房工作，推进荣兴、永兴小区2个项目2109户的安置房不动产权登记。平稳化解房地产风险，推动福晟“保交楼”楼盘竣工交付。同时，推进扶摇村公益性生命公园建设，打造绿色生态陵园。

2024年是中华人民共和国成立75周年，是实施“十四五”规划的关键一年，也是龙文区加快建设高质量发展先行区的增效之年。龙文区要以习近平新时代中国特色社会主义思想为指导，全面贯彻落实党的二十大和二十届二中全会精神，深入落实省委十一届五次全会、市委十二届五次全会、区委六届五次全会精神，把坚持高质量发展作为新时代的硬道理，坚持稳中求进、以进促稳、先立后破工作总基调，完整、准确、全面贯彻新发展理念，统筹高质量发展和高水平安全，深入开展“产业发展项目建设增效年”活动，扎实做好第五次全国经济普查，着力构建现代化产业体系，着力深化改革扩大开放，着力推进城乡融合、区域协调发展，着力加强生态文明建设、绿色低碳转型，着力探索海峡两岸融合发展新路，着力提升人民群众生活品质，锚定首善标准，争优争先争效，持续巩固和增强经济回升向好态势，加快建设高质量发展先行区，奋力谱写现代化滨海城市建设和中国式现代化龙文篇章。全区国民经济和社会发展的主要预期目标是：地区生产总值增长6.5%，规模以上工业总产值增长7%，固定资产投资增长6.5%；社会消费品零售总额增长8.5%；实际利用外资增长15.1%；一般公共预算总收入增长7%，地方一般公共预算收入增长5.5%；城镇、农村居民人均可支配收入分别增长6%和7.5%。

（摘编：余晓楠）

龙海区社会发展概述

2023年是实施“十四五”规划承前启后的重要一年，龙海区深入贯彻党的二十大精神，扎实开展学习贯彻习近平新时代中国特色社会主义思想主题教育，坚持“稳字当头、稳中求进”工作总基调，围绕省委“深学争优、敢为争先、实干争效”行动，深入开展“产业发展项目建设提升年”活动和“七比一看”竞赛，较好完成了年初确定的各项目标任务，全区经济社会运行保持平稳态势。全年完成地区生产总值748亿元，增长4.8%；规模工业总产值577亿元、增长4.9%，规模工业增加值增长4.6%；农林牧渔业总产值118亿元，增长3.3%；固定资产投资160.4亿元，增长8.5%；一般公共预算总收入31.7亿元，增长34%；地方一般公共预算收入22亿元，增长11%；进出口总额39亿元，下降7.7%；社会消费品零售总额200亿元，增长8.5%；城镇和农村居民人均可支配收入分别达到50990元和29207元，分别增长6%和8.1%。一年来，社会发展的主要工作和成效如下。

招商引资成效凸显。强化“一把手”招商，依托“4+4”园区开展园区招商、联动招商，赴长三角、珠三角等地召开专场招商推介会，签约项目116个、总投资365亿元，国药弘域智谷产业园、糖巢零食总部等一批好项目成功落地。聘请首批“招商大使”，在北京等7个外地商会设立招商联络处，“乡情招商”效应不断显现。

要素保障力度加大。坚持“要素跟着项目走”，加快项目谋划、生成、落地节奏，落实项目前期资金超3亿元，向上争取专项债12.29亿元、增发国债1211万元、专项补助资金超10亿元，有效化解项目建设资金困难。持续深化“清三低、破五未”，处置批而未供和闲置土地2181亩。

城市品质持续提升。城镇化进程稳步加快，常住人口城镇化率提升0.4个百分点，跻身“中国高质量发展百强区”。城市更新行动有序开展，实施城市建设品质提升项目80个、完成投资56亿元，友谊路片区启动规划编制，石码历史文化街区改造提升工程加快推进，完成64个老旧小区改造，惠及群众超5100户。城市污水处理设施逐步完善，新建改造各类管网约48公里，城区黑臭水体基本消除。打通一批“大动脉、微循环、断头路”，锦江大道三期、南溪大道基本完工，省道219零林至翠林段提升改造工程主线贯通，省道208紫云新区连接线、沈海高速扩容等交通项目加快推进，城市交通互联水平进一步提升。强化创城创卫智慧赋能，“数字城管”平台全面覆盖，智慧停车项目、智慧路灯管理系统相继投用，城市精细化、智能化管理水平不断提高。

乡村振兴纵深推进。持续开展“十镇百村”行动，全区一镇五村分别被评为省级乡村振兴示范镇、示范村。持续完善农田水利设施建设，新建高标准农田4400亩；省级重点水利项目西溪水闸除险加固工程一期投用、二期合拢，共完成投资3亿元。累计新建改造农村生活污水配套管网416公里、污水处理站101座，农村污水处理能力进一步提升；完成裸房整治3992栋、“两违”处置77万平方米，新建改建农村公路44公里，农村人居环境不断改善。巩固深化乡风文明，引导群众集思广益、参与共治，成立区镇村三级乡贤促进会，筹集乡村发展基金超过9000万元。

生态环境明显改观。积极融入漳州“三线一单”生态环境分区管控，深入开展“蓝天、碧水、碧海、净土”四大行动，九龙江河口、南溪浮宫桥国控断面水质均值达到Ⅲ类水平，各级饮用水源水质达标率100%；空气优良率达到98.5%；严格落实河（湖）长制、林长制，山水林田湖草沙一体化保护和修复工程基本竣工，除治复萌互花米草2512亩，修复种植红树林672亩；完成造林绿化、森林抚育、封山育林3.9万亩，治理水土流失超1万亩。以中央生态环保督察为契机，立行立改解决一批事关群众利益的生态环保问题，生态环境治理成效显著提升。

民生关切不断改善、实惠增多。社会保障有效落实。牢记“民生是最大的政治”，坚持把有限的财力投入到群众最关心、最直接、最现实的利益问题上，全年民生支出约31.7亿元，占一般公共预算支出80.9%。36项为民办实事项目基本完成。城乡供水一体化项目已开工8个子项目，浯屿岛供水陆上工程基本完工，东泗供水管网改造部分村庄实现通水。

落实稳岗扩岗政策，新增城镇就业3300人，重点群体就业保持稳定。发放各类困难群众救助资金9000万元，低保、特困、困境儿童、残疾人等群体基本生活得到有力保障。

社会事业齐头并进。开展“教育质量攻坚年”活动，高考本科上线1386人，两名学子考上清华大学；奖教助学促进会筹集教育发展基金7000万元，发放奖教助学金800万元，全社会尊师重教、关心教育的氛围更加浓厚。

扎实推进国家慢性病综合防控示范区、全国基层中医药工作示范区创建工作，成功承办福建省中医药管理培训班；市二院急诊内科综合楼顺利封顶，海澄新卫生院建成投用。落实积极生育支持政策，新增160个普惠性托位；村居养老设施覆盖率达72%，三级养老服务网基本形成，养老服务供给能力得到提升。

社会大局安定稳定。开展重大事故隐患专项排查整治2023行动，推行乡镇（街道）应急办规范化试点建设，在全市率先实现镇级应急管理机构全覆盖。全面落实耕地保护和粮食安全责任制，清理乱占耕地建房及各类违法图斑2775亩，播种粮食面积超9.7万亩、粮食总产量超4.4万吨。

有效化解房地产领域风险，“一盘一策”推动悦港康桥实现交房、闽南院子顺利复工，完成保交楼任务3545套。深化平安龙海、法治龙海建设，“治重化积”有效去除信访存量，程溪镇“联片调解工作法”入选全省新时代“枫桥式工作法”；常态化开展扫黑除恶，重拳打击电信诈骗等违法犯罪行为，群众安全感更加充实。持续推动军人荣誉体系建设，区国防动员办公室挂牌成立，4个镇级武装部获评“三星级基层武装部”，基层武装阵地有效夯实。

坚决扛起全面从严治党主体责任，从严从实抓好省委巡视反馈问题整改工作，扎实推进“一线看作风、多维识干部”和干部作风“五不”问题专项整治，干部队伍作风持续优化。纵深推进“放管服”改革，“一趟不用跑”事项占比80.8%，审批时限压缩比例达89.9%。落实工程建设项目审批“五项制度”，办理“交地即交证”“拿地即开工”“竣工即投产”项目34个。出台促进民营经济高质量发展一揽子措施，深化“千名干部挂千企”帮扶活动，选派332名科级以上干部挂钩企业366家，兑现惠企资金3270万元。

2024年是新中国成立75周年。龙海区要坚持以习近平新时代中国特色社会主义思想为指导，全面贯彻落实党的二十大精神，坚持“稳中求进、以进促稳、先立后破”工作总基调，深入实施“深学争优、敢为争先、实干争效”行动，扎实开展“产业发展项目建设增效年”活动，聚焦产业发展、生态治理、民生保障抓落实，突出重点区域、重点项目、重点工作抓突破，努力在加快“六个龙海”建设、推动高质量发展上展现更大作为，奋力谱写漳州现代化滨海城市的龙海篇章。全区经济社会发展的主要预期目标是：地区生产总值增长6%，规模工业总产值增长6.5%，规模工业增加值增长6.2%，农林牧渔业总产值增长4%，固定资产投资增长10%，一般公共预算总收入增长7%，地方一般公共预算收入增长7%，进出口总额增长5%，社会消费品零售总额增长6.5%，城镇和农村居民人均可支配收入分别增长7%和7.5%。

（摘编：苏建平）

长泰区社会发展概述

2023年，长泰区坚持稳中求进工作总基调，聚焦聚力“深学争优、敢为争先、实干争效”行动，抓紧抓实“产业发展项目建设提升年”活动，全面实施“1658”强区工程，有效应对超预期因素冲击，经济总体回升向好，高质量发展扎实推进。地区生产总值增长4.5%；固定资产投资增长4%；一般公共预算总收入27.7亿元，增长17.4%，地方一般公共预算收入18.6亿元，增长12.9%；农林牧渔业总产值增长4.5%；社会消费品零售总额增长7%；城镇居民人均可支配收入50593元，增长4.8%；农村居民人均可支配收入28882元，增长7%，较好完成各项目标任务。一年来，社会发展的主要工作和成效如下。

营商环境进一步提效。民营经济得到强化。第三届民营企业发展大会隆重举办，建立了营商环境“118机制”，围绕“不找人、好办事”目标，创新设立了营商服务专栏，出台实施了营商环境八条配套服务措施，营商办、“跑腿办”“亲清护航中心”协同发力。“企业家导师制”创新开展，“千名干部挂千企”“驻企特派员”“项目观察员”高效服务，解决企业问题305个，兑现惠企政策资金1.5亿元，“妈妈式”服务深受市场主体赞誉。

引才措施得到优化。在全市率先实现镇村两级乡贤促进会全备案、全登记，“298青年城”人才公寓建成投用，立达信深圳研发总部50名科研人才进驻长泰。邀请北京、上海28名高层次医疗专家来泰开展“师带徒”活动、开设名医工作室，柔性引才渠道持续拓宽。

城乡品质进一步提档。城市建设实现新进展。城市建设发展大会成功召开，新策划城建项目46个，计划总投资63.19亿元。20个城建项目完成投资8亿元，城市更新行动深入推进，历史文化街区启动建设，后庵片区仅用18天就突破了遗留十多年的征迁难题。中山南路片区、龙津大桥、政通路延伸等项目前期推进有力，泰景园等3个老旧小区完成改造，6个口袋公园精心打造。建设北路排涝提升等5个项目加快推进，困扰多年的银塘路圆盘周边内涝问题有效解决。全国文明城市、全国食品安全示范城市深入创建，文体中心商户签约率100%、入驻率96%，“全闽乐购·畅享长泰”音乐美食节等活动顺利举办，获评全国首批、全市唯一的县域商业领跑县，8个项目获得县域商业体系奖补资金超千万，金额全省最多。

乡村振兴得到新提升。乡村振兴大走访三年行动深入实施，“七赛”活动深化开展，“村书记大讲堂”成功举办，跨村联建全面铺开，设立联村党委16个。“十镇百村”项目建设完成投资7916万元，青阳共享茶厂等村企共建项目取得新成效。村、社区“两委”干部实绩考核机制全面推行，薪资待遇得到进一步提升。乡村治理“积分制”成效明显，村规民约全部修订完善，林溪村入选全国乡村治理示范村。全市乡村振兴“一季一主题”现场推进会在长泰区召开，乡村振兴热度指数反响度全省第二。

生态治理取得新成效。河湖长制全面落实，开发区智慧管网等24个水环境治理项目扎实推进，完成投资3.77亿元，流域断面全部达标，水质五年来最好，今年6月省委周祖翼书记专程调研林墩溪水质。空气质量微站“点位制”创新开展，大气污染治理预报预警机制启动实施，空气质量创2016年有监测记录以来最好，综合指数全省排名前移十一位。绿化美化行动扎实开展，新增造林

9020亩、森林抚育2.35万亩，荣获国家水土保持示范县。吴田山废弃矿山完成384亩示范区生态修复，矿区综合治理迈出坚定步伐。

社会短板解决有力。民生支出占财政支出的80%，15件27项为民办实事项目完成投资11.68亿元，完成年度计划的120%，征集群众“金点子”231条，已迅速完成143条，其余建议也已分门别类列入政府相关计划，将逐步推动落实。

社会保障提标加力。城镇新增就业4716人，大学生就业创业700余人。“爱满龙津”救助帮扶解困活动启动实施，受益人群7.44万人次。区公墓、残疾人康复服务中心开工建设，社会福利中心建成投用，人和社区获评全国老年友好型社区。

社会事业协同发力。教育事业取得新成效，列入省级基础教育综合改革实验区，系全市唯一。建成投用4所幼儿园，新增学位1530个，学前教育普及普惠工作代表福建省接受全国评估验收。高中特色办学卓有成效，中考优生留泰率提高至91.1%，一中高考本科上线率、达到“双一流”分数线人数均为五年来最高。

卫健事业取得新进步，全国健康区深入创建，松霖家居等3个健康项目入选全国优秀实践案例，入选数、覆盖面全国最多。区医院新建工程主体顺利封顶，中医院二期如期竣工。

文体事业取得新突破，文化馆、博物馆完成搬迁，图书馆获评全国县级以上一级公共图书馆，龙人古琴研究院获批国家级海峡两岸交流基地，深入梳理长泰历史文化资源，精心出版了《长泰历代文献辑刊》《千年古邑话长泰》等书籍。成功举办全国乡村气排球公开赛，长泰队获得男中、男青、女青三个组别冠军，线上线下观看人数超3千万人次，“尽享一粒球、沸腾一座城”的赛事品牌进一步打响。

风险防范接续用力。重大事故防范专项排查整治行动强势推进，安全生产形势总体稳定，有力应对了“杜苏芮”“苏拉”“海葵”等台风冲击，短时间内恢复生产生活秩序。“老中医”调解专家库、和事佬调解法律服务中心创新设立，信访“治重化积”工作持续深入，获评全国信访工作示范区。“市县主战、派出所主防”警务机制改革启动实施。

行政效能进一步提升。坚持把党的建设贯穿工作全过程、各方面，“五型”政府建设全面推进，忠诚拥护“两个确立”、坚决做到“两个维护”。法治政府建设不断健全。区政府工作规则修订完善，府院联席会制度建立健全，专题议政性政治协商会议务实有效。高质量办理人大代表建议53件、政协委员提案59件，满意率分别为98%、100%。干部作风“五不”问题暨“躺平式”干部专项整治深化开展，品牌创建取得新突破，新创建国家级品牌8个、新获得省级荣誉16项，市对区绩效考评连续七年全市前三。村级建设项目管理进一步规范，粮食购销、医药教育、招投标等领域专项整治深度开展，审计监督、巡视巡察整改取得新成效。

2024年是中华人民共和国成立75周年，是实施“十四五”规划的关键一年。做好2024年工作，必须坚持稳中求进、以进促稳、先立后破，努力以自身工作的确定性应对形势变化的不确定性。长泰区各项工作的总体要求是：始终坚持以习近平新时代中国特色社会主义思想为指导，全面贯彻落实党的二十大和二十届二中全会精神，坚持稳中求进总基调，完整、准确、全面贯彻新发展理念，服务和融入新发展格局。统筹扩大内需和深化供给侧结构性改革，统筹新型城镇化和乡村全面振兴，统筹高质量发展和高水平安全。紧扣“四个更大”重要要求，突出“爱长泰、美长泰、兴长泰”主题，深入实施“1658”强区工程，扎实开展“产业发展项目建设增效年”活动，深化“七比一看”竞赛，着力优化产业结构、着力扩大有效投资、着力推进城乡协调、着力增进民生福祉、着力防范化解风险，巩固经济回升向好态势，持续推动经济实现质的有效提升和量的合理增长，为漳州现代化滨海城市建设贡献长泰力量。全区经济社会发展的主要预期目标是：地区生产总值增长6.5%左右；规模工业总产值增长7.3%左右；固定资产投资增长7%左右；一般公共预算总收入增长8%左右；外贸出口增长6%左右；社会消费品零售总额增长7%左右；城乡居民人均可支配收入分别增长6%和7.5%左右。

（摘编：胡义顺）

漳浦县社会发展概述

2023年，漳浦县高举习近平新时代中国特色社会主义思想伟大旗帜，深入贯彻党的二十大精神，全面落实党中央、国务院和省市决策部署，聚焦“深学争优、敢为争先、实干争效”，深入开展“产业发展项目建设提升年”活动和“七比一看”竞赛，统筹发展与安全，经济稳中向好，社会安定稳定。全年实现地区生产总值533亿元、增长6.8%；规模以上工业总产值345亿元、增长11.8%，规模以上工业增加值增幅11.5%；固定资产投资155.3亿元、增长15.0%；社会消费品零售总额230亿元、增长10.0%；实际使用外资3368万美元、完成年度目标的129.5%；外贸进出口总值72.6亿元、增长6.0%；一般公共预算总收入33.8亿元、地方一般公共预算收入23.5亿元，同口径分别增长12.9%、8.2%；城镇居民人均可支配收入50997元、农村居民人均可支配收入30636元，分别增长7.0%、7.5%。一年来漳浦县社会发展的工作和成效主要体现如下。

城区建设日新月异。紧扣“漳州次中心城市”定位，大力实施“大城关”战略，县城区房屋征收步伐加快，绥城、鹿溪、九曲岭三大片区开发扎实推进。港城大道延伸段、沈海高速万安出入口以及金鹿东路、龙泉路、黄仓路、旗山北路等市政道路全面开工，鹿溪南岸片区一期及配套工程等项目加快建设，鹿溪南路、金鹿南路、得仙路（龙湖路至江滨景观段）建成通车，城市框架全面拉开。投入2.7亿元，开工建设中心城区棚户区改造、绥东花园安置房等项目，新建改造蓝理路东侧和朝阳大道北侧绿地工程，高标准推进城市花化美化亮化提升。新建朝阳大道北侧和县医院立体停车场，新增停车位287个。城市管理更规范、更精细，城市“颜值”更高，“气质”更佳。

生态环境改善向好。第三轮中央生态环境保护督察再次给全县上了一堂深刻的思政课和专业课，暴露出在践行习近平生态文明思想、在履行海洋生态环境保护职责等方面存在的不足。全县广大干部群众痛定思痛、深刻反思，直面问题、知耻后勇，对环保督察组指出的问题全面认领、照单全收，以实际行动坚决扛起生态环境保护和生态文明建设的政治责任。两个月来，坚持立行立改、科学整改，深入开展打击毁坏森林资源专项整治行动，查处违法占用破坏沿海防护林图斑14个、立案14起，补种基干林35亩；加快实施提水式海水养殖池塘尾水治理，完成深土南境、赤湖亭里250亩治理试点任务，为全省治理工作推进提供有益探索；攻坚清理佛昙下坑、赤湖前湖安角和鲎尾礁围填海历史遗留问题图斑3宗，面积11.2亩，海域原状逐步恢复。深入实施“蓝天、碧水、碧海、净土”四大工程，大刀阔斧治理流域水质，县城区污水收集与水环境整治项目全面铺开，县城污水处理厂4万吨扩容项目有力推进，大南坂工业园1万吨污水处理厂、绥东溪5000吨污水处理站建成投用，鹿溪流域水质实现有效提升；南溪水环境综合整治工程全面提速，山水林田湖草沙一体化保护和修复工程顺利完成；其他主要流域和小流域省控断面均稳定达标。持续开展农村污水整治，完成6条国家农村黑臭水体治理试点任务，自查整治农村黑臭水体153条，一批村镇生活污水处理工程相继投用，县级以上饮用水源地、农村“千吨万人”水源Ⅰ~Ⅲ类水质比例保持100%。强化$PM_{2.5}$、二氧化氮和臭氧协同治理，全年空气优良天数比例达99.1%，大气质量明显提升。建成赤湖工业园地下水监测点位77个，土壤环境风险有效防控。全年除治复萌互花米草2492亩，完成植树造林1.46万亩，石榴镇象牙村、深土镇近院村、佛昙镇后许村获批省级森林村庄，深土镇锦东村、官浔镇溪坂村、南浦乡后坑村、赤岭乡大行村入选福建省高级版“绿盈乡村”。

为民实事扎实推进。全年财政用于民生支出38.36亿元、占财政支出的80.48%。承接市委、市政府为民办实事项目32项，完成投资7.42亿元，超序时进度50.1个百分点；县委县政府7大领域18项为民实事完成投资8.46亿元，超序时进度2.3个百分点。累计投入6900万元，迁改扩建官浔、赤湖、前亭、石榴等乡镇卫生院，深土、湖西卫生院建成投用。投入1.1亿元，实施教育项目9个，职校新校区、鉴湖小学附属幼儿园、新民幼儿园建成投用。投入1323万元，提升绥安后潭、南浦兴巷等三星级农村幸福院21所，建成绥安镇东街社区、官浔镇溪坂村、深土镇车敖村、大南坂镇青年山社区长者食堂4个，助力天福养生文化村建设运营。投入60万元，建成旧镇镇甘林村、石榴镇崎溪村、长桥镇溪内村等村级公益性生命公园6个。投入2.45亿元，新建城乡供水一体化中部万安水厂一期工程、西北部片区一期工程，迎宾大道及大南坂给水加压泵站建成投用，新建改造农村供水管网63公里，惠及15个村庄8万余人。

民生底线持续兜牢。积极有效防御“杜苏芮”“苏拉”“海葵”等台风，扎实开展重大事故隐患专项排查整治2023行动，排查整改重大隐患121个，整治率100%，全县安全生产事故起数、死亡人数实现“双下降”。全力化解房地产领域风险，香山湾、福晟钱隆首府等5个“保交楼”项目全面复工，完成住房交付3744套，香山湾项目化解经验获省住建厅全省推广。坚持稳就业保民生，落实各类就业创业补助资金2028万元，实现城镇新增就业3501人，失业再就业1363人、困难人员就业644人。开展困境儿童妇女慰问活动，为符合条件的低保户、建档立卡脱贫户购买女性安康险，受惠群众4356人。累计发放城乡低保、特困供养、残疾人补贴、临时救助等各项资金1.42亿元，受惠困难群体3.12万人。发放退役军人各类抚恤补助救助资金4891.6万元，安置接收退役军人189名。

社会领域异彩纷呈。漳浦一中再创佳绩，高考本科上线率保持在98%以上，本一批录取率超77%、同比提高15个百分点。县医院被确定为省级区域医疗中心，绥安卫生服务中心、官浔卫生院成功创建全国“社区医院”。县文化馆非遗剪纸艺术获省级示范点授牌，广播剧《江山——陈嘉庚与中国共产党》获省第十届百花文艺一等奖，县少体校通过“国家重点高水平体育后备人才基地”认定。赤岭乡、赤岭民族中心学校入选全省民族团结进步重点培育对象，漳浦籍士官林莉君获评“四有”新时代革命军人标兵，司法局刘坤江获司法部“全国模范人民调解员”荣誉称号。

2024年是全面贯彻落实党的二十大精神的关键之年，也是深入实施“十四五”规划的攻坚之年。漳浦县将始终以习近平新时代中国特色社会主义思想为指导，全面贯彻落实党的二十大和二十届二中全会精神，坚持稳中求进工作总基调，完整、准确、全面贯彻新发展理念，积极服务和融入新发展格局，统筹新型城镇化和乡村全面振兴，统筹高质量发展和高水平安全，以答好新时代漳浦“发展之问、民生之问、安全之问”为抓手，深入开展“产业发展项目建设增效年”活动和“七比一看”竞赛，奋力谱写中国式现代化漳浦新篇章。全区经济社会发展的预期目标是：地区生产总值增长7.0%；规模以上工业总产值增长12.5%；规模以上工业增加值增长12.2%；固定资产投资增长7.5%；社会消费品零售总额增长10.0%；实际使用外资完成2400万美元；外贸进出口总值增长5.0%；一般公共预算总收入同口径增长6.5%；地方一般公共预算收入同口径增长5.3%；城镇和农村居民人均可支配收入分别增长7.0%、7.5%。

（摘编：吴强）

云霄县社会发展概述

2023年是全面贯彻党的二十大精神的开局之年，是三年新冠疫情防控转段后云霄经济恢复发展、回升向好的一年，极具考验、极不平凡。面对复杂严峻形势和多重超预期挑战，云霄县坚持以习近平新时代中国特色社会主义思想为指导，深入实施“深学争优、敢为争先、实干争效”行动，牢牢把握省纪委挂钩帮扶契机，以“产业发展项目建设提升年”活动为载体，创新实施“1320”发展战略，稳中求进、向难求成，加快强产兴城、推动能级跨越，高质量发展迈出坚实步伐。全县实现地区生产总值245.75亿元、增长6.5%，农林牧渔业总产值105.15亿元、增长4.7%，规模以上工业总产值96亿元、增长6.5%，固定资产投资158亿元、增长10%，进出口总额15.18亿元、增长5%，社会消费品零售总额122.7亿元、增长7%，一般公共预算总收入13.98亿元、增长15.62%，地方一般公共预算收入10.4亿元、增长13.88%，首次突破10亿元大关。城镇居民人均可支配收入42777元、增长4.5%，农村居民人均可支配收入25460元、增长7.5%。一年来，云霄县社会发展的主要工作和成效如下。

城市管理更加规范。城市建设快马加鞭。全面推进城市有机更新，投入36亿元，实施91个城市建设品质提升项目，城区承载力持续增强。以全国文明城市创建为抓手，打响城市乱象“歼灭战”，完成城区3.2万户“三线”整治，新增电动车上牌4.5万辆，15个老旧小区启动提升改造，流动摊贩“划行归市”落户农商城，中心城区更加宜居。和美乡村刷新颜值。实施乡村振兴“十镇百村”试点示范三年行动，投入7134万元启动57个乡村振兴项目建设，新建改造农村公路20.8公里，成功承办全国红火蚁防控现场会，杨桃科技小院典型做法在全国科技小院交流观摩会上推广，坡兜村入选第三批全国乡村治理示范村。

脱贫成效持续巩固，县级财政投入乡村振兴衔接资金2503万元，15个村集体经营性收入突破50万元。粮食安全根基不断夯实，全面完成粮食生产任务，新建高标准农田9000亩，防台风“夏粮抢收”登上央视《新闻联播》。

生态治理绿满金生。深入践行习近平生态文明思想，两轮中督反馈24项问题全部整改完成，第三轮中督19件信访件实现立行立改。漳江口红树林保护区成功入选全国首批陆生野生动物重要栖息地名录，全年增植红树林612亩。漳江流域综合治理加压见效，完成东升埭海堤加固，实施漳江水闸中型灌区续建改造工程，漳江山水工程入选国家生态文明试验区补助项目，整治违规生猪养殖240家、牛蛙养殖163场，漳江流域断面水质稳定提升，实现一泓清水入东海。

深化城乡环境治理，城区向北溪—五板桥段消除重度黑臭，阳下港、中柱溪等9条黑臭水体完成治理，173座农村生活污水处理站全面建成投用，全年新建生态水系22公里，造林绿化12007亩、森林抚育29250亩、推广沉香等珍贵树种2000亩，实现松材线虫病疫区“摘帽”，水土流失率降至10%以下，全县地表水国省控断面Ⅰ～Ⅲ类水质比例达100%，城市空气质量优良率99.7%，天蓝水清地绿成为常态。

面对人民群众的美好期待，坚守初心、倾情倾力，用心办成了一批实事。全年民生支出23.08亿元，占全县一般公共预算支出的79.37%，以政府“紧日子”换取更多群众“好日子”。民生底线兜稳托牢。42件为民办实事项目落地见效。房屋产权登记确权颁证“清零行动”取得突破，渡头嘉园、尚都花园等17个项目3081户具备登记办证条件，895户居民拿到“大红本”。

多渠道拓宽就业途径，新增城镇就业1535人，城镇登记失业率稳控在4%以内。社会救助托底有力，完成全县7961户低收入群体居住场所消防安全改造提升，发放各类救助金7800万元，低保、特困供养、临时救助平均标准及范围均同比增长3%以上。强化“一老一小”服务保障，新增普惠性托位80个，7所幸福院完成提升改造，4所长者食堂竣工投用，9所乡镇敬老院全部完成公建民营改革，龙镜村获评全国示范性老年友好型社区。开工建设30个村级生命公园，公益性殡葬服务短板加快补齐。

公共服务提标扩面。加大优质教育资源供给，实施教育补短板项目8个，新聘任教师100名，新增学前教育学位540个、义务教育学位300个，创建省级义务教育管理标准化学校5所，云霄一中获评全省第二批示范性普通高中。加快健康云霄创建，全面落实新冠病毒感染“乙类乙管”，省级医院对口帮扶持续深化，新增2家名医工作室，新县医院进入装修扫尾，新中医院启动征迁，全年新增床位50张，人均基本公共卫生服务项目政府补助标准提高5.9%，和平乡获评国家级卫生乡镇。

文体事业蓬勃发展。人民公园、将军山公园夜景完成改造提升，气象站、坡兜畲族文化馆等建成投用，档案馆、博物馆建设持续提速，新增2个城市口袋公园，新建福道3.6公里，开漳圣王文化祖地获批国家级“海峡两岸交流基地”，向东渠纪录片登陆央视《国家记忆》栏目，县融媒体中心进入全省县级融媒体30强，举办文体惠民、全民健身等活动110场，“15分钟公共文化服务圈”实现镇村全覆盖。食品安全分级分层包保机制有效落地，食安创城顺利通过省级初评。

持续深化“平安云霄”创建，化解信访积案75件，全县信访总量下降10.7%，群众满意度提升8.87%，“信访工作志愿者”典型做法获省委周祖翼书记批示肯定，和平乡“综治+调解”工作法入选全省新时代“枫桥式工作法”先进典型。重拳打击制假涉诈等违法犯罪行为，首次破获卷烟打假部督案件，全年查获假烟3965件，烟丝60吨；破获涉诈案件144起，劝返滞留境外人员45人，摘下“禁毒预警通告地区”帽子。扎实做好退役军人移交安置、拥军优抚工作，军政军民团结局面更加巩固。实施重大事故隐患专项排查整治2023行动，全力抓好道路交通、燃气管道、工矿商贸、消防救援、防汛抗旱、森林防灭火等重点领域安全整治，整改各类安全隐患4000余处，有效应对“杜苏芮”超强台风等6次极端自然灾害，获评全国平安渔业示范县。

2024年是全面贯彻落实党的二十大精神、实施“十四五”规划承上启下的关键一年，做好经济社会发展各项工作意义重大。云霄县各项工作的总体要求是：坚持以习近平新时代中国特色社会主义思想为指导，全面贯彻党的二十大精神，深入落实中央和省、市、县委的决策部署，聚焦经济建设这一中心工作和高质量发展这一首要任务，坚持稳中求进、以进促稳、先立后破，围绕市委“未来3年、8年、12年”现代化滨海城市发展目标，以“1320”发展战略为主线，以“产业发展项目建设增效年”为抓手，更加注重效率、效果、效益，突出抓好标准化工业园、现代农业产业园和城区、景区“两园两区”建设，全面加快构建现代产业、现代城市、现代治理发展体系，有效巩固和增强经济回升向好态势，打造能源新城、活力古郡、生态福地、和美家园“四大图景”，以实干实效实绩书写富美新云霄现代化建设新篇章。全县经济社会发展的主要预期目标是：地区生产总值增长7%左右，争创全省县域经济发展“十佳”县。农林牧渔业总产值增长4.5%；固定资产投资增长7.5%；规模工业总产值增长7.5%；社会消费品零售总额增长7%；一般公共预算总收入增长14.56%；地方一般公共预算收入增长15.34%；居民收入增长要实现和经济增长基本同步；各项约束性指标完成省市下达任务。

（摘编：周华政）

诏安县社会发展概述

2023年，诏安县始终坚持以习近平新时代中国特色社会主义思想为指导，深入贯彻落实党的二十大精神，积极服务和融入新发展格局，全面落实省委“深学争优、敢为争先、实干争效”行动部署，深入开展“产业发展项目建设提升年”活动和“生态建设年”活动，主动作为谋发展、攻坚克难求突破，各项工作取得了新成效。2023年，全县实现地区生产总值370.12亿元，增长6.3%，其中第三产业增加值122.16亿元，增长8%；规模以上工业总产值增长6.2%，其中规模以上工业增加值增长5.9%；农林牧渔业总产值126.6亿元，增长5%；固定资产投资67.89亿元，增长8%；一般公共预算总收入12.15亿元，增长45.72%，其中地方一般公共预算收入8.07亿元，增长37.96%；出口总值58.9亿元，增长16.6%；实际利用外资（验资）2429万美元，增长80.46%；社会消费品零售总额127.83亿元，增长8.5%；城镇居民人均可支配收入40898元，增长6%；农村居民人均可支配收入25201元，增长7.5%。一年来，社会发展的主要工作和成效如下。

坚持生态宜居、拴心留人，城市品质不断提升。完成县级国土空间总体规划编制。实施城市建设品质提升项目61个，诏安文化艺术中心、诏安大酒店建成投用，霞洋佳苑安置小区、棚改安置小区加快推进。新旧城区主干道东墘路、南侨东路完工，建成南峰、城内、中山公园等3个公共停车场和2个城市“口袋公园”，改造城市绿道10公里，新建城区污水管网8公里，城区基础设施不断完善。

全力支持配合第三轮中央生态环境保护督察，坚决推进城洲岛违规用岛用海问题和交办信访件整改。建立生态环保“一月两现场”2.0版推进机制，强化农村污水、生活垃圾、海漂垃圾治理，完成14条农村黑臭水体治理试点项目建设，主要流域国省控断面Ⅰ～Ⅲ类水比例达100%、空气优良率99.7%，诏安湾海水水质均值提升至二类。建立生态产品价值实现机制，大力推进整县屋顶分布式光伏建设，创新开展牡蛎（含藻类）养殖蓝碳开发。

坚持共建共享、兜牢底线，民生福祉日益增进。全县民生支出占财政总支出的81%，68个省市县为民办实事项目完成投资7.4亿元，其中12个县为民办实事项目完成投资3.7亿元、占年度计划投资104%。教育事业稳步发展，开展教育项目历史遗留问题攻坚扫尾，江滨教育综合体项目全面动工，边城中学校区初中部完成整体搬迁，诏安一中晋升省一级达标高中学校。

卫生事业加快发展，与中国初级卫生保健基金会签订战略合作协议，出台推进医疗卫生事业高质量发展“1+N”配套政策，霞葛中心卫生院通过省级“社区医院”评审；及时调整优化新阶段疫情防控措施，监测预警新冠病毒新型变异株，实现“保健康、防重症”目标。

文体事业繁荣发展，举办第二届“墨香诏安·中国画作品展”、交响合唱音乐会、大型综艺舞台剧《人民公仆谷文昌》，县图书馆获评国家二级图书馆，成功举办省青少年游泳俱乐部联赛，诏安籍运动员在2023年全国皮划艇静水青年锦标赛中斩获金牌。

养老事业不断发展，举办全省2023年“全国敬老月”活动启动仪式，养老机构社会化运营率达到78%。兜实兜牢民生底线，累计发放各类低保和特困人员救助金 8580.5 万元、残疾人两项补贴 2001.5 万元、各类抚恤补助金 4045.7 万元。建立用工供需信息库，举办就业招聘会 38 场，开展电商直播公益培训活动，城镇登记失业人员再就业率 59.8%。

深入创建国家食品安全示范城市，建立领导干部包保食品企业制度，加强食品从农田到餐桌全链条监管。诏安县开展安全生产重大事故隐患专项排查整治 2023 行动，完成城区燃气管道安全装置改造 8616 户，建成森林防灭火指挥平台，科学有效防御影响较大的 6 场暴雨、5 个台风，社会保持安定稳定。平安诏安、法治诏安建设扎实推进，成立县公安局主战中心，启动运行诏安北部区域联合派出所，推进“两队一室”改革，保境安民能力不断增强。深入开展信访突出问题“清仓息访”、信访积案“治重化积”等专项行动，顺利化解国家交办的 10 件“治重化积”积案。深化党政领导诉源治理机制，南诏镇文峰社区获评第九批“全国民主法治示范村（社区）”称号。

坚持刀刃向内、转变作风，自身建设纵深推进。诏安县扎实开展学习贯彻习近平新时代中国特色社会主义思想主题教育，弘扬“四下基层”、调查研究、检视整改之风，不断提高政府治理能力。深入贯彻落实中央八项规定及其实施细则精神，严格落实意识形态工作责任制和保密工作责任制。积极创建“六型”政府，深入开展干部作风“五不”问题专项整治，不断提升政府系统干部队伍能力。制定县政府常务会、党组会议事规则，修订政府工作规则，推动政府工作制度化、规范化、程序化。

严格落实领导干部述法制度，组织两场习近平法治思想讲座，持续提升依法决策水平。制定诏安县行政许可事项清单，出台进一步规范县级政府投资建设项目若干规定等文件，持续规范权力运行。完成国防动员机构改革，高质量完成兵役征集工作，基层武装规范化建设有序推进。深入推进国有资产整合和国有闲置资产处置，盘活处置民一服务社、科技开发服务站等“沉睡资产”。

持续深化“放管服”改革，“一趟不用跑”事项占比 93.25%，“全流程网办”事项占比 71.58%，行政许可事项平均缩短时限比例 89.05%。建立诏安—饶平两地政务服务“跨省通办”合作机制，探索创新“异地受理、属地审批、就近取证”服务模式，审批服务更加便捷。推进霞葛“一站式”综合服务窗口建设，实现 120 项公安政务服务事项“一站式”办理，在全省首创“小型车管所”，有效解决山区群众办证难、车辆挂牌难等历史问题。主动靠前化解群众关切的热点问题，“12345 热线”平台受理群众各类诉求 15009 件。

2024 年是诏安实现破局发展的关键一年，也是攻坚“十四五”规划目标的重要一年。诏安县要以习近平新时代中国特色社会主义思想为指导，全面贯彻落实党的二十大和二十届二中全会精神，坚决贯彻落实中央经济工作会议和中央农村工作会议精神，坚持稳中求进工作总基调，完整、准确、全面贯彻新发展理念，加快构建新发展格局，紧扣“四个更大”重要要求，统筹新型城镇化和乡村全面振兴，统筹高质量发展和高水平安全，开展“产业发展项目建设增效年”活动，实施“工业强县、山海兴县、文旅名县、富美新城”，营造良好的政治生态、人文生态、产业生态、自然生态，全力打造名副其实的福建南大门、漳州新增长极、海峡两岸融合发展先行区、对接粤港澳大湾区桥头堡，加快建设新兴工贸港口城市，奋力谱写富美新诏安现代化建设新篇章。全县经济社会发展主要预期目标是：全县地区生产总值增长 6.3%，其中第三产业增加值增长 7.2%；规模以上工业总产值增长 7.3%，其中规模以上工业增加值增长 7%；农林牧渔业总产值增长 5%；固定资产投资增长 10%；一般公共预算总收入增长 5.5%，其中地方一般公共预算收入增长 5.5%；出口总值增长 12%；实际利用外资（验资）增长 10%；社会消费品零售总额增长 8%；城镇居民人均可支配收入增长 7%；农村居民人均可支配收入增长 9%；节能减排指标控制在省、市下达范围之内。2024 年为民办实事初步安排为：涉及教育、交通、城建、水利、供电等领域 16 个项目，总投资 3.54 亿元，年度计划投资 3.38 亿元。

（摘编：刘红波）

东山县社会发展概述

2023年，东山县坚持以习近平新时代中国特色社会主义思想为指导，深入贯彻落实党的二十大精神，聚焦“深学争优、敢为争先、实干争效”，扎实开展“产业发展项目建设提升年”活动，奋力拼搏，开拓创新，全方位推进高质量发展，获评全省县域经济发展“十佳”县。全县完成地区生产总值271.12亿元、增长8%；农林牧渔业总产值109.01亿元、增长4.4%；规模工业总产值250亿元、增长15%；固定资产投资84.85亿元、增长8.5%；社会消费品零售总额98.9亿元、增长9%；外贸进出口总额138.6亿元、增长17.6%；实际使用外资1608万美元、增长38.7%；一般公共预算总收入23.39亿元、增长15.4%；地方一般公共预算收入17.29亿元、增长6.2%；城镇居民人均可支配收入48576元、增长5.5%；农村居民人均可支配收入32042元、增长7.3%。一年来，东山县社会发展的主要工作成效如下。

合力抓生态促宜居，城乡品质稳步提升。东山县深入实施生态保护修复，八尺门海域综合治理生态修复工程竣工验收，诏安湾水质消除劣四类。累计改造塑胶渔排5.64万口、筏式浮球3.56万亩，南门湾—马銮湾段获评全国第二批美丽海湾优秀案例。开工建设陈城、杏陈2个安全生态水系项目，完成水土流失综合治理501公顷，整治黑臭水体6处，种植红树林206.4公顷。漳汕高铁东山段及配套项目开工建设，坑北至后林段、西前路等7条道路投用，新建城市公共停车泊位300个、污水管网74.32公里，荣获“四好农村路”全国示范县、国家第三批“城乡交通运输一体化示范创建县”。实施乡村振兴“十镇百村”试点示范项目43个，全县所有村级集体经济收入超10万元、16个村超百万元，陈城镇获评省级乡村振兴示范乡镇，樟塘镇获评省级全域生态旅游小镇，澳角村获评第三批全国乡村治理示范村，港西村入选中国美丽休闲乡村、农家乐特色村。

倾力抓民生促和谐，社会大局平安稳定。东山县财政民生支出占比超8成，20个为民办实事项目完成投资4亿元。东山职专迁建工程开工，第五实验幼儿园投用，新增幼儿园学位360个。县新图书馆、新档案馆投入使用。县医院扩建项目一期主体完工、新县中医院建成投用。成立全国首个地方县级医院军人服务科，与联勤保障部队第九〇九医院、陆军第七十三集团军医院签约合作，新建市级名医工作室2家。实施援企稳岗行动，发放各类稳就业补贴930万元，城镇新增就业1100人。发放无力参保老年生活保障金2780万元，城乡居民基础养老金调升至每月170元，惠及群众3.6万人。第二吊唁堂、骨灰堂开工建设，建成投用10个长者食堂。成立113个县镇村三级调解组织，37件“治重化积”积案、2188起纠纷均100%化解，县道路交通事故损害赔偿纠纷调解委员会荣获“全国模范人民调解委员会”。开展重大事故隐患专项排查整治2023行动，出台《海上休闲旅游船舶管理办法》，搭建“海上安安行”平台，获评“全国渔业平安示范县”。

着力抓作风促落实，自身建设有效加强。东山县深入开展学习贯彻习近平新时代中国特色社会主义思想主题教育，弘扬“四下基层”等优良作风，下沉一线现场解决问题近百个。从严整治“股长做派”“科长天大”等问题，查处损害营商环境等“中梗阻”问题5起5人。落实“四定一督”机制，规范农村“三资”管理，带动村财增收超1620万元。持之以恒正风肃纪，查处“四风”问题12起33人。强化绩效考核，市对县2022年度绩效考评首次居全市第一。加强重点领域、关键环节审计监督，审计项目27个，增收节支2993万元，盘活和拨付资金到位4.44亿元。县级财政管理绩效工作排名全省第4，获财政部通报表扬，奖励资金1200万元。

2024年是中华人民共和国成立75周年，是实施“十四五”规划的关键一年。按照县委统一部署，东山县要以习近平新时代中国特色社会主义思想为指导，全面贯彻落实党的二十大和二十届二中全会精神，认真落实党中央决策部署和省委、市委、县委工作要求，坚持稳中求进工作总基调，完整、准确、全面贯彻新发展理念，加快构建新发展格局，着力推动高质量发展，全面深化改革开放，深入开展“产业发展项目建设增效年”活动和“七比一看”竞赛，打造“三大产业集群”，加快中菲“两国双园”东山片区建设，培育口岸贸易经济，全面提升海洋经济效益，推动文旅经济扩容提质，促进城乡融合发展，加强生态文明建设，探索东台融合发展新路，提升人民生活品质，努力谱写“生态旅游岛·富美新东山”建设新篇章。全县经济社会发展主要预期目标是：全县地区生产总值增长7%以上，农林牧渔业总产值增长4.5%，规模工业总产值增长13%，固定资产投资增长8%，外贸进出口总额增长4.7%，实际使用外资增长5%，社会消费品零售总额增长7%，一般公共预算总收入增长7.5%，地方一般公共预算收入增长6%，城镇居民和农村居民人均可支配收入分别增长6%和7.5%。新的一年里，东山县社会发展重点要抓好以下几项工作。

强化社会治理，共创和谐稳定幸福岛。统筹发展和安全，抓实营商环境、社会保障、生态环保、安全生产等工作，全力维护社会安定稳定。

让营商环境更优。坚持有为政府和有效市场更好结合，推进营商环境服务标准化建设，探索推行更多便民的“一件事”套餐。优化“妈妈式”服务，落实工程建设项目审批“五项制度”，认真梳理“一类一办”，持续扩大项目代办范围。深化“拿地即开工、竣工即发证”工作机制改革，推动重点项目快审、快批、快建，为企业提供“全生命周期”服务。坚持“两个毫不动摇”，落实上级支持民营经济发展相关政策，促进民营经济高质量发展。

让社会保障更暖。扎实办好一批“小而美”民生项目，加强失业人员帮扶、困难人员就业援助，开展高校毕业生、农民工、退役军人等重点群体就业服务，力争城镇新增就业750人以上，实现“赚钱有岗位”。积极申报省级和市级普惠托育服务机构，争取每千人拥有幼儿托位5.3个以上，实现“幼儿有托位”。鼓励社会力量兴办养老机构，扩大适老化改造覆盖面，新增养老床位238张，实现“病老有床位”。建设6个村级生命公园，建成投用第二吊唁堂，完善提升殡仪馆设施，实现“寿终有园位”。实施基层社会救助能力提升工程，完善分层分类的社会救助体系。

让生态本底更绿。加快推进中央和省级环保督察反馈问题整改，确保如期交账销号。深入实施蓝天、碧水、净土、碧海“四大工程”，坚持$PM_{2.5}$和臭氧协同治理，抓好工地、交通等六大重点领域专项整治，持续提升空气质量。强化饮用水源保护、黑臭水体治理，严格管控入海入河污染物排放，推进乌礁湾、双东湖、东赤港等湾区、水系整治，加快入海沟渠除黑消劣，确保入海河流水质达标。加强“五海”保护，完善海漂垃圾第三方清理考核机制，加快推进海上养殖设施去泡沫化，积极谋划美丽海湾EOD项目，加快构建从山顶到海洋的保护治理大格局，争创国家生态文明建设示范区，擦亮全国“两山”实践创新基地金字招牌。

让安全护网更密。加强国防动员、军民融合等工作，争创新一届全国“双拥模范县”。常态化开展扫黑除恶斗争，严厉打击电信网络诈骗等各类违法犯罪。完善信访工作制度，推动信访调解中心建设，攻坚化解一批信访积案。有效防范化解房地产、金融等风险，坚决守住不发生系统性风险的底线。

（摘编：李子涵）

平和县社会发展概述

2023年，平和县坚持以习近平新时代中国特色社会主义思想为指导，认真学习贯彻党的二十大精神，深入实施“深学争优、敢为争先、实干争效”行动，地区生产总值完成321.41亿元，增长6.1%，顺利完成县十九届人大二次会议确定的目标任务，经济社会发展后劲十足，赶超跨越态势彰显。竞赛评比成绩突出。扎实开展“产业发展项目建设提升年”活动和“七比一看”竞赛，1—11月总分排名全市第4。坚持“全域旅游、全面发展”，平和县被认定为第四批福建省全域生态旅游示范县，“五优”创建取得新突破。抓住全省“土地整治补充耕地”试点机遇，实施“园改耕”6403.38亩，新增耕地1797.2亩；耕地恢复整治2131.3亩，新增粮食产能396.6万公斤，补充耕地完成率、粮食考评等指标居全省前列，耕地保护和粮食安全工作成为全省典型。一般公共预算收入、地方一般公共预算收入分别完成13.09亿元、9.22亿元，增长25.4%、15%；城镇、农村居民人均可支配收入分别完成42703元、27270元，增长8%、8.5%。成功入选福建省闽台乡建乡创合作样板县。一年来，社会发展的主要工作和成效如下。

商贸文旅融合发展。成功举办“柚香飘北京·产业促振兴”等展销活动，新增限上贸易企业70家，社会消费品零售总额完成117.61亿元，增长7.8%。进出口总额完成4.27亿元，增长9.2%。建立全国首个“绿色通道”抽免检工作机制，开启蜜柚高速运输快速通道。成立电商行业协会，电商交易额34亿元，增长6.25%。利用厦门国际投资贸易洽谈会平台，大力推介平和文旅；三平康养小镇顺利推进，全域旅游集散服务中心建成投用；灵通山成功创建国家AAA级旅游景区，大芹威士忌观光园入选省观光工厂；坂仔宾阳楼、寨河旧楼活化利用在法国国家建筑博物馆展出，获“意大利豪瑞可持续建筑大奖赛”亚太地区唯一金奖；庄上大楼修缮工程基本完成；出台支持文旅人才培养、民宿发展等政策，上线“云上平和”小程序，旅游人数、收入均增长35%以上。落实稳健的货币政策，1—11月全县各项贷款170.3亿元，比增16%；各项存款233.72亿元，比增8.71%，位居全市第二。

招商引资有质有效。坚持领导挂帅、团队出征、全员参与，“一把手”带队外出招商17次，举办机械制造、生态木业等推介会，新签约项目69个，总投资124.97亿元。坚持“亩均论英雄”，通过“腾笼换鸟”盘活闽能光电产业园等地块，引进茶王谷、汇润丰木业等项目，推动西蝉、鑫源祥等闲置厂房招商入驻新企业。用地保障高效推进，获省批准农转征收土地2157亩，处置批而未供土地1152亩、闲置土地999亩。

精准服务惠企便民。出台促进民营经济高质量发展的系列措施，优化民营经济发展环境。推进政务服务标准化、规范化、便利化，5255项审批服务事项绑定标准化事项目录清单，梳理6个“一件事”主题套餐，政务服务高频事项实现“跨区通办”。推行“开办企业注册一人通办”制度，新增企业数增长10%。组建重点项目服务专班，设立“四个中心”，推行“拿地即开工”。坚持依法行政，全县39个行政执法单位全部接入一体化执法平台。

城区品质不断提升。编制完善国土空间总体规划和道路、排水防涝等专项规划。推动新北环路等城区道路建设，打通一批“断头路”。建成智慧体育公园，新建绿道 11.5 公里、公园绿地 80 亩，县城绿化覆盖率达 44.66%，获评省级园林县城。提升城区供水基础设施，改造供水管网 48 公里，完成 7 个商住小区、8 个公建单位供水替换。实施第二污水处理厂一级 A 提标改造工程，新建改造雨污分流管网 10.8 公里。推广“安商一体化”新模式，新增一级总承包资质企业 1 家，建筑业产值完成 9 亿元，增长 30%。强化“卫片图斑”整治，处置“两违”52.86 万平方米。

乡村振兴扎实推进。实施文峰高速至三平、九峰互通至镇区路面等改造，安厚农场至安厚互通连接线工程建成通车，3 个安全生态水系建成投用。实施“十镇百村”试点示范工程项目 77 个，建设省级“一村一品”示范村 6 个，改造危桥 6 座，新建改造农村公路 55 公里、乡镇污水配套管网 12.2 公里。编制村庄规划 38 个，驻村第一书记、乡贤促进会实现全县各村全覆盖。芦溪镇秀芦村获评“中国传统村落”，南胜镇欧寮村成为省级闽台乡建乡创合作样板村。

生态环境持续向好。加快各级环保督察反馈问题、督察信访件整改、销号，抓好第三轮中央生态环保督察问题立行立改。持续推进蓝天、碧水、净土行动，2 个国控断面、9 个省控断面水质达标率 100%；空气质量优良率 99.1%。10 个村庄农村生活污水处理设施建成投用。加强县城及“千吨万人”饮用水源地规范化建设，强化水质监测预警。全面推进河长制、林长制，与永定区、大埔县建立水生态环境保护新模式。

民生保障持续加强。全面完成 11 个为民办实事项目。加快金华小学扩建、第六实小等 14 个项目建设，追加教师公积金财政配套资金 1480 万元，补充新任教师 121 名；严格落实“双减”政策，提升课后服务水平，中高考质量逐年提升。隆重举办纪念“平和暴动”95 周年活动。县医院迁建主体结构封顶，县公立中医院组建有序推进，搭建数字公共卫生服务一体化平台，国家基本公共卫生服务成效明显。

社会服务不断优化。扎实开展公共就业服务，城镇累计新增就业 2666 人。推进“公建民营”“医养结合”改革，完成 3 家敬老院和 3 家区域性养老服务中心建设，建成 2 个长者食堂，政府购买居家养老服务 6 万余人次，新东社区入选“全国示范性老年友好型社区”。开通 5 条“定制班车进校园”线路。村级生命公园建成 4 个、开工建设 33 个。

社会治理平稳向好。成立全市首个县级社会治理中心，整合资源力量，多元化解矛盾纠纷，化解率 92.04%，排名全市第一。与闽南师范大学合作共建“信访+社会治理服务中心”，初信初访和积案化解成效显著。推进食安创城工作，守护群众“舌尖上的安全”。深入开展重大事故隐患专项排查整治，完成户内燃气设施安全更新改造，加强防汛备汛和森林防火工作，安全生产形势稳定向好。

深入开展学习贯彻习近平新时代中国特色社会主义思想主题教育，把理论学习、调查研究、推动发展、检视整改等贯通起来，以主题教育实绩实效赋能高质量发展。

2024 年是中华人民共和国成立 75 周年，是实施“十四五”规划的关键一年。平和县各项工作的指导思想是：以习近平新时代中国特色社会主义思想为指导，全面贯彻落实党的二十大和二十届二中全会精神，坚持稳中求进工作总基调，按照上级党委、政府和县委的工作部署，深入开展“产业发展项目建设增效年”活动和“七比一看”竞赛，继续以“四区”建设为主线，“五优”创建为载体，持续奋进、奋发、奋斗，切实增强经济活力、防范化解风险、改善社会预期，巩固和增强经济回升向好态势，推动经济实现质的有效提升和量的合理增长，增进民生福祉，保持社会稳定，为漳州加快现代化滨海城市建设作出平和贡献。全县经济社会发展的主要预期目标是：地区生产总值增长 6%，农业总产值增长 5%，规模以上工业总产值增长 7.3%，固定资产投资增长 8.5%，社会消费品零售总额增长 6.5%，一般公共预算总收入增长 6.5%，地方一般公共预算收入增长 5.5%，城镇、农村居民人均可支配收入分别增长 8%、8.5%；完成省市下达节能减排降碳约束性指标任务。

（摘编：陈德盛）

南靖县社会发展概述

2023年是全面贯彻落实党的二十大精神的开局之年，也是三年新冠疫情防控转段后经济恢复发展的关键之年。一年来，南靖县坚持以习近平新时代中国特色社会主义思想为指导，深入学习贯彻党的二十大和习近平总书记重要讲话精神，团结带领全县人民，持续深化“产业发展项目建设提升年”活动和“七比一看”竞赛，奋力拼搏、砥砺前行，推动全县经济社会各项事业发展取得新成效。全年完成地区生产总值398亿元，增长0.6%；固定资产投资93.7亿元，增长5%；一般公共预算总收入17亿元，增长20.6%；地方一般公共预算收入12.3亿元，增长22.7%；外贸进出口36.3亿元，增长30.6%；实际利用外资8265万元；社会消费品零售总额128.7亿元，增长10%；城镇和农村居民人均可支配收入分别为44799元、27195元，分别增长6%、9%。一年来，社会发展的主要工作和成效如下。

要素保障有新突破。获批项目用地1047.2亩，处置批而未供土地804亩、闲置土地169.7亩，落实耕地进出平衡1594亩，补充耕地945亩，有效保障项目用地需求。抢抓政策窗口，向上争取资金7.1亿元，8个项目获批专项债资金5.7亿元；实现土地运作收入3.9亿元，县属国有投融资平台完成融资12.6亿元。荆江国投获评AA主体信用等级。

城市品质日益提升。实施55个城市建设品质提升项目，完成教育路、解放路等5条市政道路“白改黑”。县道马山线竣工通车，城市中轴中山北街全线贯通，极大改善城区交通和城市格局。新改建城区供水管网、污水管网21.9公里，新增公共停车场2个、停车位270个、垃圾分类屋亭78座，改造提升人行步道6.3公里。实施江滨公园二期、荆江右岸兰香福道等提升改造，完成“一街一景”、一河两岸夜景等美化亮化工程。持续推进国家园林县城、国家食品安全示范城市、省级文明城市、省级垃圾分类试点县创建工作，县城颜值和管理水平进一步提升。

美丽乡村绽放新颜。扎实开展农村人居环境整治，拆除“两违”面积42万平方米，整治裸房650栋，新改建农村生活污水管网200公里，农村污水PPP项目建成投用。出台《公路路域环境整治工作方案》，开展农村公路路域环境整治机制及模式试点，新改建农村公路43.2公里，实施养护工程67.5公里，获评“四好农村路”全国示范县。新改建输电线路64.9公里、配电网台区47个，龙山110千伏变电站建成投用，农村供电可靠率提升至99.97%。实施南坑镇、丰田镇全镇域农村生活垃圾“干湿”分类试点。深入实施“十镇百村”试点示范项目，竣工项目71个，完成投资5723万元。创建美丽庭院90户、美丽乡村微景观65个、美丽田园4个。南坑镇南高村获评“福建省美丽休闲乡村”。

生态环境持续改善。深入开展畜禽养殖污染治理攻坚行动，大力整治违法养殖行为，全年靖城桥国考断面水质均值达到Ⅲ类，县级饮用水源地水质达标率100%，县城空气质量优良率100%，荣获“中国天然氧吧”称号。抓好第三轮中央生态环保督察反馈问题立行立改。持续加强生态保护和修复，山水林田湖草沙一体化保护和修复工程建设完成，治理水土流失面积1.9万亩，完成造林绿化1.6万亩、森林抚育3.4万亩、封山育林1.6万亩、矿山生态修复20亩。九龙江西溪上游跨区域协作机制被《中国水利报》专题报道，水政执法、河长制等工作在水利部太湖流域经验交流会上作典型发言。创建省级森林城镇1个、省级森林村庄4个。书洋镇入选省级森林康养小镇，静心山居入选省级“康养基地”。县林业局荣获“全国林草系统先进集体”。

社会事业协调发展。实施县中医院迁建、城乡供水一体化等19项县委县政府为民办实事项目，累计完成投资9.5亿元。投入7.5亿元，实施实验幼儿园荆东园区、实验小学兰湖校区、县医院旧病房大楼改造等11个教育、卫生项目，新增学位3870个。全县友善医疗机构数达到公立医疗机构的80%以上，重点人群家庭医生签约人数8.9万人，签约率87.7%，每千人口拥有婴幼儿托位数4.1个。完成殡仪服务中心改扩建工程，开展主城区“集中治丧”试点前期工作，加快生命公园建设。持续开展“养老服务质量提升年”专项行动，新增运营敬老院2个，建成长者食堂4个，购买居家养老服务8500人。南靖一中获评“全国小平科技创新实验室建设学校”，船场中心小学入选“福建省中医药文化教育试点学校”。山城镇江滨社区获评“2023年全国示范性老年友好型社区”。老年大学云水谣分校挂牌全省首个“省级老年大学游学基地”。

社会保障提质扩面。健全巩固拓展脱贫攻坚成果长效机制，发挥“一键报贫”等平台作用，发放小额信贷565万元，惠及脱贫户194户。认真做好优抚安置、残疾人补助和医疗救助、困难救助等工作，全面落实城乡低保、被征地农民养老保险、医疗保险等保障，城乡低保覆盖率提升至1.93%。城镇新增就业1484人，促进失业人员再就业595人。

社会大局和谐稳定。南靖县持续深化“平安南靖”建设，强力打击跨境电信网络诈骗等违法犯罪活动。深入开展重大事故隐患专项排查整治行动，安全生产形势总体平稳。积极有效防御“杜苏芮”“苏拉”“海葵”等台风，制定防台风指挥手册、极端情况6小时恢复正常生产生活秩序部门联动工作方案。扎实推进信访突出问题“清仓息访”，中央联席办、市联席办交办的149件“治重化积”件已全部化解。加大信贷风险防范化解力度，不良贷款率保持在1.05%以下。设立南靖县法律援助中心，建立社区矫正敬老公益活动基地5个。“土楼枫桥”打造“三色”工作法被省、市委政法委肯定并作典型宣传。土楼法庭入选福建法院第一批“最美法庭”。

深入推进全面从严治党，扎实做好省委巡视、审计反馈意见整改，严格执行中央八项规定及其实施细则精神，持续纠治“四风”。深入开展“深学争优、敢为争先、实干争效”行动，实施“一线看作风、多维识干部”专项行动，深化干部作风“五不”“股长做派”“科长天大”问题专项整治。深入开展第五次全国经济普查、第三次全国土壤普查、“八五”普法规划等工作。龙山镇团委获评全国五四红旗团委。公路分中心获评“全国交通运输行业精神文明建设先进集体”。

2024年南靖县各项工作的总体要求是：以习近平新时代中国特色社会主义思想为指导，全面贯彻党的二十大和二十届二中全会精神，坚决落实中央、省、市和县委部署要求，坚持以人民为中心的发展思想，坚持稳中求进工作总基调，完整、准确、全面贯彻新发展理念，统筹扩大内需和深化供给侧结构性改革，统筹新型城镇化和乡村全面振兴，统筹高质量发展和高水平安全，紧扣“四个更大”重要要求，深入实施“深学争优、敢为争先、实干争效”行动，扎实开展“产业发展项目建设增效年”活动和“七比一看”竞赛，全面推进“135”工程，着力打造“四大百亿片区”，持续推动经济实现质的有效提升和量的合理增长，奋力开创富美新南靖现代化建设新局面。经济社会发展的主要预期目标初步安排为：地区生产总值增长6%；固定资产投资增长10%；规模工业总产值增长10%；一般公共预算总收入增长3%；地方一般公共预算收入增长1%；社会消费品零售总额增长10%；实际利用外资增长10%；外贸进出口增长30%；城镇和农村居民人均可支配收入分别增长7%、8%以上。

（摘编：王杰成）

华安县社会发展概述

2023年，是全面贯彻党的二十大精神的开局之年，是三年新冠疫情防控转段后经济恢复发展的一年。面对错综复杂的国内外形势和多重超预期因素冲击，在以习近平同志为核心的党中央坚强领导下，华安县始终坚持以习近平新时代中国特色社会主义思想为指导，全面贯彻落实党的二十大精神，完整、准确、全面贯彻新发展理念，服务和融入新发展格局，坚持稳中求进的总基调，紧扣“四个更大”重要要求，以开展“产业发展项目建设提升年”活动为抓手，落实县委“1233”发展思路，全力以赴稳经济、保增长、守底线。受多重因素影响，经济运行承压前行，部分经济指标不及预期，但全县上下同心协力、迎难而上，多项结构性指标明显好转、实现“下半年好于上半年”的总体目标，经济社会事业各项工作全面发展。2023年，再次成功入选“福建省县域经济发展十佳县”。全县地区生产总值完成220.83亿元，增长4.6%；规模工业总产值210.57亿元，增长0.4%；固定资产投资76.06亿元，增长9.1%；一般公共预算总收入11.13亿元，增长31.4%；地方一般公共预算收入7.76亿元，增长29.3%；社会消费品零售总额47.95亿元，增长10.3%；实际利用外资976万美元，增长7%左右；城镇居民人均可支配收入44966元，增长4.8%；农村居民人均可支配收入26560元，增长7.3%；农林牧渔业产值67.14亿元，增长5.9%。一年来，华安县社会发展的主要工作和成效体现如下。

聚力补齐短板弱项，城乡品质显著提升。开展“城市微改造”三年行动，实施城乡环境八大整治工程、六大提升计划，78个项目完成投资6.61亿元。实施平湖路二期夜景提升工程，改造城区老旧小区100幢，提升燃气户内设施1892户，新增微型口袋公园9个，城市绿地率达41.98%，城市人均公园绿地面积27.94平方米，远超国家生态文明建设示范区人均标准。投放首期城市客运巡游出租汽车10辆，新改建3个农村综合运输服务站，启用3处科技治超点，新改建农村公路45公里，全县行政村100%通客车。实施九龙江（华安片）重点流域水环境治理提升与生态廊道建设、万里安全生态水系等项目，治理河道68.3公里，新建堤防和护岸4.5公里，新改建生态护岸近10公里，亲水步道5公里。设立夜市经营集中区，打造“北溪岁月”网红夜经济打卡点。加快“千兆城市”创评，5G基站总量达330座。推动农村生活污水处理设施PPP项目全面进入运营期，镇村生活污水治理基本完成县域全覆盖；深化农村人居环境整治“百村竞赛”专项行动，打造美丽乡村庭院200户，建成微景观58处，完成“两违”治理41.18万平方米，整治农村裸房1181栋。48个村推行乡村治理“积分制”，乡贤促进会实现村（社区）全覆盖。仙都镇、马坑乡成功创建省级森林乡镇，岛濑村、芹岭村创建省级森林村庄。

聚力保障改善民生，社会事业全面发展。坚决贯彻党中央、国务院决策部署，积极做好基层“三保”工作，切实兜牢“三保”底线。有效对冲三年疫情对地方减收增支影响，实施债务化解方案，成功消除债务橙色预警，债务风险率下降到145%。全年全口径财力达31.3亿元，比2020年增加了近一倍，实现公积金大口径发放，近三年来，补齐教师工资不低于公务员9095万元，增加退休人员生活补助5809万元；1—11月，民生支出累计14.6亿元，占一般公共预算支出77.41%，同比增长26.97%。

实施为民办实事项目38项，累计完成投资7.09亿元。投入6300万元，完成实验小学综合楼、第二实验幼儿园迁建等5个校园建设项目，提高学校办学能力；发挥奖学奖教激励作用，优质生源外流减少，初中部前100名留在华安就读的学生数比去年增加37%。落实“双减”，义务教育阶段学校全面推行课后服务“5+2”模式，惠及学生近1.5万人。重启华安一中与福建师范大学附属中学的共建帮扶。引入优质高校名校资源，华安一中与漳州市第一外国语学校、华安五中与集美大学、南海中学与闽南师范大学等共建战略合作关系。启动县第二医院项目前期工作，完成县医院血透室扩建改造、综合ICU、县中医院运动康复与失眠专科等医疗机构项目建设；丰山镇卫生院上榜2023年“优质服务基层行”活动国家推荐标准名单。率先在全市设立开发区医保服务点，打造工业园区“一刻钟医保服务圈”，成为全市典型。

完善社会化养老服务体系，平湖社区入选2023年全国示范性老年友好型社区。推进文化事业发展，加快推进“五馆一中心”布馆，全市首个青年主题公园揭牌；省级文明县城创建工作巩固提升，被省委文明办确立为首批“城乡精神文明融合创建试点县”，全市唯一。完成东溪窑上虾形窑址等重点文物保护修缮工程。建立广西、贵州等省外劳务协作基地，城镇新增就业人数超额完成市下达任务。积极推进国家食品安全示范城市创建，“四个一”经验做法成为全市典型。加快县殡仪服务中心、村级公益性生命公园、长者食堂等项目建设，发放各类社会救助金2277万元。

社会治理不断深化。聚焦重点行业领域，开展重大事故隐患专项排查整治行动，安全生产形势稳定。纵深推进常态化扫黑除恶斗争，推行“对比算账”化解矛盾纠纷工作法、“1233”绿碳司法保护、森林生态警务等特色做法，“148”公共法律服务做法在全省现场会作交流，带动基层社会治理实践创新。“七无讼”全域全链治理新模式经验做法入选全省优化营商环境工作典型，获省营商办推广。中央信访联席办交办的第三批治重化积信访事项全部提前办结，化解率100%。

扎实开展主题教育，以省委巡视反馈问题整改为契机，深入推进全面从严治党，深化法治政府建设，聚焦“深学争优、敢为争先、实干争效”和市委干部作风“五不”问题专项整治，从严整治“股长做派”“科长天大”等顽疾，用好基层小微权力监督微信群，落实“四定一督”机制，营造风清气正政治生态。持续开展绩效红黑榜考核激励机制，营造竞赛比拼浓厚氛围，获市级以上正向激励加分事项14项。

2024年是中华人民共和国成立75周年，是实施“十四五”规划的关键一年。华安县各项工作的总体要求是：以习近平新时代中国特色社会主义思想为指导，全面贯彻落实党的二十大和二十届二中全会精神，坚持稳中求进、以进促稳、先立后破的总体要求，完整、准确、全面贯彻新发展理念，紧扣“四个更大”重要要求，认真落实省、市、县党代会的部署和要求，以开展“产业发展项目建设增效年”活动和“七比一看”竞赛为抓手，落实县委“1233”发展思路，统筹扩大内需和深化供给侧结构性改革，统筹新型城镇化和乡村全面振兴，统筹高质量发展和高水平安全，增进民生福祉，保持社会稳定，巩固和增强经济回升向好态势，持续推动经济实现质的有效提升和量的合理增长，奋力谱写全面建设社会主义现代化华安新篇章。全县经济社会发展的主要预期目标为：地区生产总值增长6%左右；规模以上工业总产值增长8.5%左右；规模以上工业增加值增长8.2%左右；固定资产投资增长8%左右；社会消费品零售总额增长8%左右；一般公共预算总收入增长9%左右；地方一般公共预算收入增长8%左右；实际使用外资增长8%左右；城镇居民人均可支配收入增长8.1%左右；农村居民人均可支配收入增长10%左右；农林牧渔业总产值增长5%左右。节能减排指标控制在省市下达的指标范围之内。

（摘编：邹申）

泉州市社会发展综述

2023年，泉州市以开展学习贯彻习近平新时代中国特色社会主义思想主题教育为契机，落实“深学争优、敢为争先、实干争效”行动部署要求，大拼经济、大抓发展，持续实施“抓项目、促发展”系列专项行动，召开全市创新、金融、文旅、教育、营商环境大会，加快推进新型工业化和新型城镇化步伐，“不断创新和发展‘晋江经验’”写入中央文件。坚持人民至上、生命至上，精准研判、顶格部署，迎战有完整观测记录以来登陆泉州最强台风“杜苏芮”，全市上下一心、众志成城，经过2天日夜奋战，基本恢复正常生产生活秩序，最大限度降低台风造成的危害和损失，入选应急部“良好实践案例”。泉州市在确保疫情防控转段平稳有序的基础上，全力抓好经济建设这一中心工作和高质量发展这一首要任务，全市生产总值增长4.8%，一般公共预算总收入增长10.6%、突破千亿大关，居民人均可支配收入增长6.0%，固定资产投资增长11.5%、继续保持全省领先，经济回升向好，发展效益提高、后劲增强。一年来社会发展的主要工作和成效如下。

蹄疾步稳推改革，发展空间不断拓展。深入学习贯彻习近平总书记关于民营经济发展的重要论述，连续召开“新春第一会”，成立民营经济研究院，设立“泉州企业家日”，评选泉州民企百强，完善支持民营经济发展“1+N”政策体系。促进民间投资做法成为全国典型，国家发改委在泉州市召开“创新发展‘晋江经验’促进民营经济高质量发展”大会。深化“营商环境持续提升”专项行动，12个指标进入全省标杆、数量全省最多，建立营商环境监督员制度，获评全国营商环境创新城市；实现县级诚信促进会全覆盖，获评全国社会信用体系建设示范区；建成统一政务云管平台，投用移动端掌上政务与便民服务APP，审批服务事项网上可办率达97%以上；优化整合“一件事”集成套餐311项，推行“拿地即开工”“桩基先行”等审批提速改革。推动金融产业高质量发展，构建“财政+金融”政策体系，深化投融资机制改革，创新基础设施领域投资模式，实施“百名行长进万企”活动，上线“信易贷”平台，全市存贷款余额分别达1.2万亿元、1.17万亿元；实施企业上市“刺桐红”三年行动，举办中国上市公司高峰论坛。在全国率先建立金融纠纷一体化调处模式，不良贷款率持续下降。深化两岸融合发展，启用全国首个“台胞医保/健保线上服务平台”，恢复泉金客运航线，加快金门供水水源保障工程建设，累计向金门安全供水超3000万吨。

统筹统管促合力，城乡品质一体提升。编制《泉州市国土空间总体规划》，成立中心市区城建总指挥部，实行重点区域、重大项目规划设计和工程施工“双监理”，完善中心城区规划建设一体化管理机制。深化“抓城建提品质”专项行动，实施重点城建项目1729个、年度完成投资超千亿元。中央商务区加速繁荣，已投用总部大楼14幢，入驻企业1135家、增长45%，税收增长45.3%；新开工海丝金融中心等楼宇；海丝中央法务区泉州片区新增涉外交流项目5个。中央活力区加速建设，启动海丝大街、丰海路景观提升、后埔片区安商房和教育配套等项目。

古城保护提质提效，基本完成中山南路周边20条街巷改造提升，开展“第五立面”整治修缮，重点改善提升9个历史文化名镇名村传统村落。24个重点片区更新加快推进，江南片区繁荣大道完工通车，鲤城、石狮、晋江、德化等4个项目列入城乡品质提升省级样板工程；实施老旧小区改造项目247个、3万户，基本建成棚户区改造项目4000套；提升低收入家庭居住环境消防安全水平4.3万户；新增保障性租赁住房1.1万套，获全省正向激励第一名。深化“抓征迁交净地”专项行动，完成征地2.4万亩，新增建设用地指标和获批面积均居全省前列；妥善处置市级投资项目历年已征迁未安置问题，选房安置48.9万平方米。深化“绿满泉城”“夜景照明提升”“水系联排联调”“电力设施补短板”等专项行动，创新开展国有林场园林绿化花卉苗木定向培育工作，新改建公园绿地121.7公顷；完工东海城东片区、晋江洛阳江两岸及古城照明提升工程；开工北高干渠功能调整输水工程和南高干渠供水替代工程，着力连通晋江、洛阳江，实现优水优用；完成电力设施投资45.6亿元、增长39%，均居全省第一，配网入地缆化126公里。深化“聚城畅通”专项行动，制约城市发展的跨江通道问题取得重大突破，开工建设金屿大桥、百崎大桥，完成晋江隧道规划设计；武荣大桥主桥贯通、国道324改线顺利推进，建成通港东街和洛江西环路快捷化改造工程、泉南沙厦高速改扩建主线工程；福厦高铁泉州段正式通车运营，城际铁路R1线建设规划调整方案获国家发改委批复。“公交+慢行”入选交通运输部首批典型案例。

深化“乡村振兴”专项行动，成立泉州市乡村振兴集团，创建省级乡村振兴示范村镇79个、新增整镇推进“五好”乡镇15个，评选乡村“五个美丽”建设优秀案例300个，获评全国乡村旅游精品线路3条，永春入选全国“五好两宜”和美乡村试点县。抓好农村建设品质提升行动，整治裸房4万栋，完成400个村庄生活污水提升治理，新改建供水管网1233公里、农村公路路网建设351公里、安防工程245公里，惠安、安溪获批“四好农村路”全国示范县。脱贫攻坚成果持续巩固，全市脱贫对象收入增速达13.3%，脱贫村集体经营性收入全部达20万元以上。

用心用情惠民生，社会安全网更密更牢。民生短板加快补齐。深化“惠民生补短板”专项行动，坚持超七成五财力投入民生，完成40个为民办实事项目，新建374个“党建+”邻里中心。强化公共就业服务和社会保障，开发“招聘导航”和“泉通行——高校毕业生就业平台”，促进高校毕业生等重点群体就业创业，入选全国公共就业服务能力提升示范项目。城镇新增就业9.5万人，失业人员实现再就业1.26万人，完成职业技能培训6万人次。

实施全民参保计划，推行五险“一区通办”服务，“社银一体化”服务成为全国典型，全市新增“五险”参保人数30.1万人次、住房公积金归集6.7万人。建设养老床位2000张，入选全国居家和社区基本养老服务提升行动项目地区，创建老年人健身康乐家园数量居全省首位。建立社会救助“一事一议”制度，完成儿童福利机构优化提质和创新转型工作。

努力办好人民满意的教育，实行中心市区公建配套学校与城市规划、设计、建设、验收、交付使用“五同步”，中心市区研究教育用地976.7亩、历年来最多；全市新增公办幼儿园学位1.3万个、中小学学位3.25万个；建设乡村温馨校园特色校50所，创建“名优校+”教育发展共同体100个，“5G+专递课堂”试点学校覆盖所有县（市、区），高考创历史佳绩。实施基础教育引才“百千”行动，引聘博士、研究生、高校优秀毕业生从事基础教育1348人，开展市直中小学校长职级首聘。首次实施高中、中职、技工学校一体化平台招生，建成泉州技师学院，成立泉州市产教融合联盟、产教融合研究院，入选国家职业教育产教融合典型案例。

推动卫健事业高质量发展，全市新增卫技人员4000名、医疗床位1549张、普惠性婴幼儿托位3322个。上海六院福建医院晋东院区开工建设，市妇产医院二期、市正骨医院北峰院区建成验收。与福建医科大学、福建中医药大学签订战略合作协议，建成泉籍名医库、临床学科专家库，新增国家、省级临床重点专科15个。优化医疗资源布局，11家县域总医院诊疗量增长7.9%，遴选建设县域医疗卫生次中心20家，提升基层中医馆服务能力，建成星级暖心服务医疗站点30个。成立市县两级疾控局，抓好新冠病毒感染、登革热等重点传染病防控。开展非急救转运社会化服务试点，建成全省首个心理援助热线短号平台。深化“三医协同”改革，推进公立医院同级检查结果互认，药品和医用耗材集中采购范围分别扩大至494种、35种，获批成立省药品监督管理局泉州服务工作站；DRG支付方式改革实现符合条件的二级以上医疗机构全覆盖，24家二级以上医疗机构实施信用医保，实现“先诊疗后付费”，“一人一档+大数据+网格化”基本医保参保做法在全国推广。

发展文化体育事业，推进安平桥、顺济桥遗址等11个重点文物抢险加固、保护修缮工程，泉州古城成为全省首个国家文物保护利用示范区创建单位，与联合国教科文组织合作举办“古厝新声”泉州可持续生计试点活动。成功举办海丝国际艺术节、中国国际民间艺术节、海丝国际纪录片大会、首届中国电影编剧周、海丝泉州文学周。奠基蔡国强当代艺术中心，新增工艺美术大师传承创新基地3个，建成新型公共文化空间24个，举办常态化公益性惠民演出活动超1200场，顺利通过国家公共文化服务体系示范区复评验收。第十九届杭州亚运会收获7金6银2铜，成绩居全省第一；举办国际大体联足球世界杯、首届国际篮球博览会、第十二届市运会。

发展安全更有保障。深化“安全生产标准化提升”专项行动，实施“十百千万”示范工程，推进5.2万家生产经营单位现场“5S”管理，实现“六有”可视化警示标识全覆盖，安全生产标准化提升做法在全省推广，全市事故起数、死亡人数实现“双下降”。

加大生态环境整治力度，扎实推进中央和省生态环境保护督察整改，抓好240个大气减排精准治理项目，空气质量优良率上升0.3个百分点；全面落实河湖长制，推行“乡愁河长”，开展青山碧水碧海精准治理工程，主要流域国、省控断面和县级及以上饮用水水源地Ⅰ~Ⅲ类水质比例保持100%，成功入选国家农村黑臭水体治理试点城市。

加强平安泉州建设，启动信访问题源头治理三年攻坚行动，建立健全主动创稳工作机制，常态化推进扫黑除恶斗争，涉诈外流问题取得大幅退位的历史性突破，安溪摘掉涉诈重点地区“帽子”，实现重大节点安保维稳“三个零发生”，获评“全国社会治安防控体系建设示范城市”。

各项事业全面发展。大力支持国防和部队建设，推动国防动员体制改革落地见效获省肯定表扬；启动全国退役军人事务员新职业试点，建成全省首个崇军拥军司法服务中心。纵深推进法治政府建设示范创建，开展一体化大融合行政执法平台试点，新制定政府规章、提请审议地方性法规3件，市政府本级行政机关负责人出庭应诉率达100%；严格执行市人大及其常委会决议决定，依法接受市人大法律监督和工作监督，主动接受市政协民主监督，认真办理人大代表建议333件和政协提案497件。持续深化机关效能建设，发挥正向激励作用，市委、市政府给予市林业局、海洋渔业局、应急局、发改委、人社局记集体三等功，表扬表彰项目攻坚先进集体17个、先进个人100人，争优争先争效蔚然成风。

2024年是中华人民共和国成立75周年，是实施“十四五”规划关键之年。泉州市工作的总体要求是：要以习近平新时代中国特色社会主义思想为指导，全面贯彻落实党的二十大、二十届二中全会和中央经济工作会议精神，按照省委、省政府和市委部署要求，坚持稳中求进工作总基调，完整、准确、全面贯彻新发展理念，围绕推动高质量发展首要任务和构建新发展格局战略任务，传承弘扬、创新发展“晋江经验”，大拼经济、大抓发展，接续实施“抓项目、促发展”系列专项行动，奋力建设21世纪“海丝名城”，在实施新时代民营经济强省战略中走前头、作表率。

泉州市经济社会发展主要预期目标是：全市生产总值增长5.8%，农林牧渔业总产值增长4%，工业增加值增长5.8%，第三产业增加值增长6%；一般公共预算总收入增长5.2%，地方一般公共预算收入增长5.5%；固定资产投资增长6.5%；实际使用外资正增长，出口总额持平；社会消费品零售总额增长6%，居民消费价格涨幅控制在3%左右；居民人均可支配收入和经济增长同步；完成节能减排降碳任务。

（摘编：周华政）

鲤城区社会发展概述

2023年是全面贯彻落实党的二十大精神开局之年。这一年，鲤城区扎实开展学习贯彻习近平新时代中国特色社会主义思想主题教育，落实“深学争优、敢为争先、实干争效”行动部署，广大党员学思想、强党性、重实践、建新功，切实推动干部敢为、企业敢干、群众敢首创，凝心聚力推进高质量发展。这一年，2023年是全面贯彻落实党的二十大精神开局之年。坚决贯彻落实上级党委政府决策部署，在区委领导下，锚定建设“世遗典范城”“中央创新区”目标，持续实施“1+3+2”专项行动，全方位推进“活古城”“战江南”，各项工作取得新进展新成效。全区生产总值580亿元、增长7.5%，一般公共预算总收入25.32亿元、增长15%，一般公共预算收入15.32亿元、增长10%，工业增加值增长4.2%，建筑业增加值增长21.7%，社会消费品零售总额增长3.5%，固定资产投资增长20%，GDP等5项主要经济指标增速位列全市第一方阵。一年来，社会发展的主要工作和成效如下。

民生工程迈上新台阶。社会保障协同发力。高质量完成31件为民办实事项目。实施“鲤跃”工程，靶向引进国家级人才、创新产业国内外博士7人，新增省级博士后创新实践基地1个。

坚持就业优先，创设零工市场、“金蓝领俱乐部”等平台，新增就业人员超6100人，发放失业保险待遇超1000万元。完善住房保障，新增保障性租赁住房988套，改造棚户区项目2.25万平方米。居民养老金标准再提高6.25%，新建五星级养老服务照料中心1个、长者食堂3个，为超千名特殊困难老年人提供居家养老上门服务。健全救助机制，成立未成年人心理健康关爱基金，建成区未成年人救助保护中心、8个街道未保站、4个省级爱心助残驿站、3个“邻·鲤”家庭驿站。

教育事业提质加力。启动基础教育提升三年行动，新开工通政小学田中校区等3个优质教育项目，建成投用第二中心小学常泰校区等3个项目，移交保利·天汇等5所配套幼儿园，新增学位3340个。推动9所试点校升级“5G+专递课堂”，第五中心小学等3所学校获评省义务教育管理标准化学校。

医疗卫生保障有力。区妇幼保健院等4个改造项目投用，区公共卫生服务中心二期、浮桥和常泰街道社区卫生服务中心开工建设；建成3家数字化预防接种门诊，重点人群家庭医生签约率超80%，乙肝筛查率超70%；医保覆盖面突破97%。有效遏制登革热本土疫情。积极承接优质医疗资源，与福医大附属二院、泉州一院共建“医联体”，招引落地中豹科技、集力生物等大健康产业龙头。

文旅招牌增添新亮色。多维度赓续文脉传承。泉州古城成为全省首个入选国家级文物保护利用示范区创建单位；创新私人产权文物保护修缮新模式，顺利竣工运营省级文物保险服务试点项目，修缮花桥慈济宫等7处文保单位，启动5个文物安消防项目，构建“人防+物防+技防”防护体系，文保工作机制得到中国文物报宣传推广；2个案例获第45届世界遗产大会“全球世界遗产教育创新案例奖”；常态化举办“走进世遗·遇见非遗”等展演活动，新增国家级传承人1名。

多层次促进文旅融合。召开文旅经济发展大会，实施文旅经济发展三年行动，出台“1+1+N”政策，设立世遗古城文化保护与发展公益基金；

成功举办首届海丝泉州数字文创博览会、百年中山路庆典等重磅活动，配合举办中国电影编剧周、海丝泉州文学周、海艺节等活动，落地实施泉州演艺剧场、人民文学出版社创作基地、荣宝斋等30个文旅项目、总投资近85亿元，新增2家省级文化产业示范基地。创新打造丝路友城、“五庙、五团”文商旅融合发展链条，建设中斯文化艺术馆等4处特色主题馆；发布泉州首个城市NFT数字藏品，上线“AI游古城”“刺桐博物之城”平台，营造文旅新体验新场景。实施旅游住宿载体扩量提质工程，投用运营钟楼七栩等11家住宿载体、新增床位超1100张。西街东段、中山中路实现分时段步行化，打造城南庙会、锦鲤瓦市等“宋元海丝荟”系列品牌，开展街头艺术“遇见鲤”文旅活动超百场，中山路上榜国家级旅游休闲街区，龙岭社区入选全省金牌旅游度假村。全区旅游收入超百亿元、旅游人数突破千万人次。

多方位拓展文明实践。常态化推进“品质名城·文明新风”行动，顺利通过国家卫生城市复审。巩固省级生活垃圾分类示范区创建成效。创新共建联建机制，新建16个“党建+”邻里中心，拓展优化邻里中心特色服务功能；规范提升12个实践所（站），推行“为鲤加分”文明实践平台。实施文化惠民工程，优化提升2家公共文化服务中心、3家文化陈列馆，建成投用区级侨批馆和智慧体育公园、20个健身公园及30个文旅驿站等新型文化场所，区图书馆入选全国一级图书馆，刺桐艺术馆入选省新时代特色文艺示范基地，西街菜市场获评省“五星级”文明集市。

生态治理有力有效。扎实推进中央和省生态环保督察整改任务，启动总投资50亿元的江南新区环境整治提升工程，滚动推进63个水环境提质增效项目，深度排查管网492公里，解决内沟河问题排口183个。

开展城市扬尘污染点题整治，实施10个大气减排精准治理项目，持续推进低VOCS原辅料替代，开展区第三次全国土壤普查，危废转运处置利用率超99%，生态环境持续向好。严格落实“河长制”“林长制”，认真履行耕地保护责任，水土保持取得长效进展。

安全韧性提标提质。巩固安全生产标准化成果，建成安全文化示范馆，超300家企业完成安全生产标准化提升，新引进工贸企业标准化创建实现100%。完善“1+N”防汛防台应急预案机制，成功抵御“杜苏芮”等超强台风。启动重大事故隐患专项排查整治行动，攻坚化解燃气安全风险1192处，自建房录入系统完成率等实现3个100%。建成338个“标准型”智能安防小区、82个“提高型”智慧安防小区，打造智慧安防“新格局”。积极融入国家食品安全示范城市创建，深入治理“餐桌污染”，推进药品安全建设。

社会秩序安定稳定。统筹推进“打防管控建宣”各项工作，刑事、电诈发案分别下降18.3%、31%，境外涉诈重点人员劝返率90%；创新打造“校园周边整治大数据模型”，有效提升学校周边监管力度。深化阳光信访机制，持续开展“四门四访”活动，提前化解中央信访联席办交办积案，群众满意率超97%。全国首创法院公安联合综治平台“海丝平安驿站”，发挥矛盾纠纷化解立体网络作用，人民调解成功率连续5年保持99%以上。

2024年是新中国成立75周年，是实施“十四五”规划攻坚之年。鲤城区要以习近平新时代中国特色社会主义思想为指导，全面贯彻落实党的二十大和二十届二中全会精神，按照省委、省政府，市委、市政府和区委部署要求，坚持稳中求进、以进促稳、先立后破，坚持“高质量发展、高品质生活、高效能治理”工作导向，围绕“产城人文安”发展思路，深入实施“活古城”“战江南”，深耕“1+3+2”专项行动，勇当全省全市全方位推进高质量发展先锋，加快建设“世遗典范城”“中央创新区”，奋力实现“品质名城·现代都市”美好蓝图。全区经济社会发展主要预期目标是：全区生产总值增长6%左右，工业增加值增长6%，建筑业增加值增长4%，第三产业增加值增长6.5%；一般公共预算总收入增长6%，一般公共预算收入增长6%；固定资产投资增长10%；出口商品总值（海关口径）增长3%，实际利用外资（验资口径）完成700万美元；社会消费品零售总额增长6%；居民人均可支配收入与经济增长基本同步。

（摘编：吴强）

丰泽区社会发展概述

2023年，丰泽区坚持以习近平新时代中国特色社会主义思想为指导，全面贯彻党的二十大精神，深入实施省委“深学争优、敢为争先、实干争效”行动、市委“强产业、兴城市”双轮驱动，扎实推进“1+3+2”“5610”专项行动，迎难而上、砥砺前行，交出了一份沉甸甸的答卷。

这一年，丰泽区大拼经济，围绕“三个一万亩”，启动高端服务业、龙头企业等八个倍增计划，地区生产总值突破900亿元、增长6%，社会消费品零售总额增长7%，一般公共预算总收入增长9.2%，金融存贷款余额增长10.9%，各项主要经济指标逐月、逐季向好。

这一年，丰泽区大拼项目，签约落地中建科工、中建三局、中水十六局、河钢集团等世界500强和央企9家，在建工地塔吊425台、增长2.8倍，首次获得全省项目工作正向激励。

这一年，丰泽区大拼园区，泉州数字经济产业园列入全省人工智能产业园三大园区，规划工业用地拓展4倍、达4230亩；海丝中央法务区泉州片区列入全省三大园区，首创金融纠纷一体化调处模式入选全国改革典型案例。

这一年，丰泽区大拼城建，对标“国内一流、省内领先”建设中央商务区和中央活力区，新注册企业是过去十年的2倍，未来将集聚白领10万人，群众翘首以盼的金屿大桥、百崎大桥开工建设，环湾新城加速崛起。

这一年，丰泽区大拼民生，把80%支出用于民生领域，新增优质学位4320个，正骨医院北峰院区即将投用，平稳解决12个超十年的征迁遗留问题、近万名群众圆了安居梦。一年来，社会发展的主要工作和成效如下。

提品质、优环境，“美”的形态更加彰显。城市建设打造精品。获批成片开发2400亩，302个城市提品质项目完成投资168.3亿元。深化“抓征迁交净地”专项行动，全面推行模拟征收、房票安置模式，房屋征收110万平方米、占全市近一半，土地征收2412亩。完成18个老旧小区改造、惠及群众7440户，“拆墙并院”案例获省市推广。中央商务区开业运营海星商业生活街区，新租售写字楼9万平方米，新入驻白领1万人，税收增长30.9%。中央活力区开展城市设计国际招标，蝴蝶湾全面启动建设。

城市管理谋求精细。建成“党建+”邻里中心36个，打造城市基层治理示范片区8个，入选全国先进典型社区案例2个。加快布局数字基础设施，新增“24小时微车管所”4个，建成5G基站1400个。城区交通持续改善，新增停车泊位900个、汽车充电桩256个，打通“断头路”3条。创成省级生活垃圾分类示范区，改造垃圾分类亭366座。新建农贸市场3个。处置“两违”5414平方米、违法图斑1984平方米。

城市环境迈向精致。全力推动中央第三轮生态环保督察反馈问题边督边改、立行立改。实施大气污染精准治理减排项目6个，空气质量优良天数比例97%。实施旧城管网改造等七大行动，新建改造污水管网50公里，整治水质较差和不稳定排口480个，集中式饮用水水源地达标率保持100%，国控蟳埔断面水质稳定达标。完成互花米草除治任务以及1034亩滩涂生态修复。实施“绿满泉城”“照明提升”行动，新建口袋公园10个，新增绿地5.1公顷，点亮沿江楼宇26栋，群众转角就能遇见美。广大新老丰泽人在这片沃土上实现“有家有业有同行、有诗有画有远方”。

实施“涌泉润泽”行动，新增省级博士后创新实践基地2家，引进培养高技能人才263人、高层次人才441人，吸引来丰留丰大学生1.9万人。高端服务业表现亮眼，引进品牌首店12家，新增泉州现代服务业重点企业28家、全市最多。影视产业迅速兴起，全市率先成立影视服务中心，北京影视文化专场推介会签约项目51个、总投资186亿元。金融“活水”持续赋能，设立泉州中小微企业融资促进中心，组建股权投资基金20亿元，新增基金类、类金融机构59家，海丝基金小镇管理规模突破300亿元。

办实事、惠民生，“暖”的感受更加真切。社会保障托底利民。完成55件民生实事以及2个人大代表票决的重大民生项目。打好就业创业组合拳，为2.87万家企业减免失业保险费9135万元，大中专毕业生创业省级资助项目数量及金额均居全市第一，新增就业2.2万人。保障农民工工资支付工作连续五年获得全市考核“A”档，东海街道获评全国工作突出基层劳动人事争议调解组织。区社会福利中心主体竣工，发放各类救助金1400万元，建成省级无障碍设施样板项目，新增保障性租赁住房969套。优化“一老一幼”服务，新建长者食堂3个，完成特殊困难老年人家庭适老化改造609户，新增普惠托育机构5家。

社会事业提质惠民。教育经费投入9.22亿元、增长5%，新改扩建中小学7所，2个项目获评国家级基础教育教学成果奖，城东中学入列第二批省级示范性普通高中，省级示范性幼儿园增至8所，4所学校入选省市课后服务工作典型案例，小学午休“一键躺睡”做法获央视报道，高考本科达线率87.3%。北峰街道社区卫生服务中心项目主体封顶，泉秀街道社区卫生服务中心通过省级社区医院建设评估，新增省级精品中医馆、中医药文化宣传教育基地各1家。区图书馆获评全省新时代特色文艺示范基地，举办世界旅游小姐大赛、国际儿童时尚周、蟳埔民俗文化节、泉州啤酒文化节等各类文体活动600余场，新建口袋体育公园20个，新增国家级体育后备人才基地2个。

社会治理高效安民。成功应对登陆泉州的最强台风“杜苏芮”，及时转移5600名危险区域群众，仅3天经济社会秩序恢复正常。打造安全生产标准化提升2.0版本，连续五年获评全市安全生产目标责任优秀单位，安全生产形势保持稳定。完成地质灾害隐患点治理4处。严格落实粮食安全责任制，完成粮食生产面积730亩、产量250吨。

食品药品安全形势稳定可控。银行业不良贷款率控制在0.86%。稳妥化解信访积案243件、化解率达98%。常态化推进扫黑除恶斗争，刑事警情和电诈警情下降幅度居全市前列。国防动员、退役军人、双拥、民族宗教、档案、供销、工会、共青团、妇联、慈善、红十字等事业取得新成效。丰泽的社会安定、生活安宁，群众日子一年更比一年好。

转作风、树形象，“干”的氛围更加浓厚。扎实开展主题教育，引导广大党员学思想、强党性、重实践、建新功，切实把“两个确立”的政治成果转化为坚决做到“两个维护”的政治自觉。建立重点工作定期调度机制，成立“大抓落实、狠抓落实”督导领导小组，协调解决重难点问题352项，荣获市级以上荣誉表彰46项。组建教育、卫健、金融等红色矩阵12个，构建各行业各领域党建互帮互学、共创共赢的工作新格局。

2024年丰泽区各项工作的总体要求是：坚持以习近平新时代中国特色社会主义思想为指导，全面贯彻党的二十大和二十届二中全会精神，坚持稳中求进、以进促稳、先立后破，完整、准确、全面贯彻新发展理念，统筹高质量发展和高水平安全，创新和发展“晋江经验”，坚持以产兴城、以城促产，接续实施“抓项目、促发展”“5610”等系列专项行动，全力推进产业升级、城市建设、改革开放、民生补短，奋力建设“五城五区”、21世纪“海丝名城”核心区。全区经济社会发展主要预期目标是：地区生产总值增长6%以上；工业增加值增长2.5%，第三产业增加值增长6.5%；一般公共预算总收入增长9%，地方一般公共预算收入增长9%；固定资产投资增长8%；社会消费品零售总额增长6.5%，居民人均可支配收入与全区生产总值基本同步增长。

（摘编：胡义顺）

洛江区社会发展概述

2023年是全面贯彻落实党的二十大精神开局之年。洛江区以习近平新时代中国特色社会主义思想为指导，全面学习贯彻党的二十大精神，深入落实习近平总书记重要讲话重要指示批示精神，扎实开展第二批主题教育和“深学争优、敢为争先、实干争效”行动，坚决落实中央、省市和区委的决策部署，大拼经济、大抓发展。全年完成地区生产总值365亿元、增长5.2%；一般公共预算总收入30.8亿元，增长12.9%，一般公共预算收入20.1亿元，增长22%，全方位推进高质量发展取得新成效。一年来，洛江区社会发展的主要工作和成效如下。

城市功能品质持续提升。城市建设更加高效。坚持规划先行，完成《洛江区单元控制性详细规划》修编并获批实施，形成“三轴四区、两核三心”空间结构。聘请高水平规划设计团队开展中部功能区、阳江新城、河市西片区、泉州智创科技城等片区规划设计。城市基础更加完善。实施“聚城畅通”项目18个，洛江至丰泽高速（甬莞高速联络线）、324国道改线（泉梅高速洛江段）加快推进，西环路、经九路建成通车，万虹路提升改造一二期完工。城市治理更加精细。依托数字城管平台，落实“监测吹哨、管养报到”机制，实现对城市动态的实时管理，有效派遣、处置2.2万件。

生态文旅产业融合发展。生态环境持续改善。深入打好蓝天、碧水、净土保卫战，完成7个大气综合治理项目、7个碧水碧海工程精准治理项目，整治5个入海排污口、143个入河排污口，推动万安、双阳片区18个污水管网空白区建设，完成7个农村生活污水提升治理项目。建立2023年度区域突出生态环境问题清单，高效办理第三轮中央生态环保督察信访举报件。

推进警地融合、多域联动，洛江区探索建立“2366”生态警务新模式，破获部省督办“2305”系列危害珍贵濒危野生动物案，得到省领导批示肯定。加强生态修复，治理水土流失1.2万亩，完成植树造林3250亩、森林抚育超7000亩、松材线虫病林分改造9594亩；实施湿地生态修复及景观提升工程，种植红树林460亩。

文旅融合持续深化。实施“文旅+”专项行动，推进虹山全域旅游“梧凤小镇”、玉叶山森林公园文旅开发、乡韵鹿境休闲旅游度假区等项目建设，打造一批旅游经济新增长点。虹山油菜花基地入选2023中国美丽乡村休闲旅游行精品景点线路，石龙谷景区入选第四批全国自然教育基地。加强文旅精准招商，签订文旅项目合同22个，总投资128.1亿元。举办“5·19”中国旅游日、“文化和自然遗产日”等推介宣传活动，上线“悠游洛江”小程序、发布“悠游洛江”全域旅游卡。全年接待旅游人数超265万次，增长31.5%，实现旅游收入超23亿元，增长36%。

文体事业持续繁荣。深入实施“四名”工程，举办俞大猷诞辰520周年、2023年泉台文化交流、中国·虹山圣祖妈非遗文化节、陈三五娘传说文化研讨等系列活动。完善文体基础设施，完成俞大猷公园改造提升，建成10个口袋健身公园、10条健身路径，改造提升4个篮球场，虹山乡建成全市首个乡镇级党群服务中心，建设“党建+”邻里中心文化服务空间示范点10个，区档案馆加快建设。组织参加2023年全国武术之乡比赛，获得10金10银15铜，团体总分位列全国第17名。壮大文化市场主体，全年新增规上文化企业7家。

人民生活品质加快改善。公共服务提质提效。用心用情用力办好24个省级、33个市级、69个区级为民办实事项目。优质教育资源持续扩充，洛江区实验幼儿园、十一中塘西校区等加快建设，市实小洛江第二校区、南益·清源春晓配套幼儿园投入使用，新增学位2520个。奕聪中学顺利晋升省一级达标高中，实现3年内建成2所一级达标高中。加强校地合作，与华侨大学签订战略合作协议；规划建设洛江职教园，黎明职业大学洛江校区等院校落地洛江。泉州第一医院、泉州儿童医院等医联体共建持续深化，洛江区医院新院区、宝璋肿瘤医院、河市卫生院住院大楼、万安社区卫生服务中心改造项目加快建设。积极推进国家级慢性病综合防控示范区创建，启动国家级健康区创建工作。

完善居家养老服务设施，新建长者食堂6个、提升农村居家养老服务站3个，城乡社区居家养老服务站全覆盖，全区养老床位达1742张，每千名老年人拥有床位数56.6张，高于全市平均水平。社会保障更加有力。多举措推动高校毕业生、农民工、困难人员等重点群体就业创业，举办招聘会60余场次，帮助企业新招员工4800多人。

扩大城乡居民养老保险覆盖面，发放养老金6995万元、被征地人员养老保障金1413万元。全面实施城乡低保标准一体化，全年发放低保金1625万元、临时救助金153万元。构建根治欠薪闭环机制，加强工程项目、工资专用账户监管，代发工资1.71亿元，惠及农民工9600多人。优化完善住房供给，推进阳江安置房等闲置资产处置，配租公租房589套。推动军民融合发展，做好军人军属、退役军人等优待抚恤工作，为1169名优待优抚对象发放优待金、抚恤金1432万元。

社会大局安定和谐。全域全行业推进安全生产标准化提升专项行动，全区纳入标准化提升企事业单位1160家，全部实施“红橙黄蓝”动态监管，蓝色等级企业提高到817家；分行业分区域培育市级标杆企业10家、区级标杆企业20家。探索涉险公共区域安全防护“1+3+N”新模式，实现涉水涉险事故、涉林案件、涉文物保护案件“零发生”，部分省市公安机关在洛阳桥调研观摩涉险公共区域安全防护工作，经验做法在人民公安报头版刊发。提升基层社会治理效能，建成1个区级、6个镇级、20个村级综治中心。落实“四个最严”要求，保障群众饮食、用药安全。畅通和规范群众诉求表达、利益协调、权益保障通道，探索信访“望闻问切”心理四诊法，入选省、市第六届机关体制机制创新“双十佳案例”，信访事项及时受理率、按期办结率均达100%。成立专班做好保交楼、保民生、保稳定工作，解决4个楼盘历史遗留问题，惠及1304户。强化金融监管，防范打击电信诈骗、非法集资活动，积极化解存量不良贷款。有效防御“杜苏芮”“苏拉”“海葵”等台风，短期内迅速恢复生产生活秩序。

2024年洛江区工作总体要求是：高举中国特色社会主义伟大旗帜，坚持以习近平新时代中国特色社会主义思想为指导，深入学习贯彻党的二十大、二十届二中全会精神和习近平总书记重要指示批示精神，坚持稳中求进工作总基调，完整、准确、全面贯彻新发展理念，加快构建新发展格局，着力推动高质量发展，传承弘扬、创新发展“晋江经验”，统筹扩大内需和深化供给侧结构性改革，统筹新型城镇化和乡村全面振兴，统筹高质量发展和高水平安全，全面落实中央、省市和区委的决策部署，团结拼搏、担当奉献、争创一流，切实增强经济活力、防范化解风险、改善社会预期，巩固和增强经济回升向好态势，持续推动经济实现质的有效提升和量的合理增长，建设更高水平的智造洛江、生态新城，在泉州加快建设21世纪“海丝名城”大局中谱写更加精彩的洛江篇章。经济社会发展主要预期目标是：地区生产总值增长6.5%；农林牧渔业总产值增长5%；工业增加值增长6.6%；第三产业增加值增长6.6%；一般公共预算总收入增长8%，一般公共预算收入增长8%；实际利用外资（验资口径）2000万美元；出口商品总值增长5%；全社会固定资产投资增长8%；社会消费品零售总额增长8%；居民人均可支配收入增长和经济增长基本同步；完成节能减排任务。

（摘编：苏建平）

泉港区社会发展概述

2023年，泉港区承压奋进、负重前行，全力拼经济、抓项目、促发展、惠民生，推动各项经济指标呈现逐步回稳、逐月向好态势，奋力扭住经济下滑趋势，较好地完成了年初确定的各项目标任务。全年实现地区生产总值623.68亿元；工业增加值366.85亿元；固定资产投资98亿元；一般公共预算总收入101.39亿元，增长11.1%；一般公共预算收入24.37亿元，增长10.01%。泉港区连续5年入选中国工业百强区，荣获2023年度全国科技创新百强区、全国“平安农机”示范县等荣誉，泉港石化工业园区连续11年进入中国化工园区20强，区司法局获评“全国组织宣传人民调解工作先进集体”。一年来社会发展的主要工作和成效如下。

强功能优生态，城市品位提档升级。精建细管加快城乡融合，实施抓城建提品质项目135个，完成投资70亿元。打造永嘉国潮特色商业街区，繁荣环锦绣湖商圈，成为群众更亲可近的游玩地。山腰街道获评无障碍省级样板街道，后龙福炼社区入围省级完整社区样板。加快“聚城畅通”，福厦高铁泉港站9月顺利通车运营，打通富民路、公园东路北延伸段等“梗阻路”；结合沿线片区开发，全面启动泉港区界山东张至山腰普安道路（国道G228线泉港段）项目前期工作，先行动建的预留福厦客专东张主线桥和前黄通道桥顺利完工；实施沈海高速驿坂服务区提升改造，于元旦对外开放，成为全省首个国道与高速双边开放服务区、泉港又一地标性综合体。实施农村人居环境整治，完成福厦高铁沿线及32个重点村庄裸房整治3997栋；开展城乡生活污水提质增效专项行动，完成泉港污水处理厂扩建工程项目，新增污水处理能力2.5万吨/日，城乡人居环境考评位居全市前列，顺利通过国家创城创卫复审。

惠民生增福祉，发展成果普惠共享。社会保障更加厚实，精心办好8类31件为民办实事项目，下沉“党建+”邻里中心公益性、普惠性优质服务67项。启动公共就业服务质量提升专项活动，线上升级“1小时灵活就业”智慧服务平台，线下改造泉港区零工（劳务）市场，累计开展职业技能培训3500人次以上，帮助2000多人实现灵活就业。

健全社会保障体系，为5509名缴费困难人员代缴养老保险费，累计发放城乡低保、特困等各类基本生活保障金超1亿元，发放“505”微心愿物资1万多份，实施“505”暖居工程，帮助59户困难群众改善住房条件，资助困难学生4328人次；新建3个长者食堂，提升3个农村居家养老服务站，社会救助发展成效、城乡养老服务发展指数位居全市第1名，《人民日报》《中国社会报》刊发泉港养老服务和社会救助工作经验。

教育医疗稳步提升，深化合作办学机制，设立第二实小教育集团锦川学校，引进福师大教学团队帮办实验中学，推动区内薄弱校泉港五中与泉州五中等名校高位嫁接。坚持“外引内建”，引进退休名优高中教师8人，专项招聘新任教师125名，依托福建教育学院培训150名区级骨干教师。峰尾第二中心幼儿园、锦川实验小学2栋教学楼先后投入使用，新增公办幼儿园学位300个、中小学学位1550个；泉港职业中专学校与黎明职业大学合作实施中高职5年制培养，庄重文实验小学获评首批省级教改基地校，区教师进修学校被确定为省标准化县级教师进修学校，泉港一中晋升省一级达标高中校，全区高考本科上线率达66.2%，泉港一中本科上线率96.4%，创历史新高。推深做实“三年创三乙、五年争三甲”医疗提升行动，泉港区医院获评全国健康促进医院，在1.68万家县级单位中脱颖而出，再次荣获全国500强，“府院共建”医联体做法入选“公立医院高质量发展（县域）典型案例”，基层医疗机构全部通过国家“优质服务基层行”基本标准，泉港区获全省基本公卫服务评价第4名、全市第1名。泉港好声音全面唱响，以全国少有的“经济发展型长寿之乡”为宣传突破口，组织开展“山海泉港 常来长寿”网络媒体泉港行系列采风活动，短视频总阅读量超5800万，获网友广泛赞誉；推出《风自海边来——西部大地上的泉港人》等纪录片，编印《福建乡土》泉港专刊、《福寿泉港——人文历史厚重的海港新城》等书刊，在市级以上主流媒体刊发新闻1500多篇，人民日报、新华社等央级媒体刊发报道超300多篇，讲好、传播好泉港故事。

人气集聚效应初步显现，中秋、国庆假期接待游客、旅游收入同比增长156%、166%，全年累计接待游客260万人次，实现旅游收入30亿元，同比分别增长51%、60%；常住人口逐年稳步增长，年均增长1万余人，突破37万人。举办“福船故里·海丝扬帆”福船文化节系列活动，累计吸引现场参与观众2万多人次；发行“福传泉港”个性化邮票，协助中央电视台、中国国际电视台栏目组拍摄水密隔舱福船相关非遗制作技艺，打响“福船文化”品牌。深耕“聚侨引侨和泉商回归”专项行动，举办“福传泉港 同心筑梦”在外青商寿乡行活动，组织赴山东、成都、西安、广州等地开展招商推介暨“传播泉港好声音”主题宣讲活动，吸引在外乡贤共同支持和参与家乡建设，促成23个涉港澳台和异地商会招商项目，投资额超198亿元。

社会治理有为有序。泉港区全面推进安全生产标准化提升专项行动，完成标准化创建773家、标杆企业培植27家、示范岗位创建611个，石化园区南山片区顺利通过较低安全风险等级（D级）化工园区复核。持续完善自然灾害应急救助体系，全力迎战“杜苏芮”等超强台风，以最快速度恢复水电路网，实现防汛防台“零伤亡、少损失”。成立社会治理现代化综合调度指挥中心，深化“一镇（街）一法官工作站”网络司法服务管理机制，打造“畲乡融合调解室”，山腰街道、福炼社区“综治+”治理中心分别获评市“十佳”乡镇（街道）综治中心和村（社区）“综治+”治理中心。持续推动国防动员体制改革，切实加强国防动员联动协作和体系建设。全力开展“飓风肃毒2023”会战、“奋战50天，打赢翻身仗”涉诈重点人员管控“清零”、平安海域治理等专项攻坚行动，坚决打击网络诈骗、黄赌毒等违法犯罪，累计劝返滞留境外涉诈重点人员77人，劝返率从56.36%上升到88.6%，全区社会大局保持安定稳定，平安建设“三率”位列省市前列，顺利通过省级第五轮第一批平安区现场验收，中央政法委主管“长安评论”公众号刊发社会治理经验做法。

法治环境更加公正，深入推进全面依法治区，顺利通过“八五”普法中期评估验收；深化府院良性互动，全面实施行政执法“三项”制度，有序推进综合行政执法改革，提前完成包容审慎监管执法“四张清单”年度编制任务，行政诉讼“双率”持续提升；成立泉港区诚信促进会和“法润石化 护企安商”司法服务中心，设立5家行政执法监督民营企业联系点，邀请20名企业家代表担任特邀行政执法、法治政府监督员，全省首创“两书一函”制度，通过失信警示、和解建议、守信激励为企业纾困解难，依据自由裁量权基准、“四张清单”等制度为当事人减轻经济负担360万元，2023年首期区域监测综合信用指数位居全市第1名。

2024年泉港区经济社会发展主要预期目标是：地区生产总值增长6.5%，农林牧渔总产值增长3.5%，工业增加值增长6.3%，第三产业增加值增长6%；一般公共预算总收入下降9%，一般公共预算收入增长6%；固定资产投资增长15%；实际使用外资增长持平，进出口增长率3%；社会消费品零售总额增长6.5%，居民人均可支配收入增长6%。

（摘编：余晓楠）

石狮市社会发展概述

2023年，石狮市深入开展学习贯彻习近平新时代中国特色社会主义思想主题教育，落实省委“深学争优、敢为争先、实干争效”行动部署，锐意进取、攻坚克难，推动经济综合实力保持全国百强县市第15位；石狮市共同迎来建市35周年，成功举办世界石狮同乡恳亲大会，吹响了海内外石狮人赓续荣光、再创辉煌的号角；石狮市坚持人民至上、生命至上，稳妥实现疫情防控平稳转段，有效应对最强台风“杜苏芮”；石狮市牢牢把握高质量发展要求，贸工联动、创新赋能，扎实做好“五在石狮”文章，深入开展“5510”项目奋战年活动，较好完成年初确定的目标任务。全年实现地区生产总值1215亿元、增长5%，一般公共预算总收入70.2亿元、增长20.9%，一般公共预算收入50.1亿元、增长14.8%，居民人均可支配收入68209元、增长5%。一年来，石狮市社会发展的主要工作和成效如下。

抓建管、提品质，城乡面貌持续改善。城市更新加快步伐。石狮市实施126个“抓城建提品质”项目，完成前坑前园、金曾、大仑东片区征迁，启动编制科创新区规划，八卦街保护提升工程入选省级县城更新建设样板，祥芝镇、蚶江厝仔村入选省级闽台乡建乡创合作样板。持续优化城市路网，二重环湾快速路匝道、外西环路高铁连接线建成，福厦高速晋石支线、国道G228线石狮段提级改造等项目加快推进。新增口袋公园20个、公共停车泊位645个、5G基站1000个，优化提升龟湖公园地震应急避难场所和14个自然灾害避灾点。改造升级6座垃圾中转站，建设垃圾分类亭250座，实现城区垃圾分类全覆盖。

生态环境不断提升。扎实抓好中央、省生态环保督察反馈问题整改，“点题整治”城市扬尘问题，完成22个大气精准治理项目，大堡集控区清洁生产审核入选全国创新试点。深入推进河（湖）长制，大力推动污水治理提质增效，新建改造污水管网33.2公里，获评全国节水型社会建设达标市。

抓治理、惠民生，幸福石狮底色更足。民生保障扎实有力。认真办好26项为民实事，民生领域支出达49.6亿元。设立职业技能提升中心，新建零工市场3个，举办各类招聘会68场，新增城镇就业9424人。持续拓展“家门口”高质量养老服务，深化长护险试点，新增嵌入式养老服务机构2家，养老服务站点覆盖率提升至73%。强化住房保障，加快推进2448套安置房、1637套保租房建设，稳妥推动名仕豪园解危处置。承办全国退役军人服务保障体系建设管理推进会，退役军人安置工作实现“3个100%”，成功入选全国首批退役军人事务员新职业试点。

教育卫生扩优提质。全面推行中小学“入学一件事”掌上办，新改扩建公办中小学、幼儿园26个，新增学位超3000个，入选省级基础教育综合改革实验区、省级基础教育教学研究基地县，校外培训机构治理经验、教育督导体制机制改革创新案例获教育部推广。加快推进国家慢性病综合防控示范区建设，新增7个名医工作室，4家卫生院通过国家级胸痛救治单元验收，县域医疗资源共享“六大中心”基层覆盖率达100%。

2024年是新中国成立75周年，是全面贯彻落实党的二十大精神的关键之年，是实施“十四五”规划的攻坚之年。根据中共石狮市第八次代表大会第三次会议精神，做好新一年政府工作，必须高举习近平新时代中国特色社会主义思想伟大旗帜，全面贯彻落实党的二十大和二十届二中全会精神，立足新发展阶段，完整、准确、全面贯彻新发展理念，服务和融入新发展格局，坚持稳中求进、以进促稳、先立后破，以实业强根基、以商贸增活力，致力打造科创智造之城、开放枢纽之城、活力海洋之城、精美善治之城、全域共富之城，加快实现“五个跃升”，高质量建设贸工联动、全域共富的现代化滨海城市。主要预期目标是：地区生产总值增长5.8%左右；农业总产值增长4.0%左右，工业增加值增长6.0%左右；第三产业增加值增长5.5%左右；一般公共预算总收入增长6.8%；一般公共预算收入增长6.0%；固定资产投资增长7.8%；实际利用外资增长7.0%；出口增长7.0%；社会消费品零售总额增长5.0%左右；居民消费价格涨幅控制在3.0%左右；居民人均可支配收入与经济同步增长；完成节能减排任务。社会发展重点要抓好以下几项工作：

提升生态环境友好度。健全动态清零机制，坚决完成第三轮中央生态环保督察反馈问题整改。深入开展污水治理三年攻坚行动和生活污水收集处理能力提升大会战，加快提级改造高新区、锦尚、海洋食品园污水处理厂，推动市区主干道沿线污水管网提质增效，完善一批村庄污水处理设施，努力建设海绵城市、韧性城市。严格落实河（湖）长制，加强新时代水土保持工作，持续推进入河入海排口排查整治，强化黑臭水体、水产品加工污水排放等重点领域治理，确保河道水质稳定达标。深入实施林长制，加快推进矿山生态修复，新增植树造林1000亩，争创国家级园林城市。对接“碳达峰”“碳中和”目标，大力推广绿色产品、绿色工厂、绿色园区、绿色供应链等发展方式，广泛开展节约型机关、绿色家庭、绿色学校、绿色社区创建行动，营造绿色发展全民共识。

推动教育优质均衡发展。着力打造“家门口的优质教育”，持续优化教育资源配置，实施28个、总投资33.9亿元的教育项目，新增学位4200个以上。深化集团化办学，实施8个“名优校+”教育发展共同体项目，办好办优泉州五中教改基地校、树兰高中。全面实施“鸿·雁”强师赋能计划，启动校长职级改革，提升校长专业能力和管理水平。引导闽南理工学院、泉州纺织服装学院、泉州海洋职业学院加快应用转型，稳步推进鹏山工贸学校、福建技师学院石狮校区扩容提质，促进产教融合发展。

完善全民健康服务体系。支持市医院创建“三甲”医院，加快市医院科研教学楼、子英医院、花园城社区卫生服务分中心等项目建设，促进优质医疗资源扩容。深化县域紧密型医共体改革，深入实施全民参保计划，落实落细分级诊疗和家庭医生签约服务，促进医保、医疗、医药协同发展和治理。狠抓卫生人才引进培养，强化“8631”学科建设，不断提高医技服务水平。加强重大疫情防控救治体系和应急能力建设，倡导健康生活方式，全力保障人民群众生命安全和身体健康。积极承办体育赛事活动，办好半程马拉松赛，提升6个体育设施工程，新建6条健身路径，让全民健身蔚然成风。

增强社会保障托底功能。坚持把就业作为最大的民生，推进零工市场等平台建设，加大高校毕业生、农民工、退役军人等重点群体就业帮扶力度，组织职业技能培训2800人次以上，健全灵活就业群体劳动保障体系。用心回应“一老一小”关切，实施居家和社区基本养老服务提升行动，大力培育嵌入式养老服务机构，建成长者食堂5个以上，完善居家社区机构相协调、医养康养相结合的养老服务体系；优化生育支持政策，扩大普惠性托育机构覆盖面，提高优生优育服务水平。全面落实“两纲”“两规”，大力支持广大妇女建功立业，积极创建省级青年发展型县域试点。健全分层分类救助体系，强化城乡低保、残疾人关爱、大病保险等托底政策，统筹发展好社会救助、慈善公益等事业，不断擦亮“大爱石狮”品牌。

狠抓基层治理体系建设。全面建成市、镇、村三级社会治理中心，配齐网格服务管理团队，夯实基层治理基础。启动建设应急救援指挥中心，深入开展房屋结构、道路安全、高层建筑消防、燃气管道、渔业船舶等重点领域安全生产大排查大整治，持续提升标准化管理水平。

（摘编：林学军）

晋江市社会发展概述

2023年，晋江市全力推进“1+6”专项攻坚行动，取得新的成效，县域经济基本竞争力保持全国第4，县域经济和社会综合发展指数跃居全国第3。令人振奋的是，创新和发展“晋江经验”写入中央文件，上升为引领全国民营经济发展的示范样板。政企共同发布宣言，吹响新时代建设中国民营经济强市的号角。令人欣慰的是，面对经济恢复过程的“波浪”和“曲折”，政企同心同向，大拼经济，大抓发展，企业预期更稳、信心更强，地区生产总值增长6.5%，一般公共预算总收入增长7.4%，城乡居民人均可支配收入增长5.6%。高铁泉州南站正式通车，南翼高新区拉开建设架势，省集成电路创新实验室、香港理工大学晋江技术创新研究院成功落地，三创园获评国家科技企业孵化器，集成电路产业链加快集聚，医疗健康龙头项目加速破题，核技术应用产业超前布局。

扛旗领跑地位更加凸显，55项“123”争先进位工作顺利完成，首次跻身全国工业百强县第3，获评全国首批自然资源节约集约示范市、传统村落集中连片保护利用示范县，盘活利用低效用地、园区标准化建设、质量强国建设等多项工作成为全国全省典型。一场场重大赛事、重要活动点燃城市活力，中国上市公司高峰论坛让资本赋能拥有更广阔的空间，晋马重启让市民对这座城市的热爱尽情挥洒，国际大体联足球世界杯、国际篮球博览会让体育城市从容走向世界，“一带一路”国际美术大展、全国优秀剧目展演彰显了以文塑魂的城市文化追求。一年来社会发展的主要工作和成效如下。

统筹抓城建，城市更加宜居韧性。完成城建项目投资230亿元，获批国土空间总体规划，城镇开发边界内控规覆盖率提高到67%。强主优辅深入实施。主城加快环湾向湾，晋东、高铁、科创、紫帽四大新区开展高水平城市设计，完成项目投资107亿元，池店中片区、梅岭中片区、葫芦山文教园转入实质性建设。辅城主动融入南翼，启动96个项目建设，安海北环—龙山寺片区开发、英林城镇改造有序推进。聚城畅通持续优化，建成高铁新区集疏运系统，晋新路快捷化、世纪大道南延伸一期等快速通道动工建设。城市管理精细提升。开展城市体检，实施14个更新项目，改造49个老旧小区，推出4095套保障性租赁住房，阳光东环南片小区创新老城区更新“共同缔造”模式。启动城市大脑建设，增设智慧停车泊位3000个，完成公共自行车无桩化升级，新增变电容量606兆伏安。设立人居环境整治日，提升3条重要通道沿线环境，整治3600栋裸房，紫帽集镇整治入选省级样板。生态环境持续改善。实施109个大气精准治理减排项目，绘制入河入海排口“一张图”，整治销号10处黑臭水体，建成西南片区尾水排海工程，农村生活污水处理工程初验率达80.8%。开放九十九溪田园风光首开区、紫湖郊野公园，完成互花米草除治生态修复，绿化办获全国“母亲河奖”表彰。

纵深促改革，发展环境持续优化。营商服务打响品牌。设立“企业家日”“人才日”，成立民企合规建设服务联盟，推出46条“晋心晋力”服务措施，35名营商环境体验官受聘履职。建成知识产权运营服务集聚区，试行社会投资项目“用地清单制”改革，开设“跨省通办”“省内通办”“企业服务”专窗，推出企业线上专属服务空间，率先将二手房“带押过户”延伸至住宅、工业、商业等类型，入选全国首批营商环境创新县（市）。空间盘活示范见效。上图入库低效用地9.5万亩，出台集体经营性建设用地入市等11份配套政策。

提出产业社区理念，新建标准化园区超200万平方米，招商去化率93%，规上企业入园率提高到54%，经开区获批国家级绿色工业园区、五星级国家新型工业化产业示范基地。重点改革不断深化。稳步推进16项国家级改革试点。市属国企资产总额超2200亿元，新增AA+及以上信用评级国企3家，建投控股集团取得商业保理牌照。推进农村宅基地改革试点，实施20个村镇集合式住宅示范项目。成立供销社合作发展基金，建成11个镇街惠农综合服务中心。推进基层治理现代化，迭代升级“智慧网格”信息平台，永和镇“老叔公”调解入选全省新时代“枫桥式工作法”先进典型。

用心补短板，民生获得感更强。超八成财力投向民生领域，办成24件为民实事、166件民生微实事。新增城镇就业3.3万人，“四帮四扶”212户困难家庭，完成超千户残疾人家庭无障碍改造，长护险提标扩面，未成年人保护工作站覆盖各镇街，慈善工作成为全国典型。增加优质学位1.2万个，入选首批国家级市域产教联合体项目，晋江一中池店校区等4个名校分校区正式招生，陈埭民族中学升格省一级达标，新建10个学校自办食堂，设立38个家庭教育辅导工作室，妇女儿童维权工作获全国表彰。新增养老床位361张，新办13个长者食堂，完成1000户老年人家庭适老化改造，获批全国医养结合示范县。新增病床位850张，新设名医工作室13个，开工建设上海六院和敏医院，建成50家一体化卫生所，联姻上海十院、复旦眼耳喉鼻科医院、福建中医药大学，中医院急诊科入选国家中医优势专科。设立全省首个县级文物保护基金，文旅活动“月月有主题、季季有亮点”，村BA、国际男篮精英赛等36场赛事活动轮番登场、精彩不断，入列全国县域旅游综合实力百强县、中国作家协会新时代文学实践点，第二体育中心文体旅融合效应凸显，梧林传统村落获批4A级景区，七匹狼工业园获评国家工业旅游示范基地。晋江健儿亚运会金牌数创历史新高，蝉联泉州市运会总分和金牌数双第一，少体校获评国家重点高水平体育后备人才基地。成功抵御有历史记录以来正面登陆的最强台风“杜苏芮”，生产安全事故起数、亡人数比降23.3%、33.3%，涉诈重点人员劝返率达90.8%。守牢耕地保护、粮食安全和食品安全底线。民族宗教、统计档案、防灾减灾、对口帮扶、老区建设、老干老龄、工青妇儿、红十字、残疾人、退役军人、国防双拥等各项事业加快发展。

着力优服务，政府效能持续提升。压实全面从严治党主体责任，深入开展主题教育，落实“深学争优、敢为争先、实干争效”行动，狠抓重点工作调度，从严抓好省委巡视反馈问题整改。全面履行意识形态责任制，主动公开政府信息2.5万条。巩固全国法治政府建设示范市创建成果，在全省率先探索镇街法治建设工作督察。高效办理人大建议212件、政协提案272件，满意率、基本满意率100%。落实过“紧日子”要求，加强效能督查、绩效评估和审计监督，政务督查工作获国务院督查激励。

2024年是中华人民共和国成立75周年，是实施“十四五”规划的关键一年。根据市十四届党代会第三次会议精神，晋江市工作总体要求是：以习近平新时代中国特色社会主义思想为指导，全面贯彻落实党的二十大和二十届二中全会精神，深入落实习近平总书记重要讲话重要指示批示精神，加强党的全面领导，弘扬伟大建党精神，围绕统筹推进“五位一体”总体布局、协调推进“四个全面”战略布局，坚持稳中求进工作总基调，完整、准确、全面贯彻新发展理念，积极融入和服务构建新发展格局，紧扣“四个更大”重要要求，扛牢主力领军担当，实施“1+6”专项三年行动，加快构建“一三一三七”发展格局，不断创新发展“晋江经验”，奋力打造中国式现代化县域示范。经济社会发展主要预期目标是：地区生产总值增长6%左右，一般公共预算总收入增长6%、本级收入增长5%，规上工业增加值增长7.2%，全社会固定资产投资增长10%，城乡居民人均可支配收入增长6%。

（摘编：沈光明）

南安市社会发展概述

2023年殊为不易、极不平凡、值得礼赞。南安市始终沿着习近平新时代中国特色社会主义思想引领的方向砥砺前行，用拼争实干顶住了比“疫情三年”更加困难严峻的压力挑战，用超强应对经受了有记录以来最强台风“杜苏芮”的风雨考验，用接续奋斗书写了撤县建市30年的芳华蝶变，用自信荣光踏响了全方位推进高质量发展的铿锵足音，全市地区生产总值增长6%，一般公共预算总收入增长12.8%。一年来，社会发展的主要工作和成效如下。

生态环境持续改善。开展突出生态环境问题三年攻坚行动，推进50个大气精准减排和29个流域精准治理项目，实施城乡污水处理“十百千万”工程，新改扩建污水处理厂5座，铺设管网1062公里，建成深海排放工程，启用建筑垃圾和畜禽粪污资源化利用项目，消除9条农村黑臭水体，主要流域水质保持优良，空气质量稳步提升。完成废弃矿山生态修复2557亩、植树造林1.1万亩、水土流失治理5.9万亩，通过国家园林城市初检。抓好中央生态环保督察立行立改、边督边改。

城市“精气神”昂扬焕发。开展“践行新思想·建功新时代”系列活动，发布城市品牌标识，选聘城市文化推荐官，修订市民文明公约，3个集体、8名个人获全国性表彰，4人荣获首届“福建慈善奖”，南安健儿杭州亚运会摘金夺银。入围中国最具幸福感城市候选名单。

民生福祉日益增进。基本保障更加坚实。7方面39个为民办实事项目兑现承诺。脱贫劳动力实现就业和培训全覆盖，新增城镇就业1.6万人。上调养老金，全民参保扩面近1.5万人。建成市老年人养护院，新增三星级以上农村幸福院27个、省市级普惠托育机构11家，霞美四黄村被评为全国示范性老年友好型社区。推广安商房，推出购房补贴政策，公租房配租率达95%。

教育医疗扩容提质。新改扩建学校22所，新增学位1.66万个，完成154个校园体育场地提升，泉州医高专南安校区一期主体完工，3所学校获评省级义务教育教改基地校，中高考成绩稳步提升。推出兴医惠医八项措施，上海大学附属南安市医院揭牌运营，市疾控、昌财、成功等医院项目竣工，与福医大附属协和医院、复旦中山厦门医院共建紧密型医联体、医疗技术协作中心，妇幼保健院获评全国健康促进医院，医保整体报销比例提高至70%。

社会治理规范有序。投用83个“党建+”邻里中心，实体化运行综治中心，常态化扫黑除恶，“双百双提升”、涉诈重点人员管控“清零”、禁毒、道安等专项治理成效明显。安全生产标准化扎实创建，城市生命安全教育体验馆开馆，安全生产事故数、亡人数分别下降50%和87.5%，食品安全考核蝉联泉州市首位。国防动员体制改革落地见效。阶段性完成第五次全国经济普查任务。

2024年是中华人民共和国成立75周年，是实现“十四五”规划目标的冲刺之年，也是南安历经三十年积累沉淀再出发之年。做好新一年南安市各项工作：必须坚持以习近平新时代中国特色社会主义思想为指导，全面贯彻落实党的二十大和二十届二中全会精神及中央经济工作会议精神，按照省、泉州市和市委决策部署，以全方位推进高质量发展为主题，坚持稳中求进、以进促稳、先立后破，把握“三个统筹”，传承弘扬“晋江经验”，带头实施新时代民营经济强省战略，落深落细“5+6”图景，坚决扛起“在新一轮高质量发展中当主力、挑大梁”光荣使命，奋力谱写中国式现代化南安篇章。南安市经济社会发展的主要预期目标是：地区生产总值增长6%，一般公共预算总收入增长6%，一般公共预算收入增长6%，固定资产投资（不含农户）增长8%，工业增加值增长6.6%，社会消费品零售总额增长6%，全体居民人均可支配收入与经济发展同步增长。社会发展要重点做好几项工作。

呵护原真生态。大力践行“两山”理念，深化突出生态环境问题三年攻坚行动，高质量完成中央生态环保督察典型案例和反馈问题整改销号。打好空气质量翻身战。强化工业源深度治理和移动源、污染源减排，建立重污染、轻微污染天气分级管控对象清单，稳步提升空气质量。打好碧水碧海攻坚战。落实“一流域一方案”，推进入河入海排污口分类整治，实施20个流域精准治理项目，严格畜禽养殖环保监管，建立流域水质下降与畜禽养殖减量绑定机制，强化城市内河（沟、渠）管理，消除17条城乡黑臭水体，主要流域国、省控断面水质达标提级，近岸海域优良水质比例提升至90%以上，建成安全生态水系42公里。打好增绿和生态修复持久战。深化“绿满南安”行动，建成4.8万亩国土绿化试点示范项目，治理水土流失2万亩。开展矿山综合整治和生态修复及规范土地平整百日攻坚专项行动，压实“八人管一地”包干责任制，实行“一矿斑一修复”计划，高质量完成矿山生态修复4200亩以上。打好净土保卫战。强化建设用地土壤污染管控，以点带面培育一批无废园区、厂区、社区，创建“无废城市”。

让教育供给优质公平。深入实施基础教育质量提升三年行动，加快4个总投资超20亿元教育工程包建设，推动泉州五中等优质学校落地，新增2.3万个以上学位，完成25所学校校舍安全治理；推行“名优校+”教育发展共同体，探索“三名”柔性引育机制，支持国光中学创建省级示范性普通高中，省级义务教育管理标准化学校覆盖率80%以上；健全学校、家庭、社会协同育人机制，整治师德失范行为，抓实心理健康教育，强化校园用餐管理。启用泉州医高专南安校区，加快闽南科技学院扩建和泉州工程职业技术学院建设。

让健康服务便利可及。扎实推进卫生健康服务提质增效三年行动，实施新一轮医疗“创双高”，启用疾控、昌财和成功等医院，加快南侨、海都等医疗次中心建设，抓紧康复院迁建，力促市医院通过三甲评审。推动中医院提质晋级，建设智慧共享中药房，方便群众看中医。抓好“一老一小”、慢性病患者健康管理，强化竞技体育引领，试点建设社区运动健康中心，提升“健康南安”水平。

让优秀文化融入生活。践行社会主义核心价值观，弘扬南安华侨精神，推动新时代文明实践阵地提档升级，开展“市民文明公约”宣教活动，涵养城市文明特质。全场景塑造推广城市品牌LOGO，响亮“海丝源头·成功故里”“来南安·会成功”城市IP。深挖“双世遗点”价值，完成南安文庙复建，加强历史文化名镇名村名街保护传承、活化利用，推进非遗传习所建设和多彩非遗展演，培育高增值性文化产业。举办群众性文化活动200场以上，打造一批文化驿站、名家工作室、星级“百姓书房”、复兴少年宫、全民阅读典型。

让社会保障成为后盾。办好6方面39个为民办实事项目。新增城镇就业8500人以上，确保有就业意愿重点人员100%就业、零就业家庭动态清零。企业职工养老保险扩面提量，医保服务延伸进村居、进厂区。完善分层分类社会救助体系，探索建立专业社工组织孵化基地。做好退役军人服务保障，争创全国双拥模范城“五连冠”。实施居家和社区基本养老服务提升行动，强化生育政策支持，新建嵌入式养老服务中心2个、农村幸福院5个、长者食堂13个，新增婴幼儿托位800个。拓展镇级红十字会、“儿童之家”“妇女之家”覆盖面，释放“大爱南安·慈善有我”品牌力量。

让平安南安可见可感。推进综治中心实战化运行、场景化应用，深化“党建+”邻里中心、基层网格等治理实践，畅通便民服务“最后100米”。开展安全生产治本攻坚三年行动，优化安全风险辨识管控机制，试点“不放心”点位挂钩制度，推动安全生产标准化提质增效。

（摘编：赵旭东）

惠安县社会发展概述

2023年，惠安县坚持以习近平新时代中国特色社会主义思想为指导，深入学习贯彻党的二十大精神，以“四个主题年”活动为主抓手，扎实推进“1+3+2”专项行动，大拼经济，大抓发展，有力克服了经济下行、超强台风等多重超预期因素冲击，推动经济实现质的有效提升和量的合理增长。全年地区生产总值1260亿元、增长5.5%左右，工业增加值增长3.5%，固定资产投资增长8.0%，社会消费品零售总额增长5.5%，一般公共预算总收入125.1亿元、增长0.5%，一般公共预算收入50.5亿元、增长14.9%，全体居民人均可支配收入45190元、增长5.0%。位居全国百强县第27位、工业百强县第13位，连续29年蝉联全省县域经济实力“十强”，新获“四好农村路”全国示范县、“中国诗歌之乡”等省部级表彰荣誉6项，2022年度绩效考评位居全市第4。一年来，社会发展的主要工作和成效如下。

抓统筹补短板，城乡品质一体提升。完成国土空间总体规划编制，控规覆盖面积达124平方公里，村庄规划覆盖率99.3%。深入开展“城建提升年”，实施“抓城建提品质”项目202个，完成年度投资98亿元；惠泉片区安商房主体封顶，西苑片区正式动迁，中总片区开工建设，改造提升老旧小区50个、惠及群众6699户，获评省级城镇棚户区改造工作绩效优异县。

实施绿化、照明、电力补短板行动，新建改造口袋公园15个、立体绿化20处；县域主干道亮灯率提升至96%以上；电力设施投资增长52%，新增变电容量15万千伏安，区域供电可靠率99.98%。全国文明城市创建成效明显，完成11个创城达标提升项目，黄塘高速口等5个重要城市门户节点实现提档升级，完成324国道慢行系统整治，新增道路“白改黑”13.3公里，投放共享电单车2000辆，改造提升背街小巷17条，顺利通过生活垃圾分类省级试点县验收。出台户外广告设施设置管理办法和技术规范。

坚决扛稳粮食安全政治责任，新建高标准农田9400亩，紫山连片综合整治项目入选省级耕地保护建设典型案例，在全国首创旱地无水机插秧技术，粮食生产实现“八连丰”。新增省级农业产业化重点龙头企业7家、省级科技小院1家、市级以上“一村一品”示范村8个，农业总产值增长4%。实施农村人居环境提升工程，2个农村自住小区基本完工，拆除“两违”1.3万平方米，整治农村裸房6566栋，“绿盈乡村”创建比例达88.9%，建成“五个美丽”项目873个，黄塘溪沿线田园风光+乡村振兴示范项目成为全市典范。崇武入选全国历史文化保护与传承示范案例，紫山、螺阳、螺城上榜全国综合实力千强镇，涂寨上村村获评全国乡村治理示范村，黄塘前郭村、紫山官溪村获评省级森林村庄。

抓实事惠民生，社会事业长足进步。高质量推进50项为民办实事项目，民生支出占一般公共预算支出的80.4%。建成县人力资源数字经济产业园，在全市率先出台县级高技能人才15条政策，发放就业补助、稳岗返还资金1567万元，职业技能培训4186人次，城镇新增就业4237人。年度安排财政性资金17亿元投入教育硬件建设，第八实幼、第九实小等17个项目建成投用，新增公办幼儿园学位2430个、中小学学位6510个，学前教育公办率、普惠率分别提升至58.7%、89.5%，义务教育阶段公办学位保障居全市首位；创新“名优校+教育共同体”办学模式，组建3个小学教育集团，134所中小学达到省级义务教育管理标准化水平、占比超80%；惠安一中入选省级示范性普通高中，一中城南校区开工建设，创建1所艺体中学，中考首次3人进入全市前20名，高考本一上线率达21%；华光健康养老学院等职业院校扩大招生规模，云扬航空职业技术学校新设港湾校区和聚龙艺术校区，全县技术教育办学规模实现翻番；出台“强师赋能”8条措施，遴选名校长32位、名师45位、名班主任53位。年度安排财政性资金8.1亿元投入卫生医疗硬件建设，县医院城西院区主体工程基本完工并启动二次装修，建成投用县医院急诊大楼等项目5个，新增病床位142张；县医院与福建医科大学附属协和医院、福建省儿童医院等共建紧密型医联体，县中医院新中医诊疗模式获省卫健委推广，新增名医工作室6个、市级以上特色专科1个，引进高层次人才16人；县域就诊率提升至78%，按DRG付费医保基金占比达76%；崇武镇卫生院入选中国乡镇卫生院500强，2家卫生院达到国家推荐标准；新增省级卫生乡镇1个、省级卫生村6个，顺利通过省级慢性病综合防控示范区验收。完善“一老一小”服务体系，新建农村幸福院3家、长者食堂8个，城乡养老服务设施覆盖率86.2%；新增普惠托位445个，儿童友好之家社工项目入选女性社会组织服务儿童类全国展示项目。一体推进助残、救孤、济困、优抚等工作，发放低保金5586.5万元、特困供养金885.9万元、优抚对象定期抚恤补助金3371.9万元。

发展文化体育事业，承办第七届中国泉州国际木偶展演，举办“惠民惠安”群众文体系列活动超百场，县图书馆被认定为国家一级馆；建成新型公共文化空间2个，惠女精神传习地开工建设；与上海音乐学院签订校地战略合作协议，共建小岞生活艺术岛艺术交流中心；获评全省首批重点影视外景拍摄基地，中国民俗摄影协会创作基地落户惠安；承办海丝侨界青年龙舟赛等系列体育赛事，市运会总分位居第3。

抓治理防风险，发展底线不断巩固。加大突出生态环境问题排查整治力度，进一步规范全县建设工程项目范围内涉及砂石土资源处置；实施精准治理减排项目8个，空气优良天数比例达98.6%；深化河湖长制，海洋生态保护修复工程项目获中央财政奖补3亿元，除治互花米草1929.6亩，大港湾成为全市唯一入选省级美丽海湾建设优秀案例；治理河道20公里，建成安全生态水系20公里，新改建污水管网21公里，生活污水集中收集率70%，中水回用率80%；全面落实林长制，造林绿化7468亩，治理水土流失2万亩，整治历史遗留废弃矿山550亩。平安惠安建设扎实推进，创建“三无”平安村（社区）22个，改造提升综治中心13个，开展涉诈重点人员管控“清零”、区域治安重点整治等行动，群众安全感率达98.8%以上；攻坚化解信访积案和社会突出信访问题52件，“12345”诉求件办理满意率99.7%。

2024年惠安县各项工作的总体要求是：坚持以习近平新时代中国特色社会主义思想为指导，全面贯彻落实党的二十大和二十届二中全会精神，紧扣“四个更大”重要要求，坚持稳中求进、以进促稳、先立后破，完整、准确、全面贯彻新发展理念，统筹扩大内需和深化供给侧结构性改革，统筹新型城镇化和乡村全面振兴，统筹高质量发展和高水平安全，巩固和增强经济回升向好态势，确保各项重点工作走在全市前列、各项关键指标增速稳居全市“第一方阵”，加快建设海丝现代化工贸港口旅游城市。经济社会发展主要预期目标是：全县地区生产总值增长6.0%左右，农林牧渔业总产值增长4.0%，工业增加值增长6.0%左右，第三产业增加值增长7.0%左右；一般公共预算总收入增长2.0%，一般公共预算收入增长3.0%；固定资产投资增长10.0%；实际利用外资持平，出口增长3.0%；社会消费品零售总额增长5.0%；全体居民人均可支配收入增长与经济增长基本同步；完成节能减排降碳任务。

（摘编：张捷）

安溪县社会发展概述

2023年，是全面贯彻党的二十大精神的开局之年，是三年新冠疫情防控转段后经济恢复发展的一年，也是“十四五”发展承上启下的重要之年。安溪县坚持以习近平新时代中国特色社会主义思想为指导，牢牢把握高质量发展这个首要任务，不断创新和发展“晋江经验”，深入实施省“深学争优、敢为争先、实干争效”行动和市“抓项目、促发展”系列专项行动，推动经济实现质的有效提升和量的合理增长。但受复杂严峻的外部环境影响，各项主要经济指标完成情况与县十八届人大二次会议审议通过的预期目标存在一定差距。全年完成GDP909亿元，增长1%左右；规上工业增加值增长2%；一般公共预算总收入50亿元，增长9%；一般公共预算收入37.31亿元，增长18.3%；社会消费品零售总额增长4.5%；全体居民人均可支配收入增长5.5%。综合实力位列全国百强县（市）第51位、最具投资潜力位列第9位、绿色发展位列第49位、科技创新位列第71位，较2022年度均提升2位，新型城镇化质量位列第45位，提升1位。一年来社会事业的主要工作和成效如下。

全力抓统筹、促融合，城乡环境不断提质。这一年，安溪县坚持城乡各美其美、美美与共，全力绘就“大美安溪”靓丽画卷。宜居城市品质更优、颜值更高。实施“抓城建提品质”项目137个，完成投资153.69亿元。解放路西、沼涛小学等片区更新改造进入收尾阶段；完成老旧小区改造提升48个，获评全省城镇老旧小区改造绩效优异县；建成保障性住房1980套。河滨南岸精品步道建成开放，新增口袋公园15个、立体绿化20处、智能路侧停车位467个、公共充电桩188个，完成道路微整治工程3个，城区道路提升改造工程（二期）等重点项目稳步推进；启动第二水厂和城东污水处理厂建设，城区新改建污水管网9公里。调整规范城区房屋征迁补偿安置方案。加快龙门大桥拓宽改造，完成官桥镇镇区污水管网建设。湖头辅城环城路完成主体建设，污水处理厂提标改造及配套管网建设有序推进。深入开展市容市貌专项整治，拆除“两违”17.36万平方米。“一核一辅”乡镇全部入选全国综合实力千强镇。

和美乡村面子更靓、里子更实。完善落实“1338”防止返贫动态监测和帮扶机制，巩固拓展脱贫攻坚成果同乡村振兴有效衔接。实施乡村振兴“启明星”计划，创建29个样板村。入选国家农业绿色发展先行区创建名单，感德镇获批创建全国农业产业强镇，祥华乡获批创建国家农村产业融合发展示范园，蓬莱镇获评省全域生态旅游小镇，虎邱镇获评省乡村振兴示范乡镇，湖西村获评省美丽休闲乡村、金牌旅游村。深入实施乡村建设行动，入选省政策性金融支持乡村振兴整县推进第一批试点，高标准推进2个省级乡村振兴特色乡镇、8个整镇推进“五好”乡镇和62个市级以上试点村、8条市级示范线建设，整治裸房6000栋，龙门洋坑村生态小院、金谷溪岸艺术园入选省乡村“五个美丽”建设典型案例；新改建农村公路100公里，改造危桥10座，获评“四好农村路”全国示范县、省农村“客货邮”融合发展试点县。

生态安溪底色更亮、成色更足。纵深推进大气污染治理，空气质量优良天数比例达98.08%。深化河湖长制，建成生态水系18公里，治理河道15公里、水土流失5.8万亩、废弃矿山150.28

亩，完成农村生活污水提升治理项目90个；全县水电站生态下泄流量稳定达标，主要流域国、省控断面和饮用水源地水质优良率达100%。加强危固废综合利用管理，土壤环境质量保持稳定。全面落实林长制，在全省率先开展林长制网格标准化创建，造林绿化5650亩，创建省级森林城镇1个、森林村庄7个。扎实做好中央和省生态环境保护督察整改工作，全面推进南安市仑苍镇饮用水源地安溪境内环境整治、白濑水利枢纽工程外环保安溪境内治理等突出生态环境问题整治。

全力补短板、惠民生，幸福指数不断提高。这一年，安溪县坚持把群众期盼的事作为政府要干的事，高标准完成21件为民办实事项目，不断增强人民群众的获得感、幸福感、安全感。

教育发展更均衡。完成9个学校扩容项目建设和35所农村学校改薄提升，新增学位6900个。成立“C9+”初中壮腰联盟，推进“5G+专递课堂”建设，共享优质教育资源。与福建农林大学在安溪茶学院的基础上合作共建数字经济学院。全省大中小学劳动教育推进探讨会在安溪县举行，相关经验做法获全国推广。强化师资队伍建设，19人获评省优秀教师和优秀教育工作者。

健康供给更优质。加快县中医院城东院区等医疗卫生项目建设，与福建医科大学附属第一医院合作共建安溪医学中心；抓牢基层卫生健康工作，全县乡镇卫生院（社区卫生服务中心）服务能力国家基本标准达标率88%，县中医院获评三级甲等中医医院；深化“全职+柔性”引才模式，引进高层次人才33名，创建名医团队工作室8个；县域内就诊率达81.42%、位列全市第三。

强化“一老一小”服务，新增普惠托位346个，65岁以上老年人健康管理率达81.98%，县妇幼保健院获评全国首批“婴幼儿养育照护示范指导中心”。社会保障更完善。开展“送岗留才进校园”活动，全面落实就业优先政策，城镇新增就业3200人。城乡居民基本养老保险提标扩面，基本医保参保率达99.7%。在全市率先建立困难群众数据信息共享机制，发放城乡低保、特困供养等各类保障金1.83亿元。加快龙门等4个敬老院建设，新增养老床位308张、长者食堂11个，住房适老化改造737户。深入实施“福蕾行动计划”，成立县级未成年人救助保护中心，实现未成年人保护工作站乡镇全覆盖。

文体服务更多元。实施镇、村（社区）公共文化服务设施提升工程44个，建设新型公共文化空间2个，开展公益性文化惠民演出120余场次；安溪县茶文化艺术中心获评全国文化科技卫生“三下乡”活动优秀团队。戏曲电影《玉珠串》荣获第十九届中美电影节“年度最佳戏曲电影奖”，高甲戏《凤冠梦》入选中国戏曲像音像工程。首次落地县级城市的第12届国际民间艺术节在安溪县成功举办，中国国家博物馆首个县级地域历史文化综合展“凤鸣于溪——安溪历史文化展”顺利展出。

深化平安安溪建设，常态化开展扫黑除恶，打击治理电信网络诈骗犯罪暨涉诈重点人员管控工作取得突破性进展，全省现场推进会在安溪县召开，相关经验做法获全国推广，国务院部际联席办挂牌整治的电信诈骗地域性职业犯罪情况突出重点地区顺利摘牌。深入开展重大事故隐患专项排查整治2023行动，全力打造安全生产标准化提升2.0版本，安全生产形势持续稳定向好。

2024年，安溪县要坚持稳中求进工作总基调，着力推动高质量发展，统筹扩大内需和深化供给侧结构性改革，统筹新型城镇化和乡村全面振兴，统筹高质量发展和高水平安全，不断创新和发展“晋江经验”，推深做实“抓项目、促发展”系列专项行动，埋头苦干、奋勇拼搏，加快全面建设具有茶乡特色的现代化中等城市。全县经济社会发展主要预期目标是：GDP增长6%左右，规上工业增加值增长8%，第三产业增加值增长6.5%，一般公共预算总收入增长6%，一般公共预算收入增长6%，固定资产投资增长6%，社会消费品零售总额增长6.5%，全体居民人均可支配收入增长6%。

（摘编：邹申）

永春县社会发展概述

2023年，是全面贯彻落实党的二十大精神的开局之年，是三年新冠疫情防控转段后经济恢复发展的一年。永春县坚持以习近平新时代中国特色社会主义思想为指导，贯彻落实习近平总书记在福建工作期间历次来永春调研的指示精神，牢记嘱托、奋勇前行，传承弘扬“晋江经验”，继续扛牢“美岭精神”旗帜，以实施“三争”行动为载体推动主题教育，全面提振精气神，奋勇争先展新貌，深入实施“八大工程”，各项事业纵向有进步、横向有进位，求进奋进形成共识，全方位推进高质量发展。一年来，永春县社会发展的主要工作和成效如下。

城乡品质提档升级。城市颜值更高。完成国土空间总体规划编制，“三区三线”成果全面启用。加强规划与用地政策有机融合，开展国土空间规划“一张图”建设。高规格举办城东产城国际设计竞赛，以高品质规划推动城东片区优化提升。实施“抓城建提品质”专项行动，108个项目完成投资75.3亿元，完成年度计划的121.7%。横七线加快推进，锦斗互通开工建设，泉南及沙厦高速改扩建主线试通车，永春东农产品冷链物流园主体完工。

美化城市环境，完成桃溪两岸沿线景观亮化提升，新增城市公园绿地12公顷、口袋公园15个。新建、改造管网90公里，新增5G基站190个。启动城乡供水、污水一体化建设，完成投资6.4亿元。乡村建设更美。获评创建全国首批“五好两宜”和美乡村试点县，开工建设项目20个。

实施乡村振兴提档工程，50个重点项目完成投资14.5亿元。荣获乡村建设评价样本县，列入省级历史文化名镇名村连片保护示范县。连续举办全省乡村振兴“师带徒”引凤项目大赛，落地项目64个。五里街镇大羽村、岵山镇茂霞村获评全国美丽宜居村庄。湖洋镇锦凤村、蓬壶镇孔里村获评省级乡村振兴实绩突出村，桃城镇、苏坑镇获评市级整镇推进“五好”创建乡镇。马跳水库大坝封顶，白濑水库（永春部分）加快推进。水美乡村建设“永春模式”、美丽乡村管护机制、吾峰新时代农村社区样板获国家部委推广。

生态环境更优。加强大气污染防控，空气质量综合指数2.19，居全市第一位。持续推进河湖长制，国控、省控断面和省级考核小流域水质均达Ⅲ类以上。获评全省河湖长制激励县，湖洋溪、侯龙溪获批省级水利风景区，桃溪水利风景区入选全国十大典型案例。筑牢生态屏障，新建、提档绿盈乡村18个，植树造林1.5万亩，松林改造提升4.3万亩。荣获省级森林养生城市称号，一都镇入选省级森林乡镇，岵山镇、呈祥乡入选省级森林康养小镇，乌髻岩入选省级森林康养基地。治理水土流失4.3万亩；推动天湖山治理工程，完成矿山生态修复1800亩。河湖长制、林长制、党政领导生态环境保护目标责任书考核均列全市第一位。

民生答卷可圈可点。教育事业长足进步。投入教育经费11.9亿元，增长10.3%。建设教育项目16个，建成泉州幼高专附属化龙实验小学、济川实验幼儿园、仰贤实验幼儿园，新增学位1740个。推进永春职专扩容工程，专业增至18个。实施名师工程，组建省级名校长工作室、特级教师领航工作室、名师工作室35个。加强教育教学管理，获评省市乡村温馨校园19所，永春一中学生代表参加全国数学奥赛获银牌，实现奖牌零的突破。

文化卫健成效显著。苦寨坑窑考古遗址公园列入第四批国家立项名单，岵山镇入选全国历史文化保护与传承示范案例。年鉴编纂质量提升，列为省级年鉴精品工程试点单位。建成省级智慧体育公园、市级老年人体育活动中心3个。永春籍运动员陈弦峰喜获第十九届杭州亚运会1金1银。2家医院纳入医保改革试点，医保基金使用率稳步提高。深化与省附一医院共建协作，实现群众在永春就能看病就诊省级医院。社会保障更加有力。开展“送岗进校园”“直播带你找工作”等活动，企业新增入职3591人。落实各类稳就业奖补资金1037万元，延续降低工伤、失业保险费率。

实施全民参保计划，城乡居民基本养老保险、基本医疗保险参保率分别达99.4%、95.5%。出台老年人入住养老机构补助政策，县老年公寓提档升级，设立全科诊所，医养结合水平稳步提升。建设养老服务分站、嵌入式养老服务机构22个。举办养老服务工作推进会暨“免费午餐”十年活动，总结推广山区特有养老模式，获评全国“乐龄陪伴—农村留守老人关爱工程”示范县。

社会大局平安稳定。积极创建平安县，提升平安建设“三率”，群众安全感率居全市第二。完善“1+2+N”现代警务运行机制，严厉打击各类违法犯罪，实现“三提升”。开展安全生产标准化提升专项行动，实施“四个三”示范工程，标准化2.0提升企事业单位1134家。全力防抗超强台风“杜苏芮”，切实保障群众生命财产安全。

稳妥推进问题楼盘处置，恒大项目完成“保交楼”任务。深化“三治融合”示范村（社区）创建，获评全国新时代“枫桥经验”创新实践优秀县。第三批16件“治重化积”信访件100%化解，圆满完成重大活动信访维稳工作，实现“零进京”。

政府建设不断加强。牢牢把握“学思想、强党性、重实践、建新功”总要求，把理论学习、调查研究、推动发展、检视整改贯通起来，推动主题教育走深走实。压紧压实全面从严治党主体责任，认真履行“一岗双责”，扎实开展“以案促改”，紧盯土地出让、工程项目招投标等廉政风险点。全面落实意识形态工作责任制，稳妥处置网络舆情370条。“八五”普法深入实施，“一村（社区）一法律顾问”全覆盖。

这一年，永春县在担当作为中实干笃行，既想办事、更能办成，企业在永春办得好事、扎得下根、赚得到钱。坚定信心、迎难而上，大拼经济、大抓发展。干成实事：每月分析调度，全力争先进位，在市晾晒比拼中获得“红旗”36面。组建城建、农文旅两大国企集团，县域经济发展有了“国家队”。国企接盘重整蓬壶温泉，停滞项目凤凰涅槃再重生。办好喜事：智能电子科创产业园入驻投产，亩产税收50万元以上。创建国家现代农业产业园，加速建设农产品集中加工区，打造产业融合新载体。泉州技师学院落户永春，实现当年启动、当年建设、当年招生，3年内在校生规模可达5000人。突破难事：关掉垃圾填埋场，建设生活垃圾焚烧发电厂，国企运营每年创收500万元以上。碧桂园一期因房屋质量问题久拖未决，全省首创拆除重建模式，去年拆除、今年封顶、明年回迁，520户群众切身利益问题根本解决。

2024年，永春县经济社会发展的总体思路是：以习近平新时代中国特色社会主义思想为指导，全面贯彻落实党的二十大和二十届二中全会精神，坚持稳中求进工作总基调，完整、准确、全面贯彻新发展理念，加快构建新发展格局，稳中求进、以进促稳、先立后破，着力稳住回升向好态势，传承弘扬、创新发展“晋江经验”“美岭精神”，围绕县委“生态之都、文化之旅、康养之地、智造之谷”发展目标，推进中国式现代化永春实践，深耕“八大工程”，敢想能为、稳步发展、实干高效，奋力把永春建设成美丽中国先行示范区。全县经济社会发展的主要预期目标是：地区生产总值增长6%，农业总产值增长5%，工业增加值增长5.8%，建筑业增加值增长11.5%，第三产业增加值增长6%，一般公共预算总收入增长6%，一般公共预算收入增长6%，固定资产投资增长8%，实际利用外资700万美元，出口商品总值增长5%，社会消费品零售总额增长6%，居民人均可支配收入与经济增长基本同步；完成节能减排降碳任务。

（摘编：王杰成）

德化县社会发展概述

2023年，德化县以习近平新时代中国特色社会主义思想为指导，落实“深学争优、敢为争先、实干争效”行动部署要求，坚定实施“三大战略”、紧抓“三项提升”，大拼经济、大抓发展，对标找差、强优补短，全方位推动高质量发展。这一年，德化县承压前行稳大盘，经济态势持续向好。重点调度有效落实。建立重点工作定期调度制度，举办政企“早午晚餐会”25场次，开展调度798次，解决事项1958项，推动经济实现质的有效提升和量的合理增长。全县生产总值377亿元、增长7%；固定资产投资增长18%；社会消费品零售总额163.6亿元、增长8.5%；建筑业增加值56.5亿元、增长17%；一般公共预算总收入26.53亿元、增长17.2%，一般公共预算收入17.91亿元、增长12.1%；全体居民人均可支配收入39300元、增长5.5%。一年来，德化县社会发展的主要工作和成效如下。

文旅融合蓄势赋能。实施“文旅提升”专项，30个旅游重点项目完成投资36.2亿元，全年旅游收入突破100亿元，获评市文化产业和旅游产业融合发展示范区，入选全国县域旅游发展潜力百佳县。石牛山创建省级旅游度假区有序推进，云龙谷荣获国家4A级旅游景区，瓷艺城入选省级旅游休闲街区，顺美陶瓷文化世界成为省级金牌观光工厂，石牛山、九仙山纳入省职工疗休养示范基地，湖坂村获评省美丽宜居村庄、金牌旅游村、美丽休闲乡村。德化窑考古遗址公园完成详细规划设计，新增省级文化产业示范基地2家，“一城瓷器百馆游”持续提升。推出“陶瓷+美食”“陶瓷+演艺”等文旅消费新场景，成功举办环云龙湖山地赛、省大学生轮滑锦标赛、全国少年轮滑锦标赛、环球小姐中国区总决赛等活动赛事。提升德化好礼、瓷都盛宴、一码游德化等配套服务，推荐的伴手礼荣获中国特色旅游商品大赛金奖，推出福味药膳康养一条街，发布“环戴云山”自驾游路线7条，全力打造佛岭、曾坂、榜上等精品民宿群，五星级希尔顿花园酒店动工建设，文旅配套设施进一步完善。

城市建管更精细。县级国土空间总体规划通过审查。深入开展“抓城建提品质”专项行动，105个项目完成投资76.5亿元，龙井片区县城更新项目入围省级样板工程。深化“聚城畅通”专项行动，沙厦高速德化草村出入口工程列入省乡镇便捷通高速工程项目规划，政永高速德化段、城区大外环路盖德至英山段快速推进；改造“断头路”“瓶颈路”4条，优化、开通公交线路6条，完成道路沥青化改造2.8公里，新增停车位590个，引进“小淘出行”有桩共享电单车，德化一中人行天桥投入使用。深入开展“绿满泉城”三年行动和民生领域补短板专项行动，城区水环境综合治理、城乡供水一体化项目有序推进，建成霞田文体园体育馆、游泳馆，完成金交颐公园和15个口袋公园、20处立体绿化建设，铺设各类管网32.4公里、燃气管道16.8公里，新建5G基站420个。

乡村发展更和美。全面推行党建引领跨镇联建，首倡发起“四市六县”成立省“环戴云山”绿色经济产业区域联盟，入选全省乡村振兴重点工作激励县。浔中镇、龙浔镇荣获全国综合实力千强镇，上涌镇入选省级乡村振兴示范乡镇，新增省级乡村振兴示范村7个、市级整镇推进试点镇4个，南埕—水口线列入市级乡村振兴精品示范线。深化“一清二整三美化”专项行动，实施“五个美丽”项目1317个，创建示范点1165个，纳入市级“五个美丽”非试点典型案例13个，曾坂村入选国家级乡村治理示范村，许厝村获评全国示范性老年友好型社区，美湖村列为闽台乡建乡创合作省级样板村。深化“崇尚集约建房”示范县建设，完成裸房整治1753栋。

生态环境更靓丽。德化县扎实推进中央生态环境保护督察反馈问题整改销号，在全省生态环境保护大会上作典型发言，获评全国首批自然资源节约集约示范县。完成造林绿化1.98万亩，综合治理水土流失3.3万亩、河道61公里，国、省控断面水质达标率100%。美湖镇樟树王入选全国“双百”最美古树名单，新增省森林乡镇1个、村庄3个。龙门滩水库移民后扶项目示范区完成建设，涌口水库列入全省水库移民后扶示范区项目；成功创建云龙湖国家水土保持科技示范园，岱仙湖入选国家水利风景区高质量发展典型案例，银瓶湖获评国家水利风景区。

社会事业升温提质。德化县完成46件为民办实事项目，民生相关支出30.9亿元，占一般公共预算支出的79.9%。常态化推进全国文明城市创建，高分通过国家卫生县城复审，入选全省首批城乡精神文明融合创建试点县。深化教育强县建设，新增学位7020个、校舍面积7.5万平方米，新招聘教师371人；高考创历史佳绩，4人录取北大、清华，126人录取“双一流”高校；隆重举办德化一中百年校庆；入选省基础教育教学研究基地县、智慧教育试点区、基础教育综合改革实验区。县中医院综合楼、县医院城东院区项目有序推进，成立全省首家县级劳动能力等级鉴定站；落成“名医工作室”15个，新建“党建+”邻里中心卫生服务站（点）25个，新增婴幼儿照护服务托位数1184个，省级慢性病综合防控示范区建设通过评审验收。

社会保障坚实有力。德化县完善重点群体就业支持体系，新增城镇就业5519人、失业人员实现再就业454人。实施全民参保计划，“五险”参保34.8万人次。落实落细“涌泉”行动，举办北大深圳研究院政企素质提升培训班，引进高校毕业生1566人，新增省、市高层次人才903名；持续抓好招工引才住房保障，建成限价房1138套、人才保障性住房102间，新建保障性租赁住房952套。探索开展农村异地搬迁集中养老，规划建设养老保障性住房，新建农村幸福院3所，新增养老床位30张。在全省率先出台县级优化生育配套支持措施。新建户外劳动者爱心驿站15个，瓷都劳动者驿站获评全国最美驿站。

社会大局和谐稳定。全县应急管理指挥平台建成投用，深入开展重大事故隐患专项排查整治，入选地质灾害“隐患点+风险区”双控试点工作试点县。推进食品安全“两个责任”和创建食品安全示范城市工作落实落细。凤凰国际三期历史遗留问题成功化解。率先建成县级社会治理中心，常态化推进扫黑除恶，深入开展信访问题源头治理三年攻坚行动，严打严防电信网络诈骗及“黄、赌、毒、盗、抢”等各类违法犯罪，滞留境外涉诈重点人员总劝返率居全市前列，上半年平安建设“三率”首次全部进入全省前4，浔中镇入选全省新时代“枫桥式工作法”先进典型。国防动员体制改革稳步推进，战、建、备水平全面提升，国动援战根基不断夯实，双拥共建工作深化发展，兵役征集工作持续走在省市前列。

2024年是中华人民共和国成立75周年，是全面贯彻党的二十大精神深化之年，也是奋进中国式现代化新征程的攻坚之年。2024年德化县各项工作的总体要求是：坚持以习近平新时代中国特色社会主义思想为指导，全面贯彻落实党的二十大和二十届二中全会精神，坚持稳中求进工作总基调，完整、准确、全面贯彻新发展理念，持续推进陶瓷创新、文旅融合、城乡共建，全方位推动高质量发展，奋力打造幸福宜居的世界瓷都。2024年德化县经济社会发展主要预期目标是：全县生产总值、一般公共预算总收入、一般公共预算收入均增长6%，固定资产投资增长15%，居民人均可支配收入增长和经济增长基本同步，完成节能减排降碳任务，其他各项指标也作了相应安排。

（摘编：陈德盛）

三明市社会发展综述

2023年是全面贯彻党的二十大精神的开局之年，是三年新冠疫情防控转段后经济恢复发展的一年。一年来，三明市深入学习贯彻党的二十大和二十届二中全会精神，全面贯彻落实中共中央、国务院决策部署和省委、省政府及市委工作要求，扎实开展学习贯彻习近平新时代中国特色社会主义思想主题教育，认真实施“深学争优、敢为争先、实干争效”行动，大力推进“抓重大项目，促高质量发展”工作，以最大努力争取最好结果，全市经济社会总体保持稳中向好，三明革命老区高质量发展示范区建设取得新成效。初步统计，全市地区生产总值增长2%；地方一般公共预算收入117.97亿元，增长5.95%；固定资产投资增长2.5%；社会消费品零售总额912.4亿元，增长3.3%；城镇居民、农村居民人均可支配收入分别增长3.8%、6.4%；节能减排降碳年度目标可以实现。社会发展的主要工作和成效如下。

用心用情增福祉，群众“三感”不断增强。坚持以人民为中心，凝心聚力补短板、强弱项，群众获得感、幸福感、安全感更加充实、更有保障、更可持续。社会保障持续发力。41项省、市为民办实事项目全部完成。全市民生支出290.94亿元，占一般公共预算支出的80.5%。出台促进青年就业创业十条措施，高校毕业生就业率94.5%，全市城镇新增就业1.1万人。发放城乡低保补助3.1亿元、特困人员供养和临时救助金1.2亿元，脱贫攻坚成果进一步巩固拓展。建成全省首家地市级阿尔茨海默病康复中心，建设示范性长者食堂46个、嵌入式社区养老服务机构8个，新增托育托位1900个。社会事业协同发展。精神文明建设取得新进展，创设新时代市民文明实践讲堂，4人入选“中国好人榜”，1人获评“全国新时代好少年”。文化事业取得新成绩，开展“百姓大舞台”“半台戏”等公益惠民活动2045场，纪录片《沪明往事》获评第33届中国新闻奖二等奖，歌曲《大田后生仔》等5件作品获评福建百花文艺奖，音乐剧《幸福的烟火》在第22届中国上海国际艺术节演出；完成全市革命文物专项调查，革命文物数量居全省第二，长征国家文化公园（三明段）20个重点项目建成。体育事业取得新突破，三明籍运动员在杭州亚运会上获得8金1银，创历史最好成绩；成功举办第八届市运会，开展“运动健身进万家”等群众性体育活动300余场次。社会秩序安定稳定。深入开展重大事故隐患专项排查整治2023行动、道路交通安全综合整治“百日会战”，普通公路安全“微改造”做法被全国推广，全市生产安全事故数、死亡人数实现“双下降”。加强金融、房地产、地方政府债务风险防控，全市不良贷款率0.68%、保持在较低水平，4个“保交楼”项目顺利推进。深入开展平安三明建设，加强食品药品监管，中央信访联席办交办的11件重点信访事项全部化解，成为全省唯一实现化解率100%的设区市，群众安全感率居全省第二位，三明市委政法委获评全国党委政法委系统新时代政法楷模集体，明溪“侨乡枫桥”工作法受到中央政法委表扬。工会、共青团、妇女儿童、老龄、慈善、残疾人、红十字、生育关怀、关心下一代等事业加快发展，民族宗教、科普、国防动员、档案、地方志、外事侨务、水文、气象、地震、库区移民、对口援疆援藏等工作实现新进步。

依法行政提效能，自身建设有力加强。坚持

把党的全面领导贯穿政府工作各领域全过程，政府治理体系和治理能力现代化水平不断提升。政治建设走深走实。坚持“第一议题制度”，深入学习贯彻习近平总书记重要讲话重要指示批示精神，推动落实省委巡视和主体责任检查反馈问题整改，全面落实政府系统意识形态工作责任制，纵深推进政府系统党风廉政建设和反腐败斗争，有效发挥审计“经济体检”作用，严格落实中央八项规定及其实施细则精神和省、市实施办法，大力纠治“四风”，持续为基层减负，以实际行动坚定拥护“两个确立”、坚决做到“两个维护”。依法行政有力有效。全国法治政府建设示范市创建全面推进，“完善生态法治体系、推进生态文明建设”做法获中央依法治国办通报表扬。修订《三明市人民政府工作规则》，制定《三明市生活垃圾分类管理办法》，全面系统清理行政规范性文件。人大代表建议、政协提案办结率和满意率保持100%。政务效能提速提质。借鉴上海浦东新区等地先进经验，深化营商环境集成创新，深入推进“一网通办”“一窗受理、集成服务”，“e三明”APP入驻事项3.3万余个，全程网办事项比例88.8%，“一趟不用跑”和“最多跑一趟”事项占比99.8%，成为全省“一窗综合受理”平台建设试点市。机关效能建设持续深化，市政府门户网站绩效评估提升至全国地级市第23名，12345政务服务便民热线受理群众诉求38万件、群众满意率99.4%。

抢抓机遇促合作，发展活力有效释放。用足用活上级支持革命老区高质量发展示范区建设机遇，一批重要政策、试点示范落地见效，全市争取各类转移支付资金206.9亿元、同口径增长8%。沪明对口合作全面推进。互访交流常态化，顺利召开上海市与三明市对口合作第一次联席会议，上海市政府、市政协主要领导先后率团来明调研推动对口合作工作，全面签订双方区县结对和十个重点领域合作协议，选派104名干部到上海挂职锻炼。民生共建取得实效，83所学校、29家医疗卫生单位与上海结对共建，华东师大附属三明中学开班办学。对口支援稳步实施。中央国家机关及央属企业对口支援三明工作座谈会在北京召开，宁化红色教育基地、清流米兰花酒店、明溪原料药绿色生产基地、建宁粮食产业融合发展示范园、百越专列进泰宁等项目及事项进展顺利。明台合作交流持续深化。成功举办第十八届林博会、第二届海峡两岸（三明）乡村融合发展论坛、沙县小吃旅游文化节暨海峡两岸美食节、海峡两岸各民族欢度“三月三”活动、海峡两岸暨港澳台地区基础教育交流活动，沙县小吃文化城被确定为海峡两岸交流基地，三元区获评全省闽台乡建乡创合作样板县，清流台湾农民创业园连续六年保持国家考评前五名。

敢闯敢试探新路，特色改革纵深推进。坚持惠民导向，重点领域改革红利持续释放，药械质量安全管理、林权不动产确权登记、“福路贷”融资模式等一批改革新举措在全国推广，林长制、沙县乡村振兴等工作获国务院督查激励。医改向全民健康保障发力。公立医院改革与高质量发展示范项目加快实施，三明入选全国紧密型医疗集团建设试点城市，新增永安、尤溪2家医院建设省级区域医疗中心，与上海瑞金医院签订战略合作协议，市第一医院生态新城院区投入使用，“三医”协同向纵深发展，全市公立医院出院患者和职工满意度均居全省第一位。国家卫生城市通过复审。林改向生态产品价值实现拓展。“林票2.0”全国首发，林业碳票实现全国跨区域交易，林改6项创新成果列入中办、国办印发的《深化集体林权制度改革方案》，并在国务院新闻发布会上发布。三明市获批全国农村产权交易规范化整市试点。教改向优质均衡方向推进。基础教育综合改革入选福建省改革试点成果表扬名单，新培育省、市级名优骨干教师282名，新组建市级以上名师工作室50个，学前教育公办率、普惠率和义务教育质量监测各项指标位居全省前列，高考各批次录取率均超全省平均水平，新增学位1.33万个。金融改革向普惠绿色升级。入选第二批中央财政支持普惠金融发展示范区，普惠小微贷款增长27.6%；全国首创“低碳贷”“绿消贷”等金融产品，全市绿色信贷余额298.9亿元、增长40.5%。

持之以恒美环境，城乡建设提质增效。编制完成市县国土空间总体规划，统筹划定“三区三线”，城乡融合发展取得新成效。城市功能不断完善。实施城市品质提升项目962个、完成投资259

亿元，加快推进124个老旧小区改造，新建和改造燃气管道311公里、市政污水管网108公里，麒麟山公园、东江滨公园、沙县东门古街完成整体改造提升，三明市获批省级历史文化名城。全面提升防洪排涝能力，建成防汛应急综合指挥平台一期，创新沙溪流域防洪动态调度保险机制，成功入选全国海绵城市建设示范城市。乡村振兴有力推进。耕地保护和粮食安全责任制考核工作走在全省前列，完成抛荒地复耕2.63万亩，全市杂交水稻制种面积、产量均保持全国第一，先正达集团水稻种子供应链创新中心建成投用，全国小吃产业发展现场会在我市召开，入选全省首个国家农产品质量安全市，新增省级农业龙头企业44家、“三品一标”认证农产品79个。实施省级“百镇千村”试点示范工程，扎实推进乡村“五个美丽”建设，5个乡镇、61个村入选第二批省级乡村振兴示范镇、村创建名单，永安、泰宁入选“四好农村路”全国典型案例，建宁列入全国村庄清洁行动先进县。生态优势巩固提升。入选国家低碳城市试点优良城市，省对市河湖长制考核、水土保持工作评估均获全省第一，明溪入选全国首批自然资源节约集约示范县，金溪（将乐段）入选全国美丽河湖。开展生态环境突出问题综合整治攻坚，坚决推进第三轮中央生态环保督察交办信访件和通报典型案例立行立改、全面整改，市、县空气质量达标率均为100%、全省唯一，7个县进入全省空气质量前十名、数量全省第一，55个国省控和76个小流域断面水质达标率100%。

2024年是新中国成立75周年，是实施“十四五”规划的关键一年。三明市要坚持以习近平新时代中国特色社会主义思想为指导，全面贯彻落实党的二十大、二十届二中全会和中央经济工作会议精神，按照省委、市委经济工作会议部署要求，坚持稳中求进工作总基调，完整、准确、全面贯彻新发展理念，围绕推动高质量发展首要任务和构建新发展格局战略任务，加快建设现代化产业体系，深入实施新时代民营经济强省战略，切实增强经济活力、防范化解风险、改善社会预期，巩固和增强经济回升向好态势，持续推动经济实现质的有效提升和量的合理增长，全面推进三明革命老区高质量发展示范区建设提质增效。经济社会发展的主要预期目标是：地区生产总值力争增长5.5%左右，地方一般公共预算收入增长5%，固定资产投资增长5%，外贸出口增长3%，实际利用外商直接投资增长3%，社会消费品零售总额增长5.5%，居民消费价格涨幅控制在3%左右，居民人均可支配收入与经济增长同步，完成节能减排降碳目标。

围绕上述目标任务，社会发展重点做好以下方面工作。

大力保障和改善民生，提高人民生活品质。坚持尽力而为、量力而行，多谋民生之利、多解民生之忧，兜住、兜准、兜牢民生底线，努力让人民群众得到更多实惠。统筹发展和安全，提升社会治理效能。坚持底线思维，强化忧患意识，牢牢守住安全发展底线，保持社会大局稳定。深化重点领域改革，赋能高质量发展。坚持以改革为动力，以惠民为导向，深化重点领域和关键环节改革，为高质量发展注入新动能。加快补齐短板弱项，持续提升城市能级。践行“人民城市人民建、人民城市为人民”理念，积极转变城市发展方式，完善城市治理体系，让城市生活更加美好。全面推进乡村振兴，建设宜居宜业和美乡村。坚持农业农村优先发展，学习运用“千万工程”经验，深入实施“千村示范引领、万村共富共美”工程，奋力走出一条具有三明特色的乡村振兴之路。狠抓生态环境保护，厚植绿色发展优势。牢记“青山绿水是无价之宝”重要嘱托，坚定不移走生态优先、绿色低碳发展道路，确保生态环境质量“只能更好、不能变坏”。建设人民满意的服务型政府，始终牢记政府前面的“人民”二字，坚持旗帜鲜明讲政治，巩固拓展主题教育成果，着力争优、争先、争效，当好抓落实的执行者、行动派、实干家，坚定拥护“两个确立”、坚决做到“两个维护”。

（摘编：周华政）

三元区社会发展概况

2023年，三元区坚持以习近平新时代中国特色社会主义思想为指导，全面贯彻落实党的二十大精神，深入实施“深学争优、敢为争先、实干争效”行动，围绕“抓重大项目，促高质量发展”工作，奋力抓项目、拼经济、促发展，全区经济平稳健康发展，社会保持和谐稳定，三元革命老区高质量发展示范区建设取得新进展。全区以月保季、以季保年，在全市“抓重大项目，促高质量发展”工作考评中连续4个季度蝉联第一，为全市经济社会高质量发展贡献更多三元力量。2023年，地区生产总值、第三产业增加值、农林牧渔业总产值、规上工业增加值、社会消费品零售总额增幅排名全市第一，超七成主要经济指标增速高于全市平均水平，经济保持稳中有进、进中提质的良好态势。全年地区生产总值增长3.7%；农林牧渔业总产值45.4亿元，增长5.6%；规模以上工业增加值增长7.5%；第三产业增加值增长4.4%；固定资产投资增长11.1%；社会消费品零售总额222.1亿元，增长6%；地方公共财政收入10.6亿元，增长1.4%；城镇、农村居民人均可支配收入分别增长3.5%、7.1%。

民生保障强优补短。补齐社会事业短板。总投资近7亿元，完成省市区为民办实事项目48项。开启教育高质量发展三年行动，改扩建学校20多所，三元区被确定为省基础教育综合改革实验区，教育综合改革工作经验在全市推广。校外培训机构治理经验入选福建省第五批落实“双减”工作典型案例。医防融合持续发力，打造基层医改示范点7个，在全省首创消防、医疗联创联建急救站。顺利通过国家卫生城市复审。推进婴幼儿照护服务“一街一普惠”建设，全区每千人口拥有托位数达4.2个。获得全省“文旅品牌强县正向激励”。区少体校获评国家高水平体育后备人才基地。加强社会保障建设。落实稳岗扩岗奖励、补贴，完成城镇新增就业任务。“园区枫桥”机制被全国总工会列入基层劳动关系公共服务样板第一批站点培育名单。社会保障水平稳步提高。探索“家门口”养老模式和特殊老人探访机制，为636名“六类老人”提供线下实体援助服务。落实食品安全“两个责任”，巩固治理“餐桌污染”建设“食品放心工程”行动成效，强化医药领域安全监管，全区未发生重大食品药品安全事故。提升社会治理水平。实行《三元区文明城市（区）创建工作惩戒制度》，投入资金1亿元，完成市场改造、基础设施提升等5大类创城补短板项目，圆满通过省委文明办组织开展的全国文明城市模拟测评。全面落实党政领导平安建设责任制，深化“一党委三中心”机制，全区刑事、民事、电诈警情同比下降39%、35.5%、19%。深入开展“治重化积”攻坚，全面完成中央信访联席办交办的三批次123件信访积案化解工作。守牢房地产金融风险防范底线，确保不发生系统性风险。严格执行红色隐患区级党政领导挂钩制度，强化市区82个重点安全风险点管控，全区未发生较大以上生产安全事故。

政府效能明显增强。绝对忠诚讲政治。坚持把党的全面领导贯穿政府工作始终，深入开展学习贯彻习近平新时代中国特色社会主义思想主题教育，主题教育集中攻坚的36个项目任务全面完成。严格落实意识形态工作责任制，认真履行政府系统全面从严治党主体责任，持续抓好巡视巡察反馈意见整改落实，高质量推进上级党委、政府决策部署落地见效。依法行政重执行。深入贯彻习近平法治思想，开展“八五”普法，全面清理行政规范性文件，提升行政复议和应诉工作水平，落实法治政府建设示范创建任务。自觉接受人大法律监督、政协民主监督，办理人大代表建议、政协委员提案167件，办复率100%。依法做好第三次全国土壤普查和第五次全国经济普查工作。全面主动落实政务公开，让权力在阳光下运行。清正廉洁守规矩。坚持正风肃纪反腐与改革发展稳定一体推进，抓好党风廉政建设责任制落实。优化财政支出结构，压减定额公用经费123万元、部门业务经费829万元；建立项目评审机制，节约投资资金853万元，有效保障基层运转和重点事业发展。发挥审计、巡察监督作用，不断延伸监督“触角”，强化执纪问责问效，以零容忍的态度惩治群众身边腐败和不正之风。

一年来，全区国防动员、双拥共建、退役军人工作进一步加强，民族宗教、史志、档案、外事、侨务、港澳台等工作实现新提升，工会、共青团、妇女儿童、老龄、红十字、残疾人、关心下一代事业取得新进步。

改革开放走深走实。营商环境不断优化。深入开展“我为企业解难题”工作，定期召开企业家座谈会，动态收集解决问题340个，赢得企业主广泛好评。出台《三元区进一步深化“放管服”改革优化营商环境的指导意见》，“办不成事”专窗反映的12项事项全部解决。全面落实营商环境数字化监测督导机制。深化“政银企”合作机制，民营企业融资渠道进一步拓展，辖区金融机构本外币存款和贷款余额均居全市第一，新增贷款110.7亿元，存贷比达109%、全市第一，更好发挥了金融赋能实体经济作用。开放合作更具实效。实施《杨浦区与三元区对口合作行动计划（2023—2025）》，双方在教育、卫健、文旅、科技和人才交流等15个领域加强互访交流，沪元开启了全方位、多领域对口合作。坚持以商招商、产业链招商，区“一把手”走出去、请进来招商26场次，全区签约项目31个、总投资近124亿元，其中，当年开工项目15个、总投资60多亿元，签约项目当年转化率接近50%。全年完成出口总额17.6亿元。

城乡品质日益提升。城市更新不断深入。稳步推进“依法和谐”征迁项目，完成三钢万寿岩学院二期地块、翁墩武警安置地块、学区路及徐锦家园周边道路、台江A地块周边道路等13个项目征迁工作。实施老旧小区改造项目63个，完成投资达1.2亿元，项目完成率居全市前列。集中力量解决了白沙省一建C地块、明恒基布公司地块、纤维板厂地块等8个历史遗留问题。乡村振兴扎实推进。成功入选省闽台乡建乡创合作样板县。乡村振兴试点示范连线扩面，岩前镇获批全省乡村振兴特色重点镇。投入6000多万元实施“五个美丽”项目，中村乡顶太村成功入选“中国美丽休闲乡村”，洋溪镇获评“省全域生态旅游小镇”，乡村更美丽更宜居。生态环境持续向好。落实生态环保目标责任制，抓好中央督察信访问题整改工作，信访件办结率100%。打好“蓝天、碧水、净土”保卫战，空气质量优良达标天数比例达100%，国（省）控断面Ⅲ类水质、饮用水水源地水质达标率达100%，工业固废、医疗废物安全处置率达100%。重点培育丰产竹林、国家储备林等高价值森林资源1.1万亩。入选省级森林养生城市。

2024年，三元区坚持以习近平新时代中国特色社会主义思想为指导，全面贯彻落实党的二十大和二十届一中、二中全会精神，按照中央、省委经济工作会议和市委、区委十届五次全会部署要求，坚持稳中求进工作总基调，完整、准确、全面贯彻新发展理念，深入实施“深学争优、敢为争先、实干争效”行动，持续深化加快建设革命老区高质量发展示范区“1620”行动，努力打造活力新三元、幸福山水城！全区经济社会发展的主要预期目标为：地区生产总值增长5%左右，农林牧渔业总产值增长5%，规模以上工业增加值增长5%，第三产业增加值增长5.5%，固定资产投资增长6%，社会消费品零售总额增长6%，地方一般公共预算收入增长3%，城镇、农村居民人均可支配收入分别增长4.5%、6%。完成节能减排降碳目标任务。

（摘编：苏建平）

沙县区社会发展概况

2023年，沙县区坚持以习近平新时代中国特色社会主义思想为指导，深入学习贯彻党的二十大精神，坚定信心、奋发作为，交出一份“难中求成、干中有为、稳中有进”的厚重答卷。全区实现地区生产总值增长1%；地方一般公共预算收入增长5%；全社会固定资产投资增长15.6%；社会消费品零售总额增长4.9%；城镇居民人均可支配收入增长5.5%；农村居民人均可支配收入增长6.9%。

社会事业蓬勃发展。全年民生支出23亿元，占全区一般公共支出比重稳定在75%以上，发放各类社会救助资金4785.8万元，新增城镇就业1350人。养老保险参保人数达20.4万人，基本医疗保险参保人数达25.25万人，养老保险、基本医疗保险覆盖率分别达102.4%、101.4%。实施示范性居家社区养老服务网络项目，争取补助资金958万元；新增家庭养老床位400张，新建农村幸福院3家、长者食堂4个。新增普惠性托育机构1家，每千人托位数达4.66个，提前完成全区“十四五”规划目标任务。持续推进“福蕾行动”计划全覆盖，建成区、乡（镇）、村三级未成年人救助保护工作网络体系。教育事业再添新效。沙县区第二实验小学投入使用，新增学位1800个；沙县第一中学食宿楼、金沙高级中学教学体艺楼等项目如期竣工。入选省级基础教育综合改革实验区、首批省级智慧教育试点区；列入全国义务教育优质均衡发展示范县创建名单；华东师范大学附属三明中学落成启用；沙县一中百年校庆系列活动圆满举办；连续三年有学子被北京大学录取，本科上线率、本一上线率居全市前列。启用沙县现代化实战消防综合训练基地，为全国培养救援技术专业力量，获“省级水域救援训练基地”“福建省应急救援训练基地”称号。支持成立火箭救援队开展公益救援事业。

文体事业多点开花。全国首部地方小吃题材音乐剧《幸福的烟火》成功公映。“寻味沙县：沙县小吃技艺非遗研学游”入选2023福建省非遗与旅游融合发展十大优秀案例。湖源红军烈士纪念碑等17处红色文化遗址成功列入福建省第二批不可移动革命文物名录。全省媒体融合发展工作培训班在沙举办，《沙县区全媒型人才发展改革实践探索》作为全省创新案例之一被推荐至国家广电总局。承办中国手球超级联赛、福建省青少年射箭冠军赛等16场大型体育赛事活动。沙县籍运动员张志成在杭州亚运会龙舟男子直道竞速赛中斩获2金1银。公共体育场标准田径跑道和标准足球场地提升改造等3个文体项目陆续完工。

自身建设行稳致远。扎实开展学习贯彻习近平新时代中国特色社会主义思想主题教育，实施“深学争优、敢为争先、实干争效”行动，认真落实意识形态工作责任制。严格履行政府系统全面从严治党主体责任，持续纠治“四风”，扎实抓好经济责任和自然资源资产审计工作，党风廉政建设和反腐败斗争取得积极成效。完成第五次全国经济普查单位清查工作，扎实推进16件为民办实事项目。持续推进法治政府建设，自觉接受人大法律监督、政协民主监督，主动接受司法监督、审计监督及社会舆论监督，办理人大代表建议议案68件，政协委员提案107件，办复率达100%。同时，征兵、国防动员和后备力量建设、拥军优属、退役军人事务、军民融合、民族宗教、涉台事务、审计、烟草、供销、统计调查、人民防空、防震减灾、气象、水文、保密、新闻出版、广播影视、档案、地方志、邮政、妇女儿童、老龄、残联、科协、红十字会等工作都有了新提升。

改革结出丰硕成果。“三医联动”有关经验做法获国务院领导肯定。医改坚持“治未病、管健康”目标，抓实全民健康示范县创建，一体推进医防融合重点项目，扎实推动高风险人群肠癌筛查、重点人群乙肝筛查、慢性阻塞性肺疾病筛查与健康管理，高标准完成“两师两中心”建设，培训百名健康管理师和疾病管理师，疾病管理中心、健康管理中心、全民健康体检中心正式投入使用。区总医院在全省率先通过“全民健康管理示范医院疾病管理中心”初期验收，区中医院进入2021年度全国1781家二级公立中医医院绩效考核前100名。全面推进全国基层中医药工作示范县建设，推动公立医院高质量发展省级试点建设，深化与上海杨浦区中心医院、省肿瘤医院等帮扶协作，成功开展新技术新项目10项。教育改革有力有效，全面巩固提升“双减”成果，留守儿童管理改革提质增效；区教育局获评联合国教科文组织“城市社区学习中心项目实验点”，金沙高级中学获评全国手球高水平后备人才基地；投入3350万元启动沙县小吃技能培训基地建设项目，推动打造特色职业教育。列入省级首批乡镇（街道）片区联合执法试点，创新“部门联合、区乡联动”机制，赋权乡镇284项行政处罚权有效承接，办理案件达397件，提升基层综合执法水平。

城市品质显著提升。实施铁路公园三期、海绵城市建设、智慧生活垃圾分类建设等城市建设品质提升项目112个。东门历史文化街区获省级重点改善提升历史文化街区补助资金500万元，罗从彦健身休闲公园提升改造项目获中央专项彩票公益金补助3000万元。新建宜和、城南、城西等片区农贸市场3个。水南东片区污水处理厂、智慧治理服务中心、205国道沿线老旧小区改造等109个项目相继竣工，完成投资额29.11亿元。常态长效开展全国文明城市创建活动，顺利通过国家卫生城市复审。

乡村振兴再启新航。获评全国乡村产业振兴和改善农村人居环境激励县、第三批省级农产品质量安全县，乡村振兴工作经验在全省“千万工程”现场推进会上作典型交流；夏茂镇被农业农村部评为全国乡村特色产业产值超十亿元镇。投入乡村振兴专项资金8485.3万元，支持92个乡村振兴项目建设，夏茂镇获评全省乡村振兴示范乡镇，高砂村等6个村获评全省乡村振兴示范村，富口镇获省级重点改善提升历史文化名镇资金550万元，水美村获省级传统村落补助资金350万元。大洛镇入选全国2023年第二轮土地承包到期后再延长30年全省唯一整镇推进试点；杉口村入选第三批全国乡村治理示范村，俞邦村入选全省美丽乡村休闲旅游点典型案例、省级美丽宜居村庄培育对象名单，夏茂镇、高砂镇顺利通过国家卫生乡镇初审。打造“枫桥式”基层综治中心，进一步提升智慧治理服务中心实战实效，以平安建设助推乡村振兴。

基础设施日益完善。推进“三沙”融合发展，三明市第一医院生态新城分院正式启用，市区间部分高速公路小型客车免费通行。扎实开展全国城乡交通运输一体化示范创建县工作，垄东互通成为全市首个开通高速公路出入口的服务区；充分发挥闽江航运资源优势，全市首个货运码头三明港沙县港区青州作业区1#—3#泊位工程顺利完工，补齐沙县“铁公空水”现代综合交通运输体系最后一环。双溪水库年内完成竣工验收，城乡供水一体化建设基本完成。新改建农村公路24.86公里，乡镇污水配套管网20公里。

生态环境治理有效。城区环境空气质量始终保持在优于国家二级标准水平，空气质量达标率100%。扎实开展国土绿化行动，完成植树造林1.67万亩、森林抚育封育5.32万亩。大洛镇获评福建省森林乡镇，新坡村获评福建省森林村庄。巩固农村水电站清理整治成果，全年水电站生态下泄流量合格率100%。强化水土流失治理，投入治理资金1301.33万元，完成水土流失综合治理面积2.17万亩。主要流域、小流域水质优良比例及饮用水水源水质达标率均达100%。获评2022年度全省河湖长制正向激励县，连续五年获三明市河湖长制工作考核第一名。

（摘编：余晓楠）

永安市社会发展概况

2023年，是全面贯彻落实党的二十大精神的开局之年。一年来，永安市坚持以习近平新时代中国特色社会主义思想为指导，认真学习贯彻党的二十大精神，坚持稳中求进工作总基调，有效应对经济下行压力和各类风险挑战，经济运行积极因素在积累，亮点在增多，预期在好转，整体保持平稳态势。全年实现地区生产总值536.29亿元、增长4.8%；规模以上工业增加值增长7.1%；地方一般公共预算收入21.08亿元、增长5%；固定资产投资增长15%，出口总值16.43亿元，社会消费品零售总额增长4.9%；城镇居民人均可支配收入47157元、增长3.5%；农村居民人均可支配收入25980元、增长7%。一年来，社会发展的主要工作和成效如下。

民生福祉向好提升。坚持以人民为中心，聚焦共建共享，持续推动社会事业全面进步。城乡环境更优美。城市品质持续提升，策划和实施127个城市建设品质提升项目、5917户老旧小区改造工程，巴溪湾完整社区等3个项目获评省级样板工程，市委党校新校区建成投用；农村环境持续改善，打造“五个美丽”建设点867个，青水畲族乡被命名为福建省森林乡镇，贡川镇集凤村列入第六批中国传统村落；基础设施持续优化，国道356线曹远樟林至泥坪公路、永安步虹桥竣工通行，“福路贷”经验做法获评交通运输部典型案例，并向全国推广交流。公共服务更完善。民生实事扎实推进，9类41项省、三明和我市为民办实事项目完成投资6.6亿元，全年民生支出达29.02亿元，占一般公共预算支出的75%；教育事业稳步发展，投入8350万元实施新建、改建、扩建教育建设项目6个，新增学位2870个，全市普惠性幼儿园覆盖率达95.54%，三明技师学院入选国家级高技能人才培训基地；医疗卫生事业全面发展，打造2个省级重点学科、3个三明市级重点专科，总医院新院区门诊楼启动搬迁；文体事业亮点纷呈，成功举办省第十届“三月三”畲族文化节，省级注册运动员人数位列三明首位，获得三明市第八届运动会少儿组金牌榜、团体总分榜第一。社会保障更有力。优化养老服务，建成4所长者食堂、2所社区嵌入式养老机构，完成89所三星级以上幸福院星级评定；坚持就业优先，实现城镇新增就业2131人；提升社保质效，城乡居民养老保险基础养老金标准提高至150元/月，职工医保门诊共济保障机制逐步完善，城乡居民医保门诊待遇进一步提高。社会治理更高效。开展城区巡防机制改革，社会治安持续向好，刑事案件发案同比下降4.3%；劝返、核减滞留境外涉诈高危人员成效居三明县（市、区）第一；“治重化积”反弹件及中央交办重点信访事项化解率100%；应急管理体系建设不断加强，未发生较大以上各类安全事故和重大群体性事件；燕北街道江滨社区获评“全国民主法治示范社区”，槐南镇洋头村获评“全国乡村治理示范村”。各项工作更扎实。国防建设、军供保障、人民防空、双拥共建和退役军人事务等工作不断加强；工会、共青团、妇联和关心下一代工作扎实推进；老龄、慈善、红十字会、计生协会、残疾人事业加快发展；民族团结、宗教和睦；科普、档案、地方志、侨务、水文、气象、地震、河湖长制、水土保持、库区移民、统计服务等工作取得积极成效。

自身建设不断加强。政治上坚定坚决，深入开展学习贯彻习近平新时代中国特色社会主义思想主题教育，把忠诚拥护“两个确立”、坚决做到“两个维护”作为政府工作的最高政治原则。履职上依法依规，修订《永安市人民政府工作规则》，出台《永安市行政应诉管理办法》，落实党政机关法律顾问全覆盖，行政败诉率同比下降18.53个百分点；高质量办理人大代表建议160件、政协委员提案161件，满意率达100%。廉洁上抓严抓常，扛稳全面从严治党主体责任，落实意识形态工作责任制，认真抓好省委巡视反馈问题整改，开展国有企业专项审计调查，推动政府系统全面从严治党向纵深发展，强化效能督查和绩效考评，勤廉指数不断提升。

改革攻坚向深推动。将改革重点放在解决实际问题上，积极探索更多永安经验做法。医药卫生体制改革彰显惠民。三明市永安总医院被纳入省级区域医疗中心建设范围，“两师两中心”健康管理体系建设有序推进，完成市中医院组建。教育改革取得实效。用活“周转空编”“周转岗位”政策，深化“县管校聘”改革，持续优化学校布局调整，加快教育资源有效整合、高效利用。对口合作向实增进。抢抓浦永对口合作机遇，不断深化合作内容、拓展合作领域、扩大合作成果，多领域取得实质性成效。两地主要领导带队互访10余次，各级企事业单位开展互访交流活动150余次，互动交流日益密切频繁。社会事业结对共建。11所学校全学段与浦东新区学校建立“一对一”结对关系，成立永安职专首个省外实训基地，三明市永安总医院挂牌“上海仁济医院医联体协作医院”暨“名医工作室”。文旅康养双向奔赴。与上海音乐学院共建红色音乐教育实践基地；中央红军标语博物馆成为中共一大会址合作纪念馆；1家酒店入选上海市职工疗休养基地。

风险化解向稳可控。坚持发展和安全并重，有效防范各类风险挑战，全力推动永安高质量发展行稳致远。房地产风险有序化解。中央佳园、蓝湾园楼盘完成风险化解，诚上广场楼盘风险化解攻坚行动取得突破，全市商品房销售面积18万平方米，去化周期缩短为16.6个月。债务风险有力管控。出台《促进增收节支25项措施》，再融资债券置换比例从85%提高至90%，争取土储债再融资债券资金1.35亿元，债务风险总体可控，财政运行总体平稳；工贸企业风险持续稳控，不良率压降至0.57%。环保风险有效防范。尼葛园异味整治、金银湖水泥矿山治理复绿等中央生态环境保护督察反馈问题启动销号，新一轮反馈问题全部按整改要求推进；沙溪流域生态治理EOD项目获得18.66亿元授信额度；全市燃煤锅炉、机砖厂、机制炭和铸造企业全部完成整治提升，环境空气质量优良率达100%；建立健全流域水环境常态化预报预警机制，国省控考核断面水质优良率达100%。

2024年是中华人民共和国成立75周年，是深入实施“十四五”规划的关键一年，也是永安撤县设市40周年。永安市工作总体要求是：坚持以习近平新时代中国特色社会主义思想为指导，全面贯彻落实党的二十大和二十届二中全会精神，按照省委、三明市委和永安市委部署要求，坚持稳中求进总基调，完整、准确、全面贯彻新发展理念，加快构建新发展格局，切实增强经济活力、防范化解风险、改善社会预期，巩固和增强经济回升向好态势，持续推动经济实现质的有效提升和量的合理增长，增进民生福祉，保持社会稳定，奋力打造中国式现代化革命老区新样板。2024年全市经济社会发展主要预期目标是：地区生产总值增长5.5%；规模以上工业增加值增长6%；地方一般公共预算收入增长5%；固定资产投资增长10%；出口总值16.5亿元；社会消费品零售总额增长6.4%；城镇居民人均可支配收入增长5.6%，农村居民人均可支配收入增长7.1%；完成单位生产总值能耗降低和主要污染物减排年度任务。

（摘编：沈光明）

明溪县社会发展概况

2023年，明溪县深入学习贯彻习近平新时代中国特色社会主义思想和党的二十大、二十届二中全会精神，实施省委“深学争优、敢为争先、实干争效”行动和市委“抓重大项目、促高质量发展”工作，全县经济社会总体保持稳中向好，全县完成地区生产总值增长1.5%，地方一般公共预算收入增长6%，城镇居民人均可支配收入增长7%，农村居民人均可支配收入增长9%。一年来，社会发展取得了新成效。

民生保障兜紧兜牢。民生支出占一般公共预算支出的比重达81%，31项为民办实事全部完成年度目标。改造老旧小区19个，原造纸厂安置房基本建成，猴子山保障性住房加快建设。千方百计稳就业，开发公益性岗位142个，开展职业技能培训近2000人次，城镇新增就业人数完成130%。城乡居民养老、医疗参保基本实现全覆盖，及时足额发放城乡低保、特困供养等救助金2243万元。巩固拓展脱贫攻坚成果，脱贫户年收入增长10%。

公共服务提质提效。教育质量稳步提升，实施城关中学教学楼和运动场改扩建等各类教育项目17个，县一中迁建主体基本建成；实施教育质量提升三年行动计划，“小升初”平均总分居全市前列，中考优秀率居全市第3位，211高校、双一流院校录取率居全市第7位，较上年提升4位。医疗卫生水平不断进步，县总医院门诊综合大楼基本建成，医疗服务能力达到国家县医院推荐标准，获评“全国健康促进医院”称号，“县乡康复联合病房”实现基层卫生机构全覆盖，60%以上的村卫生室达到基本标准，总医院患者满意度居全省31名，较去年提升83名，医院职工满意度居全省首位。“一老一小”服务同向发力，新增长者食堂4个、嵌入式养老服务机构1个、普惠性托位100个，出台全省首个优化生育政策。文体事业繁荣发展，“绿海明溪·清新盖洋”健康跑活动入选全国9个群众体育赛事活动典型案例之一，南山遗址入选第四批国家考古遗址公园立项名单，县图书馆获评国家二级图书馆，在杭州亚残运会明溪获得历史首枚奖牌。

社会大局安定稳定。加强矛盾纠纷多元预防调处化解，沙溪乡预防化解涉侨纠纷工作法入选全国104个“枫桥式工作法”单位之一。深入开展重大事故隐患专项排查整治2023行动，有效防御“杜苏芮”等台风影响，全年未发生较大生产安全事故。全面加强社会治安防控，扫黑除恶常态化推进，禁毒工作深入开展，电信网络诈骗有效遏制，群众安全感率居全省前列。全面防范化解金融风险，压实“保交楼、保民生、保稳定”责任，不良贷款率0.64%，政府债务严格控制在省定限额范围。

自身建设迈上新台阶。牢固树立正确政绩观，传承弘扬“四下基层”优良作风，解决群众急难愁盼问题1442个，办理12345平台群众投诉件4159件，满意率100%。全力推进重大项目和事项历史遗留问题专项攻坚，解决企业办证问题6个，群众房产登记问题142户。办理人大代表议案建议123件、政协委员提案79件，满意和基本满意率均为100%。严格落实中央八项规定及其实施细则精神，力戒形式主义、官僚主义，有效发挥审计监督、统计监督作用，风清气正的干事创业氛围更加浓厚。

重点改革见质见效。深入推进医改，基层分院门诊同比增长9.34%，医院无陪护率提高到

81.54%，县域就诊率接近80%。推动中医深度融入医改，住院中医治疗参与率100%，基层中医馆业务量同比增长72%。深入推进教改，“总校制”改革实现基础教育各学段全覆盖，受益学生占比96.1%，实验幼儿园与王桥幼儿园“总校制”办学改革做法经验先后被中央媒体报道，明溪代表福建省接受县域学前教育普及普惠国家督导评估，并顺利通过认定。

交流合作走深走实。深化与国家中医药管理局、省卫健委对口支援帮扶，促成广安门医院、福建医科大学附属第一医院等多家医院与县总医院建立协作关系，帮扶老年病科、五官科等专科建设，提升诊疗能力。深化与省直单位、鲤城区对口帮扶，在资金援助、国家考古遗址公园申报、数字乡村建设、STS项目合作等方面取得积极成效。深化沪明合作，与上海嘉定区签订合作协议40份，引进合作项目10个，举办文旅推介会、“名特优”产品展销会等活动23场次，并在上海建立三明首个“人才飞地”，集聚产业人才200余人，推动上海博悦、上海熙华等4个项目落地明溪。深化对外经贸交流，赴匈牙利、意大利开展经贸合作和招商推介，与匈牙利韦伦采市结为友好交流城市。

科技创新自立自强。坚持“科创+产业”，组织企业申报省级科技项目10项，规模以上工业企业研发经费投入达1.28亿元，获得专利63件，高技术产业增加值占规上工业增加值比重连续8年位居全市第一。紫杉园、科顺入选全省创新型民营企业百强，康墨、瑞博奥、格林韦尔等6家企业获评省级专精特新中小企业，玮士迈涂布NMP回收塔技术列入福建省首台（套）重大技术，海西联合药业技术中心入选省企业技术中心，博诺安科获评省级第三批产业领军团队。

城市品质全面提升。推动城市开发，完成康乐路南侧地块开发，开工建设嘉豪花园西侧、原妇幼保健院地块项目。推动城市更新，完成中山全民健身中心、南山田园综合体二期、渔塘溪城市品质提升等项目65个。推动路网管网建设，新建福道12公里，新改建雨（污）管网、燃气管网14.7公里，河滨南路向西延伸、北部新区基础设施及路网建设有序推进，启动交通运输服务综合体、城区生活污水处理厂提升项目。抓好城市精细化管理，上线“微公交”20辆，建成城乡建设智慧管理平台（一期），加强“两违”整治，实现环卫作业及园林绿化管养一体化运营，省级生活垃圾分类试点县顺利通过验收，获评国家节水型社会建设达标县。

乡村振兴全面推进。学习运用“千万工程”经验，推动农业农村高质量发展。强化耕地保护，整治和处置一批违法用地和批而未供土地，补充耕地976亩，获评国家首批自然资源集约节约示范县。强化粮食生产，建设高标准农田1.8万亩，完成粮播面积21.43万亩、总产量8.08万吨，超额完成年度目标任务。强化产业兴农，烟叶丰产丰收，百香果产研一体化、丰沃现代农业科技产业园等12个项目有序推进，新增农业产业化省级龙头企业3家、省级“一村一品”专业村2个、绿色食品认证9个，明溪鸡蛋入选全国第二批“名特优新”农产品名录，明溪淮山入选全国“土特产”推介目录和全省首批“福农优品”百品榜，明溪获评省级农产品质量安全县。强化美丽乡村建设，投入2011万元推进省级乡村振兴试点村及实绩突出村建设，打造美丽乡村庭院等“五个美丽”607个，新改建盖洋至雷西等农村公路21公里、乡村污水管网36.3公里，农村客货邮实现行政村全覆盖，罗翠村获评第三批全国乡村治理示范村、龙湖村入选2024年闽台乡建乡创合作样板村。

生态环境全面改善。深入打好污染防治攻坚战，推进中央、省级生态环保督察等通报问题整改销号，顺利完成配合第三轮中央生态环保督察工作，生态环境突出问题综合整治攻坚行动考核居全市第4位，空气质量位居全省第3位，水环境质量居全省第10位，2022年度国家重点生态功能区县域生态环境质量综合考核居全省首位。加强生态修复治理，认真落实河湖长制、林长制，整治河湖“四乱”问题40个，完成国土绿化1.28万亩，坚决打好松材线虫病防控攻坚战，胡坊镇生态环境治理与农林产业融合发展EOD项目为全市乡镇首创。

（摘编：余晓楠）

清流县社会发展概况

2023年，清流县认真学习贯彻习近平新时代中国特色社会主义思想和党的二十大精神，全面落实省委“三争”行动和市委“抓大促高”工作部署，全县经济社会发展承压而上、稳中见韧。全县多项主要经济指标增幅位居全市前列，完成地区生产总值153.6亿元，县级一般公共预算收入增长11.54%，城镇居民、农村居民人均可支配收入分别增长6.0%、7.0%，本外币各项存贷款余额分别增长11.8%、22.05%。

这一年，作表率、敢担当，攻克一个又一个难题。坚持“新官要理旧账”，直面解决发展堵点、民生痛点，成功化解永福化工、北山天城等多个搁置长达8年以上历史遗留问题，盘活地块1338亩，文华新城、北山天城、玫瑰家园等小区595户业主不动产权证顺利办理。

这一年，俯下身、谋发展，实现一次又一次突破。首次举办国家飞碟射击集训队世界杯选拔赛、全国U18飞碟射击锦标赛、闽赣两省三地十县“苏区杯”篮球嘉年华系列活动，赛事经济成为清流新名片。

这一年，倾真情、惠民生，办成一件又一件实事。时隔16年“清北”名校录取生实现新的突破，桐坑高速互通及连接线（一期）接近尾声，红色文旅教育实践基地及附属设施建设项目主体封顶，城乡供水一体化、农村污水治理提升等一批惠民工程加快实施，北山天城智慧体育公园、原长途客运站旧城改造等一批品质提升项目顺利启动。

一年来，社会发展主要工作和成效体现在以下方面。

致力办实事，民生事业日益增进。坚持县财政80.0%以上支出投入社会民生事业，4类33个重点为民办实事项目全部落实。强化就业优先政策，加大困难大学毕业生就业“一对一帮扶”，城镇登记失业率控制在5.0%以内。加快教育优质均衡发展，职高实训综合楼、虹桥幼儿园等8个重点项目竣工投用，省物理、化学学术年会接连在清召开，教育教研能力持续提升。着力补齐卫生健康短板，实施“清医惠清”工程，开设名医工作室11个，李家卫生院整体搬迁项目完成主体建设，基层诊疗量占比达60.0%以上，全县人均预期寿命持续高于全省、全市平均水平。不断健全养老服务体系，新建嵌入式养老服务中心和3个长者食堂，被列入全国居家和社区基本养老服务提升行动项目试点县。高效统筹发展和安全，在全市率先启动乡镇消防救援中心站建设，全年未发生较大以上生产安全事故，事故数和死亡人数“双下降”，安全风险指数居全省第八位、全市第一位。

致力优作风，自身建设不断加强。大力弘扬“马上就办、真抓实干”优良作风，落实“争优、争先、争效”工作要求，干事创业精气神持续提振。全面落实中央八项规定及其实施细则精神和省、市、县实施办法，大力纠治“四风”，政府效能进一步提升。持续优化营商环境，推行“清易办”“帮您办”模式，设置“跨省通办”“异地代收代办”窗口，“两跑事项”占比达100.0%。深入推进法治政府建设，人大代表建议和政协委员提案办复率、满意或基本满意率均达100.0%。坚持政府过“紧日子”思想，强化预算执行约束，“三公”经费支出逐年缩减，县级财政管理绩效综合评价连续三年进入全国前200名。

致力提品质，城乡面貌持续改善。深化“小

县大城关”战略，总投资59亿元的33个城市品质提升项目深入推进，龙城街街区综合整治、城区福道等12个重点项目竣工投入使用，建成全市首个污水管网诊断溯源系统。持续开展“微改造、大提升”活动，投入1300余万元，发动干群2.1万人次，累计整治老旧小区、背街小巷“灯不明、路不畅、管不通”等问题315个，拆除“两违”面积达2.3万平方米，做法被人民日报、中国文明网等19家省级以上媒体报道。加快建设宜居宜业和美乡村，深入实施农村人居环境整治攻坚三年行动，推进43个重点村集中整治，以点带面实现人居环境明显改善，赖坊镇赖武村、余朋乡东坑村被列入中国传统村落名录。持续巩固生态优势，生态环境综合整治“六大攻坚”任务有力推进，空气质量综合排名居全省县级城市第四位，城乡饮用水源水质达标率均为100.0%；高质高效完成第三轮中央生态环保督察信访件整改。

致力探新路，改革开放多点突破。医改持续深化，县总医院加盟全国县域慢病管理中心建设单位，慢病管理经验获评全国典型案例；组建“村医联盟”，近两年基本公共卫生服务项目执行效果调查分别居全省第一、第二位，经验做法被全市推广。教改持续提质，高考特殊类型上线率连续三年保持全市前三位，义务教育各学段均挺进全市第一梯队；产教融合持续拓展，新设化工班达9班次，职高在读生由2021年435人扩增至1100人，“3+2”大专班名额增至120个，累计为化工企业引进和输送专技人才365人，经验做法入选教育部典型案例。林改持续发力，大力推广“龙头企业+基地+林农”林下经济发展模式，岗梅种植面积超1.3万亩，成为全省林下经济发展十大典型案例之一，被授予“中国岗梅之乡”称号。开放协作持续见效，米兰花酒店即将落成运营，第二批华润希望乡村加快建设；嘉定区17项合作重点任务加快推进，产业项目、职工疗休养、农产品产销等领域取得明显成效；集美（清流）共建产业园（二期）全面竣工投用。

2024年是清流县承前启后的关键一年，也是推动“十四五”规划目标任务落实的关键期，要坚持以习近平新时代中国特色社会主义思想为指导，全面贯彻落实党的二十大和二十届二中全会精神，按照中央和省、市部署要求，坚持稳中求进工作总基调，完整、准确、全面贯彻新发展理念，巩固和增强经济回升向好态势，持续推动经济实现质的有效提升和量的合理增长，加快推进清流革命老区高质量发展。综合考虑各方面因素，今年经济社会发展的主要预期目标是：地区生产总值增长5.0%，县级一般公共预算收入增长3.0%，固定资产投资增长8.0%，农林牧渔业总产值增长4.6%，规模以上工业增加值增长4.0%，第三产业增加值增长5.6%，外贸出口增长3.0%，验资口径实际利用外资增长3.0%，社会消费品零售总额增长2.2%，城镇居民人均可支配收入增长6.0%，农村居民人均可支配收入增长7.0%，城镇登记失业率控制在5.0%以内，完成节能减排降碳目标。

（摘编：余晓楠）

宁化县社会发展概况

2023年，宁化县深入学习贯彻习近平新时代中国特色社会主义思想，全面贯彻落实党的二十大和二十届二中全会精神，深入实施“深学争优、敢为争先、实干争效”行动，扎实做好“抓重大项目，促高质量发展”工作，推动经济社会发展取得新成效。全年完成地区生产总值241.5亿元，增长1%；全社会固定资产投资增长12%；地方一般公共预算收入7.4亿元，增长15.66%；城镇居民人均可支配收入39228元，增长7%；农村居民人均可支配收入23425元，增长8.5%；宁化县获评全国科普示范县、全国自然灾害综合风险普查成果应用试点县、省级农产品质量安全县和全省农村客货邮融合发展试点县。一年来，社会发展的主要工作和成效如下。

百姓生活更加幸福。牢固树立民本思想，群众获得感更足、幸福感更强、安全感更高。社会事业更加进步。教育、文化、卫生、体育事业蓬勃发展，一中图书馆建设有序推进，翠城实验中学主体完工，翠城幼儿园竣工投用，中小学生综合实践基地投入运营，中考投档总平均分、及格率蝉联全市四连冠，高考双一流院校录取率超出全省3.69个百分点，宁化县获评全省基础教育教学研究基地县；伊秉绶故居完成修缮，成功举办全省“三月三”畲族文化节分会场活动，朱王村农家书屋入选全省示范书屋，县图书馆获评全国二级公共图书馆；县总医院启动三级乙等医院创建，县中医院通过二级甲等医院复评，乡镇卫生院全部达到“优质服务基层行”基本标准，翠江社区卫生服务中心通过省级社区医院评审；加强全民健身场所建设，积极备战第十八届省运会，宁化籍运动员曾凤萍勇夺全国跆拳道锦标赛系列赛53公斤级冠军。民生保障更加殷实。住有所居、病有所医、老有所养、弱有所扶取得新进步，新配租保障性住房53套，群众住房基本需求得到有效保障；实施全民参保计划，城乡居民基本养老、医疗保险参保率稳步提高；开展居家和社区基本养老服务提升行动，新建家庭养老床位300张，助老健康服务站覆盖160个村居；加强特殊群体帮扶，新建新型退役军人服务站5个，残疾人“两项补贴”再次提标，由县财政出资为全县4000余户二女户购买意外伤害保险，城乡低保、特困供养基本实现应保尽保、应养尽养，县妇联获评全国维护妇女儿童权益先进集体；全力办好为民实事，今年20件为民办实事项目完成或基本完成年度任务目标，一批群众急难愁盼问题有序破解。社会治理更加和谐。信访维稳、安全生产、食品药品监管、重大风险防范化解等工作有力有效，信访工作实现“一升一降一减少”，万人成讼率降至110.92件、降低2.96%，我县“调诉协作”工作法入选全市新时代“枫桥式工作法”先进典型名单；实施社会应急联动工作机制，探索建立“翠城快警”警务新模式，推进道路交通安全综合整治“百日会战”，禁毒、反电诈、扫黑除恶斗争、夏季治安打击整治战果显著，全年违法犯罪类警情同比下降13%，我县通过新一轮省级平安县创建验收；开展重大事故隐患专项排查整治行动，推进乡镇安全生产连片联合执法试点，扎实做好防汛抗旱、森林防灭火等应急管理工作，全县安全生产形势保持稳定；天和上上城二期保交楼项目主体全面完工，金融、政府债务等领域风险总体可控。

政府行政更加高效。始终坚持为人民服务、

对人民负责、受人民监督，严明政治纪律和政治规矩，严格落实意识形态工作责任制，坚持依法履职，认真办理人大代表建议和政协提案220件、办结率100%。推进法治政府建设，扎实做好“八五”普法工作，乡镇部门法律顾问实现全覆盖，1999年以来行政规范性文件清理工作全面完成，巾帼“蒲公英”普法志愿服务队获评全省“十大最美组织”。坚持高效履职。深化“放管服”“一网通办”改革，推行“综合查一次”联合执法机制，开展“走流程，解难题，优服务”政务体验专题活动，全面推进政务服务减程序、简手续，“三集中三到位”改革全面完成，全流程网办事项占比91.64%，行政审批“减时间”成效率提高到93.1%，办理行政审批事项50余万件，提前办结率、满意率均为100%。

城乡面貌更加靓丽。加强生态文明建设，做好城乡建设品质提升工作，推进城乡融合一体化发展，城乡面貌大幅改善、品质大幅提升。城市焕发新颜值。实施“大城关”战略，推进城市“东扩南伸”，康养城（一期）、党校（二期）等项目稳步推进，慈恩文化公园、翠华东路（一期）等项目竣工投用，城市规模体量进一步扩大。投入资金18.46亿元，实施城市建设品质提升项目75个，改造松树园、东方花园等片区老旧小区4个，新改建雨污、供水、燃气等管网124公里，生活垃圾焚烧发电厂基本建成，宁阳古街客家风貌提升项目完工，瑶上农贸市场竣工投用，宁化县城更新建设样板工程入围2024年省级样板工程。加强城市精细化管理，常态化开展创城工作，推进市容市貌、违法建设、占道经营等整治，拆除“两违”面积5200余平方米，新建智慧停车位230个，城市管理更规范、更精细。乡村树立新风貌。学习借鉴“千万工程”经验，实施乡村振兴“6+2”工程，推进30个省级乡村振兴试点村、实绩突出村项目，“党建引领·古韵客家”乡村振兴重点示范线加快建设，建成市级以上“一村一品”专业村60个，石壁镇和石牛村等7个村分别入选全省乡村振兴示范乡镇、示范村创建名单，安乐镇谢坊村获评全国乡村治理示范村。持续开展村庄清洁行动，完成乡村“五个美丽”建设点1154个，石壁镇溪背畲族村获评省级美丽休闲乡村。实施农村建设品质提升五大工程，加快推进城乡供水一体化（一期）项目建设，自来水普及率提高到89.4%，乡镇污水处理场站实现市场化运维全覆盖，新建农村5G基站223个，改造提升农村公路47.5公里，宁化县通过“四好农村路”省级示范县验收。生态展现新形象。完成烤烟房“煤改电”240座，环境空气质量优良率100%、居全省前五位；实施森林质量精准提升工程，完成植树造林0.81万亩、封山育林1.7万亩、森林抚育5.2万亩，新增省级森林村庄3个、高级版绿盈乡村7个，济村乡获评省级森林乡镇；实施全国重点推进小流域综合治理质量增效项目，综合治理水土流失面积1.9万亩，新建安全生态水系25.5公里，生猪、鳗鱼养殖污染得到有效治理，水源地和水功能区水质达标率100%。

创新活力更加充沛。教改、医改等取得新突破，新增省级书法教育实验（示范）学校3所，石壁客家学校获评省级义务教育教改基地校，“书香+”课后服务课程入选全省落实“双减”工作典型案例；扎实推进“无陪护”医院创建，患者自付费用比例降低至25.58%，成立全市首个中医经典病房，县中医院加入全国中医经典联盟、为全省首个加入的县级中医院；扎实做好解决耕地细碎化问题机制试验全省试点工作，农村集体产权流转交易市场投入运营，农村土地承包经营权确权登记颁证工作基本完成。对外开放成果丰硕。国家消防救援局在宁化县建成消防科普教育基地，与泉港区在产业、技术、干部交流等领域协作走向纵深；建立嘉宁常态化沟通对接“116”机制，嘉宁共建产业园建成投用，上海团队来宁开展疗休养57批次，五个学段十所学校启动对口合作，县革命纪念馆与中共一大纪念馆结对共建，县总医院与嘉定区中医院签订医联体协议，在全市率先成立何继业骨科名医工作室，成功举办首届客商大会，闽台青年创新创业交流中心开工建设，第29届世界客属石壁祖地祭祖大典暨第11届石壁客家论坛系列活动圆满落幕。

（摘编：胡义顺）

建宁县社会发展概况

2023年，建宁县深入学习贯彻习近平新时代中国特色社会主义思想和党的二十大精神，扎实开展主题教育，全面贯彻落实中共中央、国务院决策部署和省委、省政府，市委、市政府及县委工作要求，认真实施“深学争优、敢为争先、实干争效”行动，大力开展“抓重大项目，促高质量发展”工作，全县经济社会保持良好发展势头。全年完成地区生产总值163亿元，增长1.5%；地方一般公共预算收入3.44亿元，增长3.5%；固定资产投资增长15%；社会消费品零售总额42.93亿元，增长3%；城镇居民人均可支配收入38558元，增长3%；农村居民人均可支配收入23552元，增长7.5%。一年来，社会发展的主要工作和成效如下。

民生事业稳步发展。深化教育综合改革，“温馨校园”提质扩面，创新构建四点半学校“1+N”服务机制，入选全省家校社协同育人试点县名单。二实小原址新建项目投入使用，一中新校区加快建设。高考“双一流”高校录取人数同比增长59%；中考成绩创近五年最好成绩，提升至全市第7名，达到全市中等水平。深化医药卫生体制改革，县总医院卒中中心建成投用，中医院项目建设稳步推进，9个乡镇卫生院全部达到“优质服务基层行”基本标准。水南社区入选全国示范性老年友好型社区名单，建成溪源乡区域性养老服务中心，新建长者食堂3个，发放城乡低保补助2257万元，基础养老金最低标准提高7.1%。开展线上线下招聘活动23场，提供就业岗位3000余个。持续巩固拓展脱贫攻坚成果，健全防止返贫和动态帮扶机制，发放小额贷款522万元，落实产业补助资金228万元，脱贫村村均增收3万元、脱贫人口户均增收1000元以上。

社会秩序和谐稳定。列入全省应急预案体系建设省级试点单位，提升“安全生产三看三比”“企业安全服务日”等特色做法，深化火灾隐患专项整治等工作，安全风险指数排名提升至全市第1名、全省第7名。深化公共法律服务共治中心等“四中心一平台”建设，探索“无界枫桥”基层治理模式、“一网格双积分”、“三零”化解边界纠纷等做法。种业纠纷“三端共治”工作法、诉前解纷工作法分别获评全省、全市新时代“枫桥式工作法”，楚尾村获评全国乡村治理示范村，18个村获评省级乡村治理示范村，中央苏区反“围剿”纪念馆获评全省首批红色法治文化遗存，富强石材获得首届“福建慈善奖”表彰。实施“三优三促”行动，完成47个村（社区）提升改造、52个村（社区）功能优化。常态化开展扫黑除恶专项斗争，坚决打击“盗抢骗”犯罪、电信诈骗等违法犯罪行为，刑事警情下降28.8%，治安警情下降32.8%，社会治安更加安全、和谐、稳定。

政务服务更加高效。坚持政治引领。加强政府系统党的政治建设，扎实开展学习贯彻习近平新时代中国特色社会主义思想主题教育，深化运用“四下基层”制度，深入乡（镇）、企业一线开展调查研究，梳理主题教育县级整改问题15个，解决了一批人民群众急难愁盼的问题。扎实做好意识形态领域各项工作，严格落实耕地保护和粮食安全党政同责，配合第三轮中央生态环境保护督察，以实际行动拥护“两个确立”，坚决做到“两个维护”。坚持依法行政。开展全国守法普法示范县创建，闽赣边界纠纷人民调解委员会被司法部评为全国模范人民调解委员会，“种子法庭”入选最高人民法院新时代人民法庭建设案例，种业司法服务工作被中央电视台社会与法频道专题报道。自觉接受人大法律监督和工作监督、政协民主监督及社会各界监督，办理落实人大代表建议90件、政协提案89件，办结率、满意率分别达100%、98.8%。坚持务实担当。深入贯彻落实中央和省市促进民营经济发展壮大举措，结合“三问三结合”服务企业日活动，解决问题和诉求47个，兑现各类扶持资金3753万元，减轻税费负担1.3亿元。获评福建省引导金融服务实体经济试点县，帮助企业融资5.32亿元。严格落实过“紧日子”的要求，“三公”经费压减3.6%，民生支出达80%以上。大力推进“一窗通办”改革，审批时限压缩率达91%，全程网办比例达90%，“两跑”事项占比达99.9%。

项目接续后劲充足。紧盯国家政策导向和资金投向，建立5大专题项目库，健全领导挂包、联动联审、量化考核三项机制，全年储备重点项目178个，总投资609亿元。发挥“5+1”单位挂钩帮扶优势，争取政策和项目30个。争取里沙溪水环境综合治理等中央、省级预算内项目19个，资金1.32亿元；争取高沙洲旅游基础设施等地方政府专项债券项目7个，资金1.65亿元；争取转移支付资金13.84亿元。成功入库特别国债项目86个，总投资82.81亿元，第一批国债争取1.19亿元，全市排名第5。

城市功能日趋完善。连续两年获评全省棚户区改造工作绩效评价优异县，河东安置房（一期）成为全县首个获评福建省建设工程省级优质工程（闽江杯）项目。实施体育休闲运动设施建设提升等41个为民办实事项目，完成投资6.18亿元；百姓畅音广场、河塔路改造提升等项目投入使用；新建改造雨水、污水、燃气管网15公里，治理河道31.8公里。投资5000万元，改造提升将军坊片区、新生片区等35个老旧小区，受益群众达3307户。打造东山大捷塔、永宁门、山海廊桥等地标性建筑，提升城市品位。实施环金铙山旅游带福道建设项目，拓展城市休闲空间。优化设置夜市经营区域，聚集百家摊位，增加城市“烟火气”。

乡村品质显著提升。连续三年获评全国乡村建设评价样本县，获评全国村庄清洁行动先进县，获评2023年度全省乡村振兴重点工作激励县。革命老区乡村振兴示范区项目列入全国乡村振兴范例库，闽江源国家湿地公园通过验收认定。按照“三节点六要素”要求，加快建设乡村振兴六条示范带，打造风貌管控3.0版示范村庄18个，全年新整治乡村建筑1500余栋，累计完成7000余栋；实施道路“白改黑”31.1公里，累计完成71.5公里；新改建农村公路29.9公里，累计完成55.7公里。濉溪镇获评“中国践行绿色发展典范镇”，笔架村入选中国传统村落名录，楚尾村、武调村、上坪村获评省级乡村振兴示范村。上榜全省乡镇生活污水治理提升县，开展生态环境突出问题综合整治百日攻坚行动，通过检察机关监督履职，实现部门协同治理。加快推进城乡供水一体化项目，完成3个集镇新建管网及水厂改造工程。

此外，国防动员、民兵预备役建设水平不断提升，全民国防教育更加普及，工会、共青团、妇女儿童、红十字会、退役军人、残疾人等各项事业加快发展。水文、气象、地方志、防震减灾、防汛抗旱、外事侨务、人防、民族宗教、统计、融媒体中心建设等工作取得良好成效。

2024年是实施“十四五”规划深入推进的重要一年，是建设革命老区高质量发展示范区的关键之年。我们将以习近平新时代中国特色社会主义思想为指导，不折不扣贯彻落实习近平总书记重要讲话重要指示批示精神，牢记“大力发展现代农业”等重要嘱托，不断巩固拓展学习贯彻习近平新时代中国特色社会主义思想主题教育成果，奋力谱写新时代建宁高质量发展新篇章。主要预期目标是：地区生产总值增长5%；农林牧渔业总产值增长4.5%；规模以上工业增加值增长6%；固定资产投资增长8%；社会消费品零售总额增长5%；地方一般公共预算收入增长5%；城镇居民人均可支配收入增长3%；农村居民人均可支配收入增长6%。

（摘编：胡义顺）

泰宁县社会发展概况

2023年是全面贯彻党的二十大精神的开局之年。泰宁县始终牢记习近平总书记重要嘱托，坚持以习近平新时代中国特色社会主义思想为指导，扎实开展学习贯彻习近平新时代中国特色社会主义思想主题教育，认真贯彻落实中共中央、国务院决策部署以及省委、省政府，市委、市政府工作要求，全力实施“深学争优、敢为争先、实干争效”行动，大力推进“抓重大项目，促高质量发展”工作，持续深化“勇担当、促攻坚、建新功”专项行动和“重点工作突破年”活动，全县经济社会发展取得新进展、新成效。全县完成地区生产总值96.5亿元，下降3%，地方一般公共预算收入3.7亿元，增长14.3%；社会消费品零售总额增长2.8%；城镇、农村居民人均可支配收入分别增长2.5%、6.8%。

令人振奋的是，泰宁县围绕“事业+产业”，办成了一批具有带动性、标志性意义的大事要事。

“福建泰宁大金湖”号直达上海动车组以及昆明、成都等重点城市直达列车顺利开通，实现国内一线城市直达列车全覆盖，有效缩短泰宁与长三角和全国各地时空距离。

申报国家历史文化名城和古城保护与活化利用取得新成效，累计完成苏维埃政府旧址等103栋历史建筑保护修缮和20余条古城街巷、5处牌坊整治提升，培育“一乡一馆”等主题馆24家，形成工艺美术大师一条街、泰宁晚茶一条街和“烟火宋潮”国风集市、大金湖鱼城等特色商业街区，尚书街入选国家级旅游休闲街区，古城入选国家级夜间文化和旅游消费集聚区，千年古城焕发了新的生机和活力。

生态文明建设再上新台阶，空气和水环境质量继续保持全省前列，入选国家新一轮生态综合补偿工作典型地区、全国农村集体经营性建设用地入市试点县、“四好农村路”全国示范县和全省闽台乡建乡创合作样板县，进一步拓宽了绿水青山向金山银山的转化路径。

为民办实事项目有效落实，城西学校、浦武高速邱洪出入口等项目落地建设，立仁民办高级中学、丹霞幼儿园文昌分园招生开学，新建县总医院正式启用，泰宁成为全省首批通过学前教育普及普惠国家评估认定的县域。

一年来社会发展的主要工作和成效是：

民生福祉持续改善。社会事业繁荣发展，县总医院通过全国健康促进医院建设工作终期考核，县域医共体指标监测综合得分位居全省第4位；全县募集教育发展基金1034万元，高考本科录取率位居全市第1名，中考综合考评位居全市第3名；设立历史文化名城保护中心，在全国率先成立城乡历史文化保护传承公益诉讼工作站，形成较为完善的城乡历史文化保护传承工作体系；泰宁籍运动员谢远聪夺得杭州亚运会皮划艇激流回旋项目金牌；音乐快板《家庭健康公约就是好》作为福建省唯一受邀节目在中国家庭健康大会上演出。社会保障力度不断加大，新增城镇就业545人，城乡居民参保率达97.45%；基本养老服务持续提升，县失能照护服务中心建成投用。严格落实食品安全“两个责任”（10），持续加强药品安全监管，灵秀商城美食街被授予省级食品安全示范街称号。平安泰宁建设深入推进，安全生产、消防安全、信访维稳等各项责任有效落实，房地产、金融、地方债务等重点领域风险稳妥化解，扫黑除恶、社会治安打击整治和道路交通安全综合整治常态化开展，全年未发生较大及以上生产安全事故，无群众到省市集体上访，不良贷款率保持在较低水平。

政府职能有效发挥。扎实开展学习贯彻习近平新时代中国特色社会主义思想主题教育，深化运用“四下基层”制度，大兴调查研究，“五到五访五促”等活动成效明显，妥善解决了老汽车站、杉优玩具厂等征迁“老大难”问题以及产权纠纷突出、资金不足等古城保护与活化利用难题和状元首府、丹霞美地等房地产领域风险，打通了前坊街、城步街等“断头路”。扎实推进法治政府示范创建工作，修订泰宁县人民政府工作规则和“三重一大”事项集体决策议事规则，健全重大行政决策合法性审查机制，实现党政机关和乡（镇）法律顾问全覆盖。自觉接受人大和政协监督，全年共办理人大代表建议72件、政协提案57件。持续深化“放管服”改革，“一件事”办件覆盖率和行政许可事项“两跑”占比均达100%，“标准地+拿地即开工”审批模式入选省营商环境典型案例并在全省推广。扎实开展统计造假屡禁难绝专项治理行动，持续夯实统计数据质量。严格落实中央八项规定及其实施细则精神和省、市、县实施办法，纵深推进政府系统党风廉政建设和反腐败工作，进一步强化纪检监察监督和审计监督、财会监督，大力纠治“四风”，严格控制“三公”经费和一般性支出，以政府过“紧日子”换取老百姓过“好日子”。此外，国防动员、人民防空、双拥共建等工作进一步加强，工会、共青团、妇女儿童、慈善、关工委、科协、工商联、社科联、文联、侨联、残联、计生协会、红十字会等工作扎实推进，老干部、民族宗教、退役军人事务、档案、党史和地方志、机关事务、供销、水文、气象等工作取得新成效。

发展活力竞相迸发。实施重大项目全生命周期服务管理，建立重点项目“红黄绿”三色三级管理机制，金湖航道、通用机场等重大项目前期工作进展顺利，环大金湖旅游业态提升等94个重点分级管理项目完成年度计划投资的108%。组织开展“沪动泰宁·合作共赢”福建泰宁文旅产业招商上海推介会等活动204场次，全年招引落地亿元以上项目31个、合同总投资72.12亿元。扎实开展争政策、争项目、争资金“三争”活动，推动国家农村产业融合发展示范园等158个事项项目纳入上级支持范畴，全年争取各类补助资金16.08亿元，其中，基础设施防灾减灾能力提升、防洪治理工程等16个项目获得3.28亿元增发国家债券资金支持，资金量居全市第3名，并仍在积极争取获得更多资金份额。深化国铁集团对口支援、沪明对口合作工作，与国铁集团、上海市建立双向挂职机制，累计落地建设动车站站前广场提升工程、国铁（泰宁）党建活动中心等11个国铁集团重点帮扶项目，推动16家企业、122款特色产品入驻铁路“三网一柜”，累计销售额近千万元；古城业态与旅游基础设施提升工程项目获得1200万元沪明合作专项资金支持，促成与上海方面12个招商项目和4个合作事项成功签约。大力推进科技创新，成功举办东南科技论坛，全县设立产学研合作平台5个，成为全省首批文旅特派员试点县。

城乡建设绽放新颜。深化全国文明城市创建工作，实施金湖大道综合提升一期、东洲片区改造等城市品质提升项目77个，新增垃圾分类亭（屋）33座，新改建雨（污）水管网7.1公里、市政道路4.3公里。积极学习运用浙江“千万工程”经验，扎实开展乡村建设行动，落地实施城乡供水一体化、水系连通及水美乡村建设、闽江防洪工程三明段（二期）泰宁段等项目，库区移民后期扶持示范项目在省级评估中获得优秀等次，际溪村入选全省闽台乡建乡创合作样板村，水际村入选全省乡村“五个美丽”建设典型案例，新桥乡获评全省全域生态旅游小镇，红色岭下获评国家3A级旅游景区。严格落实河湖长制、林长制、路长制，深化“政协委员河湖路长”工作，持续开展“百里河湖百里路，委员联巡为民督”活动，河湖长制工作位居全市前列，松材线虫病防控工作经验在全省推广，“交通+乡村振兴”入选全国农村公路助力共同富裕典型案例。开展生态环境突出问题综合整治攻坚行动，完成造林绿化6.7万亩、水土流失治理1.5万亩、生态水系建设18.6公里，城区空气优良天数比例、县域水环境质量达标率均为100%。

（摘编：林学军）

将乐县社会发展概况

2023年，将乐县深入学习贯彻党的二十大精神，贯彻落实省委“深学争优、敢为争先、实干争效”行动、市委“抓重大项目，促高质量发展”工作部署和建设“六个将乐”、开展“3+3”专项行动工作要求，经济社会保持良好发展态势。初步统计，2023年全县地区生产总值增长3.5%；固定资产投资增长4.5%；社会消费品零售总额增长0.5%；地方一般公共预算收入增长2%；城镇居民人均可支配收入增长5%；农村居民人均可支配收入增长7%；全社会用电量、工业用电量分别增长17%、18%。财政开源节流成效明显，争取到上级各类补助资金14.37亿元，为“三保”支出和重大项目建设提供了有力支撑。

内生动力不断增强。一批大项目好项目加速推进，池湖溪幸福河湖列入2023年水利部15条幸福河湖建设项目之一，福银高速积善出入口、将乐至明溪段和顺昌至将乐段高速公路等重大交通项目列入省上规划，28个省市重点项目完成投资32.9亿元，超年度计划6个百分点。改革深度不断拓展，盘活天然林资源1.69万亩，实现林业碳票全国首次跨区域销售，《常口村“两山”路径的生动实践》被生态环境部列入全国46个绿色低碳典型案例之一。

民生福祉持续增进。全年民生支出21.09亿元，占一般公共预算支出比重保持在70%以上。生态环境更优，空气、水质量均居全省前列，金溪（将乐段）入选全国美丽河湖优秀案例，连续六年入选“中国最美县域”榜单。城市更新加快，启动4个老旧小区和棚户区改造项目，总投资超30亿元，房地产销售面积增长56%。公共服务提质，在全市率先打造零工市场平台，中考平均分居全市第3，新增养老床位30张、幼儿托位60个，获评国家级健康县。

一年来，全力以赴干好各项社会事业，主要抓好以下方面重点工作。

突出惠民利民，在办好实事中共享发展成果。获得感更有成色。优先发展教育，出台关心关爱教师15条措施，成立教育发展促进会，实施薄弱校“委托管理”改革，扎实推进一中创建省一级达标校工作，一中教学楼、体育馆等项目建成投用，新增学位1500个。持续深化医改，与上海中西医结合医院等三甲医院合作共建，投入1.5亿元实施总医院服务能力综合提升项目，购置全市县级医院首台直线加速器、3.0T核磁共振，城区社区卫生服务中心、疾控中心完成搬迁，县总医院获评国家级健康促进医院。丰富文化供给，开展纪念杨时诞辰970周年系列活动，《程门立雪》特种邮票首发仪式在我县举行。幸福感更可持续。三明市零工市场启动仪式在将乐县举办，“数智零工”小程序线上接单近2000人次，城镇新增就业426人，就业形势总体稳定。落实各类社会救助补助资金2806万元，增长5.3%。聚焦“一老一小”，建设4家长者食堂、1家嵌入式养老服务机构，留守儿童自主管理、主动服务“1235”工作机制被省里列为典型案例。久而未决的公益性公墓项目前期工作基本完成。健全城乡运输服务体系，完成8个乡镇“客货邮”融合服务网点升级改造。设立全市首家退役军人权益共维中心，保障退役军人合法权益。新设三华社区，玉华、龟山小区历史遗留问题化解工作有力推进，城区社区管理更加精细化。安全感更具保障。深入开展重大事故隐患专项排查整治行动，全县未发生较大以上生产安全事故，成功避险一起滑坡灾害，被应急管理部通报表扬。社会治安形势平稳，刑事案件立案总量下降12.8%，破案率上升18.7%，破获涉恶案件11起，为群众挽回经济损失400万余元。创新推行“345”信访工作法，中央信访联席办交办的4件“治重化积”案件全部化解，攻克1件历时7年的信访积案。

突出真抓实干，在优化作风中增强发展效能。坚持忠诚为魂。坚持党对政府工作的全面领导，扎实开展学习贯彻习近平新时代中国特色社会主义思想主题教育，牢牢把握“学思想、强党性、重实践、建新功”的总要求，结合深化运用“四下基层”工作制度，大兴调查研究之风，全面开展“四提四新”行动，带动全县各单位为群众办实事2000余次，化解信访积案24件，帮助企业协调解决难题400余个，做到以学铸魂、以学增智、以学促干、以学正风。严格落实意识形态工作责任制，坚守意识形态主阵地。坚持服务为本。建立企业联席会议制度，创新实施全生命周期项目管理服务，将审批手续从15项精简至8项，审批时限从75天压缩至25.5天，企业开办时间缩短至4小时内，相关经验做法被省里推广。强化惠企纾困，帮助企业申报各类贷款近20亿元，降息让利1051万元。助企引才留才，以“人才飞地”模式为企业引进高校毕业生35人，发放稳就业惠企奖补资金24.9万元。坚持法治为基。严格依照法定权限和程序行使权力，自觉接受县人大及其常委会法律监督和工作监督，主动接受县政协民主监督，办理人大代表议案建议66件、政协提案69件。提高政务公开水平，及时在政府门户网站发布各类信息3800余条，保障群众知情权、参与权和监督权。加强统计规范化建设，高质高效完成第五次全国经济普查清查阶段工作。坚持清正为源。严格落实中央八项规定及其实施细则精神，大力整治形式主义、官僚主义突出问题。认真贯彻执行民主集中制，修订《将乐县人民政府工作规则》，进一步规范县政府“三重一大”事项决策程序。严把政府工程廉洁关，制定《将乐县政府投资项目管理办法（试行）》，完成政府投资项目审计44项，节约资金3188万元。扎实推进省委巡视反馈问题整改工作，以整改成效推动改革、促进发展。树牢“过紧日子”思想，压减全县部门公务经费10%。

突出以人为本，在建设城乡中提升发展品质。城市面貌有序更新。梳理千年古城脉络，编制古城整体保护与城市更新方案，古城更新建设样板项目入选2024年省级县城更新建设样板工程，获省财政奖补资金2000万元。提升城市品质，完成雪洞路等10个老旧片区基础设施、金溪农贸市场、华山公园等提升改造，南门街二期、纤维板厂等改造项目有序推进。完善交通路网体系，总投资2.38亿元的文博小镇旅游通道项目建成通车，完成龟山廊桥重建，打通龙井路等4条断头路，新建水南中学人行天桥。乡村建设有力推进。投入2413万元完成25个乡村振兴试点示范项目。完成6个村生活污水治理提升，“数字赋能农村生活污水监管”经验做法在第六届数字中国建设峰会上作为典型案例播放，获评全省农村“厕所革命”样板县。提档升级农村公路10公里，生态示范路金泰线完成建设5.5公里。“信息消费助力乡村振兴”区县行活动在我县举办，余坊乡瓜溪村列入第六批中国传统村落。生态环境有效改善。开展“清水蓝天”专项行动，获得重点流域生态补偿金1659万元，常上湖生态保护修复项目入选全国首批优秀典型案例，获评全省河长制湖长制正向激励奖励县。完成4个矿山地质环境治理修复项目，推动9家矿山企业列入市级绿色矿山创建库。加强森林资源保护，完成森林抚育9.7万亩、林分修复2.2万亩。常口村作为全国政协“推动建立生态产品价值实现机制”远程协商会的四个视频连线点之一，向全国展示了生态产品价值实现福建经验；承办习近平生态文明思想与中国式现代化研讨会、首个全国生态日福建活动。与此同时，密切与工商联、党外人士的联系，支持工会、共青团、妇联等群团组织开展工作。残疾人、民族宗教、外事侨务、移民、档案、老干部、邮政通讯、气象水文、人民武装、国防动员等工作取得新进展。

（摘编：苏建平）

尤溪县社会发展概况

2023年是全面贯彻党的二十大精神的开局之年，是三年新冠疫情防控转段后经济恢复发展的一年。一年来，尤溪县全面贯彻中共中央、国务院决策部署和省委、省政府，市委、市政府工作要求，认真实施“深学争优、敢为争先、实干争效”行动，全力促进经济平稳增长、社会和谐稳定。全县实现地区生产总值262.46亿元、增长2.4%，地方一般公共预算收入9.44亿元、增长7.3%，社会消费品零售总额78亿元、增长3.8%，全体居民人均可支配收入32846.49元、增长5.5%。

一年来，深入学思想、强党性、重实践、建新功。把开展学习贯彻习近平新时代中国特色社会主义思想主题教育，与牢记习近平总书记重要嘱托结合起来、与深化“百日攻坚”行动结合起来、与解决群众“急难愁盼”问题结合起来、与锤炼干部担当斗争精神结合起来，全县党员干部拥护“两个确立”、做到“两个维护”更加自觉坚定。

一年来，积极争试点、抢试验、当示范、创特色。通过竞争性立项，尤溪县获得全国酸化耕地治理重点县、国家生态文明试验区、中央彩票公益金、省级移民后扶示范区、省级历史文化名镇名村传统村落集中连片保护利用示范县等差别化政策资金支持，共争取到各类试点试验示范特色项目奖补资金2.4亿元。落实资金争取“四挂钩”机制，各级各部门累计争取各类转移支付资金21.5亿元，位居全市首位。

一年来，致力强攻坚、解难题、化积案、惠民生。汇聚力量推进“百日攻坚”，初步完成“五大一重”三年行动计划任务，G235线、S215线、福银高速洋中互通接线工程建成通车，瑞云园南片区、富润塑胶、703台新旧址用地等征迁问题有效突破，完成18批次2275.64亩土地农转用报批。在全市率先完成中央信访联席办交办的14件第三批“治重化积”任务。县级统筹1.14亿元资金推动的10大类民生实事顺利办结，完成30处县乡道路交通安全隐患“微整治”，老旧小区改造和加装电梯得到群众点赞，尤溪一中被认定为第二批省级示范性普通高中。

在实践中，尤溪县着力抓重点带全面、抓关键促全局，统筹推进社会事业各方面工作。

民生保障更加殷实。办好民生实事。34件为民办实事项目全面完成，全年民生支出28.9亿元、比增7.77%，占一般公共预算支出的85%。加强就业服务，全县城镇新增就业1762人，发放各类就业奖补412.85万元、惠及2574人次。补齐民生短板。着力推动教育均衡发展，实施19个教育基础设施项目，新增义务教育公办学位810个、学前学位330个，双一流录取、本科上线等指标居全市前列。中医特色专科大楼建成封顶，梅仙镇等4所卫生院“优质服务基层行”获国家卫健委通报表扬。强化民生保障。实施居家和社区基本养老服务提升项目，完成5627处低收入群体消防安全改造，新建7个示范性长者食堂，全省“银杏乐龄学堂”、全市“社区+物业+养老”等试点项目建成并投入运营。加强社会救助体系建设，实施临时救助2277人次，发放各类救助保障金6841万元。

改革开放持续深化。做实特色改革。医改稳步推进，启动省级区域医疗中心建设，县域医共体指标监测综合得分全省第一。融媒体改革持续推进，获评全国广播电视媒体融合先导单位。扩大开放合作。开展海峡两岸“重走朱子之路”、纪念朱子诞辰893周年等特色交流活动，两岸融合发展持续深化。《杨浦区与尤溪县对口合作行动计划（2023—2025年）》印发实施，“两茶”等一批尤品进入上海市场，教育、卫健、文旅等领域结对共建不断深化，桂峰5A级景区提升等项目启动实施。优化营商环境。“放管服”改革持续深化，净增市场主体5079户，总量超4.4万户。全力提升政务服务“三化”水平，尤溪县小规模工程项目电子招投标系统上线运营，“一趟不用跑”和“最多跑一趟”事项占比达到99.9%，高于全市水平。

风险防控更加有力。守牢依法统计底线。进一步夯实统计体系建设，全力做好统计督察问题整改。坚持提升统计数据质量，建立完善数据质量评估办法，做到应统尽统、统必合规。扎实做好第五次全国经济普查，全面完成单位清查验收，法人单位、个体户数较“四经普”分别增长77.19%、28.4%。守牢平安稳定防线。严格落实安全生产十五条硬措施，扎实开展重大事故隐患专项排查整治2023行动，生产安全事故起数、死亡人数、受伤人数实现“三下降”，顺利实现省道安督办摘牌。常态化开展扫黑除恶斗争，深化打击治理新型电信网络诈骗，刑事警情下降31%，社会治安形势稳定向好，全县群众安全感、扫黑除恶好评率位居全省前列。下大力气化解信访问题，连续10年无群众进京到非接待场所信访。

自身建设不断加强。坚持依法行政。加强法治政府建设，修订完善《尤溪县人民政府工作规则》。深化行政执法体制改革，推广应用省一体化大融合行政执法平台，推进跨领域跨部门综合执法和乡镇连片联合执法，促进执法规范化、制度化。自觉接受监督。主动接受人大法律监督、工作监督，政协民主监督，支持各界人士参政议政，办理县人大代表建议83件、县政协提案97件，办理满意率、基本满意率达100%。防控廉政风险。纵深推进政府系统党风廉政建设和反腐败斗争，完善政府投资项目评审管理有关规定，加强财政资金监管和预算执行，有效发挥审计“经济体检”作用。与此同时，国防动员、双拥共建等工作迈出新步伐，民族宗教、外事、侨务、港澳台、档案、保密、精神文明、意识形态、防汛抗旱、消防救援、食品药品等工作取得新成效，红十字、老龄老干、工会、青年、妇女儿童、残疾人、计生协会等工作实现新发展。

城乡协同发展强劲。“中心修古城，两头建新城”扎实推进。完成《尤溪县国土空间总体规划》编制。东城新区，完成开元五期、美玲·新澜湾等5个地块开发建设，工人文化宫投入使用，公交综合场站暨汽车东站具备使用条件，城东水厂进厂道路、康泰路、边竹路、闽中大道延伸线等基础设施项目加快推进。中心城区，朱子文化园二期集成殿完成主体建设，朱子古街开街试运营，“一河两岸”河滨步道全线贯通，临时果蔬批发市场及活禽售卖点投入使用。西城新区，检察院技侦大楼、703台监测楼完成封顶，城西快速通道提升工程建成投入使用，万达商业综合体、公安业务技术用房、郑洋220kV输变电工程等项目加快建设。乡村品质加快提升。持续推进4条乡村振兴主题示范线和10个省级乡村振兴试点村创建，新改建农村卫生厕所904个、农村公路43公里，整治裸房342栋，铺设供水管网81公里。洋中镇和双洋村等9个村入选全省乡村振兴示范镇、村创建名单，桂峰村上榜第三批全国乡村治理示范村，梅仙村等3个村获评第六批国家级传统村落。

生态环境保持优良。配合做好第三轮中央生态环境保护督察工作，稳妥处置中督信访件。开展生态环境突出问题整治攻坚行动，在全市率先建立畜禽养殖污染、扬尘防治联动管控工作机制，拆除或关停非法生猪养殖场246家、牛蛙养殖场58家，完成14家鳗鱼养殖企业尾水整治，改造乡镇及农村污水管网63.55公里，地表水水质排名全省第8，获评全国第六批节水型社会建设达标县。稳妥做好松材线虫病疫情处置防控工作，顺利通过国家林草局疫点核查。城区空气质量优良天数比率达100%，获评“深呼吸生态旅游魅力名县”“康养旅游百强县”等称号。

（摘编：刘红波）

大田县社会发展概况

2023年是全面贯彻党的二十大精神的开局之年，是三年新冠疫情防控转段后经济恢复发展的一年。一年来，大田县扎实开展主题教育，认真学习宣传贯彻习近平新时代中国特色社会主义思想和党的二十大精神，深入贯彻落实习近平总书记来闽考察重要讲话重要指示精神，全面落实省委周祖翼书记和省政府赵龙省长来田调研指示精神，全力抓好省委“深学争优、敢为争先、实干争效”行动，着力扩大内需、优化结构、提振信心、防范化解风险，推动经济社会回升向好。全年完成地区生产总值256.58亿元，增长2.5%；地方公共财政收入9.7亿元，增长10.91%；社会消费品零售总额67.4亿元，增长4.2%；城镇居民人均可支配收入47691元，增长5.6%；农村居民人均可支配收入25058元，增长5.8%。

一年来的社会事业的主要工作措施和成效如下。

社会保障更加有力。全面完成28件为民办实事项目，民生支出23.2亿元，占一般公共预算支出80%；统筹抓好高校毕业生等重点群体就业，组织开展校园招聘会8场，帮助高校毕业生就业868人；开展职业技能培训2603人次，新增城镇就业1134人、农村劳动力转移就业3235人；全力解决拖欠中小民营企业账款问题，保障农民工工资支付；新增医疗床位112张、家庭养老床位616张，获评省五星级农村幸福院6个，智慧化养老服务获央媒宣传报道；稳步推进医、社保参保扩面工作，全县医、社保参保率达98.62%、99.69%。

公共服务更加健全。均溪幼儿园等4个项目建成投入使用，新增学位1400个，普通高考本科上线率71.3%、增长4.07%，第26届全国推广普通话宣传周福建省启动仪式在我县举行；县总医院改扩建项目启动前期工作，太华卫生院完成迁建，县总医院疾病管理中心、DSA介入项目建成投入使用；田安高速、国道G534（大田段）二期项目有序推进，完成农村公路新改建57.16公里；县图书馆被再次定级为国家“一级图书馆”，大田县运动健儿林文君、郑家欣在第19届亚运会荣获4金1银。

社会大局更加稳定。移风易俗专项治理深入开展，“不送彩礼送保障”等创新举措获央媒和中央部委转发肯定，“高价彩礼”等不良现象得到有效遏制；持续深化安全生产、道路交通、食品药品等重点领域安全治理，深入开展重大事故隐患专项排查整治2023行动，生产安全事故起数和死亡人数同比下降33.3%、28.6%，安全生产形势总体保持稳定；常态化推进扫黑除恶斗争，严厉打击治理电信网络新型违法犯罪，深化禁毒工作整治，圆满完成全国“两会”“亚运会”等重要活动期间安保维稳工作；坚持和发展新时代“枫桥经验”，持续推动矛盾纠纷排查调处和“信访积案”化解，全面深化未成年人保护专项行动，防范化解金融风险，不良贷款率降至0.9%；第五次全国经济普查、第三次全国土壤普查扎实推进。与此同时，人民武装、国防动员、双拥、民兵预备役、人民防空、地方志、档案、审计、统计、库区移民、民族宗教、外事、侨务、老龄、老体协、工会、青少年、妇女儿童、残疾人和关心下一代等各项事业取得积极成效。

社会活力持续迸发。重点改革统筹推进。拓展“田医回田”“县医回乡”，受益群众7075人次，石牌卫生院服务能力达国家社区医院标准；

创新推出“名师回岩”活动，吸引一批省级名师和9名田籍名师送教，“总校制”覆盖率达65%；推广落实“拿地即开工”“竣工即验收”“交房即交证”等特色做法，《准确适用“首违不罚”让执法兼具力度和温度》入选省优化营商环境案例。交流协作步伐加大。持续加强与浦东新区对口合作交流，成立大田上海商会，“第二集美学村”保护与利用等沪明合作项目启动实施，第四届大田美人茶开茶节在浦东新区举办，大田特色农产品馆在上海开业；积极对接省教育厅等5家省直牵头挂钩单位，并与元沙、建国等5个村建立一对一挂钩帮扶机制，争取项目资金1.8亿元，与福建中医药大学达成合作共建协议，设立国医堂大田工作站，与省国资公司合作成立国岩供应链公司；与安溪县确定“八个一”对口协作事项，共同印发《深化对口协作助推革命老区高质量发展工作方案》；持续加强与台湾地区交流交往，成功举办海峡两岸美人茶大会、闽台茶文化交流及两岸萧氏、林氏宗亲交流等活动6场次。

自身建设得到加强。筑牢政治忠诚。全面贯彻落实党的二十大精神，扎实开展学习贯彻习近平新时代中国特色社会主义思想主题教育，严格落实意识形态工作责任制，深刻领悟“两个确立”的决定性意义，坚决做到“两个维护”。改进工作作风。深化运用“四下基层”制度，深入乡(镇)、企业一线召开现场办公会22次，现场解决问题28个；坚持改进文风会风，切实为基层降压减负，印发文件、召开会议、督查检查同比减少20.55%、18.75%、16.56%；12345政务服务便民热线中心群众诉求及时查阅率、回复率均达100%、满意率98.62%。坚持依法行政。自觉接受人大法律监督、政协民主监督和社会舆论监督，全年办理人大代表建议134件、政协委员提案76件，办结率达100%；深入推进“八五”普法工作，全力推行党政机关法律顾问制度建设，出具合法性审查意见书29份，出台行政规范性文件22份，办理行政复议案件29件、行政应诉案件14件。强化廉政建设。严格落实中央八项规定及其实施细则精神和省市县实施办法，压减一般性支出，推进节约型机关建设，“三公”经费支出下降15.6%；加强重点领域廉政风险防控，不折不扣抓好审计反馈问题整改，有效发挥审计监督作用。

城乡面貌焕发新颜。中心城区功能逐步完善。县国土空间总体规划通过专家评审，麻纺厂四期地块成功出让，玉凤、城东等5个片区41个老旧小区完成改造；城区无障碍设施样板街道成功创建，兴业路人行天桥、下穿通道和宝田路等项目投入使用，第三实验小学等3个风雨亭和红军北上抗战纪念广场、城东广场建成对外开放，城南农副产品批发市场建成投入使用，新改建智慧停车位280个、雨污水管网14.1公里、燃气管网10.6公里。乡村振兴成效日益彰显。持续巩固拓展脱贫攻坚成果同乡村振兴有效衔接，认真学习借鉴浙江“千万工程”经验，扎实推进省级“百千万”试点和“一乡镇一示范”，实施乡村振兴建设项目47个和试点项目33个，9个村入选全省乡村振兴示范村创建名单；规划实施环闽湖乡村振兴示范带，打造“三美融合”乡村振兴示范样板，“游古村落·品美人茶”“赏花海乐园·游畲寨古堡”2条省级乡村振兴精品示范线持续提升；华兴镇获评全国第三批地质文化镇。

生态环境质量持续提升。牢记“青山绿水是无价之宝”重要嘱托，认真做好中央和省环保督察反馈问题、交办信访件整改工作，实施文江溪河道治理、铭栋生活污水收集处理等工程7个；空气质量优良天数比例达100%，城区空气质量位居全省第8；开展流域断面污染源排查，治理入河排污口59个，高才国控断面和中洋断面水质均达Ⅱ类标准，集中式生活饮用水水源地水质优良比例达100%；有序推进龙山崎铅锌铜矿山污染治理等项目，县废弃矿山生态修复项目入选全国《国土空间生态修复典型案例集》，全县治理水土流失面积4.02万亩；持续加大森林资源管护力度，完成造林绿化1.69万亩、森林抚育3.4万亩、松材线虫病综合防治1.72万亩，整改森林督查问题图斑74个。

（摘编：李子涵）

莆田市社会发展综述

2023年是全面贯彻党的二十大精神的开局之年，是三年新冠疫情防控转段后经济恢复发展的一年，也是莆田建市40周年。一年来，莆田市深入学习贯彻党的二十大和二十届二中全会精神，坚决贯彻落实习近平总书记重要讲话重要指示批示精神，在市委正确领导下，深入开展主题教育，深学争优、敢为争先、实干争效，做实“一个总抓手、五篇文章、两大支撑、三大战略、四城辉映”，建设绿色高质量发展先行市迈出坚实步伐。初步统计，地区生产总值3200亿元、增长4%左右，一般公共预算总收入252.4亿元、增长15.3%，地方一般公共预算收入162.8亿元、增长7.8%，固定资产投资增长3%，社会消费品零售总额增长3%，出口下降10.9%，城镇居民、农村居民人均可支配收入分别增长5.4%、6.5%，城镇登记失业率2.3%，居民消费价格基本持平。

这一年，倍加感恩和感念的是，习近平总书记治理木兰溪的重要理念熠熠生辉、实践伟力历久弥新，木兰溪治理实践走进中央党校、浦东干部学院课堂，入选国家生态文明试验区改革成果案例，木兰溪防洪工程华林段获水利工程最高奖“大禹奖”，木兰溪经受住强台风“杜苏芮”“海葵”带来的史上最大降雨考验，经历过“9914”台风的沿岸群众深情说道“我们再也不用过提心吊胆的日子了”。

这一年，备受振奋和鼓舞的是，妈祖文化、海峡两岸生技和医疗健康产业合作区写入《中共中央 国务院关于支持福建探索海峡两岸融合发展新路 建设两岸融合发展示范区的意见》，上升为重大国家战略，在服务祖国统一大业中的作用更加凸显。

这一年，倍增自信和自豪的是，荣膺国家历史文化名城、为我省时隔30年再添此殊荣，荣获中国鞋都、国家食品安全示范城市、中国食品产业名城，上榜新时代中国城市社会发展指数百强、全国先进制造业百强、全国夜间经济繁荣度百强、人才吸引力百强、全国生态文明与环境治理百强、中国投资热点城市，一张张“国字号”城市新名片，有力彰显莆田实力、莆田活力、莆田魅力。

这一年，倍感喜悦和幸福的是，“全市一张图、全域数字化”的莆田模式得到国办推广，“党建引领、夯基惠民”的莆田经验入选全国地方全面深化改革典型案例，党建引领乡村治理在全国抓党建促乡村振兴推进会上作经验交流，民生三个“十大工程”圆满收官，市民翘首以盼的福厦高铁开通运营、北京大学附属中学莆田学校揭牌落地，省级区域医疗中心开工建设，水上巴士全线启航，莆阳福道串珠成链，百姓收获满满、幸福多多。

一年来，莆田市坚持稳中求进工作总基调，顶住外部压力、克服内部困难，全力拼经济、稳增长、惠民生、防风险，社会发展主要工作和成效如下。

办好实事、兜牢底线，民生福祉稳步提升。就业工作提质加力，出台稳岗稳工8条措施，开展职业技能培训“十大计划”，城镇新增就业2.7万人，职业技能培训2.1万人次，“仙作劳务”亮相全国劳务协作暨品牌发展大会、全省唯一。社会保障持续强化，居民医保住院报销比例提高10%，居民基础养老金、退休人员基本养老金分别增长6.5%、3.8%，创成全国老年友好型社区2个，建成省级长者食堂10个，新改建农村幸福院80个，新增普惠性托位 1178 个。健康莆田纵深推进，国家级临床重点专科实现零的突破，新增省级临床重点专科 7 个，启动国家卫生城市创建工作，与北大肿瘤医院、口腔医院合作，获评全国无偿献血先进市。文体事业蓬勃发展，两岸同胞携手开展妈祖巡安莆田活动，兴化府历史文化街区打造全省首个“非遗一条街”、入选中国旅游产业影响力案例，市图书馆获评国家一级馆，市博物馆入围全国最具创新力博物馆，央视《非遗里的中国》《山水间的家》《三餐四季》热播、满屏“莆田元素”，《一代匠师》央视同时段收视率全国第一；开展“莆田元宵”“爬龙船”等群众性活动，举办南日岛全国海钓邀请赛等大型赛事，我市运动健儿在第 19 届亚运会上取得历史最好成绩。社会大局安定稳定，开展矛盾纠纷大排查大化解大察访“百日攻坚”行动，初信初访量下降 38.7%；开展重大事故隐患排查整治行动，安全生产事故起数、死亡人数“双下降”；涉诈重点人员管控和宣防工作经验做法全国推广。国防动员体制改革深化落地，后备力量建设质效不断提升。民族宗教、侨务、档案、工青妇和残疾人等事业取得新进步。

科教兴市、人才引领，发展动能蓄势聚力。教育优先发展战略持续落实，新增幼儿园学位 2250 个、中小学学位 2.6 万个，仙游县、城厢区列入省级基础教育综合改革实验区，福建师范大学仙游附属学校实现招生，莆田八中新校区、中山中学玉湖校区等建成投用，莆田四中、十中入选省示范性高中，高考实现“三超越、两突破”，职业教育办学规模不断扩大，莆田学院新增 3 门国家级一流本科课程。科技创新支撑持续增强，全社会研发投入强度 1.51%，新设立产业技术研究院 5 家、省级博士后创新实践基地 5 家，新增国家高新技术企业 70 家、科技型中小企业 201 家、知识产权示范和优势企业 14 家。人才工作力度持续加大，实施人才支撑行动，出台服务人才暖心十大举措，建立企业人才档案，创新选派省内首批企业“科技副总”18 名，引进各类人才 2000 多人，新增高技能人才 2200 人。

规划引领、全域统筹，城乡品质提档升级。全面划定国土空间规划“三区三线”，编制完成生态绿心保护利用等重点专项规划 12 项，启动国道 G228 线滨海风景道建设，市域布局更加优化。全面推进城市有机更新，新开工棚改 1.9 万套、全省第一，完成老旧小区改造 24 个，新建改造城乡道路 101 公里，八二一街南伸提速建设，玉田大道等 4 条“断头路”顺利打通，学园南街等城区道路得到提升，新增公共停车泊位 3000 个、生活垃圾分类屋 150 座，新改建公园绿地 51 公顷、口袋公园 30 个、福道 50 公里、雨污管网 131 公里，完成路灯节能改造 5073 盏，城市配套更加完善。全面推进乡村振兴，获国家农作物新品种登记 5 个，新增全国名特优新农产品 8 个、绿色食品 21 个，打造“五个美丽”建设点 3372 个，钟山镇获评首批国家农业产业强镇，西天尾镇获评中国乡村振兴典范镇，乡村建设更加和美。

深化改革、扩大开放，发展活力加速释放。河湖长制改革持续深化，经验做法获国务院督查激励。“放管服”改革纵深推进，完成项目审批全流程无纸化改革试点、经验全省推广，创新工程建设项目“五证同发”服务模式，全省首推企业注册登记“数字化全域通办”改革、住宅专项维修资金业务全流程网办。大港效应持续放大，打造罗屿产业联盟，港口吞吐量增长 35%、集装箱吞吐量增长 38.4%，增幅全省第一，罗屿港口铁矿石首次转口东南亚，对台铁矿石中转量连续五年全国第一，莆台集装箱班轮跨境电商出口顺利首航。会展效应持续显现，世界妈祖文化论坛、海峡工艺品博览会暨香文化产业大会等活动出新出彩。

生态优先、绿色发展，环境质量明显改善。坚决推进中央、省生态环保督察整改。深入打好污染防治攻坚战，开展城市扬尘“点题整治”，空气质量达标率 96.4%；实施木兰溪流域治理、城乡污水基础设施提升三年行动，木兰溪流域国省控断面水质优良比例首次达 100%，涵江区、湄洲岛获评国家级节水型社会建设达标县区；深化入海排污口排查整治、海漂垃圾综合治理，国省控点位水质优良面积比例达 96.2%、全省第一，湄洲岛、南日岛获评全国“和美海岛”；加快“无废城市”建设，推动固体废物源头减量化、分类资源化。深入推进生态保护修复，完成植树造林 3 万亩、森林抚育 7.5 万亩、封山育林 3.4 万亩，木兰溪防洪工程获评国家水土保持示范工程，木兰溪全流域国土绿化项目入选全国试点。

对党忠诚，真抓实干，扎实开展主题教育。从习近平总书记当年从政的轨迹、工作的事迹、走过的足迹中，深刻领悟“两个确立”的决定性意义，增强“四个意识”、坚定“四个自信”、做到“两个维护”。坚持真抓实干，建立绿色高质量发展考评激励机制，办好54项为民办实事项目，12345政务服务便民热线中心获全国“服务优化典范”“品质争先典范”奖。坚持厉行法治，提请审议地方性法规3件，制定市政府规章1件，办理市人大代表建议155件、市政协提案226件，办复率均为100%。我们坚持廉洁自律，严格落实中央八项规定及其实施细则精神，持续整治形式主义、官僚主义，政治生态风清气正。

2024年是中华人民共和国成立75周年，是实现“十四五”规划目标任务的关键一年，也是习近平总书记亲自擘画木兰溪治理25周年。莆田市工作的总体要求是：以习近平新时代中国特色社会主义思想为指导，全面贯彻落实党的二十大和二十届二中全会精神，落实中央、省委经济工作会议部署，紧扣新福建建设宏伟蓝图和“四个更大”重要要求，坚持稳中求进工作总基调，完整、准确、全面贯彻新发展理念，围绕推动高质量发展首要任务和构建新发展格局战略任务，做深做实“一五二三四”工作，统筹扩大内需和深化供给侧结构性改革，统筹新型城镇化和乡村全面振兴，统筹高质量发展和高水平安全，巩固和增强经济回升向好态势，持续推动经济实现质的有效提升和量的合理增长，厚植绿色底色，增进民生福祉，保持社会稳定，奋力答好谱写中国式现代化福建篇章的莆田答卷。经济社会发展的主要预期目标是：地区生产总值增长5.5%左右，一般公共预算总收入增长5.5%，地方一般公共预算收入增长5%，固定资产投资增长5%，社会消费品零售总额增长7%，出口份额保持基本稳定，居民人均可支配收入与经济增长同步，城镇登记失业率控制在3%以内，居民消费价格涨幅2%左右，粮食总产量稳定在18.75万吨，按序时进度完成省下达的单位地区生产总值能耗下降目标。

做好2024年工作，必须牢记嘱托、奋起再进，坚持稳中求进、以进促稳、先立后破，坚决完成各项目标任务。

践行为民宗旨，在发展民生事业上用心用情，让现代化建设成果更多更公平惠及全市人民。积极促进就业增收，健全社会保障体系。推进社会保险扩面提质，发展多层次、多支柱养老保险体系，落实困难群体补助参保政策，基本养老保险、医疗保险参保率保持在95%以上。紧盯“一老一小”，发展银发经济，建设长者食堂50个，实施适老化改造1000户，每千名老年人拥有养老机构护理型床位数9.6张；落实积极生育支持措施，构建普惠托育服务体系，降低生育、养育、教育成本。实施妇女儿童发展纲要，保障妇女儿童合法权益，开展社会救助，健全残疾人关爱服务体系，以幸福阳光温暖每个心灵。提速健康莆田建设。实施医疗服务能力提升工程，加快省级区域医疗中心建设，竣工投用仙游县总医院新院区、涵江中医院迁建项目，新增医疗床位500张以上。实施基层医疗网底提升工程，做深“医师下基层”活动，做实家庭医生签约服务，改造基层医疗卫生机构4个，新建基层精品中医馆5个。实施公共卫生体系提升工程，推进国家卫生城市创建，建成涵江疾控中心迁建项目，有效遏制重大传染性疾病传播。实施全民健身计划，办好全国射击系列比赛、湄洲岛女子半程马拉松赛、省自行车联赛等赛事，新建一批多功能运动场、社区智慧“运动角”等全民健身场地设施。

坚持以人为本，在优化城市功能品质上持续发力，推动城市更安全、更智慧、更美丽、更清洁、更便捷、更人性；扩内需稳外需，在推进高水平改革开放上勇当先锋，积极服务和融入新发展格局；

突出生态优先，在推进木兰溪综合治理和湄洲岛保护上久久为功，持续厚植绿色高质量发展底色；紧抓乡村振兴，在“千万工程”经验中汲取智慧力量，建设宜居宜业和美乡村；树牢底线思维，在防范化解风险隐患上务求实效，全力维护社会安定稳定，全力打造人民满意的服务型政府。

（摘编：刘红波）

仙游县社会发展概况

2023年，仙游县坚持以习近平新时代中国特色社会主义思想为指导，全面贯彻落实党的二十大和二十届二中全会精神，落实县委“1299”工作抓手和“1021”工作机制，全方位推进绿色高质量发展。初步统计，全年实现地区生产总值增长6%；一般公共预算总收入增长11.3%，其中地方一般公共预算收入增长4.3%；全社会固定资产投资增长0.5%；社会消费品零售总额增长9%；居民人均可支配收入增长7%。完成“十四五”规划中期评估。社会发展的主要工作成效如下。

民生保障有效改善。持续保障民生投入，88.71%的财力用于民生支出。实施12件42项为民办实事项目，完成投资23.1亿元。创新稳岗位提技能保就业二十一条措施，新增城镇就业3017人，累计减免失业保险费1474万元，发放各类稳岗补贴545.7万元。“仙作劳务”作为全省唯一劳务品牌亮相全国劳务协作暨劳务品牌发展大会。福建省人才培训测评中心乡村振兴实训基地在仙游县挂牌成立。福建省第六届“仙艺杯”手工木工职业技能竞赛成功举办。常住人口基本医疗保险参保率达97%。累计发放城乡低保、特困供养、残疾人“两项补贴”等各类资金2.3亿元。新建农村幸福院4所、长者食堂5所，新增养老床位321张。全年新开工棚户区改造项目2818套，安置房竣工53.4万平方米，实现7个安置房项目回迁。新增城区停车泊位600个。客运班线完成公交化改造。完成农村公路养护提升40公里，改造危桥6座。赖店镇、龙华镇一期二期、城中村一期等“一户一表”改造项目完工，铺设供水管道480公里，惠及群众3.98万户。城关110千伏变电站、林宅220千伏变电站主变扩建工程完工，新改建10千伏配变230台、线路185.7公里。防灾减灾救灾体系逐步完善，完成低收入群体居住环境消防安全改造10073户，新改建气象设备28套。有效应对“杜苏芮”“海葵”台风和超过历史纪录最大日降水量的强降雨，共争取各类水毁补助资金2152.88万元，灾后重建、地灾点整治工作有序推进。

社会事业不断进步。教育事业固本强基。创新实施教育强县建设十大机制，建成教育类项目10个，新增学位4400个。入选省级基础教育综合改革实验区。新增义务教育管理标准化学校22所。278名学生被“双一流”高校录取，18人获得许阿琼奖学金，人数居全市第二、创历史新高。健康事业扩面提升。国家卫生县创建初评工作和鲤南镇创建国家卫生乡镇工作顺利通过省级技术评估。实施优质医疗资源帮扶联动机制，与莆田学院附属医院签订合作协议，共建市县乡村四级分级诊疗仙游样板，新增名医工作室6个。县总医院迁建项目主体竣工。仙游县疾病预防控制局挂牌成立。5个中心卫生院加快推进。7家乡镇卫生院达到“优质服务基层行”推荐标准，达标水平居全市第一。鲤南、鲤城卫生院分别入选省级、市级基层精品中医馆。每千人拥有婴幼儿托位数、婚检及免费产前筛查等项目完成率均居全市第一。文体事业协调并进。创新产业基础和文化基因“两基结合”，打造仙游特色文化IP。鲤声剧团赴澳门演出反响热烈，5名青年演员荣获省戏剧水仙花奖。新增3家第四批市非遗小吃商家、20项第四批县级非遗代表性项目名录。中央媒体宣传报道仙游工作122条，其中央视《消费主张》《走遍中国》《远方的家》等栏目整集聚焦仙游。“古逸之风——黄羲中国画展”在中国美术馆举办。央视历史人文纪录片《大宋名臣蔡襄》开拍。仙游首届仙茶文化节暨蔡襄《茶录》论坛成功举办。仙游籍运动员王晓东在第19届亚运会上勇夺“两金一银”好成绩。2023年福建省全民健身运动会“金威杯”龙舟比赛、福建省自行车联赛仙游站、县十六届运动会成功举办。“平安仙游”建设扎实推进。“党建引领、夯基惠民”工程深入实施，在全市率先成立县社会治安综合治理中心，建成仙游县基层治理指挥调度平台、县公安局多维融合警务中心，创新推行“县镇村警民”五级联动工作模式和县镇警三级干部驻村制度，矛盾纠纷大排查大化解大察访“百日攻坚”行动经验做法被司法部推广。度尾镇“群英断事会”入选全省新时代“枫桥式工作法”先进典型。“八五”普法深入推进，法治政府建设全面加强，行政复议合法率、规范性文件备案审查合法率连续五年居全市第一，司法建议回复率达100%。省级文明县城常态化创建工作有序开展。全县首届侨界青年联合会成功召开，成立18个乡镇（街道）商会。征兵工作圆满完成，民兵工作考评居全省县区第二。首创军人军属、民兵“3+2”服务保障体系，成立全市首家拥军优属协会，“现役安心服役、退役待遇保障、民兵正向激励、青年踊跃参军”的氛围愈加浓厚。仙游县革命纪念馆改扩建工程完成主体建设。

城乡面貌显著改善。城市规划更显质效。高质量编制完成国土空间总体规划，乡镇国土空间总体规划编制全面启动，村庄规划完成年度任务，全县一体化开发保护格局初步形成。城市建设更增实效。县城更新建设样板、龙华镇集镇环境整治样板入选全省样板工程建设名单，评审结果全省第一。城镇老旧小区改造获评省级单项工作评价绩效优异县。实施城乡品质提升项目146个、完成投资66.36亿元。9个老旧小区项目完成改造。北三环东段、党校北街、玉田大道、育英路育英花园段竣工通车，新改建市政道路10公里。新增便民服务摊点169个；新建垃圾分类屋（亭）146座；新改造公园绿地12公顷、福道4公里，城市亮化美化等项目有序推进。乡村振兴更见成效。省委统战部助力仙游县乡村振兴的31个项目有序推进。全面推行“乡村有需求、高校来答题”的“1+2+N”校镇共建仙游样板，改造盘活11个乡镇闲置资产建设乡镇人才公寓，与9所省内高校签订校镇共建合作协议，共有33批531人次高校师生团队赴仙开展实践调研，推动镇村规划提档、产业发展提质、干部能力提升。探索打造共同富裕先行先试片区，推行“跨村联建、片区党委”的模式，度尾“柚相邻”乡村振兴示范片区和大济“善化里·农文旅”示范片区引路先行。新增“五个美丽”建设点1233个，省级“一村一品”特色产业专业村4个、市级8个。钟山镇入选首批国家农业产业强镇、全省乡村振兴示范乡镇，8个村列入省级乡村振兴示范村创建名单。游洋镇、赖店镇乡村振兴项目获得中央专项彩票公益金支持。乡村振兴工作在全省深入学习“千万工程”经验建设福建美丽乡村现场推进会上作典型交流。

生态底色更加厚实。河湖长制工作持续深化，主要流域国省控断面、县级以上水源地水质达标率均为100%。“县级主导、镇街主责、村居主体、群众参与、规范运维”的农村污水治理模式全面实施，并在全省农村生活污水治理现场推进会上作经验推广，“政府在干、群众在看”和“重建设轻运营管理”等问题有效破解。入选2024年城镇生活污水处理提质增效重点推进县城名单，木兰溪流域110个村居、城区35个村居污水管网全面动工建设，新建管网1447.3公里。40家小型污水处理设施委托第三方运维，36家养鳗场完成尾水治理设备安装并联网运行，实现水质在线监测、实时监管，尾水排放优于地表水Ⅲ类标准。新建木兰溪防洪工程4.8公里。粗溪菜溪段、桥光段、中岳溪河道整治一期工程、松坂溪安全生态水系工程竣工。林长制工作全面落实，完成植树造林1.2万亩、森林抚育3.3万亩、封山育林3.1万亩，水土流失综合治理1.99万亩。菜溪乡象星村、西苑乡前溪村获评省级森林村庄。

（摘编：邹申）

荔城区社会发展概况

2023年是全面贯彻党的二十大精神的开局之年，也是莆田建市40周年。一年来，荔城区坚持以习近平新时代中国特色社会主义思想为指导，全面贯彻落实党的二十大精神，深入实施“深学争优、敢为争先、实干争效”行动，认真落实市委“一五二三四”工作部署，全力推动区委“六大提升工程”，以强烈的责任担当意识，顾全大局、团结进取，负重前行、迎难而上，持续推动经济社会高质量发展。实现地区生产总值645亿元，增长0.5%；固定资产投资增长7%；财政总收入48.7亿元、与上年度持平，其中地方级财政收入30亿元；社会消费品零售总额517亿元，增长0.1%；居民人均可支配收入48544元，增长5%。一年来社会发展的主要工作和成效如下。

办好实事，民生保障有力有效。财政投入资金28.36亿元用于民生事业，占本级支出81.8%，42个为民办实事项目超额完成投资。公共服务扩面提质。出台稳岗稳工8条措施，新增高技能人才430人，提供岗位超2万个，城镇新增就业1.07万人。新建各类养老服务场所6所，新增养老床位171张。莆田八中新校区、中山中学玉湖校区等10个教育类项目如期投用，新增优质学位6960个，获评福建省“智慧教育试点区”“科研协同创新基地”“课后服务信息化管理工作试点区”和“莆田市初中教育先进县区”。高分通过国家级健康区建设省级终期评估验收，区中医院获评二级甲等中医医院。文化实力持续增强。全力推动莆阳开春、爽夏、赏秋系列文旅活动，兴化府历史文化街区亮相央视《非遗里的中国》，获评“省级旅游休闲街区”，入围2023年中国旅游产业影响力案例。西天尾镇获评省级“全域生态旅游小镇”，北大村获评省级“金牌旅游村”。全区接待旅游总收入42亿元、增长41%。荔籍运动健儿江伊婷在第19届亚运会上勇夺1金1银1铜，取得历史最好成绩。社会治理成效凸显。荔城区基层治理实践入选全国社会治理创新案例；开展矛盾纠纷大排查大化解大察访“百日攻坚”行动，成功化解信访积案109件；拱辰街道物业纠纷“一站式”调处工作法入选全省“枫桥经验”案例库。开展重大事故隐患排查整治行动，安全生产形势总体平稳；全区刑事案件数同比下降11.3%。深化军地双拥共建，落实国防动员体制改革，圆满完成征兵任务，民兵建设考评位列全省县（市）区第一名。退役军人、海防、民族宗教、统计、老龄、档案以及工青妇、残疾人、工商联、慈善等工作取得新成效。

创新驱动，改革发展纵深推进。“放管服”改革持续深化，全区行政许可事项“即办件”占比62.29%，“一趟不用跑”占比84.90%，“全程网办”占比75.72%，平均缩短时限比例达85.56%，“政企直通车”“亲清惠企平台”诉求件办结率达100%。大力推广“跨省通办”“区域通办”等便民服务举措，与广东四会、厦门同安等地实现65项审批事项网上异地办理。深入实施“领航计划”，华隆机械获评2023年国家知识产权示范企业，为全市唯一；永生鞋业、庆川数控等企业获评国家知识产权优势企业。全年新增各类市场主体3.64万户，增长19.54%，其中新增企业9609户、增长19.11%，总量达3.99万户、全市第二。出台区属国有企业管理办法，企业功能定位更为清晰，结构布局更加优化。持续推动海峡两岸妈祖文化交流，征集“迁台记忆”档案资料1200多件。

持之以恒，自身建设不断加强。坚持以政治建设为统领，深入贯彻全面从严治党要求，扎实开展主题教育，加强政府自身建设，严格落实意识形态工作责任制，坚决落实巡视巡察、主体责任检查、审计等反馈问题整改，以实际行动坚定拥护“两个确立”、坚决做到“两个维护”。自觉接受人大依法监督和政协民主监督，办理各级人大代表建议73件、政协提案110件。严格落实中央八项规定及其实施细则精神，毫不松懈纠治“四风”，全市率先推行农村集体“三资”全流程网上监管系统，让基层小微权力在阳光下运行。坚持政府过紧日子，压减非急需、非刚性支出1.3亿元，确保有限财力用在惠企利民上。加强法治政府建设，深入实施“八五”普法规划，在全省率先推出“送法治套餐进军营”法律拥军新模式，新建法治文化阵地5个，区司法局被评为全国“组织宣传人民调解工作先进集体”。

一体推进，城乡面貌加速更新。全面划定国土空间总体规划“三区三线”，控规覆盖面积达47.68平方公里，省级文明城区年度测评成绩全省第四、全市第一。城市建设步伐加快。紫霄片区入选2024年全省城市片区综合开发建设样板工程，联十一线天马安置区实现回迁，潭头桥片区、林峰二期、沙坂片区棚改二期等15个安置区开工建设。加快老城更新及风貌提升，完成老旧小区改造9个，建成棚改项目2个2001套，新开工棚改项目9个4194套、居全市第一。城市配套日趋完善。八二一街南伸（荔二路至壶公路）主车道实现全线贯通，打通莆田一中新校区周边路网、秀水路等市政道路，新改建农村公路12公里，超序时完成年度计划；改造危桥2座，建成“福道”4公里，新增公园绿地10公顷、口袋公园5处、垃圾分类屋（亭）30座。生态环境持续改善。主要流域木兰溪国控三江口断面和省控延寿溪口断面优良水质比例均达100%，达到考核目标要求，空气质量达标率96.6%；木兰溪绶溪片区项目（绶溪公园）入选国家级生态环境导向开发模式试点名单。扎实推进农村生活污水提升治理，建成幸福河湖建设示范点6个、河长制文化公园6个，完成河道治理11.47公里。乡村振兴全面推进。完成乡村振兴试点示范项目53个、示范线路4条，西天尾镇获评中国乡村振兴典范镇、全省乡村振兴示范乡镇，黄石镇惠下村等4个村入选全省乡村振兴示范村，东甲村获评省级乡村振兴实绩突出村；严格落实粮食安全责任制，完成高标准农田建设4000亩，申报全国“名特优新”农产品2个，圆满完成年度粮食种植面积和产量。

2024年是中华人民共和国成立75周年，也是实施“十四五”规划的关键一年。荔城区工作的总体要求是：以习近平新时代中国特色社会主义思想为指导，全面贯彻落实党的二十大和二十届二中全会精神，认真落实中央和省委、市委经济工作会议部署，紧扣新福建建设宏伟蓝图和“四个更大”重要要求，坚持稳中求进工作总基调，完整、准确、全面贯彻新发展理念，围绕推动高质量发展首要任务和构建新发展格局战略任务，做深做实“一五二三四”工作，统筹扩大内需和深化供给侧结构性改革，统筹新型城镇化和乡村全面振兴，统筹高质量发展和高水平安全，巩固和增强经济回升向好态势，持续推动经济实现质的有效提升和量的合理增长，厚植绿色底色，增进民生福祉，保持社会稳定，奋力推动中国式现代化荔城实践取得新突破。经济社会发展主要预期目标是：地区生产总值678亿元，增长5%；固定资产投资增长8%；财政总收入50.2亿元，增长3%，其中地方级财政收入30.9亿元，增长3%；规上工业增加值增长2.5%；农林牧渔业总产值35亿元，增长3%；社会消费品零售总额558亿元，增长8%；外贸出口总额100亿元，与上年度持平；实际利用外资2000万美元，与上年度持平；居民人均可支配收入50486元，增长4%。

（摘编：王杰成）

城厢区社会发展概况

2023年，城厢区坚持以习近平新时代中国特色社会主义思想为指导，全面贯彻党的二十大和二十届二中全会精神，按照市委、市政府“一五二三四”工作部署，绿色高质量发展迈出坚实步伐。全区生产总值完成628亿元，增长6%；财政总收入33.3亿元，其中地方级收入23.3亿元；固定资产投资增长7%；全体居民人均可支配收入49800元，增长6%。

一年来，聚力“守底线”，全力防范化解风险。深入践行习近平总书记治理木兰溪的重要理念，深化木兰溪流域生态环境保护治理提升三年行动，木兰溪流域、小流域省控断面水质优良比例达100%，防洪工程华林段获水利工程最高奖“大禹奖”；坚决落实耕地保护，深入整治乱占耕地问题，牢牢守住粮食安全底线；全面开展矛盾纠纷大排查大化解大察访攻坚行动，调处率稳控率均达100%；扎实开展重大事故隐患专项排查整治2023行动，完成3000余项安全隐患排查整治；全民众志成城，成功抗击超强台风“杜苏芮”“海葵”，齐心协力开展灾后恢复重建，切实把灾害损失降到最低。

一年来，聚力“创品牌”，持续当表率作示范。全方位推进绿色高质量发展，绩效考评连续三年位居全市第一方阵，绿色高质量发展考评位居全市优秀等次；荣获“福建省全域生态旅游示范区”“省基础教育综合改革实验区”“省基础教育教学研究基地县”“全省河长制湖长制正向激励奖励县”等荣誉；坚决扛起主城使命担当，助力全市成功创建国家历史文化名城。

一年来，社会发展主要做了以下工作。

民生福祉不断增进。坚持以人民为中心，高质量完成58个各级惠民实事和民生三个“十大工程”项目，有力解决一批群众最关心最直接最现实的利益问题，民生社会事业实现新突破。生态环境持续改善。坚决抓好中央、省生态环保督察和木兰溪流域专项治理有关问题整改，深入推进“河湖长制”，发动三级人大代表常态化联动巡河，连续两年代表全省在全国基层河湖保护监管能力培训班上作典型经验发言。强化污染防治攻坚，持续整治下磨溪、龙桥溪沿线雨污混流问题，开展入河排污口“全口径”排查溯源，完成市政污水管网深度排查，新建改造城市污水管网6公里，建成区污水主干管基本成型联网，城市黑臭水体消除率100%；全区农村“三根管”接管率提高15%，探索开展农村污水管网市场化运维。加强森林资源保护，完成造林绿化、森林抚育、松林改造2.8万亩，治理水土流失面积4800亩，常太镇获评“省森林乡镇”。民生保障全面加强。落实就业优先政策，突出抓好高校毕业生等重点群体就业，累计兑现稳岗拓岗资金近1500万元，新增城镇就业超5000人。持续健全多层次社会保障体系，帮扶困难群众超8万人次，民生保障底线兜得更牢。完善“一老一小”服务体系，建设全市首家社区嵌入式养老机构，改造提升7个农村幸福院，霞林、华亭社工站通过省级五星级评估，龙桥街道兴安社区获评“全国示范性老年友好型社区”；新增4个省级普惠性托育园、260个普惠性托位。社会事业稳步发展。加快打造“双创”教育示范区，区第五实验小学、文献小学等8个项目竣工投用，新增各级学位8970个；探索实施教育教学质量评价改革，中高考成绩稳居全市前列；莆田五中等3所学校获评省教育教学研究基地校，逸夫实验小学等3所学校入选全省义务教育教改基地校，筱塘幼儿园等2所学校荣获全省示范性幼儿园，市对区“两项督导”连续四年全市第一。提升“健康城厢”建设水平，加强医疗卫生专题协商，有序推进“一所三中心五院”建设，区医院联合福医大附属第一医院共建医联体，成功升格为二甲综合医院，区疾控中心业务用房扩容项目动工建设，灵川镇中心卫生院综合大楼、龙桥街道社区卫生服务中心迁建项目竣工，全区医疗服务群众满意率居全市第一。端午“爬龙船”、全民健身运动会等群众性体育活动广泛开展，群众健康生活不断丰富。落实食品安全“两个责任”，全面建立“三清单一承诺”机制，确保人民群众“舌尖上的安全”。

社会大局和谐稳定。深入落实总体国家安全观，不断创新社会治理的新路径、新方法，市域社会治理现代化实现新突破。深化实施“党建引领、夯基惠民”工程，率先在全市运行“线上会商”模块，探索建立“一函四清单”服务管理机制，全区信访总量下降18%，信访事项群众满意率98%，居全市前列。探索“矛盾纠纷联调”新模式，搭建联调联动多元化解体系，排查化解各类矛盾纠纷1680件，实现重要敏感节点“三个不发生”目标。全面净化社会治安环境，全市首建社会治安综合治理中心和多维融合中心，常态化开展扫黑除恶工作，依法严厉打击电信网络诈骗、黄赌毒等违法犯罪，刑事盗窃案件破案率达90%，全区总警情下降10.5%，打击成效全市第一。全方位夯实粮食安全根基，严格落实田长制，扎实开展耕地质量建设与保护工作，新建2000亩高标准农田，足额完成2.92万亩粮食生产目标任务。统筹做好各重点领域风险防范化解工作，“一楼一策”稳步处置房地产领域风险，“保交楼”工作获全省通报表扬。

政府建设切实加强。法治政府建设加快推进，行政机关负责人出庭应诉率100%，严格落实行政规范性文件备案审查、政府信息公开等制度，高质量办理各级人大代表建议62件、政协提案74件。“放管服”改革持续深化，率先推行注册登记“数字化全域通办”服务新模式，全面施行个体工商户智能申报服务，全区行政许可事项“一趟不用跑”占比85%，“最多跑一趟”占比99.9%，网上可办率达96.7%。行政效能稳步提升，严格落实中央八项规定及其实施细则精神，办理12345诉求件4.8万件，满意率99.8%。党风廉政建设不断巩固，进一步加强农村集体“三资”管理，全力配合做好省委巡视、经济责任和自然资源资产审计，并抓好问题整改落实，政治生态风清气正。

城乡环境更加宜居。城市功能不断完善。加快推进万达南、坂头西、樟林等片区综合开发，持续完善坂头东、顶墩下黄等片区功能配套，“一溪两岸”组团建设逐步成势。加快安置房建设，文献北、木兰铁岭安置房动工建设，洋西地块A安置房即将竣工，龙德井、沟头安置房启动选房签约，泗华孔里、灵川下尾、青山安置房实现回迁；全面开展存量安置房处置，盘活闲置套房、商场楼宇2.9万平方米。擦亮城市颜值，7个老城风貌核心示范区项目基本完工，6个老旧小区完成改造提升，新建2个精品公园、5个口袋公园，新增绿地面积160亩，建成区绿化覆盖率达47.3%。完善市政配套，新改扩建市政道路9公里，完成13条市政道路“白改黑”，打通3条“断头路”，建成投用公共停车泊位510个。优化交通路网，沈海高速东进出入口工程工可获批，国道G228城厢段动工建设，笏枫路“白改黑”工程加快推进，灵华线即将竣工投用；完成农村公路改造养护工程15公里、安保工程10公里。城市管理常态长效。常态化推进文明城市创建，持续开展市容环境整治专项行动，及时处置数字城管案件近7万件。开展生活垃圾分类攻坚行动，新改建分类屋（亭）74座，建成区生活垃圾分类覆盖率90%以上，灵川镇省级农村生活垃圾分类试点任务全面完成；建成洋西、铁岭2个建筑垃圾临时消纳场，建筑垃圾资源化处置中心有序推进。乡村振兴步伐加快。持续创建“绿盈乡村”，全市率先实现全覆盖。着力建设和美乡村，建成“五个美丽”示范点304个，深入开展铁路沿线环境整治，整治裸房230栋。新铺设供水管网156公里，4个镇城乡供水一体化项目加快推进。

（摘编：李子涵）

涵江区社会发展概况

2023年，涵江区深入学习贯彻党的二十大和二十届二中全会精神，深入实施“深学争优、敢为争先、实干争效”行动，主动融入全市“一五二三四”工作大局，全力克服超预期因素冲击，统筹做好扩内需、优结构、强预期、保民生、防风险等各项工作，全区经济社会保持健康平稳发展。初步统计：全年地区生产总值增长3.5%；社会消费品零售总额增长2%；一般公共预算总收入46.6亿元，其中地方一般公共预算收入28亿元；居民人均可支配收入增长4.6%。

一年来，社会发展主要做了以下工作。

民生福祉日益改善。如期完成42项为民办实事项目，民生支出占本级支出七成以上。就业服务加力加效，完成职业技能培训4600人次，新增城镇就业5300人、失业再就业730人。社会保障持续优化，城乡居民基础养老金实现九连涨，新（改）建农村幸福院17个，增设养老床位157张，江口大东村入选全国示范性老年友好型社区。教育供给扩容提质，码头小学、第三实验幼儿园等7所学校建成投用，新增学位7050个，公办园在园幼儿占比提前两年达成“十四五”目标；注重补齐优质教育短板，白塘中学纳入莆田一中集团校办学，莆田十四中、第四实验小学联动青璜中学、实验小学开展协作共建。医防融合协同发力，有序推动疫情防控平稳转段，完成涵东涵西社区卫生服务中心改造提升，新增ICU床位13张、公共场所AED25台，妥善处置涵江医院改制工作，全力创建国家级慢性病综合防控示范区。社会治理不断深化，扎实推进“党建引领 夯基惠民”工程，全省率先开设高校“反诈必修课”，开展矛盾纠纷大排查大化解大察访百日攻坚、化解信访积案478件，萩芦镇、洋顶村包揽市级运用“全市一张图”推动基层治理创新评比镇村双第一，铺尾社区获评全国民主法治示范社区；扎实推进妇女儿童发展纲要实施和省级青年发展型县域试点建设，涵江区妇联获评全国维护妇女儿童权益先进集体。公共安全稳定向好，足额落实储粮任务，深入治理“餐桌污染”，获评省级农产品质量安全县；实施重大事故隐患专项排查整治行动，有效应对“杜苏芮”等超强台风及1961年以来的最强降雨挑战，科学调度确保木兰溪有史以来最大洪峰顺利过境，涵江区气象局获全国防灾减灾气象服务突出集体嘉奖。此外，民族宗教、双拥优抚、军民融合、地方志、档案、防震应急、国防动员、海防打私等工作取得新进步，台港澳事务、工青妇、老龄、关心下一代、残疾人等事业取得新成效。

政务效能全面提升。深入开展主题教育，坚定推进自我革命，助推政府治理能力现代化。树牢实干导向，创新优化进规纳统、向上争取资金、安置房建设等重点工作绩效考评机制，主动争取国债、专项债等资金近9亿元，清缴安置房差价款近5000万元。树牢为民情怀，持续深化政务服务改革，创新推行“税保一窗”品牌服务，率先建成县区级公安“一站式”综合服务窗口；聚焦群众急难愁盼问题，深入践行“四下基层”，全市首家开发运用农村建房审批监管服务平台，启动“房地一体”农村宅基地不动产权证办证工作，完成安置房等首登办证8007套。树牢纪律意识，扎实推进全面从严治党，坚决贯彻落实中央八项规定及其实施细则精神，持续纠治“四风”，切实做好审计及巡视巡察反馈问题整改。全力推进债务化解工作，有效降低政府存量债务。树牢法治观念，主动接受人大、政协、社会和舆论监督，办结区人大常委会审议意见9件、办理人大代表建议意见41件、政协提案61件，办复率均为100%。

城市短板不断补齐。积极融入福州都市圈和全市“四城辉映”建设布局，用心答好城市的“东拓南进西联北优中修”文章。全面提速城区东拓步伐，萩芦溪大桥等交通节点项目有序推进，福厦高铁涵江段顺利通车，引进投资超百亿元的赤港服务区双开放项目招标开工，全力打造特色鲜明、功能齐备的交文旅融合康养服务区。深入实施“南进临港”战略，提速G228人民街南伸段建设，进港航道（一期）获省政府用海批复，1—3号泊位码头主体工程基本完工，木兰溪滨海产业新城“三规”通过审批，围填海历史遗留问题顺利上报自然资源部备案。坚持向西联动“城涵一体”，全力推进九华路、滨溪北路等项目前期工作，紫霄大道（梧萩段）全线贯通，沁后、白塘湖等片区安置房建设加快推进。做优北部山区振兴基础，开通莆炎高速白沙服务区出入口，新改建农村路网56公里，铺设城乡供水一体化管网120公里，萩芦镇获评全省“自驾游助力乡村振兴示范镇”。强化中心城区精修细补，投入5400万元完成9个老旧小区改造，新开工棚改房2471套，回迁安置房超20万平方米、全市最多，苍林完整社区等3个项目入选省级样板工程；打通高林街北伸、涵港大道南伸等“断头路”，改造提升国省干线、市政道路24公里，整治塔桥等易涝点6处，新增公共停车泊位510个、充电桩155个、口袋公园5处，创成省级生活垃圾分类示范区，获评国家级节水型社会建设达标县（区）。

乡村振兴精彩纷呈。聚焦生态引领，投入5亿元实施农村生活污水改造（一期）工程，新建城乡污水管网12.9公里，主要流域水质优良率达100%，木兰溪（涵江段）流域水质达到Ⅲ类，河湖长制工作获省级正向激励；探索水产养殖和补充耕地有机融合，可望新增耕地1100亩；创新设立木兰溪入海口、“古荔古厝”等生态司法保护基地，新增全国红色美丽村庄试点村2个，“绿盈乡村”覆盖率达97.7%；聚力打造城市会客厅，启动白塘湖环湖栈道建设，完成“水上巴士”沿线整治提升，双福村入选中国传统村落名录、亮相央视《山水间的家》。聚焦产业赋能，新建高标准农田4847亩，携手福建农大打造大洋优质稻生产示范等农业基地，探索推广“水稻+N”“林下+N”等生产模式，新增全国名特优新农产品2个、省级“一村一品”专业村2个、农业产业化联合体1个；成功举办“莆阳开春”、莆田市2023年中国农民丰收节等主会场活动，江口镇上榜省级乡村振兴示范乡镇，白塘镇入选全省首批政策性金融支持乡村振兴整镇推进试点。聚焦文化铸魂，举办首届中国侨智发展大会“华侨华人与中国式现代化”学术研讨会，萝苜田历史文化街区、洋尾进士村顺利通过全市申报国家历史文化名城现场考评；加快推进侨房、古建筑保护利用，3个项目列入省级文化专项发展资金支持范围；圆满完成湄洲妈祖金身巡安涵江活动，本地元宵民俗闪耀央视直播荧屏，借力央视《非遗里的中国》《消费主张》《三餐四季》《文脉春秋》《华人故事》等栏目，让全国观众近距离感受涵江历史文化、美食文化的积淀之美。乡村振兴经验做法先后获新华社《政务智库报告》《八闽快讯》等刊发推广，市对区乡村振兴战略实绩考核实现“四连优”。

2024年涵江区工作的总体要求是：坚持以习近平新时代中国特色社会主义思想为指导，深入贯彻落实党的二十大和二十届二中全会精神，按照区委十届五次全会部署，围绕全市“一五二三四”工作部署，着力增强经济活力、防范化解风险、改善社会预期、增进民生福祉，加快推进绿色高质量发展先行区建设，为答好谱写中国式现代化福建篇章的莆田答卷作出涵江贡献。全区经济社会发展的主要预期目标是：地区生产总值增长5%，固定资产投资增长5%以上，农林牧渔业总产值增长5%，规模以上工业增加值增长4%，社会消费品零售总额增长6.5%，一般公共预算总收入增长3%，其中地方一般公共预算收入增长0.6%，居民人均可支配收入增长5%，完成节能减排降碳任务。

（摘编：陈德盛）

秀屿区社会发展概况

2023年，秀屿区深入学习贯彻党的二十大和二十届二中全会精神，认真贯彻落实习近平总书记对福建工作的重要指示批示精神，深入开展学习贯彻习近平新时代中国特色社会主义思想主题教育，围绕省委“深学争优、敢为争先、实干争效”行动，聚焦市委“一五二三四”部署，俯下身子抓产业、一心一意谋发展，全力抓好稳增长、促改革、惠民生、防风险、保稳定各项工作，“港产城”融合高质量发展迈出坚实步伐。初步统计，全年实现地区生产总值455亿元、增长6%；全社会固定资产投资224亿元、增长3.7%；财政总收入30.2亿元、增长81.6%；社会消费品零售总额97.4亿元、增长7%；居民人均可支配收入30570元、增长5.5%。

这一年，成功创建南日岛国家级“和美海岛”，平海渔港通过“全国文明渔港”复核。社会发展主要做了以下工作。

人民生活品质更佳。把财力向民生倾斜，投入22.8亿元发展民生事业，占全年财政支出的77.3%，用心办成45个区级为民办实事项目。教育事业蓬勃发展，实施教育项目24个，新增学位6240个。北京大学附属中学莆田学校揭牌落户、即将竣工，市实验小学秀屿分校、莆田工业职业技术学校等8个项目建成投用，区机关幼儿园创成全市示范性幼儿园，区实验小学、莆田十中入选省级基础教育教学研究基地，莆田二十五中学子实现我区18年以来清北“零”突破。医疗资源扩容提质，市第一医院新院区前期工作加速推进，区第二人民医院、区中医医院等5个项目建成投用，7个镇卫生院与市级三甲医院全面建立合作关系，投入5078万元采购医疗设备，建成10个“名医工作室”，投用“远程高清视频门诊平台”。社会保障持续兜牢，突出做好重点群体就业工作，新增就业2810人，超额完成年度目标任务。实施“暖心行动”，强化“资金+物资+服务”社会救助，低保“扩围增效”创新做法在全省推广，累计发放救助资金1.23亿元，惠及困难群众2.5万人次。建成长者食堂38个，提升农村幸福院10所。赤坡、后黄等4个安置区竣工回迁，四新、城东等5个棚改项目提速推进。文化生活不断丰富，承办全省羽毛球总决赛、全市“村BA”篮球总决赛等五大球赛事，举办妈祖文化节、滨海旅游节、非遗小吃节等各类文化节庆，欢乐跑、美术展、四季“村”晚、“百姓大舞台”等群众文体活动如火如荼。安定稳定持续夯实，成功破获全省唯一一起“双挂”电诈大案，打掉老挝金三角一特大电诈犯罪集团，纵深推进矛盾纠纷大排查大化解大察访“百日攻坚”行动，创造性实施基层综合治理“1+8”专项行动，全年化解矛盾纠纷3425件，“三评”解纷工作法入选全省新时代“枫桥式工作法”先进典型，“三官一律”进村居、夯实基层治理根基等做法得到中央政法委机关刊物《长安》专题推介。新增5000万元升级“雪亮工程”，全区在线视频超2.4万路，全市第一。应急管理体系不断健全，安全生产事故起数同比下降14.29%，全区未发生重特大安全事故。

政府服务效能更高。坚持将党的政治建设作为最首要的任务，扎实开展主题教育，从习近平新时代中国特色社会主义思想中悟规律、明方向、学方法、增智慧，坚定拥护“两个确立”，坚决做到“两个维护”，锤炼对党绝对忠诚的政治品格，共组织开展主题教育专题学习班3次、专题调研

81场次，形成调研报告10篇，研究解决问题78个。坚持将实干担当作为最鲜明的导向，用好效能考评指挥棒，强化考核结果运用，匡正干的导向、增强干的动力、形成干的合力，三季度产业链“两图两库”工作、“双比双晒”产业云平台考评均居全市第一，地区生产总值增长率、市重点项目计划开工数均居全市第二。坚持将依法行政作为最基本的准则，把法治思维贯穿于政府工作的全过程，严格落实重大行政决策程序，强化行政规范性文件合法性审查和清理，依法执行人大及其常委会决议、决定，认真办理人大代表建议53件、政协委员提案135件，办结率、满意率均为100%。坚持将廉洁从政作为最牢固的底线，以钉钉子精神打好党风廉政建设持久战，严格落实中央八项规定及其实施细则精神，驰而不息纠治“四风”，织密扎牢制度笼子，大力整治群众身边的不正之风和“微腐败”问题，持续巩固风清气正的政治生态。此外，国防动员、双拥共建、退役军人事务、海防、人防等工作不断加强，工会、妇女儿童、青少年、残疾人、保密、档案、侨务等工作取得新进步。

城乡融合风貌更优。坚持全域统筹、城乡融合、绿色发展，以更宽视野、更大格局推动高铁、城东、土海片区集中连片开发。实施城建项目85个，完成投资123.6亿元，国道G228、笏石大道开工建设，福厦高铁开通运营，吴厝路、华安路等4条道路建成通车，新改扩建市政道路9公里，综合立体交通网络持续完善。扎实开展城市功能品质三年提升行动，区图书馆竣工建成，新增口袋公园5个、公园绿地10公顷、福道3.5公里，完成主干道景观提升11公里，整治城区易涝点10个，福建省中央财政监管工作会议、海峡循环经济学术论坛、全国橡标委胶鞋分委年会等一系列高端重磅会议在秀举办，秀屿新形象广获认同，城市能级再上新台阶。持续深化“1镇12村3片区”乡村振兴示范创建，投入3700万元实施重点项目41个，完成127个实用性村庄规划编制，埭头石城获评“全国乡村治理示范村”、月塘东潘获评省级“森林村庄”，笏石苏塘中天农业股份合作社在全市率先实现普惠分红，埭头安民铺乡村记忆馆建成开馆，新增省级“一村一品”专业村3个、高级版“绿盈乡村”9个、“五个美丽”建设点529个，乡村振兴多点开花。坚决守牢耕地保护红线和粮食安全底线，拆除“两违”建筑85宗1.1万平方米，清理整治撂荒地1277.74亩，建成高标准农田1.7万亩，完成粮食播种面积10.1万亩、产量4.08万吨，增量、增幅均居全市第一。深入打好污染防治攻坚战，全力配合做好第三轮中央生态环保督察工作，加快推进农村污水治理、城区黑臭水体整治，建成农村污水主干管680公里，修复缺陷污水管道11条，整治河湖“四乱”问题233个、入海入河排污口99个，近岸海域国省控点位优良比例达100%、全省第一。

2024年是全面贯彻党的二十大精神的关键之年，是深入实施“十四五”规划的攻坚之年。秀屿区工作的总体要求是：以习近平新时代中国特色社会主义思想为指导，全面贯彻落实党的二十大和二十届二中全会精神，按照区委五届六次全会部署，坚持稳中求进工作总基调，完整、准确、全面贯彻新发展理念，积极服务和融入新发展格局，紧紧围绕绿色高质量发展这个首要任务，突出以港兴业、强产兴城、产城联动，深入实施“科教兴区、海洋富区、工业强区、物流活区、新城旺区”战略，全面深化改革开放，推动高水平科技自立自强，统筹扩大内需和深化供给侧结构性改革，统筹新型城镇化和乡村全面振兴，统筹高质量发展和高水平安全，切实增强经济活力、防范化解风险、改善社会预期，持续推动经济实现质的有效提升和量的合理增长，全力增进民生福祉，保持社会稳定，为奋力谱写全面建设社会主义现代化国家福建篇章贡献秀屿力量。主要预期目标是：地区生产总值增长6.2%，规模以上工业总产值增长7.5%，全社会固定资产投资增长5%，财政总收入增长6%，社会消费品零售总额增长10%，外贸出口总额增长10%，实际利用外资2000万美元，农业总产值增长3.5%，居民人均可支配收入增长6%。

（摘编：张捷）

南平市社会发展综述

2023年是全面贯彻落实党的二十大精神的开局之年。一年来，南平市坚持以习近平新时代中国特色社会主义思想为指导，深入学习贯彻党的二十大和习近平总书记对福建、对南平工作的重要指示精神，扎实开展第二批主题教育，深入实施“三争”行动，落实“五增”目标，全方位推进绿色高质量发展。2023年全市地区生产总值增长5%；一般公共预算总收入164.1亿元、增长11.4%，地方一般公共预算收入113.4亿元、增长8.9%；固定资产投资增长2.7%；社会消费品零售总额842.6亿元、增长6.5%；居民消费价格总水平涨幅控制在3%以内；城镇居民人均可支配收入42867元、增长4.3%，农村居民人均可支配收入23327元、增长7.1%。社会发展的一些重要领域、重点工作取得突破。

国家碳计量中心（福建）、国家茶产业计量测试中心落地南平市；延平、建阳获批国家生态文明建设示范区，累计获批总数居全国第3、全省第1；松溪获评全国“绿水青山就是金山银山”实践创新基地，累计获批总数居全省第1；国家农业绿色发展整市域创建先行区进展评估全国第1；全国海绵城市建设绩效评价结果获评A档。

“五大体检”经验做法在中央《党建要报》刊发；首创的科特派服务规范上升为国家标准；“村工程乡代建”工作模式被国家发改委向全国推广；创新构建全民健康网格化服务体系、探索法治护航生态文明建设“武夷路径”2个案例入选全国深化改革典型案例，入选数量居全省第1。

福建省委、省政府在南平市召开全省深入学习“千万工程”经验建设福建美丽乡村现场推进会，成功举办资管峰会、考亭论坛、茶博会、生态资产管理战略咨询会、碳计量人才峰会、竹博会等系列重大活动。

获批地方政府专项债项目227个、资金166.2亿元，居全省前3；获批两批次国债项目94个、资金39.4亿元，居全省第2；6个县（市）进入财政部县级财政管理绩效综合评价全国前500名，数量居全省第1。

城村汉城国家考古遗址公园正式授牌；南平市运动员在第19届亚运会上荣获2枚金牌；在政和新发现的“奇异福建龙”是已知世界上侏罗纪最晚期、地理位置最南的鸟翼类恐龙；武夷新区体育中心项目荣获中国建设工程鲁班奖。

2023年高考本科上线率达68.4%、高于全省13.5个百分点；在全省率先实现DRG医保支付方式改革和标准化规范化“零工市场”县域全覆盖；获批国家紧密型城市医疗集团建设试点。

一年来社会发展主要做了以下工作。

牢记嘱托抓深化，增绿提质迈出新步伐。在生态文明建设上，环带总体规划和3个专项研究正式出台，开发建设推行市场化运作，策划“两园”项目15个、总投资296亿元，累计争取各类资金131.2亿元、增长34.4%。成功举办国家公园1号风景道国际设计创意大赛，游览打卡点、服务驿站等配套设施加快建设。首创林长“巡山交树”制和河湖长“巡河交水”制，空气、水等生态环境质量保持全省第1。在“三茶”统筹发展上，中华茶博苑启动筹建，武夷国际茶叶交易中心开业运营，武夷山水·茶空间建设团体标准制定发布，出台茶庄园建设实施意见及扶持政策，发布红茶、白茶器皿标准。武夷岩茶文化列入中国重要农业文化遗产名录，“北苑贡茶·龙团凤饼”被国家版本馆收藏。在科特派制度完善提升上，以“四链”融合为抓手，建成绿色产业创新平台。科特派利益共同体备案机制全省推广，新选派1985人、团队134个，成立8家科特派院士专家工作站，组织国家乡村振兴重点帮扶县科特派团团长等省级以上培训班5期370人，发放“科特贷”7亿元。在优秀传统文化传承弘扬上，国际儒学联合会朱子研修基地落地我市，成功创建省级朱子文化生态保护区，《大儒朱熹》进京展演，举办“江山如画”大型融媒体传播等活动。新增国家级传统村落6个、省新时代特色文艺示范基地8个，修缮提升寒泉精舍、五经博士府、张山头红军墓群等遗存。

城乡融合补短板，增进福祉再上新水平。城市品质有效提升。以创建全国文明城市为抓手，推进以县城为重要载体的新型城镇化建设，实施城市更新项目716个，改造老旧小区3.5万户，新改建城市道路71.6公里、农村公路334公里、福道137.7公里及燃气、供水、雨污等管网400.6公里，新增公园绿地121.9公顷、郊野公园5平方公里、公共停车泊位3400个。武夷新区生态食品等产业园加快建设，怡宝水业等项目建成投产，云谷水系获评中国“全域海绵”典范项目。建阳医卫材料产业园二期基本建成，ES纤维产业链产值增长2.2倍。延平改造老旧小区3800户，青少年校外体育活动中心等项目建成，南平工业园区闽江航运物流中心、“双碳”产业园等22个项目签约入园。乡村振兴扎实推进。出台学习“千万工程”经验建设南平和美乡村的行动方案，开展“到南平去、助乡村兴”活动。出台稳定粮食生产9条措施，建设高标准农田24.5万亩，完成粮食播种面积281.9万亩、总产量118.8万吨。做好“土特产”文章，10个国家级、省级优势特色产业集群加快建设，新增建瓯、政和、邵武全国绿色食品原料标准化生产基地。实施种业创新行动，新育成10个杂交水稻、3个玉米新品种，制种面积超18万亩。深化农村人居环境整治，完成危旧房、违建房、裸房“三房同治”1330栋。公共服务逐步完善。31项为民办实事项目全面完成，民生支出占一般公共预算支出比重84.2%。14所中小学幼儿园投入使用，新增公办学位1.5万余个。推动61所城区优质学校对口帮扶152所乡村学校。推进职业教育，培育输送技能型人才1.04万人。与福建医科大学附属协和医院合作办医，建设省级临床重点专科27个。武夷新区综合医院、市疾控中心、中心血站加快建设。文体事业繁荣发展。新评定市级非遗传习所33家，武夷茶文化在第三届文明交流互鉴对话会上展示，范迪安美术馆建成开馆。86个新建体育设施投入使用，顺利承办省第十届少数民族传统体育运动会，成功举办武夷山马拉松、大武夷超级山径赛、中国龙舟公开赛总决赛等品牌赛事。社会保障不断健全。实施全民参保攻坚行动，基本养老保险覆盖216.65万人，城乡居民基础养老金最低标准增长7%，城乡低保年平均标准提至9492元。城乡居民医保住院实际报销比例居全省第1。开展乡镇“幸福里”养老社区试点建设，新改建长者食堂50个、农村幸福院100所。城镇新增就业1.47万人。

深化改革促开放，增创特色激发新活力。重点领域改革持续深化。绿色发展机制创新集成改革试点稳步推进，“森林生态银行·四个一”股份合作经营模式实现县域全覆盖，省级绿色产业基金落地南平市，绿色信贷余额增长36%。创建“企呼我应”服务平台，推出“便利南平”新十条措施。创新开展“远程云帮办”，惠企政策“免申即享”提质扩面，便民利企“一件事”套餐改革上升为省级地方标准，新登记法人企业增长15.1%。对外开放持续扩大。闽江航运集装箱货船满负荷运行，货物吞吐量突破4.5万吨，新增5艘千吨级货船运力。跨境电商综合试验区和武夷山陆地港加快建设。闽东北区域协作深入拓展，衢黄南饶联盟花园共建持续深化。举办武夷山·阿里山文旅融合发展对台交流和国际茶日茶产业对外经贸交流等活动70余场次。考亭书院被确认为全国华侨文化交流基地。

防范风险保安定，增固底板取得新进展。创新“一库三单”信息化管理机制，开展重大事故隐患专项排查整治行动，安全生产事故起数全省设区市最少，未发生较大及以上事故。有效应对15轮强降雨、“杜苏芮”台风等灾害性天气，森林防灭火形势持续稳定向好。建设平安南平，深化基层网格化治理，落实带案下访和包案化解积案等制度，推进“八五”普法，常态化开展扫黑除恶，从严打击电信网络诈骗等违法犯罪行为，群众安全感率居全省第1。推进派出所标准化建设做法被公安部作为改革案例刊发。践行总体国家安全观，有效防范政治安全和意识形态、耕地保护、粮食安全、生态环境、食品药品、房地产、金融等重点领域风险。同时，国防动员、退役军人、民族宗教、外事侨务、台港澳事务、老区库区、气象水文、防震减灾、档案方志等工作继续加强，妇女儿童、老龄、残疾人等事业取得新进展。

坚持政治引领，夯实自身建设基石。把“实”的要求贯穿主题教育全过程，深化运用“四下基层”制度，实现主题教育和中心工作两手抓、两促进。坚持依法行政，提请审议地方性法规草案1件，修改废止行政规范性文件74件，办理市人大代表议案建议113件、政协提案254件，办复率100%。开展“深学廖俊波，‘三争’作表率”实践活动，建立“三化五定”闭环管理数字化平台，推动“审巡纪”联动监督试点建设，持续整治“吃喝风”顽疾、“躺平式”干部、“宽松软虚”执法、“老好人”思想等问题，干事创业精气神不断提振。

2024年是新中国成立75周年，是落实“十四五”规划攻坚之年。南平市工作的总体要求是：坚持以习近平新时代中国特色社会主义思想为指导，全面贯彻落实党的二十大、二十届二中全会精神和习近平总书记来闽考察重要讲话精神，完整、准确、全面贯彻新发展理念，积极服务和融入新发展格局，稳预期、稳增长、稳就业，聚焦“五增”目标，统筹扩大内需和深化供给侧结构性改革，统筹新型城镇化和乡村全面振兴，统筹高质量发展和高水平安全，持续推动经济实现质的有效提升和量的合理增长，加快建设全国绿色发展示范区，争当生态文明建设“优等生”，为谱写中国式现代化福建篇章贡献南平力量。2024年经济社会发展主要预期目标是：全市地区生产总值增长5.5%左右，固定资产投资增长5.5%，一般公共预算总收入增长5%，地方一般公共预算收入增长5%，出口增长3%，实际利用外资增长10%，社会消费品零售总额增长6%，城镇居民、农村居民人均可支配收入分别增长5.5%、7%，单位GDP能耗控制在省下达目标内，粮食总产量稳定在118.4万吨以上。

围绕上述目标，社会发展着力抓好以下方面工作。

以更优供给满足人民群众美好生活需要。多层次健全保障体系。建好用好企业用工快招共享、“家门口”零工就业服务、大学生就业全链条服务等平台，统筹推进重点群体就业，城镇新增就业1.3万人。深入实施全民参保计划，提高养老、医疗保险覆盖面和参保质量，稳妥提升社保待遇水平。推动长者食堂和嵌入式养老服务机构建设，推广乡镇“幸福里”养老社区，做好社会救助和老弱病残等特殊群体基本生活保障。多举措优化服务供给。坚持教育优先发展，建成中小学幼儿园10所、新增公办学位8940个，实施校（园）长治校办学能力提升工程和职业教育高质量发展三年行动计划，支持武夷学院申建硕士学位授予单位。深化健康南平建设，做实“4+N”全民健康网格化服务体系，推进国家紧密型城市医疗集团试点和2个省级区域医疗中心建设。成立中华文明武夷研究院，积极创建国家级朱子文化生态保护区，加强闽北优秀传统文化研究阐释和场景打造，建设“书香南平”。做好第四次全国文物普查，抓好历史文化名城名镇名村和传统村落保护。推动全民健身和全民健康深度融合，办好第22届全国大学生田径锦标赛、第五届市运会等。多元化创新社会治理。落实总体国家安全观，健全防灾减灾救灾体系，开展安全生产治本攻坚三年行动，深化“一库三单”和“网格化+信息化+监管+执法”机制，坚决遏制重特大事故发生。践行新时代“枫桥经验”，聚焦治未病、抓源头、化积案，抓好“一中心一平台一队伍一载体”建设。落实“八五”普法规划。强化食品药品安全，落实质量强市、知识产权强市战略。加强地方政府债务管理，有效防范金融风险。以更高效率释放内需潜力；以更深层次推进改革开放；以更实举措促进城乡融合发展；以更高标准筑牢绿色生态屏障。

（摘编：周华政）

延平区社会发展概况

2023年，是全面贯彻落实党的二十大精神的开局之年，是三年新冠疫情防控转段后经济恢复发展的一年。延平区深入贯彻省委“三争”行动，落实市委“五增”目标，紧扣“12335”行动和“10+6”重点工作，奋勇拼搏、以干得助，各项事业取得新进展、新成效。全区地区生产总值完成457.27亿元、增长3.8%，财政两项收入分别增长12.3%、10.3%，城乡居民人均可支配收入分别增长2.6%、5.6%。社会发展工作亮点纷呈。

市区一体化发展迈出更大步伐，市委、市政府持续从项目落地、资金调拨、资产调剂等方面给予延平大力支持，人民路、八一路行政大楼顺利入驻，各类资产资源有效盘活，全区上下备受鼓舞、倍增信心、倍添干劲，市区一体合力推动青少年校外体育活动中心、开元实验学校建成投用，新大桥北向引桥等30个总投资超66亿元的城市品质提升项目加快建设，延平发展承载力进一步增强。

福建南平绿色高质量发展暨碳计量人才峰会在延召开、国家碳计量中心落户延平；中国龙舟公开赛年度总决赛成功举办，全网流量超890万；乡村振兴参与度、反响度、获得感位列全省前10；我区主导制定的全国首个科技特派员国家标准正式发布实施；“延平百合”获评“2023中国区域农业品牌·年度案例”，跃居同类品牌价值福建第1、全国前3，城市软实力不断提高。

国家生态文明建设示范区、中国天然氧吧、全国渔业平安示范县3张“国字号”金字招牌首创首成；答好“炉下之问”延平新答卷，相关做法获省政府主要领导批示肯定，创新闽江上下游“巡河交水”机制并在全市推广，延平生态底色愈发靓丽。

一年来，社会发展主要做了以下工作。

坚持为民导向，民生福祉持续增进。民生保障更加健全。高质量完成36个为民办实事项目。率先创建零工市场并在全市推广。举办“春风行动”等各类招聘会55场，提供岗位超2.9万个，新增城镇就业超2500人。建成幸福里·孝老公寓试点5个，新增长者食堂7个。发放各类救助金7877万元。社会事业欣欣向荣。持续加大教育投入，水南、开元、里丹巷幼儿园开园办学，区实小迎宾分校、杨真小学扩建项目建成投用，新增学位2760个。开展优秀学子清北名校励志研学活动，中考总分优秀率全市第2。大力构建全民健康网格化服务体系，组建“4+N”服务团队192个，改扩建5个乡镇卫生院医疗业务用房1.85万平方米，实现乡镇卫生院救护车配备全覆盖，基层医疗卫生机构诊疗量比增28.7%。

坚持底线思维，风险防范有力有效。社会治理精细精准。化解中央信访联席办交办的信访积案152个，群众来访总量下降13.9%，初信初访办理总评居全省第2。“12345”平台诉求件满意率达99.96%。涉诈劝返工作经验被国务院联席办2次通报表扬。深入开展重大事故隐患专项排查整治2023行动，安全生产事故起数、死亡人数连续三年“双下降”。成功防抗超强台风“杜苏芮”，实现少损失、零伤亡。创新基层应急指挥平台试点，军警民综合训练基地加快建设。生态底色增绿增益。完成水土流失治理4.95万亩、造林绿化2.9万亩、花化彩化规模化改造1043亩、环带国土绿化试点1.5万亩。高标准打好蓝天、碧水、净土保卫战，空气环境质量优良天数占比99.7%，8个主要流域断面Ⅰ～Ⅱ类优质水比例、10个重点小流域断面Ⅰ～Ⅲ类优良水质比例、危险废物利用处置率均达100%。

坚持改革创新，发展活力深度释放。重点改革取得突破。国企改革成效逐步显现，国投集团创下全省县级同类别私募债票面利率新低，节约利息超3300万元。深化“森林生态银行·四个一”模式，打造林业资源专业化运营示范点4个。创新探索“1+N”溯源治理体系，全市首创知识产权保护“一站式”调解中心，相关经验做法被《中国市场监管报》报道宣传。行政审批提速增效。推出“秒批秒办”“半小时办结”事项231项、“一件事”套餐42个，“跨域通办”事项823个。“一趟不用跑”占比97.4%，全流程网办占比85.71%。设立“e政务”便民服务自助网点20个，入驻18个部门186个事项，为企业和群众办理事项1.45万件。

坚持改进作风，自身建设切实增强。深入扎实开展第二批主题教育，落实“第一议题”制度，大兴调查研究之风，巩固深化“五大体检”成果，传承弘扬“四下基层”优良传统，把开展主题教育同贯彻落实党中央各项决策部署结合起来，同推动政府中心工作结合起来，做到两手抓、两促进，以实际行动坚定拥护“两个确立”、坚决做到“两个维护”。严格落实中央八项规定及其实施细则精神，一体推进“三不腐”。坚持依法行政，制定出台政府工作规则、“三重一大”事项决策实施办法，深化府院联动机制，行政机关负责人出庭应诉率达100%。自觉接受区人大及其常委会的法律监督和区政协的民主监督，办理市、区人大代表建议81件、政协委员提案152件，办结率、满意率均为100%。与此同时，国防动员、民族宗教、退役军人、气象水文、史志档案等工作取得新进展，工青妇、审计、统计、人防、老龄、残联、红十字等事业取得新成效。

坚持统筹协调，城乡品质大幅提升。城市建管持续增质。深入推进城市体检，实施城市品质提升项目67个，完成投资24.69亿元。杨真停车场建成使用，改造、新设停车位1026个、城市绿地面积2.39万平方米、绿色建筑面积57.65万平方米。完成老旧小区改造项目4个，新增管道燃气入户3800户，饮用水一户一表改造超1万户，南铝绿色社区创建案例获住建部肯定、推广。在全市率先使用“天眼拍”技术，系统化、精细化城市管理问题处置率达99.88%。乡村振兴持续推进。深学“千万工程”经验，扎实开展“三到三助”实践活动，全面完成245个行政村需求清单梳理，引导社会各界力量到农村去、助乡村兴。完成“党建跨镇连片”“自驾旅游”乡村振兴示范带项目13个；完成“百镇千村”试点示范项目88个。完成农村公路新改建55公里、道路安防300公里，建成美丽庭院274个、乡村微景观138个。深化与省财政厅、省委改革办、省委国安办、省供销社、省消防救援总队5个省直单位，以及莆田市秀屿区挂钩联系机制，完成共建项目16个投资3000万元。应中联部邀请，厄立特里亚执政党组团来延考察学习基层党建、乡村振兴等工作。

2024年是新中国成立75周年，是深入实施“十四五”规划的攻坚之年，也是延平区牢记嘱托，感恩奋进的重要一年。延平区工作的总体要求是：坚持以习近平新时代中国特色社会主义思想为指导，全面贯彻党的二十大和二十届二中全会精神，深入落实习近平总书记来闽考察重要讲话精神，按照中央、省委经济工作会议和市委六届五次全会和区委十三届四次全会部署要求，坚持稳中求进、以进促稳、先立后破，完整、准确、全面贯彻新发展理念，积极服务和融入新发展格局，统筹高质量发展和高水平安全，稳预期、稳增长、稳就业，深化用好“五增”载体，着力实施“12335”行动，全方位推进延平“二次创业”，奋力打造福州都市圈门户城市，为谱写全面建设社会主义现代化国家福建篇章贡献延平力量！经济社会发展主要预期目标是：地区生产总值增长5%，突破500亿元大关；财政两项收入均增长5%；固定资产投资增长6%；外贸出口增长4%；农林牧渔总产值增长6.5%；规上工业增加值增长5%；社会消费品零售总额增长8%；城乡居民人均可支配收入分别增长5%、4.5%。

（摘编：沈光明）

建阳区社会发展概况

2023年，建阳区坚持以习近平新时代中国特色社会主义思想为指导，认真贯彻省委“三争”行动部署，落实市委“五增”目标任务，开展“三争三看”行动，奋力将习近平总书记“建阳前景是美好的”殷切嘱托转变为美好现实。全区生产总值295.5亿元、增长5.5%，固定资产投资增长3%，公共财政总收入19.3亿元、增长6.8%，地方公共财政收入14.7亿元、增长5%，社会消费品零售总额112亿元、增长12%，城镇居民人均可支配收入44485元、增长4.5%，农村居民人均可支配收入23775元、增长7.5%。社会发展主要成效如下。

民生福祉不断增进。就业形势稳中向好。打造全市首批功能完善零工市场，新增城镇就业2500余人。建立“四员”源头联合治欠机制，累计为劳动者追回工资850余万元，建阳区商会获评省级金牌协调劳动关系社会组织。社会保障提质扩面。提高残疾人“两项补贴”标准，发放补贴900余万元。支出城乡低保、特困供养、临时救助等资金4700余万元，各类社会保险约8.8亿元。公共服务更加优质。建阳区获评全省基础教育综合改革实验区，妇女儿童活动中心、实验幼儿园入选福建省家庭教育创新实践基地，实验小学入选福建省义务教育教改基地校，建阳师范附属小学获评全国新时代雷锋学校。全年投入各类教育资金约6.6亿元，完成校舍修缮1.2万余平方米、中小学教室照明改造720余间，新增各类学位2700余个。紧密型县域医共体建设经验做法在国家卫健委《卫生健康工作交流》《健康报》等报道，糖尿病防治案例被评为全国优秀案例，入选全国第十批“健康县区”、全省创建国家“两纲”示范县培育对象。建成全省首个“智慧爱卫”平台，被列为福建省“闽诊通”首批12个试点县区之一。打造“4+N”全民健康网格化服务试点，签约人数25万余人，重点人群签约率达96%。建阳第一医院创伤中心和呼吸诊疗中心通过省级中期评估，区妇幼保健院被选定为全省6家国家胎儿心脏病产前筛查机构之一，中医院成为国家区域中医康复诊疗中心成员单位。社会福利院（养老中心）改建项目完成主体工程建设，嘉禾、狮子山社区嵌入式养老服务中心投入使用，改造提升农村幸福院11所。社会环境和谐稳定。明确城市社区发展思路，平稳有序完成潭阳社区增设，曼头山、富林、营前社区析置和崇阳社区更名。创新“网格+调解”解纷机制，经验成果被省司法厅发文推广，并在全省“系列枫桥”特别节目中播出。深入开展“增固底板体检活动”和重大事故隐患专项排查整治2023行动，“一库三单”信息化平台日趋完善，各类安全生产事故大幅下降。创新宣教载体，建成全市最大禁毒教育基地、首个反诈商圈。在全国公安系统首创“正苗启德”迷途未成年人精准帮扶帮教机制，未成年人涉案人数同比下降74%，经验做法在《人民公安报》、CCTV法治频道等媒体报道。侦办的“3·14”制售假冒地理标志农产品案入选公安部加强知识产权刑事保护支持全面创新十大典型案例。

行政效能全面提升。用好用活习近平总书记在福建工作期间3次到建阳调研时留下的“富矿”资源，深入开展“四下基层”活动，认领并办结群众“微心愿” “给群众一个惊喜点”等项目1000余个，37项“为民办实事”项目基本完成。深化“法治建阳”建设，扎实推进“八五”普法走深走实，推广应用省一体化大融合行政执法平台。办理人大代表建议176件、政协委员提案107件，办结率100%，满意率和基本满意率100%。不断推进全面从严治党向纵深发展，建立区级政府投资小规模建设工程阳光平台，推进“小微权力监督平台”全域覆盖。

城市“颜值”“气质”实现双提升。服务新南平中心城市建设成果空前。深入推进重点项目征迁攻坚，全力保障市区两级建设项目用地，全年完成征地4500余亩、拆迁6.8万余平方米，有力保障了古闽大道北延段、警务技能训练基地、生态食品产业园等重点项目用地。制定出台留置地置换房产操作办法，基本完成南林村、新村村等留置地“货币回购”或“房产安置”兑现。城市功能品质不断提升。坚持集中连片规模化实施城市更新，累计腾空净地1300余亩，瀛洲桥畔、建本流香等12个棚户区改造项目有序推进。深入开展城市体检，实施崇阳溪东侧沿河防护工程、童游片区防洪排涝工程等城市补短板和品质提升项目67个、完成投资超35亿元。近三年累计投入城乡污水治理资金超16亿元，城市主次干道雨污分流改造项目顺利竣工，城乡供水一体化、城市供水设施提升等工程有序推进，新改建各类管网200余公里。守好南平市创建全国文明城市主阵地，推广城市管理行政执法简易处罚机制，创新开展小区物业服务质量星级评定，清扫保洁市政道路、公园绿地面积超400万平方米，推进公共停车场延时收费，新增城区公共停车泊位500余个。市区融合发展成势见效。开展南平市中心城区规划综合提升行动，工人文化宫、崇阳溪生态巡护绿道、沙南高速等重大项目有序推进，赤岸幼儿园、旭辉实验学校、马伏连接线等一批惠及新老城群众的民生项目投入使用，城市功能实现有机融合。

“千年古县”绽放时代光彩。文化活力焕发。考亭书院入选福建省社会科学普及基地、首批华侨文化交流基地，清邃阁建本展览新馆建成投用。完成寒泉精舍、豸山书院修复重建和朱文公纪念馆、游酢陵园展陈提升。顺利承办省第十七届“书香八闽”全民读书月暨中华经典诵读大会、“书香南平”建设现场会，圆满完成第二届考亭论坛、第七届海峡两岸书院论坛服务保障任务。“潭阳书舍”公益书吧入选2023年福建省全民阅读优秀项目，累计建成公益书吧22个、5000余平方米，成立全省首个县级全民阅读促进会，“书香建阳”建设获省领导批示肯定和群众的普遍赞誉。“千年传承·建窑建盏”冠名京沪高铁顺利开通，“建阳建盏”入选第一批全国“一县一品”特色文化艺术典型案例，“中国建窑建盏之都·建阳”荣誉称号通过复评。

生态文明建设成果丰硕。建阳区获评第七批国家生态文明建设示范区。环带建设成效显著。开展“大干150天，高质量推进环带建设”行动，实施环带项目143项、总投资约100亿元，贯通环带干线、支线、小环线超180公里，国道322麻沙永兴至长坪、省道302建阳城区至麻沙江坊、黄坑集镇至际下（邵武界）等公路改造工程竣工通车，县道860麻桐线获评全国美丽乡村路。组织黄坑镇国家公园南门户、长见村等5个精品节点参加“武夷山国家公园1号风景道”国际设计创意大赛，杜潭驿站休闲烧烤露营基地、响鼓水世界、黄坑蛇园等投入运营，完成26个游览打卡点及周边配套设施提升改造，举办首届“环带”建设职工摄影大赛、小源村旅游文化节等各类活动24场，持续炒热风景道开园氛围。生态文明制度体系日臻完善。大力推广“森林生态银行·四个一”林业股份合作模式，建成福星林场七公里“森林生态银行”综合示范区，探索林下空间流转机制，完成林权流转6.5万亩，新增林下可利用空间5200余亩。推广林长“巡山护林交树制”，组建全国首家武夷山国家公园生态仲裁庭，打造全省首个“生态复绿”基地。扎实推进省级碳中和试点，打造“一元碳汇”试点3.8万亩，实施“生态价值碳汇+”项目，预计全生命周期碳汇价值超7000万元。扎实开展自然资源领域生态产品价值实现机制试点建设，细化梳理建阳区生态敏感型产业指导目录，开展基准水价和水资源交易制度研究及试点，打造生态产品价值实现示范品牌。

（摘编：余晓楠）

邵武市社会发展概况

2023年，邵武市坚持以习近平新时代中国特色社会主义思想为指导，深入学习贯彻党的二十大精神，聚焦“五增”目标，全面开展“六比六争先”主题实践活动，全方位推进绿色高质量发展。初步统计，2023年全市地区生产总值增长5%；固定资产投资增长4%，社会消费品零售总额增长6%，一般公共预算总收入增长22.2%，地方一般公共预算收入增长10%；城镇居民、农村居民人均可支配收入分别增长3.5%、7%。社会发展一些重点领域、重点工作取得新突破。

“三争”行动综合考评连续三个季度位列南平第一。县级财政管理绩效综合评价位列全国第五，全省第一；林下空间流转做法入选全国林业改革发展典型案例，获得全省唯一林长制工作正向激励。

成功承办全省深入学习“千万工程”经验建设福建美丽乡村现场会，被评为全国大豆重点县、省级农产品质量安全县，获评福建省2023年度促进乡村产业振兴、改善农村人居环境等乡村振兴重点工作激励县；“邵武黄精”荣获国家地理标志证明商标，列入“福九味”中药材产业集群。

民生支出占一般公共预算支出达85.45%；市立医院被确定为省级区域医疗中心建设单位，首个全日制本科医学院校——莆田学院邵武临床医学院正式挂牌；获批全国幼儿保育教育质量提升实验区、省级基础教育综合改革实验区，高考本科上线率高出全省17个百分点，教育优质均衡发展取得新成效。

一年来社会发展主要做了以下工作。

抓民生增福祉，人民生活更加幸福。坚持教育优先发展。完善名校结对帮扶机制，14所学校与杭州学军、宁波镇海等名校签订合作协议；八一希望小学扩建、实验小学改造提升、特教学校改建等项目竣工投用，新增学位2328个，4所学校通过省义务教育管理标准化评估；全面推行课后服务“2+N”模式，2项典型经验做法获全国推广。推进健康邵武建设。市立医院现代医疗能力提升项目完成交付，中医院新院区正式启用，新增床位350个；构建“4+N”全民健康网格化服务体系，组建服务团队76支，家庭医生签约20.5万人，重点人群签约率达91%。全面提升社保水平。实施全民参保攻坚行动，基本养老保险覆盖率达98.6%；搭建零工市场，创新“家门口”就业服务点，城镇登记失业人数控制在2200人以内；健全完善养老服务体系，新增4所省级示范性长者食堂，提升改造7所农村幸福院，打造“点菜式”养老服务省级试点。繁荣发展文体事业。实施李纲祠堂、和平书院等文保单位修缮提升工程，举办严羽诗歌会、“朱子与邵武”学术研讨会、纪念李纲诞辰940周年暨李纲文化研讨会等文体活动25场，和平镇入选全国历史文化保护与传承示范案例。推进全民健身与竞技体育协调发展，基本建成“15分钟健身圈”，市少体校被列为国家体育后备人才基地。

抓安全保稳定，重大风险防范有力。全面开展安全体检，实施重大事故隐患排查整治专项行动，深化“一库三单”信息化管理机制，安全生产态势保持稳定。深化平安邵武建设，建立健全“1+7+N+联系点”调处网络体系，开展信访问题源头治理三年攻坚行动，有效化解疑难信访积案。扎实推进“八五”普法，常态化开展扫黑除恶，从严打击电信网络诈骗等违法犯罪，打好新时代禁毒人民战争。践行总体国家安全观，有效防范政治安全和意识形态、食品药品、房地产、金融等重点领域风险。同时，国防动员、退役军人、民族宗教、外事侨务、台港澳事务、老区库区、气象水文、防震减灾、档案方志等工作继续加强，妇女儿童、老龄、残疾人等事业取得新进展。

抓作风提效能，政府建设全面加强。坚持把党的政治建设摆在首位，将“实”的要求贯穿主题教育全过程，深化运用“四下基层”制度，推动主题教育与中心工作互融互促。深入推进依法行政，严格落实重大行政决策程序，行政机关负责人出庭应诉率等四项指标位列南平第一；自觉接受市人大、政协和社会各界监督，认真办理人大代表建议110件、政协委员提案122件，办结率均达100%。着力提升政府效能，建立“三化五定”闭环管理数字化平台，推动各项工作落实落细；持续整治“吃喝风”顽疾、“躺平式”干部、“宽松软虚”执法、“老好人”思想等问题，不断提振干事创业精气神。

抓改革勇创新，发展活力充分释放。持续深化重点领域改革。深入推行科特派制度，拿口科特派展示馆列入全国骨干科特派现场教学点。深化教育体制改革，探索城乡一体化办学模式，组建9个教育共同体，促进优质教育资源有序流动。持续优化营商环境。扎实推进“放管服”改革，建成投用公共资源招标一体化平台，推行“秒批秒办”“半小时办结”服务模式，发挥“综合窗口”作用，整合“一件事”集成套餐50项，“跨域通办”比例达95%，行政许可事项“一趟不用跑”占比达90.3%。授予11名企业家首批“荣誉市民”称号，企业家归属感不断提升。持续推进生态文明建设。创新实施林长“巡山护林交树”制和河湖长“巡河交水”制，编制全省首个县级“一河一策一图”环境应急响应方案，河湖长制工作获省级正向激励，全年空气质量优良天数比例和主要流域、小流域优良水质比例均达100%。签约全国首单茶树碳汇储量指数保险，策划实施南平首个EOD模式入库项目，总投资达27.9亿元。

抓统筹提品质，城乡发展更加均衡。深入推进城市更新。以创建全国文明城市为抓手，全面开展城市体检，实施72项、总投资227.1亿元的城市建设品质提升项目，福山“红飘带”漫道、含笑公园停车场等40个项目建成投用，东桥路、华光南路基本完成“白改黑”，升级改造南关农贸市场，启动林业开发区、林保厂等旧城片区开发，完成拆迁8.6万平方米，改造提升老旧小区65个，惠及居民1.2万户，新（改）建市政管网10公里，新增公共停车位1000个，公园绿地13.7公顷，口袋公园3个，完成7处重要节点绿化景观提升，打造7条无障碍样板街道，古山溪片区综合开发项目入选省级样板工程。大力发展特色农业。创新“田长制”工作机制，建成高标准农田3.7万亩，全面推广“1+N”种业发展模式，水稻制种备案面积达5.4万亩；建成绿色生态茶园4.3万亩，举办首届“碎铜茶”开采节、国际茶日品鉴等茶事活动；“顺兴泰牌武夷溪鲫”被评为2023年度福建名牌农产品；大力发展订单农业，与浙江明康汇开展战略合作，推动黄金百香果等农产品进入江浙市场。全面推进乡村建设。加快推动乡村振兴“一带N点”示范带建设，世遗1号风景道北段基本贯通，红色重下、墨色大埠岗等4个闽台乡建乡创合作项目加快推进；完成“三房整治”188栋，新（改）建农村公厕83个、四好农村路32公里，清理河道沟渠110公里，造林2.4万亩，森林覆盖率达79.84%，被评为省级森林养生城市。水北镇获评省全域生态旅游小镇，肖家坊村、古山村列入第六批中国传统村落名录，和平村获评全国乡村治理示范村，新增省级森林康养小镇、森林康养基地、水乡渔村各2个，卫闽外石樟树群入选全省最美古树群。

2024年邵武市经济社会发展主要预期目标是：全市地区生产总值增长5.7%，农林牧渔业总产值增长4%，规模以上工业增加值增长13.5%，固定资产投资增长6.5%，一般公共预算总收入增长9.7%，地方一般公共预算收入增长6%，外贸出口增长3%，社会消费品零售总额增长7%，城镇居民、农村居民人均可支配收入分别增长6%、6.5%，单位GDP能耗控制在省下达目标内，粮食总产量稳定在18.2万吨以上。

（摘编：沈光明）

武夷山市社会发展概况

2023年，武夷山市深入贯彻落实党的二十大精神和习近平总书记来闽考察重要讲话精神，认真实施省委“三争”行动、落实南平市委“五增”目标，创新开展“三争三比”行动，全市经济社会保持平稳健康发展。前三季度绩效考评居南平首位，“三争”和“三大攻坚”考评居南平第2。初步统计，2023年全市生产总值245.46亿元，增长5%；一般公共预算总收入15.46亿元，增长18%，地方一般公共预算收入10.96亿元，增长13.1%；固定资产投资增长7%；城镇居民人均可支配收入44793元，增长5.2%；农村居民人均可支配收入25422元，增长7%。社会发展一些重要领域、重点工作取得新的突破。

创新探索法治护航生态文明建设“武夷实践”获评中国改革2023年度地方全面深化改革典型案例。获评国家水土保持示范县。《探索武夷山国家公园生态保护补偿机制建设》和《武夷山市积极推动“三茶”统筹创新发展》入选全国生态综合补偿试点典型案例。武夷山国家公园发现新物种12个。顺利完成武夷山世界生物圈保护区第三个十年现场评估。

高考本科上线率和600分以上人数均创历史新高。兴贤基金募集7329万元，居南平首位。建成“零工市场”，组建“4+N”全民健康服务团队，《健康武夷—重塑全民健康新格局》入选国家医疗卫生服务提质增效创新实践典型案例。顺利通过国家卫生城市复查。实现乡建公司乡镇全覆盖。实行全城“免费公交”和主景区免门票。武夷山籍运动员获亚运会金牌。

成功举办海峡两岸茶业博览会、海丝国际茶文化论坛、“三茶”统筹武夷论坛、首届中国（武夷山）竹产业博览会、国际骑游大会、大武夷超级山径赛、首届全国围炉煮茶节、全国生态日主题宣传等系列重大活动。

一年来，社会发展主要做了以下工作：

民生事业繁荣发展。公共服务不断完善。24项为民办实事项目全面完成，民生支出占一般公共预算支出比重达87.2%。新增城镇就业1508人，兑现各类稳就业资金1405万元。新增学位1950个，引进“名师名校长”4人。设立“名医工作室”7个。新建省级长者食堂4所，改造提升9所敬老院、7所农村幸福院。加快推进卫生健康保障设施建设工程，成功创建省级慢性病综合防控示范区。婚姻登记服务工作入选全省先进典型案例，和平社区获评全国示范性老年友好型社区。城市品质持续提升。开展城市体检，实施城市品质提升项目74个，完成投资48.22亿元。西快线全线通车，柳永路、石雄街、温岭街等12条道路完成改造提升。新开工改造老旧小区42个。加快城乡供水一体化、城市管网工程、城市管道燃气等项目建设。推进度假区品质提升工程，对幔亭峰路、大王峰路、玉女峰路沿线亮化彩化美化，完成兰汤桥及周边夜景提升，实施卷帘门更新行动。乡村振兴扎实推进。严格落实粮食安全和耕地保护责任制考核，粮食播种面积22.7万亩、产量9.97万吨，建设高标准农田3.5万亩，整治撂荒耕地6318亩。开展“到武夷去、助乡村兴”活动，成立环带沿线联村党委，创建处级干部带队的驻村工作队伍，启动以县域为单位的《乡村振兴发展规划》与《和美乡村建设导则》编制，完成78个村庄规划。实施乡村品质提升项目27个，完成投资6.64亿元，建设现代农业示范基地5个；推进农村生活污水治理提升，新建改造污水管网 50.2 公里；加快“四好农村路”建设，新建农村公路 30.5 公里。深入推进农村人居环境整治。扎实开展第三次全国土壤普查。五夫镇获评全省高级版“绿盈乡镇”，星村镇入选全省乡村振兴示范乡镇。

改革创新深入推进。创新“一委统筹、两长协同、三员合一”机制，积极探索茶园碳汇、零碳旅游。创新理论宣传品牌，“溪言习语”典型经验做法在中宣、省宣内刊刊登。全力打造“五个一”营商环境，创新“五到”企业服务机制，设立“办不成事”投诉平台，开设“全程不见面”帮代办专窗，组织开展“企业家下午茶、晚餐会”活动，“四专互联”沟通联系机制入选福建省营商环境工作典型经验做法。探索基层治理新模式，建立产业党建联盟，健全“3+X+2”多元调处化解信访工作机制。主动融入海峡两岸融合发展示范区和“一带一路”建设，跨境电商综合实验区和陆地港加快建设。

社会大局安定稳定。全年安全生产形势总体平稳，开展重大事故隐患专项排查整治行动，强化燃气、道路交通、景区景点等重点领域隐患排查治理，科学有效应对台风“杜苏芮”和多轮强降雨。出台茶业“双十措施”，开展茶叶市场秩序、违规用肥用药等专项整治行动。坚持和发展新时代“枫桥经验”，信访事项一次性办结率 98.8%，中央交办“治重化积”三批 118 件次全部化解。破获涉恶九类案件 35 起、电信网络诈骗案件 70 起。践行总体国家安全观，有效防范政治安全和意识形态、耕地保护、粮食安全、生态环境、食品药品、房地产、金融等重点领域风险。岚谷乡“红色评理”机制获评全省新时代“枫桥式工作法”先进典型，星村镇入选第三批全国乡村治理示范村镇，景区派出所获评全国“枫桥式公安派出所”。

自身建设不断加强。把“实”的要求贯穿主题教育全过程，实现主题教育和中心工作两手抓、两促进。大力整治“吃喝风”顽疾、“躺平式”干部、“宽松软”执法、“老好人”思想，党员干部队伍精气神不断提振，1 人获评全国“最美公务员”。严格支出管理过紧日子，持续压减一般性支出，“三公”经费支出持续下降。全年办理市人大代表议案建议 111 件、市政协委员提案 79 件，办结率、满意率均为 100%。

增绿提质迸发活力。生态文明建设加快推进。新策划环带项目 98 个、总投资 317 亿元，居南平第 1。高标准建设国家公园 1 号风景道，完成南星公路、星桐公路、桐源至杜坝段、国道 G322 星村镇井水村至黎前村等道路建设。聚焦“环带”“两高”等重点区域，实施闽西北山地丘陵生物多样性保护、崇阳溪生态巡护绿道一期工程、规模化绿化花化彩化等生态保护修复项目，完成造林更新 1.26 万亩。出台加强生态环境保护十条措施，整治违规开垦茶山 3253 亩。空气质量综合指数居南平第 1，主要流域Ⅱ类水质以上比例 100%。“三茶”统筹发展扎实推进。武夷岩茶连续 7 年蝉联中国茶叶类区域品牌价值第 2 位，武夷山肉桂列入第二批全国名特优新农产品。中华茶博苑启动筹建，武夷国际茶叶交易中心开业运营，国家加工食品质量检验检测中心、国家茶产业计量测试中心落地，茶空间高标准建设。邀请刘仲华院士制定并发布“武夷红茶健康养生功能”研究成果。发布红茶器皿和武夷岩茶传统制作技艺地方标准。加快推进“三茶”统筹展示馆、“1+N”茶树种质资源圃建设。累计建成绿色生态茶园 13.26 万亩。科特派助力乡村振兴稳步推进。新选认科特派 174 人、团队 17 个。启用袁隆平杂交水稻专家工作站，揭牌中国—联合国开发计划署合作项目科特派示范区。4 个科特派示范点获评全国骨干科技特派员（南平）培训基地现场教学点。举办武夷山首届科特派创新创业大赛，启动“四链”融合茶产业创新平台建设，累计发放“科特贷”近 9000 万元。优秀传统文化传承弘扬持续推进。与中国人民大学共建中华文明武夷研究院，设立中国朱子学会武夷山研学基地，创作《意公子幸会武夷山》《青山未满》等文艺作品，开设武夷文化“师带徒”培训班，举办纪念朱子诞辰 893 周年、上梅暴动 95 周年等系列活动。加快城村汉城国家考古遗址公园、五夫朱子文化园、上梅柳永文化园、张山头红军墓群保护修缮等项目建设与运营。

（摘编：赵旭东）

建瓯市社会发展概况

2023年是全面贯彻落实党的二十大精神的开局之年，面对严峻复杂的发展形势，建瓯市坚持以习近平新时代中国特色社会主义思想为指导，围绕省委“三争”行动，聚焦南平市委“五增”目标，深入实施“五个一”战略，全力打造文化生态融合发展示范区，经济社会发展总体平稳。全年完成地区生产总值增长4.8%；固定资产投资增长6%；一般公共预算总收入17.5亿元，增长17.9%；地方一般公共预算收入12.3亿元，增长9.8%；规模工业增加值增长6.5%；社会消费品零售总额增长7.6%；城镇居民人均可支配收入43895元，增长5%；农村居民人均可支配收入24662元，增长7%。

以为民造福的初心使命，惠民生、暖民心，推动社会事业有了长足进步。46个为民办实事项目按时序推进。教育事业扩容提质，城区中小学（幼儿园）布局专项规划编制完成，建瓯四中等5所学校投入使用，城区七年级招生数首次超过乡镇；城区集团化办学改革、智慧教育项目扎实推进，教育系统高层次人才数量升至南平首位；开通农村学校周末班车线路22条，入选全省基础教育综合改革实验区、教改基地县。医疗水平持续提升，组建“4+N”全民健康网格服务团队111支，成立省级“名医工作室”，与省肿瘤医院、省附一医院合作办医；中西医结合医院医养结合项目投入使用，建州新区医院等项目有序推进，市立医院入选全国“千县工程”综合能力提升医院，成功创建省级慢性病综合防控示范区。体育活动精彩纷呈，承办省青少年蹦床锦标赛、全国桨板公开赛（建瓯站）等重大赛事。社会保障持续完善，建成零工市场，最低生活保障标准提高到每月825元；建成省级长者食堂、三星级幸福院18个，社会福利中心（二期）、小桥“幸福里”社区投入运营，瑞颐老年公寓开工建设；殡葬服务中心全面投入使用。

以积极有为的奋斗姿态，敢担当、善作为，推动政府效能发生务实变化。始终把政治建设摆在首位，深入开展学习贯彻习近平新时代中国特色社会主义思想主题教育，坚决落实市委决策部署，自觉接受人大、政协监督，办理议案3件、建议95件、提案75件。推进全面从严治党，持续纠治“四风”，推行“审巡纪”联动监督，率先在南平建立政府投资项目全过程审计监督机制，运用“三化五定”平台督办问题228个。持续优化营商环境，成立“助企纾困”领导小组，运用现代企业制度模式解决不良资产和历史遗留问题，实现南平首例企业成功破产预重整；实行“免申即享”惠企政策42项，推行“拿地即开工”“验收即交证”“交地即交证”，在南平率先推广投标保证金减免政策。行政执法改革扎实推进，第二批行政执法事项赋权乡镇142项、街道176项，被确定为全省乡镇（街道）片区联合执法试点，小松入选南平唯一省一体化大融合行政执法平台建设试点。创新投融建模式，建设乡镇干部周转房项目5个。平安建设不断增强，公安机关业务技术用房投入使用，推行网格化+“四理”工作法，常态化推进扫黑除恶，破获全省首例涉依托咪酯犯罪案件；开展重大事故隐患专项排查整治行动，清退城区非法营运三轮车535辆，打赢三轮车整治“攻坚战”。此外，国防人防、拥军优属、退役军人、民族宗教、统计、史志档案、外事、侨务等工作取得新成效，工会、妇女儿童、青少年、老龄、残疾人等事业取得新进展。

以抓铁有痕的攻坚势头，补短板、提品质，推动城市建设取得阶段成效。开展“建州文化宣传年”活动，征集朱子文化遗存 35 项，朱子系列故事等 15 个项目列入南平非物质文化遗产名录；有序推进历史文化名城保护提升，完成五经博士府、朱文公祠主体修复，举办“千年建州·中秋国庆嘉年华”活动，铁井栏—紫芝街历史文化街区假期客流量达 74 万人次；城市品质全面提升，谋划城市发展支撑项目 227 个、总投资 389.8 亿元，完成江滨中路等 6 个项目征迁任务，涉及 815 户、26.4 万平方米，开出房票 5.6 亿元；实施品质提升攻坚项目 69 个，完成道路“白改黑”、强弱电下地、污水管网建设 28 公里，建州大桥（三江口大桥）钢拱合龙，政和门大桥（水南二桥）竣工通车，建州博物馆全面开放；启动保障性安居工程 959 套，改造完成鑫侨花园等 9 个老旧小区；有效化解问题楼盘，“新叶外滩”重启动工，“兰庭荟”“恒大·溪山公馆”顺利交房，放生池棚改项目回迁安置选房 966 套；被列为省理学名城城市更新建设样板，通过“中国根雕之都”复评。

以事不避难的实干拼闯，固根本、促振兴，推动三农工作获得实质进展。深入学习“千万工程”经验，推广现代农业“五新”技术 55 项，打造省级“一村一品”专业村 3 个，建瓯锥栗入选省首批“福农优品”百品榜，稻渔科技小院获评第五批省科技小院。严格落实耕地保护和粮食安全责任制，完成粮食产能增产示范项目 23 个、9050 亩；鲜食玉米种植面积 12 万亩，居全省首位，全国（建瓯）鲜食玉米产业大会暨福建省鲜食玉米发展大会在建瓯举办，获评“中国东部鲜食玉米之乡”。村集体经济“大比武”谋划项目 218 个，完成省级乡村振兴试点村建设项目 34 个，完善道路安防设施工程 406 公里，应急广播系统投入使用，入选全国农村集体经营性建设用地入市试点县，小松、东游分别获评全国、省级农业产业强镇，迪口可建村等 6 个村庄入选省级乡村振兴示范村。和美乡村建设全面推进，创建南平市级以上美丽庭院 116 个、“绿盈乡村”184 个，迪口霞溪村、吉阳巧溪村入选中国传统村落。生态环境持续向好，落实“河长制”“林长制”，14 个乡镇污水处理厂实行建管运一体化，14 个小流域水质实行在线监测，拆除牛蛙生猪等违规养殖点 320 处，打击毁林种茶 389 亩，空气优良天数比例、主要流域断面优质水比例均为 100%；植树造林和森林培育 15.6 万亩，完成碳中和林建设 5 万亩，开发可交易“一元碳汇”18 万吨。入选健康中国·康养旅游百强县，万木林自然保护区获评省林业生态文明实践基地，小桥、房道分别获评省级森林康养小镇、森林城镇。

2024 年是新中国成立 75 周年，是实现“十四五”规划目标任务的关键一年，建瓯市要把推进中国式现代化作为最大政治，恪尽职守，毫不懈怠，以“进”的姿态夯实“稳”的基础。工作的总体要求是：坚持以习近平新时代中国特色社会主义思想为指导，全面贯彻党的二十大和二十届二中全会，以及中央、省委经济工作会议精神，牢记习近平总书记对南平、对建瓯重要嘱托，紧密围绕南平市委市政府和建瓯市委的决策部署，完整、准确、全面贯彻新发展理念，积极服务和融入新发展格局，向北主动融入“环带”建设，向南积极对接福州都市圈，奋力打造文化生态融合发展示范区，走出一条具有建瓯特色的绿色高质量发展之路。

2024 年经济社会发展的主要预期目标是：地区生产总值增长 5.5%，固定资产投资增长 6%，一般公共预算总收入增长 6.5%，地方一般公共预算收入增长 5%，规模工业增加值增长 6.5%，社会消费品零售总额增长 7%，城镇居民人均可支配收入增长 4.8%，农村居民人均可支配收入增长 7%。

（摘编：苏建平）

顺昌县社会发展概况

2023年，顺昌县坚持以习近平新时代中国特色社会主义思想为指导，深入学习贯彻党的二十大精神，扎实开展第二批主题教育，深入实施“三争”行动，落实“五增”目标，围绕“大圣祖地，零碳顺昌”目标定位，团结奋进，务实作为，经济社会稳步发展。全县实现地区生产总值154.42亿元，增长5%；一般公共预算总收入8.89亿元，地方一般公共预算收入6.49亿元，同口径分别增长12.73%和8.16%；固定资产投资增长5%；社会消费品零售总额38.19亿元，增长9%；城镇居民人均可支配收入39537元，农村居民人均可支配收入22409元，分别增长4.6%和7%。一年来社会发展主要工作和成效如下。

民生福祉不断增进。实施为民办实事项目33项，完成投资2.68亿元。社会保障更加有力，城乡居民基本养老保险参保率100%，发放低保金2384万元、特困供养金1004万元。就业形势保持平稳，全面推进“零工市场”规范化建设，举办各类招聘活动41场，城镇新增就业850人，“入伍即签约，退役就上岗”政策惠及首批本科毕业入伍军人。养老服务不断优化，制定基本养老服务清单，探索创新农村独居留守老人养老服务模式，开展建西镇养老社区试点，提升改造幸福院8个，新建长者食堂4个、嵌入式养老服务机构1个。教育事业加快发展，顺昌一中富州校区二期运动场、余坊幼儿园、郑坊园区幼儿园、仁寿中心幼儿园扩建工程等项目竣工；特殊教育学校通过省级标准化评估；优化城区义务教育学校资源配置，为4699名进城务工随迁子女解决就学问题；义务教育阶段学校课后延时服务实现“两个全覆盖”。卫生健康事业取得新成绩，落实积极生育支持措施；构建全民健康网格化服务体系，全人群签约率65%，基层医疗卫生机构诊疗率同比增长26.8%；依托福建医科大学附属协和医院对口帮扶，推动优质医疗资源下沉。文化体育事业实现新进步，成功举办闽台大圣文化交流论坛、第八届东南地区海峡两岸公开水域游泳挑战赛、“大圣——战神杯”海峡两岸大学生篮球争霸赛等活动；投资拍摄电影《少年先锋》在全国院线上映；博物馆展陈建设基本完成；“顺昌石雕”等6个项目入选第十批市级非物质文化遗产项目名录；举办“顺昌新风采”等文化惠民演出30余场，群众文化生活更加丰富多彩。

社会治理更加优化。深入开展重大事故隐患专项排查整治2023行动，建立安全生产和消防安全“红黄蓝”预警制度，在全市率先成立县级消防救援勤务中心、消防救援联调指挥中心，全县安全生产形势总体稳定。顺昌县公共法律服务标准化工作顺利通过国家标准委终期评估验收，县司法局起草修订的《村（居）公共法律服务协理员管理导则》成为福建省司法行政系统公共法律服务首个地方标准。推广应用福建省一体化大融合行政执法平台、基层小微权力监督平台，全面推行“吃茶话事”“社情民意接待日”“三访”全链条矛盾纠纷化解等制度，基层治理水平有效提升。推进扫黑除恶常态化，深入开展夏季治安打击整治、电信网络诈骗打击治理等专项行动，“平安顺昌”建设再上新台阶。大干镇良坊村入选“第三批全国乡村治理示范村”；县公安局洋口派出所入选第二批省级“枫桥式公安派出所”。

自身建设得到加强。深入开展学习贯彻习近平新时代中国特色社会主义思想主题教育，弘扬

“四下基层”优良传统，专题调研盘活闲置资产、农村消防安全管理等难点堵点问题，推进调研成果转化运用；与县人大常委会联合开展下基层联系人民群众活动，畅通群众诉求表达、权益保障渠道；深化“三化五定”闭环落实机制，高质高效推动工作落实。严格落实中央八项规定及其实施细则精神，全面整改落实省委巡视反馈问题，开展乡村振兴领域“审巡纪”联动监督试点，政府系统全面从严治党向纵深推进。办理人大代表建议83件、政协委员提案91件，满意和基本满意率达100%。推进法治政府建设，完成“八五”普法中期验收，“法治护航生态文明建设”入选第三批全国法治政府建设单项示范创建名单。

改革活力持续释放。深化“放管服”改革，创新重点项目前期审批服务机制，实行施工图审查“多图联审”“多审合一”模式，推行“交地即交证”“验收即发证”“半小时办结”等政务服务，655项高频政务服务事项实现“跨省通办”“省内通办”“市内通办”。深化林业改革，“森林生态银行·四个一”林业股份合作经营模式在全市推广，创新“一元碳汇”项目入选首批《福建省林业改革发展典型案例》，《点竹成金，零碳顺昌——顺昌竹产业与金融碳汇创新实践方案》入选联合国教科文组织和国际竹藤组织《世界遗产地减碳和低碳发展创意与实践案例集（优秀实践类）》并荣获一等奖。

城市品质稳步提升。科学编制县级国土空间总体规划，统筹划定“三区三线”空间格局；完成龙湖湾片区控制性详细规划修编、余坊新城“零碳城市”公共空间规划设计。出台《进一步促进城乡融合推进城镇化高质量发展若干措施》，落实住房保障、就业创业、社会服务等一揽子政策。开展城市体检，推进城市更新，策划生成城西片区基础设施改造提升等项目49项，城南造纸厂片区棚户区（危房）改造、“东安驿”社区便民服务空间等一批项目竣工。建成智慧城管平台，深度检测清理城区雨污管网43公里，新建口袋公园3处，城区环境持续改善，城市治理水平明显提升。

乡村振兴扎实推进。严格落实耕地保护和粮食安全党政同责，新建及改造提升高标准农田7000亩，第二批县级土地开发项目预计新增耕地1635亩，完成粮食播种面积12.09万亩、总产量4.74万吨。启动县域乡村振兴规划编制工作，完成77个村庄规划成果备案入库。深化绿色高质量发展科技创新，成功链接重点高校和科研院所11所、博士16人，累计选认科技特派员155名、科特派团队12个，发放“科特贷”2790万元。成功举办第十八届国际菌草产业发展研讨会现场考察活动，顺昌菌草科技小院入选福建省科协科技小院、中国农村专业技术协会科技小院。乡镇污水处理厂提升改造全面完成。落实农村公路“路长制”，持续建设“四好农村路”。加大农村电网改造力度，新建改造10千伏线路24条、107公里。开展“到顺昌去、助乡村兴”活动，促进人才、资金、技术下乡。顺昌县2023乡村振兴热度指数“参与度”指标排名全省第6。

美丽顺昌加快建设。全面落实林长制，完成植树造林1.2万亩、森林抚育6万亩；推进森林防火、林业有害生物防控全覆盖，完成松材线虫病防治性采伐任务1.4万亩；落实林长“巡山护林交树”制，开展天然林、生态林网格化巡查，有力加强森林资源保护。严格落实河湖长制，实行“巡河交水”制，完善河道专管员制度和智慧河长平台，整治河湖“四乱”问题1521件；完成金溪支流、仁寿溪、鹭鹚溪中小河流治理和蛟溪小流域水土流失综合治理项目；积极创建节水型社会，全市唯一获评“国家第六批节水型社会建设达标县”。创新生态联合执法机制，成立生态领域联合执法服务中心，设立生态警务驿站，重拳整治违法用林用地、畜禽养殖污染等问题，有效提升生态管护能力。推进“零碳顺昌”建设，编制完成《零碳顺昌文明城市建设系列方案》和《顺昌县“无废城市”建设实施方案》，实施分布式光伏发电、工业节能改造等项目，推进垃圾分类、新能源车推广等工作，单位地区生产总值能源消耗下降2.17%。

（摘编：赵旭东）

浦城县社会发展概况

2023年是全面贯彻党的二十大精神的开局之年，是三年新冠疫情防控转段后经济恢复发展的一年。一年来，浦城县坚持以习近平新时代中国特色社会主义思想为指导，全面贯彻落实党的二十大精神和习近平总书记对福建、对南平工作的重要讲话重要指示精神，深入实施“三争”行动、全面落实“五增”目标、大力开展“五抓五比”活动，锐意进取、承压而上，奋楫笃行、苦干实干，“产城景文”融合发展现代化示范区建设迈出更加坚实的步伐。初步统计，全年实现地区生产总值198.14亿元、增长3.0%；固定资产投资73.25亿元、增长8.0%；一般公共预算总收入12.04亿元、增长17.53%；地方一般公共预算收入8.18亿元、增长8%；社会消费品零售总额50.15亿元、增长6.8%；城镇居民人均可支配收入39895元、增长4.5%；农村居民人均可支配收入21124元、增长6.2%。社会发展一些重要领域、重大项目取得新突破。

浦城美术馆/范迪安美术馆正式开馆并设立全国首个“美育图书馆”，一座极具东方建筑美学特点、会聚当代艺术精品佳作的现代艺术殿堂备受世人瞩目。

规划4.53平方公里的梦笔新城基本建成，一座有山有水、如诗如画、宜居宜业的现代化新城正在拔节生长。

城乡供水一体化项目王家洲水库引水工程全线贯通并正式通水，受益群众将达20万人。

浦城籍运动员董文鑫携手队友勇夺第十九届亚洲运动会女子水球项目金牌，实现我县运动员在国际体育赛事中奖牌零的突破。

一年来，社会发展主要做了以下工作：

发展成果更多惠及人民。坚持在发展中保障和改善民生，让浦城发展更有“温度”，群众幸福更有“质感”。社会保障坚实可靠。实施全民参保计划，基本养老保险覆盖27.53万人。新增城镇就业751人。在全市率先启动“入企探岗”模式，建成零工就业服务点37个。富岭“温馨家园”农村养老社区示范点启动运营，新增省市级长者食堂示范点8个、养老床位310张，农村区域性养老中心完成主体工程，光明社区养护中心投入使用。菁英公寓、工业园区保租房等保障性住房项目加快建设，交椅湾公租房竣工验收，在建各类保障性住房近3000套、居全市第一。公共服务日益完善。42项为民办实事项目如期完成，投入资金8.99亿元发展教育事业，浦城二中新城校区、实验小学新城校区投入使用，新建改扩建幼儿园3所，新增公办学位3330个，职业教育产教融合实训基地项目有序推进。全面落实“4+N”全民健康网格化服务体系，推出“康爱万家·情暖夕阳”免费健康体检项目，新设立“名医工作室”8个、引进医疗专家11人，县医院“四大中心”、突发公共卫生事件应急处置中心等项目有序推进。文化事业蓬勃发展。建成全省首家公益有声图书馆，举办全国诗歌名家“梦笔生花·诗画浦城”采风活动，赣剧《石陂枪声》荣获全国革命老区文化建设优秀作品奖，大型原创情景音画《梦笔生花的地方》正式首演，制订福建省地方标准《非遗青白瓷（大口窑）制作技艺规则》，浦城青白瓷开发生产基地（一期）项目建成投产，优秀传统文化创造性转化和创新性发展取得新成效。

平安浦城建设全面升级。坚持安全发展理念，全力补短板、堵漏洞、强弱项，有效防范化解各类风险挑战。安全底线守住守好。严格落实安全生产责任制，做实做细“一库三单”信息化管理机制，扎实开展燃气安全、非煤矿山、危险化学品生产等重点领域专项整治，全年生产安全事故起数和死亡人数分别下降83.33%和85.71%，未发生较大及以上生产安全事故。风险防范有力有效。严格抓好道路交通、特种设备、工业产品质量等重点领域安全监管，有效防范化解房地产、金融等领域风险。全面落实食品安全“两个责任”工作机制，强化食品全链条监管；加强药品监管能力建设，保障群众用药安全。开展各类安全生产培训20场1145人次、应急演练256场，对全县9354户低收入群体居住环境进行消防安全整治，防灾减灾救灾能力不断提升。社会治理抓实抓细。推进“八五”普法工作，常态化开展扫黑除恶斗争，持续抓好禁毒工作，从严打击养老诈骗、电信网络诈骗。建立“网格+诉源治理”协同机制，推广落实“吃茶话事”机制，调处各类矛盾纠纷5355件，调处率100%。信访事项一次性化解率达98%，初件办理质效位列全省前列。同时，国防动员、退役军人、民族宗教、外事侨务、台港澳事务、老区库区、气象水文、防震减灾、档案方志等工作扎实开展，妇女儿童、老龄、残疾人等事业也取得新进展。

自身建设基石不断夯实。坚持以政治建设为统领，扎实开展学习贯彻习近平新时代中国特色社会主义思想主题教育，落实意识形态工作责任制，坚定不移做“两个确立”忠诚拥护者、“两个维护”示范引领者。坚持依法行政，出台法治浦城建设规划，严格落实“三重一大”重大行政决策程序和机制。落实办理县人大常委会对政府专项工作审议意见11件，100件人大代表建议全部按期高质量办结，办结率位居全市前列；85件政协委员提案全部如期完成，办复率100%。坚持改进作风，持续深化机关效能建设，带头“过紧日子”，传承弘扬“四下基层”优良传统，落实“三化五定”闭环管理机制，“说了算、定了干、马上办”的良好风尚在南浦大地蔚然成风。坚决贯彻全面从严治党要求，深入推进政府系统党风廉政建设和反腐败斗争，严格落实中央八项规定及其实施细则精神，不折不扣抓好省委巡视反馈问题整改落实。

城市功能品质持续改善。坚持让绿色成为城市发展的最亮底色，全力实施城市更新行动，不断提升城市能级活力。城市建设更具“品质”。实施城市品质提升项目71个、城市更新项目80个，完成投资88.58亿元。马莲河东西路、丹桂河北路等市政道路建成通车。新开工梦笔一区、新源花园等5个老旧小区改造项目、惠及居民2365户。南浦片区和方井片区一期安置房976套基本建成，二期安置房1630套开工建设。人居环境更显“气质”。持续加大城市环境综合整治力度，整治拆除“两违”建筑面积1万余平方米，有序推进唐兴大道城区段整治提升工程。大力推进国家园林县城、国家森林城市和省级文明城市创建，新建和改造提升公园绿地135亩，补植改植苗木3.1万棵，城市“颜值气质”实现全面提升。生态环境更加“优质”。大力开展城市扬尘污染治理“点题整治”，空气质量优良天数比率达100%。推进“一河一策”流域水环境综合治理，新建改造污水等各类管网29.3公里，实现主要流域全域Ⅱ类水质目标。有序推进闽西北山地丘陵生物多样性保护项目，植树造林1.83万亩，森林抚育7.13万亩，森林覆盖率达76.93%。

2024年浦城县工作的总体要求是：坚持以习近平新时代中国特色社会主义思想为指导，全面贯彻落实党的二十大、二十届二中全会精神，按照中央、省委经济工作会议部署要求，坚持稳中求进工作总基调，完整、准确、全面贯彻新发展理念，积极服务和融入新发展格局，统筹新型城镇化和乡村全面振兴，统筹高质量发展和高水平安全，深化用好“五增”载体，奋力推动“产城景文”融合发展现代化示范区建设。经济社会发展的主要预期目标：全县地区生产总值增长5.5%，规模以上工业增加值增长4.0%，固定资产投资增长6.0%，社会消费品零售总额增长6.0%，一般公共财政预算收入增长6.0%，地方级一般公共财政预算收入增长6.0%，城镇居民、农村居民人均可支配收入分别增长5.0%、6.5%，完成上级下达的各项约束性指标。

（摘编：林学军）

光泽县社会发展概况

2023年，光泽县全面贯彻党的二十大精神，坚决贯彻落实习近平总书记重要讲话重要指示批示精神，认真落实省委“三争”行动部署和市委“五增”目标要求，经济社会发展质效稳步提高。初步统计，2023年全县生产总值133.5亿元，增长5.5%；固定资产投资38.86亿元，增长6%；社会消费品零售总额27亿元，增长6.5%；公共财政预算总收入7.8亿元，增长14.5%；地方级公共财政预算收入5.67亿元，增长11.9%；城镇居民人均可支配收入39860元，增长5.5%；农村居民人均可支配收入19960元，增长7.5%。

社会发展主要做了以下工作。

惠民工程办好做实。投入资金2.58亿元，30件为民办实事项目全部落实到位；全县民生支出占一般公共预算支出83.71%。加力提效稳定就业，城镇新增就业人数占全年任务的103.2%；打造特色劳务品牌，成立县工匠服务中心，完善评价体系，认证工匠1501人；县级零工市场投入运营，设立零工服务站19个，成功派单3870人次。方便群众多元化出行，全力促成鹰厦铁路恢复通车。

保障体系扎实紧密。强化社会救助兜底，困难群众帮扶试点工作在全市推广，社会救助和保障标准与物价上涨挂钩联动机制有效落实，城乡居民基础养老金最低标准增长7%，城乡低保年标准提至9084元，完成残疾人家庭无障碍改造试点492户。调整城区困难群众住房标准，扩大住房保障范围，配租518套。同步优化养老服务，开工建设光泽县养老服务中心，升级改造农村公寓3所。

民生服务优质共享。一中圣农新城附属学校教学综合楼投入使用，顺利完成福建师大公费师范生定向委培第三批招生指标10名，中考总平均分3年蝉联全市第一。与省协和医院、人民医院共建名医工作室2个，“四大中心”基本建成，乡村卫生服务一体化管理入选省级农村公共服务典型案例。何家潭遗址列入“考古中国”主动性发掘项目，县图书馆获评全国“二级图书馆”。

安全底线持续筑牢。深入开展重大事故隐患专项排查整治2023行动，建立“一库三单”信息化管理机制，市安委会巡检反馈问题整改率98.4%，3689户低收入群体居住场所消防安全改造全面完成。守好燃气、食品药品“安全关”，餐饮行业燃气报警器安装率100%，食品生产经营企业实现干部包保全覆盖。成功应对多轮区域性强降雨天气，森林防灭火实现“零火灾”，生产安全事故起数维持低位、死亡人数下降50%。

平安建设持续夯实。全市首个县级社会心理服务中心揭牌成立，县综治中心、网格化服务管理中心、“一站式”多元解纷平台投入使用。积极打造“杉城义警”品牌，深入开展常态化扫黑除恶斗争，扫黑除恶好评率位居全省前列。加强监测预警，稳妥化解金融、房地产等重点领域风险隐患。“有访找一人”信访代理工作法入选全省新时代“枫桥式工作法”先进典型，获评“全国信访工作示范县”。

重点改革多点突破。联动改革不断深化，推广“秒批秒办”“一件事”集成套餐服务等事项302项，“远程帮办”服务点实现乡镇全覆盖。国企改革三年行动顺利完成，资产总额较改革前增长13.78%，营业收入比增30%。科特派制度持续巩固，选任科技特派员131名、组建服务团队和示范基地22个。一体化大融合行政执法平台建设稳步推进，国防动员体制改革基本完成，DRG 医保支付方式改革提前实现全覆盖。

创新潜能加速释放。探索撂荒地整治新模式，全力解决撂荒地复耕复种难题，累计完成撂荒地复垦 8558 亩，机制做法获《半月谈》《福建改革情况》推介。深入践行以工代赈政策理念，创新农村小型建设项目“村工程乡代建”模式，获得国家发改委发文向全国推广。联合省农科院首创“科技村落”，破解白羽肉鸡、优质稻、中药材等 7 个产业链关键技术难题，获评全国首批、全省唯一“农业科技现代化先行县”。

合作共建不断加强。挂钩帮扶精准有力，争取中央、省级资金 6539 万元，实施水利设施、乡村建设等项目 21 个。山海协作走深走实，惠安县帮扶资金 1400 万元，支持我县基础设施、养老服务等领域建设。对外宣传与合作逐步扩大，第五届武夷生态食品博览会胜利举行，在福州成功举办光泽文旅推介会暨首届美食烹饪大赛，省考古研究院光泽基地完成挂牌。

各项事业持续发展。国家安全、民族宗教、外事侨台、档案方志、工商联、计生协、贸促会等工作扎实推进，妇女、儿童、老龄等事业取得新进步；第三次全国土壤普查、第五次全国经济普查取得阶段性成果；审计常态化“经济体检”作用有效发挥；创新“四化联动”典型经验入选退役军人事务部示范工作法汇编。人大代表建议、政协委员提案办结率均保持 100%。一般性支出和“三公”经费分别压减 3%、5%。

城市魅力逐步彰显。打造二一七路活力街区，接续改造老旧小区、历史文化街区 28 个、背街小巷 11 条，入选省级县城更新样板工程，获评省级老旧小区改造工作绩效优异县。开展全域城市体检，乌君洲公园、凤凰山山地公园、市民文化活动中心等一批城市品质提升项目加快建设。高标准建设圣农工旅小镇，圣农展示馆主体落成，圣农总部、五德主题广场等景观效果逐步呈现。

和美乡村纵深推进。深入学习“千万工程”经验，乡村振兴获得感指数全省排名第一，创建“一点一线”精品路线和示范村、实绩突出村 14 个。稳定粮食播种面积 15.16 万亩、总产量 6.34 万吨，粮油和应急物资储备中心投入使用，仓储条件达到全省先进水平。汇聚厦大、哈工大等 26 家知名高校和团队力量，打造出一批美丽庭院。探索共富新路径，拓展联村经济，创新“村企共建、跨村联建”发展模式，全县所有村集体自主经营性经济收入达 20 万元。

基础设施优化升级。贯通洪济路、东方路、杭西路等道路 5 条，扩建农村公路 49 公里，改造污水、燃气等各类管网 37 公里，新增公共停车泊位 663 个。实施电网改造项目 16 个，城市家庭千兆光纤网络覆盖率 100%。全面推进城乡供水一体化，城区实现双水厂供水，城乡规模化集中供水普及率稳定在 90%以上。新建高标准农田 4000 亩，新增耕地 1728 亩。整治危旧房、违建房、裸房 145 栋，86 个行政村湿垃圾基本实现无害化处理。

生态建设成效明显。圣农集团跃居中国企业品牌农业榜单第一、获评国家首批现代农业全产业链标准化示范基地，水产业蓄势扩张，武夷山水公司年产值增长 20%，“玉女峰”矿泉水（一期）正式投产。蜂产业加速培育，率先打造“探蜜空间”，年产量占全市比重约 30%。茶产业加快成长，“干坑 1662”红茶区域公用品牌影响力不断增强，全产业链产值增长 9%。环带建设成效明显。积极打造环武夷山国家公园保护发展带光泽风景道，武夷山国家公园西大门、玲珑水文化平台等示范项目建成投用，环闽江源最美骑行车环道示范段基本形成，有效推进 3 条特色风景道和 1 个文旅综合服务片“串珠成链”。“一环四通道”加快构建，山头村至江西冷水镇、国道 G322 线“白改黑”等出省通道项目有序推进，花山界省界服务区、“闽赣司机之家”建成投用。绿色本底愈发厚实。深化污染防治攻坚，和顺园区污水处理厂投入运行，工业园区大气环境综合整治提升项目开工建设，空气优良天数比例保持稳定，地表水水环境质量状况排名全省前列，绿水维护补偿机制、农村生活污水提升治理模式在全市推广。加大生态保护修复，完成松材线虫病防治采伐任务，实施“森林生态银行·四个一”合作示范、国土绿化等 4.1 万亩，华桥乡获评省级森林乡镇。

（摘编：胡义顺）

松溪县社会发展概况

2023年，松溪县坚持以习近平新时代中国特色社会主义思想为指导，深入学习贯彻党的二十大和二十届二中全会精神，落实省委“三争”和市委“五增”部署，扎实推进绿色高质量发展。初步统计，全县地区生产总值92.90亿元、增长6.5%。一般公共预算总收入4.95亿元、增长21.9%，地方一般公共预算收入3.43亿元、增长14.3%；固定资产投资增长6.5%；社会消费品零售总额39.50亿元、增长7.1%；城镇居民人均可支配收入37907元、增长5.1%，农村居民人均可支配收入18189元、增长8.0%。一年来社会发展主要做了以下工作。

发展民生和社会事业。稳步提高群众生活品质，全年民生支出15.31亿元，占财政支出的83.2%以上，57项为民办实事项目序时推进。教育事业取得突破。3名学子被北大录取，实现松溪一中办校95年来历史性突破，创造连续三年均有学子考入清华北大的新纪录。湛卢学校实小分校、湛卢幼儿园主体完工，中职校大布分校全面竣工。深化“县管校聘”，建立退休教师返聘机制，新招录教师69名。医疗水平持续提升。促进“三医联动”协同发展，正式启用医保DRG付费，医改指标逐年提升。创新应用“智医助理”赋能“4+N”健康医疗服务，建立健康网格团队84个，重点人群家庭医生签约率96%。深化省立医院对口帮扶，初步建成“胸痛、卒中、呼吸、创伤”四大中心，新增2个名医工作室，省立医院专家定期下沉坐诊。实施总医院及分院改扩建项目，建成远程诊疗中心。常态化开展新冠肺炎等重点传染病监测预警。社会保障更加健全。累计为城乡低保对象、特困人员、残疾人等困难群众发放保障资金3163.6万元，城乡居民基础养老金最低标准提高至150元。打造“幸福里”农村养老社区试点，建成7个农村区域性养老服务中心，引进伍心养老运营生态养老康复中心，入选全省首批示范性居家社区养老服务试点县。文体事业繁荣发展。与专家团队合作研究阐释湛卢剑文化，其内涵逐步明晰，获评“中国宝剑之乡”，松溪版画再次作为外事礼物赠送印度尼西亚等国家。获评省“乒乓球特色县”，举办省自行车联赛、大学生健身气功锦标赛、湛卢传统武术邀请赛等赛事，松溪籍运动员在亚残运会上摘得1银1铜。

守牢安全稳定底线。严守耕地保护红线和粮食安全底线，复耕撂荒地4720亩，整改“耕地流出”920亩，新建高标准农田1.55万亩，重要农产品稳定安全供给。开展“安全体检”专项排查整治重大事故隐患，落实“一库三单”信息化管理，保持安全生产“零死亡”。加快补齐防灾减灾救灾短板，启动应急物资储备仓库建设，实现乡镇（街道）专职消防站全覆盖。创新“乡警回归”“交巡融合”等机制，纵深推进扫黑除恶，严厉打击电诈等违法犯罪，平安建设考评连续7年全市优秀。创新推行“1+2+5”信访事项办理机制，“治重化积”信访事项化解率全市第1，“全国信访工作示范县”通过省级评审。严格食品、药品安全监管，防范化解金融领域风险，社会保持和谐稳定。

不断加强政府自身建设。深入开展主题教育，大兴调查研究之风，梳理129项重点整治项目，并全部落实整改；“吃茶话事”创新做法被全市推广，建成吃茶话事点171个，累计解决民生问题568件。落实重大行政决策法制审核，完成“八五”普法中期评估。把人大代表93件议案建议和政协委员68件提案办理作为接受监督的政治任务、履职尽责的重点工作，认真办理答复，满意和基本满意率均为100%。推进政府党风廉政建设和反腐败工作，严格落实意识形态工作责任制，持续整治“吃喝风”顽疾、“躺平式”干部、“宽松软”执法、“老好人”思想等问题。

构建宜居宜业新城。强化“城市体检”成果运用，实施105个城市品质提升项目。完成东关桥至红旗桥段古城墙修复，总长3.64公里的松溪干流休闲步道和樟树林公园、河东公园改造春节前可完工，届时可实现松溪大桥到长巷大桥沿河步道全线闭合。完成人民公园、来龙山公园、来龙山至一品龙宸休闲步道提升。创建省级文明县城，强化“两违”管控，持续纠治店面外溢、车辆乱停、垃圾乱堆放，基本实现路面“五无二净”。突出补短板，完成下畲路、水南路提升，河东路、林屯大桥改造春节前可完工。闽江防洪南平段四期（松溪）、餐厨垃圾处理等重大项目完成，茶洲水库至文秀湖、花岩溪水系连通工程全线贯通，为城区百姓提供更优质的水源。新改建供水管网10公里、雨污管网27公里。实施工农路立面改造等7个老旧小区改造项目，启动湛卢书苑建设，武装部至财富天下棚改一期封顶、二期开工。率先在全市规范化运行零工市场，城镇新增就业608人。

推动乡村全面振兴。践行重要嘱托，推进巨口村森林公园等探源点项目建设，打造河东乡“一片好田示范区”，建成长巷“十里探源路”、吴山头“探源展示馆”，成为全市唯一入选省级庭院经济的试点县。打造全市首个县级科技特派员服务中心，选认各级科技特派员196名。擦亮“土特产”名片，完成《松溪茶志》编纂刊发，发布《九龙大白茶白皮书》，成功举办第四届茶商大会，九龙大白茶入选“福建省农业主导品种目录”，品牌建设荣获“全国茶品牌成长优秀案例”，获评“九龙大白茶原产地”“茶叶出口基地县”。合资成立福建蔗道生物科技公司推进百年蔗市场化运营，发布《松溪百年蔗活性成分与保健功能白皮书》，百年蔗标准化糖厂、雍百年酒业建成投产，新研发的功能性食品规模化量产。获评“省级优质农产品生产基地”。马坪村、溪畔村被认定为省级“一村一品”专业村。建设和美乡村，聚焦“三沿三色”重点区域，高标准推进2个“一点一带”示范建设，58个重点村庄规划应编尽编。启动周墩水库建设，铺设城乡供水一体化管网80公里；新改建污水配套管网15公里，实现乡镇污水处理设施全覆盖；整治裸房90栋；夙屯大桥等“6·18”灾毁路桥基本修复，渭源线、祖山线通车，新改建“四好农村路”29公里；新增中高级绿盈乡村6个。梅口村获评“中国美丽休闲乡村”。培植文明乡风，完善讲习班“1+X”宣讲模式，松溪讲习班被评为中宣部“基层理论宣讲先进集体”和福建省“基层特色宣讲团”。推广“12345”移风易俗工作法纳入村规民约，打造2个新时代文明实践所和11个示范站点。

推动生态文明建设。牢固树立和践行“两山”理念，成功获评全国“两山”实践创新基地。在守护绿水青山上，落实河湖长“巡河交水制”、林长“巡山护林交树制”，主要流域省控断面Ⅰ～Ⅱ类水质比例100%，空气质量优良天数比例连续5年保持100%、位居全省前列。渭田镇获评“美丽中国·深呼吸乡镇”。在厚植生态本底上，实施环白马山省级自然保护区修复、林业碳汇等重大项目，完成植树造林8547亩、森林抚育3.18万亩、封山育林1.4万亩、林相规模化花化彩化917亩，均超额完成任务。获省生态补偿资金2644万元。吴山头村、钱园桥村获批省森林村庄。在推动绿色转型上，落实“双碳”战略，实施节能技改项目6个，全年单位GDP能耗下降2.2%。加快发展文化旅游等绿色产业，引进厦门港务集团、建发国旅、武夷旅游集团合作运营梅口埠景区，完成新梅线旅游公路改造提升，打造民宿、特色餐饮、剧本杀等新业态。成功举办第七届“千年松溪·百年蔗”科技文化旅游节，入选全省首批文旅特派员试点县，获评“中国最佳绿色生态旅游名县”。全年旅游总人数和总收入增幅预计均可超45%。

（摘编：张捷）

政和县社会发展概况

2023年，政和县坚持以习近平新时代中国特色社会主义思想为指导，学习贯彻党的二十大精神，坚决贯彻落实习近平总书记重要讲话和重要指示批示精神，扎实开展第二批主题教育，聚焦省委“三争”行动、围绕市委“五增”目标，传承弘扬廖俊波同志先进事迹，统筹发展与安全，全方位推进绿色高质量发展。“三争”行动、“三大攻坚”行动考评连续三个季度排名分别位居全市前三、前五。初步统计，2023年全县地区生产总值119.8亿元，增长6.3%；一般公共预算总收入7亿元，增长11.1%；地方一般公共预算收入4.7亿元，增长8%；社会消费品零售总额增长9.5%；城镇、农村居民人均可支配收入分别增长6%、8%。社会发展一些重要领域、重点工作取得突破。

“政和白茶”、“政和工夫”区域公共品牌价值分别达60.58亿元、41.88亿元，连续三年进入全国百强榜单；省竹标委落户政和，成为全省首个竹产业标准化组织，为竹产业发展提供强有力的标准支撑。

县级财政管理绩效综合评价排名全国第88名、全省第三名，连续四年获财政部正向奖励，是全省唯一连续四年进入全国排名前200名的县。

高考本科上线率实现“四连增”，中考、初考成绩位居全市前列；全民健康“一网统管”经验做法在《中国人口报》《福建日报》刊发，慢性病管理“三处方”做法在全市推广。

杨源乡大溪村发掘“奇异福建龙”、“政和动物群”古生物化石，是已知侏罗纪最晚期、地理位置最南的鸟翼类恐龙，也是福建省内首次发现恐龙化石，政和成为目前全球在整个侏罗纪发现鸟翼类恐龙化石三个保存地之一。

一年来，社会发展主要做了以下工作：

民生保障织密兜牢。36项市县为民办实事项目全面完成。民生领域支出19.96亿元，占一般公共预算支出86%。稳岗稳工政策全面落实，建成规范化“零工市场”、县城人才驿站示范站，城镇新增就业2011人，完成率居全市第一。实施全民参保攻坚行动，城乡居民基本养老、基本医疗保险参保率分别达99.9%、97.3%，发放社会救助资金4600万元，惠及9900人。殡葬服务中心一期投入使用，生态休闲养老中心二期项目完成验收，建设省级示范性长者食堂4个，提升改造农村幸福院8所。

公共事业协调并进。中职校产教融合一期项目竣工，第六实幼、同心小学投入使用，复办政和一中初中部，学前教育普惠率达100%。政和一中入选全国健康学校建设单位，第一实幼通过省级示范性幼儿园评估。“健康政和”建设扎实推进，县总医院实施第四轮托管，建立三甲医院名医工作室11个，总医院应急救治能力提升项目开工建设。启动第五次全国经济普查、第三次全国土壤普查。新增白茶宴等6个市级非遗项目，云根书院提升改造、朱子孝道园、闽台青年融合数字文化IP馆等项目基本完成，全民健身活动中心、廖俊波体育中心、智慧体育公园等项目序时推进，岭腰乡锦屏村入选全省新时代特色文艺示范基地。政和县3名运动员在省第九届残运会上取得6金1银3铜佳绩。

社会治理彰显实效。深入实施“八五”普法规划，推行“廊桥说事”、“吃茶话事”等做法，开展“坐坐群众的小板凳”活动，初次信访办结率98%，澄源乡新康村被评为全国乡村治理示范村。打击违法犯罪能力逐步提升，扫黑除恶、禁毒工作取得新成效，“小案快侦”率居全市第二，滞留境外涉诈重点人员劝返率居全市第一。全省一体化大融合执法平台建设有序推进，省国安教育政和基地挂牌成立。落实“一库三单”信息化管理，安全生产、道路交通、消防安全、文物保护、食品药品安全等专项整治取得实效。全年办理各级人大议案建议68件、政协提案54件，办复率100%。审计监督力度持续加大，政务公开制度不断完善，廉政建设和反腐败工作扎实推进。同时，国防动员、后备力量建设、双拥共建、民族宗教、外事侨务、气象、人防、对台、老龄和关心下一代等工作取得了新成效，工会、团委、妇联、科协、文联、侨联、工商联、贸促会、计生协、老促会、红十字会等在经济社会发展中展现了新作为。

营商环境持续优化。“放管服”改革不断深化，创新远程帮办服务，“一件事”套餐落实率达95%，“一趟不用跑”、“最多跑一趟”事项达99.9%。全年新登记市场主体3800户，增长5.8%。建立“企呼我应”企业服务机制，深化“企业服务日”，创新开展百名法特派服务百家企业活动，兑现惠企资金3679万元，帮助企业争取增产增效贷款1.12亿元，落实减税降费1.06亿元。深入实施“并联审批”机制，实现“交地即交证”、“拿地即开工”项目11个。推出“免申即享”政策清单37项，线上兑付1154万元，推动惠企资金“免申报、零跑腿、快兑现”。

创新引领步伐加快。开展“一县一试点”专项改革，实施“一乡一试点”、“一部门一特色”改革项目62个，入选首批省级农村改革试验区。探索国企改革新路径，全省首家县属国企和央企中石化合作经营的加油站正式运营。建成“森林生态银行·四个一”示范点9个，完成竹林“一元碳汇”开发试点建设，签发碳汇量5.1万吨，创新推出“绿色转型贷”、“竹塑贷”等金融产品，发放贷款2.9亿元。建立市级以上科特派服务团队38个，白茶城科特派工作站入选全国骨干科特派培训基地现场教学点。

城市品质更精。以创建省级文明城市为抓手，全面开展“城市体检”，完成城市更新专项规划编制，实施城市建设品质提升项目81个，总投资72.7亿元。老城更新提质，智慧城市运营中心、党群连心家园、塔山福道投入使用，人武部新营区基本建成，凤嘴、北门、南门下巷老旧小区完成改造，城东冷链仓储交易中心完成主体工程，奥体佳苑开工建设。城镇河道综合治理14.7公里，新建“口袋公园”、“小微绿地”21个，铺设市政管网54.6公里，城市立面改造23万平方米，规模化花化彩化4.9万平方米。新城建设提速，成立政和新城建设指挥部，实施新城综合交通枢纽等项目26个、总投资56.5亿元，同心创业小区、保障性安居工程4号楼等项目投入使用，竹博馆、新城大桥等项目加快推进。

和美乡村更靓。实施“三带示范、百村推进”行动，顺利承办全市第三季度乡村振兴暨和美乡村建设现场推进会，开展县域乡村振兴规划编制，完成村庄规划编制50个，新建改造农村公路35公里、乡镇污水管网37.7公里、供水管网89.9公里，乡村基础设施逐步完善。“五个美丽”建设持续推进，表彰“最美乡村”等6个系列50个典型。评选第二届“新政和人”10名，开展“最美新乡贤”、“最美新农人”评选活动，“两支队伍”联农带农机制入选第四届全球减贫案例征集活动最佳案例，全省仅2个地方案例入选。乡村振兴热度指数评价综合排名居全省前十，获全国首批“乡村振兴传播基地”称号。

生态环境更优。深入开展“生态体检”，统筹推进山水林田湖草沙一体化生态保护修复，启动宝岭水库饮用水水源地保护，念山国家湿地公园通过国家林草局验收，植树造林8700亩，森林覆盖率达79.6%。全力打好蓝天、碧水、净土三大保卫战，严格落实河长“巡河交水制”、林长“巡山护林交树制”，县污水处理厂三期、第二污水处理厂完成提升改造，空气优良天数达标率100%，连续七届蝉联“全国百佳深呼吸小城”，3个乡镇入选“美丽中国深呼吸乡镇”。

（摘编：李子涵）

龙岩市社会发展综述

2023年是全面贯彻党的二十大精神的开局之年，是三年新冠疫情防控转段后经济恢复发展的一年。一年来，龙岩市深入学习贯彻习近平新时代中国特色社会主义思想和党的二十大精神，紧紧抓住中央支持革命老区振兴发展的重大机遇，在省委、省政府和市委的正确领导下，深学争优、敢为争先、实干争效，大抓招商、大抓产业、大抓项目，全力以赴拼经济、促发展。全年实现地区生产总值3330亿元，增长3.5%左右；一般公共预算总收入362.5亿元、增长1.7%，地方一般公共预算收入172.7亿元、增长4.4%；城镇、农村居民人均可支配收入分别增长4%、7%。

过去一年，挑战前所未有，龙岩市始终坚定信心、保持定力，盯着目标干、迎着困难上，尽最大努力争取最好结果。闽西革命老区高质量发展示范区建设迈出坚实步伐，全年向上争取政策资金224.8亿元，龙岩新机场获国务院、中央军委批复同意，龙龙高铁龙岩至武平段建成通车、武平至梅州段启动建设，龙岩市在全国革命老区振兴发展现场会上作典型发言。广龙对口合作取得丰硕成果，构建起“四梁八柱”合作体系，广州4家世界500强企业项目落地龙岩，对口合作经验做法在全国推广。生态环境综合整治成效明显，主要流域优质水比例65.8%、多年来首次超过全省平均水平。中心城市拓展新的发展空间，“两监”片区土地盘活利用得到省里支持，南部新城、北部新城开发建设有序推进。

一年来。社会发展主要工作体现在以下方面。

坚持共建共享，民生福祉不断增进。成功创建全国市域社会治理现代化试点合格城市。30项为民办实事项目全面完成。实施“总校制”办学改革、义务教育小片区管理，扩大优质教育供给，义务教育主要学科质量监测成绩居全省前列。持续实施“医疗创双高”工程，国家级临床重点专科实现“零的突破”，省级区域医疗中心——市第一医院东部综合院区开工建设。深化“大爱龙岩”活动，加大特殊困难群体兜底保障，发放低保金3.3亿元、特困供养金1.6亿元、残疾人“两项补贴”8641万元。做好“一老一小”服务保障，乡镇（街道）长者食堂实现全覆盖，新增普惠性托位1000个。完善12345热线接诉即办、热点诉求“一周一调度”机制，推动解决了中心城区新建道路管养、易涝积水点整治等一批多年未能破解的难题。打造“红土枫桥”品牌，基层治理“1334才溪工作法”在全国推广，连城入选全国信访工作法治化试点县。重拳打击电信网络诈骗、涉麻制毒等突出违法犯罪，工作经验在全国推广。健全安全生产预警和约谈制度，发挥专业力量精准抓好隐患排查整治，安全生产形势保持平稳。疫情防控实现平稳转段。有效应对多轮极端强降雨天气。稳妥有序做好保交楼工作。信贷资产质量保持全省前列。成功举办纪念毛泽东才溪乡调查90周年活动。龙岩市体育健儿参加亚运会取得历史最好成绩。退役军人、国防动员、外事侨务、民族宗教、工会、青少年、妇女儿童、慈善、关心下一代等各项事业取得新进步。

坚持“四下基层”，建设法治政府。深入开展学习贯彻习近平新时代中国特色社会主义思想主题教育，努力在以学铸魂、以学增智、以学正风、以学促干上下功夫，深刻领悟“两个确立”的决定性意义，增强践行“两个维护”的思想自觉和行动自觉。深入践行“四下基层”制度，大兴调查研究之风，深化“四门四访”活动，推动一个个“问题清单”变为“成果清单”，交通拥堵节点整治、老旧小区改造、科技治超等一批暖民心、顺民意的好事实事办到群众心坎上。深入推进法治政府建设，坚持重大事项向市委请示报告，自觉接受人大及其常委会法律监督、工作监督和政协民主监督，办理人大代表建议228件、政协委员提案339件，满意和基本满意率100%。深入推进党风廉政建设和反腐败斗争，严格落实中央八项规定及其实施细则精神，加强重点领域、关键环节廉政风险防控，持续巩固风清气正的政治生态。

坚持改革开放，发展活力不断释放。推动建立中央国家机关、央企对口支援龙岩联席会议机制，新罗能源互联网产业园、长汀中建绿色建材产业园等项目加快实施，对口支援工作走深走实。闽粤两省联合印发广龙合作方案，省里出台17条支持措施，广州与龙岩市签订对口合作协议、建立党政联席会议机制，设立对口合作专项资金。广龙合作产业园正式揭牌。广州31所重点学校与龙岩市36所学校、11家著名医院与龙岩市12家医院结对共建，400多位医疗专家分批“组团”奔赴老区义诊。深化新时代厦龙山海协作，新签约闽西南协同发展区项目267个、总投资478亿元。积极探索海峡两岸融合发展新路，全国首创向台农发放林下经济不动产权证，成功举办第一届海峡两岸农业交流大会，漳平台湾农民创业园连续七年在国家考评中排名第一。深化“一窗受理、集成服务”改革，“无差别综合窗口”实现市县全覆盖。推行工业用地“标准地+承诺制”改革。入选全国公共就业创业服务示范城市创建名单。人社惠老服务超市、劳动保障维权服务超市入选全国典型。中小企业发展环境评估排名全省第二。龙岩市在全国优化营商环境现场会上作典型发言。上杭入选中央财政支持普惠金融发展示范区。武平入选国家农村综合性改革试点。

坚持协调发展，城乡品质不断提升。实施交通通达工程，全市新改建城市道路56公里、农村公路395公里，新增城市公共停车位1340个。中心城区绕城高速实行差异化收费政策，有效解决大货车“穿城而过”带来的交通安全隐患问题。实施安全韧性工程，全市新改建雨污水管网187公里、供水管网68公里，获评海绵城市中央财政资金绩效评价A档。中心城区南翼污水处理厂扩建工程顺利通水，铁山污水处理厂扩建及提标改造工程春节前后可建成投用。龙岩植物园、龙州湿地成为市民打卡休闲新去处。创新推行“156”乡村建设工作机制，乡村振兴“一县一片区”建设经验在全国推广。严格落实耕地保护和粮食安全责任，出台稳定粮油生产九条措施。永定入选全国文化产业赋能乡村振兴试点。武平获评国家农产品质量安全县、“四好农村路”全国示范县。长汀获评全国农作物病虫害专业化“统防统治百强县”。漳平入选国家农村产业融合发展示范园、农业现代化示范区创建名单。

坚持生态优先，绿色优势不断彰显。以坚决态度、务实举措配合做好中央生态环保督察工作，着力解决群众身边的突出环境问题。打造“山水龙岩”品牌，深入推进河湖长制、林长制工作，系统实施中心城区幸福河湖建设等山水林田湖草沙一体化保护和修复工程。全国首单水土保持项目碳汇成功交易，水土保持工作机制在全国推广。取消人工商品林主伐年龄限制等创新举措写入国家深化林改方案，林业碳汇损失计量及赔偿机制写入全国“两会”最高法院工作报告。林业金融区块链融资服务平台入选全国典型。林业碳汇指数保险获中国碳达峰碳中和典型案例一等奖。上杭获评全国水土保持示范县。长汀、武平获评全国自然资源节约集约示范县。武平入选全国县级水网先导区。

2024年，龙岩市经济社会发展主要预期目标是：全市地区生产总值增长5.5%左右；固定资产投资增长5%；社会消费品零售总额增长5%；出口增长3%，实际利用外资增长5%；地方一般公共预算收入增长5%；城镇、农村居民人均可支配收入均增长6%；城镇新增就业1.4万人以上。力争在实际工作中取得更好成绩。

2024年龙岩市社会发展的重点工作是：奋力在推进老区共同富裕上作示范，书写美好生活新答卷。始终牢记“为民造福是最大政绩”，把心贴近人民，持续抓好办成一批群众可感可及的实事，努力在创造高品质生活上实现更大突破，加快打造闽西革命老区共同富裕示范市。

关注“小切口”服务“大民生”。坚持民有所呼、我有所应，探索更多接地气的民生事项“微改革”，突出抓好群众身边十件“暖心事”，让民生更有温度、幸福更有质感。推广职工子女暑假托管服务，更好解决家长后顾之忧。推进数字化预防接种门诊建设，实现儿童接种掌上预约办、省时又舒心。积极发展老年助餐、日间照料、康复理疗等服务，为老年人幸福生活“加码”。完善人行过街设施，增设请求式过街信号灯、智慧斑马线等，让市民出行更安全更便捷。加强中心城区停车设施规范管理，着力解决停车难、收费乱问题。推动城市养犬管理立法，规范养犬、文明养犬。推行公共文化场馆错时、延时免费开放，打造一批新型公共文化空间。提升12345热线群众诉求办理质效，从解决“一件事”向办好“一类事”延伸，让更多民生愿景变成幸福实景。

扎实推进教育强市建设。深化国家基础教育综合改革实验区建设，加快构建高质量教育体系，更好满足人民群众“上好学”需求。深入实施名师名校长工程，加强青年教师梯队培养，争创全国师德师风建设基地。深化“总校制”等办学模式，促进优质教育资源均衡布局，力争23所学校通过省义务教育管理标准化验收。巩固提升“双减”成效，推动课后服务提质增效，让教育回归本真。推进学前教育普惠优质发展，探索集团化办园等模式，确保普惠性幼儿园覆盖率保持94%以上。实施普通高中内涵建设行动，支持县级一中创建省级示范校。深化产教融合，有序推进闽西职业技术学院职业教育公共培训实训基地建设，支持龙岩技师学院建好国家级高技能人才培训基地。支持龙岩学院申办硕士学位授予单位。支持漳平创建国家义务教育优质均衡县、全国学校家庭社会协同育人实验区。

持续提升健康龙岩水平。坚持把保障人民健康放在优先位置，深入推进医药卫生体制改革，持续深化县域紧密型医共体建设，促进优质医疗资源扩容和区域均衡发展。深化DIP医保支付方式改革，建立普耗集采“龙岩平台”，开展无陪护病房建设，更好为群众看病就医减负。推进省级区域医疗中心等项目建设，支持市第二医院争创三级甲等综合医院。完善“岩籍名医回乡”等柔性引才机制，培养一批优秀学科带头人、临床重点专科团队。建立肿瘤专科联合体。推进“百院千村”工程，新增14家样板乡镇卫生院、252家样板村卫生所。支持医疗器械产业高质量发展。完善妇幼保健、心理健康、职业健康等服务体系。办好十大群众体育品牌赛事，让“运动之风”吹拂闽西大地。

创新市域社会治理。打响“大爱龙岩”品牌，建设更高质量的全国文明城市，拓展新时代文明实践中心建设，让文明成为习惯、融入生活。坚持和发展新时代“枫桥经验”，提升矛盾纠纷预防化解法治化水平，深化信访问题源头治理三年攻坚行动，切实把矛盾纠纷化解在基层、化解在萌芽状态。大力实施“预防警务”战略，纵深推进常态化扫黑除恶斗争，依法严厉打击涉麻制毒、电信网络诈骗、非法集资等违法犯罪活动。强化食品药品全链条闭环监管，守护人民群众“舌尖上的安全”。加大欠薪治理力度，维护农民工合法权益。打造双拥工作“一县一品牌”，确保全国双拥模范城“六连冠”。坚持依法、科学、为民，认真开展第五次全国经济普查。支持妇女儿童、国防动员、民族宗教、外事侨务、工会、慈善、关心下一代等各项事业加快发展。

防范化解重大风险。贯彻总体国家安全观，筑牢国家安全人民防线。持续抓好安全生产双重预防机制和标准化建设，严格执行“三张清单”制度，推动安全生产治理模式向事前预防转型，坚决遏制重特大事故发生。推进“平急两用”公共基础设施建设，实施自然灾害应急能力提升工程，提高重大突发事件处置能力。统筹好地方债务风险化解和稳定发展，优化财政支出结构，加强财政投融资项目管理，有效盘活存量资产，牢牢守住地方债务不发生系统性风险底线。完善硬约束的金融风险早期纠正机制，有效加强金融监管。促进房地产市场平稳健康发展。

（摘编：周华政）

新罗区社会发展概况

2023年，新罗区坚持以习近平新时代中国特色社会主义思想为指导，深入学习贯彻党的二十大精神，锚定争当闽西革命老区高质量发展示范区建设“排头兵”目标，聚焦“深学争优、敢为争先、实干争效”，深入开展争当排头兵“6+1”专项行动、领导干部“四个带头”活动，迎难而上、勇毅前行，较好完成了年初确定的各项目标任务。再次上榜全国综合实力、绿色发展、投资潜力、科技创新、新型城镇化质量等“五个百强区”。全年GDP增长3.5%。一般公共预算总收入35亿元，地方一般公共预算收入22.5亿元；城镇、农村居民人均可支配收入分别增长4.5%、8%。

全区社会发展呈现以下特点。

发展打开空间。面对更加激烈的区域竞争，新罗区解放思想、改革创新，“两区融合”纵深推进，实现机构、人员、工作任务深度融合，“1+1>2”聚合效应充分释放。北部新城八大专业园区成形成势，进驻企业超百家，市中医院北部新城分院、公交北翼综合场站等一批公共配套项目建成投用，“一区多园、产城融合”发展格局加速显现。

民生提质增效。面对财政收支的突出矛盾，新罗区以民为本、民生优先，向上争取资金20亿元，民生支出24.9亿元，占财政支出比重达81.4%，100件为民办实事项目圆满完成，群众获得感和幸福感不断提升。

一年来，社会发展主要做了以下方面的工作。

办实事、增福祉，幸福新罗更有温度。社会保障扩面提效。深化“大爱龙岩·福见新罗”行动，“龙岩清汤粉·重阳敬老人”美食嘉年华游园等活动广受好评。落实稳就业资金2000万元，城镇新增就业1.1万人、贡献量居全市第一。发放各类救助资金5800万元。落实三孩生育政策及配套支持措施。公共服务扩容提质。教育强区建设迈开新步伐，成功入选省级基础教育综合改革实验区。龙初东肖分校、东山三小等4所学校建成投用，新增学位6100个。全面落实“双减”政策，龙岩话、采茶灯进校园活动广泛开展。“健康新罗”取得新成效，慢病示范区通过省级验收，新增6个名医工作室，建成东城、东山等社区卫生服务中心。文体事业繁荣进步。建成全国首个文明实践“两院”院士基地。成功举办第九届世界龙岩同乡恳亲联谊大会。新罗区体育健儿在第十九届亚运会、第十七届市运会上取得优异成绩。

防风险、强治理，平安新罗更显成色。安全防线织牢织密。规范“安全生产四联单”管理使用，开展“19+1”重点行业领域、安全生产集中整治“开小灶”等专项整治。中心城区推广应用安全智慧监管平台。积极应对强降雨、台风、森林火灾等灾害风险。加强食品药品安全监管。风险防控有力有效。全力防范化解债务和金融风险。压实“保交楼”责任，化解问题楼盘2个。“五经普”阶段任务圆满完成。社会治理善作善成。禁毒重点整治成功“摘帽”。打击治理电信诈骗“正本清源”“净土清零”行动成效明显，全国县域排名退出前100名。“治重化积”动态清零。

转作风、抓落实，政府建设更见成效。把坚持党的全面领导贯穿政府工作全过程各领域，深入开展学习贯彻习近平新时代中国特色社会主义思想主题教育，坚持以上率下，强化闭环落实，弘扬“四下基层”优良作风，马上就办、真抓实干在政府系统蔚然成风。大力推进法治政府建设，坚持“三重一大”集体决策，自觉接受人大依法监督和政协民主监督，122件人大代表建议、229件政协委员提案高质量办结，满意率及基本满意率分别达97%、98%。严格行政规范性文件合法性审查。严格落实中央八项规定及其实施细则精神，统筹督查增效和基层减负。严格落实过紧日子要求，压减非急需、非刚性支出13%，确保有限财力用在惠企利民上。扎实做好省委巡视反馈问题整改，审计监督、统计监督进一步加强。同时，国防动员、人民防空、退役军人事务、军民融合、台港澳、外事侨务、工会、妇女儿童、青少年、老年人、残疾人、库区移民、宗教、社会福利、慈善等各项事业取得了新进步。

筑平台、创机遇，开放格局更加宽广。南北新城生机勃发。北部新城八大专业园区各具特色、竞相发展，新签约、新开工、新投产项目分别达74个、81个、63个，产业集聚能力初步显现。17个区直单位集中入驻、靠前服务。三创园竣工开园，继续教育基地、龙岩技师学院产业学院投入使用。南部新城全面完成龙岩新机场环线二期、红田路三期等4个项目征收，龙岩森林公园（植物园）对外开放。对口协作走深走实。对口支援渐入佳境，与国家电网7家产业单位开展战略合作，网能科技、仪芯电子等17个产业项目落户能源互联网产业园，总投资超68亿元。对口合作蹄疾步稳，与黄埔区签订合作协议，与广州建筑、越秀、交投建立结对关系，教育、医疗、干部人才交流、文旅康养等对口合作实现“多点开花”。山海协作快步跟进，与集美区常态开展互访活动，与厦门大学建立校地全面战略合作关系。改革活力持续激发。深化“一窗受理、集成服务”改革，实现653个政务服务事项“一窗通办”。国企改革有序推进，四大区属国企资产总额、营业收入分别增长9.1%和84.8%。调整区对镇（街）财政预算管理体制。完成新一批乡镇综合行政执法赋权事项承接。

精管理、提颜值，城乡面貌更富魅力。城市发展持续提升。接续推进全国文明城市创建，实施12个海绵城市项目，龙州湿地成为中心城市新名片。改造老旧小区28个，加装电梯超50部。横十线、大中线项目有序推进。东城松涛社区“完整社区”入选省级样板工程。乡村振兴全面增强。投资1.6亿元，江山片区乡村振兴“一县一片区”有序推进。新改建农村公路31公里，畅通群众“幸福路”。“五个美丽”建设扎实推进，18个村“两治一拆”高分通过市级验收。小池培斜入选“省级闽台乡建乡创样板村”。白沙电气化小镇入选全国“百县千项”清洁能源示范项目。乡村振兴反响度、获得感两项指数排名进入全省前十。生态治理力度加大。全面落实河湖长制，成建制下沉开展生态环境综合整治专项行动，适中污水处理厂建成投用，国省控断面优良水质比例达100%。深入探索“两山”转化路径，投资11亿元如期完成山水林田湖草沙一体化保护和修复工程，矿山生态修复380亩。林业碳汇指数保险获中国碳达峰碳中和典型案例一等奖。东肖东堀、龙门连坑获评“福建省森林村庄”。

2024年，是中华人民共和国成立75周年，是实施“十四五”规划的关键一年。新罗区工作的总体思路和目标是：坚持以习近平新时代中国特色社会主义思想为指导，全面贯彻党的二十大精神，坚持稳中求进、以进促稳、先立后破，完整、准确、全面贯彻新发展理念，围绕推动高质量发展首要任务和构建新发展格局战略任务，紧扣建设两岸融合发展示范区重要使命，以“三赛三竞”活动为主线，深入开展“五个专项行动”，进一步强化压力传导，持续提振干事创业精气神，着力推动质量变革、效率变革、动力变革，持续推动经济实现质的有效提升和量的合理增长，增进民生福祉，保持社会稳定，为建设闽西革命老区高质量发展示范区贡献新罗力量。全年经济社会发展主要预期目标是：地区生产总值增长6%；规模工业增加值增长6%；社会消费品零售总额增长8%；固定资产投资增长5%；实际利用外资增长8%，外贸出口总额增长6%；一般公共预算总收入增长6%、地方一般公共预算收入增长5%，城镇、农村居民人均可支配收入分别增长6%、8%；各项社会事业协调发展。

（摘编：苏建平）

永定区社会发展概况

2023年，永定区坚持以习近平新时代中国特色社会主义思想为指导，全面贯彻党的二十大和二十届二中全会精神，深学争优、敢为争先、实干争效，深化“1339”兵团式作战行动，全区经济态势稳的格局在巩固、进的动力在增强、好的势头在显现。全年完成地区生产总值增长3.7%；一般公共预算总收入15.76亿元、增长4.2%，地方一般公共预算收入11.25亿元、增长6.5%；社会消费品零售总额增长3%；城镇、农村居民人均可支配收入分别增长3.5%、8%。

生活品质显著提高。全年共投入25.7亿元发展民生事业，占一般公共预算支出的78%；10个区委区政府为民办实事项目全面完成，累计投资4.5亿元。稳岗就业提质扩面。举办“金秋网络招聘会”等线上招聘会5场、“百日千万招聘专项行动”“春风行动”“暖冬送岗”等线下活动8场，累计提供就业岗位近7000个，城镇登记失业率稳控在5%以内。社会保障日益健全。城乡居民基本养老保险参保人数达28万人，基本医疗保险参保人数突破33万人。发放城乡居民基本养老保险金1.9亿元，发放城乡低保补助、特困供养、临时救助等资金约9000万元，困难残疾人生活补贴标准提高6%，救助困难群众21万余人次。新增长者食堂22个，提升改造农村幸福院33个。教育质量稳步提升。城区中小学学校扩容等项目加快建设，永定一中人才生活区、教师进修学校暨附属实验学校（一期）等13个项目竣工投入使用，新增中小学学位1600个、幼儿园学位990个。高考再创佳绩，进入全省100名以内2人，录取北京大学、清华大学共4人、原“985”高校58人、“双一流”大学193人。永定一中110周年校庆系列活动圆满举行，成功创立永定一中校友总会和9个城市分会。城关中心小学被评为全国国防教育示范学校。永定区被评为省级基础教育综合改革试验区。医疗事业卫生全面发展。出台“人才新政策28条”措施及6份配套文件，引进高层次卫生人才北大医学博士1名。“三医联动”和公立医院综合改革纵深推进。区医院门诊综合大楼和医技楼项目顺利封顶，区中医院医养结合中心揭牌启用。公共场所新增自动体外除颤器15台、培训红十字救护员1900人，完成4个普惠性托育项目，全国健康区建设工作顺利通过终期评估验收。文体事业持续繁荣。全民健身中心建成投入使用，篮球馆完成改造提升。与广州市天河区联合举办第六届土楼马拉松赛，取得良好社会反响。成功举办中国龙岩·永定龙湖钓鱼节暨中国筏钓达人电视直播精英赛、八省一市船钓路亚精英赛、2023狂热路亚“小红书”百万路亚竞钓赛等活动，龙湖被授予“中国钓鱼运动基地”。《永定华侨华人志》启动编纂。区图书馆成功入选“国家三级图书馆”。永定区被列入篮球、网球等省级运动特色县创建试点，在第十七届市运会上取得金牌榜第一，创历届市运会最好成绩。

社会大局和谐稳定。粮食安全基础更加稳固。牢牢守住粮食安全底线，第三次全国土壤普查工作扎实开展，完成高标农田建设3.3万亩、抛荒地复垦6153亩，发放耕地地力补贴2148万元，全面完成粮食生产目标。生态环境质量持续向好。配合做好第三轮中央生态环保督察工作，持续开展生态环境综合整治专项行动，全域生活污水提升治理项目扎实推进，辖区内12个国省控断面综合水质达标率100%；完成水土流失治理2.6万亩、植树造林2.9万亩、森林抚育5.5万亩、封山育林1.5万亩；全年空气质量优良天数比例达99.7%。永定区历史遗留废弃矿山生态修复示范工程等项目有序推进。下洋镇被评为省级森林康养小镇。社会治理水平不断提升。严厉打击电信网络诈骗、黄赌毒以及侵害弱势群体利益等突出违法犯罪活动，刑事警情数同比下降16.7%，现案侦破率、电诈案件破案数同比上升6.9%、60.4%，侦办的部督“0308”专案获公安部“嘉奖令”表扬。综合执法体制改革不断深化，镇（街）一支队伍管执法取得实效，“闽执法”平台建设有序推进；打击非法采矿长效机制获全省推广。食品安全“两个责任”包保要求落细落实，“一品一码”追溯体系建设稳步推进，新增2家省级、8家市级“明厨亮灶”示范单位。信访积案集中攻坚行动扎实开展，成功打造“和”文化“客家枫桥”调解品牌，化解稳控涉及房地产、劳动社保等领域各类信访突出问题24件，化解稳控率100%。永定区作为“一市两区”重要组成助力龙岩市入选全国市域社会治理现代化试点合格城市，抚市镇鹊坪村入选全国第三批乡村治理示范村名单，湖坑镇“家风家训化解邻里纠纷工作法”被评为全省新时代“枫桥式工作法”先进典型。

履职能力不断提高。深入开展学习贯彻习近平新时代中国特色社会主义思想主题教育，坚持不懈学思想、强党性、重实践、建新功，切实把学习成果转化为坚定理想、锤炼党性和指导实践、推动工作的强大力量。自觉接受人大和政协监督，高质量办理各级人大代表建议159件、政协委员提案100件，办复率100%。深入践行“四下基层”制度，以钉钉子精神贯彻中央八项规定及其实施细则精神，持之以恒纠治“四风”，落实为基层减负各项规定，“三公”经费压减2%。强化审计监督和财政监管，加强公共资源、国资国企、招投标等重点领域监管，全方位扎紧防治腐败的制度笼子。

营商环境持续优化。“2023营商环境优化提升年”八大专项行动深入开展，提供“帮代办”服务200次、服务项目171个；梳理公布“免申即享”惠企事项30项，《永定区推行“验收即发证”房建项目产权登记提速再增效》典型经验做法获全省推广。完成土地报批631亩、土地供应1950亩，盘活闲置厂房5万平方米，4个项目实现“拿地即开工”；召开4场政银企保担对接合作会，为204家企业提供8.54亿元融资支持；落实惠企政策措施，全年争取省、市惠企奖补资金1802万元，兑现推动工业、商务发展区级奖补资金580万元，兑现招商引资奖补资金6316万元。

城乡面貌日益改善。坚持城乡统筹发展，打造高品质宜居永定。乡村振兴步伐加快。“两治一拆”农村人居环境整治专项行动深入开展，17个市级任务村全部完成验收；实施农村生活污水治理项目24个，全区污水处理设施实现全覆盖。城乡供水一体化项目完成投资2.3亿元。完成农村公路改造33公里、危桥改造2座、村道安全生命防护工程26.8公里、美丽农村公路20公里，城乡公交一体化实现全覆盖，乡村基础设施更加完善。我区入选文化和旅游部首批文化产业赋能乡村振兴试点名单，14个行政村获得省级相关荣誉，湖坑镇南中村入选第六批中国传统村落。南部新城建设重点发力。《龙岩市南部新城高坎培片区建设品质提升规划》编制完成；高陂镇经济发达镇财政管理体制健全完善；坎市医院提级为龙岩市第二医院南部新城分院、高陂中学提级为龙岩一中南部新城分校；城际快速通道四期、龙岩新机场先行开工点、高坎培三镇集镇品质提升等项目稳步推进。城区建设富有成效。高品质完成12个老旧小区改造提升；东部新城片区综合开发建设等城建重点项目序时推进，凤城夜市正式运营，东城综合市场投入使用；新建城区污水管网19公里，我区入选全省2024年城镇生活污水处理提质增效重点推进城市名单。环卫市场化、垃圾分类精细化深入推进，第七届全国文明城市创建工作扎实开展；基本完成2个综合性公园、3个口袋公园改造提升以及10条道路行道树补植工作，国家园林城市创建工作有序推进。

（摘编：陈德盛）

上杭县社会发展概况

2023 年，上杭县深入学习贯彻习近平新时代中国特色社会主义思想和党的二十大精神，锚定“三个先行示范”，深入实施“六大战略”，踔厉奋发、笃行不怠、真抓实干，高质量发展迈出坚实步伐。全年实现地区生产总值 526 亿元、增长 4.6%；财政总收入 53.6 亿元、增长 1.1%，其中地方级收入 37.9 亿元、增长 11.2%；固定资产投资增长 9.5%；社会消费品零售总额增长 7.6%；城镇、农村居民人均可支配收入分别增长 4.4%、7%。连续 8 年入选福建省“县域经济实力十强县”，全国县域综合竞争力百强县进位至第 87 位，较上年提升 9 位。

一年来社会发展的工作主要体现在以下方面。

社会保障更趋完善。高质量完成 48 个省市县为民办实事项目。实施激励性产业帮扶项目 63 个，受益脱贫户及监测对象 4608 户。大力促进群众就近就地就业，城镇新增就业 3303 人。投入 3000 万元新改建乡镇周转房 368 套。按照在职人员相应比例进行保障，兑现退休人员生活补贴 3151 万元，额度位列全市第一。县财政统筹 2600 万元，在全市率先将城乡居民养老保险基础养老金每人每月由 175 元提升至 200 元，高于全市 25 元、全省 50 元。投入 630 万元实现 80 岁以上人员缴纳城乡医疗保险全额补助。集中托养救助制度入选全国社会救助领域创新实践优秀案例，努力实现“老有颐养、弱有强扶”，让人民群众的生活年年都有新改善、一年更比一年好。

公共服务更为优质。高考成绩稳步提升。启动临城中小、临城中幼和特殊学校整体搬迁，投入 1.55 亿元实施职业技能公共实训基地、教师进修学校第二附属幼儿园等项目。县教育培训基地建成启用。深化与城市“三甲”医院紧密型医联体合作，邀请专家定期来杭坐诊义诊，让老百姓在家门口享受高端医疗服务。完成古田、官庄中心卫生院建设。县图书馆新馆、宋省予美术馆建成启用，体育中心综合体育场基本竣工，李氏大宗祠完成改造修缮。杭籍运动员刘煜在杭州第 19 届亚运会上夺得 2 金 1 银。第五次全国经济普查工作有序开展。

社会治理更有温度。入选全国法治政府建设示范县、全国守法普法示范县和社会主义法治文化建设示范地区创建名单。常态化开展扫黑除恶斗争，严厉打击电信网络诈骗、涉麻制毒等违法犯罪行为，社会大局保持安定稳定。扎实推进重大事故隐患排查整治，防震减灾工作经验在全省推广。加强消防安全基层治理和救援队伍建设。强化食品药品安全全链条监管。扎实推进第七届全国文明城市创建，“星星点灯”新时代文明实践巾帼志愿服务队获全国最佳志愿服务组织。紫金矿业获第十二届“中华慈善奖”，上杭县“慈善爱心屋”获首届“福建慈善奖”。才溪镇被列为第三批全国乡村治理示范乡镇，才溪派出所被命名为“全国枫桥式公安派出所”，县人民法院获评“全国优秀法院”，县人民检察院获评“全国模范检察院”。

政府建设更加高效。在深学争优中锻造忠诚。始终把加强党的全面领导贯穿政府工作全过程，扎实开展学习贯彻习近平新时代中国特色社会主义思想主题教育，坚定拥护“两个确立”，坚决做到“两个维护”。在敢为争先中彰显作为。严格落实“急难愁盼”月月办机制，社情民意办结率 100%。隆重举办纪念毛泽东才溪乡调查 90 周年系列活动。高质量办好245件人大代表建议和226件政协委员提案。支持县人大常委会建设全过程人民民主基层实践基地，打造“闽西实践”示范样板。在实干争效中坚守清廉。严格落实中央八项规定及其实施细则精神。认真践行“四下基层”工作机制，力戒形式主义、官僚主义。坚持过“紧日子”，持续压减财政非急需非刚性支出。此外，国防动员、人民武装、人防、民族宗教、党史方志、档案、库区移民、供销合作、保密、外事侨务、文联、侨联、客联、工商联、工青妇、残疾人、科协、农机、老龄、红十字会、关心下一代等事业进一步发展。

营商环境持续优化。市对县营商环境综合考评连续四年全市第一。修订完善工业经济20条、新材料产业10条等6项政策，兑现各类惠企政策资金5亿元，用真金白银帮助企业渡过难关、留住青山。深入实施新时代民营经济强省战略，政务服务事项“就近办、自助办、网上办、掌上办”事项达95%。分类推进“证照分离”改革，企业开办时间压缩至0.5个工作日内，新增企业1149家。全力推进“一窗受理、集成服务”“一件事一次办”等改革，行政审批服务事项当日办结率达99.73%，让企业和群众办事像网购一样便捷。

创新创造持续增强。入选第二批国家创新型县建设名单和国家知识产权强县建设试点县。科学研究与试验发展经费投入全市第一、全省前列。举办首届创业创新大赛，出台实施“智汇上杭”聚才计划等政策，现有国家重大计划人才11人，占全市61%；新引进省高层次ABC类人才38人，总数达212人，占全市46%。晶旭半导体荣获第二届全国颠覆性技术大赛总决赛最高奖。紫金矿业蒋开喜获评国家卓越工程师，徐政和院士工作站落地上杭。

城市品质不断提升。入选2023中国最美县域。启动东门大桥改建及道路连接线工程，完成上杭站综合交通枢纽、杭川大道（二环路至四环路）建设和13个老旧小区改造。加快“十五分钟生活圈”建设，建成口袋公园4处、福道17公里、公园绿地12公顷，把最好的空间、最优的资源留给群众，让上杭这座城市更有温度、更具质感、更富情怀。

乡村振兴不断推进。全力创建全国乡村振兴示范县，实施115个项目、完成投资38.3亿元，数字乡村建设经验入选全国数字政府创新案例。新培育市级以上农业龙头企业18家、农民专业合作社7家，稔田镇被认定为首批国家农业产业强镇。高质量完成21个村“两治一拆”人居环境整治，古田“袁梦村”入选2023年福建省乡村振兴典型示范案例，庐丰畲族乡丰济村美丽田园入选全省“五个美丽”建设典型案例。

基础设施不断完善。完成农村公路建设25.3公里、危桥改造8座。国道G205线背头岭至湖洋段、城乡供水一体化等项目有序推进。启动农村生活污水整县提升治理工程，新建改造污水管网32.8公里。投入1.8亿元完成6个电网重点项目建设。

生态治理成效显现。全力配合做好中央生态环境保护督察工作，45件信访件均已办结。深入开展生态环境综合整治专项行动，国省控断面水质达标率100%，城区环境空气质量优良天数比例99.7%。持续推进生猪养殖业污染整治专项行动，拆除违规养殖场5.2万平方米。生活垃圾焚烧发电厂建成并试运行，通过多部门齐抓共管确保垃圾焚烧发电厂运行科学规范有序。

生态转型步伐加快。常青新能源、德尔科技、锐美家装饰等企业入选国家级绿色工厂。新增林权流转面积5.8万亩，培育新型林业经营主体14家。整县屋顶分布式光伏开发试点县建设持续推进，累计完成装机容量14.8万千瓦。落地全省首单水权交易项目。

生态优势巩固提升。获评“全国水土保持示范县”、2023年福建省级森林养生城市。完成水土流失综合治理3.2万亩、造林绿化10.3万亩。紫金矿业ESG评级位列全球金属与采矿行业第一名，紫金山绿色矿山建设案例入选联合国教科文卫组织出版物。

（摘编：李子涵）

武平县社会发展概况

2023年，武平县深入学习贯彻习近平新时代中国特色社会主义思想和党的二十大精神，深入实施“1355”项目质量提升年行动，坚决打好“五张牌”，以“稳”的定力保持发展势头，以“进”的态势推动高质量发展。初步统计，2023年实现地区生产总值增长4%；固定资产投资增长3%；一般公共预算总收入13.3亿元，其中地方一般公共预算收入9.27亿元；城乡居民人均可支配收入分别达到44950元、24942元，增长3.9%、7%。

特别高兴的是，武平人民百年“高铁梦”，历经10多年不懈努力，终于梦想成真；武平成为全省唯一一个全国县级水网先导区，荣获国家级节水型社会建设达标县称号；武平县还荣获了国家级自然资源节约集约示范县、“四好农村路”全国示范县等一批国字号荣誉。

一年来社会发展重点工作体现在以下方面。

民生保障有效加强。全县公共财政七成以上用于民生支出，较好完成为民办实事十大工程。在全省首创“居住地申办低保”救助模式，投入7033万元用于特困人员救助供养和城乡低保补助。发放优抚对象抚恤定补金、生活补助金2100多万元。做好根治拖欠农民工工资工作，农民工合法权益得到有效保障。脱贫攻坚成果持续巩固拓展，实施庭院经济发展和激励性帮扶项目40个，惠及脱贫户2242户。提高城乡居民住院医疗待遇，住院报销比例最高提升至92%。城乡居民基础养老金每月从165元提高到175元。新建18个长者食堂、10个农村幸福院。完成竹篙塘公益性公墓地一期项目建设。全县新增5G基站111个。实施5座农村公路危桥改造，新开通武平至连城机场城际快线。

公共服务均衡共享。教育强县迈出坚实步伐，79位教师被认定为省市学科带头人，2名武平学子被清华大学录取。武平一中校园提升工程和百年校庆工作有序推进，艺术馆项目基本建成。继续实施基础教育扩容提升工程，建成启童慈济幼儿园、大禾幼儿园，扩建鼓楼小学、红军小学，新增幼儿园学位540个、小学学位2160个。加快推进健康武平建设，武平县医院荣获全省唯一的县域全国改善医疗服务示范奖，县妇幼保健院列入省级儿童孤独症规范化门诊试点单位。引进教育卫生高端人才7人。体育事业蓬勃发展，武平一中、县少体校被授予全国手球后备人才基地，武平籍运动员李凤梅在杭州亚残运会上勇夺2金1铜。常态化开展骑行健身活动，参与人数超10万人次。

社会治理和谐稳定。深化第七届全国文明城市创建，打造“大爱龙岩·福满武平”精神文明和“红耀武平·靓城有我”志愿服务品牌。武平入选省级首批城乡精神文明融合创建试点县。持续落实每月25日安全生产检查日制度，深入开展“四门四访”活动，认真做好重大活动安保维稳工作。公安智算交通事故多维可视预警智慧平台在全市推广，县公安局指挥中心荣获全国巾帼文明岗，“平安三率”测评保持全省前列。武平县“园区枫桥”职工法律维权服务做法在全国性会议上作经验分享。

政府建设全面加强。深入开展第二批主题教育，践行“四下基层”，大兴调查研究，认真落实省市“三争”和县委“四个一”行动要求，大力弘扬“冲冲冲”和“实干实效实在”的工作作风，扎实做好省委巡视反馈和省审计发现问题整改工作，全面从严治党向纵深推进。制定执行“过紧日子八大措施”，政府采购项目节约率5.3%、政府性投资项目结算审核核减率9.4%、一般性支出下降2%。人大代表建议、政协委员提案办结率均达100%。开展“企业服务日”“千名干部挂千企”等活动，优化提升惠企政策“一站式兑现”，新增减税降费和退税缓费2.04亿元，努力让政策“红包”激活市场“细胞”

林改招牌越擦越亮。武平县应邀在中央党校专题分享林改经验，接受“中国三农发布”高端访谈，武平林改案例纳入中央党校主体班次教学课程，武平林改影响力进一步提升。制定实施深化林改十条措施。创设县级林长“一带三”制度，推广林业无人机运用，实现巡林更智慧、全覆盖。万安镇、城厢镇被命名为省级森林城镇，累计创建省级森林村庄26个、省级森林康养基地2个。新增重点生态区位商品林赎买6512亩，完成造林绿化3.1万亩，武平代表福建省以优秀成绩通过国家林草局国土绿化试点示范项目验收。

重点改革越推越深。行政服务中心设置6个无差别综合受理窗口，变“一事跑多窗”为“一窗办多事”。与海珠区、荔湾区等5个省外地区联合推出440项跨区域通办服务事项，企业和群众异地办事需求得到更好满足。武平农村建房“审管联动”机制获省委罗东川副书记批示肯定，并在全省推广。深化教育、医疗改革，探索招引校（园）长机制，建立“以健康为中心”的公立医院薪酬分配导向，组建县疾病预防控制局。推动乡镇消防赋权执法工作，实现全市首个县域消防执法赋权全覆盖。创新乡镇区域联合执法新模式，提升基层依法行政能力水平。

对外开放越拓越宽。做好“三对口一帮扶”工作，争取资金约1.2亿元。国家开发投资集团推动设立“液晶分会武平实训基地”和“中国电子院武平实训基地”。思明区在武设立总工会职工红色教育基地。打造“出山入海·携武进湾”对口合作品牌，海珠区助力引进保利商旅公司运营“百家大院”，武平优质农产品在海珠区中洲农会帮扶馆展销，“龙岩武平土特产—荔湾·武平合作馆”盛大开业。与广州市3家医院、4所学校建立合作关系，中山大学附属第三医院在县医院设立名医工作室。举办海峡两岸定光文化交流会暨第三届海峡两岸青少年骑游活动。

精品城市加快建设。坚持“主客共享·舒适温暖”城市建设理念，相关工作成效获省住建厅主要领导批示肯定，并在央视作宣传推介。南门垇完整社区入选省级样板工程，林化新村、龙腾花园等17个老旧小区完成改造。新建改建平南路、丰平路等一批城市道路。育才路、西苑路及周边地区等雨污分流改造项目基本完成。整治城区入河排污口36个、改造污水管网10.5公里。崇文公园建成投入使用，龙河文化长廊中心实现开工建设。智慧城市建设加快推进，新增城区智慧停车位157个、新能源充电桩60根、智慧路灯2275盏，逐步实现“城市让生活更美好”。

乡村振兴全面推进。拓宽农产品销售渠道，举办闽粤赣边土特产销售联盟启动仪式和脐橙订货会，成功推动脐橙等农产品进驻“军队副食品区域集中采购平台”。东留镇被认定为国家级农业产业强镇，万安、永平分别入选省级、市级农业产业强镇建设。新增国家农民合作社示范社2家、省级产业化龙头企业5家。启动环千鹭湖城乡一体协调发展试验区“五朵金花”美丽乡村建设。岩前、中山、永平集镇示范街区提升改造加快推进。“清洁家园”行动持续开展，建立“村庄清洁日”“清洁指挥长”制度，推行农村保洁市场化运作，村容村貌得到持续提升。

生态环境不断向好。扎实开展生态环境综合整治专项行动，“蓝天、碧水、净土”三大保卫战成效显著。创新推出全省首单空气清新绿色保险，空气环境质量保持全省前列。投入11.3亿元实施20个生态环保攻坚战役项目。水土流失治理达3.6万亩。自然保护地综合治理和发展项目完成建设。千鹭湖美丽河湖建设经验做法入选全省典型案例。垃圾焚烧发电厂并网发电，实现生活垃圾零填埋。十方、岩前污水处理厂排放标准提升至一级A，农村生活污水治理整县推进有序开展，基本完成9条安全生态水系建设和4条中小河流域治理，9个国省控主要流域断面水质均达Ⅲ类以上，其中Ⅱ类水质以上比例高于去年25.6个百分点。

（摘编：胡义顺）

长汀县社会发展概况

2023年，长汀县用超常规举措应对超预期挑战，以主题教育为引领，深入开展“三争”行动和“工业发展年”活动，大抓招商、大抓产业、大抓项目，形成了一批具有长汀辨识度的标志性成果。全年实现地区生产总值增长4.3%；一般公共预算总收入18.7亿元、增长35%，地方一般公共预算收入12.19亿元、增长20.6%；固定资产投资增长11%；社会消费品零售总额增长4.1%；城镇、农村居民人均可支配收入分别增长5%、8%。一年来，社会发展主要工作和成效如下。

聚焦民生保障为本，发展成果共惠共享。统筹八成以上财力用于民生领域，省、市、县三级为民办实事项目落地见效，发展成果实现全民共享、全面共享。

公共服务更优质。投入4.15亿元，职专新校区等9个项目顺利推进，长汀一中祥鸿学校等4个项目投入使用，新增公办学位2220个，高考成绩再创历史佳绩。国家基层卫生健康综合试验区建设成效明显，汀州医院主体功能搬迁、传染病院项目基本完工，中医院项目开工建设，汀州医院被列为省级区域医疗中心。群众性文体活动蓬勃开展，公祭客家母亲河大典、名城保护日暨首届汀州国际文化交流节、全国著名作家走进长汀等系列活动顺利举办，长征国家文化公园（长汀段）、全民健身中心等文体惠民项目有序推进。竞技体育有新突破，市运会取得金牌榜、总分榜第二的优异成绩，汀籍运动员廖桂芳在亚锦赛包揽3枚金牌，打破2项世界纪录。第五次全国经济普查取得阶段性成效。

基本保障更有力。出台房地产平稳健康发展措施，房地产市场预期逐步趋稳。新增城镇就业2803人，失业和就业困难人员再就业630人，“长汀河田鸡馆”入选全国30个脱贫地区特色劳务品牌，全省唯一。城乡基本养老保险和医疗保险参保率稳定在95%以上，企事业基本养老、失业、工伤等保险覆盖面持续扩大。深化拓展“大爱龙岩·福满汀州”品牌建设，发放各类救助资金1.06亿元。1个嵌入式养老服务机构、1个日间照料中心、19个长者食堂投入使用，在全市首创全国医养结合示范县。获评“中国长寿之乡”。

治理体系更完善。深入开展重大事故隐患专项排查整治行动，安全生产和防灾减灾形势稳定向好。常态化开展扫黑除恶斗争，纵深推进涉麻涉毒整治和电信网络诈骗犯罪治理，实现省禁毒委重点关注“摘牌脱帽”，禁毒工作经验做法在全国推广。矛盾纠纷多元化解机制基本建成，“治重化积”经验做法在全市推广。落细食品安全“两个责任”，全面提升药品监管能力，严防严控食品药品安全风险。高度关注经济运行态势变化，稳妥防范化解政府债务、金融等领域风险。同时，国防动员、民族宗教、港澳台侨事务、退役军人事务、工青妇、计生协、关心下一代、红十字会、残疾人事业等各项工作取得新成效。

聚焦实干担当为要，政务服务持续优化。以第二批主题教育为主线，以“三争”行动为载体，驰而不息转作风、提效能，政务服务更加规范透明、高效便捷。

重点改革高位推进。推动“互联网+政务服务”“一网一门一次”改革，733件事项实现“无差别”综合受理。出台优化服务五项措施，顺祥铜业、嘉航电机等项目实现“拿地即开工”。深化农村集体产权制度改革，县级农村集体产权交易中心正式运营。多渠道盘活“三资”，国有资产配置效率和使用效益得到综合提升。在全市率先推行辅警层级化管理改革，组建汀东、汀南区域联合派出所。“一支队伍管执法”“一区多园”管理体制等重点领域改革纵深推进。

政府建设全面加强。严格落实“第一议题”制度，深入学习宣传贯彻习近平新时代中国特色社会主义思想，坚定捍卫“两个确立”，坚决做到“两个维护”。落实全面从严治党要求，抓好省委巡视反馈问题整改，严格执行中央八项规定及其实施细则精神，认真落实意识形态工作责任制。自觉接受县人大及其常委会法律监督、工作监督和县政协民主监督，办结人大代表建议112件、政协委员提案112件。坚持政府常务会议学法制度，在全市率先出台重大行政决策程序实施办法，一体推进法治长汀、法治政府、法治社会建设。建立“一月一推进”工作机制，有效破解制约高质量发展的顽瘴痼疾。坚持过“紧日子”，加强财政资金监管审计，压减一般性支出。

支援合作有为有效。坚持“输血为辅、造血为主”，下好对接“先手棋”，争取上级补助资金27亿元、债券资金21.17亿元。落实中建集团支持项目10个，入驻绿色建材产业园企业5家。与广州白云、从化分别建立“4+N”“2+N”对口合作长效机制，赴穗举办推介会8场，签订合作协议45份，引进广州大健康产业等粤港澳大湾区项目10个，共建长汀·白云·从化“绿水青山就是金山银山”实践生态示范林。与凤凰、丽江、平遥缔结友好城市，达成多边文旅战略友好合作协议。

聚焦生态环境为重，人居品质加速提升。深入践行习近平生态文明思想，以创建全国文明城市为载体，坚持城乡同创、全民同创、全域同创，城乡品质实现内外兼修、美丽嬗变。

古城焕发文明新风。常态化推进全国文明城市创建，投入19亿元实施103个城市建设品质提升、31个城市重点建设、33个老旧小区改造项目，小区综合治理、农贸市场环境、交通拥堵等专项整治有力有序，立面改造、美化亮化、口袋公园等一批“微改造、精提升”景观工程顺利实施。巩固垃圾分类长效机制，建成垃圾分类屋（亭）147座和简易投放点15个，试点县考核排名全省前列。深入实施城市运行管理服务平台（二期）项目，推进县域治理“一网统管”，实现一屏全观、协同治理，相关经验做法在全省推广。城市文明程度和市民文明素质得到双提升。

乡村绘就和美画卷。“红旗跃过汀江·两山实践走廊”示范片区实施项目26个，完成投资2.51亿元。实施乡村振兴项目125个，完成投资1.81亿元。成功承办第二届省老区苏区乡村振兴研讨会，并作典型交流发言。以集镇环境综合整治为重点，深化“两治一拆”专项整治行动，20个村高分通过市级验收，整治率和整治质量均居全市第一。投资9.38亿元实施农村建设品质提升工程，超额完成“五个美丽”乡村建设任务，“五力”联动经验做法入选全省建设美丽乡村现场推进会典型案例。

生态理念深入人心。以河（湖）长、林长制为抓手，深入开展生态环境综合整治专项行动，巩固生态共治监管成效，国、省控断面水质达标率100%，空气质量优良天数比例99.7%。配合做好第三轮中央生态环境保护督察工作。扎实推进全国水土保持高质量发展先行区建设，在全国县级层面率先出台加强新时代水土保持工作实施方案，实施先行区六大工程建设项目22个，完成水土流失综合治理和生态修复面积15.71万亩，经验做法获新华社报道。成功签约全国首单水土保持项目碳汇交易。成功举办联合国开发计划署—全球环境基金天保GEF项目启动会，水土流失治理“长汀经验”再次迈出国门，走向世界。

基础设施日趋完善。改扩建汀州大道、松涛路等“卡脖子”路段，完成农村公路建设210公里、生命防护工程40公里、危桥改造20座，综合客运枢纽主体工程完工。加大城乡供水一体化管网建设力度，新铺设供水管网825公里。扎实推进城乡污水治理工程，完成雨污分流项目19个，新建、改造城乡污水管网207.7公里、雨水管网21公里。新建5G基站108个、智能立体停车场2个、电动汽车充电站7个。垃圾焚烧发电厂投入运营。

（摘编：邹申）

连城县社会发展概况

2023年，面对严峻复杂的宏观经济形势和艰巨繁重的改革发展稳定任务，连城县深入贯彻落实党的二十大精神，扎实开展学习贯彻习近平新时代中国特色社会主义思想主题教育，深入实施“深学争优、敢为争先、实干争效”行动，发扬“冲冲冲”工作作风，大抓招商、大抓产业、大抓项目，全力打好“五张牌”，积极应对多重压力、战胜诸多困难挑战，连城革命老区高质量发展、振兴发展取得新的成效。全年实现地区生产总值比增4.3%；城乡500万元以上固定资产投资比增6%；社会消费品零售比增3.6%；财政总收入13.05亿元，比增12.1%；地方级财政收入9.58亿元，比增6.5%；城镇居民人均可支配收入41394元，比增4.6%；农村居民人均可支配收入24164元，比增8%。争创“福建省县域经济发展十佳县”六蝉联，列入全国信访工作法治化试点县（全国14个）。

一年来，社会发展主要工作和成效如下。

在共建共享中增进民生福祉。强化保障解民忧。“两不愁三保障”成果进一步巩固，脱贫户人均纯收入增长10%。城乡居民基本医疗保险和基本养老保险参保率分别达99.14%、99.41%。累计发放低保、残疾人、孤儿等各类特殊群体补助6996万元。入选第四批省级移民后扶示范区。栗园社区获评全国示范性老年友好型社区，实现长者食堂乡镇全覆盖，区域养老中心项目有序推进。新建新型特色退役军人服务站6个，社会化拥军服务工作居全市前列。资源扩容惠民需。16件为民办实事项目基本完成。“学前教育普及普惠县”创建顺利迎接省级督导，县实验小学（莲北校区）、实验小学附属幼儿园建成投入使用，连城二中新教学楼开工建设。中高考成绩稳中有进。基本公共卫生服务经验做法得到全省、全市推广。莲峰社区卫生服务中心被国家卫健委通报表扬。中央苏区医史馆、江一真陈列馆顺利列为国家卫生健康委党校实践教学基地。新泉红色走廊项目加快推进，新泉整训纪念馆改扩建项目获中办、国办批复。连史纸非遗工坊入选2022年全国“非遗工坊典型案例”。松毛岭战役烈士纪念园升级为省级烈士纪念设施。姑田游大龙、罗坊走古事入选中华体育文化优秀民俗民间项目。新建城乡冠豸书屋5个，冠豸书屋典型经验做法在全国性少儿阅读节上作交流发言。获评省级对台交流基地，顺利举办第十五届海峡论坛·两岸（连城）棒球文化节、环冠豸山马拉松大赛和全国女子垒球冠军杯赛。连城籍运动员童心勇夺第19届亚运会女子太极拳、太极剑全能项目金牌。科学治理保民安。安全生产事故起数和亡人数同比分别下降42.8%、33.3%，未发生较大及以上安全生产事故。“村级食品安全监管样板”经验做法得到国家市场监管总局肯定与推广。“八五”普法扎实推进。完成基层派出所能力提升工程5个，县社会治安综合治理中心建成投入使用，全县刑事案件同比下降3.2%。顺利退出全省道路交通安全综合整治区域名单。中央信访联席办交办连城县三批“治重化积”信访积案全部化解办结。文明实践暖民心。打造“大爱龙岩·福莲冠豸”新时代精神文明建设品牌，创新开展弱势群体和困难群众“月探访”行动，募集关爱资金175万元。乡村治理“八个全覆盖”“非遗文化+”文明实践项目等特色做法获省委领导肯定。揭乐、四堡新时代文明实践所获评省市级文明实践示范所。

在真抓实干中展现政府作为。坚决扛起政府系统全面从严治党主体责任，积极妥善化解舆情事件，主动配合省委巡视工作，政府系统巡视问题整改有力有序。严格落实中央八项规定及其实施细则精神，非必要、非刚性支出持续压减。全面掀起政府系统学习贯彻主题教育热潮，践行“四下基层”，解决群众急难愁盼问题1274个。人大代表建议、政协委员提案全部办结。茗匠酒店等历史遗留问题全面化解。电子政务无纸化办公模式大力推行，政府行政效能有效提高。与此同时，工会、共青团、妇联、工商联、残联、侨联、文联、科协、计生协、红十字会、慈善总会、关工委等群团组织为全县经济社会发展作出积极贡献。国防建设、国防动员、人民武装、退役军人、军民融合、国家安全、应急管理、民族宗教等工作持续加强，统计、审计、气象、消防救援、电力、人才、供销、外事、物价、老龄、档案、地方志等工作取得新的进步。

在深化改革中拓展活力源泉。重点改革多点突破。深化“冠豸英才行动”，引进招聘各类紧缺急需人才133名。参与富硒产品认证国家行业标准制定，连城农创园管委会专家服务基地入选第九批国家级专家服务基地（全市首个）。“县管校聘”改革工作全面完成，县实验小学被确定为全省首批“义务教育教改基地校”。建立县总医院、文川医院、益民中医院县域医联体，实现检验检查结果互认。营商环境持续优化。创新启动营商政务社会环境“三位一体”线上收集办理、督办系统，举办联席会议11期，累计收集问题建议1409条，已办理1283条，办理率91.1%。深化开展领导干部“换位体验走流程”活动，发现并整改问题87个。创新设立“营商优贷”和“助农购薯贷”等金融助企措施，兑现惠企资金4837万元。县中小企业信用担保中心提供融资担保4.9亿元、应急还款资金9500万元。全类型服务事项“即办程度”占比89.6%，居全市第1；压缩招投标条件备案时长至1个工作日。开放合作走深走实。促成中建集团对口帮扶连城；连城天然气管网供气支线项目成功增列《国家管网“十四五”战略发展规划》和国家管网集团2024年投资计划；促成广州市建筑业领域与我县建立“1+1+N”（10）合作机制，并与广州建筑集团、广州市政集团签订合作协议。成功举办“传统村落万里行”网评引导暨NBA乡村嘉年华活动，完成5个NBA“美丽宜居乡村篮球场”建设。高位协调推动恒大悦澜湾实现“保交楼”。新泉镇入选2024年闽台乡建乡创合作样板集镇。冠豸山机场新开通连城—广州航线。首创“湾区+老区”医疗互助基金—增城连城“双城医疗协作专项基金”1200万元。挂牌成立湖里区—连城县山海协作协调办公室。争取到位福清市山海协作帮扶资金2400万元。

在建管结合中提升城乡面貌。城市更新步伐加快。国家卫生县城创建通过省级线上评估，国家园林城市创建通过省级初审。创新建立“大城管”工作机制，累计完成17个城区片区集中整治和20个老旧小区改造。四角井片区更新项目成功入选2023年省级县城更新样板工程，学府路等4条新改建道路实现通车。完成城区供排水管网建设25.5公里、福道15公里。城乡供水一体化项目完成投资7.24亿元，占总投资86.2%。乡村建设有力有效。超额完成实用性村庄规划年度编制任务。提升改造农村公路21公里、危桥4座。环冠豸山乡村振兴“一县一片区”完成投资2亿元，占市下达任务112.1%。塘前乡获评全省乡村振兴示范乡镇，姑田镇大洋地村入选全国乡村治理示范村。持续推进农村人居环境整治专项行动，清理存量垃圾3.14万吨；建设集镇污水管网支管79公里、接户管83公里。15个村通过“两治一拆”市级验收。生态环境有效治理。获评国家生态功能重点县。前两轮中央、省生态环保督察反馈问题全面完成整改。开展生态环境综合整治暨水环境提升专项行动，国省控和省定小流域考核断面阶段综合水质全部达标并明显提升。中心城区空气环境质量排名全省第14。建成“一沿两环”生态文明森林景观带8万亩。罗胜古杉木王、连城福建柏古树群入选全国“双百”古树。

（摘编：刘红波）

漳平市社会发展概况

2023年，漳平市深入学习贯彻习近平新时代中国特色社会主义思想和党的二十大精神，主动出击、迎难而上、积极应对，大抓招商、大抓产业、大抓项目，经济社会保持坚实稳定发展态势。全市实现地区生产总值增长4%；一般公共预算总收入15.9亿元、增长16.9%，地方一般公共预算收入11.2亿元、增长5.4%；固定资产投资增长6%；城镇、农村居民人均可支配收入分别增长4.5%、7%。

这一年，奋发前行，潜在力更加强劲。漳平市入选中国最美乡村旅游目的地、中国最佳绿色生态旅游名城、省级乡村振兴重点工作激励县。

这一年，乘风前行，影响力更加彰显。中央台办、农业农村部支持指导的第一届海峡两岸农业交流大会在漳平市成功举办，这是落实党中央、国务院支持福建探索海峡两岸融合发展新路、建设两岸融合发展示范区的一项具体举措。漳平市入选全国学校家庭社会协同育人实验区，漳平一中校友郑南峰当选中国科学院院士，两位高考考生进入全省物理类前十名，市民文体中心、市中医院迁建、“菁桂源”城企普惠养老等项目基本建成，“菁和源”康养中心投入运营，“学在漳平”“养在漳平”金字招牌越擦越亮。

一年来，社会发展主要工作和成效如下。

社会保障全面加强。民生支出23.8亿元、占一般公共预算支出的81.1%；10件为民办实事完成投资5.7亿元、达到预期目标。返贫动态监测和帮扶深入开展，实施激励性产业扶贫项目110个。城镇新增就业1105人，工业园区用工11388人，城乡居民医保参保率达98.3%，基本养老金待遇继续提高，发放各类救助金5720万元。

教育教学成效凸显。适龄幼儿100%就读普惠性幼儿园、71%就读公办幼儿园，居全省前列。义务教育优质均衡县加快创建，中小学课后服务、校外培训机构规范管理不断强化，“一校多区”、农村薄弱初中委托、集团化办学、封闭（半封闭）管理、农村小学“小片区”管理改革效应显现。小学质量监测水平居龙岩市前列，中考“五率”连续七年位居龙岩市第二，高考持续取得优异成绩，职业教育突出校企合作、产教融合、多元育人。

康养服务持续强化。市医院综合服务能力不断提升，永福、新桥等区域医疗分中心加快建设，平急两用传染病集中医学观察点基本建成，菁城社区卫生服务中心通过国家推荐标准验收。“一老一小一残”服务保障水平提高，新增普惠托位450个、新建长者食堂12个，老年人健康管理率达75.7%，儿童免费疫苗接种率达99%，心血管高危人群筛查与干预项目入选全国先进点，富山社区入选全国示范性老年友好型社区，未成年救助保护中心投用。

文体事业繁荣发展。开展文化下乡活动140余场次，福建樱花文化旅游节等活动丰富多彩，东湖写生基地写生暨全省高校美术院（系）负责人联席会、王景弘学术研讨会及文学采风等活动成功举办，运动员取得全国赛2项比赛第1名，入选中国作家协会会员、中国摄影家协会会员各1人，歌曲《光芒》获省第十届百花文艺奖一等奖，宣传片《王景弘下西洋》在第十届丝绸之路国际电影节展播，奇和洞遗址保护利用工作取得新成效。

社会环境安定有序。持续、集中、精准打击电信网络诈骗违法犯罪，工作经验被国务院联席办推广。扫黑除恶斗争常态化开展，信访形势持续平稳向好，梧溪村入选第三批全国乡村治理示范村。安全生产、食品药品监管、防灾减灾救灾等工作不断强化，乡村应急管理体系“163”提升计划深入实施，重大事故隐患专项排查整治有序推进。民族宗教、档案管理、社会科学、红十字、退役军人事务、国防动员等工作取得新成效。

政府效能不断提升。全面加强党的建设，深入开展学习贯彻习近平新时代中国特色社会主义思想主题教育，在以学铸魂、以学增智、以学正风、以学促干方面下功夫见实效，政府治理体系日益健全。深入开展“三争”行动，政府工作质效不断提升，市住建局被评为全省住建系统先进集体，西园镇龙钢项目征地拆迁青年突击队入选全国优秀青年突击队案例，12345 政务服务便民热线受理群众诉求 1.3 万件、满意率 98.8%。严格落实政府过紧日子要求，非急需非刚性支出大幅压减。自觉接受人大监督和政协民主监督，办复人大代表建议 102 件、政协提案 134 件，满意率均为 100%。审计、统计等工作更好地为经济社会发展服务。

开放合作深度赋能。与广州南沙区、花都区签署合作协议 72 份，签约项目 7 个、总投资 67.3 亿元，推动两地三区市 6 所学校、2 家医院、14 个乡镇（街道）建立合作共建关系，在南沙区、花都区设立漳平名优农特产品展销中心、消费协作专馆。与厦门、漳州各 1 家医院建立对口帮扶机制，与闽南师范大学、福建商学院开展合作，列入闽西南协同发展区项目库项目 12 个、总投资 162 亿元，龙海区每年给予帮扶资金 1200 万元。

城区能级显著提升。城市建设品质提升项目完成投资 17.2 亿元，闽西南排水防涝、背街小巷提升改造等项目加快推进，东坑及 5 个乡镇垃圾填埋场整治与场地修复、福满智慧农贸市场建设基本完成，新建改造污水管道 9.3 公里、福道 15.2 公里、公园绿地 10 公顷。实施绿色建筑创建行动，竣工绿色建筑占新建建筑比例 93.7%，新建建筑绿色建材应用比例 55%。争创全国文明城市常态化长效化推进，城市道路、路灯等市政基础设施精细化管护，开展“一月一主题”创城系列活动 20 场次，参与文明劝导服务活动 7.2 万人次，开展“一周一整治”联合行动 220 次、纠正“门前三包”不落实 6700 起，3 个实践所、12 个实践站入选龙岩市新时代文明实践“个十百”示范阵地。

乡村振兴扎实推进。农村建设品质提升项目完成投资 4.3 亿元，乡村振兴试点村（含实绩突出村）项目完成投资 7814 万元。认定星级村 112 个，建成“五星村”6 个、“三星村”7 个、美丽乡村庭院 171 户、美丽乡村微景观 88 处、美丽小公园 29 个、美丽田园 12 片、美丽乡村休闲旅游点 3 个，永福镇入选省级乡村振兴示范镇创建名单，北寮村、后盂村等 9 个村入选省级乡村振兴示范村创建名单，东湖村入选中国美丽休闲乡村名单，圆潭村入选省级乡村“五个美丽”建设典型案例、“水乡渔村”休闲渔业基地称号，梧溪村、圆潭村入选省级美丽宜居村庄培育对象。“两治一拆”整村推进 20 个，通过龙岩市级考核验收村 12 个。城乡供水一体化完成投资 1.5 亿元、主管网铺设 436 公里，农村公路新改建 20.5 公里、输配电网升级改造投资 1 亿元。

生态环境有效整治。生态环保攻坚项目完成投资 9.9 亿元，农村生活污水治理整体推进一期项目基本建成、完成投资 2.5 亿元，九龙江流域山水林田湖草沙一体化保护和修复项目连续三年获得正向激励资金累计 1.56 亿元，修复河道 52 公里、岸堤 48 公里，建成安全生态水系 12 公里，治理水土流失面积 2.5 万亩，城区空气优良比例达 99.7%，国、省控断面综合水质达到或优于Ⅲ类水标准，境内六大支流综合水质保持Ⅱ类水标准，城区两个集中式饮用水源地水质达标率 100%。造林绿化 2 万亩，发展林下经济 1000 亩，入选省级养生城市及省级森林城镇 2 个、森林康养基地 2 个、最美古树群 1 处、茶花种质基因库企业 2 家，获国家认定花卉新品种 22 个。

（摘编：王杰成）

宁德市社会发展综述

习近平总书记对宁德始终念兹在兹。2023年，在第二批主题教育全面展开之际，闽东大地再传喜讯，习近平总书记对宁德35年践行“四下基层”作出重要批示，进一步激发了我们感恩奋进、谱写篇章的澎湃激情。回望过去的一年，宁德市把传承弘扬习近平总书记在宁德工作时开创的重要理念和重大实践、贯彻落实习近平总书记对宁德工作的重要指示精神作为鲜明的主线，在推动习近平总书记为宁德擘画的宏伟蓝图变成美好现实上又迈出了扎实的一步。宁德市牢记并践行“全省的新增长极”的深情勉励，坚持着眼全省大局、跳起摸高，直面难题、干在实处，延续了“两个稳定”的好势头。全市12项主要经济指标6项增幅全省第1，地区生产总值增长8.6%，连续5年全省第1。中国百强城市排名再晋10位、位列第82位；蕉城蝉联全国“百强区”、全省“十优区”，福安蝉联全国“百强县”、全省“十强县”，霞浦、屏南、周宁囊括全省“十佳县”前三名，东侨跻身国家级经济技术开发区第22位。

这一年，宁德市牢记并践行“多抱几个‘金娃娃’”的殷切期盼，坚持龙头壮大、链条延伸、场景拓展、融合循环，大力推动战略性新兴产业集聚发展。宁德时代营收预计突破4000亿元、入围世界500强位列第292位，青拓集团营收突破2000亿元，携手包揽福建民企百强前两席。成功举办世界储能大会，获评中国新能源电池之都，新能源新材料产业核心区建设上升为省级战略。蕉城、福安分别上榜中国工业“百强区”“百强县”。

这一年，宁德市牢记并践行“努力走出一条具有闽东特色的乡村振兴之路”的回信精神，坚持党建引领、产业先行、以城带乡、文化赋能、生态宜居，加快打造全国乡村振兴样板区。全市累计培育形成农业特色产业百亿强县5个、十亿强镇24个、亿元强村50个，寿宁入选国家乡村振兴示范县，屏南入选全国传统村落集中连片保护利用示范县，福鼎嵛山岛入选全国“和美海岛”。

这一年，宁德市牢记并践行“森林是水库、钱库、粮库”的科学论断，坚持源头防治、系统治理，低碳发展、绿色转型，努力建设更高水平的美丽宁德。海上养殖综合整治、海漂垃圾治理、互花米草除治等工作经验入选全国典型案例，成为获生态环境部通报表扬的22个地级以上城市之一，连续3年上榜中国“绿都”城市20强。屏南获评国家生态文明建设示范区，周宁获批创建全国“绿水青山就是金山银山”实践创新基地。

这一年，宁德市牢记并践行“把闽东之光传播开去”的重要嘱托，坚持守正创新、开放包容，以文化人、以文润心，全面奏响“魂牵梦绕、山海交响”新乐章。4人入选中国好人、全国新时代好少年、全国见义勇为勇士；5件作品荣获第十届百花文艺奖，原创歌剧《鸾峰桥》走进中央歌剧院。“四下基层”与新时代党的群众路线理论研讨会、全省首届文旅经济发展大会在宁举办。

这一年，宁德市牢记并践行“把心贴近人民”的谆谆教诲，坚持民生优先、重点突破，尽力而为、量力而行，着力解决群众急难愁盼问题。全年民生支出超330亿元，比上年度增加32.9亿元，上榜中国最具幸福感城市第87位。合作办医办学取得突破，上海市第一人民医院宁德医院成功落地，与北京师范大学合作办学成功签约。

一年来社会发展的主要工作和成效如下。

民生福祉进一步改善。加大社会保障力度，

城镇新增就业3.3万人，城镇职工基本养老保险参保人数111万人，医保住院报销起付线下调20%以上。建成嵌入式养老服务机构7个、互助孝老食堂155个，新增全国示范性老年友好型社区3个；新投用普惠托育机构13家、普惠托位1336个。新开工保障性租赁住房2512套。深化教育扩量提质专项行动，实施补短板项目55个，新增学位1.75万个。新增示范性幼儿园37所、省级义务教育管理标准化学校31所、市级乡村温馨校园43所。市职教园一期、衡水育才中学二期、蕉城七小等项目建成投用。中央厨房建成运营。宁德职业技术学院新能源汽车产业学院获批省级试点，宁德师范学院《高等代数》入选国家级一流本科课程。深化医疗卫生服务提升专项行动，实施补短板项目54个，新增建设床位2035张。新增省级临床重点专科5个，完成县级综合医院“四大中心”标准化建设11个，创成社区医院9个。市医院迁建二期、市中医院病房楼等建成投用，市医院、福鼎市医院列入省级区域医疗中心建设单位，全国首家“畲医院”挂牌设立。繁荣发展文化事业，小康电视节目工程荣誉揭晓主题晚会连续3届在宁举行，电视剧《激战苍穹》《连家船民的美好生活》进入备播阶段，“中国诗歌之乡”花落霞浦，柘荣剪纸亮相海外。举办畲族歌舞团建团35周年活动，建成全国最大畲族文献资料库、全省首个地市级文物智慧云平台。闽东苏区纪念馆获评全国巾帼爱国主义教育基地。开展文化惠民活动1300多场次，新建“百姓大舞台”11个，福安下白石、寿宁下党入选全国“四季村晚”示范展示点。开展宁德马拉松等全民健身活动300多场，闽东健儿摘得亚运会等国家级以上赛事金牌30枚、老健会金奖17项，囊括省少数民族运动会奖牌总数和金牌数“两个第一”。深化“平安宁德”建设，扎实创建全国禁毒示范城市，常态化推进扫黑除恶斗争，严厉打击电信网络诈骗等违法犯罪活动，群众安全感率位居全省前列。开展矛盾纠纷大排查大化解，中央信访联席办交办的3批“治重化积”信访事项化解率100%，全市万人起诉率连续5年全省最低，寿宁获评全国信访工作示范县，霞浦溪南化解海上养殖纠纷工作法入选全国先进典型。国防动员和后备力量建设、退役军人服务管理保障和双拥共建工作持续提升。其他社会事业健康发展。

自身建设进一步加强。严格落实“第一议题”学习制度，深入学习贯彻习近平总书记重要讲话重要指示批示精神，坚定拥护“两个确立”、坚决做到“两个维护”。深化运用“四下基层”工作制度，践行“深学争优、敢为争先、实干争效”行动，完成为民办实事项目40件。强化法治政府建设，推进“八五”普法，提请审议地方性法规草案2部，制定规范性文件11份，行政复议合法率、规范性文件备案审查合法率均为100%。深化机关效能建设，优化12345政务便民服务，政府网站绩效评估位居全国地市级第2。自觉接受人大和政协监督，办理代表建议782件、委员提案620件，办结率、满意率均为100%。深入推进政府系统全面从严治党，严格落实中央八项规定及其实施细则精神，扎实做好新时代意识形态工作。审计监督、统计服务等工作进一步加强。

改革开放进一步深化。纵深推进重点领域和关键环节改革，“四下基层”制度化宁德实践入选中国改革年度地方典型案例，乡村振兴特聘指导员、根治欠薪“三三”机制等60多项改革经验在全国全省推广。加快国家级普惠金融改革试验区建设，普惠型小微贷款余额增速超30%、涉农贷款增速达17.4%，金融机构本外币存贷款余额双双突破4000亿元大关。实施营商环境创优专项行动，开展创新试点24项，入选国家级营商环境典型案例7项。启动实施数字赋能“131”工程，一体化政务服务平台、工程审批管理系统、数字化监测督导平台建成投用，政务数据总量提升至50亿条。推行政务服务大厅综合窗口改革，“跨域通办”高频事项达354项，“一件事一次办”事项达240项，“一趟不用跑”事项占比85%。扩大开放交流合作，“宁德—福州江阴—台湾”集装箱航线、中欧班列开通，跨境多式联运“一单制”线路成功落地。宁德市组建的中国援助塞内加尔医疗队荣获全国卫生援外工作表现突出集体，78个国家党宾国宾来宁参访。新增省级对台交流基地1个、闽台农业融合发展推广基地4家、闽台乡建乡创合作项目8个，举办各类涉台交流活动75场。

城市功能进一步提升。实施“城市品质提升

年”活动，推进项目725个，完成老旧小区改造62个，加装电梯77台；新改建公园绿地108.6公顷、福道136.1公里。完成主城区总体城市设计和东湖、赤鉴湖片区城市设计。常态化推进全国文明城市创建，实施“十个十”民生工程，口袋公园、涝点整治、遮阳避雨设施等一批项目建成投用；新装背街小巷路灯1941盏。实施中心城区交通拥堵治理专项行动，连城路一、三期建成通车，北湖滨路、惠风路、学院路、天山路三期等断头路相继打通；新开通定制公交线路9条，新增停车位806个、充电桩738个。海西天然气管道长乐至福鼎段缺陷整改正式启动。实施“重大基础设施攻坚年”活动，温福高铁通过预可研评审，漳湾铁路专线可研获批，车里湾互通、沙埕互通开工建设，宁古高速、宁上高速霞浦至福安段、国道228加快推进，新改建国省干道61.9公里。实施闽东大水网建设专项行动，上白石水利枢纽工程前期取得突破，完成环评批复和移民大纲审查；城乡供水一体化、中心城区湖库连通工程有序推进，市第三供水厂10扩20项目建成投用；新改建供水管网72.5公里、雨污管网200.2公里。建成投产110千伏以上输变电工程16个，新建5G基站3840个。霞浦核电1#机组建成投产，宁德核电5#6#机组、古田溪混合式抽蓄项目通过核准。

乡村振兴进一步展开。实施优势农业提效专项行动，开展“我在宁德有亩田”活动，粮食总产量达48.1万吨。屏南全国首创建成“大食物馆”。推进优势农业提效项目188个，“8+1”特色产业全产业链规模突破2300亿元。获评全国重点产茶县域6个、国家农业产业强镇5个，福安获批创建国家农业现代化示范区，蕉城、福鼎获评国家级水产健康养殖和生态养殖示范区，柘荣列入“福九味”中药材国家优势特色产业集群建设县。发布特色农业产业发展蓝皮书5部，新增全国名特优新农产品3个、地理标志证明商标3个、“两品一标”82个，上榜“福农优品”百品榜16个、省级百强龙头企业9家，古田银耳入选大国好货“一县一品”特色产品，福安葡萄、桐江鲈鱼入选全国农业品牌精品培育名单，寿宁乌茶首发亮相央视，福鼎白茶连续14年位列中国茶叶区域公用品牌十强。举办全国大黄鱼文化节、白茶交易大会、红茶大会等活动，获评大黄鱼美食地标城市。实施农村人居环境分类晋级专项行动，标准版、提升版村庄覆盖率分别提高到62%、32%；创建金牌旅游村112个、“五个美丽”示范点2140个；整治裸房1.2万栋，保护和整治提升传统村落11个，全域实行生活垃圾干湿分类的乡镇35个、行政村1010个。持续落实支持少数民族村、老区基点行政村和海岛振兴系列政策，实施强村富民惠民“三个一批”项目1682个。新改建农村道路405公里，周宁、古田获评全国“四好农村路”示范县，寿宁农村公路建养机制入选全国典型案例。实施生态环境综合治理，推进污染防治项目56个，整治入河入海排污口351个，建设生态清洁小流域13.2公里，重点流域、主要湖库、县级饮用水水源地水质达标率100%。完成植树造林14.6万亩，治理水土流失19.4万亩。“三库+碳库”与习近平生态文明思想理论研讨会成功举办。寿宁获评“世界长寿乡”，周宁获评“中国天然氧吧”，东侨入选全国首批减污降碳协同创新试点。

2024年是新中国成立75周年，是实施“十四五”规划的关键一年，也是习近平总书记“三库”生态理念提出35周年、给寿宁县下党乡乡亲们重要回信5周年。宁德市经济社会发展主要预期目标是：地区生产总值增长8%；农林牧渔业总产值增长3.5%；规上工业增加值增长13%；固定资产投资增长5%；社会消费品零售总额增长5%；进出口总额增长5%；一般公共预算总收入增长7%，地方一般公共预算收入增长6%；金融机构本外币贷款余额增长13%；城乡居民人均可支配收入分别增长5%、8%。

（摘编：刘红波）

蕉城区社会发展概况

2023年，蕉城区坚持以习近平新时代中国特色社会主义思想为指导，全面贯彻落实习近平总书记对福建、对宁德工作的重要讲话重要指示批示精神，坚持稳中求进工作总基调，紧紧围绕省委“深学争优、敢为争先、实干争效”活动，以“四个年”活动和“15个专项行动”为抓手，全力以赴抓重点、补短板、惠民生，经济社会发展保持回升向好的良好态势。全年兑现各类奖补资金2.22亿元，落实区级惠企政策资金1.66亿元。全年完成地区生产总值1340.1亿元，增长10.4%；一般公共预算总收入74.76亿元，同比增长26%；地方一般公共预算收入38.49亿元，同比增长26.2%；社会消费品零售总额增长3%；城镇、农村居民人均可支配收入分别增长5.4%、7.5%。

一年来社会发展的主要工作措施和成效如下。

民生福祉有效保障。社会保障提质扩面，全年民生支出40亿元，占一般公共预算支出79%。坚持促稳岗保就业，开展各类技能培训4033人次，城镇新增就业12156人，失业再就业1456人，发放各类就业创业补贴2406万元。高校毕业生就业率达98.5%。基本公共卫生服务项目政府补助标准提升至每人每年89元。创新推行多样助餐，新增孝老食堂60个、幸福院10所。金涵金溪社区、城南古溪村嵌入式养老机构加快建设。严格落实各项福利政策，集中供养失能特困人员202人，完成残疾人家庭无障碍改造224户，发放各类补贴及救助资金1.44亿元。成立全国首个海上医社保服务站。

社会事业全面发展。36个年度为民办实事项目全面完成。教育补短板项目扎实推进，城澳学校新校区、蕉城七小、第一实验学校旧校区、第二实验学校二期等项目建成投用，新增学位6570个；职教园（一期）建成投用，蕉城中学东校区、洋中中心幼儿园等项目加快建设，北京师范大学宁德实验学校选址八都片区；义务教育扩优提质，普惠性幼儿园覆盖率达90%，公办园占比达50%，“双减”政策有效落实。医疗卫生服务能力明显提升，蕉北卫生服务中心业务用房完成搬迁，人民医院扩容、洋中卫生院门诊楼重建等项目加快建设，区疾控中心、金涵卫生院、霍童卫生院等项目加快前期；15个中医馆建成投用；创建省级慢性病综合防控示范区。大力发展普惠托育服务，新增普惠托育机构2家、普惠托位148个。九仙村乡村振兴实践点、霍童新线狮馆、闽东籍沙家浜英雄事迹陈列展开馆，新增图书馆分馆2个。以蔡威烈士为主要原型的电视剧《激战苍穹》完成拍摄。全网发布人文纪录片《霍童洞天》及其主题曲《梦回霍童》，助推霍童洞天申报世界文化遗产。推荐福船、霍童线狮、畲族乌饭等参与央视非遗节目录制。全民健身扎实推进，八都溪池智慧体育公园动工建设，成功承办宁德首届马拉松赛事。

社会治理纵深推进。平安蕉城建设不断深化，扫黑除恶斗争常态开展，全国禁毒示范城市加快创建，“雪亮工程”建设持续推进，电信网络违法犯罪打击治理效能全面提升。派出所“两队一室”运行机制改革初步完成。中央信访联席办交办的第三批“治重化积”信访件全面化解。扎实推进社区党组织领办“好厝边”工作。“海上枫桥”经验拓展提升，试点推行社区（村）网格化服务管理。完善公共法律服务网络平台，建成全省首个猴盾畲村法官工作室。成立道交一体化司法协同中心。

自身建设持续加强。深入开展学习贯彻习近平新时代中国特色社会主义思想主题教育，坚定拥护“两个确立”、坚决做到“两个维护”。法治蕉城建设不断深化，“八五”普法深入实施，完善行政败诉案件责任追究机制，行政决策公信力持续提升；完成127件人大议案、建议和194件政协提案办理；依法接受社会和舆论监督，审计监督、统计监督不断加强。政府绩效管理持续加强，连续十年市对区绩效考评优秀。一刻不停推进全面从严治党，严格落实中央八项规定精神，全面落实意识形态工作责任制。

城市品质不断提升。再次上榜全省城市发展“十优”区，晋升至第3位。宁德至长乐机场城际铁路完成建设规划调整批复，车里湾互通开工建设，宁古高速蕉城段序时推进。城市生活品质持续提档，57个城建项目完成投资3.57亿元，环金溪、福洋片区城市更新项目持续推进，5个老旧小区完成改造提升，6个小区完成微改造，新建贵岐村、东岐村等5个口袋公园，5个城区污水提质增效工程全面推进；连城路一期、三期及长溪路建成通车，宁川路完成绿化改造提升，洋中路、东湖新村路等4条道路完成“白改黑”，八一五路、环城路等7条道路完成林荫道建设；安装小街巷路灯1807盏，实现小街巷路灯全覆盖，新增公共停车泊位318个、充电桩188个，虎贝建成全省首个乡镇级光储充检一体化智能充电站；完成金溪公园系统提升项目一期。城市人文品质有效提升，鹏程历史文化街区一期完成建设；兰田三期、蚶岐等安居工程加快建设。组建专班推进连城路区域成立街道，筹备工作基本完成。

乡村振兴全面推进。粮食安全守牢底线。坚决扛牢粮食安全责任，持续实施“粮食安全蕉城行动”，完成高标准农田建设11636亩、抛荒地复垦4849亩、粮播面积7.98万亩，开展“我在宁德有亩田，稻香蕉城我先行”活动，共认领良田3313亩。牢牢守住耕地保护红线，扎实推进例行督察反馈问题整改；完成永久基本农田核实处置2600亩、补充耕地保有量2132亩、新增补充耕地728亩，均超额完成任务。和美乡村加快建设。实施春季人居环境整治、美化家园专项行动，开展国道G228飞鸾互通至城澳隧道段、疏港路沿线环境综合整治提升。投入3.3亿元，实施农村人居环境整治暨农村建设品质提升项目45个。深入开展农村人居环境分类晋级专项行动，新建乡镇污水管网5.2公里，新改建农村供水管网72公里，完成裸房整治1357栋，创建“美丽庭院”172户；完成5个农村生活污水提升治理项目。15个省级乡村振兴试点村累计完成项目38个、总投3432万元。成功入选全省历史文化名镇名村传统村落集中连片保护示范区，赤溪镇获评省乡村振兴示范乡镇，虎贝镇获评省级乡村治理示范乡镇，八都镇获评省级全域生态旅游小镇，猴盾村入选中国美丽休闲乡村。实施闽东大水网专项建设行动，湖库连通工程序时推进，宁德市第三水厂三期扩建项目通水运行。全面落实路长制，高品质推进“四好农村路”建设，实施12个乡镇19个农村公路配套路网项目59.3公里，农村公路养护水平全面提高。富民强村扎实推进。建立健全返贫监测预警和动态帮扶机制，实施帮扶措施432项，发放各级产业帮扶资金263万元，带动脱贫户发展产业884户、就业2003名。深入开展村级集体经济“提质强村”行动，实施“党建引领、村社共建、联农带农”项目，实现村集体收入15万元以上达100%，收入20万元以上达70%，收入50万元以上达35%。

环境整治深入开展。圆满完成澳港物流园生态环保督察整改销号。深入开展生态环境保护专项行动，畜禽养殖禁养区重新划定，拆除违规生猪养殖场67家，万人千吨饮用水源地水质达Ⅲ类及以上；开展清海百日攻坚，完成72个入海排污口综合整治。完成植树造林1.43万亩；九都国家水土保持科技示范园完成改造提升，获评全国水土保持科普教育基地；完成水土流失治理0.98万亩。完成第三次全国土壤普查外业调查，新能源科技公司土壤污染防治绿色化提升改造项目建成投用。空气质量优于全省平均水平。

（摘编：李哲）

福安市社会发展概况

2023年，福安市坚持以习近平新时代中国特色社会主义思想为指导，深入学习贯彻党的二十大精神，聚焦“五福新城、全家福安”发展目标，持续深化19个专项行动，经济社会发展取得新成效。全市地区生产总值850亿元，增长10%以上；固定资产投资有望收窄至-15%；社会消费品零售总额179.4亿元，增长5%；一般公共预算总收入74.27亿元，增长12.5%；一般公共预算地方级收入43.67亿元，增长10.4%；城镇居民人均可支配收入48566元，增长5.5%；农村居民人均可支配收入26081元，增长9%。

一年来社会发展的主要工作和成效如下。

社会保障有力有效。民生支出近60亿元，占一般公共预算支出的81%。39件为民办实事项目基本办结。出台稳工稳产促就业12条措施，发放稳工稳岗补贴1410万元。新增城镇就业3816人、城镇失业人员再就业1062人。扶持高校毕业生创业项目186个，帮扶高校毕业生就业1903人。在青拓集团设立宁德首家社保服务站。发放城乡居民养老金2.2亿元、60周岁以上被征地农民保障金4145万元。发放低保金、特困供养金、困难残疾人补贴、抚恤优待金等2.2亿元。完成低收入群体居住场所消防安全改造12861户。提升改造农村幸福院29所。新建嵌入式养老服务机构2个、互助孝老食堂17所。12家乡镇敬老院实现公建民营。福乐家园一期、社会福利院二期建成投用。新殡仪馆主体工程竣工验收。城市公益性公墓二期加快建设。

教育卫生扩优提质。入选省级基础教育综合改革实验区。民族实验小学入选全国乡村温馨校园建设典型案例。福安三中、实小富阳校区、龙江校区入选全省义务教育教改基地校。实施教育补短板项目24个，宁德职业技术学院3#宿舍楼、福安职校扩建、城阳中心小学综合楼、溪北洋一小5#综合楼、湾坞半屿小学综合楼以及一批幼儿园项目建成投用。老区中学新校区主体完工。福安一中滨海校区、职校穆阳校区动工建设。新增学位1700个。新增省级普惠性托育机构试点3家、托位382个。全国首家“畲医院”在市民族医院挂牌设立。人民医院医养结合试点启动建设。潭头卫生院综合楼建成投用。甘棠卫生院通过省级社区医院评审。建成老年人康复治疗室19家。新增名医“师带徒”工作室2个。阳头社区卫生服务中心与闽东医院联合共建的康复病房得到广大群众认可。

文体事业蓬勃发展。《宁海往事》获评亚洲微电影艺术节剧情片最佳作品奖。微电影《九家保》入围第13届北京国际网络电影展。央视节目《山水间的家》走进下岐村。热播综艺《一路笑开花》在我市取景录制。摄影作品《新能源车》入选全国摄影艺术展。畲族银雕《同宗同源同心》选送国家博物馆展示。穆阳镇、棠溪村成功申报中国历史文化名镇名村。华一设计获评国家文化产业示范基地。34处革命遗址遗存列入省级不可移动革命文物。闽东苏区纪念馆入选省红色法治文化遗存名录。爱故乡书院入选全国最美农家书屋，“全民读书月”“书香伴童年”活动获评省全民阅读优秀项目。《福安市志》正式公开出版。溪柄半程马拉松赛、赛岐山地自行车联赛、白云山音乐帐篷节、职工运动会等如期举办。市档案馆新馆、畲族文化中心建成投用。全民健身中心顺利完工。五福文博苑、科技馆将于年前启用。福安选手在全国老年人体育健身大会上赢得6枚奖牌，在省射击、青少年射箭锦标赛、省民族运动会上收获42枚奖牌。

社会大局和谐稳定。顺利通过“八五”普法中期评估，办理法律援助案件1284件。青拓集团劳动争议调委会获评全国金牌调解组织。化解各类信访问题736件。常态化开展扫黑除恶斗争，破获全省首起涉黑网络案件，受公安部表彰。交通事故“快处快赔121”机制成为全省新时代“枫桥式工作法”典型。“飓风肃毒2023”“两卡霜降”等专项行动成效显著，破获刑事案件870起，查结治安案件3002起，实现刑事、治安警情双下降，群众安全感率居全省前列。深入开展生产安全集中整治年活动，安全生产形势总体平稳。食品药品安全防线持续筑牢。注重民族宗教工作，全省铸牢中华民族共同体意识主题教育月活动在我市举办，坂中畲族乡获评全国民族团结进步示范区示范单位。廉村获评全国民主法治示范村。罗江三江社区治理模式入选全国城乡社区高质量发展典型案例。阳春社区获评全国巾帼文明岗。福安汽运公司原安全员陆韦被誉为富春溪“守护神”的见义勇为事迹；福安籍护士王林慧从“带母上学”到“带母上班”的孝老爱亲故事、事迹；市民杨焕光徒手高空勇救儿童的英勇善举都充分凝聚社会正能量，赢得广大人民群众高度点赞。

城市建管更有温度。新编制村庄规划45个。实施城乡品质提升项目113个，完成投资31.8亿元。富春公园、环阳头岛慢道系统完成改造提升。富春溪湿地公园一、二期全面建成。富春溪西岸栖云桥栈道连接段有望年前完工。富阳大桥等城区9处重要节点实现美化增亮。一批口袋公园建成投用。新改造公共绿地600亩、福道20公里。省级文明城市创建、城乡卫生整治攻坚全面推进，施划二轮、四轮停车泊位3.65万个，改造提升城区农贸市场10个、公厕59座，清运垃圾近10万吨。新改建雨水及供水管网16公里、燃气管道15公里。年前可建成智慧公共停车泊位1000个、5G基站409个、充电桩161个。完成电力高压缆化下地40公里、低压缆化下地13公里。11个老旧小区、黄金珠宝城、东门头婚庆民俗一条街一期、莲池历史文化街区一期完成改造提升。广兴社区获评省完整社区样板工程。阳春社区成为国家完整社区试点。

乡村振兴更富成效。全面实施乡村振兴“321”行动，入选省乡村振兴热度指数前十县市。累计投入乡村振兴各级财政衔接补助资金3432.4万元。批复省级乡村振兴试点村建设项目53个，投入资金2778万元。实施“一事一议”奖补项目178个，兑现奖补资金2730万元。实现70%建制村经营性收入达20万元以上。新增省级“一村一品”专业村5个。短视频《来穆阳感受独有的色彩》入选国家乡村振兴典型案例。溪邳村获评中国连家船民上岸富起来示范村。廉岭村入选清华大学乡村振兴实践基地。“文化名村·农旅联姻”“闽东延安·风情赛江”入选省级乡村振兴精品线路。穆云畲族乡、赛岐象环村、康厝金斗洋村等13个村入选全省乡村振兴示范镇村。白马组团湾坞片区、南岩村入选城乡建设品质省级样本工程。廉村获评省级美丽休闲乡村。

生态底色更加鲜明。县级集中式饮用水水源水质达标率100%，空气质量优良天数比例达99.7%，主要流域国省控断面水质保持Ⅲ类及以上。第一、二轮中央和省生态环保督察交办206件信访件全部办结销号。第三轮中央生态环保督察交办信访件加快办理。青拓环保建材获评国家级绿色工厂。新改建城乡污水管网33.2公里。湾坞西片区污水处理二厂主体完工。赛岐污水处理厂完成提标改造。柳堤污水处理厂二期动工扩建。罗江全域和44个建制村垃圾分类全面完成。17个水利重点项目完成投资6亿元。晓阳大中型水库移民后扶省级示范区项目竣工。茜安中型灌区获评全国节水型灌区。交溪流域“一河一策一图”应急演练获生态环境部表扬。完成造林绿化8.4万亩，森林覆盖率达55.4%，治理水土流失2.1万亩。新增省级森林镇村4个。新创建中级版“绿盈乡村”16个。全国互花米草防治工作现场会在福安市召开。海上养殖综合整治成效持续巩固提升。

（摘编：李子涵）

福鼎市社会发展概况

2023年，福鼎市坚持以习近平新时代中国特色社会主义思想为指导，积极践行“四下基层”工作制度，以“三抓两创一目标”落实机制为抓手，全力做好稳增长、稳就业、稳物价工作，经济运行保持良好态势。全年实现地区生产总值557亿元、增长12.5%，创2014年以来最高增幅，居宁德首位；一般公共预算总收入增长11%，地方一般公共预算收入与上年持平，城乡居民人均可支配收入分别增长5%和7%。

群众福祉持续增进。社会保障扎实有力。全年民生支出42.5亿元，占一般公共预算支出的85%。34项为民办实事及民生票决项目有效落实，麻坑里道路实现通车，岐头等7个安置地陆续交付，成功兑现政府承诺。就业形势保持稳定，解决企业用工8167人，城镇新增就业4956人。城乡居民医保人均年补助标准提至640元，参保率稳定在96%以上，医保基金支出3.3亿元。发放低保金、特困供养金、残疾人两项补贴等1.4亿元。城市公益性公墓加快建设。“一老一小”服务体系不断健全，新增普惠性托位271个，新建孝老食堂8个，提升改造农村幸福院13个，福鼎市居家养老服务中心投入使用。

公共服务优质共享。实施教育补短板项目7个，桐南小学海湾校区二期、福鼎十五中教学楼等项目竣工投用，福鼎一中西校区、职业中专新校区揭牌启用，新设实验小学赤溪校区、桐北小学嵛山校区、福鼎三中沙埕校区，新增学位3200个。全市小学实现省级义务教育管理标准化全覆盖，中考“三率一分”综合比连续七年居宁德第一。成功引进宁德理工职业技术学院。市第二医院新院区正式启用，管阳卫生院西阳分院、沙埕中心卫生院综合楼建成投用，桐山街道社区卫生服务中心新院区主体竣工，6家基层医疗机构服务能力达到国家推荐标准，4家达到省级社区医院标准。与温州附二医院、上海仁济医院成功签署合作协议，引进骨科、儿科、肿瘤科等专家，新增名医“师带徒”工作室2个。市医院入选省级区域医疗中心建设单位。

文体事业全面发展。开展文化惠民、全民健身活动4000余场次，承办第二届全民阅读大会中国书香展福鼎会场活动，福鼎六中、城西小学图书馆建成投用。以嵛山岛为题材的长篇小说《澄碧千顷》出版发行。成功举办中国白茶始祖·太姥祭典，福鼎白茶制作技艺亮相央视《非遗里的中国》。硖门金凤凰童声合唱团荣获全国青少年合唱展演少数民族团队一等奖。红色文化遗存（革命文物）保护利用专项规划启动编制，福鼎市革命烈士纪念馆动工建设。成功举办中国10公里精英赛、太姥山洞道穿越挑战赛、中国·福鼎气排球赛等精品赛事。福鼎籍运动员勇夺国家级以上赛事金牌10枚。

社会治理安定有序。深化平安福鼎建设，常态化推进扫黑除恶斗争，依法打击电信网络诈骗等违法犯罪，八大类暴力犯罪案件破案率100%。阮洋获评省级无走私示范村，赤溪入选全国乡村治理示范村。化解信访突出问题82件，调处矛盾纠纷4463件。多渠道筹资垫资4.3亿元，推动恒大楼盘提前半年全面交楼，保交楼工作获得省政府肯定。持续强化生产、食药、消防、燃气等重点领域安全监管，安全生产形势稳定向好。妇联获评全国维护妇女儿童权益先进集体。气象局入选全国气象部门创建模范机关标兵单位。计生协获得民政部通报表扬。太姥山市场监管所上榜全国首批五星市场监管所。民族团结、宗教和顺的良好局面更加稳固，瑞云、赤溪获评省级民族团结进步重点区。国防动员、后备力量建设、退役军人服务保障工作持续提升，其他社会工作取得新成绩。

政府建设全面加强。深入学习贯彻习近平总书记关于“四下基层”的重要批示精神，扎实开展主题教育，全面贯彻落实党的二十大精神，忠诚拥护“两个确立”、坚决做到“两个维护”。全面从严治党主体责任落细落实，党风廉政建设和反腐败工作持续深入。扎实做好第三轮中央环保督察、省委巡视反馈问题整改。深化“接诉即办”，12345便民服务中心办理群众“急难愁盼”事项1.9万件，群众满意率99%。全面推进政务公开，政府门户网站与政务新媒体绩效水平位列全省优秀等次。县级财政管理绩效综合评价位居全省第2位。自觉接受市人大及其常委会法律监督和工作监督、市政协民主监督，办理人大代表建议144件、政协委员提案172件，满意率100%。机关效能和作风建设持续改善，监察监督、审计监督、统计服务等工作进一步加强。

城乡发展深度融合。交通路网日趋完善。对外通道加快构建，228国道福鼎段、104国道岙里涉铁路段、甬莞高速沙埕互通连接线动工建设，滨海大道二期建成通车，104国道分水关至贯岭段完成改造。区域通道建设提速，中央大道、江边路、海城路等实现通车，古城北路“卡脖子”路段完成拓宽改造，城东北路、朝晖路等4条城区主干道完成“白改黑”。锂电产业园交通枢纽中心、沙埕水岙陆岛交通码头建成投用。晋级改造农村公路72公里，全市通双车道行政村64%，获评省级“四好农村路”示范县。城市品质稳步提升。纵深推进创城三年行动，深化文明培育、文明实践、文明创建，实施城市品质提升项目111个，入选省级城乡精神文明融合创建试点县。城市颜值不断刷新，出台主城区危房改造管理办法、国有土地上房屋征收补偿标准指导意见，改造老旧小区10个、背街小巷9条。园林城市加快建设，“十里桐溪”福文化公园对外开放，双桂（智慧体育）公园完成改造，新增口袋公园5个、福道20公里。城市管理更加精细，遮阳避雨设施、公厕、户外劳动者服务站点等一批项目陆续建成投用，新增城区公共停车泊位200个、充电桩82个。建成5G基站422个。完成第三污水处理厂提标扩容、三联污水处理厂技改提升，新改建雨污管网23公里、天然气管道20公里。拆除“两违”建筑面积3.8万平方米。城区生活垃圾分类覆盖率40%。

乡村振兴富有成效。累计投入各级资金6.1亿元，巩固拓展脱贫攻坚成果同乡村振兴有效衔接，脱贫家庭最低人均纯收入超1.4万元。“百万村财、千万乡财”行动稳步推进，88个村级集体经济收入超50万元，贯岭获批创建全国农业产业强镇。启动编制10个乡镇国土空间总体规划，高质量完成43个村庄规划编制。城乡环卫一体化、“民房一村一范例”有序推进，农村生活污水治理二期、店下—龙安综合污水处理厂提标改造全面完工，整治裸房3036栋，新增省级美丽庭院130户。东南河库水系连通工程竣工投用，有效缓解太姥山、店下、龙安等南部片区常年缺水问题，惠及群众11万人。小白鹭、柏柳入选省级美丽宜居村庄培育对象名单。嵛山岛获评全国“和美海岛”。

生态环境持续改善。与法国开发署合作的山水林海一体化保护管理示范项目正式签约启动，八尺门内湾海洋生态修复项目动工建设。强化空气污染综合治理，空气质量优良天数比例100%。深化河湖长制，整治入河入海排污口81个，新建生态水系18公里，主要流域、小流域、饮用水源水质达标率100%。全国首单海洋生态植被救治（互花米草防治）保险落地，完成巽城红树林湿地公园总体规划，新增红树林700亩。危险废物安全处置率100%，土壤环境质量保持稳定。全面推行林长制，聘请民间林长20名，创新开展“百村千企万人”植树三年行动，造林绿化5.2万亩，治理水土流失1.2万亩，查处破坏森林资源案件1034件。硖门乡、溪美村获评省级森林乡村。

（摘编：陈德盛）

霞浦县社会发展概况

2023年，霞浦县坚持以习近平新时代中国特色社会主义思想为指导，深入学习贯彻党的二十大、二十届二中全会精神，扎实开展第二批学习贯彻习近平新时代中国特色社会主义思想主题教育，全面落实中央、省、市和县委各项决策部署，紧扣“四个更大”重要要求，实施“深学争优、敢为争先、实干争效”行动，严格执行县人大及其常委会决议决定，较好地完成了年初确定的主要目标任务。全年完成地区生产总值369.73亿元、增长6%；固定资产投资下降33%；一般公共预算总收入31.3亿元、同口径增长10%；地方一般公共预算收入23.5亿元、同口径增长4.3%；城镇居民人均可支配收入44484元、增长4%；农村居民人均可支配收入25451元、增长7%。

一年来社会发展的主要工作和成效如下。

社会保障持续完善。民生支出41.48亿元，占公共财政支出81%，38个为民办实事项目有效推进。新增城镇就业3000人、失业人员再就业485人。发放低保、特困人员补贴资金1.25亿元，拨付优抚安置、自主就业等资金2899万元。养老和医保参保率分别达90%、99%以上。新建互助孝老食堂50处，完成13所农村幸福院质量提升。霞浦被授予“中国滨海生态康养基地”称号。巩固拓展脱贫攻坚成果同乡村振兴有效衔接，落实产业发展、医疗救助、贴息贷款等各类资金5116万元，重点巩固和监测对象无一返贫。深化殡葬改革，在松城七宝洋村建成城市公益性公墓（一期）一区。

社会事业升温提质。10个教育补短板项目完成投资3.5亿元，七中扩建、盐田中心小学教学综合楼等3个项目竣工投用，六中初中部迁建、民中迁建等7个项目动工建设，海峡职业技术学院、特教校扩建等6个项目启动前期，新增学位2370个。水潮小学入选全国国防教育示范学校，一中入选福建省第四批中小学心理健康教育特色学校。“健康霞浦”加快推进，9个卫生补短板项目完成投资1.2亿元，下浒卫生院新院、福宁医院二期外科大楼竣工投用，新增床位545个。县医院荣获全国改善医疗服务能力奖，胸痛中心通过国家总部认证。县医院泌尿外科、中医院治未病科通过市级重点专科验收。文体事业加快发展，编制畲族文化遗产和红色文化遗产保护规划，建成温麻古县记忆馆、长沙诗歌馆，成功举办2023首届中国（霞浦）自驾旅游产业发展大会暨海洋文化摄影周、海峡两岸共祭松山妈祖行宫千年庆典等活动，打造“三浦并臻”福建特色文化品牌，荣获“中国诗歌之乡”称号。霞浦体育代表团在福建省青少年帆船帆板锦标赛上荣获团体金牌2枚，个人金牌8枚，创历史最好成绩。

社会大局和谐稳定。完成松港街道7个社区析置，成立全省首个全部由养殖户组成的“海上社区”居委会。推进常态化扫黑除恶斗争，纵深推进反电诈、规范社区（村）网格化服务管理等专项行动，在全市率先成立基层基础管控中心和合成作战中心，群众安全感率达98.78%。深化运用“四下基层”工作制度，打造霞浦县“四下基层”主题馆和东山村幸福之路展示馆，创新推出“一研二排三发力”海上矛盾化解工作法，入选全国新时代“枫桥经验”先进典型。松山古县村获评全国乡村治理示范村，沙江镇、柏洋乡获评省级乡村治理示范乡镇。安全生产形势总体平稳，安全生产事故数、死亡人数均下降50%。有效处置三盛·璞悦山河、世贸·时代广场等房地产问题，完成“保交楼”任务。蝉联省级双拥模范县。与此同时，工会、共青团、妇联、文联、工商联、城联社、社科联、科协、老区、老龄、残联、移民、档案、党史和地方志、气象、外事、侨务、台港澳、老体协、红十字会、民族宗教、关心下一代等工作取得新进展。

法治建设持续深化。严格落实法治政府建设主体责任，“八五”普法通过中期验收，53个党政机关法律顾问实现全覆盖。持续推行重大行政决策合法性审查，行政争议发案量和败诉率实现“双下降”。自觉接受人大法律监督和政协民主监督，主动接受群众监督、舆论监督，办理人大代表建议266件，政协提案154件，办结率、答复率均为100%。依法接受省委巡视和省市审计检查。

政治建设全面加强。坚持把政治建设摆在首要位置，严格落实“第一议题”学习制度，及时传达学习习近平总书记重要讲话重要指示批示精神，把握意识形态工作正确方向，坚定拥护“两个确立”、坚决做到“两个维护”。自觉扛起管党治党主体责任，健全完善《县政府党组议事规则》，实施每周会商制度，形成上下贯通、落实高效的政府工作体系。

作风建设取得实效。严格落实中央八项规定及其实施细则精神和省市县实施办法，政府系统党风廉政建设和反腐败斗争深入推进。坚持政府带头过紧日子，“三公”经费压减8.22%。深化机关效能建设，“12345”政务服务便民热线、县长信箱共受理诉求16567件，办结率100%。政府网站绩效评估进入全国前十。主题教育取得阶段性成效，作为全国唯一县份参加中央主题教育领导小组第二批主题教育工作推进会。

城市颜值更加靓丽。完成国土空间总体规划编制，落实城市建设品质提升项目39个，工人文化宫、行政服务中心等项目建成投用。城区路网加快建设，新改扩建市政道路7.2公里，洲洋路、湖滨北路等8条路网建成通车。完成道路“白改黑”3.5公里，实现城区主干道全覆盖。综合配套逐步完善，升级改造金山花园、世纪锦园等老旧小区5个，新增公园绿地面积165亩、雨污管网15.63公里、燃气管道20公里，建成公共停车泊位341个，市政路灯亮灯率98%以上。扎实推进省级文明县城创建，“数字城管”平台建成投用，设置“摊规点”45个，完成城区6个农贸市场升级改造。城区基本实现生活垃圾分类全覆盖。

农村基础更加完备。实施农村建设品质提升项目28个，编制村庄规划217个、传统村落保护规划22个，改造乡镇老旧小区6个，完成裸房整治1665栋，铺设污水管网26.1公里。新改建农村公路35公里、港湾式客运站7座，开通牙城—虎屿岛的全省首条高速免费接驳“赶海”专线。改造升级崇儒—岚后220千伏线路8.2公里，扩建小沙、西关等5个110千伏变电站，全县户均配变容量提升至3.88千伏安。新增5G基站377个，基本实现百兆网络行政村全覆盖。建成西洋一级渔港等5处渔港。改造提升崇儒上水村、沙江竹江村等3个国家级传统村落，水门茶岗村、盐田上村村入选第六批中国传统村落名录。溪南半月里村获评全国美丽宜居村庄，三沙镇获评省级乡村振兴重点特色乡镇，盐田西胜村、柏洋董墩村入选省级乡村振兴实绩突出村。

生态治理更加有力。扎实推进燃煤锅炉淘汰和升级改造，空气质量优良天数比例达100%。严格落实“河湖长制”，推进杯溪流域治理，整治入河、入海排污口56个，建设安全生态水系3.24公里，县城集中式饮用水水源地和主要流域水质达标率均为100%。除治互花米草3.7万亩，盐田鹅湾和长春冬瓜山摄影点、祖厝村入选全国互花米草防治工作现场会观摩点。巩固海上养殖综合整治成果，半塑胶渔排改造53.8万口，长表岛禁养区清退1364公顷，清理海漂垃圾2.3万吨。全面推行“林长制”，植树造林1.76万亩、森林抚育4.66万亩，治理水土流失4万亩，新增省级森林村庄2个、绿盈乡村10个。霞浦获评第六批节水型社会建设达标县。基本完成第一、二轮中央生态环境保护督察反馈问题和违法图斑整改工作。

（摘编：胡义顺）

古田县社会发展概况

2023年，古田县坚持以习近平新时代中国特色社会主义思想为指导，全力推进“数字古田、绿色古田、开放古田、健康古田、魅力古田”建设，全县经济社会发展呈现稳中有进、进中提质的良好态势。全县全年地区生产总值251.1亿元、增长6%。固定资产投资增长3%，一般公共预算总收入12.87亿元、增长17.6%，地方一般公共预算收入9.4亿元、增长8.7%，城镇居民人均可支配收入42726元、增长5%，农村居民人均可支配收入26330元、增长8.1%。

群众生活更加美好。36项为民办实事项目顺利完成。全年民生支出约25.5亿元，占一般公共预算支出的85%。城镇、农村居民人均可支配收入较去年分别提高2034元和2007元，农民人均可支配收入连续20年居全市第一，群众安全感率首次进入全省前20名。社会事业更加进步。坚持教育优先发展，全年教育投入8.4亿元，完成32个教育提升改造项目，古田六中新教学楼、罗华幼儿园、城南幼儿园等项目加快建设。完成县进修校搬迁和职业中专大桥校区建设，完成十四中、乔西中学、九都中学撤并工作。扎实做好一中翠屏湖校区项目和六中、七中等城关寄宿制项目的前期工作，新增学位400个，寄宿制床位380张。成立古田翠屏教育发展基金会，组建11个中小学幼儿园“1+X”教育共同体，与上海老教授协会签订教育帮扶合作协议，在全市首创“订单式”培养师范类本科生机制。古田一中80周年校庆活动隆重举办，古田县学生勇夺宁德第十四届中小学田径运动会第一名，打破市运会纪录15项。医疗卫生水平稳步提升，全面完成县医院、县疾控中心建设，完成城西社区卫生服务中心改造提升，进一步完善卒中中心、胸痛中心等“四大中心”建设，正式启用“无陪护”试点病房，建成15张重症ICU床位。“先诊疗后付费”模式扩面至平湖、大桥等基层卫生院，古田二院改制工作加快推进，全面消除医疗服务“空白村”。文化体育事业繁荣进步，县图书馆、县文化馆建成投用，新时代文明实践中心三级阵地实现全覆盖，《中国语言文化典藏·古田》一书发布，县文化馆被确定为福建省艺术普及志愿服务示范点；“四下基层——调查研究下基层”主题馆获评福建省社会科学普及基地；福建省文化科技卫生“三下乡”活动在杉洋成功举办；古田皮划艇运动员董毅夺得亚运会宁德首金。成功举办健康古田新春徒步行、环湖慢道健步跑、闽江水域龙舟赛、闽东北公开水域游泳邀请赛等一系列群众性体育活动，掀起全民健身热潮。

社会保障更加有力。宁德技师学院古田分院完成搬迁，全年新增城镇就业500多人，取得技能等级证书805人。发放创业担保贷款488笔9858万元，带动创业就业1300多人，发放量连续四年保持全省县域第一。新创建“无欠薪项目部”15家，全县在建工程农民工工资及保证金制度覆盖率100%。7.4万名城乡居民和1.61万名企事业单位退休人员养老金调整发放到位。低收入人口救助保障标准再次提高，低保标准、特困人员分散和集中供养的基本生活标准分别较去年提高151元、196元和363元。更加关注“一老一幼”，全县乡镇敬老院公建民营率达100%，康乐家养老中心建成投用，新增养老床位322张。持续提升互助孝老食堂运营质效，累计建成互助孝老食堂220个，日均可服务4400多名老年人。完成婴幼儿照护服务普惠项目，新增托位65个。加快推进残疾人事业发展，在全市率先开展残疾人居家托养服务试点，为256户残疾人家庭提供居家托养服务。

社会治理更加高效。推进扫黑除恶常态化，破获恶势力犯罪组织1个、新型电信网络诈骗案件113起。在全省首创古田“行德通”文明交通评价系统，扎实推进派出所“两队一室”改革，大力实施主动警务、预防警务，促进社会面治安警情持续下降。在全县公开招聘1146名网格员，全面提升基层社会治理网格化服务管理质效。开展矛盾纠纷大排查大化解专项行动，成功调处、化解矛盾纠纷1505件，中央信访联席办交办的15件治重化积件100%化解。

自身建设更加过硬。全力支持、配合省委第九巡视组开展巡视工作，省委巡视反馈问题基本完成整改。法治建设再提速。通过省市“八五”普法中期评估，完成省市一体化大融合行政执法平台建设，全县党政机关100%配备法律顾问。办复95件人大代表建议和76件政协委员提案。坚决防范和惩治统计造假、弄虚作假，完成全国第五次经济普查单位清查工作。严格落实中央八项规定及其实施细则精神，全年共核减政府性投资预（结）算项目金额1.7亿元。效能督查覆盖全县各乡镇（街道）及县直机关单位，效能问责31人次。“12345”便民服务平台诉求件办结率100%，群众满意率达99.26%。

城乡发展更加协调。全年投入25.6亿元用于基础设施建设和环境整治提升，成功创建“四好农村路”全国示范县，获得全省老旧小区改造绩效激励考评第3名，获评“中国天然氧吧”。乡村振兴全面推进。累计完成213个村庄规划编制，超额完成三年行动计划任务。成功创建12个中级版、6个高级版“绿盈乡村”。扎实推进10个金牌旅游村创建，凤埔峦龙村入选中国传统村落，泮洋新华村获评省级金牌旅游村，卓洋半山村获评省级乡村振兴示范村，凤都新建村被列入“福建省畲药种植基地”备案名录。12个乡镇排水工程全部进场施工，建成污水管网34.7公里，提升改造污水处理设施8座。城乡供水一体化项目完成大桥供水分区主体工程，平湖—凤埔供水分区、城区第二水厂供水水源等工程开工建设。整治农村裸房3893栋，新改建农村公路25公里，新建村道安保工程26.44公里，改造危桥2座，改造农村电网155.8公里，整治农村通信、电力、广电线路286公里。选派40名乡村振兴特聘指导员开展驻村帮扶和智库服务。城市品质不断提升。71个城市品质提升项目完成投资22.37亿元，第二批老旧小区改造项目竣工验收，第三批城西片区进入扫尾阶段，中心城区城市更新样板工程入选“2024年福建省城乡建设品质提升省级样板工程”。城市配套日益完善，新改建市政道路4.5公里、燃气管道3.5公里、雨水管网8.26公里、污水管网13.14公里，新建城区停车位217个、休闲小公园2个。鸣玉桥、移民公园等项目建成投用，长寿路健身休闲福道（三期）、廊桥配套二期将于春节前投用，新丰河景观夜景提升项目开工建设。城市管理持续加强，“数字城管”助推城市精细化管理，数字系统上报问题结案率达100%，整治城区店外占道经营3.3万多起。建成50个垃圾分类屋，垃圾焚烧无害化处理率100%。

生态环境持续向好。全县4个国控断面、7个省控断面、10个省控小流域断面水质Ⅲ类以上优良比例均达100%。完成全县206个农村千人以下水源保护区“划、立、治”工作，取缔违建畜禽养殖场157家，全县120家水电站最小生态下泄流量达标率100%，城区饮用水源水质达标率100%。淘汰2蒸吨以下燃煤锅炉88台，城区空气环境监测优良率99.7%，空气质量综合指数全省排名较去年提升7个位次。完成2个历史遗留废弃矿山生态修复，环城、环湖重点区位林相改善1215亩，造林绿化99135亩，义务植树55.1万株，治理水土流失22347亩。黄田获评省级森林乡镇，城东利洋村、杉洋洪湾村获评省级森林村庄。

（摘编：邹申）

屏南县社会发展概况

2023年，屏南县坚持以习近平新时代中国特色社会主义思想为指导，全面落实“深学争优、敢为争先、实干争效”行动，千方百计稳大盘，全力以赴攻难点，经济社会发展呈现出更大韧性。全年完成地区生产总值128亿元、增长2%，社会消费品零售总额45.8亿元、增长2.3%，一般公共预算总收入6.09亿元、完成预算数102.65%，地方一般公共预算收入4.36亿元、完成预算数100%。

用心用力保障民生。民生领域投入资金15.62亿元、占财政总支出80.16%，实施为民办实事项目35个、完成投资3.12亿元。发放低保金3400多万元、特困供养金1500多万元、优抚安置金1200多万元。就业形势总体稳定。开展春风行动等各类线上线下招聘会15场，举办技能培训9期，新增就业605人、再就业130人。城镇居民人均可支配收入37306元、增长5%，农村居民人均可支配收入22494元、增长8%。建成区域性养老服务中心2家，新增长者食堂12个，提升改造三星级以上农村幸福院12所，全市首家公办医养服务中心建成投用，新增普惠托育托位150个。教育卫生取得突破。教育事业投入资金2.2亿元，机关幼儿园建成主体，双溪中心幼儿园投入使用，新增学位630个。成功导入福师大附中、鼓楼一小等7所省内优质学校资源，有效推动教育人才“总量、质量”双提升。中高考成绩取得突破，中考成绩位居山区县第一，职教高考本科上线率全市第一，高考本科上线人数超过市下达指标74.2%，高分通过“两项督导”市级核查。屏南二中通过省三级达标校验收，屏南一中入选省科研协同创新基地校，华侨中学等6所中小学、幼儿园入选省科研实践创新基地校（园），实验小学“双减”做法入选全省典型案例。医疗卫生补短板项目完成投资1.3亿元，中医院整体搬迁项目、长桥卫生院医技综合楼建成主体，岭下医技综合楼建成投用，新增床位490个。新增名医“师带徒”工作室3个，远程医疗、对口帮扶、百名医师下基层等活动常态化开展。获评省级慢性病综合防控示范区。文体事业向好发展。开展文化惠民演出120场，耕读文化博物馆入选2023—2025年度省级社会科学普及基地名单，甘国宝文化研究会入选第一批省级华侨文化交流基地，《乡村造梦记》荣获省百花文艺奖二等奖、第九届徐迟报告文学奖。

基础设施持续完善。城市建设深入推进。大力创建省级文明县城、国家园林县城，实施城市品质提升项目58个。中心农贸市场完成提升改造，“内涵”“颜值”实现双提升。长坋中路安置小区基本建成，长坋中路、国宝支路正式通车，城市基础设施品质提升项目加快推进，城区“内循环”进一步得到畅通。金造溪城区河段防洪工程建成投用，第三水厂动工建设。新改建口袋公园2个、福道10公里、燃气管道7公里、供水管网80公里。乡村振兴有力推进。乡村振兴热度指数综合排名全省第8、全市第1。实施乡村建设项目266个、完成投资3.17亿元，熙岭获评省级乡村振兴重点特色乡镇，寿山、北墘、南湾、漈头、塘后入选省级乡村振兴示范村，小梨洋、前汾溪入选省级乡村振兴实绩突出村。双溪片区供水工程基本完成，寿山—村社共建综合体建成投用。成功入选全国传统村落集中连片保护利用示范县，传统村落保护利用相关做法被住建部列为第一批可复制经验向全国推广，在国家级会议上作经验交流3次。成功举办乡村振兴机制创新、“美丽庭院”创建等省级现场会，乡村振兴和传统村落保护利用典型做法入选中宣部创新案例选编，新华社《访传统村落，寻文明之根》直播栏目走进龙潭，中央、省级媒体报道我县乡村振兴工作180多条次，乡村振兴“屏南故事”越传越远、越讲越深。

生态环境明显改善。保护力度不断强化。成功入选全国生态文明建设示范区，空气质量优良天数比例达99.7%，重点流域考核断面、集中式饮用水水源地水质优良比例达100%，受污染耕地安全利用率达93%。生态治理不断深化。全面推进河湖长制、林长制落实，新建安全生态水系15公里，综合治理水土流失1.98万亩，植树造林1.3万亩，森林抚育4.3万亩，封山育林1.7万亩。流域水污染综合治理、玉洋溪安全生态水系工程、棠口溪白溪流域综合整治工程、金造溪漈头河段防洪工程、长桥溪后垅溪防洪工程等项目建成，累计投入资金1.98亿元。人居环境不断优化。创建人居环境“提升版”村庄14个、“特色样板”村庄4个、中级版以上“绿盈乡村”7个，路下获评省级“绿盈乡镇”，南湾获评省级森林村庄，北墘微景观入选全省乡村“五个美丽”建设典型案例。129个村完成村庄规划编制，71个村实现垃圾分类。8个乡镇污水提标改造及配套管网一期基本完成，新改建乡村污水管道29公里。

自身建设不断提升。营商环境持续优化。“司法夜调”便民机制、“网格入企、企业入格”服务模式等经验做法在全市推广。“一趟不用跑”事项占比91.53%，“一件事一次办”“跨省通办”事项分别达20项、118项，新增各类经营主体2500多户。深化机关效能建设，优化整合各类政务服务热线、服务窗口，累计办理诉求件4400多件。社会大局安定稳定。“八五”普法通过省级中期评估，常态化扫黑除恶专项斗争深入推进，打击治理电信网络诈骗持续发力，群众安全感不断提升。“乡村振兴警务室”等一批乡村治理创新机制得到省级主流媒体报道推广，全市首个“五星级”公安执法办案管理中心建成投用，“两队一室”改革加快推进。深入开展矛盾纠纷大排查大化解和信访问题源头治理攻坚专项行动，化解特殊疑难信访问题14个、“治重化积”信访件54件。创新“三联动”基层网格化服务模式，相关做法被《中国改革报》《长安》等国家级媒体刊载。推进“两项清单”管理，食品药品安全态势良好。金融风险防范化解有力，不良贷款率控制在1%以内。应急管理能力稳步提升，安全生产形势稳定向好。自身建设全面加强。扎实开展学习贯彻习近平新时代中国特色社会主义思想主题教育，坚定不移做好新时代意识形态工作，大力弘扬“四下基层”“四个万家”“马上就办、真抓实干”等优良作风，力戒形式主义、官僚主义。党风廉政建设和反腐败斗争深入推进，严格落实中央八项规定及其实施细则精神和省市县实施办法，健全政府投资项目公开招投标和预结算评审管理机制，干部廉政勤政意识明显增强。严格执行县政府工作规则，完善重点项目责任考评、重点工作督查专报等机制，政府抓执行、抓落实能力明显提高。自觉接受人大、政协、监察、社会等监督，强化审计、统计监督，办结县人大代表建议77件、政协委员提案92件。

2024年屏南县工作的总体要求是：坚持以习近平新时代中国特色社会主义思想为指导，深入学习宣传贯彻党的二十大和二十届二中全会精神，全面贯彻落实习近平总书记对宁德工作的重要指示批示精神，坚持稳中求进工作总基调，完整、准确、全面贯彻新发展理念，服务构建新发展格局，全面深化改革开放，统筹扩大内需和深化供给侧结构性改革，统筹新型城镇化和乡村全面振兴，统筹高质量发展和高水平安全，切实增强经济活力、防范化解风险、改善社会预期，巩固和增强经济回升向好态势，增进民生福祉，保持社会稳定，主动融入打造“增长极”、建设“四个区”大局，以全面推动“三个一流”产业发展为总抓手，全方位推进高质量发展。经济社会发展主要预期目标是：地区生产总值增长4.3%；规上工业增加值增长10%；农林牧渔业总产值增长4%；社会消费品零售总额增长4.5%；一般公共预算总收入增长5%，地方一般公共预算收入增长5%；城镇居民人均可支配收入增长5%，农村居民人均可支配收入增长8%。在实际执行中，争取更好更快。

（摘编：张捷）

寿宁县社会发展概况

2023年，寿宁县坚持以习近平新时代中国特色社会主义思想为指导，全面学习贯彻党的二十大精神，忠诚践行习近平总书记对福建、对宁德、对寿宁工作的重要讲话重要指示精神和给下党乡乡亲们的重要回信精神，以推动高质量发展为主线，千方百计提振发展动能，保持了经济运行总体平稳。全县实现地区生产总值116亿元，增长4.1%；一般公共预算总收入6.2亿元，增长5.5%；地方一般公共预算收入4.1亿元，增长0.3%；城镇居民人均可支配收入35077元，增长5%；农村居民人均可支配收入22143元，增长9%。“红色+碳汇”生态产品价值实现平台成功上线，与宁德时代携手共建下党零碳示范基地，寿宁“生态+”发展模式作为典型案例在全省生态环境保护大会推广，上榜2023年国家乡村振兴示范县创建名单。

这一年，发挥优势，大力传承弘扬“闽东之光”。紧扣主题教育，突出感恩教育，讲好“寿宁故事”和“下党故事”。隆重举办重要回信四周年系列活动，举行闽东特色乡村振兴之路观察点启动仪式，全方位展示了寿宁乡村振兴重要成果。全国党刊全媒体“沿着总书记的足迹”主题采访走进寿宁，央视大型纪录片《记住乡愁》“下党——山路通往幸福乡”在寿宁县拍摄录制，“难忘下党·福满寿宁”夏季村晚列入文旅部全国示范展示点，寿宁知名度和影响力节节攀升。

一年来社会发展的主要工作措施和成效如下。

民生保障持续提升。民生支出19.05亿元，占全县一般公共预算支出的81.6%，45件为民办实事项目基本完成。荣获全省第2个“世界长寿乡”，获评全市首个“全国信访工作示范县”。城镇新增就业505人，城镇失业人员再就业247人，本地劳动力就近就地就业1764人。县总工会户外劳动者服务站点入选2023年全国最美驿站。实施重特大疾病医疗保险与救助制度，县级以上公立医疗机构住院报销比例提高5个百分点。基本养老保险参保率达95.95%，低保覆盖率3.44%。发放城乡低保金4891万元、特困供养金1871万元、残疾人“两项补贴”979万元、临时救助金294万元。实施“福蕾行动计划”，惠及困难儿童330名。建成斜滩镇嵌入式养老服务中心，改造提升农村星级幸福院11家。新建互助孝老食堂14家，解决420名老人“吃饭难”问题。政府购买社区居家养老专业化服务惠及5000名困难老人，“医养结合”服务实现全覆盖。建成婴幼儿照护服务普惠项目，优生优育服务水平持续提升。

公共服务供给优化。坚持“把最好的资源留给教育”，完成寿宁一中新校区搬迁和封闭式管理，成功复办寿宁一中初中部。与闽南师范大学签订战略合作框架协议，寿宁一中、下党学校与厦门外国语学校成功结对。下党学校获授全国新时代雷锋学校。犀溪中学、南阳小学通过义务教育管理标准化学校省级评估，斜滩小学入选省级乡村温馨校园建设典型案例学校。高考、中考和小学质量监测均创2018年以来最好成绩。新建投用乡镇公办幼儿园3所，新增学位540个。机关幼儿园技校园区、南阳幼儿园通过市级示范性幼儿园评估认定，学前教育从补短板向争示范跃升。职业技术学校实现联动搬迁，产教融合教育体系更加完善。县教师进修学校创成省标准化县级教师进修学校。深化省级健康促进县创建，投入1.1亿元改善办医条件，优化资源布局。顺利通过省级慢性病综合防控示范区评审验收。公共卫生应急管理体系建设项目全面启动，县医院ICU病房、呼吸诊疗中心、胸痛中心和县中医院康复中心建成投用。开展“优质服务基层行”活动，10家乡镇卫生院达到基本标准，南阳卫生院达到推荐标准，100家村卫生所达到一体化村卫生所标准。市县乡联动帮扶机制日臻完善，优质医疗服务更加公平可及。

文体工程高效实施。完成博物馆和文化馆新馆搬迁，建成乡村戏台、农民文化公园各3个。冯梦龙、黄槐列入“勤廉闽东人物”名单。中国木拱桥传统营造技艺保护工作座谈会、闽浙木拱廊桥联合申遗推进会在寿宁县召开。歌剧《鸾峰桥》荣获福建省第十届百花文艺奖一等奖，入选全国“新时代舞台艺术优秀剧目”。北路戏《小放牛》获福建省第十六届水仙花戏剧奖比赛专业组表演三等奖，折子戏《挂画》获第十一届福建省中青年演员比赛表演专业组银奖。承办福建省中学生篮球联赛，建成东部新城智慧体育公园，全民健身再掀热潮。

平安建设扎实有效。成立全市首个社会治理服务中心，建成“智理廊乡”数字化综合指挥平台，打造社会治理联合体，网格化服务管理经验做法在全市推广。武曲镇承天村获评第三批全国乡村治理示范村，下党乡下党村获评全国民主法治示范村。深化落实“信访接待下基层”，在全市首推信访帮办机制，初信初访办理质量显著提高，“治重化积”化解率全市第一。实现小微权力监督平台村级全覆盖，“指尖监督”向基层和群众拓展延伸。试点推行“警网融合”工作模式，深化“两队一室”改革，常态化推进扫黑除恶斗争，坚决打赢禁毒全民战和反诈攻坚战，有力打击了“黄赌毒”“盗抢骗”“食药环”等违法犯罪。

城乡发展焕发新颜。“两山”理论实践走深走实。坚决守护绿色本底，实施污染防治项目16个，县级以上集中式饮用水水源地、主要流域、小流域考核断面水质达标率和建设用地安全利用率均为100%，空气质量优良天数比例99.7%。深化落实河湖长制、林长制，综合治理水土流失1.37万亩，植树造林1.2万亩，森林抚育3.2万亩，松林改造提升9000亩，完成闽西北山地丘陵生物多样性保护工程1.6万亩。新创建初级版绿盈乡村14个、中级版绿盈乡村12个。下党乡获评省级森林乡镇，凤阳镇基德村获评省级森林村庄。全面推行生态公益诉讼，严格落实生态环境损害赔偿制度，保护“绿水青山”的司法屏障更加牢固。城市功能日臻完善。以“创城有我、创则必成”的决心推进省级文明县城创建，实施补短板项目20个，完成投资5744万元，城市面貌明显改观。统筹农业、生态、城镇空间布局，落实“三区三线”划定成果，完成国土空间总体规划编制。致力拉开城市框架，完成城区30公里绕城健康步道、50公里环城大道规划和南阳至城关段国省道路改线方案编制，连接“两镇同城”的新城大道即将动工。深入实施城区品质提升工程，蟾溪生态治理及城区市政提升工程、新城污水处理厂及配套管网工程有序推进。完成6个老旧小区改造和气象新村等片区路灯智能化更新，茗溪供销农贸市场、文昌阁市民文化广场主体完工，新改建三峰公园登山步道5公里、慢行绿道6公里，新建口袋公园4个，新增停车位238个，新铺设污水管网6.2公里、燃气管道3公里。“数字城管”平台建成投用，经验做法获省住建厅推广。

和美乡村全景打造。全县村庄规划实现应编尽编。实施农村人居环境分类晋级行动，聚焦“三集中六清楚”，突出“一村一主题”，新晋升标准版村庄38个、提升版21个、特色样板村3个，新创建“五个美丽”示范点234个、人居环境整治示范村42个。下党乡下党村获评全国生态文化村、省级美丽休闲乡村。在20个村试点开展农村生活垃圾干湿分类，完成12个村生活污水治理，农村生活污水治理率达60%。深化乡村振兴试点示范建设，下党乡入选省级乡村振兴示范乡镇，新增省级乡村振兴实绩突出村2个、乡村振兴示范村7个，含溪村入选闽台乡建乡创合作样板村。

（摘编：周华政）

周宁县社会发展概况

2023年，周宁县坚持以习近平新时代中国特色社会主义思想为指导，以“五个年”活动为总抓手，知重负重、砥砺奋进，较好地完成了年初确定的目标任务，连续两年上榜福建省县域经济发展“十佳”县。完成地区生产总值增长5%左右；一般公共预算总收入7.06亿元，增长72%；地方一般公共预算收入5.3亿元，增长46%；城镇居民人均可支配收入达38584元，增长4.3%；农村居民人均可支配收入达23008元，增长6.8%。

一年来社会发展的主要工作和成效如下。

百姓福祉得到新提升。社会保障提标扩面。全年民生支出17亿元，占一般公共预算支出的85%，27件为民办实事项目较好完成。落实就业优先战略，开展技能培训1170人次，统筹促进大学生、退役军人等重点人群就业，新增城镇就业923人。城乡居民基本医疗、养老保险参保率分别达97.2%、95.1%。强化低收入群体基本生活保障，发放各类救助资金6859万元，惠及1.4万余人次。社会事业协调发展。持续办好人民满意教育，周宁一中（初中部）续建工程顺利封顶，咸村第二中心幼儿园全面竣工，新增中小学学位300个、公办幼儿园学位360个；新增示范性幼儿园2所，玛坑中心小学上榜省级“乡村温馨校园”，狮城中心幼儿园等3所学校被列为全市“数字（智慧）校园试点校”；周宁一中建校80周年教育教学成果展示活动顺利举办，周宁县教育发展基金会正式成立，募集社会奖教助学资金8000多万元。引入优质医疗资源开展合作办医，“阮诗玮全国名老中医药专家传承工作室二级工作站”和“福建闽山中医肾病学术流派传承工作站”揭牌成立；推进基层医疗卫生服务能力建设，礼门乡创建“国家卫生乡镇”通过省级复评，玛坑乡创建“省级卫生乡镇”通过市级验收；强化公共卫生防控和医疗救治服务能力，县疾病预防控制局挂牌成立，增设亚定点医院床位300张、ICU综合床位10张。养老服务体系不断健全，提升改造农村幸福院8所、长者食堂10所，桥南社区入选全国示范性老年友好型社区。残疾人关爱体系更加完善，提升“爱心助残驿站”17所，完成残疾人家庭无障碍改造100户。文体事业蓬勃发展，广泛开展百姓大舞台、“一镇一品”等文化惠民活动，《鲤乡福境 移风易俗树新风》入选第四届全国“县乡长说唱移风易俗”优秀作品，《英雄凌福顺》荣获第十届亚洲微电影艺术节剧情片单元“好作品”；汤星强正式递补获颁东京奥运会男子4×100米接力项目铜牌，张惠萍、魏婷娜等周宁籍健儿在国家级以上赛事中摘得11枚奖牌，县少体校、浦源中心小学获得第十七届省运会“突出贡献学校”荣誉称号。国网周宁供电公司叶德奕荣登“中国好人榜”。社会大局和谐稳定。常态化推进扫黑除恶斗争，严厉打击“黄赌毒”“食药环”和电信网络诈骗等各类违法犯罪行为，群众安全感率位居全省前列。中央信访联席办交办的52件信访积案实现“动态清零”。

政府建设展现新作为。深入学习贯彻习近平总书记关于“四下基层”的重要批示精神，扎实开展学习贯彻习近平新时代中国特色社会主义思想主题教育，依法行政持续推进，深入开展“八五”普法，落实政府法律顾问、常务会学法、行政机关负责人出庭应诉等制度。办理人大代表建议124件、政协委员提案137件，办复率均为100%。作风建设持续深化。完善重点工作“盯办”机制，加强和改进督查考核，政府执行力得到增强。全面推行预算管理一体化，大力压减一般性支出，政府债务余额控制在法定限额以内，预算绩效管理工作综合评分连续六年全市第一。严格落实中央八项规定及其实施细则精神和省市县实施办法，全面落实意识形态工作责任制。审计监督、统计服务、机关效能等工作进一步加强。

城乡面貌呈现新变化。实施宜居建设、绿色人文、安全韧性、智慧管理等城市品质提升项目60个，年度完成投资18.27亿元，赛江防洪（三期）、城区高水高排全面投用。致力守护东洋溪“母亲河”，建成雨污水管网14.3公里，完成兴业街以东片区和商贸城片区污水管网改造等工程，城区15个沿河污水直排口实现截污纳管，县污水处理厂日处理能力提升至1.3万吨。完成老旧小区改造2个，新（改）建公园绿地8万平方米、口袋公园2个、福道10公里。城市管理更为精细。大力推进省级文明县城创建，实施市容市貌、交通秩序等8项整治提升行动。完成狮城镇无障碍设施样板街道项目建设，特色农产品交易中心主体工程完工。89个单位联点共建14个社区（村）、96个网格，志愿服务项目连续3年摘得全市金奖。乡村振兴富有成效。健全防返贫动态监测和帮扶机制，整合资金5625万元，实施巩固脱贫攻坚成果和乡村振兴项目211个，村集体经营性收入20万元以上的村达70%、50万元以上的村达35%。县综合交通枢纽正式投用，纵三线（北段）即将完工，完成农村公路建设15公里、生命防护工程20公里、危桥改造1座，获评“四好农村路”全国示范县。城乡供水一体化（一期）项目完成投资1.1亿元，新区水厂投入运营，23个单村供水改造工程全面完工，城乡集中供水率达98.9%。大力推进乡村“五个美丽”建设，15个美丽乡村庭院之星、2个美丽乡村微景观、2个美丽乡村小公园（小广场）、1个美丽田园被列为全省乡村“五个美丽”建设典型。实施农村人居环境分类晋级专项行动，新晋“标准版”村庄84个、“提升版”村庄42个，整治裸房280栋，新建乡镇污水管网14.6公里，完成阮洋中等9个村庄生活污水提升治理，农村生活垃圾干湿分类实现全覆盖。“花鲤小镇”成为全省唯一入选中央专项彩票公益金支持欠发达革命老区乡村振兴示范区建设项目。浦源村获评“全国乡村治理示范村”，浦源镇上榜省级乡村振兴示范乡镇创建名单，桃坑村、首章村等5个村上榜省级乡村振兴示范村创建名单，后洋村、芹溪村被列入省级美丽宜居村庄培育对象。

绿色发展跃上新台阶。生态名片越擦越亮。全国“绿水青山就是金山银山”实践创新基地首创首成，成为全市唯一获此殊荣的县份。“中国天然氧吧”正式授牌，全国“避暑旅游目的地”创建工作通过国家气候中心资格审查。获评全国第六批节水型社会建设达标县，县水利局被水利部评为“公民节约用水行动规范”主题宣传活动优秀组织单位。高标准举办“三库+碳库”与习近平生态文明思想理论研讨会，推动“三库+碳库”重要理念在更大范围、更宽领域、更深层次传播推广。“三库”生态文明学习实践基地被列为省级社会科学普及基地和中小学生研学实践教育基地营地。生态修复科学有效。持续深化河湖长制，综合治理禾溪、樟源溪等河道3.5公里，实施玛坑溪、泗桥溪水土流失治理504.2公顷。全面推行林长制，健全“林长+”协作机制，新增植树造林12681亩、森林抚育19020亩、封山育林6403亩，完成松材线虫病除治9230亩，“绿盈乡村”覆盖率达90.7%，常源村被评为“省级森林村庄”。稳步推进省级“林业改革发展特色试点县”建设，“三库”实践基地森林资源智慧监测获批中央财政林业科技推广示范项目，森林质量精准提升试点示范项目通过省级评审。生态质量稳中向好。高标准打好蓝天、碧水、净土保卫战，空气质量优良天数比例达99.7%，重点流域考核断面、集中式饮用水水源地水质优良比例达100%，受污染耕地安全利用率达100%。中央一、二轮环保督察18项反馈问题、32件信访交办件全部办结，第三轮移交周宁县信访件较前两轮明显下降。

（摘编：余晓楠）

柘荣县社会发展概况

2023年，柘荣县认真践行习近平新时代中国特色社会主义思想，全面学习贯彻党的二十大精神，全面落实省委“深学争优、敢为争先、实干争效”行动部署，矢志传承弘扬“柘荣现象”，纵深推进“15+7”专项行动，尽最大努力完成好年初确定的各项目标任务。全年完成地区生产总值增长3.3%，固定资产投资下降20.3%，社会消费品零售总额增长4.2%，一般公共预算总收入增长2.4%，地方一般公共预算收入增长0.1%，城镇居民人均可支配收入3.58万元、增长4.3%，农村居民人均可支配收入2.29万元、增长12%。

一年来社会发展的主要工作和成效如下。

民生保障更完善。严格落实“四个不摘”要求，常态化开展防止返贫监测排查，脱贫人口小额信贷覆盖率保持全省第一。实施人力资源服务提升专项行动，城镇新增就业人数任务完成率位居全市第一。关怀关爱“一老一小”，推进县老年人养护院项目前期工作，完成4所三星级以上农村幸福院提升创建，实现14个孝老食堂投用；新建普惠性托育机构1家、增设托位93个，将孤儿、事实无人抚养儿童基本生活保障金从每月1400元提高至1700元。关心关注“一残一困”，新建3所市级以上“爱心驿站”，发放残疾人“两项补贴”334万元；健全分层分类社会救助体系，在全市首创“季度签字背书”制度，强化在保人员跟踪服务；低保覆盖率、低收入人口保障率分别达到4.24%、5.58%，均位居全市第一。继续完善退役军人服务体系，县拥军优属联盟成员单位拓展至33家，优待措施提升至46项。

教育供给更均衡。坚持教育优先发展，持续深化教育扩量提质专项行动，实施教育补短板项目2个、总投资1.26亿元，职校一期建成投用，职校二期、一中公寓楼序时推进，教师进修校搬迁新址，二中实现原址复办，新增学位1200个。五小获评省义务教育教改示范校，全国学前教育普及普惠县创建进入国家级评估认定阶段。全面落实“双减”政策，深化校外培训机构治理，“5+2”“2+N”课后服务模式实现全覆盖。大力推进教师素质提升工程，10位教师获省市表彰，1位教师获全国教学技能竞赛一等奖。

医疗服务更优质。持续推进医疗卫生服务提升专项行动，实施医疗卫生补短板项目2个、总投资6.34亿元，县医院异地新建项目一期竣工验收、二期传染楼顺利推进。创成省级慢性病综合防控示范区，乍洋乡创建国家卫生乡镇高分通过评估验收。积极探索建设县医院与闽东医院紧密型医联体，与福建医科大学附属第二医院开展对口帮扶，不断提升县域医疗服务供给水平。建强医疗人才队伍，创建第四批名医“师带徒”工作室2个，引进和招聘各类卫生人才22名。

文体事业更繁荣。聚焦文化遗产保护传承，持续完善文物保护规划和相关技术方案编制，完成凤岐吴氏大宅等3个国家级、省级文保单位保护维修项目。凤岐吴氏大宅纪录片《深山巨宅》在央视播出，央视大型纪录片《记住乡愁》“柘荣篇”开拍。深入实施柘荣剪纸“双创”工程，与工信部工业文化发展中心共建柘荣剪纸产业创新发展聚集区，4件剪纸作品被国家博物馆展览收藏，柘荣剪纸入选“中国礼物”名单，亮相马来西亚吉隆坡、美国旧金山，飞出国门展现风采。公共文体服务不断提升，举办文化惠民活动30场次、全民健身赛事活动15场次，努力满足群众日益增长的多元化文体需求。

社会治理更有效。深化“平安柘荣”建设，统合雪亮工程、110接处警系统、大数据平台等渠道，累计投用高清视频监控探头1500路，建成覆盖城区主要路段、治安复杂部位的平安“天网”。常态化开展扫黑除恶斗争，严厉打击整治黑恶犯罪、电信诈骗、毒品、涉税等违法犯罪行为，上半年群众安全感率99.71%、位居全市第二。持续深化基层治理，双城镇“草根和事佬”工作法获评福建新时代“枫桥式工作法”先进典型；创新“景区枫桥”三联工作法，打造“商企枫桥”多元服务中心，推广“1+6+N”法治服务矩阵，将232件矛盾纠纷解决在萌芽，矛盾纠纷大排查大化解专项行动督导考评位居全市第二。深化落实“信访接待下基层”，县乡两级领导干部开展接访、下访91批240人次，推动主题教育期间市级交办的30件重复信访件化解在基层。

政治建设摆在首位。扎实开展学习贯彻习近平新时代中国特色社会主义思想主题教育，高质量办理人大代表建议87件、政协委员提案104件，办复率、满意率均为100%。深入开展法治政府示范创建活动，开展“八五”普法中期评估。严格落实中央八项规定及其实施细则精神，扎实做好新时代意识形态工作，深入践行“四下基层”工作制度，大力纠治“四风”，持续为基层减负。

城市功能日臻完善。组织开展“城市品质攻坚年”活动，谋划生成55个城建项目，在建22个、竣工33个、完成投资3.88亿元，再次跻身全省城市更新建设样板县。加快“1688”工程建设，完成华夏剪纸城、6条慢行步道规划设计，4个城市书坊和5个城市（口袋）公园建成落地，以精致的休闲景观装点城市容颜。完善城区功能，“智慧停车”系统不断优化，“公共停车位被长期占用，导致群众停车难”等问题得到大幅改善；25个垃圾分类屋建成落地，荣华路、太宁北巷等10条道路完成提升改造，城区主次干道白改黑覆盖率达93.7%。加强城区污水治理，全年投入2.1亿元开展老城区排水管网改造、老旧小区雨污管网改造项目13个，完成雨污管网新改建69.2公里，综合污水处理厂扩建项目竣工投用，城区污水收集率由22.9%提升至32.7%，龙溪水质不断改善，入选省级城镇生活污水处理提质增效重点推进县。着力打造“312出行交通圈”，加快推进邻县通高速公路（柘荣至泰顺、霞浦）、省道S201鸳鸯头至霞浦界、福泰公路（柘荣段）等高等级公路项目前期工作；投入9100万元启动建设县道X963山场至宅店、X964乍洋至福鼎界公路，让城乡往来更加便捷。

乡村建设步伐加快。巩固上年度农村人居环境分类晋级专项行动考核全市第一的良好态势，完成农村人居环境分类晋级行动项目35个，实现“标准版”“提升版”村庄覆盖率分别提高至60%、30%以上，推进实用性村庄规划全覆盖。深度挖掘乡村特色，精心规划乡村振兴示范线2条，全力打造“五个美丽”典型样板，创建美丽乡村庭院86个、美丽乡村小公园13个、美丽田园3个、美丽乡村休闲旅游点2个，打造美丽乡村微景观50处，城郊乡靴岭尾村获评省级美丽休闲乡村、入选第二届全国乡村振兴品牌节典型案例。科学精准加大资金投入，将乡村道路建设补助标准提升到150万至270万元之间、达全市最高，全面启动总投资4.53亿元的“农村公路建设三年攻坚行动”，计划晋级改造农村公路112公里，以“四好农村路”铺就“乡村振兴路”。

生态环境保持稳定。高标准打好蓝天、碧水、净土保卫战，深化落实河湖长制、林长制，开展西溪流域黄柏安全生态水系、东源岩潭溪中小河流治理等“水生态”修复工程，整治入河排污口12个，建设生态清洁小流域1.25公里，治理水土流失1.62万亩，完成废弃矿山生态修复62.2亩，六项空气指标均达国家空气质量二级标准，主要流域、县级集中式饮用水源水质达标率100%；扎实推进国家森林城市建设，建成省级森林村庄1个，完成植树造林和森林经营面积5.1万亩，超额完成上级下达任务。实施乡镇、农村生活污水处理提升项目，完成黄柏村污水处理站改造和富溪等3个村雨污管网建设6公里。

（摘编：苏建平）

平潭综合实验区社会发展综述

2023年是全面贯彻党的二十大精神的开局之年，是三年新冠疫情防控转段后经济恢复发展的一年，是实施《平潭综合实验区总体发展规划（2023—2035）》的第一年。一年来，平潭综合实验区深入学习贯彻党的二十大和二十届二中全会精神，坚决贯彻落实习近平总书记重要讲话重要指示批示精神，坚定沿着习近平总书记亲自为平潭擘画的“一岛两窗三区”宏伟蓝图，在省委、省政府和实验区党工委的正确领导下，扎实开展主题教育，深学争优、敢为争先、实干争效，迎难而上、开拓进取、创新有为，取得了沉甸甸的收获。

这一年，中共中央、国务院出台《关于支持福建探索海峡两岸融合发展新路建设两岸融合发展示范区的意见》，国务院批复《平潭综合实验区总体发展规划（2023—2035）》，省委发布加快建设两岸融合发展示范区的22条实施意见，平潭的战略地位、重大使命和重要机遇更加凸显。

这一年，平潭游客接待量突破1000万人次、旅游收入突破100亿元，平潭国际邮轮中心正式开港并实现首航，风筝冲浪运动员陈静乐夺得平潭历史上首枚亚运金牌，壳丘头遗址群最新考古成果在京发布，文旅经济迈出全新步伐。

这一年，新中国成立以来福建最大的引调水工程“一闸三线”全线贯通，城乡供水一体化取得历史性成效，平潭人民从此告别“靠天吃水”的日子，喝上了幸福水放心水。

这一年，全球首台16兆瓦超大容量海上风电机组在平潭安装并网、创单机单日发电量世界纪录，全省首个大型集中式共享储能电站开工并获批国家新型储能试点示范项目，全国首个全链条、全流程、一站式的数据跨境服务平台投入试运行，实验区的发展潜力在一个个大项目中充分彰显。

初步统计，2023年实验区地区生产总值增长3%，固定资产投资增长3.8 %，一般公共预算总收入增长6.9%，地方一般公共预算收入增长7.9%，城镇居民人均可支配收入与农村居民人均可支配收入增速均超GDP增速。一年来社会事业发展的主要工作和成效如下。

以城乡融合为目标，打造“田园风光、城市生活”，城乡环境明显改善，功能品质加快提升。城乡建设再上新台阶。实施海洋科技文化中心、大练旅游环岛路等城乡建设品质提升项目136个，完成投资42.1亿元，项目数、投资额分别比上年增长27%、33%。北部生态廊道入选全国第一批交通与旅游融合发展典型案例。新建及改建城乡供水管网近100公里、污水管网44公里，改造老旧小区19个。金井新城、高铁中心站商圈的业态明显丰富，商业氛围更加浓厚。

生态保护取得新成效。从严推进中央第三轮生态环保督察问题整改工作，加大无居民海岛保护力度。成立实验区幸福河湖促进会，整治修复君山环岛沿线、大澳湾等海岸线生态功能，清退超规划养殖面积450亩，改造传统养殖渔排6.8万口、筏式养殖泡沫浮球1.8万亩，近岸海域国控点位水质优良面积比例达到94.6%，全年空气质量综合指数为1.95，位列全省第一，海坛岛获评全国“和美海岛”。

以群众需求为导向，持续增进民生福祉，有效提升社会治理能力，增强群众获得感幸福感安全感。公共服务扩容提质。改扩建城关第二幼儿园等6所学校，新增公办学位1170个，学前教育公办率、普惠率、义务教育公办率分别提高

5.6%、3.7%、1.5%，均超过省定标准，高考本科上线率高出全省8.57个百分点。福建医科大学附属协和医院胸外科等4个专科入驻平潭分院，落地7个两岸名医工作室，区中医院完成改扩建工程并投入使用。健全区级医院和基层医疗卫生机构双向转诊机制，开展联合病房建设，群众就医更加方便。

保障体系逐步健全。举办招聘会51场次，新增城镇就业人口2618人。面向14类老年群体，制定27项基本养老服务项目，开展“社区+物业+养老”服务项目试点，关心关爱离退休干部。城乡居民基础养老金标准、低保标准保持全省前列，残疾人两项补贴、优抚对象抚恤和生活补助待遇逐年提升。

社会大局安定稳定。设立31个村级联合党委、实现村居全覆盖，网格化服务不断完善，上楼村获评全国乡村治理示范村，红山社区荣获全国文明实践巾帼志愿阳光站。常态化扫黑除恶斗争取得重大战果，成功打掉1个涉医美、娱乐等跨行业黑社会性质犯罪组织，全区刑事发案数同比下降10%，创近12年新低。中央信访联席办交办三批312件“治重化积”事项化解率达99%。完成“保交楼”项目13个，交付住宅8000余套。深入抓好安全生产专项整治、食品药品安全监管，有效应对“杜苏芮”“海葵”等超强台风不利影响。

以主题教育为抓手，凝心铸魂真抓实干，干部精神面貌焕然一新，干事创业本领不断提高。政治忠诚更加坚定，扎实开展学习贯彻习近平新时代中国特色社会主义思想主题教育，以学铸魂、以学增智、以学正风、以学促干，坚定拥护“两个确立”，坚决做到“两个维护”。作风建设更加过硬，深化运用“四下基层”制度，通过“进村入企话岚图”活动，全区县处级以上领导干部遍访220个村居和1510家重点企业，面对面听民意，实打实解难题；开展12345热线“领导接线”活动，推动领导干部直插一线解决问题；智慧图书馆、校园“明厨亮灶”等41件省、区为民办实事项目全面完成；依法行政更加深入，在全省率先完成党政机关法律顾问全覆盖，顺利完成实验区历年行政规范性文件全面清理和集中发布工作，定期向人大报告工作、向政协通报情况，办理人大代表建议77件、政协委员提案138件，办结率100%。廉洁底线更加牢固，驰而不息纠治“四风”，自觉接受各类监督，做好常态化“经济体检”工作，围绕社保基金、住房保障、义务教育等7个领域开展重点民生资金专项整治，确保财政资金使用精准高效。

一年来的实践，平潭综合实验区更加深切地体会到：必须始终坚定拥护“两个确立”、坚决做到“两个维护”，“一岛两窗三区”宏伟蓝图是平潭综合实验区笃定前行的正确方向和坚定目标。必须始终坚持稳中求进工作总基调，完整、准确、全面贯彻新发展理念，以发展理念转变引领发展模式创新。必须始终坚持解放思想、先行先试，在政策创制、制度创新、机制创设上积极进取。必须始终坚持人民至上、为民造福，同人民群众想在一起、干在一起，汇聚起磅礴合力。必须始终坚持拼搏奋斗、勇争一流，改变“等靠要”惰性，摒弃“一般化”标准，力戒“差不多”思维。必须始终坚持全面从严治党，增强忧患意识、发扬斗争精神，以严和实的态度加强队伍自身建设。

2024年是中华人民共和国成立75周年，是实施“十四五”规划的关键一年，是习近平总书记亲自为平潭擘画“一岛两窗三区”宏伟蓝图10周年。新的一年，团结就是力量，信心赛过黄金。平潭综合实验区务必保持定力，昂扬斗志，团结奋进，推动实验区各项事业不断开创新局面，努力交上一份优异答卷。平潭综合实验区全年工作的总体要求是：以习近平新时代中国特色社会主义思想为指导，全面贯彻落实党的二十大精神以及中央经济工作会议精神，按照省委十一届五次全会和省委经济工作会议的部署，坚持稳中求进工作总基调，完整、准确、全面贯彻新发展理念，围绕推动高质量发展首要任务和构建新发展格局战略任务，紧扣两岸融合发展示范区建设和新总规落地实施，加快构建全方位对台开放格局，建设高标准的国际旅游岛，统筹推进城乡一体化发展，统筹高质量发展和高水平安全，巩固和增强经济运行回升向好态势，持续推动经济实现质的有效提升和量的合理增长，厚植绿色底色，增进民生福祉，保持社会稳定，加快推动建设两岸同胞幸福宜居的共同家园。平潭综合实验区全年经济社会发展的主要预期目标是：地区生产总值增长3.5%；固定资产投资增长5%；一般公共预算总收入、地方一般公共预算收入增幅保持在合理区间；社会消费品零售总额增长5%；居民人均可支配收入与经济增长协调同步。实现上述目标，社会事业发展必须扎实抓好以下几项工作。

加强生态文明建设。全面落实中央生态环保督察通报和反馈问题整改工作，全面排查梳理生态环保领域共性问题，进一步建章立制、保持长效。加强船舶制造等行业挥发性有机物全过程治理，协同控制$PM_{2.5}$和臭氧污染，确保优良空气天数比例稳定在99.2%以上。严格落实林长制，完成营造林0.6万亩。严格落实河湖长制，推进入海排污口整治，实施东南湾区美丽海湾环境整治项目、入海沟渠“除黑消劣”工程，推进小流域沿线村庄生活污水“三水分流”改造，推进国家级水资源节约集约利用示范基地建设。启动建设固废处置及资源化利用中心，加强建筑垃圾管理。加快推进近海养殖清退整改，开展“海漂垃圾超市”试点，加强渔业垃圾源头管控。开展沙滩、水质、植被等生态要素的观监测、评估和修复，推进申报全国美丽海湾优秀案例。

提升社会治理能力。加快建设党建引领下的综治中心、网格化服务管理、矛盾纠纷多元化解“三位一体”机制，推进社会治理重心向基层下移，构建城乡一体化治理新格局。坚持和发展新时代“枫桥经验”“浦江经验”，深入开展信访问题源头治理专项行动，全面推进信访工作法治化。深化文明城市创建工作，推进青年发展型城市建设。

加大民生投入，推动主岛与离岛公共服务布局更加科学均衡，在学有所教、劳有所得、病有所医、老有所养、住有所居等方面持续取得新进展，社会保持和谐稳定。顺应上好学的期盼。推动首批三所幼儿园交付国企运营，创建省级示范性幼儿园1所、区级示范性幼儿园2所，实现学前教育普惠率逐年提高。建成投用龙山小学新校区、实验小学滨湖校区和龙南初中，并于秋季开始招生。启动金井学校建设，缓解新区就学压力。扩大普通高中办学规模，推动平潭一中建设省示范性普通高中、福建师大平潭附属中学创建省一级达标高中。推动台资教育机构和企业来岚开办学前教育、职业教育、技能培训机构。

满足就好医的需求。加快推进福建医科大学附属协和医院平潭分院二期项目，依托平潭分院打造台胞医疗服务中心。启动妇幼保健中心、医学检测实验室、两岸国医馆提升工程等项目。总结海坛街道社区卫生服务中心试点经验，加快推进苏平、君山片区整合资源打造区域医疗次中心。开展安宁病房、无陪护病房、家庭病床等试点，满足多样化就医需求。推进离岛卫生院配足配齐常用医疗设备，方便离岛群众在“家门口”就医。

加强住好房的保障。加快保障性租赁住房周边配套设施完善，建立“市场+保障”的房地产业发展新模式，促进房地产市场平稳健康发展。千方百计做好“保交楼”工作。完善物业服务监管机制和考评体系，常态化开展物业行业联合执法检查，推动解决物业管理领域群众反映的突出问题。持续推进老旧小区改造，探索社区“嵌入式”服务设施建设，推出一批“小而美”的民生项目。

落实兜得牢的要求。更加突出就业优先导向，充分发挥两岸就业创业村居服务站职能，支持发展新就业形态，促进高校毕业生、农民工等重点群体稳定就业。优化社会救助和慈善制度，促进残疾人事业全面发展，做好优待抚恤工作。推动区公益性公墓投入运营，加快推进离岛殡葬改革。完善智慧康养平台建设，提升居家养老专业化服务，打造15分钟养老服务圈。出台提升离退休干部精准化服务水平的若干措施，用心用情做好老干部服务保障和关心下一代工作。

坚守防得住的底线。坚定不移贯彻总体国家安全观，切实维护政治安全。更好发挥群团组织作用，巩固民族团结、促进宗教和谐。抓实新时代国防动员、军民融合等工作，深化全民国防教育，优化退役军人工作，支持驻岚部队建设。常态化推进扫黑除恶斗争，巩固提升“平安平潭”建设，统筹防范化解房地产、债务、金融等风险，重拳打击整治电信网络诈骗等突出违法犯罪。持续提升食品药品、农产品、特种设备质量安全保障水平。强化乡镇船舶安全管理。健全落实安全生产责任制，守护好人民群众生命财产安全。

（摘编：刘红波）

第七篇

统计数据

说明：

本篇内容摘自《2024 福建统计年鉴》，采用近三年的数据（除注明外）。

（摘编：周华政）

综　合

福建省行政区划（2023 年底）

设区市名称	县级行政单位数（个）				县级行政单位名称
	合计	县	县级市	市辖区	
总　计	84	42	11	31	
福州市	13	6	1	6	鼓楼区　仓山区　台江区　晋安区　马尾区　长乐区　福清市　闽侯县　连江县　闽清县　罗源县　永泰县　平潭县
厦门市	6			6	思明区　湖里区　海沧区　集美区　同安区　翔安区
莆田市	5	1		4	仙游县　荔城区　城厢区　涵江区　秀屿区
三明市	11	8	1	2	三元区　沙县区　永安市　明溪县　清流县　宁化县　建宁县　泰宁县　将乐县　尤溪县　大田县
泉州市	12	5	3	4	鲤城区　丰泽区　洛江区　泉港区　石狮市　晋江市　南安市　惠安县　安溪县　永春县　德化县　金门县
漳州市	11	7		4	芗城区　龙文区　龙海区　长泰区　漳浦县　云霄县　诏安县　东山县　平和县　南靖县　华安县
南平市	10	5	3	2	延平区　建阳区　邵武市　武夷山市　建瓯市　顺昌县　浦城县　光泽县　松溪县　政和县
龙岩市	7	4	1	2	新罗区　永定区　上杭县　武平县　长汀县　连城县　漳平市
宁德市	9	6	2	1	蕉城区　福安市　福鼎市　霞浦县　古田县　屏南县　寿宁县　周宁县　柘荣县

平均每天主要社会经济活动

项　　目	2010	2020	2023
一、全省每天创造的财富			
地区生产总值（亿元）	41.10	119.15	148.92
农林牧渔总产值（亿元）	6.10	13.39	15.70
一般公共预算总收入（亿元）	5.63	14.09	16.19
#地方一般公共预算收入（亿元）	3.15	8.41	9.84
一般公共预算支出（亿元）	4.64	14.25	16.05
原煤（吨）	66924	17646	11005
原盐（吨）	915	725	778
发电量（万千瓦时）	37159.45	69320.25	84207.17
粗钢（吨）	29778	67391	95060

续表

项　　目	2010	2020	2023
钢材（吨）	36728	105509	117003
生铁（吨）	15310	30224	40714
水泥（吨）	162225	264669	196012
平板玻璃（重量箱）	75763	146493	145327
纱（吨）	5061	14848	10530
服装（万件）	800. 75	1505. 74	1618. 48
机制纸及纸板（吨）	11837	21817	24900
农用化肥（吨）	1586	2356	634
烧碱（吨）	551	981	1865
彩色电视机（台）	24742	36339	27705
卷烟（箱）	4623	4844	4957
罐头（吨）	5567	7700	4197
粮食（吨）	16018	13725	13999
油料（吨）	605	621	668
甘蔗（吨）	1526	737	781
茶叶（吨）	708	1261	1507
园林水果（吨）	13562	19592	23741
肉类（吨）	5277	7087	8532
水产品（吨）	16094	22759	24389
食用菌（吨）	2089	3767	4256
二、全省每天消费量			
能源消费量（万吨标准煤）	25. 18	37. 99	
社会消费品零售总额（亿元）	16. 48	50. 89	60. 57
三、每天其他经济活动			
国际旅游外汇收入（万美元）	815. 96	565. 20	481. 75
一次能源生产总量（万吨标准煤）	8. 93	11. 06	13. 90
货运周转量（亿吨公里）	8. 17	24. 65	33. 52
客运周转量（万人公里）	17774. 25	18086. 52	27511. 92
货物进出口总额（万美元）	29802. 81	55623. 17	76919. 77
出口总额（万美元）	19587. 16	33437. 97	45821. 07
进口总额（万美元）	10215. 66	22185. 20	31098. 70
主要港口货物吞吐量（万吨）	89. 55	169. 76	205. 19
邮电业务总量（万元）	32717. 81	130189. 62	
邮寄函件（万件）	69. 04	8. 93	7. 78
图书出版总印数（万份）	21. 23	37. 21	50. 50
杂志出版总印数（万份）	8. 06	5. 51	5. 08
报纸出版总印数（万份）	273. 92	189. 93	170. 18
四、全省每天婚姻变动			
结婚对数（对）	1038	562	495
离婚对数（对）	120	255	188

全省法人单位数（2022 年）

单位：个

项　　目	法人单位数		
		单产业法人	多产业法人
按登记注册类型分	**1547262**	**1523300**	**23962**
内资	1528499	1505224	23275
国有	37095	35380	1715
集体	8548	7956	592
股份合作	414	361	53
联营	277	277	
国有联营	26	26	
集体联营	70	70	
国有与集体联营	27	27	
其他联营	154	154	
有限责任公司	26780	25301	1479
国有独资公司	2870	2569	301
其他责任有限公司	23910	22732	1178
股份有限公司	1222	844	378
私营	1373131	1354303	18828
私营独资	93652	93175	477
私营合伙	15997	15947	50
私营有限责任公司	1260406	1242394	18012
私营股份有限公司	3076	2787	289
其他	81032	80802	230
港澳台商投资	12568	12218	350
合资经营（港或澳、台资）	2777	2673	104
合作经营（港或澳、台资）	82	79	3
港、澳、台商独资经营	9267	9038	229
港、澳、台商投资股份有限公司	214	202	12
其他港澳台商投资	228	226	2
外商投资	6195	5858	337
中外合资	1487	1420	67
中外合作	36	35	1
外商独资	4473	4216	257
外商投资股份有限公司	86	74	12
其他外商投资	113	113	
按机构类型分	**1547262**	**1523300**	**23962**
企业	1419812	1397609	22203
事业单位	24402	23918	484
机关	6698	5668	1030
社会团体	21103	21085	18
其他	75247	75020	227

续表

项　　目	法人单位数		
		单产业法人	多产业法人
按行业分	**1547262**	**1523300**	**23962**
农、林、牧、渔业	72500	72313	187
农业	39214	39117	97
林业	6882	6855	27
畜牧业	9268	9245	23
渔业	10210	10192	18
农、林、牧、渔服务业	6926	6904	22
采矿业	1826	1791	35
煤炭开采和洗选业	139	136	3
黑色金属矿采选业	223	213	10
有色金属矿采选业	165	159	6
非金属矿采选业	1204	1189	15
开采辅助活动	38	38	
其他采矿业	57	56	1
制造业	192832	191138	1694
农副食品加工业	6942	6840	102
食品制造业	6337	6256	81
酒、饮料和精制茶制造业	8638	8528	110
烟草制品业	12	11	1
纺织业	6926	6871	55
纺织服装、服饰业	13922	13792	130
皮革、毛皮、羽毛及其制品和制鞋业	15373	15301	72
木材加工和木、竹、藤、棕、草制品业	7902	7845	57
家具制造业	8121	8075	46
造纸和纸制品业	4698	4671	27
印刷和记录媒介复制业	3543	3499	44
文教、工美、体育和娱乐用品制造业	12121	12064	57
石油加工、炼焦和核燃料加工业	372	366	6
化学原料和化学制品制造业	4541	4475	66
医药制造业	1341	1317	24
化学纤维制造业	353	352	1
橡胶和塑料制品业	9879	9815	64
非金属矿物制品业	22787	22583	204
黑色金属冶炼和压延加工业	629	624	5
有色金属冶炼和压延加工业	922	913	9
金属制品业	15807	15697	110
通用设备制造业	10155	10083	72
专用设备制造业	9793	9717	76
汽车制造业	2039	2011	28

续表

项　　　目	法人单位数	单产业法人	多产业法人
铁路、船舶、航空航天和其他运输设备制造业	1273	1266	7
电气机械和器材制造业	6600	6514	86
计算机、通信和其他电子设备制造业	4515	4439	76
仪器仪表制造业	1410	1381	29
其他制造业	3201	3188	13
废弃资源综合利用业	1161	1147	14
金属制品、机械和设备修理业	1519	1497	22
电力、热力、燃气及水生产和供应业	7576	7376	200
电力、热力生产和供应业	5991	5868	123
燃气生产和供应业	217	176	41
水的生产和供应业	1368	1332	36
建筑业	78971	73360	5611
房屋建筑业	24047	20852	3195
土木工程建筑业	15319	13735	1584
建筑安装业	5289	5063	226
建筑装饰和其他建筑业	34316	33710	606
批发和零售业	594100	589032	5068
批发业	306146	303967	2179
零售业	287954	285065	2889
交通运输、仓储和邮政业	29961	29120	841
铁路运输业	101	98	3
道路运输业	17097	16720	377
水上运输业	1849	1808	41
航空运输业	175	163	12
管道运输业	7	7	
多式联运和运输代理业	7153	7013	140
装卸搬运和仓储业	2484	2442	42
邮政业	1095	869	226
住宿和餐饮业	22796	21966	830
住宿业	6168	5998	170
餐饮业	16628	15968	660
信息传输、软件和信息技术服务业	92964	92251	713
电信、广播电视和卫星传输服务	1009	940	69
互联网和相关服务	16673	16548	125
软件和信息技术服务业	75282	74763	519
金融业	4392	3858	534
货币金融服务	1372	1104	268
资本市场服务	1941	1926	15

续表

项　　目	法人单位数		
		单产业法人	多产业法人
保险业	497	257	240
其他金融业	582	571	11
房地产业	33487	32117	1370
房地产业	33487	32117	1370
租赁和商务服务业	158089	155891	2198
租赁业	13177	13028	149
商务服务业	144912	142863	2049
科学研究和技术服务业	84579	83062	1517
研究和试验发展	18704	18583	121
专业技术服务业	28670	27467	1203
科技推广和应用服务业	37205	37012	193
水利、环境和公共设施管理业	9596	9451	145
水利管理业	622	607	15
生态保护和环境治理业	1448	1433	15
公共设施管理业	5859	5759	100
土地管理业	1667	1652	15
居民服务、修理和其他服务业	27262	26715	547
居民服务业	12837	12566	271
机动车、电子产品和日用产品修理业	9428	9253	175
其他服务业	4997	4896	101
教育	24392	23819	573
教育	24392	23819	573
卫生和社会工作	10214	10048	166
卫生	6653	6530	123
社会工作	3561	3518	43
文化、体育和娱乐业	42593	42147	446
新闻和出版业	337	328	9
广播、电视、电影和影视录音制作业	6748	6687	61
文化艺术业	15489	15367	122
体育	5448	5311	137
娱乐业	14571	14454	117
公共管理、社会保障和社会组织	59132	57845	1287
中国共产党机关	1343	1282	61
国家机构	13769	12766	1003
人民政协、民主党派	241	236	5
社会保障	366	359	7
群众团体、社会团体和其他成员组织	26333	26311	22
基层群众自治组织	17080	16891	189

各设区市按行业门类分的法人单位数（2022 年）

单位：个

项　　目	福建省	福州市	厦门市	莆田市	三明市	泉州市	漳州市	南平市	龙岩市	宁德市
农、林、牧、渔业	72500	10324	1499	2679	7935	8191	10682	9830	6652	14708
采矿业	1826	162	16	19	466	262	145	190	460	106
制造业	192832	18439	27115	9376	6709	81554	19034	9953	6974	13678
电力、热力、燃气及水生产和供应业	7576	776	224	209	1308	1027	1078	948	1245	761
建筑业	78971	19639	13444	4209	3701	16363	7090	4542	5235	4748
批发和零售业	594100	86219	97169	89402	15902	183424	34579	30056	32204	25145
交通运输、仓储和邮政业	29961	6327	6889	1099	1544	5853	3098	1775	1529	1847
住宿和餐饮业	22796	5018	5076	1169	891	4491	2363	1028	1576	1184
信息传输、软件和信息技术服务业	92964	29241	22619	4522	2183	19203	4530	3139	4405	3122
金融业	4392	1511	1180	123	143	697	233	161	174	170
房地产业	33487	7678	6162	1743	1486	7073	3080	1965	1909	2391
租赁和商务服务业	158089	42541	35261	6991	4657	34448	10954	7600	6799	8838
科学研究和技术服务业	84579	20006	19810	5247	2759	18006	6743	3275	4669	4064
水利、环境和公共设施管理业	9596	1718	1109	792	750	1646	1311	780	669	821
居民服务、修理和其他服务业	27262	5953	6453	1457	1054	5564	2413	1366	1587	1415
教育	24392	4466	4711	1591	1273	4480	3179	1365	1822	1505
卫生和社会工作	10214	2830	1275	417	1572	1344	678	746	774	578
文化、体育和娱乐业	42593	8246	10370	2075	1553	10485	3010	2218	2553	2083
公共管理、社会保障和社会组织	59132	10123	3407	3719	6330	10422	6260	6819	5536	6516
国际组织										

各设区市按机构类型分的法人单位数（2022 年）

单位：个

地　区	法人单位数					
		企业法人	事业法人	机关法人	社团法人	其他法人
福建省	**1547262**	**1419812**	**24402**	**6698**	**21103**	**75247**
福州市	281217	261390	3860	1131	3898	10938
厦门市	263789	256798	1361	421	1842	3367
莆田市	136839	130132	1805	404	705	3793
三明市	62216	47605	2743	886	1981	9001
泉州市	414533	394576	3938	907	5000	10112
漳州市	120460	104947	3326	862	1793	9532
南平市	87756	71917	3274	738	2423	9404
龙岩市	86772	75073	2063	628	1927	7081
宁德市	93680	77374	2032	721	1534	12019

人口　就业　工资

年末常住人口及人口变动

年份	常住总人口（万人）	按性别分		按城乡分		人口出生率（‰）	人口死亡率（‰）	人口自然增长率（‰）	人口密度（人/平方公里）
		男	女	城镇	乡村				
2021	4187	2169	2018	2918	1269	8.26	6.28	1.98	338
2022	4188	2168	2020	2937	1251	7.07	6.52	0.55	338
2023	4183	2164	2019	2972	1211	6.81	6.95	-0.14	337

各种受教育程度人口占总人口的比重

单位:%

项目	2020	2022	2023
大专以上	14.1	17.2	18.6
高中（含中专）	14.2	14.4	14.3
初中	32.2	30.3	31.3
小学	28.0	27.6	26.7

家庭户类型构成

单位:%

项目	2000	2010	2020
一人户	9.1	12.1	27.3
二人户	15.5	17.2	26.3
三人户	25.4	24.3	19.4
四人户	24.7	21.7	14.2
五人户	15.8	13.7	6.9
六人户	5.9	6.4	4.0
七人户	2.2	2.6	1.1
八人户	0.8	1.1	0.4
九人户	0.3	0.5	0.2
十人及以上户	0.3	0.4	0.2

最近三次全国人口普查人口基本情况

项　　目	2000	2010	2020
一、总户数和总人口			
家庭户（万户）	874	1121	1437
总人口（万人）	3410	3689	4154
男	1757	1898	2147
女	1653	1791	2007
性别比（女性=100）	106.3	106.0	106.9
平均每户人数（人/户）	3.6	3.0	2.7
二、城乡人口（万人）			
城镇人口	1432	2106	2856
乡村人口	1978	1583	1298
城镇化率（%）	42.0	57.1	68.8
三、民族人口（万人）			
汉族人口	3351	3610	4042
占总人口比重（%）	98.3	97.8	97.3
少数民族人口	59	80	112
占总人口比重（%）	1.7	2.2	2.7
四、人口年龄构成			
0—14岁人口（万人）	760	571	803
占总人口比重（%）	22.3	15.5	19.3
15—64岁人口（万人）	2422	2828	2890
占总人口比重（%）	71.0	76.7	69.6
65岁及65岁以上人口（万人）	228	291	461
占总人口比重（%）	6.7	7.9	11.1
百岁老年人口（人）	373	1058	3023
男	46	221	755
女	327	837	2268
总抚养比（%）	42.2	30.5	43.7
少儿抚养比	32.7	20.2	27.8
老年抚养比	9.5	10.3	15.9
老少比（%）	30.1	51.0	57.4
平均预期寿命（岁）	72.55	75.76	78.49

续表

项　　目	2000	2010	2020
男	70.30	73.27	75.81
女	75.07	78.64	81.55
五、受教育人口			
每十万人拥有小学及以上文化程度人口（人）			
小学	40200	29801	28031
初中	35700	37886	32218
高中及中专	11300	13876	14212
大专以上	3200	8361	14148
文盲人口（万人）	327	90	97
文盲率（%）	9.6	2.4	2.3
六、劳动力和就业状况			
劳动适龄人口（万人）	2188	2556	2511
男（16—59岁）	1148	1353	1367
女（16—54岁）	1040	1203	1144
占总人口比重（%）	64.2	69.3	60.4
七、各种婚姻人口占15岁及以上人口比重（%）	**100.0**	**100.0**	**100.0**
未婚	24.1	22.9	18.6
有配偶	69.6	70.6	73.7
离婚	0.7	1.1	2.2
丧偶	5.6	5.4	5.5
八、生育			
育龄妇女人数（万人）	1006	1121	999
生育旺盛期组（20—29岁）	328	359	228
生育率（‰）	32.9	33.0	39.6
总和生育率	1.03	1.12	1.38
九、人口自然变动			
出生率（‰）	11.60	11.27	9.21
死亡率（‰）	5.85	5.16	6.24
自然增长率（‰）	5.75	6.11	2.97

全省就业基本情况

项　　目	2020	2022	2023
就业人员合计（万人）	**2206**	**2174**	**2192**
第一产业	323	299	289
第二产业	719	721	731
第三产业	1164	1154	1172
就业人员构成（%）			
第一产业	14. 6	13. 7	13. 2
第二产业	32. 6	33. 2	33. 3
第三产业	52. 8	53. 1	53. 5
城镇非私营单位就业人员（万人）	**605. 90**	**559. 16**	**548. 62**
#国有单位	152. 27	147. 27	167. 57
有限责任公司	245. 28	229. 94	
股份有限公司	52. 65	47. 34	
港澳台商投资单位	77. 82	68. 82	59. 49
外商投资单位	53. 84	50. 13	35. 04
城镇非私营单位在岗职工人数（万人）	**550. 13**	**519. 79**	**498. 78**
#国有单位	143. 11	138. 12	157. 48
城镇私营单位就业人员数（万人）	**603. 26**	**589. 16**	**510. 13**
城镇登记失业人数（万人）	**35. 74**	**28. 31**	**27. 22**

按三次产业分全社会就业人员及构成

年份	就业人员数（万人）				构成（%）		
	合计	第一产业	第二产业	第三产业	第一产业	第二产业	第三产业
2021	2197	301	729	1167	13. 7	33. 2	53. 1
2022	2174	299	721	1154	13. 7	33. 2	53. 1
2023	2192	289	731	1172	13. 2	33. 3	53. 5

城镇非私营单位就业人员年末人数

单位：万人

项　　目	2020	2022	2023
总计	**605.90**	**559.16**	**548.62**
按登记注册类型分			
#国有单位	152.27	147.27	167.57
按执行会计制度类型分			
企业单位	460.95	416.30	409.07
机关事业单位	139.82	138.26	136.84
其他单位	5.13	4.60	2.71
按产业分			
第一产业	1.11	1.08	0.95
第二产业	311.59	272.98	245.59
第三产业	293.19	285.09	302.08
按行业分			
农、林、牧、渔业	1.11	1.08	0.95
采矿业	1.64	1.37	0.89
制造业	162.11	150.52	130.37
电力、热力、燃气及水生产和供应业	10.94	11.02	10.75
建筑业	136.91	110.07	103.57
批发和零售业	24.07	24.06	24.30
交通运输、仓储和邮政业	22.76	21.37	20.33
住宿和餐饮业	8.82	9.25	10.49
信息传输、软件和信息技术服务业	10.34	10.37	10.66
金融业	26.64	20.55	20.35
房地产业	16.94	16.29	15.23
租赁和商务服务业	18.31	18.45	38.57
科学研究和技术服务业	8.36	7.99	7.93
水利、环境和公共设施管理业	7.37	7.01	7.07
居民服务、修理和其他服务业	3.60	3.80	3.85
教育	63.49	63.05	61.11
卫生和社会工作	26.49	27.43	27.59
文化、体育和娱乐业	4.17	3.80	3.73
公共管理、社会保障和社会组织	51.84	51.67	50.88

城镇非私营单位女性就业人员年末人数

单位：万人

项　　目	2020	2022	2023
总计	**240.82**	**227.23**	**227.15**
按登记注册类型分			
#国有单位	74.21	76.01	83.35
按执行会计制度类型分			
企业单位	165.44	150.80	152.02
机关事业单位	71.48	72.94	73.19
其他单位	3.90	3.49	1.94
按产业分			
第一产业	0.28	0.32	0.26
第二产业	99.08	87.80	76.95
第三产业	141.47	139.11	149.94
按行业分			
农、林、牧、渔业	0.28	0.32	0.26
采矿业	0.31	0.22	0.18
制造业	73.91	66.92	56.32
电力、热力、燃气及水生产和供应业	2.86	2.84	2.73
建筑业	22.00	17.83	17.72
批发和零售业	12.38	12.26	12.35
交通运输、仓储和邮政业	5.73	5.29	5.16
住宿和餐饮业	5.01	5.41	6.01
信息传输、软件和信息技术服务业	3.88	3.78	3.85
金融业	15.44	11.77	11.51
房地产业	6.60	6.42	6.07
租赁和商务服务业	6.08	5.73	17.15
科学研究和技术服务业	2.57	2.51	2.59
水利、环境和公共设施管理业	3.03	2.93	3.14
居民服务、修理和其他服务业	2.35	2.50	2.51
教育	40.74	41.27	40.11
卫生和社会工作	18.33	19.24	19.42
文化、体育和娱乐业	2.01	1.89	1.85
公共管理、社会保障和社会组织	17.31	18.09	18.22

城镇非私营单位在岗职工年末人数

单位：万人

项　　目	2020	2022	2023
总计	**550.13**	**519.79**	**498.78**
按登记注册类型分			
#国有单位	143.11	138.12	157.48
按执行会计制度类型分			
企业单位	414.20	385.92	366.86
机关事业单位	130.98	129.43	129.32
其他单位	4.95	4.44	2.60
按产业分			
第一产业	0.96	0.87	0.81
第二产业	282.72	253.52	227.90
第三产业	266.45	265.40	270.07
按行业分			
农、林、牧、渔业	0.96	0.87	0.81
采矿业	1.59	1.32	0.89
制造业	159.35	148.34	128.40
电力、热力、燃气及水生产和供应业	10.04	10.35	10.10
建筑业	111.74	93.52	88.51
批发和零售业	22.84	23.13	23.21
交通运输、仓储和邮政业	22.36	21.12	20.06
住宿和餐饮业	8.28	8.29	9.22
信息传输、软件和信息技术服务业	10.21	10.31	10.58
金融业	13.57	13.92	14.90
房地产业	16.39	15.70	14.72
租赁和商务服务业	17.08	18.02	23.96
科学研究和技术服务业	8.09	7.76	7.62
水利、环境和公共设施管理业	6.93	6.55	6.65
居民服务、修理和其他服务业	3.47	3.68	3.78
教育	58.60	58.49	57.16
卫生和社会工作	25.38	26.12	26.70
文化、体育和娱乐业	3.95	3.49	3.44
公共管理、社会保障和社会组织	49.30	48.82	48.07

城镇非私营单位就业人员平均工资

单位：元

项　　目	就业人员平均工资		在岗职工平均工资	
	2022	2023	2022	2023
总计	**103803**	**108520**	**106977**	**111401**
按三次产业分				
第一产业	77840	79383	89266	89400
第二产业	86073	88717	87058	89972
第三产业	120655	124451	126023	129118
按企事业机关分				
企业	93683	98826	95780	100494
机关和事业	135652	137313	142009	142484
按行业分				
农、林、牧、渔业	77840	79383	89266	89400
采矿业	83510	89918	84578	90137
制造业	90788	93196	90708	93417
电力、热力、燃气及水生产和供应业	141910	149565	147231	155145
建筑业	73178	75673	73961	76472
批发和零售业	103188	110445	104337	113281
交通运输、仓储和邮政业	113836	121439	114751	122310
住宿和餐饮业	52087	55675	55345	60862
信息传输、软件和信息技术服务业	154022	165488	154411	166111
金融业	157538	178790	208319	214346
房地产业	90573	90760	91994	91776
租赁和商务服务业	79344	93004	80209	83651
科学研究和技术服务业	148080	146922	150780	149553
水利、环境和公共设施管理业	69572	73153	71775	75406
居民服务、修理和其他服务业	72596	76832	72870	76257
教育	124756	129492	131143	135306
卫生和社会工作	156258	164846	160260	167686
文化、体育和娱乐业	106939	112808	113548	118730
公共管理、社会保障和社会组织	130557	128140	136330	132356

城镇私营单位就业人员及平均工资（2023年）

项　　目	就业人员（万人）	#女性	#在岗职工	平均工资（元） 就业人员	在岗职工
合　　计	**510.13**	**192.41**	**487.10**	**67651**	**67930**
按产业分					
第一产业	1.60	0.63	1.53	54909	55381
第二产业	297.87	98.30	279.92	69473	69883
第三产业	210.66	93.48	205.65	65228	65418
按行业分					
农、林、牧、渔业	1.60	0.63	1.53	54909	55381
采矿业	0.44	0.08	0.44	62601	62687
制造业	161.17	72.80	159.37	72590	72777
电力、热力、燃气及水的生产和供应业	0.94	0.27	0.89	63595	65421
建筑业	135.32	25.15	119.23	65705	65968
批发和零售业	71.65	33.41	70.74	61886	62192
交通运输、仓储和邮政业	12.22	3.16	12.07	69698	69726
住宿和餐饮业	13.54	7.77	13.25	52524	52784
信息传输、计算机服务和软件业	13.54	5.34	13.26	111298	111607
金融业	1.01	0.59	0.60	117648	127409
房地产业	12.19	5.29	11.97	64284	64677
租赁和商务服务业	45.38	15.32	43.54	64158	64266
科学研究和技术服务	11.36	4.37	11.14	67241	67666
水利、环境和公共设施管理业	2.57	1.22	2.52	47652	48015
居民服务和其他服务业	10.35	5.86	10.17	50580	50380
教育	7.72	5.86	7.52	53128	53544
卫生、社会保障和社会福利业	4.11	2.83	3.99	77549	77823
文化、体育和娱乐业	5.02	2.45	4.88	55552	56188

各设区市全社会就业人员

单位：万人

地　区	2021	2022	2023
全　省	**2197**	**2174**	**2192**
福州市	419	404	407
厦门市	314	315	319
莆田市	155	155	156
三明市	115	111	112
泉州市	515	507	510
漳州市	277	279	281
南平市	123	122	123
龙岩市	128	129	130
宁德市	151	152	154

各设区市城镇非私营单位就业人员和平均工资（2023 年）

地　　区	就业人员数（万人）			平均工资（元）	
		在岗职工	其他从业人员	就业人员	在岗职工
全　省	**548.62**	**498.78**	**49.84**	**108520**	**111401**
福州市	128.82	119.72	9.10	119840	123169
厦门市	137.49	115.06	22.43	123081	126571
莆田市	32.78	30.86	1.93	87380	89050
三明市	21.79	20.08	1.71	104159	108908
泉州市	105.68	102.31	3.36	92858	93989
漳州市	51.22	46.00	5.22	99454	104254
南平市	20.88	18.98	1.90	90972	95388
龙岩市	25.68	23.65	2.04	103689	108487
宁德市	24.29	22.12	2.17	106045	111960

人民生活

城乡居民家庭人均收入

单位：元

年份	居民人均可支配收入			城镇居民人均可支配收入			农村居民人均可支配（纯）收入		
	数值	比上年增长（%）		数值	比上年增长（%）		数值	比上年增长（%）	
		名义	实际		名义	实际		名义	实际
2021	40659	9.3	8.5	51140	8.4	7.6	23229	11.2	10.9
2022	43118	6.0	4.1	53817	5.2	3.3	24987	7.6	5.7
2023	45426	5.4	5.4	56153	4.3	4.2	26722	6.9	6.9

城镇居民人均可支配收入及构成

项目	2021	2022	2023
可支配收入（元）	**51140**	**53817**	**56153**
工资性收入	31762	33491	35054
经营净收入	6706	7136	7509
财产净收入	6990	7323	7505
转移净收入	5682	5868	6085
可支配收入构成（%）	**100.0**	**100.0**	**100.0**
工资性收入	62.1	62.2	62.4
经营净收入	13.1	13.3	13.4
财产净收入	13.7	13.6	13.4
转移净收入	11.1	10.9	10.8

城镇居民人均生活消费支出

单位：元

项目	2021	2022	2023
生活消费支出	**33942**	**35692**	**37674**
食品烟酒	10612	11145	11730
衣着	1741	1769	1847
居住	10349	10679	10664
生活用品及服务	1794	1913	2053
交通通信	3656	3949	4379
教育文化娱乐	3120	3376	3795
医疗保健	1939	2064	2283
其他用品及服务	731	797	921

城镇居民人均生活消费支出构成

单位:%

项　　目	2021	2022	2023
生活消费支出	**100.0**	**100.0**	**100.0**
食品烟酒	31.3	31.2	31.1
衣着	5.1	5.0	4.9
居住	30.5	29.9	28.3
生活用品及服务	5.3	5.4	5.4
交通通信	10.8	11.1	11.6
教育文化娱乐	9.2	9.5	10.1
医疗保健	5.7	5.8	6.1
其他用品及服务	2.2	2.2	2.4

农村居民人均可支配收入及构成

项　　目	2021	2022	2023
人均可支配收入（元）	**23229**	**24987**	**26722**
工资性收入	10516	11361	12020
经营净收入	8586	9128	9857
财产净收入	466	519	570
转移净收入	3660	3979	4274
可支配收入构成（%）	**100.0**	**100.0**	**100.0**
工资性收入	45.3	45.5	45.0
经营净收入	37.0	36.5	36.9
财产净收入	2.0	2.1	2.1
转移净收入	15.8	15.9	16.0

农村居民人均生活消费支出

单位：元

项　　目	2021	2022	2023
生活消费支出	**19290**	**20467**	**21746**
食品烟酒	6765	7061	7486
衣着	918	963	1021
居住	4894	5176	5125
生活用品及服务	939	1034	1160
交通通信	2232	2323	2533
教育文化娱乐	1662	1844	2077
医疗保健	1484	1634	1849
其他用品及服务	397	433	493

农村居民人均生活消费支出构成

单位:%

项目	2021	2022	2023
生活消费支出	**100.0**	**100.0**	**100.0**
食品烟酒	35.1	34.5	34.4
衣着	4.8	4.7	4.7
居住	25.4	25.3	23.6
生活用品及服务	4.9	5.0	5.3
交通通信	11.6	11.3	11.6
教育文化娱乐	8.6	9.0	9.6
医疗保健	7.7	8.0	8.5
其他用品及服务	2.1	2.1	2.3

设区市城镇居民人均可支配收入（2023年）

单位：元

地区	人均可支配收入	工资性收入	经营净收入	财产净收入	转移净收入
福建省	**56153**	**35054**	**7509**	**7505**	**6085**
福州市	58009	36816	5007	7606	8581
厦门市	72880	51954	5998	9709	5219
莆田市	48371	25335	7971	7565	7500
三明市	46517	29101	6591	3815	7010
泉州市	60697	35078	14726	6730	4162
漳州市	48736	28652	8584	4405	7095
南平市	42867	24644	6623	3353	8248
龙岩市	47879	33133	5023	5564	4159
宁德市	44639	20554	13400	4901	5785

设区市城镇居民人均生活消费支出（2023年）

单位：元

地区	生活消费支出	食品烟酒	衣着	居住	生活用品及服务	交通通信	教育文化娱乐	医疗保健	其他用品及服务
福建省	**37674**	**11730**	**1847**	**10664**	**2053**	**4379**	**3795**	**2283**	**921**
福州市	39174	11860	1964	12621	1862	4320	3853	1733	961
厦门市	47411	14122	2070	15146	2587	5194	4292	2771	1229
莆田市	31741	10809	1464	9149	2132	2777	3236	1650	525
三明市	31991	10820	1604	7470	1902	3552	3408	2446	789
泉州市	37116	11497	2235	9346	2388	4678	3764	1942	1267
漳州市	32831	10911	1343	8254	1706	4176	3609	2112	719
南平市	27502	9873	1562	5907	1532	2929	3015	1961	724
龙岩市	31646	11044	1724	7195	1781	3535	3897	1854	616
宁德市	30715	10781	2018	6525	1950	2575	3522	2645	697

设区市农村居民人均可支配收入（2023 年）

单位：元

地　区	人均可支配收入	工资性收入	经营净收入	财产净收入	转移净收入
福建省	**26722**	**12020**	**9857**	**570**	**4274**
福州市	28636	15229	6679	1467	5260
厦门市	34206	21432	7603	1649	3522
莆田市	26316	13187	5448	760	6921
三明市	24822	8901	11810	596	3515
泉州市	29596	16506	9864	468	2758
漳州市	27788	13731	11050	234	2773
南平市	23327	9085	11155	236	2850
龙岩市	26056	10099	12529	338	3089
宁德市	24819	7738	14307	282	2493

设区市农村居民人均生活消费支出（2023 年）

单位：元

地　区	生活消费支出	食品烟酒	衣着	居住	生活用品及服务	交通通信	教育文化娱乐	医疗保健	其他用品及服务
福建省	**21746**	**7486**	**1021**	**5125**	**1160**	**2533**	**2077**	**1849**	**493**
福州市	23256	8494	1284	5292	1543	2110	2238	1696	600
厦门市	28273	8998	1096	7567	1385	4651	2496	1408	672
莆田市	21174	8523	845	5613	931	1645	1925	1327	364
三明市	17860	6301	760	3520	925	2363	2386	1278	327
泉州市	21920	8280	1163	5147	1009	2709	2052	999	561
漳州市	18977	7193	664	4479	1006	1975	1879	1382	398
南平市	16607	6266	935	3310	798	2357	1567	1092	282
龙岩市	18546	7049	771	4146	865	2341	1801	1124	449
宁德市	18667	7422	1007	4001	785	1344	1629	2086	393

科　技

研究与试验发展（R&D）活动指标

项　　目	2020	2022	2023
R&D 人员全时当量（人年）	**185622**	**260296**	**279771**
基础研究	6613	8390	11341
应用研究	19183	19908	20871
试验发展	159826	232000	247559
#科学研究与开发机构	6062	7638	7880
高等院校	18997	21639	23418
规模以上工业企业	140850	193782	211921
R&D 经费内部支出（亿元）	**842.41**	**1082.13**	**1171.68**
基础研究	23.78	35.65	44.01
应用研究	59.01	63.89	73.85
试验发展	759.61	982.59	1053.81
#科学研究与开发机构	25.99	34.15	33.38
基础研究	7.03	9.08	9.66
应用研究	9.39	11.05	10.25
试验发展	9.57	14.02	13.47
高等院校	60.62	79.10	84.96
基础研究	13.75	23.88	28.14
应用研究	40.60	46.12	48.32
试验发展	6.27	9.09	8.50
规模以上工业企业	666.91	848.59	917.29
基础研究	0.12	0.43	2.40
应用研究	1.94	2.13	7.85
试验发展	449.35	846.02	907.03
R&D 经费内部支出按资金来源分			
政府资金	81.49	105.44	110.40
企业资金	750.85	963.71	1043.04
国外资金	1.22	0.72	1.34
其他	8.85	12.27	16.90
R&D 经费内部支出占 GDP 比重（%）	**1.92**	**2.09**	**2.16**

研究与试验发展（R&D）人员情况

单位：人

年　份	合　计	科研机构	高等院校	规模以上工业企业	#大中型企业	其　他
2021	347528	8104	46335	259342	163829	33747
2022	376899	8940	50820	264758	160852	52381
2023	385416	9187	56947	272482	169200	46800

按买方类别分技术合同情况

项　　目	2015	2022	2023
合同数（项）	**4209**	**17324**	**21175**
机关法人	561	1555	1965
事业法人	631	2167	2349
社团法人	8	72	83
企业法人	2912	13242	16303
自然人	25	96	127
其他组织	72	192	348
合同金额（万元）	**538645**	**2895151**	**3754631**
机关法人	57966	177607	208633
事业法人	20047	107128	118690
社团法人	412	1327	1371
企业法人	450881	2581034	3388968
自然人	733	381	1146
其他组织	8607	27673	35822

按合同类别分技术合同情况

项　目	合　计	#技术开发	技术转让	技术咨询	技术服务
合同数（项）					
2021	16320	6542	705	1128	7945
2022	17324	6667	904	1716	8037
2023	21175	7497	728	3374	9082
合同金额（万元）					
2021	2143960	792098	427117	20497	904248
2022	2895151	883295	1030356	50803	930697
2023	3754631	1110458	349437	70358	1408614

技术合同情况（2023年）

项目	合同数（项）	合同金额（万元）
合计	**21175**	**3754631**
按合同类别分		
技术开发合同	7497	1110458
技术转让合同	728	349437
技术咨询合同	3374	70358
技术服务合同	9082	1408614
技术许可合同	494	815765
按服务目标分		
农、林、牧、渔业发展	2485	58480
工商业发展	1321	969092
能源生产、分配和合理利用	708	402591
基础设施以及城市和农村规划	749	106278
环境保护、生态建设及污染防治	1130	87726
卫生事业发展	747	182755
教育事业发展	229	16350
社会发展和社会服务	9101	1024783
非定向研究	211	24393
民用空间探测及开发	6	174
地球和大气层的探索与利用	72	12682
国防	32	2227
其他民用目标	4384	867100
按技术流向分		
本省	15050	2007505
省外	6125	1747126

各类型专利授权情况

单位：项

年份	专利授权数	发明	实用新型	外观设计
2021	153814	12561	105267	35986
2022	141536	16213	93033	32290
2023	120264	17858	72127	30279

各单位专利授权情况

单位：项

项　目	合　计	个人	大专院校	科研单位	企业	机关团体
2021	153814	24437	8399	1101	118585	1292
2022	141536	16658	7724	1192	114957	1005
2023	120264	12480	6137	1095	98957	1595

地方国有企事业单位专业技术人员数

单位：人

年　份	合　计	#工程技术人员	#农业技术人员	#卫生技术人员	#科学研究人员	#教学人员
2021	805439	133606	11870	126515	3824	405024
2022	830595	141563	11676	130621	4032	413309
2023	847930	143070	11289	134145	3750	411460

分行业地方国有企事业单位各行业技术人员数

单位：人

行　　业	2020	2022	2023
合　计	**761770**	**830595**	**847930**
按行业分			
农、林、牧、渔业	21394	20265	19990
采矿业	3053	3290	4862
制造业	29255	31094	25023
电力、燃气及水的生产和供应业	7251	7203	7148
建筑业	19881	21925	22285
交通运输、仓储和邮政业	20746	29636	33243
信息传输、软件和信息技术服务业	12530	17529	18048
批发和零售业	4911	4615	4677
住宿和餐饮业	1004	988	1054
金融业	27859	40128	40058
房地产业	8345	9142	9320
租赁和商务服务业	4518	6649	6748
科学研究和技术服务业	16988	20746	22122
水利、环境和公共设施管理业	12302	14728	16268
居民服务和其他服务业	14247	6709	7238
教育	392377	416767	425104
卫生、社会保障和社会福利业	124449	134406	136042
文化、体育和娱乐业	18287	18538	21198
公共管理和社会组织	22373	26237	27502
按三次产业分			
第一产业	21394	20265	19990
第二产业	59440	63512	59318
第三产业	680936	746818	768622

教　育

专任教师数和在校学生数

年　份	专任教师数（人）				在校学生数（万人）				每万常住人口拥有大学在校学生数（人）
	普通高等学校	普通中等学校	#普通中学	普通小学	普通高等学校	普通中等学校	#普通中学	普通小学	
2021	52856	190304	167541	198335	102.34	272.01	222.54	352.90	264.0
2022	57103	198093	173808	204204	107.61	283.55	231.21	359.09	277.0
2023	59277	205141	179486	209007	113.99	293.19	238.07	369.79	273.0

各级各类民办教育基本情况（2023年）

单位：人

项　目	学校数（所）	毕业生数	招生数	在校学生数	教职工数	#专任教师
高等教育	36	101627	162755	429265	23163	16677
高校	31	82862	142336	358246	20279	14965
本科	11	36108	49598	148855	8819	6391
专科	20	46754	92738	209391	11460	8574
独立学院	5	18765	20419	71019	2884	1712
本科	5	18765	20419	71019	2884	1712
高中阶段教育 141	39709	65041	172933	28807	12368	
普通高中	119	29361	52468	133533	27296	10529
中等职业教育	22	10348	12573	39400	1511	1839
初中阶段教育	73	60461	45983	161526	9422	11630
普通初中	73	60461	45983	161526	9422	11630
普通小学	79	21262	14680	115265	4489	7964
幼儿园	5084	263555	149644	519311	83761	40359

各类学校数

单位：所

年　份	普通高等学校	成人高等学校	中等职业教育	普通中学	#高中	技工学校	小学	幼儿园
2021	89	3	165	1822	557	65	5077	8836
2022	89	3	167	1840	578	68	5001	8597
2023	89	3	167	1879	598	72	4886	8165

各类学校专任教师数

单位：人

年　份	普通高等学校	中等职业教育	普通中学	#高中	技工学校	小学	幼儿园
2021	52856	18693	167541	54804	4070	198335	112183
2022	57103	19480	173808	57662	4805	204204	110249
2023	59277	20536	179486	61391	5119	209007	100359

各类学校在校学生数

单位：万人

年　份	普通高等学校	成人高等学校	中等职业教育	普通中学	#高中	技工学校	小学	幼儿园
2021	102. 34	15. 80	37. 54	222. 54	69. 93	11. 94	352. 90	167. 27
2022	107. 61	21. 09	39. 52	231. 21	74. 64	12. 82	359. 09	156. 71
2023	113. 99	21. 95	40. 90	238. 07	80. 37	14. 22	369. 79	135. 44

各类学校招生数

单位：万人

年　份	普通高等学校	成人高等学校	中等职业教育	普通中学	#高中	技工学校	小学	幼儿园
2021	31. 50	7. 31	13. 98	77. 11	24. 54	5. 11	62. 85	55. 02
2022	34. 59	9. 47	14. 35	79. 14	26. 89	5. 28	58. 69	47. 45
2023	37. 08	7. 37	14. 25	81. 81	28. 99	6. 54	63. 82	41. 29

各类学校毕业生数

单位：万人

年　份	普通高等学校	成人高等学校	中等职业教育	普通中学	#高中	技工学校	小学
2021	22. 47	3. 60	9. 91	64. 46	19. 64	2. 46	52. 82
2022	28. 09	4. 08	11. 00	68. 65	20. 61	3. 64	52. 46
2023	29. 78	6. 26	11. 63	73. 35	21. 97	3. 22	53. 03

平均每一专任教师负担学生数

单位：人

年　份	普通高等学校	成人高等学校	中等职业教育	普通中学	#高中	技工学校	小学	幼儿园
2021	19. 36	728. 32	20. 08	13. 28	12. 76	29. 33	17. 79	14. 91
2022	18. 84	524. 72	20. 29	13. 30	12. 94	26. 68	17. 58	14. 21
2023	19. 23	918. 34	19. 92	13. 26	13. 09	27. 78	17. 69	13. 50

研究生数

单位：人

年　份	在校学生数	招生数	毕业生数
2021	76592	26816	16543
2022	85302	28581	18722
2023	90495	30056	23438

职业技术培训机构基本情况（2023 年）

项　　目	学校数（所）	注册学生数（人）	结业学生数（人）	教职工数（人）	#专任教师数（人）
总计	**716**	**590581**	**522956**	**7875**	**5533**
职工技术培训学校（机构）	57	224143	271491	3657	3288
教育部门办	52	201412	248760	3588	3223
其他部门办	1	22228	22228	45	45
民办	4	503	503	24	20
中外合作办					
农村成人文化技术培训学校（机构）	421	202284	134061	927	239
县办	26	1992	1466	67	51
乡办	88	87757	23216	318	130
村办	89	53634	53805	167	58
其他部门办	218	58901	55574	375	0
民办					
中外合作办					
其他培训机构（含社会培训机构）	238	164154	117404	3291	2006
教育部门办	15	31413	53848	586	373
其他部门办	9	1272	18690	694	542
民办	214	131469	44866	2011	1091
中外合作办					

分科研究生数（2023 年）

单位：人

项　　目	在校学生数	招生数	毕业生数	博士生			硕士生		
				在校生数	招生数	毕业生数	在校生数	招生数	毕业生数
合计	**90495**	**30056**	**23438**	**10571**	**2684**	**1710**	**79924**	**27372**	**21728**
学术型学位	**37384**	**11681**	**9570**	**9556**	**2222**	**1618**	**27828**	**9459**	**7952**
哲学	357	93	72	150	24	11	207	69	61
经济学	1635	495	451	463	93	94	1172	402	357
法学	2556	866	598	555	122	74	2001	744	524
教育学	991	282	265	206	56	30	785	226	235
文学	1714	491	494	363	72	59	1351	419	435
历史学	543	148	146	183	32	25	360	116	121
理学	10604	3336	2556	3325	806	646	7279	2530	1910
工学	9713	3028	2540	2255	515	354	7458	2513	2186
农学	1783	536	511	431	96	87	1352	440	424
医学	3683	1274	971	754	220	123	2929	1054	848
管理学	2890	829	737	734	142	97	2156	687	640
艺术学	539	183	158	92	25	18	447	158	140
专业学位	**53111**	**18375**	**13868**	**1015**	**462**	**92**	**52096**	**17913**	**13776**
哲学									
经济学	1921	693	643				1921	693	643
法学	2359	853	757				2359	853	757
教育学	4448	1821	1699	156	20	10	4292	1801	1689
文学	1357	507	393				1357	507	393
历史学	69	27	21				69	27	21
理学									
工学	19179	7024	4867	297	206		18882	6818	4867
农学	3119	1117	766	40	25		3079	1092	766
医学	6666	2243	1886	522	211	82	6144	2032	1804
管理学	11575	3198	2261				11575	3198	2261
艺术学	2418	892	575				2418	892	575

普通高等学校本科分科学生情况

单位：人

项　　目	2020	2022	2023
在校学生数	**537206**	**587415**	**609758**
哲学	164	256	323
经济学	41945	40322	40802
法学	15122	16288	17402
教育学	22053	25775	27409
文学	51229	57264	58916
历史学	1523	1776	1838
理学	28839	32116	33866
工学	180387	197273	206345
农学	9609	9682	10123
医学	30501	34050	35987
管理学	105710	113044	114032
艺术学		50362	51884
招生数	**146421**	**168094**	**171445**
哲学	25	77	85
经济学	10346	10369	11570
法学	3576	3993	4468
教育学	6606	7740	7637
文学	14086	16413	16485
历史学	365	435	411
理学	7859	8646	9084
工学	49157	56550	58281
农学	2519	2822	2824
医学	7494	8331	8860
管理学	29394	35368	33929
艺术学		14119	14162
毕业生数	**124411**	**137182**	**145406**
哲学	41	45	44
经济学	9875	11226	10588
法学	3876	3795	3880
教育学	4611	5117	5989
文学	11487	13753	15218
历史学	354	376	410
理学	6720	6954	7129
工学	42389	45422	47484
农学	2451	2359	2243
医学	5608	6538	6760
管理学	26697	29895	31330
艺术学		11702	12334

普通高等学校专科分科学生数（2023 年）

单位：人

项　　目	在校学生数	招生数	毕业生数
合计	**530119**	**199329**	**152383**
农林牧渔大类	7787	2841	2118
资源环境与安全大类	5887	2018	1365
能源动力与材料大类	5044	1550	1866
土木建筑大类	41478	14792	13965
水利大类	1719	613	704
装备制造大类	46172	18299	11845
生物与化工大类	2973	1147	886
轻工纺织大类	3214	1389	955
食品药品与粮食大类	17540	6716	4236
交通运输大类	27292	9861	7838
电子信息大类	83044	31824	21497
医药卫生大类	61194	22503	18603
财经商贸大类	78266	28603	24720
旅游大类	14539	5726	4122
文化艺术大类	53590	22015	14570
新闻传播大类	8035	3446	1712
教育与体育大类	68964	24526	20589
公安与司法大类			
公共管理与服务大类	3381	1460	792

成人高等学校分科学生情况

单位：人

项　　目	2020	2022	2023
招生数	**26098**	**48986**	**46300**
经济学	312	585	511
法学	420	1018	1223
教育学	4110	7099	7071
文学	654	2410	3281
历史学			
理学	117	459	1018
工学	6401	13331	10983
农学	398	633	1122
医学	7203	10728	8751
管理学	6291	12318	11753
艺术学	192	405	587

续表

项　　目	2020	2022	2023
在校学生数	**61058**	**106471**	**123140**
经济学	738	1291	1410
法学	913	1895	2632
教育学	9516	16558	19360
文学	1377	4277	6827
历史学			
理学	205	835	1710
工学	15238	28824	31564
农学	1026	1587	2270
医学	15059	23581	25113
管理学	16581	26690	30955
艺术学	405	933	1299
毕业生数	**12819**	**18629**	**29105**
经济学	203	280	382
法学	178	300	473
教育学	1774	2905	4228
文学	216	416	722
历史学			
理学	15	52	144
工学	3566	4977	8073
农学	299	332	417
医学	2068	3687	7119
管理学	4472	5573	7329
艺术学	28	107	218

成人高等学校专科分科学生数（2023年）

单位：人

项　　目	在校学生数	招生数	毕业生数
合计	**96344**	**27444**	**33526**
农林牧渔大类	4002	1304	1366
资源环境与安全大类	313	21	264
能源动力与材料大类	32		44
土木建筑大类	17235	3978	5314
水利大类			
装备制造大类	6747	1923	1861

续表

项　　目	在校学生数	招生数	毕业生数
生物与化工大类	857	345	171
轻工纺织大类			
食品药品与粮食大类	417	114	117
交通运输大类	956	287	339
电子信息大类	6043	1920	1698
医药卫生大类	7336	984	2325
财经商贸大类	33965	9321	13684
旅游大类	698	280	228
文化艺术大类	516	149	263
新闻传播大类	17	17	
教育与体育大类	10300	3828	3952
公安与司法大类	118	22	47
公共管理与服务大类	6792	2951	1853

技工学校数、学生数和专任教师数

年　份	学校数（所）	招生数（人）	在校学生数（人）	毕业生数（人）	专任教师数（人）
2021	65	51050	119364	24554	4070
2022	68	52840	128181	36403	4805
2023	72	65416	142205	32232	5119

中等职业教育分科学生数（2023 年）

单位：人

项　　目	毕业生数	招生数	在校学生数
合计	**116258**	**142531**	**409032**
农林牧渔大类	3433	5710	18955
资源环境与安全大类	190	462	1015
能源动力与材料大类	218	284	906
土木建筑大类	6554	6801	20493
水利大类	79	36	267
装备制造大类	9598	13851	37274
生物与化工大类	330	1006	2234
轻工纺织大类	1466	1952	5346
食品药品与粮食大类	1062	2100	5576
交通运输大类	9145	12382	34458
电子与信息大类	21668	26655	74624

续表

项目	毕业生数	招生数	在校学生数
医药卫生大类	7249	8159	22846
财经商贸大类	19204	22068	64376
旅游大类	7221	10376	26946
文化艺术大类	9564	12121	34169
新闻传播大类	3706	3480	10635
教育与体育大类	15084	14250	46713
公安与司法大类			
公共管理与服务大类	487	838	2199

小学学龄儿童入学率升学率和初中升学率

单位:%

年份	小学学龄儿童入学率	小学升学率	初中升学率
2021	99.95	99.54	85.96
2022	99.99	99.58	85.85
2023	99.97	99.62	84.15

文　化

文化事业情况

年　份	艺术表演团体（个）	公共图书馆（座）	博物馆（座）	图书出版总印数（万册）	期刊出版总印数（万份）	报纸出版总印数（万份）	广播综合人口覆盖率（%）	电视综合人口覆盖率（%）
2021	545	96	140	15467	2003	65213	99.85	99.87
2022	671	95	140	17416	1960	63878	99.87	99.90
2023	486	97	102	18431	1854	62115	99.89	99.90

各类文化文物机构数

单位：个

年　份	艺术业		公共图书馆	博物馆	群众文化服务	
	艺术表演团体	艺术表演场馆			群众艺术（文化）馆	文化站
2021	545	72	96	140	97	1113
2022	671	75	95	140	95	1112
2023	486	76	97	102	95	1111

群众艺术（文化）馆站业务活动及经费情况（2023年）

项　目	总计	群众艺术（文化）馆	文化站
单位数（个）	1206	95	1111
从业人员（人）	3973	951	3022
举办展览（个）	3487	1030	2457
组织文艺活动（次）	20256	5472	14784
举办训练班（次）	19083	10792	8291
培训人次（千人次）	769	419	350
本年收入总额（千元）	678429	396522	281907
本年支出合计（千元）	665476	400000	265476

艺术表演团体按剧种分演出情况（2023 年）

项　目	剧团数（个）	从业人员（人）	本团原创首演剧目（个）	演出场次（千场）	国内演出观众人次（千人次）	艺术表演团体演出收入（千元）
艺术表演团体	**486**	**12729**	**150**	**74. 0**	**17956**	**860252**
话剧、儿童剧、滑稽剧类	1	111	4	0. 6	60	4254
歌舞、音乐类	16	1034	57	3. 0	844	46613
杂技、魔术、马戏类	1	160	1	0. 4	84	2518
京剧、昆曲类	1	109	2	0. 4	74	4440
京剧	1	109	2	0. 4	74	4440
地方戏曲类	46	1932	65	6. 4	2300	47013
曲艺类	11	395	19	2. 9	955	20139
综合性艺术表演团体	406	8796	2	53. 5	12662	711496

图书、博物馆情况

项　目	2020	2022	2023
图书馆			
图书藏量（千册）	37448	44899	47899
报刊藏量（千册）	3007	3388	3375
视听文献、缩微制品藏量（千册）	827	1508	850
组织各类讲座次数（次）	1267	2257	3228
各类讲座参加人次（千人次）	143	526	386
举办展览次数（次）	900	1390	1930
参观展览人次（千人次）	825	2190	3890
举办培训班次数（次）	1000	1938	2892
参加培训班人次（千人次）	47	148	178
总流通人次（千人次）	16601	23743	35234
博物馆			
文物藏品（件、套）	745277	759826	597407
#一级品	1115	1097	1098
二级品	3714	2983	2885
三级品	104000	103129	106953
参观人次（万人次）	1194	1379	2756
#未成年参观人次	339	396	794

图书出版情况

年 份	图书种数（种）	本版图书种数	#新出	总印数（万册、万张）	#租型	总印张（千印张）	#租型	定价总金额（万元）
2021	5053	4834	2354	15467	4919	1244955	354248	274204
2022	5169	4936	2102	17416	5381	1506295	384741	379425
2023	5173	4955	2247	18431	5317	1462374	385538	378878

图书出版分类情况（2023 年）

项 目	图书种数（种）	#本版图书新出	总印数（万册、万张）	#新出	总印张（千印张）	#新出
总 计	**5173**	**2247**	**18431**	**3166**	**1462374**	**280712**
#使用“中国标准书号”合计	5154	2242	18429	3165	1462197	280607
马列主义、毛泽东思想						
哲学	82	66	34	23	3872	2578
社会科学总论	29	15	6	4	1622	1131
政治、法律	112	80	263	19	19100	3393
军事	7	2	9	0	2190	46
经济	151	104	50	33	8265	5658
文化、科学、教育、体育	2961	834	15954	2090	1294749	198215
语言、文字	73	34	28	11	4042	1738
文学	715	376	1348	495	68088	31691
艺术	172	115	113	58	6879	4810
历史、地理	266	224	98	79	13518	10859
自然科学总论	6	5	3	2	234	214
数理科学、化学	88	67	174	166	7201	6199
天文学、地球科学	29	20	45	40	1517	1096
生物科学	64	47	73	43	3839	2724
医学、卫生	120	79	73	34	11430	3562
农业科学	44	21	21	5	2255	685
工业技术	118	64	78	28	8847	3102
交通运输	12	3	18	12	879	141
航空、航天	9	6	10	8	749	617
环境科学	24	15	18	5	657	425
综合性图书	72	65	14	10	2264	1724

书刊报纸出版情况

年份	出版社（个）	出版种数（种）			总印数（万份）		
		图书	期刊	报纸	图书	期刊	报纸
2021	11	5053	174	42	15467	2003	65213
2022	11	5169	174	42	17416	1960	63878
2023	11	5173	174	42	18431	1854	62115

音像电子出版物出版情况

项目	2020		2022		2023	
	种数（种）	数量（万张）	种数（种）	数量（万张）	种数（种）	数量（万张）
出版						
录音制品	15	1.95	14	1.89	14	1.08
录像制品	29	12.55	31	5.39	38	6.48
电子出版物	20	6.38	16	3.49	8	0.85
复制						
磁带制品		0.75		0.12		0.23
光盘制品		11.98		18.25		1.02

广播电视事业发展情况

项目	2020	2022	2023
广播电台数量（座）			
广播电台	4	3	3
电视台	5	4	4
广播电视台	68	68	68
全年播出节目时间（万小时）			
广播	52.62	53.80	53.26
电视	42.35	47.65	48.54
全年节目制作时间（万小时）			
广播	25.20	23.88	22.88
电视	5.54	4.90	5.13
人口覆盖率（%）			
广播	99.82	99.87	99.89
电视	99.85	99.90	99.90
有线电视实际用户数（万户）	726.77	730.25	725.10
#数字电视用户	726.77	730.25	725.10
付费数字电视用户	551.41	505.97	481.61
#双向电视用户	465.58	355.28	366.64

续表

项　　目	2020	2022	2023
互联网宽带业务用户数（万户）	201.49	247.00	260.00
有线电视入户率（%）	57.63	60.83	60.42
广播电视总收入（亿元）	210.50	314.20	259.61
实际创收收入（亿元）	164.24	248.72	186.86
#广告收入	44.79	88.16	16.91
#广播广告收入	2.13	1.86	1.21
电视广告收入	7.74	7.77	5.69
网络收入	39.97	42.35	44.66
广播电视节目销售收入	5.12	9.31	7.46

广播电视制作播出情况

项　　目	2020	2022	2023
广播			
本年广播节目制作（小时）	251980	238787	228812
#新闻资讯类	57345	51609	48032
专题服务类	64619	54075	48913
综艺益智类	62693	58809	51940
广告类	7559	7408	6615
电视			
有线电视实际用户数（万户）	726.77	730.25	725.10
#数字电视用户数	726.77	730.25	725.10
本年电视节目制作（小时）	55417	49024	51290
#新闻资讯类	25285	23222	22911
专题服务类	14112	13340	13988
综艺益智类	2964	2434	2992
影视剧类	253	546	2088
广告类	4858	4165	4106
本年制作电视剧（集）	150	190	187
全年电视剧播出数（集）	129278	148016	175033

各设区市有线电视用户数

单位：万户

地　区	2020	2022	2023
全　省	**726.77**	**730.25**	**725.10**
福州市	152.02	151.50	150.69
厦门市	74.26	76.12	73.85
莆田市	49.34	49.54	49.45
三明市	51.94	52.68	52.50
泉州市	139.76	138.79	137.39
漳州市	86.92	87.87	87.88
南平市	67.09	66.19	65.49
龙岩市	48.72	49.83	49.71
宁德市	56.71	57.71	58.14

各设区市电视节目综合人口覆盖率

单位:%

地　区	2020	2022	2023
全　省	**99.85**	**99.90**	**99.90**
福州市	100.00	100.00	100.00
厦门市	100.00	100.00	100.00
莆田市	100.00	100.00	100.00
三明市	99.63	99.72	99.73
泉州市	99.93	99.96	99.96
漳州市	99.74	99.75	99.76
南平市	99.45	99.72	99.76
龙岩市	99.79	99.86	99.87
宁德市	99.86	99.90	99.92

体 育

当年在聘技术等级运动员人数

单位：人

项 目	2020	2022	2023
等级运动员	**967**	**2367**	**4365**
#女	349	963	1554
国际级运动健将			
#女			
国家级运动健将	12		
#女	10		
一级运动员	234	555	1064
#女	113	193	490
二级运动员	721	1812	3301
#女	226	770	1064

竞技体育比赛奖牌情况

单位：枚

项 目	2020	2022	2023
世界比赛		**12**	**17**
金牌		7	10
银牌		3	5
铜牌		2	2
亚洲比赛		**8**	**62**
金牌		3	43
银牌		4	10
铜牌		1	9
全国比赛	**136**	**60**	**139**
金牌	42	15	52
银牌	45	20	48
铜牌	49	25	39

卫　　生

医疗卫生机构和人员情况

项　目	医疗卫生机构数（个）	#医院、卫生院	医疗卫生机构床位数（张）	#医院、卫生院	卫生技术人员数（人）	#执业（助理）医师数	每千人口拥有	
							医疗卫生机构床位数（张）	执业（助理）医师数（人）
2021	28693	1600	223813	209421	294376	111058	5.3	2.7
2022	29117	1600	232425	218548	308122	116098	5.6	2.8
2023	30023	1609	242062	227912	325956	123317	5.8	2.9

各类医疗卫生机构数

单位：个

项　　　目	2020	2022	2023
合　计	**28152**	**29117**	**30023**
医院	**695**	**720**	**732**
基层医疗卫生机构	**26949**	**27941**	**28845**
社区卫生服务中心（站）	706	731	739
卫生院	890	880	877
门诊部	1409	1772	1930
诊所、卫生所、医务室	6771	7803	8812
村卫生室	17173	16755	16487
专业公共卫生机构	**403**	**324**	**323**
疾病预防控制中心	98	101	102
专科疾病防治院	22	21	19
健康教育所			
妇幼保健院（所、站）	95	94	94
急救中心（站）	12	13	13
采供血机构	9	10	10
卫生监督所	88	85	85
计划生育技术服务机构	79		
其他机构	**105**	**132**	**123**
疗养院	5	4	3
医学科学研究机构	8	6	6
医学在职培训机构	15	15	11
其他	77	107	103

各类医疗卫生机构床位数

单位：张

项　　目	2020	2022	2023
合　计	**216753**	**232425**	**242062**
#医院	169245	184994	192786
疗养院	1300	600	370
社区卫生服务中心（站）	4334	4795	5281
卫生院	32944	33554	35126
门诊部			
妇幼保健院（所、站）	7218	6628	6827
专科疾病防治院	1666	1808	1617

各类卫生技术人员数

单位：人

项　　目	2020	2022	2023
合　计	**278397**	**308122**	**325956**
#执业医师	90384	100206	106471
执业助理医师	15162	15892	16846
注册护士	122476	136667	144733
药师（士）	15993	17203	18103
检验人员	10532	12066	12377

各类医疗卫生机构情况（2023 年）

项　　目	医疗卫生机构（个）	医疗床位（张）	卫生技术人员（人）	#执业（助理）医师	#注册护士
合　计	**30023**	**242062**	**325956**	**123317**	**144733**
医院	**732**	**192786**	**191994**	**63134**	**98600**
综合医院	388	120693	132858	44134	68884
中医医院	92	24229	26132	9417	11664
中西医结合医院	10	3257	3704	1307	1844
民族医院	1	60	45	15	16
专科医院	229	43679	28841	8149	16002
护理院	11	868	414	112	190
基层医疗卫生机构	**28845**	**40407**	**107640**	**51684**	**38215**
社区卫生服务中心（站）	739	5281	16354	6857	5908
卫生院	877	35126	35800	13246	12726
门诊部	1930		24350	12397	9471
诊所、卫生所、医务室	8812		23852	12621	9504

续表

项　　目	医疗卫生机构（个）	医疗床位（张）	卫生技术人员（人）	#执业（助理）医师	#注册护士
村卫生室	16487		7284	6563	606
专业公共卫生机构	**323**	**8499**	**24515**	**8081**	**7355**
疾病预防控制中心	102		9069	3015	1361
专科疾病防治院	19	1617	662	262	207
妇幼保健院（所、站）	94	6827	12235	4570	5200
急救中心（站）	13	55	398	167	217
采供血机构	10		652	67	370
卫生监督所	85		1499		
计划生育技术服务机构					
其他机构	**123**	**370**	**1807**	**418**	**563**
疗养院	3	370	108	20	58
医学科学研究机构	6		44	30	1
医学在职培训机构	11		28	10	12
其他	103		1627	358	492

基层医疗卫生机构情况（2023年）

项　　目	社区卫生服务中心（站）	卫生院	门诊部	诊所、卫生所、医务室	村卫生室
机构数（个）	**739**	**877**	**1930**	**8812**	**16487**
卫生技术人员数（人）	**16354**	**35800**	**24350**	**23852**	**7284**
#执业医师	5777	9395	10553	10943	1752
执业助理医师	1080	3851	1844	1678	4811
注册护士	5908	12726	9471	9504	606
药师（士）	1563	3488	1098	1248	115
检验人员	697	1795	524	32	

农村村级卫生组织情况

项　　目	2020	2022	2023
村设置医疗点数（个）	17173	16755	16487
执业（助理）医师数（人）	5107	6118	6563
注册护士（人）	595	536	606
乡村医生和卫生员（人）	19397	15910	14720
乡村医生	18846	15754	14614
卫生员	551	156	106

各类医院医疗服务情况

年 份	诊疗人数（万人次）		入院人数（万人）	出院人数（万人）	病床周转数（次）
		#门急诊			
2021	10721.89	10645.79	481.75	481.02	29.10
2022	10938.34	10854.71	490.14	491.44	28.80
2023	11413.92	11328.20	578.14	575.18	32.40

医院、卫生院、妇幼保健院医疗服务情况（2023 年）

项 目	诊疗人数（万人次）		入院人数（万人）	出院人数（万人）	死亡率（%）	病床周转数（次）	病床使用率（%）
		#门急诊					
医院	**11413.92**	**11328.20**	**578.14**	**575.18**	**0.20**	**32.4**	**79.62**
#综合医院	8163.64	8109.03	431.66	429.65	0.22	38.8	79.40
中医医院	1898.83	1873.82	71.48	71.10	0.18	31.8	75.53
专科医院	1130.40	1126.75	62.99	62.49	0.08	15.5	82.93
卫生院	**4172.31**	**3654.18**	**67.93**	**67.69**	**0.01**	**20.9**	**37.18**
妇幼保健院（所、站）	**929.77**	**924.17**	**21.85**	**21.75**		**36.0**	**49.16**

防病工作情况

项 目	2015	2020	2022
甲乙类传染病发病总例数（万例）	15.31	22.76	43.84
传染病发病率（1/10 万）	385.24	543.61	1046.77
传染病死亡总人数（人）	256	232	342
传染病死亡率（1/10 万）	0.64	0.55	0.82
结核病登记病人数（例）	14650	12803	13533
登记患病率（‰）	0.37	0.31	0.32
结核病新发病人数（例）	13785	11921	12548
结核病登记新发病率（1/10 万）	34.98	28.47	29.96
乙肝疫苗全程接种率（%）	99.78	99.78	99.55

法定报告传染病发病及死亡情况（2023年）

项目	发病率（1/10万）	死亡率（1/10万）	病死率（%）
总计	**1046.77**	**0.82**	**0.08**
病毒性肝炎	115.38	0.03	0.03
痢疾	0.34		
伤寒副伤寒	1.03		
艾滋病	2.70	0.69	25.73
淋病	10.33		
梅毒	56.70		
麻疹	0.03		
百日咳	1.21		
流脑	0.00		
猩红热	1.32		
出血热	0.37	0.00	0.64
狂犬病			
布氏杆菌病	0.57		
乙脑			
疟疾	0.26	0.00	0.91
新生儿破伤风			
肺结核	38.93	0.05	0.12

前十位疾病死亡原因及构成（2023年）

项目	占疾病死亡总人数比重（%）	项目	占疾病死亡总人数比重（%）
城市	**94.03**	**农村**	**90.98**
恶性肿瘤	24.52	恶性肿瘤	27.91
心脏病	19.26	心脏病	16.04
呼吸系统疾病	15.89	脑血管病	14.01
脑血管病	14.31	呼吸系统疾病	13.38
损伤和中毒	8.83	损伤和中毒	10.88
内分泌、营养和代谢疾病	4.61	内分泌、营养和代谢疾病	3.18
神经系统疾病	2.52	消化系统疾病	2.04
消化系统疾病	2.14	神经系统疾病	1.76
泌尿生殖系统疾病	1.26	泌尿生殖系统疾病	1.03
传染病	0.70	传染病	0.76

民　　政

婚姻登记情况

单位：对

年　份	结婚登记对数	内地居民登记结婚	涉外及华侨、港澳台居民登记结婚	离婚登记对数	内地居民登记离婚	涉外及华侨、港澳台居民登记离婚
2021	184833	183935	898	54643	54454	189
2022	166214	164822	1392	58297	58046	251
2023	180817	175162	5655	68687	68175	512

社会救济情况

项　　目	2020	2022	2023
社会救济			
城镇居民最低生活保障人数（人）	62379	67804	70946
#女性	29041	31420	33013
#老年人	14524	15537	16473
#残疾人	18498	20385	21357
城镇居民最低保障户数（户）	40921	45002	46914
城镇低保资金全年支出（万元）	42484	51458	56658
农村最低生活保障人数（人）	452363	504601	527269
#女性	199437	226045	237738
#老年人	122313	135008	143196
#未成年人	69723	93070	100005
#残疾人	91318	107519	113937
农村居民最低生活保障户数（户）	248073	282459	296256
农村低保资金全年支出（万元）	232460	306661	333104
城镇特困人员救助供养人数（人）	5868	6476	6948
城镇特困人员全年救助供养支出（万元）	10210	15103	16068
农村特困人员救助供养人数（人）	62044	60346	61354
农村特困人员全年救助供养支出（万元）	91083	108852	111352

提供住宿的社会服务机构数

单位：个

项　　目	2021	2022	2023
合计	**837**	**941**	**1019**
养老机构	759	861	929
#社会福利院	79	77	78
精神疾病服务机构（社会福利医院）	12	11	11
儿童福利和救助保护机构	16	19	28
儿童福利机构	15	15	13
未成年人救助保护中心	1	4	15
其他提供住宿机构	50	50	51

提供住宿的社会服务机构基本情况（2023 年）

项　　目	床位数（万张）	收养救助人数（万人）	社会（助理）工作师人数（人）
总计	**13. 42**	**4. 73**	**714**
养老机构	12. 59	4. 27	477
社会福利院	2. 11	0. 78	162
特困人员救助供养机构	3. 36	1. 02	47
其他各类养老机构	7. 12	2. 46	268
精神疾病服务机构（社会福利医院）	0. 39	0. 34	58
儿童福利机构	0. 17	0. 08	64
未成年人救助保护中心	0. 01	0. 00	12
其他提供住宿的服务机构	0. 26	0. 04	99

司　　法

律师、公证和调解工作情况

项　　目	2020	2022	2023
律师工作			
律师事务所（个）	1141	1340	1460
专职律师（人）	11703	14277	15183
兼职律师（人）	456	485	500
律师担任法律顾问单位（个）	25937	27484	31056
律师业务情况			
民事诉讼（件）	214651	283714	326219
行政诉讼（件）	9866	13575	13755
非诉讼法律事务（件）	44482	46628	47819
解答法律咨询和代写法律事务文书（件）	77788	71152	69672
公证工作			
公证机构数（家）	93	94	93
公证员（人）	453	526	530
办理公证书（件）	403413	489376	642235
国内公证	315321	363420	388271
涉外及港澳台	88092	125956	253964
调解工作			
人民调解委员会（个）	20422	19557	19864
人民调解人员数（万人）	8.08	7.16	7.14
调解纠纷（万件）	17.05	30.75	39.60

国内公证业务分类情况

单位：件

项　　目	2020	2022	2023
办证件数	**403413**	**489376**	**642235**
合同（协议）	6764	6377	7521
继承	34605	33572	42159
委托	96271	127915	110878
声明	53625	39311	47371
赠与	531	1001	958
遗嘱	7729	7291	8138
现场监督	2316	2456	1934
婚姻状况、亲属关系、收养关系	13100	22437	39743
出生、生存、死亡	18795	24135	53952
身份、经历、学历、学位、职务、职称	2918	1497	3117
有无违法犯罪记录	12907	18425	31198
公司章程	6	7	4
保全证据	44079	64565	49091
证书（执照）	32957	30120	50304
签名（印章）	18204	13475	14215
文本相符	36290	39355	87404
赋予执行效力	10918	48758	72373
执行证书	53	749	1433
抵押登记	1		35
提存	78	175	383
保管	23	650	257
其他	11243	7106	19767

社会保险

社会保险情况

项　　目	2020	2022	2023
基本养老保险			
企业职工基本养老保险			
期末参加基本养老保险职工人数（万人）	894.36	1342.78	1441.95
期末领取基本养老保险离退休人员人数（万人）	159.34	178.91	191.03
基本养老保险基金收入（亿元）	391.99	854.37	963.74
基本养老保险基金支出（亿元）	532.89	725.60	801.60
基本养老保险基金累计结余（亿元）	562.49	684.70	846.84
机关事业单位基本养老保险			
期末参加基本养老保险职工人数（万人）	97.24	100.23	101.62
期末领取基本养老保险离退休人员人数（万人）	49.63	52.47	54.30
基本养老保险基金收入（亿元）	189.22	366.37	403.01
基本养老保险基金支出（亿元）	355.42	370.42	391.28
基本养老保险基金累计结余（亿元）	147.67	147.19	158.92
城乡居民基本养老保险			
期末参加基本养老保险人数（万人）	1588.16	1598.77	1594.95
基本养老保险基金收入（亿元）	130.83	144.89	153.53
基本养老保险基金支出（亿元）	95.30	114.96	129.47
基本养老保险基金累计结余（亿元）	230.99	291.53	315.59
基本医疗保险			
期末参加基本医疗保险人数（万人）	3840.48	3863.49	3833.46
城镇职工	893.13	972.20	978.70
城乡居民	2947.35	2891.30	2854.76
基本医疗保险基金收入（亿元）	624.88	789.59	867.62
城镇职工	377.66	499.91	576.87
城乡居民	247.22	289.68	290.75
基本医疗保险基金支出（亿元）	554.65	652.38	741.15
城镇职工	314.60	383.18	446.64
城乡居民	240.05	269.20	294.51
基本医疗保险基金累计结余（亿元）	866.89	1100.81	1227.28

续表

项　　目	2020	2022	2023
城镇职工	763.98	970.75	1100.97
城乡居民	102.91	130.06	126.31
职工基本医疗保险基金收缴率（%）	98.83	99.04	99.59
失业保险			
期末参加失业保险人数（万人）	664.41	761.34	763.06
期末领取失业保险金人数（万人）	6.34	6.19	7.61
失业保险基金收入（亿元）	18.70	37.63	38.35
失业保险基金支出（亿元）	66.87	36.68	37.28
失业保险基金累计结余（亿元）	98.86	85.47	86.55
工伤、生育保险			
期末参加工伤保险人数（万人）	936.85	1040.00	1064.61
工伤保险基金收入（亿元）	10.40	30.24	35.48
工伤保险基金支出（亿元）	24.22	32.97	38.97
工伤保险基金累计结余（亿元）	49.02	45.23	41.75
期末参加生育保险职工人数（万人）	676.58	741.75	732.24
生育保险基金收入（亿元）	19.32	26.92	29.29
生育保险基金支出（亿元）	21.33	23.29	27.10

各设区市主要社会保险参保人数（2023年）

单位：万人

地　区	期末参加城镇职工基本养老保险人数	期末参加城乡居民基本养老保险人数	期末参加基本医疗保险的城镇职工人数	期末参加基本医疗保险的城乡居民人数	期末参加失业保险人数	期末参加工伤保险人数	期末参加生育保险人数
全　省	**1788.90**	**1594.95**	**978.70**	**2854.76**	**763.06**	**1064.61**	**732.24**
省　直	61.14		39.53			24.11	26.58
福州市	325.87	253.59	189.28	495.25	163.03	202.85	137.10
#平潭	8.77	20.13	5.04	34.47	3.98	6.04	3.42
厦门市	537.91	24.39	316.62	155.30	275.64	297.31	270.56
莆田市	83.14	173.33	34.38	279.64	30.99	55.54	25.05
三明市	81.10	124.36	45.26	209.38	30.16	48.43	24.31
泉州市	252.91	375.68	122.17	604.11	99.82	169.26	97.93
漳州市	165.57	223.97	85.09	389.14	60.10	93.65	57.24
南平市	80.93	135.73	44.12	231.79	27.05	55.83	21.97
龙岩市	89.50	138.56	52.53	219.97	36.34	55.77	34.50
宁德市	110.83	145.34	49.73	270.18	39.92	61.86	37.02

各设区市城镇职工基本养老保险人数（2023 年）

单位：万人

地　区	期末参加城镇职工基本养老保险职工人数	参加企业职工基本养老保险人数	参加机关事业单位基本养老保险人数	期末领取基本养老保险金离退休人员人数	企业职工领取人数	机关事业单位领取人数
全　省	**1543.57**	**1441.95**	**101.62**	**245.33**	**191.03**	**54.30**
省　直	41.76	27.43	14.33	19.37	11.82	7.55
福州市	275.93	261.76	14.17	49.94	41.31	8.63
#平潭	7.11	6.27	0.84	1.66	1.10	0.56
厦门市	492.40	482.66	9.74	45.51	42.01	3.50
莆田市	72.91	66.09	6.82	10.23	6.94	3.29
三明市	59.34	51.45	7.89	21.76	16.80	4.96
泉州市	232.74	217.48	15.26	20.18	14.15	6.03
漳州市	140.27	129.81	10.46	25.30	19.84	5.46
南平市	56.24	49.04	7.20	24.69	18.99	5.70
龙岩市	75.10	67.49	7.61	14.40	9.84	4.56
宁德市	96.88	88.74	8.14	13.95	9.33	4.62

市县数据

年末户籍统计人口数（2023年）

单位：万人

地　　区	年末户籍统计总人口	按性别分	
		男	女
全　省	**3969.28**	**2036.90**	**1932.38**
福州市	**734.00**	**372.19**	**361.80**
福州市辖区	310.55	153.70	156.86
鼓楼区	63.38	30.87	32.51
台江区	32.40	15.80	16.60
仓山区	70.35	34.03	36.32
晋安区	47.14	22.78	24.37
马尾区	19.89	9.79	10.10
长乐区	77.39	40.44	36.95
福清市	140.64	72.35	68.29
闽侯县	73.33	37.04	36.29
连江县	67.49	35.00	32.49
罗源县	26.89	14.01	12.88
闽清县	31.92	16.84	15.08
永泰县	37.86	20.17	17.69
平潭县	45.30	23.08	22.22
厦门市	**302.08**	**146.35**	**155.74**
厦门市辖区	302.08	146.35	155.74
思明区	93.28	44.73	48.55
湖里区	42.54	20.75	21.80
集美区	45.76	21.95	23.81
海沧区	30.88	14.71	16.17
同安区	45.83	22.58	23.25
翔安区	43.79	21.62	22.16
莆田市	**367.38**	**187.93**	**179.44**
莆田市辖区	249.89	126.97	122.92
荔城区	63.47	31.61	31.86
城厢区	45.07	22.49	22.59
涵江区	45.38	22.49	22.89
秀屿区	95.96	50.39	45.58

续表

地　区	年末户籍统计总人口	按性别分	
		男	女
仙游县	117.49	60.97	56.52
三明市	**284.38**	**149.19**	**135.19**
三明市辖区	57.73	28.89	28.84
三元区	30.77	15.03	15.74
沙县区	26.95	13.86	13.10
永安市	32.04	16.44	15.60
明溪县	11.46	5.99	5.46
清流县	15.03	7.94	7.09
宁化县	36.40	19.25	17.15
建宁县	15.18	7.84	7.33
泰宁县	13.54	7.02	6.52
将乐县	18.42	9.61	8.81
尤溪县	44.08	23.93	20.15
大田县	40.50	22.27	18.24
泉州市	**775.91**	**401.40**	**374.52**
泉州市辖区	125.75	62.52	63.23
鲤城区	29.35	14.06	15.29
丰泽区	33.25	15.79	17.47
洛江区	21.47	11.10	10.37
泉港区	41.68	21.58	20.10
石狮市	37.80	18.86	18.93
晋江市	126.41	64.06	62.36
南安市	165.90	87.90	78.00
惠安县	106.18	53.86	52.32
安溪县	119.17	63.72	55.45
永春县	59.19	31.60	27.59
德化县	35.52	18.88	16.64
漳州市	**525.03**	**269.13**	**255.90**
漳州市辖区	185.26	91.41	93.85
芗城区	50.69	24.41	26.29
龙文区	22.52	10.62	11.90
龙海区	91.10	45.73	45.38
长泰区	20.94	10.65	10.29
漳浦县	94.29	48.64	45.65
云霄县	46.36	24.53	21.84
诏安县	67.74	35.55	32.20

续表

地　　区	年末户籍统计总人口	按性别分	
		男	女
东山县	22.20	11.16	11.04
平和县	58.93	31.79	27.14
南靖县	34.54	17.79	16.75
华安县	15.70	8.27	7.44
南平市	**311.92**	**161.38**	**150.54**
南平市辖区	85.14	43.54	41.60
延平区	48.45	24.82	23.63
建阳区	36.69	18.72	17.97
邵武市	29.54	15.12	14.42
武夷山市	24.72	12.52	12.20
建瓯市	53.41	27.71	25.70
顺昌县	22.28	11.58	10.71
浦城县	41.29	21.41	19.88
光泽县	15.86	8.32	7.54
松溪县	16.37	8.61	7.75
政和县	23.31	12.57	10.73
龙岩市	**313.93**	**163.50**	**150.43**
龙岩市辖区	108.79	55.17	53.62
新罗区	62.60	30.64	31.96
永定区	46.19	24.53	21.66
上杭县	50.64	26.36	24.28
武平县	38.59	20.23	18.37
长汀县	54.11	28.85	25.27
连城县	33.29	17.84	15.45
漳平市	28.50	15.06	13.45
宁德市	**354.66**	**185.84**	**168.82**
宁德市辖区	55.10	27.66	27.44
蕉城区	55.10	27.66	27.44
福安市	67.21	35.44	31.77
福鼎市	60.27	31.20	29.07
霞浦县	54.73	28.77	25.97
古田县	41.25	21.92	19.33
屏南县	18.66	10.00	8.66
寿宁县	25.51	13.79	11.72
周宁县	20.91	11.30	9.60
柘荣县	11.03	5.76	5.27

年末常住人口数（2023年）

单位：万人

地　　区	常住人口数			城镇化水平（%）
		城镇人口	乡村人口	
全　省	**4183.00**	**2972.00**	**1211.00**	**71.0**
福州市	**846.90**	**625.90**	**221.00**	**73.9**
福州市辖区	419.10	384.24	34.86	91.7
鼓楼区	67.80	67.80	0.00	100.0
台江区	41.50	41.50	0.00	100.0
仓山区	118.50	118.50	0.00	100.0
晋安区	80.20	78.27	1.93	97.6
马尾区	29.70	26.22	3.48	88.3
长乐区	81.40	51.95	29.45	63.8
福清市	141.40	77.55	63.85	54.9
闽侯县	102.70	62.86	39.84	61.2
连江县	64.60	33.51	31.09	51.9
罗源县	26.10	18.86	7.24	72.3
闽清县	26.20	12.24	13.96	46.7
永泰县	28.70	13.17	15.53	45.9
平潭县	38.10	23.47	14.63	61.6
厦门市	**532.70**	**483.70**	**49.00**	**90.8**
厦门市辖区	532.70	483.70	49.00	90.8
思明区	106.60	106.60	0.00	100.0
湖里区	100.10	100.10	0.00	100.0
集美区	109.60	99.90	9.70	91.2
海沧区	62.20	62.20	0.00	100.0
同安区	89.50	68.20	21.30	76.2
翔安区	64.70	46.70	18.00	72.3
莆田市	**317.90**	**206.70**	**111.20**	**65.0**
莆田市辖区	228.20	156.65	71.55	68.6
荔城区	66.70	50.15	16.55	75.2
城厢区	54.20	39.28	14.92	72.5
涵江区	47.40	37.87	9.53	79.9
秀屿区	59.90	29.35	30.55	49.0
仙游县	89.70	50.05	39.65	55.8
三明市	**242.90**	**160.00**	**82.90**	**65.9**
三明市辖区	65.90	56.81	9.09	86.2
三元区	41.20	38.66	2.54	93.9

续表

地　　区	常住人口数	城镇人口	乡村人口	城镇化水平（%）
沙县区	24.70	18.15	6.55	73.5
永安市	33.50	24.78	8.72	74.0
明溪县	9.40	5.20	4.20	55.4
清流县	11.30	6.02	5.28	53.3
宁化县	25.10	12.95	12.15	51.6
建宁县	11.20	5.79	5.41	51.7
泰宁县	10.10	6.15	3.95	61.0
将乐县	14.00	8.52	5.48	60.9
尤溪县	33.30	17.49	15.81	52.5
大田县	29.10	16.29	12.81	56.0
泉州市	**888.30**	**628.80**	**259.50**	**70.8**
泉州市辖区	178.50	154.39	24.11	86.5
鲤城区	43.10	43.10	0.00	100.0
丰泽区	73.30	73.30	0.00	100.0
洛江区	25.80	16.11	9.69	62.5
泉港区	36.30	21.88	14.42	60.3
石狮市	69.80	60.28	9.52	86.4
晋江市	208.00	146.03	61.97	70.2
南安市	153.10	98.99	54.11	64.7
惠安县	104.60	62.16	42.44	59.4
安溪县	99.10	54.43	44.67	54.9
永春县	41.30	25.70	15.60	62.2
德化县	33.90	26.82	7.08	79.1
漳州市	**506.30**	**325.00**	**181.30**	**64.2**
漳州市辖区	213.90	164.29	49.61	76.8
芗城区	64.36	58.81	5.55	91.4
龙文区	30.76	28.46	2.30	92.5
龙海区	95.62	61.98	33.64	64.8
长泰区	23.16	15.04	8.12	65.0
漳浦县	85.25	49.29	35.96	57.8
云霄县	41.33	23.32	18.01	56.4
诏安县	55.17	27.14	28.03	49.2
东山县	22.07	14.83	7.24	67.2
平和县	45.31	22.23	23.08	49.1

续表

地　　区	常住人口数	城镇人口	乡村人口	城镇化水平（%）
南靖县	30.09	16.77	13.32	55.7
华安县	13.18	7.13	6.05	54.1
南平市	**263.00**	**163.80**	**99.20**	**62.3**
南平市辖区	78.90	55.48	23.42	70.3
延平区	44.30	33.01	11.29	74.5
建阳区	34.60	22.47	12.13	65.0
邵武市	26.80	21.87	4.93	81.6
武夷山市	26.00	16.62	9.38	63.9
建瓯市	42.20	23.07	19.13	54.7
顺昌县	17.20	9.27	7.93	53.9
浦城县	29.00	14.65	14.35	50.5
光泽县	12.70	6.71	5.99	52.9
松溪县	12.80	6.65	6.15	52.0
政和县	17.40	9.48	7.92	54.5
龙岩市	**269.30**	**176.20**	**93.10**	**65.4**
龙岩市辖区	116.95	91.50	25.45	78.2
新罗区	85.80	74.31	11.49	86.6
永定区	31.15	17.19	13.96	55.2
上杭县	36.80	19.75	17.05	53.7
武平县	26.96	15.07	11.89	55.9
长汀县	39.28	21.79	17.49	55.5
连城县	24.52	13.05	11.47	53.2
漳平市	24.79	15.04	9.75	60.7
宁德市	**315.70**	**201.90**	**113.80**	**64.0**
宁德市辖区	65.40	46.53	18.87	71.2
蕉城区	65.40	46.53	18.87	71.2
福安市	59.90	40.60	19.30	67.8
福鼎市	56.80	37.57	19.23	66.2
霞浦县	47.90	30.32	17.58	63.3
古田县	31.40	16.63	14.77	53.0
屏南县	13.70	7.20	6.50	52.6
寿宁县	17.10	9.03	8.07	52.8
周宁县	14.30	8.02	6.28	56.1
柘荣县	9.20	6.00	3.20	65.3

城乡居民人均可支配收入（2023 年）

单位：元

地　　区	城镇居民人均可支配收入		农村居民人均可支配收入	
	数值	比上年增长（%）	数值	比上年增长（%）
全　省	**56153**	**4.3**	**26722**	**6.9**
福州市	**58009**	**4.3**	**28636**	**6.7**
福州市辖区				
鼓楼区	68636	4.4		
台江区	63130	4.3		
仓山区	53140	3.1		
晋安区	58999	5.1	28972	7.0
马尾区	64049	4.1	36858	6.5
长乐区	59923	4.4	32445	6.2
福清市	59157	4.4	34284	7.1
闽侯县	55744	4.9	27714	6.6
连江县	47357	5.1	26135	6.6
罗源县	43407	4.8	22120	8.0
闽清县	41419	3.6	21566	6.2
永泰县	40072	3.7	21006	6.0
平潭县	50788	4.0	23787	6.8
厦门市	**72880**	**3.4**	**34206**	**5.8**
厦门市辖区				
思明区	88425	4.1		
湖里区	71514	3.2		
集美区	65131	2.9	41406	5.8
海沧区	66887	3.5		
同安区	60999	2.9	31514	6.2
翔安区	52161	3.8	30916	5.5
莆田市	**48371**	**3.8**	**26316**	**6.5**
莆田市辖区				
荔城区	53821	3.6	29872	6.5
城厢区	56009	4.3	29088	5.9
涵江区	45805	3.3	25090	6.1
秀屿区	40723	4.1	27502	6.9
仙游县	41609	3.8	23943	6.8
三明市	**46517**	**4.2**	**24822**	**6.9**
三明市辖区				
三元区	51074	3.5	27354	7.1

续表

地　区	城镇居民人均可支配收入		农村居民人均可支配收入	
	数值	比上年增长（%）	数值	比上年增长（%）
沙县区	47714	4.8	27751	6.8
永安市	47317	3.8	26072	7.4
明溪县	39007	5.2	23174	7.6
清流县	40380	4.0	23623	7.0
宁化县	38333	4.6	23135	7.2
建宁县	38712	3.4	23261	6.2
泰宁县	42329	3.9	23632	7.7
将乐县	44984	3.7	25014	5.4
尤溪县	44627	4.2	25701	6.7
大田县	47651	5.5	25211	6.5
泉州市	**60697**	**5.1**	**29596**	**7.3**
泉州市辖区				
鲤城区	58880	5.2		
丰泽区	71140	5.4		
洛江区	54019	6.8	25349	6.4
泉港区	46293	5.1	28446	8.1
石狮市	76191	4.1	36589	7.2
晋江市	65005	4.8	34322	7.5
南安市	60077	4.3	31753	7.8
惠安县	56806	3.7	30254	6.9
安溪县	43032	6.3	24012	7.5
永春县	41683	5.8	23258	6.8
德化县	44846	5.1	22916	8.0
漳州市	**48736**	**5.1**	**27788**	**7.7**
漳州市辖区				
芗城区	54803	5.3	27695	7.7
龙文区	55642	4.9	29884	7.8
龙海区	50360	4.7	29089	7.7
长泰区	50733	5.1	29108	7.8
漳浦县	49969	4.8	30679	7.6
云霄县	42970	5.0	25461	7.5
诏安县	40999	6.3	25106	8.9
东山县	48301	4.9	32165	7.7
平和县	41544	5.1	26955	7.2

续表

地　　区	城镇居民人均可支配收入		农村居民人均可支配收入	
	数值	比上年增长（%）	数值	比上年增长（%）
南靖县	44419	5.1	26939	8.0
华安县	44966	4.8	26560	7.3
南平市	**42867**	**4.3**	**23327**	**7.1**
南平市辖区				
延平区	43277	2.6	25136	5.6
建阳区	43990	3.3	23669	7.0
邵武市	43941	3.6	26899	6.4
武夷山市	44188	3.8	25377	6.8
建瓯市	43139	5.0	24947	8.2
顺昌县	39554	4.6	22450	7.2
浦城县	40009	4.8	21263	6.9
光泽县	39690	5.1	19991	7.7
松溪县	37907	5.1	18189	8.0
政和县	37954	5.0	18665	7.1
龙岩市	**47879**	**4.1**	**26056**	**6.8**
龙岩市辖区				
新罗区	51654	3.9	30394	6.5
永定区	50203	3.4	27107	7.5
上杭县	52668	4.4	25857	7.0
武平县	45009	4.0	24909	6.9
长汀县	34996	4.5	23852	7.1
连城县	41270	4.3	23868	6.7
漳平市	45692	4.2	25738	6.1
宁德市	**44639**	**4.4**	**24819**	**7.4**
宁德市辖区				
蕉城区	46862	5.4	24873	7.5
福安市	48266	4.8	25814	7.9
福鼎市	47558	4.7	25002	7.8
霞浦县	44226	3.4	25267	6.2
古田县	42386	4.2	26299	8.0
屏南县	37074	4.3	22156	6.4
寿宁县	34925	4.5	21986	8.2
周宁县	38638	4.4	23050	7.0
柘荣县	35650	3.8	22007	7.7

普通教育专任教师及在校学生数（2023 年）

单位：人

地　区	专任教师数			在校生数		
	普通高中	普通初中	小学	普通高中	普通初中	小学
全　省	**61391**	**118095**	**209007**	**803669**	**1577017**	**3697864**
福州市	**10509**	**20952**	**37919**	**138989**	**284553**	**656836**
福州市辖区	5263	9557	17637	69823	135419	326641
鼓楼区	1547	2079	3580	21621	30674	73435
台江区	475	853	1616	6846	11898	28983
仓山区	1192	2627	5354	16212	38804	97789
晋安区	549	1392	2617	6978	19651	51213
马尾区	468	696	1046	5204	8078	19366
长乐区	1032	1910	3424	12962	26314	55855
福清市	1838	3981	7395	25881	55406	116393
闽侯县	885	2060	4214	10924	27010	73234
连江县	913	1886	3012	11819	24356	47686
罗源县	266	690	1230	3676	9093	21765
闽清县	355	827	1451	4291	9292	19144
永泰县	375	849	1152	4695	9813	20167
平潭县	614	1102	1828	7880	14164	31806
厦门市	**5863**	**11634**	**23471**	**77640**	**158468**	**433698**
厦门市辖区	5863	11634	23471	77640	158468	433698
思明区	2376	2851	5224	32274	40524	97362
湖里区	212	1979	3644	2498	25159	63437
集美区	1080	2039	4028	13597	28871	78894
海沧区	493	1340	2949	5958	17325	54352
同安区	1099	2214	4605	15210	30805	84573
翔安区	603	1211	3021	8103	15784	55080
莆田市	**5805**	**9540**	**16287**	**81232**	**136862**	**291141**
莆田市辖区	4146	6780	11764	57416	100599	209973
荔城区	1313	1828	3676	18126	30021	69910
城厢区	979	1867	2749	12211	25829	51052
涵江区	877	1228	2034	12134	15972	36683
秀屿区	977	1857	3305	14945	28777	52328
仙游县	1659	2760	4523	23816	36263	81168
三明市	**4168**	**8146**	**12735**	**51889**	**106172**	**223959**
三明市辖区	1253	2129	3252	17125	28796	59621
三元区	631	1162	1922	8842	14976	36000

续表

地　区	专任教师数			在校生数		
	普通高中	普通初中	小学	普通高中	普通初中	小学
沙县区	622	967	1330	8283	13820	23621
永安市	501	1006	1666	5865	12684	28741
明溪县	145	230	511	1249	2612	6330
清流县	169	381	671	2239	5430	9749
宁化县	470	939	1267	5541	12788	22611
建宁县	161	344	599	2072	4605	8419
泰宁县	212	335	651	2413	4304	9475
将乐县	244	533	741	2960	6960	12553
尤溪县	524	1099	1691	6031	12309	32347
大田县	489	1150	1686	6394	15684	34113
泉州市	**13518**	**26089**	**48435**	**184165**	**374351**	**875942**
泉州市辖区	3127	5389	9667	40529	75355	173617
鲤城区	1270	2155	3138	16197	31706	57453
丰泽区	702	1338	2922	9164	18659	53565
洛江区	526	689	1427	7731	9636	26361
泉港区	629	1207	2180	7437	15354	36238
石狮市	1099	2022	3884	14130	30637	70411
晋江市	2483	5245	10803	34737	80059	198723
南安市	2065	4191	8142	30332	62875	151143
惠安县	1605	3173	5797	19302	39614	109779
安溪县	1945	3543	5824	29807	54262	98634
永春县	706	1593	2294	8910	19432	35745
德化县	488	933	2024	6418	12117	37890
漳州市	**7873**	**14490**	**24303**	**98671**	**182085**	**458071**
漳州市辖区	3759	5922	10493	47003	79559	199502
芗城区	1598	2030	2895	19761	29765	58080
龙文区	367	602	1827	4466	8637	34812
龙海区	1561	2643	4633	20195	33913	85530
长泰区	233	647	1138	2581	7244	21080
漳浦县	1143	2557	3737	14965	31578	87213
云霄县	628	1181	2055	8372	14262	35759
诏安县	585	1663	2562	8298	21592	49901
东山县	316	547	1068	3170	7149	19006
平和县	654	1407	2353	8671	14106	35130

续表

地　区	专任教师数			在校生数		
	普通高中	普通初中	小学	普通高中	普通初中	小学
南靖县	451	807	1296	4833	9023	21559
华安县	337	406	739	3359	4816	10001
南平市	**4102**	**8534**	**12873**	**52471**	**102495**	**188828**
南平市辖区	1119	2498	3893	14456	29379	58360
延平区	642	1505	2170	8076	16836	32443
建阳区	477	993	1723	6380	12543	25917
邵武市	383	809	1191	4541	9628	19233
武夷山市	333	744	1183	4429	8827	19225
建瓯市	556	1427	2079	7896	18242	30840
顺昌县	455	638	825	5450	5437	10411
浦城县	510	1008	1331	6634	12073	16919
光泽县	208	440	745	2683	4719	8530
松溪县	196	406	645	2430	5677	10419
政和县	342	564	981	3952	8513	14891
龙岩市	**4703**	**8812**	**16109**	**54324**	**103423**	**287481**
龙岩市辖区	1842	3524	6945	22351	43507	125325
新罗区	1221	2243	4950	15114	30170	93231
永定区	621	1281	1995	7237	13337	32094
上杭县	849	1231	2150	7536	13667	38034
武平县	435	940	1572	5046	9934	27877
长汀县	785	1370	2535	9743	17948	46070
连城县	435	860	1435	4559	8472	25512
漳平市	357	887	1472	5089	9895	24663
宁德市	**4850**	**9898**	**16875**	**64288**	**128608**	**281908**
宁德市辖区	1098	2046	3678	13633	26849	62496
蕉城区	1098	2046	3678	13633	26849	62496
福安市	1122	1934	3161	14792	27153	53870
福鼎市	713	1561	2878	10148	21894	52255
霞浦县	593	1379	2743	8768	20801	46087
古田县	391	1020	1428	5166	10256	23931
屏南县	216	512	795	2563	5517	11275
寿宁县	299	628	930	4058	5985	12445
周宁县	269	524	744	3084	6001	10784
柘荣县	149	294	518	2076	4152	8765

卫生主要指标（2023年）

地区	卫生机构数（个）	卫生机构床位数（张）	卫生技术人员数（人）	#执业（助理）医师	注册护士
全省	**30023**	**242062**	**325956**	**123317**	**144733**
福州市	**5523**	**49733**	**81720**	**30830**	**36610**
福州市辖区	2470	32519	56989	22032	25702
鼓楼区	429	11859	21892	8812	9828
台江区	304	6075	11135	4098	5487
仓山区	685	6173	10749	4076	4651
晋安区	466	4646	7396	2855	3365
马尾区	151	931	1658	647	681
长乐区	435	2835	4159	1544	1690
福清市	870	5555	8910	3181	4240
闽侯县	552	2303	4447	1760	1709
连江县	469	2726	3654	1253	1567
罗源县	243	1659	1581	537	661
闽清县	312	1185	1528	488	642
永泰县	289	1645	1644	584	715
平潭县	318	2141	2967	995	1374
厦门市	**2644**	**22941**	**45882**	**18842**	**20261**
厦门市辖区	2644	22941	45882	18842	20261
思明区	683	8473	16951	6961	7661
湖里区	437	5383	11179	4475	4950
集美区	396	2042	5138	2138	2170
海沧区	245	1482	3928	1561	1736
同安区	551	3043	4455	1953	1847
翔安区	332	2518	4231	1754	1897
莆田市	**1462**	**17481**	**20688**	**7634**	**9423**
莆田市辖区	1049	13000	15925	5908	7293
荔城区	319	5770	7256	2599	3371
城厢区	254	3080	4500	1707	2189
涵江区	208	1946	2285	861	964
秀屿区	268	2204	1884	741	769
仙游县	413	4481	4763	1726	2130
三明市	**2604**	**17174**	**21177**	**7850**	**9519**
三明市辖区	566	5805	7573	2757	3574
三元区	303	4414	5912	2129	2804
沙县区	263	1391	1661	628	770

地　区	卫生机构数（个）	卫生机构床位数（张）	卫生技术人员数（人）	#执业（助理）医师	注册护士
永安市	369	2609	3184	1276	1474
明溪县	109	555	807	343	302
清流县	130	671	885	295	387
宁化县	291	1624	1841	632	805
建宁县	135	620	879	284	364
泰宁县	105	696	915	355	397
将乐县	142	851	1185	426	515
尤溪县	380	2002	2309	845	1010
大田县	377	1741	1599	637	691
泉州市	**5609**	**47424**	**55401**	**21648**	**23749**
泉州市辖区	963	13171	20110	7485	9230
鲤城区	220	6930	9731	3304	4933
丰泽区	356	3794	7535	3012	3145
洛江区	168	905	1086	453	421
泉港区	219	1542	1758	716	731
石狮市	401	3160	3558	1531	1382
晋江市	1206	7778	9437	3849	3676
南安市	1167	7068	7065	3220	2768
惠安县	565	5956	5428	2102	2286
安溪县	632	5454	5193	1909	2365
永春县	361	2871	2658	828	1120
德化县	314	1966	1952	724	922
漳州市	**4056**	**30513**	**35049**	**12782**	**15501**
漳州市辖区	1708	16124	19690	7272	9048
芗城区	387	8892	10829	3832	5175
龙文区	233	1279	2607	1032	1094
龙海区	923	4831	5076	1964	2294
长泰区	165	1122	1178	444	485
漳浦县	705	3875	4933	1818	2213
云霄县	279	2291	2285	697	1083
诏安县	405	2560	2516	945	963
东山县	184	1216	1334	486	534
平和县	296	2353	2031	593	877

地　　区	卫生机构数（个）	卫生机构床位数（张）	卫生技术人员数（人）		
				#执业（助理）医师	注册护士
南靖县	324	1320	1597	725	571
华安县	155	774	663	246	212
南平市	**2223**	**16770**	**19818**	**6916**	**8957**
南平市辖区	527	6229	7417	2498	3560
延平区	294	3654	4406	1507	2071
建阳区	233	2575	3011	991	1489
邵武市	181	2105	2300	780	1065
武夷山市	215	1147	1565	596	671
建瓯市	332	2577	2771	977	1227
顺昌县	211	649	1055	391	462
浦城县	318	1776	1831	647	755
光泽县	113	693	934	335	382
松溪县	151	687	892	283	388
政和县	175	907	1053	409	447
龙岩市	**2826**	**21327**	**23745**	**8775**	**10686**
龙岩市辖区	982	10583	12465	4584	5875
新罗区	688	8315	10423	3735	5066
永定区	294	2268	2042	849	809
上杭县	500	2420	2591	1049	1020
武平县	386	2243	2232	791	969
长汀县	371	3079	2844	1034	1239
连城县	248	1789	1910	656	880
漳平市	339	1213	1703	661	703
宁德市	**3076**	**18699**	**22476**	**8040**	**10027**
宁德市辖区	629	3923	6060	2183	2874
蕉城区	629	3923	6060	2183	2874
福安市	486	2837	3867	1422	1689
福鼎市	532	3126	3968	1434	1871
霞浦县	362	2890	2965	1037	1251
古田县	409	1841	1811	686	738
屏南县	174	1196	990	303	457
寿宁县	209	1291	1213	451	513
周宁县	159	1065	888	265	333
柘荣县	116	530	714	259	301

社会保险和低保情况（2023年）

单位：万人

地　区	期末参加城镇职工基本养老保险职工人数	期末参加城乡居民基本养老保险人数	期末参加基本医疗保险人数	城镇居民最低生活保障人数	农村居民最低生活保障人数
全　省	**1543.57**	**1594.95**	**3833.46**	**7.09**	**52.73**
福州市	**275.93**	**253.59**	**684.53**	**0.99**	**6.89**
福州市辖区					
鼓楼区		1.32	63.82	0.06	
台江区		1.30	38.13	0.16	
仓山区		6.11	66.39	0.19	0.10
晋安区		4.77	45.13	0.10	0.10
马尾区	17.88	5.24	22.18	0.07	0.14
长乐区	15.76	38.26	68.13	0.04	0.77
福清市	31.51	70.47	127.00	0.14	1.35
闽侯县	18.32	30.52	75.29	0.03	0.99
连江县	8.62	31.19	55.44	0.03	0.99
罗源县	3.56	11.78	24.01	0.05	0.64
闽清县	6.23	14.78	27.56	0.03	0.58
永泰县	3.83	17.71	31.95	0.06	0.58
平潭县	7.12	20.13	39.51	0.04	0.63
厦门市	**492.40**	**24.39**	**471.92**	**0.93**	**0.47**
厦门市辖区					
思明区	132.02	1.47	123.10	0.24	
湖里区	147.23	0.82	99.21	0.11	
集美区	71.55	1.28	71.54	0.10	0.05
海沧区	46.52	2.33	43.43	0.06	0.03
同安区	53.97	7.32	61.64	0.16	0.29
翔安区	20.12	11.16	44.27	0.27	0.10
莆田市	**72.91**	**173.33**	**314.02**	**0.25**	**5.17**
莆田市辖区					
荔城区	0.92	22.97	52.34	0.11	0.52
城厢区	0.77	19.04	36.27	0.03	0.41
涵江区	13.64	22.39	39.96	0.08	0.61
秀屿区	8.64	38.93	62.43	0.0051	1.29
仙游县	11.70	57.73	98.30	0.03	2.07
三明市	**59.34**	**124.36**	**254.63**	**0.48**	**4.33**
三明市辖区					
三元区	9.81	4.91	17.23	0.10	0.09

续表

地　区	期末参加城镇职工基本养老保险职工人数	期末参加城乡居民基本养老保险人数	期末参加基本医疗保险人数	城镇居民最低生活保障人数	农村居民最低生活保障人数
沙县区	6.42	12.05	25.34	0.05	0.36
永安市	9.43	11.91	29.82	0.09	0.31
明溪县	2.16	5.82	10.53	0.03	0.21
清流县	2.72	6.90	12.98	0.02	0.30
宁化县	3.72	17.18	29.84	0.05	0.68
建宁县	2.22	7.79	13.34	0.03	0.37
泰宁县	1.98	7.00	12.24	0.03	0.25
将乐县	3.21	9.30	16.29	0.03	0.29
尤溪县	4.91	22.45	38.25	0.03	0.75
大田县	5.17	19.05	34.71	0.03	0.72
泉州市	**232.74**	**375.68**	**726.28**	**1.02**	**8.17**
泉州市辖区					
鲤城区	13.44	4.31	21.64	0.09	
丰泽区	30.88	6.08	33.65	0.09	
洛江区	7.65	9.14	21.16	0.02	0.20
泉港区	6.52	21.65	36.15	0.11	0.82
石狮市	16.81	18.82	39.52	0.19	
晋江市	62.75	61.51	124.62	0.26	0.87
南安市	26.55	89.58	144.73	0.04	2.12
惠安县	14.21	44.59	75.81	0.14	1.16
安溪县	12.84	61.12	100.50	0.04	1.66
永春县	6.71	29.79	50.50	0.02	0.81
德化县	9.15	16.50	32.69	0.03	0.52
漳州市	**140.27**	**223.97**	**474.23**	**1.53**	**8.85**
漳州市辖区					
芗城区	19.15	10.61	38.96	0.41	0.08
龙文区	0.35	7.49	19.84	0.19	0.05
龙海区	24.19	43.41	50.97	0.26	1.49
长泰区	13.17	8.35	20.86	0.03	0.42
漳浦县	17.22	42.24	62.94	0.15	1.60
云霄县	6.97	19.49	40.91	0.11	1.04
诏安县	8.18	27.66	59.98	0.13	1.60
东山县	4.79	9.40	20.40	0.10	0.28
平和县	6.68	28.45	50.66	0.07	1.31

续表

地 区	期末参加城镇职工基本养老保险职工人数	期末参加城乡居民基本养老保险人数	期末参加基本医疗保险人数	城镇居民最低生活保障人数	农村居民最低生活保障人数
南靖县	7.32	17.15	27.25	0.05	0.61
华安县	3.91	8.64	14.81	0.02	0.34
南平市	**56.24**	**135.73**	**275.91**	**0.83**	**5.57**
南平市辖区					
延平区	7.86	16.82	36.17	0.19	0.64
建阳区	7.42	16.36	31.86	0.07	0.54
邵武市	6.29	12.47	27.03	0.11	0.53
武夷山市	4.64	10.61	22.58	0.06	0.36
建瓯市	5.37	23.80	46.80	0.12	0.93
顺昌县	3.89	10.21	19.29	0.08	0.40
浦城县	5.20	19.42	35.60	0.06	0.86
光泽县	2.95	7.30	14.27	0.06	0.35
松溪县	1.95	7.91	13.74	0.03	0.39
政和县	3.82	10.83	19.58	0.06	0.57
龙岩市	**75.10**	**138.56**	**272.51**	**0.33**	**5.77**
龙岩市辖区					
新罗区	21.99	17.62	49.62	0.07	0.34
永定区	6.62	23.01	37.62	0.01	1.05
上杭县	10.56	24.42	43.73	0.04	1.02
武平县	6.22	19.37	31.99	0.03	0.97
长汀县	8.43	24.71	44.72	0.11	1.05
连城县	4.63	14.94	27.11	0.02	0.72
漳平市	5.32	14.49	25.13	0.05	0.63
宁德市	**96.88**	**145.34**	**319.90**	**0.73**	**7.51**
宁德市辖区					
蕉城区	27.71	18.09	48.98	0.11	0.71
福安市	16.86	27.56	58.08	0.12	1.53
福鼎市	16.92	26.25	57.09	0.12	1.00
霞浦县	7.14	22.21	47.62	0.13	1.13
古田县	4.35	17.77	35.06	0.07	0.66
屏南县	2.23	8.80	15.89	0.01	0.61
寿宁县	3.31	10.17	21.75	0.05	0.84
周宁县	2.26	9.79	16.90	0.02	0.64
柘荣县	2.32	4.70	9.86	0.09	0.39

第八篇

政策选编

中共福建省委　福建省人民政府印发《关于加强基层治理体系和治理能力现代化建设的实施方案》

2023年4月29日，中共福建省委、福建省人民政府印发《关于加强基层治理体系和治理能力现代化建设的实施方案》，并发出通知，要求各地各部门结合实际认真贯彻落实。

《关于加强基层治理体系和治理能力现代化建设的实施方案》主要内容如下。

为贯彻落实《中共中央、国务院关于加强基层治理体系和治理能力现代化建设的意见》，提高全省基层治理体系和治理能力现代化水平，结合我省实际，制定以下实施方案。

一、总体要求

坚持以习近平新时代中国特色社会主义思想为指导，坚持和加强党的全面领导，坚持以人民为中心，力争到2025年，建立起党组织统一领导、政府依法履责、各类组织积极协同、群众广泛参与，自治、法治、德治相结合的基层治理体系，健全常态化管理和应急管理动态衔接的基层治理机制，构建网格化管理、精细化服务、信息化支撑、开放共享的基层管理服务平台，全省基层治理体系和治理能力现代化水平显著提高；到2035年，基本实现基层治理体系和治理能力现代化。

二、重点任务

（一）完善党全面领导基层治理制度

1. 加强党的基层组织建设，健全基层治理党的领导体制。健全在基层治理中坚持和加强党的领导的有关制度机制，加强乡镇（街道）、村（社区）党组织对基层各类组织和各项工作的统一领导，完善居民小区党支部引领小区各类组织制度，涉及基层治理重要事项、重大问题都要由党组织研究讨论后按程序决定。坚持和完善“一肩挑”制度，积极推行村（社区）党组织书记通过法定程序担任村（居）民委员会主任、村级集体经济组织、合作经济组织负责人，支持村（社区）“两委”成员依法兼任村（居）民委员会下属委员会、配套组织负责人。加强以村党组织为核心的村级组织配套建设。扎实推动小区党支部与业主委员会、业主监事会、物业服务企业成员双向进入、交叉任职。确保依法把党的领导和党的建设有关要求写入各类组织章程。创新党组织设置和活动方式，不断扩大党的组织覆盖和工作覆盖，常态化整顿软弱涣散基层党组织。推进全面从严治党向基层延伸，坚决遏制群众身边的不正之风和腐败问题。

2. 构建党委领导、党政统筹、简约高效的乡镇（街道）管理体制。按照“大综合、扁平化”设置乡镇（街道）党政机构和事业单位。健全完善将县（市、区）直部门派驻机构纳入乡镇（街道）统一组织协调的工作机制，派驻机构工作考核和主要负责同志任免要听取所在乡镇（街道）党（工）委意见。推进编制资源向乡镇（街道）倾斜，鼓励从上往下跨层级或在乡镇（街道）之间调剂使用行政编制和事业编制。实行乡镇编制“专编专用”，探索“县编乡用”，赋予乡镇更加灵活的用人自主权。

3. 完善党建引领的社会参与制度。坚持党建带群建，支持群团组织承担公共服务职能，优化党组织和群团组织治理资源配置、功能衔接。强化社区、小区物业党建联建，推进物业服务企业党建全覆盖，健全完善党建引领下的社区居民委员会、业主委员会、物业服务企业协调运行机制，提升物业服务水平。培育扶持基层公益性、服务性、互助性社会组织。支持党组织健全、管理规范的社会组织优先承接政府转移职能和服务项目。拓展近邻党建工作内涵，发挥社区小区党组织在教育管理党员、服务凝聚群众等方面的职能作用，健全“两长一员”机制，充分发挥党建联席会议等区域化党建平台作用，推动机关企事业单位与乡镇（街道）、村（社区）党组织联建共建。充分整合盘活信息、阵地、文化、服务等治理资源，实现需求互补、资源共享，构建党组织领导的共建共治共享的城乡基层治理格局。深化在职党员报到服务工作，推行在职党员“回家日”制度，加强在职党员报到服务情况双向评议，探索积分制管理，激励在职党员主动参与基层治理、有效服务群众。

（二）加强基层政权治理能力建设

1. 增强乡镇（街道）行政执行能力。加强乡镇（街道）党（工）委对基层政权建设的领导。依法赋予乡镇（街道）综合管理权、统筹协调权和应急处置权，强化其对涉及本区域重大决策、重大规划、重大项目的参与权和建议权。推进乡镇（街道）逐步实现“一支队伍管执法”，将基层治理迫切需要的县级政府部门的行政处罚权依法交由能够有效承接的乡镇（街道）行使。统筹现有派驻乡镇（街道）的市场监管所、自然资源所、林业站、城管执法中队等执法力量，形成执法合力，不断健全完善基层执法保障和激励机制。严格落实乡镇（街道）行政执法公示制度、执法全过程记录制度和重大执法决定法制审核制度，实行“双随机、一公开”监管模式。优化行政区划设置，确保管理服务有效覆盖常住人口。

2. 增强乡镇（街道）为民服务能力。市、县级政府要规范乡镇（街道）政务服务、公共服务、公共安全等事项，将直接面向群众、乡镇（街道）能够承接的服务事项依法下放。乡镇要围绕巩固拓展脱贫攻坚成果、全面推进乡村振兴等任务，做好农业产业发展、人居环境建设及留守儿童、留守妇女、留守老人关爱服务等工作。街道要做好市政市容管理、物业管理、流动人口服务管理、社会组织培育引导等工作。加强基层医疗卫生机构和乡村卫生健康人才队伍建设，到2025年年底，全省70%以上基层医疗卫生机构达到服务能力基本标准，10%以上服务能力较强的基层医疗卫生机构达到推荐标准。完善乡镇（街道）综合便民服务平台功能，优化乡镇（街道）政务服务流程，全面推行一窗式受理、一站式办理，围绕与企业、群众生产生活密切相关、有异地办事需求的高频事项，推进线上线下融合，丰富异地办理的业务范围，加快推进市域通办，逐步推行跨区域办理。

3. 增强乡镇（街道）议事协商能力。完善基层民主协商制度，县级党委和政府要围绕城乡规划、工程建设、征地拆迁等基层重大决策事项和群众反映强烈的民生问题，制定乡镇（街道）协商目录清单，由乡镇（街道）党（工）委主导开展议事协商，注重发挥人大代表、政协委员作用。根据实际情况建立社会公众列席有关会议的制度。

4. 增强乡镇（街道）应急管理能力。健全基层应急管理组织体系，针对突发、易发公共事件，乡镇（街道）制定完善应急预案，开展风险排查，做好风险研判、预警、应对等工作，每年组织开展综合应急演练。建立统一指挥的应急管理队伍，建设省、市、县、乡、村五级贯通，与各级预警信息发布系统有效对接的全省应急广播体系。推进乡级应急物资储备库建设，提升应急物资储备能力。市、县级政府要指导乡镇（街道）做好应急准备工作，强化应急状态下对乡镇（街道）人、财、物支持。

5. 增强乡镇（街道）平安建设能力。坚持和发展新时代“枫桥经验”，大力推动领导干部接访下访，持续开展矛盾纠纷化解专项工作。健全乡镇（街道）政法委员统筹协调机制，加强乡镇（街道）综治中心规范化建设，深化基层平安创建活动。推行乡镇（街道）法律顾问、公职律师制度，推进信访与人民调解、行政调解、司法调解对接联动。完善基层社会治安防控体系，推进“雪亮工程”建设，落实“平安家园·智能天网”建设任务。推进社区民警专职化、社区民警占派出所警力不低于40%，全面落实城区“一区一警两辅”和农村“一村一警务助理”。健全防范涉黑涉恶长效机制，常态化开展扫黑除恶斗争。健全乡镇（街道）矛盾纠纷一站式、多元化解决机制。建立健全经常性社会心理服务疏导和预警干预机制。

（三）健全基层群众自治制度

1. 加强村（居）民委员会规范化建设。坚持党组织领导基层群众性自治组织的制度，落实基层群众性自治组织法人备案制度，加强集体资产管理。按照“先改制、后改居”原则，规范撤销村民委员会改设社区居民委员会的条件和程序，严格建制调整工作方案报审，合理确定村（社区）规模，不盲目求大。发挥村（居）民委员会下设的人民调解、治安保卫、公共卫生等委员会作用，村民委员会应设妇女和儿童工作等委员会，社区居民委员会可增设环境和物业管理等委员会。

2. 健全村（居）民自治机制。强化党组织领导把关作用，规范村（居）民委员会换届选举，全面落实村（社区）“两委”班子成员资格联审机制。加强城乡社区协商，综合运用听证会、议事会、理事会、恳谈会等形式，组织群众自己说事、议事、主事。加强村（居）民会议、村（居）民代表会议制度建设。保障非户籍常住居民参与常住地村（社区）公共事务和公益事业。完善党务、村（居）务、财务公开制度，及时接受群众监督。强化基层纪检监察组织与村（居）务监督委员会的沟通合作、有效衔接，形成监督合力。

3. 增强村（社区）组织动员能力。健全村（社区）“两委”班子成员联系群众机制，经常性开展入户走访。加强群防群治、联防联治机制建设，补齐补足疫情防控短板，完善应急预案。改进网格化管理服务，依托村（社区）统一划分综合网格，加强网格党组织建设。各设区市党委和政府、平潭综合实验区党工委和管委会要加强网格化服务管理规范化建设，统筹网格内党的建设、社会保障、平安建设、应急管理、社会救助等工作，明确网格服务管理事项，规范网格员队伍建设。

4. 优化村（社区）服务格局。市、县级政府要规范村（社区）公共服务和代办政务服务事项，由基层党组织主导整合资源为群众提供服务。推进以党群服务中心为基本阵地的城乡社区综合服务设施建设，新建社区商业和综合服务设施面积不低于社区总建筑面积10%。推进城乡社区近邻服务，依托城乡社区综合服务设施，开展就业、养老、医疗、托幼、教育、助残等服务，加强对困难群体和特殊人群关爱照护，做好传染病、慢性病防控等工作。加强综合服务、兜底服务能力建设。采用政府购买服务等方式优化公共民生服务，对优秀项目进行示范和推广。鼓励驻区企事业单位、社会组织、个人捐赠或兴办社区服务事业产业。开展“新时代新社区新生活”服务质量提升活动，建立社区基本公共服务标准体系。

（四）推进基层法治和德治建设

1. 推进基层治理法治建设。完善基层治理法规政策体系，推进基层治理领域相关法规、规章的立、改、废和相关政策制度制定完善工作。将基本公共法律服务事项纳入政府购买服务指导性目录，强化基层法律服务职能。持续推进“法律进乡村”、“法律进社区”等活动，加强和规范村（居）法律顾问工作。培养一批以村干部、人民调解员为重点的“法治带头人”，提升基层党员、干部的法治素养。乡镇（街道）指导村（社区）依法制定村规民约、居民公约，健全备案和履行机制，确保符合法律法规和公序良俗。

2. 加强思想道德建设。培育践行社会主义核心价值观，推动习近平新时代中国特色社会主义思想进社区、进农村、进家庭。加强新时代文明实践中心建设，弘扬公序良俗。深入开展民族团结进步创建活动，铸牢中华民族共同体意识，推进中华民族共有精神家园建设。加强红色遗址、革命文物和纪念设施保护利用工作，发挥爱国主义教育基地等阵地的宣传教育功能。强化科普基础设施建设，发挥科普教育基地作用，大力弘扬科学家精神。健全村（社区）道德评议机制，开展道德模范评选表彰活动，建立帮扶礼遇道德模范长效机制。加强家庭家风建设，引导群众积极参与和谐社区、和睦邻里、美丽乡村、平安社区（村居）等建设。组织开展科学常识、卫生防疫知识、应急知识普及和平安建设、诚信宣传教育，深入开展爱国卫生运动，抵制封建迷信活动。推进移风易俗，破除婚丧喜庆大操大办、高价彩礼、厚葬薄养等陈规陋习。

3. 引导社会力量参与。完善社会力量参与基层治理激励政策，创新社区与社会组织、社会工作者、社区志愿者、社会慈善资源的联动机制。通过购买服务、委托项目等方式，推动社区社会组织参与社区治理和服务，吸纳社会力量参与基层应急救援。加强社会工作专业人才队伍建设，实现乡镇（街道）社工站全覆盖，鼓励有条件的村（社区）设立社工室。鼓励台胞参与社区治理和基层社会事务工作。鼓励成立社区基金会，支持设立慈善信托。鼓励社会慈善力量参与社区服务，完善基层志愿服务制度，加强城乡社区志愿服务站点建设，大力开展邻里守望、扶弱助残、助学助医等各类社区志愿服务活动。到2025年，全省每个城市社区有12个以上社区社会组织，每个农村社区有7个以上社区社会组织，每个城市社区社会工作专业人才达5人以上，每个村（社区）都有社会工作者提供服务。志愿服务站点在社区综合服务设施中覆盖率达80%以上，注册志愿者占总人口比例超过18%。

（五）加强基层智慧治理能力建设

1. 做好规划建设。市、县级政府要将乡镇（街道）、村（社区）纳入信息化建设规划，统筹推进智慧城市、智慧社区基础设施、系统平台和应用终端建设，强化系统集成、数据融合和网络安全保障。到2025年，布局建成若干省级智能社会治理实验综合基地和特色基地。强化数字乡村与智慧城市的一体设计、同步实施、协同并进、融合创新。持续推进农村宽带通信网、移动互联网、数字广播电视网发展。健全基层智慧治理标准体系，出台智能社会治理的系列标准、规范和政策。推广智能感知等技术，构建泛在互联、多元动态的“城市神经网络系统”，实现对公共设施和生态环境等城市信息的实时采集。

2. 整合数据资源。实施“互联网+基层治理”行动，完善乡镇（街道）、村（社区）地理信息等基础数据，参与共建全国基层治理数据库，推动基层治理数据资源共享。完善乡镇（街道）与部门政务信息系统数据资源共享交换机制。推进村（社区）数据资源建设。推行“一网统管”的城市管理模式，加强社会治理、城管、市政、环保、绿化、交通、应急等各类城市管理系统的互联互通和联勤联动，整合各地、各部门政务服务移动端，拓展多终端服务。

3. 拓展应用场景。推动各地政务服务平台向乡镇（街道）延伸，建设开发智慧社区、智慧教育、智慧广电、智慧医疗、智慧养老等信息系统和简便应用软件，推动基层党建、政务服务、文化教育、科学普及、健康养老、低碳生活、智能安防、家政物业、防疫抗疫等数字化、智慧化场景应用，提高基层治理数字化智能化水平。围绕老年人和残疾人出行、就医、消费、文娱、办事等高频事项和服务场景，推行适老化和无障碍信息服务，保留必要的线下办事服务渠道。

三、组织保障

（一）压实各级党委和政府责任

各级党委和政府要加强对基层治理的组织领导，完善基层治理议事协调机制，定期研究基层治理工作。加强对基层治理工作成效的评估，评估结果作为市、县级党政领导班子和领导干部考核，以及党委书记抓基层党建述职评议考核的重要内容。市、县级党委和政府要发挥一线指挥部作用，乡镇（街道）要提高抓落实能力。组织、政法、民政等部门要及时向党委和政府提出政策建议。

（二）改进基层考核评价

市、县级党委和政府要规范乡镇（街道）、村（社区）权责事项，并为权责事项以外委托工作提供相应支持。未经党委和政府统一部署，各职能部门不得将自身权责事项派交乡镇（街道）、村（社区）承担。完善考核评价体系和激励办法，加强对乡镇（街道）、村（社区）的综合考核，严格控制考核总量和频次。统筹规范面向基层的督查检查，清理规范工作台账、报表以及“一票否决”、签订责任状、出具证明事项、创建示范等项目，切实减轻基层负担。做好容错纠错工作，保护基层干部干事创业的积极性。

（三）保障基层治理投入

完善乡镇（街道）经费保障机制，进一步深化乡镇（街道）国库集中支付制度改革。加强村（社区）工作经费保障。省级财政加大对财政困难地区一般性转移支付力度，统筹使用相关资金，提高资金使用效率。将城乡社区综合服务设施建设纳入国土空间规划，优化以党群服务中心为基本阵地的城乡社区综合服务设施布局。明确乡镇(街道)、村(社区)的办公、服务、活动、应急等功能面积标准，按照有关规定采取盘活现有资源或新建等方式，支持建设完善基层阵地。

(四)加强基层治理队伍建设

加强基层党务工作者队伍建设，各级党委要专门制定培养规划，探索建立基层干部分级培训制度。严格执行乡镇(街道)干部任期调整、最低服务年限等规定，落实乡镇机关事业单位工作人员乡镇工作补贴政策。市、县级政府要综合考虑服务居民数量等因素制定社区工作者配备标准，到2025年年底，实现每万名城镇常住人口拥有社区工作者18人；健全社区工作者职业体系，建立岗位薪酬制度并完善动态调整机制，落实社会保险待遇，薪酬标准不低于上年度当地全口径城镇单位就业人员平均工资水平，将专职网格员纳入社区工作者队伍管理。

(五)加大基层治理创新和激励宣传力度

按规定开展基层治理示范工作，加强基层治理平台建设，鼓励基层治理改革创新。按照国家有关规定，选树表彰基层治理先进典型，推动创建全国、全省和谐社区。做好基层治理调查统计工作，建立基层治理群众满意度调查制度。加大基层治理宣传力度，营造基层治理良好氛围。

【发文机关】中共福建省委 福建省人民政府
【标　　题】中共福建省委 福建省人民政府印发《关于加强基层治理体系和治理能力现代化建设的实施方案》
【发布日期】2023年4月29日

福建省人民代表大会常务委员会关于传承中华优秀传统文化，加强古厝古建筑保护利用工作的决议

（2023年11月23日福建省第十四届人民代表大会常务委员会第七次会议通过）

福建古厝古建筑数量众多，地域特色鲜明，文化底蕴深厚，蕴含着中华文化的思想理念、人文精神、审美标准，是传承中华优秀传统文化、延续八闽历史文脉的重要载体。为进一步传承中华优秀传统文化，加强我省古厝古建筑保护利用工作，特作出如下决议：

一、要深入学习贯彻习近平文化思想，深刻理解把握马克思主义基本原理同中华优秀传统文化相结合的内涵要求，增强历史自觉，坚定文化自信，着力培育和践行社会主义核心价值观，充分利用古厝古建筑文化资源禀赋，推动中华优秀传统文化创造性转化、创新性发展，更好地服务文化强省和中华民族现代文明建设。

二、要坚持科学规划、守正创新、分类推动、活化利用的原则，建立健全政府主导、多方参与、协同推进的工作机制，形成导向明确、路径清晰、保护有力、利用有效的管理模式，推进古厝古建筑保护利用与文化传承、城镇建设、乡村振兴、产业发展、民生改善协同互进，实现在保护中发展、在发展中保护。

三、要将加强古厝古建筑保护利用纳入国民经济和社会发展规划，建立健全财政资金投入及引导机制，持续推进具有特色价值古厝古建筑的普查甄别、认定公布、标识设立、登记造册，分类制定古厝古建筑修缮导则和技术规程，开展信息采集和测绘建档，进一步加强数字化建设，推动全省古厝古建筑资源开放共享。

四、要坚守安全底线，综合运用人防、物防、技防等手段，做好建筑物的预防性保护、日常保养和修缮，整体保护古厝古建筑及其依存的文化生态、自然环境、空间肌理，坚决防止在城乡建设中随意拆除、大拆大建、拆真建假，确保古厝古建筑的历史真实性、风貌完整性和文化延续性。

五、要坚持保用结合、以用促保，鼓励发展文化创意、展览陈列、观光研学、酒店民宿、影视演艺等多种业态，推进文旅融合，因地制宜地挖掘古厝古建筑利用的现实价值和可持续发展途径。在依法严格落实保护职责的基础上，积极探索古厝古建筑活化利用底线管理模式。

六、要深入挖掘阐释古厝古建筑中蕴含的中华优秀传统文化精神内核及历史文化信息，发挥其公共文化服务和社会教育功能。以富有八闽特色的古厝古建筑为载体，传承朱子文化、闽南文化、客家文化、妈祖文化、闽都文化等特色文化，打造海洋文化，打响“福”文化品牌，弘扬新时代福建精神，提升福建文化的影响力。

七、要充分发挥我省侨台特点和优势，深化与海外、港澳台文化交流合作，依托涉侨涉台特色老宅、名人故居等古厝古建筑，加强探源研究、价值挖掘和宣传展示，讲好中国故事、福建故事。支持港澳同胞、台湾同胞和海外侨胞参与我省古厝古建筑保护利用。

八、要传承传统营造技艺，建立完善古厝古建筑传统构件存储保护和再利用管理等制度，依

法打击传统构件偷盗、贩卖等行为。支持传统构件材料生产基地建设，加大对传统材料生产制造企业的扶持，鼓励采用传统手工作业生产传统构件材料，满足古厝古建筑保护修缮材料需求。

九、要加大省内院校古厝古建筑维护、修缮等相关学科专业建设力度，深化古厝古建筑保护利用学术研究，一体推进古厝古建筑科研、管理、规划设计和修缮技术人才的培养管理。支持符合条件的传统工匠、艺人参加各类培训和人才评价。

十、要鼓励和支持个人、企业及社会团体以投资、租赁、捐赠、提供技术服务、志愿服务、依法设立公益基金等方式参与古厝古建筑保护利用。鼓励原住居民根据保护要求在原址居住，延续传承原有生产生活方式，从事当地特色产业的生产经营等相关活动。

十一、要加大宣传教育力度，拓展古厝古建筑的价值普及和传播推广渠道，将古厝古建筑文化遗产相关法律法规的学习宣传纳入普法责任清单，提高全社会保护意识和执行相关法律法规的自觉性，形成礼敬守护和传承发展中华优秀传统文化的良好环境。

十二、全省各级人民政府要树立加强古厝古建筑保护利用也是政绩的科学理念，切实履行好属地管理主体责任，制定完善分类保护利用措施，落实本行政区域内古厝古建筑的日常监督管理。各级监委、人民法院、人民检察院要依法履行职责，协同推进古厝古建筑保护利用，传承中华优秀传统文化。

十三、全省各级人大及其常委会要把古厝古建筑保护利用工作列为重点领域工作，依法加强监督。省、市人大及其常委会要加快制定完善相关地方性法规。全省各级人大代表要结合代表履职和日常生产生活，积极助力古厝古建筑保护利用，共同守护八闽文化的“根”与“魂”。

全省各级国家机关和全社会要坚持以习近平新时代中国特色社会主义思想为指导，在中共福建省委的领导下，更加自觉担负起新的文化使命，保护利用好我省古厝古建筑文化遗产，为全方位推进高质量发展，谱写中国式现代化福建篇章而努力奋斗！

【发文机关】福建省人民代表大会常务委员会
【标　　题】福建省人民代表大会常务委员会关于传承中华优秀传统文化，加强古厝古建筑保护利用工作的决议
【发文日期】2023 年 11 月 23 日

福建省人民政府关于加快推进科技创新发展的通知

各市、县（区）人民政府，平潭综合实验区管委会，省人民政府各部门、各直属机构，各大企业，各高等院校：

为深入实施创新驱动发展战略和新时代人才强省战略，推进教育、科技、人才一体化综合改革，强化企业科技创新主体地位，推动民营经济高质量发展，建设高水平国家创新型省份，现提出如下措施。

一、促进科技成果转移转化

1. 建设全省科技成果转移转化公共服务平台。整合省创新研究院和国家技术转移海峡中心等相关资源，建设全省科技成果转移转化公共服务平台，促进科技成果线上线下高效对接，重点引进技术转移、检验检测、知识产权、投融资、法律援助等专业服务机构入驻，全链条推进科技成果转移转化服务。

对利用省科技成果转移转化公共服务平台与本省企事业单位进行技术交易的技术转让方，按实际技术交易额的1%进行补助，单个项目补助最高不超过5万元，每家每年补助总额最高不超过20万元。

2. 完善科技成果转化机制。开展科技成果转化“搭桥”行动，聚焦我省重点产业领域，建立关键核心技术需求清单；启动科技扫描和成果追溯，挖掘形成省内外重大科技成果清单，促进“两张清单”高效无缝对接。

支持企业、高校院所、医疗卫生机构等建设概念验证中心和科技成果转化中试基地。实施技术经纪（理）人培育计划，建立技术经纪（理）人资源库，支持有条件的设区市组建技术经纪（理）人事务所，提升国家技术转移人才培养基地建设水平。

3. 积极培育技术转移机构。对年技术合同认定登记额和年增长率综合排名前三的技术合同认定登记机构、命名满三年评价优秀且排名前三的交易类省级技术转移机构分别给予50万元、40万元和30万元奖励。

鼓励高校院所在闽转化科技成果，对经技术合同认定登记机构登记的，按年实际技术交易总额0.5%~1%给予分段奖励，每家每年给予最高100万元奖励。

支持以政府购买服务等方式，引进国内外专业化、市场化、国际化技术转移机构、知识产权运营机构等科技服务机构，对按要求促成一定额度技术交易的，按实际成交额的3%给予每家每年最高100万元奖励。

二、建设高能级研发创新平台

4. 重点打造省创新实验室。优化省创新实验室建设方案，完善省创新实验室建设调度机制，省级专项资金可根据绩效考评结果统筹使用。对纳入国家实验室建设布局的省创新实验室，按“一室一案”给予奖励。

设立面向省创新实验室等重点科学实验平台的专用“编制池”。支持省创新实验室试点开展自主确定专业技术岗位结构比例，报省人社厅备案后执行。省创新实验室可直接认定为省级新型研发机构，不重复享受相关奖补政策。

5. 加快建设产业技术研发公共服务平台。围绕我省主导产业和战略性新兴产业，以设区市创建为主，引导政产学研金服多方参与投入，建设12个左右产业技术研发公共服务平台，为中小微企业提供技术研发与转化服务。

省科技创新专项资金根据平台建设任务和绩效目标，采用资本金注入、研发经费奖补、银行贷款贴息等方式，在建设或运营周期给予每个平台每年最高不超过1000万元资助。鼓励公共服务平台成立运营公司，开展自主经营和投融资活动。

6. 积极创建国家级创新平台。完善省级科技创新平台绩效评估和动态调整机制，对平台功能发挥好的给予奖励补助，并优先推荐申报国家级平台；对不合格的予以撤销或摘牌。省级新型研发机构调整为三年一次复评，分年度实施非财政资金购买科研仪器设备软件后补助。

支持各类创新主体争创（重组入列）国家级科技创新平台。对符合国家规划布局领域的国家实验室（基地）和重大科技基础设施等创建项目，采取“一事一议”方式，由省和所在设区市参照共同财政事权落实经费、土地、人才等要素保障，符合条件的列入省基本建设投资计划或重点项目计划予以支持。对获批的国家级科技创新平台，给予一次性最高1000万元奖励。对新获批的国家级高新区，给予一次性1000万元奖励。

7. 推动科技创新合作平台建设。加快推进海洋负排放国际大科学计划建设，实施“一带一路”科技创新行动计划，推动厦门金砖国家新工业革命伙伴关系创新基地建设。持续深化与京津冀、长三角、粤港澳大湾区等科技合作，探索区域协作创新新模式，支持有条件的市、县（区），在创新资源较为集中的地区建设“创新飞地”。支持有实力的龙头企业设立海外研发机构，符合条件的推荐纳入国家国际科技合作基地信息管理系统进行跟踪管理。

三、推动企业加强科技创新

8. 强化企业技术创新决策的主体地位。大幅增加各类科技专家库中企业专家数量和权重，建立企业专家稳定参与政府科技决策和咨询工作制度，吸收更多企业专家参与科技创新战略、规划、政策、计划、标准的制定和立项评估等工作。支持企业专家参加国内外学术组织，参与国内外科技交流合作。支持科技型骨干企业建立战略研究机构，带动行业相关企业共同开展产业方向研判、技术标准创制、知识产权布局等研究。支持企业家领衔国家和省级重大创新任务和工程。在省级科技奖励、卓越工程师等荣誉奖励中，加大对企业科技创新团队和科研人员的激励力度。

9. 强化企业研发投入的主体地位。优化企业研发经费分段补助政策，实施更加精准有效补助方式。将研发投入情况与科技资源配置紧密挂钩，对研发费用占营业收入比重高于5%的或年度自主研发费用2000万元以上的企业，重点保障用地、能耗排放等指标，优先推荐申报各类科技计划项目。

10. 强化企业科研组织的主体地位。支持以企业为主体的产学研合作，鼓励年度自主研发费用1000万元以上的规上企业与高校院所、省创新实验室等共建联合实验室，按其新增研发设备非财政资金投入的10%给予后补助，最高可达1000万元。

支持科技领军企业和科技小巨人企业牵头组建创新联合体开展科研攻关或平台建设，对联合体申报“揭榜挂帅”攻关项目，最高给予1000万元经费支持。

对高校院所、医疗卫生机构承担企业委托投入300万元以上的研发项目或企业投入500万元以上的自主研发项目，经申请可按规定认定为省级科技计划项目。

11. 强化企业成果转化的主体地位。支持企业与高校院所、省创新实验室加强对接，联合开展订单式定向研发转化，推动重大科技成果在闽转化应用和推广示范。支持企业围绕产业发展需求，为关键核心技术提供早期应用场景和试用环境。支持行业龙头企业牵头建设一批向社会开放的概念验证、中试熟化、小批量试生产等专业化小试中试平台基地，鼓励各设区市采用“政府引导+市场主体+商业化运营”模式高标准建设中试示范基地。推动高校院所从事科研成果转化的所属企业，完善治理结构和运营机制，更好发挥国有企业在科技成果转化中的作用。

12. 鼓励企业争取国家科技项目。对企业牵头承担处在执行期的国家科技创新2030重大项目和重点研发计划项目，按获得国家实际资助额1∶1比例、单家企业单个项目不超过1000万元给予奖补，奖补资金由企业主要用于相关研发活动。加强国家重大科技项目中央和地方协调联动，对国家明确要求地方配套实施的项目予以足额保障。

13. 推动国有企业加快创新发展。提高科技创新在国有企业经营业绩中的考核权重，将研发费用年度增量视同利润予以加回，促进国有企业研发投入稳步增长。支持科技领军人才参与企业经营管理决策。鼓励国有企业建立技术研发人员分类评价体系，实行工资总额单列等激励机制。

发挥国有资本经营预算和专项资金作用，重点投向国有企业技术研发和成果转化。鼓励和支持有条件的国有企业联合设区市、金融机构等，探索设立国有企业科技创新专项基金。

四、深化科研管理机制创新

14. 完善重大科研攻关机制。强化“产业界出题、科技界答题”导向，建立统筹推进重大科技创新项目遴选机制，每年实施10个以上重大科技创新项目（工程），重点支持重大技术研发、成果转化和科研设施建设。

深入推行重大科技项目“揭榜挂帅”制度，建立“揭榜挂帅”公共服务平台，优化“榜单”目标任务评价，加强知识产权保护和违约责任追究，强化公平竞争、责任落地。加强创新典型案例宣传推广，推动“揭榜挂帅”模式在全省推广运用。

优化省级科技创新联合资金管理，推动省级与有条件的设区市（高新区）、高校院所、医疗卫生机构、省属国有企业等设立科技创新联合资金。鼓励社会力量设立科研基金，落实相关财税优惠政策，完善多方参与支持的基础研究和技术研发新机制。

15. 持续推动职务科技成果权属改革。支持高校院所在不损害国家安全或者重大社会公共利益的前提下，赋予科技成果完成人或者团队全部或部分职务科技成果所有权或者长期使用权。赋予职务科技成果所有权的，单位应当与科技成果完成人或者团队书面约定科技成果所有权份额、收益分配比例与方式、转化决策、转化成本分担、转化情况报告等重要事项。赋予职务科技成果长期使用权的，许可使用期限不少于10年。在使用期限内，允许成果完成人或者团队依法依规将成果使用权对外许可实施。

优化科技成果转化国有资产管理模式，允许高校院所职务科技成果实行单列管理。利用职务科技成果及其通过作价投资所形成的股权，除涉及国家秘密、国家安全外，由高校院所自主处置、自主管理，可以不审批、不备案，不纳入国有资产保值增值管理考核、清产核资范围。职务科技成果转化所获得收益的单位占比部分，包括利用科技成果作价投资形成国有股权的分红、处置等收入，全部留归本单位，不上缴。允许高校院所委托国有资产（经营）管理公司，代表本单位统一开展科技成果转化。高校院所应当制定有别于一般国有资产的职务科技成果及其形成资产的管理制度和监管机制。

完善科技成果转化尽职免责机制，高校院所和国有企业推进科技成果转化造成损失的，直接责任人员与负有责任的领导人员已经勤勉尽责，即依法律法规和本单位依法制定的规章制度开展科技成果转化工作，履行了民主决策程序、合理注意义务和监督管理职责，且未牟取非法利益的，可以免除在科技成果定价中因科技成果转化后续价值变化产生的决策责任、在科技成果转让（许可、作价投资）中不进行资产评估的责任、科技成果转化活动中作价投资亏损的责任和科技成果转化过程中的相关决策失误责任。

16. 持续推进省创新研究院体制机制创新。更加聚焦政产学研用一体化，采取灵活高效的运行模式，强化专业化服务，协调、服务、保障科技成果转化工作。统筹整合省内相关创新资金等资源要素，推动设立专项资金用于建设科技成果转移转化公共服务平台、引进建设与平台相配套的国内外科技服务机构、概念验证中心和成果转化中试基地、科技招商和项目孵化落地、培育引进技术转移转化人才等工作。

五、培育引进高层次科技人才

17. 加大高层次人才培育引进力度。聚焦战略性新兴产业，大力培养和引进一批高层次、领军型人才。探索建立重点产业高端人才举荐制度，健全“以才引才”机制，大力引进能突破我省行业共性技术瓶颈和引领产业发展变革的一流科技领军人才和创新团队，以“一人一策”方式给予综合支持。开展引进首席科学家和领军人才团队科研经费稳定支持机制试点。落实和完善省级高层次人才晋级和荣誉奖励制度，持续引导和激励高层次人才不断取得新的创新创业业绩。鼓励我省单位加强与港澳台等地区高层次人才合作，联合申报省级、国家级科技计划项目和科学技术奖。

18. 加大高层次人才科研支持力度。加强国家人才、科技计划与省级人才、科技计划的有效衔接。对入选国家人才计划的高层次人才，人才、科技、教育等部门加强跟踪，建立相应的配套支持和保障协调机制。对我省新入选国家高层次人才特殊支持计划创新领军人才、青年拔尖人才等人才计划的，按照国家实际资助额由省级人才专项经费给予最高 1∶1 配套经费支持。在重大人才计划、重大科技项目中推行首席专家负责制，给予技术路线决定、团队建设、经费支配、资源调配等方面的更大自主权。

19. 加大对青年科技人才培养使用力度。优化省自然科学基金资助体系，整合设立省青年科学基金，新增创新、优秀、杰出、攻关等 4 类青年科学基金项目，完善基础研究青年人才发现、遴选、培养和稳定支持机制。鼓励台湾青年科技人员参与省青年科学基金项目研究。45 岁以下青年科技人才承担的项目（含青年科学基金资助项目）所占比例，不低于省自然科学基金资助项目总数的 60%。

支持青年科技人才“担大任”“挑大梁”，省级科技重大专项、应急科技攻关等项目中，40 岁以下青年科技人才担任项目（课题）负责人和骨干的比例不低于 50%。省级科技计划项目、人才计划、科技奖励评审以及科研机构绩效评估等专家组中，45 岁以下青年科技人才原则上占比不低于三分之一。

20. 加大国家科学技术奖奖励力度。对新获国家科学技术奖（自然科学奖、技术发明奖、科学技术进步奖）一等奖、二等奖的牵头完成研发团队分别奖励 300 万元、100 万元。对获国家最高科学技术奖、国家科学技术进步奖特等奖的，采取“一事一议”给予奖励。

本政策实施期限为 2023—2027 年度。

福建省人民政府
2023 年 11 月 9 日

（此件主动公开）

【发文机关】福建省人民政府
【文　　号】闽政〔2023〕7 号
【标　　题】福建省人民政府关于加快推进科技创新发展的通知
【发文日期】2023 年 11 月 9 日

福建省人民政府办公厅关于印发福建省进一步完善医疗卫生服务体系实施方案的通知

各市、县（区）人民政府，平潭综合实验区管委会，省人民政府各部门、各直属机构，各大企业，各高等院校：

《福建省进一步完善医疗卫生服务体系实施方案》已经省政府研究同意，现印发给你们，请认真组织实施。

福建省人民政府办公厅

2023年11月3日

（此件主动公开）

福建省进一步完善医疗卫生服务体系实施方案

为贯彻落实中共中央办公厅、国务院办公厅《关于进一步完善医疗卫生服务体系的意见》，制定本实施方案。

一、总体要求

坚持以人民健康为中心，以高质量发展为主线，强化医疗卫生事业公益性，推动医疗卫生发展方式转向更加注重内涵式发展、服务模式转向更加注重系统连续、管理手段转向更加注重科学化治理，促进优质医疗资源扩容和区域均衡布局，不断提高基层防病治病和健康管理能力。到2025年，全省每千人口卫生技术人员数、床位数分别达到8．1人、6．1张，医疗卫生资源配置更加均衡，防病治病、康复护理和健康管理能力进一步增强，初步形成体系完整、分工明确、功能互补、连续协同的医疗卫生服务体系。到2035年，全省医疗卫生服务的公平性、可及性和高质量供给水平显著提升，基本建成“能力现代化、体系整合化、服务优质化、管理精细化、治理科学化”的医疗卫生服务体系，为全方位全周期保障人民健康提供有力支撑。

二、重点任务

（一）实施“人才强卫”工程

1．加快医学教育创新发展。深化医教协同，发展壮大医疗卫生队伍，提升卫生健康人才能力。推进福建医科大学、福建中医药大学等医药类“双一流”主干学科建设，推动厦门大学等建设一流医学院，依托各级医疗卫生机构建强临床教学基地。支持福建医科大学、莆田学院、厦门医学院分别与省内医学类高职高专院校联办“3+3”高职本科贯通人才培养项目；福建中医药大学与泉州市共建“福建中医药大学海丝中医药中心”。支持福建医科大学帮扶宁德师范学院建设临床医学本科专业、福州大学筹建医学院并申报临床医学等专业、泉州医学高等专科学校等升格为本科院校。探索建立基层军医到地方急救机构执业培训机制。到2025年，全省临床医学类本科专业年招生规模达4000人左右；到2035年，基本建成供需匹配、总量适宜、结构合理的医学人才培养体系。〔责任单位：省教育厅、卫健委、财政厅等，各市、县（区）人民政府，平潭综合实验区管委会，有关高校。以下任务均需各市、县（区）和平潭综合实验区落实，不再列出〕

2. 大力培育和引进高层次人才。实施卫生健康高层次人才队伍建设行动计划，“十四五”期间重点支持50个中青年科研重大项目、30名中青年领军人才赴国（境）外研修等，精准选聘或柔性引进国内外优秀人才及团队。支持综合性大学与省级高水平医院共建医工结合博士、硕士学位点，推进医学与人工智能等交叉融合发展。到2035年，在高端领军、急需紧缺等人才以及重点专科团队等方面的培养引进取得突破，基本建成一支素质优良、数量充足、业绩突出的高层次人才队伍。（责任单位：省卫健委、教育厅、人社厅、财政厅，省委组织部等）

3. 加大基层人才补短板力度。加强城乡基层、偏远山区、海岛地区人才培养扶持，强化城乡基层医疗卫生服务网底。加强基层医疗卫生人才队伍建设，优化基层医务人员招聘标准和程序，推进农村卫生人才定向培养、乡村医生能力提升等工作。结合开展“千名医师下基层”“移动医院”巡诊等工作，严格执行卫生技术人员申报副高职称下基层服务政策，建立完善医疗人才定期在基层执业的长效机制，强化监督约束与激励保障。积极引导退休医师下乡返乡，对返聘到县级及以下医疗机构的人员，鼓励各地探索制定财政补助、住房保障等支持政策。到2035年，县级及以下医疗机构（含民营）卫生技术人员数占全省医疗机构卫生技术人员数的比重保持在70%以上。（责任单位：省卫健委、教育厅、人社厅、财政厅等）

4. 改革完善人事薪酬制度。落实“两个允许”要求，建立健全适应医疗卫生行业特点的薪酬制度。深化公立医院薪酬制度改革，完善内部薪酬体系和分配办法，体现向高层次、紧缺急需人才以及公共卫生等薄弱科室人员倾斜。在专业公共卫生机构探索建立公益“一类保障、二类管理”机制，合理核定专业公共卫生机构和政府办基层医疗卫生机构绩效工资总量，逐步缩小与当地公立医院薪酬水平差距。落实乡村医生待遇，做好乡村医生社会保障工作。（责任单位：省人社厅、卫健委、财政厅）

（二）实施“优质医疗”工程

5. 明确各级医疗机构定位与布局。以促进分级诊疗为导向，按规划加强各级各类医疗机构建设。国家区域医疗中心和省级高水平医院，重点在医疗技术、临床教学、科研培训等方面发挥引领作用；省级区域医疗中心和省市其他三级医院，强化区域内危重疑难疾病临床诊治、医学教学科研等功能；突出县级医院县域龙头地位，加快发展急诊科、重症医学科、康复医学科等学科，提升肿瘤、心脑血管疾病等重大疾病诊疗能力；其他各类医院和基层医疗卫生机构等，积极承担基本医疗和康复、护理、安宁疗护等服务。根据常住人口分布及流向，优化城乡医疗资源空间布局，新增资源重点在服务能力不足的县（市）、城市新区、小城镇等薄弱地区配置；未设区级公立医院的区，根据需求因地制宜举办区级公立医院。（责任单位：省卫健委、发改委等）

6. 推进各级各类医疗机构协调发展。各地要根据人口状况、服务半径和疾病谱变化等，合理确定公立医院类别、数量与规模，新规划的省、市、县（区）公立医院单体床位规模分别不超过2000张、1500张、1000张。支持企事业单位、保险机构、养老机构等社会力量办医。推进公立医院基础专科和平台专科发展，各设区市因地制宜培育一批优势专科，加快构建省域内学科齐全、功能互补的临床专科群。到2025年，全省千人均公立医疗机构床位数达4.5张左右，其中市级及以上公立医院1.9张左右；市级及以上、县区级公立医院病床使用率分别为85%、70%左右，政府办基层医疗卫生机构提高到30%以上。到2035年，市级及以上公立医院床位占全省医疗机构总床位的比重控制在30%左右，县区级公立医院、政府办基层医疗卫生机构病床使用率分别提高到75%、45%左右。（责任单位：省卫健委、发改委等）

7. 加快区域医疗中心创建。围绕大病重病在本省解决，“一院一案”推进国家级和省级区域医疗中心项目建设，打造一批代表区域高水平的优势学科专业。聚焦紧缺急需领域争取新项目落地，依托漳州市医院等9个市县医院，开展省级区域医疗中心项目扩容建设。完善区域医疗中心运行管理机制，强化输出医院对项目建设医院的共建扶持，加快实现技术及管理同质化、人才资源本土化；区域医疗中心要与所在地医疗机构建立分工协作机制，促进学科发展差异化，引领带动区域

内医疗服务能力提升。(责任单位：省发改委、卫健委、财政厅、医保局、科技厅等)

8. 分类推进医疗联合体建设。网格化组建城市医联体，开展紧密型城市医疗集团试点，严格控制三级医院一、二级手术和门诊量占比；规范省市三级医院分院区建设，结合对口帮扶，探索与县区级医院建立合作机制，实现疾病诊疗全链条合理分工、优势互补、利益共享。深化县域医共体运行机制改革，推进县域卒中、胸痛、呼吸诊疗、创伤等急诊急救“四大中心”建设；以急诊急救、慢病管理为重点加快提升基层服务能力，强化县域整体绩效评价。到2035年，全省三级公立综合医院出院患者四级手术比例达到25%以上，县域内基层医疗卫生机构诊疗量占比、医保基金支付金额占比分别达到65%和15%以上。(责任单位：省卫健委、财政厅、医保局等)

9. 实施改善医疗服务行动。完善省市级医疗质量管理与控制体系，加快实现主要病种专业全覆盖。构建安全高效的院前急救网络，原则上城市地区服务半径不超过5公里，农村地区不超过20公里或依托县域医疗次中心建设急救站（点）。围绕促进服务连续性，完善常见病分级诊疗制度规范，健全家庭医生制度；三级医院要预留30%以上的门诊专家号源和一定数量住院床位，优先保障家庭医生和下级医疗机构预约诊疗的需求。围绕增强服务舒适性，优化医疗机构设施布局与诊疗流程，推行“无陪护”病房、优质护理、门诊多学科诊疗、慢病长处方等服务，健全医务社工和志愿者服务制度。围绕提升服务便捷性，无急诊服务且辖区常住人口较多的基层医疗卫生机构要通过延时、“错峰”和酌情在节假日、周末等增加门诊、疫苗接种等服务时间，以更好满足上班、上学等人群服务需求。(责任单位：省卫健委、医保局等)

（三）实施“公卫保障”工程

10. 完善公共卫生服务体系。加强专业公共卫生机构和医院、基层医疗卫生机构的公共卫生科室标准化建设，统筹推进公共卫生体系改革发展和疫情防控，提高公共卫生服务能力。依托省疾控中心建设省预防医学研究院和生物安全三级实验室，争创国家区域公共卫生中心。加强传染病医院、综合医院感（传）染科等建设，建立健全平急兼顾、防治结合、分级分层分流的重大疫情救治机制。支持福建医科大学孟超肝胆医院申报国家重大传染病防治基地。分级分类组建公共卫生应急队伍，强化应急物资保障。(责任单位：省卫健委、发改委、财政厅、工信厅、医保局等)

11. 创新医防协同与全民健康管理机制。坚持防治结合，强化各级各类医疗卫生机构预防、保健、健康教育等功能，制定落实医疗卫生机构公共卫生责任清单，完善绩效考核机制。推动疾病防治关口前移，加强儿童青少年免疫规划与健康干预，实施适龄女性人乳头瘤病毒（HPV）疫苗接种、乙肝病毒感染者规范治疗等项目。以高血压、糖尿病等慢病为重点，探索建立整合型一体化健康服务模式。到2025年，全省儿童青少年近视率控制在50%以下，12岁儿童龋患率控制在30%以内；居民健康素养水平提高到30%以上，重大慢病过早死亡率控制在12%以下。(责任单位：省卫健委、教育厅等)

12. 优化重点人群公共卫生服务。围绕重点人群和重点疾病管理，开展针对性的健康促进、预防保健等服务。完善妇幼健康服务体系，加快提高市县两级服务能力；发展多元普惠托育服务，优化幼儿园托班、社区托育、单位办托等模式。推进职业病诊断机构和职业健康体检机构的能力提升和质量控制，强化职业病危害因素风险监测、评估预警和综合治理。加强精神专科医院、精神卫生福利机构、心理健康服务机构等建设，落实严重精神障碍患者救助救治综合保障。到2025年，全省建成的县域医疗次中心和社区医院均至少有1名儿科医生或提供儿童基本医疗卫生服务的全科医生，精神障碍社区康复覆盖80%以上的县（市）。(责任单位：省卫健委、教育厅、生态环境厅、民政厅、残联等)

（四）实施“中医药振兴”工程

13. 完善中医药服务体系。优化中医类医疗机构规划建设，实现县办中医医疗机构全覆盖，常住人口30万以上的县域均至少有1所二级甲等中医医院。深化中医名医名药名科名院创建，推进中医类国家区域医疗中心、国家中医特色重点医院等建设，建强国家中医优势专科、非中医医疗机构中医药科室等，建设30个省名中医传承工作室；培育打造“福九味”等特色中药品牌，发展壮大中医药产业。推进中医“治未病”工作。鼓励有条件的县级中医医院建立县域中药饮片供应中心和共享中药房。到2035年，全省每万人口中医执业（助理）医师数达到6．2人，中医类医院占全省医院总床位数和总诊疗量的比例分别提高到15%、20%。（责任单位：省卫健委、发改委、财政厅、农业农村厅等）

14．推进中医药传承创新发展。依托福建中医药大学附属人民医院建设国家中医药传承创新中心，支持省立医院、省妇幼保健院等创建中西医协同“旗舰”医院，鼓励中医医院、高等院校等联合开展中医药循证医学研究。建立完善“西学中”“中学西”制度，实施福建省西学中高级人才研修等项目，促进形成中西医结合医疗新模式。完善中医药院校教育、师承教育等人才培养机制，优化中医药人才及干部队伍结构，原则上中医医院配备的中医药专业技术人员占本机构医药人员的比例不低于60%，实行“双肩挑”管理的中医院领导班子中中医药专业技术人员的比例不低于60%。（责任单位：省卫健委、发改委、教育厅、科技厅等）

（五）实施“老龄健康”工程

15．完善老年健康服务体系。加强养老机构、老年医院、综合医院老年医学科，以及长期护理、康复疗养、安宁疗护等机构规划建设，扩大接续性医疗服务供给；原则上常住人口超过300万的设区市均设置二级以上老年医院或康复医院，加快形成资源共享、机制衔接、功能优化的老年人健康服务网络。到2025年，全省二级以上公立综合医院设立老年医学科的比例达到90%以上，65岁及以上老年人城乡社区规范健康管理服务率达到73%。到2035年，各县（市、区）至少有1家接续性医疗机构。（责任单位：省卫健委、民政厅、发改委等）

16．加快推进医养结合发展。引导和支持医疗机构重点面向行动不便的高龄或失能老年人，以及慢病、疾病康复期或终末期的老年患者，提供家庭病床、远程巡诊等居家医疗服务。加强养老机构、医疗机构、接续性医疗机构等业务协作，畅通预约就诊、急诊急救绿色通道，提升养老机构举办的医疗机构开展医疗服务和药事管理能力；支持基层医疗卫生机构建设医养结合服务设施，引导医务人员从事医养结合服务。争创全国医养结合示范县（市、区）和示范机构。推动医疗卫生机构等公共场所和社区家庭适老化改造，积极预防老年人跌倒等意外伤害。（责任单位：省卫健委、民政厅、财政厅、医保局、住建厅等）

（六）实施“数字健康”工程

17．推进“三医一张网”建设。依托省公共数据汇聚共享平台，搭建卫健数据专区，推进大数据、人工智能、区块链新技术在医疗卫生领域的应用。加快卫健、医保、药监等部门数据汇聚共享和业务协同，将医疗质控、医保目录、合理用药等监管要求融入医疗卫生机构信息系统，强化事前提醒、在线监控等功能。推进公共卫生数字化，完善疾病预防控制相关信息系统。到2025年，建成全省统一在线预约挂号与省市两级双向转诊平台。（责任单位：省卫健委、数字办、医保局、药监局等）

18．加快打造智慧医院。推进以居民健康档案、电子病历系统为基础的智慧医院建设，推行“码上就医”、分时段预约诊疗、检查检验集中预约及结果推送、个人健康信息查询、院内导航等信息便民服务，落实检查检验结果互认和医学影像资料共享。支持县区级以上医院设置互联网医院，规范开展预约诊疗、线上诊疗、远程医疗等服务，畅通电子处方流转渠道。到2025年，全省三级综合医院电子病历系统应用水平达到4级及以上，医疗服务和管理信息化水平明显提升。（责任单位：省卫健委、数字办、医保局、药监局）

（七）实施“三医协同”工程

19．完善政府卫生投入机制。落实政府对专业公共卫生机构和基本公共卫生服务经费的投入保障责任，以及医疗机构承担公共卫生服务任务的经费保障。完善对公立医院的六项投入政策，对中医、传染病、精神病、儿童、老年等医院予以倾斜。探索建立医疗卫生服务体系建设重点项目储备库，积极争取中央投资项目落地。（责任单位：省财政厅、发改委、卫健委）

20．推进“三医”协同发展。实行“三医”

工作由一位政府领导分管，鼓励探索卫生健康、医疗保障等部门负责同志交叉任职。健全多层次医疗保障体系，逐步提高居民医保年筹资标准，合理确定待遇保障水平。健全分类管理、医院参与、科学确定、动态调整的医疗服务价格形成机制，优化中医药、“互联网+”医疗、居家医疗等服务收费政策。加快新增医疗服务项目价格申报审核，每年至少开展1次项目申报审定，并于当年6月底前完成；对已公布的医疗服务价格项目，凡具备项目开展条件的医疗机构可按照适用范围提供该项服务并按规定收费。发展商业健康保险，推进长期护理保险制度试点工作。强化科研联合攻关，推进临床医学研究中心、医学科技创新与转化平台建设，发展精准医学、新型疫苗等前沿技术。（责任单位：省医保局、财政厅、卫健委、科技厅、药监局，国家金融监督管理总局福建监管局等）

21. 强化医疗卫生服务管理。加强党对医院工作的全面领导，落实党委领导下的院长负责制，构建党委统一领导、党政分工合作、协调运行的工作机制。强化公立医院院长的职业化培养，加快构建结构合理的医院管理人才梯队；压实各级医疗机构主体责任，加强科学化、规范化、精细化管理，建立健全现代医院管理制度。完善专业公共卫生机构管理，强化风险防范和绩效考核，规范面向社会提供的公共卫生技术服务。加强基层医疗卫生机构管理，建立健全符合基层功能定位和服务特点的评价评审体系。（责任单位：省卫健委）

22. 加强全行业综合监管。推进多元化综合监管体系建设，优化从业人员、医疗技术等准入和退出管理，建立医疗卫生行业综合监管督察机制。加强医疗卫生行业党风廉政和医德医风建设，推进无“红包”医院创建，完善医疗服务社会监督员制度。规范社会办医发展。（责任单位：省卫健委、医保局、药监局等）

三、保障措施

（一）加强组织领导

各级政府要把医疗卫生服务体系建设纳入当地经济社会发展规划，将体系建设重点任务完成情况、医疗资源优化配置与下沉成效等列入绩效考核内容。卫健部门要发挥牵头作用，发改、财政、人社、医保等部门要加强协作，按照分工抓好任务落实。

（二）强化督促指导

坚持问题目标双导向，建立完善医疗卫生服务体系监测评价机制，定期跟踪评估，及时解决存在问题，认真总结和推广经验做法。

（三）注重政策引导

健全完善医疗卫生服务体系是一项关系全民健康的基础性、系统性任务，各地各有关部门要处理好改革与发展的关系，发挥好政府调控与市场机制作用，加大薄弱环节的政策支持力度，注重做好政策解读与引导工作。

【发文机关】福建省人民政府办公厅
【文　　号】闽政办〔2023〕33号
【标　　题】福建省人民政府办公厅关于印发福建省进一步完善医疗卫生服务体系实施方案的通知
【发文日期】2023年11月3日

福建省人民政府办公厅关于印发福建省进一步支持大学生创新创业若干措施的通知

各市、县（区）人民政府，平潭综合实验区管委会，省人民政府各部门、各直属机构，中央驻闽各机构，各大企业，各高等院校：

《福建省进一步支持大学生创新创业若干措施》已经省政府同意，现印发给你们，请认真组织实施。

福建省人民政府办公厅

2023 年 1 月 4 日

（此件主动公开）

福建省进一步支持大学生创新创业若干措施

为深入学习贯彻党的二十大精神，全面贯彻落实党中央、国务院决策部署，大力营造有利于大学生创新创业的良好环境，提升大学生创新创业能力和活力，加快创新创业人才培养，促进更高质量和更充分就业，结合福建省实际，现提出如下措施。

（一）提升大学生创新创业能力

将创新创业教育融入高校人才培养全过程，健全课堂教学、自主学习、结合实践、指导帮扶、文化引领融为一体的高校创新创业教育体系。实施大学生创新创业训练计划，开展创新创业培训。实施高校教师创新创业能力和素养提升计划，完善高校“双创”指导教师到行业企业挂职锻炼的保障激励政策，将高校教师指导创新创业、推进创新创业成果转化等工作业绩纳入学校绩效考核。实施高校“双创”校外导师专项人才计划，探索实施驻校企业家制度。“十四五”期间，重点建设 300 门左右省级创新创业教育特色示范课程，每年遴选不少于 2000 项省级大学生创新创业训练计划项目。（责任单位：省教育厅、人社厅，各设区市人民政府、平潭综合实验区管委会。以下均需各设区市人民政府、平潭综合实验区管委会落实，不再列出）

（二）推进创新创业平台建设

支持校校、校企、校地、校所共建创新创业实验室、创新创业园、创新创业基地、大学生创新创业实践教学基地等，争创国家级创新创业学院、创新创业教育实践基地。加快建设海峡两岸青年大学生融合发展和创新创业创造中心。鼓励符合条件的企业建设产教融合型企业试点，建设学科交叉和协同创新科研基地等创新平台，积极服务大学生创新创业。大学科技园、大学生创业园、大学生创客空间等校内创新创业实践平台面向在校大学生免费开放。由政府投资开发的创业孵化器、众创空间等创业载体应免费提供不少于 30%的场地给创新创业大学生使用。“十四五”期间，重点建设 20 个左右省级创新创业学院，依托高校和企业建设 50 个左右省级创新创业教育实践基地。（责任单位：省教育厅、发改委、工信厅、科技厅、人社厅、国资委、市场监管局）

（三）完善“互联网+”大学生创新创业大赛可持续发展机制

坚持政府引导、公益支持，加强组织领导和综合协调，拓宽办赛资金筹措渠道，落实配套支持政策和条件保障，办好中国国际“互联网+”大学生创新创业大赛福建省赛。鼓励大学生参加创新创业类赛事，激发大学生创造力。全省各类创新创业大赛应对大学生创业者给予倾斜。鼓励企业和社会资本设立大赛项目专项发展基金，给予获奖团队奖励和创业支持。汇集政府、企业、高校及社会资源，对各类赛事中涌现出的优秀创新创业项目加强后续跟踪支持，推动项目孵化落地，形成大学生创新创业示范效应。（责任单位：省教育厅、发改委、人社厅、财政厅、工信厅、团省委）

（四）促进大学生创新创业成果转化

鼓励高校、科研院所建设专业化技术转移机构，加强面向大学生的科技成果转化培训，做好知识产权确权、保护等工作，拓宽成果转化渠道，在有关行业企业推广应用大学生创新创业成果，为大学生创新创业成果转化提供全链条服务，对工作成效显著的技术转移机构予以奖励。对大学生创业企业购买重大科技成果落地转化项目，择优按技术交易额30%予以补助，最高可获得300万元。支持各地积极举办大学生创新创业项目需求与投融资对接会。健全大学生创新创业成果对接机制，支持大学生创新创业团队参与项目成果对接会。（责任单位：省科技厅、教育厅、知识产权局、工信厅、市场监管局）

（五）提升大学生创新创业服务水平

提升企业开办服务能力，为大学生创业提供高效便捷的登记服务。各地、各高校和科研院所的实验室以及科研仪器、设施等科技创新资源可面向大学生开放共享，按照成本补偿和非营利性原则收取费用。鼓励企业利用自身技术、人才、场地、资本等优势，为大学生建设集研发、孵化、投资等于一体的创新创业培育中心、互联网“双创”平台、孵化器和科技产业园区。由财政资金支持形成的科技成果符合条件的，鼓励以合适方式许可给大学生创业企业使用，降低大学生创业企业获取专利技术门槛。支持行业企业面向大学生发布企业需求清单，引导精准创新创业。鼓励国有大中型企业面向大学生发布技术创新需求，开展“揭榜挂帅”。有条件的地方可对高校毕业生到孵化器创业给予租金补贴。（责任单位：省市场监管局、科技厅、教育厅、国资委、财政厅）

（六）落实大学生创新创业财税扶持政策

高校毕业生在毕业年度内从事个体经营，符合条件的，在3年内按一定限额依次扣减其当年实际应缴纳的增值税、城市维护建设税、教育费附加、地方教育附加和个人所得税；对增值税小规模纳税人适用3%征收率的应税销售收入，免征增值税。对国家级、省级科技企业孵化器和大学科技园以及国家备案众创空间按规定免征增值税、房产税、城镇土地使用税。做好纳税服务，建立对接机制，强化精准支持。探索建立政府股权基金投向种子期、初创期企业的容错机制，支持符合条件的私募创业投资基金按规定享受税收优惠，鼓励辖区私募基金积极投向大学生创新创业项目。（责任单位：福建省税务局，省财政厅，福建证监局、厦门市税务局、厦门证监局）

（七）加大大学生创新创业普惠金融支持力度

鼓励金融机构按照市场化、商业可持续原则对大学生创业项目提供金融服务。落实创业担保贷款政策及贴息政策，高校毕业生可申请上限30万元的创业担保贷款，并由各级财政按照规定给予贴息支持。对10万元以下贷款、获得市级以上荣誉称号以及经金融机构评估认定信用良好的大学生创业者免除反担保要求；对高校毕业生设立的符合条件的小微企业，最高贷款额度为300万元；对符合条件个人创业担保贷款借款人合伙创业的，根据合伙创业人数适当提高贷款额度，最高不超过符合条件个人贷款总额度的10%；对获得创业担保贷款的按规定给予贴息，对还款积极、带动就业能力强、创业项目好的借款个人和小微企业，可继续提供累计不超过3次的创业担保贷款贴息。逐步实现创业担保贷款在“金服云”平台上的“一站式”线上服务。鼓励银行业机构综合考虑创新创业大学生的融资需求，在风险可控条件下简化审批材料、优化审批流程，为符合条件的大学生创新创业提供及时的信贷服务。（责任单位：省财政厅、人社厅、金融监管局，人行福州中心支行、福建银保监局、厦门银保监局）

（八）引导社会资本支持大学生创新创业

充分发挥社会资本作用，以市场化机制促进社会资源与大学生创新创业需求更好对接，引导创新创业平台投资基金和社会资本参与大学生创业项目早期投资与投智，助力大学生创新创业项目健康成长。加快发展天使投资，培育一批天使投资人和创业投资机构。发挥财政政策作用，落实税收政策，支持天使投资、创业投资发展，推动大学生创新创业。（责任单位：省财政厅，福建省税务局，省金融监管局，福建证监局、厦门市税务局、厦门证监局）

（九）完善大学生创新创业保障政策

落实大学生创业帮扶政策，毕业5年内高校毕业生首次创业并正常运营6个月以上，符合条件的可享受一次性创业补贴。加大对创业未成功大学生的扶持力度，对符合条件的创业未成功大学生及时发放失业保险金，并按规定提供就业服务、就业援助和社会救助。鼓励有条件的地区探索建立创业风险补贴、商业险保费补助等方式的大学生创业风险救助机制。创业毕业生及其聘用员工均应参加企业职工基本养老保险。大学生创业人员在不重复参保的情况下可以在户籍所在地、居住证所在地、就业地选择申请参加职工医保或居民医保，无障碍按规定实现医保关系转移接续，确保大学生创业人员无后顾之忧。（责任单位：省人社厅、民政厅、医保局）

（十）加强大学生创新创业宣传引导

依托福建“24365”大学生就业创业服务平台和“福建省毕业生就业创业公共服务网”，做好创业扶持政策、产业激励政策、创业信息的发布和解读工作，及时将创新创业教育优质资源、行业需求等信息推送给大学生。实施普通高校毕业生就业创业促进行动，促进校地、校企就业创业供需对接。培育选树大学生创新创业典型经验，组织遴选一批优秀案例和优秀成果，及时总结推广。（责任单位：省教育厅、人社厅）

【发文机关】福建省人民政府办公厅
【文　　号】闽政办〔2023〕2号
【标　　题】福建省人民政府办公厅关于印发福建省进一步支持大学生创新创业若干措施的通知
【发文日期】2023年1月4日

福建省卫生健康委员会等五部门关于印发福建省补齐县域医师队伍短板工作方案的通知

各设区市卫健委、财政局、教育局、人社局、市委编办，平潭综合实验区社会事业局、财政金融局、党群工作部，省卫健委直属各医疗单位，福建医科大学、福建中医药大学、华侨大学、厦门大学、厦门医学院、莆田学院、宁德师范学院及其各附属医院，福建卫生职业技术学院、泉州医学高等专科学校、漳州卫生职业学院、三明医学科技职业学院：

为加强县域医师培养，提升医师医疗服务能力，补齐县域医师队伍短板，经省政府研究同意，省卫健委等五部门联合制定了《福建省补齐县域医师队伍短板工作方案》，现印发给你们，请认真组织实施。

福建省卫生健康委员会
福建省财政厅
福建省教育厅
福建省人力资源和社会保障厅
中共福建省委机构编制委员会办公室
2023年12月11日

（此件主动公开）

福建省补齐县域医师队伍短板工作方案

为加强县域执业（助理）医师培养，提升医师医疗服务能力，补齐县域医师队伍短板，制定本工作方案。

一、工作目标

按照稳定研究生招生规模，扩大本科层次招生，提升高职高专层次培养质量原则，增加医学类毕业生供给，引导医学毕业生到基层就业，提升县域医师队伍服务能力，为县域居民提供就近、安全、质优的卫生健康服务。

二、工作内容

（一）实施“医学类专业提质扩容”计划

1. 扩大招生规模。扩大本科临床医学类、中医类（含中医学、中西医临床医学、针灸推拿学、中医骨伤学等专业）专业招生规模至5100人/年，其中临床医学类专业逐步达到4000人/年，中医类专业达到1100人/年。一是挖掘现有院校办学潜力。已举办临床医学类专业的省内医学院校优化资源配置，至2025年临床医学类本科专业年招生增至2990人。福建中医药大学与泉州市开展校地合作，增加中医类专业招生120人/年。二是推进本科临床医学专业设置。支持泉州医学高等专科学校按规定升格为本科医学院，临床医学类本科招生逐步达到300人/年。由福建医科大学、福建中医药大学帮扶宁德师范学院，支持申报临床医学本科专业，获批后招生260人/年。支持福州大学筹建福州大学医学院，申报临床医学等医药卫生类专业。

2. 调结构提质量。一是临床医学类、中医类研究生稳定现有招生规模，调整招生结构，加大全科、精神科、儿科、重症医学、急诊科等紧缺专业招生比例。二是由福建医科大学、莆田学院、厦门医学院分别与省内医科类高职高专院校联办“3+3”高职本科贯通临床医学专业，2024年起每年分别招生240、120、90人。三是将执业助理医师资格考试通过率作为高职高专院校办学评价体系重要内容，力争毕业1年的医学生执业助理医师资格考试通过率不低于50%。

（二）实施“医学毕业生基层就业”计划

1. 继续实施两个定向培养项目。2024—2026年，计划每年为县级医疗卫生机构培养300名本科层次定向生，其中，县级医院培养本科临床、中医类专业定向生，新增为县级疾控机构培养本科预防医学专业定向生，重点向基本财力保障县倾斜；计划每年为全省（除厦门外）乡镇卫生院培养100名定向生，包括高职本科贯通和高职高专两个层次。定向生毕业后按相关工作方案（另行印发）办理聘用核准、入编手续，须在签约医疗卫生机构连续工作5年（不含毕业后医学教育培训时间），如自愿到签约医疗卫生机构指定的下一级医疗卫生机构工作，连续工作3年。县级医疗卫生机构定向生在学期间学费、住宿费、生活费等补助（约1.4万元/人·年）由市县财政分担，乡镇卫生院定向生补助由省级财政承担。

2. 继续实施公开招聘一批项目。2024—2026年，采取“县聘乡用”方式，每年为全省乡镇卫生院公开招聘编制内岗位的临床医学类、中医学类、口腔医学类、预防医学类和医学技术类专业本、专科毕业生300人。各地组织招聘时，可根据实际情况，经同级人社行政部门批准后降低开考比例，同时落实艰苦边远地区基层医疗卫生机构公开招聘倾斜政策。聘用人员签订在乡镇卫生院服务不少于5年的聘用协议，并可在县域医共体（或市辖区域）内的乡镇卫生院之间按需流动。服务期内，本、专科生分别按1.4、0.9万元/人·年的标准给予补助，所需经费由省级财政承担。

3. 启动大学生乡村医生专项计划。实行“乡聘村用”，由县（市、区）卫健局或县域医共体牵头，每年计划招聘75名具有全日制大专以上学历的临床医学、中医学类、中西医结合类等相关专业应届毕业生（含尚在择业期内未落实工作单位的毕业生）免试注册到山区、海岛村为乡村医生，与乡镇卫生院签订服务协议，明确服务期限，落实乡村医生各项补助政策，市县可探索给予大学生乡村医生一定补助，进一步提高大学生乡村医生收入待遇和岗位竞争力。

（三）实施“县域医师服务能力提升”计划

1. 提升县级医师服务能力。一是国家区域医疗中心优势专科培训。依托现有8个国家区域医疗中心输出医院和建设医院，各遴选1个优势专科，通过长、短期结合方式，连续3年对全省县级医院选派的医师进行专科培训，每年培训不少于160人，强化县级医院专科建设和专科医师服务能力提升。二是开设专科工作室。59个有县域医共体任务的县医院围绕临床服务“五大中心”和急诊急救“五大中心”，选取2—3个临床专科设立专科工作室，由三级医院持续派出医疗人才到专科工作室开展诊疗、“师带徒”等工作，到2026年每个专科为县医院培养至少1—2名骨干人才。

2. 提升基层医师服务能力。一是开展千名医师下基层活动。组织省市县中级及以上职称医师定期到乡镇卫生院和社区卫生服务中心坐诊、培训医务人员及开展适宜技术等，提升基层医疗卫生机构医务人员常见病、多发病的诊疗能力。二是加强全科医生培训。通过全科专业住院医师规范化培训、助理全科医生培训、全科医生转岗培训、全科医学高等学历继续教育等方式，多渠道培养基层全科医生，至2030年全省每万人口全科医生数达到5人。

3. 提升乡村医生服务能力。一是开展乡村医生规范培训项目，结合医改和基层卫生年度工作任务，采用理论授课、技能培训和临床跟班学习相结合的方式，每年有侧重点地对全省2万余名在岗乡村医生进行轮训。二是继续实施培训提升一批项目。组织拟报考执业（助理）医师资格的在岗乡村医生和大学生乡村医生，开展理论和临床实践技能专项培训，乡镇卫生院未取得执业（助理）医师人员也可参加执业能力专项培训，提升执业（助理）医师通过率，计划每年培训400人。省级财政对培训费用予以补助。

三、保障措施

（一）加强部门协作

各级各部门要通力协作，形成工作合力。各级卫健部门要用足用活县域医师培养招聘政策，健全“县聘乡用、乡聘村用”机制，提升县域医师服务能力。教育部门要扩大医学类招生规模，加强紧缺专业人才培养和教学质量管理。各级编制部门要完善编制管理，盘活县域内编制资源，提高编制使用效率，充分保障医疗卫生机构补充卫技人员的编制需求。各设区市人社部门要健全完善当地医师招聘政策。各级财政部门在编制卫生健康年度预算时，要向县域倾斜，足额保障项目实施所需经费。

（二）广泛宣传发动

各县（市、区）政府落实县域人才培养主体责任，要加大县域内医师培养、招聘、能力提升工作力度，开展县域医师队伍建设相关政策宣传，确保相关工作的落实。各高校要加强学生的教育指导，通过讲座、宣讲等多种方式引导学生服务基层、下沉基层。

【发文机关】福建省卫生健康委员会　福建省财政厅　福建省教育厅　福建省人力资源和社会保障厅　中共福建省委机构编制委员会办公室

【文　　号】闽卫科教〔2023〕104号

【标　　题】福建省卫生健康委员会等五部门关于印发福建省补齐县域医师队伍短板工作方案的通知

【发文日期】2023年12月11日

福建省教育厅等六部门关于印发《福建省教育数字化战略行动三年实施方案》的通知

各设区市教育局、市委网信办、科技局、工信局、财政局、数字办（大数据管理部门），平潭综合实验区社会事业局、党工委网信办、经济发展局、财政金融局、行政审批局，各高等学校，省属中职学校、中小学，厅直属单位：

为深入学习贯彻党的二十大精神，贯彻落实中办、国办关于推进“互联网+教育”发展的意见，以及省委、省政府有关数字福建的工作部署，推进我省教育数字化，省教育厅等六部门研究制定了《福建省教育数字化战略行动三年实施方案》，现印发给你们，请认真组织实施。

福建省教育厅
中共福建省委网络安全和信息化委员会办公室
福建省科学技术厅
福建省工业和信息化厅
福建省财政厅
福建省数字福建建设领导小组办公室
2023 年 2 月 17 日

福建省教育数字化战略行动三年实施方案

为深入贯彻党的二十大精神，全面贯彻落实中办、国办关于推进“互联网+教育”发展的意见、《“十四五”国家信息化规划》《教育部等六部门关于推进教育新型基础设施建设构建高质量教育支撑体系的指导意见》等文件精神，深入推进国家教育数字化战略行动，根据《福建省“十四五”教育发展专项规划》《福建省“十四五”数字福建专项规划》工作部署，推动我省教育数字化转型，以教育信息化支撑引领教育现代化，明确我省教育信息化工作的指导思想、主要目标、重点任务等，制定本实施方案。

一、指导思想

以习近平新时代中国特色社会主义思想为指导，全面贯彻党的二十大提出的关于教育数字化的战略部署，全面贯彻党的教育方针，落实立德树人根本任务，贯彻新发展理念，服务新发展格局，激发新发展内生动力，坚持需求导向和应用驱动，坚持融合创新和底线思维，坚持优化改革和长效机制，积极推进“互联网+教育”发展，实施教育数字化战略行动，使教育数字化转型成为推进教育现代化建设与高质量发展的重要引擎和关键特征。

二、基本原则

坚持立德树人。面向时代和社会发展要求，遵循学生成长规律和教育规律，发挥信息技术优势，促进学生全面发展，围绕“立德树人”根本任务，以数字化构建良好教育生态，实现公平而有质量的教育。

坚持数字赋能。锚定人才培养、教育教学、研究创新、教育治理、管理服务等学校核心工作需求，应新时代学校发展要求，充分运用数字化手段，推进教育理念更新、教学变革和科研创新。

坚持项目推进。强化教育信息化体系的顶层设计，抓住网、云、应用、数据、人、安全等信息化要素，将业务应用摆在突出优先位置，聚焦可复制、可推广、高质量的教育应用场景，以重点项目和试点示范带动整体推进。

坚持安全可控。围绕数据、技术、系统、网络、管理等方面安全，构建与教育数字化发展需要相适应的安全和保障团队。

三、发展目标

围绕立德树人根本任务，推动福建省教育数字化转型进入新阶段，智慧教育创新发展迈上新台阶，重点实现“四提升四支撑”：“四提升”即以建设省教育专网提升教育数字化底座支持力、以共建共享优质数字教育资源提升教育服务质量优质均衡水平、以驱动教育数据提升教育治理能力、以强化信息技术应用提升师生信息素养；“四支撑”即以数字校园普及支撑传统学校数字转型、以信息技术融合创新与示范应用支撑教育教学方式变革、以过程化和数字化的电子学习档案建设支撑学生综合素质发展、以防护体系构建支撑绿色安全可信教育网络空间建设。

四、主要任务

（一）聚焦教育行业应用场景，促进教育教学数字化融合

1. 赋能全学段教育教学融合创新。以现代信息技术促进教育教学方式革新，实现融合创新。学前教育重点发展智能监管，家校互动，游戏化的教学应用；基础教育重点推进优质数字化课程资源赋能课堂教学，助推“双减”提质增效和优质均衡，构建新时代城乡教育共同体；引导职业院校基于未来工作场景，构建虚实融合、线上线下结合的实践教学空间和实训教学环境，辅助教师高质量教和学生自主地学；鼓励高校积极开展5G、物联网、大数据、人工智能等新技术的实践和应用研究，积极发展“互联网+教学”“人工智能+教育”，探索推进人工智能背景下的高校教育教学模式改革；推动终身教育高质量发展，重点营造“人人皆学、处处能学、时时可学”的智能泛在可选的终身学习数字生态。

2. 普及“三个课堂”建设应用。全面推进“名师课堂”“名校网络课堂”的建设应用，力争实现名师名校课堂资源覆盖基础教育全学科全知识点，依托“福建中小学智慧教育平台”，系统性、全方位地推动名师名校课堂资源在区域及全省范围内共享，满足学生对个性化发展和高质量教育的需求。持续推进基础教育优质校与薄弱校建立远程在线帮扶关系，针对农村薄弱学校和教学点，通过“专递课堂”帮助其开齐开足开好国家规定课程，推送适切的优质教育资源，促进教育公平和均衡发展。

3. 强化网络学习空间建设应用。建设面向广大师生的实名制网络空间，完善网络学习空间功能，汇聚各类数字教育资源和应用服务，提升教育教学支持能力，实现“一人一空间，人人用空间”。推动学校、师生常态化应用空间开展教育教学活动。鼓励学校利用空间推动线上线下教学空间融合，促进教育教学、管理评价、教师专业发展，开展校本在线教学资源建设；鼓励教师利用空间开展知识管理、资源建设、移动教学、在线同步教学、网络研修等教育教学活动；支持适龄学生运用空间开展泛在、个性线上学习，推动空间数据的便捷管理和共享，强化学习数据的分析应用。

（二）推进新型基础设施建设，打造教育数字化发展新环境

4. 建设福建教育专网。依托福建电子政务外网和互联网已有建设基础，按照“统一规划、分级建设”原则建设福建教育专网，全面覆盖全省各级教育行政部门、各级各类学校和教育事业单位，统一规划管理网络地址和域名，提升公共网络与教育专网的跨网访问速度，提供快速、稳定、绿色、安全的网络服务，推进全省教育系统IPv6规模化部署和应用。打造一体化的教育大数据中心，鼓励通过混合云架构构建集约化、规模化、绿色化的教育云。

5. 打造省级智慧教育平台。坚持“需求牵引、应用为王、服务至上”原则，建设“福建智慧教育平台”，重点打造“福建中小学智慧教育平台”“福建职业教育智慧教育平台”“福建高等教育智慧教育平台”“福建24365大学生就业创业服务平台”，汇聚我省各学段优质数字教育资源和面向公众提供的教育服务事项，为全省师生、家长和社会公众提供一站式教育资源和教育服务。积极推进国家智慧教育平台体系的延伸与拓展，推动实现五级联动、上下贯通。

6. 升级改造校园基础设施。推动各地积极保障学校多媒体教学设备配置、维护和更新，继续提升薄弱学校的教育信息化建设水平。支持有条件的学校利用信息技术升级教学设施、科研设施和公共设施，建设虚拟仿真实验室、数字图书馆、智慧教室等信息化环境，实现数字化、智能化升级改造、规范化建设、融合创新，促进学校物理空间与网络空间一体化建设。

7. 构建“互联网+教育”平台支撑基础。搭建开放共享的省级“互联网+教育”数字底座、能力中台和数据中台，为“福建智慧教育平台”“福建教育治理平台”等提供统一支撑。基于教育部“一校一码、一人一号”的数字认证互联互通互认体系，以及福建省社会用户实名认证服务体系，推动各级各类“互联网+教育”平台的统一用户管理，实现集中授权和单点登录。

8. 优化各级各类“互联网+教育”平台。积极引导各市、县（区）、校推进业务流程梳理再造，促进教学与管理平台的深度融合。基于省级“互联网+教育”大平台的能力中台，开放服务接口，实现各级各类资源平台和管理平台的互通、衔接与开放，助推教育应用优化升级。鼓励各地各校基于数字基座，探索“标准化（基础应用）+个性化（应用插件）”排列组合的应用模式。

（三）加强优质资源共建共享，满足各类教育教学需要

9. 加强优质多元数字教育资源供给。推动国家、省、市、县（区）、学校五级优质数字教育资源无缝对接和共享。汇聚教科研部门优质课、精品课、德育精品项目等优质教育数字资源，根据课程教学需要，针对性开发优质特色在线资源；深入挖掘“闽文化”“福文化”及当地特色文化，打造一批质量优良、内涵丰富、特色鲜明的专题教育资源；鼓励各地各校着力开发校本课程和其他特色资源，丰富优质资源体系；根据学段特点，职业院校重点建设情景式系列化自主学习微课和技能性演示操作课程资源，高等院校结合专业大类核心课程覆盖需求，加强线上课程等资源的建设和常态化应用。

10. 推动数字教育资源共建共享。加强数字教育资源应用监测，基于智慧教育平台体系跟踪分析资源应用情况，更好掌握各类平台、各项课程和资源的应用推广情况、使用效果和评价反馈。畅通不同使用主体的问题、意见和建议反映渠道，建立资源准入、汇聚、共享、评价与淘汰机制。构建资源目录和资源地图，提升“支撑教”与“促进学”的优质数字资源管理和运用效率。创新资源建设模式，建构多主体参与、多渠道供给、多形式服务的具有时效性、专业性特点的数字教育资源供给体系，鼓励师生、社会力量参与优质数字教育资源建设。

11. 强化数字资源内容审核及产权评估。按照“谁主管谁负责、谁上线谁负责”的原则，重点围绕政治性、科学性、适用性和规范性，采用机器审核和人工审核相结合的方式，做到“上线必审、更新必审、审必到位”，并定期或不定期进行抽查、检查，接受公众投诉举报，建立健全数字教育资源内容审核机制。建立数字教育资源提供主体实名认证制度，出台免责条款，确保平台上线的资源产权明晰，无侵犯他人知识产权、肖像权、隐私权、商业秘密及其他合法权益的情形。

（四）提升师生数字技能与素养，健全数字化人才培养体系

12. 提升教师信息化教学能力。深入推进教师信息技术应用能力提升工程 2. 0行动，构建“以校为本、基于课堂、应用驱动、注重创新、精准测评”的教师信息素养发展新机制。扩大人工智能助推教师队伍建设行动试点，开展高等学校虚拟教研室建设，构建智能技术支持教师发展、优化教师管理的新模式。重点培养一线教师信息技术应用能力、信息化教学理念及方法，重点提高学科骨干教师、教研员引领区域研修和指导教师信息化教学能力。

13. 实施未来教师信息素养培养计划。以师范生未来教学需要和专业发展为导向，推进师范院校现代教育技术公共课程改革，提升师范生信息素养；建设未来教师信息素养实训基地，强化师范生基于信息环境的实践教学能力，培养能合理运用信息技术和具备一定教学创新能力的未来教师。

14. 强化信息技术人才队伍建设。加大对信息化项目、科技创新平台支持力度，深化创新应用导向的高校信息技术类学科专业建设，以“产学研”融合模式培养多层次、多形式研究与实践应用能力兼备的人才，培育一批信息技术应用学科带头人和教育信息化专家。

15. 培养面向智能时代的数字公民。完善数字公民培养体系，将学生数字素养培育有机融入各学段、各学科课程教学，各级各类学校高质量开设信息技术课程，加强信息技术课程中的网络安全、人工智能、科创（STEAM）教育等知识模块比例。通过常态化、多样化的实践培养具有数字意识、计算思维、终身学习能力和社会责任感的数字公民。

（五）推进管理业务流程再造，提升教育治理综合服务能力

16. 打造福建教育治理平台。汇聚教育部统一建设的教育治理核心应用服务和省级自建的教育治理通用应用服务，按照统一标准规范，加强教育信息系统深度整合和集约管理，鼓励地方教育行政部门和学校对接国家、省教育治理平台，开发特色应用服务，全面提升全省教育系统数据治理、政务服务和协同监管能力。

17. 建设福建省国家教育考试综合管理平台。在全省范围内建设覆盖国家、省、市、县（区）、标准化考点五级联动的国家教育考试管理与服务信息化支撑平台，切实发挥教育信息化对高考等国家教育考试业务的支撑和保障作用。配齐、配足实施高考综合改革、教育评价改革等所需标准化考点（考场）；建设和完善具有身份认证、试卷跟踪、作弊防控、标准化考点管理等功能的教育考试综合管理平台；建设以考生库、考点库、工作人员库为主体的考试全局基础数据库和数据交换平台；建设以考试大数据为支撑、以动态数字图为展呈的决策指挥系统。

18. 加强教育数据规范管理及应用。完善教育政务基础数据库和主题数据库，加强分级分类的教育数据规范，全省教育数据逐步实现“一数一源”，建立“覆盖全省、统一标准、上下联动、资源共享”的教育大数据体系。规范教育数据的标准化采集、存储、治理，完善教育数据采集、应用、备案等相关管理制度。

19. 推进教育治理数据联动业务协同。推动教育行政办公数字化、协同化、移动化，优化办公流程，将办公应用向移动端延伸，提升管理效能。推动各项教育政务服务全程网上受理、网上办理和网上反馈，实现“一号申请、一窗受理、一网通办”。推动管理服务“减流程、减证明、减时间”，基于福建省政务数据汇聚共享，实现“让数据多跑路、群众少跑腿”。运用教育数据驱动教育“放管服”改革，探索区块链、人工智能和大数据等新一代信息技术在教育治理中的深度应用，促进教育管理的精细化、服务的精准化、决策的科学化，大力提升教育治理体系和治理能力现代化水平。

（六）开展数据驱动深化应用，服务教育督导和评价改革

20. 推进“数字学生”一体化应用。围绕学生成长全阶段，建立政府、学校、专业机构和社会组织等多元主体参与的无感式、伴随式数据采集机制，通过点滴数据的汇聚与融合，运用人工智能、大数据、区块链等新一代信息技术，构建长周期、跨场域、多维度的学生成长档案，实现精准画出学生个人“数字画像”和群体“数字画像”的目标，为学生全面发展提供个性化、精准化服务。

21. 建设省教育督导智慧云平台。利用新技术、新应用，推进督导工作从定性评估转向精准评估，从人工督导转向智能实时督导。挖掘数据价值，创新督导方式，建立“数据说话、数据评价、数据决策”的教育督导评估机制。实现督导指标体系标准化、督导工作流程化、督导管理网格化、督导工作移动化、督导管理智慧化、档案管理现代化。

22. 深化教育评价技术应用研究。探索区块链技术在教育评价中的应用，利用人工智能、大数据等现代信息技术，改进结果评价、强化过程评价、探索增值评价，创新评价工具，提升评价的科学性、专业性、客观性。探索完善学生综合素质评价在中招、高招中的应用。

（七）提升网络安全防护能力，营造教育系统清朗网络空间

23. 提升防范化解网络安全风险的能力。从物理安全、网络安全、主机安全、应用安全、数据安全和安全管理六个层面出发，建立“三化六防”的安全保障体系，确保教育信息系统安全有效运行。完善网络安全监测预警通报机制，提升全省教育系统信息系统（网站）防护能力。强化数据安全管理，完善数据容灾机制。持续开展各级网络安全演练，通过攻防对抗、沙盘演习等方式，提升网络安全防护能力和应急响应水平。

24. 加强教育系统网络安全风险的源头管控。开展常态化网络安全检查，深化落实教育系统关键信息基础设施安全保护制度和网络安全等级保护制度。健全教育数据全生命周期的保障制度，加强数据收集、汇聚、存储、流通、应用、销毁等环节的安全管理，落实关键数据使用的审计、脱敏机制，科学规范数据采集范围、访问权限、存储周期和共享方式，降低数据安全风险。广泛应用具有自主核心技术和安全性满足要求的国产软硬件产品，确实保障信息化建设中的供应链安全。

25. 营造利于师生发展的清朗网络空间。依托教育专网建立绿色上网防护体系，自动识别、屏蔽不适合未成年人访问的应用、网站和信息。加强面向师生网络安全宣传教育，引导青少年正确认识和使用互联网，自觉抵制不良网络内容。不断巩固壮大网络思政主阵地，弘扬主旋律、传播正能量。加强各部门协同，与公安、通管、网信等有关部门信息共享、舆情共商、联动处置，共同为广大师生营造清朗网络环境。

26. 加强网络安全人才队伍建设。支持高校特色化示范性软件学院和网络安全特色学科群建设，加快网络安全领域新工科建设，推进产学研合作协同育人，提高网络安全人才培养质量。构建网络安全岗位职责与能力体系，定期开展各层次教育信息化和网络安全专业技术人员岗位培训。

五、保障措施

（一）加强组织领导，强化协作联动

加强党对教育信息化和网络安全工作的领导，坚持网信事业正确政治方向。强化落实网络安全责任制，明确网信职能部门，加强统筹管理。整合教研、电教、信息、装备等机构力量，形成工作合力。加强部门协同、上下联动和区域统筹，把教育信息化工作纳入数字福建、智慧城市等整体规划。充分发挥教育信息化智库、工程中心、创新平台、学校、基础电信运营商、信息化企业等主体优势，鼓励其联合设立教育信息化研究基地或应用示范基地，实现教育链、人才链、产业链、科技链有效结合。

（二）完善统筹保障，引导多元投入

优化教育经费结构，持续加大包括教育信息化建设在内的教育经费投入力度。积极引导更多智慧城市、新基建等领域专项经费投向教育信息化领域。落实国家关于生均公用经费可用于购买信息化资源和服务的政策。充分发挥市场在资源配置中的决定性作用，建立社会团体、企业等多方参与的教育信息化多元建设机制。

（三）加强示范引领，推进数字化转型

鼓励各地区、各学校结合自身优势及特点，积极申报各级各类智慧教育应用项目。分年度遴选 10 个左右县（市、区）建设“省级智慧教育试点区”、100 所左右各级各类学校建设“省级智慧教育试点校”。打造一批可复制推广、可规模应用的样板项目，积累可推广的先进经验与优秀案例，以点带面引领省内各地各校教育信息化建设，形成具有区域特色的智慧教育新途径和新模式。

（四）完善督导机制，加强动态监测评价

将教育信息化相关工作纳入对政府履行教育职责督导评估和对学校的综合督导评估范围，提升各地区和各级各类学校发展教育信息化的效果、效率和效益，探索建立教育信息化发展水平动态监测和第三方评价机制。

福建省教育数字化战略行动三年实施方案重点项目清单

序号	重点项目	主要内容
1	福建教育专网	按照“统一规划、分级建设”原则，建设福建教育专网。建设省级主干网和 9 个设区市主节点，制定市（县、区）教育专网建设和接入标准；各市（县、区）、各高等学校按照标准推进本地区教育城域网、校园网建设并接入。到 2025 年，实现福建教育专网覆盖全省教育系统 90%以上的各级各类学校，统一规划管理网络地址和域名，统一网络安全管理，依托专网推进全省教育系统 IPv6 规模化部署和应用。

续表

序号	重点项目	主要内容
2	福建智慧教育平台	按照国家智慧教育平台体系的整体建设要求，建设福建智慧教育平台，构建“1+4”平台体系，完善“福建中小学智慧教育平台”“福建职业教育智慧教育平台”“福建高等教育智慧教育平台”“福建24365大学生就业创业服务平台”等功能模块。实现福建智慧教育平台向上接入国家智慧教育平台，向下联通市（县、区）、校智慧教育平台的五级联动、上下贯通。
3	福建教育治理平台	推进教育数据的统一规范建设和深度应用。加强教育信息系统深度整合和集约管理，鼓励地方教育行政部门和学校对接国家、省教育治理平台，开发特色应用服务，有效汇聚教育领域大数据，全面提升全省教育系统的数据治理、政务服务和协同监管能力。
4	福建省国家教育考试综合管理平台	按照国家教育考试综合管理平台体系的整体建设要求，建设福建省国家教育考试综合管理平台，构建全省统一的考点、考生等数据库，建立健全教育考试综合治理体系，实现对教育考试的全局统一指挥、全程分级管理、全域实时监控，实现五级联动，考生、试卷两大数据流的动态管理和各类考试管理指挥的一体化、可视化和即时化，切实提高教育考试管理与服务的专业化、规范化、精细化水平。
5	优质数字教育资源供给	着力建设以基础教育、职业教育、高等教育为“三横”、以德育、智育、体美劳育为“三纵”的优质课程，根据不同学段特点，推进“基础教育精品课”“职业教育在线精品课程”“高等教育线上一流课程”建设，针对性开发福建优质特色在线资源、专题教育资源、校本课程和其他特色资源，积极向上级智慧教育平台提供优质特色化课程资源。强化数字资源内容审核及产权评估。推动数字教育资源共建共享。
6	教师现代教育技术能力提升工程	构建以校为本、基于课堂、应用驱动、注重创新、精准测评的教师信息素养发展新机制，采用整校推进的混合研修模式，开展全省中小学教师信息技术应用能力提升全员培训。开展人工智能等新技术与教师队伍建设的融合试点，建设“人工智能+教师教育”综合实验实训平台。推进未来教师信息素养提升，支持师范院校建设未来教师信息素养实训基地，开展师范类专业的现代教育技术公共课程改革，提升师范生运用现代教育技术开展教育教学的实践和创新能力试点项目建设。加强示范引领，分年度遴选10个县（区）建设“省级智慧教育试点区”。
7	“数字学生”一体化应用	建立政府、学校、专业机构和社会组织等多元主体参与的无感式、伴随式数据采集机制，通过点滴数据的汇聚与融合，运用人工智能、大数据、区块链等新一代信息技术，构建长周期、跨场域、多维度的学生成长档案，实现精准画出学生个人“数字画像”和群体“数字画像”的目标。
8	智慧教育创新试点示范	支持福州市“国家智慧教育示范区”建设。支持福州大学、华侨大学的工信部、教育部“5G+智慧教育”应用试点项目建设。加强示范引领，分年度遴选10个县（区）建设“省级智慧教育试点区”、100所学校建设“省级智慧校园试点校”（其中基础教育70所、本专科院校20所、中职学校10所）。

【发文机关】福建省教育厅　中共福建省委网络安全和信息化委员会办公室　福建省科学技术厅 福建省工业和信息化厅　福建省财政厅　福建省数字福建建设领导小组办公室
【文　　号】闽教科〔2023〕3号
【标　　题】福建省教育厅等六部门关于印发《福建省教育数字化战略行动三年实施方案》的通知
【发文日期】2023年2月17日

福建省民政厅　福建省财政厅
关于嵌入式养老服务机构建设的实施意见

各市、县（区）民政局、财政局，平潭综合实验区社会事业局、财政金融局：

为深入贯彻落实党的二十大精神，优化发展居家社区养老服务，更好满足老年人“家门口养老”刚性需求和现实需要，结合我省实际，制定本意见。

一、目标任务

以老年人养老服务需求为导向，致力发展嵌入式养老服务机构，着力破解居家社区养老服务基础性、结构性难题，切实补齐基础设施硬件短板，丰富拓展居家社区养老服务功能，让老年人有一个幸福的晚年。根据2023年省委、省政府为民办实事项目安排，年内建成50所嵌入式养老服务机构。

二、项目建设

嵌入式养老服务机构是指依托乡镇街道社区养老服务设施或存量国有、集体资产等资源，为社区和周边有需求的老年人提供专业护理、生活照料、心理慰藉、居家上门等综合性养老服务，具备独立法人资质或由具有法人资质的专业团队运营的养老机构。

（一）项目选址

1. 重点安排在老年人口基数大、养老服务需求急切的社区。已经在建的老年养护院、养老院等养老机构，以及省级财政已经支持建设的区域性养老服务中心，原则上不予安排。

2. 项目选址时应当充分考虑其物理空间要求，应是独立建筑或独立空间，并有独立出入口；或同一地址、独门独院，且与其他非养老服务场所无共用面积；进出道路应当满足紧急救援救护需求。同时，应协调各相关利益方，弱化邻避效应。

（二）项目设置

1. 根据建筑面积和床位设置将其区分为区域型和社区型两类。其中：区域型嵌入式养老服务机构建筑面积不小于2000平方米，床位设置不少于50张；社区型嵌入式养老服务机构建筑面积不小于900平方米，床位设置不少于20张。其中护理型床位占比不低于60%。

2. 嵌入式养老服务机构内部应科学布局，合理设置。原则上应设置全时托养区、日间照料区、文体活动区、康复保健区和管理服务区等功能区。其中，全时托养区为相对独立服务区，原则上其面积占项目总面积的50%左右；其他功能区在满足服务需求的前提下，可结合项目场地实际适当兼容，通常应在专业化养老服务组织（机构）指导下进行。

一是全时托养区。按要求设置相应的照料护理床位，其标准参照《养老机构服务质量基本规范》（GB/35796—2017）执行。

二是日间照料区。提供临时托养、生活照料等必要的设施。

三是文体活动区。提供棋牌书画、体育健身、老年教育等文体娱乐设施。

四是康复保健区。设置“健康驿站”，配备健身康复、医疗保健等设施设备，有条件的可内设医务室（护理站）。

五是管理服务区。提供业务管理、就餐服务、盥洗保洁等设施设备。

3. 除全时托养区外，其他功能区具体配置要求参照《社区老年人日间照料中心设施设备配置》

（GB/T33169—2016）等相关规定。

4. 项目的适老化和无障碍设计应符合《无障碍设计规范》（GB50763—2012）《老年人照料设施建筑设计标准》（JGJ450—2018）等相关规定。项目的消防设施配置应符合《建筑设计防火规范》（GB50016—2018）等相关规定。

（三）项目功能

原则上嵌入式养老服务机构应提供以下服务：

1. 全时托养服务。按项目分类设置养老床位，为本社区和

周边的老年人提供全日集中住宿、照料护理等托养服务。主要接收失能失智老年人。

2. 日间照料服务。为老年人提供日间托养、生活照料、文体娱乐、就餐助餐和老年教育等服务。

3. 康复保健服务。为老年人提供健康指导、理疗康复等服务。

4. 居家入户服务。为老年人提供助洁、助餐、助医、助浴、助行、助急等居家养老服务。

鼓励有条件的项目对外开放“食堂+学堂”服务，探索发展家庭养老床位、认知障碍专项照护等养老服务。

（四）项目管理

1. 嵌入式养老服务机构应由具备独立法人资质或具有法人资质的专业团队运营管理，并自觉接受民政部门业务指导和监督。

2. 嵌入式养老服务机构实行市场调节价或依据委托（合作）协议等，合理确定服务收费并予公开。

3. 其备案办理、服务规范、监督检查、法律责任等按照《养老机构管理办法》（民政部令第66号）和《福建省养老服务机构备案管理办法（试行）》（闽民规〔2022〕1号）执行。

三、保障措施

（一）加强组织领导。各级民政部门要将发展嵌入式养老服务机构作为“十四五”时期养老服务的着力点、解决居家社区养老服务的突破点，积极争取当地党委政府支持。要以满意为导向，坚持群众路线，倾听群众意见，接受群众检验，以群众的实际感受、亲身体验作为评价标准，真正把好事办好、实事办实。

（二）加强政策支持。对建筑面积大于2000平方米、床位设置在50张以上的和建筑面积大于900平方米、床位设置在20张以上的，省级财政分别予以200万元和100万元的资金补助。项目建成后不再享受养老机构开办补贴，其床位运营补贴参照养老机构有关政策执行。

（三）加强监管调度。各地要以目标为靶向，认真做好项目地址的筛查和遴选工作，防止“建而不成”，要提前邀请专业化养老服务组织参与，防止“成而不用”。要严肃财经纪律，严禁截留、挪用、拆分和挤占项目建设补助资金。要严格建设标准，重点突出全时照护功能，不能将项目简单地建成日间照料中心或老年人活动中心。要加强工作调度，建立“每月调度、每季分析、半年小结、年度评估”制度，并根据《福建省民政厅关于印发〈2023年养老服务为民办实事项目实施方案〉》（闽养老〔2023〕30号）要求，按时报送项目进展情况，确保项目按时兑现、取信于民。

福建省民政厅
福建省财政厅
2023年3月23日

（此件主动公开）

【发文机关】福建省民政厅　福建省民政厅
【标　　题】福建省民政厅　福建省财政厅关于嵌入式养老服务机构建设的实施意见
【发文日期】2023年3月23日

第九篇

荣誉成果

福建省第十五届社会科学优秀成果奖名单

2023年12月29日，福建省人民政府印发《福建省人民政府关于颁发福建省第十五届社会科学优秀成果奖的决定》（闽政文〔2023〕547号）提出，根据《福建省社会科学优秀成果奖励办法》，经学科组评审、意识形态审读、科研伦理审查、专家组票决、省评委会审定通过和获奖成果公示，省人民政府决定授予《人类文明新形态的民族文化叙事——中国式现代化新道路的文化旨归》等32项成果福建省第十五届社会科学优秀成果一等奖，《迈向“国家—社会”相互融吸的整体性治理：良政善治的中国逻辑》等70项成果福建省第十五届社会科学优秀成果二等奖，《脱贫攻坚的福建实践研究》等148项成果福建省第十五届社会科学优秀成果三等奖，《习近平关于政治经济学的思想意旨研究》等30项成果福建省第十五届社会科学优秀成果青年佳作奖，并按有关规定颁发证书、奖金。

希望获奖集体和个人始终坚持以习近平新时代中国特色社会主义思想为指导，深入学习贯彻习近平文化思想，认真贯彻落实习近平总书记关于哲学社会科学工作的重要论述和对福建工作的重要讲话重要指示批示精神，发挥福建独特优势，深挖用好理论富矿，为党和人民述学立论，着力加强学术交流、提供决策咨询、推动成果传播，促进我省哲学社会科学创新发展，加快推进社科强省建设，为奋力谱写中国式现代化福建篇章作出新的更大贡献。

福建省第十五届社会科学优秀成果奖名单

一等奖（32项）

成果名称	成果形式	成果作者
人类文明新形态的民族文化叙事——中国式现代化新道路的文化旨归	论文	管　宁
颠覆性技术赋能思想政治教育的现实境遇及实践超越	论文	陈志勇　李　霞
社会主义在世界和中国的发展	著作	许耀桐　等
思想史场域：中共概念史的政治因应	论文	郭若平
The Integration of Psychology and Linguistics from the Perspective of Cognitive Science: The Example of the Psychological Reality of Language（认知科学视域中心理学和语言学的融合：以语言的心理实在性问题为例）	论文	王波罗　琼　鹏
效率与公平不完全相悖：信息化与工业化融合视角	论文	廖雪华　谢　康　肖静华
制造业在中国新发展阶段的战略地位和作用	论文	郭克莎　彭继宗
数字经济、人口红利下降与中低技能劳动者权益	论文	柏培文　张　云

续表

成果名称	成果形式	成果作者
新能源企业增值税政策的规模效应与创新效应	论文	孙传旺　占妍泓　林伯强
工业机器人、工作任务与非常规能力溢价——来自制造业“企业—工人”匹配调查的证据	论文	余玲铮　魏下海　孙中伟　吴春秀
The Role of Social Media in Corporate Governance（社交媒体的公司治理职能）	论文	吴超鹏　JamesS. Ang　Charles Hsu　唐　药
国企员工组织政治知觉下的行为选择——基于中国政治文化—人情社会内洽情境的整合性解释	论文	瞿皎姣　赵宜萱　赵曙明
中小股东“人多势众”的治理效应——基于年度股东大会出席人数的考察	论文	罗进辉　黄泽悦　李向昕
基于动态SEIR模型的传染性疾病预测和政策评估	论文	方匡南　任　蕊　朱建平　马双鸽　王晓峰
人、国家与国际关系——心理文化学路经	著作	尚会鹏
人工智能时代著作权合理使用制度的重塑	论文	林秀芹
论基本型民生	论文	高和荣
Genomic insights into the formation of human populations in East Asia（东亚人群遗传形成史）	论文	王传超　Hui-Yuan Yeh　Alexander N. Popov　张虎勤
台湾通史（六卷本）	著作	闽南师范大学闽南文化研究院
论雅俗之辩	论文	南帆（张帆）
20世纪美国文学史	著作	杨仁敬
翻译修辞学与国家对外话语传播	著作	陈小慰
新中国出版研究	著作	万安伦
宋代文书违法及防治研究	著作	钟文荣
普及化高等教育专论	著作	别敦荣
高等学校分类设置与质量提升研究	著作	史秋衡　陈恒敏　柯安琪
国际奥委会通论	著作	王润斌　等
音乐作品二维图谱分析法创设与运用	著作	张　辉　孙　洋　王　旭
二十国集团与全球经济治理研究	著作	黄茂兴　等
福建红色文化读本	著作	王建南
关于促进种业高质量发展的建议	研究报告	王小安　雷国铨　臧春荣　曾玉荣　刘善文　李　为
2021年意识形态领域风险预判及防范重点	研究报告	闫　兴

二等奖（70项）

成果名称	成果形式	成果作者
迈向“国家—社会”相互融吸的整体性治理：良政善治的中国逻辑	论文	曾盛聪
习近平关于自贸试验区（港）建设的重要论述研究——从厦门自由港、自贸试验区到自由贸易港	研究报告	张兴祥　黄鸿德　靳　涛　王艺明　温沁妍

续表

成果名称	成果形式	成果作者
马克思对“社会生活”的论述与新时代美好生活需要	论文	刘荣军
唯物史观：恩格斯的独特贡献与历史效应	论文	张有奎　林雅玲
文本、语境与意涵：马克思艺术生产理论新诠	著作	周世兴
苏区时期党的群众路线形成与践行机制研究	著作	杨玉凤
中共福建党的建设史（1926—1949）	著作	中共福建省委党史研究室
知识是绝对的，还是有程度的？	论文	曹剑波
十三经无“真”字——儒道分野的一个字源学证据	论文	杨少涵
论礼乐的自然哲学基础——以《礼记》之气论为中心的探讨	论文	冯　兵
国际贸易、区域政策与区域经济长期增长——来自“三线建设”地区的考察	论文	庄嘉霖　陈　雯　杨　曦
房价与出口：不可贸易部门对可贸易部门的挤出效应	论文	陈勇兵　刘佳祺　徐丽鹤
中国在全球价值链中的位置变化及驱动因素	论文	彭水军　吴腊梅
“一带一路”金融国际合作机制创新研究	著作	黄志刚　等
碳中和进程中的中国经济高质量增长	论文	林伯强
中国股市和债市间避险对冲效应及其定价机制	论文	周颖刚　林珊珊　洪永淼
数智赋能、法治化营商环境建设与商业信用融资——来自“智慧法院”视角的经验证据	论文	潘　越　谢玉湘　宁　博　梁师赫
新发展格局下中国自由贸易试验区的战略作为	著作	福建师范大学福建自贸区综合研究院
地方债管理体制改革与企业融资困境缓解	论文	梁若冰　王群群
碳中和背景下的森林碳汇及其空间溢出效应	论文	杜之利　苏　彤　葛佳敏　王　霞
Social network community analysis based large-scale group decision making approach with incomplete fuzzy preference（基于社交网络社区分析的大规模群体残缺模糊判断矩阵决策方法）	论文	楚俊峰　王应明　刘新旺
文化影响与会计审计行为研究［上、下］	著作	杜兴强　等
绿色债券发行的溢出效应、作用机理及绩效研究	论文	吴育辉　田亚男　陈韫妍　徐　倩
环境效率评价背景下的数据包络分析方法研究	著作	陈　磊　王应明
企业主流与新流创新协同演进：理论与实践	著作	朱斌等
顺民意、得民心的重大改革——福建集体林权制度改革的理论与实践探索	著作	福建农林大学国家林业和草原局集体林业改革发展研究中心
IoT-based location and quality decision-making in emerging shared parking facilities with competition（竞争环境下共享停车设施选址与服务质量协同决策研究）	论文	吴　鹏　储　凤　Nasreddine Saidani　Haoxun Chen　Wei Zhou
大变局世界中的公共治理	著作	陈振明
Multi-modal morning commute with endogenous shared autonomous vehicle penetration considering parking space constraint（多模式交通系统中的共享自动驾驶汽车内生渗透率和停车管理）	论文	汤喆铁　田丽君　王志伟

续表

成果名称	成果形式	成果作者
中国管理思想史	著作	方宝璋
Estimationand Inference for Multi-Kink Quantile Regression（多折点分位数回归的参数估计与统计推断）	论文	钟　威　万闯　张文扬
台湾青年政治态度与趋向引导研究	研究报告	陈丽丽
论佛教对中国传统法律之影响	著作	周东平　李勤通
警察行政介入民事领域的正当性及类型化调控	论文	陈　鹏
对我国民事诉判关系的再思考	论文	王杏飞
对“数据治理”的治理——从“文明码”治理现象谈起	论文	郭春镇
帝国潜流：清代前期的天主教、底层秩序与生活世界	著作	张先清
“差序格局”的现代化转向	著作	何朝银
引导闽籍侨胞回闽投资兴业的建议	研究报告	林　胜　尚李珍　刘弋枫
晚清财税结构的转型	论文	任智勇
东周青铜乐钟制度研究	著作	张闻捷
巴达维亚华人社会结构研究：以未刊公馆档案为中心	著作	沈燕清
现代中国民族文学观与共同体诗学建构	论文	谢　刚　江震龙
禅宗语录文学特色综合研究	著作	李小荣
文学理论的现代重构	著作	杨春时
“现代汉诗”与中国诗学“当代性”的生成	论文	陈培浩
别处的世界：早期近代欧洲旅行书写与亚洲形象	著作	周云龙
楚系出土文献所见＊n-、＊l-不分现象及其源流与成因考	论文	叶玉英
任尔西东：《国语学草创》原理	著作	李无未　李　逊
19世纪闽南话的语音与词汇——传教士文献研究	著作	杜晓萍
连线与断网：俄罗斯互联网国家治理研究	著作	陈春彦
非表征理论与媒介研究：新视域与新想象	论文	宋美杰
明代建阳坊刻牌记考释	著作	陈旭东
A meta-analysis of hormone administration effects on cooperative behaviours：Oxytocin，vasopressin，and testosterone（人类合作行为与激素施用的元分析研究）	论文	杨　雪　王　为　王晓田　王益文
教育人力资本结构高级化促进经济增长了吗——基于产业结构升级的门槛效应分析	论文	赵红霞　朱　惠
以核心素养为导向：建立与义务教育新课标相适应的新型教学	论文	余文森
均衡·优质·活力：基于差异的学校教育微观公平理论与实践	著作	郭少榕　周志平
全球化时代学生流动能力研究	著作	杨启光
体育赞助营销——管理模式与策略框架	著作	卢长宝
中国礼乐户研究	著作	张咏春
新形态、新问题、新趋势：21世纪中国电影的失序与重建	著作	颜纯钧　吴青青　等
丝路交融：梨园戏手姿与敦煌手姿渊源考	论文	王晓茹
两岸的文化认同	著作	陈孔立

续表

成果名称	成果形式	成果作者
信任力与中国的和平发展	论文	陈　遥
生态产品价值实现的南平范本	著作	胡　熠
关于我省加快培育海洋高新产业的建议	研究报告	魏远竹　林俊杰　张　群　周　俪
我省 2022 年经济发展的鲜明亮点、存在问题及 2023 年经济工作建议	研究报告	钟洪亮　徐子青
探索完善森林生态产品价值实现机制的政策建议	研究报告	洪燕真　戴永务　黄　衍　马永强　陈思莹　林伟明
关于促进新疆承接纺织服装产业转移与增加就业的建议	研究报告	全　毅
数字经济赋能我省高质量发展的政策建议	研究报告	戴永务　郑　义　何世祯　王强强　武千雯　孙于岚

三等奖（148 项）

成果名称	成果形式	成果作者
脱贫攻坚的福建实践研究	著作	叶兴建
赢得国际话语权：中国生态文明建设的全球视野与现实策略	论文	杨　晶
习近平生态文明思想中坚持“党的领导”命题诠释	论文	蔡华杰
习近平总书记在福建工作期间关于统一战线和人民政协工作的创新理念和探索实践研究	研究报告	王青松　李　韧　张启强　耿　灏　梁　涛
乡村振兴中生态资源产业化的微观制度设计——以屏南县四坪村“云四坪”为例	研究报告	黄　颖　温铁军　潘家恩
数字帝国主义是如何进行掠夺的?	论文	刘皓琰
劳动的零工化：数字时代的劳动形态变迁及其形成机制探究	论文	许弘智　王天夫
社会必要劳动时间与马克思价值理论的思想突破	论文	陈　铮
新中国成立初期侨资工商业改造探析——以广东江门纸厂为中心的考察	论文	连文妹
建党百年来党内政治生态治理的逻辑与启示	论文	原宗丽
日本殖民统治时期台湾共产党再研究	著作	宋帮强
实践视域下的指号、意义与思维——以实用主义哲学为参照对元实践哲学问题的探究	论文	高来源
闽台妈祖信俗与乡土文化互动发展研究——基于乡村治理视角	著作	宋建晓
社会进步的“问题”研究——对重大问题及其解题策略的哲学分析	论文	马　雷
哲学能够成为科技创新的“助产士”吗?	论文	朱　菁
One or Two Roots? Yi Zhi and the Dilemma of Practical Reason（一本还是二本? 夷之与实践理性的困境）	论文	谢晓东
五味境界——先秦饮食审美研究	著作	张　欣
迈向高收入经济的增长动力转换	著作	李文溥　等
Organ donation with vouchers（器官捐献与优先权凭单机制）	论文	金宰弘　李梦玲　许梦涵
灾难风险与资产定价——一个拓展的长期风险模型	论文	许　秀　陈国进　于金杨

续表

成果名称	成果形式	成果作者
企业并购如何影响绩效：基于中国工业企业并购视角	论文	蒋冠宏
供给侧结构性改革驱动经济发展新动力的理论基础与实践路径研究	著作	周小亮
Exploring the spatial distribution of distributed energy in China（中国分布式能源空间分布研究）	论文	徐　斌　林伯强
政府财政投入模式对医疗费用的影响	论文	朱恒鹏　岳　阳　续　继
中国外汇储备风险测度与管理	著作	朱孟楠
出口目的地、市场竞争与资本品质量	论文	陈爱贞　赵冬颜
Solving Euler equations via two-stage nonparametric penalized splines（基于两阶段非参数惩罚样条求解欧拉方程）	论文	崔丽媛　洪永淼　李迎星
新时代经济科学的学科布局与顶层设计——国家自然科学基金经济科学学科申请代码调整的逻辑和内容	论文	任之光　薛涧坡　洪永淼　汪寿阳
税收征管、税收压力与企业社保遵从	论文	蔡伟贤　李炳财
金融科技布局、银行信贷风险与经营绩效——来自商业银行与科技企业战略合作的证据	论文	郭　晔　未钟琴　方　颖
产业政策与企业跨行业并购：市场导向还是政策套利	论文	蔡庆丰　田　霖
中国经济双循环的比较优势分析	论文	张少军　方玉文
地域商会有助于缓解企业融资约束吗？——来自A股民营上市企业的证据	论文	宁　博　潘　越　汤　潮
How population and energy price affect China's environmental pollution?（人口与能源价格如何影响中国环境污染?）	论文	李坤明　方丽婷　何乐融
Contract Design in China's Rural Land Rental Market: Contractual Flexibility and Rental Payments（中国农地流转市场中的契约博弈：契约灵活性和租金）	论文	杨子砚
Investor Attention and Stock Returns（投资者关注度与股票回报）	论文	陈　坚　唐国豪　姚加权　周国富
企业融资模式、金融市场安全性及其变动特征	论文	吴世农　陈韫妍　吴育辉　汪金祥
Collaborative profit allocation schemes for logistics enterprise coalitions with incomplete information（不完全信息下物流企业联盟的合作收益分配策略）	论文	刘家财　许钜秉　李登峰　戴永务
中国公共行政学案例研究：问题与挑战	论文	于文轩
Evaluation and drive mechanism of tourism ecological securitybased onthe DPSIR-DEA model（基于DPSIR-DEA模型的旅游生态安全测评与驱动机制）	论文	阮文奇　李勇泉　张舒宁　刘志兴
Fast and Faultless? Quantity and quality feedback in order picking（又快又准？数量和质量反馈对订单拣选绩效的影响研究）	论文	张小利　Jelle de Vries　Rene de Koster　Chen Guang Liu
公司绿色治理：公众与媒体的力量	论文	黄莲琴　梁　晨　何蔓莉
Willingness-to-cede behaviour in sustainable supply chain coordination（可持续供应链协调的自愿让渡行为）	论文	郑小雪　李登峰　刘　志　贾　甫　Benjamin Lev
The Impact of Financial Covenants in Private Loan Contracts on Classification Shifting（银行贷款合同中债务契约对分类转移盈余管理的影响研究）	论文	Yun Fan　Wayne B. Thomas　于小偶

续表

成果名称	成果形式	成果作者
中国农业“双规模”经营方式创新、绩效及其外溢效应分析	论文	郑旭媛　林庆林　周凌晨诺
中国旅游产业区域集聚绩效研究	著作	魏　敏
Two-sided effects of state equity: The survival of Sino-foreign IJVs（国有股权的两面性效应：中外合资企业的生存问题）	论文	Peng Wang　刘　斌 Andrew Delios Gongming Qian
供应链限制结盟收益分配合作博弈研究	著作	杨　洁
Tourism e-commerce live streaming: Identifying and testing a value-based marketing framework from the live streamer perspective（旅游电商直播：基于主播视角的价值营销框架的确定和检验）	论文	谢朝武　余　军　黄松山 张江驰
地方政府施政风格与经济高质量发展——基于股价崩盘风险的研究视角	论文	游家兴　于明洋　伍翕婷
Effects of In-house Production on Channel Structures in a Co-opetitive Supply Chain under Supply Uncertainty（供应不确定下自制策略对于竞合供应链渠道结构的影响）	论文	林　峰　覃熙焙　浦徐进 朱卫未　卓杏轩
Linguistic Understandability, Signal Observability, Funding Opportunities, and Crowdfunding Campaigns（语言可理解性、信号可观察性、融资机会和众筹活动）	论文	王　伟　徐玉婷 Yenchun Jim　Wu Mark Goh
公司风险投资与新创企业创新——基于母公司战略意图的视角	论文	肖　珉　陈　闯　黄利平
A neutral cross-efficiency evaluation method based on interval reference points in consideration of bounded rational behavior（基于区间参考点的有限理性交叉评估效率研究）	论文	施海柳　陈圣群　陈　磊 王应明
Scenario Modeling for Government Big Data Governance Decision-making: Chinese Experience with Public Safety Services（政府大数据治理决策的情景建模：公共安全服务的中国经验）	论文	刘昭阁　李向阳　朱晓寒
How does the Market for Corporate Control Impact Tax Avoidance? Evidence fromInternational M&A Laws（公司控制权市场如何影响避税行为？全球并购法案证据）	论文	胡金帅　Siqi Li Terry Shevlin
海外华侨华人网络、组织学习与企业对外直接投资逆向技术创新效应	论文	陈初昇　王玉敏　衣长军
中国全要素生产率重估——ACF 模型中弹性估计改进和实证	论文	许永洪　孙　梁　孙传旺
公众感知的地方政府公信力研究	著作	罗海成
构建民主基础上的国家集权体制	论文	陈炳辉
僭离商事海事文化之冲突规范研究	著作	屈广清
公司软法定位及其与公司法的衔接	论文	王　兰
立法能力的内涵、构成与提升——以人大立法为视角	论文	宋方青
俄乌冲突对我国海洋权益的影响及我反制建议	研究报告	施余兵
界定公海保护区的国际法概念	著作	邢望望
Legal Protection and Sustainability of Chinese Investments in Africa—Under the Concept of International Investment Rule of Law（国际投资法治理念下中国在非洲投资的保护与可持续性）	著作	韩秀丽

续表

成果名称	成果形式	成果作者
毒品犯罪案件中特情侦查的程序控制——以4322件案例为样本的分析	论文	王天民
“以刑制罪”在网络经济犯罪认定中的适用	论文	李兰英
中国延迟退休政策研究	著作	陈鹏军
治理情境、专业制度与社会服务供给	著作	黄晓星 等
“寡头”还是“乡贤”：返乡精英村治参与反思	论文	朱冬亮 洪利华
工作单位与政治参与：市场化效应的一个微观管窥	论文	徐延辉 李明令
Two-sided matchingmodel for assigning volunteer teams to relief tasks in the absence of sufficientinformation（信息不充分条件下志愿者团队与救援任务的双边匹配模型）	论文	陈圣群 张 玲 施海柳 王应明
家庭抗逆力的生成：残疾人社会工作的行动研究	著作	姚进忠 等
新型城镇化背景下乡城人口流动迁移与人的城镇化问题研究	著作	陈心颖
本土文化的他者：浮叶女的底层叙事	著作	严静
风下之海：明清中国闽南海洋地理研究	著作	李智君
在法律共识与人民主权之间：约翰·马歇尔的美国宪法观	论文	郭巧华
奠基金融帝国：美国塔夫脱政府“金元外交”研究	著作	江振鹏
承续与变迁：唐宋之际的田税	著作	吴树国
从胡地到戎墟：安史之乱与河北胡化问题研究	著作	王炳文
Earliest arrival of millet in the South China coast dating back to 5，500 years ago（植硅体分析揭示黍、粟于5500年前传播至华南沿海地区）	论文	左昕昕 戴锦奇 靳建辉 蔡喜鹏 葛 威 黄运明
江南地区周代墓葬的分期分区及相关问题	论文	付 琳
汉赋与汉代礼制	著作	蒋晓光
叙事中的政治：当代叙事学论著研究	著作	张开焱
金门诗人年谱	著作	陈庆元
文化研究对中国当代文论话语体系的挑战与重构	论文	颜桂堤
人工智能与网络文艺	著作	黄鸣奋
乡土中国、性别立场与伦理观——对中国女性乡土写作的思考	论文	郑斯扬
中古早期士僧交往与文学	著作	蔡彦峰
《水浒传》批语版本源流考——兼谈中国古代小说评点的版本价值	论文	邓 雷
戏仿与改写：当代非裔美国涉奴题材小说研究	著作	林元富
近代西方认知中的“中国形象”：《教务杂志》关键词之广义修辞学阐释	著作	钟晓文
美国南方小镇上的“文化飞地”：麦卡勒斯小说的咖啡馆空间	论文	林 斌
20世纪50—60年代基础教育语文教材语言研究	著作	苏新春 赵怿怡
政治话语的批评性分析：理论、视角与实践	著作	尤泽顺
成语形义变异的路径依赖、修辞加工与识解——兼谈由此引发的成语规范问题及解决方案	论文	谭学纯
“古平声字今读仄声”现象摭考	论文	王进安 林一鸣
楚简“绝”“继”考辨	论文	俞绍宏 孙振凯
从满汉合璧文献看语气词“啊、吧、吗、呢”的出现时间	论文	孟繁杰 李 焱

续表

成果名称	成果形式	成果作者
焦点类型和语言水平对“花园路径式”误译中读者反应的影响	论文	蔡 妍 林 璋
本科阶段基于量表的口译评估研究	著作	苏 伟
互联网时代的“数字劳动者”研究	著作	吴鼎铭
宋代闽本图书传播研究	著作	金雷磊
文化距离视野下的“一带一路”倡议——基于4918篇英文新闻报道的情感分析（2013—2019年）	论文	宣长春 林升栋
华语在东南亚的视听觉传播研究	著作	周秀杰
自我表露动机与角色压力视角下的朋友圈隐私管理机制研究	论文	陈素白 项 倩
日本侵华资料矿山调查卷（一）（二）	著作	刘小新 林娟芳
吴瑞甫全集	著作	蔡鸿新 王尊旺 张孙彪
文科知识生产的本土逻辑及高校新文科建设的路径	论文	刘振天
大学生学习投入的影响机制与模型——基于311所本科高等学校的学情调查	论文	郭建鹏刘公园杨凌燕
高等教育理论与实践多维探索	著作	董立平
不同学科在线教学满意度及持续使用意愿——基于技术接受模型（TAM）的实证分析	论文	覃红霞 李 政 周建华
世界一流大学多样化招生政策研究——基于案例分析的视角	著作	郑若玲 等
大学教师学术创业研究	著作	付八军 陈霞玲 王佳桐
高等教育入学机会性别差异的变化研究	著作	王伟宜
晚清双语教育政策与实践研究	著作	史玄之
论文发表与博士生科研能力增值的倒U型关系——基于“全国博士毕业生调查”数据的分析	论文	李澄锋
全面而个性化的评价——大数据下中小学师生数据化管理和评价指南	著作	吴孟帅
Intervention of adolescent' mental health during the outbreak of COVID-19 using aerobic exercise combined with acceptance and commitment therapy（新冠疫情爆发期间使用有氧运动结合接受承诺疗法干预青少年心理健康）	论文	许文鑫 沈 伟 王 深
包容性发展视角下中国残疾人群众体育治理阻滞与纾解路径	论文	吴燕丹 郑程浩 张 盼 胡子航 张韬磊
国际体育赛事中运动员数据采集的法律规制	论文	李 智 黄琳芳
物性工具与图像艺术	论文	李 天
Assessing the accessibility to fire hazards in preserving historical towns: Case studies in suburban Shanghai, China（历史城镇保护中的火灾可达性评估：以中国上海郊区案例为例）	论文	王浩任 李 璐 顾 琰
风格与趣味史的转化——漆器的设计、生产与消费	著作	李传文
空间奥德赛：现代艺术与建筑	著作	张燕来
音乐文化诗学视角下的菲律宾南音社团发展及文化意义阐释	论文	吴慧娟 洛 秦
《与古斋琴谱》中浦城闽派古琴文人琴思想研究	论文	马 达 鲁新宇
承南音之精髓育时代之新人——泉州师范学院“南音演唱”课程教学创新方案	论文	陈恩慧

续表

成果名称	成果形式	成果作者
加快实施福建乡村文化振兴战略	研究报告	李晨阳　屈　峰　陈秋心　李　婷　叶倩倩
流动的新市民：常住大陆台胞的社会融入与对策研究	著作	唐　桦
抗日复台档案选编	著作	福建省档案馆
多节点结构：东亚国际秩序的转型与“轴辐体系”的困境	论文	包广将
涉农战略性商品定价权研究	著作	蔡俊煌
中国语言文化典藏·建瓯	著作	邓享璋　吴雪灏　徐文亮
福建“碳达峰、碳中和”报告（2021）	著作	国网福建省电力有限公司经济技术研究院
福建省推进数据作为要素资源的价值实现途径研究	研究报告	福建师范大学经济学院课题组
端牢粮食供应饭碗丰富提升“大食物”粮食品类品质的建议	研究报告	龙岩学院、福建农林大学、国家统计局福建调查总队
关于完善闽台农作物种业融合发展机制的对策建议	研究报告	杨金发　林本喜
提升我省饮用水品质确保全域饮水安全的建议	研究报告	蒋柱武　陈金凤　钟洪亮　张宏宇　沈俊宏　余　海
推进我省港航物流业创新驱动发展，助力高质量建设“海丝”核心区	研究报告	集美大学福建航运研究院课题组
我省建设全球海洋中心城市的思路和对策	研究报告	赵　慧　谢毅梅
美国施压利用台积电对华进行“科技冷战”的动向及对策建议	研究报告	苏美祥　林中威
巴基斯坦当前局势变化涉我影响及对策建议	研究报告	龚　旭
共富金融政策体系研究系列报告	研究报告	福建省人民政府发展研究中心“共富金融政策研究”课题组
以数字经济助力福建高质量发展超越的几点对策建议	研究报告	金江军
培育“隐形冠军”企业，我省可以向浙江学什么？	研究报告	谢敏峰　吴金平
关于优化能耗“双控”方式保障大项目好项目生成落地的建议	研究报告	项康利　蔡期塬　郑　楠　陈晚晴　林晓凡

青年佳作奖（30项）

成果名称	成果形式	成果作者
习近平关于政治经济学的思想意旨研究	论文	陈柏良
资本主义治理危机与生命政治：逻辑、话语与实践	论文	郭伟峰
中央“放”“收”财政政策与城市人民公社财务工作研究	论文	舒　磊
亚里士多德论理性、欲望与行动	论文	曹青云
双边贸易失衡与美国制造业就业变动——“中国贸易冲击”的量化及效应分析	论文	杨　曦

续表

成果名称	成果形式	成果作者
Be Cautious in the Last Month：The Sunk Cost Fallacy Held by Car Insurance Policyholders（最后一个月要谨慎：汽车保险保单持有人的沉没成本谬误）	论文	马　超
新一轮农地确权、农地流转与规模经营——来自 CHFS 的证据	论文	杨广亮
减税与减负——来自所得税优惠政策的经验证据	论文	冯俊诚
贸易自由化、产品生命周期与中国企业的出口产品结构	论文	刘竹青
Returning good for evil：A study of customer incivility and extra-role customer service（以德报怨：顾客不文明行为与角色外顾客服务研究）	论文	朱宁奕
Would you enjoy virtualtravel? The characteristicsand causes of virtual tourists' sentimentunder the influence of the COVID-19pandemic（你喜欢云端旅游吗？COVID-19影响下虚拟旅游体验的游客情感特征及成因）	论文	张舒宁
Hybrid game cross efficiency evaluation models based on interval data：A case of forest carbon sequestration（区间复合博弈交叉效率评价模型——以森林碳汇为例）	论文	黄　衍
海岸带资源环境承载力约束下岸线功能格局演变与调控	著作	王　强
Perception of organizational politics and innovative behavior in the workplace：The roles of knowledge-sharing hostility and mindfulness（组织政治知觉对员工创新行为的毒害研究：基于知识分享敌意的机制解释和正念的缓释效应分析）	论文	陈良勇
消费者保护视角下的技术措施规制研究	著作	董慧娟
内生之美：美丽乡村建设的核心逻辑	著作	胡溢轩
“西风已至”：近代东亚灯塔体系及其与航运格局关系研究	著作	伍伶飞
诗人革命家：抗战时期的郭沫若	著作	刘　奎
源语、转述、评论：记者会口译跨媒介互文分析	著作	郑凌茜
语气词的人际语用功能研究	著作	汪敏锋
Between the marked and the unmarked：twin semiotic paradoxes of the barrage in China's livestreaming fandom（在标出与非标出之间：中国网络直播圈弹幕的两种符号悖论）	论文	陈新儒
The impact of negative mood state on sleep-related attentional bias in insomnia（消极情绪对失眠者睡眠相关注意偏向的影响：一项自传体回忆的证据）	论文	林荣茂
新安旅行团史	著作	周志平
表征与隐喻——象征符号视角下的“九品莲花灯”仪式舞蹈探赜	论文	陈育燕
文化分期的“微观年表”——论詹姆逊的电影史观	论文	张　隽
加拿大官方发展援助政策研究（1950—1993）	著作	贺建涛
俄乌冲突对我省能源经济的影响及建议	研究报告	李益楠
推进“戏曲进校园”增强文化自信	研究报告	肖昌贵
打造涉台族谱数据平台，促进两岸族谱文化融合发展	研究报告	耿　羽
闽台精密机械产业融合发展建议	研究报告	龚志民

（摘编：王杰成）

首届福建省工会改革创新“十佳成果”名单

2023年4月7日，由省总工会主办的福建省工会改革创新项目成果推介活动在福州举行。现场发布首届福建省工会改革创新“十佳成果”及优秀成果，并举行颁奖仪式。

福州市总工会数字赋能福州市职工温暖工程、福州市总工会职工“三创”品牌、厦门市总工会“智慧工会”服务平台、湖里区总工会“共享职工之家创建与发展”、石狮市总工会“园区枫桥”宝盖镇职工法律服务一体化基地、三明市总工会“创新职工疗休养工作机制”、龙岩市总工会“中心城区‘10分钟工会’工益伙伴联盟”、福鼎市总工会“能级工资”集体协商、福建省总工会干部学校八闽工匠学堂、国网福建省电力有限公司工会委员会“433”职工技术创新工作体系等10个项目获评首届福建省工会改革创新“十佳成果”。此外，福州市劳动领域社会组织共享基地运营项目等10个项目获评首届福建省工会改革创新优秀成果。

近年来，全省各级工会积极推进工会组织体制、管理模式、运行机制和活动方式创新，打造了一批工会工作品牌。

（摘编：陈德盛）

全国妇女爱国主义教育基地福建省名单

2023年10月6日，福建省妇联消息，日前，全国妇联决定命名香山革命纪念馆等28家场馆为全国妇女爱国主义教育基地。由福建省妇联选送的位于厦门市思明区的“深田图强”历史文化馆及“远亲不如近邻”政治生活馆、三明市博物馆（中央苏区革命纪念馆）、闽东苏区纪念馆、“才溪女”专题陈列馆等4家场馆，被命名为全国妇女爱国主义教育基地。

截至目前，全国妇女爱国主义教育基地达到93家，其中福建省有9家，总数居全国第二。除此次新增的场馆外，我省其余5家分别为新泉工农妇女夜校、林巧稚纪念园、古田会议纪念馆、毛泽东才溪乡调查纪念馆和宁化县革命纪念馆。

（摘编：李子涵）

全国城乡社区治理专项表彰福建省上榜名单

2023年1月2日，福建省民政厅消息，民政部日前发布全国城乡社区治理专项表彰名单，共评出498名全国优秀城乡社区工作者和200个全国先进基层群众性自治组织。我省7个村（居）民委员会和16名社区工作者获表彰。

其中，获得“全国先进基层群众性自治组织”称号的分别为：福州市仓山区金山街道金洲社区居民委员会、厦门市思明区开元街道深田社区居民委员会、莆田市荔城区镇海街道阔口社区居民委员会、三明市沙县区夏茂镇俞邦村村民委员会、泉州市丰泽区丰泽街道源淮社区居民委员会、漳州市芗城区南坑街道群裕社区居民委员会、龙岩市永定区湖坑镇南江村村民委员会。

获得“全国优秀城乡社区工作者”称号的基层社区工作者分别为：陈丽、郑通清、王廷伟、吴丽敏、叶晓军、阮龙腾、叶薇、许再发、张贵双、张莲英、谢盛亮、章联生、钟海兵、李华杰、俞云灿、刘爱英。

此次表彰旨在全面总结党的十八大以来城乡社区治理取得的重大成就，广泛宣传城乡社区治理创新做法和突出成效，全面提升基层群众性自治组织规范化建设水平和城乡社区工作者身份认同感、尊崇感。

（摘编：邹申）

第九批“全国民主法治示范村（社区）”福建省获评名单

2023年1月25日，福建省司法厅消息，司法部、民政部近日印发了《关于命名第九批“全国民主法治示范村（社区）”的决定》，决定命名1136个村（社区）为第九批“全国民主法治示范村（社区）”。我省30个村（社区）上榜。

这30个村（社区）分别是：福州市晋安区鼓山镇前屿村、福清市上迳镇梧岗村、闽清县东桥镇安仁溪村、罗源县白塔乡凤坂村、厦门市思明区开元街道深田社区、厦门市海沧区海沧街道温厝社区、厦门市同安区汀溪镇顶村村、漳州市芗城区西桥街道南台社区、漳州市芗城区天宝镇珠里社区、漳州市龙海区角美镇鸿渐村、诏安县南诏镇文峰社区、南安市码头镇大庭村、惠安县山霞镇山霞村、安溪县凤城镇登科社区、莆田市荔城区北高镇山前村、莆田市城厢区华亭镇五云村、莆田市涵江区涵东街道铺尾社区、三明市三元区徐碧街道北门社区、永安市燕北街道江滨社区、建宁县均口镇隆下村、武夷山市星村镇黎前村、建瓯市小松镇穆墩村、浦城县富岭镇殿下村、龙岩市新罗区东城街道永兴社区、长汀县大同镇新庄村、连城县莲峰镇莲西社区、福安市溪潭镇廉村、古田县城西街道青云社区、寿宁县下党乡下党村、平潭综合实验区金井镇红山村。

（摘编：胡义顺）

福建省通报表扬新时代“枫桥式工作法”先进典型

2023年11月30日，省委政法委公布全省新时代“枫桥式工作法”先进典型名单，对入选全国和全省的31个新时代“枫桥式工作法”先进典型进行通报表扬。

其中，福州市公安局仓山分局建新派出所（警地“三联”协力解纷工作法）、三明市明溪县沙溪乡（预防化解涉侨纠纷工作法）、宁德市霞浦县溪南镇（化解海上养殖纠纷工作法）等3个单位入选全国新时代“枫桥式工作法”。福州鼓楼区南街街道（预防化解老旧小区矛盾纠纷工作法）、厦门思明区开元街道深田社区（“近邻解纷”工作法）、漳州龙海区程溪镇（联片调解工作法）、泉州石狮市锦尚镇（“排调访”并举化解劳动争议工作法）、三明清流县龙津镇（“乡贤共治”解纷工作法）、莆田仙游县度尾镇（“群英断事会”工作法）、南平武夷山市岚谷乡（“红色评理站”化解矛盾工作法）、龙岩永定区湖坑镇（家风家训化解邻里纠纷工作法）、宁德蕉城区人民法院（普惠金融多元解纷工作法）、平潭综合实验区君山镇（“三字诀”化解涉旅纠纷工作法）等28个单位入选全省新时代“枫桥式工作法”。

（摘编：周华政）

国家级教学成果奖福建省获奖概况

2023 年 7 月 26 日，福建省教育厅消息，2022 年国家级教学成果奖名单近日出炉，我省共有 63 项教学成果获奖，涵盖了高等教育（研究生）、高等教育（本科）、职业教育、基础教育等全部四个类型，获奖总数较上届增加了 21 项。

本次评比，我省获一等奖 4 项，数量创历届最高。其中，厦门实验小学的《整体建构 多元融合：项目式课程教学的实践探索》和厦门英才学校的《以美融通五育：一体化育人体系的实践探索》获得基础教育类一等奖。由福建信息职业技术学院、福建金创利信息科技发展股份有限公司等联合申报的《五化协同 三培三立 一体双联：测绘地理信息高技能人才培养模式创新与实践》，获得职业教育类一等奖。此外，厦门大学的《服务全球化战略，培养高质量人才——经济学科国际化人才培养体系创新》获得高等教育（本科）类一等奖。

国家级教学成果奖每 4 年评审一次。在高等教育方面，本届教学成果奖共获 28 项，获奖数较上届增长 155%。其中，本科教学成果时隔 14 年再获一等奖 1 项；在首次单设评选的研究生教学成果中，我省获二等奖 7 项。在职业教育方面，我省获奖数较上届增长 60%，并继 2014 年后再次获得一等奖 1 项。在基础教育方面，我省首次实现一等奖“零的突破”。

我省在本次国家级教学成果奖评比中的成绩，彰显近年来加强教育教学创新实践、推动教育教学改革、持续提升教育质量和水平的努力和成效。在高等教育方面，我省鼓励校企联合申报省级教研项目，开展有协同的研究。2022 年，省教育厅专门出台《福建省本科高校教育教学研究项目管理办法》，以科教融合为导向，通过“揭榜挂帅”等方式鼓励全省高校教师申报高质量项目，全年共立项重大项目 65 项，一般项目 208 项，并在省级教学成果奖的评选基础上，分领域、有重点地推荐 57 个项目参评国家级教学成果奖。

在职业教育方面，我省近年来先后出台《关于加快发展现代职业教育的若干意见》《关于深化产教融合推动职业教育高质量发展若干措施的通知》《福建省职业教育高质量发展行动计划（2021—2023 年）》等政策文件，为职业教育改革发展持续营造良好政策环境。目前，我省职业院校采用“分类立项、分类支持、逐年考核、动态管理”项目管理机制，实施福建省高水平职业院校和专业建设计划，中职学校纳入高水平建设范围。我省还建立职业院校质量保证机制及“省、市、校”三级竞赛制度，全面推行中职学生学业水平考试，提升职业院校办学水平。

在基础教育方面，多年来我省持续加强基础教育教研力度，不仅组建义务教育和高中学科课程教学指导委员会强化课程教学改革规划、咨询、审议和指导，还建立省级统筹、市县推进、学校实施的课程改革项目培育机制，并点面结合、典型领路，系统推进教育教学改革，促进教学成果孵化。目前，三明市、龙岩市被确认为基础教育综合改革国家级实验区，泉州市、福州市鼓楼区、厦门市思明区等 10 个市、县（区）被遴选确认为各类国家级专项工作实验区。“三明市基础教育综合改革”入选 2022 年福建省改革试点成果表扬名单。

（摘编：沈光明）

第二批国家级一流本科课程福建省入选数量公布

2023年6月11日，福建省教育厅消息，教育部近日公布了第二批国家级一流本科课程认定结果，我省共有27所高校的159门课程入选，其中厦门大学、福州大学、福建师范大学、福建农林大学、福建医科大学等5所高校入选课程数都超过10门，闽江学院、三明学院、武夷学院等11所高校为首次入选。

本次我省入选数量、覆盖范围、地方高校入选占比等方面均创新高，其中线上一流课程32门，虚拟仿真实验教学一流课程19门，线上线下混合一流课程53门，线下一流课程42门，社会实践一流课程13门。至此，我省在两批国家级一流本科课程认定中入选课程总数达350门，覆盖教育部五大类“金课”全部类型。厦门大学、福州大学、福建师范大学、福建农林大学、华侨大学等5所高校入选国家级一流课程两批总数位居全国高校前100名之列。

（摘编：张捷）

全国高校科学研究优秀成果奖福建获奖成果

2023年7月12日，教育部在北京召开全国高校科技创新暨优秀科研成果奖表彰大会。在此次高等学校科学研究优秀成果奖（科学技术）评选中，我省高校作为第一完成单位共有6项成果获奖，包括自然科学奖一等奖2项、二等奖3项，技术发明奖二等奖1项。

其中，福州大学获得自然科学奖一等奖1项，福建师范大学和福建农林大学分别获得自然科学奖二等奖各1项，省属高校在获奖数量上取得重大突破。

高等学校科学研究优秀成果奖（科学技术）分设自然科学奖、技术发明奖、科学技术进步奖和青年科学奖，每年提名、评审一次。该奖自设立以来，奖励了一批在科技创新、成果转化、创新人才培养中作出突出贡献的高等学校教师、科技工作者和相关单位。

（摘编：李子涵）

全国大学生“三创赛”福建省高校获30个奖项

2023年8月6日，福建省教育厅消息，近日，第十三届全国大学生电子商务“创新、创意及创业”挑战赛（简称“三创赛”）常规赛全国总决赛在江苏省徐州市圆满收官。我省福州大学、闽江学院、江夏学院、福建商学院、福州外语外贸学院和阳光学院等12所高校30支参赛团队共取得特等奖7项、一等奖8项、二等奖15项的佳绩。

本届大赛分为常规赛和跨境电商、产教融合BUC和乡村振兴等实战赛，实战赛平台为“阿里国际站”“速卖通”“惠赠你”等。闽江学院参赛项目“清河艺瓷——中国白·德化瓷非遗文化传承者”在常规赛中获特等奖，阳光学院参赛项目“跨境电商女鞋类目数据分析”获得跨境电商实战赛特等奖，福州外语外贸学院参赛项目“长盛渔歌——闽派水产品预制菜的‘N+模式’定义者”“山海安宁：宁夏滩羊饲养产业链的延链人”等5个参赛项目在产教融合BUC实战赛和乡村振兴实战赛中获得特等奖；福州大学“基于客户画像的宠物用品跨境电商精准营销方案”、福建商学院“花漾世界——赴一场花漾之约”、江夏学院“垫匠——定制生活美学跨境服务商”等项目在各赛道中获得一等奖。

本届大赛报名参赛队伍近14万支、备案高校1208所，覆盖全国31个省区市以及澳门特别行政区等32个赛区，参赛师生总人数超过100万人。

第十四届全国大学生电子商务“创新、创意及创业”挑战赛全国总决赛将由福州外语外贸学院承办。

（摘编：刘红波）

福建省确定20个省级基础教育综合改革实验区

2023年11月14日，福建省教育厅消息，该厅近日公布省级基础教育综合改革实验区名单，确定20个县（市、区）为福建省基础教育综合改革实验区（以下简称“实验区”）。

这20个实验区分别是福州市鼓楼区、晋安区、连江县，厦门市思明区、湖里区、海沧区，漳州市长泰区，泉州市石狮市、德化县，三明市三元区、沙县区、宁化县，莆田市城厢区、仙游县，南平市建阳区、邵武市、建瓯市，龙岩市新罗区、永定区，宁德市福安市。

根据相关要求，实验区将积极探索基础教育全学段高质量发展实现路径和有效举措，创建有利于实施素质教育的教育治理新机制，促进学前教育优质普惠发展，义务教育优质均衡发展，普通高中优质特色发展，充分发挥示范辐射作用，引领我省基础教育进一步发展提升。同时，实验区每年将形成一份年度工作报告（含下一年度重点工作），适时举办现场会和经验交流会，总结提炼可复制、可操作的改革成果，为我省区域推进基础教育综合改革发展积累有益经验。

（摘编：王杰成）

国家级科普服务标准化试点项目福建省获批名单

2023年6月8日，福建省科协消息，国家标准化管理委员会日前印发《关于下达第九批社会管理和公共服务综合标准化试点项目的通知》。福建省科技馆科普服务标准化试点项目成为今年我省唯一入选的试点项目，也是全国科技馆中首个获批立项的国家级科普服务标准化试点项目。

该项目将以科技馆为载体，以科普服务为主要内容，通过建立科普服务标准化体系，提升科普服务水平，促进科技文化普及和科技创新发展，也为全国科技馆的服务标准化建设树立了标杆。

省科技馆科普服务标准化试点项目将主要围绕科普服务的规范化、标准化、专业化、品牌化等方面展开工作。具体来说，将通过建立科普服务标准化体系，规范科普服务的内容、形式、方法和标准，提高科普服务的质量和效益。同时，还将加强科普服务专业队伍建设，提高科普服务人员的素质和能力，为公众提供更加优质的科普服务。

（摘编：李子涵）

第五批“福建省科协科技小院”名单

2023年6月25日，福建省科协公布第五批“福建省科协科技小院”名单，共有15家入选，同时，这15家科技小院作为“中国农技协科技小院”推荐对象。

这15家科技小院是福建罗源沙蚕科技小院、福建龙海杨梅科技小院、福建南靖金线莲科技小院、福建南安荔枝科技小院、福建惠安胡萝卜科技小院、福建尤溪柑橘科技小院、福建莆田南日鲍科技小院、福建邵武多花黄精科技小院、福建顺昌菌草科技小院、福建建瓯稻渔科技小院、福建连城地瓜科技小院、福建永定芋科技小院、福建蕉城花椰菜科技小院、福建柘荣太子参科技小院、福建周宁马铃薯科技小院。

近年来，福建省科协积极搭建平台，已率先创建推广4批共33家“福建省科协科技小院”并入选“中国农技协科技小院”，成立全国首家科技小院省级联盟，发布全国首个《“科技小院”建设与管理指南》团体标准，努力实现“建设一个小院、入驻一个团队、辐射一个产业、示范农村一大片”的效应，培育一批爱农兴农新型人才，不断探索新时代科技服务乡村产业振兴新样板。

（摘编：苏建平）

“文艺两新”集聚区实践基地福建省入选名单

2023年3月9日，福建省文联消息，中国文联日前批准建立浙江东阳横店影视产业实验区等11处第二批全国“文艺两新”（新文艺组织和新文艺群体）集聚区实践基地，我省晋江五店市传统街区和厦门市海丝艺术品中心入选。

“文艺两新”集聚区实践基地旨在鼓励、引导各地打造特色项目和活动品牌，以项目化方式带动基地可持续良性发展，吸引社会资源和关注，实现对“文艺两新”的有效团结引领。晋江五店市传统街区目前聚集了一批以音乐、美术、摄影、茶艺、陶艺、香道、手工艺人等为代表的新文艺组织和新文艺群体，现有新文艺组织11个、新文艺群体人员81人。厦门海丝艺术品中心由厦门翔业集团独资设立，是新崛起的艺术品产业平台。

（摘编：林学军）

“中国民间文化艺术之乡”建设典型案例福建省入选名单

2023年1月8日，福建省文旅厅消息，我省3地入选“中国民间文化艺术之乡”建设典型案例名单，分别是南平武夷山的《探索茶文化产业路径，实现文化旅游融合发展》、泉州德化的《传承陶瓷艺术，助燃千年窑火》和福州连江的《连江十番古乐的传承与弘扬》。

“中国民间文化艺术之乡”是文化和旅游部设立的公共文化品牌项目，自1987年开展创建以来，每3年创评一次，旨在发展社会主义先进文化、弘扬社会主义核心价值观和中华优秀传统文化，推动民间文化艺术繁荣发展和基层公共文化服务高质量发展。此次全国共有91个典型案例入选，集中展示宣传了“中国民间文化艺术之乡”的建设成果。

（摘编：胡义顺）

《历史文化保护与传承示范案例（第二辑）》福建省入选镇村名单

2023年10月23日省住建厅消息，日前，由住房和城乡建设部科学技术委员会历史文化保护与传承专业委员会、中国城市规划设计研究院编著的《历史文化保护与传承示范案例（第二辑）》正式发布。经过严格的专家评审、复核，最终有37个项目入选其中。我省邵武市和平镇、惠安县崇武镇、永泰县嵩口镇、永春县岵山镇、尤溪县桂峰村等5个镇村入选。

近年来，省委、省政府高度重视历史文化保护工作，在全省已初步建立了包括历史文化名城、传统村落、历史建筑等保护对象在内的历史文化保护传承体系，出台了《福建省历史文化名城名镇名村和传统村落保护条例》《福建省传统风貌建筑保护条例》《关于深入学习贯彻习近平总书记重要论述加强新时代文化和自然遗产保护利用工作的意见》等2部法规和3个文件，并于2019年成立了省级历史文化保护与传承专家委员会。该专家委员会设立设计咨询（共51名）、施工建造（共12名）两个委员会，还选取国内知名大师（共16名）作为顾问。

（摘编：刘红波）

2023—2024年度中国戏曲像音像工程福建省入选剧目

2023年8月30日福建省文旅厅消息，文旅部近日公布2023—2024年度中国戏曲像音像工程录制演员（剧目）名单，全国入选剧目共102部。我省五大剧种闽剧、莆仙戏、梨园戏、高甲戏、歌仔戏的6部剧目入选。

这6部剧目分别是陈琼主演的闽剧《王莲莲拜香》、吴晶晶主演的高甲戏《半把剪刀》、曾静萍主演的梨园戏《陈三五娘·小闷、大闷》、石福林主演的高甲戏《凤冠梦》、陈娟娟主演的高甲戏《连升三级》和黄艳艳主演的莆仙戏《踏伞行》。

中国戏曲像音像工程是由中央宣传部指导、文旅部组织实施，纳入文化改革和发展“十四五”规划的国家重要文化工程。该工程入选演员以文华表演奖和中国戏剧梅花奖获得者为主，剧目均为代表本剧种的经典剧目以及本剧种独有的濒临失传的传统骨子剧目。2021年以来，我省戏曲剧目入选该工程共14项，数量方面与上海并列全国首位。

（摘编：李子涵）

国家 4A 级旅游景区和省级旅游度假区新增名单

2023 年 1 月 3 日，福建省文旅厅消息，根据《旅游景区质量等级管理办法》和《旅游景区质量等级评定与划分》国家标准（GB/T 17775—2003）及《旅游度假区等级划分》国家标准（GB/T 26358—2010），经有关设区市旅游资源规划开发质量等级评定委员会推荐，福建省旅游资源规划开发质量等级评定委员会组织评定，日前确定 7 家旅游景区为国家 4A 级旅游景区、4 家旅游度假区为省级旅游度假区。

新增的 7 家国家 4A 级旅游景区是：漳州高峰谷景区、泉州溪禾山铁观音文化园、宁化天鹅洞景区、福建三钢工业旅游区、松溪梅口埠景区、柘荣鸳鸯草场景区、中国白茶小镇·石圳湾景区。

4 家省级旅游度假区是：泉州八仙过海旅游度假区、连江环马祖澳滨海旅游度假区、永泰葛岭旅游度假区、长乐滨海旅游度假区。

（摘编：张捷）

第三批国家级旅游休闲街区福建省入选名单

2023 年 12 月 27 日，第三批国家级旅游休闲街区名单公布，我省龙岩市长汀县店头街历史文化街区、三明市泰宁县尚书街旅游休闲街区入选。至此我省已有 7 个国家级旅游休闲街区，数量位居全国第五。

长汀县店头街历史文化街区是古汀州城最早的商业街区，形成于宋，繁荣于明清，至今仍保留着前店后宅或前店后作坊的特色，有“明清古街”之称。街区具备典型的客家文化和深厚的红色文化，地域文化特色鲜明，现有国保 1 处、省保 4 处、保存完整的宗祠家庙 12 处、历史建筑 45 处。

泰宁县尚书街旅游休闲街区位于泰宁旅游风景名胜区的中心区域，列入文物保护单位 6 处、文保点 42 个，被誉为“汉唐古镇、两宋明城”，曾有“隔河两状元、一门四进士、一巷九举人”之科举盛况。街区内现建有全省首个乡村非遗博览苑，打造了状元文化、乡村民宿、特色美食、旅游休闲等特色主题馆。

（摘编：刘红波）

国家水利风景区、省级水利风景区福建省新增名单

2023年2月20日，福建省水利厅消息，上杭城区江滨水利风景区、德化银瓶湖水利风景区获评第二十批国家水利风景区；厦门市杏林湾水库景区、福鼎市赤溪景区、惠安县科山景区、寿宁县武曲景区等4个水利风景区获评第十二批省级水利风景区。

截至目前，我省共创建水利风景区124家，其中国家水利风景区41家、省级水利风景区83家。

我省水利风景区建设起步较早、发展较好，景区建设与管理工作一直走在全国前列。近年来，福建以“打造八闽幸福河湖风景区”为着力点和落脚点，借助河湖长制构建景区河湖保护一张网，全域推进景区建设，推动幸福河湖风景区高质量发展。日前，永春县桃溪水利风景区入选第二批10个国家水利风景区高质量发展典型案例重点推介名单；长汀县水土保持科教园水利风景区、泉州惠女水库水利风景区、莆田东圳水库水利风景区、漳州龙江颂歌水利风景区等4处入选全国“红色基因水利风景区名录”。

（摘编：张捷）

旅游热度榜单福建省上榜名单

2023年2月28日，福建省文旅厅消息，文化和旅游部近日发布“美丽中国·美好生活”2022国内旅游推广活动“城市巡游记”旅游热度榜单，厦门鼓浪屿荣登“城市好景”榜单第三位，福州三坊七巷则入选“城市好街”榜单。

旅游热度榜单是文旅部结合微博旅游大数据，根据“城市巡游记”活动期间微博正文目的地提及、关键词热搜上榜次数等综合热度指数，结合网友分享、专家建议等维度评选发布。榜单细分为城市好景、城市好街、城市好味、城市好物、城市好展等五大热门主题。

统计显示，2022年，厦门鼓浪屿累计上榜微博全国热搜2次、厦门同城榜23次，以其丰富多彩的文化游玩法，吸引大量游客体验。福州三坊七巷从55个国家级旅游休闲街区名单中脱颖而出，多次登上当地同城热搜榜，拥有很高的休闲街区讨论热度，其中2022年“百年流苏树花开似雪”的春日美景登上福州同城热搜榜第一位。

（摘编：吴强）

2023年国家环境健康管理试点福建入选单位名单

2023年10月21日，福建省生态环境厅消息，近日生态环境部公布了2023年国家环境健康管理试点名单，其中福建省厦门市湖里区、宁德市东侨经济技术开发区入选。

本次全国共20个地区（单位）入选，以3年为一评估周期，本期试点时限自2024年1月至2026年12月。试点将围绕环境健康制度创新和技术方法创新开展实践探索，主要包括建立区域高环境健康风险源清单、开展环境健康风险监测与评估、推动环境健康风险分区分级管控、强化环境健康对生态环境监管的引领作用、推动发展“环境健康+”产业和大力提升居民环境健康素养等6方面任务，为国家建立健全环境健康监测、调查和风险评估制度提供实践经验。

（摘编：沈光明）

紧密型城市医疗集团建设试点城市福建省上榜名单

2023年6月9日，国家卫生健康委消息，国家卫生健康委、国家发展改革委、财政部等6部门近日联合印发通知，公布了81个紧密型城市医疗集团建设试点城市（地级市和直辖市的区），福建省三明市、南平市在列。

紧密型城市医疗集团将负责为网格内居民提供疾病预防、诊断、治疗、营养、康复、护理、健康管理等一体化、连续性医疗卫生服务。

紧密型城市医疗集团在内部由牵头医院和成员单位构成，牵头医院原则上是地市级、区级的三级综合性医院（含中医类医院），要将至少三分之一的门诊号源和四分之一的住院床位向家庭医生签约服务团队或基层医疗卫生机构下沉，经基层转诊的签约居民可优先就诊、优先检查、优先住院。牵头医院重点提供急危重症和疑难复杂疾病的诊疗服务，负责接收上转患者，并将符合下转标准的患者有序转诊到成员单位。成员单位原则上至少包括二级综合性医院或能够提供常见病和慢性病诊疗、急危重症抢救、牵头医院下转患者的接续性医疗服务的医疗机构。

到2023年上半年，试点城市完成紧密型城市医疗集团网格化布局；到2023年底，基本形成系统集成的配套政策；到2025年，试点城市紧密型城市医疗集团管理体制更加科学，运行机制更加完善，服务模式更加优化，医疗资源供需更加匹配，就医格局更加合理，试点工作形成可复制、可推广的有益经验。

（摘编：刘红波）

二级中医院全国百强福建省入围名单

2023年4月16日，福建省卫健委消息，近日，国家中医药管理局发布《关于2021年度全国二级公立中医医院绩效考核国家监测分析情况的通报》。

福建省51家公立中医医院（49家中医医院、2家中西医结合医院）参加考核。5家中医医院进入二级公立医院绩效考核前100名排行榜，分别是沙县中医医院、厦门市同安区中医医院、罗源县中医院、上杭县中医院、宁化县中医院。其中，有4家中医院国家监测指标等级为A+（5%以内）。

通过连续三年的绩效考核引导，福建省二级公立中医类医院改革发展已取得阶段性成效，较好地满足了城乡居民对中医药服务的需求，为方便人民群众及时、就近享有中医药基本医疗卫生服务提供了有力支撑。随着《福建省中医药条例》的不断深入推进实施，我省中医药事业正向高质量发展方向持续迈进。

（摘编：赵旭东）

2022年中国医药生物技术十大进展评选揭晓福建省上榜成果

由福建省立项支持、厦大牵头研发的疫情防控应急科研攻关成果——鼻喷流感病毒载体新冠疫苗（以下简称“鼻喷新冠疫苗”），入选2023年2月18日揭晓的2022年中国医药生物技术十大进展。

2022年中国医药生物技术十大进展评选结果在杭州发布。本次评选由中国医药生物技术协会指导，《中国医药生物技术》杂志主办。厦门大学国家传染病诊断试剂与疫苗工程技术研究中心、香港大学、万泰生物联合研发的鼻喷新冠疫苗，作为“新冠疫苗新剂型研发成功并获批紧急使用”，入选2022年中国医药生物技术十大进展。

鼻喷新冠疫苗是我国布局新冠疫苗应急攻关的五条技术路线之一，也是全球首个进入临床试验、迄今唯一在三期临床试验中验证了安全性和广谱有效性的黏膜免疫新冠疫苗。

2017年以来，厦门大学国家传染病诊断试剂与疫苗工程技术研究中心共有5项成果入选中国医药生物技术十大进展，除了鼻喷新冠疫苗，还有首个国产二价宫颈癌疫苗（2019年获批上市、2021年通过世界卫生组织PQ认证）、首个国产九价宫颈癌疫苗（2017年获批开展临床试验）、全球首个艾滋病病毒（HIV）尿液自检试剂（2019年获批上市）等。

（摘编：赵旭东）

联合国老龄所向寿宁颁发“世界长寿乡”证书

2023年12月16日，寿宁县“世界长寿乡”新闻发布会暨授牌仪式在寿宁县下党乡举行。联合国老龄所正式向寿宁颁发“世界长寿乡”证书和标牌，寿宁成为经联合国官方机构正式认证的全省第二个、宁德市唯一的世界级长寿地区。

会上，联合国老龄所与寿宁县政府签订了战略合作框架协议，寿宁“世界长寿乡”品牌标识、形象口号与硒锌康养旅游线路同时发布。

截至2021年底，寿宁全县60岁及以上老年人口46593人，65岁及以上老年人口34751人；80岁及以上高龄老年人口7717人，占60岁以上老年人口的16.56%；90岁及以上长寿老人1949人，占65岁以上老年人口的5.6%；百岁老人44人，每十万人口拥有24.72名百岁老人。包括老年长寿比在内，寿宁植被指数、空气污染指数、地表水质量指数、人口平均预期寿命、人均受教育年限、恩格尔系数等各项指标均符合“世界长寿乡”评定标准。

寿宁境内森林覆盖率达72.05%，空气质量指数优良率达99.73%，地表水和饮用水水质皆优。加上各项事业的投入、建设，使寿宁成为宜居宜业的康养新高地。

（摘编：胡义顺）

福建省中医师中药传统技能大赛获奖名单

2023年4月7日福建省卫生健康委员会、福建省总工会印发《关于公布全省中医师中药传统技能大赛获奖名单的通知》（闽卫中医函〔2023〕608号）提出，全省中医师中药传统技能大赛已顺利落下帷幕。大赛期间，各相关单位踊跃参与、认真备赛，突出“施行福建省中医药条例，传承发展传统中药技能”主题，展示了中医药人的良好精神风貌，提升了中医药从业队伍的职业素养，大赛取得了良好的效果。全省中医师中药传统技能大赛获奖名单公布如下。

一、团体奖

（一）一等奖

厦门市卫生健康委员会、漳州市卫生健康委员会

（二）二等奖

泉州市正骨医院

福州市中医院

漳州市中医院

三明市中西医结合医院

（三）三等奖

宁德市中医院

厦门市中医院
福建中医药大学附属第三人民医院
三明市卫生健康委员会
安溪县中医院
福建中医药大学附属康复医院
（四）优秀奖
福建中医药大学附属人民医院
福建中医药大学附属第二人民医院
福建省中医药科学院
福建省妇幼保健院
福建省老年医院
福州市卫生健康委员会
莆田市卫生健康委员会
泉州市卫生健康委员会
泉州市中医院
晋江市中医院
龙岩市卫生健康委员会
龙岩市中医院
南平市卫生健康委员会
南平市人民医院
平潭综合实验区社会事业局
二、个人单项奖
（一）初赛第1名
张国仙（泉州市正骨医院）
陈凡（福建中医药大学附属第三人民医院）
（二）中药处方审核第1名
黄婷婷（厦门市卫生健康委员会）
（三）中药辨识第1名
张国仙（泉州市正骨医院）
（四）中药炮制第1名
苏全贵（安溪县中医院）
（五）初赛、决赛三项技能合计总分前5名人员
张国仙（泉州市正骨医院）
廖燕凤（福州市中医院）
黄婷婷（厦门市卫生健康委员会）
林凤耀（泉州市正骨医院）
林秋燕（漳州市卫生健康委员会）
三、优秀指导教师奖
向云亚（厦门市卫生健康委员会）
王小平（漳州市卫生健康委员会）
四、特别贡献奖
蔡建峰（泉州市正骨医院）
傅芸霞（泉州市正骨医院）
林水花（泉州医学高等专科学校）

（摘编：刘红波）

首届“福建慈善奖”获奖名单

2023年3月14日，福建省人民政府印发《福建省人民政府关于表彰首届“福建慈善奖”获得者的决定》（闽政文〔2023〕133号）提出，慈善事业是中国特色社会主义事业的重要组成部分，是社会文明进步的重要标志。党的十八大以来，以习近平同志为核心的党中央高度重视慈善事业发展，习近平总书记就完善慈善制度、推动慈善事业健康发展等作出一系列重要指示，为我们做好慈善工作提供了根本遵循。近年来，省委、省政府带领全省广大党员、干部和群众坚持以习近平新时代中国特色社会主义思想为指导，深入贯彻落实习近平总书记关于慈善工作重要指示精神，弘扬慈善文化、搭建慈善平台、强化行业监管，全省慈善事业持续健康发展，在扶贫济困、扶老救孤、恤病助残、科教文卫、应急救援等方面发挥了重要作用、作出了积极贡献。为表彰先进，经省委、省政府研究，决定授予曹德旺等78个爱心个人、项目和单位首届“福建慈善奖”。

希望受到表彰的个人和单位珍惜荣誉、再接再厉，充分发挥模范带头作用。希望社会各界以“福建慈善奖”获得者为榜样，积极投身慈善事业，传播真善美、传递正能量，共同营造人人向善的良好社会氛围，为奋力谱写全面建设社会主义现代化国家福建篇章作出新的更大贡献。

首届“福建慈善奖”获奖名单

（排名不分先后）

一、爱心慈善楷模奖（9个）

曹德旺　福耀玻璃工业集团股份有限公司董事长

丁和木　安踏体育用品集团有限公司荣誉董事长

傅光明　福建圣农发展股份有限公司董事长

陈建龙　恒申控股集团有限公司党委书记、董事长

徐智心（女）　漳州市长泰区慈善总会荣誉会长

王　刚　厦门市曙光救援队队长

邓昌朝　福鼎市贯岭镇退休干部

刘清影（女）　福建省黄仲咸教育基金会理事长助理

蔡罗沙（女）　厦门市海丝慈善会创会会长

二、优秀慈善项目（慈善信托）奖（20个）

“爱永泰计划”——乡村振兴项目（永泰县乡村复兴基金会）

福建“师带徒”精准帮扶牵手行动——惠民生和乡村振兴项目（福建省引进人才服务中心）

兴证慈善闽宁、闽藏东西部协作对口支援帮扶计划（福建省兴业证券慈善基金会）

鸿星助力·衣路有爱项目（福建省残疾人福利基金会）

廖俊波乡村教育基金乡村振兴计划（福建省青少年发展基金会）

姐妹乡伴——乡村妇女自组织支持计划（福建省恒申慈善基金会）

“心动八闽”、“情暖春苗”贫困家庭先心病患儿救助项目（福建省慈善总会）

同心光彩慈善基金项目（泉州市委统战部）

八闽拥军光明行项目（福建省慈善服务协会）

养蜂产业扶贫工程（南平市慈善总会）

沙县区慈善长者食堂项目（沙县慈善总会）

“慈善爱心屋”捐建工程（上杭县慈善总会）

福建省红十字会“救在身边”项目（福建省红十字会）

“慈善助力——强村富民”乡村振兴项目（福安市慈善总会）

福建省病房教室——儿童舒缓疗护项目（福建省助困公益协会）

扶困助残大学圆梦行动（福建省乡村振兴基金会）

保护帮扶全市见义勇为人员及家属项目（莆田市见义勇为基金协会）

科教助学项目——百侨百企科教助学关爱成长行动（福建省东南科技产业开发研究院）

欧浦登百万教育基金项目〔欧浦登（顺昌）光学有限公司〕

“行舟百渡”金秋助学项目（厦门南普陀寺慈善会）

三、爱心捐赠企业（机构）奖（17个）

达利食品集团有限公司

厦门源昌集团有限公司

兴业银行股份有限公司

厦门象屿集团有限公司

旭辉集团股份有限公司

紫金矿业集团股份有限公司

厦门恒兴集团有限公司

三棵树涂料股份有限公司

厦门国贸控股集团有限公司

福建盼盼食品有限公司

宁德时代新能源科技股份有限公司

福建省三钢（集团）有限责任公司

福建丰大集团有限公司

龙翔实业有限公司

武夷星茶业有限公司

赛得利（福建）纤维有限公司

福建省富强石材有限公司

四、爱心捐赠个人奖（17个）

黄　涛　世纪金源集团总裁

林国镜　福建大东海实业集团有限公司董事长

黄朝阳　中骏集团控股有限公司董事局主席

许清流　恒安国际集团有限公司集团总裁、执行董事

洪忠信　劲霸男装股份有限公司董事长

姚志胜　嘉祥集团（国际）有限公司董事局主席

陈守仁　联泰集团有限公司董事长

陈振川　福建晋兴集团有限公司执行董事兼总经理

吴华新　永荣控股集团有限公司董事长

吕联选　汇力兴业集团有限公司董事长

蔡宗美　才子服饰股份有限公司董事长

许明金　香缤控股（中国）有限公司董事局主席

苏国川　福建省豪川投资集团有限公司、福建豪新食品市场股份有限公司董事长

傅天龙　福建春伦集团有限公司董事长

林建肯　莆田市永丰鞋业有限公司总经理

陈文彪　双驰实业股份有限公司董事长

杜锦祥　福建杜氏木业集团董事长

五、优秀慈善组织奖（15 个）

福建省慈善总会

福建省光彩事业促进会

福建省公安民警英烈基金会

福建省残疾人福利基金会

福建省见义勇为基金会

福建省妇女儿童发展基金会

福州市乡村振兴基金会

厦门市慈善总会

泉州市慈善总会

漳州市慈善总会

三明市光彩事业促进会

南平市慈善总会

宁德市蕉城区慈善总会

福建省龙岩市李新炎慈善基金会

平潭综合实验区博爱助残志愿服务中心

（摘编：胡义顺）

第十篇

年度人才

2023年两院院士福建省新当选人员名单

2023年11月22日，中国科学院、中国工程院公布2023年院士增选结果，分别选举产生中国科学院院士59人，中国工程院院士74人。福建共有3人当选。

其中，当选2023年中国科学院院士的有郑南峰（厦门大学）、张荣（厦门大学）；当选2023年中国工程院院士的有夏宁邵（厦门大学）。

郑南峰，中国科学院院士，厦门大学化学化工学院教授、嘉庚创新实验室主任、纳米材料制备技术国家地方联合工程研究中心主任。曾以第一完成人获国家自然科学奖二等奖、首届科学探索奖、何梁何利基金科学与技术创新奖、教育部青年科学奖、中国青年科技奖、中国化学会—英国皇家化学会青年化学奖、东京大学Zasshi-kai讲席奖、中国化学会青年化学奖等。

张荣，中国科学院院士，厦门大学党委书记、厦门大学国家集成电路产教融合创新平台主任，厦门市未来显示技术研究院院长。曾获国家技术发明二等奖、国家自然科学二等奖、国家教学成果二等奖和国家技术发明三等奖各1项，何梁何利科学与技术进步奖、省部级科技一等奖3项。

夏宁邵，中国工程院院士，厦门大学生命科学学院/公共卫生学院教授、国家传染病诊断试剂与疫苗工程技术研究中心主任、传染病疫苗研发全国重点实验室主任、翔安创新实验室主任，曾任厦门大学公共卫生学院院长。曾以第一完成人获国家技术发明二等奖、国家科技进步奖二等奖、全国创新争先奖、中国专利金奖、福建省科技重大贡献奖、厦门市科技重大贡献奖、求是杰出科技成就集体奖、转化医学杰出贡献奖。

院士是我国科学技术方面和工程科技领域的最高荣誉称号，院士制度是党和国家为树立尊重知识、尊重人才导向，凝聚优秀人才服务国家设立的一项重要制度。

本次增选后，我国院士队伍的年龄结构和学科分布进一步优化。本次两院院士增选名额进一步向国家急需的关键领域和基础学科、新兴学科、交叉学科倾斜；向为国防和国家安全作出突出贡献的科研人员倾斜；向承担国家重大科研任务、重大科技基础设施建设和重大工程并作出突出贡献的科研人员倾斜。

（摘编：吴强）

2022 年度福建省科学技术奖获奖名单

2024 年 4 月 6 日，福建省人民政府印发《关于 2022 年度省科学技术奖励的决定》（闽政文〔2024〕126 号）提出，为深入贯彻落实习近平新时代中国特色社会主义思想，认真学习贯彻党的二十大精神，深入实施科教兴省战略、人才强省战略、创新驱动发展战略，加快实现高水平科技自立自强，根据《福建省科学技术奖励办法》的有关规定，省科学技术奖励委员会组织对 2022 年度福建省科学技术奖进行评审，经研究，决定对 2022 年度在科学技术进步活动中作出重要贡献的科学技术人员和组织给予奖励。具体如下。

一、授予厦门大学孙世刚院士、福建省农业科学院果树研究所郑少泉研究员福建省科学技术重大贡献奖。

二、授予“钙钛矿光电转换材料与器件的应用基础研究”等 4 项成果福建省自然科学奖一等奖，授予“基于‘知识+层次’的视觉感知理解理论和方法”等 5 项成果福建省自然科学奖二等奖，授予“致密天体爆发机制的多信使研究”等 12 项成果福建省自然科学奖三等奖。

三、授予“海洋动物新型抗菌肽的发现及其产品创制与应用”成果福建省技术发明奖一等奖，授予“多源地质隧道灾变高精度感知与处治技术及工程应用”成果福建省技术发明奖三等奖。

四、授予“边缘场景下多模态智能分析与芯片关键技术及应用”等 23 项成果福建省科学技术进步奖一等奖，授予“城市大脑视觉数据高效感知与智能中台分析技术及其产业化”等 56 项成果福建省科学技术进步奖二等奖，授予“新型高刷新全面显示屏的开发与产业化”等 93 项成果福建省科学技术进步奖三等奖。

五、授予“高强度超薄化学钢化汽车玻璃技术的产业化应用”成果福建省科学技术成果转化奖一等奖，授予“基于聚硼硅氧烷的自适应共混弹性体鞋材的研制及产业化”成果福建省科学技术成果转化奖三等奖。

六、授予布鲁诺·布里斯杰拉（Bruno Briseghella）、辛口·帕特里克（Sinko，Patrick John）、程方（Fang Cheng）等 3 人福建省国际科学技术合作奖。

希望获奖集体和个人珍惜荣誉，再接再厉，再创佳绩。全省科技工作者要认真贯彻落实习近平总书记关于科技创新的重要论述，加快推进科技创新发展，强化关键核心技术攻关，深化科技体制改革和人才发展体制机制改革，加快建设高水平创新型省份，推动形成新质生产力，为全方位推进高质量发展、奋力谱写全面建设社会主义现代化国家福建篇章作出新的更大贡献。

附件

2022 年度福建省科学技术奖获奖名单

一、科学技术重大贡献奖（2 人）
孙世刚（厦门大学）
郑少泉（福建省农业科学院果树研究所）

续表

序号	项目名称	主要完成单位	主要完成人
二、自然科学奖（21 项）			
一等奖			
1	钙钛矿光电转换材料与器件的应用基础研究	华侨大学	魏展画、谢立强、田成波、林克斌、卢建勋
2	拓扑代数与最优传感器布局的广义度量和映射方法	闽南师范大学、宁德师范学院、苏州大学	林福财、林　寿、恽自求
3	植物蓝光受体隐花色素原初光反应机理	福建农林大学	王　琴、林辰涛
4	肿瘤靶点 JMJD6 的功能、分子机制和干预研究	厦门大学	刘　文、肖荣权、冉　挺、易　佳、黄琦绚
二等奖			
1	基于“知识+层次”的视觉感知理解理论和方法	厦门大学、华东师范大学	曲延云、谢　源、张志忠、李翠华、罗小同
2	变换光学隐身、反隐身及超散射基础研究	厦门大学、苏州大学、上海交通大学	陈焕阳、徐亚东、罗旭东、杨　涛、徐　林
3	海洋硝化过程的驱动因子与全球变化	厦门大学	高树基、万显会、郑珍珍、徐　敏、杨进宇
4	花生基因组和重要性状基因研究	福建农林大学	庄伟建、陈　华、张　冲、庄宇慧、蔡铁城
5	诊疗一体化影像探针及临床应用研究	厦门大学	刘　刚、楚成超、张现忠、王骁勇、张　阳
三等奖			
1	致密天体爆发机制的多信使研究	厦门大学	刘　彤、李　昂、顾为民
2	基于四配位硼的新型转化及应用的研究	华侨大学、福州大学	宋秋玲、杨　凯
3	晶态多孔质子导体的设计和微观结构的研究	福建师范大学	张章静、项生昌、叶应祥、陈邦林、姚梓竹
4	基于图论的多模态图像模式识别理论与应用	厦门理工学院、杭州电子科技大学	洪朝群、俞　俊、王晓栋
5	区域生态环境监测与评估的遥感机理与实现	福州大学、福建农林大学	徐涵秋、胡喜生
6	非受控环境下数据安全共享理论与方法	福州大学、西安电子科技大学、福建师范大学	刘西蒙、杨　旸、苗银宾、马建峰、熊金波
7	小样本高可靠性产品寿命评估方法及优化设计研究	三明学院、华东师范大学、浙江工商大学	管　强、汤银才、徐安察
8	基于新颖微纳结构的光场按需调控机理研究	泉州师范学院、西南科技大学、浙江大学	吴平辉、易　早、陈泽强
9	金属间强相互作用调控及其气态污染物催化净化作用机制	中国科学院城市环境研究所、中国科学院福建物质结构研究所	贾宏鹏、陈　金、陈　儆、卢灿忠
10	柔性铁电晶体材料的设计合成和物性研究	中国科学院福建物质结构研究所	罗军华、孙志华、李丽娜、刘希涛、姬成敏
11	植物生长发育调控和逆境适应	福建农林大学	吴　双、李朋雪、许梅芝

续表

序号	项目名称	主要完成单位	主要完成人
12	创新生物纳米材料精准遏制和清除血中致病物质的系统研究	闽江学院、福州大学、厦门大学	贾　力、高　瑜、谢静静、解晓东
		三、技术发明奖（2项）	
		一等奖	
1	海洋动物新型抗菌肽的发现及其产品创制与应用	厦门大学、厦门海嘉成生物科技有限公司、福建省华龙饲料有限公司	王克坚、彭　会、陈芳奕、黄贞胜、郭　庆
		二等奖（空缺）	
		三等奖	
1	多源地质隧道灾变高精度感知与处治技术及工程应用	福建雄泰建设工程有限公司、中铁十一局集团有限公司、中铁十八局集团有限公司	高　军、杨立云、许　丹、李行利、王更峰
		四、科学技术进步奖（172项）	
		一等奖	
1	边缘场景下多模态智能分析与芯片关键技术及应用	华侨大学、厦门亿联网络技术股份有限公司、星宸科技股份有限公司、厦门云知芯智能科技有限公司、厦门华联电子股份有限公司	曾焕强、朱建清、廖　昀、林　博、陆　阳、陈　虢、施一帆、陈　婧、冯万健、沈剑楠
2	核主泵机械密封智能化健康管理与延役技术及应用	福建福清核电有限公司、清华大学	黄伟峰、文　学、杨全超、刘　莹、向先保、王玉明、宋　林、尹　源、郑嘉榕、杜鹏程
3	锂电池工业质检关键技术及其系统集成应用	宁德时代新能源科技股份有限公司、江苏时代新能源科技有限公司、腾讯云计算（北京）有限责任公司、凌云光技术股份有限公司	NI JUN、马　林、阳　超、姚　毅、王艺若、胥飞龙、陈　飞、金　鹏、赵　宾、杨　涛
4	光伏电站智能运维关键技术研发及产业化	福州大学、福建至善伏安智能科技有限公司、福建承昌建设工程有限公司、恒超建工集团有限公司	程树英、林培杰、陈志聪、吴丽君、陈智东、陈　榕、王　铭、林火养
5	长大桥梁抗震抗风与减振性能提升关键技术及应用	福州大学、北京工业大学、中铁大桥局集团有限公司、福建省英城建设工程有限公司、福建省二建建设集团有限公司、福建路港（集团）有限公司、福建星原建设工程发展有限公司、福建省燕城建设工程有限公司	许　莉、许　坤、温佳年、张　超、韩　强、何浩祥、鲍丹宇、孙国光、林楷奇、艾四芽
6	大跨度混合梁刚构桥设计与施工关键技术研究与示范	福建省高速公路建设总指挥部、中交一公局厦门工程有限公司、同济大学、中交泉州高速公路有限责任公司、上海市城市建设设计研究总院（集团）有限公司、福建省高速路桥建设发展有限公司	林志平、苏庆田、吴积县、陈智威、丁忠亮、徐　晨、闫兴非、蔡玉强、王荣勇、何善美
7	复杂海域环境下超长管道整体式沉管施工关键技术与应用	华侨大学、厦门市政水务集团有限公司、南京工业大学、厦门理工学院、福建荣工建设有限公司	俞　缙、王元清、陈炜昀、蔡燕燕、王　磊、周先齐、姚　玮、涂兵雄、刘士雨、翁国漳

续表

序号	项目名称	主要完成单位	主要完成人
8	复杂地质环境节理岩体变形破坏模拟装备与锚注协同控灾关键技术	福建理工大学、福州大学、山东科技大学、福建省路桥建设集团有限公司、中旗华昊建设有限公司、福建省国筑建设工程有限公司、福建和盛达建筑工程有限公司、福建成森建设集团有限公司	王　刚、吴学震、赖志超、贺　鹏、尤志嘉、蒋宇静、邓　涛、陈党辉、臧万军、严为玉
9	重大装备复合材料结构全生命周期健康监测关键技术与应用	厦门大学、厦门市特种设备检验检测院	王奕首、卿新林、孙　虎、李卫彬、吴会强、曾志伟、伏喜斌、薛文东、刘琦华、刘　晓
10	高性能聚烯烃复合管材关键技术及其应用	福建师范大学、福建纳川管材科技股份有限公司、福建和盛塑业有限公司、福建省燕城建设工程有限公司、福建佰胜达建设有限公司、福建省群溢建筑工程有限公司、福建纳川水务有限公司、福建纳川管业科技有限责任公司	钱庆荣、曹长林、黄宝铨、魏作友、严立万、陈庆华、成惠斌、陈建福、陈苏焕、肖荔人
11	超大力值精准量传关键技术及应用	福建省计量科学研究院、福州大学、中国航空工业集团公司北京长城计量测试技术研究所、福建理工大学、绍兴市肯特机械电子有限公司	池　辉、梁　伟、杨晓翔、赵印明、林　硕、韦铁平、赖征创、柴继新、马　兴、姚进辉
12	基于大数据的智能天气预报关键技术及应用	福建省气象台、国家气象中心、中国气象局气象干部培训学院、福建华网信息科技有限公司、福建省气候中心	吴启树、姚秀萍、危国飞、林　青、苏同华、贺雅楠、林金淦、刘　铭、潘　宁、江晓南
13	低碳节能水泥窑协同处置垃圾技术及装备研发与应用	福建龙麟环境工程有限公司、天津大学、福建创盛建设有限公司、福建天蒙建设有限公司、福建金鼎建筑发展有限公司、福建省富衢建筑工程有限公司、福建成冠建设工程有限公司、福建巧匠建筑工程有限公司	吕学斌、黄永生、于志昊、郑高峰、张　蕊、胡艳军、陈文曦、何纲平、林　峰、林育香
14	南方设施番茄新品种选育与产业关键技术研究利用	福建省农业科学院作物研究所、广西壮族自治区农业科学院、华南农业大学、福建省意达科技股份有限公司、厦门中厦蔬菜种籽有限公司、厦门如意种苗高科技股份有限公司	朱海生、张前荣、李永平、王益奎、汪国平、温庆放、薛珠政、甘桂云、黄章国、陈木林
15	番鸭细小病毒病和小鹅瘟二联活疫苗创制关键技术及产业化应用	福建省农业科学院畜牧兽医研究所、青岛易邦生物工程有限公司	陈少莺、程晓霞、林锋强、陈仕龙、王　劭、朱小丽、胡奇林、江　斌、张　青、邹　敏
16	预制菜加工关键技术及装备的创新与产业化	福建农林大学、福建省亚明食品有限公司、福建省标准化研究院、福建佰翔天厨食品有限公司、厦门绿进食品有限公司、厦门银祥集团有限公司、福建立兴食品股份有限公司、福建省莆田市赏味央厨餐饮管理有限公司	郭泽镔、张宁宁、卢　旭、吴其明、梁　静、钟小清、柯进步、张志刚、邹少强、林庆祥
17	凡纳滨对虾健康养殖关键技术研究与应用	集美大学、福建大北农华有水产科技集团有限公司、厦门龙程水产科技有限公司	张春晓、黄永春、汪　攀、叶继丹、孙云章、康顺元、朱传忠、鲁康乐、宋　凯、王　玲

续表

序号	项目名称	主要完成单位	主要完成人
18	海藻高值化加工关键技术创新与产业化应用	集美大学、宁波大学、福建省绿麒食品胶体有限公司、厦门唯康食品科技有限公司、福建亿达食品有限公司、阿一波食品有限公司、厦门元之道生物科技有限公司、厦门海洋职业技术学院	姜泽东、倪　辉、朱艳冰、林坤城、林景新、邱碧香、李宁波、骆其君、黄君阳、陈艳红
19	以状态辨识为核心的治未病理论体系构建与应用	福建中医药大学、漳州片仔癀药业股份有限公司、厦门燕来福制药有限公司、厦门越人健康技术研发有限公司	李灿东、林雪娟、杨朝阳、吴长汶、黄进明、陈淑娇、周常恩、俞　洁、朱　龙、曾秋红
20	重组人乳头瘤病毒16/18型双价疫苗（大肠杆菌）的研制与应用	厦门大学、厦门万泰沧海生物技术有限公司	夏宁邵、李少伟、张　军、吴　婷、潘晖榕、顾　颖、黄　博、李仲艺、黄守杰、沈文通
21	纳米炭染色剂研发及其在肿瘤手术标记定位中的临床应用	中国人民解放军联勤保障部队第九〇〇医院、重庆莱美药业股份有限公司	王　瑜、王　雯、肖春红、林　楠、李达周、唐小海、王　蓉、张再重、吴伟航、汪　徐
22	急性Ⅰ型主动脉夹层手术技术创新和预后评价体系的推广应用	福建医科大学附属协和医院	陈良万、林雁娟、吴青松、戴小福、林　勇、丘智煌、李虔桢、徐　帆、罗增荣、黄凌晨
23	胸主动脉病变腔内修复术中保留弓上分支关键技术体系的建立与推广	复旦大学附属中山医院厦门医院、复旦大学附属中山医院、先健科技（深圳）有限公司	王利新、符伟国、马　韬、洪　翔、卢伟锋、郭大乔、董智慧、周　旻、洪诗钗、唐江峰
		二等奖	
1	城市大脑视觉数据高效感知与智能中台分析技术及其产业化	厦门大学、福州大学、浙江大华技术股份有限公司、中国移动通信集团福建有限公司、厦门大数据有限公司、南强智视（厦门）科技有限公司	纪荣嵘、郭文忠、殷　俊、洪　青、姜　山、王振宁、林贤明
2	高效高密模块化UPS及其智能管理关键技术与应用	厦门大学、厦门市爱维达电子有限公司、厦门金龙联合汽车工业有限公司、福建福清核电有限公司、中兴通讯股份有限公司	何良宗、陈一逢、李　伟、马铁军、谢凤华、曾　涛、王勇军
3	面向智能网联汽车的三维环境感知关键技术及产业化	厦门大学、厦门雅迅网络股份有限公司、贵州航天天马机电科技有限公司、易图通科技（北京）有限公司	温程璐、涂岩恺、刘伟权、王海龙、程　明、刘秋平、王　程
4	病理AI辅助诊断平台关键技术研发与产业化	厦门理工学院、麦克奥迪（厦门）医疗诊断系统有限公司、中国人民解放军陆军第七十三集团军医院、厦门艾德生物技术研究中心有限公司、北京交通大学	王大寒、黄荣祥、王继伟、王蓟斌、张淳杰、李建敏、朱晨雁
5	面向公共安全的涉网异常行为识别与分析关键技术及应用	厦门市美亚柏科信息股份有限公司、厦门理工学院	江汉祥、吴克寿、杜新胜、苏再添、陈　云、陈俊珊、张　旭
6	基于5G数字孪生柔性产线的工业元宇宙场景技术与产业化	厦门盈趣科技股份有限公司、天津大学、浙江大学、清华大学、厦门攸信信息技术有限公司、天津大学福州国际联合学院	杨　明、陈建成、胡伟飞、张　涛、李克秋、黄志菊、刘　昱

续表

序号	项目名称	主要完成单位	主要完成人
7	用于 10G PON 及 100G 数通的光通信收发芯片研发及产业化	厦门优迅高速芯片有限公司	林少衡、陈　哲、柯腾隆、李发明、彭慧耀、洪　明、陈志阳
8	核反应堆控制棒用高安全性中子吸收材料研发及应用	厦门大学、上海核工程研究设计院股份有限公司、中国科学院上海硅酸盐研究所	冉　广、卢俊强、朱丽兵、张兆泉、林建新、汤春桃、范武刚
9	华龙一号百万千瓦级反应堆冷却剂泵性能提升关键技术与工程应用	福建福清核电有限公司	杜鹏程、费冬冬、江腊涛、吴　明、宋　林、文　学、杨全超
10	纯电商用车动力系统产业协同数字化制造关键技术与应用	厦门金龙联合汽车工业有限公司、福建（泉州）哈工大工程技术研究院、上海交通大学、泉州装备制造研究所	梁培栋、刘志军、蔡鸿明、黄承曦、林宝星、于　晗、魏　宪
11	超长寿命锂离子储能电池关键技术及应用	宁德时代新能源科技股份有限公司	赵丰刚、金海族、刘晓梅、杨龙飞、谢　斌、刘　江、王国宝
12	面向新型电力系统的高压电力设备状态感知与预警关键技术及产业化	华侨大学、红相股份有限公司、中国大唐集团科学技术研究总院有限公司、中汇建筑集团有限公司、福建嘉宜建筑工程有限公司、福建登发建设工程有限公司	方瑞明、邓　敏、尚荣艳、苏太育、吴　铮、杨玉磊、彭长青
13	规模化风电并网系统稳定分析与主动阻尼控制技术及应用	国网福建省电力有限公司电力科学研究院、华北电力大学、深圳市禾望电气股份有限公司、新疆金风科技股份有限公司、北京四方继保自动化股份有限公司、清华海峡研究院（厦门）	马　静、李　超、徐福聪、沈雅琦、赵书强、杨志千、曾志杰
14	基于电力工业互联网的智能终端网络安全关键技术及应用	国网福建省电力有限公司漳州供电公司、国网福建省电力有限公司电力科学研究院、国网新疆电力有限公司电力科学研究院、国网福建省电力有限公司信息通信分公司、国网福建省电力有限公司	郭敬东、罗富财、张坤三、吴丽进、李　峰、舒　斐、沈立翔
15	基于多源信息的岩土边坡隐患智能预警协同防控技术	福建永强岩土股份有限公司、泉州装备制造研究所、中国有色金属工业昆明勘察设计研究院有限公司、福建省交通规划设计院有限公司、中钢集团马鞍山矿山研究总院股份有限公司、清华大学	聂　闻、孔秋平、刘文连、刘晓丽、郑清松、许汉华、张　强
16	建筑结构隔震设计方法与性能测试技术及工程应用	福州大学、北京工业大学、福建森正建设集团有限公司、至永建设集团有限公司、中城投集团第八工程局有限公司、中建四海建设开发有限公司	吴应雄、唐贞云、林友勤、邱灿星、张东鹏、翁锦华、许燕芳
17	全预制装配化耗能减震韧性结构关键技术与工程应用	福建理工大学、福建省二建建设集团有限公司、福建省华荣建设集团有限公司、飞阳建设工程有限公司、福州市建筑设计院有限责任公司、千易建设集团有限公司	郑莲琼、颜桂云、刘如月、黄跃森、潘钦锋、翁锦华、杨　勇
18	钢框架建筑整体结构抗火试验与设计方法	华侨大学、中国建筑科学研究院有限公司、恒超建工集团有限公司、福建径坊建造工程有限公司、皓耀时代（福建）集团有限公司、厦门卓毅建筑工程有限公司	董毓利、张大山、王卫华、房圆圆、肖泽南、何宗莺、齐建全
19	工农业固废绿色协同利用关键技术研发与推广	三明学院、山东农业大学、海峡建工集团有限公司、福建省华荣建设集团有限公司、福建一建集团有限公司、海颐建工集团有限公司	张会芝、王少杰、崔秀琴、郑春林、林忠东、刘纪峰、卢　健

续表

序号	项目名称	主要完成单位	主要完成人
20	多雨地区山谷型填埋场资源回收与污染阻控关键技术及应用	福建理工大学、中国环境科学研究院、中庆建设有限责任公司、福建大佳建设工程有限公司、福州城建设计研究院有限公司、中交建福能建设工程有限公司	何小松、蒋柱武、肖友淦、卓　雄、沈俊宏、余　海、黄　益
21	轴承式单向超越离合器研发及产业化	厦门大学、传孚科技（厦门）有限公司、福建省三明齿轮箱有限责任公司	许水电、曾景华、李延福、许　涛、姚　斌、陈菊花、余振芳
22	大型低品位金属资源露地协同规模化开采关键技术研究与应用	紫金矿业集团股份有限公司、福州大学	陈景河、李和平、付　毅、龙　翼、黄明发、高　忠、黄明清
23	全地形车辆橡胶材料关键技术研发与绿色制造	厦门大学、厦门正新橡胶工业有限公司、万新（厦门）新材料有限公司、厦门正新海燕轮胎有限公司	戴李宗、曹和胜、兰加水、许一婷、袁丛辉、许智明、曾碧榕
24	高性能钨钼制品的关键制备技术与应用	厦门理工学院、厦门虹鹭钨钼工业有限公司、北京科技大学	张厚安、古思勇、黄志民、秦明礼、杨益航、林　强、郑艾龙
25	精品再生骨料制备方法及智能成套装备产业化应用开发	福建南方路面机械股份有限公司、华侨大学、哈尔滨工业大学、福建省南星建设工程有限公司	黄文景、杨建红、易军艳、冯德成、秦双迎、郭银岁、房怀英
26	建筑智能传感监控和状态评估的关键技术与管理平台	厦门大学、中建海峡建设发展有限公司、华侨大学、福建金鼎建筑发展有限公司、三明客家源建设工程有限公司、福建恒声建设集团有限公司	雷　鹰、董小鹏、王　耀、刘丽君、廖成皓、王　成、陈仁心
27	垃圾渗滤液全量化处理关键技术及产业化	厦门理工学院、厦门嘉戎技术股份有限公司、深圳大学、盛发环保科技（厦门）有限公司、优尼索膜技术（厦门）有限公司	严　滨、董正军、牛青山、刘其彬、王如顺、张净瑞、叶　茜
28	湿热地区沥青路面再生关键技术及工程应用	福建省建筑科学研究院有限责任公司、福建南方路面机械股份有限公司、湖南大学、福建众合开发建筑设计院有限公司、福建省榕圣市政工程股份有限公司、福建龙健建设发展有限公司	林云腾、张恒龙、路俊杰、翟资雄、潘万南、林志平、江　星
29	生态敏感区特长隧道绿色建造关键技术	福建省水利水电工程局有限公司、中铁十局集团有限公司、福建路港（集团）有限公司、中国建筑第五工程局有限公司、中国铁建港航局集团有限公司、深圳市市政设计研究院有限公司	涂启龙、余世为、覃　晖、章慧健、林有心、黄国兴、杨　卫
30	跨越隐伏断层隧道灾害防治关键技术及应用	华侨大学、厦门轨道建设发展集团有限公司、水玲龙（福建）建设工程有限公司、中建协和建设有限公司、中国科学院武汉岩土力学研究所、中铁十四局集团有限公司	蔡奇鹏、刘永淼、崔　臻、杨圣建、陈金龙、苏龙辉、苏世灼
31	穿越复杂海域地铁盾构隧道建造关键技术研究及应用	厦门轨道建设发展集团有限公司、中铁第四勘察设计院集团有限公司、盾构及掘进技术国家重点实验室、西南交通大学、水利部交通运输部国家能源局南京水利科学研究院、同济大学	陈晓坚、王金龙、周建军、蔡光远、张竹清、陈建福、蔡文明
32	高耐蚀强润滑清洁能源燃料内燃机气缸套关键技术及应用	三明学院、福建龙生机械有限公司、福建荣建集团有限公司、福建西南建设有限公司、中原内配集团股份有限公司、焦作大学	王春荣、林　岚、程超增、刘　栋、孟　超、魏　剑、侯起飞

续表

序号	项目名称	主要完成单位	主要完成人
33	大功率激光加工装备研制与应用	中国机械总院集团海西（福建）分院有限公司、厦门大学、深圳市杰普特光电股份有限公司、中机数控科技（福建）有限公司、长园装备制造有限公司	薛松海、姜　超、连云崧、赵崇光、林锦明、张炳才、刘　明
34	新型全预制装配式桥梁建造关键技术和应用	福建承昌建设工程有限公司、北京建筑大学、中恒建设集团有限公司、皓耀时代（福建）集团有限公司、恒超建工集团有限公司、中恒宏瑞建设集团有限公司	胡梦涵、曾志攀、陈冠华、陈　榕、贾振雷、刘晓光、刘佑伟
35	国产首套带式焙烧机高品质熔剂性球团关键技术与装备	福建三钢闽光股份有限公司、中南大学、中钢设备有限公司、福建省三钢（集团）有限责任公司	洪荣勇、潘　建、陈昭尧、朱德庆、胡文祥、郭正启、易安南
36	福建省治涝水文关键技术研究与推广应用	福建省水利规划院、河海大学	黄常斌、向　龙、林明财、陈　琼、陈　星、石　朋、杨传国
37	威兰胶生产关键技术及产业化与应用	福建师范大学、中国石油大学（华东）、枣庄市杰诺生物酶有限公司	朱　虎、李　慧、常爱平、王继乾、徐　海、姬思雪、许向阳
38	湿电子化学品提纯关键技术及工业应用	福州大学、金为环保科技（常州）有限公司、浙江联盛化学股份有限公司、天津中福环保科技股份有限公司、清源创新实验室	杨　臣、陈　杰、邱　挺、黄　斌、杨振杰、郑晓舟、王清莲
39	纺织面料立体印花智能装备关键技术与应用	福建屹立智能化科技有限公司、东华大学、福建华峰运动用品科技有限公司	孟　婥、季　霞、孙志军、郗欣甫、李培波、闫红霞、方华玉
40	海洋藻源色素蛋白/肽的绿色制备关键技术及产业化应用	福州大学、福建中益制药有限公司、福建蓝海食品科技有限公司、安徽国肽生物科技有限公司	蔡茜茜、汪少芸、陈　旭、邱远望、林德雄、张　恒、田永奇
41	食品品质安全近红外光电传感快速智能化检测技术创新和应用	集美大学、江苏大学、厦门海荭兴仪器股份有限公司	陈全胜、陈晓梅、李欢欢、焦天慧、张荣宝、杨　彬
42	磷酸赋活法制备竹木质颗粒活性炭关键技术及产业化	福建农林大学、福建省林业科学研究院、福建省鑫森炭业股份有限公司、福建省芝星炭业股份有限公司	林冠烽、黄　彪、陈志强、林　鹏、常颖萃、魏安国、吴开金
43	杜鹃种质创新与产业化关键技术研究及应用	福建农林大学、贵州科学院、金华市永根杜鹃花培育有限公司、诚誉建设集团有限公司、福建洋塔园艺有限公司、福建江海苑园林工程有限公司	郭梨锦、陈孝丑、林　蔚、陈　翔、何碧珠、周　艳、王　玲
44	百香果种质创新与生产关键技术研究及应用	福建农林大学、龙岩市新罗区良种繁育场、龙岩市新罗区种子站、龙岩市新罗区经济作物技术推广站、福建莲蜜生态农业发展有限公司、福建百果壹号农业发展有限公司	陈发兴、张文斌、蔡世锋、倪秋京、吴胜芳、林水明、林炎照
45	海洋环境绿叶蔬菜品种选育及智能化生产关键技术研究应用	福建农林大学、福建金品农业科技股份有限公司、鑫晟欣（厦门）农业工场技术有限公司、福建九圃生物科技有限公司	钟凤林、许　茹、侯毛毛、朱　彬、李小英、曹　萍、出泽宏

续表

序号	项目名称	主要完成单位	主要完成人
46	福建省海上绿色养殖设施装备及模式创新与产业化	福建省水产研究所、集美大学、金贝尔（福建）水环境工程有限公司、福建亚通新材料科技股份有限公司、福建省闽东水产研究所、莆田市水产科学研究所	郑国富、王春忠、扈　喆、颜阔秋、曾庆民、王兴春、魏盛军
47	水稻重大害虫褐飞虱绿色防控关键技术创新与应用	福建省农业科学院水稻研究所、福建省农业科学院植物保护研究所、尤溪县农业技术推广站、湖南新长山农业发展股份有限公司	施龙清、邱良妙、占志雄、朱永生、刘　锋、谢华安、刘其全
48	基于绿芦笋优化栽培模式的病虫害绿色防控技术研究与应用	福建省农业科学院植物保护研究所、浙江大学、福州市农业科学研究所、杭州佳惠农业开发有限公司、京博农化科技有限公司	杜宜新、陈福如、石妞妞、施建军、卢　钢、张旭娟、阮宏椿
49	植物油基生物质复合材料制备关键技术及产业化	福建农林大学、青岛弧光高分子科技有限公司、福人集团森林工业有限公司	刘文地、邱仁辉、邱建辉、吴宇超、陈婷婷、付腾飞
50	食管癌放射治疗关键技术的创新与应用	福建省肿瘤医院、江苏省人民医院、上海市胸科医院	李建成、孙新臣、程文芳、蔡旭伟、林明蔷、姚奇伟、吴海山
51	基于类脑智能的中药生产管控关键技术及临床转化应用	厦门中药厂有限公司、浙江大学、福建中医药大学、浙江工业大学	墙世发、王　毅、林　羽、关　斌、车　莉、钱　景、赖志成
52	福建社区老年人综合健康评估和干预体系的构建与示范	福建省立医院	朱鹏立、黄　峰、林　帆、张琼瑶、袁　音、李乔薇、李　娜
53	“通督强脊”论治脊柱病的科学内涵与推广应用	福建医科大学、福建中医药大学、福建中医药大学附属第二人民医院、福建　中医药大学附属康复医院、正上智能科技（福建）有限公司	王诗忠、陈少清、林建平、张坤木、李　明、宋红梅、陈水金
54	遗传性中枢神经退行性疾病的分子诊断及应用	福建医科大学附属第一医院、中国科学院脑科学与智能技术卓越创新中心	陈万金、王　柠、姚香平、熊志奇、程学文、赵　淼、何　瑾
55	腹腔镜和机器人胰腺手术关键技术建立和应用	福建医科大学附属协和医院	黄鹤光、林荣贵、林贤超、陈燕昌、陆逢春、杨媛媛、王丛菲
56	老年认知障碍早期筛查评估与康复的关键技术及应用	福建中医药大学、厦门市和家健脑智能科技有限公司、香港大学、香港教育大学、中国人民解放军联勤保障部队第九〇〇医院、易家健康管理有限公司	陶　静、柳维林、李湄珍、陈智轩、吴劲松、刘　娇、张胜行
		三等奖	
1	新型高刷新全面显示屏的开发与产业化	福建华佳彩有限公司	黄　丽、钟慧萍、霍安邦、吕陈凤、吴文靖
2	3.5GHz 频段 5G 终端砷化镓功放芯片研发及产业化	厦门市三安集成电路有限公司	魏鸿基、杨　健、王　鹏、王文平、李艺君
3	跨行业异构数据智能分析关键技术与应用	福州大学、国网信通亿力科技有限责任公司、福建正孚软件有限公司、福建拓尔通软件有限公司	陈羽中、倪时龙、林建华、牛玉贞、赵铁松

续表

序号	项目名称	主要完成单位	主要完成人
4	智能终端语音交互技术研发与产业化	厦门大学、海信视像科技股份有限公司、厦门市美亚柏科信息股份有限公司、厦门天聪智能软件有限公司	洪青阳、童　峰、李　琳、杨善松、马　明
5	面向边缘感知的轻量化三维数字底座及产业化应用	集美大学、罗普特科技集团股份有限公司、厦门市政管廊投资管理有限公司、厦门大学	蔡国榕、江文涛、林亚杰、苏锦河、李绍滋
6	基于知识图谱和深度迁移学习的B2C智能电商关键技术研发及应用	华侨大学、福建奇鹭物联网科技股份公司、蓝海（福建）信息科技有限公司、易点生活电子商务有限公司	王　成、张忆文、林仪清、傅顺开、王　靖
7	面向下一代互联网的主动防御关键技术及应用	泉州信息工程学院、福建中信网安信息科技有限公司、中国人民解放军战略支援部队信息工程大学、泉州市搏浪科技集团有限公司	金华松、王　禹、郭　毅、张连成、曾耕耘
8	云数据中心超大规模SDN网络技术及应用	锐捷网络股份有限公司、中移动信息技术有限公司、中移（苏州）软件技术有限公司、福建星网锐捷通讯股份有限公司	林镜华、黄奇峰、黄东远、刘　虹、齐　骥
9	网络化客流需求条件下的城市轨道交通智能运输关键技术及决策平台	厦门大学、北京交通大学、海环科技集团股份有限公司、中工建设集团（福建）有限公司	许旺土、许心越、张　薇、李建民、刘四德
10	信息智能处理系统安全防护关键技术研究与应用	厦门大学、福建联迪商用设备有限公司、睿云联（厦门）网络通讯技术有限公司、福建省中电海峡智能装备研究院	高志斌、黄联芬、林　英、黄　悦、冯　超
11	新型智慧防控安全体系关键技术创新与产业化	莆田学院、润建股份有限公司、深圳大学、广西信安锐达科技有限公司	闻　辉、刘海涛、裴继红、李林强、覃　诗
12	系统工程与数字化技术在三代核电“华龙一号”工程中的应用与创新	中核国电漳州能源有限公司、北京航天兴科高新技术有限公司、中国核工业二四建设有限公司、中国核工业第五建设有限公司	陈国才、宋丰伟、邹德麟、汤建秋、丁　峰
13	基于云计算的电力网络空间威胁智能分析防御关键技术及应用	国网福建省电力有限公司信息通信分公司、南京南瑞信息通信科技有限公司、国网信通亿力科技有限责任公司、东南大学	蔡宇翔、蒋　鑫、金倩倩、程　光、付　婷
14	基于云边端协同的低压配电网智慧运维关键技术及应用	国网福建省电力有限公司电力科学研究院、中国电力科学研究院有限公司、国电南瑞科技股份有限公司、北京智芯微电子科技有限公司	范元亮、陈金玉、吴　涵、陈伟铭、林佳颖
15	考虑多能源互补的综合需求响应优化控制及市场交易关键技术与应用	国网福建省电力有限公司经济技术研究院、中国电力科学研究院有限公司、华北电力大学、天津大学	杜　翼、田世明、曾　鸣、穆云飞、李源非
16	省级电网高比例核电安全灵活运行控制技术及应用	国网福建省电力有限公司、福建福清核电有限公司、广西电网有限责任公司电力科学研究院、武汉大学	林　毅、文立斌、赵　洁、江　伟、宋少群
17	配电网数字化全顺控调度关键技术及工程应用	国网福建省电力有限公司、福州大学、积成电子股份有限公司、国网福建省电力有限公司电力科学研究院	陈宇星、殷自力、李宽宏、高俊彦、张振宇
18	架空输电线路耐候钢杆塔耐久性提升关键技术及工程应用	国网福建省电力有限公司电力科学研究院、北京科技大学、中国电力科学研究院有限公司、国网智能电网研究院有限公司	林德源、黄　耀、程学群、陈云翔、杨小佳

续表

序号	项目名称	主要完成单位	主要完成人
19	大型变压器硫腐蚀故障检测诊断与高效防治关键技术及规模化应用	国网福建省电力有限公司电力科学研究院、广东电网有限责任公司电力科学研究院、华北电力大学、国网湖南省电力有限公司电力科学研究院	连鸿松、丛浩熹、钱艺华、郑东升、万　涛
20	高安全长寿命车用动力电池系统关键技术研发及产业化	厦门金龙汽车新能源科技有限公司、厦门大学、中创新航新能源（厦门）有限公司	赵金保、陈晓冰、刘晓涵、张　鹏、叶伟宏
21	基于端-边-云智能协同的生活空间智能管控关键技术及产业化	华侨大学、北京师范大学珠海校区、厦门安明丽光电科技有限公司、厦门亚锝电子科技有限公司	高振国、王　田、王焕华、卢　凯、谢　伟
22	高性能大功率轨道交通供电装备关键技术及工程应用	福州大学、中铁电气化局集团有限公司、福建省协兴建设有限公司、福州地铁集团有限公司	林云志、金　涛、毛行奎、夏建勇、王　征
23	公路桥梁地震易损性评估与加固关键技术及应用	福州大学、中庆建设有限责任公司、福建省五洲建设集团有限公司、福建永东南建设集团有限公司	陈力波、张洪军、苏火金、张瀚武、陈　龙
24	城市主干道下浅埋小净距隧道施工关键技术及应用	华侨大学、济南城建集团有限公司、中铁一局集团有限公司、中铁十四局集团有限公司	陈士海、孙　杰、甄西东、杨　勇、潘合斌
25	超轻高承载与高安全驱动的客车主被动防护关键技术研发与产业化	华侨大学、厦门金龙联合汽车工业有限公司	张　勇、张　锋、龚　刚、陈叶旺、蔡鸿毅
26	轨道交通信息物理融合系统的可信保障技术及应用	华侨大学、同济大学、卡斯柯信号有限公司	陈祖希、梅　萌、朱永华、李卫娟、周长利
27	钢铁行业实现 NOx 超低排放的中低温 SCR 脱硝技术及应用	华侨大学、福建龙净脱硫脱硝工程有限公司	荆国华、吴孝敏、郭厚焜、黄和茂、黄志伟
28	航空轻合金零件精密加工用高强韧性刀具的研制及产业化	厦门钨业股份有限公司、华侨大学、厦门金鹭特种合金有限公司	刘　超、黄　辉、钟可祥、王杰伟、王福增
29	高端反光膜制造关键技术研发及产业化	集美大学、福建夜光达科技股份有限公司	杨　光、姜　涛、刘　铠、黄志鹏、皮　钧
30	氢燃料电池应急通信指挥车关键技术及产业化	厦门大学、龙岩市海德馨汽车有限公司、国网福建省电力有限公司龙岩供电公司、福建铭泰集团有限公司	黄建祥、褚旭阳、吴彝静、吴东锋、郑猷泉
31	福建泵产业离心泵关键技术与产业化应用	福建省机械科学研究院（福建省农业机械化研究所）、江苏大学、福建省银象电器有限公司、福州海霖机电有限公司	马栋棋、张启华、张金凤、丁敏良、连松锦
32	梁板一体化装配混凝土结构体系产业化关键技术与应用	福建建工装配式建筑研究院有限公司、福州大学、福建华航建设集团有限公司、福建建工集团有限责任公司	任　彧、姜绍飞、陈宇峰、张雅杰、刘越生
33	大跨度缆索支承体系桥梁动力灾变机理及控制关键技术	福建省建筑科学研究院有限责任公司、东南大学、福建路港（集团）有限公司、深圳大学	夏　坚、宗周红、周　锐、黄学漾、林万福
34	大型富水厚层滑坡治理及智能感知监测关键技术研究	福建省交通规划设计院有限公司、福州大学、深圳市工勘岩土集团有限公司、福建省交通科技发展集团有限责任公司	秦志清、戴自航、卢才金、陈　鸿、艾四芽
35	内河航道助航服务能力提升的关键技术研究及应用	福建师范大学、福建吉星智能科技股份有限公司、长江航道测量中心、大连海事大学	吴允平、刘华松、杨保岑、苏伟达、潘明阳

续表

序号	项目名称	主要完成单位	主要完成人
36	城市黑臭河道水环境综合治理关键技术研究与示范应用	福州大学、福州城建设计研究院有限公司、中建三局集团有限公司、宇旺建工集团有限公司	范功端、魏忠庆、董晓刚、徐开钦、张显忠
37	中国古代木构建筑营造技术研究与应用	福州大学、上海交通大学、华侨大学、福州市建筑设计院有限责任公司	朱永春、刘　杰、吴任平、成　丽、关瑞明
38	高层建筑钢板剪力墙高性能抗震体系关键技术提升及推广应用	福建创盛建设有限公司、天津城建大学、福建天蒙建设有限公司、福建宇凡建设有限公司	赵秋红、卢复正、林育芳、谭志伦、邬俊明
39	复杂环境地下给排水管绿色施工与升级修复关键技术	国智建筑科技有限公司、浙江工业大学、皓耀时代（福建）集团有限公司、恒超建工集团有限公司	苏　霖、王康宇、陈　松、缪生超、王　铭
40	起重机械安全保障及性能提升关键技术与工程应用	永富建工集团有限公司、福建省特种设备检验研究院、闽江学院、福建诚恒意建设集团有限公司	胡敬铨、张　冲、郑祥盘、黄志强、陈　洁
41	复杂海域中固定式风电场工程建造关键技术与应用	福建省燕城建设工程有限公司、中铁大桥局集团有限公司、福建路港（集团）有限公司、中交鹭建有限公司	刘　超、李明林、席仁强、郎绿原、黄金星
42	高精高速长寿命打印机传动与控制技术的研究及产业化	厦门汉印电子技术有限公司、集美大学	林锦毅、蒋清山、林　扬、陈俊英、陈秀玉
43	公共领域电梯安全风险防控及智慧监管关键技术研究与应用	厦门市特种设备检验检测院、福州大学、福建省特种设备检验研究院、永富建工集团有限公司	伏喜斌、钟剑锋、潘健鸿、徐火力、王　冰
44	低温多晶硅车载抬头显示产品开发与产业化	厦门天马微电子有限公司、厦门天马显示科技有限公司	沈柏平、叶道福、方丽婷、钟健升、吴　薇
45	建筑垃圾绿色低碳高质化利用的关键技术及产业化	福建省兴岩建设集团有限公司、福建理工大学、福建祥睿建设发展有限公司、福建博厚建设工程有限公司	郑闽锋、郑东明、林锦祥、陈　华、范亚明
46	汽车轮毂智能制造装备、系统及其轻量化设计技术研发与应用	正兴车轮集团有限公司、福建理工大学、华安正兴车轮有限公司、福建成功机床有限公司	林资源、彭晋民、赖建辉、童　昕、赖志东
47	绿色节能数据中心精准管理和智能调优技术研发与应用	华侨大学、国富瑞数据系统有限公司、国富瑞（福建）信息技术产业园有限公司	翟术英、莫毓昌、翁智峰、贾　静、庄清渠
48	长效全防滑功能橡胶鞋底的开发及应用	黎明职业大学、茂泰（福建）新材料科技有限公司、南京工程学院	王经逸、卢　鑫、廖毅彬、张青海、王育玲
49	绿色化智能化大型新能源地坪磨抛车	三明学院、福建兴翼机械有限公司、福建省禹澄建设工程有限公司、福建泉润建设工程有限公司	叶根翼、张　璐、王延忠、陈礼炜、黄一展
50	工业废气回收提纯电子级六氟乙烷关键技术	福建德尔科技股份有限公司	李纪明、李向如、华祥斌、李嘉磊、刘志强
51	基于节能运行的智能化气力输送系统	福建龙净环保股份有限公司	潘仁湖、贾明成、田　青、江兴涛、薛日顺
52	燃煤烟气低碳节能深度净化系统及装备	福建龙净环保股份有限公司	廖增安、罗如生、陈晓雷、谢庆亮、钟志良
53	现役堤防长效健康服役与生态整治关键技术及应用	福建汇达建筑工程有限公司、河海大学、福建泉润建设工程有限公司、安徽水利开发有限公司	郑喜年、陈　波、蓝丽华、杜新春、蔡贤俊

续表

序号	项目名称	主要完成单位	主要完成人
54	滨水带综合治理与生态景观岸坡关键技术及应用	神州建设集团有限公司、浙大城市学院、安徽水利开发有限公司、四川港航建设工程有限公司	谢雨川、王新泉、李　臬、王志强、何俊明
55	极端天气下滨海高强度开发城市韧性防涝体系关键技术研究及应用	厦门市城市规划设计研究院有限公司、中国科学院城市环境研究所、武汉新烽光电股份有限公司、厦门理工学院	王开春、崔胜辉、王泽阳、武治国、王连接
56	基于水生态安全的移动式重金属检测系统研发及产业化应用	闽江学院、杭州谱育科技发展有限公司、福建佰胜达建设有限公司、中大（福建）工程建设集团有限公司	陈　强、张　兰、俞晓峰、林　棋、曾志胤
57	海峡西岸强对流形成机理与监测预报技术及应用	厦门市气象局	赵玉春、王叶红、郑　辉、黄亦鹏、池艳珍
58	大数据驱动的智能运动鞋服功能性关键技术及其产业化	黎明职业大学、三六一度（中国）有限公司、厦门理工学院、华侨大学	王　锋、魏书涛、彭飘林、赵少聪、吕明旭
59	分结构宽幅数控提花经编机关键技术及产业化应用	福建省鑫港纺织机械有限公司	郑依福、郑春乐、赖秋玉、郑春华、鲍玲鑫
60	福建特色鱼类蛋白加工关键技术的创新及产业化	集美大学、宁德市海扬食品有限公司、厦门同泉水产食品有限公司、东山腾新食品有限公司	郑明静、杨远帆、魏好程、黄朱华、陈先木
61	含砷物料资源化、无害化处理关键技术开发及工业化应用	紫金矿业集团股份有限公司、厦门紫金矿冶技术有限公司、紫金铜业有限公司	王乾坤、林鸿汉、许晓阳、方荣茂、蒋开喜
62	超薄竹刨花板生产关键技术及产业化	福人集团森林工业有限公司、福建农林大学	叶世俊、兰从荣、吴林生、段珍光、林志伟
63	高安全性锂电池用凝胶聚合物基陶瓷复合隔膜的研究与应用	宁德卓高新材料科技有限公司、中国科学院福建物质结构研究所、宁德师范学院	王晓明、杨浩田、周素霞、李文木、张　磊
64	大宗传统酿造调味品产业提升关键技术创研与应用	福建农林大学、福建省潘氏食品有限公司、福建吉百年食品有限公司、福州康达食品有限公司	田玉庭、庄玮婧、潘雪婷、林锦云、陈　挺
65	人造肉肠产业化关键技术研究与应用	福建农林大学、海欣食品股份有限公司、福建小二哥食品有限公司、福州素天下食品有限公司	曾绍校、滕用庄、刘宜锋、林建杰、邓荣华
66	基于生消周期藻类细胞特征的水华监测方法与关键控制技术	厦门大学、福建省水利水电勘测设计研究院有限公司、中国科学院城市环境研究所	于　鑫、陈　辉、李　曦、李晶晶、王立武
67	袋栽海鲜菇品种选育及高效生产技术体系创新与产业化应用	福建农林大学、福建福泉鑫生物科技有限公司	孙淑静、金文松、李佳欢、胡开辉、程泳春
68	油茶高产栽培及高值化利用关键技术研发与产业化示范	福建师范大学、福建胜华农业科技发展有限公司、福建省沈郎油茶股份有限公司、福建中胜华兴建工集团有限公司	卢玉栋、游瑞云、王晓艳、李晓艳、卢圣钊
69	南方重要树种人工林质量精准提升关键技术及应用	福建农林大学、福建省林业科学研究院、福建林业职业技术学院	吴鹏飞、叶功富、李　明、高　伟、陈志云
70	福建红树林及其生态环境演变规律与恢复提升应用	福建师范大学、福建农林大学、福建省林业科学研究院、泉州湾河口湿地自然保护区发展中心	胡敏杰、仝　川、洪志猛、陈思明、万晓会
71	畜禽多靶点低耐药高效替抗减抗的技术集成与推广应用	龙岩学院、漳州大北农农牧科技有限公司、福建龙岩闽雄生物科技股份有限公司、龙岩大北农生物科技有限公司	邱龙新、陈洪博、尹会方、陆黎明、陈星星
72	特色海水鱼保鲜与精深加工关键技术及产业化应用	福建农林大学、海南热带海洋学院、浙江大学、福建技术师范学院	吴春华、胡亚芹、王良玉、吴甜甜、骆主胜

续表

序号	项目名称	主要完成单位	主要完成人
73	南方风景园林树种主要害虫绿色防控关键技术研发与应用	福建省林业科学研究院、福州植物园、漳州市英格尔农业科技有限公司、武夷山国家公园科研监测中心	何学友、蔡守平、潘爱芳、曾丽琼、陈清海
74	经济鱼类高质化开发关键技术创新及应用	福建省水产研究所、自然资源部第三海洋研究所、安井食品集团股份有限公司、海南华研胶原科技股份有限公司	陈　贝、陈俊德、刘智禹、黄建联、陈晓婷
75	进口热带水果危险性有害生物监测预警与除害处理	福建省农业科学院农业质量标准与检测技术研究所、福建省农业科学院植物保护研究所、广州海关技术中心、厦门海关技术中心	傅建炜、李建宇、吴佳教、黄蓬英、史梦竹
76	食用菌废弃物资源化利用模式及关键技术研究与应用	福建省农业科学院农业生态研究所、福建省农业科学院食用菌研究所、福建省农业科学院农业生物资源研究所、福建省农业科学院土壤肥料研究所	黄秀声、应正河、钟珍梅、张　迪、张　青
77	农艺农机融合促进杂交稻制种提质增产技术创新与应用	福建省农业科学院水稻研究所、福建省种子总站、建宁县农业技术推广站、三明市种子站	吴志源、郑长林、谢华安、阮妙鸿、李忠才
78	大宗经济海藻生物脱腥与深加工关键技术及装备	福建省农业科学院农业工程技术研究所、福建省红太阳精品有限公司、福建亿达食品有限公司	林晓姿、李维新、陈秉彦、郭鸿华、邱碧香
79	口岸外来入侵植物检疫鉴定及防控关键技术与应用	福州海关技术中心、榕城海关综合技术服务中心、广西壮族自治区农业科学院	虞　赟、李　敏、沈建国、林谷园、邓　真
80	新生儿危重症救治关键技术建立及推广应用	厦门市儿童医院、复旦大学附属儿科医院	庄德义、程国强、王明帮、钱莉玲、黄湘晖
81	福建省新型冠状病毒肺炎的流行病学及病原学特征研究	福建省疾病预防控制中心、泉州市第一医院	郑奎城、余雪平、陈光敏、欧剑鸣、张炎华
82	骨肉瘤预后相关分子标志物及其在早期诊断及靶向治疗中的应用研究	福建医科大学附属第一医院	林建华、钟光贤、王生淋、陈锦元、吴朝阳
83	肺动脉高压发病的分子机制及药物治疗的系列研究	福建医科大学附属第一医院	谢良地、罗　莉、庄　伟、梁敏烈、黄邦邦
84	基于 MR 引导的恶性肿瘤介入诊疗技术	福建医科大学附属第一医院	林征宇、陈　锦、林瑞祥、严　媛、陈　健
85	OSAHS 相关代谢紊乱及心血管损伤的系列研究	福建医科大学附属第一医院、福建省漳州市医院、福建医科大学附属第二医院	林其昌、陈理达、黄杰凤、陈公平、陈清石
86	恶性肿瘤成纤维激活蛋白 PET/CT 分子影像的创新和临床应用	厦门大学附属第一医院（厦门市第一医院）	陈皓鋆、孙　龙、赵　亮、逄一臻、付　浩
87	新冠肺炎致病机制及救治体系建立与应用	厦门大学附属第一医院（厦门市第一医院）、厦门大学、华侨大学	王占祥、钟　平、陈学勤、伍定辉、李剑锋
88	抗肿瘤药物临床评价体系及关键技术的创建与应用	厦门大学附属第一医院（厦门市第一医院）、厦门大学、莱必宜科技（厦门）有限责任公司	李卫华、范明霞、叶　峰、吴彩胜、吴云龙
89	急性缺血性卒中区域性救治新体系的创建及精准介入技术的应用推广	福建省漳州市医院	蔡铭智、陈文伙、易婷玉、吴燕敏、林定来
90	慢性乙型肝炎中西医结合防、诊、治体系的构建和推广应用	厦门市中医院、厦门大学	梁惠卿、陈少东、毛乾国、吴春城、王付强
91	良性前列腺增生中西医结合防诊治研究体系的建立与推广应用	厦门市中医院、厦门大学附属中山医院	黄源鹏、邓龙生、金海鹏、陈　平、庄小梅

续表

序号	项目名称	主要完成单位	主要完成人
92	医学影像大设备智能化质量控制与管理关键技术研究与临床应用	中国人民解放军联勤保障部队第九〇〇医院	付丽媛、许尚文、梁永刚、肖　慧、陈泽龙
93	间充质干细胞治疗糖尿病关键技术研究	中国人民解放军联勤保障部队第九〇〇医院	吴志贤、陈　津、蔡锦全、王水良、林宇宁
	五、科学技术成果转化奖（2项）		
	一等奖		
1	高强度超薄化学钢化汽车玻璃技术的产业化应用	福耀玻璃工业集团股份有限公司、厦门大学	林　军、郑明生、王　哲、郭说喜、周忠华、吴声桂、温苏文、陈碧珠、翁吓华、何宗华
	二等奖（空缺）		
1	基于聚硼硅氧烷的自适应共混弹性体鞋材的研制及产业化	泉州匹克鞋业有限公司、福建泉州匹克体育用品有限公司、西安理工大学、陕西匹克玄铠新材料有限公司	蔡维健、许志华、李家保、李　峰、于钟梅
	六、国际科学技术合作奖（3人）		
	布鲁诺·布里斯杰拉（Bruno Briseghella）（福州大学）		
	辛口·帕特里克（Sinko, Patrick John）（闽江学院）		
	程方（Fang Cheng）（华侨大学、厦门天马微电子有限公司）		

（摘编：苏建平）

2023年福建省劳动模范和先进工作者名单

根据《中共福建省委办公厅 福建省人民政府办公厅关于做好省劳动模范和先进工作者评选表彰工作的通知》（闽委办发明电〔2023〕16号）精神，2023年4月26日福建省人民政府网站发布了2023年福建省劳动模范和先进工作者名单（496名）。

福州市

劳动模范（54名）

马小伟（女）　王　缘　王　榆　王林敏（女）
王秋琳　毛有仓　卢　健　卢云长　刘　伟
江　航（女）　江　烽　江叔山　许晓霞（女）
孙朝阳　吴晓莉（女）　何　献　何学智
何宝平　张必诚　陈　忠　陈　晶（女）
陈开注　陈水银　陈旭龙　陈秀荣（女）
陈海清　陈章宇　林友亭　林向武　林连忠
林国镜　林望嵩　欧丽彬（女）　卓文海
卓宇枫（女）　周　林（女）　周华官
郑国珍（女）　胡玉柳　柯　琳（女）
柳海榕（女）　侯艳梅（女）　姚朝响
翁秀英（女）　翁茂荣　高小平（女）　高向登
高理清　陶武样　黄　燕（女）　黄永剑

黄廷松 黄宗明 镇千金(女)

先进工作者(23名)

毛丽华 方晓敏(女) 刘小龙 齐忠华
苏桂铁 李章平 吴梦妤(女) 沈 烽
宋 霖 林 松(女) 林家新 林融榕(女)
祝昌镇 黄 兴 黄乐增 黄秀芳(女)
黄莉玲(女) 黄碧华(女) 康德智 蒋春彬
游益银 谢赠生 廖庭俊

厦门市

劳动模范(38名)

马仁刚 王开辉 邓美健(女) 卢渊鸣
尧 刚 庄莹莹(女) 刘 松 许丁上
孙素环(女) 苏家榆(女) 李义福
吴 兴(女) 吴岩松 邹春龙 陈 亮
陈水让 陈伟和 陈炎珠(女) 林沪荣
林环环(女) 林朝辉 林惠斌 林锦峰
周广斌 郑天源 郑宏扬 钟俊杰 姚天妹(女)
郭光清 郭润阳 陶 云(女) 陶 利(女)
康英德 彭志团 温松涛 蔡月华
熊彩茶(女) 滕 达

先进工作者(15名)

尹震宇 刘慧恒(女) 孙跃民 李海北
李缘缘(女) 何宏舟 佘 峥(女)
张伟中 林银玲(女) 柯明月(女)
洪 炜 姚培泰 徐夙侠(女) 谢素原
蔡志福

漳州市

劳动模范(32名)

于 娟(女) 方绍东 卢溪河 江银盛
许志典 苏鹏程 杨志军 吴有林 何世杰
沈晓妹(女) 张群毅 张鹭媛(女) 陈朱池
陈恋凤(女) 陈祺芳(女) 林 雄 林达三
林婉彬 罗荣毅 周建喜 洪百中 洪精明
翁保环(女) 黄子欣 梁加辉 梁兴木
曾奕彰 曾惠兰(女) 蔡秋平 廖建坤
熊 丽(女) 薛从福

先进工作者(12名)

卞国平 朱平然 朱栩焕 纪文洋
李 玉(女) 李阿池 杨晓娟(女) 吴勇江
林淑贞(女) 洪树棠 黄庆永 黄惠珠(女)

泉州市

劳动模范(62名)

丁文欢 王志秀 王松勇 王烈平 王祥林
龙小雄 卢 鑫 叶文城 叶美丽(女)
刘伟洪 许为民 许阳阳(女) 孙秋琼(女)
孙晓东 苏进全 杜天瑞 李小松 李金登
李斌凤(女) 吴韦力 吴为荣 吴丽川
吴刺莲(女) 吴荣照 吴晓彪 何棋松
张 丽(女) 张佳雄 陈志成 陈树全
陈树森 陈晓玲(女) 林阳顺 林志成
林丽芳(女) 林灵月(女) 林建忠 林振清
卓开流 易泽平 罗江平 罗学飞 郑友套
郑国兴 郑培忠 柯珍珍(女) 洪文艺
顾奎武 徐 芳(女) 黄达平 黄连福
黄种衍 曹先强 康桂珠(女) 傅贵华(女)
温文溪 谢小凤(女) 谢泉忠 赖作伟
蔡鹏泽 廖亚隆 潘建平

先进工作者(19名)

王发红 尤芬蕾(女) 车卫东 卢世锋
刘善辉 苏秀真(女) 李建强 吴雅芳(女)
汪春花(女) 林天来 柯向阳 钟泽鑫
翁景斌 郭艳娜(女) 郭焕钢 黄金树
黄雅莉(女) 曾云燕(女) 蔡 亮

三明市

劳动模范(27名)

王燕清(女) 邓云生 邓春福 邓清娇(女)
乐发灯 刘渊毅 纪贤灿 李金红(女)
杨文锦 吴光焕 吴厚辉 邱璜其 何天仁
张仕滨 张金珠(女) 陈宇鹏 陈克满
陈振云 范祯现 柳建民 黄世恩
章瑞任 曾伟华 曾志慧 赖侦杰
廖尚斌 戴春华(女)

先进工作者(11名)

王红英(女) 邓 祥 许旭明 杨 惠(女)
邱智强 林义彬 罗信昌 胡安煦 蒋际君
曾岷芝(女) 谢汝根

莆田市

劳动模范(27名)

卢玮彬 卢金荣 朱志芳 朱桂水 刘坤泳
许国平 严国圣 佘雅敏(女) 沈清华
陈 清(女) 陈丽洪 陈国华 陈彩霞(女)
武奇静(女) 林玉珊 林华忠 林如海
林金花(女) 林建春 林荣腾 周味冬
郭素云(女) 郭清地 黄青山 黄春玉(女)
黄雪清(女) 曾献星

先进工作者(11名)

王金桂 庄媫宇 许开清 许东平 陈建红(女)
陈超楠(女) 林钗钗(女) 林群英(女)
黄世举 黄萍萍(女) 蔡键恒

南平市

劳动模范(28名)

叶文青 刘秀棋 刘学懋 刘善庭 江元勋
杜锦祥 李 晔 李国友 杨 飞 杨庭珠(女)
吴先朝 吴昌晖 何水双 何柳红(女)
张 颖(女) 张兴旺 张建胜 张益金(女)
陆宝英(女) 陈 佳(女) 陈仕雷 陈进添
林忠贤 翁夏翔 高流滔 黄正旺 程寿波
游成雄

先进工作者(10名)

王振芳(女) 池光萌 李文富 宋少铨
宋毓敏 陈 松 林志宏 郑群瑞
黄晓梅(女) 黄敬民

龙岩市

劳动模范(28名)

王庆新 王新宝 孔秋平(女) 苏向阳
李志鸿 吴才英(女) 吴水长 吴兰玉(女)
邱琰琛 邱道良 邱碧荣(女) 张曲萍(女)
张松妹(女) 陈益荣 罗家淇 周小燕(女)
胡新亮 柯小兰(女) 钟英有 姜志强
郭毅斌 黄小娜(女) 黄建萍 惠颖娟(女)
傅颜洪 蓝永建 蔡裕泰 廖月璋

先进工作者(11名)

朱莲秀(女) 巫吉芳(女) 李秀菊(女)
邹秉章 林 福 林新英(女) 章生亮
傅权华 曾松生 曾清能 谢建谋

宁德市

劳动模范(27名)

王金伟 王顺奎 方 敏 甘乾耀 左允文
刘 军 刘元建 刘江平 许广伟 杜丽钦(女)
李显红 张为露 张吓勇 张林科 陈 弟
陈 锦 陈志星 陈海青(女) 欧阳昭权
俞水荣 俞珍群(女) 郭光锋 黄昭术
黄高英(女) 温作平 谢义淳 赖盛君

先进工作者(10名)

兰子君 李成双 李华杰 杨宁霞(女)
张神驹 陈 琳(女) 陈进兴 贺 曦
袁 涛 蒋昌明

平潭综合实验区

劳动模范(3名)

丁昌强 陈孟邦 林月莲(女)

先进工作者(2名)

吕振南 章 颖(女)

省直机关

劳动模范(1名)

陈加彬

先进工作者(14名)

刘海滨 许育良 李 琳(女) 陈 品
陈汉杰 陈孝丑 林 敏 郑少泉 郑伟强
郑祝连(女) 高松涛 郭国聪 温曜圻
游秀钦(女)

省国资委出资企业

劳动模范（15名）

华崇略　刘海镇　李其平　肖秀婷（女）

吴先发　林金炼　周亚山　郑王辉　郑庆樟

赵　辉　耿克红　高　雨　高险峰　黄文忠

黄荣庆

高教系统

先进工作者（3名）

江莉龙　许月云（女）　辛顺强

行业、系统

劳动模范（11名）

刘文基　李　岩　吴良江　陈憬云（女）

郑　炜　郑海珠（女）　洪淮斌　徐海涛

黄玉芳（女）　程珮珮（女）　谢智波

先进工作者（2名）

冯增芳　廖　红（女）

（摘编：赵小真）

第20届福建青年五四奖章和第20届福建青年五四奖章集体表彰名单

2023年5月4日福建共青团发布：为引导和激励广大青年以五四精神为指引、以先进典型为榜样，认真履行职责、勇于担当作为，经过专家评审、公示、复核，共青团福建省委、福建省青年联合会研究决定，授予朱从军等100名同志“第20届福建青年五四奖章”荣誉称号，授予厦门市翔安区新圩青年创业促进会等50个集体“第20届福建青年五四奖章集体”荣誉称号。名单如下。

第20届福建青年五四奖章表彰个人名单

（个人共100名）

标兵

万存灵　中央广播电视总台福建总站记者

方　舟　福建省武夷山市永生茶业有限公司总经理

阮沈滨　漳州市龙溪搏击健身有限公司总经理

李　骁　福鼎市白琳镇党委宣传委员

陈耘嘉　漳平市岳山茶业有限公司董事长

林　翔　福建医科大学附属第一医院副主任医师

卓　荦　福建省公安厅刑事技术总队警务技术四级主任

施晓健　漳州市公安局龙文分局刑侦大队大队长、龙文区反诈骗中心主任

黄　烯　厦门大学生命科学学院副院长、教授

缪文钦　寿宁县祥瑞葡萄种植专业合作社理事长

乡村振兴青年人才

朱从军　南平市延平区南山镇江边村支部书记、村主任

陈文盛　福建省生态环境信息中心综合科副科长

周　青　新知青艺术公社社长

黄金门　鲜珥家（福建）生物科技有限公司董事长

詹伟鹏　福建工程学院土木工程学院党委组织员（助理研究员）、省派第六批驻平潭青观顶村第一书记

蔡垟莹　国家税务总局莆田市湄洲湾北岸经济开发区税务局党委委员、副局长

廖炫辉　福建省花卉盆景有限公司工程管理部副经理

熊　强　福建省国资保安守押有限公司综合办公室主任、安溪县龙涓乡内灶村党支部第一书记（挂职）

颜丽芳　中共漳州市委组织部派驻东山县前楼镇下西坑村第一书记

魏建森　福建壹谷生态农业发展有限公司总经理

青年科教人才

叶陈勇　福建船政交通职业学院教务处教学科科长、副教授

祁　第　集美大学港口与海岸工程学院副院长、教授

吴新星　福州外语外贸学院董事长

张　进　福州大学石油化工学院材料化工系副主任

张舒琪　厦门市集美区实验小学德育主任、少先队大队辅导员

张璐滢　龙岩学院经济与管理学院团委书记、讲师

陆耀坤　晋江金井毓英中心小学少先队副大队辅导员

陈冬冬　闽南理工学院创新创业教育学院副院长

陈宇笙　福建省福州实验小学教师

黄　镇　福建师范大学生命科学学院副教授

黄家晖　小未来中英亲子图书馆创始人

蒋雪晶　宁德市蕉城区第一中心小学少先队大队辅导员

青年技能人才

王保成　漳州市龙海区石码消防救援站站长助理

卢文财　宁德市财之润装饰工程有限公司创始人、设计总监

叶一凡　漳州东山海事处东山海巡执法大队副大队长

叶祖彪　湄洲湾职业技术学院教师

李　洋　泉州市石狮市湖滨消防站执勤站长助理

张　磊　福州东车辆段检修车间制动室制动钳工

张丽娇　德化县多娇生活陶瓷有限公司艺术总监、高级工艺美术师

陈吴晓　国网福建营销服务中心需求侧管理中心副主任

陈宏鑫　福建明一国际营养品集团有限公司总裁

林清景　福清市侨乡街舞团团长

周代乐　福建七建集团有限公司副总经理

侯艳萍　福建福光股份有限公司党委副书记、董事

俞丁凌　漳州市国有企业评审中心负责人、漳州市国资委改革发展科负责人

洪少阳　厦门金龙联合汽车工业有限公司车载能源研究工程师

郭宇虹　国家税务总局福安市税务局税政一股副股长

青年法务工作者

邬钦海　福州市公安局网络安全保卫支队三大队三级警长

李金森　厦门市同安区人民法院党组成员、副院长、审判委员会委员

吴　涛　南平市浦城县公安局水北街派出所教导员

陈妙娜　云霄县人民检察院第五检察部副主任（主持工作）

郑　鸿　福建省高级人民法院民三庭副庭长

胡文颖　福建省人民检察院机关党委三级主任科员

徐晓雯　漳州市芗城区人民法院行政与生态环境审判庭副庭长

郭丽花　福建省司法厅直属机关党委一级主任科员

黄诚浩　福建知望律师事务所主任

雷　蕾　宁德市人民检察院机关党委四级主任科员

熊文哲　三明市公安局刑侦支队三元大队三级警长

青年经营管理人才

王俊清　利郎（中国）有限公司零售中心总监

杨青元　福建三简集团创始人、福建三简茶界供应链有限公司董事长

杨　静　龙合智能装备制造有限公司董事长

杨绿汀　福建省大数据集团综合办公室主任助理

吴雨青　共青团武平县委兼职副书记、福建茂增木业有限公司党支部书记、工会主席、车间主任

吴定昊　中国联合网络通信有限公司厦门市分公司政企营销中心经理

吴毅菲　中国太平洋财产保险股份有限公司泉州中心支公司综合管理部副经理

邱兴烨　中国工商银行股份有限公司长汀支行副行长

张晶晶　中国银保监会厦门监管局其他非银行金融机构监管处副处长

张瀚武　福建永东南建设集团有限公司党支部书记、总经理

陈雷翔　福建平潭瑞谦智能科技有限公司董事

赵雅菲　福建福旅教育科技有限公司副总经理

黄锦龙　福建省三福古典家具有限公司副总裁

蔡欣欣　福建银保监局一级主任科员

青年公益人才

王　鑫　厦门味友餐饮管理有限公司总经理

吴昌强　武夷学院学生工作部思想教育科科长

陈志腾　莆田市荔城区社区青少年宫负责人

林丹楠　厦门市湖里区培善社会服务中心、项目主管

黄增强　泉州市丰泽区新的社会阶层人士联谊会会长

青年新闻和文体工作者

邱泽林　南安市汉侯德化现代瓷博物馆副馆长

范　霖　福建省体育用品服务中心贸易科科长、省体育局派驻南靖县和溪镇坂场村党支部第一书记

郑薇薇　厦门铁路公安处乘警支队综合大队大队长

青年医药卫生工作者

吴佳娇　惠安县妇幼保健院妇保科副科长

青年政治人才

方振忠　福建省发改委重点项目综合管理处一级主任科员

冯　文　福州市仓山区机关事务服务中心副主任（主持工作）

李明立　福建省政府督查室三级调研员

李泽民　中共福建省委编办综合处一级主任科员

李滢颖　泉州市医疗保障基金中心鲤城分中心负责人

郑剑斌　中共莆田市城厢区委办公室干部

赵志婷　中共福州市委办公厅秘书一处副处长

赵呈霁　晋安区机关事务服务中心党组成员、副主任

翁　琳　中共福建省委组织部离退休干部工作处处长、新疆昌吉州党委组织部副部长（援疆）

黄云龙　福建省民政厅养老服务处一级主任科员

魏国海　中共福建省委办公厅秘书一处二级主任科员

青年台港澳及海外华侨人士

李京机　福州市劳务派遣有限公司派驻福州市行政服务中心台胞专员

陈建翔　平潭综合实验区旅游与文化体育局办公室副主任

陈楚翰　瑞士百达银行助理副总裁

林易达　台厝（福建）科技有限公司董事长、永安市毛氏食品有限公司董事、省级“心农业新未来”星创天地联合创始人

俞　凯　名城地产（福建）有限公司董事长

俞婉萱　福州五方集教育咨询有限公司创始人

黄保勋　集美大学海洋信息工程学院副教授

赖伟通　华侨大学学生

第20届福建青年五四奖章表彰集体名单

（共50个，排名不分先后）

标兵

廖红平和蜜柚科技小院团队

厦门厦钨新能源钴酸锂研发团队

福建福清核电有限公司维修三处华龙团队

福建省妇幼保健院中医科

厦门铁路公安处泉州车站派出所

德化县农村信用合作联社

福州格致中学“星火”志愿服务队

泉州市消防救援支队特勤大队

福建省直广厦幼儿园

国家税务总局将乐县税务局第一税务分局（办税服务厅）

青年创业团队

第一云家园

青年乡村振兴团队

厦门市翔安区新圩青年创业促进会

清华大学乡村振兴工作站福鼎站（福建团队）

福州随坪一里建筑设计有限公司

福建艺术职业学院美术与设计学院艺术设计专业群乡村振兴服务中心

青年科研团队

福建省铁拓机械股份有限公司青年科研团队

华侨大学精密制造与装备青年科研团队

福建农林大学海洋研究院

厦门大学海洋种业青年科学家团队

福建工程学院先进合金科研团队

福建船政重工“设计猿”攻坚项目组

青年卫士团队

福州市仓山区消防救援大队

连江县公安局巡特警反恐大队

福州第二医院小儿骨科

漳州市长泰区消防救援大队

建宁县人民法院

武夷山市消防救援大队

南平检察“夷树光”未爱联盟

龙岩市公安局巡特警支队

龙岩市消防救援支队曹溪路特勤站

中国渔政35001船

厦门市思明区人民法院立案庭

漳浦未检浦小卫团队

福建省国资保安守押有限公司南平押运分公司邵武押运大队

漳州古雷港经济开发区海盾见义勇为救援队

青年志愿服务团队

黎明职业大学军魂社

国家税务总局漳平市税务局第一税务分局（办税服务厅）

福能总医院青年志愿服务突击队

国网龙岩供电公司“让电传递爱”青年志愿服务队

华侨大学“萤火之光”境外生志愿服务队

其他综合类团队

厦门深田社区“近邻·思民”青年志愿服务队

漳州市城市展示馆

国家税务总局三明市沙县区税务局第一税务分局（办税服务厅）

国网福建省电力有限公司仙游县供电公司榜头镇供电所

周宁县财政预算绩效服务中心

国家税务总局平潭综合实验区税务局第一税务所（办税服务厅）

福建师范大学闽派文化育人团队

福州大学ACM协同创新团队

国能（连江）港电有限公司设备管理部热控班组

三明银保监分局农村银行机构监管科

（摘编：刘红波）

福建省三八红旗手标兵、福建省三八红旗手（集体）名单

2023年3月4日《福建日报》刊发，为表彰先进、树立榜样，进一步引领和激励广大妇女坚定不移听党话、跟党奋进新征程，豪情满怀、意气风发投入推进中国式现代化的伟大实践，省妇联决定，授予卓艳华等10人福建省三八红旗手标兵称号，授予刘倩文等202人福建省三八红旗手称号，授予福州市台江区洋中街道金斗社区居民委员会等100个单位福建省三八红旗集体称号。

2021—2022年度
福建省三八红旗手标兵名单（10名）

卓艳华　福州市罗源县凤山镇凤美社区党总支书记、居委会主任

陶　云　厦门轨道建设发展集团有限公司运营分公司党委委员、副总经理

张明理　漳州市云霄县农业农村局经作站站长、农业推广研究员

张银珠　三明市宁化县城郊镇妇联主席、无线电工程师

黄艳艳　福建省莆仙戏剧院副院长、一级演员

王　英　南平市人民医院妇产科主任医师、不孕症专科主任

陈　桥　宁德市霞浦县实验幼儿园教师、宁德市鸿爱慈善会巾帼志愿服务总队队长

林月莲　平潭综合实验区金井镇青观顶村党支部书记、村委会主任、村妇联主席

张丽钦　中共福建省委审计委员会办公室秘书处处长

王　红　福建省军区第四离职干部休养所政治委员

2021—2022年度
福建省三八红旗手名单（202名）

福州市

刘倩文　福州市鼓楼区华大街道思儿亭社区党委书记、居委会主任、妇联主席

吴刘驰　新中冠智能科技股份有限公司总裁

任沐芳　福州市台江区义洲街道浦东社区党委书记、居委会主任

傅晓萍　福建春伦集团有限公司副总裁、集团妇工委主任

陈　晶　福州市晋安区寿山乡前洋村党支部副书记

鲁亚男　福建星云电子股份有限公司一线招聘负责人

陈　文　福州市闽侯县甘蔗街道三福社区党支部书记、居委会主任

吴新星　福州外语外贸学院董事长

郭文豪　福州市福清市音西街道福百社区党总支书记、居委会主任

邵盛岚　恒申集团化工国际贸易中心/福建申远新材料有限公司高级产品经理

张燕玲　福州市罗源县松山镇岐屿社区党支部书记、居委会主任

张水如　福州市永泰县樟城镇南门社区党委书记、居委会主任

郭晓梅　福州市闽清县农村信用合作联社普惠金融部总经理

李灵华　福州高新区村镇办党委党建专职工作者，博海湾社区党支部书记、居委会主任

俞少奇　中共福州市委深改办综合协调处处长

黄丽慧　福州市不动产登记和交易中心测绘技术处处长

谢惠琳　中共福州市委宣传部理论处处长

陈婀娜　中共福州市台江区委常委、组织部部长，兼区委党校（区行政学校）校长

曹素华　福州市城乡建设局发展计划处处长、一级主任科员

罗秀凤　福州市疾病预防控制中心纪委委员、工会副主席、副科长

杨彦伟　福州市乌山小学党委书记、校长

翁　真　福州市长乐区公安局网络安全保卫大队大队长

林　霞　31618部队61分队连长

齐利萍　福州市体育运动学校教练员

杨玉琴　福州市连江县医院急诊科副科长、副主任医师

厦门市

庄莹莹　厦门市思明区开元街道深田社区党委书记、妇联主席

吴雅峰　厦门市思明区人民检察院第一检察部副主任、一级检察官

林满治　厦门市湖里区疾病预防控制中心副主任、副主任医师

谢晓青　厦门市集美区后溪镇三兴社区党支部书记、居委会主任

许月琼　厦门市海沧区海沧街道渐美村党委委员

许春梅　厦门市同安区五显镇侨安社区党总支书记、居委会主任

陈亚锦　厦门市翔安区大嶝街道办事处综合服务中心副主任

陈海云　厦门市翔安区富美大宅火龙果专业合作社负责人，火龙源（厦门）生物科技有限公司经理

刘　钊　厦门市公安局技术侦察支队第六大队教导员

廖家琳　厦门市南普陀寺实业社主任

叶敏琦　厦门市发展和改革委员会服务业发展处副处长

费霞丽　厦门市政水务集团有限公司教授级高工

洪陈洁　厦门市公路事业发展中心团委副书记、工程师

张雅芬　厦门市第五中学高级教师

赖晓玲　福建省厦门地质工程勘察院人事科科长，高级人力资源管理师

章燕宝　厦门市信息中心标准规划部副主任

范宝琴　厦门海沧红裙子志愿服务中心理事长

漳州市

梁小梅　漳州市凯盛环境服务集团有限公司监事

张正根　大闽食品（漳州）有限公司行政科科长

廖映苹　漳州市龙海区卫健局党组书记、局长

陈燕治　福建聚芝林医药连锁有限公司总经理

杨彬珍　漳州市长泰区总医院重症医学科护士长

林鸿斌　漳州市漳浦县中医院护理部主任

吴小妙　漳州市云霄县下河乡巾帼志愿服务队负责人

沈杰珍　漳州市诏安县总医院院感科科长

方雪萍　漳州市东山县妇联主席

李庆丽　福建省润和集团党支部书记、副总经理

张雯婷　中共南靖县委组织部副部长、部务会成员

吕燕雅　福建立兴食品股份有限公司总经办秘书处经理

游婉瑜　漳州市财政局党组成员、二级调研员

吴春风　漳州市医院儿科护士长

蔡淑丽　福建开度律师事务所律师

范凌燕　漳州市实验小学教导处副主任

杨秀灵　漳州市九龙江集团有限公司高级审计师

朱淑凤　漳州市平和县育英小学教研室主任

泉州市

陈竞芳　泉州市鲤城区委组织部副部长、部

务会议成员，兼任区委非公企业和社会组织工委书记

张红萍　泉州市红莲木雕艺术研究院有限公司艺术总监、高级工艺美术师

邵　凡　泉州市丰泽区华大街道党工委书记

王玉萍　泉州市丰泽区实验小学书记

陈　颖　泉州市洛江区南少林实验学校常务副校长、洛江区武术协会会长

赖艺艺　泉州市洛江区双阳中心幼儿园园长

房香莲　泉州市泉港区妇联兼职副主席、泉港区未成年人心理辅导站站长、泉港二中党支部副书记

蔡娃娃　泉州市石狮市委组织部三级主任科员，市直机关党工委副书记、纪检监察工委书记

张　丽　中联品检（福建）检测服务有限公司高级工程师、董事会秘书、总监

庄怀璇　泉州市晋江市委常委、市纪委书记、市监委主任

陈青青　福建浔兴拉链科技股份有限公司企业文化部经理

李惠琼　泉州市南安市民政局福利中心主任

陈秀凤　泉州市南安市医院院感办主任

庄丽娟　中共惠安县委文明办副主任

郑燕萍　泉州市惠安县国明雕刻艺术园设计总监

王美芳　泉州市安溪县沼涛实验小学高级教师

陈木兰　泉州市安溪县凤城镇蓝湖社区党支部书记、居委会主任

陈桔雯　泉州市永春县妇联办公室主任

李　平　泉州市德化县人民法院上涌法庭庭长

陈明华　福建省德化县铭华瓷艺有限公司艺术总监

杨婷婷　泉州台商投资区融媒体中心记者

林惠君　泉州市第二实验小学（泉州开发区校区）校长助理、一级教师

王佳惠　中共泉州市纪委、泉州市监委组织部部长

吴婉艺　泉州市妇幼保健院·儿童医院护理部副主任

郭　艳　泉州市海西社工事业发展中心联合创始人兼副理事长

何环珠　安溪铁观音女茶师非遗传习所所长兼妇联主席

黄幼连　泉州乐乐家政服务有限公司副总经理

三明市

陈　晨　三明市人民检察院第六检察部副主任

张建燕　福建省高速公路车辆通行费三明南征收管理所干事

李丽芳　三明市城市建设发展集团有限公司综合部主任

魏彩平　三明市列东中学工会主席

叶　薇　三明市永安市燕南街道巴溪湾社区党委书记、居委会主任

罗德倩　三明市尤溪县公安局党委委员、分管日常工作的副局长、一级警长

柯美英　福建沈郎生物科技集团有限公司党支部书记、工会主席，福建省沈郎油茶股份有限公司副总经理

郑艳青　三明市三元区徐碧街道北门社区党支部书记、居委会主任

黄榕慧　三明市宁化县中沙乡人民政府社会事务综合服务中心主任

宋彩凤　三明市森彩生态农业发展有限公司总经理

艾述蓉　三明市建宁县蓉丰种子专业合作社监事长

郑玉婷　三明市清流县龙津镇渔沧社区党支部书记、主任

黄雪珍　三明市泰宁县委文明办创建股股长

王红英　三明市大田县总医院妇产科主任医师

莆田市

郑青青　莆田市仙游县钟山镇临水村党支部书记兼村民委员会主任

林艳青　莆田市仙游县赖店镇人民政府党委副书记、镇长

黄　莹　莆田市荔城区妇联党组书记、主席

陈　琴　莆田藏云堂艺术品有限公司总经理

张丽芬　福建省亚明有限公司党支部书记、财务副总裁

陈　清　莆田市涵江区新县镇广宫村党支部书记

肖丽琴　莆田盛兴医院妇产科副护士长

黄　倩　莆田市忠涓轮渡有限责任公司干事

吴　凡　武警第二机动总队机动第五支队作战支援大队通信中队中尉副中队长

张雪芳　湄洲湾职业技术学院助理研究员

许　利　莆田市外国语学校（莆田第一中学妈祖城校区）校长

武奇静　福建省洪英工艺有限公司艺术指导、中级工艺美术师

黄珊珊　莆田市中级人民法院民一庭庭长（四级高级法官）

郑淑娟　莆田市荔城区司法局西天尾司法所所长

南平市

温阿丽　南平市延平区洋后镇党委书记

王艳萍　福建建阳龙翔科技开发有限公司党委委员、工会主席，高级会计师

黄静芳　南平市邵武市洪墩镇河坊村村委

叶　灿　武夷山茶言精舍文化旅游有限公司董事长、武夷山止止茶道文化传播有限公司董事长

李　静　南平市建瓯市瓯宁街道金瓯社区党委书记、社区居委会主任

许　丽　福建省顺昌合亿农产品开发有限公司总经理

黄正芬　南平市浦城县富岭镇店亭村党支部书记、村委会主任

付郁樱　南平市光泽县第一中学高级教师

张　颖　中国农业银行股份有限公司松溪县支行业务部副经理

张荣丽　南平市政和县人民法院立案庭庭长、审判委员会委员，一级法官

朱晓燕　南平市教师进修学院高中教研室主任、正高级教师

严丽榕　中共南平市委办公室法规室主任、一级主任科员

魏　焰　南平市财政局会计科（行政审批科）科长

罗伟菜　福建永晶科技股份有限公司研发副总监

龙岩市

洪　为　龙岩市新罗区妇联主席

陈柳芬　龙岩市新罗区东城街道松涛社区党委书记、社区居委会主任

吕清清　福建客家建设发展集团有限公司党委副书记、财务总监、工会主席

丘金霞　龙岩市上杭县皮肤病防治院，上杭县新冠肺炎密切接触者集中隔离医学观察点护士长

吴兰玉　龙岩安心农产品有限公司总经理

王秀金　中共武平县委常委

李海珍　龙岩市长汀师范附属小学一级教师

兰锦英　龙岩市长汀县汀州镇西门社区居民委员会党委书记兼主任

杨先金　龙岩市连城县圣兰花卉种植专业合作社理事

付珊珊　龙岩市漳平市疾病预防控制中心检验检测股股长

黄丽平　龙岩市中心血站党支部书记、站长

王夏菁　国网龙岩供电公司调控中心地区调度班副班长兼调度长

马双梅　福建贝思科电子材料股份有限公司党支部书记、行政副总经理、工会主席

廖素清　龙岩博物馆党支部书记、馆长

魏婉婷　龙岩市爱伊闽西姑娘家政服务有限公司总经理

宁德市

雷美凤　宁德市蕉城区八都镇猴盾村党支部书记

林　彬　宁德市蕉城区虎贝镇党委书记

陆燕清　宁德市古田县公安局巡特警反恐大队二级警长

胡晓华　中国邮政集团有限公司福建省屏南县分公司党支部书记、总经理

许金容　宁德市周宁县纯池镇党群服务中心主任

林少云　三祥新材股份有限公司党支部书记、副总经理、市场总监

钟团玉　全国人大代表、福安市妇联兼职副主席、福安市康厝畲族乡金斗洋村党支部书记、村民主任兼妇联主席

林喜盈　宁德市福鼎市茶产业发展中心高级农艺师

林如婷　宁德市霞浦县人民法院诉讼服务中心主任

余清华　宁德市华侨小学党总支部书记、校长

林沐榲　宁德市生态环境局环境督察科科长、一级主任科员

张　婷　宁德市农业农村局饲料兽药管理站站长

陈惠华　宁德师范学院附属宁德市医院妇产科科主任兼妇科科主任

樊丽丽　宁德市霞浦县松山街道古县村党支部第一书记、华能霞浦核电有限公司团委书记、党群管理专工

平潭综合实验区

王尚可　平潭综合实验区公安局政治部警察公共关系处副处长、三级警长

余小燕　平潭综合实验区融媒体中心、平潭时报社专副刊部主任（办公会成员）、平潭综合实验区海峡文化传媒有限公司总经理助理

郑声华　平潭城中小学副校长

汪　宁　国家税务总局平潭综合实验区税务局机关党委四级主办

陈静乐　福建省帆船帆板运动管理中心风筝板运动员、平潭综合实验区体育总会会员、平潭风筝冲浪运动协会会员

省直及驻闽单位

余连菊　福建省政府办公厅机关党委副书记、机关纪委书记、二级调研员

王慜婧　福建省委政法委执法监督处三级调研员

郭少榕　福建省教育科学研究所基础教育研究室主任

林晓萍　福建警察学院教授

林志鹃　福建省民政厅社会组织管理局局长

刘　华　福建省应急管理厅危化处处长、一级调研员、高级工程师

郑益昕　福建省篮排球运动管理中心女排运动员

郑　懿　福建省统计局普查中心副主任

张　洁　福建省直屏西幼儿园园长

王增华　福建省革命历史纪念馆公众服务部主任、文物博物专业馆员

郑百灵　共青团福建省委少年部四级主任科员、福建省少先队总辅导员

吴静怡　福建省人民检察院第十检察部副主任、四级高级检察官

高佳丽　福建省广播影视集团融媒体资讯中心采访部融合直播科副科长

潘　越　厦门大学经济学院金融系主任、党支部书记、教授、博士生导师

宋美杰　福建师范大学传播学院院务委员、教授、博士生导师

秦　源　福建农林大学生命科学学院院长、教授

郑　昭　福建日报社屏山记者站主任记者

许　超　福州铁路公安处福州南车站派出所副所长

省国资委

惠颖娟　福建省长汀金龙稀土有限公司磁性材料事业部运管副经理

李美贞　厦门集装箱码头集团有限公司副总经理

刘惠琴　福建福海创石油化工有限公司工会副主席、女职委主任

刘少华　中闽能源股份有限公司纪检监察室副主任、工程师

任永欢　厦门金龙联合汽车工业有限公司技术专家2025工作室成员、高级工程师、车载能源专业总师

王　颖　福建中旅集团有限公司副总经理、福建中旅饭店管理集团有限公司董事

省总工会

李德清　福州市公共交通集团有限责任公司驾驶员

张　琦　厦门第一中学正高级教师、总务处主任

邱　榕　漳州市芗城区东铺头社区卫生服务中心党支部书记

李少婷　泉州市宜家装饰工程有限公司总经理

刘梅梅　中国农业银行股份有限公司宁化县支行副行长

魏燕芬　福建龙泰实业有限公司人力资源科副科长

杨美丽　宁德市霞浦县茶产业发展中心专业技术人员

林荔琴　莆田市力奴鞋业有限公司供应链中

心副总经理

省双拥办

桑小瑶　中国人民解放军东部战区陆军 32227 部队信访和法律室律师（文职）

陈明花　中国人民解放军 32251 部队上校政治委员

王文之　中国人民武装警察部队第二机动总队少校副政治教导员

王　萍　中国人民解放军 92435 部队医院专业技术上校主治医师

廖湘江　中国人民解放军 94816 部队专业技术上校工程师

张婷婷　中国人民解放军 73630 部队专业技术中校工程师

吴晓晖　中国人民武装警察部队福建省总队医院少校营级副职干事

2021—2022 年度 福建省三八红旗集体名单（100 个）

福州市

福州市台江区洋中街道金斗社区居民委员会

福州市晋安区岳峰镇桂溪社区居民委员会

飞毛腿（福建）电子有限公司

福州市闽侯县甘蔗街道瀛洲社区居民委员会

福州市长乐区营前街道长安村村民委员会

福建福清汇通农村商业银行股份有限公司

中国移动通信集团福建有限公司闽清分公司华侨城营业厅

福州市劳动就业中心

中共福州市罗源县委组织部

福州市第一医院心脏重症监护室

福建省福州第八中学

福州市公安局出入境管理处

厦门市

厦门市思明区厦港街道巡司顶社区居委会

厦门市湖里实验小学

厦门市湖里区湖里街道怡景社区居委会

厦门市集美区杏滨街道社区卫生服务中心

厦门市海沧区海沧街道石塘社区卫生服务中心

厦门市同安区美林街道金海社区居委会

厦门市翔安区马巷街道舫星社区居委会

国家税务总局厦门市税务局 12366 纳税缴费服务热线

厦门航空有限公司地面服务保障部地面服务处

漳州市

漳州市芗城区人民检察院

漳州市龙文区步文街道龙江社区居委会

漳州市长泰宾馆有限责任公司

漳州市漳浦县绥安镇绥南社区居委会

漳州市云霄县机关幼儿园

漳州市诏安县梅岭镇南门哨所

漳州市东山县西埔镇中兴社区居委会

漳州市南靖县船场镇“稻花香”巾帼宣讲队

漳州市华安县华丰镇新村社区居委会

漳州市重点少年儿童业余体育学校

泉州市

泉州市鲤城区海滨街道东鲁社区居委会

泉州市丰泽区泉秀街道社区卫生服务中心

国家税务总局泉州市洛江区税务局第一税务分局（办税服务厅）

泉州市泉港区第二实验幼儿园

泉州市石狮市疾病预防控制中心

泉州市晋江市行政服务中心管理委员会

泉州市南安市第二幼儿园

泉州市惠安县人民法院民事审判一庭

泉州市安溪县凤城镇城东社区居委会

泉州市永春县岵山镇人民政府

泉州市德化县妇女联合会

泉州市第一医院呼吸与危重症医学科

三明市

三明市妇女联合会

三明市沙县区总医院

三明市将乐县总医院

三明市建宁县人民法院

三明市明溪县雪峰镇城南社区

中国工商银行三明三元支行营业部

三明市婚姻家庭纠纷人民调解委员会

国家税务总局三明市三元区税务局第一税务分局（办税服务厅）

莆田市

莆田市公安局出入境管理支队

晔晨集团（福建）有限公司

莆田市荔城区西天尾镇后黄社区

莆田市凤凰家政服务有限公司

莆田市涵江区双福村

国家税务总局莆田市秀屿区税务局第一税务分局（办税服务厅）

莆田学院附属医院胃肠外一科

福建省高速公路车辆通行费仙游城区征收管理所

南平市

福建广电网络集团延平分公司商业城营业厅

南平市建阳区潭城街道西门社区居民委员会

南平市邵武市妇女联合会

福建盈昌竹木生态科技有限公司

南平市浦城县疾病预防控制中心

南平市光泽县闽源保洁服务有限公司

南平市松溪县人民检察院“湛卢青检先锋连”

南平市政和县实验幼儿园

龙岩市

龙岩市新罗区雁石镇益坑村

龙洲集团股份有限公司永定分公司永定汽车站

龙岩市上杭县实验小学

龙岩市武平县百家姓农民专业合作社联合社

龙岩市长汀县人民法院立案庭诉讼服务中心

国家税务总局连城县税务局第一税务分局（办税服务厅）

龙岩市漳平市农业农村局

龙岩海关综合业务科

宁德市

宁德市蕉城区人民检察院第五检察部

宁德市古田爱心公益联合会

宁德市屏南县妇女联合会

宁德市寿宁县农村信用合作联社

宁德市福安市民族实验小学

中共柘荣县城郊乡靴岭尾村支部委员会

中共福鼎市委组织部

宁德市霞浦县松港街道东昇社区

平潭综合实验区

平潭敖东镇中心幼儿园

国网福建省电力有限公司平潭供电公司营业班

省直及驻闽单位

福建省直机关在职职工医疗互助中心

福建省财政厅社会保障处

福建省水土保持试验站

福建省疾病预防控制中心地方病及慢性非传染性疾病防治所

福建省人民政府信访局办公室

福建省档案馆编研开发处

省国资委

福建省汽车运输集团有限公司福州站务分公司客北站陈萍服务组

福建福海创石油化工有限公司 QHSE 部化验检测团队 PX 化验室

厦门金龙联合汽车工业有限公司专用车营销中心

省总工会

泉州市总工会职工服务中心

平潭城东小学音乐教研组

福建农村信用社联合社集中作业中心

中铁二十四局集团福建铁路建设有限公司财务部

省双拥办

中国人民武装警察部队福建省总队医院

中国人民解放军联勤保障部队第 900 医院呼吸与危重症医学科

（摘编：余晓楠）

福建省优秀教师、优秀教育工作者名单

2023年9月4日，福建省人力资源和社会保障厅、福建省教育厅印发《关于表彰福建省优秀教师和优秀教育工作者的决定》（闽人社表彰〔2023〕26号）提出，近年来，全省广大教师和教育工作者以习近平新时代中国特色社会主义思想为指导，认真学习贯彻党的二十大精神，深入贯彻落实习近平总书记关于教育的重要论述，围绕立德树人根本任务，教书育人，爱岗敬业，无私奉献，涌现出一批优秀教师和优秀教育工作者。为表彰他们的杰出贡献，进一步增强广大教师和教育工作者的荣誉感、责任感，营造尊师重教的良好社会风尚，省人社厅、省教育厅决定，授予吕佳等724人“福建省优秀教师”称号，授予张年雄等124人“福建省优秀教育工作者”称号。

希望受表彰的同志珍惜荣誉、再接再厉，模范履行教书育人职责，充分发挥引领示范作用，为新时代教育改革发展再立新功。全省广大教师和教育工作者要以受表彰的优秀教师和优秀教育工作者为榜样，全面贯彻党的教育方针，落实立德树人根本任务，以培养堪当民族复兴大任的时代新人为己任，努力践行“四有好老师”“四个引路人”“四个相统一”要求，争做“经师”和“人师”的统一者，为加快推进教育强省，办好人民满意的教育、加快新时代新福建建设作出新的更大的贡献。

福建省优秀教师名单

（724名）

一、福州市（103名）

吕　佳（女）　闽江学院
林少芳（女）　福州职业技术学院
何少娴（女）　闽江师范高等专科学校
杨俊惠（女）　福州外语外贸学院
李榕玲（女）　福州软件职业技术学院
叶　舒（女）　福建省福州第二中学
张　鸿（女）　福建省福州高级中学
严权纲　福州教育研究院
蒋智恒　福建省福州屏东中学
陈　彦　福建省福州第十八中学
李　鸿（女）　福建省福州教育学院附属中学
郑　健　福州格致中学鼓山校区
李小元　福州金山中学
阮　喆（女）　福建省福州铜盘中学
黄庆才　福州教育学院附属第三小学
廖晓东（女）　福州市乌山小学
龚巍巍（女）　福州市聋哑学校
李　立（女）　福州市蓓蕾幼儿园
黄灵亮　福建省福州旅游职业中专学校
李晓琼（女）　福建省福州文教职业中专学校
陈建国　福建省福州建筑工程职业中专学校
曾　敏（女）　福建省福州杨桥中学
陈　亮（女）　福州市屏山小学
潘高峰　福州市鼓楼区教师进修学校
李　升（女）　福州市中山小学
陈　磊　福州第十五中学
邱伟松　福州市台江区教师进修学校
杨宁颖（女）　福州市国货路小学
张舒歆（女）　福州市仓山区金港湾实验学校
黄温馨（女）　福州市仓山区仓山中心幼儿园
吴航颖（女）　福州市仓山区第八中心小学

张惠萍（女）　福建省福州第四十中学
方婷婷（女）　福州市仓山区培智学校
陈　芬（女）　福州市郭宅中心小学
陈建湘　福州市秀山初级中学
许　京（女）　福州第三十二中学
刘仙芹（女）　福州市晋安区第三中心小学
江贵平　福州市鼓山中心小学
郭建民　福建省福州则徐中学
许　萍（女）　福建师范大学第二附属中学
陆　斌　福州市马尾实验小学
郑晓甦（女）　福州市亭江中心幼儿园
郭建华　福州高新区第一中心小学（旗山分校）
黄朝峰　福州市长乐区教师进修学校
江新文（女）　福建省长乐第一中学
朱折东　福建省长乐华侨中学
陈玉玲（女）　福建省长乐第四中学
陶　杰　福建省长乐第二中学
高飞燕（女）　福建省长乐师范学校附属小学
陈勤祈（女）　福州市长乐区洞江小学
周静怡（女）　福州市长乐区金峰中心小学
陈　琼（女）　福州市长乐区江田中心幼儿园
薛乐乐　福清市教师进修学校
翁　容（女）　福建省福清第一中学
陈朝霞（女）　福清一中江阴港城校区
李龙华（女）　福清第一中学观溪校区
方　芬（女）　福清一中音西校区
陈淑玲（女）　福清第二中学
张海坚　福建省福清华侨中学
陈　云　福建省福清第三中学
邱　挺　福建师范大学附属福清德旺中学
肖炎平（女）　福清市祖钦中学
林莉娜（女）　福清市实验小学
何裕奋　福清市城关小学
林秋兰（女）　福清元洪师范学校附属小学
王育芳　福清市高山中心小学
张苏娟（女）　福清市龙田中心小学
余贤朝　福清市占阳中心小学
陈华美（女）　福清市特殊教育学校
董桂钦（女）　福清市百合幼儿园
林恩琴（女）　福清市六一中心幼儿园
林国鑫　闽侯县第二中学
刘　晋（女）　闽侯县第六中学
吴爱贞（女）　闽侯县实验中学
林立杭　闽侯县竹岐中学
陈忠焜　闽侯县洋里中学
郑艳芳（女）　闽侯县荆溪龙山小学
马少君（女）　闽侯县青口东台小学
李维群　闽侯县廷坪尾桥小学
王秀锦（女）　闽侯县竹岐中心小学
马春晖　福建省连江尚德中学
程宝玉（女）　连江县教师进修学校附属小学
潘碧芳（女）　连江县下屿中学
杨锦清（女）　福建省连江县教师进修学校
杨晓玲（女）　福建省连江第一中学
陈丽琴（女）　福建省连江黄如论中学
钟丽华（女）　连江县第三实验小学
陈松林　连江县琯头中学
章方翠（女）　福建省连江职业中专学校
黄书旺　福建省闽清县城关中学
林静婷（女）　闽清县第一幼儿园
朱彩霞（女）　闽清县坂东镇中心小学
方友亭　福建省闽清县第一中学
吴锦云（女）　闽清县第三实验小学
郑　波　福建省罗源滨海学校
黄惠标　福建省罗源第三中学
刘晨烨（女）　罗源县松山中心小学
于　菁（女）　罗源县起步中心小学
汪菲斐（女）　福建省永泰县赤锡中学
郑建辉　福建省永泰县第一中学
夏　敏（女）　永泰县特殊教育学校
张丽雯（女）　永泰县实验小学
卢松杰　永泰县洋中小学

二、厦门市（71 名）

王贵弘　厦门医学院
赖玲玲（女）　厦门城市职业学院
汪婷婷（女）　厦门华厦学院
吴　昕　福建省厦门第一中学
吴晓婷（女）　福建省厦门双十中学
吴昆盛　福建省厦门第二中学
卢　倩（女）　厦门市第五中学
李春辉（女）　福建省同安第一中学

陈茜茜（女）　福建省厦门集美中学
黄　棉（女）　厦门大学附属科技中学
吴朝阳　厦门市音乐学校
郭贯群　厦门市教育科学研究院
朱黎兵　厦门英才学校
杨惠玉（女）　福建省厦门实验小学
颜艺红（女）　厦门五缘实验学校
谢璐瑛（女）　厦门五缘第二实验学校
刘炎火　集美工业学校
汪　洋　中央音乐学院鼓浪屿钢琴学校
闫　洁（女）　厦门市心欣幼儿园
朱　茜（女）　厦门市思明区青少年宫
刘映辰（女）　厦门市故宫小学
陈四梅（女）　厦门市民立第二小学
陈司令　厦门市松柏第二小学
陈　娴（女）　厦门市园南小学
林　祺　厦门市梧村小学
林　榕（女）　厦门市第九中学
赵　斌　厦门市松柏中学
钟亚玲（女）　厦门市槟榔中学
骆绿茵（女）　厦门市大同中学
黄福裕　厦门外国语学校附属小学
魏立成（女）　厦门市湖里区教师进修学校
蔡婷婷（女）　厦门市湖里中学
黄燕娥（女）　厦门市湖里实验中学
卢伟平　厦门市湖里区教师进修学校第二附属小学
张兰英（女）　厦门市金尚小学
张晓闽（女）　厦门市金山小学
陈思思（女）　厦门市尚文实验学校
林虓虓（女）　厦门市集美职业技术学校
吴云峰（女）　厦门市集美区特殊教育学校
高雅君（女）　厦门市杏南中学
冯　敏（女）　厦门市集美区灌口中学
钟红花（女）　厦门市集美区后溪中学
杨雪黎（女）　厦门市集美区诚毅中学
梁惠敏（女）　厦门市集美第二小学
陈鹭云（女）　厦门市集美区宁宝小学
江　滨（女）　厦门市集美区实验小学
吴晓玲（女）　厦门市集美区灌口小学
连仁都　厦门市海沧中学
刘　娟（女）　厦门市海沧区北附学校教育集团京口中学
王美勤（女）　厦门海沧延奎实验小学
陈秋萍（女）　厦门市海沧区教师进修学校
宓　翠（女）　厦门双十中学海沧附属学校
王美林　厦门市海沧区鳌冠学校
林剑兰（女）　厦门市海沧区东埔小学
王冬晖（女）　厦门市同安区教师进修学校
陈发达　厦门市第二外国语学校
叶云辉　厦门市同安实验中学
叶美端（女）　厦门市新民中学
邓玉溅（女）　厦门市梧侣学校
柯世添　厦门市竹坝学校
林耀辉　厦门市同安区美星小学
陈宝娜（女）　厦门市同安区大同中心小学
叶晓彧（女）　厦门市同安区祥平中心小学
陈　娟（女）　厦门市同安区岳口小学
朱云飞　厦门市新店中学
陈雅慧（女）　厦门市大嶝中学
朱淑静（女）　厦门市翔安区舫山小学
许连春（女）　厦门市翔安区第二实验小学
方巧玉（女）　厦门市翔安区马巷中心小学
许丽环（女）　厦门市内厝中学
王春菲（女）　厦门市翔安区第一实验小学

三、漳州市（74名）

林秋恋（女）　漳州市浦南中心小学
黄美玲（女）　漳州市埔尾中心小学
陈雨梅（女）　福建省漳州市玉兰学校
陈宝凤（女）　漳州市龙文区第一中学
张英亮（女）　漳州市龙文区第二中学
郭桂香（女）　漳州市龙文区郭坑中心小学
朱佳香（女）　福建省龙溪师范学校附属小学龙文分校
赖聪林　福建省龙海第一中学
叶建强　福建省龙海第二中学
陈小蓉（女）　漳州市龙海区港尾中学
苏丽嫔（女）　漳州市龙海区实验中学
史荣荧（女）　漳州市龙海区东泗中学
蔡春南　漳州市龙海区程溪中心小学
曾碧珠（女）　漳州市龙海区浮宫中心小学
盛敏超　福建省漳浦第一中学

谢艺斌　福建省漳浦道周中学
陈智平　福建省漳浦达志中学
郑荣江　漳浦县长春中学
赵建安　福建省漳浦民族华侨中学
何瑞婷（女）　漳浦县实验小学
徐长华　漳浦县石斋小学
叶成立　漳浦县割后小学
陈春雷　漳浦县白沙小学
许碧英（女）　漳浦县第二实验幼儿园
朱巧玉（女）　福建省云霄第一中学
吴棋楠　福建省云霄元光中学
方瑞红（女）　福建省云霄第一中学分校
吴钦松　福建省云霄第五中学
林秀华（女）　云霄县实验小学
张　妮（女）　云霄县第二实验小学
林贵娥（女）　云霄县陈岱幼儿园
林石坤　福建省东山第一中学
陈海英（女）　东山县石斋初级中学
陈喜梅（女）　东山县白埕小学
罗少武　福建省诏安第一中学
陈若蓝（女）　福建省诏安县边城中学
沈曼欣（女）　诏安县第三实验小学
沈小清（女）　诏安县深桥镇中心小学
黄淑鸿（女）　诏安县梅岭镇中心小学
叶秀敏　诏安县第一实验小学
黄苏梅（女）　南靖县第一中学
王南极　南靖县城关中学
洪　丽（女）　南靖县龙山中心小学
朱寿生　福建省平和第一中学
周绍彬　福建省平和第三中学
周慧良（女）　平和县秀峰中学
卢碧玉（女）　平和县育英小学
吴丽霞（女）　平和县第三实验小学
杨文钦　平和县第五实验小学
耿美丽（女）　华安县第二实验小学
李丽敏（女）　福建省华安县第一中学
张笋奇　福建省长泰第一中学
林巧凤（女）　漳州市长泰区第三中学
林来城　漳州市长泰区林墩中心小学
汪六一　厦门大学附属实验中学
乔肖燕（女）　福建省厦门双十中学漳州校区
章浩伟　福建省厦门双十中学漳州校区
廖艺燕（女）　漳州台商投资区鸿渐中学
陈正莲（女）　漳州台商投资区角美中心小学
洪宝凤（女）　漳州高新技术产业开发区第三中学
陈淑华（女）　漳州高新技术产业开发区九湖中心小学
吴丽华（女）　漳州古雷港经济开发区霞美中学
周武森　漳州古雷港经济开发区古雷港中学
林秀字（女）　漳州古雷港经济开发区霞美中心学校
杨丽英（女）　漳州城市职业学院
黄桂钦（女）　漳州卫生职业学院
黄加福　漳州职业技术学院
王国雄　福建省漳州第一职业中专学校
纪　霖　漳州高新职业技术学校
陈幼清（女）　福建省漳州市第二中学
张兵源　漳州市教育科学研究院
陈恩忠　福建省漳州市华侨中学
林丽燕（女）　漳州市第七中学
许春玉（女）　漳州市机关幼儿园

四、泉州市（142 名）

欧　怒（女）　仰恩大学
高善平　泉州信息工程学院
陈雄寅　黎明职业大学
庄素霞（女）　泉州幼儿师范高等专科学校
陈海玲（女）　泉州医学高等专科学校
王丽芳（女）　泉州经贸职业技术学院
吴海平　福建省泉州体育运动学校
陈志伟　福建省泉州第一中学
黄永洪　福建省泉州市培元中学
余锦斌　福建省泉州第五中学
吴琴玉（女）　福建省泉州市实验中学
王双辉　泉州市实验小学
王志伟　泉州市晋光小学
黄梓萱（女）　泉州师范学院附属小学
马丽丽（女）　泉州市特殊教育学校
吴晓燕（女）　泉州市丰泽幼儿园
叶晋昆　泉州市教育科学研究所
彭耿铃　福建省泉州市第七中学

苏燕钟　泉州市凌霄中学
刘学林　鲤城区教师进修学校
傅宝青（女）　鲤城区实验小学
林芯宇（女）　泉州市通政中心小学
汪舒悦（女）　泉州市立成小学
康雅丽（女）　泉州市新华中心小学
魏亚琳（女）　泉州市第一幼儿园
郑素静（女）　泉州市丰泽区第二实验小学
王小红（女）　泉州市工商旅游职业中专学校
蔡志权　泉州市丰泽区第四中心小学
凌小平（女）　泉州市丰泽区东湖实验小学
黄少清（女）　泉州市丰泽区第五实验小学
张　婕（女）　泉州市第九中学
章文理　泉州市城东中学
黄雪玲（女）　泉州市丰泽区泉秀实验小学
黄盛源　泉州市奕聪中学
何琳芸（女）　泉州市双阳中学
林水元　泉州市洛江区第三实验小学
赖荣火　泉州市洛江区教师进修学校
庄丽清　福建省泉州市泉港区第二中学
朱惠明　福建省泉州市泉港区惠华中学
陈惠民　福建省泉州市泉港区山腰盐场美发中学
郑建煌　福建省泉州市泉港区圭峰中学
庄月英（女）　泉港区益海实验小学
黄莲莲（女）　泉州市泉港区涂岭中心小学
余信路　石狮市教师进修学校
吴贫生（女）　石狮市石光中学
李世阳　石狮市第一中学
张训正　厦门外国语学校石狮分校
李　榕　石狮市第三中学
邱秀月（女）　石狮市实验中学
蔡亚璇（女）　石狮市第五实验小学
许晓瑜（女）　厦门外国语学校石狮分校附属小学
施湘湘（女）　石狮市实验中学附属小学
颜剑平　石狮市蚶江中心小学
花鹏彬（女）　石狮市仁爱学校
洪晴辉　晋江市毓英中学
林英语（女）　晋江市实验小学
吕少若（女）　晋江市第四实验小学
郑山河　晋江市罗山中学
郭成根　福建省晋江华侨职业中专学校
黄　馨（女）　晋江市远华中学
苏清波　晋江市内坑中心小学
童　茵（女）　晋江市金山中学
王碧莲（女）　晋江市特殊教育学校
施纯林　晋江市教师进修学校
吴丽荫（女）　晋江市尚志中学
吴郎刺（女）　晋江市磁灶中学
洪志雄　晋江市第十实验小学
董白茹（女）　晋江市实验幼儿园
黄伟华（女）　晋江市心养小学
陈华忠　晋江市南峰中学
蔡彬彬（女）　晋江市第二实验小学
洪秋婉（女）　晋江市季延初级中学
赖雅玲（女）　晋江市第三实验幼儿园
苏清水　晋江市养正中学
吴丽红（女）　晋江市第三实验小学
王传福　晋江市第五中学
周迎富　晋江市子江中学
陈志生　晋江市季延中学
杨华丽（女）　晋江市安海镇养正中心小学
洪丽敏（女）　福建省南安第一中学
陈良达　福建省南安市侨光中学
吴晓玲（女）　福建省南安市华侨中学
卓美新（女）　福建省南安市柳城中学
陈丽娇（女）　福建省南安市延平中学
柯瑞红（女）　泉州师范学院附属鹏峰中学
梁建福　福建省南安市诗山中学
石　琎（女）　福建省泉州第五中学
陈群英（女）　南安市洪梅中学
许明聪　福建省南安职业中专学校
王莉莉（女）　南安市特殊教育学校
谢小英（女）　南安市翔云中心小学
洪佩蓉（女）　南安市柳城小学
赵丽红（女）　南安市第六小学
洪燕兰（女）　南安市第一实验小学
吕燕新（女）　南安市诗山中心小学
王丽梅（女）　南安市仑苍中心小学
苏静茹（女）　南安市后房小学
余燕芬（女）　南安市深辉小学

洪幼玲（女）　南安市蓬华中心小学
叶新安　南安市眉山中心小学
吕秀明（女）　南安市第十五小学
陈　刚　福建省惠安第一中学
杨进锋　福建省惠安荷山中学
赵惠钦　福建省惠安高级中学
施琼如（女）　福建省惠安螺城中学
张群红（女）　惠安县实验小学
郭晓琳（女）　惠安县八二三实验小学
林　晰（女）　惠安县城南实验小学
许琪春　惠安县东岭中心小学
陈白红（女）　惠安县小岞中心小学
吴晓蓉（女）　福建省惠安特殊教育学校
陈娇娇（女）　惠安县城南第二实验幼儿园
苏灿强　福建省安溪第一中学
施巧茹（女）　福建省安溪第六中学
姚阿辉　福建省安溪恒兴中学
汪彩凤（女）　福建省安溪沼涛中学
谢志能　福建省安溪陈利职业中专学校
魏玉发　福建省安溪第五中学
周志钦　福建省安溪茶业职业技术学校
吴兆玉（女）　安溪县崇文中学
施吉治（女）　安溪县第二十中学
吴小婷（女）　安溪县教师进修学校
陈晓进（女）　安溪县沼涛实验小学
谢瑞娜（女）　安溪县参内中心学校
唐娟娟（女）　安溪县第十一小学
刘婉玲（女）　安溪县湖头中心学校
吴淑芬（女）　安溪县第九小学
姚跃霞（女）　安溪县剑斗中心学校
陈建源　永春县教师进修学校
林一丁　福建省永春第一中学
黄庆华　福建省永春美岭中学
刘碧云（女）　福建省永春华侨中学
陈慧新（女）　永春县桃城镇中心小学
林美珍（女）　永春县蓬壶中心小学
郑素金（女）　德化县实验小学
林梅贤（女）　德化县第二实验小学
肖满捷　福建省德化第一中学
庄明丽（女）　福建省德化第三中学
黄方卉（女）　泉州台商投资区民族实验小学
曾苗玲（女）　泉州台商投资区第八实验小学
许秀萍（女）　泉州台商投资区第七实验小学
刘灿斌　泉州惠南中学（原泉州第十六中学）

五、三明市（42 名）

张红玲（女）　三明市第十二中学
徐　敏（女）　三明市三元区第一实验学校
邓玉华（女）　三明市三元区崇和实验小学
官爱萍（女）　三明市三元区东霞小学
曾丽萍（女）　永安市实验小学
林木森　永安市民族中学
陈雪媛（女）　永安市第一中学
章秋梅（女）　永安市第一中学附属学校
冯丽花（女）　明溪县第二中学
苏国相（女）　明溪县实验小学
官汉聪　清流县第一中学
罗成忠　清流县教师进修学校
曹家鑫　福建省宁化第一中学
李源保　福建省宁化第六中学
付贵明　宁化县第二实验小学
曹良发　宁化县民族学校
涂瑞珊　建宁县城关中学
朱美华（女）　建宁县教师进修学校
何承华　建宁县伊家中心小学
温善明　泰宁县第一中学
邱晓燕（女）　泰宁县第四中学
肖友珠（女）　泰宁县上青乡中心小学
黄世美　福建省将乐县第一中学
王明英（女）　将乐县教师进修学校
余兴荣　将乐县安仁中心校
官凤姬（女）　三明市沙县区实验小学
刘　清（女）　三明市沙县区城关第三小学
邱德瑞　沙县第一中学
乐德棋　三明市沙县区第五中学
陈雪春（女）　福建省尤溪第一中学
詹争春（女）　尤溪县第七中学
曹艳霖（女）　尤溪县实验小学
卓　苹（女）　尤溪县八字桥中心小学
陈财钗　福建省大田县第一中学
颜梅玲（女）　大田县鸿图中学
肖金英（女）　大田县城关第三小学

郑超礼　大田县铭栋初级中学
曹思祺（女）　三明市实验幼儿园
邱文晖（女）　三明市实验小学
陆清娇（女）　福建省三明第一中学
温升爔　三明市第二中学
林克明　三明医学科技职业学院

六、莆田市（47名）

林欣欣（女）　湄洲湾职业技术学院
黄玉霞（女）　莆田市教师进修学院
吴天然　福建省莆田第一中学
周伟强　莆田第二中学
林秀玉（女）　莆田市外国语学校
陈　琳（女）　莆田市实验小学
崔玉兰（女）　莆田市第二实验小学
陈智敏　福建省莆田职业技术学校
陈　静（女）　仙游县实验小学
林丽丽（女）　仙游县实验小学分校
林建平　仙游县城西中心小学
郑元梅（女）　仙游县坝下中心小学
林燕烽（女）　仙游县城东中心小学
郑素烟（女）　仙游县度尾潭边小学
陈碧生（女）　仙游县龙华中心小学
林丽冰（女）　仙游县枫亭东宅小学
朱秀平（女）　仙游县枫亭斗北小学
黄　静（女）　仙游第一中学永鸿分校
刘开明　仙游现代中学
王成柱　仙游县榜头中学
郑元贵　仙游县蔡襄中学
陈　磊　莆田第四中学
梁　遵　莆田第八中学
蔡丽伟　莆田中山中学
吴莉莉（女）　莆田市荔城区麟峰小学
陈惠炀（女）　莆田市荔城区梅峰小学
郑志平（女）　莆田市荔城区第一实验小学
林晓敏（女）　莆田文献中学
陈素烟（女）　莆田市城厢区南门学校
陈　静（女）　莆田市城厢区南门中特小学
林　致　莆田文献中学
许　军（女）　莆田市城厢区霞林学校
龚慧敏（女）　莆田市城厢区第一实验幼儿园
陈金文　福建省莆田华侨职业中专学校
林清玉（女）　莆田第六中学
何高萍（女）　莆田华侨中学
吴丽群（女）　涵江区实验小学
郭莉莉（女）　莆田市涵江区第二实验幼儿园
龚建花（女）　莆田市涵江区国欢镇中学
林肖英（女）　莆田市秀屿区石城学校
徐凡炜　莆田第十中学
童丽维（女）　莆田第二十五中学
蔡秋萍（女）　莆田市秀屿区东庄后江小学
朱益谦（女）　莆田市秀屿区笏石中心幼儿园
郑文炳　莆田市秀屿区毓英中学
陈盛强　莆田第十三中学
陈　铃（女）　莆田妈祖中学

七、南平市（44人）

邱泰杰　福建省建阳第一中学
顾晓敏（女）　南平市建阳区麻沙中学
彭　丽（女）　南平市建阳区童游中心小学
滕家进　南平市建阳区莒口中心小学
熊芳芳（女）　南平市建阳区实验幼儿园
陆盛春　福建省南平市赤门中学
康逢勇　福建省南平市第九中学
林　宾　福建省南平市王台中心小学
蔡霞英（女）　南平市延平区实验小学迎宾分校
万琳燕（女）　福建省邵武第一中学
江　艳（女）　邵武市实验中学
陈　文（女）　邵武市金坑中心小学
罗　俊（女）　邵武市实验幼儿园
王小平　福建省武夷山实验小学
杨晓娟（女）　武夷山市武夷中心小学
刘　莲（女）　福建省武夷山第一中学
谢　锋　武夷山市第二中学
张晓晴（女）　福建省建瓯第一中学
阮永慧（女）　建瓯市第三中学
叶淑洪（女）　建瓯市实验小学
黄锦珠（女）　建瓯市第二小学
樊丽青（女）　建瓯市实验幼儿园
吴泉妹（女）　建瓯市东峰中学
杨碧云（女）　建瓯市川石乡中心小学
卢常胜　顺昌县实验小学
吴建光　顺昌县第一中学
曾惠平（女）　顺昌县高阳中学

姜红辉　　　福建省浦城第一中学
邓　芳（女）　浦城县实验小学
詹彦俊　　　浦城县盘亭中学
蒋国英（女）　浦城县梦笔幼儿园
傅良有　　　光泽县第一中学
王志彬　　　光泽县第三中学
林爱红（女）　松溪第二中学
李　鑫（女）　福建省松溪第一中学
宋春荣　　　政和县第一中学
吴德忠　　　政和县第二实验小学
宋妙林　　　政和县镇前中学
张金良　　　闽北职业技术学院
张容秀（女）　南平市教师进修学院
林茂兴　　　福建省南平市农业学校
江志坚　　　南平市武夷旅游商贸学校
张英勇　　　福建省南平第一中学
林梦婷（女）　南平市高级中学

八、龙岩市（46 名）

卢昌龙　　　龙岩市新罗区教师进修学校
黄浩秋　　　福建省龙岩华侨职业中专学校
陈　强　　　龙岩市第九中学
赖京菁（女）　龙岩初级中学北城校区
黄晓帆（女）　龙岩紫金山实验学校
黄娇应（女）　龙岩市实验小学
谢小龙　　　龙岩市铁山中心小学
邱晓雯（女）　龙岩市实验幼儿园
吴玉辉　　　福建省永定第一中学
张碧玲（女）　福建省龙岩市永定区洪山中学
张秀平（女）　福建省龙岩市永定区培丰中学
赖胜娟（女）　福建省龙岩市永定区实验小学
范志丽（女）　龙岩市永定区凤城中心幼儿园
卢晓华（女）　龙岩市永定区教师进修学校
胡永琰　　　上杭县第一中学
范志斌　　　上杭县第二中学
钟善荼（女）　上杭县第二实验小学
赖奇英（女）　上杭县教师进修学校附属小学
黎翠红（女）　上杭县旧县中心小学
谢华香（女）　上杭县第三中学
肖毅山　　　福建省武平县第一中学
陈秀斌（女）　福建省武平县第二中学
谢红莲（女）　武平县第三中学
刘梅英（女）　福建省武平县帽村初级中学
钟建华　　　武平县占阳小学
罗志强　　　福建省长汀县第一中学
刘　姝（女）　福建省长汀师范附属小学
肖海钦　　　长汀县城关中心学校
刘晓明　　　长汀县城关中心学校
戴腾香（女）　长汀县河田中心学校
蔡　丽（女）　长汀县第二实验幼儿园
杨德胜　　　福建省连城县第一中学
吴鹤熙　　　福建省连城县第一中学
黄华文　　　福建省连城县朋口中学
罗慧森　　　福建省连城县第二中学
傅尔钧　　　福建省漳平第一中学
苏金莲（女）　漳平市实验幼儿园
李樟华　　　漳平市后盂小学
陈元招（女）　闽西职业技术学院
游志音　　　福建省龙岩市农业学校
张　莉（女）　福建省龙岩第一中学
张丽娅（女）　福建省龙岩市高级中学
刘文东　　　福建省龙岩师范附属小学
俞嘉靖（女）　龙岩市教育科学研究院附属小学
林红冰（女）　龙岩市实验学校
蓝丽燕（女）　福建省龙岩市直机关幼儿园

九、宁德市（45 名）

宋莉莉（女）　宁德职业技术学院
陈少毅　　　福建省宁德市教师进修学院
余水淮　　　宁德开放大学
魏晨霞（女）　福建宁德财经学校
潘源祯（女）　福建省宁德第一中学
魏　琦　　　宁德市高级中学
陈小辉　　　宁德市民族中学
宋芳茂　　　宁德师范学院附属小学
黄艳枫（女）　福建省福安师范学校附属小学
洪艳飞（女）　宁德市特殊教育学校
林雅玲（女）　宁德市蕉城区实验小学
陈晓婷（女）　宁德市蕉城区第一实验学校
林赛英（女）　宁德市蕉城区蕉城中学
黄祖波　　　宁德市第十中学
林丽娜（女）　宁德职业中专学校
黄巧蕊（女）　宁德市第二中学
黄爱芳（女）　福建省福安市第一中学

尤长顺　福建省福安市第二中学
周勇英（女）　福安市松罗中学
薛立刃（女）　福安市实验小学教育集团
郑赛娇（女）　福安市下白石中心小学
张乾锋　福建省福安职业技术学校
雷团英（女）　福安市范坑中心小学
徐秀锋　福鼎市第十一中学
刘小梅（女）　福鼎市叠石学校
林温阳　福鼎市第六中学
施小玲（女）　福建省福鼎职业中专学校
林荧荧（女）　福鼎市桐南小学海湾校区
林小妙（女）　福鼎市桐北中心小学
周凤花（女）　霞浦县第一小学
胡树村　霞浦县水门中心小学
雷石树　霞浦县柏洋中心小学
辜开良　霞浦县民族中学
杨　芬（女）　福建省霞浦县教师进修学校
林苗青（女）　古田县教师进修学校
李余情（女）　古田县卓洋中心小学
林其东　古田县岭里初级中学
张雪华（女）　屏南县第一中学
黄晓萍　屏南县实验小学
林妙香（女）　周宁县第一中学
孙妙玲（女）　周宁县实验小学
吴光美（女）　寿宁县托溪中学
魏观佑　柘荣县第一中学
谢云燕（女）　柘荣县第三中学
傅雪娟（女）　宁德市华侨小学

十、平潭综合实验区（4名）

张文彬（女）　平潭综合实验区教师进修学校
颜　文（女）　平潭城中小学
林肖明（女）　平潭城东小学
黄建武　平潭南海学校

十一、省教育厅（82名）

冉　广　厦门大学
吕　鑫　厦门大学
张闻捷　厦门大学
胡　荣　厦门大学
黄凌风　厦门大学
潘　越（女）　厦门大学
胡培安　华侨大学
王　祎（女）　华侨大学
莫毓昌　华侨大学
邹　雄　福州大学
陈　星　福州大学
黄剑东　福州大学
涂秀虹（女）　福建师范大学
吴树国　福建师范大学
谭小地　福建师范大学
刘学莘　福建农林大学
许卫锋　福建农林大学
苏松坤　福建农林大学
吴　双　福建农林大学
林默君　福建医科大学
欧启水　福建医科大学
牛素生　福建中医药大学
王晓颖（女）　福建中医药大学
庄　赟（女）　集美大学
王荣杰　集美大学
林炳坤　闽南师范大学
黄明强　闽南师范大学
缪　远　福建理工大学
欧阳恒（女）　福建理工大学
李小燕（女）　福建江夏学院
邵雅利（女）　福建江夏学院
陈礼忠　福建技术师范学院
梁小红（女）　福建商学院
连　捷　福建商学院
蒋国芳　泉州师范学院
陈恩慧（女）　泉州师范学院
李　响　莆田学院
黄黎红（女）　莆田学院
王沙沙（女）　龙岩学院
曾　玮　龙岩学院
田　丹（女）　武夷学院
杨自涛　武夷学院
谢新暎（女）　宁德师范学院
赖联锋　宁德师范学院
李奇勇　三明学院
欧阳秀敏（女）　三明学院
林晓萍（女）　福建警察学院
黄丽萍（女）　福建教育学院

黄林昊 福建开放大学
陈朝慰 福建船政交通职业学院
黄 颖（女） 福建船政交通职业学院
黄冬福 福建信息职业技术学院
兰建军 福建水利电力职业技术学院
孙 华 福建林业职业技术学院
吴礼光 福建农业职业技术学院
邓元荣 福建卫生职业技术学院
郭团玉（女） 厦门海洋职业技术学院
林俊涵 福建生物工程职业技术学院
王萍萍（女） 福建幼儿师范高等专科学校
苏瑞莹（女） 福建电力职业技术学院
付志荣 福建艺术职业学院
夏 鹏 福建体育职业技术学院
廖颖敏（女） 厦门大学嘉庚学院
陈育栎（女） 福州大学至诚学院
李碧珍（女） 福建师范大学协和学院
彭 虹（女） 福建农林大学金山学院
魏德志 集美大学诚毅学院
徐志英（女） 福建工业学校
谢 晖（女） 福建建筑学校
林睿晶（女） 福建工贸学校
熊 赟（女） 福建商贸学校
林秋英（女） 福建海洋职业技术学校
冯晓云 福建省普通教育教学研究室
赵 昕（女） 福建师范大学附属中学
陈 峰（女） 福建省福州实验小学
吴凌云（女） 福建师范大学附属小学
黄 文（女） 福建省直屏西幼儿园
蔡荔红（女） 福建省直屏东幼儿园
余志敏（女） 福建省儿童保育院
孙彩霞（女） 福建省金山幼儿园
宁杨静（女） 福建幼高专附属第一幼儿园
陈 莹（女） 福建幼高专附属第二幼儿园

十二、省委组织部（6 名）

郑冬梅（女） 中共福建省委党校
李永杰 中共福建省委党校
林善炜 中共福州市委党校
付小红（女） 中共厦门市委党校
陈小红（女） 中共泉州市委党校
毕佳佳（女） 中共莆田市委党校

十三、省人力资源和社会保障厅（13 名）

邓丽金（女） 福建技师学院
陈怡聪（女） 福建省第二高级技工学校
潘冰玲（女） 福州第一技师学院
林 楷 福州第二技师学院
杨 菲（女） 厦门技师学院
张利军 厦门技师学院
阮妙德 宁德技师学院
谢剑峰 福建省莆田市高级技工学校
陈雅华（女） 泉州市高级技工学校
张秋霞（女） 漳州技师学院
肖 杰 龙岩技师学院
张河东 三明技师学院
林其华 福建省南平技师学院

十四、团省委（5 名）

张怀海（女） 厦门市青少年宫
刘泽宗 漳州青少年活动中心
彭玉婷（女） 三明市青少年宫
潘燕萍（女） 莆田市青少年宫
张美兰（女） 龙岩市青少年宫

福建省优秀教育工作者名单

（124 名）

一、福州市（18 名）

张年雄 福建省福州第三中学
王恩奇 福建省福州第十一中学
刘春金（女） 福建省福州第十六中学
张立铄 福建省福州教育学院附属第二小学
郑天戈 福州市群众路小学
蒋舒凡（女） 福州商贸职业中专学校
蔡叶涛 福建省福州延安中学
陈雪梅（女） 福州市台江区鳌峰幼儿园
陈闻新（女） 福州市仓山区教育考试中心
邱晓兴 福建省福州第七中学
许嘉艳（女） 福州市罗星中心小学
叶文强 福州市长乐区琅峰中学
王 真（女） 福清市人民政府教育督导室

陈　煌	闽侯县第一中学
王诚忠	连江县实验小学
陈敬标	福建省闽清县第一中学
曾丽琴（女）	福建省罗源第一中学
许银娥（女）	永泰一中旗山校区

二、厦门市（13名）

程　颀	厦门理工学院
谢　慧（女）	厦门外国语学校
郑宝花（女）	厦门市教育科学研究院附属小学
谢凯灵（女）	福建省厦门第一中学
王志勤（女）	厦门市演武小学
丁敏健	厦门市蔡塘学校
迟建伟	厦门市第十中学
潘春辉	厦门市海沧区教育督导评估事务中心
王火炬	厦门市同安区第一实验小学
蔡亚填	厦门市志翔中学
叶本刚	厦门市教育局
吕子祥	厦门市同安区教育局
王晓勇	厦门市思明区教育局

三、漳州市（13名）

柯顺德	福建省漳州市教师进修学校
林溪圳	漳州市龙文区教育局
郑志毅	福建省龙海第一中学
吴金祥	福建省漳浦第一中学
林耀孟	东山县文昌初级中学
杨晓莹（女）	福建省诏安县红星中学
吴高福	南靖县教师进修学校
黄俊荣	平和县育才中学
林凤真（女）	漳州市长泰区兴泰中心小学
郭逸鸿	漳州台商投资区角美中学
陈　健	漳州市高等学校招生考试中心
巫　山	福建省漳州第一中学
周大庆	漳州第一中学古雷港分校

四、泉州市（24名）

苏康敏（女）	泉州职业技术大学
王海霞（女）	泉州市刺桐幼儿园
李　菁（女）	泉州市第二中心小学
彭秀兰（女）	泉州市丰泽区第三实验小学
林建生	福建泉州洛江外国语学校
刘海龙	福建省泉州市泉港区第一中学
张占岭	石狮市第八中学
林文杰	石狮市长福实验小学
张为瑟（女）	晋江市云峰中学
吴健康	晋江市第二中学
黄祖铭	晋江市陈埭民族中学
丁姗莉（女）	晋江市第四实验幼儿园
王洛阳	晋江市第一中学
颜柳彬（女）	南安市实验幼儿园
肖连发	南安市罗东中心小学
王水源	福建省南安国光中学
潘志荣	福建省惠安后西中学
赵志良	福建省安溪俊民中学
王英铭	安溪县城厢中学
苏巧丽（女）	安溪县第二十小学
郑伟强	福建省永春崇贤中学
苏诗川	福建省德化第一中学
洪清凯	泉州经济技术开发区管理委员会社会事业局
戴钦彪	福建省泉州第五中学台商区分校

五、三明市（8名）

胡川华	三明市第八中学
叶少扬	永安市第六中学
饶妃娥（女）	宁化县实验小学
冯盛良	福建省尤溪第一中学文公分校
苏元楚	福建省大田县教师进修学校
陈红梅（女）	三明教育学院
吴洪根	三明市教育发展与评价中心
池启长	三明市列东中学

六、莆田市（8名）

张荔燕（女）	莆田市儿童活动中心幼儿园
薛　郁	莆田市教师进修学院附属小学
郑捷斌	仙游县教师进修学校
朱国忠	莆田第九中学
邓寅滢（女）	莆田市城厢区霞林学校
黄丽珊（女）	莆田青璜中学
姚秀萍（女）	莆田市秀屿区教师进修学校
林福仁	莆田市湄洲第一中心小学

七、南平市（7名）

陈敏聪（女）	南平第二实验小学

黄志忠　邵武市第二实验小学
俞丽华（女）　武夷学院附属小学
叶寿荣　建瓯开放大学
张传国　光泽县第二中学
王槐晟　福建省南平剑津中学
谢利霞（女）　南平实验小学

八、龙岩市（8名）

张梅娟（女）　龙岩紫金山实验学校
赖朝江　龙岩市永定区教育局
吴　倩（女）　上杭县城南幼儿园
梅国红　福建省武平县第一中学
赖丰秋（女）　长汀县中区小学
周梅芳（女）　连城县实验幼儿园
张国志　福建省漳平第一中学
苏芳梅（女）　龙岩市教育局

九、宁德市（8名）

何安法　宁德市第五中学
刘芳杏（女）　福安市第一实验幼儿园教育集团
陈良喜　福鼎市第一中学
马朝团　霞浦县第十八中学
周步利　古田县人民政府教育督导室
胡　芳（女）　寿宁县实验幼儿园
陈克陛　东侨经济技术开发区中学
吴柳菁（女）　福建省宁德市机关幼儿园

十、平潭综合实验区（1名）

杨　鸿（女）　平潭麒麟小学

十一、省教育厅（13名）

陈雪琴（女）　华侨大学
伍宇翔　福州大学
葛桂录　福建师范大学
林玉芝（女）　福建医科大学
叶福专　福建中医药大学
杨　敏（女）　集美大学
陈　虹（女）　闽南师范大学
吴选忠　福建理工大学
董　林（女）　福建技术师范学院
邹永春　福州第一中学
曾炳生　福建省教育考试院
卓余忠　福建省教育评估研究中心
张　榕（女）　福建航运学校

十二、省人力资源和社会保障厅（2名）

罗增桂　福建技师学院
熊猷亮　福建省南平市闽北高级技工学校

十三、团省委（1名）

林　莉（女）　泉州市青少年宫

（摘编：李子涵）

第三届福建省名中医名单

2023年4月3日，福建省卫生健康委员会、福建省人力资源和社会保障厅印发《关于公布第三届省名中医名单的通知》（闽卫中医〔2023〕19号）提出，根据福建省卫生健康委员会、福建省人力资源和社会保障厅《关于印发〈福建省名中医评审办法（2022年修订）〉的通知》（闽卫中医〔2022〕112号），经本人自愿申请、各地各单位推荐、专家评审、公示和省名中医评审工作领导小组研究，确定万文蓉等30位同志为第三届福建省名中医。名单如下。

第三届省名中医人员名单

（按姓氏笔画排序）

万文蓉	厦门市中医院主任医师
石　荣	福建中医药大学附属人民医院主任医师、教授
孙伟芬	泉州市中医院主任医师
伊春锦	福建省立医院主任医师
伍德娜	厦门大学附属第一医院主任医师
吴天敏	福建医科大学附属第一医院主任医师、教授
李　芹	福建医科大学孟超肝胆医院主任医师
陈寿菲	福州市第二医院主任医师
陈志斌	福建中医药大学附属第二人民医院主任医师
陈国良	厦门市中医院主任医师
张闽光	泉州市中医院主任医师
邱　健	福鼎市中医院主任医师
严晓华	福建省立医院主任医师
张喜奎	福建中医药大学附属第二人民医院主任医师、教授
陈朝霞	福建省南平市人民医院主任医师
陈　霖	罗源县中医院主任医师
郑　敏	连江县中医院主任医师
林　源	福建中医药大学附属人民医院主任医师
俞昌德	福建中医药大学附属康复医院教授、副主任医师
柯　晓	福建中医药大学附属第二人民医院主任医师
洪敏俐	漳州市中医院主任医师
翁丽丽	厦门市中医院主任医师
郭森仁	晋江市中医院主任医师
黄宝英	宁德师范学院附属宁德市医院主任医师
黄河清	福建中医药大学附属第二人民医院主任医师
黄秋云	福州市中医院主任药师
黄源鹏	厦门市中医院主任医师
黄熙理	漳州市中医院主任医师
温立新	三明市中西医结合医院主任医师
熊尚全	福建中医药大学附属人民医院主任医师、教授

（摘编：赵旭东）

福建省人民政府表彰奖励参加杭州第19届亚运会获奖运动员教练员及有功集体与个人

2023年12月12日，福建省人民政府印发《福建省人民政府关于表彰奖励参加杭州第19届亚运会获奖运动员教练员及有功集体与个人的决定》（闽政文〔2023〕502号）提出，在杭州第19届亚运会上，福建体育健儿发扬中华体育精神，团结协作、顽强拼搏、奋勇争先，夺得38枚奖牌，其中，42人次获得25枚金牌、17人次获得8枚银牌、5人次获得5枚铜牌，金牌总数超历史最好成绩8枚，金牌人次位列全国第2，为福建赢得了荣誉，为家乡人民增添了光彩。

为表彰奖励我省体育健儿作出的突出贡献，激励全体运动员、教练员和全省体育工作者奋勇拼搏，再创佳绩，经省委、省政府研究决定，给予获得金牌的郑益昕等39名运动员、教练员，以及福建省篮排球运动管理中心等11家单位记大功；给予获得银、铜牌的黄东萍等7名运动员、教练员记功；同时，给予参加杭州第19届亚运会的我省运动员、教练员和有功人员一定的奖金奖励。希望受到表彰奖励的集体和个人珍惜荣誉、再接再厉，开拓进取、勇攀高峰。

全省各级各部门要坚持以习近平新时代中国特色社会主义思想为指导，进一步弘扬奥林匹克精神和中华体育精神，深学争优、敢为争先、实干争效，在各自岗位上踔厉奋发、追求卓越、争创一流。要总结成功经验，把体育事业融入全省经济社会发展大局，推动群众体育、竞技体育、体育产业协调发展，加快体育强省建设步伐，为奋力谱写全面建设社会主义现代化国家福建篇章作出新的贡献！

表彰奖励集体和个人名单

一、记大功

（一）个人记大功（39人）

郑益昕、欧烜屹、翁泓阳、林超攀、虞琳敏、黄芊芊、陈情缘、高浩楠、童　心、陈惠颖、葛曼棋、林雨薇、全　鑫、谢远聪、林文君、陈弦峰、陈芳佳、郑家欣、余海杰、张志成、刘　煜、舒　亮、王晓东、陈静乐、黄先婷、张　婧、董文鑫、江伊婷、李发彬、刘　涛、何永强、李　强、叶泳涛、陆长春、马　松、林敬伟、高传卫、孙好刚、刘朝旭

（二）集体记大功（11个）

福建省篮排球运动管理中心
福建省乒羽网运动管理中心
福建省体操技巧运动管理中心
福建省重竞技运动管理中心
福建省武术运动管理中心
福建省田径自行车运动管理中心
福建省帆船帆板运动管理中心
福建省皮划赛艇运动管理中心
福建省游泳跳水运动管理中心
福建省射击射箭运动管理中心
福建省举重运动管理中心

二、记功

个人记功（7人）

黄东萍、韩　悦、陈海威、许　杰、兰天辰、王哲林、张晓峰

（摘编：赵旭东）

福建省中小学幼儿园正高级教师名单

2023年6月13日，福建省人力资源和社会保障厅印发《关于批准确认罗鸣亮等141位同志中小学幼儿园正高级教师职称的通知》（闽人社批复〔2023〕302号）提出，经研究，批准确认由2022年度中小学正高级教师技术职务评审委员会评审通过的罗鸣亮等141位同志中小学幼儿园正高级教师职称，任职资格确认时间为2023年4月28日，现予公布，名单如下。

一、省教育厅（5人）

福建省普通教育教学研究室：罗鸣亮、张锋

福建省福州第一中学：陈熙、张兴宇

福建省福州实验小学：范美芳

二、福建省妇女联合会（1人）

福建省金山幼儿园：林珍

三、福建师范大学（2人）

福建师范大学附属中学：罗银先、周成

四、福州市（19人）

福州教育研究院：李智明、陈少熙

闽江师范高等专科学校教育科学研究所：何捷

福建省福州第二中学：周晖

福建省福州第三中学：连仁昌

福建省福州第四中学：刘燕、高春丽

闽江学院附属中学：鄢坚

福建省福州民族中学：吴雪峰

福建省福州第十八中学：李琪

福州第三十二中学：潘永红

福建省福州华侨中学：陈祁罕、许玉明

福建省连江尚德中学：马春晖

福州市鼓楼第二中心小学：郭力丹

福州市国货路小学：林碧鹤

永泰县实验小学：黄文明

永泰县盘谷中心小学：方齐珍

福州市儿童学园：张岚

五、厦门市（22人）

厦门市教育科学研究院：邵巧治

厦门市思明区教师进修学校：邓焰、何闽娥、张仁波

厦门市湖里区教师进修学校：陈宗成

福建省厦门第一中学：康美华

福建省厦门第二中学：周英鹏

厦门市第三中学：沈汝丑

福建省厦门第六中学：徐晓玲、张惠珍

厦门大学附属科技中学：宿志高

厦门市音乐学校：谭筱英

厦门市翔安火炬实验学校：洪进步

福建省厦门实验小学：汤吟莹

厦门英才学校：宗跃风

厦门五缘实验学校：钟振裕

厦门市大同中学：赖景琼

厦门市瑞景小学：黄莲花

厦门市湖里实验小学：汤丽莹

厦门市蔡塘学校：颜华娜

厦门市尚文实验学校：陈登连

福建教育学院附属翔安第一小学：雷丽珠

六、漳州市（8人）

漳州市教育科学研究院：杨小兰

福建省漳州第一中学：许美羡

福建省漳州市第三中学：范大连

福建省漳州市华侨中学：黄向阳

福建省龙海第二中学：陈水勇

福建省平和第一中学：赖平民
福建省漳州市实验小学：邹清泉
漳州市实验幼儿园：周奕苹

七、泉州市（27人）

南安市教师进修学校：杨淑芬
福建省泉州第五中学：陈理萍
福建省泉州市第七中学：吴晓宁、陈金财
福建省泉州市培元中学：关芬芬
石狮市石光中学：林建森
晋江市第一中学：郑晓东
福建省晋江市养正中学：邵邦武
晋江市罗山中学：张丽芳
晋江市拔萃双语学校：涂剑
福建省南安第一中学：林巧渝
福建省南安市侨光中学：陈建生
福建省惠安荷山中学：陈新彬
福建省惠安第一中学：张流民
福建省德化第一中学：徐建新、徐志刚
福建省永春苏坑中学：刘建成
泉州台商投资区洛江中学：张炳川
泉州市丰泽区第八中心小学：郑惠懋
泉州市丰泽区泉秀实验小学：许真真
泉州市丰泽区第二实验小学：赖艳梅
晋江市龙湖镇阳溪中心小学：施丽菜
晋江市第二实验小学：许贻亮
晋江市安海镇养正中心小学：黄丽蓉
晋江市龙湖镇大坡小学：吴天色
德化县实验小学：陈清萍
泉州市特殊教育学校：付心知

八、三明市（12人）

三明市第二中学：洪英兰
三明市第九中学：陈桂芬
三明市列东中学：魏彩平
永安市第一中学：林秀銮
泰宁县第一中学：余绍会
福建省将乐县第一中学：陈祝清
福建省大田县第一中学：连青阳
三明市实验小学：庄声财
三明市实验小学：李薇
三明学院附属小学：陈永进
明溪县第二实验小学：李金禄
三明市特殊教育学校：李勤

九、莆田市（12人）

莆田市荔城区教师进修学校：陈洁
莆田第四中学：陈金贵
莆田第五中学：肖强、吴荔明
莆田第十中学：陈伟海
莆田文献中学：林红梅
莆田中山中学：林小红
莆田第二十五中学：林伟
福建省仙游第一中学：黄桂福
莆田学院附属实验小学：凌朝晖
仙游县城东中心小学：黄青梅
莆田市荔城区麟峰小学：张丽芳

十、南平市（9人）

福建省南平市教师进修学院：吴艳青
福建省南平第一中学：潘凌
福建省建阳第一中学：郭宝祥
福建省建瓯第一中学：李泓
顺昌县第二中学：刘荣明
浦城县第三中学：王国芳
松溪县第三中学：范美琴
建瓯市实验小学：范吉明
建瓯市实验幼儿园：张丽珠

十一、龙岩市（9人）

上杭县教师进修学校：黄毕年
福建省龙岩第一中学：陈木孙
福建省永定第一中学：谢亮超
福建省武平县第一中学：王胜祥
武平县实验中学：黄春信
福建省长汀县第一中学：罗春春
上杭县城东小学：钟世文
上杭县第四中学：刘振南
福建省龙岩市直机关幼儿园：雷彩银

十二、宁德市（13人）

福建省宁德第一中学：张海容
宁德市高级中学：江钐、夏旭峰
宁德市民族中学：林国清
古田县第一中学：蓝良就
福建省福安市第一中学：缪向光

福建省霞浦第一中学：张坚
霞浦县第八中学：黄家强
霞浦县第六中学：姚穗珍
福安师范学校附属小学：黄义雄、黄晋耀
霞浦县实验小学：谢盛强
宁德市蕉城区人民政府机关幼儿园：陈颖清

十三、平潭综合试验区（2人）

福建师范大学平潭附属中学：杨海燕
平潭岚城乡中心小学：施云

（摘编：李子涵）

福建省党校系统教师高级职务任职资格人员名单

2023年11月17日，福建省人力资源和社会保障厅印发《关于批准确认周前程等25位同志福建省党校系统教师高级职务任职资格的通知》（闽人社批复〔2023〕696号）提出，经研究，批准确认2022年度福建省党校系统教师高级职务任职资格评审委员会评审通过的周前程等25位同志福建省党校系统教师高级职务任职资格，确认时间为2023年10月21日，现予公布，名单如下。

一、正高级职称（2人）

省委党校（教授）：周前程、闫兴

二、副高级职称（23人）

（一）省委党校（3人）

省委党校（副教授）：林鹭航、庄恒恺、陈本铿

（二）福州市（1人）

连江县委党校（高级讲师）：王辉典

（三）漳州市（3人）

1. 漳浦县委党校（高级讲师）：林银叶
2. 云霄县委党校（高级讲师）：吴文昭
3. 平和县委党校（高级讲师）：邓思静

（四）三明市（5人）

1. 三明市委党校（副教授）：刘俊
2. 永安市委党校（高级讲师）：邓尚群
3. 尤溪县委党校（高级讲师）：张丽娜、陈宝玲
4. 将乐县委党校（高级讲师）：邹金珠

（五）南平市（7人）

1. 南平市委党校（副教授）：吴世娟、范金妹、孙雪琳
2. 延平区委党校（高级讲师）：魏琪
3. 建阳区委党校（高级讲师）：林希
4. 建瓯市委党校（高级讲师）：江越盛
5. 浦城县委党校（高级讲师）：杨柳洲

（六）龙岩市（3人）

1. 上杭县委党校（高级讲师）：刘福花、江晓兰
2. 连城县委党校（高级讲师）：曹艾平

（七）宁德市（1人）

宁德市委党校（副教授）：陈小韦

（摘编：林学军）

福建省中等职业学校教师正高级职务任职资格人员名单

2023年12月8日，福建省人力资源和社会保障厅印发《关于批准确认高辉等15位同志中等职业学校教师正高级职务任职资格的通知》（闽人社批复〔2023〕762号）提出，经研究，批准确认2022年度福建省中等职业学校正高级职称评审委员会评审通过的高辉等15位同志中等职业学校正高级讲师任职资格。任职资格确认时间为2023年10月22日，现予公布，名单如下。

一、省教育厅（2人）

福建工业学校：高辉

福建理工学校：施明香

二、省供销社（1人）

福建经济学校：林亭

三、省粮食和物资储备局（1人）

福建工贸学校：张秋强

四、厦门市（2人）

集美工业学校：骆书芳

厦门工商旅游学校：杨经葵

五、漳州市（5人）

福建省漳州第一职业中专学校：余佩芳

福建省漳州第一职业中专学校：柯海鹏

福建省漳州第一职业中专学校：陈艳丽

漳州高新职业技术学校：赵为船

漳州高新职业技术学校：林敏祥

六、泉州市（2人）

福建省晋江华侨职业中专学校：陈惠群

福建省安溪茶业职业技术学校：李瑞章

七、龙岩市（2人）

龙岩市职业技术教育与就业指导中心：张曙辉

福建省永定侨荣职业中专学校：游树敏

（摘编：沈光明）

福建省技校系列教师高级职务任职资格人员名单

2023年12月29日，福建省人力资源和社会保障厅印发《关于批准确认陈永进等23位同志技校系列教师高级职务任职资格的通知》（闽人社批复〔2023〕839号）提出，经研究，批准确认2022年度福建省技校系列教师高级专业技术职务任职资格评审委员会评审通过的陈永进等2位同志正高级专业技术职务的任职资格，任职资格确认时间为2023年12月9日；批准确认2022年度福建省技校系列教师高级专业技术职务任职资格评审委员会评审通过的赖智伟等21位同志副高级专业技术职务的任职资格，任职资格确认时间为2023年12月10日。现予公布，名单如下。

一、正高级讲师（2人）

龙岩市：龙岩技师学院：陈永进、丰飞

二、副高级职称（21人）

（一）高级讲师

1. 省人社厅（1人）

福建省技工教育中心：赖智伟

2. 福州市（2人）

福州第一技师学院：苏紫珍、王婷

3. 厦门市（3人）

厦门技师学院：纪丽静、王银璐、林建南

4. 宁德市（1人）

宁德技师学院：林鑫

5. 漳州市（1人）

漳州技师学院：庄妙英

6. 龙岩市（7人）

龙岩技师学院：张爱青、温莉春、赖勤、马鑫、陈春燕、肖菁华、张容丽

7. 三明市（1人）

三明市高级技工学校：汤小梅

（二）高级实习指导教师

1. 宁德市（1人）

宁德技师学院：吴国俊

2. 龙岩市（3人）

龙岩技师学院：江连禧、江禧贵、王雪莲

3. 三明市（1人）

三明市高级技工学校：李智伟

（摘编：陈德盛）

福建省自然科学研究系列高级职务任职资格人员名单

曾绍贵等31位同志自然科学研究系列高级职务任职资格人员名单

2023年1月16日，福建省人力资源和社会保障厅印发《关于批准确认曾绍贵等31位同志自然科学研究系列高级职务任职资格的通知》（闽人社批复〔2023〕14号）提出，经研究，批准确认2021年度福建省自然科学研究系列高级职务任职资格评审委员会评审通过的曾绍贵等31位同志自然科学研究系列的高级职务任职资格，确认时间为2022年12月17日，现予公布，名单如下。

一、研究员（2人）

（一）三明市（1人）

三明市农业科学研究院：曾绍贵

（二）南平市（1人）

南平市农业科学研究所：应薛养

二、副研究员（29人）

（一）省科技厅（1人）

福建省科技发展研究中心：包则庆

（二）省卫健委（3人）

福建省立医院：洪琴

福建省妇幼保健院：李海波、黄鹏宇

（三）福建医科大学（3人）

福建医科大学附属第一医院：陈亨贵、林珉婷

福建医科大学附属协和医院：陈英玉

（四）福州市（2人）

福州市农业科学研究所：陈贻钊

福建医科大学孟超肝胆医院：邢晓华

（五）厦门市（14人）

福建省亚热带植物研究所：洪翠云、郭迟鸣

厦门市妇幼保健院：梅利斌、黄燕茹

厦门市园林植物园：丁友芳

厦门大学附属第一医院：夏璐、吴荣锋、张

昕玮、余星星

厦门大学附属中山医院：裴一花、蔡望宇、侯静静、谢程融

厦门大学附属心血管病医院：李刚

（六）泉州市（3人）

泉州市农业科学研究所：陈锦文、黄枝英、陈志炫

（七）三明市（3人）

三明市农业科学研究院：李丽红、周建金、罗晓锋

郭舜民等41位同志自然科学研究系列高级职务任职资格人员名单

2023年11月9日，福建省人力资源和社会保障厅印发《关于批准确认郭舜民等41位同志自然科学研究系列高级职务任职资格的通知》（闽人社批复〔2023〕675号）提出，经研究，批准确认2022年度福建省自然科学研究系列高级职务任职资格评审委员会评审通过的郭舜民等41位同志自然科学研究系列的高级职务任职资格，任职资格确认时间为2023年9月16日，现予公布，名单如下。

一、研究员（8人）

（一）省卫健委（1人）

福建省医学科学研究院：郭舜民

（二）福州市（1人）

福州市蔬菜科学研究所：花秀凤

（三）漳州市（2人）

漳州市农业科学研究所：张朝坤、赖宝春

（四）泉州市（1人）

泉州市农业科学研究所：谢旺有

（五）莆田市（1人）

莆田市水产科学研究所：肖懿哲

（六）龙岩市（1人）

龙岩市农业科学研究所：郭达伟

（七）高层次人才绿色通道（1人）

嘉庚创新实验室：ZHANG AIQIANG

二、副研究员（33人）

（一）省科技厅（2人）

福建省科技发展研究中心：许艺苹、李文梅

（二）福建医科大学（2人）

福建医科大学附属第一医院：王锃、陈锦元

（三）中国海峡人才市场（1人）

国家菌草工程技术研究中心：苏德伟

（四）福州市（3人）

福州市农业科学研究所：陈躬国、赵光辉

福建医科大学孟超肝胆医院：张达

（五）厦门市（5人）

厦门市健康医疗大数据中心（厦门市医药研究所）：李明

厦门大学附属第一医院：王涛、周卫东

厦门市仙岳医院：徐志忠

厦门承葛生物科技有限公司：张帮周

（六）泉州市（1人）

泉州市农业科学研究所：武竞超

（七）三明市（4人）

三明市农业科学研究院：张锐、姚凤琴、曹奕鸯、曾跃辉

（八）莆田市（6人）

莆田市农业科学研究所：卢翠香、余金姜、黄强、林彬彬、郑国栋

莆田市生物工程研究所：吴建宇

（九）龙岩市（2人）

龙岩市农业科学研究所：严良文、陈根辉

（十）宁德市（3人）

宁德市农业科学研究所：池福铃、翁琳琳、郭慧慧

（十一）省引进生（4人）

1. 省卫健委（3人）

福建省立医院：唐海军

福建省妇幼保健院：孙斌

福建省儿童医院：张丹薇

2. 福建医科大学（1人）

福建医科大学附属第一医院：潘冠星

（摘编：苏建平）

福建省新闻系列高级职务任职资格人员名单

2023年11月9日，福建省人力资源和社会保障厅印发《关于批准确认林娟等110位同志新闻系列高级职务任职资格的通知》（闽人社批复〔2023〕674号）提出，经研究，批准确认2022年度福建省新闻系列高级专业技术职务任职资格评审委员会评审通过的林娟等110人高级专业技术职务任职资格，任职资格确认时间为2023年10月13日，现予公布，名单如下。

一、正高级职称（34人）

（一）福建日报社（4人）

高级记者：林娟

高级编辑：陈煜晃、黄青、项裕兴

（二）福建省广播影视集团（11人）

高级记者：邱燕

高级编辑：陈永平、林凌、王丽明、翁陈兰、潘宁、郑溦、郑文锦、王琳、林凡、唐村虹

（三）福建省教育厅（1人）

福建教育电视台高级编辑：曾菲棠

（四）福州市（2人）

福州日报社高级记者：林洪相

福州广播电视台高级记者：梁晓玲

（五）厦门市（7人）

厦门晚报社高级编辑：吴慧泉

海西晨报社高级编辑：廖桂金

厦门广播电视集团高级记者：邱建浩、王力军

高级编辑：王亚男、巫斌、房慧萍

（六）泉州市（3人）

泉州广播电视台高级记者：杨旭东、许华鑫

高级编辑：张传昆

（七）三明市（1人）

三明市融媒体中心高级记者：程逸

（八）莆田市（3人）

莆田市湄洲日报社高级编辑：卓晋萍

莆田晚报社高级编辑：陈蔚华

莆田市广播电视台高级记者：蔡文忠

（九）南平市（1人）

南平广播电视台高级记者：刘晓强

（十）宁德市（1人）

宁德人民广播电台高级编辑：柯婉萍

二、副高级职称（76人）

（一）福建日报社（2人）

福建法治报社主任编辑：游晓龙

海峡教育报社主任编辑：林忠锦

（二）福建省广播影视集团（16人）

主任记者：杨怀民、柳丹、叶军民

主任编辑：陈丹铮、林芃、孙弘、游苏苏、陈秋萍、周力、郑映月、赖黎萍、叶挺茏、吴怡然、吴俊锋、陈力、洪媛媛

（三）中国海峡人才市场（7人）

福建日报社主任记者：李烈、潘抒捷

主任编辑：陈亮、王帅、黄儒青

福建法治报社主任编辑：周琳

平潭综合实验区融媒体中心主任记者：杨林

（四）福州市（5人）

福州日报社主任编辑：黄成锟

福州广播电视台主任记者：林凌、潘韬、陈董荣

主任编辑：马霖

（五）厦门市（12人）

厦门日报社主任编辑：李莉琴

厦门晚报社主任编辑：刘文辉、杜世成

厦门广播电视集团主任记者：张亮、詹贤云、

王放

主任编辑：张立峰、陈志远、王大伦、陈燏华、崔丹、辛韵泓

（六）漳州市（9人）

闽南日报社主任记者：蔡建如、冯思佳

主任编辑：严洁

漳州电视台主任记者：林晓宇、谢琼雪、刘小婷、周颖

南靖县融媒体中心主任记者：魏国茂、潘志宏

（七）泉州市（9人）

泉州晚报社主任记者：刘波、吴志明

主任编辑：李冠鹏

泉州广播电视台主任记者：吕雅稚、宋丽丽

主任编辑：高栋梁、翁希典

南安市融媒体中心主任编辑：林伟彬

安溪县融媒体中心主任记者：李锦棍

（八）三明市（4人）

三明市融媒体中心主任记者：余福

尤溪县融媒体中心主任记者：池毓腾、周开浩、吴振湖

（九）莆田市（1人）

莆田市湄洲日报社主任编辑：林双华

（十）南平市（6人）

南平广播电视台主任记者：黎志刚、李昕

主任编辑：陈慧强、张振城

南平市建阳区融媒体中心主任记者：吴淑媛

建瓯市融媒体中心主任记者：黄永健

（十一）龙岩市（4人）

龙岩市融媒体中心主任记者：陈志萍

主任编辑：杨志杰

龙岩市新罗区融媒体中心主任记者：聊俊国

连城县融媒体中心主任记者：邹定专

（十二）宁德市（1人）

闽东日报社主任记者：张文奎

（摘编：胡义顺）

福建省出版系列高级职务任职资格人员名单

2023年11月24日，福建省人力资源和社会保障厅印发《关于批准确认钟建林等33位同志出版系列高级职务任职资格的通知》（闽人社批复〔2023〕754号）提出，经研究，批准确认2022年度福建省出版系列高级专业技术职务任职资格评审委员会评审通过的钟建林等33人高级专业技术职务任职资格，任职资格确认时间为2023年10月26日，现予公布，名单如下。

一、编审（10人）

（一）省教育厅（1人）

福建省教育科学研究所：钟建林

（二）省社会科学界联合会（1人）

东南学术杂志社：郑珊珊

（三）福建农林大学（1人）

福建农林大学学报（自然科学版）编辑部：杨郁霞

（四）海峡出版发行集团（7人）

福建人民出版社有限责任公司：李建周、宋一明

福建教育出版社有限责任公司：李惠芬、刘筠

福建画报社有限责任公司：赖小兵

海峡书局出版社有限公司：雷戎

福建鹭江出版社有限责任公司：林淑平

二、副编审（23人）

（一）福州大学（1人）

福州大学学报自然科学版编辑部：林晓

（二）福建师范大学（2人）

福建师范大学学报编辑部：陈力勤

福建师范大学马克思主义学院：林小芳

（三）福建农林大学（1人）

亚热带农业研究编辑部：张云燕

（四）福建中医药大学（1人）

福建中医药杂志社（康复学报编辑部）：易耀森

（五）集美大学（1人）

集美大学学报编辑部：江国平

（六）闽南师范大学（1人）

闽南师范大学学报编辑部：陈丽

（七）海峡出版发行集团（12人）

海峡出版发行集团（本部）：魏芳

福建人民出版社有限责任公司：陈晓红、田成海

福建教育出版社有限责任公司：刘露梅、姜丹、叶鑫、诚勉、陈岑

福建少年儿童出版社有限责任公司：金旻甦、黄萍、曾亚真

福建科学技术出版社有限责任公司：陈冬磊

（八）厦门市（4人）

厦门大学出版社有限责任公司：李联林、韩轲轲、胡佩

中共厦门市委党校：郑辉灿

（摘编：余晓楠）

福建省文物博物系列高级职称人员名单

2023年9月10日，福建省人力资源和社会保障厅印发《关于批准确认宁娟等20位同志文物博物系列高级职称的通知》（闽人社批复〔2023〕603号）提出，

经研究，批准确认2022年度福建省文物博物系列高级职务任职资格评审委员会评审通过的宁娟等20位同志文物博物系列的高级职务任职资格。资格确认时间为2023年9月10日，现予公布，名单如下。

一、研究馆员（1人）

三明市

三明市博物馆：宁娟

二、副研究馆员（19人）

（一）省文化和旅游厅（1人）

福建省考古研究院：潘国平

（二）福州市（3人）

福州市博物馆：张春兰

福州市文物考古工作队：蔡喜鹏

福州市马尾区文物保护中心：张征

（三）漳州市（1人）

南靖县博物馆：张立丽

（四）泉州市（7人）

福建中国闽台缘博物馆：范怡婷、林闽敏、吕睿

泉州市博物馆：刘英英、陈国珠

福建省泉州海外交通史博物馆：林瀚、陈颖艳

（五）三明市（3人）

三明市文物保护中心：黄敏

建宁县中央苏区反“围剿”纪念馆：付宏伟

三明明溪南山遗址保护与发展中心：张志辉

（六）龙岩市（2人）

福建省长汀县博物馆：洪丽华

长汀县文物保护中心：卢品文

（七）宁德市（2人）

福建省闽东畲族博物馆（宁德市博物馆）：赵苗樵

古田县博物馆：廖金

（摘编：李子涵）

福建省艺术系列高级职称人员名单

韩丽晔等35位艺术系列高级职务人员名单

2023年2月23日，福建省人力资源和社会保障厅印发《关于批准确认韩丽晔等35位同志艺术系列高级职务任职资格的通知》（闽人社批复〔2023〕94号）提出，经研究，批准确认2021年度福建省艺术系列高级职务任职资格评审委员会评审通过的韩丽晔等35位同志艺术系列的高级职务任职资格。任职资格确认时间为2023年1月15日，现予公布，名单如下。

一、正高级职称（6人）

（一）省文化和旅游厅（1人）

福建省歌舞剧院：一级演奏员　韩丽晔

（二）福州市（2人）

福州闽剧艺术传承发展中心：一级演员　林宏斌

福州市闽都文化艺术中心：一级演奏员　曾钺

（三）泉州市（2人）

福建省梨园戏传承中心：一级演员　陈琦昌

泉州市闽南民间歌舞传承中心：一级艺术管理　黄金锡

（四）龙岩市（1人）

福建省龙岩市艺术馆：一级美术师　张锦华

二、副高级职称（29人）

（一）省文化和旅游厅（10人）

福建省歌舞剧院：二级演员　冯硕、姚中译

主任舞台技师：谢仲秋、薛爽

福建省实验闽剧院：二级演员　郑宁

二级演奏员　郑培健

福建芳华越剧院：二级演奏员　陈晖

二级舞美设计师　吴体锋

福建京剧院：二级演奏员　杨萍

福建人民艺术剧院：二级艺术管理　滕雪

（二）省文联（1人）

福建省画院：二级美术师　王晓静

（三）中国海峡人才市场（1人）

福建省海峡瀚蓝书画研究院：二级美术师　程伟杰

（四）福州市（1人）

福清市妇女儿童活动中心：二级美术师　陈枫

（五）厦门市（3人）

华侨博物院：二级美术师　曾焕光

厦门市南乐团：二级艺术管理　吴月娜

厦门歌仔戏研习中心：主任舞台技师　郑月琴

（六）漳州市（2人）

漳州市布袋木偶传承保护中心：二级演员　李智杰

漳州市歌仔戏（芗剧）传承保护中心：二级艺术管理　陈朝晖

（七）泉州市（7人）

泉州市高甲戏传承中心：二级演员　车强福

泉州市南音传承中心：二级演员　王一鸣

福建省泉州艺术学校：二级艺术管理　刘建生

福建省梨园戏传承中心：主任舞台技师　林小伟

泉州市闽南民间歌舞传承中心：主任舞台技师　林杰彪、王昭伟

安溪县高甲戏艺术保护传承中心：二级演员　汤惠德

（八）三明市（1人）

宁化县政协文化文史创作研究和委员联络服

务中心：二级编剧 戴先良

（九）南平市（1人）

南平市南词艺术传承发展中心：二级演员 熊军

（十）龙岩市（2人）

龙岩市汉剧传习中心：二级演员 胡婷

武平县汉剧艺术传承保护中心：二级艺术管理 钟文锋

董狄等56位同志艺术系列的高级职务任职资格人员名单

2023年12月29日，福建省人力资源和社会保障厅印发《关于批准确认董狄等56位同志艺术系列高级职务任职资格的通知》（闽人社批复〔2023〕840号）提出，经研究，批准确认2022年度福建省艺术系列高级职称评审会评审通过的董狄等56位同志艺术系列的高级职务任职资格。任职资格确认时间为2023年12月17日，现予公布，名单如下。

一、正高级职称（11人）

（一）省文化和旅游厅（6人）

1. 福建省歌舞剧院：一级演员 董狄

一级演奏员 崔士奎

一级艺术管理 林敏

2. 福建京剧院：一级演员 张飞飞

3. 福建芳华越剧院：一级演员 吴敏飞

一级舞美设计师 穆丽华

（二）省文联（1人）

福建省画院：一级美术师 吕承坚

（三）福州市（2人）

1. 福州闽剧艺术传承发展中心：一级演员 赵芳艳

2. 闽侯县闽剧艺术传承发展中心：一级演员 刘春玉

（四）厦门市（2人）

1. 厦门书画院：一级美术师 林永潮

2. 厦门市宣传文化中心：一级文学创作 王永盛

二、副高级职称（45人）

（一）省文化和旅游厅（16人）

1. 福建省歌舞剧院：二级演员 蔡艳清、郑晓晶、曾桢、胡蓉

2. 福建省实验闽剧院：二级演员 陈阳、程卉、唐桂林

主任舞台技师 张灵

3. 福建京剧院：二级演员 王睿

二级艺术管理 陈斌辉

4. 福建省杂技团：二级演员 缪夏夏

5. 福建人民艺术剧院：二级舞美设计师 叶莹

二级艺术管理 朱虹怡

主任舞台技师 高彩霞、曾真

6. 福建芳华越剧院：主任舞台技师 卓恒

（二）省文联（2人）

1. 福建省画院：二级美术师 吴建福

2. 二级文学创作：福建文学杂志社 陈美者

（三）福建省广播影视集团（1人）

二级导演 朱广麒

（四）福州市（4人）

1. 闽江师范高等专科学校：二级演员 张林娜

二级演奏员 刘立彬

2. 福州市美术馆：二级美术师 郭辉

3. 福州闽剧艺术传承发展中心：二级艺术管理 王爱芳

（五）厦门市（5人）

1. 厦门歌舞剧院：二级演员 张洁琼

2. 厦门小白鹭民间舞艺术中心：二级演员 李鑫、缪斯琦

3. 厦门市南乐团：二级演奏员 林德钦

4. 厦门歌仔戏研习中心：主任舞台技师 郭源林

（六）漳州市（5人）

1. 漳浦县融媒体中心：二级编剧 薛伟强

2. 漳州艺术学校：二级作曲 吴宏鸣

3. 漳州市布袋木偶传承保护中心：二级演员 梁美娜

4. 东山县潮剧传承保护中心：二级演奏员 朱清辉

5. 漳州市歌仔戏（芗剧）传承保护中心：主任舞台技师 叶赐天

（七）泉州市（3人）

1. 福建省梨园戏传承中心：二级演员 廖淑云

2. 泉州市闽南歌舞传承中心：二级演员　李纬芳

3. 福建省泉州艺术学校：二级艺术管理　许思颖

（八）莆田市（1人）

福建省莆仙戏剧院有限公司：二级演员　陈芳萍

（九）三明市（3人）

1. 三明市客家文化艺术中心：二级演员　邓统明、冯磊

2. 泰宁县梅林戏艺术传承保护中心：主任舞台技师　黎发新

（十）南平市（1人）

南平市南词艺术传承发展中心：二级演员　缪倩茹

（十一）龙岩市（4人）

1. 龙岩市汉剧传习中心：二级编剧　杨晓勤

二级艺术管理　刘佳柳

2. 龙岩山歌戏传习中心：二级演员　顾克

二级艺术管理　谢旺兴

（摘编：王杰成）

福建省群众文化系列高级职称人员名单

黄小鹭等30位群众文化系列高级职务人员名单

2023年1月16日，福建省人力资源和社会保障厅印发《关于批准确认黄小鹭等30位同志群众文化系列高级职务任职资格的通知》（闽人社批复〔2023〕15号）提出，经研究，批准确认2021年度福建省群众文化系列高级职务任职资格评审委员会评审通过的黄小鹭等30位同志群众文化系列的高级职务任职资格。任职资格确认时间为2022年12月18日，现予公布，名单如下。

一、研究馆员（6人）

（一）厦门市（1人）

厦门市湖里区文化馆：黄小鹭

（二）漳州市（1人）

漳州市长泰区文化馆：林溪中

（三）三明市（3人）

泰宁县文化馆：肖少华

宁化县文化馆：雷晓谊

永安市文化馆：罗健

（四）南平市（1人）

建瓯市文化馆：赵小红

二、副研究馆员（24人）

（一）福州市（2人）

福州市文化馆：管日

福清市文化馆：李义

（二）厦门市（5人）

厦门市文化馆：蔡亚约、林秀玲、鄢新艳

厦门市思明区文化馆：苗娟

厦门市同安区文化事务中心：翁海燕

（三）漳州市（4人）

漳浦县文化馆：黄文胜

平和县文化馆：林艺红

南靖县文化馆：沈小娟、王清火

（四）泉州市（2人）

永春县文化馆：陈滢楠

石狮市文化馆：黄嘉

（五）三明市（2人）

永安市文化馆：薛学帮

尤溪县城关镇社会事务综合服务中心：王蔚彩

（六）南平市（2人）
南平市建阳区文化馆：黄辉耀、李松
（七）龙岩市（2人）
福建省龙岩市艺术馆：蔡明媚、邹丽玲
（八）宁德市（5人）
宁德市艺术馆：黄鹤鸣、陈茜
宁德市蕉城区文化馆：钟荣富
福安市文化馆：缪端华
屏南县文化馆：卓育兴

陈丰等10位同志群众文化系列高级职务任职资格人员名单

2023年12月8日，福建省人力资源和社会保障厅印发《关于批准确认陈丰等10位同志群众文化系列高级职务任职资格的通知》（闽人社批复〔2023〕763号）提出，经研究，批准确认2022年度福建省群众文化系列高级职称评审会评审通过的陈丰等10位同志群众文化系列的高级职务任职资格。任职资格确认时间为2023年11月11日，现予公布，名单如下。

一、研究馆员（2人）
（一）省文化和旅游厅（1人）
福建省艺术馆：陈丰
（二）三明市（1人）
将乐县文化馆：陈圣洁
二、副研究馆员（8人）
（一）厦门市（1人）
厦门市海沧区海沧街道综合服务中心：黄艺卿
（二）漳州市（1人）
漳州市长泰区文庙服务中心：黄志亭
（三）泉州市（2人）
泉州市艺术馆：谢凝
晋江市文化馆：赵珂莹
（四）三明市（1人）
沙县区肩膀戏传承和保护中心：张海清
（五）龙岩市（1人）
龙岩市新罗区文化馆：苏峥
（六）宁德市（2人）
柘荣县文化馆：金素清
福安市文化馆：陈国华

（摘编：赵旭东）

福建省图书资料系列高级职务任职资格人员名单

2023年8月23日，福建省人力资源和社会保障厅印发《关于批准确认陈群等28位同志图书资料系列高级职务任职资格的通知》（闽人社批复〔2023〕505号）提出，经研究，批准确认由2022年度图书资料系列高级职务任职资格评审会评审通过的胡敏等28位同志图书资料系列高级职务任职资格，任职资格确认时间为2023年8月6日，现予公布，名单如下。

一、研究馆员（5人）
（一）省教育厅（1人）
厦门海洋职业技术学院：胡敏
（二）省属高校（1人）
闽南师范大学：陈群
（三）福州市（3人）
闽江学院：林晓
福州市图书馆：林艳、郭志弘

二、副研究馆员（23人）

（一）部属高校（1人）

华侨大学：刘剑涛

（二）省属高校（6人）

福建师范大学：谢忱

福州大学：林艺山

福建农林大学：曾金晶

集美大学：蔡宝家

三明学院：罗小梅、张根华

（三）福州市（3人）

闽江学院：唐曦

福州市图书馆：吴开发

中共福清市委党校：郭晨虹

（四）厦门市（3人）

厦门市图书馆：陈庆国、秦素娥、吴克芝

（五）泉州市（2人）

泉州经贸职业技术学院：蓝开强

福建省南安市图书馆：许运南

（六）三明市（3人）

三明市少儿图书馆：许小燕、王美兰

沙县第一中学：于廷礼

（七）南平市（2人）

中共南平市委党校：林宝敏

政和县图书馆：黄成思

（八）龙岩市（2人）

闽西职业技术学院：郭春花

龙岩图书馆：宫鲁闽

（九）宁德市（1人）

福建省宁德市教师进修学院：许淑女

（摘编：王杰成）

福建省档案系列副研究馆员职务任职资格人员名单

2023年8月4日，福建省人力资源和社会保障厅印发《关于批准确认黄雯等69位同志副研究馆员职务任职资格的通知》（闽人社批复〔2023〕440号）提出，经研究，批准确认由2022年度全省档案系列副高级职务任职资格评审委员会评审通过的黄雯等69位同志副研究馆员任职资格，任职资格确认时间为2023年7月9日，现予公布。

一、福州市（1人）

福州市规划设计研究院集团有限公司：黄雯

二、厦门市（4人）

厦门外国语学校：江祖龙

厦门市政城市开发建设有限公司：曹俊

厦门市妇幼保健院：温雅倩

厦门市特房筼筜开发有限公司：杨翠霞

三、漳州市（2人）

漳州科技馆：杨斐泳

漳州市就业服务中心：李海枯

四、泉州市（6人）

泉州市信访服务中心：陈丹红

泉州市城市建设档案馆：黄钰华

晋江市首峰中学：林凤英

安溪县人才和就业服务中心：廖青松

安溪县医院：马永辉

泉州市第一医院 ：叶明恋

五、三明市（12人）

泰宁县招商服务中心：李宏

三明市职业技能鉴定指导中心：王伟巍

清流县疾控中心：李常水

三明市外商投资服务中心：齐宏
明溪县城镇集体工业联合社：陈明仙
三明市人防指挥信息保障中心：黄惠珠
明溪县夏阳乡社会事务综合服务中心：张雪英
泰宁县明清古建筑文化研究院：魏锋
三明市第一医院：黄岩
三明市中心血站：程华晶
明溪县城乡居民社会养老保险中心：曾晓英
三明埔岭汽车工业园区服务中心：王承灿

六、莆田市（4人）

莆田市城厢区人民政府综合档案室：周玉天
莆田市荔城区教育局档案室：黄晓红
莆田市城厢区人社局干部档案室：林志铭
仙游县疾病预防控制中心：卓美水

七、南平市（5人）

南平市建瓯生态环境保护综合执法大队：林飞
浦城县网络安全和信息化中心：毕金芝
浦城县水利水电工程质量安全技术中心：李春云
南平市城市建设档案馆：黄晓旭
南平市第一医院：张晓琴

八、龙岩市（10人）

长汀县公安局机关后勤服务中心：丘火养
龙岩市融媒体中心：陈京雁
长汀县纪检监察警示教育中心：陈春水
龙岩市永定区委永定区人民政府总值班室：简远征
上杭县医院：曾红英
长汀县人民法院诉讼服务中心：项永锋
连城县医院：李敞生
漳平市人大常委会代表履职服务中心：连华英
龙岩市第一医院：谢艳梅
龙岩市永定区医院：郑勤

九、宁德市（9人）

宁德市规划展示馆：林青青
霞浦县招商引资服务中心：包洁琼
霞浦县环境卫生中心：苏兆贝
霞浦县自然资源局崇儒自然资源所：汤沛淳
福安市人事考试中心：林俏瑾
宁德市闽东医院：毛永青
柘荣县水利电力技术队：林美
宁德市中医院：孙坪
福安市质量计量检测所：陈弘毅

十、福建省卫生健康委员会（2人）

福建省立医院：王琳
福建省级机关医院：陈宇娟

十一、福建省自然资源厅（1人）

福建省国土资源宣传教育中心：李丽霞

十二、福建省煤田地质局（1人）

福建省煤田地质局：张葳

十三、中共福建省委党史研究和地方志编纂办公室（1人）

福建省革命历史纪念馆：杨颖

十四、福建省供销合作社联合社（1人）

福建经济学校：周庆丰

十五、福建省国资委（1人）

福建省国资委：黄少连

十六、福建医科大学（2人）

福建医科大学附属协和医院：李莹梅
福建医科大学附属第一医院：林薇

十七、福建农林大学（2人）

福建农林大学：余珍、陈惠琼

十八、福建省社会主义学院（1人）

福建省社会主义学院：连素清

十九、福建省农业科学院（1人）

福建省农业科学院科研管理处：仇秀丽

二十、福建技术师范学院（1人）

福建技术师范学院：卢飞斌

二十一、闽南师范大学（1人）

闽南师范大学档案馆：詹慧琴

二十二、福建省国有资产管理有限公司（1人）

将乐县人事档案室：谢素英

（摘编：刘红波）

福建省卫生系列高级职务任职资格人员名单

2023 年 2 月 10 日，福建省人力资源和社会保障厅印发《关于批准确认张冬娟等 1121 位同志卫生系列高级专业技术职务任职资格的通知》（闽人社批复〔2023〕62 号）提出，经研究，批准确认 2021 年度福建省卫生系列高级专业技术职务任职资格评审委员会评审通过的张冬娟等 1121 位同志卫生系列高级专业技术职务任职资格，任职资格确认时间为 2022 年 12 月 18 日，现予公布，名单如下。

一、福建省卫生健康委员会（25 人）

主任医师：张冬娟、蔡少健、袁平、傅筱

主任技师：任本春

研究员：赵晓东

副主任医师：黄春燕、陈朱云、林竹、张明雅、丁旭恩、林洁、吉炜*、何珊*

副主任技师：游丽斌、何文祥、李鑫、黄海潮、林授、叶长英、江伟梅、程文晋

副主任药师：蒋樾廉*

副研究员：唐明、何梓凯

二、福建省退役军人事务厅（3 人）

主任医师：罗盛荣

副主任护师：康小红、郑丽凌

三、福建省药品监督管理局（2 人）

主任药师：陈松旺、王鼎峰

四、福建省地质矿产勘查开发局（4 人）

副主任医师：谢育贤、黄小华、何凤翔、严琼

五、福建省残疾人联合会（1 人）

副主任医师：简团鑫

六、福建农林大学（2 人）

副主任医师：陈团生

副主任药师：叶炳顺

七、华侨大学（1 人）

副主任护师：王丽珍

八、厦门大学（15 人）

主任医师：周水秀、张坤、范军华、张莉莉

副主任医师：李荣晖、苏昭杰、李宇、刘俊华、高凉琴、赖慧容、徐海龙、郭秋

副主任技师：吴琳

副主任护师：姜洋、王莹

九、福建省能源集团有限责任公司（13 人）

主任医师：李斌、王小华、陈静

副主任医师：曲志刚、翁晨曦、黄梅姐、李汝灿、陈丽珠

副主任护师：吴晓燕、张榕、张洁华、黄华珍、陈婉霞

十、中国海峡人才市场（13 人）

副主任医师：林五连、龚佳茵、陈贞君、冯学刚、张燕、朱琳、李鹏、陈爱萍、黄丽芳、谢丽平、王一凡

副主任药师：曾令军

副主任技师：陈杰

十一、中国铁路南昌局集团有限公司（1 人）

主任医师：钟永荣

十二、福州市（101 人）

主任医师：吴舟、章江南、傅建英、陈霖、刘景荣、卢惠苹、魏雪芳、杨煜、刘宝荣、陈杰、郑小虎、林友飞、钟爱虹、李学玲、马笑影、林家新、陈耀、李超、林攻平、林斌、兰建华、林建明、黄德慈、林碧虹、林能基、王长安、林炜、陈健、王晓钦、何祥中、程高升、冯尔宥、陈忠铭、顾恩毅、肖莉莉、章颖、周涛、林晓东、黄晓燕、肖卫文、程英莲、丁其明、陈新富、江茂

松、刘惠彬、黄剑萍、江舟、周娟、邵林、高朋芬、张建辉、黄飞、陈文丹、祝秀林、黄晓燕、王飞红、张花香、陈秋红、林孟芳、熊晓华、林坚、王东栩、陈顺有、李平、张孔晖、林红、张清、周孙章、陈南北、甘代敬、兰秀梅、魏亚东、游斌、王心韬、项弘平、邓忠、余丁福、吴金训、郑华生、姜勇、姚晓东、孙星慧、林丽莎、宋京翔、尹承慧

主任技师：王晶、潘洁茹、陈琼、陈武

主任药师：林敏、王建荣

主任护师：陈庚、唐钦妹、林芳、程丽芳、程赛容、许艳云、唐华珍

副主任医师：郑晓宇、刘建春、刘俊乐

十三、厦门市（185人）

主任医师：安星凯、曾茹、陈珊宇、何必子、何青松、黄耘、林益华、刘雯、米彦军、潘满冬、王振河、肖乃安、杨成彬、张恒远、赵珊珊、王森、蔡雪莹、吴高峰、占凌辉、刘慧恒、陆妹、郑莹、林仲辉、刘才发、蒋海彬、黄锐、叶婧、林园园、左翠云、孙春玲、熊凌云、曾昭萍、雷高峰、余薇、李天林、黄玉萍、艾湘丽、陈海挺、吴进寿、陈志松、高应勤、吴海龙、叶三川、张荣春、倪志、陈露芳、林岩峰、曹春珠、陈双龙、陈小妹、陈晓芸、耿国军、洪清琦、蓝建发、欧东晨、覃宇冰、汪涛、王超珺、温新明、吴锦霞、吴云子、吴准、谢育娣、杨斌、于永洋、张汉洋、林杨、华强、胡骏、李卓艺、罗振宇、孙丽、孙明亮、刘萌芳、董铁军、黄庆强、黄惠勇、单立刚、高毅哲、高凯、李静、王世先、翁泽林、强海峰、黄献来、盛群英、黄硕、卢华辉、于江华、陈展明、钟桥生、罗庆贤、王锦丽、黄征芳、卢景彤、李文志、王继前、潘梓荣、胡宾宾、何莹婷、周开强、郑光华、林晓鹭、石珊珊、陈音音、孙本强、陈弼沧、金海鹏、曾晓婷、洪昱钤、李建实、苏风兵、纪炳武、康根水、杨霜、王志鹏、郭庆强、邝菲、李英丽、阮丽萍、汤辉、蔡国祥、任莉、阮爱花、罗春华、张浩、陈祖平、马多、游幼匡、上官云

主任技师：陈波、林鄰、逯晓辉、许燕塔、叶辉铭、严金武、黄连江、欧山海、谢文忠、赵志伟、袁玉涛、田萍萍、任玲龙

主任药师：曹伟、陈宏、颜志文、杨丽雄、刘璟、郑东、黄钦华、谢素治

主任护师：曾似锦、陈丽香、陈巧敏、陈双如、高凌燕、黄华玲、黄秋菊、柯艺灵、李媛玲、林文华、林月桂、罗芳、潘晓文、汪丽远、谢梅兰、张丽月、张秀恋、苏红佑、王惠玲、邓素芬、高锦华、黄元秀、杨凤莲、孙瑞勤、王春芳、吴美女、郭亚珍、叶传剧、邵玉昭、王玉于

研究员：潘志明

副主任医师：丁楠、李待兮、林上清

十四、漳州市（87人）

主任医师：黄彩云、柳岚岚、詹丽芬、黄铁群、陈文伙、郑丽玲、何金水、陈惠鸿、康德、陈伟霖、刘文煌、陈进贤、吴明智、高友坤、叶文献、黄小明、陈志勇、杨祖武、吴雄、杨乐艺、庄顺福、林小雷、林建、吴强、陈伟娟、王歆峰、刘俊华、苏海生、李辉龙、苏毅、陈志强、刘衍波、蓝献贵、林四仁、沈典博、黄顺福、郑志红、林东照、汪志光、方镇福、何亚标、刘艺祥、邱峰、林映欣、吴文松、陈艺军、洪理伟、王康健、曾永丽、郭文彬

主任技师：张丽云

主任药师：庄淑娴

主任护师：林英、肖碧云、林惠琴、陈丽卿、邹志春

副主任医师：杨陈翔、贺永新、张竞、吴觉艺、许志亮、陈炎木、游章励、康渊春、方瑞鑫、汤毅超、肖山海、郑磊磊、张沿惠、陈琼、沈晓元

副主任技师：薛慧兰、甘玮玮、张丽蓉、陈舜君、李朝志

副主任药师：林衍生、许小鑫、张云琛、许晓青、陈月红、王温娜、黄妙斌、叶铭、吴洁娴

副主任护师：徐束萍

十五、泉州市（86人）

主任医师：杨绿绿、林毅辉、叶晓艺、林志鹏、黄晓明、王瑞泉、庄镇漳、林卫华、苏静、吴俊峰、阮志芳、黄雅玲、周庆良、陈光铃、吴白甫、胡怀阳、王艺卿、何志忠、肖建佳、陈景象、陈劭赓、谢纳新、王聪仁、董扬扬、廖军、饶靖红、陈慧艺、郑清民、卢艳峰、施经添、唐照青、位永娟、李金姑、任警、庄琼霞、姚伟瑜、

周泉腾、陈晓海、林水龙、杨昌毅、蔡华新、张煌煌、朱继红、王燕玉、陈建才、许俊杰、林锦德、黄玉山、陈世权、苏文庆、黄桂锋、赖江龙、杨冬岚、黄照明、郭伦聪、邱莉、尹海鹰、庄智勇、谢庆华、李炳钻、陈夏平、吴镇阳、蔡东华、陈炳煌、李桂芬、谢思培、黄日升、朱聪辉、陈奕昭、王晓森、张荣君、郭文若、黄天健

主任技师：陈婉花、张建明

主任药师：郑苍贫

主任护师：李翠娥、施月菊、李红霞、苏丽端、许秀芬、余榕、张玲玲、施丽旋、黄淑絅

副主任护师：赖玲凤

十六、三明市（120 人）

主任医师：林丽平、吴志坚、陈刚、俞盛、范忠晓、谢碧霞、张族勤、罗春红、黄建明、欧阳小予、金哲、涂振兴、段文华、赖德益、陈小琴、黄松华、高元生、宁水根、徐文龙、陈文辉、卢清生、童洪旺、雷霞、于耀堂、陈晓兰、池元龙、王合兵、罗启财、赵鹏、范利、严小明、林焕明、黎红、范双炽、王华、吴佐全、韩素梅、陈文峰、黄陈铭、李文生、钟飞庄、王亮、陈剑、蔡琳、梅苏珍、薛梅、张启明、林珊、熊剑英、上官雪鸿、吴运汉、陈阔、林昌华、黄林新、李玉清、张清、邱鲜凡、黄晓琴、陈小慧、于宗衡、邱赏赐、肖玲、白发臣、苏文理、王修华、陈力、邓满红、肖迎军、罗兴尧、张茜、肖其富、吴红女、陈及清、林燕、邱福全、吴康金、万小英、陈上士、涂大有、陈登卫

主任技师：林丽华、杨晓明、杨川艺、丁锦根

主任药师：池明建、刘晓菁、卢发辉

主任护师：连爱珠、赖银清、邓素华、柳香梅、江秋红、杨淑红、潘雅裴、张金姬、郭端红、蔡依治、李永珍、官秀萍

副主任医师：陈昌明、肖国林、张曦、郑继培、陈桂兰

副主任药师：李建峰、林建化、刘苑、李光树、王明胜、李菁、马千里、黄金梅、王淑丽、李丽、魏文燕、陈超、罗澄庸、徐君、郑锦虹

副研究员：江凤兰

十七、莆田市（71 人）

主任医师：吴登峰、唐桂良、林国勇、杨永煌、温志鹏、叶向阳、林海凤、杨长青、陈翔、许建章、黄汉东、郑明辉、张福添、林东升、许子志、许建新、陈国仙、关军、廖智萍、林力生、陈建新、李永良、杨天宝、康元宝、郑锋、陈育人、李羽、郑煊斐、陈金寿、严稽文、沈秀香、吴秀琼、郑智晶、涂丽花、蔡秀莺、黄玉栋、郑文贤、郑志展、吴琦、林山、林益民、陈健

主任药师：林琦

主任护师：陈淑真、张丽双、林丽琴、邱丽芳、李丽星、朱丽梅、宋美燕、张春霞、傅丽桑、陈华英、黄秀洪、颜剑玲、刘华兰、方琼訇、张珍香、蚁持缨

副主任医师：陈群、林永和、陈健

副主任药师：陈荔贞、李立凡、庄志挺、黄羲、倪超然、林明灯、何雪林、林志强

副研究员：陈鹏

十八、南平市（166 人）

主任医师：陈月华、黄族贵、吴兴、陈翔艺、周俊伟、金勇、陈晓娟、严红、黄春花、李静远、陈志信、陈仕团、庄丽霞、叶琴飞、林丽娟、饶延军、阮立新、陶宝春、范冠清、魏巍、连伟飞、吴晓华、罗家寿、林虓、邓有清、庄曦、张峰、陈国毅、胡甫密、肖建国、楼卫明、邹丰、陈锐、魏德强、林鹏、许美红、张明钰、翁玉燕、叶小辉、翁绍木、毛庆芳、洪芹妹、郑红、吴漩璐、杨庆镗、赵飞龙、华树玉、卓毅、陈碧华、蔡长煌、汪迎春、白植清、葛坚、康述理、张勇、丁文萍、高建龙、肖玉华

主任技师：张余兵

主任护师：胡玉琼、狄韵漫、王琴芳、刘明辉、林莉、黄芳芳、卓仕梅、傅桂金、周明英、黄微、张良玉

副主任医师：郑鑫飞、何道兴、张晓雨、王晓莹、苏友福、罗慧文、刘媛、叶衍德、袁宇、邓贝、魏红、王磊、许志林、王小珍、钟芳、丁琴、林发飞、罗莉娟、黄秀芳、彭华丁、钟志明、易小梅、邹达丽、梁桂香、张启娣、占彦武、胡优明、刘志平、姜晨曦、赵建芝、廖志萍、陈玲、席爱荣、真秀芬、马丽清、吴代友、杨勇飞、王广整、罗先华、张寿康、陈敏、张上建、吴连梅、郭美琴、邱冬凤、陈杰华、杜锦、陈文、黄启林、

艾惠琴、罗琦、徐聃、李丽红、黄永军、余丽萍、邓家桂、范吕彩

副主任技师：张丽英、王小华、吴志耘、谢彩莲、胡凤清、徐建琳、林长容、张木珠、龚虹、江艳萍、董慧、张露平、吕雷威、孙小兰

副主任药师：张明媛、郑玲、赵先慧、张敏萍、蒋丹容、陈赐琴、潘翠敏、张爱娟、庄碧玉、张宏贵、宋嵘晖、康红枝、彭义华、谢煊、陈正贵、李杰、陈玉峰、周微露、林善玉、郗敏、谢晓华、熊国荣、张宝明、林宝溶、李云麟

十九、龙岩市（66人）

主任医师：涂尚贵、钟荣荣、陈东平、苏雪梅、李仙花、卢红新、凌武育、赖如京、郭美萍、李细华、林超禄、罗怀景、李广海、刘小华、简忠庆、陈桂萍、谢永香、黄易、雷作周、张强、袁建兴、谢建荣、刘敬林、肖晓青、张文昌、廖伟增、邓小如

主任技师：熊红梅、邱付兰、赖龙梅

主任护师：张娜、陈碧红、林秋娥、谢莉、李丽琼

副主任医师：阙开乾、林萍、涂芸芸、赖美华、张小花、苏旺铭、廖建祥、赖小红、叶星星、刘全柱、谢在斌、张平继、王福宁、谢秉璋、汤晓晖、陶群星

副主任技师：华何柳

副主任药师：邓健浩、刘全芳、吴载柽、黄文英、李玉琴、谢美文、李梅玲、苏新钦、胡春雷

副主任护师：詹仁燕

副研究员：傅嘉婧、邱小婷、邹庞、陈东

二十、宁德市（142人）

主任医师：蒋承霖、陆国云、王晶晶、吴小杨、郑秀金、黄兴伟、阮希成、施云弟、吴振添、郑仁斌、黄凤鸣、赖安怀、余俭、张家安、周春童、彭铃武、陈冬良、陈洵艳、高琛、黄家谷、林云侨、刘明、沈建城、杨艳、张小峰、张勇、李慧凤、施建林、陈飞、陈光炳、何彩平、黄庆清、李国敏、李微微、李忠、温晗光、袁斌、兰安光、黄熙斌、江承剑、黄劭钧、程贞敏、陈雨新、郑炜、王德烈、艾俊龙、叶方、朱文清、陈进铿、袁金容、崔晓榕、蔡霞英、李宇青、邢海清、郑加、高晓翔、卓越、余深灿、谢汉洋、朱方勇、吕群星、陈铃雄、陈重泽、陈忠、张惠敏、郑旻、金雪丽、袁宗旭

主任技师：富显果、陈宏斌

主任药师：吴亮、孙振舜、傅丽芳

主任护师：陈荣

副主任医师：郑方静、刘逢仁、缪鸿健、李晓光、吴芬霞、许林、刘凯、包伟晶、张茂华、李雪丽、刘俊平、王亮宇、王晓艳、蔡晶、陈正伟、赵鑫、叶玲、施靖、夏金南、林道基、许益云、孙尚成、吴文伟、周晓帆、余少华、陈君晓、何菊香、吴富淋、张松美、林焕斌、林长安、王德锐、温雅彬、郑原印、苏孝生、李秀波、兰进香、黄英文、周文珍、郑宝妹、陈智慧、刘斌、林益凤、叶丹丹、王绣红、占华金、王本鼎

副主任技师：丁江浩、林桂花、彭献香、龚亮、陈丹丹、陈华燕、任长松、游霞、吴明福、林霞、黄庆凤、翁玫瑰

副主任药师：周婧、谢丽平、姚正盛、游茂锦、张美文、余妃、苏香莺、郑敬旭、毛志雄

二十一、平潭综合实验区管委会（17人）

主任医师：林梅、林猛、陈峰平、陈花

副主任医师：丁英、黄建栋、陈彬、薛来宝、郭云、翁雄峰、罗秀彦、黄志华、高升

副主任技师：陈利利

副主任药师：陈旺英

副主任护师：薛美琼、杨玉花

（摘编：沈光明）

福建省基层卫生高级职务任职资格人员名单

2023年2月10日，福建省人力资源和社会保障厅印发《关于批准确认何秉英等152位同志基层卫生高级专业技术职务任职资格的通知》）（闽人社批复〔2023〕63号）提出，经研究，批准确认2021年度福建省卫生系列高级专业技术职务任职资格评审委员会评审通过的何秉英等152位同志基层卫生高级专业技术职务任职资格，任职资格确认时间为2022年12月18日，现予公布，名单如下。

一、福州市（11人）

基层主任医师：何秉瑛、徐秋璋、何在钧、郭忠平、徐美阳、林劬、郑疆榕、刘孙辉、余尔煌、陈友平、冯羯羢

二、厦门市（8人）

基层主任医师：罗彦芳、魏明月、高一峰、吴允章、赖龙胜

基层主任护师：谢秋红、肖宗妹、谢春艳

三、漳州市（14人）

基层主任医师：吴文如、刘永、蒲浩斌、林丽春、林雪华、许耿鸿、卢博智、张坤团

基层主任护师：陈敏燕

基层副主任医师：吴群峰、吴永芬

基层副主任药师：黄阿常、蔡慧贤、蒲小莲

四、泉州市（17人）

基层主任医师：庄竟扬、张健康、黄良升、吴榕奎、郑家发、黄新生、潘墙生、黄金兵、王志龙、庄国辉、王丽辉、王宝土、苏昭坦、温福清

基层主任技师：欧阳萱

基层主任护师：张淑云、林淑玲

五、三明市（16人）

基层主任医师：吴厚喜、曾步霖、林永生、范仁岐、吴尔平、李德禄、张昌其、罗尚隽、黄美清、肖淑琴、邱昌裕、杨道玉、罗明华

基层主任技师：肖春莺

基层副主任药师：熊长德、吴显明

六、南平市（32人）

基层主任医师：童樟生、王太彬、夏荣勤、吴生富、林永兴、徐彪、廖凌武、兰兴杰、董启文、江毅、廖石富、甘洪方、吴素华、程芳惠、徐华荣、高培引、庄宏、严彪、王长兴、陈均、冯章兴、吴泽平

基层主任护师：殷秀芝、周紫霞、真刚英、林芬、陈丽琴

基层副主任医师：吴建辉、蔡舒、杨素珍、吴长春、周忠林

七、龙岩市（35人）

基层主任医师：李方泉、蓝万寿、兰富昌、连盛添、石日东、王广东、沈加祥、郑秋娣、马占发、廖榕东、罗宝华、朱洪勇、范经盛、丘沧泉、钟启文、邹受东、彭翊、王隽华、练天生、陈富连、张建明

基层主任技师：饶黎冰、张耀巧、陈柏香

基层主任护师：熊琴芳、林晓洁、钟玉招、伍东兰、刘招红

基层副主任医师：林文帅

基层副主任药师：饶艳、钟晓东、赖初松、赖宝英、张丽华

八、宁德市（18人）

基层主任医师：阙光彪、陈连、王文恩、陈诗菊、许建共、陈方凯、潘彩云、刘丽秀、叶须钦、朱祥斌

基层主任技师：吴春容

基层主任药师：罗文继

基层主任护师：郑惠青、陈迎霞

基层副主任医师：刘光辉、王文卿

基层副主任药师：潘丽娜、肖正舜

九、平潭综合实验区管委会（1人）

基层副主任医师：陈哲文

（摘编：林学军）

福建省高级教练职务任职资格人员名单

2023年12月4日，福建省人力资源和社会保障厅印发《关于批准确认邓薇等29位同志竞技体育高级教练职务任职资格的通知》（闽人社批复〔2023〕753号）提出，经研究，批准确认由2022年度福建省竞技体育教练员高级职务任职资格评委会评审通过的邓薇等29位同志竞技体育高级教练职务任职资格。任职资格确认时间为2023年10月29日，现予公布，名单如下。

一、福建省体育局（7人）

福建省青少年体育学校：邓薇

福建省篮排球运动管理中心：沈小勇、韩木水

福建省乒羽网运动管理中心：王宏

福建省皮划赛艇运动管理中心：黄志鹏

福建省射击射箭运动管理中心：孙好刚

福建体育职业技术学院：邓东青

二、福州市（2人）

福州市体育工作大队：沈为慧

福州市马尾区少年儿童业余体育学校：郑娜

三、漳州市（5人）

漳州市芗城区少年儿童体育学校：游伟东

漳州市龙海区少年儿童业余体育学校：肖丽容

漳州市东山县少年儿童业余体育学校：李建宗、沈品端

漳州市南靖县少年儿童业余体校：林志华

四、泉州市（2人）

泉州市体育工作大队：徐丽娜

晋江市少年儿童业余体育学校：许建基

五、三明市（2人）

三明市少年儿童业余体育学校：裴庆仁、陈勇强

六、莆田市（3人）

莆田市城厢区少年儿童业余体育学校：宋俞镔、张碧仙

莆田体育运动学校：陈流江

七、南平市（4人）

南平市少年儿童重点业余体育学校：郭旭东

南平市建阳区少年儿童业余体育学校：吴芝堃

武夷山市少年儿童体育运动学校：陈秉元

松溪县少年儿童业余体校：叶浠君

八、龙岩市（3人）

龙岩体育运动学校：章文兴

长汀县少年业余体校：丘楠

龙岩市青少年水上运动训练基地管理中心：刘辉

九、宁德市（1人）

宁德市少年体育运动学校：刘绍龙

（摘编：张捷）

福建省律师、公证员系列高级职务任职资格名单

2023 年 1 月 30 日，福建省人力资源和社会保障厅印发《关于批准确认邓乃文等 7 位同志律师公证员高级职务任职资格的通知》（闽人社批复〔2023〕36 号）提出，经研究，批准确认由省律师、公证员系列高级职务任职资格评审委员会评审通过的邓乃文等 7 位同志律师、公证员系列高级职务任职资格。任职资格确认时间为 2022 年 12 月 17 日，请予公布，名单如下。

一、一级律师（1 人）

厦门市

邓乃文　福建远大律师事务所

二、二级律师（2 人）

厦门市

王平　福建信实律师事务所

泉州市

李琴声　福建义全律师事务所

三、二级公证员（4 人）

厦门市

陈军　福建省厦门市鹭江公证处

吴琳颖　福建省厦门市鹭江公证处

泉州市

张婧婧　福建省泉州市刺桐公证处

南平市

邱松华　福建省顺昌县公证处

（摘编：王杰成）

福建省中等职业学校教师副高级职务任职资格人员名单

郑坚萍等 78 人中等职业学校（不含技校）教师副高级职务任职资格人员名单

2023 年 1 月 16 日，福建省人力资源和社会保障厅印发《关于批准确认郑坚萍等 78 人中等职业学校（不含技校）教师副高级职务任职资格的通知》（闽人社批复〔2023〕12 号）提出，经研究，批准确认 2021 年度福建省中等职业学校教师副高级职务任职资格评审委员会评审通过的郑坚萍等 78 位同志中等职业学校（不含技校）教师副高级专业技术职务任职资格。任职资格确认时间为 2022 年 12 月 17 日，现予公布，名单如下。

一、省教育厅（40人）

福建工业学校：郑坚萍、翁秋珠、丁璐、林辉、何仪贞、陆小青、吴坤生、王丽芬、康秀芬、谢翠玲、林振昺、张志宏、陈涌晔、李治泉、林华蓉、张阳

福建理工学校：薛文桦、林超、董晓幸、邱芳、刘尾妹、陈强、王艳丽、张俊彦、刘亮亮、林秀琴、乔文龙

福建建筑学校：林茜、徐晨、王敏娜

福建第二轻工业学校：吕玉玲、叶多多、刘畅、解春辉、康琳

福建省邮电学校：张海丰、高扬、郑静、李发金、刘畅

二、省海洋与渔业局（1人）

福建海洋职业技术学校：吴尉凤

三、省粮食和物资储备局（16人）

福建工贸学校：李锦、熊永龙、陈淑珍、朱敦玮、王玲、顾晓红

福建经贸学校：范桂莲、林丽媛、郑韵虹、林雅莲、苏丽红、陈燕茹、傅桂清、蒋文阳、周芳芳、康存杰

四、省供销社（17人）

福建经济学校：林榕、傅肖梅、陈丽、吴丹萍、吴琳、邓萍、林烨、吴雅慧、张平、郑志鸿、岑晓娟、蓝赛花、李勇、李辉

福建商贸学校：陈莎、赖家望、张婷婷

五、福建开放大学（3人）

福建铁路机电学校（内设）：胡晓丽、赖亚贞、张伟宏

六、中国海峡人才市场（1人）

福建工业学校：陆青丽

洪紫如等93位同志中等职业学校教师副高级职务任职资格人员名单

2023年12月28日，福建省人力资源和社会保障厅印发《关于批准确认洪紫如等93位同志中等职业学校教师副高级职务任职资格的通知》（闽人社批复〔2023〕834号）提出，经研究，批准确认2022年度福建省中等职业学校副高级职称评审委员会评审通过的洪紫如等93位同志中等职业学校教师副高级职务任职资格。任职资格确认时间为2023年12月16日，现予公布，名单如下。

一、高级讲师（92人）

（一）省教育厅（36人）

福建工业学校：洪紫如、宋业繄、陈秋琨、黄吓珠、李丽华、廖跃林、褚腊梅、谢基邦、廖志成、卢学清

福建理工学校：马玲华、邱静捷、熊赖澄、姚明奇、张利群、黄晶、李俊峰、赵强、王明

福建建筑学校：刘悦宁、林夏梦、张娟、余瑜、周利珍、陈析、毛丽丽、王小明、吴华伟、俞江、陈斌、罗玉清、邹娟娟

福建第二轻工业学校：蒋榕坦、曾美华、苏燕

福建省邮电学校：冯娴

（二）省粮食和物资储备局（19人）

福建工贸学校：张际挺、楼成夷、池河清、王艳辉、曹爱萍、赵湲、张晓颖

福建经贸学校：郭娜婷、吕志洪、梁爱民、艾杏珍、陈金钹、郭森林、黄晓敏、林崇文、王灵、谢萱、尤一泓、庄琼娥

（三）省民政厅（1人）

福建民政学校：吴卫炜

（四）省林业局（8人）

福建三明林业学校：姜怡、戚晓芳、潘娟、石家钊、雷安

福建生态工程职业技术学校：严密、林洁、刘景虹

（五）省海洋与渔业局（3人）

福建海洋职业技术学校：卓丽红、李术英、林富凛

（六）省供销社（22人）

福建经济学校：王玉蝉、邱灵梅、陈丽珍、陈嘉元、陈蕊、姜忠玉、林榕、林永兴、林荷清、陈婧、陈君磊、林琳、江明磊

福建商贸学校：陈红、洪出山、林燕、王晨、王慧明、郑君红、郑竟适、张学军、严小林

（七）福建开放大学（2人）

福建铁路机电学校：陈雪晶、周健

（八）中国海峡人才市场（1人）

福建经济学校：苏伟琴

二、高级实习指导教师（1人）

省教育厅（1人）

福建工业学校：王亮

（摘编：刘红波）

福建省技校系列教师副高级职务任职资格人员名单

2023年2月10日，福建省人力资源和社会保障厅印发《关于批准确认卢燕等42位同志技校系列教师副高级专业技术职务任职资格的通知》（闽人社批复〔2023〕64号）提出，经研究，批准确认2022年福建省技校系列教师副高级专业技术职务任职资格评审委员会评审通过的卢燕等42位同志副高级专业技术职务的任职资格。任职资格确认时间为2023年1月14日，现予公布，名单如下。

一、高级讲师（25人）

（一）福建省人力资源和社会保障厅（2人）

福建技师学院：卢燕

福建省第二高级技工学校：黄丹婷

（二）福州市（5人）

福州第一技师学院：李惠娜、严林芳

福州第二技师学院：翁颖、罗中庚

福建省飞毛腿技师学院：范婷婷

（三）厦门市（1人）

厦门技师学院：陈贻翼

（四）漳州市（2人）

漳州技师学院：吕婷婷、周华芳

（五）泉州市（1人）

泉州市高级技工学校：陈汉雄

（六）三明市（2人）

三明技师学院：陈亮

三明高级技工学校：冯盛城

（七）龙岩市（9人）

龙岩技师学院：雷培钟、张梦、赖孟芬、黄向伟、涂丽云、陈聪、何晓丽、高岩、傅仙玉

（八）宁德市（3人）

宁德技师学院：王小妹、肖翠英、陈田平

二、高级实习指导教师（17人）

（一）福建省人力资源和社会保障厅（5人）

福建技师学院：冯夏、叶美云、王乔

福建省第二高级技工学校：纪巧燕、郭光明

（二）泉州市（3人）

泉州市高级技工学校：林双凤、方金龙、张文模

（三）南平市（2人）

南平技师学院：伊宇鹏

闽北高级技工学校：吴薇

（四）龙岩市（3人）

龙岩技师学院：陈爱珠、赖文辉、林冰香

（五）宁德市（4人）

宁德技师学院：谢凌、林智舜、许国雄、汤蔡松

（摘编：邹申）

福建省社会科学研究系列副研究员任职资格人员名单

2023年1月30日，福建省人力资源和社会保障厅印发《关于批准确认童莹等3名同志社会科学研究系列高级职务任职资格的通知》（闽人社批复〔2023〕37号）提出，经研究，批准确认全省社会科学研究系列第二十七届高级职务任职资格评审委员会评审通过的福建社会科学院童莹、祝德生、周龙辉3名同志副研究员任职资格。任职资格确认时间为2022年12月24日，现予公布。

（摘编：陈德盛）

福建省药学（非临床）专业副高级职务任职资格人员名单

2023年11月9日，福建省人力资源和社会保障厅印发《关于批准确认林思荣等20位同志药学（非临床）专业高级职务任职资格的通知》（闽人社批复〔2023〕676号）提出，经研究，批准确认由2022年度福建省药学（非临床）专业高级职务任职资格评审会评审通过的林思荣等20位同志药学（非临床）专业副高级职务任职资格。任职资格确认时间为2023年10月14日，现予公布，名单如下。

一、省药品监督管理局3人

药学专业：林思荣、林晨

中药学专业：廖茜

二、福州市4人

药学专业：廖文榕、游旭彪、陈林义

中药学专业：张黎莉

三、漳州市2人

中药学专业：连赟芳、夏裕发

四、泉州市3人

药学专业：黄金书、王少青

中药学专业：柳清珍

五、莆田市1人

药学专业：沈超煌

六、三明市4人

药学专业：林娟、罗文华、吕杨兰

中药学专业：余清莲

七、南平市1人

中药学专业：江建丽

八、宁德市2人

药学专业：骆鸿谈

中药学专业：郑小力

（摘编：刘红波）

福建省广播电视播音主持专业副高级职务任职资格人员名单

2023 年 9 月 25 日，福建省人力资源和社会保障厅印发《关于批准确认林文敏等 6 位同志广播电视主任播音员主持人职务任职资格的通知》（闽人社批复〔2023〕563 号）提出，经研究，批准确认 2022 年度全省播音主持专业高级职务任职资格评审委员会评审通过的林文敏等 6 位同志广播电视主任播音员主持人职务任职资格，任职资格确认时间为 2023 年 9 月 8 日，现予公布，广播电视播音主持专业副高级职务任职资格人员名单如下。

一、福州广播电视台（3 人）

林文敏、濮琳琳、郭振环

二、漳州广播电视台（1 人）

赵家传

三、泉州广播电视台（1 人）

潘真枝

四、莆田广播电视台（1 人）

吴雁

（摘编：陈德盛）